O CAPITAL

ubu

KARL MARX

O CAPITAL

CRÍTICA DA ECONOMIA POLÍTICA

1

O PROCESSO DE PRODUÇÃO DO CAPITAL

EDIÇÃO
FRIEDRICH ENGELS

COORDENAÇÃO E REVISÃO
PAUL SINGER
TRADUÇÃO
REGIS BARBOSA
FLÁVIO R. KOTHE

SEÇÃO III
A PRODUÇÃO DA MAIS-VALIA ABSOLUTA

SEÇÃO IV
A PRODUÇÃO DA MAIS-VALIA RELATIVA

SEÇÃO V
A PRODUÇÃO DA MAIS-VALIA ABSOLUTA E RELATIVA

SEÇÃO VI
O SALÁRIO

SEÇÃO VII
O PROCESSO DE ACUMULAÇÃO DO CAPITAL

UMA INTRODUÇÃO A *O CAPITAL*

Fernando Rugitsky

O capital é comumente lido da perspectiva da tradição marxista que inaugurou e dos debates internos aos movimentos socialistas. Ainda que tais debates muitas vezes tenham desembocado em vulgarizações e esquemas simplórios, permitiram ao mesmo tempo manter viva a obra de Karl Marx, promovendo um diálogo ininterrupto entre o aparato conceitual elaborado pelo autor e a realidade dinâmica das sociedades capitalistas. No entanto, o alcance de *O capital* é muito maior. O livro ocupa um lugar de destaque no pensamento moderno que extrapola suas filiações teóricas e sua perspectiva política. Um lugar similar àquele ocupado por outro livro também publicado no terceiro quarto do século XIX, *A origem das espécies*, de Charles Darwin. Ambos provocaram debates intensos, formaram inúmeros discípulos e ofereceram uma maneira revolucionária de interpretar o mundo – em outras palavras, "tornaram-se fundamentais para toda a cultura moderna".[1]

A semelhança não passou despercebida. O próprio Marx referiu-se ao livro de Darwin como "a base das ciências naturais do nosso ponto de vista",[2] e Friedrich Engels, em 1883, em discurso realizado no funeral de seu grande colaborador, afirmou: "Assim como Darwin descobriu a lei de desenvolvimento da natureza orgânica, Marx descobriu a lei de desenvolvimento da história humana".[3] Mas o paralelo não deve ser levado longe demais. *A origem das espécies* esgotou sua primeira tiragem em um único dia, e suas ideias rapidamente se consolidaram como um dos principais pontos de partida para as Ciências Naturais. *O capital*, por sua vez, custou muito mais para se difundir e para disseminar a reputação de seu autor. Ademais, ainda que incontornável, a obra é mais comumente rejeitada do que adotada como uma das bases das Ciências Sociais contemporâneas.

Por que, então, reler *O capital*, mais de um século e meio após a primeira publicação de seu primeiro volume? Porque o livro ainda reserva um enorme potencial de iluminar transformações socioeconômicas contemporâneas que têm desafiado as Ciências Sociais tradicionais, ampliando a perspectiva da análise dos dilemas atuais e oferecendo horizontes para além dos impasses paralisantes das crises do presente.

1 Valentino Gerratana, "Marx and Darwin". *New Left Review*, n. 82, 1973, p. 60.

2 Carta a Friedrich Engels, 19 dez. 1860, apud Eric J. Hobsbawm, *A era do capital: 1848–1875* [1977], trad. Luciano Costa. Rio de Janeiro: Paz e Terra, 2013, p. 393.

3 V. Gerratana, "Marx and Darwin", op. cit., p. 62.

Sua acidentada e tortuosa recepção não se deve a eventuais limites do livro, mas é um sintoma dos conflitos inerentes ao modo de produção que Marx contribuiu para dissecar. Além disso, por muito tempo a leitura de sua obra foi realizada sob a sombra dos conflitos em torno da Guerra Fria, da mistificação do autor realizada por parte de seus seguidores e de sua demonização pelos seus detratores.[4] Paradoxalmente, em um momento em que desafios políticos à hegemonia capitalista são relativamente mais débeis, cria-se uma oportunidade de reler o livro em seus próprios termos, sem as amarras impostas pelas disputas de interpretação que marcaram sua recepção. Um reencontro que pode interrogar, em um novo momento histórico, o que *O capital* tem a oferecer às questões do presente. É claro que essa releitura só poderá ganhar corpo se as formas de resistência à dominação capitalista adquirirem força suficiente para "transformar o mundo". Afinal, como Marx argumentou em sua célebre décima primeira tese, interpretar o mundo é apenas o primeiro passo.[5]

O capital não é somente a principal obra de Marx, mas também, no que diz respeito a seu primeiro volume, um dos raros livros que ele publicou em vida. A maior parte de sua obra foi publicada postumamente e, em inúmeros casos, constitui-se de textos com diferentes graus de acabamento. O primeiro volume de *O capital*, porém, resultou de anos de trabalho, revisão e polimento. É difícil pensar em uma obra semelhante em termos de ousadia, abrangência e riqueza de detalhes. Ela combina um esforço conceitual extenso e rigoroso com reconstruções históricas inovadoras e minuciosas. Marx efetivamente buscou articular o conjunto do pensamento que o antecedeu, levando adiante suas contribuições. Como resumiu David Harvey: "Shakespeare, os gregos, Fausto, Balzac, Shelley, contos de fadas, lobisomens, vampiros e poesia, encontramos tudo isso em suas páginas [do livro], ao lado de inúmeros economistas políticos, filósofos, antropólogos, jornalistas e cientistas políticos".[6] A obra que produziu fez de Marx o verdadeiro "herdeiro dos economistas e filósofos clássicos" e da tradição que remonta ao "desenvolvimento intelectual desde o Renascimento".[7]

---

4 Ver, sobre essa mistificação, Gareth Stedman Jones, *Karl Marx: Grandeza e ilusão*, trad. Berilo Vargas. São Paulo: Companhia das Letras, 2017.

5 K. Marx, "Teses sobre Feuerbach", in *Manuscritos econômico-filosóficos e outros textos escolhidos*, trad. José Arthur Giannotti e Edgard Malagodi. São Paulo: Abril Cultural, 1985, p. 53. Coleção Os Pensadores.

6 D. Harvey, *Para entender O capital: Livro I*, trad. Rubens Enderle. São Paulo: Boitempo, 2013, p. 12.

7 E. J. Hobsbawm, *A era das revoluções: 1789–1848* [1977], trad. Maria Tereza Teixeira e Marcos Penchel. Rio de Janeiro: Paz e Terra, 2013, p. 397. Trad. modif.

As seções a seguir introduzem brevemente o argumento do livro. Nas duas primeiras, o arcabouço conceitual elaborado nos primeiros quatro capítulos do Livro 1 é elucidado à luz do contraste entre Marx e os economistas políticos clássicos. Nas três seções seguintes, analisa-se a forma como o autor partiu de tais conceitos para oferecer uma interpretação sobre a dinâmica das sociedades capitalistas, suas "leis de movimento". O foco divide-se, então, entre os argumentos apresentados no livro e sua atualidade.

SMITH, RICARDO E A GRANDEZA DE VALOR

O capital foi um acerto de contas com a chamada Economia Política clássica, a tradição de pensamento que emergiu junto com o capitalismo industrial e que tem em Adam Smith e David Ricardo seus principais representantes. Nascido na Alemanha em 1818, Marx iniciou sua formação intelectual em intenso diálogo com a Filosofia alemã, em particular com Hegel e seus seguidores.[8] Posteriormente, sua formação política seria forjada em debates acalorados com socialistas franceses. A partir da década de 1850, então com trinta e poucos anos, passou a se dedicar a um estudo sistemático da Economia Política clássica. A Filosofia alemã, o socialismo francês e a Economia Política britânica formariam o tripé básico de sua formação e de sua obra. *O capital*, como indica seu subtítulo, trouxe para o primeiro plano a crítica da Economia Política.

Seu ponto de partida está nos primeiros quatro capítulos do Livro 1, em que a crítica à teoria do valor clássica é formulada. A teoria do valor, em especial em Smith e Ricardo, resultou do empenho de tais autores para compreender a dinâmica do capitalismo que emergia a sua volta. Por trás de um exercício às vezes hermético a fim de iluminar os preços relativos das mercadorias, escondia-se um esforço para desvendar, como Marx escreveria em 1859, "a anatomia da sociedade burguesa".[9] Tratava-se de entender o funcionamento de uma sociedade que passava a depender das trocas de mercadorias para a maior parte de sua reprodução material. A ruptura histórica que isso representou não deve ser subestimada.

---

8 Para mais informações sobre a vida de Marx e sua trajetória intelectual, ver as biografias publicadas recentemente: G. Stedman Jones, *Karl Marx*, op. cit.; e Michael Heinrich, *Karl Marx e o nascimento da sociedade moderna*, trad. Claudio Cardinali. São Paulo: Boitempo, 2018.

9 K. Marx, "Para a crítica da Economia Política", in *Manuscritos econômico-filosóficos e outros textos escolhidos*, op. cit., p. 129.

Durante toda a história humana precedente, dos primeiros agrupamentos de caçadores e coletores até o século XVIII, a garantia cotidiana da reprodução material dependia crucialmente da produção para o próprio consumo. Apenas as classes dominantes, nas sociedades de classes, não se ocupavam da produção para a própria subsistência, garantindo sua reprodução pela expropriação de parte do que era produzido pelas classes subalternas. Alimentos, roupas, casas – quase tudo era produzido para consumo próprio ou das classes dominantes, e apenas excepcionalmente algo fundamental para a reprodução material era obtido em uma transação mercantil. Mercados evidentemente existem há muito tempo, assim como a troca de produtos entre diferentes comunidades. A novidade representada pelo modo de produção capitalista foi subordinar a maior parte da reprodução material da sociedade às trocas mercantis. Um dos principais responsáveis por acentuar tal ineditismo foi Karl Polanyi. Segundo ele,

> até a época de Adam Smith, essa propensão [para barganhar, permutar e trocar uma coisa pela outra] não havia se manifestado em qualquer escala considerável na vida de qualquer comunidade pesquisada e, quando muito, permanecia como aspecto subordinado da vida econômica. Uma centena de anos mais tarde, porém, já estava em pleno funcionamento um sistema industrial na maior parte do planeta e, prática e teoricamente, isso significava que a raça humana fora sacudida em todas as suas atividades econômicas, se não também nas suas buscas políticas, intelectuais e espirituais, por essa propensão particular.[10]

Marx referiu-se a esse ineditismo na abertura de *O capital*: "A riqueza das sociedades em que domina o modo de produção capitalista aparece como uma 'imensa coleção de mercadorias', e a mercadoria individual como sua forma elementar" [p. 99]. Apenas com a consolidação desse modo de produção, o produto do trabalho humano assume a forma de "mercadoria", isto é, de algo produzido para ser vendido. Consequentemente, a questão crucial para a compreensão dessa sociedade referia-se à coordenação social: como seria possível garantir que decisões relativamente descentralizadas sobre o que produzir e o que consumir pudessem ser conciliadas, garantindo a reprodução material da sociedade, ainda que de modo muitas vezes precário e sempre desigual? Como garantir que uma parte suficiente da sociedade dedicar-se-ia à produção dos produtos que alimentariam todas as pessoas, por exemplo? Ou à produção das roupas que elas vestiriam?

É precisamente esse o pano de fundo da formulação de Smith segundo a qual "nosso jantar" não depende da "benevolência do açougueiro, do

10 K. Polanyi, *A grande transformação: As origens da nossa época* [1944], trad. Fanny Wrobel. Rio de Janeiro: Campus, 2000, p. 63.

cervejeiro ou do padeiro", mas "da consideração que eles têm pelo seu próprio interesse".[11] A formulação de uma teoria do valor pelos economistas políticos clássicos visava ao enfrentamento dessa questão. A determinação dos valores pelos quais as mercadorias são trocadas implica processos econômicos que garantem a complexa tarefa de coordenação social da produção, dinamicamente garantindo que a produção social se ajuste aos requisitos de reprodução material da sociedade como um todo, ainda que em meio a crises e desequilíbrios contínuos.

Um desequilíbrio pontual, como a produção em volume insuficiente de um certo alimento (por decorrência de problemas na colheita, por exemplo), eleva o preço desse produto, estimulando um aumento da sua produção. Produtores de outros setores podem se deslocar para esse, em busca de uma renda maior. O processo inverso ocorreria com um desequilíbrio na outra direção, no caso de uma produção excessiva. Dessa maneira, a oscilação dos preços de mercado desencadeia ajustes na quantidade produzida pelos diferentes setores, funcionando como um mecanismo impessoal de coordenação social.

A formulação de Smith partiu da distinção entre preço de mercado e preço natural. Este último é definido como "o preço central ao redor do qual continuamente estão gravitando os preços [de mercado] de todas as mercadorias".[12] Restou, então, ao pensador escocês definir como os preços naturais são determinados e chegar, assim, à base de sustentação do processo de coordenação social. Eis o núcleo da teoria do valor. Na realidade, no entanto, ele deu duas respostas distintas, isto é, formulou duas teorias do valor.[13] A primeira delas, que se aplicaria apenas ao "estágio antigo e primitivo que precede ao acúmulo de patrimônio ou capital e à apropriação da terra", afirmava que o trabalho seria "o padrão último e real com base no qual se pode sempre e em toda parte estimar e comparar o valor de todas as mercadorias".[14] Smith concluiu, então, que o "trabalho é o preço real das mercadorias".[15] Daí que sua teoria às vezes seja denominada de teoria do valor-trabalho.

---

11 A. Smith, *A riqueza das nações: Investigação sobre sua natureza e suas causas* [1776], v. 1, trad. Luiz João Baraúna. São Paulo: Nova Cultural, 1996, p. 74.

12 Ibid., pp. 111–12.

13 Ver, a esse respeito, Maurice Dobb, *Teorias do valor e distribuição desde Adam Smith* [1973], trad. Álvaro de Figueiredo. São Paulo: Livraria Martins Fontes, 1977, cap. 2; e Duncan K. Foley, *Adam's Fallacy: A Guide to Economic Theology*. Cambridge: Harvard University Press, 2006, pp. 12–28.

14 A. Smith, *A riqueza das nações*, op. cit., pp. 101, 90.

15 Ibid., p. 90.

Uma teoria diferente, contudo, valeria para o caso de "sociedades mais evoluídas", uma vez que nelas o valor obtido com a venda das mercadorias não remuneraria apenas o trabalho despendido em sua produção, mas também o capital investido e a terra utilizada. Smith formulou, para tais sociedades, uma teoria aditiva do valor, segundo a qual o valor das mercadorias resultaria da soma de salários, lucros e renda da terra. Em ambas as sociedades, o preço natural, determinado pelo trabalho ou pela soma das remunerações (conforme o caso), atuaria como polo gravitacional, estruturando os processos de troca e, por meio deles, a distribuição social da produção e do trabalho. Estava lançada, assim, a base conceitual que seria apropriada criticamente, de modo diverso, por Ricardo e Marx.

Ricardo notou que, mesmo no estágio mais primitivo da sociedade, não é razoável supor que as pessoas dispensassem o uso de capital para as suas atividades. Um caçador pré-histórico provavelmente precisava de alguma arma, isto é, algum capital, para "capacitá-lo a matar sua presa".[16] Ainda que ele próprio produzisse sua arma, o valor de sua caça não seria determinado inteiramente pelo tempo de trabalho diretamente despendido na atividade final – na caça –, mas seria influenciado também pelo tempo de trabalho necessário para produzir a arma. Digamos que o tempo médio necessário para caçar um gamo e um castor, exemplos empregados pelo próprio Ricardo, fosse o mesmo. Isso não implicaria que um gamo poderia ser trocado por um castor, uma vez que as horas empregadas na produção das armas adequadas para caçar cada um dos animais poderiam ter sido distintas. Dessa maneira, mesmo para o "estágio primitivo", seria necessário formular uma teoria do valor que levasse em conta tanto o trabalho diretamente empregado na produção quanto aquele embutido nas ferramentas utilizadas no processo produtivo.

Com esse argumento, Ricardo recusou a formulação de Smith segundo a qual seria necessário elaborar mais de uma teoria do valor, cada uma adequada para um estágio distinto de desenvolvimento das sociedades. No primeiro capítulo de seu livro principal, ele colocou para si o desafio de explicar a determinação do valor das mercadorias pelo tempo de trabalho incorporado nelas (direta e indiretamente), partindo do reconhecimento de que apenas excepcionalmente a produção é realizada só com trabalho, mas de modo geral recorre a alguma forma de capital. Assim, Ricardo generalizou a teoria que Smith formulou para o "estágio primitivo das sociedades".

O desafio teórico envolvido era, de fato, enorme. Tanto que o assunto não se encerrou com a formulação de Ricardo e é debatido intensamente

16 D. Ricardo, *Princípios de Economia Política e tributação* [1817], trad. Paulo Sandroni. São Paulo: Nova Cultural, 1996, p. 31.

até hoje, sendo um dos temas principais que ocupou o economista Piero Sraffa e seus seguidores, responsáveis em grande medida por renovar o legado de Ricardo. A publicação do livro *Produção de mercadorias por meio de mercadorias*, por Sraffa, em 1960, gerou inúmeros debates envolvendo economistas de diferentes filiações teóricas, inclusive marxistas, e inaugurou uma nova tradição de pensamento, sraffiana ou neo-ricardiana. Ademais, o longo debate marxista sobre o chamado "problema da transformação" de valores em preços de produção, que toma como ponto de partida o esforço realizado pelo próprio Marx para dar conta do desafio lançado por Ricardo (nas seções I e II do Livro 3 de *O capital*, capítulos 1 a 12), trata da mesma questão.

Resumidamente, assumindo que a mobilidade de capital entre setores produz uma tendência à equalização das taxas de lucro e que diferentes setores empregam volumes distintos de capital em relação ao trabalho diretamente utilizado, os preços relativos entre as mercadorias desviam-se, ainda que moderadamente, da razão entre os tempos de trabalho (direto e indireto) empregados em sua produção. Para usar as expressões consagradas por Marx, haveria assim uma distinção entre valores (exclusivamente determinados pelo tempo de trabalho incorporado) e preços de produção (que levam em consideração a tendência à equalização da taxa de lucro). A controvérsia iniciada por essa constatação dividiu aqueles que consideravam que tal desvio contradizia o princípio de que o trabalho determinava o valor das mercadorias e aqueles que afirmavam que ela implicava apenas uma sofisticação da teoria fundada nesse princípio.[17] Tanto a busca de Ricardo e Sraffa por uma "medida invariável de valor" quanto as diferentes propostas de solução para o "problema da transformação" representaram, assim, uma defesa da teoria do valor-trabalho.

Voltando a Ricardo, sua decisão de rejeitar a teoria aditiva do valor de Smith e generalizar a teoria do valor-trabalho tinha uma implicação decisiva: trazia à tona a questão da exploração. Em Smith, o tempo de trabalho incorporado na produção das mercadorias e a remuneração por esse trabalho são tomados como equivalentes, de forma que a teoria do valor-trabalho precisa ser abandonada em "sociedades mais evoluídas" exatamente porque nelas o valor da mercadoria não se esgota nos salários, devendo também abranger os lucros e a renda da terra. A teoria aditiva do valor seria apropriada, por parte da literatura posterior, precisamente como uma legitimação dos três tipos de renda, contra a ideia de

17 Ver M. Dobb, *Teorias do valor e distribuição desde Adam Smith*, op. cit., cap. 2; e Gérard Duménil e D. Foley, "Marxian Transformation Problem", in Steven N. Durlauf e Lawrence E. Blume (orgs.), *The New Palgrave Dictionary of Economics*. New York: Palgrave Macmillan, 2008.

exploração. Representou, assim, uma base teórica para argumentar que trabalho, capital e terra contribuíam para a produção e seriam remunerados proporcionalmente. Ao insistir que, mesmo quando o capital é usado, o valor das mercadorias segue sendo determinado pelo tempo de trabalho envolvido em sua produção, Ricardo explicita que os salários pagos aos trabalhadores representam apenas uma parte do valor por eles criado.

Não estava nos planos de Ricardo formular uma teoria da exploração, mas tal implicação de sua obra tampouco foi acidental. Escrevendo mais de quatro décadas após Smith, quando a Revolução Industrial já estava mais avançada na Inglaterra e suas tensões sociais e políticas haviam emergido, Ricardo não subestima a centralidade dos conflitos de classe. Na realidade, sua formulação da teoria do valor decorreu de uma intervenção política prática, isto é, da sua defesa da abolição das chamadas leis dos cereais, o conflito central que dividiu a burguesia emergente e os proprietários de terra na primeira metade do século XIX, na Inglaterra. Em um ensaio escrito em 1815 sobre o assunto e que lançaria a base para o seu principal livro teórico, publicado originariamente em 1817, Ricardo não mediu palavras: "o interesse do proprietário de terra é sempre oposto ao interesse de todas as demais classes da sociedade".[18] Seu esforço rigoroso e obsessivo para elucidar a determinação do valor das mercadorias foi paralelo à tomada de consciência da centralidade dos conflitos de classe. No prefácio aos *Princípios*, ele argumentou que explicar a divisão da produção entre proprietários de terra, capitalistas e trabalhadores era "a principal questão da Economia Política".[19]

MARX, A FORMA-VALOR E O CAPITAL

Em *O capital*, Marx tomou a elaboração de Ricardo como ponto de partida, mas deu a ela um significado inteiramente diverso. Seu argumento pode ser dividido basicamente em duas partes, ambas compartilhando o objetivo de demonstrar que a teoria do valor não representa uma forma universal e trans-histórica de determinar a proporção em que uma mercadoria é trocada por outra. O valor seria, segundo o argumento, a forma historicamente específica assumida pela riqueza social no modo de produção capitalista. A apropriação crítica da teoria do valor clássica cumpria, assim, o duplo propósito de demonstrar o caráter historicamente

18 D. Ricardo, "Ensaio acerca da influência do baixo preço do cereal sobre os lucros do capital" [1815], in Claudio Napoleoni, *Smith, Ricardo e Marx: Considerações sobre a história do pensamento econômico*. São Paulo: Graal, 1985, pp. 206–07.
19 Id., *Princípios de Economia Política e tributação*, op. cit., p. 19.

transitório do capitalismo e de elucidar a dinâmica das sociedades dominadas pela lógica do capital, suas "leis de movimento", para usar uma expressão que ele empregaria adiante no livro.

A primeira parte do argumento de Marx originou-se do reconhecimento de que a formulação de Ricardo sobre a "grandeza de valor" – qual seja, que esta é determinada pelo tempo de trabalho incorporado nas mercadorias – era "a melhor" disponível, embora fosse insuficiente [p. 680, NR 31]. Parte dessa insuficiência dizia respeito à indistinção, em Ricardo, entre trabalho útil e trabalho abstrato. O caráter útil do trabalho não é, evidentemente, uma característica do modo de produção capitalista, mas "uma condição de existência do ser humano, independentemente de todas as formas de sociedade, eterna necessidade natural de mediação do metabolismo entre ser humano e natureza e, portanto, da vida humana" [p. 105]. Tal metabolismo seria responsável por produzir tudo aquilo que traz alguma utilidade para as pessoas, produtos que teriam, assim, um valor de uso.

A novidade representada pelo capitalismo seria que as mercadorias – como vimos, a forma como a riqueza social aparece nesse modo de produção – teriam não apenas um valor de uso, mas também um valor de troca. Em outras palavras, quando o produto do trabalho útil assume a forma de mercadoria, pressupõe-se uma série de equivalências quantitativas entre as inúmeras mercadorias, de modo que umas possam ser trocadas por outras. São os seus valores de troca. Estes, por sua vez, escondem o caráter qualitativamente distinto dos inúmeros produtos, seus valores de uso, e com ele a variedade de trabalhos úteis. Como valores de troca, as mercadorias são comparáveis pelo tempo de trabalho incorporado nelas, mas tal trabalho que serve de base para o valor deve ser abstraído de suas formas concretas, úteis, para "reduzir-se em sua totalidade a igual trabalho humano, a trabalho humano abstrato" [p. 101]. Conforme Marx o definiu, "uma simples gelatina de trabalho humano indiferenciado" ou "dispêndio produtivo de cérebro, músculos, nervos, mãos etc." [p. 106].

Tais distinções são cruciais, para Marx, a fim de demonstrar o caráter historicamente específico da forma de mediação social no capitalismo, fundada na mercadoria e no valor. Isso porque, segundo ele, o trabalho abstrato "não é apenas o resultado intelectual de uma totalidade concreta de trabalhos", mas uma abstração efetiva. Isto é, o trabalho abstrato não é um conceito formulado pelo intérprete, mas um resultado histórico da consolidação do modo de produção capitalista:

> A indiferença em relação ao trabalho determinado corresponde a uma forma de sociedade na qual os indivíduos podem passar com facilidade de um trabalho a outro e na qual o gênero determinado de trabalho é fortuito, e, portanto,

é-lhes indiferente. Neste caso o trabalho se converteu não só como categoria, mas na efetividade em um meio de produzir riqueza em geral, deixando, como determinação, de se confundir com o indivíduo em sua particularidade. Este estado de coisas se encontra mais desenvolvido na forma de existência mais moderna da sociedade burguesa [...].[20]

Marx indicou, dessa maneira, que aquilo que a Economia Política clássica considerava válido para todas as sociedades humanas era, na realidade, algo historicamente específico ao capitalismo. "[A] abstração mais simples, que a Economia moderna situa em primeiro lugar e que exprime uma relação muito antiga e válida para todas as formas de sociedade, só aparece, no entanto, nesta abstração praticamente verdadeira como categoria da sociedade mais moderna."[21] Não caberia investigar a determinação do valor em "sociedades primitivas", como faz Smith, ou fundá-lo em uma suposta propensão natural das pessoas "à troca". A investigação sobre o valor servia para revelar uma forma de sociedade particular e que, como as que a tinham antecedido, poderia ser tomada como transitória.

O segundo passo do argumento de Marx, ainda com o objetivo de demonstrar o caráter historicamente específico do modo de produção capitalista, consistiu em analisar o valor como uma "forma social". Ele censura a Economia Política clássica por ter-se dedicado apenas à análise da "substância do valor" e de sua "medida de grandeza", desconsiderando a forma-valor [p. 103, NR II]. É em decorrência dessa forma que o capitalismo "se caracteriza como um tipo particular [...] de produção social" [p. 681, NR 32]. Marx assim a descreveu:

> [aos produtores] as relações sociais entre seus trabalhos privados aparecem como o que são, isto é, não como relações diretamente sociais entre pessoas em seus próprios trabalhos, senão como relações reificadas entre as pessoas e relações sociais entre as coisas. [p. 130]

Note que não se trata de uma ilusão; a forma-valor (decorrente, vale notar, da forma-mercadoria) implica que, de fato, em tais sociedades capitalistas, as relações sociais são estabelecidas diretamente entre as coisas, isto é, entre os produtos do trabalho humano abstrato. Marx referiu-se a essa forma de mediação social como o caráter fetichista da mercadoria. Para elucidar a implicação concreta de tais relações reificadas entre as pessoas, ele comparou a forma de mediação social que se pode observar

---

20 K. Marx, "Introdução [à Crítica da Economia Política]", in *Manuscritos econômico-filosóficos e outros textos escolhidos*, op. cit., p. 119.
21 Ibid.

em outros modos de produção. No caso do feudalismo europeu, por exemplo, "as relações sociais entre as pessoas em seus trabalhos aparecem como suas próprias relações pessoais e não são disfarçadas como relações sociais das coisas, dos produtos de trabalho" [p. 134]. Tratava-se, é claro, de uma sociedade de classes caracterizada pela exploração, como as sociedades capitalistas, mas essa exploração era transparente. O servo destinava parte de seu trabalho ao senhor feudal por conta das relações sociais de dependência que regiam tais sociedades. No modo de produção capitalista, em contraste, as relações sociais escondem-se detrás das relações entre as mercadorias, assumindo "a forma fantasmagórica de uma relação entre coisas" [p. 130].

Justamente por não ter descoberto a forma-valor, voltando-se exclusivamente à investigação da grandeza de valor, a Economia Política clássica naturalizou a forma de mediação social característica do capitalismo, legitimando a forma especificamente capitalista de dominação como "natural". Conforme notou Marx, para tais economistas, as "instituições do feudalismo são artificiais, as da burguesia, naturais" [p. 682, NR 33]. Essa seria, segundo ele, "uma das falhas básicas da Economia Política clássica" [p. 681, NR 32]. Ao insistir na forma-valor, Marx conferiu um sentido diverso à teoria do valor formulada por Ricardo. Revelando uma forma historicamente específica de mediação social, sua teoria do valor desnaturalizou a sociedade capitalista. Daí o equívoco – comum mesmo na tradição marxista – de interpretar a formulação de Marx relegando a análise da forma-valor ao segundo plano, como se ela representasse meramente um refinamento da teoria herdada de Ricardo.[22]

A apresentação de sua crítica à Economia Política passa pela apresentação de formas sociais que decorrem umas das outras. Da forma-mercadoria à forma-valor, desta à forma-dinheiro, até chegar à forma-capital. A última é analisada a partir de sua fórmula geral, *D–M–D*, dinheiro–mercadoria–dinheiro, que "determina a organização econômica da sociedade moderna" [p. 195]. Segundo ela, os capitalistas utilizam dinheiro para adquirir mercadorias, *D–M*, comprando os meios de produção e a força de trabalho de que necessitarão para o processo produtivo. O resultado deste último é, então, levado de volta ao mercado (à esfera da circulação, como diz Marx) para ser vendido, trocado novamente por dinheiro, *M–D*. Como se supõe que as mercadorias sejam trocadas, em regra, pelo seu

---

22 Ver, para essa crítica, Moishe Postone, *Tempo, trabalho e dominação social: Uma reinterpretação da teoria crítica de Marx* [1993], trad. Amilton Reis e Paulo Cezar Castanheira. São Paulo: Boitempo, 2014, esp. pp. 68–78; e M. Heinrich, *Introdução a O capital de Karl Marx* [2004], trad. César Mortari Barreira. São Paulo: Boitempo, 2024.

valor, *prima facie* a fórmula geral do capital parece absurda. Por que os capitalistas dar-se-iam ao trabalho de produzir mercadorias apenas para obter a mesma quantidade de dinheiro que possuíam no início? A resposta é encontrada quando se comparam o início e o final da fórmula em termos quantitativos. O capitalista leva adiante a sua atividade porque tem a expectativa de, ao final, obter uma quantidade de dinheiro maior do que aquela com a qual iniciou o processo. A fórmula, então, deve ser representada como *D–M–D'*, sendo que *D'* é maior do que *D*.

Mas, se *D–M* e *M–D* são ambas trocas de equivalentes, isto é, compra e venda de mercadorias pelos seus valores, como é possível que as mercadorias obtidas inicialmente sejam, ao final, trocadas por uma quantidade maior de dinheiro do que a necessária para adquiri-las? A única alternativa é o "consumo" das mercadorias no processo produtivo ser criador de valor:

> Para extrair valor do consumo de uma mercadoria, nosso possuidor de dinheiro precisaria ter a sorte de descobrir dentro da esfera da circulação, no mercado, uma mercadoria cujo próprio valor de uso tivesse a característica peculiar de ser fonte de valor, portanto cujo verdadeiro consumo fosse em si objetivação de trabalho, por conseguinte criação de valor. E o possuidor de dinheiro encontra no mercado tal mercadoria específica – a capacidade de trabalho ou a força de trabalho. [pp. 197–98]

Marx resolveu, assim, a dificuldade que assombrava a reflexão econômica desde Smith. O valor das mercadorias é determinado pelo tempo de trabalho abstrato socialmente necessário que é incorporado em sua produção – tanto direta quanto indiretamente, incluindo assim o tempo de trabalho incorporado nos meios de produção utilizados. Mas tal valor não é equivalente àquele necessário para adquirir a força de trabalho que, tendo sido transformada em mercadoria, também é comprada e vendida pelo seu valor, isto é, pelo tempo de trabalho necessário para a sua produção – e não pelo valor do tempo despendido no processo produtivo. Voltarei adiante à determinação do valor da força de trabalho. De modo geral, parte do tempo de trabalho cria o valor necessário para adquirir a força de trabalho, enquanto o tempo restante é criador de excedente, de mais-valia. Algumas distinções são utilizadas por Marx para se referir a esse fenômeno: tempo de trabalho pago *versus* tempo de trabalho não pago; trabalho necessário *versus* trabalho excedente.

Ao examinar o processo de produção como um processo de consumo da força de trabalho, Marx explicou o "segredo da produção de mais-valia" e, assim, a fórmula geral do capital. A mais-valia representa precisamente o incremento que distingue *D'* de *D*. Além disso, a dinâmica capitalista está também inscrita na fórmula geral do capital, que aponta para um processo incessante de acumulação de capital. Nas palavras de Marx, "o movimento do capital é insaciável" [p. 187]. Para entender a compulsão que impõe aos capitalistas repetirem continuamente o processo *D–M–D'*, ampliando o valor por eles controlado, é necessário explicar a produção da mais-valia relativa e as "leis coercitivas da concorrência" [p. 314]. Acompanhemos, então, Marx no notável salto que distingue o capítulo 8 do primeiro volume de *O capital* daqueles que o antecederam. No capítulo sobre a jornada de trabalho, a análise minuciosa dos conceitos dá lugar ao exame histórico dos conflitos de classes.

A LUTA DE CLASSES NO PALCO

Marx distinguiu duas formas de aumentar o produto expropriado dos trabalhadores, isto é, de produzir mais-valia. A primeira, mais-valia absoluta, consiste em ampliar a jornada de trabalho, de modo que, assumindo um tempo dado de trabalho pago, amplia-se o tempo de trabalho não pago. A segunda, mais-valia relativa, pressupõe inversamente uma dada jornada de trabalho e refere-se à redução do tempo de trabalho pago com o aumento da força produtiva do trabalho. Se o tempo de trabalho socialmente necessário para produzir o equivalente ao valor da força de trabalho é reduzido com o aumento da produtividade do trabalho, os trabalhadores gastam uma parcela menor da jornada para repor o valor pago a eles. Uma parte maior do seu tempo é dedicada, assim, a enriquecer seus patrões. Em outras palavras, amplia-se o tempo de trabalho não pago e, por conseguinte, a mais-valia.

Marx enfrentou primeiro a questão da definição histórica da jornada de trabalho, isto é, da produção de mais-valia absoluta. Não obstante as barreiras físicas intransponíveis que restringem o número de horas que cada pessoa pode trabalhar por dia, a definição de limites para a jornada de trabalho é "muito elástica", segundo ele [p. 248]. A história detalhada no capítulo 8 é, assim, a de "uma luta multissecular entre capitalista e trabalhador" [p. 276]. Ela é dividida basicamente em duas partes. Primeiro, resume uma série de esforços legais para alongar a jornada de trabalho, observados na Inglaterra entre os séculos XIV e XVII. Em seguida, descreve em detalhes a "guerra civil de meio século" travada em torno de limites legais à jornada de trabalho na Inglaterra do século XIX [p. 296]. A primeira parte da história trata do expressivo aumento da jornada de trabalho, da busca do capital por "apossar-se de toda a semana do trabalhador" [p. 278]. A segunda parte consiste na reação da classe trabalhadora.

Aqui, Marx demonstra seus dotes como historiador. As disputas políticas e legislativas travadas na Inglaterra, em especial entre 1833 e 1864, ganham vida em uma interpretação rica em detalhes. Embora se trate de "uma luta entre o capitalista coletivo, isto é, a classe dos capitalistas, e o trabalhador coletivo, ou a classe trabalhadora" [p. 250], muitas outras personagens assumem papel de destaque. As vitórias parciais da classe trabalhadora com frequência são interpretadas, por exemplo, à luz de conflitos entre capitalistas e proprietários de terra, enredados na mencionada disputa sobre as leis dos cereais. As classes trabalhadoras, predominantemente organizadas em torno do cartismo, aproveitam cisões entre as classes dominantes para fazer prevalecer suas demandas em um contexto político e institucional hostil à participação popular. Inspetores de fábricas designados pelo Parlamento e juízes de paz também desempenham papéis de destaque no desenrolar dos eventos. Sem subestimar os limites das legislações aprovadas e a capacidade da burguesia de driblar as restrições impostas, Marx afirmou que o resultado do longo conflito foi a "derrota" do capital, que na ocasião acabou sendo obrigado a restringir a jornada de trabalho industrial a dez horas e meia por dia [p. 732, NR 184]. Os trabalhadores industriais ingleses consolidaram-se, com essa vitória, como "os campeões da moderna classe trabalhadora" [p. 298].

O capital não se daria por vencido, no entanto. Se a produção de mais-valia absoluta encontrava limites políticos rígidos, a alternativa seria produzir mais-valia relativa. Já desde o *Manifesto comunista*, Marx (neste caso, em coautoria com Engels) enfatizava a imensa capacidade do capitalismo de aumentar a força produtiva do trabalho: "A burguesia não pode existir sem revolucionar, constantemente, os instrumentos de produção e, desse modo, as relações de produção e, com elas, todas as relações da sociedade".[23] O resultado seria uma inédita multiplicação da capacidade produtiva do trabalho humano, de modo que as "pirâmides egípcias, os aquedutos romanos e as catedrais góticas" empalideceriam diante das "maravilhas" produzidas pela burguesia.[24]

Em *O capital*, a teoria do valor serve de base para explicar tal tendência [pp. 314–16]. Conforme mencionado, as mercadorias são vendidas pelo tempo de trabalho socialmente necessário incorporado nelas, isto é, o tempo "requerido para produzir um valor de uso qualquer, nas condições dadas de produção socialmente normais e com o grau social médio de habilidade e de intensidade de trabalho" [p. 102]. Sendo assim, se um capitalista individual lograsse produzir uma dada mercadoria utilizando um tempo menor de trabalho, ela teria um valor individual menor do que o seu valor social e ele poderia se apropriar de uma mais-valia extra. Com o

23 K. Marx e F. Engels, *O manifesto comunista* [1848], trad. Maria Lucia Como. Rio de Janeiro: Paz e Terra, 1998, p. 13.

24 Ibid., p. 14.

tempo, outros capitalistas atuando no mesmo setor adotariam o mesmo método, mais produtivo, generalizando-o. Assim, o tempo de trabalho socialmente necessário para produzir tal mercadoria seria reduzido e, com ele, o seu valor, eliminando a mais-valia extra que vinha sendo obtida pelo primeiro capitalista. É importante notar que o mecanismo sugerido não requer que se assuma qualquer ambição especial por parte dos capitalistas. O seu comportamento, na realidade, é uma imposição das "leis coercitivas da concorrência": aqueles que ficam para trás na busca incessante por métodos de produção aperfeiçoados tendem a se apropriar de uma parcela menor do excedente e podem até ser eliminados pelos concorrentes. Com exemplos do século XX, Harry Braverman ilustrou o mecanismo:

> Depois que Henry Ford introduziu a correia transportadora móvel (entre 1912 e 1914) como meio de submontagem e montagem final dos automóveis, nenhuma das centenas de empresas produtoras de veículos então existentes poderia esperar sobreviver por muito tempo sem adotar esse processo. A partir do momento que a primeira loja de alimentos no varejo adotou os métodos de autosserviço nas prateleiras e nos caixas de suas lojas, nenhuma empresa do setor poderia esperar prosperar ou mesmo sobreviver sem tais métodos.[25]

Nos capítulos 11, 12 e 13 do primeiro volume de *O capital*, Marx voltou-se novamente para a descrição do processo histórico, detalhando a maneira pela qual a tendência para aumentar a força produtiva do trabalho conferiu certa dinâmica histórica à produção capitalista. Ela se iniciou pelo agrupamento de números crescentes de trabalhadores, de forma a obter os benefícios da cooperação. "A atividade de um número maior de trabalhadores, ao mesmo tempo, no mesmo lugar (ou, se se quiser, no mesmo campo de trabalho), para produzir a mesma espécie de mercadoria, sob o comando do mesmo capitalista, constitui histórica e conceitualmente o ponto de partida da produção capitalista" [p. 319]. Em seguida, com o advento da manufatura, o próprio processo de trabalho foi reorganizado, e cada trabalhador especializou-se em uma parte específica da produção. Nessa etapa, os ganhos de eficiência decorreram da divisão do trabalho interna ao processo produtivo. Por fim, na etapa da grande indústria, o processo de trabalho foi transformado pela difusão da maquinaria, que substitui um número crescente de trabalhadores.

25 H. Braverman, "The Degradation of Work in the Twentieth Century", in *Labor and Monopoly Capital: The Degradation of Work in the Twentieth Century*. New York: Monthly Review Press, 1998, pp. 318–19. Apêndice à edição comemorativa; não disponível na edição brasileira.

Tais passagens, da cooperação para a manufatura e desta para a grande indústria, não consistiram em uma simples transformação ditada por requisitos técnicos do processo produtivo. Na realidade, foram processos conflitivos em que, a cada etapa, o capital aprofundou a subordinação das classes trabalhadoras, concentrou o poder sobre o processo de trabalho e ampliou a parcela da jornada de trabalho que representava trabalho não pago. A dimensão técnica do aumento de produtividade está estreitamente vinculada a sua forma social, em sociedades estruturadas pela forma-valor. Marx deixou claro que tais características do processo histórico de aumento da força produtiva do trabalho não decorreram inevitavelmente da adoção da maquinaria, mas resultaram da sua "utilização capitalista" [p. 405]. No modo de produção capitalista, o processo de trabalho é simultaneamente um processo de valorização do capital, de modo que o potencial emancipatório criado pelo aumento da força produtiva do trabalho não pode se realizar:

> considerada em si, a maquinaria [...] facilita o trabalho, utilizada como capital aumenta sua intensidade; em si é uma vitória do ser humano sobre a força da Natureza, utilizada como capital submete o ser humano por meio da força da Natureza; em si aumenta a riqueza do produtor, utilizada como capital o pauperiza [...]. [ibid.]

Dessa maneira, Marx não rejeitou o avanço técnico obtido pela grande indústria, mas argumentou que a realização de seu potencial requer a abolição do modo de produção capitalista. Após descrever com simpatia as tentativas dos movimentos luditas de resistir ao avanço da maquinaria, afirmou que é "preciso tempo e experiência até que o trabalhador distinga a maquinaria de sua aplicação capitalista e, daí, aprenda a transferir seus ataques do próprio meio de produção para sua forma social de exploração" [p. 395].

Escrevendo em meados do século XIX, Marx examinou a dinâmica que caracterizava os conflitos em torno da mais-valia, baseando-a tanto nas categorias que utilizou para apreender o capitalismo como em uma análise detalhada do processo histórico então em curso. Mais de um século e meio após a publicação do primeiro volume de *O capital*, sua caracterização de tal dinâmica poderia ter ficado datada. Ela mantém, contudo, assustadora atualidade.

No que se refere à jornada de trabalho, estimativas recolhidas por Juliet Schor para o caso inglês corroboram a narrativa oferecida por Marx: o número médio de horas trabalhadas por ano foi multiplicado por aproximadamente dois entre os séculos XIII e XIX, voltando para um patamar próximo ao inicial no século XX.[26] A vitória obtida pelos trabalhadores ingleses em meados do século XIX seria difundida pelo mundo e, no que concerne à legislação trabalhista, não seria significativamente revertida. No entanto, ela nunca se estendeu ao conjunto das classes trabalhadoras. Nas periferias capitalistas, a maior fração dos trabalhadores segue, no século XXI, sem acesso a contratos formais de trabalho e a direitos trabalhistas. Parte dessa maioria jogada à informalidade busca sem sucesso ampliar as horas dedicadas ao trabalho assalariado para, com isso, ampliar também a renda, uma vez que foi expropriada dos meios para garantir a própria subsistência e, ao mesmo tempo, descartada pela dinâmica do capital – é o caso daqueles submetidos ao flagelo do desemprego ou do subemprego. E outra parte permanece submetida a jornadas extenuantes que não são regidas pelos limites legais.

Ademais, a transferência da maior parcela da produção industrial dos velhos centros capitalistas para o Leste Asiático, em particular para a China, nas últimas décadas, também pressionou para cima as jornadas médias de trabalho – os debates recentes sobre a legalidade do regime de trabalho chinês 996, em que se trabalha das 9 horas da manhã às 9 horas da noite, 6 dias por semana, são claros a esse respeito.[27] Além disso, as formas precarizadas de trabalho que têm se multiplicado na última década, com o avanço da uberização e a "flexibilização" dos direitos trabalhistas (inclusive no Brasil, com a reforma aprovada em 2017), vêm difundindo jornadas que escapam dos limites legislados, mesmo nos países ricos.[28] Está cada vez mais claro que o contrato de trabalho formal, em tempo integral, protegido por direitos trabalhistas, representou "uma exceção histórica [...] um fenômeno histórico que

---

26 J. Schor, *The Overworked American: The Unexpected Decline of Leisure*. New York: Basic Books, 1992, p. 45.

27 Jenny Jing Wang, "How Managers Use Culture and Controls to Impose a '996' Work Regime in China that Constitutes Modern Slavery". *Accounting and Finance*, v. 60, 2020, pp. 4331–59. Sobre as condições de trabalho nas fábricas chinesas contemporâneas, ver também Joshua B. Freeman, *Mastodontes: A história da fábrica e a construção do mundo moderno*, trad. Pedro Maia Soares. São Paulo: Todavia, 2019, cap. 7.

28 Para um exame crítico detalhado das condições de trabalho dos motoristas de Uber nos Estados Unidos, ver Janine Marie Berg e Hannah Johnston, "Too Good to Be True? A Comment on Hall and Krueger's Analysis of the Labor Market for Uber's Driver-Partners". *ILR Review*, v. 72, n. 1, 2018. Para uma análise mais geral da uberização e da forma como a "economia do compartilhamento" aprofundou a exploração das classes trabalhadoras, ver J. Schor, *After the Gig: How the Sharing Economy Got Hijacked and How to Win It Back*. Oakland: University of California Press, 2020.

teve um impacto profundo em uma parte limitada do mundo por um período relativamente curto".[29] Ou, para usar os conceitos de Marx, não há dúvida de que as disputas em torno da mais-valia absoluta seguem em curso, opondo a investida do capital para estender a jornada de trabalho contra as demandas das classes trabalhadoras pela imposição de um limite máximo de horas de trabalho.

No que concerne à produção de mais-valia relativa, especialmente pela substituição de seres humanos por maquinaria no processo de trabalho, há ainda menos motivo para questionar a atualidade da formulação de Marx. A mecanização do processo de trabalho, que ele identificou no século XIX, acelerou-se desde então, subdividindo o processo produtivo em tarefas simples e transferindo-as para máquinas. Em setor após setor, grupos de trabalhadores foram substituídos por máquinas operadas por um número muito menor deles. O processo que Marx argumentara ser característico da manufatura aprofundou-se com a grande indústria e segue em curso no século XXI: "o enriquecimento do trabalhador coletivo e, portanto, do capital em força produtiva social é condicionado pelo empobrecimento do trabalhador em forças produtivas individuais" [p. 348].

Harry Braverman ofereceu a descrição mais sistemática dos processos de trabalho no século XX à luz dos conceitos formulados em *O capital*.[30] Ele concluiu que transformações organizacionais e tecnológicas levaram ao aumento da degradação do trabalho e a uma redução das habilidades requeridas da maior parte dos trabalhadores. Nos últimos anos, o avanço da robotização dos processos produtivos e do uso de formas diversas de inteligência artificial alimentaram um amplo debate sobre as consequências da onda atual de mudanças tecnológicas.[31] Visto de uma perspectiva mais longa, é plausível que ela consista em mais um capítulo da história de conflitos em torno da produção de mais-valia relativa: de um lado, o capital aprofundando a subordinação dos trabalhadores com o objetivo de reduzir o tempo de trabalho pago e, de outro, as classes trabalhadoras resistindo à pressão contínua para intensificar o ritmo de trabalho e eliminar todos os resquícios de autonomia dos trabalhadores no processo produtivo. Os atuais armazéns da Amazon, com trabalhadores obrigados a ritmos intensos de trabalho repetitivo e, na prática, subordinados a *drones* que transportam mercadorias, poderiam muito bem ter saído das páginas de *O capital*. Em particular pelo fato de que não se trata de uma

---

29 Jan Breman e Marcel van der Linden, "Informalizing the Economy: The Return of the Social Question at a Global Level". *Development and Change*, v. 45, n. 5, 2014, p. 923.

30 H. Braverman, "The Degradation of Work in the Twentieth Century", op. cit.

31 Aaron Benanav, *Automation and the Future of Work*. London: Verso, 2020.

situação inerte, mas entrecortada por conflitos e disputas, especialmente no caso dos Estados Unidos, em que os trabalhadores da empresa têm lutado para se organizar em sindicatos.[32]

MALTHUS, OS SALÁRIOS E OS CICLOS ECONÔMICOS

A determinação da parcela do valor produzido em um dado período que é apropriada como mais-valia depende, como mencionado acima, tanto da extensão da jornada de trabalho quanto da transformação do processo produtivo com objetivo de reduzir o tempo de trabalho pago. A redução do tempo de trabalho pago, nesse caso, decorre do aumento da força produtiva do trabalho, que permite que se produzam os meios de subsistência da classe trabalhadora em menos tempo e de forma mais eficiente. Isso significa, então, que os salários pagos aos trabalhadores são determinados pelas suas necessidades de subsistência?

A resposta de Marx a essa pergunta gerou uma série de interpretações divergentes e precisa ser examinada com certo detalhe.[33] Ao se debruçar sobre esse assunto, Marx ofereceu muito mais do que uma explicação sobre o nível de salários vigente. Ele formulou uma interpretação sobre a dinâmica cíclica do capitalismo que permite explicar as trajetórias do emprego, do investimento e da distribuição de renda entre capital e trabalho. Desse modo, seu argumento antecipou uma série de temas que são debatidos por macroeconomistas até hoje. Uma vez mais, seu ponto de partida foi a Economia Política clássica. Mas, nesse aspecto, o alvo principal de sua crítica não foi Smith ou Ricardo, e sim Thomas Malthus.

Malthus é considerado, em geral, um dos precursores da demografia e até hoje é lembrado por conta do seu princípio da população. Segundo este, a trajetória demográfica de uma sociedade é determinada pelo fato de que "a população, quando não controlada, cresce numa progressão geométrica, e os meios de subsistência numa progressão aritmética".[34] O freio ao crescimento populacional imposto por esse descompasso entre as duas taxas de crescimento manifesta-se sobretudo em alterações cíclicas da taxa de mortalidade. Quando o crescimento populacional gera

32 Steven P. Vallas, Hannah Johnston e Yana Mommadova, "Prime Suspect: Mechanism of Labor Control at Amazon's Warehouses". *Work and Occupations*, v. 49, n. 4, 2022.

33 Roman Rosdolsky, *Gênese e estrutura de O capital de Karl Marx* [1968], trad. César Benjamin. Rio de Janeiro: Contraponto / Ed. UERJ, 2001, pp. 237–60.

34 T. R. Malthus, "Ensaio sobre a população" [1798], trad. Antonio Alves Cury, in *Malthus / Ricardo*. São Paulo: Abril Cultural, 1983, p. 283. Coleção Os Economistas.

escassez de alimentos, os indivíduos mais frágeis, como crianças e idosos, têm sua vulnerabilidade acentuada pela desnutrição, correndo maior risco de adoecer e falecer. O aumento da taxa de mortalidade reequilibra, assim, de forma cruel, a população com a disponibilidade de alimentos.

Escrevendo em um momento em que a força de trabalho se convertia aceleradamente em mercadoria com a difusão do assalariamento, Malthus argumentou que seu princípio poderia se manifestar também na trajetória dos salários e formulou, assim, uma teoria da determinação salarial que se difundiria na Economia Política clássica e que seria adotada pelo próprio Ricardo. Embora seja mais conhecido pelo *Ensaio sobre a população*, Malthus teve uma atuação destacada como pensador econômico, sendo um dos principais interlocutores de Ricardo. Mais de um século depois, seria saudado por John Maynard Keynes como "o primeiro dos economistas de Cambridge" e precursor das teorias sobre o subconsumo.[35]

Segundo o seu argumento, em períodos de prosperidade e elevação dos níveis salariais, as classes trabalhadoras logram ampliar seu consumo de alimentos, reduzindo a desnutrição e a taxa de mortalidade. Como consequência, em sociedades capitalistas, quando o crescimento populacional ultrapassa o da produção agrícola, observa-se excesso de demanda por alimentos e elevação do seu preço. O encarecimento dos alimentos reduz, então, os salários em termos reais, restringe o consumo de meios de subsistência e, implacavelmente, por meio da elevação da mortalidade, reequilibra a população com a disponibilidade de comida. O princípio da população, que em sua formulação valeria para qualquer sociedade, manifesta-se como uma "lei de ferro" dos salários nas sociedades regidas pelas trocas mercantis. É ele que garante que os salários tendam ao nível de subsistência.

O argumento de Malthus foi uma peça central do acalorado debate ocorrido na Inglaterra por ocasião da Revolução Francesa. O caso francês era utilizado por pensadores críticos como exemplo de que reformas sociais poderiam solucionar o paradoxo da miséria em meio à opulência. O avanço da Revolução Industrial, que criava capacidades produtivas surpreendentes, era acompanhado pela imposição de condições de vida miseráveis aos pobres que se aglomeravam em condições insalubres nas cidades em expansão. A formulação de Malthus difundiu-se nesse contexto, permitindo que se argumentasse que o paradoxo seria inevitável e que reformas sociais teriam efeitos contraproducentes. A polêmica é mencionada por Marx. Segundo ele, "em meio a uma grande crise social", o princípio da população foi "saudado com júbilo pela oligarquia inglesa como o grande exterminador de todas as aspirações pelo progresso da

35 J. M. Keynes, *Essays in Biography*. New York: W. W. Norton, 1963, pp. 81–124.

humanidade" [p. 799, NR 75]. Não se tratava, vale notar, de um debate acadêmico. O que estava em questão era a política assistencialista então vigente na Inglaterra, conhecida como *Poor Laws* (Leis dos Pobres). A posição de Malthus, segundo a qual tal política deveria ser abolida por conta de seus efeitos contraproducentes, foi precursora de uma das formas típicas da retórica reacionária identificada por Albert Hirschman.[36]

A apropriação crítica do argumento malthusiano por Marx segue o padrão mais geral de rejeitar a naturalização do funcionamento do modo de produção capitalista realizada pela Economia Política clássica e reinterpretar seus conceitos como categorias historicamente específicas a esse modo de produção. Dessa forma, Marx não nega que há uma tendência observável à produção de uma superpopulação e que tal tendência ancora o nível dos salários. Mas ela não seria, segundo ele, decorrência "das eternas leis da Natureza", como sugere Malthus, e sim de "leis naturais" historicamente específicas à produção capitalista [p. 781, NR 15]. Restaria, então, explicar essa "lei da produção capitalista, que subjaz à pretensa 'lei natural da população'" [p. 552]. No capítulo 23 do primeiro volume de *O capital*, Marx dedicou-se ao tema.

Seu argumento parte da constatação de que a acumulação de capital que caracteriza as sociedades capitalistas simultaneamente atrai e repele a força de trabalho. De um lado, ao reproduzir a capacidade produtiva em escala ampliada, a acumulação "reproduz a relação de capital em escala ampliada", isto é, a relação que vincula capitalistas e assalariados [p. 548]. Para ampliar sua capacidade produtiva, os capitalistas contam tanto com mais máquinas e equipamentos quanto com mais trabalhadores que as operam. Desse ponto de vista, a acumulação "do capital é, portanto, multiplicação do proletariado" [p. 548]. No entanto, de outro lado, a relação entre a força de trabalho e a maquinaria no processo de trabalho não mantém, como visto, uma proporção constante. A mecanização do processo produtivo significa que o trabalhador tende a operar cada vez mais máquinas ou máquinas cada vez mais complexas, o que, segundo Marx, eleva a razão entre capital e trabalho no processo produtivo. Ele considerava essa elevação uma tendência empírica incontroversa, que conferia à acumulação de capital uma tendência de repelir a força de trabalho [p. 551–52].

Dentre as duas forças opostas, a tendência à repulsão prevalecia e o modo de produção capitalista seria caracterizado pela contínua produção de uma superpopulação relativa – isto é, relativa à própria demanda do

36 A. O. Hirschman, *A retórica da intransigência: Perversidade, futilidade, ameaça* [1991], trad. Tomás Rosa Bueno. São Paulo: Companhia das Letras, 1992, esp. pp. 30–36. Sobre o debate acerca das Leis dos Pobres e o papel desempenhado por Malthus, ver também K. Polanyi, *A grande transformação*, op. cit.

capital por trabalhadores. A conclusão mirava claramente o argumento de Malthus:

> Com a acumulação do capital produzida por ela mesma, a população trabalhadora produz, portanto, em volume crescente, os meios de sua própria conversão em relativamente supranumerária. Essa é uma lei populacional peculiar ao modo de produção capitalista, assim como, de fato, cada modo de produção histórico tem suas leis populacionais particulares, historicamente válidas. Uma lei populacional abstrata só existe para plantas e animais, enquanto o ser humano não interferir historicamente. [p. 561]

Marx descreveu a superpopulação relativa como "alavanca da acumulação capitalista" e "condição de existência do modo de produção capitalista" [ibid.]. Ela explicaria o paradoxo de que a imposição do desemprego a alguns servia para impor "sobretrabalho" aos demais e garantia que os salários oscilassem em torno de níveis compatíveis com a valorização do capital [p. 565]. À maneira de Malthus, a determinação dos salários em Marx também seguia um padrão cíclico. No período de expansão econômica, o desemprego cairia, ou seja, uma redução da superpopulação relativa seria observada, elevando o poder de barganha das classes trabalhadoras e os salários. A correspondente redução dos lucros dos capitalistas eventualmente desaceleraria a própria acumulação de capital, precipitando a fase descendente do ciclo, a recessão. Nessa etapa, o desemprego voltaria a se elevar, puxando para baixo os salários e criando as condições para uma nova fase de expansão. Os ciclos econômicos, que justamente começavam a ser observados com mais regularidade no período em que Marx escrevia *O capital*, repousariam "na contínua constituição, na maior ou menor absorção e na reconstituição do exército industrial de reserva ou superpopulação" [p. 562]:

> a acumulação afrouxa devido ao preço crescente do trabalho, pois o aguilhão do lucro embota. A acumulação decresce. Mas, com seu decréscimo, desaparece a causa de seu decréscimo, ou seja, a desproporção entre capital e força de trabalho explorável. O próprio mecanismo do processo de produção capitalista elimina, portanto, os empecilhos que ele temporariamente cria. O preço do trabalho cai novamente para um nível correspondente às necessidades de valorização do capital, quer esse nível esteja abaixo, acima ou igual ao que era considerado normal antes de surgir o crescimento adicional de salário. [p. 551]

É importante ressaltar que a apropriação crítica do argumento malthusiano por Marx passava por uma alteração do significado atribuído ao "nível de subsistência". Em Malthus, o princípio da população supõe uma interpretação restritiva de "subsistência", uma vez que o mecanismo depende efetivamente de variações na desnutrição e nas taxas de mortalidade. Os salários oscilariam, nesse caso, em torno do "valor dos meios de subsistência fisicamente indispensáveis" para a reprodução da classe trabalhadora [p. 202]. Marx, no entanto, argumentou que "a determinação do valor da força de trabalho contém [...] um elemento histórico e moral" [p. 201]. Segundo ele, o fundamento da determinação do valor da força de trabalho no modo de produção capitalista seguiria o que era válido para todas as mercadorias de acordo com a lei do valor: a força de trabalho teria o seu valor determinado pelo tempo de trabalho socialmente necessário para a sua produção. "Dada a existência do indivíduo, a produção da força de trabalho consiste em sua própria reprodução ou manutenção. Para sua manutenção, o indivíduo vivo precisa de certa soma de meios de subsistência" [p. 200]. No entanto, ressaltou Marx, o nível de subsistência é "um produto histórico e depende, por isso, grandemente do nível cultural de um país, entre outras coisas também essencialmente sob que condições e, portanto, com que hábitos e aspirações de vida se constituiu a classe dos trabalhadores livres" [p. 201]. Daí a peculiaridade do valor da força de trabalho e o "elemento histórico e moral" que influencia sua determinação.

Politicamente, tal concepção de "nível de subsistência" não era sem consequências, uma vez que contrariava o fatalismo malthusiano segundo o qual qualquer elevação salarial seria eliminada pela elevação do preço dos alimentos e qualquer tentativa de melhorar a situação das camadas mais pobres revelar-se-ia contraproducente. A dinâmica cíclica indicada por Marx apontava, de fato, para o mecanismo segundo o qual ganhos salariais, ao reduzirem a lucratividade, trariam consigo uma dinâmica que eventualmente tenderia a revertê-los. Contudo, em um prazo mais longo, seria concebível que as lutas travadas pelas classes trabalhadoras lograssem elevar o próprio nível de subsistência convencionalmente estabelecido, alterando o nível salarial em torno do qual a trajetória cíclica dos salários seria observada. Tanto é assim que Marx decidiu dedicar uma extensa intervenção nos debates da Associação Internacional dos Trabalhadores, em 1865, à crítica do argumento de que a luta pela elevação dos salários seria fútil ou contraproducente.[37]

Ainda no que concerne ao valor da força de trabalho, intelectuais feministas demonstraram que há uma lacuna notável no argumento

37 K. Marx, "Salário, preço e lucro", trad. Leandro Konder, in *Para a crítica da Economia Politica. Salário, preço e lucro. O rendimento e suas fontes: A economia vulgar.* São Paulo: Abril Cultural, 1982. Coleção Os Economistas.

elaborado por Marx.[38] Trata-se de desconsiderar a centralidade do trabalho doméstico não remunerado, em especial feminino, para a reprodução das classes trabalhadoras. A forma historicamente cambiante de inserção das mulheres no assalariamento influencia de forma decisiva o valor da força de trabalho, uma vez que ele se baseia na obtenção de meios de subsistência em trocas mercantis, complementando o trabalho não remunerado que as classes trabalhadoras sempre dedicam, em menor ou maior grau, à própria reprodução. Assim, aumentos ou reduções do tempo de trabalho doméstico não remunerado, associados ao grau de assalariamento feminino e ao padrão das relações familiares influenciado pela dinâmica do capital, tendem a repercutir não apenas nos níveis salariais como também na cisão interna das classes trabalhadoras, entre homens e mulheres.[39]

A despeito dessa ampliação necessária da concepção sobre a reprodução da força de trabalho, o argumento de Marx acerca da superpopulação relativa serviu de ponto de partida para uma série de análises empiricamente detalhadas sobre a dinâmica cíclica das economias capitalistas. Os dados econômicos, coletados mais sistemática e regularmente desde a Segunda Guerra Mundial, permitiram identificar nas economias ricas ciclos de lucratividade e de absorção e reconstituição da superpopulação relativa que seguem, em grande medida, o padrão sugerido por Marx.[40] A identificação de tais ciclos é decisiva para interpretar as distintas fases por que passam os conflitos de classe e até mesmo seus efeitos sobre a política institucional. Além disso, ela contribui para um diagnóstico mais acurado sobre os limites das políticas econômicas, oferecendo o substrato político que costuma faltar aos argumentos dos economistas.[41] Dentre os economistas críticos, formulações herdeiras do argumento de Marx sobre a superpopulação relativa, como o modelo de Richard M. Goodwin e suas variantes, ofereceram

---

38 Ver, por exemplo, Silvia Federici, "Notas sobre gênero em *O capital* de Marx", trad. Giovanna Marcelino. *Movimento*, set. 2017. Disponível on-line.

39 Ver ibid.; e Nancy Fraser, *Capitalismo canibal: Como nosso sistema está devorando a nossa democracia, o cuidado e o planeta e o que podemos fazer a respeito disso*, trad. Aline Scátola. São Paulo: Autonomia Literária, 2024, cap. 3.

40 Ver, entre outros, Thomas Weisskopf, "Marxian Crisis Theory and the Rate of Profit in the Postwar US Economy". *Cambridge Journal of Economics*, v. 3, n. 4, 1979; e Deepankar Basu, Ying Chen e Jong-Seok Oh, "Class Struggle and Economic Fluctuations: VAR Analysis of the Post-War US Economy". *International Review of Applied Economics*, v. 27, n. 5, 2013.

41 Raford Boddy e James Crotty, "Class Conflict and Macro-Policy: The Political Business Cycle". *Review of Radical Political Economics*, v. 7, n. 1, 1975.

um contraponto importante à inclinação tecnocrática de alguns dos herdeiros de Keynes.[42]

Em muitas ocasiões, economistas de esquerda – em geral adeptos de variantes da teoria keynesiana – subestimaram as tensões desencadeadas pela adoção de políticas econômicas expansionistas, que buscavam acelerar o crescimento econômico e reduzir o desemprego. Quando tais políticas eventualmente acirraram os conflitos de classe, ao acelerarem a absorção da superpopulação relativa, coube aos herdeiros de Marx redirecionar a discussão, apontando para além do debate sobre políticas econômicas alternativas. Eles deram destaque, assim, à dimensão política e estratégica da luta pela melhora do padrão de vida das classes trabalhadoras, identificando seus limites em sociedades capitalistas. Talvez o exemplo mais célebre seja a discussão sobre a explosão salarial observada no final dos anos 1960 na Europa e as dificuldades enfrentadas pelas políticas keynesianas na década seguinte. A revisão crítica que se seguiu, protagonizada por economistas e historiadores influenciados por Marx (como Amit Bhaduri, Robert Brenner, Andrew Glyn e Stephen Marglin), abriu o caminho para um balanço sofisticado da experiência social-democrata da Europa do pós-guerra.[43]

Vale notar, por fim, que, na seção III do Livro 3 de *O capital*, Marx voltou ao tema da taxa de lucro. Suas reflexões não se restringiram à análise da dinâmica cíclica, discutida acima, mas abordaram também "a lei da queda tendencial da taxa de lucro", que determinaria o nível em torno do qual a oscilação cíclica se daria. Ainda outra vez, Marx dedicava-se a desnaturalizar achados da Economia Política clássica, reinterpretando-os como "leis" historicamente específicas ao modo de produção capitalista. Ele se referiu

---

42 R. M. Goodwin, "A Growth Cycle", in C. H. Feinstein (org.), *Socialism, Capitalism and Economic Growth: Essays Presented to Maurice Dobb*. Cambridge: Cambridge University Press, 1967.

43 Ver Philip Armstrong, A. Glyn e John Harrison, *Capitalism since 1945*. Oxford: Basil Blackwell, 1991; S. Marglin e A. Bhaduri, "Profit Squeeze and Keynesian Theory", in S. Marglin e J. Schor (orgs.), *The Golden Age of Capitalism: Reinterpreting the Postwar Experience*. Oxford: Oxford University Press, 1990; e R. Brenner, *The Economics of Global Turbulence: The Advanced Capitalist Economies from Long Boom to Long Downturn, 1945–2005*. London: Verso, 2006. Para uma revisão crítica análoga, voltada à crise do lulismo, ver Adalmir A. Marquetti, Cecilia Hoff e Alessandro Miebach, "Profitability and Distribution: The Origin of the Brazilian Economic and Political Crisis". *Latin American Perspectives*, v. 47, n. 1, 2019; e Guilherme Klein Martins e F. Rugitsky, "The Long Expansion and the Profit Squeeze: Output and Profit Cycles in Brazil (1996-2016)". *Review of Radical Political Economics*, v. 53, n. 3, 2021.

à ideia de uma tendência à queda da taxa de lucro como um "mistério em torno de cuja solução toda a Economia Política gira desde Adam Smith".[44] A formulação mais influente, no entanto, era a de Ricardo.[45] Segundo este, os lucros apropriados pelos capitalistas seriam um resíduo do excedente total apropriado, uma vez deduzido, na forma de renda, o percentual destinado aos proprietários de terra. Desse modo, o crescimento populacional, ao pressionar a produção de alimentos para terras menos férteis, transferiria para os proprietários das terras relativamente mais férteis um percentual maior do excedente total, comprimindo a parcela que seria apropriada na forma de lucro pelos capitalistas. Ressaltando o conflito entre os capitalistas e os proprietários de terra, Ricardo alegava que o aumento da renda da terra teria como contrapartida a queda da taxa de lucro.

Marx reagiu a essa formulação com a ironia que caracteriza muitos dos seus textos, argumentando que, "fugindo da Economia, [Ricardo] se refugia na química orgânica".[46] A tentativa de fundamentar a trajetória da taxa de lucro nos retornos decrescentes à produção agrícola seria, de fato, colocada em questão pela persistente tendência capitalista a ampliar a capacidade produtiva da terra. Marx argumentaria, contudo, que a queda tendencial da taxa de lucro seria uma "tendência real da produção capitalista", uma "*expressão peculiar ao modo de produção capitalista* para o desenvolvimento progressivo da força produtiva social do trabalho".[47] Ao substituir continuamente trabalho por capital – ou trabalho vivo por trabalho morto, em suas palavras –, a acumulação de capital faria o capital total crescer mais rápido do que a massa de lucro. Assim, ainda que a progressiva subordinação do trabalho eleve a taxa de mais-valia, isto é, a razão entre a mais-valia produzida e a força de trabalho utilizada, a taxa de lucro poderia declinar se essa elevação fosse mais do que compensada pela elevação da composição orgânica do capital – a razão entre capital e trabalho no processo produtivo. Ao repelir continuamente a força de trabalho do processo de produção, o capital contraditoriamente reduziria o papel da mercadoria, que tem "a característica peculiar de ser fonte de valor" [p. 198]. O resultado seria a tendência à queda da taxa de lucro.

44 K. Marx, *O capital: Crítica da Economia Política*, Livro 3: *O processo total da produção capitalista*. São Paulo: Ubu Editora, 2025, p. 217.

45 D. Ricardo, "Ensaio acerca da influência do baixo preço do cereal sobre os lucros do capital", op. cit.

46 K. Marx, *Grundrisse: Manuscritos econômicos de 1857–1858. Esboços da crítica da economia política*, trad. Mario Duayer e Nélio Schneider. São Paulo: Boitempo, 2011, p. 631.

47 K. Marx, *O capital*, Livro 3, op. cit., pp. 216–17.

A literatura posterior sobre o tema é vasta. Houve inúmeras análises das condições necessárias para que a tendência fosse observada, assim como outras tantas discussões sobre o estatuto teórico da lei e sobre sua forma de manifestação.[48] Não faltaram também esforços para estimar empiricamente a tendência das taxas de lucro nas economias capitalistas, embora a falta de dados adequados limite as conclusões que se podem extrair dos resultados apresentados.[49] Sobretudo porque, uma vez que o âmbito de atuação do capital tornou-se o planeta inteiro, com a espantosa mobilidade de capital que se observa no presente, é razoável supor que a tendência à queda da taxa de lucro deveria se observar para a média mundial da lucratividade, não necessariamente para cada economia tomada isoladamente. Seja como for, nas últimas décadas, análises históricas sobre a trajetória das economias capitalistas que atribuíram centralidade à trajetória da lucratividade destacaram-se pela capacidade de oferecer diagnósticos sofisticados sobre os dilemas do neoliberalismo, gerando debates estimulantes.[50] Exemplificaram assim, mais uma vez, o valioso legado de Marx.

PERIFERIAS CAPITALISTAS

A introdução de uma edição brasileira de *O capital* não poderia se furtar a examinar, ainda que brevemente, o que o livro pode ensinar sobre as periferias capitalistas. No prefácio à primeira edição do livro, Marx justificou da seguinte maneira ao leitor alemão o fato de que o caso inglês ocupava lugar de destaque:

> Caso o leitor alemão encolha os ombros, farisaicamente, ante a situação dos trabalhadores ingleses na indústria e na agricultura ou, então, caso se assos-

---

48 Para uma exposição, ver Ben Fine e Alfredo Saad-Filho, *O capital de Marx*, trad. Bruno Höfig et al. São Paulo: Contracorrente, 2021, cap. 9. No debate brasileiro, o exame mais minucioso do tema foi realizado por Mario Possas, em *Dinâmica e concorrência capitalista: Uma interpretação a partir de Marx*. São Paulo / Campinas: Hucitec / Ed. Unicamp, 1989.

49 Ver T. Weisskopf, "Marxian Crisis Theory and the Rate of Profit in the Postwar US Economy", op. cit.; A. Glyn, "Does Aggregate Profitability *Really* Matter?". *Cambridge Journal of Economics*, v. 21, n. 5, 1997; e D. Basu et al., "World Profit Rates, 1960-2019". *Review of Political Economy*, nov. 2022.

50 Ver, entre outros, P. Armstrong, A. Glyn, J. Harrison, *Capitalism since 1945*, op. cit.; R. Brenner, *The Economics of Global Turbulence*, op. cit.; e G. Duménil e Dominique Lévy, *A crise do neoliberalismo*, trad. Paulo Castanheira. São Paulo: Boitempo, 2014.

> segue, otimisticamente, achando que na Alemanha as coisas estão longe de ser tão ruins, só posso gritar-lhe: *De te fabula narratur!* [De ti fala a fábula!]
>
> Em si e para si, não se trata do grau mais elevado ou mais baixo de desenvolvimento dos antagonismos sociais que decorrem das leis naturais da produção capitalista. Aqui se trata dessas leis mesmo, dessas tendências que atuam e se impõem com necessidade férrea. O país industrialmente mais desenvolvido mostra ao menos desenvolvido tão somente a imagem do próprio futuro. [p. 64]

A Inglaterra servia, assim, de "ilustração principal" à "explanação teórica" porque era a "localização clássica" do modo de produção capitalista [ibid.]. Não é possível negar que tal passagem sugere uma visão unilinear da história do capitalismo – embora não uma visão teleológica da história em geral.[51] Essa visão, por sua vez, teria estimulado uma série de interpretações etapistas acerca do desenvolvimento capitalista que se difundiram, em especial nas periferias capitalistas, pelas mãos dos partidos comunistas.

Contudo, alguns autores mostraram recentemente que, nos últimos anos de sua vida, Marx dedicou-se ao estudo de sociedades pré-capitalistas e de sociedades contemporâneas suas que estavam à margem do centro capitalista e, consequentemente, revisou a perspectiva sugerida no trecho acima.[52] Sua visão da história do capitalismo tornou-se cada vez mais multilinear, admitindo a possibilidade de trajetórias distintas daquela trilhada pela Inglaterra. Talvez o exemplo mais conhecido seja sua avaliação sobre a possibilidade de a Rússia saltar das relações rurais comunais direto para o comunismo, sem passar pela difusão do assalariamento, elaborada em correspondência com Vera Zasulitch.[53] Tal reavaliação chegaria até mesmo à passagem do prefácio à primeira edição de *O capital* citada acima, que, na edição francesa que ele revisou cuidadosamente entre 1872 e 1875, seria alterada da seguinte maneira: "O país industrialmente mais desenvolvido mostra *àqueles que o seguem na trajetória industrial* tão somente a imagem do próprio futuro".[54] Agora, o desenvolvimento capitalista unilinear seria restrito às sociedades que seguissem os passos da Inglaterra no que concerne à produção industrial, mas não se aplicaria àquelas que estabelecessem outras relações com o

---

51 Ver, entre outros, Ellen Meiksins Wood, "Marxism and the Course of History". *New Left Review*, n. 147, 1984.

52 Ver Kevin B. Anderson, *Marx nas margens: Nacionalismo, etnias e sociedades não ocidentais*, trad. Allan M. Hillani e Pedro Davoglio. São Paulo: Boitempo, 2019; e Jean Tible, *Marx selvagem*. São Paulo: Annablume, 2013.

53 K. B. Anderson, *Marx nas margens*, op. cit., pp. 328–45.

54 K. Marx, apud ibid., p. 262, trad. modif. Ver também ibid., esp. pp. 265–70.

centro capitalista, como colônias ou antigas colônias fornecedoras de produtos primários, por exemplo. No caso das últimas, seria concebível que o avanço do capitalismo assumisse outras formas.

Essa visão multilinear da história consistiu no ponto de partida de autores que, reivindicando o legado de Marx, renovaram a interpretação sobre a especificidade das relações sociais capitalistas nas periferias globais. Em particular a partir dos anos 1970, observou-se um esforço notável para colocar em questão, de uma perspectiva marxista, os esquemas lineares compartilhados pelas teorias da modernização e pelo etapismo do comunismo oficial. Segundo tais esquemas, a industrialização da periferia capitalista correspondia a uma gradual transferência da força de trabalho do "setor de subsistência" para o "setor capitalista" – as expressões são de William Arthur Lewis, economista caribenho que formulou um dos modelos mais difundidos dessa visão linear. O próprio Lewis admitiria que o "exemplo histórico principal" que serviu de base para a sua formulação sobre como se daria o desenvolvimento periférico na segunda metade do século XX era o da Grã-Bretanha.[55]

A industrialização periférica, contudo, tomaria um rumo distinto do previsto: seu avanço espetacular não lograva incorporar ao assalariamento convencional o grosso da força de trabalho, impondo às maiorias uma reprodução à margem do avanço do capital, como população descartada. É verdade que, no caso clássico inglês, a penetração das relações capitalistas no campo também repeliu o trabalho com uma intensidade maior do que a de sua atração pela indústria nascente, de modo que, conforme argumentou Marx, o trabalhador rural "está sempre com um pé no pântano do pauperismo" [p. 570]. Mas a proporção entre a população excedente e a população empregada na periferia seria totalmente diversa. A superpopulação era a regra, e o exército industrial ativo, a exceção. Conforme Francisco de Oliveira argumentou em sua formulação clássica sobre o caso brasileiro, "a expansão do capitalismo no Brasil se dá introduzindo relações novas no arcaico e reproduzindo relações arcaicas no novo".[56]

Essa tentativa de pensar, de uma perspectiva marxista, a especificidade das relações sociais de produção nas periferias capitalistas foi influenciada pelo capítulo 24 de *O capital*, sobre a "assim chamada acumulação primitiva". Uma acumulação, Marx escreveu, "que não é resultado do

---

55 W. A. Lewis, "Reflections on unlimited labour", in L. E. di Marco (org.), *International Economics and Development: Essays in Honor of Raúl Prebisch*. New York: Academic Press, 1972, p. 75.

56 F. Oliveira, *Crítica à razão dualista / O ornitorrinco*. São Paulo: Boitempo, 2003, p. 60.

modo de produção capitalista, mas sim seu ponto de partida" [p. 628]. Nesse capítulo, o autor reconstituiu em detalhes o longo e violento processo de expropriação dos trabalhadores rurais ocorrido na Inglaterra a partir do século XV, assim como a gênese do arrendatário capitalista e do capitalista industrial. A análise da constituição histórica da relação de capital serve para criticar a naturalização das relações capitalistas inerente à Economia Política clássica. Em vez de um desdobramento natural de propensões humanas intrínsecas, como sugerira Smith, tratou-se de um parto violento: a expropriação rural, segundo Marx, "está inscrita nos anais da humanidade com traços de sangue e fogo" [p. 630].

No caso dos marxistas interessados nas periferias capitalistas, como Giovanni Arrighi, José Nun, Francisco de Oliveira e Paul Singer, cabia investigar como se deu a acumulação primitiva nessas sociedades. Arrighi, por exemplo, examinando o processo de proletarização no Zimbábue na primeira metade do século XX, ofereceu uma reformulação do conceito marxiano de acumulação primitiva segundo a qual esta dependeria de um "desequilíbrio estrutural" entre os meios de produção à disposição dos produtores e os requisitos de subsistência.[57] Com tal conceito, ele é capaz de oferecer uma interpretação detalhada das transformações nas relações sociais de produção no Zimbábue, em um contexto de avanço, chancelado pelo governo, da agricultura capitalista e de deslocamento da maior parte da população rural para terras de baixa fertilidade, criando gradualmente a compulsão para a venda da força de trabalho.

No caso brasileiro, Paul Singer demonstrou, após análise minuciosa das estatísticas disponíveis, como o crescimento da agricultura capitalista voltada para abastecer o mercado interno desaguou em um surpreendente processo de minifundiarização.[58] Isto é, deslocou a população rural para terrenos muito pequenos, dando-lhe poucas alternativas senão migrar para os centros urbanos e submeter-se ao assalariamento. Mas, conforme mencionado, os centros urbanos absorvem parte diminuta dos trabalhadores "expropriados". Singer argumentou, assim, que "o excedente de população criado pela expansão capitalista, em vez de ser exportado (como ocorreu na Europa do século XIX), tende a reproduzir, no interior do país, as formas pré-capitalistas que estão sendo aniquiladas nos centros mais dinâmicos da economia".[59] Na interpretação de

---

57 G. Arrighi, "Labour Supplies in Historical Perspective: A Study of the Proletarianization of the African Peasantry in Rhodesia". *Journal of Development Studies*, v. 6, n. 3, 1970.

58 P. Singer, *Dominação e desigualdade: Estudos sobre a repartição de renda*. São Paulo: Ed. Unesp/Fundação Perseu Abramo, 2024.

59 Ibid., p. 174.

Oliveira, mencionada antes, tal reprodução de "relações arcaicas" alimenta a expansão das "relações modernas". Não se tratava, assim, de destroços, mas de uma característica crucial do capitalismo periférico que "cresce por elaboração de periferias", em que "a acumulação primitiva é estrutural e não apenas genética".[60]

Os achados sugestivos dessa tradição, influenciada pelas formulações contidas em *O capital*, acabariam por se revelar mais gerais, isto é, não apenas aplicáveis às periferias capitalistas, mas com potencial de iluminar aspectos dos países capitalistas centrais. Revelava-se, nesse caso, o potencial crítico de examinar o capitalismo a partir de uma perspectiva periférica. Tal generalização tem como um dos seus pontos de partida recentes a formulação de Harvey acerca do que ele denominou de "acumulação por espoliação". Recuperando e revisando uma hipótese sugerida por Rosa Luxemburgo, Harvey argumenta que uma "reavaliação geral do papel contínuo e da persistência das práticas predatórias da acumulação 'primitiva' ou 'original' no âmbito da longa geografia histórica da acumulação do capital é [...] necessária [...]. Como parece estranho qualificar de 'primitivo' ou 'original' um processo em andamento, substituirei a seguir esses termos pelo conceito de 'acumulação por espoliação'".[61]

Desde então, inúmeros autores levaram adiante essa sugestão de examinar as configurações historicamente dinâmicas de combinação entre a exploração capitalista convencional – isto é, a apropriação de mais-valia produzida pelo trabalho assalariado – com formas de espoliação. Em outras palavras, investigou-se a articulação persistente de métodos econômicos e não econômicos de apropriação do excedente, que sobreviveu à consolidação do capitalismo. Pesquisas sobre o capital financeiro, por exemplo, que se debruçaram sobre a origem dos lucros bancários e sobre o significado do endividamento crescente da classe trabalhadora, resultaram em controvérsias sobre esse tema mais geral, debatendo a ideia de uma "expropriação financeira".[62] A literatura sobre

---

60 F. Oliveira, *Crítica à razão dualista / O ornitorrinco*, op. cit., p. 43. Tal revisão crítica eventualmente atingiu até Celso Furtado, o grande desenvolvimentista brasileiro, que reavaliou suas expectativas sobre a possibilidade de desenvolvimento na periferia capitalista. Ver, por exemplo, C. Furtado, *O mito do desenvolvimento econômico*. São Paulo: Ubu Editora, 2024.

61 D. Harvey, *O novo imperialismo*, trad. Adail Sobral e Maria Stela Gonçalves. São Paulo: Loyola, 2005, pp. 120–21.

62 Ver Costas Lapavitsas, "Financialised Capitalism: Crisis and Financial Expropriation". *Historical Materialism*, v. 17, n. 2, 2009; e B. Fine, "Locating financialisation". *Historical Materialism*, v. 18, n. 2, 2009.

a extração de recursos naturais e sobre os efeitos do avanço do capital contra a natureza também produziu reflexões acerca do mesmo tema, assim como o debate sobre as chamadas *big tech*.[63] Para usar os termos de Oliveira, também nos centros capitalistas "a acumulação primitiva é estrutural e não apenas genética".[64]

CONSIDERAÇÕES FINAIS

O capital segue sendo lido e discutido mais de um século e meio após a publicação original de seu primeiro volume porque ele tem uma enorme capacidade de se renovar pelas mãos de novas gerações. Em diferentes períodos históricos e em diferentes contextos, nos partidos políticos, nas universidades e no debate público, controvérsias que marcaram época tiveram como referência o livro clássico de Marx. O arcabouço conceitual sofisticado apresentado nele, assim como as inúmeras interpretações históricas oferecidas e a apropriação crítica do pensamento que o antecedeu, segue iluminando as sociedades capitalistas, a despeito das transformações substanciais por que elas passaram desde 1867. Por essa razão, o livro continua atraindo novos leitores em busca de meios para compreender o mundo e de balizas para guiar suas ações. Seria, assim, totalmente contrário à história da recepção de *O capital* argumentar que as sugestões interpretativas contidas nesta introdução oferecem a leitura "correta" do argumento de Marx. Na realidade, devem ser tomadas apenas como pistas que o autor destas linhas considera que poderiam ser exploradas com mais atenção. E que, vale dizer, deixaram de lado tantos outros temas abordados na obra. Mas, livro vivo que é, *O capital* seguirá encontrando novos leitores que vão questionar estas pistas e forjar novos caminhos, demonstrando que este clássico mantém sua atualidade e segue contribuindo para decifrarmos novos enigmas e enfrentarmos novos desafios. Evoé, jovens à vista.

63 Ver G. L. Gonçalves e S. Costa, "Da acumulação primitiva à acumulação entrelaçada: Desenvolvimentos da teoria marxista da expansão capitalista", in *Um porto no capitalismo global: Desvendando a acumulação entrelaçada no Rio de Janeiro*. São Paulo: Boitempo, 2020; e Evgeny Morozov, "Critique of Techno-Feudal Reason". *New Left Review*, n. 133/34, 2022.

64 F. Oliveira, *Crítica à razão dualista/O ornitorrinco*, op. cit., p. 43.

NOTA BIBLIOGRÁFICA

Um livro da estatura de *O capital* dispõe de uma vasta fortuna crítica, que continua a se acumular à medida que inúmeros aspectos dos argumentos do autor são objeto de debates acalorados. Não é possível, assim, oferecer uma visão de conjunto da literatura que levou adiante as ideias formuladas por Marx em sua obra principal. Em vez disso, esta nota indica algumas referências, em especial ligadas a questões econômicas, que podem ser úteis para refletir sobre a recepção do Livro 1 de *O capital* desde sua publicação original. Quiçá elas possam servir de guia para aquelas e aqueles que queiram se aprofundar em alguns temas de destaque deste volume.

Antes de passar para tais temas, vale notar que há hoje uma série de livros introdutórios que podem auxiliar na leitura de *O capital*. Talvez um dos mais influentes seja *Para entender O capital*,[65] de David Harvey, que tem o mérito de priorizar a relevância atual dos argumentos em vez dos debates internos ao campo marxista. Voltados mais aos assuntos econômicos, vale mencionar também *O capital de Marx*,[66] de Ben Fine e Alfredo Saad Filho, e *Understanding Capital*,[67] de Duncan Foley – o último ainda não dispõe de tradução para o português. Como mencionado na introdução geral desta edição, sempre é oportuno que novas gerações redescubram *O capital* em seus próprios termos, sem quaisquer amarras herdadas dos debates travados por gerações anteriores. Mas, de toda forma, os guias de leitura mencionados oferecem pistas valiosas e compartilham parte da fortuna crítica.

O Livro 1 de *O capital* inicia celebremente pelos capítulos sobre a teoria do valor. Sua dificuldade pode ser atenuada pela leitura paralela dos capítulos de Adam Smith e David Ricardo sobre o tema, ponto de partida de Marx: em especial o Livro Primeiro de *A riqueza das nações*,[68] de Smith, e o capítulo 1 de *Princípios de Economia Política e tributação*,[69] de Ricardo. A literatura sobre a formulação marxiana é imensa, mas alguns

---

65 D. Harvey, *Para entender O capital: Livro I* [2010] e *Para entender O capital: Livros II e III* [2013], trad. Rubens Enderle. São Paulo: Boitempo, 2013/14.

66 B. Fine e A. S. Filho, *O capital de Marx* [1975], trad. Bruno Höfig, Guilherme Gonçalves e Renato Gomes. Rio de Janeiro: Contracorrente, 2021.

67 D. Foley, *Understanding Capital: Marx's Economic Theory*. Cambridge: Harvard University Press, 1986.

68 A. Smith, *A riqueza das nações: Investigação sobre sua natureza e suas causas* [1776], trad. Luiz João Baraúna. São Paulo: Nova Cultural, 1996. Os Economistas.

69 D. Ricardo, *Princípios de Economia Política e tributação* [1817], trad. Paulo Sandroni. São Paulo: Nova Cultural, 1996. Os Economistas.

livros merecem destaque especial. *A teoria marxista do valor*,[70] de Isaak I. Rubin, publicado pela primeira vez em 1924, permanece influente. O debate posterior sobre o tema foi influenciado decisivamente tanto pela publicação dos *Grundrisse*, manuscritos que Marx escreveu nos anos 1850, esboçando a elaboração que culminaria em *O capital*, quanto pela publicação, por Piero Sraffa, de *Produção de mercadorias por meio de mercadorias*, em 1960.[71] As implicações de ambos para a interpretação de Marx são controversas e dividem os estudiosos do assunto. *Tempo, trabalho e dominação social*,[72] de Moishe Postone, uma releitura de *O capital* a partir dos *Grundrisse*, é um dos pontos altos desse debate. Vale conferir também *Theories of Value and Distribution since Adam Smith*,[73] de Maurice H. Dobb, mais alinhado ao projeto de Sraffa.[74]

Ainda sobre os capítulos iniciais de *O capital*, a célebre seção sobre o caráter fetichista da mercadoria também suscitou reflexões dignas de nota. Em particular, a elaboração de György Lukács sobre a reificação, em *História e consciência de classe*,[75] não apenas é um marco da tradição marxista como também representou uma influência crucial no pensamento da chamada Teoria Crítica, elaborada por intelectuais associados ao Instituto de Pesquisa Social de Frankfurt, como Max Horkheimer e Theodor Adorno. No que se refere à formulação de Marx sobre a teoria monetária, também presente nos capítulos iniciais de *O capital*, os livros de Suzanne de Brunhoff – em especial *A moeda em Marx*[76] – provavelmente seguem

---

70 I. I. Rubin, *A teoria marxista do valor* [1924], trad. José Bonifácio de S. Amaral Filho. São Paulo: Brasiliense, 1980.

71 P. Sraffa, *Produção de mercadorias por meio de mercadorias* [1960], trad. Elizabeth M. de Oliveira, in Paul Singer (org.), P. Sraffa/ Joan Robinson, *Produção de mercadorias por meio de mercadorias/ Ensaios sobre a teoria do crescimento econômico/ Liberdade e necessidade*. São Paulo: Nova Cultural, 1997. Os Economistas.

72 M. Postone, *Tempo, trabalho e dominação social: Uma reinterpretação da teoria crítica de Marx* [1993], trad. Amilton Reis e Paulo Cezar Castanheira. São Paulo: Boitempo, 2015.

73 M. H. Dobb, *Theories of Value and Distribution since Adam Smith: Ideology and Economic Theory*. Cambridge: Cambridge University Press, 1973.

74 O debate sobre o chamado "problema da transformação" também foi influenciado pela obra de Sraffa. Referências a esse respeito podem ser encontradas na nota bibliográfica que acompanha o Livro 3 de *O capital* (São Paulo: Ubu Editora, 2025, p. 10), uma vez que a discussão foi suscitada pela elaboração de Marx naquele volume.

75 G. Lukács, *História e consciência de classe: Estudos sobre a dialética marxista* [1923], trad. Rodnei Nascimento. São Paulo: WMF Martins Fontes, 2003.

76 S. Brunhoff, *A moeda em Marx* [1976], trad. Aloísio Teixeira. Rio de Janeiro: Paz e Terra, 1978.

sendo a melhor porta de entrada para quem quiser se aprofundar mais no tema. Na tradição crítica brasileira, Leda Paulani também se destacou pelos trabalhos nessa área, por exemplo no artigo "A autonomização das formas verdadeiramente sociais na teoria de Marx".[77]

Passando para a discussão sobre a jornada de trabalho e a distinção entre tempo de trabalho pago e não pago, já na Seção III do Livro 1 de *O capital*, é fundamental notar a contribuição das teóricas feministas quando apontam que Marx desconsidera a importância do trabalho doméstico não remunerado para a reprodução social. *Calibã e a bruxa*,[78] de Silvia Federici, é um dos marcos dessa discussão, sugerindo ainda uma reinterpretação da história da acumulação primitiva, que Marx discutiu no capítulo 24 deste volume. Ainda sobre o desafio lançado pelas feministas ao arcabouço marxiano, vale conferir *Capitalismo canibal*,[79] de Nancy Fraser. Por fim, a literatura recente sobre reprodução social tem contribuído para estimular a rediscussão dos vínculos entre produção e reprodução nas sociedades capitalistas. Ver, por exemplo, o livro organizado por Tithi Bhattacharya, *Teoria da reprodução social*.[80] Ainda sobre o tema da jornada de trabalho e as disputas entre capital e trabalho em torno de sua duração, o livro de Juliet Schor, *The Overworked American*,[81] é particularmente instigante.

Seguindo adiante no Livro 1 de *O capital*, nas Seções IV e V encontra-se a discussão sobre a transformação histórica da produção capitalista, com a passagem da cooperação à manufatura e desta à grande indústria. Uma série de temas dessa parte tiveram grande repercussão. O debate sobre os papéis da tecnologia e das relações sociais capitalistas nas origens da Revolução Industrial na Inglaterra, que opôs Stephen Marglin e David Landes, foi influenciado pelo argumento de Marx de que, no modo de produção capitalista, o processo de trabalho é simultaneamente um

---

77 L. Paulani, "A autonomização das formas verdadeiramente sociais na teoria de Marx: Comentários sobre o dinheiro no capitalismo contemporâneo". *EconomiA*, Brasília, Anpec, v. 12, n. 1, jan.–abr. 2011.

78 S. Federici, *Calibã e a bruxa: Mulheres, corpo e acumulação primitiva* [2004], trad. coletivo Sycorax. São Paulo: Elefante, 2023.

79 N. Fraser, *Capitalismo canibal: Como nosso sistema está devorando a nossa democracia, o cuidado e o planeta e o que podemos fazer a respeito disso* [2022], trad. Aline Scátola. São Paulo: Autonomia Literária, 2024.

80 T. Bhattacharya (org.), *Teoria da reprodução social: Remapear a classe, recentralizar a opressão* [2017], trad. J. Penna. São Paulo: Elefante, 2023.

81 J. Schor, *The Overworked American: The Unexpected Decline of Leisure*. New York: Basic Books, 1992.

processo de valorização do capital.[82] Ainda sobre esse período histórico, a obra clássica de E. P. Thompson, *A formação da classe operária inglesa*,[83] apresenta um painel detalhado dos efeitos do processo de proletarização sobre uma série de grupos sociais, destacando seus esforços de resistência e o longo caminho trilhado para sua constituição como classe. Já no que concerne aos efeitos da mecanização da produção sobre a classe trabalhadora, o livro de Harry Braverman, *Trabalho e capital monopolista*,[84] representou um esforço notável de levar adiante as pistas deixadas por Marx nessa parte de *O capital*.

Das duas seções finais do Livro 1, opto por destacar quatro temas: a teoria dos salários, a dinâmica cíclica da acumulação de capital, o papel da concorrência intercapitalista e a história da gênese das relações sociais capitalistas – Marx referiu-se à última pela expressão "acumulação primitiva". No que concerne aos salários, a formulação presente em *O capital* deu margem a inúmeras controvérsias. Seu objetivo era, *grosso modo*, oferecer uma crítica da forma como a determinação salarial era entendida pela maior parte dos economistas políticos clássicos, em especial David Ricardo e Thomas Malthus. Para análises do contexto político da teoria salarial usualmente associada a Malthus, ver *A grande transformação*,[85] de Karl Polanyi, e *A retórica da intransigência*,[86] de Albert O. Hirschman. As implicações políticas da alternativa sugerida por Marx ficam claras pela leitura do discurso que ele proferiu, em 1865, ao conselho geral da Associação Internacional dos Trabalhadores, publicado em português com o título "Salário, preço e lucro".[87] Por fim, o exame mais cuidadoso

---

82 S. Marglin, "What Do Bosses Do? The Origins and Functions of Hierarchy in Capitalist Production", in André Gorz (org.), *The Division of Labour: The Labour Process and Class Struggle in Modern Capitalism*. Sussex: Harvester, 1976; e D. Landes, "What Do Bosses Really Do?". *The Journal of Economic History*, v. 46, n. 3.

83 E. P. Thompson, *A formação da classe operária inglesa* [1963], trad. Denise Bottmann, Renato Neto e Cláudia Almeida. Rio de Janeiro: Paz e Terra, 2012. 3 v.

84 H. Braverman, *Trabalho e capital monopolista: A degradação do trabalho no século XX* [1974], trad. Nathanael C. Caixeiro. Rio de Janeiro: LTC, 2021.

85 K. Polanyi, *A grande transformação: As origens políticas e econômicas de nossa época* [1944], trad. Fanny Wrobel. Rio de Janeiro: Campus, 2000, especialmente cap. 10.

86 A. O. Hirschman, *A retórica da intransigência: Perversidade, futilidade, ameaça* [1991], trad. Tomás Rosa Bueno. São Paulo: Companhia das Letras, 1992, especialmente cap. 2.

87 K. Marx, "Salário, preço e lucro", trad. Leandro Konder, in *O capital: Crítica da Economia Política*, Livro Primeiro: *O processo de produção do capital*, t. 1. São Paulo: Nova Cultural, 1996. Os Economistas.

das formulações de Marx sobre os salários provavelmente ainda é *Persistent Inequalities*,[88] de Howard Botwinick.

Já no que se refere à dinâmica cíclica da acumulação capitalista, o argumento de Marx sobre as contínuas absorção e reconstituição do exército industrial de reserva foi resgatado por Richard M. Goodwin, com a elaboração de um modelo matemático inspirado na dinâmica dos modelos predador-presa, da biologia.[89] Sobre o modelo de Goodwin, além de seu próprio texto, ver *Unholy Trinity*,[90] de Foley. Para uma resenha recente da literatura empírica e teórica inspirada nesse modelo, ver Jose Barrales-Ruiz et al., "The Distributive Cycle".[91]

É também neste volume, no capítulo 23, que Marx aborda a tendência do capital a se concentrar. Parte substancial da literatura subsequente viu nessa tendência um processo que transformaria o capitalismo dito concorrencial no capitalismo monopolista. Alguns foram ainda mais longe, argumentando que, dada a centralidade das "leis coercitivas da concorrência" para a teoria do valor, esta última poderia não valer para o capitalismo monopolista. Eis o desafio lançado por Paul Sweezy e Paul Baran no influente *Capital monopolista*.[92] Vários autores rejeitaram tal argumento, reconciliando de diferentes maneiras a teoria do valor formulada por Marx e a tendência à concentração do capital. David Harvey, em *Os limites do capital*,[93] argumenta que a concorrência segue operando internamente aos grandes conglomerados capitalistas. Moishe Postone, por sua vez, questiona – no já citado *Tempo, trabalho e dominação social* – o próprio argumento segundo o qual a teoria do valor depende da concorrência intercapitalista. Um outro conjunto de autores buscou ainda reinterpretar o conceito de concorrência em Marx, de modo a rejeitar a própria passagem do capitalismo concorrencial para o monopolista. Segundo tal interpretação, que às vezes aproxima Marx e Joseph A. Schumpeter, há uma

88 H. Botwinick, *Persistent Inequalities: Wage Disparity under Capitalist Competition*. Leiden: Brill, 2017.

89 R. M. Goodwin, "A Growth Cycle", in C. H. Feinstein (org.), *Socialism, Capitalism and Economic Growth: Essays Presented to Maurice Dobb*. Cambridge: Cambridge University Press, 1967.

90 D. Foley, *Unholy Trinity: Labor, Capital and Land in the New Economy*. New York: Routledge, 2003, cap. 2.

91 J. Barrales-Ruiz et al., "The Distributive Cycle: Evidence and Current Debates". *Journal of Economic Surveys*, v. 36, n. 2, 2022.

92 P. Sweezy e P. Baran, *Capital monopolista: Ensaio sobre a ordem econômica e social americana* [1966], trad. Waltensir Dutra. Rio de Janeiro: Zahar, 1974.

93 D. Harvey, *Os limites do capital* [1982], trad. Magda Lopes. São Paulo: Boitempo, 2013, cap. 5.

tensão contínua entre concentração e dispersão do capital. *Capitalism*,[94] de Anwar Shaikh, é a exposição mais recente e completa dessa linha de pensamento. O livro de Mario L. Possas, *Dinâmica e concorrência capitalista*,[95] é também um exemplo excelente dessa visão.

Finalmente, o capítulo 24 de *O capital*, a respeito da acumulação primitiva, serviu de ponto de partida para os extensos debates sobre a transição do feudalismo para o capitalismo. Uma etapa inicial dessa discussão envolveu intelectuais e historiadores marxistas como Maurice Dobb, Rodney Hilton, Paul Sweezy e Eric Hobsbawm. Em português, foi publicado como *A transição do feudalismo para o capitalismo*.[96] Pouco depois, o tema foi retomado a partir de um artigo escrito por Robert Brenner que provocaria a reação de inúmeros historiadores. Alguns dos principais textos dessa nova etapa da discussão foram publicados em conjunto, recebendo o título *The Brenner Debate*.[97] Um panorama sobre o assunto, que aborda suas implicações teóricas e políticas, foi oferecido por Ellen Meiksins Wood em *A origem do capitalismo*.[98]

---

94 A. Shaikh, *Capitalism: Competition, Conflict, Crises*. Oxford / New York: Oxford University Press, 2016.

95 M. L. Possas, *Dinâmica e concorrência capitalista: Uma interpretação a partir de Marx*. São Paulo / Campinas: Hucitec / Ed. Unicamp, 1989.

96 R. Hilton (org.), *A transição do feudalismo para o capitalismo: Um debate* [1950], trad. Isabel Didonnet. Rio de Janeiro: Paz e Terra, 1977.

97 Trevor Aston e C. H. E. Philpin (orgs.), *The Brenner Debate: Agrarian Class Structure and Economic Development in Pre-Industrial Europe*. Cambridge / New York: Cambridge University Press, 1985.

98 E. M. Wood, *A origem do capitalismo* [1999], trad. Vera Ribeiro. Rio de Janeiro: Zahar, 2001.

AS EDIÇÕES DE *O CAPITAL*

A quarta edição alemã do Livro 1 de *O capital* de Marx foi editada por Engels com base na terceira, publicada em 1883. Em algumas passagens, ele recorreu às edições francesa ou inglesa. Em várias passagens, adicionou notas de rodapé ou complementou notas já existentes. Ao mesmo tempo, entendeu que sua tarefa era publicar uma versão definitiva do texto. No prefácio, prestou contas do trabalho de edição realizado.

Uma quarta edição do Livro 1 de *O capital* havia se tornado necessária porque a terceira estava praticamente esgotada. Por isso, solicitou-se a Engels que preparasse uma nova edição. Ele informou Laura Lafargue, filha de Marx, expressando a seguinte expectativa: "*may be before New Year we shall begin printing it*" [talvez possamos começar a imprimi-la antes do Ano-Novo] (carta de 9 set. 1889). Da mesma forma, ele dá ciência disso a Friedrich Adolph Sorge: "Aqui, ao retornar de Eastbourne, recebi a notícia de que a quarta edição do *Cap*[*ital*] Livro 1 é necessária. Será preciso fazer poucas mudanças e notas adicionais, mas estas têm de ser escolhidas e elaboradas com muito cuidado, e o texto impresso precisa ser examinado com atenção para que não escape nenhuma deturpação de sentido" (carta de 26 set. 1889). Na carta a Conrad Schmidt (17 out. 1889), ele formula com palavras mais precisas o trabalho a ser feito: "Como entrementes a edição inglesa veio a público e todas as citações foram cotejadas com os originais pela senhora [Eleanor Marx] Aveling, sendo que aqui e ali apareceram divergências *formais*, mas bem mais lapsos de escrita e de impressão nas referências, não posso permitir que a quarta edição seja publicada sem corrigir isso".

Por muitos anos, Engels esteve ciente de que teria de preparar uma quarta edição do Livro 1 de *O capital* (ver sua carta a Sorge, 29 abr. 1886). No entanto, essa edição foi requisitada para o movimento dos trabalhadores alemães bem antes do esperado. A causa foi o incremento da influência que as forças marxistas em torno de August Bebel obtiveram no Partido Social-Democrata dos Trabalhadores da Alemanha [Sozialdemokratischen Arbeiterpartei Deutschlands] (SDAP). Nas assembleias do partido no [castelo] Wyden (1880) e em Copenhague (1883), eles conseguiram aprovar, após polêmica com concepções anarquistas e oportunistas, uma estratégia e uma tática marxistas para a luta contra o sistema explorador vinculado à nobreza rural e à burguesia. A realização das resoluções aprovadas com esse propósito exigia uma ofensiva de disseminação do marxismo. Assim, no interior do partido, era preciso aprofundar-se nos conhecimentos do socialismo científico, e as obras marxistas forneciam essa base.

Em muitos artigos sobre questões fundamentais do movimento social-democrata foi citado o Livro 1 de *O capital*. As vendas da principal obra de Marx aumentaram. Entre a classe trabalhadora alemã, difundiu-se a noção de que só o marxismo poderia proporcionar uma orientação clara na luta por libertação. Assim, o movimento dos trabalhadores alemães conseguiu combater de modo cada vez mais efetivo a Lei contra as Perigosas Aspirações da Social-Democracia [*Gesetz gegen die gemeingefährlichen Bestrebungen der Sozialdemokratie*], de Otto von Bismarck, em vigor de 21 de outubro de 1878 a 30 de setembro de 1890.[1]

Na última fase da luta da classe trabalhadora alemã contra a lei de exceção por meio da qual a classe dominante na Alemanha quis aniquilar o partido revolucionário mais forte, o proletariado, Engels recebeu a notícia de que uma quarta edição do Livro 1 de *O capital* seria necessária. Porém, aquele momento lhe pareceu inoportuno pelas seguintes razões: o trabalho de edição do Livro 3 de *O capital*, com o qual ele já estava se ocupando havia mais tempo, e o seu estado de saúde precário. Desde o primeiro semestre de 1885, ele vinha trabalhando no manuscrito do Livro 3 de *O capital*. No entanto, suas obrigações como testamenteiro do legado literário de Marx e conselheiro do movimento internacional dos trabalhadores o forçavam a interromper essa tarefa com frequência. Já durante o preparo do Livro 3, ele teve de dar conta do trabalho de revisão do Livro 2. A isso se somou a recomendação de seu médico para trabalhar "somente três horas diárias na escrivaninha" (carta de Engels a Karl Kautsky, 15 set. 1889). Por isso, ele provavelmente só conseguiu começar a preparar a quarta edição alemã em outubro de 1889. Em sua carta a Sorge de 12 de outubro do mesmo ano, Engels contou o seguinte: "Estou na 4ª ed. do 1º volume, todas as citações precisam ser verificadas de acordo com a edição inglesa, não há outro jeito". A revisão da terceira para a quarta edição ocupou Engels até meados de novembro de 1889. No dia 16 de novembro de 1889, ele escreveu a Laura Lafargue: "A 4ª edição do primeiro volume está na gráfica, agora estou de volta ao meu terceiro volume". Em junho de 1890, Engels recebeu as provas de impressão para corrigir (ver sua carta a Nikolai Frántsevitch Daniélson, 10 jun. 1890). Terminado o trabalho de correção, ele escreveu o prefácio à quarta edição, datado de 25 de junho de 1890.

Engels estava consciente de que essa quarta edição alemã seria a última que publicaria do Livro 1 da obra principal de Marx. Então se propôs a fixar a versão definitiva tanto do texto como das notas. Para isso, faziam-se necessárias várias rodadas de elaboração. Evidentemente, o ponto de partida para o trabalho foi a comparação da terceira edição alemã do Livro 1 de *O capital*

1 Série de leis promulgadas durante o período e conhecidas como Leis Antissocialistas. [N. E. B.]

com algumas passagens da edição francesa. Ao fazer isso, Engels recorreu ao registro elaborado por Marx para uma planejada edição estadunidense que nunca chegara a se concretizar. Tais anotações de Marx indicavam também como passagens da edição francesa do Livro 1 de *O capital* deveriam ser consideradas em futuras edições da obra. Por esse motivo, Engels seguiu a recomendação de Marx e acrescentou ao texto da terceira edição alemã que tinha em mãos outros complementos extraídos da edição francesa. Na terceira edição alemã, ele já levara em conta uma parte das sugestões de modificação feitas por Marx a partir da edição francesa. Em sua carta a Sorge de 29 de abril de 1886, Engels justifica por que não se vê obrigado a assumir, na preparação da quarta edição alemã, todas as sugestões feitas por Marx, a partir da edição em francês, para futuras edições do Livro 1 de *O capital*: "O m[anu]s[crito] contém, em grande parte, as mesmas coisas que M[arx] havia anotado em seu ex[emplar] para a terceira edição. Em outros casos, em que se requerem inserções maiores do franc[ês], não me prendo a isso de modo incondicional, 1) porque o trabalho feito para a 3ª ed[ição] foi bem posterior e, portanto, é mais decisivo para mim, 2) porque M[arx] preferia que, para uma trad[ução] a ser feita n[os Estados Unidos d]a América, fora do seu âmbito de atuação, algumas passagens complexas fossem traduzidas corretamente a partir da simplificação franc[esa] do que incorretamente a partir da versão alemã, e agora essa preocupação está descartada. Ainda assim, isso me deu algumas indicações muito úteis que, a seu tempo, também servirão para a 4ª edição alemã".

As notas adicionais mencionadas no prefácio foram inseridas por Engels naquelas passagens "em que circunstâncias históricas modificadas pareciam exigir isso" [p. 86]. Assim, por exemplo, foi aportado novo material factual, como a Factory and Workshop Act [Lei da Fábrica e da Oficina], de 1878. Em algumas outras passagens, Engels fez complementações sucintas, necessárias devido a discussões teóricas contemporâneas.

O único testemunho textual que restou da preparação da quarta edição alemã do Livro 1 de *O capital* por Engels é o fragmento de um esboço do complemento à nota de rodapé 108 [pp. 697-98].

Nas passagens em que, até aquele momento, haviam sido citadas as traduções francesas de obras de autores ingleses, Engels recorreu às fontes originais. Uma vez que Eleanor Marx Aveling já havia checado essas fontes para a edição inglesa do Livro 1 de *O capital*, as citações puderam ser adotadas na quarta edição alemã. No entanto, algumas imprecisões apareceram nesse processo.

Por "pequenas modificações de natureza puramente técnica" [p. 86], que foram feitas na quarta edição alemã em relação à terceira, Engels supostamente entendeu as alterações na composição do parágrafo, a correção de erros de impressão e referências imprecisas de páginas.

Evidentemente alguns lapsos também se devem a erros tipográficos na recepção do texto dos cadernos de excertos de Marx. No entanto, devido ao pouco tempo disponível – cerca de um mês e meio para todo o trabalho de redação –, Engels não conseguiu eliminar todas as passagens com erros.

Como os representantes da doutrina social burguesa não se viram em condições de refutar as exposições cientificamente fundamentadas de *O capital*, eles tentaram acusar Marx de falsificar citações. Engels usou o prefácio à quarta edição alemã para responder aos ataques de seu representante principal, Lujo Brentano. Engels deu continuidade à polêmica aqui travada em seu trabalho "In Sachen Brentano contra Marx wegen angeblicher Zitatsfälschung" [Quanto à questão de Brentano contra Marx por causa de pretensa falsificação de citação], publicado em 1891.

A partir da publicação do Livro 1 de *O capital* em setembro de 1867, Marx e Engels, mas também outros membros e teóricos do movimento revolucionário internacional dos trabalhadores, empenharam-se muito para comunicar de modo convincente à classe trabalhadora os conhecimentos ali contidos sobre a legalidade da gênese, do desenvolvimento e do inevitável desaparecimento do modo de produção capitalista. Nessa linha, apareceram comentários, introduções, resenhas e panfletos. É preciso ressaltar também as tentativas de publicar as ideias principais da obra de Marx em forma resumida e popular, assim como em diversas línguas. Por exemplo, Johann Most publicou em 1873 sua brochura *Kapital und Arbeit: Ein populärer Auszug aus* Das Kapital *von Karl Marx* [Capital e trabalho: Um extrato popular de *O capital* de Karl Marx]. Em 1876, ela foi retrabalhada por Marx e publicada em segunda edição melhorada. Se já a primeira edição dessa brochura suscitou a compreensão da Economia Política marxiana e contribuiu para a superação das concepções lassallianas, isso se aplica ainda mais à nova edição. A influência que a social-democracia alemã angariou sobre as massas na luta contra as Leis Antissocialistas exigiu mais da propagação das ideias marxistas. O escrito *Karl Marx' oekonomische Lehren* [As doutrinas econômicas de Karl Marx], de Karl Kautsky, uma introdução popular a *O capital*, teve enorme difusão e veio a público em 1887 como Livro 2 da série "Biblioteca Internacional" da editora J. H. W. Dietz, de Stuttgart. Antes de redigir o manuscrito do seu livro, Kautsky já havia solicitado a Engels que o revisasse, tendo escrito a Eduard Bernstein em 12 de março de 1886: "Pois posso contar para você, como colaborador, de modo bem confidencial, que Engels me prometeu revisar o m[anu]sc[ri]to, assim que eu o tiver concluído. Porém ninguém pode saber disso, pois ele teme a hostilidade de Meissner". Na primeira quinzena de setembro de 1886, Engels revisou o manuscrito e informou Laura Lafargue a esse respeito no dia 13 do mesmo mês: "*The last week I had to revise a German extract of the* Kapital *by Kautsky, and it wanted revising very much*" [Na última semana, tive de revisar um extrato alemão de *O capital* escrito por Kautsky, e precisava muito de revisão]. Kautsky contou a Bernstein o seguinte sobre o resultado da apreciação de Engels: "O General revisou o manuscrito antes de ser impresso. Ele gostou bastante das 1ªs duas partes; quanto à última, ele estrilou muito. Não é para menos. Eu estava cansado e na correria quando a elaborei, e você não teve tempo de examiná-la devidamente. Vi com clareza como fez bem ao texto sua correção das duas 1ªs partes. Agora reelaborei completamente a 3ª e espero que ela não destoe mais das outras duas". Como se depreende dessa carta, Engels expôs oralmente sua opinião a respeito do manuscrito de Kautsky e, por isso, não se pode comprovar a existência de observações por escrito. Não houve colaboração direta de Engels na elaboração do escrito de Kautsky, o que é atestado pela carta do primeiro a Frántsevitch Daniélson de 5 de janeiro de 1888: "*an extract, or rather independent reproduction in:* Karl M[arx] Ökonomische Lehren *von K. Kautsky, not bad, through not always quite correct, I will send it you*" [um extrato, ou melhor, uma reprodução independente em: *As doutrinas econômicas de Karl M.*, de K. Kautsky, nada mau, mas nem sempre realmente correto, vou enviar para você].

O lançamento da quarta edição alemã do Livro 1 de *O capital* foi anunciado pela editora de Otto Meissner pela primeira vez no dia 15 de agosto de 1890 (ver *Börsenblatt für den Deutschen Buchhandel*. Leipzig, n. 194, 22 ago. 1890, p. 4402). No comunicado n. 30443, consta a seguinte informação: "No final de agosto, minha editora publicará: *O capital: Crítica da Economia Política*. Volume 1: *O processo de produção do capital*. De Karl Marx. Quarta edição. Preço: 9 marcos. Hamburgo, 15 de agosto de 1890. Editora de Otto Meissner". Pelo visto, o processo de conclusão dos volumes se estendeu por mais tempo. Só no n. 259 do *Börsenblatt*, de 7 de novembro de 1890, p. 6149, constaria o comunicado de que a quarta edição havia sido publicada. Até agora foram encontrados dois exemplares, um dos quais dedicado por Engels ao arquivo do SDAP (26 out. 1890) e o outro a Luise Kautsky (26 out. 1890).

As mudanças na técnica de impressão provavelmente se explicam pela troca de gráfica. Enquanto a terceira edição foi impressa na gráfica de Guido Reusche, em Leipzig, a quarta o foi com Hesse & Becker, igualmente em Leipzig. É de se supor que, para a impressão da quarta edição, Engels tenha enviado à editora de Otto Meissner, em Hamburgo, um exemplar da terceira com suas modificações. Nada pôde ser apurado a respeito do paradeiro desse modelo para impressão. No caso da primeira edição alemã do Livro 1 de *O capital*, após finalizada a impressão, o manuscrito foi devolvido à editora de Otto Meissner em Hamburgo. É plausível supor que o mesmo procedimento tenha sido adotado em todas as encomendas de impressão da editora. Se partirmos dessa versão, o modelo para impressão da quarta edição foi devolvido pela gráfica Hesse & Becker à editora de Otto Meissner. Pressuposto isso, ele teria sido guardado pela editora como comprovante dos direitos editoriais pelo menos até a liberação das obras de Marx para a reimpressão. Caso tenha permanecido ali por mais tempo, deve ter sido devorado pelas chamas durante o bombardeio de Hamburgo na Segunda Guerra Mundial, em que o prédio da editora foi completamente destruído.

Não foi possível apurar a tiragem exata da quarta edição do Livro 1 de *O capital* preparada por Engels. Dado que a tiragem da terceira edição alemã supostamente foi de 3000 exemplares, é provável que a da quarta tenha sido igual.

Como repercussão imediata da publicação da quarta edição alemã do Livro 1 de *O capital*, a revista *Neue Zeit* [Novo Tempo] publicou o artigo de Kautsky intitulado "Marx e Brentano" e a resenha de Wilhelm Eichhoff intitulada "*Hansard*". No centro das duas publicações estava a polêmica travada por Engels com Brentano por causa da suposta falsificação da citação do discurso de William Ewart Gladstone diante do Parlamento britânico. Os autores dos referidos artigos refutaram os ataques de Brentano e apoiaram a argumentação de Engels no prefácio à quarta edição alemã. Em suas publicações, eles também elogiaram o trabalho científico de Engels na edição do Livro 1 de *O capital*.

A quarta edição alemã do Livro 1 de *O capital* de Karl Marx assume um lugar digno no movimento dos trabalhadores alemão e internacional. Na condição de última edição feita pessoalmente por Marx e Engels, ela é usada como base textual das edições científicas de *O capital* em todo o mundo.

DESCRIÇÃO DAS FONTES TEXTUAIS

Modelo de impressão da primeira edição. Manuscrito. Redator: Marx. Entregue por Marx ao editor Otto Meissner. Até pelo menos 1922 no arquivo da editora de Meissner. Depois disso passou a pertencer ao arquivo do SPD [Sozialdemokratische Partei Deutschlands – Partido Social-Democrata da Alemanha], em Berlim. Paradeiro desconhecido.

Das Kapital: Kritik der politischen Oekonomie [*O capital: Crítica da Economia Política*], primeira edição. De Karl Marx. Volume 1, Livro I: *Der Produktionsprocess des Kapitals*. Hamburgo. Editora de Otto Meissner. 1867, pp. I–XII, 1–784, contém um pós-escrito sobre nove notas de rodapé (pp. 757–63) e um "Adendo ao capítulo I, [parte] 1: A forma-valor" (pp. 764–84). A errata na p. 784 contém 22 correções.

Exemplar de uso da primeira edição. IISG [Internationales Institut für Sozialgeschichte – Instituto Internacional de História Social]. Redator:

Marx. No exemplar, encontram-se correções de passagens falhas, observações de mão própria (pp. 315, 631–32 supostamente por mão alheia) e marcações à margem feitas por Marx a tinta, lápis preto, caneta vermelha, caneta verde, caneta preta e caneta azul. As metades inferiores das páginas 35–38 e 57–58 foram recortadas. As páginas 39–40 foram cortadas fora. Falta a folha de rosto. Na página da dedicatória encontram-se as seguintes anotações: 32 31 (com lápis preto) e 33 231 (com tinta), bem como o carimbo da biblioteca do SPD. As páginas contendo observações manuscritas de Marx trazem as notas de cópia NG 1-NG 122.

Karl Marx: complementações e modificações no volume 1 de *O capital* (de dezembro de 1871 a janeiro de 1872).

Modelo de impressão da primeira edição, composto de um manuscrito e das provas impressas da primeira edição com modificações manuscritas. Redator: Marx. Paradeiro desconhecido.

Das Kapital: Kritik der politischen Oekonomie. De Karl Marx. Volume 1, Livro I: *Der Produktionsprocess des Kapitals*. Segunda edição revisada. Hamburgo. Editora de Otto Meissner. 1872, pp. 1–830, contendo um "Adendo ao Livro I: I. Modificações textuais" (pp. 693–94), um adendo a oito notas de rodapé (pp. 694–99) e um posfácio. A errata nas pp. 829–30 contém 122 correções. – Primeira impressão: exemplar do IfGA [Institut für Geschichte der Arbeiterbewegung – Instituto de História do Movimento dos Trabalhadores].

Exemplar de uso da segunda edição IML/ZPA [Institut für Marxismus-Leninismus/Zentrales Parteiarchiv – Instituto de Marxismo-Leninismo/Arquivo Central do Partido], Moscou. Redator: Marx, possivelmente uma vez Engels e outra vez alguém desconhecido. No exemplar, encontram-se errata, tentativas de reformulação de passagens, notas de rodapé adicionais, indicações de passagens em que deveriam ser inseridas modificações textuais e notas adicionais do adendo, indicações de passagens da edição francesa e marcações à margem feitas por Marx a lápis preto, tinta e caneta azul. Trata-se de um exemplar em brochura, com capa de papel amarelo; a lombada de papel amarelo se conservou; falta a primeira capa.

Friedrich Engels: complementos e modificações para o volume 1 de *O capital*.

Karl Marx: índice de alterações para o volume 1 de *O capital*.

Karl Marx: esboço de índice de alterações para uma edição estadunidense do volume 1 de *O capital*.

Karl Marx: índice de alterações para uma edição estadunidense do volume 1 de *O capital*.

Modelo de impressão da terceira edição. Provavelmente consistindo de um exemplar do texto impresso da segunda edição contendo modificações ou complementos manuscritos de Engels e possivelmente de Marx. Até pelo menos 1922 no arquivo da editora de Meissner. Depois, passou a pertencer ao arquivo do SPD. Paradeiro desconhecido.

Das Kapital: Kritik der politischen Ökonomie. De Karl Marx. Volume 1, Livro I: *Der Produktionsprocess des Kapitals*. Terceira edição aumentada. Hamburgo. Editora de Otto Meissner, 1883, pp. I-XXIV, 1-808. A errata contém nove correções.

Fragmento de um esboço do complemento à nota de rodapé 108.

Manuscrito original: IISG, legado de Marx–Engels, sigla H 100 (A 75). Material de escrita: o fragmento consiste de uma folha de papel em formato 114×180 mm. A borda esquerda foi rasgada. O papel é de pura celulose, firme, liso, branco, sem linhas. Marca d'água: [?]leigh [fi]ne e linhas paralelas em intervalos de 26 mm. Estado: o fragmento está bem conservado. Redator: Engels. Material usado para escrever: tinta. Mancha: dois terços do anverso da folha foram preenchidos, o primeiro terço com o esboço da nota e o segundo terço com o esboço do penúltimo parágrafo do capítulo I do artigo de Engels intitulado "A política exterior do tsarismo russo", que tomou forma no período de dezembro de 1889 a fevereiro de 1890. O último terço da página está vazio. O verso contém anotações sobre o capital que rende juros.

Modelo de impressão da quarta edição. Constituído provavelmente por um exemplar do texto impresso da terceira edição e modificações e adendos feitos à mão por Engels. Até pelo menos 1922 no arquivo da editora de Meissner. Depois passou a pertencer ao arquivo do SPD. Paradeiro desconhecido.

Das Kapital: Kritik der politischen Oekonomie. De Karl Marx. Volume 1, Livro I: *Der Produktionsprocess des Kapitals*. Quarta edição revisada. Editada por Engels. Hamburgo. Editora de Otto Meissner. 1890, pp. I-XXXII, 1-739. Primeira impressão: exemplar do IfGA.

Institut für Geschichte der Arbeiterbewegung Berlin (Roland Nietzold, Wolfgang Focke e Hannes Skambraks), "Entstehung und Überlieferung", in MEGA2, zweite Abteilung, "*Das Kapital*" *und Vorarbeiten*, Band 10. Berlin: Dietz Verlag, 1991. Internationale Marx-Engels-Stiftung. Amsterdam.[2]

2 Tradução de Nélio Schneider. Os trechos que se referiam especificamente aos critérios de edição da MEGA2, bem como à sua paginação, não foram reproduzidos.

NOTA DA TRADUÇÃO

Traduzir *O capital* é uma tarefa incomum, como é incomum a própria obra. Trata-se de um dos textos mais importantes de toda a humanidade, sem dúvida o mais lido, o mais debatido, o mais criticado e o mais endeusado dos textos científicos. É possível que também seja o mais traduzido. Por isso tudo, vertê-lo mais uma vez apresenta certos dilemas que uma tradução comum não apresenta. Informar ao leitor mais exigente o modo como esses dilemas foram resolvidos na presente tradução para o português torna-se, assim, imprescindível, o que justifica esta nota.

A primeira questão é obviamente a fidelidade ao original. Cada tradução não pode deixar de ser também interpretação, na medida em que não há correspondência perfeita entre os vocábulos e a sintaxe das diferentes línguas. Cada autor luta com as limitações de sua própria língua para exprimir com a máxima perfeição seu pensamento. Que Marx mesmo travou essa luta contra as insuficiências do alemão, língua particularmente rica e flexível, provam as inúmeras expressões em inglês, francês, latim, grego etc. que se encontram em seus escritos, particularmente em *O capital*. Quando traduzir determinados trechos implica interpretar, coloca-se a questão: o que o autor de fato queria dizer? Embora nesses momentos a convicção do tradutor tenha seu peso, ele precisa seguir certas normas para que suas opções não sejam aleatórias ou inconsistentes.

Uma saída cômoda seria tornar a tradução o mais literal possível, escolhendo as palavras e a construção das frases de modo a reproduzir com a maior perfeição o original. Só que essa maneira de proceder algumas vezes obscurece ou deturpa mesmo o sentido, sobretudo nas passagens mais complexas e mais densas de significado. O próprio Marx criticou o tradutor do Livro 1 de *O capital* para o francês, por ter sido literal demais. [p. 77]. Para Marx, traduzir significa interpretar em sentido amplo, o objetivo maior sendo o de revelar o sentido essencial do enunciado, sem manter sempre respeito absoluto à forma. Ele mesmo procedeu assim em numerosas citações que apresenta vertidas para o alemão. Safar-se, portanto, das dificuldades apelando à autoridade do dicionário seria uma fuga à responsabilidade de apresentar ao leitor em língua portuguesa um texto fiel ao espírito do seu autor, e não apenas a sua forma.

Esse dilema se desdobra em outro: simplificar a exposição para torná-la mais acessível ao leitor comum ou manter a magnífica complexidade do texto original? É preciso notar que o próprio Marx se esforçou ao máximo para ser claro, mantendo ao mesmo tempo a elegância do estilo, em si erudito. Daí ele frequentemente apresentar a mesma ideia em seus vários desdobramentos, tendo em vista sua completa elucidação. As primeiras traduções de *O capital*, feitas ainda em vida de Marx e de Engels, tenderam a certa simplificação, o que se justificava, ao ver deles, pela necessidade de apresentar ao público um conjunto de noções e uma forma de interpretar a realidade que então eram inteiramente novos e inusitados. Hoje, cem anos após a morte de Marx, a situação é completamente outra. O marxismo é amplamente divulgado e estudado, impregnando de mil modos não só as teorias econômicas, sociológicas, políticas, antropológicas etc. mas também a literatura, o teatro, a poesia, a linguagem jornalística e até mesmo o linguajar comum. Consequentemente, o público está mais bem preparado do que há um século para penetrar nos meandros do pensamento de Marx, de modo que já não se justifica fazer uma tradução simplificadora de sua obra máxima.

Nesta tradução, deu-se prioridade à clareza do texto, sem, no entanto, tentar simplificá-lo. Procurou-se, sempre que possível, traduzir tanto a forma quanto o conteúdo do texto original. Ao mesmo tempo que se procurou a máxima fidelidade ao original, tentou-se recriar a sua beleza literária, no espírito da língua portuguesa. Esse propósito mostrou-se menos difícil de realizar do que se pensava a princípio. A explicação provável para isso é que, com a difusão do marxismo, o estilo da língua portuguesa foi, em alguma medida, influenciado pelas formas peculiares de Marx exprimir seu pensamento. O português que se pratica no Brasil no final do século XX é, sem dúvida, influenciado pelas grandes correntes universais de pensamento, que aqui encontram também sua ressonância. Cabe lembrar que textos primorosos inspirados em Marx já foram produzidos por autores em língua portuguesa. Esses textos fazem parte da cultura viva do país e contribuem para moldar-lhe a língua. De modo que o nosso português é hoje um instrumento bastante adequado para expressar a grande obra de Marx, inclusive quanto a sua qualidade literária. Muito do que é belo em alemão pode ser devidamente apreciado em português.

Passando agora aos aspectos mais técnicos da tradução, convém informar que o original adotado foi o publicado na coleção Karl Marx Friedrich Engels Werke, volumes 23, 24 e 25, da Dietz Verlag (Berlim, 1977), que reproduz a quarta edição de *O capital*, revista e publicada por Engels em 1890. Os prefácios inseridos no volume mostram que essa edição é a mais completa e a mais autorizada da obra. Na tarefa de interpretar e desentranhar passagens difíceis ou obscuras, valemo-nos de traduções de *O capital* em outras línguas, mas sempre dando prioridade ao original alemão. Esta tradução não é de modo algum uma tradução de traduções, mas seria faltar à verdade negar ou silenciar o fato de que, em vários momentos, soluções encontradas por tradutores para outras línguas foram úteis a fim de que pudéssemos encontrar as mais adequadas em português. Confessamos com gratidão essa dívida e esperamos que esta tradução sirva, por sua vez, de apoio a futuras traduções de *O capital* para outras línguas.

Adotou-se como norma utilizar as expressões marxistas vertidas ao português por economistas, sociólogos, filósofos etc. e de uso corrente, de modo a facilitar a compreensão do texto. Pareceu-nos que seria um purismo injustificável retraduzir, por exemplo, *Mehrwert* por *mais-valor* (em analogia com mais-trabalho e mais-produto), quando a expressão *mais-valia* é o vocábulo consagrado em português. Não obstante, um grande número de novas expressões – tais como produto-valor, objetividade do valor, forma-valor, mercadoria monetária, giro monetário etc. – teve de ser criado. É preciso notar que boa parte dos termos técnicos de Economia utilizados por Marx são correntes na literatura econômica moderna e têm expressões portuguesas já consagradas, que foram, por isso, sistematicamente adotadas na tradução. Em suma, a invenção de novas expressões em português foi restrita ao indispensável, procurando-se adequá-las à terminologia corrente.

Como já mencionamos, Marx, ao citar autores em outras línguas que não o alemão, nem sempre foi completamente fiel ao original. Entendemos que não nos cabia "corrigi-lo". Todas as citações são traduzidas da versão alemã de Marx. Em alguns casos foram acrescentadas "notas do tradutor" em que se apresentam traduções mais literais dos referidos textos, de modo que o leitor possa apreciar a maneira de Marx interpretá-los.

Outro pormenor não desprezível é que o Livro 1 de *O capital* tinha, em sua primeira edição, numerosos trechos e vocábulos em itálico. Em edição posterior, Marx retirou os grifos. Pedro Scaron, tradutor de *O capital* para o espanhol,[1] alega que isso se fez para reduzir os custos de impressão. Nas edições posteriores à primeira do Livro 1, o texto foi em parte substancialmente alterado por Marx. Nessa parte do texto, assim como nos volumes de *O capital*, o método de grifar extensamente não foi utilizado. Resolveu-se, por isso, seguir nesse particular a quarta edição, que não contém os grifos, de modo a preservar a unidade de estilo da obra como um todo.

Finalmente, queremos assinalar que não se pretende que esta tradução de *O capital* seja definitiva ou perfeita. É provável que contenha falhas e aspectos criticáveis. Pretendemos apenas ter realizado um trabalho consciencioso, visando corresponder às necessidades de um público

1 K. Marx, *El capital: Crítica de la Economía Política*, t. I, v. I, trad. Pedro Scaron. México: Siglo XXI, 1975, p. XII.

de estudantes e estudiosos já consideravelmente sofisticado e exigente. Traduzir *O capital* é uma aventura trabalhosa e até certo ponto esgotante, mas altamente compensadora em termos de satisfação e crescimento intelectual. Esperamos que os leitores participem dela com igual proveito.

São Paulo, 19 de maio de 1983
Flávio R. Kothe
Paul Singer
Regis Barbosa

NOTA DA EDIÇÃO

A tradução de *O capital* publicada originalmente pela coleção Os Economistas em 1983 estabeleceu grande parte da terminologia consagrada na crítica marxista brasileira a partir das décadas seguintes. Nesta reedição, feita em 2025 em colaboração com o tradutor Flávio Kothe, o desafio foi equilibrar com cuidado tradição e atualização, de modo a apresentar um texto fiel a suas origens, mas adaptado aos novos tempos.

Mencionamos aqui alguns dos termos alterados na tradução. Para o adjetivo *gesamt*, antes traduzido por "global", aqui se optou por variações, entre as quais "como um todo", "no conjunto" e "total", para evitar associações indevidas com o processo de globalização. No contexto de *O capital*, *gesamt* reúne os sentidos de produção e circulação, mudança que se reflete no título do Livro 3: *O processo da produção capitalista como um todo*. Outra situação revista foi o uso de "homem" para traduzir o alemão *Mensch*. Há em alemão *Mann* e *Mensch*, assim como em português temos "homem" e "ser humano". Apesar de a etimologia de *Mensch* apontar para uma origem comum com *Mann*, trata-se de uma palavra que abarca homens e mulheres e não é empregada para os primeiros individualmente – ao contrário do termo "homem", usado em português e outros idiomas para designar tanto a espécie humana como o indivíduo do gênero masculino. Quando Marx diz *Mensch*, ele de fato abarca homens e mulheres, portanto as ocorrências de *Mensch* foram traduzidas por "ser humano" ou "pessoa".

Foi necessário também sistematizar as categorias marxianas, buscando unificar os termos na transição do alemão para o português. Em caso de dúvida, recorremos a traduções para o francês, o espanhol e o inglês. Assim, optamos por uma padronização do conceito de *revenue*, quando usado por Marx conforme o sentido dado pelos representantes da Economia Política inglesa e francesa. Anteriormente, a tradução alternava entre *revenue*, "receita", "renda" e "rendimento". Na presente edição, mantivemos apenas o inglês, como fez Marx no original em alemão. O autor contextualiza seu significado no próprio texto quando acha necessário.

Buscando garantir a naturalidade da língua de chegada, porém, permitimos algumas variações ocasionais na terminologia geral, como fazia o próprio Marx (por exemplo, em seu uso inconstante dos prefixos *über* e *surplus*). Um desses exemplos é a alternância entre "renda da terra" e "renda fundiária" para traduzir *Grundrente*, a fim de evitar que palavras e sintagmas se repetissem numa mesma frase. Por fim, foram corrigidos saltos e lapsos, de se esperar em qualquer reedição, e preservadas as escolhas deliberadas da tradução, como o uso de "mesmo" como pronome para traduzir *derselbe* e *dasselbe*. Conforme argumentou Kothe durante o processo de revisão da nova edição: "A noção de que algo se preserva apenas quando se transforma, de que é preciso crescer para se manter, é progressista".

Quanto à inserção das variantes da edição francesa, não seria preciso justificá-la, o próprio Marx o faz [p. 77]. Mas podemos citar o sociólogo estadunidense Kevin B. Anderson, para quem é um escândalo que "muitas das edições de referência da obra mais importante de Marx, o Livro 1 de *O capital*, não indiquem aos leitores que há diferenças textuais significativas entre as várias edições que o próprio Marx publicou".[1] É nesse contexto que a sistematização das variantes da edição francesa em 1991 pelos estudiosos do projeto MEGA2 (Marx-Engels-Gesamtausgabe 2) foi saudada por Anderson como "um verdadeiro acontecimento nos estudos marxistas".[2] É justo notar, porém, que a dificuldade de tal levantamento foi imensa. Ao revisar a tradução de Joseph Roy para o francês, publicada em fascículos entre 1872 e 1875, Marx não apenas alterou termos, mas inclusive reposicionou parágrafos e até capítulos inteiros. Assim, o trabalho da MEGA2 faz uma primeira aproximação, mas não exaure a tarefa de encontrar as diferenças entre as edições alemã e francesa.[3]

Incluir tal levantamento nesta edição parecia simples: pensamos que seria preciso apenas seguir a apresentação da MEGA2, indicando pontualmente os trechos alterados. Entretanto, além das diferenças já existentes entre as edições alemã e francesa e sua dupla tradução para o português, seria necessário ajustar o entorno desses trechos devido a questões de sintaxe. Assim, em diversos casos optamos por apresentar frases completas traduzidas do francês para o português, mesmo quando a MEGA2 registrava a substituição de somente uma ou poucas palavras. As variantes são elucidadas em detalhe no texto "As edições de *O capital*" [p. 47], de autoria dos editores da MEGA2. Explicamos aqui o modo de distingui-las nesta edição: o sinal ¦ indica o início e o fim do trecho alterado na tradução para o francês; ele é numerado e pode ser localizado no apêndice "Alterações de Karl Marx na edição francesa" [p. 835].

---

1 Kevin Anderson, "On the MEGA and the French Edition of *Capital*, v. I: An Appreciation and a Critique", in Carl-Erich Vollgraf (org.), *Beiträge zur Marx-Engels Forschung. Marx und Engels, Konvergenzen-Divergenzen*. Neue Folge. Berlin / Hamburg: Argument, 1997, p. 136.

2 Ibid., p. 131.

3 Para exemplos, ver ibid.

Outra peculiaridade pela qual se manifestam as constantes edições de Marx e Engels nesta obra é a numeração das notas de rodapé. Há números pulados e outros que se repetem, além de letras que passam a acompanhar alguns deles.[4] Também entremeiam o livro inserções e comentários sinalizados de Engels – nesta edição, inseridos entre chaves { }. Outra característica dos escritos de ambos é a inserção de comentários no meio das citações.

Por fim, cabe indicar que, com exceção dos dois aparatos [p. 47 e p. 835] da MEGA2, a base da tradução do texto principal é a das edições da MEW (Marx-Engels-Werke). As referências completas encontram-se na p. 926.

O propósito desta edição é o que sempre guiou Marx e Engels em seus escritos: levar ao maior número de pessoas sua análise do modo de produção capitalista da perspectiva do materialismo histórico, para que um dia os trabalhadores do mundo possam romper seus grilhões. Nesse sentido, quanto mais edições de *O capital* disponíveis melhor.

---

4 As notas dos autores, identificadas por algarismos arábicos cuja sequência acompanha o original, localizam-se entre as pp. 675–832 deste volume. As notas de rodapé estão identificadas por algarismos romanos e são de autoria da edição alemã [N. E. A.], dos tradutores [N. T.] ou da edição brasileira [N. E. B.].

PREFÁCIO DA PRIMEIRA EDIÇÃO

Karl Marx, 1867

A obra cujo volume 1 entrego ao público constitui a continuação de meu texto publicado em 1859: *Zur Kritik der politischen Oekonomie* [Para a crítica da Economia Política]. A longa pausa entre começo e continuação deve-se a uma enfermidade de muitos anos, que reiteradamente interrompeu o meu trabalho.

O conteúdo daquele texto anterior está resumido no primeiro capítulo deste volume.[I] Isso aconteceu não só por causa da conexão e da necessidade de torná-lo completo. A exposição está aperfeiçoada. Na medida em que, de algum modo, o contexto o permitiu, pontos antes apenas indicados são aqui desenvolvidos, enquanto, inversamente, o que lá foi amplamente desenvolvido é apenas indicado aqui. As partes sobre a história da teoria do valor e do dinheiro foram naturalmente eliminadas. O leitor do texto anterior encontra, no entanto, novas fontes para a história daquela teoria nas notas do capítulo 1.

Todo começo é difícil; isso vale para qualquer ciência. O entendimento do capítulo 1, em especial a parte que contém a análise da mercadoria, apresentará, portanto, a dificuldade maior. Quanto ao que se refere mais especificamente à análise da substância do valor e da grandeza do valor, procurei torná-las acessíveis ao máximo.[1] A forma-valor, cuja figura acabada é a forma-dinheiro, é muito simples e vazia de conteúdo. Mesmo assim, o espírito humano tem procurado fundamentá-la em vão há mais de 2 000 anos, enquanto, por outro lado, teve êxito, ao menos aproximado, a análise de formas muito mais complicadas e replenas de conteúdo. Por quê? Porque o corpo desenvolvido é mais fácil de estudar do que a célula do corpo. Além disso, na análise das formas econômicas, não podem servir nem o microscópio nem reagentes químicos. A faculdade de abstrair deve substituir ambos. Para a sociedade burguesa, a forma celular da economia é a forma-mercadoria do produto do trabalho ou a forma-valor da mercadoria. Para o leigo, a análise parece perder-se em minúcias. Trata-se, efetivamente, de minúcias, mas daquelas de que se ocupa a anatomia microscópica.

I Marx refere-se aqui ao capítulo 1 da primeira edição (1867), que tinha o título de "Mercadoria e dinheiro". Para a segunda edição, ele revisou o volume e modificou a sua estruturação. Subdividiu o antigo primeiro capítulo em três capítulos autônomos, que agora, com o mesmo título, constituem a Seção I. [N. E. A.]

Por isso, com exceção da parte relativa à forma-valor, não se poderá acusar este livro de ser de difícil compreensão. Pressuponho, naturalmente, leitores que queiram aprender algo de novo e queiram, portanto, também pensar por conta própria.

O físico observa processos naturais seja onde eles aparecem mais nitidamente e menos turvados por influências perturbadoras, seja fazendo, se possível, experimentos sob condições que assegurem o transcurso puro do processo. O que eu, nesta obra, me proponho a pesquisar é o modo de produção capitalista e as suas relações correspondentes de produção e de circulação. Até agora, a sua localização clássica é a Inglaterra. Por isso ela serve de ilustração principal à minha explanação teórica. Caso o leitor alemão encolha os ombros, farisaicamente, ante a situação dos trabalhadores ingleses na indústria e na agricultura ou, então, caso se assossegue, otimisticamente, achando que na Alemanha as coisas estão longe de ser tão ruins, só posso gritar-lhe: *De te fabula narratur!* [De ti fala a fábula!][I]

Em si e para si, não se trata do grau mais elevado ou mais baixo de desenvolvimento dos antagonismos sociais que decorrem das leis naturais da produção capitalista. Aqui se trata dessas leis mesmo, dessas tendências que atuam e se impõem com necessidade férrea. O país industrialmente mais desenvolvido mostra ao menos desenvolvido tão somente a imagem do próprio futuro.

Deixemos, porém, isso de lado. Onde a produção capitalista se implantou plenamente entre nós, por exemplo nas fábricas propriamente ditas, as condições são muito piores do que na Inglaterra, pois falta o contrapeso das leis fabris. Em todas as outras esferas, assim como no resto do continente da Europa ocidental, tortura-nos não só o desenvolvimento da produção capitalista, mas também a carência do seu desenvolvimento. Além das misérias modernas, oprime-nos toda uma série de misérias herdadas, decorrentes do fato de continuarem vegetando modos de produção arcaicos e ultrapassados, com o seu séquito de relações sociais e políticas anacrônicas. Somos atormentados não só pelos vivos, como também pelos mortos. *Le mort saisit le vif!* [O morto se apodera do vivo!]

Comparada com a inglesa, a estatística social da Alemanha e do resto do continente europeu ocidental é miserável. Ainda assim, levanta o véu o bastante para deixar entrever atrás dele uma cabeça de Medusa. Ficaríamos horrorizados ante a nossa própria situação caso nossos governos e parlamentares constituíssem periodicamente, como na Inglaterra, comissões de inquérito acerca das condições econômicas; caso essas comissões fossem investidas, como na Inglaterra, da mesma plenitude de poderes

---

I Horácio, *Sátiras*, Livro I, sátira 1. [N. E. A.]

para pesquisar a verdade; caso fosse possível encontrar, para tal missão, homens tão especializados, imparciais e intimoratos quanto o são os inspetores de fábrica na Inglaterra e os seus relatores médicos sobre "*Public Health*" (Saúde Pública), os seus comissários encarregados de examinar a exploração das mulheres e crianças, as condições de moradia e alimentação etc. Perseu precisava de um capacete da invisibilidade para perseguir os monstros. Nós puxamos o capacete mágico sobre nossos olhos e orelhas para podermos negar a existência de monstros.

É preciso não se enganar quanto a isso. Assim como, no século XVIII, a Guerra da Independência americana tocou o sino de alarme para a classe média europeia, no século XIX a Guerra Civil americana tocou-o para a classe trabalhadora europeia. Na Inglaterra, o processo de subversão tornou-se palpável. Quando alcançar certa altura, há de repercutir no continente. Ali, há de mover-se em formas mais brutais ou mais humanas, segundo o grau de desenvolvimento da própria classe trabalhadora. Abstraindo motivos mais elevados, os interesses específicos das atuais classes dominantes obrigam-nas à eliminação de todos os empecilhos legalmente controláveis que inibam o desenvolvimento da classe trabalhadora. Por isso é que me estendi tanto, neste volume, sobre a história, o conteúdo e os resultados da legislação inglesa relativa às fábricas. Uma nação deve e pode aprender das outras. Mesmo quando uma sociedade descobre a pista da lei natural do seu desenvolvimento – e a finalidade última desta obra é descobrir a lei econômica do movimento da sociedade moderna –, ela não pode saltar nem suprimir por decreto as suas fases naturais de desenvolvimento. Mas pode abreviar e minorar as dores do parto.

Para evitar possíveis erros de entendimento, ainda uma palavra. Não pinto, de modo algum, as figuras do capitalista e do proprietário fundiário com cores róseas. Mas aqui só se trata de pessoas à medida que são personificações de categorias econômicas, portadoras de determinadas relações de classe e interesses. O meu ponto de vista, que enfoca o desenvolvimento da formação econômica da sociedade como um processo histórico-natural, tem menos potencial do que qualquer outro de tornar o indivíduo responsável por relações das quais é, socialmente, uma criatura, por mais que queira colocar-se subjetivamente acima delas.

No campo da Economia Política, a livre pesquisa científica não se depara apenas com o mesmo inimigo que em todos os outros campos. A natureza peculiar do material que ela aborda chama ao campo de batalha as paixões mais violentas, mesquinhas e odiosas do coração humano, as fúrias do interesse privado. A Alta Igreja Anglicana, por exemplo, perdoaria antes o ataque a 38 de seus 39 artigos de fé do que a 1/39 de suas rendas monetárias. Nos dias de hoje, o próprio ateísmo é *culpa levis* [pecado venial], se comparado com a crítica às relações tradicionais de propriedade. No entanto, aqui um avanço é inegável. Remeto, por exemplo, ao Livro Azul[I] publicado nas últimas semanas: *Correspondence with Her Majesty's Missions Abroad, Regarding Industrial Questions and Trades Unions*. Os representantes da Coroa inglesa no exterior expõem aí, sem subterfúgios, que, na Alemanha, na França, em suma, em todos os países cultos do continente europeu, é tão perceptível e tão inevitável uma modificação das relações vigentes entre capital e trabalho quanto na Inglaterra. Ao mesmo tempo, do outro lado do Atlântico, o Sr. [Benjamin] Wade, vice-presidente dos Estados Unidos da América, declarava em reuniões públicas: Depois da abolição da escravatura, a questão posta na ordem do dia é a mudança das relações de capital e de propriedade da terra! São esses os sinais dos tempos e que não se deixam encobrir por mantos purpúreos nem por sotainas negras. Não significam que milagres hão de ocorrer amanhã. Indicam que, nas próprias classes dominantes, já se insinua o pressentimento de que a atual sociedade não é um cristal sólido, mas um organismo capaz de mudar e que está em constante processo de mudança.

O segundo volume desta obra vai tratar do processo de circulação do capital (Livro 2) e das estruturações do processo como um todo (Livro 3); o terceiro (Livro 4), da história da teoria.

Todo julgamento da crítica científica será bem-vindo. Quanto aos preconceitos da assim chamada opinião pública, à qual nunca fiz concessões, tomo por divisa o lema do grande florentino:

> *Segui il tuo corso, e lascia dir le genti!*[II]

Londres,
25 de julho de 1867

I Livros Azuis (*Blue Books*): denominação geral das publicações de materiais do Parlamento inglês e de documentos diplomáticos do Ministério das Relações Exteriores. Os Livros Azuis, assim chamados devido à cor de sua capa, são publicados na Inglaterra desde o século XVII e são a fonte oficial mais importante para a história da economia e da diplomacia do país. [N. E. A.]

II "Segue o teu curso e deixa a gentalha falar!", citação modificada de Dante Alighieri, "Purgatório", canto V, verso 13, in *A divina comédia*. [N. E. A.]

POSFÁCIO DA SEGUNDA EDIÇÃO

Karl Marx, 1873

Antes de tudo, tenho de apresentar aos leitores da primeira edição esclarecimentos quanto às modificações feitas na segunda edição.[I] É evidente a ordenação mais clara do livro. As notas adicionais estão sempre assinaladas como notas à segunda edição. Quanto ao próprio texto, eis o mais importante:

No capítulo 1, [parte] 1, a dedução do valor por meio da análise das equações nas quais se exprime todo valor de troca é realizada com rigor científico maior, assim como é destacada expressamente a conexão, apenas indicada na primeira edição, entre a substância do valor e a determinação da grandeza do valor por meio do tempo de trabalho social necessário. O capítulo 1, [parte] 3 ("A forma-valor...") está totalmente reelaborado, o que já se impunha pela exposição dupla na primeira edição. – De passagem observo que essa exposição dupla deveu-se a meu amigo Dr. L. Kugelmann, de Hanôver. Eu estava a visitá-lo, na primavera de 1867, quando as primeiras provas chegaram de Hamburgo, e ele me convenceu de que, para a maioria dos leitores, seria necessária uma discussão suplementar e mais didática da forma-valor. – A última parte do capítulo 1, "O caráter fetichista da mercadoria etc.", está grandemente modificada. O capítulo 3, [parte] 1 ("Medida dos valores") foi cuidadosamente revisto, porque essa parte tinha sido negligenciada na primeira edição, remetendo à discussão já feita em *Para a crítica da Economia Política* (Berlin, 1859). O capítulo 7, especialmente a parte 2, foi reformulado de modo significativo.

Seria inútil entrar detalhadamente nas modificações, muitas vezes apenas estilísticas, de trechos do texto. Elas se estendem por todo o livro. Apesar disso, creio que, após a revisão da tradução francesa a ser publicada em Paris, várias partes do original alemão exigiriam aqui uma reelaboração mais profunda, ali uma correção estilística maior ou até mesmo a eliminação cuidadosa de descuidos ocasionais. Para tanto, faltou-me tempo, pois apenas no outono de 1871, em meio a outros trabalhos urgentes, recebi a notícia de que o livro estava esgotado e de que a impressão da segunda edição já teria de ser iniciada em janeiro de 1872.

I Na quarta edição do Livro 1 de *O capital* (1890), foram deixados de fora os quatro primeiros parágrafos deste posfácio. No presente volume, ele é publicado integralmente. [N. E. A.]

A compreensão que *O capital* rapidamente encontrou em amplos círculos da classe trabalhadora alemã é a melhor recompensa de meu trabalho. Um homem economicamente situado numa perspectiva burguesa, o Sr. Mayer, fabricante vienense, afirmou com acerto, numa brochura publicada durante a Guerra Franco-Prussiana, que o grande senso teórico, considerado patrimônio hereditário alemão, teria desaparecido completamente das assim chamadas classes cultas da Alemanha para ressuscitar, em compensação, na sua classe trabalhadora.

Na Alemanha, a Economia Política continuou sendo, até agora, uma ciência estrangeira. Gustav von Gülich, em *Geschichtliche Darstellung des Handels, der Gewerbe etc.* [Representação histórica do comércio, da indústria...], já discutiu em grande parte, especialmente nos dois primeiros volumes de sua obra publicados em 1830, as circunstâncias históricas que inibiam o desenvolvimento do modo de produção capitalista entre nós e, portanto, também a construção da moderna sociedade burguesa. Faltava, por conseguinte, o terreno vivo da Economia Política. Ela foi importada da Inglaterra e da França como mercadoria pronta e acabada; seus catedráticos alemães não passaram de estudantes. Em suas mãos, a expressão teórica de uma realidade estrangeira transformou-se numa coletânea de dogmas, por eles interpretada de acordo com o mundo pequeno-burguês que os circundava, sendo portanto distorcida. Para dissimular a sensação, não completamente reprimível, de impotência científica, bem como a má consciência de ter de lecionar numa área de fato estranha, ostentava-se erudição histórico-literária ou misturava-se material estranho, emprestado às assim chamadas ciências cameralísticas, uma miscelânea de conhecimentos, purgatório pelo qual tem de passar o esperançoso candidato à burocracia alemã.

Desde 1848, a produção capitalista tem crescido rapidamente na Alemanha e já ostenta, hoje, seus frutos enganadores. Mas, para nossos especialistas, o destino continuou adverso. Enquanto podiam tratar de Economia Política de modo descomprometido, as relações econômicas modernas estavam ausentes da realidade alemã. Assim que essas relações vieram à luz, isso ocorreu sob circunstâncias que não mais permitiam o seu estudo descompromissado na perspectiva burguesa. Na medida em que é burguesa, ou seja, em vez de compreender a ordem capitalista como um estágio historicamente transitório de evolução, encara-a como a configuração última e absoluta da produção social, a Economia Política só pode permanecer como ciência enquanto a luta de classes permanecer latente ou só se manifestar em episódios isolados.

Tomemos a Inglaterra. A sua Economia Política clássica cai no período em que a luta de classes não está desenvolvida. O seu último grande representante, Ricardo, toma afinal conscientemente, como ponto de partida de suas pesquisas, a antítese dos interesses de classe, do salário e do lucro, do lucro e da renda da terra, considerando, ingenuamente, essa antítese uma lei natural da sociedade. Com isso, a ciência burguesa da Economia chegou, porém, aos seus limites intransponíveis. Ainda durante a vida de Ricardo apareceu, em oposição a ele, a crítica na pessoa de Sismondi.[1]

Na Inglaterra, a fase seguinte, de 1820–30, destaca-se pela vivacidade científica no campo da Economia Política. Foi tanto o período de expansão e vulgarização da teoria de Ricardo como o de sua luta contra a velha escola. Celebraram-se brilhantes torneios. Do que então se fez, pouco chegou ao conhecimento do continente europeu, pois a polêmica encontra-se, em grande parte, esparsa em artigos de revistas, publicações ocasionais e panfletos. O caráter imparcial dessa polêmica – ainda que a teoria de Ricardo também já tivesse sido utilizada, excepcionalmente, como arma de ataque contra a Economia burguesa – explica-se pelas circunstâncias da época. Por um lado, a grande indústria mesma apenas começava a sair da sua infância, o que se comprova pelo fato de que só com a crise de 1825 ela inaugura o ciclo periódico de sua vida moderna. Por outro lado, a luta de classes entre capital e trabalho ficou restrita a segundo plano; politicamente, por meio da contenda dos governos e dos interesses feudais, agrupados em torno da Santa Aliança, contra a massa popular conduzida pela burguesia; economicamente, por meio da disputa do capital industrial com a propriedade aristocrática da terra, que se escondia, na França, atrás da oposição entre minifúndio e latifúndio e que, na Inglaterra, irrompeu abertamente desde as leis dos cereais. Nesse período, a literatura sobre Economia Política lembra, na Inglaterra, o período de ímpeto econômico tempestuoso[I] ocorrido na França depois da morte do Dr. Quesnay, mas apenas como nuvens ligeiras do verão tardio lembram a primavera. No ano de 1830 começou a crise que se tornou, de uma vez por todas, decisiva.

A burguesia tinha conquistado poder político na França e na Inglaterra. A partir de então, a luta de classes assumiu, na teoria e na prática, formas cada vez mais explícitas e ameaçadoras. Ela fez soar o sino fúnebre da Economia científica burguesa. Já não se tratava de saber se este ou aquele teorema era ou não verdadeiro, mas se, para o capital, ele era útil ou prejudicial, cômodo ou incômodo, subversivo ou não. No lugar da pesquisa desinteressada entrou a espadacharia mercenária, no lugar da pesquisa científica imparcial entraram a má consciência e a má intenção da apologética. No entanto, mesmo os importunos tratadozinhos

---

I No original, referência ao *Sturm und Drang* [Tempestade e Ímpeto], como é conhecido o primeiro período do romantismo alemão. [N. E. B.]

que a Anti-Corn Law League,[I] chefiada pelos fabricantes Cobden e Bright, lançava aos quatro ventos possuíam, se não um interesse científico, ao menos um interesse histórico por sua polêmica contra a aristocracia fundiária. Desde Sir Robert Peel, também esse último esporão crítico foi extraído da Economia vulgar pela legislação livre-cambista.

A revolução continental de 1848 também repercutiu na Inglaterra. Homens que ainda pretendiam ter alguma importância científica e que queriam ser algo mais do que meros sofistas e sicofantas das classes dominantes procuravam sintonizar a Economia Política do capital com as reivindicações não mais ignoráveis do proletariado. Daí surge um sincretismo desprovido de espírito, cujo melhor representante é John Stuart Mill. É uma declaração de falência da Economia "burguesa", que o grande erudito e crítico russo N. Tchernichévski já evidenciou magistralmente em sua obra *Delineamentos da Economia Política segundo Mill.*

Na Alemanha, o modo de produção capitalista atingiu a maturidade depois que o seu caráter antagônico já tinha se revelado ruidosamente na França e na Inglaterra por meio de lutas históricas, enquanto o proletariado alemão já possuía uma consciência teórica de classe muito mais decidida do que a burguesia alemã. Assim que uma ciência burguesa da Economia Política pareceu tornar-se possível aqui [na Alemanha], ela havia-se tornado, portanto, novamente impossível.

Nessas circunstâncias, seus porta-vozes dividiram-se em dois grupos. Uns, astutos, ambiciosos e pragmáticos, juntaram-se sob a bandeira de Bastiat, o mais superficial e, por isso mesmo, o mais bem-sucedido representante da Economia apologética vulgar; outros, ciosos da catedrática dignidade de sua ciência, seguiram J. St. Mill na tentativa de reconciliar o irreconciliável. Assim como na época clássica da Economia burguesa,

---

I Liga Contra as Leis dos Cereais: união livre-cambista fundada em 1838 em Manchester pelos fabricantes Cobden e Bright. As assim chamadas leis dos cereais, que tinham por finalidade a limitação, talvez a proibição, da importação de cereais do estrangeiro, foram introduzidas na Inglaterra, no ano de 1815, no interesse dos latifundiários, dos lordes da terra. A liga pleiteava a exigência de total liberdade de comércio e lutava em prol da eliminação das leis dos cereais com a finalidade de baixar os salários dos trabalhadores e enfraquecer as posições políticas da aristocracia fundiária. Em sua luta contra os proprietários rurais, a liga procurava explorar as massas trabalhadoras. Mas exatamente nessa época os trabalhadores mais progressistas da Inglaterra aceitaram o caminho de um movimento trabalhador politicamente autônomo (cartismo). A luta entre a burguesia industrial e a aristocracia rural terminou em 1846 com a promulgação da lei sobre a eliminação das leis dos cereais. Depois disso, a liga se dissolveu. [N. E. A.]

também na época da sua decadência os alemães permaneceram meros discípulos, repetidores e imitadores, mascates modestos do grande atacado estrangeiro.

O desenvolvimento histórico peculiar da sociedade alemã excluía a possibilidade de qualquer especialização original da Economia burguesa, mas não a sua... crítica. Na medida em que tal crítica representa, além disso, uma classe, ela só pode representar a classe cuja missão histórica é a derrubada do modo de produção capitalista e a abolição final das classes – o proletariado.

Os porta-vozes eruditos e não eruditos da burguesia alemã procuraram primeiro aniquilar *O capital* por meio do silêncio, como tinham conseguido fazer com os meus escritos anteriores. Quando essa tática já não correspondia às circunstâncias da época, passaram a redigir, pretextando criticar meu livro, instruções "Para tranquilizar a consciência burguesa", mas encontraram na imprensa dos trabalhadores – vejam-se, por exemplo, os artigos de Joseph Dietzgen no *Volksstaat*[I] – lutadores de maior porte, aos quais estão devendo resposta até hoje.[1][a]

Em Petersburgo foi publicada uma excelente tradução russa de *O capital* na primavera de 1872. A edição de 3000 exemplares já se encontra agora quase esgotada. Em 1871, o Sr. N. Zíber (Зиберъ), catedrático de Economia Política na Universidade de Kiev, em seu escrito "Теория ценности и капитала Д. Рикардо" ("A teoria de D. Ricardo do valor e do capital etc."), já apontava a minha teoria do valor, do dinheiro e do capital como, em suas linhas básicas, continuação necessária das doutrinas de Smith e de Ricardo. O que surpreende o europeu ocidental, ao ler seu valioso livro, é a manutenção consequente do ponto de vista puramente teórico.

O método aplicado em *O capital* foi pouco entendido, como já o demonstram as interpretações contraditórias do mesmo.

Assim, a parisiense *Revue Positiviste*[II] me acusa, por um lado, de tratar a Economia metafisicamente e, por outro – adivinhem! –, de me limitar à mera análise crítica do dado, em vez de prescrever receitas (comtianas?) para a cozinha do futuro. Contra a acusação de metafísica, o prof. Zíber observa:

I O artigo de J. Dietzgen, "Das Kapital. Kritik der politischen Oekonomie von Karl Marx. Hamburg, 1867", foi publicado no *Demokratisches Wochenblatt* [Semanário Democrático], n. 31, 34, 35 e 36. De 1869 até 1876, esse jornal apareceu com o título *Der Volksstaat* [O Estado do Povo]. [N. E. A.]

II *La Philosophie Positive. Revue*: revista que circulou em Paris de 1867 até 1883. No número 3, de novembro-dezembro de 1868, publicou uma curta resenha sobre o volume 1 de *O capital*, escrito por De Roberti, um discípulo do filósofo positivista Auguste Comte. [N. E. A.]

> No que tange à teoria propriamente dita, o método de Marx é o método dedutivo de toda a escola inglesa, cujos defeitos e virtudes são comuns aos melhores economistas teóricos.[I]

O Sr. M. Block – em "Les théoriciens du socialisme en Allemagne. Extrait du *Journal des Economistes*, juillet et août 1872" [Os teóricos do socialismo na Alemanha. Extrato do *Jornal dos Economistas*, julho e agosto de 1872] – descobre que o meu método é analítico e, entre outras coisas, afirma que:

> *Par cet ouvrage M. Marx se classe parmi les esprits analytiques les plus éminents.* [Com essa obra, o Sr. Marx se classifica entre os espíritos analíticos mais eminentes.]

Os resenhistas alemães gritam, obviamente, contra a sofística hegeliana. O *Correio Europeu*, de Petersburgo, num artigo que examina exclusivamente o método de *O capital* (número de maio de 1872, pp. 427-36), considera o meu método de pesquisa rigorosamente realista, mas o meu método de exposição desgraçadamente teutodialético. Ele afirma:

> À primeira vista, se julgado pela forma externa de exposição, Marx é o maior filósofo idealista, no sentido germânico, ou seja, no mau sentido da palavra. De fato ele é, porém, infinitamente mais realista do que os seus predecessores na tarefa da crítica econômica. [...] Não se pode, de modo algum, chamá-lo de idealista.

A melhor resposta que posso dar ao autor se baseia em alguns extratos de sua própria crítica, cuja transcrição poderá interessar a muitos dos meus leitores para os quais o original russo não seja acessível.

Depois de uma citação de meu prefácio de *Para a crítica da Economia Política* (Berlin, 1859, pp. IV-VII), onde eu expus a fundamentação materialista do meu método, continua o Sr. Autor:

> Para Marx, só importa uma coisa: descobrir a lei dos fenômenos de cuja investigação ele se ocupa. E para ele é importante não só a lei que os rege, na medida em que eles têm forma definida e estão numa relação que pode ser observada em determinado período de tempo. Para ele, o mais importante é a lei de sua modificação, de seu desenvolvimento, isto é, a transição de uma forma para outra, de uma ordem de relações para outra. Uma vez descoberta essa lei, ele examina detalhadamente as consequências por meio

---

I Н. Зиберъ, "Теория ценности и капитала Д. Рикардо в связи с позднейшими дополнениями и разъяснениями", Киев [Kiev], 1871, p. 170. [N. E. A.]

das quais ela se manifesta na vida social. [...] Por isso, Marx só se preocupa com uma coisa: provar, mediante escrupulosa pesquisa científica, a necessidade de determinados ordenamentos das relações sociais e, tanto quanto possível, constatar de modo irrepreensível os fatos que lhe servem de pontos de partida e de apoio. Para isso, é inteiramente suficiente que ele prove, com a necessidade da ordem atual, a necessidade de outra ordem, ao mesmo tempo, na qual a primeira inevitavelmente tem de se transformar, quer as pessoas acreditem nisso, quer não, quer elas estejam conscientes disso, quer não. Marx considera o movimento social um processo histórico-natural, dirigido por leis que não apenas são independentes da vontade, consciência e intenção das pessoas mas, pelo contrário, muito mais lhes determinam a vontade, a consciência e as intenções. [...] Se o elemento consciente desempenha papel tão subordinado na história da cultura, é claro que a crítica que tenha a própria cultura por objeto não pode, menos ainda do que qualquer outra coisa, ter por fundamento qualquer forma ou qualquer resultado da consciência. Isso quer dizer que o que lhe pode servir de ponto de partida não é a ideia, mas apenas o fenômeno externo. A crítica vai limitar-se a comparar e confrontar um fato não com a ideia, mas com o outro fato. Para ela, o que importa é que ambos os fatos sejam examinados com o máximo de fidelidade e que constituam, um em relação ao outro, momentos diversos de desenvolvimento; mas, acima de tudo, importa que seja estudada de modo não menos exato a série de ordenações, a sequência e a conexão em que os estágios de desenvolvimento aparecem. Mas, dir-se-á, as leis gerais da vida econômica são sempre as mesmas, sejam elas aplicadas no presente ou no passado. É exatamente isso o que Marx nega. Segundo ele, essas leis abstratas não existem. [...] Segundo sua opinião, pelo contrário, cada período histórico possui suas próprias leis. [...] Assim que a vida já esgotou determinado período de desenvolvimento, tendo passado de determinado estágio a outro, começa a ser dirigida por outras leis. Numa palavra, a vida econômica oferece-nos um fenômeno análogo ao da história da evolução em outros territórios da Biologia. [...] Os antigos economistas confundiram a natureza das leis econômicas quando as compararam às leis da Física e da Química. [...] Uma análise mais profunda dos fenômenos demonstrou que organismos sociais se distinguem entre si tão fundamentalmente quanto organismos vegetais e animais. [...] Sim, um mesmo fenômeno rege-se por leis totalmente diversas em consequência da estrutura diversa desses organismos, da modificação em alguns de seus órgãos, das condições diversas em que funcionam etc. Marx nega, por exemplo, que a lei da população seja a mesma em todos os tempos e em todos os lugares. Ele assegura, pelo contrário, que cada estágio de desenvolvimento tem uma lei demográfica própria. [...] Com o desenvolvimento diferenciado da força produtiva, modificam-se as circunstâncias e as leis que as regem. Marx, ao se colocar a meta de pesquisar e esclarecer, a partir dessa

> perspectiva, a ordenação econômica do capitalismo, apenas formula, com todo rigor científico, a meta que deve ter qualquer investigação exata da vida econômica. [...] O valor científico de tal pesquisa reside no esclarecimento das leis específicas que regulam nascimento, existência, desenvolvimento e morte de dado organismo social e a sua substituição por outro, superior. E o livro de Marx tem, de fato, tal mérito.

Ao descrever de modo tão acertado e, tanto quanto entra em consideração a minha aplicação pessoal do mesmo, de modo tão benévolo aquilo que chama de "meu verdadeiro método", o que descreveu o Sr. Autor senão o método dialético?

É, sem dúvida, necessário distinguir formalmente o método de exposição do método de pesquisa. A pesquisa tem de captar detalhadamente a matéria, analisar suas várias formas de evolução e rastrear sua conexão íntima. Só depois de concluído esse trabalho é que se pode expor adequadamente o movimento real. Caso se consiga isso, e espelhada idealmente agora a vida da matéria, talvez possa parecer que se esteja tratando de uma construção *a priori*.

Por sua fundamentação, meu método dialético não só difere do hegeliano, mas é também a sua antítese direta. Para Hegel, o processo de pensamento, que, sob o nome de ideia, ele transforma num sujeito autônomo, é o demiurgo do real, real que constitui apenas a sua manifestação externa. Para mim, pelo contrário, o ideal não é nada mais que o material, transposto e traduzido na cabeça humana.

Há quase 30 anos, numa época em que ela ainda estava na moda, critiquei o lado mistificador da dialética hegeliana. Quando eu elaborava o primeiro volume de *O capital*, epígonos[I] aborrecidos, arrogantes e medíocres que agora pontificam na Alemanha culta se permitiam tratar Hegel como o bravo Moses Mendelssohn tratou Spinoza na época de Lessing, ou seja, como um "cachorro morto". Por isso, confessei-me abertamente discípulo daquele grande pensador e, no capítulo sobre o valor, até andei namorando aqui e acolá os seus modos peculiares de expressão. A mistificação que a dialética sofre nas mãos de Hegel não impede, de modo algum, que ele tenha sido o primeiro a expor as suas formas gerais de movimento, de maneira ampla e consciente. É necessário invertê-la, para descobrir o cerne racional dentro do invólucro místico.

Em sua forma mistificada, a dialética foi moda alemã porque parecia tornar sublime o existente. Em sua configuração racional, é um incômodo e um horror para a burguesia e para os seus porta-vozes doutrinários,

---

I Marx refere-se aí aos filósofos burgueses alemães Büchner, Lange, Dühring, Fechner e outros. [N. E. A.]

1 porque, no entendimento positivo do existente, ela inclui ao mesmo tempo o entendimento da sua negação, da sua desaparição inevitável; porque apreende cada forma existente no fluxo do movimento, portanto também com seu lado transitório; porque não se deixa impressionar por nada e é, em sua essência, crítica e revolucionária.

O movimento, repleno de contradições, da sociedade capitalista faz-se
7 sentir ao burguês prático de modo mais contundente nos vaivéns do ciclo
periódico que a indústria moderna percorre e em seu ponto culminante –
a crise geral. Esta se aproxima novamente, embora ainda se encontre nos
estágios preliminares, e, tanto pela sua presença por toda parte quanto
pela intensidade de seus efeitos, há de enfiar a dialética até mesmo na
cabeça dos afortunados do novo Sacro Império Teuto-Prussiano. ¦1¦

Londres,
24 de janeiro de 1873

PREFÁCIO DA EDIÇÃO FRANCESA

Karl Marx, 1872

Ao cidadão Maurice La Châtre

Caro Cidadão!

Aplaudo a sua ideia de publicar a tradução de *O capital* em fascículos. Dessa forma, a obra será mais acessível à classe trabalhadora e, para mim, isso é mais importante do que todo o resto.

Esse é o lado bom, mas é preciso considerar o reverso da medalha: o método que utilizei e que ainda não havia sido aplicado aos assuntos econômicos torna bastante árdua a leitura dos primeiros capítulos, e é de se temer que o público francês, sempre impaciente em chegar às conclusões e ávido em conhecer a conexão entre os fundamentos gerais e as questões imediatas que o apaixonam, venha a desanimar em prosseguir a leitura porque tudo não se encontra logo no começo.

Essa é uma desvantagem contra a qual nada posso fazer, exceto prevenir e acautelar os leitores sequiosos da verdade. Não há entrada já aberta para a ciência, e só aqueles que não temem a fadiga de galgar suas escarpas abruptas é que têm a chance de chegar a seus cimos luminosos.

Londres,
18 de março de 1872

POSFÁCIO DA EDIÇÃO FRANCESA

Karl Marx, 1875

AO LEITOR

O Sr. J. Roy se propôs fazer uma tradução tão exata e até mesmo literal quanto possível; ele cumpriu com extrema exatidão a sua tarefa. Mas essa extrema exatidão me obrigou a modificar a redação para torná-la mais acessível ao leitor. Esses remanejamentos, feitos no dia a dia, pois o livro foi editado em fascículos, foram executados com cuidado desigual e tinham de originar discrepâncias de estilo.

Uma vez empreendido esse trabalho de revisão, fui levado a aplicá-lo também ao texto original subjacente (a segunda edição alemã), simplificando algumas assertivas, completando outras, acrescentando material histórico ou estatístico, incorporando observações críticas etc. Sejam quais forem as imperfeições literárias desta edição francesa, ela possui valor científico independente do original e deve ser consultada mesmo pelos leitores familiarizados com a língua alemã.

Reproduzo, mais adiante, as passagens do posfácio da segunda edição alemã relativas ao desenvolvimento da Economia Política na Alemanha e ao método empregado nesta obra.[I]

Londres,
28 de abril de 1875

I Ver, neste volume, pp. 67–75. [N. E. B.]

PREFÁCIO DA TERCEIRA EDIÇÃO

Friedrich Engels, 1883

Não foi possível ao próprio Marx aprontar, para ser impressa, esta terceira edição. O poderoso pensador, ante cuja grandeza até os adversários agora se curvam, faleceu no dia 14 de março de 1883.

Sobre mim, que perdi com ele o melhor e, por quatro décadas, o mais constante dos amigos, o amigo a quem devo mais do que palavras permitem dizer, sobre mim recai agora a obrigação de providenciar esta terceira edição, bem como preparar o segundo volume, deixado em manuscrito. Ao leitor tenho de prestar aqui contas de como desempenhei a primeira parte dessa obrigação.

De início, Marx pretendia reelaborar grandemente o texto do volume 1, formulando de modo mais preciso certos pontos teóricos, acrescentando novos e complementando, até o presente, o material histórico e estatístico. Seu mau estado de saúde e o desejo de chegar à redação final do volume 2 obrigaram-no a renunciar a isso. Só o mais necessário devia ser modificado, só deviam ser inseridos os acréscimos contidos na edição francesa (*Le capital: Par Karl Marx*. Paris: Lachâtre, 1873)[I] publicada nesse ínterim.

No espólio foi encontrado também um exemplar em alemão que havia sido corrigido por ele em alguns trechos e que tinha referências remissivas à edição francesa; encontrou-se igualmente um exemplar em francês, no qual ele havia indicado com precisão as passagens a serem utilizadas. Essas modificações e esses acréscimos limitam-se, com raras exceções, à última seção do livro, intitulada "O processo de acumulação do capital". Aí, o texto publicado até agora seguia mais a redação original, enquanto os capítulos anteriores tinham sido muito mais reelaborados. O estilo era, portanto, mais vivo, mais de uma só fornada, mas também mais descuidado, recheado de anglicismos e pouco claro em alguns trechos; o transcurso da exposição apresentava lacunas aqui e ali, enquanto alguns momentos importantes tinham sido apenas esboçados.

Quanto ao estilo, Marx havia revisto cuidadosamente vários subcapítulos e, por meio deles e de frequentes indicações orais, deu-me a medida para saber até onde ir na eliminação de termos técnicos ingleses e de outros anglicismos. Marx teria, em todo caso, reelaborado os acréscimos e as complementações, substituindo, além disso, o francês fluente pelo

I A edição francesa do volume 1 de *O capital* apareceu em cadernos seriados de 1872 até 1875 em Paris. [N. E. A.]

seu próprio alemão conciso; eu tive de me contentar em transpô-los o mais próximo possível do texto original.

Nenhuma palavra foi, portanto, modificada nesta terceira edição sem que eu não tivesse certeza de que o próprio autor a modificaria. Não me passa pela cabeça introduzir em *O capital* o jargão corrente em que os economistas alemães costumam expressar-se, forma tão confusa que, por exemplo, aquele que, mediante pagamento em dinheiro, faz com que outros lhe deem trabalho é chamado de "Arbeit*geber*" [*dador* de trabalho], enquanto aquele de quem o trabalho é extraído mediante salário é chamado de "Arbeit*nehmer*" [*tomador* de trabalho]. Também em francês *travail* é usado, na linguagem corrente, no sentido de "ocupação". Mas os franceses, com razão, considerariam louco o economista que quisesse chamar o capitalista de *donneur de travail* e o trabalhador de *receveur de travail*.

Tampouco me permiti reduzir o dinheiro, os pesos e as medidas ingleses usados ao longo de todo o texto a seus equivalentes alemães atuais. Quando surgiu a primeira edição, havia na Alemanha tantos tipos de peso e medida quanto dias no ano; além disso, havia duas espécies de marco (naqueles tempos o *Reichsmark* [marco] só tinha validade na cabeça de Soetbeer, que o inventou no final dos anos trinta [1830]), duas espécies de florim e ao menos três de táler, dentre as quais uma cuja unidade era o "novo dois terços".[I] Nas ciências naturais dominava o sistema métrico; no mercado mundial, os pesos e medidas ingleses. Nessas circunstâncias, as unidades inglesas de medida impunham-se naturalmente a um livro que tinha de basear-se em dados factuais oriundos quase exclusivamente de condições industriais inglesas. E esse último motivo continua válido ainda hoje, tanto mais que quase não houve maiores modificações no mercado mundial quanto a isso, e notadamente nas indústrias mais significativas – ferro e algodão – predominam até hoje quase exclusivamente pesos e medidas ingleses.

Por fim, ainda uma palavra sobre o pouco compreendido modo de Marx fazer citações. Quando se trata de informações e descrições apenas factuais, as citações, por exemplo as dos Livros Azuis ingleses, servem evidentemente como simples elementos de comprovação. É diferente, porém, quando são citadas teorias de outros economistas. Nesse caso, a citação visa apenas constatar onde, quando e por quem foi claramente expresso pela primeira vez um pensamento econômico mencionado no decorrer do desenvolvimento do texto. Importa aí apenas que a concepção econômica em questão tenha significado para a história da ciência, que ela seja a expressão teórica mais ou menos adequada da situação

---

I Moeda de prata no valor de ⅔ de táler que circulou do final do século XVII até metade do século XIX em diferentes territórios alemães. [N. E. A.]

1 econômica de sua época. Mas não interessa, de modo algum, saber se
essa proposição tem valor absoluto ou relativo para a perspectiva do
autor ou se ela já havia sido ultrapassada pela história. Essas citações
constituem, por conseguinte, apenas comentários ao longo do texto,
emprestados da história da ciência econômica, e patenteiam cada um
dos avanços mais importantes da teoria econômica de acordo com a data
7 e o autor. E isso era muito necessário numa ciência cujos historiadores
têm-se destacado até agora apenas pela ignorância tendenciosa e quase
orgulhosa. Torna-se então também compreensível por que Marx, de
acordo com o posfácio da segunda edição, só muito excepcionalmente
chega a citar economistas alemães.

Espero que o segundo volume possa vir a ser publicado no transcorrer do ano de 1884.

Londres,
7 de novembro de 1883

PREFÁCIO DA EDIÇÃO INGLESA

Friedrich Engels, 1886

A publicação de uma edição inglesa de *O capital* não precisa ser justificada. Pelo contrário, pode-se esperar uma explicação de por que foi retardada até agora esta edição inglesa, uma vez que há vários anos as teorias deste livro têm sido constantemente citadas, atacadas e defendidas, explicadas e distorcidas, tanto na imprensa periódica e cotidiana da Inglaterra quanto na da América.

Quando, pouco após a morte do autor em 1883, ficou claro que se tornava realmente necessária uma edição inglesa da obra, o Sr. Samuel Moore, velho amigo de Marx e do autor destas linhas, pessoa talvez a mais familiarizada com o livro do que qualquer outra, prontificou-se a fazer a tradução que os testamenteiros literários de Marx instavam que fosse publicada. Ficou acertado que eu deveria comparar o manuscrito com o original e propor as modificações que me parecessem aconselháveis. Quando pouco a pouco se mostrou que as ocupações profissionais impediam o Sr. Moore de concluir a tradução tão rapidamente quanto todos nós desejávamos, aceitamos com alegria a oferta do Dr. Aveling de incumbir-se de parte do trabalho. Ao mesmo tempo, a Sra. Aveling, filha mais jovem de Marx,[I] ofereceu-se para conferir as citações e recuperar o texto original das numerosas passagens de autores ingleses e dos Livros Azuis traduzidas por Marx para o alemão.

Foram traduzidas pelo Dr. Aveling as seguintes partes do livro: *1.* os capítulos 10 ("A jornada de trabalho") e 11 ("Taxa e massa de mais-valia"); *2.* a Seção VI ("O salário", compreendendo os capítulos 19 a 22); *3.* do capítulo 24, parte 4 ("Circunstâncias que" etc.) até o final do livro, abrangendo a última parte do capítulo 24, o capítulo 25 e toda a Seção VIII (capítulos 26 a 33); *4.* os dois prefácios do autor. Todo o resto do livro foi traduzido pelo Sr. Moore.[II] Enquanto cada tradutor é responsável apenas por sua parte, cabe-me a responsabilidade geral pelo todo.

A terceira edição alemã, na qual se baseou inteiramente o nosso trabalho, foi preparada por mim em 1883, levando em consideração as notas deixadas pelo autor, que indicam as passagens da segunda edição que deveriam ser substituídas por passagens correspondentes do texto

---

I Trata-se de Eleanor Marx, aqui citada com o sobrenome de seu companheiro Edward Aveling. [N. E. B.]

II A numeração dos capítulos da edição inglesa do volume 1 de *O capital* não coincide com a numeração das edições alemãs. [N. E. A.]

francês publicado em 1873.[1] As modificações assim introduzidas no texto da segunda edição coincidiam, geralmente, com as alterações que Marx recomendara numa série de instruções de próprio punho a uma versão para o inglês planejada nos Estados Unidos há dez anos, mas da qual se desistiu principalmente por falta de um tradutor capaz e adequado. Esse manuscrito foi colocado à nossa disposição por nosso velho amigo, o Sr. F. A. Sorge, de Hoboken, N[ew] J[ersey]. Continha ainda a indicação de inserir alguns outros trechos da edição francesa; mas, como ele era vários anos mais antigo do que as últimas instruções para a terceira edição, não me considerei autorizado a fazer uso dele a não ser em casos excepcionais e especialmente quando nos ajudava a superar dificuldades. Igualmente o texto francês foi usado, na maioria das passagens difíceis, para indicar o que o próprio autor estava preparado para sacrificar, sempre que algo do sentido integral do original tivesse de ser sacrificado na tradução.

Uma dificuldade persiste, no entanto, e dela não podemos poupar o leitor: o emprego de certas expressões em sentido diferente não só da linguagem cotidiana mas também da Economia Política usual. Isso era, porém, inevitável. Cada concepção nova de uma ciência implica uma revolução nos termos técnicos dessa ciência. Isso se evidencia melhor na Química, cuja terminologia toda é radicalmente alterada a cada vinte anos mais ou menos e na qual dificilmente se pode encontrar um composto orgânico que não tenha tido toda uma série de nomes diferentes. A Economia Política geralmente se tem contentado em tomar, tal como se encontram, as expressões da vida comercial e industrial e operar com elas sem se dar conta, em absoluto, de que, com isso, se restringe ao círculo estreito das ideias que essas palavras exprimem. Assim, a própria Economia Política clássica – embora tivesse consciência plena de que tanto o lucro quanto a renda são apenas subdivisões, parcelas daquela parte não paga do produto que o trabalhador tem de fornecer ao patrão (o primeiro que dela se apropria, ainda que não seja seu último nem único dono) – jamais ultrapassou os conceitos usuais de lucro e renda, jamais examinou em seu conjunto, como um todo, essa parte não paga do produto (que Marx chamou de mais-produto) e, por isso, jamais atingiu uma compreensão clara, seja de sua origem e de sua natureza, seja também das leis que regulam a posterior repartição do seu valor. De modo semelhante, toda a indústria, excetuando-se a agricultura e o artesanato, é subsumida, sem nenhuma diferenciação, no termo "manufatura" e, com isso, apaga-se a diferença entre dois períodos importantes e essencialmente diversos da história econômica: o período da manufatura propriamente dita, baseado na divisão do trabalho manual, e o período da indústria moderna, baseado na maquinaria. É, no entanto, evidente que uma teoria que considera a moderna produção capitalista mera etapa de evolução da história econômica da humanidade tenha de empregar outras expressões do que aqueles autores que encaram essa forma de produção como imperecível e definitiva.

Talvez não seja inoportuna uma palavra quanto ao método de citar empregado pelo autor. Na maioria dos casos, as citações servem, como é usual, para documentar asserções feitas no texto. Mas, em muitos casos, são transcritas passagens de economistas para mostrar quando, onde e por quem determinado ponto de vista foi pela primeira vez claramente expresso. Isso ocorre nos casos em que a opinião transcrita é importante como expressão mais ou menos adequada das condições sociais de produção e de troca dominantes em determinada época, independentemente do fato de Marx a aceitar ou de ela ter validade geral. Essas citações enriquecem, portanto, o texto com um comentário corrente extraído da história da ciência.

A nossa tradução compreende apenas o primeiro livro da obra. Mas este livro é em grande medida um todo em si mesmo e, por vinte anos, passou por obra autônoma. O segundo livro, que editei em alemão em 1885, fica decididamente incompleto sem o terceiro, que não poderá ser publicado antes do final de 1887. Quando sair à luz, no original alemão, o Livro 3, haverá bastante tempo para pensar em preparar uma edição inglesa de ambos.

O capital, no continente europeu, é chamado frequentemente de "Bíblia da classe trabalhadora". Que as conclusões sustentadas nesta obra se tornem cada dia mais os princípios fundamentais do grande movimento da classe trabalhadora, não só na Alemanha e na Suíça, mas também na França, na Holanda e na Bélgica, na América e até mesmo na Itália e na Espanha; que, por toda parte, a classe trabalhadora reconheça cada vez mais nessas conclusões a expressão mais adequada da sua situação e dos seus anseios, isso ninguém que esteja a par desse movimento há de negar. E, neste instante, também na Inglaterra as teorias de Marx exercem influência poderosa sobre o movimento socialista, que se expande nas fileiras das "pessoas cultas" não menos que nas fileiras da classe trabalhadora. Mas isso não é tudo. Depressa se aproxima o tempo em que há de se impor uma investigação profunda da situação econômica da Inglaterra como uma irresistível necessidade nacional. A marcha do sistema industrial da Inglaterra, que é impossível sem uma expansão rápida e permanente da produção e, portanto, dos mercados, está emperrada. O livre-cambismo esgotou seus recursos; até mesmo Manchester perdeu a fé nesse seu antigo evangelho econômico.[1][a] A indústria estrangeira, que se desenvolve rapidamente, desafia a produção inglesa por toda parte, não só em mercados defendidos por tarifas aduaneiras, mas também em mercados neutros, até mesmo deste lado do canal. Enquanto a força produtiva cresce em progressão geométrica, a expansão dos mercados cresce, na melhor das hipóteses, em progressão aritmética. O ciclo decenal de estagnação, prosperidade, superprodução e crise, que se repetiu sempre de 1825 a 1867, parece ter-se esgotado; mas só para deixar-nos aterrissar no lodaçal desesperador de uma depressão crônica e duradoura. O almejado período de prosperidade reluta em voltar; toda vez que acreditamos divisar os sintomas que a anunciam, eles desaparecem novamente no ar. Entrementes, cada novo inverno recoloca a questão: "O que fazer com os desempregados?". Mas, enquanto se avoluma, a cada ano, o número de desempregados, não há ninguém para responder a essa pergunta; e quase podemos calcular o momento em que os desempregados vão perder a paciência e tomar o seu destino nas próprias mãos. Em tal momento, deveria certamente ser ouvida a voz de um homem cuja teoria é, toda ela, o resultado de uma vida inteira de estudos da história e da situação econômica da Inglaterra, levando-o à conclusão de que, ao menos na Europa, a Inglaterra é o único país onde a inevitável revolução social poderia realizar-se inteiramente por meios pacíficos e legais. Certamente ele nunca se esqueceu de acrescentar que não esperava que as classes dominantes da Inglaterra se submetessem a essa revolução pacífica e legal sem tentar uma *proslavery rebellion* [rebelião em prol da escravatura].[I]

5 de novembro de 1886

I Levante que os donos de escravos do sul dos Estados Unidos desencadearam e que levou à Guerra Civil de 1861-65. [N. E. A.]

PREFÁCIO DA QUARTA EDIÇÃO

Friedrich Engels, 1890

A quarta edição me obrigou a estabelecer uma versão tão definitiva quanto possível do texto e das notas. Sobre como procurei fazê-lo, seguem algumas palavras.

Depois de confrontar mais uma vez a edição francesa e as notas manuscritas de Marx, tomei daquela alguns acréscimos para o texto alemão. Encontram-se às pp. 162, 445–47, 525–28, 558–59 e 802–03, na nota 79. De conformidade com as edições francesa e inglesa, incorporei ao texto a longa nota sobre os trabalhadores das minas (pp. 446–53). As outras pequenas modificações são de natureza puramente técnica.

Acrescentei ainda algumas notas explicativas, principalmente onde circunstâncias históricas modificadas pareciam exigir isso. Todas essas notas adicionais estão colocadas entre colchetes e assinaladas com minhas iniciais ou com D.H. [*Der Herausgeber* – O Editor].[I]

Uma revisão completa das numerosas citações tornou-se necessária devido à edição inglesa surgida nesse ínterim. Para essa edição, a filha mais jovem de Marx, Eleanor, deu-se ao trabalho de comparar com os originais todas as passagens citadas, de modo que o próprio texto das citações de fontes inglesas, as mais numerosas, não aparecesse numa retradução do alemão, e sim com o texto inglês original. Esse texto estava, portanto, a meu dispor para a quarta edição. Assim foram descobertas diversas pequenas imprecisões. Indicações erradas de páginas, em parte cometidas ao copiar dos cadernos, em parte devidas a erros de impressão acumulados ao longo de três edições. Aspas ou reticências mal colocadas, como é inevitável num volume tão grande de citações tiradas de cadernos de notas. Aqui e ali, a tradução menos feliz de uma palavra. Certas citações tiradas dos velhos cadernos de Paris, 1843–45, quando Marx não sabia inglês e lia os economistas ingleses em traduções para o francês; casos em que a dupla tradução acarretava leve mudança de colorido, por exemplo com Steuart, Ure e outros – quando então o texto inglês tinha de ser usado. E todos os casos semelhantes de pequenos lapsos e inexatidões. Quando agora se compara a quarta edição com as anteriores, pode-se ver que todo esse trabalhoso processo de correção nada modificou no livro que mereça menção. Apenas uma única citação não pôde ser encontrada, a extraída de Richard Jones (p. 795, nota 47); Marx provavelmente se enganou ao transcrever o título do livro. Todas as

I Neste volume, indicadas entre chaves { } e com F. E. [N. E. A.]

demais conservam por inteiro o seu poder comprobatório ou o reforçam na atual forma exata.

Aqui sou forçado, porém, a voltar a uma velha história.

Só conheço um caso em que a correção de uma citação de Marx foi posta em dúvida. Como continuou, porém, a circular mesmo depois da morte de Marx, não posso deixar de aventá-lo aqui.[I]

Em 7 de março de 1872, publicou-se no berlinense *Concordia*, órgão da União dos Fabricantes Alemães, um artigo anônimo: "Como Karl Marx cita". Nele se afirma, com um gasto enorme de indignação moral e de expressões nada parlamentares, que teria sido falsificada (na mensagem inaugural da Associação Internacional dos Trabalhadores, de 1864,[II] e repetida em *O capital*, Livro 1) a citação extraída do discurso pronunciado a 16 de abril de 1863 por Gladstone sobre o orçamento. Nenhuma palavra da frase "Esse aumento embriagador de riqueza e poder [...] está totalmente limitado às classes possuidoras"[III] constaria no relatório estenográfico (quase oficial) do *Hansard*.[IV] "Essa frase não consta em parte alguma do discurso de Gladstone. Exatamente o contrário é que é dito." (Com destaque) "**Formal e materialmente, Marx mentiu acrescentando essa frase!**"

Marx, a quem esse número do *Concordia* foi enviado no mês de maio seguinte, respondeu ao Anônimo no *Volksstaat* de 1º de junho. Como não se lembrava mais que relato jornalístico havia citado, limitou-se, primeiro, a comprovar a mesma citação em duas publicações inglesas e citar, em seguida, o relato do *Times*, segundo o qual Gladstone afirma:

> *That is the state of the case as regards the wealth of this country. I must say for one, I should look almost with apprehension and with pain upon this intoxicat-*

I Engels ocupou-se com o desmascaramento de reiterados ataques difamatórios por parte de representantes da burguesia, no sentido de que Marx teria falsificado uma citação de um discurso de Gladstone de 16 de abril de 1863, num trabalho especial: "In Sachen Brentano contra Marx wegen angeblicher Citatsfälschung. Geschichtserzählung und Dokumente" [Quanto à questão de Brentano contra Marx por causa de pretensa falsificação de citação]. Esse trabalho foi publicado em Hamburgo, em 1891 [ver MEW, v. 22. Berlin: Dietz Verlag, 1977, pp. 93–185]. [N. E. A.]

II Karl Marx, "Inauguraladresse der Internationalen Arbeiter-Assoziation". MEW, v. 16. Berlin: Dietz Verlag, 1962, pp. 3–13 [ed. port.: "Mensagem inaugural da Associação Internacional dos Trabalhadores", trad. José Barata-Moura. *Obras escolhidas em três tomos*, t. II. Lisboa: Edições Progresso / Editorial Avante!, 1982, pp. 5–13]. [N. E. A.]

III Ver, neste volume, p. 578. [N. E. B.]

IV Coleção de relatórios em que se publicam as transcrições de todos os debates ocorridos nas duas câmaras do Parlamento britânico. Tem esse nome devido a seu primeiro editor, Thomas Curson Hansard (1776–1833). [N. E. B.]

ing augmentation of wealth and power, if it were my belief that it was confined to classes who are in easy circumstances. This takes no cognizance at all of the condition of the labouring population. The augmentation I have described and which is founded, I think, upon accurate returns, is an augmentation entirely confined to classes of property[I]

Gladstone afirma aqui, por conseguinte, que lastimaria se assim fosse, mas que *é* assim: que esse aumento embriagador de riqueza e poder *está* totalmente limitado às classes possuidoras. E, quanto ao quase oficial *Hansard*, Marx acrescenta: "Aqui, o Sr. Gladstone, em edição posteriormente ajeitada, foi bastante esperto para fazer sumir a passagem que seria comprometedora na boca de um chanceler do Tesouro inglês. Esse é, aliás, um consagrado costume parlamentar britânico, de modo algum uma invenção do pequeno Lasker contra Bebel".[II]

O Anônimo se irrita cada vez mais. Desprezando as fontes de segunda mão em sua resposta no *Concordia* de 4 de julho, sugere envergonhadamente que é "costume" citar discursos parlamentares segundo o registro estenográfico; mas também o relato do *Times* (no qual está a frase "mentirosamente acrescentada") e o do *Hansard* (no qual ela não está) "coincidem inteiramente no plano material", e mesmo o relato do *Times* conteria "diretamente o oposto daquela famigerada passagem da mensagem inaugural", com o que o homem cuidadosamente silencia que, ao lado desse pretenso "oposto", ele contém expressamente "aquela famigerada passagem"! Apesar de tudo isso, o Anônimo sente que está encalhado e que só um novo subterfúgio pode salvá-lo. Portanto, enquanto ele criva seu artigo "atrevidamente mentiroso", como foi mostrado há pouco, de

---

I "Essa é a situação do caso no que concerne à riqueza deste país. Devo dizer, por mim, que eu veria com apreensão e com dor esse aumento embriagador de riqueza e poder se eu acreditasse que ele está totalmente limitado às classes possuidoras. Isso absolutamente não leva em conta as condições da população trabalhadora. O aumento que acabo de descrever e que se fundamenta, creio, em informes exatos, é um aumento inteiramente confinado às classes proprietárias." [N. T.]

II Na sessão parlamentar de 8 de novembro de 1871, o deputado liberal nacionalista [Eduard] Lasker declarou, numa polêmica contra [August] Bebel, que, se os trabalhadores alemães pusessem na cabeça imitar o exemplo dos integrantes da Comuna de Paris, "o honesto proprietário burguês iria matá-los a porretaço". O orador não se decidiu, porém, a publicar essas formulações e já no registro estenográfico constavam, em vez de "matá-los a porretaço", as palavras "subjugá-los com poder próprio". Bebel descobriu essa falsificação. Lasker tornou-se objeto de escárnio entre os trabalhadores. Por causa de sua estatura diminuta, recebeu o apelido de "pequeno Lasker". [N. E. A.]

edificantes xingamentos como "*mala fides*" [má-fé], "desonestidade", "assertiva mentirosa", "aquela citação mentirosa", "mentira deslavada", "uma citação completamente forjada", "essa falsificação", "simplesmente infame" etc., considera necessário deslocar a questão para outro terreno e promete, portanto, "explicar num próximo artigo o sentido que nós" (o não-"mentiroso" Anônimo) "damos ao conteúdo das palavras de Gladstone". Como se essa sua opinião sem autoridade tivesse o mínimo a ver com a coisa! Esse segundo artigo está no *Concordia* de 11 de julho.

Marx respondeu mais uma vez no *Volksstaat* de 7 de agosto, trazendo os relatos do *Morning Star* e do *Morning Advertiser* de 17 de abril de 1863. De acordo com ambos, Gladstone diz que veria com preocupação etc. esse aumento embriagador de riqueza e poder se o acreditasse limitado às classes realmente abastadas (*classes in easy circumstances*). Mas que esse aumento *estaria* realmente limitado a classes possuidoras de propriedades (*entirely confined to classes possessed of property*). Portanto, também esses relatos reproduzem de modo literal a frase considerada "mentirosamente acrescentada". Além disso, confrontando os textos do *Times* e do *Hansard*, Marx novamente constatou que, nos relatos de três jornais, independentes entre si, publicados na manhã seguinte, estava a mesma frase como tendo sido realmente dita, faltando ela no texto do *Hansard* porque revisto segundo o notório "costume", ou seja, Gladstone "escamoteou-a posteriormente", segundo as palavras de Marx, que, para concluir, declarava não ter mais tempo para perder com o Anônimo. Este parecia também estar saturado; ao menos não foram enviados a Marx números posteriores do *Concordia*.

Com isso, a coisa parecia estar morta e enterrada. Desde então chegaram-nos, no entanto, uma ou duas vezes, por meio de pessoas que tinham relações com a Universidade de Cambridge, rumores quanto a um inominável crime literário que Marx teria cometido em *O capital*; mas, apesar de todas as nossas investigações, nada se conseguiu apurar de concreto. De repente, em 29 de novembro de 1883, oito meses depois da morte de Marx, apareceu no *Times* uma carta, oriunda do Trinity College, Cambridge, e assinada por Sedley Taylor, na qual o homenzinho, que mexe com o tipo mais inofensivo de cooperativismo, de súbito, inoportunamente, lançou-nos luz afinal não só sobre a boataria de Cambridge como também sobre o Anônimo do *Concordia*:

> "O que parece extraordinário ao extremo", diz o homenzinho do Trinity College, "é ter sido reservado ao *Prof. Dr. Brentano* (na ocasião em Breslau, hoje em Estrasburgo) [...] revelar a *mala fides* que, evidentemente, ditou aquela citação do discurso de Gladstone na mensagem" (inaugural). "O Sr. Karl Marx, que [...] procurou defender a citação, teve a audácia de afirmar – em meio

às agonias mortais (*deadly shifts*) a que rapidamente o lançaram os ataques conduzidos magistralmente por Brentano – que o Sr. Gladstone teria retocado o relato do seu discurso no *Times* de 17 de abril de 1863, antes de ser publicado no *Hansard*, para fazer sumir uma passagem que seria um tanto comprometedora para um chanceler do Tesouro inglês. Quando Brentano, por meio de uma comparação minuciosa dos textos, provou que os relatos do *Times* e do *Hansard* coincidiam em excluir de modo absoluto o sentido que a citação capciosamente isolada imputava às palavras de Gladstone, então Marx bateu em retirada sob o pretexto de falta de tempo!".

Esse era, finalmente, o osso enterrado! E assim se refletiu, gloriosamente, na fantasia cooperativista de Cambridge, a campanha anônima do Sr. Brentano no *Concordia*! Assim se postava ele, e assim ele brandia a sua espada,[I] "num ataque conduzido magistralmente", esse São Jorge da União dos Fabricantes Alemães, enquanto o dragão dos infernos, Marx, estertorava a seus pés "rapidamente em meio a agonias mortais".

No entanto, toda essa descrição épica ao estilo de Ariosto só serve para encobrir os truques desse São Jorge. Aqui já não se fala de "acréscimos mentirosos", de "falsificação", mas de "citação capciosamente isolada" (*craftily isolated quotation*). Toda a questão tinha sido deslocada, e São Jorge e seu escudeiro cambridgiano sabiam muito bem por quê.

Como o *Times* se recusou a publicar a réplica de Eleanor Marx, ela encaminhou-a à revista mensal *To-Day*, em fevereiro de 1884, reconduzindo o debate ao único ponto de que se tratava: Marx "mentiu acrescentando essa frase" ou não? O Sr. Sedley Taylor replicou:

> "A questão de saber se determinada frase constou ou não no discurso do Sr. Gladstone era", na sua opinião, "de importância muito subalterna" na disputa entre Marx e Brentano, "se comparada com a questão de saber se a citação fora feita com a intenção de reproduzir ou de deformar o sentido de Gladstone".

E, então, ele admite que o relato do *Times* "contém de fato uma contradição nas palavras"; mas o resto do contexto explicaria, mostraria, corretamente, isto é, no sentido liberal-gladstoniano, o que o Sr. Gladstone teria *desejado* dizer (*To-Day*, março de 1884). O cômico é que o nosso homenzinho de Cambridge empenha-se agora em *não* citar o discurso conforme o *Hansard*, como seria "costumeiro", segundo o anônimo

---

I Engels faz aí uma variação em torno das palavras do fanfarrão e covarde Falstaff, que conta como teria, sozinho, lutado contra cinquenta pessoas. William Shakespeare, *Henry IV* [*Henrique IV*], parte I, ato II, cena IV. [N. E. A.]

Brentano, mas conforme o relato do *Times*, designado pelo mesmo Brentano como "necessariamente malfeito". Naturalmente, já que a frase fatal *falta* no *Hansard*!

Foi fácil a Eleanor Marx, no mesmo número da *To-Day*, reduzir essa argumentação a pó. Ou o Sr. Taylor tinha lido a controvérsia de 1872 e, nesse caso, tinha agora "mentido", não só "acrescentando", mas também "indo além", ou não a tinha lido e, então, era sua obrigação calar a boca. De um modo ou de outro, ficou claro que ele não ousou, em nenhum momento, manter de pé a acusação do seu amigo Brentano de que Marx teria "acrescentado mentiras". Pelo contrário, agora Marx não teria acrescentado mentiras, mas teria deixado fora uma frase importante. Mas essa mesma frase é citada à p. 5 da mensagem inaugural, poucas linhas antes do que teria sido "acrescentado mentirosamente". E, no que se refere à "contradição" no discurso de Gladstone, quem é senão exatamente Marx que fala, na nota 105 de *O capital*, à p. 806, das "repetidas e gritantes contradições nos discursos de Gladstone sobre o orçamento de 1863 e 1864"! Só que Marx não se lança, à maneira de Sedley Taylor, a diluí-los em amabilidades liberais. E o resumo conclusivo, na resposta de E. Marx, afirma então: "Pelo contrário, Marx nada ocultou digno de menção nem acrescentou a mínima mentira. Mas ele reconstituiu e arrancou do esquecimento determinada frase do discurso de Gladstone que indubitavelmente foi dita, mas que, de um jeito ou de outro, encontrou o seu caminho – para fora do *Hansard*".

Com isso, o Sr. Sedley Taylor também achou que bastava, e desse conluio de catedráticos tramado durante duas décadas e em dois grandes países resultou que não mais se ousou questionar a probidade literária de Marx, ao passo que o Sr. Sedley, a partir de então, há de confiar tão pouco nos boletins de guerra do Sr. Brentano quanto o Sr. Brentano na infalibilidade papal do *Hansard*.

Londres,
25 de junho de 1890

1

O PROCESSO DE PRODUÇÃO DO CAPITAL

Dedicado a meu amigo inesquecível, o corajoso,
fiel e nobre pioneiro do proletariado

WILHELM WOLFF
Nascido em Tarnów, em 21 de junho de 1809,
falecido no exílio, em Manchester,
em 9 de maio de 1864.

SEÇÃO I

MERCADORIA E DINHEIRO

CAPÍTULO 1

A MERCADORIA

1. OS DOIS FATORES DA MERCADORIA: VALOR DE USO E VALOR | 2 | (SUBSTÂNCIA DO VALOR, GRANDEZA DO VALOR)

A riqueza das sociedades em que domina o modo de produção capitalista aparece como uma "imensa coleção de mercadorias",[1] e a mercadoria individual como sua forma elementar. Nossa investigação começa, portanto, com a análise da mercadoria.

A mercadoria é, antes de tudo, um objeto externo, uma coisa, a qual, pelas suas propriedades, satisfaz necessidades humanas de qualquer espécie. A natureza dessas necessidades, se elas se originam do estômago ou da fantasia, não muda nada.[2] Aqui também não se trata de como a coisa satisfaz a necessidade humana, se imediatamente, como meio de subsistência, isto é, objeto de consumo, ou se indiretamente, como meio de produção.

Cada coisa útil, como ferro, papel etc., deve ser encarada sob duplo ponto de vista, segundo qualidade e quantidade. Cada uma dessas coisas é um todo de muitas propriedades e pode, portanto, ser útil sob diversos aspectos. Descobrir esses diversos aspectos e, portanto, os múltiplos modos de usar as coisas é um ato histórico.[3] Assim como também o é a descoberta de medidas sociais para a quantidade das coisas úteis. A diversidade das medidas de mercadorias origina-se em parte da natureza diversa dos objetos a serem medidos, em parte de convenção.

A utilidade de uma coisa faz dela um valor de uso.[4] Essa utilidade, porém, não paira no ar. Determinada pelas propriedades do corpo da mercadoria, ela não existe sem o mesmo. O corpo da mercadoria mesmo, como ferro, trigo, diamante etc., é, portanto, um valor de uso ou bem. Esse seu caráter não depende de a apropriação de suas propriedades úteis custar ao ser humano muito ou pouco trabalho. O exame dos valores de uso pressupõe sempre sua determinação quantitativa, como dúzia de relógios, vara de linho, tonelada de ferro etc. Os valores de uso das mercadorias fornecem o material de uma disciplina própria, a merceologia.[5] O valor de uso realiza-se somente no uso ou no consumo. Os valores de uso constituem o conteúdo material da riqueza, qualquer que seja a forma social desta. Na forma de sociedade a ser por nós examinada, eles constituem, ao mesmo tempo, os portadores materiais do – valor de troca.

O valor de troca aparece, de início, como a relação quantitativa, a proporção na qual valores de uso de uma espécie se trocam[6] contra valores de uso de outra espécie, uma relação que muda constantemente no tempo e no espaço. O valor de troca parece, portanto, algo casual e puramente relativo, um valor de troca imanente, intrínseco à mercadoria (*valeur intrinsèque*), portanto uma *contradictio in adjecto*.[7] Observemos a coisa mais de perto.

Determinada mercadoria, um *quarter* de trigo, por exemplo, troca-se por *x* de graxa de sapato, ou por *y* de seda, ou por *z* de ouro etc., resumindo, por outras mercadorias nas mais diferentes proporções. Assim, o trigo possui múltiplos valores de troca em vez de um único. Porém, sendo *x* de graxa, assim como *y* de seda ou *z* de ouro o valor de troca de um *quarter* de trigo, *x* de graxa, *y* de seda, *z* de ouro etc. têm de ser valores de troca permutáveis uns pelos outros ou iguais entre si. Por conseguinte, primeiro: os valores de troca vigentes da mesma mercadoria expressam algo igual. Segundo, porém: o valor de troca só pode ser o modo de expressão, a "forma de manifestação", de um conteúdo dele distinguível.

Tomemos ainda duas mercadorias, por exemplo trigo e ferro. Qualquer que seja sua relação de troca, sempre se poderá representá-la por uma equação em que dada quantidade de trigo é igualada a alguma quantidade de ferro, por exemplo 1 *quarter* de trigo = *a* quintais de ferro. Que diz essa equação? Que algo em comum da mesma grandeza existe em duas coisas diferentes, em 1 *quarter* de trigo e igualmente em *a* quintais de ferro. Ambas são, portanto, iguais a uma terceira, que em si e para si não é nem uma nem outra. Cada uma das duas, enquanto valor de troca, deve, portanto, ser redutível ¦3 a essa terceira¦.

Um simples exemplo geométrico torna isso evidente. Para determinar e comparar as áreas de todas as figuras retilíneas tem-se de decompô-las em triângulos. O triângulo, por sua vez, reduz-se a uma expressão completamente diferente de sua figura visível – a metade do produto de sua base pela sua altura. O mesmo ocorre com os valores de troca das mercadorias: tem-se de reduzi-los a algo comum, do qual eles representam um mais ou um menos.

Esse algo em comum não pode ser uma propriedade geométrica, física, química ou qualquer outra propriedade natural das mercadorias. Suas propriedades corpóreas só entram em consideração à medida que elas lhes conferem utilidade, isto é, tornam-nas valores de uso. Por outro lado, porém, é precisamente a abstração de seus valores de uso que caracteriza evidentemente a relação de troca das mercadorias. Dentro da mesma, um valor de uso vale exatamente tanto como outro qualquer, desde que esteja disponível em proporção adequada. Ou como diz o velho *Barbon*:

> Uma espécie de mercadoria é tão boa quanto a outra se o seu valor de troca for igual. Não existe nenhuma diferença ou distinção entre coisas de valor de troca igual.[8]

Como valores de uso as mercadorias são, antes de mais nada, de diferente qualidade, como valores de troca só podem ser de quantidade diferente, não contendo, portanto, nenhum átomo de valor de uso.

Deixando de lado então o valor de uso dos corpos das mercadorias, resta a elas apenas uma propriedade, que é a de serem produtos do trabalho. Entretanto, o produto do trabalho também já se transformou em nossas mãos. Se abstraímos o seu valor de uso, abstraímos também os componentes e formas corpóreas que fazem dele valor de uso. Deixa já de ser mesa ou casa ou fio ou qualquer outra coisa útil. Todas as suas qualidades sensoriais se apagaram. Também já não é o produto do trabalho do marceneiro, ou do pedreiro, ou do fiandeiro, ou de qualquer outro trabalho produtivo determinado. Ao desaparecer o caráter útil dos produtos do trabalho, desaparece o caráter útil dos trabalhos neles representados, e desaparecem também, portanto, as diferentes formas concretas desses trabalhos, que deixam de diferenciar-se um do outro para reduzir-se em sua totalidade a igual trabalho humano, a trabalho humano abstrato.

Consideremos agora o resíduo dos produtos do trabalho. Não restou deles a não ser a mesma objetividade fantasmagórica, uma simples gelatina de trabalho humano indiferenciado, isto é, do dispêndio de força de trabalho humana, sem consideração pela forma como foi despendida. O que essas coisas ainda representam é apenas que em sua produção foi despendida força de trabalho humana, foi acumulado trabalho humano. Como cristalizações dessa substância social comum a todas elas, são elas valores – valores mercantis.

Na própria relação de troca das mercadorias, seu valor de troca apareceu-nos como algo totalmente independente de seu valor de uso. Abstraindo-se agora, realmente, o valor de uso dos produtos do trabalho, obtém-se seu valor total como há pouco ele foi definido. O que há de comum, que se revela na relação de troca ou valor de troca da mercadoria, é, portanto, seu valor. O prosseguimento da investigação nos trará de volta ao valor de troca, como a maneira necessária de expressão ou forma de manifestação do valor, o qual deve ser, por agora, considerado independentemente dessa forma.

Portanto, um valor de uso ou bem possui valor apenas porque nele está objetivado ou materializado trabalho humano abstrato. Como medir então a grandeza de seu valor? Por meio do *quantum* nele contido da "substância constituidora do valor", o trabalho. A própria quantidade de trabalho é medida pelo seu tempo de duração, e o tempo de trabalho possui, por sua vez, sua unidade de medida nas determinadas frações do tempo, como hora, dia etc.

Se o valor de uma mercadoria é determinado pela quantidade de trabalho despendido durante a sua produção, poderia parecer que, quanto mais preguiçoso ou inábil seja um homem, tanto maior o valor de sua mercadoria, pois mais tempo ele necessita para terminá-la. O trabalho, entretanto, o qual constitui a substância dos valores, é trabalho humano igual, dispêndio da mesma força de trabalho humana. A força de trabalho total da sociedade, que se apresenta nos valores do mundo das mercadorias, vale aqui como uma única e mesma força de trabalho humana, não obstante ela ser composta de inúmeras forças de trabalho individuais. Cada uma dessas forças de trabalho individuais é a mesma força de trabalho humana que a outra, na medida em que possui o caráter de uma força média de trabalho social e opera como tal força de trabalho socialmente média, contanto que, na produção de uma mercadoria, não consuma mais que o trabalho em média necessário ou tempo de trabalho socialmente necessário. Tempo de trabalho socialmente necessário é aquele requerido para produzir um valor de uso qualquer, nas condições dadas de produção socialmente normais e com o grau social médio de habilidade e de intensidade de trabalho. Na Inglaterra, por exemplo, depois da introdução do tear a vapor, bastava talvez somente metade do trabalho de antes para transformar certo *quantum* de fio em tecido. O tecelão manual inglês precisava para essa transformação, de fato, do mesmo tempo de trabalho que antes, porém agora o produto de sua hora de trabalho individual somente representava meia hora de trabalho social e caiu, portanto, à metade do valor anterior.

É, portanto, apenas o *quantum* de trabalho socialmente necessário ou o tempo de trabalho socialmente necessário para a produção de um valor de uso o que determina a grandeza de seu valor.[9] A mercadoria individual vale aqui apenas como exemplar médio de sua espécie.[10] Mercadorias que contêm as mesmas quantidades de trabalho ou que podem ser produzidas no mesmo tempo de trabalho têm, portanto, a mesma grandeza de valor. O valor de uma mercadoria está para o valor de cada uma das outras mercadorias assim como o tempo de trabalho necessário para a produção de uma está para o tempo de trabalho necessário para a produção de outra. “Enquanto valores, todas as mercadorias são apenas medidas determinadas de tempo de trabalho cristalizado.”[11]

A grandeza de valor de uma mercadoria permaneceria constante, portanto, caso permanecesse também constante o tempo de trabalho necessário para sua produção. Este muda, porém, com cada mudança na força produtiva do trabalho. A força produtiva do trabalho é determinada por meio de circunstâncias diversas, entre outras pelo grau médio de habilidade dos trabalhadores, o nível de desenvolvimento da ciência e sua aplicabilidade tecnológica, a combinação social do processo de produção, o volume e a eficácia dos meios de produção e as condições naturais. Assim, por exemplo, o mesmo *quantum* de trabalho se representa como 8 *bushels* de trigo em condições climáticas favoráveis e somente como 4 em condições climáticas desfavoráveis. O mesmo *quantum* de trabalho fornece mais metais em minas ricas do que em minas pobres etc. Diamantes aparecem muito raramente na crosta terrestre; encontrá-los custa, portanto, em média, muito tempo de trabalho. Em consequência representam, em pouco volume, muito trabalho. Jacob duvida que o ouro tenha alguma vez pago seu valor total.[I] Com maior razão, vale isso para o diamante. Segundo Eschwege, em 1823 a exploração de oitenta anos das minas de diamante brasileiras não alcançava sequer o preço do produto médio de 1½ ano das plantações brasileiras de açúcar ou café, apesar de representar muito mais trabalho e, portanto, mais valor. Com minas mais ricas, o mesmo *quantum* de trabalho representar-se-ia em mais diamantes e diminuiria o seu valor. Caso se conseguisse, com pouco trabalho, transformar carvão em diamante, o valor deste poderia cair abaixo do de tijolos. Genericamente: quanto maior a força produtiva do trabalho, tanto menor o tempo de trabalho exigido para a produção de um artigo, tanto menor a massa de trabalho nele cristalizada, tanto menor o seu valor. Inversamente, quanto menor a força produtiva do trabalho, tanto maior o tempo de trabalho necessário para a produção de um artigo, tanto maior o seu valor. A grandeza do valor de uma mercadoria muda, portanto, na razão direta do *quantum* e na razão inversa da força produtiva do trabalho que nela se realiza.[II] ¦4¦

Uma coisa pode ser valor de uso sem ser valor. É esse o caso quando a sua utilidade para o ser humano não é mediada por trabalho. Assim, o ar, o solo virgem, os gramados naturais, as matas não cultivadas etc. Uma coisa pode ser útil e produto do trabalho humano sem ser mercadoria. Quem com seu produto satisfaz sua própria necessidade cria valor de uso, mas não mercadoria. Para produzir mercadoria, não é preciso produzir apenas valor de uso, mas valor de uso para outros, valor de uso social. {E não só para outros simplesmente. O camponês da Idade Média produzia os cereais do tributo para o senhor feudal e os cereais do dízimo para o

I William Jacob, *An Historical Inquiry into the Production and Consumption of the Precious Metals*. London, 1831. [N. E. A.]

II Na 1ª edição segue: Conhecemos agora a *substância* do valor. É o *trabalho*. Conhecemos sua *medida de grandeza*. É o *tempo de trabalho*. Sua *forma*, que justamente cunha o *valor* ao *valor de troca*, resta ainda para analisar. Antes, porém, é necessário desenvolver mais de perto as determinações já encontradas. [N. E. A.]

clérigo. Embora fossem produzidos para outros, nem os cereais do tributo nem os do dízimo se tornaram mercadorias por causa disso. Para tornar-se mercadoria, é preciso que o produto seja transferido a quem vai servir como valor de uso por meio da troca.}[11a] Finalmente, nenhuma coisa pode ser valor, sem ser objeto de uso. Sendo inútil, do mesmo modo é inútil o trabalho nela contido, não conta como trabalho e não constitui nenhum valor.

2. DUPLO CARÁTER DO TRABALHO REPRESENTADO NAS MERCADORIAS

A mercadoria apareceu-nos, inicialmente, como algo dúplice, valor de uso e valor de troca. Depois mostrou-se que também o trabalho, à medida que é expresso no valor, já não possui as mesmas características que lhe advêm como produtor de valores de uso. Essa natureza dupla da mercadoria foi criticamente demonstrada pela primeira vez por mim.[12] Como esse ponto é o ponto crucial em torno do qual gira a compreensão da Economia Política, ele deve ser examinado mais de perto.

Tomemos duas mercadorias, digamos um casaco e 10 varas de linho. Que a primeira tenha o dobro do valor da última, de modo que, se 10 varas de linho $= x$, o casaco $= 2x$.

O casaco é um valor de uso que satisfaz a uma necessidade específica. Para produzi-lo, precisa-se de determinada espécie de atividade produtiva. Ela é determinada por seu fim, modo de operar, objeto, meios e resultado. O trabalho cuja utilidade representa-se, assim, no valor de uso de seu produto ou no fato de que seu produto é um valor de uso chamamos, em resumo, de trabalho útil. Sob esse ponto de vista é considerado sempre em relação a seu efeito útil.

Como casaco e linho são valores de uso qualitativamente diferentes, os trabalhos aos quais devem sua existência são também qualitativamente diferentes – o trabalho de alfaiataria e o de tecelagem. Se aquelas coisas não fossem valores de uso qualitativamente diferentes e, por isso, produtos de trabalhos úteis qualitativamente diferentes, elas não poderiam, de nenhum modo, confrontar-se como mercadorias. Casaco não se troca por casaco, o mesmo valor de uso pelo mesmo valor de uso.

Na totalidade dos vários tipos de valores de uso ou corpos de mercadorias aparece uma totalidade igualmente diversificada, de acordo com gênero, espécie, família, subespécie, variedade, de diferentes trabalhos úteis – uma divisão social do trabalho. Ela é condição de existência para a produção de mercadorias, embora, inversamente, a produção de mercadorias não seja a condição de existência para a divisão social do trabalho. Na antiga comunidade indiana, o trabalho é socialmente dividido sem que os produtos se tornem mercadorias. Ou, um exemplo mais próximo, em cada fábrica o trabalho é sistematicamente dividido, mas essa divisão não se realiza mediante a troca, pelos trabalhadores, de seus produtos individuais. Apenas produtos de trabalhos privados autônomos e independentes entre si confrontam-se como mercadorias.

Viu-se, portanto: o valor de uso de cada mercadoria contém determinada atividade produtiva adequada a um fim, ou trabalho útil. Valores de uso não podem defrontar-se como mercadoria caso não contenham trabalhos úteis qualitativamente diferentes. Numa sociedade cujos produtos assumem, genericamente, a forma de mercadoria, isto é, numa sociedade de produtores de mercadorias, desenvolve-se essa diferença qualitativa dos trabalhos úteis, executados independentemente uns dos outros, como negócios privados de produtores autônomos, num sistema complexo, numa divisão social do trabalho.

Para o casaco, tanto faz ser usado pelo alfaiate ou pelo freguês do alfaiate. Em ambos os casos ele funciona como valor de uso. Tampouco a relação entre o casaco e o trabalho que o produz muda, em si e para si, pelo fato de a alfaiataria tornar-se uma profissão específica, um elo autônomo da divisão social do trabalho. Sempre que a necessidade de vestir as obrigou, as pessoas costuraram durante milênios antes de alguém se tornar um alfaiate. Mas a existência do casaco, do linho, de cada elemento da riqueza material não existente na natureza sempre teve de ser mediada por uma atividade especial produtiva, adequada a seu fim, que assimila elementos específicos da natureza a necessidades humanas específicas. Como criador de valores de uso, como trabalho útil, o trabalho é, por isso, uma condição de existência do ser humano, independentemente de todas as formas de sociedade, eterna necessidade natural de mediação do metabolismo entre ser humano e natureza e, portanto, da vida humana.

Os valores de uso casaco, linho etc., enfim, os corpos das mercadorias, são ligações de dois elementos, a matéria fornecida pela natureza e o trabalho. Subtraindo-se a soma total de todos os trabalhos úteis contidos no casaco, no linho etc., resta sempre um substrato material que existe sem ação humana adicional, fornecido pela natureza. Ao produzir, o ser humano só pode proceder como a própria natureza, isto é, apenas mudando as formas das matérias.[13] Mais ainda. Nesse trabalho de formação ele é constantemente amparado por forças naturais. Portanto, o trabalho não é a única fonte dos valores de uso que produz, da riqueza material. Dela o trabalho é o pai, como diz William Petty, e a terra é a mãe.[I]

Passemos, agora, da mercadoria, enquanto objeto de uso, para o valor-mercadoria.

I William Petty, *A Treatise of Taxes and Contributions*. London, 1667, p. 47. [N. E. A.]

Segundo nosso suposto, o casaco tem o dobro do valor do linho. Isso, porém, é só uma diferença quantitativa que por agora ainda não nos interessa. Recordemos, por isso, que, se um casaco vale duas vezes mais que 10 varas de linho, 20 varas de linho têm a mesma grandeza de valor de um casaco. Enquanto valores, casaco e linho são coisas de igual substância, expressões objetivas do mesmo tipo de trabalho. Mas a alfaiataria e a tecelagem são trabalhos qualitativamente diferentes. Existem, entretanto, circunstâncias sociais em que a mesma pessoa costura e tece alternadamente, e esses dois modos diferentes de trabalho são, por isso, apenas modificações do trabalho do mesmo indivíduo, e ainda não funções fixas, específicas de indivíduos diferentes, assim como o casaco feito hoje por nosso alfaiate e as calças que ele fará amanhã somente pressupõem variações do mesmo trabalho individual. A evidência ensina ainda que, em nossa sociedade capitalista, conforme a mutável orientação da demanda de trabalho, dada porção do trabalho humano deverá ser alternadamente oferecida ora sob a forma de alfaiataria, ora sob a forma de tecelagem. Essa variação da forma do trabalho pode não transcorrer sem atritos, mas ela tem de ocorrer. Abstraindo-se da determinação da atividade produtiva e, portanto, do caráter útil do trabalho, resta apenas que ele é um dispêndio de força de trabalho humana. Alfaiataria e tecelagem, apesar de serem atividades produtivas qualitativamente diferentes, são ambas dispêndio produtivo de cérebro, músculos, nervos, mãos etc. humanos, e nesse sentido são ambas trabalho humano. São apenas duas formas diferentes de despender força de trabalho humana. Contudo, para poder ser despendida dessa ou daquela forma, a força de trabalho humana precisa estar mais ou menos desenvolvida. Mas o valor da mercadoria representa simplesmente trabalho humano, sobretudo dispêndio de trabalho humano. Assim como na sociedade burguesa um general ou banqueiro desempenha um grande papel, enquanto a pessoa simples, ao contrário, desempenha um papel ordinário,[14] assim é também aqui com o trabalho humano. Ele é dispêndio da força de trabalho simples que em média toda pessoa comum, sem desenvolvimento especial, possui em seu organismo físico. Embora o próprio *trabalho médio simples* mude seu caráter, em diferentes países ou épocas culturais, ele é, porém, dado em uma sociedade particular. Trabalho mais complexo vale apenas como trabalho simples *potenciado* ou, antes, *multiplicado*, de maneira que um pequeno *quantum* de trabalho complexo é igual a um grande *quantum* de trabalho simples. Que essa redução ocorre constantemente, mostra-o a experiência. Uma mercadoria pode ser o produto do trabalho mais complexo, seu *valor* a equipara ao produto do trabalho simples e, por isso, ele mesmo representa determinado *quantum* de trabalho simples.[15] As diferentes proporções nas quais as diferentes espécies de trabalho são reduzidas a trabalho simples como unidade de medida são fixadas por meio de um processo social por trás das costas dos produtores e lhes parecem, portanto, ser dadas pela tradição. Para efeitos de simplificação valerá a seguir cada espécie de força de trabalho, diretamente, como força de trabalho simples, com o que apenas se poupa o esforço de redução.

Assim como nos valores casaco e linho é abstraída a diferença de seus valores de uso, também nos trabalhos que se representam nesses valores abstrai-se a diferença de suas formas úteis, a alfaiataria e a tecelagem. Assim como os valores de uso casaco e linho resultam de ligações de atividades produtivas internacionais com tecido e fio, os valores casaco e linho são, ao contrário, simples gelatinas homogêneas de trabalho, de modo que os trabalhos contidos nestes valores não valem devido à relação produtiva que mantêm com tecido e fio, mas apenas como dispêndios de força de trabalho humana. Alfaiataria e tecelagem são elementos formadores dos valores de uso casaco e linho, graças às suas diferentes qualidades; elas somente são substâncias do valor do casaco e do valor do linho na medida em que se abstrai sua qualidade específica e ambas possuem a mesma qualidade, a qualidade do trabalho humano.

Casaco e linho não são apenas valores ao todo, mas valores de determinada grandeza, e, segundo nossa suposição, o casaco tem o dobro do valor de 10 varas de linho. De onde vem essa diferença de suas grandezas de valor? De que o linho só contém metade do trabalho que o casaco, pois para a produção do último a força de trabalho precisa ser despendida durante o dobro do tempo que para a produção do primeiro.

Se, portanto, em relação ao valor de uso o trabalho contido na mercadoria vale apenas qualitativamente, em relação à grandeza do valor ele vale só quantitativamente, depois de já reduzido a trabalho humano, sem outra qualidade. Lá se trata do como e do quê do trabalho, aqui do seu quanto, da sua duração temporal. Como a grandeza do valor de uma mercadoria representa apenas o *quantum* de trabalho nela contido, mercadorias devem, em determinadas proporções, ser sempre valores da mesma grandeza.

Permanecendo inalterada a força produtiva, digamos, de todos os trabalhos úteis necessários à produção de um casaco, a grandeza de valor do casaco sobe com a sua própria quantidade. Se 1 casaco representa x dias de trabalho, 2 casacos representam $2x$ e assim por diante. Suponha, porém, que o trabalho necessário para a produção de um casaco suba para o dobro ou caia para a metade. No primeiro caso um casaco possui tanto valor quanto antes dois casacos, no segundo caso dois casacos apenas tanto valor quanto anteriormente um, apesar de que em ambos os casos um casaco, tanto depois como antes, presta os mesmos serviços e da mesma forma o trabalho útil nele contido permanece, tanto antes como depois, com a mesma qualidade. Mudou, porém, o *quantum* de trabalho despendido em sua produção.

Um *quantum* maior de valor de uso representa em si e para si maior riqueza material, dois casacos mais que um. Com dois casacos podem-se vestir duas pessoas, com um casaco, somente uma pessoa etc. Entretanto, à crescente massa de riqueza material pode corresponder um decréscimo simultâneo da grandeza de valor. Esse movimento antitético origina-se do duplo caráter do trabalho. Força produtiva é sempre, naturalmente, força produtiva de trabalho útil concreto e determina, de fato, apenas o grau de eficácia de uma atividade produtiva adequada a um fim, num espaço de tempo dado. O trabalho útil torna-se, portanto, uma fonte mais rica ou mais pobre de produtos, em proporção direta ao aumento ou à queda de sua força produtiva. Ao contrário, uma mudança da força produtiva não afeta, em si e para si, de modo algum o trabalho representado no valor. Como a força produtiva pertence à forma concreta útil do trabalho, já não pode esta, naturalmente, afetar o trabalho, tão logo faça-se abstração da sua forma concreta útil. O mesmo trabalho proporciona, portanto, nos mesmos espaços de tempo, sempre a mesma grandeza de valor, qualquer que seja a mudança da força produtiva. Mas ele fornece, no mesmo espaço de tempo, quantidades diferentes de valores de uso, mais quando a força produtiva sobe e menos quando ela cai. A mesma variação da força produtiva, a qual aumenta a fecundidade do trabalho e, portanto, a massa de valores de uso por ela fornecida, diminui, assim, a grandeza de valor dessa massa total aumentada, quando ela encurta a soma do tempo de trabalho necessário à sua produção. E vice-versa.

¦5¦ Todo trabalho é, por um lado, dispêndio de força de trabalho humana no sentido fisiológico e, nessa qualidade de trabalho humano igual ou trabalho humano abstrato, gera o valor da mercadoria. Todo trabalho é, por outro lado, dispêndio de força de trabalho humana sob forma especificamente adequada a um fim e, nessa qualidade de trabalho concreto útil, produz valores de uso ¦6¦.[16]

3. A FORMA-VALOR OU O VALOR DE TROCA

As mercadorias vêm ao mundo sob a forma de valores de uso ou de corpos de mercadorias, como ferro, linho, trigo etc. Essa é a sua forma natural com que estamos habituados. Elas são mercadorias, entretanto, apenas devido à sua duplicidade, objetos de uso e simultaneamente portadores de valor. ¦7 Elas aparecem, por isso, como mercadoria ou possuem a forma de mercadoria apenas na medida em que possuem forma dupla, forma natural e forma-valor.¦

A objetividade do valor das mercadorias diferencia-se de Mistress Quickly, pois não se sabe por onde apanhá-la.[I] Em direta oposição à palpável e rude objetividade dos corpos das mercadorias, não se encerra nenhum átomo de matéria natural na objetividade de seu valor. Podemos virar e revirar uma mercadoria da forma que quisermos, ela permanece imperceptível como coisa de valor. Recordemo-nos, entretanto, que as mercadorias apenas possuem objetividade de valor na medida em que sejam expressões da mesma unidade social de trabalho humano, pois sua objetividade de valor é puramente social e, então, é evidente que ela pode aparecer apenas numa relação social de mercadoria para mercadoria. Partimos, de fato, do valor de troca ou da relação de troca das mercadorias para chegar à pista de seu valor aí oculto. Nós precisamos agora voltar a essa forma de manifestação do valor.

Todos sabem, ainda que não saibam mais do que isso, que as mercadorias possuem uma forma-valor comum, que contrasta de maneira muito marcante com a heterogeneidade das formas naturais que apresentam seus valores de uso – a forma-dinheiro. Aqui cabe, no entanto, realizar o que não foi jamais tentado pela Economia burguesa, isto é, comprovar a gênese dessa forma-dinheiro, ou seja, acompanhar o desenvolvimento da expressão do valor contida na relação de valor das mercadorias, de sua forma mais simples e sem brilho até a ofuscante forma-dinheiro. Com isso desaparece o enigma do dinheiro.

¦ 8 A relação mais simples de valor é evidentemente a relação de valor de uma mercadoria com uma única mercadoria de tipo diferente, não importa qual ela seja. ¦ A relação de valor entre duas mercadorias fornece, por isso, a expressão mais simples de valor para uma mercadoria.

a) Forma-valor simples, singular ou acidental

x mercadoria A = *y* mercadoria B, ou *x* mercadoria A vale *y* mercadoria B.
(20 varas de linho = 1 casaco, ou 20 varas de linho valem 1 casaco.)

1) Os dois polos da expressão de valor: forma-valor relativa e forma-equivalente

O segredo de toda forma-valor encerra-se nessa forma-valor simples. Na sua análise reside a verdadeira dificuldade.

Duas mercadorias diferentes, A e B, em nosso exemplo linho e casaco, representam aqui, evidentemente, dois papéis distintos. O linho expressa seu valor no casaco, o casaco serve de material para essa expressão de

I W. Shakespeare, *Henry IV* [*Henrique IV*], parte I, ato III, cena III. [N. E. A.]

valor. A primeira mercadoria representa um papel ativo, a segunda um papel passivo. O valor da primeira mercadoria é apresentado como valor relativo, ou ela encontra-se sob forma-valor relativa. A segunda mercadoria funciona como equivalente, ou encontra-se em forma-equivalente.

Forma-valor relativa e forma-equivalente pertencem uma à outra, se determinam reciprocamente, são momentos inseparáveis, porém, ao mesmo tempo, são extremos que se excluem mutuamente ou se opõem, isto é, polos da mesma expressão de valor; elas se repartem sempre entre as diversas mercadorias relacionadas entre si pela expressão de valor. Eu não posso, por exemplo, expressar o valor do linho em linho. 20 varas de linho = 20 varas de linho não é nenhuma expressão de valor. A equação diz, ao contrário: 20 varas de linho são nada mais que 20 varas de linho, um *quantum* determinado do objeto de uso linho. O valor do linho pode, assim, ser expresso apenas relativamente, isto é, por meio de outra mercadoria. A forma-valor relativa do linho supõe, portanto, que alguma outra mercadoria a ela se oponha na forma-equivalente. Por outro lado, essa outra mercadoria, que figura como equivalente, não pode ao mesmo tempo encontrar-se em forma-valor relativa. Não é ela que expressa seu valor. Ela fornece apenas o material à expressão do valor de outra mercadoria.

É verdade que a expressão 20 varas de linho = 1 casaco, ou 20 varas de linho valem 1 casaco, encerra também as relações contrárias: 1 casaco = 20 varas de linho, ou 1 casaco vale 20 varas de linho. Porém, assim preciso inverter a equação para poder expressar o valor relativo do casaco, e tão logo faço isso o linho se torna equivalente em vez do casaco. A mesma mercadoria não pode, portanto, aparecer, ao mesmo tempo, sob ambas as formas na mesma expressão de valor. Essas formas antes se excluem polarmente.

Se uma mercadoria encontra-se sob a forma-valor relativa ou sob a forma oposta, a forma-equivalente, depende exclusivamente da posição que essa mercadoria ocupe na expressão de valor em cada momento, ou seja, se é a mercadoria cujo valor é expresso ou aquela na qual é expresso o valor.

2) A forma-valor relativa

A) CONTEÚDO DA FORMA-VALOR RELATIVA

Para descobrir como a expressão simples do valor de uma mercadoria se esconde na relação de valor entre duas mercadorias, deve-se considerar essa relação, de início, totalmente independente de seu lado quantitativo. Procede-se, na maioria das vezes, justamente ao contrário, e vê-se na relação de valor apenas a proporção na qual determinadas quantidades de duas espécies de mercadoria se equiparam. Perde-se de vista que as grandezas de coisas diferentes tornam-se quantitativamente comparáveis só depois de reduzidas à mesma unidade. Somente como expressões da mesma unidade são elas homônimas, por conseguinte, grandezas comensuráveis. ¦ 9[17] ¦

Se 20 varas de linho = 1 casaco, ou = 20, ou = x casacos, isto é, se dado *quantum* de linho vale muitos ou poucos casacos, cada uma dessas proporções implica sempre que linho e casaco, como grandezas de valor, sejam expressões da mesma unidade, coisas da mesma natureza. Linho = casaco é o fundamento da equação.

Mas as duas mercadorias quantitativamente equiparadas não desempenham o mesmo papel. Apenas o valor do linho é expresso. E como? ¦ 10 Por meio de sua relação com o casaco como seu “equivalente”, ou seu “permutável”. ¦ Nessa relação, o casaco vale como forma de existência de valor, como coisa de valor, pois apenas como tal é o mesmo que o linho. Por outro lado, a própria existência do valor do linho vem à tona ou obtém uma expressão autônoma, pois somente como valor pode o linho relacionar-se com o casaco como equivalente ou com ele permutável. Assim, o ácido butírico é um corpo diferente do formiato de propilo. Ambos, entretanto, são constituídos das mesmas substâncias químicas – carbono (C), hidrogênio (H) e oxigênio (O), combinadas na mesma percentagem, a saber, $C_4H_8O_2$. Se fossem equiparados ácido butírico e formiato de propilo, valeria nessa relação, primeiro, o formiato de propilo como simples forma de existência do $C_4H_8O_2$ e, segundo, seria dito que o ácido butírico compõe-se também de $C_4H_8O_2$. Pela equiparação do formiato de propilo com o ácido butírico seria expressa, portanto, sua substância química em contraste com sua forma corpórea.

¦ 11 Digamos: como valores, as mercadorias são meras gelatinas de trabalho humano, então a nossa análise reduz as mesmas à abstração de valor, sem lhes dar, porém, nenhuma forma-valor diferente de suas formas naturais. ¦ A coisa é diferente na relação de valor de uma mercadoria com a outra. ¦ 12 Seu caráter de valor revela-se aqui por meio de sua própria relação com outra mercadoria. ¦

Ao equiparar-se, por exemplo, o casaco, como coisa de valor, ao linho, é equiparado o trabalho inserido no primeiro com o trabalho contido no último. Na verdade, a alfaiataria que faz o casaco é uma espécie de trabalho concreto diferente da tecelagem que faz o linho. Porém, a equiparação com a tecelagem reduz a alfaiataria realmente àquilo em que ambas são iguais, a seu caráter comum de trabalho humano. Indiretamente é dito, então, que também a tecelagem, contanto que teça valor, não possui nenhuma característica que a diferencie da alfaiataria e é, portanto, trabalho humano abstrato. Somente a expressão de equivalência de diferentes espécies de mercadoria revela o caráter específico do trabalho gerador de valor, ao reduzir, de fato, os diferentes trabalhos contidos nas diferentes mercadorias a algo comum deles, ao trabalho humano em geral. ¦ 13[17a] ¦

Não basta, porém, expressar o caráter específico do trabalho em que consiste o valor do linho. A força de trabalho humana em estado líquido, ou o trabalho humano, cria valor, porém não é valor. Ela torna-se valor em estado cristalizado, em forma concreta. ¦ 14 Para expressar o valor do linho como gelatina de trabalho humano, ele deve ser expresso como uma "objetividade" ¦ concretamente diferente do linho mesmo e simultaneamente comum ao linho e a outra mercadoria. A tarefa já está resolvida.

Na relação de valor do linho vale o casaco como seu igual em qualidade, como coisa da mesma natureza, porque é um valor. Ele vale aqui, portanto, como coisa, na qual aparece valor ou a qual, em sua forma natural palpável, representa valor. Na verdade, o casaco, o corpo da mercadoria casaco, é um mero valor de uso. Um casaco expressa tão pouco valor quanto qualquer peça de linho. Isso comprova apenas que ele significa mais dentro da relação de valor com o linho que fora dela, assim como algumas pessoas significam mais dentro de um casaco com galões que fora dele.

Na produção do casaco foi realmente despendida força de trabalho humana sob a forma de alfaiataria. É, portanto, trabalho humano nele acumulado. Por esse lado, o casaco é "portador de valor", ainda que essa sua propriedade não se veja nem mesmo através de sua forma mais puída. E, na relação de valor do linho, ele vale apenas por esse lado, portanto como valor corporificado, como corpo de valor. Apesar de sua aparição abotoada, o linho reconheceu nele a bela alma de valor de origem comum. O casaco, em relação ao linho, não pode representar valor sem que para este o valor assuma simultaneamente a forma de um casaco. Assim o indivíduo A não pode comportar-se como uma majestade com o indivíduo B sem que para A majestade assuma simultaneamente a forma corpórea de B e, portanto, que modifique feições, cabelos e várias outras características cada vez que muda o pai do povo.

¦ 15 Na relação de valor, na qual o casaco constitui o equivalente do linho, vale, portanto, a forma de casaco como forma-valor. O valor da mercadoria linho é assim expresso no corpo da mercadoria casaco, o valor de uma mercadoria no valor de uso da outra. ¦ Como valor de uso o linho é uma coisa fisicamente diferente do casaco, como valor é "igual ao casaco" e, portanto, parece um casaco. Assim, o linho recebe uma forma-valor diferente de sua forma natural. Sua existência de valor aparece em sua igualdade com o casaco, assim como a natureza de carneiro do cristão em sua igualdade com o cordeiro de Deus.

Vê-se, tudo que nos disse antes a análise do valor das mercadorias diz-nos o linho logo que entra em relação com outra mercadoria, o casaco.

Só que ele revela seu pensamento em sua linguagem exclusiva, a linguagem das mercadorias. Para dizer que o seu próprio valor foi gerado pelo trabalho em sua abstrata propriedade de trabalho humano, ele diz que o casaco, na medida em que lhe equivale, portanto é valor, compõe-se do mesmo trabalho que o linho. Para dizer que a sua sublime objetividade de valor é distinta de seu corpo entretelado, ele diz que o valor se parece com um casaco e que, portanto, ele mesmo, como coisa de valor [*Wertding*], iguala-se ao casaco, como um ovo ao outro. Diga-se de passagem que a linguagem das mercadorias, além do hebraico, possui também muitos outros idiomas mais ou menos corretos. O alemão *Wertsein* (ser de valor) expressa, por exemplo, com menos acerto que o verbo românico *valere*, *valer*, *valor*, que a equiparação da mercadoria B com a mercadoria A é a própria expressão de valor da mercadoria A. *Paris vaut bien une messe* [Paris bem vale uma missa].[I]

Por meio da relação de valor, a forma natural da mercadoria B torna-se a forma-valor da mercadoria A, ou o corpo da mercadoria B o espelho do valor da mercadoria A.[18] Ao relacionar-se com a mercadoria B como corpo de valor, como materialização de trabalho humano, a mercadoria A torna o valor de uso de B material de sua própria expressão de valor. O valor da mercadoria A, assim expresso no valor de uso da mercadoria B, possui a forma do valor relativo.

B) DETERMINAÇÃO QUANTITATIVA DA FORMA-VALOR RELATIVA

Toda mercadoria, cujo valor deve ser expresso, é um objeto de uso em dado *quantum*, 15 arrobas de trigo, 100 libras de café etc. Esse dado *quantum* de mercadoria contém determinado *quantum* de trabalho humano. A forma-valor tem de expressar não só valor em geral, mas também valor determinado quantitativamente, ou grandeza de valor. Na relação de valor da mercadoria A com a mercadoria B, do linho com o casaco, é equiparada qualitativamente ao linho não apenas a espécie de mercadoria casaco como corpo de valor em geral, mas determinado *quantum* de linho, por exemplo 20 varas, equipara-se a determinado *quantum* do corpo de valor ou equivalente, por exemplo 1 casaco.

A equação: “20 varas de linho = 1 casaco, ou 20 varas de linho valem 1 casaco” pressupõe que 1 casaco contém tanta substância de valor quanto 20 varas de linho, que ambas as quantidades de mercadorias custam assim o mesmo trabalho ou igual quantidade de tempo de trabalho. O tempo de trabalho necessário para a produção de 20 varas de linho ou 1 casaco altera-se, porém, com cada alteração na força produtiva da

---

I Frase atribuída a Henrique IV em 1593, quando de sua conversão ao catolicismo em favor de uma política nacional. [N. E. A.]

tecelagem ou da alfaiataria. A influência de tais mudanças sobre a expressão relativa da grandeza de valor deve agora ser examinada mais de perto.

I. Que mude o valor do linho,[19] enquanto o valor do casaco permanece constante. Se o tempo de trabalho necessário para a produção do linho dobra, talvez em consequência de crescente infertilidade do solo em que se produz o linho, então duplica seu valor. Em vez de 20 varas de linho = 1 casaco, teríamos 20 varas de linho = 2 casacos, pois 1 casaco contém agora apenas metade do tempo de trabalho das 20 varas de linho. Ao contrário, se diminui à metade o tempo de trabalho necessário para a produção do linho em consequência, por exemplo, da melhoria dos teares, cai também o valor do linho pela metade. Consequentemente, agora: 20 varas de linho = ½ casaco. O valor relativo da mercadoria A, isto é, seu valor expresso na mercadoria B, sobe e cai, portanto, diretamente com o valor da mercadoria A, enquanto permanece o mesmo o valor da mercadoria B.

II. Que o valor do linho permaneça constante, enquanto muda o valor do casaco. Duplica, sob essas circunstâncias, o tempo de trabalho necessário para a produção do casaco, por exemplo em consequência de uma tosquia desfavorável, então temos, em vez de 20 varas de linho = 1 casaco, agora: 20 varas de linho = ½ casaco. Se, ao contrário, o valor do casaco cai à metade, então 20 varas de linho = 2 casacos. Permanecendo constante o valor da mercadoria A, cai ou sobe, portanto, seu valor relativo expresso na mercadoria B, em relação inversa à mudança de valor de B.

Ao se compararem os diferentes casos, sob I e II, resulta que a mesma mudança de grandeza do valor relativo pode provir de causas totalmente opostas. Assim, 20 varas de linho = 1 casaco se transforma em: 1) a equação 20 varas de linho = 2 casacos, ou porque o valor do linho duplica-se ou porque o valor dos casacos cai à metade; e 2) a equação 20 varas de linho = ½ casaco, ou porque o valor do linho cai à metade ou porque o valor do casaco sobe ao dobro.

III. As quantidades de trabalho necessárias para a produção de linho e casaco podem variar simultaneamente, na mesma direção e na mesma proporção. Nesse caso, depois como antes, 20 varas de linho = 1 casaco, quaisquer que sejam as mudanças de seus valores. Descobrem-se suas mudanças de valor tão logo se as compare com uma terceira mercadoria, cujo valor permaneceu constante. Subissem ou caíssem os valores de todas as mercadorias simultaneamente e na mesma proporção, então seus valores relativos permaneceriam imutáveis. Sua real mudança de valor seria inferida do fato de que, no mesmo tempo de trabalho, seria agora fornecido, em geral, um *quantum* maior ou menor de mercadorias do que antes.

IV. Os tempos de trabalho necessários à produção de linho e casaco, respectivamente, e, portanto, seus valores, podem variar simultaneamente, na mesma direção, porém em grau diferente, ou em direção contrária etc. A influência de todas as possíveis espécies de combinações sobre o valor relativo de uma mercadoria obtém-se pela simples aplicação dos casos I, II e III.

As mudanças reais na grandeza de valor não se refletem, nem clara nem completamente, em sua expressão relativa ou na grandeza do valor relativo. O valor relativo de uma mercadoria pode mudar, apesar de seu valor permanecer constante. Seu valor relativo pode permanecer constante, apesar de seu valor mudar, e, finalmente, as mudanças simultâneas em sua grandeza de valor e na expressão relativa dessa grandeza não necessitam, de nenhuma forma, coincidir.[20]

3) ¦ 16 A forma-equivalente ¦

Viu-se: Enquanto uma mercadoria A (o linho) expressa seu valor no valor de uso de uma mercadoria diferente B (o casaco), imprime a esta última uma forma peculiar de valor, a de equivalente. A mercadoria linho traz à luz sua própria qualidade de ter valor pelo fato de que o casaco, sem assumir uma forma-valor diferente de sua forma corpórea, se lhe equipara. O linho exprime assim, de fato, sua própria qualidade de ter valor na circunstância de que o casaco é com ele diretamente permutável. A forma-equivalente de uma mercadoria é, consequentemente, a forma de sua permutabilidade direta com outra mercadoria.

Quando uma espécie de mercadoria, como casaco, serve de equivalente a outra espécie de mercadoria, como linho, e por conseguinte casacos recebem a propriedade característica de se encontrarem em forma permutável direta com o linho, não é dada, de nenhuma maneira, a proporção na qual o linho e o casaco são trocáveis. Ela depende da grandeza de valor dos casacos, já que a grandeza de valor do linho é dada. Se se expressa o casaco como equivalente e o linho como valor relativo, ou ao contrário, o linho como equivalente e o casaco como valor relativo, ¦ 17 sua grandeza de valor permanece, depois como antes, determinada pelo tempo de trabalho necessário para sua produção, portanto independente de sua forma-valor. Tão logo, porém, a espécie de mercadoria casaco assume o lugar de equivalente na expressão de valor, sua grandeza de valor não adquire nenhuma expressão como grandeza de valor. Ela figura na equação de valor muito mais como apenas determinado *quantum* de uma coisa. ¦

Por exemplo: 40 varas de linho "valem" – o quê? Dois casacos. Como a espécie de mercadoria casaco desempenha aqui o papel de equivalente, o valor de uso em face do linho como corpo de valor, basta também determinado *quantum* de casacos para expressar determinado *quantum* de valor de linho. Dois casacos podem expressar, portanto, a grandeza de valor de 40 varas de linho, mas não podem nunca expressar sua própria grandeza de valor, a grandeza de valor de casacos. A interpretação superficial dessa realidade, de que o equivalente sempre possui, na equação de valor, apenas a forma de simples *quantum* de uma coisa, de um valor de uso, induziu Bailey, como muitos de seus antecessores e sucessores, a ver na expressão de valor apenas uma relação quantitativa. ¦ 19 Pelo contrário, a forma-equivalente de uma mercadoria não contém nenhuma determinação quantitativa de valor. ¦

A primeira peculiaridade que chama a atenção quando se observa a forma-equivalente é esta: o valor de uso torna-se forma de manifestação de seu contrário, do valor.

A forma natural da mercadoria torna-se forma-valor. Porém, *nota bene*, esse quiproquó ocorre para uma mercadoria B (casaco, ou trigo, ou ferro etc.) apenas internamente à relação de valor, na qual outra mercadoria A qualquer (linho etc.) junta-se a ela, apenas no interior dessa relação. ¦ 20 Como ¦ nenhuma mercadoria pode figurar como equivalente de si mesma, portanto tampouco pode fazer de sua própria pele natural expressão de seu próprio valor, ela tem de relacionar-se como equivalente a outra mercadoria, ou fazer da pele natural de outra mercadoria sua própria forma-valor.

Que nos ilustre isso o exemplo de uma medida que se aplica aos corpos de mercadorias como corpos de mercadorias, isto é, como valores de uso. Um pão de açúcar,[I] sendo corpo, é pesado e tem, portanto, peso, porém não se pode ver ou servir o peso de nenhum pão de açúcar. Tomemos então pedaços diferentes de ferro, cujo peso foi determinado antes. Considerada em si, a forma do ferro é tão pouco forma de manifestação do peso quanto a do pão de açúcar. Contudo, para expressar o pão de açúcar como peso, nós o colocamos numa relação de peso com o ferro. Nessa relação, o ferro figura como um corpo, que nada representa além de peso. Quantidades de ferro servem, portanto, como medida de peso do açúcar e representam, perante o corpo do açúcar, mera figuração do peso, forma de manifestação de peso. O ferro desempenha esse papel apenas dentro dessa relação, na qual entra o açúcar ou qualquer outro corpo, cujo peso deve ser encontrado. Caso ambas as coisas não fossem pesadas, não poderiam entrar nessa relação, e uma não poderia servir, portanto, de expressão do peso da outra. Lancemos ambas sobre uma balança e veremos, de fato, que enquanto peso elas são o mesmo e, portanto, em proporção determinada, são do mesmo peso. Como medida de peso, o ferro representa apenas peso em confronto com o pão de açúcar, e assim, em nossa expressão de valor, o corpo do casaco representa apenas valor em relação ao linho.

I Até o século XIX, durante o processo de refinamento do açúcar, este era drenado em um molde cônico; por causa dessa forma, o produto final recebia o nome de "pão de açúcar". [N. E. B.]

Aqui termina, entretanto, a analogia. O ferro representa, na expressão de peso do pão de açúcar, uma propriedade natural comum a ambos os corpos, seu peso, enquanto o casaco representa, na expressão de valor do linho, uma propriedade sobrenatural a ambas as coisas: seu valor, algo puramente social.

Enquanto a forma-valor relativa de uma mercadoria, por exemplo do linho, expressa sua qualidade de ter valor como algo inteiramente distinto de seu corpo e de suas propriedades, por exemplo como algo igual a um casaco, essa expressão mesma indica que nela se oculta uma relação social. Com a forma-equivalente se dá o contrário. Ela consiste justamente em que um corpo de mercadoria, como o do casaco, tal qual é, expressa valor, possuindo, portanto, forma-valor por natureza. É verdade que isso vale apenas internamente à relação de valor, na qual a mercadoria linho está relacionada à mercadoria casaco enquanto equivalente.[21] Como, porém, as propriedades de uma coisa não se originam de sua relação com outras coisas, antes apenas atuam em tal relação, parece também que o casaco possui, por natureza, ¦21¦ sua forma-equivalente, sua propriedade de ser diretamente trocável, tanto quanto sua propriedade de ser pesado ou de manter alguém aquecido. Daí o enigmático da forma-equivalente, que de início fere o olhar burguês rústico do economista político, tão logo ela se apresenta a este, já pronta, sob a forma dinheiro. Então, ele busca explicações que ponham de lado o caráter místico de ouro e prata, substituindo-os por mercadorias menos ofuscantes e salmodiando, com sempre renovado prazer, o catálogo das mercadorias vulgares que em outros tempos desempenharam o papel do equivalente de mercadorias. Ele não suspeita que a mais simples expressão de valor, como 20 varas de linho = 1 casaco, já dá a solução do enigma da forma-equivalente.

¦22 O corpo da mercadoria que serve de ¦ equivalente figura sempre como corporificação do trabalho humano abstrato e é sempre o produto de determinado trabalho concreto, útil. Esse trabalho concreto torna-se, portanto, expressão de trabalho humano abstrato. Se o casaco figura, por exemplo, como simples realização, então a alfaiataria, a qual nele realmente se realiza, vale como simples forma de realização do trabalho humano abstrato. Na expressão de valor do linho, a utilidade da alfaiataria não consiste em fazer roupas, portanto também pessoas, mas sim em que ela faz um corpo em que é visível que é valor, por conseguinte, gelatina de trabalho, que em nada se diferencia do trabalho objetivado no valor do linho. Para fazer tal espelho do valor, é preciso que a alfaiataria mesma não reflita nada a não ser sua propriedade abstrata de ser trabalho humano.

Na forma de alfaiataria, como na forma de tecelagem, é despendida força de trabalho humana. Ambas as atividades possuem, portanto, a propriedade geral do trabalho humano e, por conseguinte, em determinados casos, como, por exemplo, na produção de valor, podem ser consideradas somente sob esse ponto de vista. Tudo isso não é misterioso. Mas, na expressão de valor da mercadoria, a coisa torna-se distorcida. Por exemplo, para expressar que a tecelagem, não em sua forma concreta como tecelagem, mas sim em sua propriedade geral como trabalho humano, gera o valor do linho, ela é confrontada com a alfaiataria, o trabalho concreto que produz o equivalente do linho, ¦ 23 como a forma de realização palpável do trabalho humano abstrato ¦.

É, portanto, uma segunda peculiaridade da forma-equivalente que trabalho concreto se converta na forma de manifestação de seu contrário, trabalho humano abstrato.

Mas, na medida em que ¦ 24 esse trabalho concreto ¦, a alfaiataria, funciona como mera expressão de trabalho humano indiferenciado, ele possui a forma da igualdade com outro trabalho, o trabalho contido no linho, e é, portanto, ainda que trabalho privado, como todos os outros, trabalho que produz mercadorias, por conseguinte trabalho em forma diretamente social. Por isso mesmo, apresenta-se ele num produto que é diretamente trocável por outra mercadoria. É, portanto, uma terceira peculiaridade da forma-equivalente que trabalho privado se converta na forma de seu contrário, trabalho em forma diretamente social.

As duas peculiaridades da forma-equivalente desenvolvidas por último tornam-se ainda mais palpáveis quando retornamos ao grande pesquisador que primeiramente analisou a forma-valor, assim como muitas formas de pensamento, da sociedade e da natureza. Este é Aristóteles.

De início, Aristóteles declara claramente que a forma-dinheiro da mercadoria é apenas a figura mais desenvolvida da forma-valor simples, isto é, da expressão do valor de uma mercadoria em outra mercadoria qualquer. Pois ele diz:

5 leitos = 1 casa

Κλίναι πέντε ἀντὶ οικίας

"não se diferencia" de:

5 leitos = tanto de dinheiro

Κλίναι πέντε ἀντὶ… ὅσου αἱ πέντε κλίναι

Ele reconhece, ademais, que a relação de valor, em que essa expressão de valor está contida, condiciona, por sua vez, que a casa seja equiparada qualitativamente ao leito e que essas coisas perceptivelmente diferentes, sem tal igualdade de essências, não possam ser relacionadas entre si como grandezas comensuráveis. "A troca", diz ele, "não pode existir sem a igualdade, nem a igualdade sem a comensurabilidade" ("οὔτ' ἰσότης μὴ οὔσης συμμετρίας"). Mas aqui ele se detém desconfiado e renuncia a seguir, analisando a forma-valor. "É, porém, em verdade, impossível (τῇ μὲν οὖν ἀληθείᾳ ἀδύνατον) que coisas de espécies tão diferentes sejam comensuráveis", isto é, qualitativamente iguais. Essa equiparação pode apenas ser algo estranho à verdadeira natureza das coisas, por conseguinte somente "um artifício para a necessidade prática."[I]

O próprio Aristóteles nos diz em que fracassa o prosseguimento de sua análise, a saber, na falta do conceito de valor. O que é o igual, isto é, a substância comum que a casa representa para o leito na expressão de valor do leito? Tal coisa não pode, "em verdade, existir", diz Aristóteles. Por quê? A casa representa, contraposta ao leito, algo igual, na medida em que represente o que é realmente igual em ambos, o leito e a casa. E isso é – trabalho humano.

Que na forma dos valores de mercadorias todos os trabalhos são expressos como trabalho humano igual, e portanto como equivalentes, não podia Aristóteles deduzir da própria forma-valor, porque a sociedade grega baseava-se no trabalho escravo e tinha, portanto, por base natural a desigualdade entre os seres humanos e suas forças de trabalho. O segredo da expansão de valor, a igualdade e a equivalência de todos os trabalhos, porque e na medida em que são trabalho humano em geral, somente pode ser decifrado quando o conceito da igualdade humana já possui a consciência de um preconceito popular. Mas isso só é possível numa sociedade na qual a forma-mercadoria é a forma geral do produto de trabalho, por conseguinte também a relação das pessoas umas com as outras enquanto possuidoras de mercadorias é a relação social dominante. O gênio de Aristóteles resplandece justamente no fato de ele descobrir uma relação de igualdade na expressão de valor das mercadorias. Somente as limitações históricas da sociedade na qual ele viveu o impediram de descobrir em que consiste, "em verdade", essa relação de igualdade.

4) O conjunto da forma-valor simples

A forma-valor simples de uma mercadoria está contida em sua relação de valor com outra mercadoria de tipo diferente, ou na relação de troca com a mesma. O valor da mercadoria A é expresso qualitativamente por meio da permutabilidade direta da mercadoria B com a mercadoria A. Ele é expresso quantitativamente por meio da permutabilidade de um *quantum*

I Marx cita aqui a obra de Aristóteles, *Ethica Nicomachea*, in *Aristotelis opera*, ed. Immanuel Bekker, v. 9. Oxonii, 1837, pp. 99–100. [N. E. A.] [Ed. bras.: Aristóteles, *Ética a Nicômacos*, trad. M. G. Kury. Brasília: Editora Universidade de Brasília, 1985, p. 101. – N. E. B.]

determinado da mercadoria B por dado *quantum* da mercadoria A. Em outras palavras: o valor de uma mercadoria tem expressão autônoma por meio de sua representação como "valor de troca". Quando, no início deste capítulo, para seguir a maneira ordinária de falar, havíamos dito que a mercadoria é valor de uso e valor de troca, isso era, a rigor, falso. A mercadoria é valor de uso ou objeto de uso e "valor". Ela apresenta-se como esse duplo, que ela é, tão logo seu valor possua uma forma rápida de manifestação, diferente da sua forma natural, a do valor de troca, e ela jamais possui essa forma quando considerada isoladamente, porém sempre apenas na relação de valor ou de troca com uma segunda mercadoria de tipo diferente. No entanto, uma vez conhecido isso, aquela maneira de falar não causa prejuízo, mas serve como abreviação.

Nossa análise provou que a forma-valor ou a expressão de valor da mercadoria origina-se da natureza do valor das mercadorias, e não, ao contrário, que valor e grandeza de valor tenham origem em sua expressão como valor de troca. Essa é, entretanto, a ilusão, tanto dos mercantilistas e seus modernos requentadores, como Ferrier, Ganilh etc.,[22] quanto também de seus antípodas, os modernos *commis-voyageurs* do livre-cambismo, como Bastiat e consortes. Os mercantilistas dão a maior importância ao lado qualitativo da expressão de valor, portanto à forma-equivalente da mercadoria, que possui no dinheiro sua forma completa – os modernos mascates do livre-cambismo, que necessitam desembaraçar-se de suas mercadorias a qualquer preço, ressaltam, ao contrário, exclusivamente o lado quantitativo da forma-valor relativa. Para eles não existem, em consequência, nem valor nem grandeza de valor da mercadoria, exceto na expressão por meio da relação de troca, portanto apenas no boletim diário dos preços. O escocês Macleod, em sua função de adornar, com a maior erudição possível, as confusas ideias de Lombardstreet,[I] forma a síntese bem-sucedida entre os mercantilistas supersticiosos e os mascates esclarecidos do livre-cambismo.

O exame mais pormenorizado da expressão de valor da mercadoria A, contida na relação de valor com a mercadoria B, demonstrou que, dentro da mesma, a forma natural da mercadoria A funciona apenas como figuração de valor de uso, a forma natural da mercadoria B apenas como forma-valor ou figuração de valor. A antítese interna entre valor de uso e valor, oculta na mercadoria, é, portanto, representada por meio de uma antítese externa, isto é, por meio da relação de duas mercadorias, na qual uma delas, cujo valor deve ser expresso, funciona diretamente apenas como valor de uso; a outra, ao contrário, na qual o valor é expresso, vale

I Rua na City de Londres onde se encontram as mais significativas empresas bancárias e comerciais da Inglaterra. [N. E. A.]

diretamente apenas como valor de troca. A forma-valor simples de uma mercadoria é, por conseguinte, a forma simples de manifestação da antítese entre valor de uso e valor, nela contida.

O produto de trabalho é objeto de uso em todas as situações sociais, porém apenas uma época historicamente determinada de desenvolvimento – a qual apresenta o trabalho despendido na produção de um objeto de uso como sua propriedade "objetiva", isto é, como seu valor – transforma o produto de trabalho em mercadoria. ¦ 25 ¦ Segue daí que a forma-valor simples da mercadoria é, ao mesmo tempo, a forma-mercadoria simples do produto do trabalho e, que, portanto, também o desenvolvimento da forma-mercadoria coincide com o desenvolvimento da forma-valor.

O primeiro olhar mostra a insuficiência da forma-valor simples, essa forma embrionária que somente amadurece por meio de uma série de metamorfoses até a forma-preço.

A expressão em qualquer mercadoria B distingue o valor da mercadoria A apenas de seu próprio valor de uso e a coloca, portanto, numa relação de troca com alguma espécie individual de mercadoria, diferente dela mesma, em vez de representar sua igualdade qualitativa e sua proporcionalidade quantitativa com todas as outras mercadorias. A forma-valor relativa simples de uma mercadoria corresponde à forma-equivalente individual de outra mercadoria. Assim o casaco possui, na expressão relativa de valor do linho, apenas a forma-equivalente ou a forma de permutabilidade direta com relação a essa espécie individual de mercadoria, o linho.

Entretanto, a forma-valor individual passa por si mesma a uma forma mais completa. Por meio da mesma, o valor de uma mercadoria A é certamente expresso apenas em uma mercadoria de outro tipo. Qual é, porém, a espécie dessa segunda mercadoria, se casaco, se ferro, se trigo etc., é totalmente indiferente. Assim, conforme ela entre numa relação de valor com esta ou aquela outra espécie de mercadoria, surgem diferentes expressões simples de valor de uma mesma mercadoria.[22a] O número de suas possíveis expressões de valor é apenas limitado pelo número de espécies de mercadorias diferentes dela. Sua expressão individualizada de valor converte-se, portanto, em uma série constantemente ampliável de suas diferentes expressões simples de valor.

b) Forma-valor total ou desdobrada

z mercadoria A = *u* mercadoria B, ou = *v* mercadoria C, ou = *w* mercadoria D, ou = *x* mercadoria E, ou = etc.

(20 varas de linho = 1 casaco, ou = 10 libras de chá, ou = 40 libras de café, ou = 1 *quarter* de trigo, ou = 2 onças de ouro, ou = ½ tonelada de ferro, ou = etc.)

1) A forma-valor relativa desdobrada

O valor de uma mercadoria, do linho, por exemplo, é agora expresso em inumeráveis outros elementos do mundo das mercadorias. Qualquer outro corpo de mercadorias torna-se espelho do valor do linho.[23] Assim, esse valor mesmo aparece pela primeira vez verdadeiramente como gelatina de trabalho humano indiferenciado. Pois o trabalho que o gera é agora expressamente representado como trabalho equiparado a qualquer outro trabalho humano, seja qual for a forma natural que ele possua e se, portanto, se objetiva em casaco, ou trigo, ou ferro, ou ouro etc. Por meio de sua forma-valor, o linho se encontra agora, portanto, também em relação social não mais apenas com outra espécie individual de mercadoria, mas sim com o mundo das mercadorias. Como mercadoria, ele é cidadão deste mundo. Ao mesmo tempo, depreende-se da interminável série de suas expressões que é indiferente ao valor mercantil a forma específica do valor de uso na qual ele se manifesta.

Na primeira forma, 20 varas de linho=1 casaco, pode ser casual que essas duas mercadorias sejam permutáveis em determinada relação quantitativa. Na segunda forma, ao contrário, transparece imediatamente um fundamento essencialmente diferente da manifestação casual e que a determina. O valor do linho permanece de igual tamanho, seja ele representado em casaco, ou café, ou ferro etc., em inumeráveis mercadorias que pertencem aos mais diferentes proprietários. Desaparece a relação eventual de dois donos individuais de mercadorias. Evidencia-se que não é a troca que regula a grandeza de valor, mas, ao contrário, é a grandeza de valor da mercadoria que regula suas relações de troca.

2) A forma-equivalente particular

Cada mercadoria, casaco, chá, trigo, ferro etc., vale na expressão de valor do linho como equivalente e, portanto, como corpo de valor. A forma natural determinada de cada uma dessas mercadorias é agora uma forma-equivalente particular ao lado de muitas outras. Do mesmo modo, as variadas espécies de trabalho determinadas, concretas, úteis, contidas nos diferentes corpos de mercadorias figuram, agora, como outras tantas formas particulares de efetivação ou de manifestação do trabalho humano como tal.

3) Insuficiências da forma-valor total ou desdobrada

Primeiro, a expressão relativa de valor da mercadoria é incompleta, porque sua série de representações não termina nunca. A corrente em que uma equiparação de valor se liga à outra permanece sempre prolongável por meio de cada nova espécie de mercadoria que surge, a qual fornece o material para nova expressão de valor. Segundo, ela forma um mosaico colorido de expressões de valor, desconexas e diferenciadas. Se, finalmente, como deve ocorrer, o valor relativo de cada mercadoria for expresso nessa forma desdobrada, então a forma-valor relativa de cada mercadoria será uma série infinita de expressões de valor, diferente da forma-valor relativa de qualquer outra mercadoria. – As insuficiências da forma-valor relativa desdobrada refletem-se na sua forma-equivalente correspondente. Como aqui a forma natural de cada espécie particular de mercadoria é uma forma-equivalente particular ao lado de inumeráveis outras formas-equivalente particulares, existem, em geral, apenas formas-equivalente limitadas, das quais cada uma exclui a outra. Do mesmo modo, a espécie de trabalho determinada, concreta, útil, contida em cada mercadoria equivalente particular, é apenas forma de manifestação particular – portanto não exaustiva – do trabalho humano. Este possui, em verdade, sua forma de manifestação completa ou total no conjunto daquelas formas de manifestação particulares. Porém, assim ele não possui nenhuma forma de manifestação unitária.

A forma-valor relativa desdobrada consiste numa soma de expressões de valor ou equações da primeira forma, como:

20 varas de linho = 1 casaco
20 varas de linho = 10 libras de chá etc.

Cada uma dessas equações contém, reciprocamente, a equação idêntica:

1 casaco = 20 varas de linho
10 libras de chá = 20 varas de linho etc.

De fato: quando alguém troca seu linho por muitas outras mercadorias e, portanto, expressa seu valor numa série de outras mercadorias, então necessariamente os muitos outros possuidores de mercadorias precisam também trocar as suas mercadorias por linho e, por conseguinte, expressar os valores de suas diferentes mercadorias na mesma terceira mercadoria em linho. – Invertamos, portanto, a série: 20 varas de linho = 1 casaco ou = 10 libras de chá = etc., isto é, expressemos a relação recíproca já contida implicitamente na série, então obteremos:

c) Forma-valor geral

$$\left.\begin{array}{r}
\text{1 casaco} = \\
\text{10 libras de chá} = \\
\text{40 libras de café} = \\
\text{1 } \textit{quarter} \text{ de trigo} = \\
\text{2 onças de ouro} = \\
\text{½ tonelada de ferro} = \\
x \text{ mercadoria A} = \\
\text{etc. mercadoria} =
\end{array}\right\} \text{20 varas de linho}$$

1) Caráter modificado da forma-valor

As mercadorias representam agora seus valores 1) de modo simples, porque em uma única mercadoria, e 2) de modo unitário, porque na mesma mercadoria. Sua forma-valor é simples e comum a todas, portanto geral.

As formas I e II chegaram ambas a expressar apenas o valor de uma mercadoria como algo distinto de seu próprio valor de uso ou de seu corpo de mercadoria.

A primeira forma resultou em equações de valor como: 1 casaco = 20 varas de linho, 10 libras de chá = ½ tonelada de ferro etc. O valor do casaco se expressa como algo igual ao linho, o valor do chá como algo igual ao ferro etc., mas algo igual ao linho e algo igual ao ferro, tais expressões de valor do casaco e do chá são tão diferentes quanto linho e ferro. Essa forma evidentemente só se encontra na prática dos primeiros começos, quando produtos de trabalho se transformam em mercadorias por meio de troca casual e ocasional.

A segunda forma distingue o valor de uma mercadoria de seu próprio valor de uso de maneira mais completa, pois o valor do casaco, por exemplo, confronta agora sua forma natural em todas as formas possíveis, como algo igual ao linho, ao ferro, ao chá etc., como tudo o mais, exceto algo igual ao casaco. Por outro lado, toda expressão comum de valor é aqui diretamente excluída, pois na expressão de valor de uma mercadoria aparecem agora todas as outras mercadorias apenas sob a forma de equivalentes. A forma-valor desdobrada encontra-se, de fato, pela primeira vez, tão logo um produto do trabalho, gado, por exemplo, seja trocado por diversas outras mercadorias, não mais por exceção, mas habitualmente.

A forma obtida por último expressa os valores do mundo das mercadorias em uma e mesma espécie de mercadoria, isolada das outras, por exemplo no linho, e representa assim os valores de todas as mercadorias por meio de sua igualdade com o linho. Como algo igual ao linho, o valor de cada mercadoria não apenas se distingue de seu próprio valor de uso, mas de qualquer valor de uso, e justamente por isso é expresso como aquilo que ela tem em comum com todas as mercadorias. Essa forma é a primeira, portanto, a relacionar realmente as mercadorias entre si como valores ou a deixá-las aparecer reciprocamente como valores de troca.

As duas formas anteriores expressam o valor de cada mercadoria, seja numa única mercadoria de espécie diferente, seja numa série de muitas mercadorias diferentes dela. Em ambos os casos, é, por assim dizer, questão particular da mercadoria individual dar-se uma forma-valor, e ela o realiza sem que as outras mercadorias contribuam. Estas desempenham, contrapostas a ela, o papel meramente passivo do equivalente. A forma-valor geral surge, ao contrário, apenas como obra comum do mundo das mercadorias. Uma mercadoria só ganha a expressão geral do valor porque simultaneamente todas as demais mercadorias expressam seu valor no mesmo equivalente e cada nova espécie de mercadoria que aparece tem de fazer o mesmo. Evidencia-se, com isso, que a objetividade do valor das mercadorias, por ser a mera "existência social" dessas coisas, somente pode ser expressa por suas relações sociais onilaterais, e sua forma-valor, por isso, tem de ser uma forma socialmente válida.

Na forma de igual ao linho, todas as mercadorias aparecem agora não só qualitativamente iguais, sobretudo como valores, mas também, ao mesmo tempo, como grandezas de valor quantitativamente comparáveis. Ao espelhar suas grandezas de valor num único material, no linho, essas grandezas de valor refletem-se mutuamente. Por exemplo, 10 libras de chá = 20 varas de linho, e 40 libras de café = 20 varas de linho. Então, 10 libras de chá = 40 libras de café. Ou 1 libra de café contém apenas ¼ da substância de valor, trabalho, contida em 1 libra de chá.

A forma-valor relativa geral do mundo das mercadorias imprime à mercadoria equivalente dele excluída, ao linho, o caráter de equivalente geral. Sua própria forma natural é a figura de valor comum a esse mundo, sendo o linho, por isso, diretamente trocável por todas as outras mercadorias. Sua forma corpórea passa pela encarnação visível, pela crisálida social geral de todo trabalho humano. A tecelagem, o trabalho privado que produz linho, encontra-se, ao mesmo tempo, em forma social geral, na forma da igualdade com todos os outros trabalhos. As inumeráveis equações em que consiste a forma-valor geral equiparam, sucessivamente, o trabalho realizado no linho a cada trabalho contido em outra mercadoria e tornam, com isso, a tecelagem a forma de manifestação geral do trabalho humano enquanto tal. Assim, o trabalho objetivado no valor das mercadorias não se representa apenas de um modo negativo, como trabalho em que todas as formas concretas e propriedades úteis dos trabalhos reais são abstraídas. Sua própria natureza positiva é expressamente ressaltada. Ele é a redução de todos os trabalhos reais à sua característica comum de trabalho humano, ao dispêndio de força de trabalho humana.

A forma-valor geral, que representa os produtos de trabalho como meras gelatinas de trabalho humano indiferenciado, mostra por meio de sua própria estrutura que é a expressão social do mundo das mercadorias. Assim, ela evidencia que no interior desse mundo o caráter humano geral do trabalho constitui seu caráter especificamente social.

2) Relação de desenvolvimento da forma-valor relativa e da forma-equivalente

Ao grau de desenvolvimento da forma-valor relativa corresponde o grau de desenvolvimento da forma-equivalente. Mas é de se notar que o desenvolvimento da forma-equivalente é apenas expressão e resultado do desenvolvimento da forma-valor relativa.

A forma-valor relativa simples ou individualizada de uma mercadoria faz de outra mercadoria equivalente individual. A forma desdobrada do valor relativo, essa expressão do valor de uma mercadoria em todas as outras mercadorias, imprime nelas a forma de equivalentes particulares de diferentes espécies. Por fim, uma espécie particular de mercadoria recebe a forma-equivalente geral, porque todas as outras mercadorias fazem dela o material unitário e geral de sua forma-valor.

No mesmo grau, porém, em que se desenvolve a forma-valor em geral, desenvolve-se também a antítese entre ambos os polos, a forma-valor relativa e a forma-equivalente.

Já a primeira forma – 20 varas de linho = 1 casaco – contém essa antítese, mas não a fixa. Conforme se leia essa mesma equação de frente para trás ou de trás para a frente, cada uma das duas mercadorias extremas, como linho e casaco, encontra-se na mesma medida, ora na forma-valor relativa, ora na forma-equivalente. Aqui ainda requer esforço fixar a antítese polar.

Na forma II, só uma das espécies de mercadoria pode desdobrar totalmente seu valor de cada vez, ou ela mesma possui apenas a forma-valor relativa desdobrada, porque e na medida em que todas as outras mercadorias se encontram, em confronto com ela, na forma-equivalente. Aqui não se pode mais inverter os dois lados da equação de valor – como 20 varas de linho = 1 casaco, ou = 10 libras de chá, ou = 1 *quarter* de trigo etc. – sem modificar seu caráter como um todo e transformá-la da forma-valor total na geral.

A última forma, a forma III, por fim, dá ao mundo das mercadorias forma-valor relativa social geral, porque e na medida em que, com uma única exceção, todas as mercadorias que lhe pertencem são excluídas da forma-equivalente geral. Uma mercadoria, o linho, encontra-se, pois, na forma de permutabilidade direta em todas as outras mercadorias ou na forma diretamente social, porque e na medida em que todas as demais mercadorias não se encontram nela.[24]

¦26¦ E, inversamente, a mercadoria que figura como equivalente geral é excluída da forma-valor relativa unitária, e portanto geral, do mundo das mercadorias. Para que o linho, isto é, qualquer mercadoria que se encontra na forma-equivalente geral, possa, ao mesmo tempo, participar da forma-valor relativa geral, ele teria de servir de equivalente a si mesmo. Nós obteríamos então: 20 varas de linho = 20 varas de linho, uma tautologia em que não se expressa nem valor nem grandeza de valor. Para expressar o valor relativo do equivalente geral, temos sobretudo de inverter a forma III. Ele não possui nenhuma forma-valor relativa em comum com as outras mercadorias, mas seu valor se expressa relativamente na série infinita de todos os outros corpos de mercadorias. Assim, apresenta-se agora a forma-valor relativa desdobrada ou a forma II como forma-valor relativa específica da mercadoria equivalente.

3) Transição da forma-valor geral para a forma-dinheiro

A forma-equivalente geral é uma forma do valor em si. Ela pode ser recebida, portanto, por qualquer mercadoria. Por outro lado, uma mercadoria encontra-se apenas na forma-equivalente geral (forma III) porque e na medida em que é excluída por todas as demais mercadorias como equivalentes. E, só a partir do momento em que essa exclusão se limita definitivamente a um gênero específico de mercadorias, a forma-valor relativa unitária do mundo das mercadorias adquire consistência objetiva e validade social geral.

Então, o gênero específico de mercadoria com cuja forma natural a forma-equivalente funde-se socialmente se torna mercadoria-dinheiro, ou funciona como dinheiro. Torna-se sua função especificamente social, portanto seu monopólio social, desempenhar o papel de equivalente geral dentro do mundo das mercadorias. Entre as mercadorias que, na forma II, figuram como equivalentes particulares do linho e, na forma III, expressam em comum seu valor relativo em linho, determinada mercadoria conquistou historicamente essa posição privilegiada, o ouro. Se substituímos, pois, na forma III, a mercadoria linho pela mercadoria ouro, obtemos:

d) Forma-dinheiro |28|

20 varas de linho =
1 casaco =
10 libras de chá =
40 libras de café = } 2 onças de ouro
1 *quarter* de trigo =
½ tonelada de ferro =
x mercadoria A =

Ocorrem modificações essenciais na transição da forma I para a forma II, da forma II para a forma III. Em compensação, a forma IV não difere em nada da forma III, a não ser que agora, em vez do linho, o ouro possui a forma-equivalente geral. O ouro se torna na forma IV o que o linho era na forma III – equivalente geral. O progresso apenas consiste em que a forma de permutabilidade direta geral, ou a forma-equivalente geral, fundiu-se agora definitivamente, por meio do hábito social, com a forma natural específica da mercadoria ouro.

O ouro só se confronta com outras mercadorias como dinheiro por já ter antes se contraposto a elas como mercadoria. Igual a todas as outras mercadorias, funcionou também como equivalente, seja como equivalente individual em atos isolados de troca, seja como equivalente particular ao lado de outros equivalentes mercantis. Pouco a pouco, passou a funcionar como equivalente geral em círculos mais estreitos ou mais extensos. Tão logo conquistou o monopólio dessa posição na expressão de valor do mundo das mercadorias, tornou-se mercadoria-dinheiro, e só a partir do momento em que já se converteu em mercadoria-dinheiro distingue-se a forma IV da forma III, ou a forma-valor geral se transforma em forma-dinheiro.

A expressão relativa simples de valor de uma mercadoria, por exemplo do linho, na mercadoria que já funciona como mercadoria-dinheiro, por exemplo o ouro, é a forma-preço. A "forma-preço" do linho é, pois:

20 varas de linho = 2 onças de ouro
ou, se 2 libras esterlinas for o nome monetário de 2 onças de ouro,
20 varas de linho = 2 libras esterlinas

A dificuldade no conceito da forma-dinheiro se limita à compreensão da forma-equivalente geral, portanto da forma-valor geral como tal, da forma III. A forma III se resolve, retroativamente, na forma II, a forma-valor desdobrada, e seu elemento constitutivo é a forma I: 20 varas de linho = 1 casaco, ou *x* mercadoria A = *y* mercadoria B. A forma-mercadoria simples é, por isso, o germe da forma-dinheiro.

4. O CARÁTER FETICHISTA DA MERCADORIA E SEU SEGREDO

À primeira vista, a mercadoria parece uma coisa trivial, evidente. Analisando-a, vê-se que ela é uma coisa muito complicada, cheia de sutileza metafísica e manhas teológicas. Como valor de uso, não há nada misterioso nela, quer eu a observe sob o ponto de vista de que satisfaz necessidades humanas pelas suas propriedades ou de que somente recebe essas propriedades como produto do trabalho humano. É evidente que, por meio de sua atividade, o ser humano modifica as formas das matérias naturais de um modo que lhe é útil. A forma da madeira, por exemplo, é modificada quando dela se faz uma mesa. Não obstante, a mesa continua sendo madeira, uma coisa física ordinária. Mas, logo que ela aparece como mercadoria, transforma-se numa coisa fisicamente metafísica. Além de se pôr com os pés no chão, ela vira de cabeça para baixo perante todas as outras mercadorias e desenvolve, em sua cabeça de madeira, cismas muito mais estranhas do que se começasse a dançar por sua própria iniciativa.[25]

O caráter místico da mercadoria não provém, portanto, de seu valor de uso. Ele não provém, tampouco, do conteúdo das determinações de valor. Pois, primeiro, por mais que se diferenciem os trabalhos úteis ou as atividades produtivas, é uma verdade fisiológica que eles são funções do organismo humano e que cada uma dessas funções, qualquer que seja seu conteúdo ou forma, é essencialmente dispêndio de cérebro, nervos, músculos, sentidos etc. humanos. Segundo, quanto ao que serve de base à determinação da grandeza de valor, a duração daquele dispêndio ou a quantidade do trabalho, a quantidade é distinguível até pelos sentidos da qualidade do trabalho. Sob todas as condições, o tempo de trabalho, que custa a produção dos meios de subsistência, havia de interessar ao ser humano, embora não igualmente nos diferentes estágios de desenvolvimento.[26] Finalmente, tão logo os seres humanos trabalham uns para os outros de alguma maneira, seu trabalho adquire também uma forma social.

De onde provém, então, o caráter enigmático do produto do trabalho tão logo ele assume a forma-mercadoria? Evidentemente, dessa forma mesmo. A igualdade dos trabalhos humanos assume a forma material de igual objetividade de valor dos produtos de trabalho, a medida do dispêndio de força de trabalho humana, por meio da sua duração, assume a forma da grandeza de valor dos produtos de trabalho e, finalmente, as relações entre os produtores, em que aquelas caraterísticas sociais de seus trabalhos são ativadas, assumem a forma de uma relação social entre os produtos de trabalho.

O misterioso da forma-mercadoria consiste, portanto, simplesmente no fato de que ela reflete aos seres humanos as características sociais do seu próprio trabalho como características objetivas dos produtos de trabalho, como propriedades naturais sociais dessas coisas e, por isso, também reflete a relação social dos produtores com o trabalho total como uma relação social existente fora deles, entre objetos. Por meio desse quiproquó, os produtos do trabalho se tornam mercadorias, coisas físicas metafísicas ou sociais. Assim, a impressão luminosa de uma coisa sobre o nervo óptico não se apresenta como uma excitação subjetiva do próprio nervo, mas como forma objetiva de uma coisa fora do olho. Mas, no ato de ver, a luz se projeta realmente a partir de uma coisa, o objeto externo, para outra, o olho. É uma relação física entre coisas físicas. Porém, a forma-mercadoria e a relação de valor dos produtos de trabalho na qual ela se representa não têm absolutamente nada que ver com sua natureza física e com as relações materiais que daí se originam. Não é nada além de determinada relação social entre os próprios seres humanos que, para eles, assume aqui a forma fantasmagórica de uma relação entre coisas. Por isso, para encontrar uma analogia, temos de nos deslocar à região nebulosa do mundo da religião. Aqui, os produtos do cérebro humano parecem dotados de vida própria, figuras autônomas, que mantêm relações entre si e com os seres humanos. Assim acontece com os produtos da mão humana no mundo das mercadorias. A isso eu chamo o fetichismo, que adere aos produtos de trabalho tão logo sejam produzidos como mercadorias e que, por isso, é inseparável da produção de mercadorias.

Esse caráter fetichista do mundo das mercadorias provém, como a análise precedente já demonstrou, do caráter social peculiar do trabalho que produz mercadorias.

Objetos de uso se tornam mercadorias apenas por serem produtos de trabalhos privados, exercidos independentemente uns dos outros. O complexo desses trabalhos privados forma o trabalho social total. Como os produtores somente entram em contato social mediante a troca de seus produtos de trabalho, as características especificamente sociais de seus trabalhos privados só aparecem dentro dessa troca. Em outras palavras, os trabalhos privados só atuam, de fato, como membros do trabalho social total por meio das relações que a troca estabelece entre os produtos do trabalho e, por meio dos mesmos, entre os produtores. Por isso, a estes últimos as relações sociais entre seus trabalhos privados aparecem como o que são, isto é, não como relações diretamente sociais entre pessoas em seus próprios trabalhos, senão como relações reificadas entre as pessoas e relações sociais entre as coisas.

Somente dentro da sua troca os produtos recebem uma objetividade de valor socialmente igual, separada da sua objetividade de uso, fisicamente diferenciada. Essa cisão do produto de trabalho em coisa útil e coisa de valor realiza-se apenas na prática, tão logo a troca adquire extensão e importância suficientes a fim de que se produzam coisas úteis para serem trocadas, de modo que o caráter de valor das coisas já seja considerado ao serem produzidas. A partir desse momento, os trabalhos privados dos produtores adquirem realmente um duplo caráter social. Por um lado, como trabalhos determinados úteis, eles têm de satisfazer determinada necessidade social e, assim, provar serem participantes do trabalho total, do sistema naturalmente desenvolvido da divisão social do trabalho. Por outro lado, só satisfazem às múltiplas necessidades de seus próprios produtores na medida em que cada trabalho privado útil particular é permutável por toda outra espécie de trabalho privado, portanto lhe equivale. A igualdade de trabalhos *toto coelo* [totalmente] diferentes só pode consistir numa abstração de sua verdadeira desigualdade, na redução ao caráter comum que eles possuem como dispêndio de força de trabalho humana, como ¦ 29 trabalho humano abstrato ¦. O cérebro dos produtores privados reflete esse duplo caráter social de seus trabalhos privados apenas sob aquelas formas em que aparecem na circulação prática, na troca dos produtos – o caráter socialmente útil de seus trabalhos privados, portanto, sob aquela forma em que o produto de trabalho tem de ser útil, isto é, útil aos outros, o caráter social da igualdade dos trabalhos de diferentes espécies sob a forma do caráter do valor comum a essas coisas materialmente diferentes, os produtos de trabalho.

Portanto, as pessoas colocam seus produtos de trabalho em relação entre si como valores não porque consideram essas coisas meros envoltórios materiais de trabalho humano da mesma espécie. Ao contrário. Ao equiparar seus produtos de diferentes espécies na troca como valores, equiparam seus diferentes trabalhos como trabalho humano. Não o sabem, mas o fazem.[27] Por isso, o valor não traz escrito na testa o que ele é. Em vez disso, o valor transforma cada produto de trabalho em um hieróglifo social. Mais tarde, as pessoas procuram decifrar o sentido do hieróglifo, descobrir o segredo de seu próprio produto social, pois a determinação dos objetos de uso como valores, assim como a língua, é seu produto social. A tardia descoberta científica de que os produtos de trabalho, enquanto valores, são apenas expressões materiais do trabalho humano despendido em sua produção faz época na história do desenvolvimento da humanidade, mas não dissipa, de modo algum, a aparência objetiva das características sociais do trabalho. O que vale somente para esta forma particular de produção, a produção de mercadorias, a saber, que o caráter especificamente social dos trabalhos privados independentes entre si consiste na sua igualdade como trabalho humano ¦ 30 e assume a forma de caráter de valor ¦ dos produtos de trabalho, parece àqueles que estão presos às circunstâncias de produção mercantil, antes como depois dessa descoberta, tão definitivo quanto a decomposição científica do ar em seus elementos deixa perdurar a forma do ar enquanto forma de corpo físico.

O que, na prática, primeiro interessa aos que trocam produtos é a questão de quantos produtos alheios eles recebem pelo seu, em quais proporções, portanto, os produtos se trocam. Tão logo essas proporções amadurecem, alcançando certa estabilidade costumeira, elas parecem provir da natureza dos ¦ 31 produtos de trabalho, de modo que, por exemplo, uma tonelada de ferro e 2 onças de ouro têm o mesmo valor, como uma libra de ouro e uma libra de ferro têm, apesar de suas diferentes propriedades físicas e químicas, o mesmo peso ¦. De fato, o caráter de valor dos produtos de trabalho apenas se consolida mediante sua efetivação como grandezas de valor. As últimas variam sempre, independentemente da vontade, da previsão e da ação dos que trocam. Seu próprio movimento social possui para eles a forma de um movimento de coisas, sob cujo controle se encontram, em vez de controlá-las. É mister uma produção de mercadorias totalmente desenvolvida antes que da experiência mesma nasça o reconhecimento científico de que os trabalhos privados, empreendidos de forma independente uns dos outros, mas universalmente interdependentes como membros naturalmente desenvolvidos da divisão social do trabalho, são o tempo todo reduzidos à sua medida socialmente proporcional porque, nas relações casuais e sempre oscilantes de troca dos seus produtos, o tempo de trabalho socialmente necessário à sua produção se impõe com violência como lei natural reguladora, do mesmo modo que a lei da gravidade, quando a casa cai sobre a cabeça de alguém.[28] A determinação da grandeza de valor pelo tempo de trabalho é, por isso, um segredo oculto sob os movimentos manifestos dos valores relativos das mercadorias. Sua descoberta supera a aparência da determinação meramente casual das grandezas de valor dos produtos de trabalho, mas de nenhum modo sua forma material.

A reflexão sobre as formas de vida humana, portanto também sua análise científica, segue sobretudo um caminho oposto ao desenvolvimento real. Começa *post festum* e, por isso, com os resultados definitivos do processo de desenvolvimento. As formas que certificam os produtos do trabalho como mercadorias, e, portanto, são pressupostos da circulação de mercadorias, já possuem a estabilidade de formas naturais da vida social antes que os seres humanos procurem dar-se conta não sobre o caráter histórico dessas formas, que eles antes já consideram imutáveis, mas sobre seu conteúdo. Assim, somente a análise dos preços das mercadorias levou à determinação da grandeza do valor, somente a expressão monetária comum das mercadorias levou à fixação de seu caráter de valor. É exatamente essa forma acabada – a forma-dinheiro – do mundo das mercadorias que objetivamente vela, em vez de revelar, o caráter social dos trabalhos privados e, portanto, as relações sociais entre os produtores privados. Quando eu digo casaco, botas etc. se relacionam ao linho como a corporificação geral de trabalho humano abstrato, salta aos olhos o absurdo dessa expressão. Mas, quando os produtores de casaco, botas etc. relacionam essas mercadorias ao linho – ou ao ouro e à prata, o que em nada muda a coisa – como equivalente geral, a relação dos seus trabalhos privados com o trabalho social total lhes aparece exatamente nessa forma absurda.

Tais formas constituem, pois, as categorias da Economia burguesa. São formas de pensamento socialmente válidas e, portanto, objetivas para as condições de produção deste modo social de produção historicamente determinado, a produção de mercadorias. Todo o misticismo do mundo das mercadorias, toda a magia e a fantasmagoria que enevoam os produtos de trabalho na base da produção de mercadorias desaparecem, por isso, imediatamente, tão logo nos refugiemos em outras formas de produção.

Como a Economia Política gosta de robinsonadas,[29] aparece primeiro Robinson em sua ilha. Moderado por origem, ele precisa satisfazer, entretanto, a várias necessidades e, por isso, tem de executar trabalhos úteis de diferentes espécies, fazer ferramentas, fabricar móveis, domesticar lhamas, pescar, caçar etc. Não falamos aqui das orações e coisas semelhantes, porque nosso Robinson se compraz nelas e considera tais atividades recreio. Apesar da diversidade de suas funções produtivas, ele sabe que elas são apenas diferentes formas da atividade do mesmo Robinson, portanto somente modos diferentes de trabalho humano. A própria necessidade o obriga a distribuir seu tempo minuciosamente entre suas diferentes funções. Se ocupam mais ou menos espaço na sua atividade total, depende da maior ou menor dificuldade que deve ser vencida para conseguir o efeito útil pretendido. A experiência lhe ensina isso, e nosso Robinson, que salvou do naufrágio o relógio, o livro-razão, tinta e caneta, começa logo, como bom inglês, a escriturar a si mesmo. Seu inventário contém uma relação dos objetos de uso que ele possui, das diversas operações requeridas para sua produção e, finalmente, do tempo de trabalho que em média lhe custam determinadas quantidades desses diferentes produtos. Todas as relações entre Robinson e as coisas que formam sua riqueza, por ele mesmo criada, são aqui tão simples e transparentes que até o Sr. M. Wirth deveria entendê-las, sem extraordinário esforço intelectual. E todavia já contêm todas as características essenciais do valor.

Desloquemo-nos da ilha luminosa de Robinson à sombria Idade Média europeia. Em vez do homem independente, encontramos aqui todos dependentes – servos e senhores feudais, vassalos e suseranos, leigos e clérigos. A dependência pessoal caracteriza tanto as condições sociais da produção material quanto as esferas de vida estruturadas sobre ela. Mas, justamente porque relações de dependência pessoal constituem a base social dada, os trabalhos e produtos não precisam adquirir forma fantástica, diferente de sua realidade. Eles entram na engrenagem social como serviços e pagamentos em *natura*. A forma natural do trabalho, sua particularidade, e não, como na base da produção de mercadorias, sua generalidade, ¦32¦ é aqui sua forma diretamente social. A corveia mede-se pelo tempo, assim como o trabalho que produz mercadorias, mas cada servo sabe ¦33¦ que é certa quantidade de sua força pessoal de trabalho que ele despende no serviço do seu senhor. O dízimo a ser pago ao cura é mais claro que a bênção do cura. Portanto, seja como for que se julguem as máscaras que os seres humanos vestem ao se defrontarem aqui, as relações sociais entre as pessoas em seus trabalhos aparecem como suas próprias relações pessoais e não são disfarçadas como relações sociais das coisas, dos produtos de trabalho.

Para observar o trabalho comum, isto é, o trabalho diretamente socializado, não precisamos voltar à forma naturalmente desenvolvida do mesmo, a qual encontramos no limiar da história de todos os povos civilizados.[30] A indústria rural patriarcal de uma família camponesa, que produz para seu próprio uso cereais, gado, fio, linho, peças de roupa etc., constitui um exemplo mais próximo. Essas diversas coisas defrontam-se com a família como produtos diferentes de seu trabalho familiar, mas não se relacionam entre si como mercadorias. Os trabalhos diferentes que criam esses produtos, lavoura, pecuária, fiação, tecelagem, costura etc., são, na sua forma natural, funções sociais, por serem funções da família, que possui sua própria divisão de trabalho naturalmente desenvolvida, assim como a tem a produção de mercadorias. Diferenças de sexo e idade e as condições naturais do trabalho, que mudam com as estações do ano, regulam sua distribuição dentro da família e o tempo de trabalho dos membros individuais da família. O dispêndio das forças individuais de trabalho, medido pela sua duração, aparece aqui, porém, desde sua origem, como determinação social dos próprios trabalhos, porque as forças de trabalho individuais a partir de sua origem só atuam como órgãos da força comum de trabalho da família.

Imaginemos, finalmente, para variar, uma associação de pessoas livres, que trabalham com meios de produção comunais e despendem suas numerosas forças de trabalho individuais conscientemente como uma única força social de trabalho. Repetem-se aqui todas as determinações do trabalho de Robinson, só que de modo social em vez de individual. Todos os produtos de Robinson eram exclusivamente produto pessoal seu e, por isso, diretamente objetos de uso para ele. O produto total da associação é um produto social. Parte desse produto serve novamente como meio de produção. Ela permanece social. Mas parte é consumida pelos sócios como meios de subsistência. Por isso, tem de ser distribuída entre eles. O modo dessa distribuição variará com a espécie particular do próprio organismo social de produção e o correspondente nível de desenvolvimento histórico dos produtores. Só para fazer um paralelo com a produção de mercadorias, pressupomos que a parte de cada produtor nos meios de subsistência seja determinada pelo seu tempo de trabalho. O tempo de trabalho desempenharia, portanto, duplo papel. Sua distribuição socialmente planejada regula a proporção correta das diferentes funções de trabalho, conforme as diversas necessidades. Por outro lado, o tempo de trabalho serve simultaneamente de medida da participação individual dos produtores no trabalho comum e, por isso, também na parte a ser consumida individualmente do produto comum. As relações sociais das pessoas com seus trabalhos e seus produtos de trabalho continuam aqui transparentemente simples tanto na produção quanto na distribuição.

¦ 34 Para uma sociedade de produtores de mercadorias, cuja relação social geral de produção consiste em relacionar-se com seus produtos como mercadorias, portanto como valores, e nessa forma reificada relacionar mutuamente seus trabalhos privados como trabalho humano igual, o cristianismo, com seu culto do ser humano abstrato, é a forma de religião mais adequada, notadamente em seu desenvolvimento burguês, o protestantismo, o deísmo etc. ¦ Nos modos de produção da velha Ásia e da Antiguidade etc., a transformação do produto em mercadoria, portanto a existência dos seres humanos como produtores de mercadorias, desempenha papel subordinado que, porém, se torna tanto mais importante quanto mais as comunidades entram na fase de declínio. Povos propriamente comerciantes só existem nos intermúndios do mundo antigo, como os deuses de Epicuro[I] ou como os judeus nos poros da sociedade polonesa. Aqueles antigos organismos sociais de produção são extraordinariamente mais simples e transparentes que o organismo burguês, mas baseiam-se na imaturidade do ser humano individual, que não se desprendeu do cordão umbilical da ligação natural com os outros do mesmo gênero, ou em relações diretas de domínio e servidão. Eles são condicionados por um baixo nível de desenvolvimento das forças produtivas do trabalho e por relações correspondentemente limitadas entre as pessoas no âmbito do processo material da produção de sua vida, portanto entre si e com a natureza. Essa restrição real se reflete idealmente nos cultos da Natureza e nas religiões populares da Antiguidade. O reflexo religioso do mundo

I De acordo com o filósofo da Grécia Antiga Epicuro, os deuses existiam nos intermúndios, nos interstícios do mundo: eles não tinham influência sobre o universo nem sobre a vida dos seres humanos. [N. E. A.]

real somente pode desaparecer quando as circunstâncias cotidianas, da vida prática, representarem para os seres humanos relações transparentes e racionais entre si e com a natureza. ¦ 35 A figura do processo social da vida, isto é, do processo da produção material, apenas se desprenderá do seu místico véu nebuloso quando, como produto de seres humanos livremente socializados, ela ficar sob seu controle consciente e planejado. ¦ Para tanto, porém, se requer uma base material da sociedade ou uma série de condições materiais de existência, que, por sua vez, são o produto natural de uma evolução histórica longa e penosa.

A Economia Política analisou, de fato, embora incompletamente,[31] valor e grandeza de valor e o conteúdo oculto nessas formas. Mas nunca chegou a perguntar por que esse conteúdo assume aquela forma, portanto por que se representam o trabalho pelo valor e a medida do trabalho, por meio de sua duração, pela grandeza do valor do produto de trabalho.[32] Fórmulas que não deixam lugar a dúvidas de que pertencem a uma formação social em que o processo de produção domina os seres humanos, e em que o ser humano ainda não domina o processo de produção, são consideradas por sua consciência burguesa uma necessidade natural tão evidente quanto o próprio trabalho produtivo. Por isso, ela trata as formas pré-burguesas do organismo social de produção como os padres da Igreja as religiões pré-cristãs.[33]

Até que ponto ¦ 37 uma ¦ parte dos economistas é enganada pelo fetichismo aderido ao mundo das mercadorias ou pela aparência objetiva das determinações sociais do trabalho é demonstrado, entre outras coisas, pela disputa aborrecida e insípida sobre o papel da Natureza na formação do valor de troca. Como o valor de troca é uma maneira social específica de expressar o trabalho empregado numa coisa, não pode conter mais matéria natural do que, por exemplo, a taxa de câmbio.

Como a forma-mercadoria é a forma mais geral e menos desenvolvida da produção burguesa, razão por que aparece cedo, embora não da mesma maneira dominante e, portanto, característica como hoje em dia, seu caráter fetichista parece ainda relativamente fácil de penetrar. Nas formas mais concretas, desaparece mesmo essa aparência da simplicidade. De onde provieram as ilusões do sistema monetário? Para ele, o ouro e a prata não representam, como dinheiro, uma relação social de produção, mas eram, isto sim, objetos naturais com insólitas propriedades sociais. E a Economia moderna, que sobranceira olha o sistema monetário ¦ 38 de cima para baixo, seu fetichismo não se torna evidente assim que ela trata do capital? ¦ Há quanto tempo desapareceu a ilusão fisiocrática de que a renda da terra origina-se do solo, e não da sociedade?

Para não antecipar, porém, limitamo-nos aqui a dar mais um exemplo relativo à própria forma-mercadoria. Se as mercadorias pudessem falar, diriam: É possível que nosso valor de uso interesse ao ser humano. Ele não nos compete enquanto coisas. Mas o que nos compete enquanto coisas é nosso valor. Nossa própria circulação como coisas mercantis demonstra isso. Nós nos relacionamos umas com as outras somente como valores de troca. Ouçamos agora como a fala do economista revela a alma da mercadoria:

> "Valor" (valor de troca) "é propriedade das coisas, riqueza" (valor de uso) "é do ser humano. Valor, nesse sentido, implica necessariamente troca, riqueza não.[34] Riqueza" (valor de uso) "é um atributo dos seres humanos, valor é um atributo das mercadorias. Um ser humano ou uma comunidade são ricos; uma pérola ou um diamante são valiosos. [...] Uma pérola ou um diamante têm valor como pérola ou diamante".[35]

Até agora nenhum químico descobriu valor de troca em pérolas ou diamantes. Os descobridores econômicos dessa substância química, que se pretendem particularmente profundos na crítica, acham, porém, que o valor de uso das coisas é independente de suas propriedades enquanto coisas, que seu valor, ao contrário, lhes é atribuído enquanto coisas. O que lhes confirma isso é a estranha circunstância de que o valor de uso das coisas se realiza para o ser humano sem troca, portanto na relação direta entre coisa e ser humano, mas seu valor, ao contrário, realiza-se apenas na troca, isto é, num processo social. Quem não se lembra aqui do bom Dogberry, ensinando ao vigilante Seacoal:[I]

> Ser um homem de boa aparência é uma dádiva das circunstâncias, mas saber ler e escrever provém da natureza.[36]

I W. Shakespeare, *Much Ado about Nothing* [*Muito barulho por nada*], ato III, cena III. [N. E. A.]

CAPÍTULO 2

O PROCESSO DE TROCA

As mercadorias não podem, por si mesmas, ir ao mercado e se trocar. Devemos, portanto, voltar a vista para seus guardiões, os possuidores de mercadorias. As mercadorias são coisas e, consequentemente, não opõem resistência ao ser humano. Se elas não se submetem a ele de boa vontade, ele pode usar de violência, em outras palavras, tomá-las.[37] Para que essas coisas se relacionem entre si como mercadorias, é necessário que os guardiões de mercadorias se relacionem entre si como pessoas cuja vontade reside nessas coisas, de modo que um deles só poderá se apropriar da mercadoria alheia ao alienar a própria de acordo com a vontade do outro, portanto apenas mediante um ato de vontade comum a ambos. Eles devem, portanto, reconhecer-se reciprocamente como proprietários privados. Essa relação jurídica, cuja forma é o contrato, desenvolvida legalmente ou não, é uma relação de vontade em que se reflete a relação econômica. O conteúdo dessa relação jurídica ou de vontade é dado por meio da relação econômica mesma.[38] ¦ 39 As pessoas aqui só existem reciprocamente ¦ como representantes de mercadorias e, por isso, como possuidoras de mercadorias. No curso do desenvolvimento, veremos que os personagens econômicos nada mais são que a personificação das relações econômicas encarnada pelas pessoas, que se defrontam como portadores delas.

A diferença entre o possuidor de mercadoria e a mercadoria é, sobretudo, que para esta última cada outro corpo de mercadoria conta apenas como forma de manifestação de seu próprio valor. Igualitária e cínica nata, a mercadoria está sempre disposta a trocar não só a alma, mas também o corpo, com qualquer outra mercadoria, mesmo que esta seja tão desagradável como Maritornes.[I] Esse sentido, que falta à mercadoria, para apreciar o concreto do corpo da mercadoria é suprido pelo dono desta por meio dos seus cinco ou mais sentidos. Sua mercadoria não tem para ele nenhum valor de uso direto. Do contrário não a levaria ao mercado. Ela tem valor de uso para outros. Para ele, ela tem diretamente apenas o valor de uso de ser portadora do valor de troca e, portanto, de ser meio de troca.[39] Por isso, ele quer aliená-la por mercadoria cujo valor de uso o satisfaça. Todas as mercadorias são não-valores de uso para seus possuidores e valores de uso para seus não-possuidores. Elas precisam,

I Personagem do romance satírico *Dom Quixote*, de Cervantes. [N. E. A.]

portanto, universalmente mudar de mãos. Mas essa mudança de mãos constitui sua troca, e essa troca as relaciona como valores entre si e as realiza como valores. As mercadorias têm, portanto, de realizar-se como valores antes de poderem realizar-se como valores de uso.

Por outro lado, as mercadorias têm de comprovar-se como valores de uso antes de poderem realizar-se como valores. Pois o trabalho humano, despendido em sua produção, conta somente na medida em que seja despendido de forma útil para outros. Se o trabalho é útil para outros, se, portanto, seu produto satisfaz as necessidades alheias, somente sua troca pode demonstrar.

Cada possuidor de mercadorias só quer alienar sua mercadoria por outra mercadoria cujo valor de uso satisfaça sua necessidade. Nessa medida, a troca é para ele apenas um processo individual. Por outro lado, ele quer realizar sua mercadoria enquanto valor, em qualquer outra mercadoria que o agrade do mesmo valor, tenha ou não a sua própria mercadoria valor de uso para o possuidor da outra. Nessa medida, a troca é para ele um processo genericamente social. Mas o mesmo processo não pode ser, para todos os possuidores de mercadorias, apenas individual e, simultaneamente, apenas genericamente social.

Ao ver mais de perto, percebemos que, para todo possuidor de mercadoria, toda mercadoria alheia funciona como equivalente particular de sua mercadoria, sua mercadoria, portanto, como equivalente geral de todas as outras mercadorias. Mas, como todos os possuidores de mercadorias fazem o mesmo, nenhuma mercadoria é equivalente geral e, por isso, as mercadorias não possuem também nenhuma forma-valor relativa geral na qual elas possam equiparar-se como valores e comparar-se como grandezas de valor. Portanto, elas não se defrontam, de modo algum, como mercadorias, mas apenas como produtos ou valores de uso.

Em sua perplexidade, pensam os nossos possuidores de mercadorias como Fausto. No começo era a ação. Eles já agiram, portanto, antes de terem pensado. As leis da natureza das mercadorias atuam através do instinto natural dos seus possuidores. Eles somente podem relacionar suas mercadorias umas às outras como valores e, por isso, apenas como mercadorias quando as relacionam, antiteticamente, a outra mercadoria como equivalente geral. É o que resultou da análise da mercadoria. Mas apenas a ação social pode fazer de uma mercadoria equivalente geral. A ação social de todas as outras mercadorias, portanto, exclui determinada mercadoria para nela representar universalmente seus valores. A forma natural dessa mercadoria vem a ser, assim, a forma-equivalente socialmente válida. Ser equivalente geral passa, por meio do processo social, a ser a função especificamente social da mercadoria excluída. Assim ela torna-se – dinheiro.

Illi unum consilium habent et virtutem et potestatem suam bestiae tradunt. Et ne quis possit emere aut vendere, nisi qui habet characterem aut nomen bestiae, aut numerum nominis ejus. (*Apocalipse*)[I]

O cristal monetário é um produto necessário do processo de troca, no qual diferentes produtos do trabalho são, de fato, igualados entre si e, portanto, convertidos em mercadorias. A ampliação e aprofundamento históricos da troca ¦ 40 desenvolvem ¦ a antítese entre valor de uso e valor latente na natureza da mercadoria. A necessidade de dar a essa antítese representação externa para a circulação leva a uma forma independente do valor da mercadoria e não se detém nem descansa até tê-la alcançado definitivamente por meio da duplicação da mercadoria em mercadoria e em dinheiro. Na mesma medida, portanto, em que se dá a transformação do produto do trabalho em mercadoria, completa-se a transformação ¦ 41 da ¦ mercadoria em dinheiro.[40]

Por um lado, a troca direta de produtos já possui a forma da expressão simples do valor e, por outro lado, ainda não. Aquela forma era *x* mercadoria A=*y* mercadoria B. A forma da troca direta de produtos é: *x* objeto de uso A=*y* objeto de uso B.[41] As coisas A e B não são aqui mercadorias antes da troca, mas tornam-se tais por meio da mesma. O primeiro modo pelo qual um objeto de uso é possivelmente valor de troca é sua existência como não-valor de uso, como *quantum* de valor de uso que ultrapassa as necessidades diretas de seu possuidor. As coisas são, em si e para si, externas ao ser humano e, portanto, alienáveis. Para que a alienação seja recíproca, basta que os seres humanos se defrontem, tacitamente, como proprietários privados daquelas coisas alienáveis e, portanto, por intermédio disso, como pessoas independentes entre si. Tal relação de estranhamento recíproco não existe, porém, para os membros de uma comunidade primitiva, tenha ela a forma de uma família patriarcal, uma antiga comunidade indiana, um Estado inca etc. A troca de mercadorias começa onde as comunidades terminam, em seus pontos de contato com comunidades estrangeiras ou com membros dessas comunidades. Tão

---

I “Eles têm um desígnio e darão sua força e seu poder à besta. E que ninguém possa comprar ou vender a não ser aquele que tenha o sinal, ou seja, o nome da besta ou o número do seu nome.” [N. T.] O *Apocalipse*, obra da literatura cristã da primeira fase e incluída no Novo Testamento cuja autoria é geralmente atribuída ao apóstolo João. Contém profecias místicas do “fim do mundo” e de uma “volta de Cristo”, o que na Idade Média frequentemente levou a movimentos populares heréticos. Posteriormente, a Igreja usava as profecias do *Apocalipse* ao intimidar as massas do povo. Marx cita aqui os capítulos 17:13 e 13:17 do *Apocalipse* de São João. [N. E. A.]

logo as coisas se tornam mercadorias no exterior, tornam-se também por repercussão mercadorias no interior da vida comunal. Sua relação quantitativa de troca é, de início, inteiramente casual. São permutáveis pela vontade de seus possuidores de aliená-las reciprocamente. Nesse meio-tempo, consolida-se, pouco a pouco, a necessidade por objetos de uso estrangeiros. A constante repetição da troca transforma-a em um processo social regular. Com o correr do tempo, torna-se necessário, portanto, que parte do produto do trabalho seja intencionalmente feita para a troca. A partir desse momento, consolida-se, por um lado, a separação entre a utilidade das coisas para as necessidades imediatas e sua utilidade para a troca. Seu valor de uso dissocia-se de seu valor de troca. Por outro lado, a relação quantitativa em que se trocam torna-se dependente de sua própria produção. O costume fixa-as como grandezas de valor.

Na troca direta de produtos, cada mercadoria é diretamente meio de troca para seu possuidor, equivalente para seu não-possuidor, mas somente enquanto for valor de uso para ele. O artigo de troca não adquire ainda nenhuma forma-valor independente de seu próprio valor de uso ou da necessidade individual dos permutantes. A necessidade dessa forma desenvolve-se com o crescente número e variedade das mercadorias que vão entrando no processo de troca. O problema surge simultaneamente com os meios para sua solução. Uma circulação em que possuidores de mercadorias trocam e comparam seus artigos com outros artigos diferentes jamais se realiza sem que diferentes mercadorias de diferentes possuidores de mercadorias sejam trocadas e comparadas, em sua circulação, como valores com uma terceira mercadoria, sempre a mesma. Tal terceira mercadoria, ao se tornar equivalente de outras mercadorias diferentes, recebe diretamente, ainda que em limites estreitos, a forma-equivalente geral ou social. Essa forma-equivalente geral surge e desaparece com o contato social momentâneo que lhe deu vida. É atribuída alternativa e transitoriamente a esta ou àquela mercadoria. Com o desenvolvimento da troca de mercadorias, ela se fixa exclusivamente em espécies particulares de mercadorias ou se cristaliza na forma-dinheiro. A que classe de mercadorias ela adere é, no início, algo ocasional. No entanto, existem duas circunstâncias que, em geral, são decisivas. A forma-dinheiro fixa-se ou nos artigos de troca mais importantes vindos do estrangeiro, os quais de fato são formas de manifestação naturalmente desenvolvidas do valor de troca dos produtos locais, ou no objeto de uso que representa o elemento principal do patrimônio local alienável, como o gado, por exemplo. Os povos nômades são os primeiros a desenvolver a forma-dinheiro, porque todos os seus haveres e bens têm forma móvel, portanto diretamente alienável, e porque seu modo de vida os põe em constante contato com comunidades estrangeiras, solicitando-os à troca de produtos.

Os seres humanos frequentemente usaram o próprio ser humano, na figura do escravo, como matéria original de dinheiro, porém nunca as terras. Tal ideia somente poderia surgir numa sociedade burguesa já desenvolvida. Data do último terço do século XVII e sua concretização só foi testada, em escala nacional, um século mais tarde, na revolução burguesa dos franceses.

Na mesma medida em que a troca de mercadorias rompe seus laços apenas locais e, com isso, o valor das mercadorias se desenvolve para vir a ser materialização do trabalho humano em geral, a forma-dinheiro transpõe-se a mercadorias que, por natureza, são adequadas para a função social de equivalente geral, os metais preciosos.

Que "ouro e prata, por natureza, não sejam dinheiro, embora dinheiro, por natureza, seja de ouro e prata",[42] demonstra a congruência de suas propriedades naturais com suas funções.[43] Mas até agora conhecemos apenas uma função do dinheiro, a de servir de forma de manifestação do valor das mercadorias ou de material no qual as grandezas de valor das mercadorias se expressam socialmente. Forma adequada de manifestação do valor ou materialização de trabalho humano abstrato e, portanto, igual, pode ser apenas uma matéria cujos diversos exemplares possuam todos a mesma qualidade uniforme. Por outro lado, como a diferença das grandezas de valor é puramente quantitativa, é necessário que a mercadoria monetária seja capaz de expressar variações meramente quantitativas, portanto possa ser dividida à vontade e novamente recomposta a partir de suas partes. Ouro e prata possuem essas propriedades por natureza.

O valor de uso da mercadoria monetária dobra. Além de seu valor de uso particular como mercadoria, por exemplo, como ouro, serve para obturar dentes, matéria-prima de artigos de luxo etc., ela adquire um valor de uso formal decorrente de suas funções sociais específicas.

Sendo todas as outras mercadorias meros equivalentes particulares do dinheiro, e o dinheiro seu equivalente geral, elas se relacionam como mercadorias particulares em relação ao dinheiro como mercadoria geral.[44]

Viu-se que a forma-dinheiro é apenas o reflexo aderido a uma única mercadoria das relações ¦ 42 ¦ de todas as outras mercadorias. Que o dinheiro seja mercadoria[45] é, portanto, apenas uma descoberta para aquele que parte de sua forma acabada para analisá-la posteriormente. O processo de troca dá à mercadoria, a qual é por ele transformada em dinheiro, não o seu valor, mas sua forma-valor específica. A confusão entre essas duas determinações levou a considerar o valor do ouro e da prata como sendo imaginário.[46] Podendo o dinheiro ser substituído, em certas funções, por meros signos dele mesmo, surgiu o outro erro, o de que ele seja mero signo. Por outro lado, essa noção implicava vislumbrar que a forma-dinheiro da coisa é externa a ela mesma e mera forma de manifestação de relações humanas ocultas atrás dela. Nesse sentido, cada mercadoria seria um signo, pois, como valor, é apenas um invólucro reificado do trabalho humano nela despendido.[47] Mas, ao considerar como meros signos os caracteres sociais que as coisas ou os caracteres reificados que as determinações sociais do trabalho recebem, com base em determinado modo de produção, eles passam, ao mesmo tempo, a ser explicados como ¦ 43 produto arbitrário da reflexão dos seres humanos ¦. Essa era uma mania de esclarecer muito apreciada, no século XVIII, para eliminar pelo menos transitoriamente, a aparência estranha das formas enigmáticas de que se revestiam as condições humanas, cujo processo de formação não se podia ainda decifrar.

Observou-se anteriormente que a forma-equivalente de uma mercadoria não implica a determinação quantitativa de sua grandeza de valor. Sabe-se que ouro é dinheiro, sendo, portanto, diretamente permutável com todas as mercadorias, mas nem por isso se sabe quanto valem, por exemplo, 10 libras de ouro. Como qualquer outra mercadoria, o dinheiro pode expressar sua própria grandeza de valor apenas relativamente em outras mercadorias. Seu próprio valor é determinado pelo tempo de trabalho necessário a sua produção e se expressa naquele *quantum* de qualquer outra mercadoria em que está cristalizado o mesmo tempo de trabalho.[48] Essa constatação de sua grandeza de valor relativa ocorre em sua fonte de produção, por meio da troca direta. Quando entra em circulação, como dinheiro, seu valor já está dado. Se já nas últimas décadas do século XVII, uma vez amplamente superado o começo da análise do dinheiro, sabia-se que dinheiro é mercadoria, isso era apenas o começo. A dificuldade não reside em compreender que dinheiro é mercadoria, e sim como, por que e por meio de que mercadoria é dinheiro.[49]

Já vimos que, na expressão mais simples de valor, x mercadoria A $=$ y mercadoria B, a coisa em que a grandeza de valor de outra coisa é representada parece possuir sua forma-equivalente independentemente dessa relação, como uma propriedade social de sua natureza. Já investigamos a consolidação dessa falsa aparência. Ela completou-se tão logo a forma-equivalente geral se fundiu com a forma natural de uma espécie particular de mercadoria ou se cristalizou na forma-dinheiro. Uma mercadoria não parece tornar-se dinheiro porque todas as outras mercadorias representam nela seus valores, mas, ao contrário, todas parecem expressar seus valores nela porque ela é dinheiro. O movimento mediador desaparece em seu próprio resultado e não deixa atrás de si nenhum vestígio. As mercadorias encontram, sem nenhuma colaboração sua, sua própria figura de valor pronta, como um corpo de mercadoria existente fora e ao lado delas. Essas coisas, ouro e prata, tal como saem das entranhas da terra, são imediatamente a encarnação direta de todo o trabalho humano.

Daí a magia do dinheiro. A conduta meramente atomística dos seres humanos em seu processo de produção social e, portanto, a figura reificada de suas próprias condições de produção, que é independente de seu controle e de sua ação consciente individual, manifestam-se inicialmente no fato de que seus produtos de trabalho assumem em geral a forma-mercadoria. O enigma do fetiche do dinheiro é, portanto, apenas o enigma do fetiche da mercadoria tornado visível e ofuscante.

CAPÍTULO 3

O DINHEIRO OU A CIRCULAÇÃO DAS MERCADORIAS

1. MEDIDA DOS VALORES

A fim de simplificar, pressuponho sempre neste escrito o ouro como a mercadoria monetária.

A primeira função do ouro consiste em fornecer ao mundo das mercadorias o material para sua expressão de valor ou em representar os valores das mercadorias como grandezas de mesma denominação, qualitativamente iguais e quantitativamente comparáveis. Assim, ele funciona como medida geral dos valores, e é apenas por meio dessa função que o ouro, a mercadoria equivalente específica, torna-se inicialmente dinheiro.

Não é por meio do dinheiro que as mercadorias se tornam comensuráveis. Ao contrário. Sendo todas as mercadorias, enquanto valores, trabalho humano objetivado, portanto sendo em si e para si comensuráveis, elas podem medir coletivamente seus valores na mesma mercadoria específica e, com isso, transformar esta última em sua medida comum de valor, ou seja, em dinheiro. Dinheiro, como medida de valor, é forma necessária de manifestação da medida imanente do valor das mercadorias: o tempo de trabalho.[50]

A expressão de valor de uma mercadoria em ouro – *x* da mercadoria A = *y* da mercadoria monetária – é sua forma-dinheiro ou seu preço. Uma equação isolada, como 1 tonelada de ferro = 2 onças de ouro, basta agora para representar o valor do ferro de uma maneira socialmente válida. A equação já não tem de marchar em fila e coluna com as equações de valor das outras mercadorias, porque a mercadoria equivalente, o ouro, já possui o caráter de dinheiro. A forma-valor relativa geral das mercadorias tem, assim, de novo, a figura de sua forma-valor relativa original, simples ou singular. Por outro lado, a expressão relativa desdobrada de valor ou a infinita série de expressões relativas de valor torna-se a forma-valor especificamente relativa da mercadoria-dinheiro. Mas essa série agora já está dada socialmente nos preços das mercadorias. Basta ler, ao revés, as cotações de uma lista de preços para encontrar a grandeza de valor do dinheiro, representada em todas as mercadorias possíveis. Dinheiro, por sua vez, não tem preço. Para participar dessa forma-valor relativa unitária das outras mercadorias, teria de ser relacionado a si mesmo, como seu próprio equivalente.

O preço ou a forma-dinheiro das mercadorias, como sua forma-valor em geral, é distinto de sua forma corpórea real e tangível, uma forma somente ideal ou imaginária. O valor de ferro, linho, trigo etc., embora invisível, existe nessas coisas mesmas; ele é imaginado por sua igualdade com o ouro, uma relação com o ouro que, por assim dizer, só assombra suas cabeças. O guardião de mercadorias tem, por isso, de meter sua língua na cabeça delas ou pendurar nelas pedaços de papel para comunicar seus preços ao mundo exterior.[51] Como a expressão dos valores das mercadorias em ouro é ideal, aplica-se nessa operação também somente ouro ideal ou imaginário. Cada guardião de mercadorias sabe que ainda está longe de dourar suas mercadorias quando dá ao valor delas a forma de preço ou a forma-ouro imaginária e que ele não precisa de nenhuma migalha de ouro real para avaliar, em ouro, milhões de valores mercantis. Em sua função de medida de valor, o dinheiro serve, portanto, como dinheiro apenas imaginário ou ideal. Essa circunstância deu origem às mais absurdas teorias.[52] Embora apenas dinheiro imaginário sirva para a função de medida do valor, o preço depende totalmente do material monetário real. O valor, isto é, o *quantum* de trabalho humano contido, por exemplo, numa tonelada de ferro, é expresso num *quantum* imaginário da mercadoria monetária, que contém a mesma quantidade de trabalho. Por isso, conforme ouro, prata ou cobre sirvam de medida do valor, o valor da tonelada de ferro recebe expressões de preço inteiramente diferentes ou é apresentado em quantidades de ouro, prata ou cobre totalmente diversas.

Se, por isso, duas mercadorias diferentes, por exemplo ouro e prata, servem, ao mesmo tempo, de medidas de valor, então todas as mercadorias possuem duas expressões diferentes de preços, o preço em ouro e o preço em prata, que correm tranquilamente um ao lado do outro, enquanto a relação de valor entre ouro e prata fica inalterada, por exemplo = 1 : 15. Mas cada alteração dessa relação de valores perturba a relação entre os preços em ouro e os preços em prata das mercadorias, provando assim, de fato, que a duplicação da medida de valor contradiz sua função.[53]

Todas as mercadorias com preços determinados apresentam-se sob a forma: a mercadoria A = x ouro, b mercadoria B = z ouro, c mercadoria C = y ouro etc., em que a, b, c representam certas quantidades das espécies de mercadorias A, B, C, e x, y, z certas quantidades de ouro. Os valores das mercadorias são, assim, transformados em quantidades imaginárias de ouro de tamanhos diferentes, portanto, apesar da confusa variedade dos corpos das mercadorias, em grandezas de mesma denominação, grandezas de ouro. Como tais quantidades de ouro, elas se comparam e medem entre si, desenvolvendo-se tecnicamente a necessidade de relacioná-las a um *quantum* fixado de ouro como unidade de medida. Essa mesma unidade de medida, por meio de posterior divisão em partes alíquotas, é transformada em padrão de medida. Antes de se tornarem dinheiro, o ouro, a prata e o cobre já possuíam tais padrões de medida em seus pesos metálicos, de modo que, por exemplo, uma libra, ao servir de unidade de medida, é subdivida outra vez em onças etc., por um lado, e somada em quintais etc., por outro lado.[54] Assim, em toda circulação metálica, as denominações preexistentes do padrão de peso formam também as denominações originais do padrão monetário ou padrão de medida dos preços.

Como medida dos valores e como padrão dos preços, o dinheiro exerce duas funções inteiramente diferentes. É medida dos valores por ser a encarnação social do trabalho humano, padrão dos preços por ser um peso fixado de metal. Como medida de valor, serve para transformar os valores das mais variadas mercadorias em preços, em quantidades imaginárias de ouro; como padrão dos preços, ¦45 mede essas quantidades de ouro¦. Na medida dos valores, as mercadorias se medem como valores; o padrão dos preços, ao contrário, mede ¦46¦ as quantidades de ouro em um *quantum* de ouro, e não o valor de um *quantum* de ouro no peso do outro. Para o padrão dos preços, determinado peso de ouro tem de ser fixado como unidade de medida. Aqui, como em todas as outras determinações de medida de grandeza de mesma denominação, a estabilidade das relações de medida torna-se decisiva. Por isso, o padrão de preços cumpre sua função tanto melhor quanto mais ¦47 invariavelmente um mesmo *quantum* de ouro sirva de unidade de medida¦. Como medida de valores, o ouro somente pode servir porque ele mesmo é produto de trabalho, sendo, portanto, um valor potencialmente variável.[55]

É claro, agora, que uma mudança de valor do ouro não prejudica, de modo algum, sua função como padrão de preços. Por mais que varie o valor do ouro, diferentes quantidades de ouro mantêm entre si sempre a mesma relação de valor. Mesmo que o valor do ouro caia 1000%, depois como antes, 12 onças de ouro terão 12 vezes o valor de uma onça de ouro e, no que se refere aos preços, trata-se apenas das relações de várias quantidades de ouro entre si. Como, por outro lado, uma onça de ouro não muda de nenhuma forma seu peso com a queda ou a subida de seu valor, tampouco muda o peso de suas partes alíquotas, e assim o ouro, como padrão fixo dos preços, presta sempre o mesmo serviço, qualquer que seja a mudança do seu valor.

A mudança de valor do ouro também não impede sua função de medida de valor. Ela atinge simultaneamente todas as mercadorias, deixando assim, *caeteris paribus*, ¦48 inalterados seus valores recíprocos relativos, embora eles todos se expressem agora em preços de ouro mais altos ou mais baixos do que antes.¦

Como na representação do valor de uma mercadoria no valor de uso de qualquer outra, também na avaliação das mercadorias em ouro somente se pressupõe que, na época dada, a produção de determinado *quantum* de ouro custe dado *quantum* de trabalho. Com relação ao movimento dos preços das mercadorias em geral, valem as leis anteriormente desenvolvidas da expressão relativa simples de valor.

Os preços das mercadorias só podem subir generalizadamente, permanecendo igual o valor do dinheiro, se os valores das mercadorias subirem; permanecendo iguais os valores das mercadorias, se o valor do dinheiro cair. E vice-versa. Os preços das mercadorias só podem cair generalizadamente, permanecendo igual o valor do dinheiro, se caírem os valores das mercadorias; permanecendo iguais os valores das mercadorias, se subir o valor do dinheiro. Não segue daí, de modo algum, que uma subida do valor do dinheiro acarrete uma queda proporcional dos preços das mercadorias e que uma queda do valor do dinheiro acarrete uma subida proporcional dos preços das mercadorias. Isso somente vale para mercadorias de valor inalterado. Mercadorias cujo valor suba proporcional e simultaneamente ao valor do dinheiro, por exemplo, mantêm os mesmos preços. Se seu valor subir mais lenta ou rapidamente que o valor do dinheiro, a queda ou a subida de seus preços será determinada pela diferença entre o movimento do valor delas e o do dinheiro etc.

Voltemos agora à observação da forma-preço.

As denominações monetárias dos pesos metálicos se desligam, pouco a pouco, de suas denominações originais de peso por diferentes motivos, sendo historicamente decisivos os seguintes: 1) Introdução de dinheiro estrangeiro em países menos desenvolvidos; na Roma Antiga, por exemplo, circulavam, inicialmente, moedas de prata e de ouro como mercadorias estrangeiras. As denominações desse dinheiro estrangeiro são diferentes das denominações de peso do país. 2) Com o desenvolvimento da riqueza, o metal menos nobre é deslocado da função de medida de valor pelo mais nobre. O cobre pela prata, a prata pelo ouro, por mais que essa sequência contradiga[56] a cronologia poética.[I] Libra, por exemplo, era então a denominação monetária de uma verdadeira libra de prata. Tão logo o ouro desloca a prata da função de medida de valor, o mesmo nome associa-se talvez a 1/15 etc. de libra de ouro, conforme a relação de

---

I Na mitologia antiga, a história da humanidade era dividida em cinco períodos. Na idade do ouro, os seres humanos viviam mais felizes e sem preocupações; a terra era propriedade comum e produzia tudo o que era necessário à vida. A esse estado perfeito seguiu-se, porém, uma piora gradual do mundo, representada como idade da prata, idade do bronze, idade dos heróis e idade do ferro. Essa última época era caracterizada por trabalho penoso e solo infecundo; a vida era cheia de injustiças, violência e homicídios. – A lenda das cinco idades é retomada nas obras do épico grego Hesíodo e, posteriormente, nas do lírico romano Ovídio. [N. E. A.]

valor entre o ouro e a prata. Libra como denominação monetária e libra como denominação ordinária de peso do ouro são agora separadas.[57] 3) A falsificação de dinheiro, continuada durante séculos pelos príncipes, que do peso original das moedas deixou, de fato, apenas o nome.[58]

Esses processos históricos convertem em costume popular a separação entre a denominação monetária dos pesos metálicos e sua denominação corrente de peso. Como o padrão monetário, por um lado, é puramente convencional e, por outro lado, necessita de validade geral, ele acaba sendo regulado por lei. Determinado peso do metal nobre, por exemplo, uma onça de ouro, é oficialmente dividido em partes alíquotas, que recebem nomes de batismo legais como libra, táler etc. Tal parte alíquota, que funciona agora como a verdadeira unidade de medida do dinheiro, é dividida em outras partes alíquotas com nomes de batismo legais, como xelim, pêni etc.[59] Agora como antes, determinados pesos metálicos permanecem como padrão do dinheiro metálico. O que mudou foi a divisão e a denominação.

Os preços, ou as quantidades de ouro, em que se transformam idealmente os valores reais das mercadorias, são expressos agora nas denominações monetárias ou nas denominações de conta do padrão-ouro legalmente válidas. Portanto, em lugar de dizer que o *quarter* de trigo é igual a uma onça de ouro, diríamos, na Inglaterra, que é igual a 3 libras esterlinas, 17 xelins e 10½ pence. Assim, as mercadorias comunicam umas às outras quanto valem, em suas denominações monetárias, e o dinheiro serve de dinheiro de conta sempre que se trata de fixar uma coisa como valor e, portanto, em forma-dinheiro.[60]

A denominação de uma coisa é totalmente extrínseca à sua natureza. Eu não sei nada sobre os seres humanos ao saber que o nome de alguém é Jacobus. Do mesmo modo, nos nomes monetários libra, táler, franco, ducado etc. desaparece qualquer vestígio da relação de valor. A confusão sobre o sentido secreto desses signos cabalísticos é tanto maior na medida em que as denominações monetárias expressam ao mesmo tempo o valor das mercadorias e partes alíquotas de um peso metálico, do padrão monetário.[61] Por outro lado, é necessário que o valor, em contraste com os coloridos corpos do mundo das mercadorias, evolua para essa forma reificada sem sentido próprio, mas também simplesmente social.[62]

O preço é a denominação monetária do trabalho objetivado na mercadoria. Por isso, a equivalência da mercadoria e do *quantum* de dinheiro, cuja denominação é o preço dela, é uma tautologia,[63] como a expressão relativa de valor de uma mercadoria por si é sempre a expressão da equivalência de duas mercadorias. Mas, se o preço como expoente da grandeza de valor da mercadoria é expoente de sua relação de troca com dinheiro, não se segue, ao contrário, que o expoente de sua relação de troca com dinheiro seja necessariamente o expoente de sua grandeza de valor. Suponhamos que o trabalho socialmente necessário de igual grandeza represente-se em 1 *quarter* de trigo e em 2 libras esterlinas (cerca de ½ onça de ouro). As 2 libras esterlinas são a expressão monetária da grandeza de valor do *quarter* de trigo, ou seu preço. Se as circunstâncias permitirem sua cotação a 3 libras esterlinas ou forçarem sua cotação a 1 libra esterlina, então 1 libra esterlina e 3 libras esterlinas são ou pequenas ou grandes demais como expressão da grandeza de valor do trigo, mas ainda assim elas são preços do mesmo, pois são, primeiro, sua forma-valor, dinheiro, e, segundo, expoentes de sua relação de troca com dinheiro. Com condições de produção constantes ou força produtiva do trabalho constante, deve-se despender para a reprodução de 1 *quarter* de trigo, tanto antes como depois, a mesma quantidade de tempo social de trabalho. Essa circunstância não depende da vontade do produtor do trigo nem da de outros possuidores de mercadorias. A grandeza de valor da mercadoria expressa, assim, uma relação necessária imanente a seu processo de formação com o tempo de trabalho social. Com a transformação da grandeza de valor em preço, essa relação necessária aparece como relação de troca de uma mercadoria com a mercadoria monetária, que existe fora dela. Mas nessa relação pode expressar-se tanto a grandeza de valor da mercadoria como o mais ou o menos em que, sob dadas circunstâncias, ela é alienável. A possibilidade de uma incongruência quantitativa entre o preço e a grandeza de valor ou da divergência entre o preço e a grandeza de valor é, portanto, inerente à própria forma-preço. Isso não é um defeito dessa forma, mas torna-a, ao contrário, a forma adequada a um modo de produção em que a regra somente pode impor-se ¦ 54 como lei cega média da falta de qualquer regra ¦.

A forma-preço, porém, não só admite a possibilidade de incongruência quantitativa entre grandeza de valor e preço, isto é, entre a grandeza de valor e sua própria expressão monetária, como pode encerrar uma contradição qualitativa, de modo que o preço deixa de todo de ser expressão de valor, embora o dinheiro seja apenas a forma-valor das mercadorias. Coisas que, em si e para si, não são mercadorias, por exemplo consciência, honra etc., podem ser postas à venda por dinheiro pelos seus possuidores e receber assim, por meio de seu preço, a forma-mercadoria. Por isso, uma coisa pode, formalmente, ter um preço sem ter um valor. A expressão de preço torna-se aqui imaginária, como certas grandezas da Matemática. Por outro lado, a forma-preço imaginária, como, por exemplo, o preço da terra não cultivada, que não tem valor, pois nela não está objetivado trabalho humano, pode encerrar uma relação real de valor ou uma relação derivada dela.

Assim como a forma-valor relativa em geral, o preço expressa o valor de uma mercadoria, por exemplo de uma tonelada de ferro, pelo fato de que certo *quantum* do equivalente, por exemplo uma onça de ouro, seja diretamente trocável por ferro, mas de modo algum o contrário, de que o ferro, por sua parte, seja diretamente trocável por ouro. ¦ 55 Portanto, para ¦ exercer na prática a ação de valor de troca, a mercadoria tem de desfazer-se de seu corpo natural, transformar-se de ouro imaginário em ouro real, ainda que essa transubstanciação lhe seja mais "árdua" do que, para o "conceito" hegeliano, a transição da necessidade à liberdade ou, para uma lagosta, o romper de sua casca ou, para Jerônimo, Padre da Igreja, o despojar-se do velho Adão.[64] Além de sua forma real, por exemplo ferro, a mercadoria pode possuir, no preço, forma ideal de valor ou forma imaginária de ouro, mas ela não pode ser, ao mesmo tempo, realmente ferro e realmente ouro. Para dar-lhe um preço, basta equipará-la a ouro imaginário. A fim de prestar a seu possuidor o serviço de equivalente geral, ela tem de ser substituída por ouro. Se o possuidor do ferro se confrontasse com o possuidor de uma mercadoria mundana e o remetesse ao preço do ferro como forma-dinheiro, o mundano responderia como, no céu, São Pedro a Dante, que lhe recita a fórmula da fé:

> *Assai bene è trascorsa*
> *d'esta moneta già la lega e'l peso;*
> *ma dimmi se tu l'hai ne la tua borsa.*[I]

A forma-preço implica a alienabilidade das mercadorias contra dinheiro e a necessidade dessa alienação. Por outro lado, o ouro funciona somente como medida ideal de valor, porque já está circulando no processo de troca como mercadoria monetária. Por isso, na medida ideal dos valores, espreita o dinheiro sonante.

2. MEIO DE CIRCULAÇÃO

a) A metamorfose das mercadorias

Viu-se que o processo de troca das mercadorias envolve relações contraditórias e mutuamente exclusivas. O desenvolvimento da mercadoria não suprime essas contradições, mas gera a forma na qual elas podem

---

I "Cuidadosamente examinados // Já estão a lei e o peso dessa moeda. // Mas, dize-me, tens dela em tua bolsa?" D. Alighieri, "Paraíso"', canto XXIV, versos 83–85, in *A divina comédia*. [N. T.]

mover-se. Esse é, em geral, o método com o qual contradições reais se resolvem. É uma contradição, por exemplo, que um corpo caia constantemente em outro e fuja constantemente dele. A elipse é uma das formas de movimento em que essa contradição tanto se realiza como se resolve.

Na medida em que o processo de troca transfira mercadorias da mão em que elas são não-valores de uso para a mão em que elas são valores de uso, ele é metabolismo social. O produto de uma modalidade útil de trabalho substitui o da outra. Uma vez tendo alcançado o lugar em que serve de valor de uso, a mercadoria cai da esfera de intercâmbio das mercadorias na esfera do consumo. Apenas a primeira é que nos interessa aqui. Temos, por isso, de observar o processo inteiro segundo o aspecto formal, portanto somente a mudança de forma ou a metamorfose das mercadorias, a qual medeia o metabolismo social.

A interpretação inteiramente defeituosa dessa mudança de forma, deixando de lado a falta de clareza sobre o próprio conceito do valor, é devida à circunstância de que cada mudança de forma de uma mercadoria realiza-se na troca de duas mercadorias, uma mercadoria comum e a mercadoria monetária. Atendo-se somente a este momento material, o intercâmbio de mercadoria por ouro, deixa-se de ver o que deve ser visto, ou seja, o que ocorre com a forma. Não se percebe que o ouro, como simples mercadoria, não é dinheiro e que as outras mercadorias, em seus preços, relacionam-se a si mesmas com o ouro, como sua própria figura monetária.

A princípio, as mercadorias entram no processo de intercâmbio sem serem douradas nem açucaradas, da forma que chegam ao mundo. Esse processo produz uma duplicação da mercadoria em mercadoria e dinheiro, uma antítese externa, dentro da qual elas representam sua antítese imanente entre valor de uso e valor. Nessa antítese, as mercadorias confrontam-se, como valores de uso, com o dinheiro, como valor de troca. Por outro lado, ambos os lados da antítese são mercadorias, portanto unidades de valor de uso e valor. Mas essa unidade de diferenças se representa inversamente em cada um dos dois polos e representa, por isso, ao mesmo tempo, a correlação entre eles. A mercadoria é realmente valor de uso, a sua existência como valor aparece apenas idealmente no preço, que a relaciona com o ouro, situado no outro polo, como sua figura real de valor. Ao contrário, o material ouro somente funciona como materialização do valor, dinheiro. Por isso, é realmente valor de troca. Seu valor de uso se apresenta apenas idealmente na série das expressões relativas de valor em que se relaciona com as mercadorias situadas de outro lado, como o círculo de suas figuras de uso reais. Essas formas antitéticas das mercadorias são os movimentos reais de seu processo de intercâmbio.

Acompanhemos agora um possuidor qualquer de mercadorias, por exemplo nosso velho conhecido tecelão de linho, à cena do processo de intercâmbio, o mercado. Sua mercadoria, 20 varas de linho, tem preço determinado. Seu preço é 2 libras esterlinas. Ele a troca por 2 libras esterlinas e, homem de velha cepa que é, troca as 2 libras esterlinas, mais uma vez, por uma Bíblia da Família de mesmo preço. O linho, para ele apenas mercadoria, portador de valor, é alienado por ouro, sua figura de valor; e dessa figura volta a ser alienado por outra mercadoria, a Bíblia, que, porém, como objeto de uso, deve ir para a casa do tecelão e lá satisfazer às necessidades de edificação. O processo de intercâmbio da mercadoria opera-se, portanto, por meio de duas metamorfoses opostas e reciprocamente complementares – transformação da mercadoria em dinheiro e sua retransformação de dinheiro em mercadoria.[65] Os momentos da metamorfose da mercadoria são, ao mesmo tempo, transações do possuidor de mercadoria – venda, intercâmbio da mercadoria por dinheiro; compra, intercâmbio do dinheiro por mercadoria; e unidade de ambos os atos: vender para comprar.

Contemplando agora o resultado final da transação, o tecelão de linho possui uma Bíblia, em vez de linho; em vez de sua mercadoria original, outra do mesmo valor, mas de utilidade diferente. Do mesmo modo, ele se apropria de seus outros meios de subsistência e de produção. De seu ponto de vista, todo o processo somente medeia a troca de seu produto de trabalho por produto do trabalho alheio, o intercâmbio de produtos.

O processo de intercâmbio da mercadoria se completa, portanto, na seguinte mudança de forma:

Mercadoria–Dinheiro–Mercadoria
M–D–M

Segundo seu conteúdo material, o movimento é *M–M*, troca de mercadoria por mercadoria, metabolismo do trabalho social, em cujo resultado ¦56 o próprio processo se extingue.¦

M–D. Primeira metamorfose da mercadoria ou venda. O salto do valor da mercadoria, do corpo da mercadoria para o corpo do ouro, é, como o designei em outro lugar, o *salto mortale* da mercadoria. Caso ele falhe, não é a mercadoria que é depenada, mas sim o possuidor de mercadoria. A divisão social do trabalho torna tão unilateral seu trabalho quanto multilaterais suas necessidades. Por isso mesmo, seu produto serve-lhe apenas de valor de troca. Mas ele obtém a forma-equivalente geral, socialmente válida, somente como dinheiro, e o dinheiro encontra-se em bolso alheio. Para tirá-lo de lá, a mercadoria tem de ser, sobretudo, valor de uso para o possuidor do dinheiro, ou seja, o trabalho despendido nela deve ter sido despendido em forma socialmente útil ou se confirmar como elo da divisão social do trabalho. Mas a divisão do trabalho é um organismo de produção que se desenvolveu naturalmente e cujos fios se teceram e continuam a tecer-se às costas dos produtores de mercadorias. Talvez a mercadoria seja produto de uma nova modalidade de trabalho, que pretenda satisfazer a uma necessidade recentemente surgida ou, ainda, que deseje provocar por iniciativa própria uma necessidade. Função que era ainda ontem uma entre as muitas funções do mesmo produtor de mercadorias, uma operação particular se desprende hoje desse conjunto, torna-se autônoma e, por isso, envia seu produto parcial como mercadoria independente ao mercado. As circunstâncias podem estar maduras ou imaturas para esse processo de separação. O produto satisfaz hoje a uma necessidade social. Amanhã será, talvez, deslocado parcial ou totalmente de seu lugar por uma espécie semelhante de produto. Mesmo que o trabalho, como o de nosso tecelão de linho, seja um elo patenteado da divisão social de trabalho, não está com isso garantido, de modo algum, precisamente o valor de uso de suas 20 varas de linho. Se a necessidade social de linho, e ela tem sua medida como tudo o mais, estiver saturada por tecelões rivais, o produto de nosso amigo torna-se excedente, supérfluo e, com isso, inútil. A cavalo dado não se olha o dente, mas ele não vai ao mercado para distribuir presentes. Suponhamos, porém, que o valor de uso de seu produto se confirme e o dinheiro seja, portanto, atraído pela mercadoria. Mas agora se pergunta: Quanto dinheiro? A resposta já está, de certo modo, antecipada no preço da mercadoria, no expoente de sua grandeza de valor. Deixemos de lado eventuais erros de cálculo puramente subjetivos do possuidor de mercadorias, que serão logo corrigidos objetivamente no mercado. Suponhamos que tenha despendido em seu produto apenas a média socialmente necessária de tempo de trabalho. O preço da mercadoria será, portanto, apenas o nome monetário do *quantum* de trabalho social objetivado nela. Mas, sem pedir licença e às costas de nosso tecelão, as condições, já há muito estabelecidas, de produção da tecelagem de linho entraram em efervescência. O que, ontem, sem dúvida, era tempo de trabalho socialmente necessário para a produção de uma vara de linho, hoje, deixa de o ser, conforme o possuidor de dinheiro se empenhe em demonstrar com as cotações de preços de diversos competidores de nosso amigo. Para sua infelicidade, há muitos tecelões no mundo. Admitamos, finalmente, que cada peça de linho existente no mercado contenha apenas o tempo de trabalho socialmente necessário. Apesar disso, a soma total dessas peças pode conter tempo de trabalho supérfluo. Se o estômago do mercado não pode absorver o *quantum* total de linho ao preço de 2 xelins por vara, isso comprova que foi despendida parte excessiva do tempo de trabalho social total em forma de tecelagem de linho. O efeito é o mesmo que se cada tecelão individual de linho tivesse utilizado em seu produto individual mais do que o tempo de trabalho socialmente necessário. Aqui vale o ditado: Presos juntos, juntos enforcados.[I] Todo o linho existente no mercado vale como um único artigo comercial, cada peça apenas como parte alíquota. E, de fato, o valor de cada vara individual é somente a materialização do mesmo *quantum*, socialmente determinado, de trabalho humano homogêneo.[II]

Como se vê, a mercadoria ama o dinheiro, mas *the course of true love never does run smooth* [o curso do verdadeiro amor nunca é suave].[III] Tão naturalmente aleatória como a qualitativa é a articulação quantitativa do organismo social de produção, que representa seus *membra disjecta* [membros dispersos] no sistema da divisão do trabalho. Nossos possuidores de mercadorias descobrem, por isso, que a mesma divisão do trabalho que os torna produtores privados independentes torna independentes deles mesmos o processo social de produção e suas relações dentro desse processo, e que a independência recíproca das pessoas se complementa num sistema de dependência reificada universal.

A divisão do trabalho transforma o produto do trabalho em mercadoria, tornando, com isso, necessária sua transformação em dinheiro. Ao mesmo tempo, ela torna aleatório o sucesso dessa transubstanciação. Mas temos de observar aqui o fenômeno em sua pureza, pressupondo assim seu transcurso normal. Se, de resto, ele transcorre por completo, não sendo, portanto, invendável a mercadoria, realiza-se sempre sua mudança de forma, ainda que, nessa mudança de forma, a substância – grandeza de valor – possa ter, anormalmente, prejuízo ou acréscimo.

A um dos possuidores de mercadoria o ouro substitui sua mercadoria e ao outro a mercadoria substitui seu ouro. O fenômeno evidente é a mudança de mãos ou de lugar de mercadoria e dinheiro, de 20 varas de linho e 2 libras esterlinas, isto é, seu intercâmbio. Mas pelo que se troca a mercadoria? Por sua própria figura geral de valor. E o ouro? Por uma figura particular de seu valor de uso. Por que o ouro defronta-se com o linho como dinheiro? Porque o seu preço, 2 libras esterlinas, ou sua

---

I *Mitgefangen, mitgehangen*. Provérbio alemão. [N. T.]

II Em carta de 28 de novembro de 1878 dirigida a N. F. Daniélson, o tradutor de *O capital* para o russo, Marx altera o último período nos seguintes termos: "De fato, o valor de cada vara individual não é senão a materialização de uma parte do *quantum* de trabalho social gasta no *quantum* total de varas". A mesma correção também se encontra no exemplar pessoal de Marx, na segunda edição alemã do volume 1 de *O capital*, mas não anotada de próprio punho. [N. E. A.]

III W. Shakespeare, *A Midsummer Night's Dream* [*Sonho de uma noite de verão*], ato I, cena I. [N. E. A.]

denominação monetária, já o refere ao ouro como dinheiro. A alienação de sua forma-mercadoria original se realiza pela alienação da mercadoria, isto é, no momento em que seu valor de uso atrai realmente o ouro que em seu preço era apenas imaginário. A realização do preço ou da forma-valor meramente ideal da mercadoria é, por isso, simultânea e inversamente, a realização do valor de uso somente ideal do dinheiro; a transformação de mercadoria em dinheiro é, ao mesmo tempo, transformação de dinheiro em mercadoria. O processo uno é processo bilateral, do polo do possuidor de mercadorias, venda, do polo contrário, do possuidor de dinheiro, compra. Ou venda é compra, *M–D* ao mesmo tempo *D–M*.[66]

Não conhecemos, até agora, nenhuma outra relação econômica dos seres humanos além da de possuidores de mercadorias, uma relação em que eles se apropriam do produto do trabalho alheio somente alienando o próprio. Portanto, um possuidor de mercadorias pode defrontar-se com o outro apenas como possuidor de dinheiro, porque seu produto possui, por natureza, a forma-dinheiro, portanto é material monetário, ouro etc., ou porque a sua própria mercadoria já mudou de pele e desfez-se de sua forma de uso original. Para funcionar como dinheiro, o ouro evidentemente tem de entrar no mercado por algum ponto. Esse ponto se situa em sua fonte de produção, onde se troca como produto direto de trabalho por outro produto de trabalho do mesmo valor. Mas, a partir desse momento, representa constantemente preços realizados de mercadorias.[67] Exceto no momento da troca de ouro por mercadoria em sua fonte de produção, o ouro é, na mão de cada possuidor de mercadorias, a figura alienada de sua mercadoria alienada, produto da venda ou da primeira metamorfose da mercadoria, *M–D*.[68] O ouro se tornou dinheiro ideal ou medida de valor porque todas as mercadorias medem nele seus valores e, assim, fazem dele a contrapartida imaginária de sua figura de uso, a sua figura de valor. Torna-se dinheiro real porque as mercadorias, pela sua alienação universal, fazem dele sua figura de uso realmente alienada ou transformada, por isso sua figura real de valor. Em sua figura de valor, a mercadoria desfaz-se de qualquer vestígio de seu valor de uso natural e do trabalho útil particular ao qual deve sua origem para se metamorfosear na materialização social uniforme de trabalho humano indistinto. Não se reconhece, portanto, no dinheiro, a espécie de mercadoria nele transformada. Em sua forma-dinheiro, uma parece exatamente igual à outra. Dinheiro, por isso, pode ser lixo, embora lixo não seja dinheiro. Suporemos que as duas moedas de ouro pelas quais o nosso tecelão de linho aliena sua mercadoria sejam a figura transformada de um *quarter* de trigo. A venda do linho, *M–D*, é, ao mesmo tempo, sua compra, *D–M*. Mas, como venda do linho, esse processo inicia um movimento que termina com sua contrapartida, com a compra da

Bíblia; como compra do linho, ele termina um movimento que começou com seu contrário, com a venda do trigo. *M–D* (linho–dinheiro), essa primeira fase de *M–D–M* (linho–dinheiro–Bíblia), é, ao mesmo tempo, *D–M* (dinheiro–linho), a última fase de outro movimento *M–D–M* (trigo–dinheiro–linho). A primeira metamorfose de uma mercadoria, sua transformação de forma-mercadoria em dinheiro, é sempre, simultaneamente, a segunda metamorfose inversa de outra mercadoria, sua retransformação da forma-dinheiro em mercadoria.[69]

D–M. Metamorfose segunda ou final da mercadoria: compra. – Por ser a figura alienada de todas as outras mercadorias ou o produto da sua alienação geral, o dinheiro é a mercadoria absolutamente alienável. Ele lê todos os preços ao revés e se reflete, assim, em todos os corpos das mercadorias como o material ofertado à sua própria conversão em mercadoria. Ao mesmo tempo, os preços, os olhos amorosos com que as mercadorias piscam ao dinheiro, mostram o limite de sua capacidade de transformação, isto é, sua própria quantidade. Uma vez que a mercadoria desaparece ao converter-se em dinheiro, não se reconhece como o dinheiro chegou às mãos de seu possuidor ou o que se transformou nele. *Non olet* [não fede],[I] qualquer que seja sua origem. Se por um lado representa mercadoria vendida, por outro representa mercadorias compráveis.[70]

D–M, a compra, é ao mesmo tempo venda, *M–D*; a última metamorfose de uma mercadoria é, por isso, simultaneamente, a primeira metamorfose de outra mercadoria. Para nosso tecelão de linho, o curso da vida de sua mercadoria acaba com a Bíblia, em que ele reconverteu as 2 libras esterlinas. Mas o vendedor da Bíblia converte as 2 libras esterlinas recebidas do tecelão de linho em aguardente. *D–M*, a fase final de *M–D–M* (linho–dinheiro–Bíblia), é, ao mesmo tempo, *M–D*, a primeira fase de *M–D–M* (Bíblia–dinheiro–aguardente). Como o produtor de mercadorias fornece apenas um produto unilateral, ele o vende frequentemente em grandes quantidades, enquanto suas necessidades multilaterais o obrigam a fragmentar constantemente o preço realizado ou a soma de dinheiro recebida em numerosas compras. Uma venda desemboca, por isso, em muitas compras de várias mercadorias. A metamorfose final de uma mercadoria constitui, assim, uma soma de primeiras metamorfoses de outras mercadorias.

Observando, agora, a metamorfose total de uma mercadoria, por exemplo do linho, vemos, em primeiro lugar, que consiste em dois movimentos que se opõem e se completam, *M–D* e *D–M*. Essas duas transformações contrapostas da mercadoria operam em dois processos

---

I Assim disse o imperador romano Vespasiano (69–79) sobre o dinheiro quando seu filho o repreendeu por lançar impostos sobre os banheiros públicos. [N. E. A.]

sociais contrapostos do possuidor de mercadorias e se refletem em dois caracteres econômicos contrapostos do mesmo. Como agente da venda ele se torna vendedor, como agente da compra, comprador. Mas, assim como em cada transformação da mercadoria existem, ao mesmo tempo, as duas formas dela, forma-mercadoria e forma-dinheiro, apenas em polos contrapostos, também o mesmo possuidor de mercadorias como vendedor se defronta com outro comprador e como comprador com outro vendedor. Assim como a mesma mercadoria percorre as duas transformações inversas sucessivamente, de mercadoria se torna dinheiro e de dinheiro mercadoria, também o mesmo possuidor de mercadorias troca os papéis de vendedor e comprador. Esses caracteres não são fixos, e sim mudam constantemente de pessoa na circulação de mercadorias.

A metamorfose total de uma mercadoria implica, em sua forma mais simples, quatro extremos e três *personae dramatis* [pessoas do drama]. Primeiro, o dinheiro defronta-se com a mercadoria como sua figura de valor, que no outro lado, no bolso alheio, possui realidade reificadamente contundente. Assim, um possuidor de dinheiro defronta-se com o possuidor de mercadorias. Tão logo a mercadoria se transforma em dinheiro, este último se torna a forma-equivalente transitória dela, cujo valor de uso ou conteúdo existe, desse lado, nos corpos das outras mercadorias. Como ponto final da primeira transformação da mercadoria, o dinheiro é ao mesmo tempo ponto de partida da segunda. Assim, o vendedor do primeiro ato torna-se comprador no segundo, onde com ele se defronta um terceiro possuidor de mercadorias, como vendedor.[71]

As duas fases inversas da metamorfose das mercadorias formam um ciclo: forma-mercadoria, abandono da forma-mercadoria, volta à forma-mercadoria. Aqui, no entanto, a própria mercadoria é determinada antiteticamente. Ela é não-valor de uso no ponto de partida, valor de uso no ponto final para seu possuidor. Assim, o dinheiro aparece, primeiro, como sólido cristal de valor, no qual a mercadoria se transforma, para diluir-se depois como simples forma-equivalente dela.

As duas metamorfoses que formam o ciclo de uma mercadoria constituem, ao mesmo tempo, as metamorfoses parciais inversas de duas outras mercadorias. A mesma mercadoria (linho) inicia a série de suas próprias metamorfoses e termina a metamorfose total de outra mercadoria (trigo). Durante sua primeira transformação, a venda, ela desempenha esses dois papéis em pessoa. Como crisálida de ouro, ao contrário, forma em que ela cumpre o destino de toda a carne, ela completa, ao mesmo tempo, a primeira metamorfose de uma terceira mercadoria. O ciclo descrito pela série de metamorfoses de cada mercadoria entrelaça-se, portanto, inextricavelmente, com os ciclos de outras mercadorias. O processo total apresenta-se como circulação de mercadorias.

A circulação de mercadorias distingue-se não só formalmente, mas também essencialmente, do intercâmbio direto de produtos. Basta lançar um olhar retrospectivo ao percurso. O tecelão de linho trocou, sem dúvida, linho por Bíblia, mercadoria própria por alheia. Mas esse fenômeno é verdadeiro somente para ele. O vendedor de Bíblias, que prefere o calor ao frio, não pensou em trocar a Bíblia por linho, assim como o tecelão de linho não sabe que seu linho foi trocado por trigo etc. A mercadoria de B substitui a mercadoria de A, mas A e B não trocam suas mercadorias reciprocamente. Pode, de fato, ocorrer que A e B comprem reciprocamente um do outro, mas tal relação particular não é condicionada, de modo algum, pelas relações gerais da circulação de mercadorias. Por um lado, vê-se aqui como o intercâmbio de mercadorias rompe as limitações individuais e locais do intercâmbio direto de produtos e desenvolve o metabolismo do trabalho humano. Por outro lado, desenvolve-se todo um círculo de vínculos naturais de caráter social, incontroláveis pelas pessoas atuantes. O tecelão somente pode vender linho porque o camponês já vendeu trigo, o cabeça quente apenas pode vender a Bíblia porque o tecelão já vendeu linho, o destilador só pode vender aguardente porque o outro já vendeu a água da vida eterna etc.

Por isso, o processo de circulação não se extingue, como o intercâmbio direto de produtos, ao mudarem de lugar ou de mãos os valores de uso. O dinheiro não desaparece ao sair, finalmente, da série de metamorfose de uma mercadoria. Ele sempre se deposita em algum ponto de circulação abandonado pelas mercadorias. Por exemplo, na metamorfose total do linho: linho–dinheiro–Bíblia, primeiro sai o linho da circulação e o dinheiro ocupa seu lugar, depois sai a Bíblia e o dinheiro toma seu lugar. A substituição de mercadoria por mercadoria deixa, ao mesmo tempo, a mercadoria monetária nas mãos de um terceiro.[72] A circulação exsuda, constantemente, dinheiro.

Nada pode ser mais ridículo que o dogma de que a circulação de mercadorias condiciona um equilíbrio necessário entre as vendas e compras, porque cada venda é compra e vice-versa. Se isso significa que o número das vendas efetivamente realizadas é igual ao mesmo número de compras, é uma trivial tautologia. Mas a intenção é provar que o vendedor conduz seu próprio comprador ao mercado. Venda e compra são um ato idêntico, ao constituir uma relação recíproca entre duas pessoas polarmente contrapostas, o possuidor de mercadoria e o possuidor de dinheiro. Enquanto ações da mesma pessoa, elas formam dois atos polarmente contrapostos. A identidade de venda e compra implica, portanto, que se torna inútil a mercadoria que, jogada na retorta alquimista da circulação, não sai como dinheiro, não sendo vendida pelo possuidor de mercadoria, portanto tampouco comprada pelo possuidor de dinheiro. Aquela identidade compreende, além disso, que o processo, no caso de realizar-se, constitui um ponto de repouso, uma fase da vida da mercadoria que pode durar mais ou menos tempo. Como a primeira metamorfose da mercadoria é, ao mesmo tempo, venda e compra, esse processo parcial é, simultaneamente, um processo autônomo. O comprador tem a mercadoria, o vendedor tem o dinheiro, isto é, uma mercadoria que conserva uma forma apta para a circulação, quer apareça mais cedo ou mais tarde de novo no mercado. Ninguém pode vender sem que outro compre. Mas ninguém precisa comprar imediatamente apenas por ter vendido. A circulação rompe as limitações temporais, locais e individuais do intercâmbio de ¦ 57 produtos precisamente porque parte a identidade imediata que existe aqui entre a alienação do próprio produto de trabalho e a aquisição do alheio, na antítese entre venda e compra. Que os processos, que se confrontam autonomamente, formem uma unidade interna significa, por outro lado, que a sua unidade interna se move em antíteses externas. ¦ Se a autonomização externa dos internamente não-autônomos, por serem mutuamente complementares, prolonga-se até certo ponto, a unidade se faz valer de forma violenta, por meio de uma... crise. A antítese, imanente à mercadoria, entre valor de uso e valor, entre trabalho privado, que ao mesmo tempo tem de representar-se como trabalho diretamente social, e trabalho concreto particular, que ao mesmo tempo funciona apenas como trabalho abstrato geral, entre personificação da coisa e reificação das pessoas – essa contradição imanente assume nas antíteses da metamorfose das mercadorias suas formas desenvolvidas de movimentos. Essas formas contêm, por isso, a possibilidade, e somente a possibilidade, das crises. O desenvolvimento dessa possibilidade até que se realize exige todo um conjunto de condições que, do ponto de vista da circulação simples de mercadorias, ainda não existem de modo algum.[73]

Como mediador da circulação de mercadorias, o dinheiro assume a função de meio de circulação.

b) O curso do dinheiro

A mudança de forma por meio da qual o metabolismo dos produtos do trabalho se realiza, *M–D–M*, exige que o mesmo valor, como mercadoria, forme o ponto de partida do processo e retorne ao mesmo ponto como mercadoria. Esse movimento das mercadorias é, portanto, um ciclo. Por outro lado, essa mesma forma exclui o ciclo do dinheiro. Seu resultado é o distanciamento constante do dinheiro de seu ponto de partida, e não o retorno a esse mesmo ponto. ¦ 58 Enquanto o vendedor mantém consigo a figura transformada de sua mercadoria, o dinheiro, a mercadoria encontra-se na fase da primeira metamorfose ou apenas percorreu a primeira metade de sua circulação. Se o processo, vender para comprar, estiver completo, então também o dinheiro estará outra vez afastado das mãos de seu proprietário original. Se, entretanto, o tecelão de linho, depois de ter comprado a Bíblia, vender novamente linho, o dinheiro também retornará às suas mãos.¦ Porém, ele não retorna por meio da circulação das primeiras 20 varas de linho, pela qual antes se afastou das mãos do tecelão para as mãos do vendedor de Bíblias. Ele retorna apenas pela renovação ou repetição do mesmo processo de circulação para nova mercadoria e termina, tanto aqui como lá, com o mesmo resultado. Essa forma de movimento diretamente conferida ao dinheiro pela circulação das mercadorias é, portanto, seu afastamento constante do ponto de partida, seu percurso das mãos de um possuidor de mercadoria para as de outro ou seu curso (*currency*, *cours de la monnaie*).

O curso do dinheiro mostra uma constante, monótona repetição do mesmo processo. A mercadoria permanece sempre ao lado do vendedor, o dinheiro sempre ao lado do comprador, como meio de compra. Ele funciona como meio de compra ao realizar o preço da mercadoria. Enquanto o realiza, transfere a mercadoria das mãos do vendedor para as do comprador, ao passo que, ao mesmo tempo, se afasta das mãos do comprador para as do vendedor, para repetir o mesmo processo com outra mercadoria. Que essa forma unilateral do movimento do dinheiro nasça do movimento de forma bilateral das mercadorias é ocultado. A natureza da própria circulação das mercadorias produz uma aparência contrária. A primeira metamorfose da mercadoria é visível não apenas como movimento do dinheiro, mas também como seu próprio movimento, porém sua segunda metamorfose é apenas visível como movimento do dinheiro. Na primeira metade de sua circulação, a mercadoria troca de lugar com o dinheiro. Com isso, sua forma de uso sai da circulação e entra para o consumo.[74] Sua figura de valor ou larva do dinheiro coloca-se em seu lugar. A segunda metade de sua circulação ela percorre não mais em sua própria pele natural, mas sim em sua pele de ouro. A continuidade do movimento fica, com isso, totalmente ao lado do dinheiro, e o mesmo movimento, que para a mercadoria contém dois processos contrapostos, contém como movimento próprio do dinheiro sempre o mesmo processo, sua troca de posição a cada vez com outra mercadoria. O resultado da circulação de mercadorias, substituição de uma mercadoria por outra mercadoria, aparece portanto intermediado não pela própria mudança de forma, porém pela função do dinheiro como meio de circulação, o qual circula as mercadorias em si mesmas inertes, transferindo-as das mãos nas quais elas são não-valores de uso para as mãos nas quais elas são valores de uso, sempre em direção contrária ao seu próprio curso.

O dinheiro afasta as mercadorias constantemente da esfera de circulação, ao colocar-se continuamente em seus lugares na circulação e, com isso, distanciar-se de seu próprio ponto de partida. Embora o movimento do dinheiro seja, portanto, apenas a expressão da circulação de mercadorias, a circulação de mercadorias aparece, ao contrário, apenas como resultado do movimento do dinheiro.[75]

Por outro lado, cabe ao dinheiro a função de meio de circulação somente porque é ele o valor autonomizado das mercadorias. Por isso, seu movimento como meio de circulação é, de fato, apenas o próprio movimento da forma delas. Este deve, portanto, refletir-se também sensivelmente no curso do dinheiro. Assim, por exemplo, o linho transforma, primeiro, sua forma-mercadoria em sua forma-dinheiro. O último extremo de sua primeira metamorfose *M–D*, a forma-dinheiro, torna-se então o primeiro extremo de sua última metamorfose, *D–M*, sua reconversão à Bíblia. Cada uma dessas duas mudanças de forma, porém, realiza-se mediante uma troca entre mercadoria e dinheiro, mediante mudança recíproca de suas posições. As mesmas peças monetárias chegam às mãos do vendedor como figura alienada da mercadoria e as deixam como figura absolutamente alienável da mercadoria. Elas mudam duas vezes de posição. A primeira metamorfose do linho traz essas peças monetárias para o bolso do tecelão, a segunda leva-as, de novo, para fora. Ambas as mudanças opostas de forma da mesma mercadoria refletem-se, assim, na dupla mudança de posição do dinheiro, em direções opostas.

Se, no entanto, só têm lugar metamorfoses unilaterais de mercadorias, meras compras ou meras vendas, como se queira, o mesmo dinheiro também só muda uma vez de lugar. Sua segunda mudança de posição expressa sempre a segunda metamorfose da mercadoria, sua reconversão em dinheiro. Na repetição frequente da troca de posição das mesmas peças monetárias, reflete-se não somente a série de metamorfoses de uma única mercadoria, mas também o entrelaçamento das inumeráveis metamorfoses do mundo das mercadorias em geral. É facilmente compreensível que tudo isso seja válido apenas para a forma simples da circulação de mercadorias aqui considerada.

Cada mercadoria, em seu primeiro passo na circulação, em sua primeira mudança de forma, cai fora da circulação, na qual sempre entra nova mercadoria. O dinheiro, ao contrário, como meio de circulação, mora constantemente na esfera da circulação e movimenta-se continuamente nela. Surge, portanto, a pergunta sobre quanto dinheiro essa esfera continuamente absorve.

Num país, ocorrem todos os dias simultaneamente, e portanto correndo paralelamente no espaço, numerosas metamorfoses unilaterais de mercadorias ou, em outras palavras, meras vendas por um lado, meras compras por outro. Em seus preços as mercadorias já estão equiparadas a determinadas quantidades imaginárias de dinheiro. Como a forma direta de circulação, aqui considerada, sempre confronta entre si mercadoria e dinheiro, de forma tangível, uma no polo da venda, o outro no polo oposto da compra, o volume de meio de circulação requerido para o processo de circulação do mundo das mercadorias já está determinado pela soma dos preços das mercadorias. De fato, o dinheiro representa apenas de modo real a soma de ouro já expressa idealmente na soma dos preços das mercadorias. A igualdade dessas somas entende-se, portanto, por si mesma. Sabemos, entretanto, que, permanecendo iguais os valores das mercadorias, seus preços variam com o valor do próprio ouro (do material monetário), proporcionalmente subindo quando ele cai e caindo quando ele sobe. Assim, conforme a soma dos preços das mercadorias suba ou caia, o volume do dinheiro circulante deve subir ou cair na mesma medida. A mudança no volume do meio de circulação origina-se aqui, na verdade, do próprio dinheiro, porém não de sua função como meio de circulação, e sim de sua função como medida de valor. ¦59 O¦ preço das mercadorias muda, primeiro, inversamente ao valor do dinheiro, e depois muda o volume do meio de circulação diretamente com o preço das mercadorias. Sucederia o mesmo fenômeno, por exemplo, se não caísse o valor do ouro, mas a prata o substituísse como medida de valor, ou se não subisse o valor da prata, mas o ouro a deslocasse da função de medida de valor. Em um caso deveria circular mais prata que anteriormente ouro, no outro menos ouro que anteriormente prata. Em ambos os casos teria mudado o valor do material monetário, isto é, da mercadoria, que funciona como medida dos valores, por conseguinte a expressão em preço dos valores das mercadorias, por conseguinte o volume do dinheiro circulante, que serve à realização desses preços. Viu-se que a esfera de circulação das mercadorias tem um buraco através do qual o ouro (a prata, em suma, o material monetário) nela penetra como mercadoria de dado valor. Esse valor está pressuposto na função do dinheiro como medida de valor, portanto na determinação de preços. Se, então, por exemplo, o valor da própria medida de valor cai, isso aparece primeiro na mudança de preço daquelas mercadorias que são trocadas diretamente, nas fontes da produção dos metais nobres, pelos mesmos enquanto mercadorias. Especialmente em estágios menos desenvolvidos da sociedade burguesa, grande parte das demais mercadorias continua durante longo tempo a ser avaliada pelo valor ultrapassado e agora ilusório da medida de valor. ¦60 Entretanto,¦ uma mercadoria contagia a outra por meio de sua relação de valor com a mesma, os preços em ouro ou em prata das mercadorias se ajustam, progressivamente, às proporções determinadas pelos seus próprios valores até que, por fim, todos os valores das mercadorias são fixados de acordo com o novo valor do metal monetário. Esse processo de ajustamento é acompanhado pelo aumento contínuo dos metais preciosos, os quais afluem em substituição às mercadorias diretamente intercambiadas por eles. Na mesma medida, portanto, em que a fixação ajustada dos preços das mercadorias se generaliza, ou em que seus valores são fixados segundo o novo valor reduzido, e que até certo ponto continua a se reduzir, do metal, já está disponível uma massa adicional necessária à sua realização. Uma observação unilateral dos fatos consequentes à descoberta das novas fontes de ouro e prata induziu, no século XVII e, notadamente, no século XVIII, à conclusão errônea de que os preços das mercadorias ter-se-iam elevado porque mais ouro e prata funcionaram como meio de circulação. No que segue, o valor do ouro é pressuposto como dado, como ele, de fato, no momento da fixação dos preços, é dado.

Sob esse pressuposto, portanto, o volume do meio de circulação é determinado pela soma dos preços das mercadorias a realizar. Consideremos, além disso, o preço de cada espécie de mercadoria como dado; então a soma dos preços das mercadorias depende evidentemente da massa de mercadorias em circulação. Não se necessita quebrar a cabeça para entender que, se 1 *quarter* de trigo custa 2 libras esterlinas, 100 *quarters* custam 200 libras esterlinas, 200 *quarters* custam 400 libras esterlinas etc.; com a massa de trigo deve, portanto, crescer a massa do dinheiro que, na realização da venda, troca de lugar com ele.

Pressuposta a massa de mercadorias como dada, a massa do dinheiro circulante oscila para cima e para baixo com as flutuações de preços das mercadorias. Ela sobe e cai porque a soma dos preços das mercadorias, em consequência da mudança dos preços das mesmas, cresce ou diminui. Para isso, não é, de nenhuma forma, necessário que os preços de todas as mercadorias subam ou caiam, ao mesmo tempo. O aumento de preços de certo número de artigos líderes, em um caso, ou a queda de seus preços, em outro, basta para que a soma de preços a ser realizada de todas as mercadorias em circulação aumente ou diminua e, portanto, para colocar mais ou menos dinheiro em circulação. Quer a mudança de preços das mercadorias reflita reais mudanças de valores ou meras oscilações dos preços de mercado, o efeito sobre o volume do meio de circulação permanece o mesmo.

Seja dado certo número de vendas ou metamorfoses parciais não relacionadas, simultâneas e, portanto, espacialmente paralelas, como, por exemplo, de 1 *quarter* de trigo, 20 varas de linho, 1 Bíblia, 4 galões de aguardente. Se o preço de cada artigo for de 2 libras esterlinas, e a soma de preços a realizar for, por isso, de 8 libras esterlinas, deve entrar na circulação um volume de dinheiro de 8 libras esterlinas. Mas, se, ao contrário, as mesmas mercadorias formam os elos de nossa já conhecida cadeia de metamorfoses: 1 *quarter* de trigo–2 libras esterlinas–20 varas de linho–2 libras esterlinas–1 Bíblia–2 libras esterlinas–4 galões de aguardente–2 libras esterlinas, as 2 libras esterlinas terão feito circular as diversas mercadorias, em série, realizando sucessivamente seus preços e, por conseguinte, a soma deles, de 8 libras esterlinas, para finalmente repousar nas mãos do destilador. Elas executam quatro cursos. Essa repetida mudança de posição das mesmas peças monetárias representa a dupla mudança de forma da mercadoria, seu movimento através de dois estágios opostos da circulação e o entrelaçamento das metamorfoses de mercadorias diferentes.[76] As fases antitéticas e mutuamente complementares percorridas por esse processo não podem ocorrer paralelamente no espaço, mas apenas sucessivamente no tempo. Períodos formam, assim, a medida de sua duração, isto é, o número de cursos das mesmas peças monetárias, em dado tempo, mede a velocidade do curso do dinheiro. Que o processo de circulação daquelas quatro mercadorias dure, por exemplo, um dia. Assim, a soma de preços a realizar importa em: 8 libras esterlinas; o número de cursos das mesmas peças monetárias durante o dia: 4; e o volume de dinheiro circulante: 2 libras esterlinas ou, para dado período de tempo do processo de circulação:

$$\frac{\text{Soma dos preços das mercadorias}}{\text{Número de cursos das peças monetárias da mesma denominação}} = \text{Volume do dinheiro funcionando como meio de circulação}$$

Essa lei vale em geral. O processo de circulação em um país, em dado período, compreende na verdade, por um lado, muitas vendas (logo, compras) ou metamorfoses parciais dispersas, simultâneas e espacialmente paralelas, nas quais as mesmas peças monetárias mudam de posição apenas uma vez ou realizam apenas um curso. Por outro lado, há muitas cadeias de metamorfoses, com maior ou menor número de elos, que em parte correm paralelas, em parte entrelaçam-se e nas quais as mesmas peças monetárias percorrem cursos mais ou menos numerosos. Do número total de cursos de todas as peças monetárias que se encontram em circulação, com a mesma denominação, resulta, contudo, o número médio de cursos da peça monetária individual ou a velocidade média do giro monetário. O volume de dinheiro jogado nele, por exemplo no começo do processo de circulação, é naturalmente determinado pela soma dos preços das mercadorias que circulam simultânea e paralelamente no espaço. Porém, internamente ao processo, uma peça monetária, por assim dizer, é tornada responsável pela outra. Se uma acelera a velocidade de seu curso, a outra a desacelera ou cai inteiramente fora da esfera de circulação, pois esta pode absorver apenas uma massa de ouro que, multiplicada pelo número médio de cursos de seu elemento individual, é igual à soma dos preços a realizar. Se, por conseguinte, o número de cursos das peças monetárias cresce, diminui o seu volume circulante. Decresce o número de seus cursos, cresce o seu volume. Como o volume de dinheiro que pode funcionar como meio de circulação é dado a determinada velocidade média, tem-se, por exemplo, apenas de jogar na circulação determinada quantidade de notas de uma libra para expulsar outros tantos *sovereigns*,[I] proeza muito bem conhecida de todos os bancos.

Como no curso do dinheiro, em geral, só aparece o processo de circulação das mercadorias, isto é, seu ciclo através de metamorfoses opostas, também na velocidade do giro monetário aparece a velocidade de sua mudança de forma, o contínuo entrelaçamento das séries de metamorfoses, a pressa do metabolismo, o rápido desaparecimento das mercadorias da esfera de circulação e sua substituição, igualmente rápida, por novas mercadorias. Na velocidade de circulação do dinheiro, aparece assim a unidade fluida das fases opostas e complementares, transformação da figura de uso em figura de valor e retransformação de sua figura de valor em figura de uso, ou de ambos os processos de venda e compra. Inversamente, na desaceleração do curso do dinheiro, aparecem a dissociação e a autonomização antitética desses processos, a paralisia da mudança de forma e, por conseguinte, do metabolismo. A própria circulação, naturalmente, não nos deixa ver de onde provém essa estagnação. Ela nos mostra apenas o próprio fenômeno. A interpretação popular, que vê, com um giro monetário mais lento, o dinheiro aparecer ou desaparecer menos frequentemente em todos os pontos da periferia da circulação, tende a atribuir esse fenômeno à quantidade insuficiente do meio de circulação.[77]

O *quantum* total de dinheiro funcionando como meio de circulação, em cada período, é determinado, portanto, por um lado, pela soma de preços do mundo das mercadorias circulantes e, por outro, pelo fluxo mais lento ou mais rápido de seus processos antitéticos de circulação, do qual depende que fração dessa soma de preços pode ser realizada por intermédio das mesmas peças monetárias. A soma de preços das mercadorias depende, porém, tanto do volume como dos preços de cada espécie de mercadoria. Os três fatores: o movimento dos preços, o volume de mercadorias circulantes e, finalmente, a velocidade de circulação do dinheiro podem, no entanto, mudar em direções e proporções diferentes, de modo que a soma de preços a realizar e, por conseguinte, o volume do meio de circulação por ela determinado podem, portanto, passar por numerosas combinações. Nós enumeramos aqui apenas as mais importantes na história dos preços das mercadorias.

I Soberano: moeda no valor de uma libra esterlina. [N. E. B.]

Permanecendo constantes os preços das mercadorias, pode crescer o volume do meio de circulação, ou porque aumenta a massa da mercadoria em circulação, ou porque diminui a velocidade de circulação do dinheiro, ou porque ambos ocorrem conjuntamente. Ao contrário, o volume do meio de circulação pode diminuir ao diminuir a massa de mercadorias ou ao aumentar a velocidade de circulação.

Subindo, em geral, os preços das mercadorias, o volume do meio de circulação pode permanecer constante, se a massa das mercadorias em circulação diminuir na mesma proporção em que seu preço aumenta ou se a velocidade de circulação do dinheiro aumentar tão rapidamente quanto a subida dos preços, enquanto a massa de mercadorias em circulação permanecer constante. O volume do meio de circulação pode diminuir porque a massa de mercadorias decresce mais rapidamente ou a velocidade de giro cresce mais rapidamente que os preços.

Caindo, em geral, os preços das mercadorias, o volume do meio de circulação pode permanecer constante se a massa de mercadorias crescer na mesma proporção em que seu preço cai ou se a velocidade de circulação do dinheiro diminuir na mesma proporção que os preços. Ela pode crescer se a massa de mercadorias crescer mais rápido ou a velocidade de circulação diminuir mais rapidamente do que os preços das mercadorias estiverem caindo.

As variações dos diferentes fatores podem compensar-se reciprocamente, de tal forma que, a despeito de sua contínua instabilidade, a soma total dos preços das mercadorias a realizar permanece constante e, por consequência, também o volume de dinheiro circulante. Encontra-se, por isso, sobretudo ao se observarem períodos mais longos, um nível médio muito mais constante do volume de dinheiro circulante em cada país, assim como – com exceção de fortes perturbações que se originam periodicamente das crises da produção e do comércio, mais raramente de uma mudança do próprio valor do dinheiro – desvios muito menores desse nível médio, do que à primeira vista seria de se esperar.

A lei segundo a qual a quantidade do meio de circulação é determinada pela soma de preços das mercadorias em circulação e pela velocidade média de circulação do dinheiro[78] pode também ser expressa assim: dadas a soma de valores das mercadorias e a velocidade média de suas metamorfoses, a quantidade do dinheiro ou do material monetário em circulação depende de seu próprio valor. A ilusão de que, ao contrário, os preços das mercadorias são determinados pelo volume do meio de circulação e o último, por seu lado, pelo volume do material monetário existente em um país[79] tem suas raízes nos representantes originais da insossa hipótese de que mercadorias sem preço e dinheiro sem valor entram no processo de circulação e lá, então, uma parte alíquota do angu formado pelas mercadorias é intercambiada por uma parte alíquota da montanha de metal.[80]

c) A moeda. O signo do valor

Da função do dinheiro como meio de circulação surge sua figura de moeda. A fração de peso do ouro, representada pelo preço ou nome monetário das mercadorias, tem de defrontar-se com estas na circulação sob a forma de uma peça de ouro de igual denominação ou moeda. Assim como a fixação do padrão dos preços, a cunhagem é incumbência do Estado. Nos diversos uniformes nacionais vestidos pelo ouro e pela prata enquanto moedas, mas dos quais se desvestem no mercado mundial, aparece o divórcio entre as esferas internas ou nacionais de circulação das mercadorias e a sua esfera geral, o mercado mundial.

Moeda de ouro e barras de ouro diferenciam-se originalmente apenas pela gravação, e o ouro é suscetível de passar constantemente de uma forma à outra.[81] Mas o caminho para deixar de ser moeda é, ao mesmo tempo, a marcha ao cadinho. Pois, na circulação, as moedas de ouro se desgastam, umas mais, outras menos. O título de ouro e a substância de ouro, o conteúdo nominal e o conteúdo real, começam seu processo de dissociação. Moedas de ouro de mesma denominação assumem valor desigual, por terem pesos diferentes. O ouro como meio de circulação diferencia-se do ouro como padrão dos preços e, com isso, deixa também de ser equivalente verdadeiro das mercadorias, cujos preços realiza. A história dessa desordem forma a história das moedas da Idade Média e dos tempos modernos até o século XVIII. A tendência naturalmente espontânea do processo de circulação de converter a essência áurea da moeda em aparência áurea, ou a moeda num símbolo de seu conteúdo metálico oficial, é reconhecida mesmo pelas leis mais modernas sobre o grau de perda metálica que torna uma peça de ouro incapaz de circular ou a desmonetiza.

Se o próprio curso do dinheiro dissocia o conteúdo real do conteúdo nominal da moeda, sua existência metálica de sua existência funcional, ele já contém em latência a possibilidade de substituir o dinheiro metálico em sua função de moeda por fichas de outro material ou por símbolos. As dificuldades técnicas para cunhar frações pequeníssimas de peso de ouro ou prata e o fato de que originariamente se empregassem, como medidas de valores, e circulassem, como dinheiro, outros metais de categoria inferior à dos metais preciosos, prata em vez de ouro e cobre em vez de prata, até o instante em que o metal precioso os destrona, explicam historicamente o papel das fichas de prata e cobre como substitutos da moeda de ouro. Elas substituem o ouro naqueles setores da circulação de mercadorias em que a moeda circula com maior rapidez e, portanto, desgasta-se mais rapidamente, isto é, onde as compras e as vendas sucedem-se incessantemente em proporções ínfimas. Para impedir esses satélites de ocuparem definitivamente o lugar do ouro, a lei se encarrega de determinar as proporções muito reduzidas em que é obrigatório serem aceitas em pagamento, em lugar de ouro. As esferas particulares em que circulam as diversas classes de moedas confundem-se naturalmente. A moeda divisionária aparece, ao lado do ouro, para o pagamento de frações da menor moeda de ouro; o ouro penetra constantemente na circulação varejista, mas é daí expulso com a mesma constância mediante a troca por moedas divisionárias.[82]

O conteúdo metálico das senhas de prata ou de cobre é determinado de forma arbitrária pela lei. Na circulação elas se desgastam ainda mais rapidamente que a moeda de ouro. E, portanto, sua função monetária torna-se, de fato, totalmente independente de seu peso, isto é, de todo o valor. ¦61 A existência do ouro como moeda dissocia-se radicalmente de sua substância de valor.¦ Coisas relativamente sem valor, bilhetes de papel, podem, portanto, funcionar como moeda em seu lugar. Nas senhas metálicas de dinheiro, o caráter puramente simbólico ainda está em certa medida oculto. No papel-moeda revela-se plenamente. Como se vê, *ce n'est que le premier pas qui coûte* [somente o primeiro passo é que custa].

Trata-se aqui apenas de papel-moeda do Estado com curso forçado. Origina-se diretamente da circulação metálica. O dinheiro de crédito pressupõe, ao contrário, relações que, do ponto de vista da circulação simples das mercadorias, ainda nos são inteiramente desconhecidas. Observemos, porém, de passagem, que, do mesmo modo que o verdadeiro papel-moeda origina-se da função do dinheiro como meio de circulação, o dinheiro de crédito possui sua raiz naturalmente desenvolvida na função do dinheiro como meio de pagamento.[83]

Bilhetes de papel que levam impressas denominações monetárias, como 1 libra esterlina, 5 libras esterlinas etc., são lançados de fora pelo Estado no processo de circulação. Na medida em que realmente circulam em lugar da soma de ouro de mesma denominação, refletem-se em seu movimento apenas as leis do próprio curso do dinheiro. Uma lei específica da circulação do papel somente pode originar-se de sua relação de representatividade com o ouro. E a lei é simplesmente esta: que a emissão de papel-moeda deve limitar-se à quantidade na qual o ouro (ou a prata), representado simbolicamente por ela, realmente teria de circular. É claro que a quantidade de ouro que a esfera da circulação pode absorver oscila continuamente acima ou abaixo de determinado nível médio. Entretanto, a massa do meio de circulação, em dado país, nunca desce abaixo de determinado mínimo, que se fixa segundo a experiência. O fato de que essa massa mínima mude continuamente seus componentes, isto é, de que ela se componha de peças de ouro sempre diferentes, naturalmente não altera nada em seu tamanho e em seu constante movimento na esfera da circulação. Ele pode, por isso, ser substituído por símbolos de papel. Se hoje todos os canais de circulação são preenchidos com papel-moeda em sua plena capacidade de absorção de dinheiro, amanhã, em virtude das oscilações na circulação de mercadorias, eles podem estar supercheios. Perdem-se então todas as medidas. Sua massa, porém, ultrapassa o papel, isto é, a quantidade de moedas de ouro com a mesma denominação que poderia circular abstraindo-se o perigo do descrédito geral, e ela representa, no mundo das mercadorias, apenas a quantidade de ouro determinada pelas suas leis imanentes, portanto somente a que é suscetível de ser representada. Se, por exemplo, a massa de bilhetes de papel representa 2 onças de ouro a cada 1 onça, então 1 libra esterlina torna-se, de fato, a denominação monetária de, digamos, ⅛ de onça, em vez de ¼ de onça. O efeito é o mesmo que se o ouro tivesse sido modificado em sua função como medida dos preços. Os mesmos valores, portanto, que antes se expressavam no preço de 1 libra esterlina expressam-se agora no preço de 2 libras esterlinas.

O papel-moeda é o signo de ouro ou signo de dinheiro. Sua relação com os valores mercantis consiste apenas em que estes estão expressos idealmente nas mesmas quantidades de ouro que são representadas simbólica e sensivelmente pelo papel. Somente na medida em que representa quantidades de ouro, que são também, como todas as quantidades de mercadorias, quantidades de valor, o papel-moeda é signo de valor.[84]

Pergunta-se, finalmente, por que o ouro pode ser substituído por meros signos de si mesmo, sem valor? Porém, como já foi visto, o ouro somente é substituível na medida em que, em sua função como moeda ou como meio de circulação, é isolado ou tornado autônomo. Entretanto, essa função não se torna autônoma para moedas individuais de ouro, embora sua autonomia apareça no fato de que peças de ouro desgastadas continuem a circular. As peças de ouro são simples moedas ou meio de circulação somente enquanto efetivamente circulam. O que, porém, não vale para uma moeda individual de ouro é aplicável ao volume mínimo de ouro substituível por papel-moeda. Ele reside constantemente na esfera de circulação, funciona continuamente como meio de circulação e existe, portanto, exclusivamente como portador dessa função. Seu movimento limita-se a representar as mutações recíprocas contínuas que formam os processos antagônicos da metamorfose das mercadorias, *M–D–M*, em que sua figura de valor se defronta com a mercadoria para imediatamente desaparecer de novo. A representação autônoma do valor de troca da mercadoria é, aqui, apenas um momento efêmero. É substituída de imediato por outra mercadoria. Por isso, basta que o dinheiro exista apenas de forma simbólica num processo que o faz passar continuamente de mão em mão. Sua existência funcional absorve, por assim dizer, sua existência material. Reflexo objetivado evanescente dos preços das mercadorias, funciona apenas como signo de si mesmo e, por isso, pode ser substituído por outros signos.[85] O signo do dinheiro só necessita de sua validade social objetiva própria, e esta é recebida pelo símbolo de papel mediante o curso forçado. Essa coerção estatal rege somente dentro das fronteiras de uma comunidade ou na esfera interna de circulação, mas também somente aqui o dinheiro reduz-se totalmente à sua função de meio de circulação ou de moeda e pode, portanto, receber no papel-moeda um modo de existência puramente funcional e exteriormente separada de sua substância metálica.

3. DINHEIRO

¦ 62 A mercadoria que funciona como medida de valor e também, corporalmente ou por intermédio de representantes, como meio de circulação, é dinheiro. O ouro (ou prata) é, portanto, dinheiro. Como dinheiro, funciona, por um lado, onde aparece em sua corporalidade áurea (ou prateada), isto é, como mercadoria monetária, portanto nem apenas de forma ideal, como na medida de valor, nem sendo suscetível de representação, como no meio de circulação; por outro lado, onde sua função, quer a execute em pessoa, quer por meio de representantes, fixa-o como figura de valor exclusiva ou única existência adequada do valor de troca perante todas as demais mercadorias, enquanto simples valores de uso. ¦

a) Entesouramento

O ciclo contínuo das duas metamorfoses contrapostas da mercadoria ou a rotação fluida de compra e venda revela-se no infatigável curso do dinheiro ou em sua função de *perpetuum mobile* da circulação. O dinheiro se imobiliza ou se transforma, como disse Boisguilbert, de *meuble* [móvel] em *immeuble* [imóvel], de moeda em dinheiro, assim que a série de metamorfoses se interrompe e a venda não se completa com a compra seguinte.

Com o desenvolvimento inicial da própria circulação de mercadorias, desenvolvem-se a necessidade e a paixão de fixar o produto da primeira metamorfose, a forma modificada da mercadoria ou a sua crisálida áurea.[86] Vendem-se mercadorias não para comprar mercadorias, mas para substituir a forma-mercadoria pela forma-dinheiro. De simples intermediação do metabolismo, essa mudança de forma torna-se fim em si mesma. A figura alienada da mercadoria é impedida de funcionar como sua figura absolutamente alienável ou como sua forma-dinheiro apenas evanescente. O dinheiro petrifica-se em tesouro, então, e o vendedor de mercadorias torna-se entesourador.

Precisamente no começo da circulação de mercadorias, apenas o excesso de valores de uso converte-se em dinheiro. Ouro e prata tornam-se assim, por si mesmos, expressões sociais do excedente ou da riqueza. Essa forma ingênua de entesouramento eterniza-se naqueles povos em que o modo de produção tradicional e orientado à autossubsistência corresponde a um círculo de necessidades fortemente delimitado. Tal como acontece com os asiáticos, nomeadamente os indianos. Vanderlint, que acredita serem os preços das mercadorias determinados pela massa de ouro e prata existente num país, pergunta-se por que as mercadorias indianas são tão baratas. Resposta: porque os indianos enterram o dinheiro. De 1602 a 1734, observa, eles enterraram 150 milhões de libras esterlinas em prata, que vieram originalmente da América para a Europa.[87] De 1856 a 1866, em dez anos, portanto, a Inglaterra exportou para a Índia e para a China (o metal exportado para a China reflui, em grande parte, para a Índia) 120 milhões de libras esterlinas em prata, a qual, antes, havia sido trocada por dinheiro australiano.

Com a produção de mercadorias mais desenvolvida, cada produtor de mercadorias tem de assegurar-se o *nervus rerum*, ou o "penhor social".[88] Suas necessidades renovam-se incessantemente e exigem compra incessante de mercadorias alheias, enquanto a produção e venda de suas próprias mercadorias custam tempo e dependem de acasos. Para comprar sem vender, tem de haver vendido antes sem haver comprado. Essa operação, executada em escala geral, parece contradizer a si mesma. Entretanto, em suas fontes de produção, os metais preciosos se trocam diretamente por outras mercadorias. Aí realizam-se vendas (por parte dos possuidores das mercadorias) sem compras (por parte dos possuidores de ouro e prata).[89] E vendas posteriores que não são seguidas de compras apenas medeiam a distribuição ulterior dos metais preciosos entre todos os possuidores de mercadorias. Assim, em todos os pontos da circulação, surgem tesouros de ouro e prata, dos mais diferentes tamanhos. Com a possibilidade de manter a mercadoria como valor de troca ou o valor de troca como mercadoria, desperta a cobiça pelo ouro. Com a ampliação da circulação de mercadorias, aumenta o poder do dinheiro, da forma sempre disponível e absolutamente social de riqueza.

O ouro é uma coisa maravilhosa! Quem o possui é senhor de tudo o que deseja. Com o ouro, pode-se até fazer entrarem almas no paraíso. (Colombo, em carta da Jamaica, 1503)

Como o dinheiro não revela o que se transformou nele, tudo se converte em dinheiro, mercadoria ou não. Tudo se torna vendável e comprável. A circulação torna-se a grande retorta social, na qual se lança tudo, para que volte como cristal monetário. E não escapam dessa alquimia nem mesmo os ossos dos santos nem as *res sacrosanctae, extra commercium hominum* [coisas sacrossantas, excluídas do comércio humano].[90] Como no dinheiro é apagada toda diferença qualitativa entre as mercadorias, ele também apaga, como *leveller* [nivelador] radical, todas as diferenças.[91] O dinheiro mesmo, porém, é uma mercadoria, uma coisa externa, que pode converter-se em propriedade privada de qualquer um. O poder social torna-se, assim, poder privado da pessoa privada. A sociedade antiga o denuncia, portanto, como elemento dissolvente de sua ordem econômica e moral.[92] A sociedade moderna, que já em seus anos de infância arranca Plutão pelos cabelos das entranhas da Terra,[93] saúda no Graal de ouro a resplandecente encarnação de seu mais autêntico princípio de vida.

A mercadoria, como valor de uso, satisfaz a uma necessidade particular e constitui um elemento específico da riqueza material. Mas o valor da mercadoria mede o grau de sua força de atração sobre todos os elementos da riqueza material, portanto mede a riqueza social de seu possuidor. Para o barbaramente simples possuidor de mercadorias, mesmo para um camponês da Europa ocidental, o valor é inseparável da forma-valor, portanto acréscimo do tesouro de ouro e prata é para ele acréscimo de valor. O valor do dinheiro varia, entretanto, em consequência da variação seja de seu próprio valor, seja do valor das mercadorias. Porém, isso não impede, por um lado, que 200 onças de ouro continuem contendo mais valor que 100, 300 mais que 200 etc., nem impede, por outro lado, que a forma metálica natural dessa coisa continue sendo a forma-equivalente geral de todas as mercadorias, a encarnação diretamente social de todo trabalho humano. O impulso para entesourar é por natureza sem limite. Qualitativamente ou segundo a sua forma, o dinheiro é ilimitado, isto é, representante geral da riqueza material, pois pode trocar-se diretamente por qualquer mercadoria. Porém, ao mesmo tempo, toda a soma efetiva de dinheiro é quantitativamente limitada, portanto também apenas meio de compra de eficácia limitada. Essa contradição entre a limitação quantitativa e o caráter qualitativamente ilimitado do dinheiro impulsiona incessantemente o entesourador ao trabalho de Sísifo da acumulação. Acontece a ele como ao conquistador do mundo, que com cada novo país somente conquista uma nova fronteira.

Para reter o ouro como dinheiro e, portanto, como elemento de entesouramento, é necessário impedi-lo de circular ou de dissolver-se como meio de compra, em artigos de consumo. O entesourador sacrifica, por isso, os seus prazeres da carne ao fetiche do ouro. Abraça com seriedade o evangelho da abstenção. Por outro lado, somente pode subtrair da circulação em dinheiro o que a ela incorpora em mercadoria. Quanto mais ele produz, tanto mais pode vender. Laboriosidade, poupança e avareza são, portanto, suas virtudes cardeais, vender muito e comprar pouco são o resumo de sua Economia Política.[94]

Paralelamente à forma direta do tesouro, está sua forma estética, a posse de mercadorias de ouro e prata, que cresce com a riqueza da sociedade burguesa. "*Soyons riches ou paraissons riches*" [Sejamos ricos ou pareçamos ricos] (Diderot). Forma-se assim, em parte, um mercado cada vez mais extenso para o ouro e a prata, independentemente de suas funções como dinheiro, em parte, uma fonte latente de oferta de dinheiro, a qual flui notadamente em períodos de agitação social.

O entesouramento desempenha diversas funções na economia de circulação metálica. A função mais próxima decorre das condições de curso da moeda de ouro ou prata. Vimos como, com as contínuas oscilações da circulação das mercadorias em volume, preços e velocidade, o volume de dinheiro em curso diminui e aumenta infatigavelmente. É necessário, portanto, que seja capaz de contrair-se e expandir-se. Ora dinheiro tem de ser atraído como moeda; ora moeda tem de ser repelida como dinheiro. Para que a massa de dinheiro realmente circulante corresponda, a todo momento, ao grau de saturação da esfera de circulação, é necessário que o *quantum* de ouro ou prata existente num país exceda o *quantum* absorvido pela função monetária. Essa condição é satisfeita por meio do dinheiro em forma de tesouro. As reservas de tesouro servem, ao mesmo tempo, de canais de adução e de derivação do dinheiro circulante, o qual, por isso, nunca transborda os canais de seu curso.[95]

b) Meio de pagamento

Na forma direta de circulação de mercadorias, que vimos até agora, a mesma grandeza de valor está sempre presente duplamente, mercadoria num polo e dinheiro no polo oposto. Os possuidores de mercadorias, portanto, entravam em contato apenas como representantes de equivalentes reciprocamente presentes. Com o desenvolvimento da circulação de mercadorias, porém, desenvolvem-se condições em que a alienação da mercadoria separa-se temporalmente da realização de seu preço. Basta indicar aqui a mais simples dessas condições. Uma classe de mercadorias requer mais, outra menos, tempo para ser produzida. A produção de diversas mercadorias depende das diversas estações do ano. Uma mercadoria nasce no lugar de seu mercado, outra tem de viajar para um mercado distante. Assim, um possuidor de mercadorias pode apresentar-se como vendedor antes que outro como comprador. Com constante repetição das mesmas transações entre as mesmas pessoas, as condições de venda das mercadorias se regulam pelas suas condições de produção. Por outro lado, vende-se o uso de certas classes de mercadorias, por exemplo, uma casa, por determinado espaço de tempo. Somente após o decurso do prazo fixado o comprador recebe realmente o valor de uso da mercadoria. Ele a compra, portanto, antes de pagá-la. Um possuidor de mercadorias vende mercadorias que já existem, o outro compra como simples representante do dinheiro ou como representante de dinheiro futuro. O vendedor torna-se credor, o comprador, devedor. Como a metamorfose da mercadoria ou o desenvolvimento de sua forma-valor se altera aqui, o dinheiro assume outra função. Converte-se em meio de pagamento.[96]

O caráter de credor ou devedor origina-se aqui da circulação simples de mercadorias. Sua mudança de forma imprime esse novo cunho ao vendedor e ao comprador. Inicialmente, trata-se, pois, de papéis evanescentes e desempenhados alternadamente pelos mesmos agentes de circulação, do mesmo modo que os de vendedor e comprador. Porém, a antítese parece agora desde sua origem menos confortável e tem maior capacidade de cristalizar-se.[97] Mas os mesmos caracteres podem também apresentar-se em cena, independentemente da circulação de mercadorias. Assim, por exemplo, a luta de classes no mundo antigo apresenta-se principalmente sob a forma de uma luta entre credor e devedor e termina em Roma com a decadência do devedor plebeu, que é substituído pelo escravo. Na Idade Média essa luta termina com a decadência do devedor feudal, que perde seu poder político com sua base econômica. Contudo, a forma-dinheiro – a relação entre credor e devedor possui a forma de uma relação monetária – reflete aqui somente o antagonismo de condições de existências econômicas mais profundas.

Voltemos à esfera da circulação de mercadorias. Cessou o aparecimento simultâneo dos equivalentes mercadoria e dinheiro nos dois polos do processo de venda. O dinheiro funciona agora, primeiro, como medida de valor na determinação do preço da mercadoria vendida. Seu preço fixado contratualmente mede a obrigação do comprador, isto é, a soma de dinheiro que ele deve em certo prazo. Segundo, funciona como meio ideal de compra. Embora exista apenas no compromisso monetário do comprador, faz com que a mercadoria mude de mãos. Apenas ao vencer o prazo fixado para o pagamento, o meio de pagamento entra realmente em circulação, isto é, ele passa realmente das mãos do comprador para as do vendedor. O meio de circulação converte-se em tesouro ao interromper o processo de circulação em sua primeira fase ou ao ser subtraída da circulação a forma transformada da mercadoria. O meio de pagamento entra na circulação, porém depois que a mercadoria já se retirou dela. O dinheiro já não medeia o processo. Ele o fecha de modo autônomo, como existência absoluta do valor de troca ou mercadoria geral. O vendedor converte sua mercadoria em dinheiro para satisfazer a uma necessidade por meio do dinheiro; o entesourador, para preservar a mercadoria em forma-dinheiro; o comprador que ficou devendo, para poder pagar. Se não pagar, seus bens são vendidos judicialmente. A figura de valor da mercadoria, o dinheiro, torna-se agora, portanto, um fim em si da venda, em virtude de uma necessidade social que se origina das condições do próprio processo de circulação.

O comprador retransforma dinheiro em mercadoria antes de ter convertido mercadoria em dinheiro ou realiza a segunda metamorfose da mercadoria antes da primeira. A mercadoria do vendedor circula, mas realiza seu preço somente sob a forma de um título de crédito de direito privado. Converte-se em valor de uso antes de se haver convertido em dinheiro. Sua primeira metamorfose somente se realiza *a posteriori*.[98]

Em todo período determinado do processo de circulação, as obrigações vencidas representam a soma de preços das mercadorias cuja venda as fez surgir. A massa de dinheiro necessária para realizar essa soma de preços depende, antes de tudo, da velocidade de circulação dos meios de pagamento. Esta é condicionada por duas circunstâncias: o encadeamento das relações entre credor e devedor, pelas quais A recebe o dinheiro de seu devedor B e paga com ele ao seu credor C etc.; e o lapso de tempo entre os diversos prazos de pagamento. Essa cadeia em processamento de pagamentos ou das primeiras metamorfoses *a posteriori* distingue-se essencialmente do entrelaçamento das séries de metamorfoses apreciadas anteriormente. No curso do meio de circulação, a conexão entre compradores e vendedores não é apenas expressa. A própria conexão surge primeiro no curso do dinheiro e com ele. O movimento dos meios de pagamento expressa, ao contrário, uma conexão social que já se tinha completado antes dele.

A simultaneidade e o paralelismo das vendas limitam a substituição da massa de moedas mediante a velocidade de circulação. Eles proporcionam, por outro lado, nova alavanca na economia dos meios de pagamento. Com a concentração dos pagamentos na mesma praça, desenvolvem-se naturalmente instituições e métodos próprios para sua compensação. Assim, por exemplo, os *virements* [transferências bancárias] de Lyon, na Idade Média. Os créditos de A contra B, B contra C e C contra A etc. precisam apenas ser confrontados para se cancelar mutuamente, até certo total, como grandezas positivas e negativas. Assim, fica somente um saldo devedor a ser liquidado. Quanto mais maciça for a concentração de pagamentos, tanto menor será o saldo relativamente e, portanto, a massa dos meios de pagamento em circulação.

A função do dinheiro como meio de pagamento implica uma contradição direta. Na medida em que os pagamentos se compensam, ele funciona apenas idealmente, como dinheiro de conta ou medida de valor. Na medida em que se tem de fazer pagamentos efetivos, ele não se apresenta como meio de circulação, como forma apenas evanescente e intermediária do metabolismo, e sim como a encarnação individual do trabalho social, existência autônoma do valor de troca, mercadoria absoluta. Essa contradição estoura no momento de crises comerciais e de produção a que se dá o nome de crise monetária.[99] Ela ocorre somente onde a cadeia em processamento dos pagamentos e um sistema artificial para sua compensação estão plenamente desenvolvidos. Havendo perturbações as mais gerais desse mecanismo, seja qual for a sua origem, o dinheiro se converte súbita e diretamente de figura somente ideal de dinheiro de conta em dinheiro sonante. Torna-se insubstituível por mercadorias profanas. O valor de uso da mercadoria torna-se sem valor, e seu valor desaparece diante de sua própria forma-valor. Ainda há pouco o cidadão, presumindo-se esclarecido e ébrio de prosperidade, proclamava o dinheiro como uma paixão inútil. Somente a mercadoria é dinheiro. Somente o dinheiro é mercadoria, clama-se agora por todo o mercado mundial. E, como o cervo que grita por água fresca, assim grita a sua alma por dinheiro, a única riqueza.[100] Na crise, a antítese entre a mercadoria e sua figura de valor, o dinheiro, é elevada a uma contradição absoluta. A forma de manifestação do dinheiro é aqui, portanto, também indiferente. A fome de dinheiro é a mesma, quer se tenha de pagar em ouro ou em dinheiro de crédito, em cédulas bancárias, por exemplo.[101]

Se observarmos agora a soma total do dinheiro em circulação durante dado período, verificaremos que, dada a velocidade de circulação do meio de circulação e dos meios de pagamento, ela é igual à soma dos preços das mercadorias a serem realizados mais a soma dos pagamentos vencidos menos os pagamentos que se compensam e, finalmente, menos o número de giros que a mesma peça monetária descreve, funcionando alternadamente como meio de circulação e como meio de pagamento. Assim, por exemplo, o camponês vende seu grão por 2 libras esterlinas, que servem, desse modo, de meio de circulação. No dia do vencimento, ele paga com elas o linho que o tecelão lhe forneceu. As mesmas 2 libras esterlinas funcionam agora como meio de pagamento. O tecelão, por sua vez, compra com elas uma Bíblia e paga à vista – elas funcionam de novo como meio de circulação – etc. Mesmo sendo dados os preços, a velocidade de circulação do dinheiro e a economia dos pagamentos, já não coincidem a massa de dinheiro que gira e a massa de mercadorias que circula durante um período, durante um dia, por exemplo. Está em curso dinheiro que representa mercadorias retiradas há muito tempo de circulação. Circulam mercadorias cujo equivalente em dinheiro só aparece no futuro. Por outro lado, os pagamentos contraídos cada dia e os pagamentos que vencem nesse mesmo dia são grandezas absolutamente incomensuráveis.[102]

O dinheiro de crédito se origina diretamente da função do dinheiro como meio de pagamento, já que são colocados em circulação os próprios certificados de dívidas por mercadorias vendidas a fim de transferirem os respectivos créditos. Por outro lado, ao estender-se o sistema de crédito, estende-se a função do dinheiro como meio de pagamento. Enquanto tal, recebe forma própria de existência, na qual ocupa a esfera das grandes transações comerciais, enquanto as moedas de ouro e prata ficam confinadas à esfera do varejo.[103]

Com certo nível e volume de produção de mercadorias, a função do dinheiro como meio de pagamento ultrapassa a esfera da circulação de mercadorias. Ele se torna a mercadoria geral dos contratos.[104] Rendas, impostos etc. transformam-se de entregas em *natura* em pagamentos em dinheiro. Até que ponto essa transformação é condicionada pela configuração geral do processo de produção é demonstrado, por exemplo, pelo fato de que tenha fracassado por duas vezes a tentativa do Império Romano de cobrar todos os tributos em dinheiro. E a indescritível miséria da população camponesa da França, sob o reinado de Luís XIV, que com tanta eloquência foi denunciada por Boisguilbert, Marechal Vauban etc., não se devia somente ao montante dos impostos, mas também à conversão dos impostos em *natura* em impostos em dinheiro.[105] Por outro lado, se a forma natural da renda do solo, que constitui, na Ásia, ao mesmo tempo, o elemento fundamental do imposto público, baseia-se lá em condições de produção que se reproduzem com a imutabilidade de condições naturais, aquela forma de pagamento repercute sobre a forma antiga de produção, conservando-a. É um dos segredos da autoconservação do Império Turco. E se, no Japão, o comércio externo imposto pela Europa provoca a conversão da renda em *natura* em renda em dinheiro, será à custa de sua agricultura exemplar. Suas estreitas condições econômicas de existência dissolver-se-ão.

Em cada país se fixam certos prazos gerais de pagamento. Esses prazos, abstraindo outros ciclos da reprodução, obedecem em parte às condições naturais da produção, vinculadas às mudanças de estação. Eles também regulam pagamentos que não surgem diretamente da circulação de mercadorias, tais como impostos, rendas etc. O volume de dinheiro que é exigido, em certos dias do ano, para pagamentos dispersos por toda a superfície da sociedade, origina perturbações periódicas, mas que são completamente superficiais, na economia dos meios de pagamento.[106] Da lei que regula a velocidade de circulação dos meios de pagamento depreende-se que, para todos os pagamentos periódicos, qualquer que seja a sua origem, o volume de meios de pagamento necessário está em proporção direta à duração dos prazos de pagamento.[107]

O desenvolvimento do dinheiro como meio de pagamento exige certa acumulação monetária nas datas de vencimento das somas devidas. Enquanto o entesouramento desaparece como forma autônoma de enriquecimento, com o progresso da sociedade burguesa, ele, ao contrário, cresce na forma de fundos de reserva dos meios de pagamento.

c) Dinheiro mundial

Ao sair da esfera interna de circulação, o dinheiro desprende-se das formas locais do padrão de preços, moeda, moeda divisionária e signo de valor, e reassume a forma originária de barras dos metais preciosos. No comércio mundial, as mercadorias desdobram seu valor universalmente. Aqui também, portanto, sua figura autônoma de valor se defronta com elas sob a forma de ¦63 dinheiro mundial¦. É só no mercado mundial que o dinheiro funciona plenamente como mercadoria, cuja forma natural é, ao mesmo tempo, forma diretamente social de realização do trabalho humano em abstrato. Seu modo de existência ajusta-se ao seu conceito.

Na esfera interna de circulação, somente uma mercadoria pode servir como medida de valor e, portanto como dinheiro. No mercado mundial, domina dupla medida de valor, o ouro e a prata.[108]

O dinheiro mundial funciona como meio geral de pagamento, meio geral de compra e materialização social absoluta da riqueza em geral (*universal wealth*). A função como meio de pagamento para a compensação de saldos internacionais é predominante. Daí a palavra de ordem dos mercantilistas – balança comercial![109] O ouro e a prata funcionam como meio internacional de compra sobretudo a cada vez que se perturba bruscamente o equilíbrio tradicional do metabolismo entre nações diferentes. E, finalmente, como materialização social absoluta da riqueza, onde não se trata nem de compras nem de pagamentos, mas sim de transferência de riqueza de um país a outro, e onde essa transferência não é permitida sob a forma-mercadoria, seja pelas conjunturas do mercado, seja pelo fim que se busca alcançar.[110]

Do mesmo modo como para sua circulação interna, todo país necessita contar com um fundo de reserva para a circulação no mercado mundial. As funções dos tesouros surgem, assim, em parte da função do dinheiro como meio interno de pagamento ou de circulação, em parte de sua função como dinheiro mundial.[110a] Nesse último papel, sempre é exigida a mercadoria monetária efetiva, o ouro e a prata em pessoa; daí ter James Steuart caracterizado expressamente ouro e prata, em contraste com suas representações puramente locais, como *money of the world* [dinheiro do mundo].

O movimento do fluxo de ouro e prata é duplo. De um lado, ele se espalha, a partir de suas fontes, sobre todo o mercado mundial, onde é absorvido, em diferentes volumes, pelas distintas esferas nacionais de circulação, para penetrar pelos seus canais internos de circulação, substituir moedas de ouro e prata desgastadas, fornecer material para mercadorias de luxo e imobilizar-se como tesouros.[111] Esse primeiro movimento é efetuado por meio do intercâmbio direto dos trabalhos nacionais realizados em mercadorias com o trabalho realizado em metais preciosos dos países produtores de ouro e prata. Por outro lado, o ouro e a prata fluem constantemente de lá para cá entre as diferentes esferas nacionais de circulação, um movimento que acompanha as incessantes oscilações da taxa de câmbio.[112]

Os países de produção burguesa desenvolvida limitam os tesouros maciçamente concentrados nas reservas bancárias ao mínimo requerido por suas funções específicas.[113] Embora haja exceções, o crescimento extraordinário da reserva do tesouro, acima de seu nível médio, indica estancamento da circulação das mercadorias ou interrupção do fluxo de metamorfose das mercadorias.[114]

SEÇÃO II

A TRANSFORMAÇÃO DO DINHEIRO EM CAPITAL

CAPÍTULO 4

TRANSFORMAÇÃO DO DINHEIRO EM CAPITAL

1. A FÓRMULA GERAL DO CAPITAL

A circulação de mercadorias é o ponto de partida do capital. Produção de mercadorias e circulação desenvolvida de mercadorias, comércio, são os pressupostos históricos sob os quais ele surge. Comércio mundial e mercado mundial inauguram no século XVI a moderna história da vida do capital.

Abstraiamos o conteúdo material da circulação de mercadorias, o intercâmbio dos diferentes valores de uso, e consideremos apenas as formas econômicas engendradas por esse processo, então encontraremos como seu produto último o dinheiro. Esse produto último da circulação de mercadorias é a primeira forma de manifestação do capital.

Historicamente, o capital se defronta com a propriedade fundiária, no início, em todo lugar, sob a forma de dinheiro, como fortuna em dinheiro, capital comercial e capital usurário.[1] No entanto, não é preciso remontar à história da formação do capital para reconhecer o dinheiro como a sua primeira forma de manifestação. A mesma história se desenrola diariamente ante nossos olhos. Cada novo capital pisa em primeira instância o palco, isto é, o mercado, mercado de mercadorias, mercado de trabalho ou mercado de dinheiro, sempre ainda como dinheiro, dinheiro que deve transformar-se em capital por meio de determinados processos.

Dinheiro como dinheiro e dinheiro como capital diferenciam-se primeiro por sua forma diferente de circulação.

A forma direta de circulação de mercadorias é *M–D–M*, transformação de mercadoria em dinheiro e retransformação de dinheiro em mercadoria, vender para comprar. Ao lado dessa forma, encontramos, no entanto, uma segunda, especificamente diferenciada, a forma *D–M–D*, transformação de dinheiro em mercadoria e retransformação de mercadoria em dinheiro, comprar para vender. Dinheiro que, em seu movimento, descreve essa última circulação transforma-se em capital, torna-se capital e, de acordo com sua determinação, já é capital.

Vejamos mais de perto a circulação *D–M–D*. Ela percorre, como a circulação simples de mercadorias, duas fases antitéticas. Na primeira fase, *D–M*, compra, o dinheiro é transformado em mercadoria. Na segunda fase, *M–D*, venda, a mercadoria é retransformada em dinheiro. A unidade de ambas as fases é, porém, o movimento total, que troca dinheiro por mercadoria e, novamente, a mesma mercadoria por dinheiro, compra mercadoria para vendê-la ou, se não se consideram as diferenças formais entre compra e venda, compra mercadoria com o dinheiro e dinheiro com a mercadoria.[2] O resultado, no qual todo o processo se apaga, é troca de dinheiro por dinheiro, *D–D*. Se com 100 libras esterlinas compro 2 000 libras de algodão e revendo as 2 000 libras de algodão por 110 libras esterlinas, então troquei, afinal, 100 libras esterlinas por 110 libras esterlinas, dinheiro por dinheiro.

É agora evidente que o processo de circulação *D–M–D* seria insosso e sem conteúdo caso se quisesse, por intermédio de seu rodeio, permutar o mesmo valor em dinheiro por igual valor em dinheiro, assim, por exemplo, 100 libras esterlinas por 100 libras esterlinas. Incomparavelmente mais simples e mais seguro seria o método do entesourador, que retém as suas 100 libras esterlinas em vez de expô-las ao perigo da circulação. Por outro lado, se o comerciante revende por 110 libras esterlinas o algodão comprado a 100 libras esterlinas ou se é forçado a desfazer-se dele por 100 libras esterlinas ou até mesmo por 50 libras esterlinas, em qualquer circunstância seu dinheiro descreveu um movimento próprio e original, de espécie totalmente diversa da descrita na circulação simples de mercadorias, por exemplo, nas mãos do camponês, que vende grão e, com o dinheiro obtido, compra roupas. Por enquanto, vale a característica das diferenças formais entre os ciclos *D–M–D* e *M–D–M*. Com isso há de se revelar logo a diferença de conteúdo que espreita por trás dessas diferenças formais.

Examinemos, antes de tudo, o que é comum a ambas as formas.

Ambos os ciclos se decompõem nas duas mesmas fases contrapostas, *M–D*, venda, e *D–M*, compra. Em cada uma das duas fases se confrontam os mesmos dois elementos materiais, mercadoria e dinheiro – e duas pessoas, nas mesmas máscaras de personagens econômicas, um comprador e um vendedor. Cada um dos dois ciclos é a unidade das mesmas fases contrapostas e, em ambos os casos, essa unidade é mediada pelo surgimento de três contraentes, dos quais um apenas vende, outro apenas compra, mas o terceiro compra e vende alternadamente.

O que, no entanto, separa de antemão ambos os ciclos, *M–D–M* e *D–M–D*, é a sucessão inversa das mesmas fases contrapostas de circulação. A circulação simples de mercadorias começa com a venda e termina com a compra, a circulação do dinheiro como capital começa com a compra e termina com a venda. Lá, a mercadoria e, aqui, o dinheiro constituem o ponto de partida e o ponto de chegada do movimento. Na primeira forma é o dinheiro, no outro, inversamente, é a mercadoria que medeia o transcurso total.

Na circulação *M–D–M*, o dinheiro é finalmente transformado em mercadoria que seria de valor de uso. O dinheiro está, pois, definitivamente gasto. Na forma inversa, *D–M–D*, o comprador gasta dinheiro para receber dinheiro como vendedor. Com a compra, ele lança dinheiro na circulação, para retirá-lo dela novamente pela venda da mesma mercadoria. Libera o dinheiro só com a astuciosa intenção de apoderar-se dele novamente. Este é, portanto, apenas adiantado.[3]

Na forma *M–D–M*, a mesma peça monetária muda duas vezes de lugar. O vendedor a recebe do comprador e paga-a adiante a outro vendedor. O processo completo, que começa com o recebimento de dinheiro por mercadoria, termina com a entrega de dinheiro por mercadoria. Inversamente na forma *D–M–D*. Não é a mesma peça monetária que muda aqui duas vezes de lugar, mas a mesma mercadoria. O comprador a recebe das mãos do vendedor e a põe nas mãos de outro comprador. Assim como na circulação simples de mercadorias a dupla mudança de lugar da mesma peça monetária acarreta a sua transferência definitiva de uma mão para outra, também aqui a dupla mudança de lugar da mesma mercadoria acarreta o refluxo do dinheiro a seu primeiro ponto de partida.

O refluxo do dinheiro a seu ponto de partida não depende de a mercadoria ser vendida mais caro do que foi comprada. Essa circunstância influi apenas na grandeza da soma de dinheiro refluente. O próprio fenômeno do refluxo ocorre assim que a mercadoria comprada é revendida, portanto o ciclo *D–M–D* está completamente descrito. Essa é, portanto, uma diferença que salta aos olhos entre a circulação do dinheiro como capital e sua circulação como mero dinheiro.

O ciclo *M–D–M* está percorrido completamente assim que a venda de uma mercadoria traz dinheiro que a compra de outra mercadoria novamente retira. Se ainda ocorrer refluxo de dinheiro ao seu ponto de partida, isso pode ser apenas por meio da renovação ou repetição de todo o percurso. Se vendo um *quarter* de grão por 3 libras esterlinas e compro roupas com essas 3 libras esterlinas, as 3 libras esterlinas estão definitivamente gastas para mim. Eu nada mais tenho a fazer com elas. Elas são do comerciante de roupas. Se, agora, vendo um segundo *quarter* de grão, então o dinheiro reflui para mim, mas não em consequência da primeira transação, e sim apenas em consequência de sua repetição. Ele se afasta novamente de mim assim que levo a cabo a segunda transação e compro de novo. Na circulação *M–D–M*, o gasto do dinheiro nada tem a ver, pois, com seu refluxo. Na circulação *D–M–D*, pelo contrário, o refluxo do dinheiro é determinado pelo modo de seu próprio gasto. Sem esse refluxo, a operação está fracassada ou o processo interrompido e ainda não acabado, porque falta a sua segunda fase, a venda, que complementa e completa a compra.

O ciclo *M–D–M* parte do extremo de uma mercadoria e se encerra com o extremo de outra mercadoria, que sai da circulação e entra no consumo. Consumo, satisfação de necessidades, em uma palavra, valor de uso, é, por conseguinte, seu objetivo final. O ciclo *D–M–D*, pelo contrário, parte do extremo do dinheiro e volta finalmente ao mesmo extremo. Seu motivo indutor e sua finalidade determinante é, portanto, o próprio valor de troca.

Na circulação simples de mercadorias, ambos os extremos têm a mesma forma econômica. Eles são ambos mercadoria. São também mercadorias de mesma grandeza de valor. Mas são qualitativamente valores de uso diferentes, por exemplo grão e roupas. O intercâmbio de produtos, a mudança dos diferentes materiais em que o trabalho social se representa, constitui aqui o conteúdo do movimento. De outro modo na circulação *D–M–D*. Ela parece à primeira vista sem conteúdo porque tautológica. Ambos os extremos têm a mesma forma econômica. Eles são ambos dinheiro, portanto não-valores de uso qualitativamente diferenciados, pois dinheiro é a figura metamorfoseada das mercadorias, em que seus valores de uso específicos estão apagados. Primeiro trocar 100 libras esterlinas por algodão e, então, trocar novamente o mesmo algodão por 100 libras esterlinas, portanto intercambiar, por meio de um rodeio, dinheiro por dinheiro, o mesmo pelo mesmo, parece uma operação tão sem finalidade quanto insossa.[4] Uma soma de dinheiro pode diferenciar-se de outra soma de dinheiro tão somente mediante sua grandeza. Portanto, o processo *D–M–D* não deve seu conteúdo a nenhuma diferença qualitativa de seus extremos, pois ambos são dinheiro, mas apenas à sua diferença quantitativa. No final, mais dinheiro é retirado da circulação do que foi lançado nela no começo. O algodão comprado por 100 libras esterlinas, por exemplo, é revendido a 100 + 10 libras esterlinas, ou 110 libras esterlinas. A forma completa desse processo é, portanto, *D–M–D'*, em que $D' = D + \Delta D$, ou seja, igual à soma de dinheiro originalmente adiantada mais um incremento. Esse incremento, ou o excedente sobre o valor original, eu chamo de... mais-valia (*surplus value*). O valor originalmente adiantado não só se mantém na circulação, mas altera nela a sua grandeza de valor, acrescenta mais-valia ou se valoriza. E esse movimento transforma-o em capital.

É também possível que em *M–D–M* ambos os extremos, *M*, *M*, por exemplo grão e roupas, sejam grandezas de valor quantitativamente diferentes. O camponês pode vender seu grão acima do valor ou comprar as roupas abaixo do valor delas. Ele pode, por sua vez, ser enganado pelo comerciante de roupas. Tal diferença de valor permanece, no entanto, para essa mesma forma de circulação, puramente casual. Ela não perde simplesmente sentido e entendimento como o processo *D–M–D*, se os dois extremos, grão e roupas, por exemplo, são equivalentes. Sua igualdade de valor é aqui muito mais condição do transcurso normal.

A repetição ou renovação da venda para compra encontra, como esse mesmo processo, medida e alvo num objetivo final situado fora dela, o consumo, a satisfação de determinadas necessidades. Na compra para a venda, pelo contrário, começo e término são o mesmo, dinheiro, valor de troca, e já por isso o movimento é sem fim. Sem dúvida, de *D* adveio $D+\Delta D$, das 100 libras esterlinas, 100+10. Mas, consideradas apenas qualitativamente, 110 libras esterlinas são o mesmo que 100 libras esterlinas, ou seja, dinheiro. E, consideradas quantitativamente, 110 libras esterlinas são uma soma tão limitada de valor quanto 100 libras esterlinas. Se as 110 libras esterlinas fossem gastas como dinheiro, deixariam de desempenhar o seu papel. Deixariam de ser capital. Retiradas de circulação, elas se petrificariam em tesouro e nenhum *farthing*[I] se acrescentaria a elas, ainda que ficassem guardadas até o Dia do Juízo Final. Caso se trate de valorização do valor, existe então tanta necessidade da valorização de 110 libras esterlinas quanto da de 100 libras esterlinas, já que ambas são expressões limitadas do valor de troca, ambas, portanto, tendo a mesma vocação de se aproximarem da riqueza simplesmente por meio da expansão de grandeza. De fato, o valor originalmente adiantado de 100 libras esterlinas diferencia-se, por um instante, da mais-valia de 10 libras esterlinas que lhe foi acrescentada na circulação, mas essa diferença logo se esvai de novo. No fim do processo, o que surge não é, de um lado, o valor original de 100 libras esterlinas e, do outro, a mais-valia de 10 libras esterlinas. O que surge é um valor de 110 libras esterlinas que se encontra na mesma forma adequada para começar o processo de valorização, como as 100 libras esterlinas iniciais. Dinheiro surge de novo no fim do movimento como seu início.[5] O fim de cada ciclo individual, em que a compra se realiza para a venda, constitui, portanto, por si mesmo, o início de um novo ciclo. A circulação simples de mercadorias – a venda para a compra – serve de meio para um objetivo final que está fora da circulação, a apropriação de valores de uso, a satisfação de necessidades. A circulação do dinheiro como capital é, pelo contrário, uma finalidade em si mesma, pois a valorização do valor só existe dentro desse movimento sempre renovado. Por isso o movimento do capital é insaciável.[6]

Como portador consciente desse movimento, o possuidor do dinheiro torna-se capitalista. Sua pessoa, ou melhor, seu bolso, é o ponto de partida e o ponto de retorno do dinheiro. O conteúdo objetivo daquela circulação – a valorização do valor – é sua meta subjetiva, e ele só funciona como capitalista ou capital personificado, dotado de vontade e consciência, enquanto a apropriação crescente da riqueza abstrata é o único motivo indutor de suas operações. O valor de uso nunca deve

---

I Antiga moeda britânica no valor de ¼ de pêni. [N. T.]

ser tratado, portanto, como meta imediata do capitalismo.[7] Tampouco o lucro isolado, mas apenas o incessante movimento do ganho.[8] Esse impulso absoluto de enriquecimento, essa caça apaixonada do valor,[9] é comum ao capitalista e ao entesourador, mas, enquanto o entesourador é apenas o capitalista demente, o capitalista é o entesourador racional. A multiplicação incessante do valor, pretendida pelo entesourador ao procurar salvar o dinheiro da circulação,[10] é alcançada pelo capitalista mais esperto ao entregá-lo sempre de novo à circulação.[10a]

As formas autônomas, as formas-dinheiro, que o valor das mercadorias assume na circulação simples medeiam apenas o intercâmbio de mercadorias e desaparecem no resultado final do movimento. Na circulação *D–M–D*, pelo contrário, ambos, mercadoria e dinheiro, funcionam apenas como modos diferentes de existência do próprio valor, sendo o dinheiro o seu modo geral e a mercadoria o seu modo particular, por assim dizer apenas camuflado, de existência.[11] Ele passa continuamente de uma forma para outra, sem se perder nesse movimento e, assim, transforma-se num sujeito automático. Fixadas as formas particulares de manifestação que o valor que se valoriza assume alternativamente no ciclo de sua vida, então se obtêm as explicações: capital é dinheiro, capital é mercadoria.[12] De fato, porém, o valor se torna aqui o sujeito de um processo em que, por meio de uma mudança constante das formas de dinheiro e mercadoria, ele modifica a sua própria grandeza, enquanto mais-valia se repele de si mesmo, enquanto valor original se autovaloriza. Pois o movimento pelo qual ele adiciona mais-valia é seu próprio movimento, sua valorização, portanto autovalorização. Ele recebeu a qualidade oculta de gerar valor porque ele é valor. Ele pare filhotes vivos ou ao menos põe ovos de ouro.

Como sujeito usurpador de tal processo, em que ele ora assume a forma-dinheiro e a forma-mercadoria, ora se desfaz delas, mas se conserva e se dilata nessa mudança, o valor precisa, antes de tudo, de uma forma autônoma, por meio da qual a sua identidade consigo mesmo é constatada. E essa forma ele só possui no dinheiro. Este constitui, por isso, o ponto de partida e o ponto final de todo processo de valorização. Ele era 100 libras esterlinas, agora é 110 libras esterlinas etc. Mas o próprio dinheiro vale aqui apenas como uma forma do valor, que tem duas. Sem assumir a forma-mercadoria, o dinheiro não se torna capital. ¦64¦ O dinheiro não se apresenta aqui, portanto, polemicamente contra a mercadoria, como no entesouramento. O capitalista sabe que todas as mercadorias, por mais esfarrapadas que pareçam ou por pior que cheirem, são, na verdade e na fé, dinheiro, judeus circuncisos no íntimo e, além disso, meios milagrosos para fazer de dinheiro mais dinheiro.

Se na circulação simples o valor das mercadorias adquire no máximo, em confronto com seu valor de uso, a forma autônoma de dinheiro, aqui ele se apresenta subitamente como uma substância em processo e semovente, para a qual mercadorias e dinheiro são ambos meras formas. Mas ainda mais. Em vez de representar relações mercantis, ele entra agora, por assim dizer, numa relação privada consigo mesmo. Ele se distingue, como valor original, de si mesmo como mais-valia, assim como Deus Pai se distingue de si mesmo como Deus Filho, e ambos têm a mesma idade e constituem, de fato, uma só pessoa, pois só por meio da mais-valia de 10 libras esterlinas tornam-se as 100 libras esterlinas adiantadas capital, e assim que se tornam isso, assim que é gerado o filho e, por meio do filho, o pai, desaparece a sua diferença e ambos são unos, 110 libras esterlinas.

O valor torna-se, portanto, valor em processo, dinheiro em processo e, como tal, capital. Ele provém da circulação, entra novamente nela, sustenta-se e multiplica-se nela, retorna aumentado dela e recomeça o mesmo ciclo sempre de novo.[13] *D–D'*, dinheiro que gera dinheiro – *money which begets money* –, diz a descrição do capital na boca dos seus primeiros tradutores, os mercantilistas.

Comprar para vender, ou melhor, comprar para vender mais caro, *D–M–D'*, decerto parece ser apenas uma espécie do capital, a forma peculiar do capital comercial. Mas também o capital industrial é dinheiro, que se transforma em mercadoria e, por meio da venda de mercadoria, retransforma-se em mais dinheiro. Atos que ocorram eventualmente entre a compra e a venda fora da esfera da circulação nada mudam nessa forma de movimento. No capital a juros, a circulação *D–M–D'* apresenta-se, afinal, abreviada, em seu resultado sem a mediação, por assim dizer em estilo lapidar, como *D–D'*, dinheiro que é igual a mais dinheiro, valor que é maior do que ele mesmo.

De fato, portanto, *D–M–D'* é a fórmula geral do capital, como aparece diretamente na esfera da circulação.

2. CONTRADIÇÕES DA FÓRMULA GERAL

A forma de circulação pela qual o dinheiro se revela como capital contradiz todas as leis anteriormente desenvolvidas sobre a natureza da mercadoria, do valor, do dinheiro e da própria circulação. O que a distingue da circulação simples de mercadorias é a sequência inversa dos mesmos dois processos contrapostos, venda e compra. E como poderia tal diferença puramente formal mudar por encanto a natureza desses processos?

Ainda mais. Essa inversão só existe para um dos três parceiros que comerciam uns com os outros. Como capitalista, compro mercadoria de A e a revendo para B, ao passo que, como simples possuidor de mercadorias, vendo mercadoria para B e então compro mercadoria de A. Para os parceiros A e B, essa diferença não existe. Eles aparecem apenas como comprador ou vendedor de mercadorias. Eu mesmo me confronto com eles, toda vez, como mero possuidor de dinheiro ou como possuidor de mercadorias, comprador ou vendedor, e apareço em ambas as sequências defrontando-me com uma pessoa somente como comprador e com a outra somente como vendedor, com uma somente como dinheiro, com a outra somente como mercadoria; com nenhum deles como capital, ou capitalista, ou representante de qualquer outra coisa que seja mais que dinheiro ou mercadoria ou que possa surtir qualquer outro efeito, exceto o do dinheiro ou da mercadoria. Para mim, compra de A e venda para B constituem uma sequência. Mas a conexão entre esses dois atos existe apenas para mim. A não se importa com a minha transação com B, e B também não com a minha transação com A. Caso eu quisesse esclarecê-los quanto ao mérito particular que por meio da inversão da sequência granjeio, eles me demonstrariam que me engano na própria sequência e que a transação completa não começou com uma compra e terminou com uma venda, mas que, inversamente, começou com uma venda e se encerrou com uma compra. De fato, meu primeiro ato, a compra, foi do ponto de vista de A uma venda, e meu segundo ato, a venda, foi do ponto de vista de B uma compra. Não satisfeitos com isso, A e B esclarecerão que toda a sequência foi supérflua, um abracadabra. A vai vender a mercadoria diretamente para B, e B comprá-la diretamente de A. Com isso, toda a transação se reduz a um ato unilateral de circulação habitual de mercadorias, da perspectiva de A mera venda e da perspectiva de B mera compra. Portanto, por meio da inversão da sequência, nós não transcendemos a esfera da circulação simples de mercadorias, devendo verificar, isto sim, se ela permite, de acordo com sua natureza, valorização do valor que nela penetra e, daí, geração de mais-valia.

Tomemos o processo de circulação numa forma em que ele se apresenta como mero intercâmbio de mercadorias. Esse é sempre o caso quando ambos os possuidores de mercadorias compram mercadorias um do outro e a balança de suas obrigações recíprocas de dinheiro se compensa no dia do pagamento. O dinheiro serve aqui como dinheiro de conta para expressar os valores das mercadorias em seus preços, mas não se confronta materialmente com as próprias mercadorias. À medida que se trata do valor de uso, é claro que ambos os permutadores podem ganhar. Ambos alienam mercadorias que lhes são inúteis como valor de uso e recebem mercadorias de que necessitam para o seu uso. E essa vantagem pode não ser a única. A, que vende vinho e compra cereal, produz talvez mais vinho do que o plantador de cereal B poderia produzir no mesmo período de tempo de trabalho, e o plantador de cereal B poderia produzir no mesmo tempo de trabalho mais cereal do que o vinicultor A.

A recebe, portanto, pelo mesmo valor de troca, mais cereal e B mais vinho do que se cada um, sem troca, tivesse de produzir vinho e cereal para si mesmo. No que se refere ao valor de uso, pode ser dito, portanto, que "a troca é uma transação em que ambas as partes ganham".[14] Com o valor de troca é diferente.

> Um homem que possui muito vinho e nenhum cereal comercia com um homem que tem muito cereal e nenhum vinho, e entre eles se troca trigo no valor de 50 por um valor de 50 em vinho. Esse intercâmbio não é um aumento do valor de troca, seja para um, seja para o outro; pois cada um deles já possuía, antes do intercâmbio, um valor igual àquele que obteve por meio dessa operação.[15]

Nada muda na coisa se o dinheiro se interpõe como meio de circulação entre as mercadorias e os atos de compra e venda se separam perceptivelmente.[16] O valor das mercadorias está representado em seus preços antes que entrem na circulação, sendo pressuposto da mesma, portanto, e não resultado.[17]

Considerando abstratamente, isto é, deixando de considerar as circunstâncias que não decorrem das leis imanentes da circulação simples de mercadorias, o que ocorre nela, fora a substituição de um valor de uso por outro, nada mais é que uma metamorfose, mera mudança de forma da mercadoria. O mesmo valor, isto é, o mesmo *quantum* de trabalho social objetivado, permanece nas mãos do mesmo possuidor de mercadoria, primeiro na figura de sua mercadoria, depois na do dinheiro em que se transforma, finalmente na da mercadoria na qual esse dinheiro se retransforma. Essa mudança de forma não inclui nenhuma mudança de grandeza do valor. Mas a mudança que o valor da própria mercadoria sofre nesse processo limita-se a uma mudança da sua forma-dinheiro. Ela existe primeiro como preço da mercadoria posta à venda, em seguida como uma soma de dinheiro, que já estava, porém, expressa no preço, finalmente como preço de uma mercadoria equivalente. Em si e para si, essa mudança de forma implica tão pouco uma mudança na grandeza do valor quanto a troca de uma nota de 5 libras esterlinas por *sovereigns*, meios *sovereigns* e xelins. Portanto, à medida que a circulação da mercadoria só condiciona uma mudança formal do seu valor, ela condiciona, quando o fenômeno ocorre em sua pureza, troca de equivalentes. A própria Economia vulgar, por pouco que pressinta o que seja valor, supõe por isso, sempre que, à sua maneira, quer considerar o fenômeno em sua pureza, que demanda e oferta se igualam, isto é, que seu efeito simplesmente cessa. Se, portanto, em relação ao valor de uso, ambos os permutantes podem lucrar, ambos não podem ganhar no valor de troca.

Aqui significa sobretudo: "Onde há igualdade, não há lucro".[18] Mercadorias podem chegar a ser vendidas por preços que se desviam de seus valores, mas esse desvio aparece como violação da lei da troca de mercadorias.[19] Em sua figura pura, ela é uma troca de equivalentes, portanto não um meio de enriquecer em valor.[20]

Por trás das tentativas de apresentar a circulação de mercadorias como fonte de mais-valia, portanto, geralmente espreita um quiproquó, uma confusão entre valor de uso e valor de troca. Assim, por exemplo, em Condillac:

> É falso que na troca de mercadorias se troque valor igual por valor igual. Pelo contrário. Cada um dos contraentes sempre dá um valor menor por um valor maior. [...] Caso sempre se trocassem de fato valores iguais, então não haveria ganho para nenhum dos contraentes, mas os dois ganham ou então deveriam ganhar. Por quê? O valor das coisas baseia-se apenas em sua relação com nossas necessidades. O que para um é mais para o outro é menos, e vice-versa. [...] Não se pressupõe que ofereçamos à venda coisas indispensáveis ao nosso consumo. Queremos dar uma coisa inútil para nós, a fim de conseguir uma que nos seja necessária; queremos dar menos por mais. [...] Seria natural julgar que, na troca, se desse igual valor por valor igual sempre que cada uma das coisas trocadas fosse igual em valor ao mesmo *quantum* de dinheiro. [...] Mas outra consideração precisa ainda entrar no cálculo; é de se perguntar se ambos trocamos um supérfluo por algo necessário.[21]

Vê-se como Condillac não só confunde valor de uso com valor de troca, mas também atribui, de modo verdadeiramente infantil, a uma sociedade com produção desenvolvida de mercadorias uma situação em que o produtor produz ele mesmo seus meios de subsistência e só joga na circulação o que excede sua própria necessidade, o supérfluo.[22] Apesar disso, o argumento de Condillac é repetido frequentemente por economistas modernos, sobretudo quando se trata de apresentar a figura desenvolvida do intercâmbio de mercadorias, o comércio, como produtor de mais-valia.

> "O comércio", diz-se, por exemplo, "adiciona valor aos produtos, pois os mesmos produtos têm mais valor nas mãos dos consumidores do que nas mãos dos produtores, devendo ser estritamente (*strictly*) considerado, portanto, ato de produção."[23]

Mas não se pagam as mercadorias duplamente, uma vez seu valor de uso e outra vez seu valor. E, se o valor de uso da mercadoria é mais útil ao comprador do que ao vendedor, a sua forma-dinheiro é mais útil ao vendedor do que ao comprador. Se assim não fosse, iria ele vendê-la? E assim se poderia igualmente dizer que o comprador realiza estritamente (*strictly*) um "ato de produção" ao transformar, por exemplo, as meias do comerciante em dinheiro.

Se mercadorias ou mercadorias e dinheiro de igual valor de troca, portanto equivalentes, são trocados, então evidentemente ninguém tira da circulação mais do que lança nela. Não ocorre, assim, nenhuma formação de mais-valia. Mas, em sua forma pura, o processo de circulação das mercadorias condiciona o intercâmbio de equivalentes. No entanto, as coisas na realidade não se passam de modo puro. Suponhamos, portanto, intercâmbio de não-equivalentes.

Em todo caso, no mercado de mercadorias, só possuidor de mercadorias se confronta com possuidor de mercadorias, e o poder que essas pessoas exercem umas sobre as outras é somente o poder de suas mercadorias. A diferença material das mercadorias é o motivo central do intercâmbio e torna os possuidores de mercadorias reciprocamente dependentes, pois nenhum deles tem o objeto de suas próprias necessidades e cada um deles tem em suas mãos o objeto da necessidade do outro. Além dessa diferenciação material de seus valores de uso, só existe uma diferença entre as mercadorias, a diferença entre a sua forma natural e a sua forma transformada, entre mercadoria e dinheiro. E, assim, os possuidores de mercadorias só se diferenciam enquanto vendedores, possuidores de mercadoria, e enquanto compradores, possuidores de dinheiro.

Admita-se agora que seja permitido aos vendedores, por um privilégio inexplicável, vender a mercadoria acima do seu valor, a 110 quando ela vale 100, portanto com um aumento nominal de preço de 10%. O vendedor cobra, portanto, uma mais-valia de 10. Mas, depois de ter sido vendedor, ele se torna comprador. Um terceiro possuidor de mercadorias encontra-o agora como vendedor e goza, por sua vez, do privilégio de vender a mercadoria 10% mais cara. Nosso homem ganhou 10 como vendedor para perder 10 como comprador.[24] O todo acaba redundando no fato de que cada um dos possuidores de mercadorias vende reciprocamente as suas mercadorias 10% acima do valor, o que é exatamente o mesmo que venderem as mercadorias por seus valores. Tal aumento nominal e geral do preço acarreta o mesmo efeito que se os valores das mercadorias fossem avaliados em prata em vez de em ouro. As denominações monetárias, isto é, os preços das mercadorias, inchariam, mas as suas relações de valor ficariam inalteradas.

Suponhamos, pelo contrário, que seja privilégio do comprador comprar as mercadorias abaixo de seu valor. Aqui não é sequer necessário recordar que o comprador se torna novamente vendedor. Ele era vendedor antes de se tornar comprador. Ele já perdeu 10% como vendedor antes de ganhar 10% como comprador.[25] Tudo fica como dantes.

A formação de mais-valia, e daí a transformação de dinheiro em capital, não pode ser explicada, portanto, por os vendedores venderem as mercadorias acima do seu valor nem por os compradores as comprarem abaixo do seu valor.[26]

De modo algum se simplifica o problema inserindo de contrabando nele considerações estranhas, ou seja, dizendo com o Coronel Torrens:

> "A demanda efetiva consiste na faculdade e propensão (!) dos consumidores, seja pela troca direta ou indireta, de dar pelas mercadorias certa porção maior de todos os ingredientes do capital do que custa a sua produção".[27]

Na circulação, produtores e consumidores só se confrontam como vendedores e compradores. Afirmar que a mais-valia para os produtores surge de os consumidores pagarem as mercadorias acima do valor significa apenas mascarar esta simples frase: o possuidor de mercadorias possui como vendedor o privilégio de vender caro demais. O vendedor produziu ele mesmo a mercadoria ou então representa seus produtores, porém o comprador produziu não menos a mercadoria representada em seu dinheiro ou representa seus produtores. Portanto, produtor se defronta com produtor. O que os distingue é que um compra e o outro vende. Não nos leva um passo adiante que o possuidor de mercadorias venda, sob o nome de produtor, a mercadoria acima de seu valor e, sob o nome de consumidor, pague demais por ela.[28]

Os representantes consequentes da ilusão de que a mais-valia se origina de um aumento nominal de preço ou do privilégio do vendedor de vender a mercadoria caro demais pressupõem, portanto, uma classe que só compra sem vender, por conseguinte, só consome sem produzir. A existência de tal classe é, do ponto de vista alcançado por nós até agora, o da circulação simples, ainda inexplicável. Mas antecipemo-nos. O dinheiro com que tal classe continuamente compra deve fluir continuamente dos próprios possuidores de mercadorias, sem intercâmbio, gratuitamente, por quaisquer títulos de direito e poder. Vender a essa classe as mercadorias acima do valor significa apenas recuperar ardilosamente parte do dinheiro dado gratuitamente.[29] Assim, as cidades da Ásia Menor pagavam um tributo anual em dinheiro à Roma Antiga. Com esse dinheiro, Roma comprava mercadorias delas e as comprava caras demais. Os habitantes da Ásia Menor enganavam os romanos, sugando de volta dos conquistadores parte do tributo por meio do comércio. Mas, mesmo assim, continuavam sendo depenados. Depois como antes, suas mercadorias lhes eram pagas com o seu próprio dinheiro. Esse não é um método de enriquecimento ou de formação de mais-valia.

Mantenhamo-nos, portanto, dentro dos limites do intercâmbio de mercadorias, onde vendedores são compradores e compradores são vendedores. Nosso embaraço se origina talvez de termos tomado as pessoas apenas como categorias personificadas, e não individualmente.

O possuidor de mercadorias A pode ser tão esperto que passa a perna nos seus colegas B e C, enquanto estes ficam devendo a revanche, por mais boa vontade que tenham. A vende vinho para B no valor de 40 libras esterlinas e adquire em troca cereal no valor de 50 libras esterlinas. A converteu as suas 40 libras esterlinas em 50 libras esterlinas, fez mais dinheiro de menos dinheiro e transformou a sua mercadoria em capital. Vejamos mais de perto. Antes da troca, tínhamos vinho em mãos de A por 40 libras esterlinas e cereal em mãos de B por 50 libras esterlinas; valor total de 90 libras esterlinas. Depois da troca, temos o mesmo valor total de 90 libras esterlinas. O valor circulante não aumentou um único átomo, a sua repartição entre A e B é que se modificou. De um lado aparece como mais-valia o que do outro é menos-valia, de um lado como excedente, do outro como déficit. A mesma mudança teria ocorrido se A, sem a forma dissimuladora da troca, tivesse roubado 10 libras esterlinas diretamente de B. Evidentemente, a soma dos valores circulantes não pode ser aumentada por meio de nenhuma mudança em sua distribuição, da mesma forma que um judeu não aumenta o volume dos metais preciosos num país vendendo um *farthing* do tempo da Rainha Ana por um guinéu. A totalidade da classe dos capitalistas de um país não pode tirar vantagem de si mesma.[30]

Pode-se virar e revirar como se queira, o resultado permanece o mesmo. Se equivalentes são permutados, daí não surge mais-valia e, se não-equivalentes são permutados, daí também não surge mais-valia.[31] A circulação ou o intercâmbio de mercadorias não produz valor.[32]

Entende-se daí por que, em nossa análise da forma fundamental do capital, da forma pela qual ele determina a organização econômica da sociedade moderna, as suas figuras populares e, por assim dizer, antediluvianas, capital comercial e capital usurário, de início permanecem totalmente fora de cogitação.

No capital comercial autêntico, a forma *D–M–D'*, comprar para revender mais caro, aparece na maior pureza. Por outro lado, todo o seu movimento ocorre dentro da esfera da circulação. Mas, já que é impossível explicar por meio da própria circulação a transformação de dinheiro em capital, a formação de mais-valia, o capital comercial parece impossível na medida em que se permutam equivalentes,[33] sendo ele, portanto, dedutível apenas do duplo prejuízo infligido aos produtores de mercadorias que compram e vendem pelo comerciante que se atravessa parasitariamente entre eles. Nesse sentido, diz Franklin: "Guerra é roubo, comércio é engodo".[34] Para que a valorização do capital comercial não seja explicada por mero engodo dos produtores de mercadorias, é preciso dispor de uma longa série de elos intermediários, que ainda falta completamente aqui, onde a circulação de mercadorias e seus momentos simples constituem nosso único pressuposto.

O que vale para o capital comercial vale ainda mais para o capital usurário. No capital comercial, os extremos, o dinheiro lançado no mercado e o dinheiro aumentado que é retirado do mercado, são ao menos mediados por compra e venda, pelo movimento da circulação. No capital usurário, a forma *D–M–D'* é reduzida aos extremos não mediados *D–D'*, dinheiro que se troca por mais dinheiro, forma que contradiz a natureza do dinheiro e, por isso, inexplicável do ponto de vista do intercâmbio de mercadorias. Daí Aristóteles:

> "Como a crematística é dupla, uma pertencente ao comércio, a outra à economia, a última necessária e louvável, a primeira baseada na circulação e justamente criticada (pois não se baseia na Natureza, mas no engodo mútuo), assim também o agiota é odiado com toda justiça, porque o próprio dinheiro é aqui a fonte do ganho e não é usado de acordo com o fim para o qual foi inventado. Pois ele surgiu para o intercâmbio de mercadorias, mas o juro faz de dinheiro mais dinheiro. Daí também o seu nome" (τόκος – juro e nascido). "Pois os nascidos são semelhantes aos que os geraram. Mas o juro é dinheiro de dinheiro, de modo que, de todas as modalidades de ganho, esse é o mais antinatural."[35]

Do mesmo modo que o capital comercial, ao longo de nossa pesquisa encontraremos o capital a juros como forma derivada e, ao mesmo tempo, veremos por que ambos aparecem historicamente antes da ¦ 65 moderna forma fundamental do capital ¦.

Mostrou-se que a mais-valia não pode originar-se da circulação, que, portanto, em sua formação deve ocorrer algo por trás de suas costas e que nela mesma é invisível.[36] Mas pode a mais-valia originar-se de outro lugar que não da circulação? A circulação é a soma de todas as relações recíprocas dos possuidores de mercadorias. Fora da mesma, o possuidor de mercadoria ainda está em relação apenas com sua própria mercadoria. No que tange ao valor dela, a relação se limita ao fato de que ela contém um *quantum* de seu próprio trabalho medido segundo determinadas leis sociais. Esse *quantum* de trabalho se expressa na grandeza de valor de sua mercadoria e, como grandeza de valor, se representa em dinheiro de conta, num preço de, por exemplo, 10 libras esterlinas. Mas o seu trabalho não se representa no valor da mercadoria e num excedente acima do seu próprio valor, não num preço de 10 que seja ao mesmo tempo um preço de 11, não num valor que seja maior do que ele mesmo. O possuidor de mercadorias pode formar valores por meio do seu trabalho, mas não valores que se valorizem. Ele pode aumentar o valor de uma mercadoria, acrescentando, mediante novo trabalho, novo valor ao valor preexistente, por exemplo, ao fazer de couro, botas. O mesmo material tem agora mais valor porque ele contém um *quantum* maior de trabalho. A bota tem, por isso, mais valor do que o couro, mas o valor do couro permanece o que era. Ele não se valorizou, não se acrescentou uma mais-valia durante a fabricação da bota. É, portanto, impossível que o produtor de mercadorias, fora da esfera de circulação, sem entrar em contato com outros possuidores de mercadorias, valorize valor e, daí, transforme dinheiro ou mercadoria em capital.

Capital não pode, portanto, originar-se da circulação e tampouco pode não se originar da circulação. Deve, ao mesmo tempo, originar-se e não se originar dela.

Um resultado duplo foi, portanto, alcançado.

A transformação do dinheiro em capital tem de ser desenvolvida com base nas leis imanentes ao intercâmbio de mercadorias, de modo que a troca de equivalentes sirva de ponto de partida.[37] Nosso possuidor de dinheiro, por enquanto ainda presente apenas como capitalista larvar, tem de comprar as mercadorias por seu valor, vendê-las por seu valor e, mesmo assim, extrair mais valor no final do processo do que lançou nele. Sua metamorfose em borboleta deve ocorrer na esfera da circulação e não deve ocorrer na esfera da circulação. São essas as condições do problema. *Hic Rhodus, hic salta!*[I]

3. COMPRA E VENDA DA FORÇA DE TRABALHO

A modificação do valor de dinheiro, que deve transformar-se em capital, não pode ocorrer nesse mesmo dinheiro, pois como meio de compra e como meio de pagamento ele só realiza o preço da mercadoria que ele compra ou ¦ 66 paga, enquanto, persistindo em sua própria forma, petrifica-se numa grandeza de valor permanentemente igual.[38] ¦ Tampouco pode a modificação originar-se do segundo ato de circulação, a revenda da mercadoria, pois esse ato apenas retransforma a mercadoria da forma natural na forma-dinheiro. A modificação precisa ocorrer, portanto, com a mercadoria comprada no primeiro ato *D–M*, mas não com o seu valor, visto que se trocam equivalentes, a mercadoria é paga por seu valor. ¦ 67 A modificação só pode originar-se, portanto, de seu valor de uso enquanto tal, isto é, de seu consumo. Para extrair valor do

I De uma fábula de Esopo em que um fanfarrão sustenta ter dado um salto prodigioso em Rodos. A ele se replicou: Aqui está Rodos, salte aqui. [N. E. A.]

consumo¦ de uma mercadoria, nosso possuidor de dinheiro precisaria ter a sorte de descobrir dentro da esfera da circulação, no mercado, uma mercadoria cujo próprio valor de uso tivesse a característica peculiar de ser fonte de valor, portanto cujo verdadeiro consumo fosse em si objetivação de trabalho, por conseguinte criação de valor. E o possuidor de dinheiro encontra no mercado tal mercadoria específica – a capacidade de trabalho ou a força de trabalho.

Por força de trabalho ou capacidade de trabalho entendemos o conjunto das faculdades físicas e espirituais que existem na corporalidade, na personalidade viva de um ser humano, e que ele põe em movimento toda vez que produz valores de uso de qualquer espécie.

Para que, no entanto, o possuidor de dinheiro encontre à disposição no mercado a força de trabalho como mercadoria, diversas condições precisam ser preenchidas. O intercâmbio de mercadorias não inclui em si e para si outras relações de dependência que não as originadas de sua própria natureza. Sob esse pressuposto, a força de trabalho como mercadoria só pode aparecer no mercado à medida que e porque é oferecida à venda ou é vendida como mercadoria por seu próprio possuidor, pela pessoa da qual ela é a força de trabalho. Para que seu possuidor venda-a como mercadoria, ele deve poder dispor dela, ser, portanto, livre proprietário de sua capacidade de trabalho, de sua pessoa.[39] Ele e o possuidor de dinheiro se encontram no mercado e entram em relação um com o outro como possuidores de mercadorias iguais por origem, diferenciando-se apenas por um ser comprador e o outro vendedor, sendo portanto ambos pessoas juridicamente iguais. O prosseguimento dessa relação exige que o proprietário da força de trabalho só a venda por determinado tempo, pois, se a vende em bloco, de uma vez por todas, então ele vende a si mesmo, transforma-se de um homem livre em um escravo, de um possuidor de mercadoria em uma mercadoria. Como pessoa, ele tem de se relacionar com sua força de trabalho como sua propriedade e, portanto, sua própria mercadoria, e isso ele só pode na medida em que a coloca à disposição do comprador apenas provisoriamente, por um prazo de tempo determinado, deixando-a ao consumo, portanto, sem renunciar à sua propriedade sobre ela por meio de sua alienação.[40]

A segunda condição essencial para que o possuidor de dinheiro encontre no mercado, como mercadoria, a força de trabalho é que o possuidor desta, em lugar de poder vender mercadorias em que seu trabalho se tenha objetivado, precise, muito mais, oferecer à venda como mercadoria sua própria força de trabalho, que só existe em sua corporalidade viva.

Para que alguém venda mercadorias distintas de sua força de trabalho, precisa naturalmente possuir meios de produção, por exemplo matérias-primas, instrumentos de trabalho etc. Ele não pode fazer botas sem couro. Precisa, além disso, de meios de subsistência. Ninguém, nem mesmo um músico do futuro, pode alimentar-se com produtos do futuro, portanto também não com valores de uso cuja produção não esteja concluída, e o ser humano, como nos primeiros dias de sua aparição sobre o palco do mundo, ainda precisa consumir todos os dias, antes de produzir e enquanto produz. Caso os produtos sejam produzidos como mercadorias, então precisam ser vendidos depois de produzidos, podendo satisfazer às necessidades do produtor apenas depois da venda. Ao tempo da produção se acresce o tempo necessário à venda.

Para transformar dinheiro em capital, o possuidor de dinheiro precisa encontrar, portanto, o trabalhador livre no mercado de mercadorias, livre no duplo sentido de que, como pessoa livre, dispõe de sua força de trabalho como sua mercadoria e de que, por outro lado, não tem outras mercadorias para vender, solto e solteiro, livre de todas as coisas necessárias à realização de sua força de trabalho.

Por que esse trabalhador livre se defronta com ele na esfera da circulação é questão que não interessa ao possuidor de dinheiro, o qual encontra o mercado de trabalho como uma divisão específica do mercado de mercadorias. E tampouco ela nos interessa por enquanto. Nós nos ateremos ao fato na teoria, assim como o possuidor de dinheiro na prática. Uma coisa, no entanto, é clara. A Natureza não produz, de um lado, possuidores de dinheiro e de mercadorias e, do outro, meros possuidores das próprias forças de trabalho. Essa relação não faz parte da história natural nem tampouco é social, comum a todos os períodos históricos. Ela mesma é evidentemente o resultado de um desenvolvimento histórico anterior, o produto de muitas revoluções econômicas, da decadência de toda uma série de formações mais antigas da produção social.

Também as categorias econômicas que observamos antes ostentam a sua marca histórica. Na existência do produto como mercadoria, estão envolvidas determinadas condições históricas. Para se tornar mercadoria, o produto não pode ser produzido como meio de subsistência imediato para o próprio produtor. Se tivéssemos pesquisado mais: sob que circunstâncias todos os produtos ou apenas a maioria deles tomam a forma de mercadoria, então se teria descoberto que isso só ocorre com base em um modo de produção bem específico, o capitalista. Tal pesquisa não se coadunava, no entanto, com a análise da mercadoria. Produção de mercadorias e circulação de mercadorias podem ocorrer, embora a grande massa de produtos orientada diretamente ao autoconsumo não se transforme em mercadoria e, portanto, o processo de produção social ainda esteja muito longe de ser dominado em toda a sua extensão e profundidade pelo valor de troca. A representação do produto como mercadoria supõe uma divisão de trabalho tão desenvolvida dentro da sociedade que a separação entre valor de uso e valor de troca, que apenas principia no escambo direto, já se tenha completado. Tal estágio de desenvolvimento é, porém, comum às formações socioeconômicas historicamente mais diversas.

Ou, se consideramos o dinheiro, então precisamos pressupor que a troca de mercadorias tenha atingido certo nível. As formas-dinheiro específicas, meros equivalentes de mercadoria, ou meio de circulação, ou meio de pagamento, tesouro e dinheiro mundial, apontam, de acordo com a extensão diversa e a predominância relativa de uma ou de outra função, para estágios muito diferentes do processo de produção social. Apesar disso, de acordo com a experiência, basta uma circulação de mercadorias relativamente pouco desenvolvida para a constituição de todas essas formas. Diversamente com o capital. Suas condições históricas de existência de modo algum estão presentes na circulação mercantil e monetária. Ele só surge onde o possuidor de meios de produção e de subsistência encontra o trabalhador livre como vendedor de sua força de trabalho no mercado, e essa é uma condição histórica que encerra uma história mundial. O capital anuncia, portanto, de antemão, uma época do processo de produção social.[41]

Essa mercadoria peculiar, a força de trabalho, tem de ser agora examinada mais de perto. Assim como todas as outras mercadorias, ela tem um valor.[42] Como ele é determinado?

O valor da força de trabalho, como o de todas as outras mercadorias, é determinado pelo tempo de trabalho necessário à produção, portanto também reprodução, desse artigo específico. Enquanto valor, a própria força de trabalho representa apenas determinado *quantum* de trabalho social médio nela objetivado. A força de trabalho só existe como disposição do indivíduo vivo. Sua produção pressupõe, portanto, a existência dele. Dada a existência do indivíduo, a produção da força de trabalho consiste em sua própria reprodução ou manutenção. Para sua manutenção, o indivíduo vivo precisa de certa soma de meios de subsistência. O tempo de trabalho necessário à produção da força de trabalho corresponde, portanto, ao tempo de trabalho necessário à produção desses meios de subsistência, ou o valor da força de trabalho é o valor dos meios de subsistência necessários à manutenção do seu possuidor. A força de trabalho só se realiza, no entanto, mediante sua exteriorização, ela só se aciona no trabalho. Porém, por meio de sua ativação, o trabalho, é gasto determinado *quantum* de músculo, nervo, cérebro etc. humanos que precisa ser reposto. Esse gasto acrescido condiciona uma receita acrescida.[43] Se o proprietário da força de trabalho trabalhou hoje, ele deve poder repetir o mesmo processo amanhã, sob as mesmas condições de força e saúde. A soma dos meios de subsistência deve, pois, ser suficiente para manter o indivíduo trabalhador como indivíduo trabalhador em seu estado de vida normal. As próprias necessidades naturais, como alimentação, roupa, aquecimento, moradia etc., são diferentes de acordo com o clima e outras peculiaridades naturais de um país. Por outro lado, o âmbito das assim chamadas necessidades básicas, assim como o modo de sua satisfação, é ele mesmo um produto histórico e depende, por isso, grandemente do nível cultural de um país, entre outras coisas também essencialmente sob que condições e, portanto, com que hábitos e aspirações de vida se constituiu a classe dos trabalhadores livres.[44] Em antítese às outras mercadorias, a determinação do valor da força de trabalho contém, por conseguinte, um elemento histórico e moral. No entanto, para determinado país, em determinado período, o âmbito médio dos meios de subsistência básicos é dado.

O proprietário da força de trabalho é mortal. Se, portanto, sua aparição no mercado é para ser contínua, como pressupõe a contínua transformação de dinheiro em capital, então o vendedor da força de trabalho precisa perpetuar-se, "como todo indivíduo se perpetua, pela procriação".[45] As forças de trabalho subtraídas do mercado pelo desgaste e pela morte precisam ser continuamente substituídas ao menos por um número igual de novas forças de trabalho. A soma dos meios de subsistência necessários à produção da força de trabalho inclui, portanto, os meios de subsistência dos substitutos, isto é, dos filhos dos trabalhadores, de modo que essa *race* [raça] de peculiares possuidores de mercadorias se perpetue no mercado de mercadorias.[46]

Para modificar a natureza humana geral de tal modo que ela alcance habilidade e destreza em determinado ramo de trabalho, tornando-se força de trabalho desenvolvida e específica, é preciso determinada formação ou educação, que, por sua vez, custa uma soma maior ou menor de equivalentes mercantis. Conforme o caráter mais ou menos mediato da força de trabalho, os seus custos de formação são diferentes. Esses custos de aprendizagem, ínfimos para a força de trabalho comum, entram assim no âmbito dos valores gastos para a sua produção.

O valor da força de trabalho se resolve no valor de uma soma determinada de meios de subsistência. Ele também muda, portanto, com o valor desses meios de subsistência, isto é, com a grandeza do tempo de trabalho exigido para sua produção.

Parte dos meios de subsistência, por exemplo alimentação, aquecimento etc., é diariamente consumida e precisa ser diariamente reposta. Outros meios de subsistência, como roupas, móveis etc., gastam-se em períodos mais extensos de tempo e, por isso, só precisam ser repostos em períodos mais extensos de tempo. Mercadorias de uma espécie precisam ser compradas ou pagas diariamente, outras semanalmente, trimestralmente etc. Mas, como quer que a soma dessas despesas se possa repartir durante, por exemplo, um ano, ela precisa ser coberta pela receita média dia a dia. Seja a massa das mercadorias exigidas diariamente para a produção da força de trabalho = A, a exigida semanalmente = B, a exigida trimestralmente = C etc., então a média diária dessas mercadorias seria $= \frac{365A + 52B + 4C + etc.}{365}$. Supondo-se que 6 horas de trabalho social estejam contidas nessa massa de mercadorias necessária ao dia médio, então meio dia de trabalho social médio se objetiva diariamente na força de trabalho, ou meio dia de trabalho é exigido para a produção diária da força de trabalho. Esse *quantum* de trabalho exigido para sua produção diária forma o valor de um dia de força de trabalho ou o valor da força de trabalho reproduzida em um dia. Se meio dia de trabalho social médio se representa igualmente numa massa de ouro de 3 xelins ou em um táler, então um táler é o preço correspondente ao valor de um dia da força de trabalho. Se o possuidor da força de trabalho oferece-a por um táler ao dia, então o seu preço de venda é igual ao seu valor e, de acordo com nossos pressupostos, o possuidor de dinheiro, que cobiça transformar o seu táler em capital, paga esse valor.

O limite último ou limite mínimo do valor da força de trabalho é constituído pelo valor de uma massa de mercadorias cujo suprimento deve ser diário para que o portador da força de trabalho, o ser humano, possa renovar o seu processo de vida, ou seja, é o valor dos meios de subsistência fisicamente indispensáveis. Se o preço da força de trabalho baixa a esse mínimo, então ele cai abaixo do valor dela, pois assim ela só pode manter-se e desenvolver-se em forma atrofiada. Mas o valor de cada mercadoria é determinado pelo tempo de trabalho requerido para fornecê-la com sua qualidade normal.

É um sentimentalismo extraordinariamente barato considerar brutal essa determinação do valor da força de trabalho que decorre da natureza da coisa e lamentar-se, por exemplo, com Rossi:

> Conceber a capacidade de trabalho (*puissance de travail*) abstraindo-se dos meios de subsistência do trabalho durante o processo de produção significa conceber um ser da razão (*être de raison*). Quem diz trabalho, quem diz capacidade de trabalho, diz ao mesmo tempo trabalhador e meios de subsistência, trabalhador e salário.[47]

Quem diz capacidade de trabalho não diz trabalho, assim como quem diz capacidade de digestão tampouco diz digestão. Para esse último processo, é reconhecidamente necessário mais do que um bom estômago. Quem diz capacidade de trabalho não abstrai dos meios necessários à sua subsistência. O valor deles é, antes, expresso no valor dela. Se não for vendida, de nada serve ao trabalhador, que então passa a ver como uma cruel necessidade natural sua capacidade de trabalho ter exigido determinado *quantum* de meios de subsistência para sua produção e constantemente o exigir de novo para a sua reprodução. Ele descobre, então, com Sismondi: "A capacidade de trabalho [...] nada é se não for vendida".[48]

A natureza peculiar dessa mercadoria específica, a força de trabalho, faz com que, com a conclusão do contrato entre comprador e vendedor, seu valor de uso ainda não se tenha transferido realmente para as mãos do comprador. Seu valor, como o de qualquer outra mercadoria, estava determinado antes de ela entrar em circulação, pois determinado *quantum* de trabalho social havia sido gasto para a produção da força de trabalho, mas o seu valor de uso consiste na exteriorização posterior dessa força. Por isso, a alienação da força e a sua verdadeira exteriorização, ou seja, a sua existência como valor de uso, se separam no tempo. No caso de mercadorias,[49] porém, em que a alienação formal do valor de uso mediante a venda e sua verdadeira entrega ao comprador se separam no tempo, o dinheiro do comprador funciona geralmente como meio de pagamento. Em todos os países com modo de produção capitalista, a força de trabalho só é paga depois de ter funcionado durante o prazo previsto no contrato de compra, por exemplo no final de cada semana. Por toda parte, portanto, o trabalhador adianta ao capitalista o valor de uso da força de trabalho; ele deixa que ela seja consumida pelo comprador antes de receber o pagamento de seu preço; por toda parte, portanto, o trabalhador fornece crédito ao capitalista. Que esse fornecimento de crédito não é nenhuma fantasia vã mostra-o não só a perda ocasional do salário creditado quando ocorre bancarrota do capitalista,[50] mas também uma série de efeitos mais duradouros.[51] No entanto, nada muda na natureza do próprio intercâmbio de mercadorias se o dinheiro funciona como meio de compra ou como meio de pagamento. O preço da força de trabalho está fixado contratualmente, ainda que ele só venha a ser realizado depois, como o preço do aluguel de uma casa. A força de trabalho está vendida, ainda que ela só seja paga posteriormente. Para a concepção pura da relação, no entanto, é útil pressupor, por ora, que o possuidor da força de trabalho recebe prontamente a cada venda o preço estipulado contratualmente.

Conhecemos agora a maneira pela qual é determinado o valor, que é pago ao possuidor desta mercadoria peculiar, a força de trabalho, pelo possuidor de dinheiro. O valor de uso que este último recebe na troca, por sua vez, só se mostra na utilização real, no processo de consumo da força de trabalho. Todas as coisas necessárias a esse processo, como matéria-prima etc., o possuidor de dinheiro compra no mercado e paga seu preço cheio. O processo de consumo da força de trabalho é, simultaneamente, o processo de produção de mercadoria e de mais-valia. O consumo da força de trabalho, como o consumo de qualquer outra mercadoria, ocorre fora do mercado ou da esfera de circulação. Abandonemos então, junto com o possuidor de dinheiro e o possuidor da força de trabalho, essa esfera ruidosa, existente na superfície e acessível a todos os olhos, para seguir os dois ao local oculto da produção, em cujo limiar se pode ler: *No admittance except on business* [Proibida a entrada, a não ser a negócios]. Aqui há de se mostrar não só como o capital produz, mas também como ele mesmo é produzido, o capital. O segredo da fabricação de mais-valia há de se desvendar finalmente.

A esfera da circulação ou do intercâmbio de mercadorias, dentro de cujos limites se movimentam compra e venda de força de trabalho, era de fato um verdadeiro éden dos direitos humanos inatos. O que aqui reina é unicamente Liberdade, Igualdade, Propriedade e Bentham. Liberdade! Pois comprador e vendedor de uma mercadoria, por exemplo da força de trabalho, são determinados apenas por sua livre vontade. Assumem contratos como pessoas livres, juridicamente iguais. O contrato é o resultado final, no qual suas vontades assumem uma expressão jurídica em comum. Igualdade! Pois eles se relacionam um com o outro apenas como possuidores de mercadorias e trocam equivalente por equivalente. Propriedade! Pois cada um dispõe apenas sobre o que é seu. Bentham! Pois cada um dos dois só cuida de si mesmo. O único poder que os junta e leva a um relacionamento é o proveito próprio, a vantagem particular, os seus interesses privados. E, justamente porque cada um só cuida de si e nenhum do outro, realizam todos, em decorrência de uma harmonia preestabelecida das coisas ou sob os auspícios de uma previdência toda esperta, tão somente a obra de sua vantagem mútua, do bem comum, do interesse geral.

Ao sair dessa esfera da circulação simples ou da troca de mercadorias, da qual o livre-cambista *vulgaris* extrai concepções, conceitos e critérios para seu juízo sobre a sociedade do capital e do trabalho assalariado, a fisionomia de nossa *dramatis personae* [personagem do drama] já se transforma em algo, assim parece. O antigo possuidor de dinheiro marcha adiante como capitalista, segue-o o possuidor de força de trabalho como seu trabalhador; um, cheio de importância, sorriso satisfeito e ávido por negócios; o outro, tímido, contrafeito, como alguém que levou a sua própria pele para o mercado e agora não tem mais nada a esperar, exceto o... curtume.

SEÇÃO III

A PRODUÇÃO DA MAIS-VALIA ABSOLUTA

CAPÍTULO 5

PROCESSO DE TRABALHO E PROCESSO DE VALORIZAÇÃO

1. PROCESSO DE TRABALHO

A utilização da força de trabalho é o próprio trabalho. O comprador da força de trabalho a consome ao fazer o vendedor dela trabalhar. O último torna-se, desse modo, *actu* [de fato], força de trabalho realmente ativa, o que antes ele era apenas *potentia* [em potencial], trabalhador. Para representar seu trabalho em mercadorias, ele tem de representá-lo, sobretudo, em valores de uso, em coisas que sirvam para satisfazer a algumas espécies de necessidades. É, portanto, um valor de uso particular, um artigo determinado, que o capitalista faz o trabalhador produzir. A produção de valores de uso ou bens não muda sua natureza geral por se realizar para o capitalista e sob seu controle. Por isso, o processo de trabalho deve ser considerado de início independentemente de qualquer forma social determinada.

Antes de tudo, o trabalho é um processo entre o ser humano e a Natureza, um processo em que o ser humano, por sua própria ação, medeia, regula e controla seu metabolismo com a Natureza. Ele mesmo se defronta com a matéria natural como uma força natural. Ele põe em movimento as forças naturais pertencentes a sua corporalidade, braços e pernas, cabeça e mão, a fim de apropriar-se da matéria natural numa forma útil para sua própria vida. Ao atuar, por meio desse movimento, sobre a Natureza externa a ele e ao modificá-la, ele modifica, ao mesmo tempo, sua própria natureza. Ele desenvolve as potências nela adormecidas e sujeita o jogo de suas forças a seu próprio domínio. Não se trata aqui das primeiras formas instintivas, animais, de trabalho. A situação em que o trabalhador se apresenta no mercado como vendedor de sua própria força de trabalho deixou para trás, nos longínquos tempos primitivos, a situação em que o trabalho humano ainda não se desfez de sua primeira forma instintiva. Pressupomos o trabalho numa forma em que pertence exclusivamente ao ser humano. Uma aranha executa operações semelhantes às do tecelão, e a abelha envergonha mais de um arquiteto humano com a construção dos favos de suas colmeias. Mas o que distingue, de antemão, o pior arquiteto da melhor abelha é que ele constrói o favo em sua cabeça antes de construí-lo em cera. No fim do processo de trabalho, obtém-se um resultado que já no início existia na imaginação do trabalhador, portanto idealmente. Ele não apenas efetua uma transformação da forma da matéria natural; realiza, ao mesmo tempo, na matéria natural, seu objetivo, que ele sabe que determina, como lei, a espécie e o modo de sua atividade e ao qual tem de subordinar sua vontade. E essa subordinação não é um ato isolado. Além do esforço dos órgãos que trabalham, é exigida a vontade orientada a um fim, que se manifesta como atenção durante todo o tempo de trabalho, e isso tanto mais quanto menos esse trabalho, pelo próprio conteúdo e pela espécie e modo de sua execução, atrai o trabalhador, portanto, quanto menos ele ¦ 68 o aproveita, como jogo de suas próprias forças físicas e espirituais ¦.

Os momentos simples do processo de trabalho ¦ 69 ¦ são a atividade orientada a um fim ou o trabalho mesmo, seu objeto e seus meios.

A terra (que do ponto de vista econômico inclui também a água), como fonte original de víveres e meios já prontos de subsistência para o ser humano,[1] é encontrada, sem contribuição dele, como objeto geral do trabalho humano. Todas as coisas que o trabalho só desprende de sua conexão direta com o conjunto da terra são objetos de trabalho preexistentes por natureza. Assim com o peixe que se pesca ao separá-lo de seu elemento de vida, a água, com a madeira que se abate na floresta virgem, com o minério que é arrancado de seu filão. Se, por sua vez, o próprio objeto de trabalho já tiver sido, por assim dizer, filtrado por meio de trabalho anterior, denominamo-lo matéria-prima. Por exemplo, o minério já arrancado que agora vai ser lavado. Toda matéria-prima é objeto de trabalho, mas nem todo objeto de trabalho é matéria-prima. O objeto de trabalho é matéria-prima apenas depois de já ter experimentado uma modificação mediada por trabalho.

O meio de trabalho é uma coisa ou um complexo de coisas que o trabalhador coloca entre si mesmo e o objeto de trabalho e que lhe serve como condutor de sua atividade sobre esse objeto. Ele utiliza as propriedades mecânicas, físicas, químicas das coisas para fazê-las atuar como meios de poder sobre outras coisas, conforme o seu objetivo.[2] O objeto do qual o trabalhador se apodera diretamente – abstraindo a coleta de meios prontos de subsistência, frutas, por exemplo, em que somente seus próprios órgãos corporais servem de meios de trabalho – não é o objeto de trabalho, mas o meio de trabalho. Assim, mesmo o natural torna-se órgão de sua atividade, um órgão que ele acrescenta a seus próprios órgãos corporais, prolongando sua figura natural, apesar da Bíblia. Do mesmo modo como a terra é sua despensa original, ela é seu arsenal original de meios de trabalho. Fornece-lhe, por exemplo, a pedra que ele lança, com que raspa, prensa, corta etc. A própria terra é um meio de trabalho, mas pressupõe, para servir como meio de trabalho na agricultura, uma série de outros meios de trabalho e um nível de desenvolvimento relativamente alto da força de trabalho.[3] Tão logo o processo de trabalho esteja em alguma medida desenvolvido de todo, necessita de meios de trabalho já trabalhados. Nas cavernas humanas mais antigas, encontramos instrumentos de pedra e armas de pedra. Ao lado de pedra, madeira, osso e conchas trabalhados, o animal domesticado e, portanto, já modificado pelo trabalho, desempenha no início da história humana o papel principal como meio de trabalho.[4] O uso e a criação de meios de trabalho, embora existam em germe em certas espécies de animais, caracterizam o processo de trabalho especificamente humano, por isso Franklin define o ser humano como "*a toolmaking animal*", um animal que faz ferramentas. A mesma importância que a estrutura de ossos fósseis tem para o conhecimento da organização de espécies de animais desaparecidas os restos dos meios de trabalho têm para a apreciação de formações socioeconômicas desaparecidas. Não é o que se faz, mas como, com que meios de trabalho se faz, o que distingue as épocas econômicas.[5] Os meios de trabalho não são só medidores do grau de desenvolvimento da força de trabalho humana, mas também indicadores das condições sociais nas quais se trabalha. Entre os meios de trabalho mesmos, os meios mecânicos de trabalho, a cuja totalidade se pode chamar sistema ósseo e muscular da produção, oferecem marcas características muito mais decisivas de uma época social de produção do que aqueles meios de trabalho que apenas servem de recipientes do objeto de trabalho e cuja totalidade se pode designar, generalizando, como sistema vascular da produção, por exemplo tubos, barris, cestas, cântaros etc. Eles só começam a desempenhar papel significativo na fabricação química.[5a]

Além das coisas que medeiam a atuação do trabalho sobre seu objeto e, por isso, servem, de um modo ou de outro, de condutoras da atividade, o processo de trabalho conta, em sentido lato, entre seus meios, com todas as condições objetivas que são exigidas para que o processo se realize. Estas não entram diretamente nele, mas sem elas ele não pode acontecer ao todo, ou só pode fazê-lo de maneira deficiente. O meio universal de trabalho desse tipo é a própria terra, pois ela dá ao trabalhador o *locus standi* [lugar para ficar] e ao processo dele o campo de ação (*field of employment*). Meios de trabalho desse tipo, já mediados pelo trabalho, são por exemplo edifícios de trabalho, canais, estradas etc.

No processo de trabalho a atividade do ser humano efetua, portanto, mediante o meio de trabalho, uma transformação do objeto de trabalho pretendida desde o princípio. O processo extingue-se no produto. Seu produto é um valor de uso; uma matéria natural adaptada às necessidades humanas mediante transformação da forma. O trabalho se uniu com seu objetivo. O trabalho está objetivado, e o objeto, trabalhado. O que do lado do trabalhador aparecia na forma de mobilidade aparece agora como propriedade imóvel na forma do ser, do lado do produto. Ele fiou, e o produto é um fio.

Considerando-se o processo inteiro do ponto de vista de seu resultado, do produto, aparecem ambos, meio e objeto de trabalho, como meios de produção,[6] e o trabalho mesmo como trabalho produtivo.[7]

Quando um valor de uso sai do processo de trabalho como produto, outros valores de uso, produtos de processos anteriores de trabalho, entram nele como meios de produção. O mesmo valor de uso que constitui o produto desse trabalho é o meio de produção daquele. Produtos são, por isso, não só resultados, mas ao mesmo tempo condições do processo de trabalho.

Exceto as indústrias extrativas, cujo objeto de trabalho é preexistente por natureza, como mineração, caça, pesca etc. (a agricultura só no caso em que se desbravam terras virgens), todos os ramos industriais processam um objeto que é matéria-prima, isto é, um objeto de trabalho já filtrado pelo trabalho, ele mesmo já produto de trabalho. Assim, por exemplo, a semente na agricultura. Animais e plantas, que se costumam considerar produtos da Natureza, não são apenas produtos talvez do trabalho do ano passado, mas, em suas formas atuais, produtos de uma transformação continuada por muitas gerações, sob controle humano e mediada por trabalho humano. Quanto aos meios de trabalho, particularmente, a grande maioria deles mostra os vestígios de trabalho anterior até ao olhar mais superficial.

A matéria-prima pode constituir a substância principal de um produto ou só entrar em sua formação como material auxiliar. O material auxiliar é consumido pelo meio de trabalho, como carvão pela máquina a vapor, óleo pela roda, feno pelo cavalo de tiro, ou é acrescentado à matéria-prima para modificá-la materialmente, como cloro ao linho não branqueado, carvão ao ferro, tinta à lã, ou apoia a execução do próprio trabalho, como, por exemplo, os materiais usados para iluminar e aquecer o local de trabalho. A diferença entre matéria principal e material auxiliar se confunde na fabricação propriamente química, porque nenhuma das matérias-primas aplicadas reaparece como substância do produto.[8]

Como cada coisa possui muitas propriedades e, por isso, é capaz de diversas aplicações úteis, o mesmo produto pode constituir a matéria-prima de processos de trabalho muito diferentes. Grão, por exemplo, é matéria-prima do moleiro, do fabricante de amido, do destilador, do criador de gado etc. Torna-se matéria-prima de sua própria produção, como semente. Assim, o carvão provém da indústria de mineração como produto e entra nela como meio de produção.

O mesmo produto pode servir de meio de trabalho e de matéria-prima no mesmo processo de trabalho. Na engorda do gado, por exemplo, o gado, a matéria-prima trabalhada, é ao mesmo tempo meio de obtenção de adubo.

Um produto que existe numa forma pronta para o consumo pode tornar-se, de novo, matéria-prima de outro produto, como a uva torna-se matéria-prima do vinho. Ou o trabalho despacha seu produto em formas em que só pode ser usado de novo como matéria-prima. Matéria-prima nessa condição se chama produto semiacabado e seria mais bem denominada produto intermediário, como, por exemplo, algodão, linho, fio etc. Embora já sendo produto, a matéria-prima original pode ter de percorrer toda uma série de etapas de processos diferentes, nas quais funciona sempre de novo, em forma cada vez mais alterada, como matéria-prima, até o último processo de trabalho que a expele como meio acabado de subsistência ou meio acabado de trabalho.

Vê-se: o fato de um valor de uso aparecer como matéria-prima, meio de trabalho ou produto depende totalmente de sua função determinada no processo de trabalho, da posição que nele ocupa, e essas determinações variam de acordo com a mudança dessa posição.

Ao entrar em novos processos de trabalho como meios de produção, os produtos perdem, por isso, o caráter de produto. Eles só funcionam agora como fatores objetivos do trabalho vivo. O fiandeiro trata o fuso apenas como o meio com o qual fia e o linho como objeto que fia. Com efeito, não se pode ficar sem material de fiar e sem fuso. A existência desses produtos é, portanto, pressuposta ao se começar a fiar. Mas nesse processo mesmo importa tão pouco que o linho e o fuso sejam produtos de trabalho passado como no ato da alimentação interessa que o pão seja produto dos trabalhos passados do camponês, do moleiro, do padeiro etc. Ao contrário, se os meios de produção fazem valer, no processo de trabalho, seu caráter como produtos de trabalho passado, isso acontece somente por intermédio de seus defeitos. Uma faca que não corta, o fio que se parte constantemente etc. lembram vivamente o cuteleiro A e o fiandeiro E. No produto bem elaborado, extinguiu-se a aquisição de suas propriedades úteis por intermédio do trabalho passado.

Uma máquina que não serve no processo de trabalho é inútil. Além disso, sucumbe à força destruidora do metabolismo natural. O ferro enferruja, a madeira apodrece. Fio que não é usado para tecer ou fazer malha é algodão estragado. O trabalho vivo deve apoderar-se dessas coisas, despertá-las dentre os mortos, transformá-las de valores de uso apenas possíveis em valores de uso reais e efetivos. Lambidas pelo fogo do trabalho, apropriadas como corpo por ele, animadas a exercer as funções de sua concepção e vocação, é verdade que serão também consumidas, porém de um modo orientado a um fim, como elementos constitutivos de novos valores de uso, de novos produtos, aptos a incorporar-se ao consumo individual como meios de subsistência ou a um novo processo de trabalho como meios de produção.

Se, portanto, produtos existentes são não só resultado, mas também condição de existência do processo de trabalho, por outro lado é sua introdução nele, isto é, seu contato com trabalho vivo, o único meio de conservar e realizar esses produtos de trabalho passado como valores de uso.

O trabalho gasta seus elementos materiais, seu objeto e seu meio, os devora e é, portanto, processo de consumo. O consumo produtivo distingue-se do consumo individual por este último consumir os produtos como meios de subsistência do indivíduo vivo, e o primeiro, porém, como meios de subsistência do trabalho, da força de trabalho ativa do indivíduo. O produto de consumo individual é, por isso, o próprio consumidor, e o resultado do consumo produtivo é um produto distinto do consumidor.

Na medida em que seu meio e objeto mesmos já sejam produtos, o trabalho consome produtos para criar produtos ou gasta produtos como meios de produção de produtos. Como o processo de trabalho se passa originalmente só entre o ser humano e a terra, que preexistia sem sua colaboração, continuam a servir-lhe ainda tais meios de produção preexistentes por natureza e que não representam nenhuma combinação de matéria natural e trabalho humano.

O processo de trabalho, como o apresentamos em seus elementos simples e abstratos, é atividade orientada a um fim para produzir valores de uso, apropriação do natural para satisfazer as necessidades humanas, condição universal do metabolismo entre o ser humano e a Natureza, condição natural eterna da vida humana e, portanto, independente de qualquer forma dessa vida, sendo antes igualmente comum a todas as suas formas sociais. Por isso, não tivemos necessidade de apresentar o trabalhador em sua relação com outros trabalhadores. O ser humano e seu trabalho, de um lado, a natureza e seus materiais, do outro, bastavam. Assim como o sabor do trigo não revela quem o plantou, tampouco se podem reconhecer nesse processo as condições em que ele decorre, se sob o brutal açoite do feitor de escravos ou sob o olhar ansioso do capitalista, se Cincinato o realiza ao cultivar suas poucas *jugera* [jeiras] ou o selvagem ao abater uma fera com uma pedra.[9]

Voltemos ao nosso capitalista *in spe* [esperançoso]. Deixamo-lo logo depois de ele ter comprado no mercado todos os fatores necessários a um processo de trabalho, os fatores objetivos ou meios de produção e o fator pessoal ou força de trabalho. Com o olhar sagaz de conhecedor, ele escolheu os meios de produção e as forças de trabalho adequados para seu negócio particular, fiação, fabricação de botas etc. Nosso capitalista põe-se então a consumir a mercadoria que comprou, a força de trabalho, isto é, ele faz o portador da força de trabalho, o trabalhador, consumir os meios de produção mediante seu trabalho. A natureza geral do processo do trabalho não se altera, naturalmente, pelo fato de o trabalhador executá-lo para o capitalista, em vez de para si mesmo. Mas também o modo específico de fazer botas ou de fiar não pode alterar-se de início pela intromissão do capitalista. Ele tem de tomar a força de trabalho, de início, como a encontra no mercado e, portanto, também seu trabalho da maneira como se originou em um período em que ainda não havia capitalistas. A transformação do próprio modo de produção mediante a subordinação do trabalho ao capital só pode ocorrer mais tarde e deve, por isso, ser considerada somente mais adiante.

O processo de trabalho, em seu decurso enquanto processo de consumo da força de trabalho pelo capitalista, mostra dois fenômenos peculiares.

O trabalhador trabalha sob o controle do capitalista a quem pertence seu trabalho. O capitalista cuida de que o trabalho se realize em ordem e os meios de produção sejam empregados conforme seus fins, portanto de que não seja desperdiçada matéria-prima e de que o instrumento de trabalho seja preservado, isto é, só seja destruído na medida em que seu uso no trabalho o exija.

Segundo, porém: o produto é propriedade do capitalista, e não do produtor direto, o trabalhador. O capitalista paga, por exemplo, o valor de um dia da força de trabalho. A sua utilização, como a de qualquer outra mercadoria, por exemplo a de um cavalo que ele alugou por um dia, pertence-lhe, portanto, durante o dia. Ao comprador da mercadoria pertence a utilização da mercadoria, e o possuidor da força de trabalho dá, de fato, apenas o valor de uso que vendeu ao dar seu trabalho. A partir do momento em que ele entrou na oficina do capitalista, o valor de uso de sua força de trabalho, portanto sua utilização, o trabalho, pertence ao capitalista. O capitalista, mediante a compra da força de trabalho, incorporou o próprio trabalho, como fermento vivo, aos elementos mortos constitutivos do produto, que lhe pertencem igualmente. Do seu ponto de vista, o processo de trabalho é apenas o consumo da mercadoria, força de trabalho por ele comprada, que só pode, no entanto, consumir ao acrescentar-lhe meios de produção. O processo de trabalho é um processo entre coisas que o capitalista comprou, entre coisas que lhe pertencem. O produto desse processo lhe pertence de modo inteiramente igual ao produto do processo de fermentação em sua adega.[10]

2. PROCESSO DE VALORIZAÇÃO

O produto – a propriedade do capitalista – é um valor de uso, fio, botas etc. Mas, por exemplo, embora as botas constituam de certo modo a base do progresso social e nosso capitalista seja um decidido progressista, ele não fabrica as botas por causa delas mesmas. O valor de uso não é, de modo algum, a coisa *qu'on aime pour lui-même* [que se ama por si mesma]. Produzem-se aqui valores de uso somente porque e na medida em que sejam substrato material, portadores do valor de troca. E, para nosso capitalista, trata-se de duas coisas. Primeiro, ele quer produzir um valor de uso que tenha um valor de troca, um artigo destinado à venda, uma mercadoria. Segundo, ele quer produzir uma mercadoria cujo valor seja mais alto que a soma dos valores das mercadorias exigidas para produzi-la, os meios de produção e a força de trabalho, para as quais adiantou seu bom dinheiro no mercado. Quer produzir não só um valor de uso, mas uma mercadoria; não só valor de uso, mas valor; e não só valor, mas também mais-valia.

De fato, tratando-se aqui de produção de mercadorias, consideramos evidentemente apenas um lado do processo até agora. Como a própria mercadoria é unidade de valor de uso e valor, seu processo de produção tem de ser unidade de processo de trabalho e processo de formação de valor.

Consideremos o processo de produção agora também como processo de formação de valor.

Sabemos que o valor de toda mercadoria é determinado pelo *quantum* de trabalho materializado em seu valor de uso, pelo tempo de trabalho socialmente necessário à sua produção. Isso vale também para o produto que nosso capitalista obteve como resultado do processo de trabalho. De início, portanto, tem-se de calcular o trabalho materializado nesse produto.

Seja, por exemplo, fio.

Para a fabricação do fio, em primeiro lugar precisa-se de sua matéria-prima, por exemplo 10 libras de algodão. Não é necessário investigar o valor do algodão, pois o capitalista o comprou no mercado pelo seu valor, por exemplo 10 xelins. No preço do algodão, já está representado o trabalho exigido para sua produção, como trabalho social geral. Suponhamos ainda que a massa de fusos desgastada no processamento do algodão, que representa, para nós, todos os outros meios de trabalho empregados, tenha um valor de 2 xelins. Se um volume de ouro de 12 xelins é o produto de 24 horas ou 2 dias de trabalho, segue-se, de início, que no fio estão objetivados 2 dias de trabalho.

A circunstância de que o algodão mudou sua forma e a massa de fusos consumida desapareceu totalmente não nos deve desconcertar. Segundo a lei geral do valor, 10 libras de fio, por exemplo, são um equivalente de 10 libras de algodão mais ¼ de fuso, desde que o valor de 40 libras de fio seja = o valor de 40 libras de algodão + o valor de um fuso inteiro, isto é, que o mesmo tempo de trabalho seja exigido para produzir o que está em cada um dos lados dessa equação. Nesse caso, o mesmo tempo de trabalho representa-se uma vez no valor de uso fio e a outra vez nos valores de uso algodão e fuso. Ao valor é indiferente se aparece em fio, fuso ou algodão. O fato de que fuso e algodão, em vez de ficarem parados um ao lado do outro, unem-se no processo de fiação, que modifica suas formas de uso, transformando-se em fio, afeta tão pouco o seu valor quanto se fossem simplesmente intercambiados por um equivalente de fio.

O tempo de trabalho exigido para a produção do algodão é parte do tempo de trabalho exigido para a produção do fio, ao qual serve de matéria-prima, e por isso está contido no fio. O mesmo vale para o tempo de trabalho exigido para produzir o volume de fusos, cuja depreciação ou consumo é imprescindível para a fiação do algodão.[11]

Na medida em que, portanto, se considera o valor do fio, isto é, o tempo de trabalho exigido para sua produção, os diferentes processos particulares de trabalho separados no tempo e no espaço que têm de ser percorridos para produzir o próprio algodão e a massa de fusos desgastada e para, finalmente, fazer fio do algodão e do fuso podem ser considerados como diversas fases sucessivas do mesmo processo de trabalho. Todo o trabalho contido no fio é trabalho passado. Que o tempo de trabalho exigido para a produção dos elementos constitutivos do fio tenha passado antes, estando no mais-que-perfeito, enquanto o trabalho empregado diretamente no processo final, a fiação, encontre-se mais perto do presente, no pretérito perfeito, é uma circunstância absolutamente indiferente. Se determinada quantidade de trabalho, 30 dias de trabalho por exemplo, é necessária para construir uma casa, não se altera nada no *quantum* total do tempo de trabalho incorporado à casa pelo fato de que o trigésimo dia de trabalho entrou na produção 29 dias depois do primeiro dia de trabalho. E assim se pode considerar o tempo de trabalho contido no material de trabalho e nos meios de trabalho como se tivesse sido despendido numa fase anterior do processo de fiação, antes do trabalho finalmente acrescentado, sob a forma de fiação.

Os valores dos meios de produção, do algodão e do fuso, expressos no preço de 12 xelins, formam, portanto, partes integrantes do valor do fio ou do valor do produto.

Só duas condições têm de ser preenchidas. Primeiro, algodão e fuso devem ter servido realmente à produção de um valor de uso. Em nosso caso, devem ter-se tornado fio. É indiferente ao valor que o valor de uso o porte, mas um valor de uso tem de portá-lo. Segundo, pressupõe-se que somente o tempo de trabalho necessário, sob dadas condições sociais de produção, tenha sido aplicado. Se, portanto, apenas 1 libra de algodão fosse necessária para fiar 1 libra de fio, então se deve consumir apenas 1 libra de algodão na fabricação de 1 libra de fio. O mesmo vale para o fuso. Ainda que o capitalista tivesse a fantasia de empregar fusos de ouro em vez de fusos de ferro, no valor do fio só contaria, todavia, o trabalho socialmente necessário, isto é, o tempo de trabalho necessário para a produção de fusos de ferro.

Sabemos agora qual parte do valor do fio forma os meios de produção, algodão e fuso. É igual a 12 xelins, ou à materialização de 2 dias de trabalho. Trata-se agora daquela parte de valor que o trabalho do próprio fiandeiro acrescenta ao algodão.

Agora temos de observar esse trabalho sob um aspecto totalmente diverso daquele sob o qual o consideramos durante o processo de trabalho. Lá, tratava-se da atividade orientada ao fim de transformar algodão em fio. Quanto mais adequado o trabalho a este, tanto melhor o fio, supondo-se inalteradas todas as demais circunstâncias. O trabalho do fiandeiro era especificamente diferente de outros trabalhos produtivos, e a diversidade manifestava-se subjetiva e objetivamente no fim particular da fiação, em seu modo particular de operar, na natureza particular de seus meios de produção, no valor de uso particular de seu produto. Algodão e fuso servem de meios de subsistência do trabalho de fiar, mas não se podem fazer canhões raiados com eles. Na medida em que o trabalho do fiandeiro é, pelo contrário, formador de valor, isto é, fonte de valor, não se distingue em nada do trabalho do perfurador de canhões ou, mais próximo, dos trabalhos do plantador de algodão e do produtor de fusos, realizados nos meios de produção do fio. ¦ 70 É apenas por causa dessa identidade que plantar algodão, fazer fusos e fiar podem formar partes apenas quantitativamente diferentes do mesmo valor total, do valor do fio. ¦ Aqui já não se trata da qualidade, da natureza e do conteúdo do trabalho, mas apenas de sua quantidade. É fácil calculá-la. Pressupomos que o trabalho de fiar seja trabalho simples, trabalho social médio. Ver-se-á depois que o pressuposto contrário não altera nada na coisa.

Durante o processo de trabalho, o trabalho se transpõe continuamente da forma de agitação para a de ser, da forma de movimento para a de objetividade. Ao fim de uma hora, o movimento de fiar está representado em determinado *quantum* de fio, portanto determinado *quantum* de trabalho, uma hora de trabalho, está objetivado no algodão. Dizemos hora de trabalho, isto é, o dispêndio da força vital do fiandeiro durante uma hora, pois o trabalho de fiar vale aqui apenas enquanto dispêndio de força de trabalho, e não enquanto trabalho específico de fiação.

Agora é de importância decisiva que durante o processo, isto é, durante a transformação do algodão em fio, somente o tempo de trabalho socialmente necessário seja consumido. Se sob condições sociais de produção normais, isto é, médias, A libras de algodão têm de ser transformadas, durante 1 hora de trabalho, em B libras de fio, então somente vale como jornada de trabalho de 12 horas aquela jornada de trabalho que transforma 12 × A libras de algodão em 12 × B libras de fio. Pois apenas o tempo de trabalho socialmente necessário conta como formador de valor.

Assim como o próprio trabalho, a matéria-prima e o produto aparecem aqui sob uma luz totalmente diferente da projetada pelo ponto de vista do processo de trabalho propriamente dito. A matéria-prima funciona aqui apenas como algo que absorve determinado *quantum* de trabalho. Por meio dessa absorção transforma-se, de fato, em fio, porque a força de trabalho foi despendida e lhe foi acrescentada sob a forma de fiação. Mas o produto, o fio, é agora apenas uma escala graduada que mede o trabalho absorvido pelo algodão. Se, em 1 hora, 1⅔ libra de algodão é fiada ou transformada em 1⅔ libra de fio, então 10 libras de fio indicam 6 horas de trabalho absorvidas. Quantidades de produto determinadas, verificadas pela experiência, representam agora nada mais que determinadas quantidades de trabalho, determinada massa de tempo de trabalho solidificado. São apenas a materialização de uma hora, de duas horas, de um dia de trabalho social.

Que o trabalho seja precisamente trabalho de fiar, seu material o algodão e seu produto o fio interessa aqui tão pouco quanto o objeto do trabalho, por sua vez, ser já produto, portanto matéria-prima. Se o trabalhador, em vez de fiar, estivesse ocupado numa mina de carvão, o objeto de trabalho, o carvão, seria preexistente por natureza. Apesar disso, determinado *quantum* de carvão arrancado da rocha, um quintal por exemplo, representaria determinado *quantum* de trabalho absorvido.

Ao tratar da venda da força de trabalho, foi suposto que seu valor diário = 3 xelins e que nestes últimos estão incorporadas 6 horas de trabalho, sendo, portanto, exigido esse *quantum* de trabalho para produzir a soma média dos meios diários de subsistência do trabalhador. Se nosso fiandeiro, durante uma hora de trabalho, transforma 1⅔ libra de algodão em 1⅔ libra de fio,[12] então transformará, em 6 horas, 10 libras de algodão em 10 libras de fio. Durante o processo de fiação, portanto, o algodão absorve 6 horas de trabalho. O mesmo tempo de trabalho representa-se num *quantum* de ouro de 3 xelins. Mediante a própria fiação, pois, acrescenta-se ao algodão um valor de 3 xelins.

Vejamos agora o valor total do produto, das 10 libras de fio. Nelas se objetivam 2½ dias de trabalho, sendo 2 dias contidos no algodão e na massa de fusos e ½ dia absorvido durante o processo da fiação. O mesmo tempo de trabalho representa-se numa massa de ouro de 15 xelins. O preço adequado ao valor das 10 libras de fio é, portanto, 15 xelins, o preço de 1 libra de fio, 1 xelim e 6 pence.

Nosso capitalista fica perplexo. O valor do produto é igual ao valor do capital adiantado. O valor adiantado não se valorizou, não produziu mais-valia, o dinheiro não se transformou, pois, em capital. O preço das

10 libras de fio é 15 xelins, e 15 xelins foram despendidos no mercado pelos elementos constitutivos do produto ou, o que é o mesmo, para os fatores do processo de trabalho: 10 xelins para o algodão, 2 xelins para a massa de fusos consumida e 3 xelins para a força de trabalho. O valor inchado do fio de nada ajuda, pois seu valor é apenas a soma dos valores que antes se distribuíram entre algodão, fuso e força de trabalho, e de tal adição simples de valores preexistentes não pode surgir uma mais-valia, nem agora nem jamais.[13] Esses valores estão concentrados agora numa só coisa, mas já o estavam na soma de dinheiro de 15 xelins antes que esta se fragmentasse por meio de três compras de mercadorias.

Em si e para si, esse resultado não tem nada de estranho. O valor de 1 libra de fio é 1 xelim e 6 pence, e por 10 libras de fio nosso capitalista teria de pagar no mercado, portanto, 15 xelins. Tanto faz que compre no mercado sua casa particular já pronta ou que a mande construir, nenhuma dessas operações aumentará o dinheiro gasto na aquisição da casa.

O capitalista, familiarizado com a Economia vulgar, dirá talvez que adiantou seu dinheiro com a intenção de fazer mais dinheiro com isso. Mas o caminho ao inferno está calçado de boas intenções, e ele poderia, do mesmo modo, ter a intenção de fazer dinheiro sem produzir nada.[14] Ele ameaça. Não o apanharão de novo. Futuramente, comprará a mercadoria pronta no mercado em vez de fabricá-la. Mas, se todos os seus irmãos capitalistas fizerem o mesmo, onde deverá ele encontrar mercadorias prontas? E dinheiro ele não pode comer. Ele faz um sermão. Deve-se levar em consideração sua abstinência. Poderia esbanjar seus 15 xelins. Em lugar disso, os consumiu produtivamente e os transformou em fio. Mas, graças a isso, ele tem fio em vez de remorsos. Ele não deve, de modo algum, recair no papel do entesourador que já nos mostrou o que se obtém do ascetismo. Além disso, onde nada existe, o imperador perdeu seu direito. Qualquer que seja o mérito de sua renúncia, não existe nada para pagá-lo adicionalmente, uma vez que o valor do produto que resulta do processo é apenas igual à soma dos valores das mercadorias lançadas nele. Tem de consolar-se com a ideia de a virtude ser a recompensa da virtude. Mas, em vez disso, ele se torna importuno. O fio não lhe serve de nada. Ele o produziu para a venda. Sendo assim, que o venda ou, melhor ainda, que produza no futuro apenas coisas para seu próprio uso, receita que seu médico da família, McCulloch, já prescrevera como remédio comprovado contra a epidemia da superprodução. Ele se torna teimoso. Deveria o trabalhador, com seus próprios membros, criar no éter figurações de trabalho, produzir mercadorias? Não lhe deu ele a matéria com a qual e na qual pode dar corpo a seu trabalho? Sendo a maior parte da sociedade constituída dos que nada têm, não prestou ele um serviço inestimável à sociedade, com seus meios de produção, seu algodão e seus fusos, e também ao próprio trabalhador, ao qual forneceu ainda meios de subsistência? Não deve ele apresentar a conta por tal serviço? Mas, em contrapartida, não lhe prestou o trabalhador o serviço de transformar algodão e fuso em fio? Além disso, não se trata aqui de serviços.[15] Um serviço nada mais é que o efeito útil de um valor de uso, seja da mercadoria, seja do trabalho.[16] Mas aqui se trata do valor de troca. O capitalista pagou ao trabalhador o valor de 3 xelins. O trabalhador devolveu-lhe um equivalente exato, no valor de 3 xelins, acrescido ao algodão. Valor contra valor. Nosso amigo, até há pouco capitalisticamente arrogante, assume subitamente a atitude modesta de seu próprio trabalhador. Não trabalhou ele mesmo? Não executou o trabalho de vigilância e superintendência sobre o fiandeiro? Não cria valor também esse seu trabalho? Mas seu próprio *overlooker* [supervisor] e seu gerente encolhem os ombros. Entrementes, já recobrou com um sorriso alegre sua fisionomia anterior. Ele troçou de nós com toda essa ladainha. Não daria um centavo por ela. Ele deixa esses e outros subterfúgios e petas vazias aos professores da Economia Política, expressamente pagos para isso. Ele mesmo é um homem prático que nem sempre pensa no que diz fora do negócio, mas sempre sabe o que faz dentro dele.

Examinemos a coisa mais de perto. O valor de um dia da força de trabalho importava em 3 xelins, porque nela mesma está objetivada meia jornada de trabalho, isto é, porque os meios de subsistência necessários para produzir diariamente a força de trabalho custam meia jornada de trabalho. Mas o trabalho passado que a força de trabalho contém, e o trabalho vivo que ela pode prestar, seus custos diários de manutenção e seu dispêndio diário, são duas grandezas inteiramente diferentes. A primeira determina seu valor de troca, a outra forma seu valor de uso. O fato de que meia jornada seja necessária para mantê-lo vivo durante 24 horas não impede o trabalhador, de modo algum, de trabalhar uma jornada inteira. O valor da força de trabalho e sua valorização no processo de trabalho são, portanto, duas grandezas distintas. Essa diferença de valor o capitalista tinha em vista quando comprou a força de trabalho. Sua propriedade útil, de poder fazer fio ou botas, era apenas uma *conditio sine qua non* [condição indispensável], pois o trabalho tem de ser despendido em forma útil para criar valor. Mas o decisivo foi o valor de uso específico dessa mercadoria ser fonte de valor, e de mais valor do que ela mesma tem. Esse é o serviço específico que o capitalista espera dela. E ele procede, no caso, segundo as leis eternas do intercâmbio de mercadorias. Na verdade, o vendedor da força de trabalho, como o vendedor de qualquer outra mercadoria, realiza seu valor de troca e aliena seu valor de uso. Ele não pode obter um sem se desfazer do outro. O valor de uso da força de trabalho, o próprio trabalho, pertence tão pouco ao seu vendedor quanto o valor de uso do óleo vendido ao comerciante que o vendeu. O possuidor de dinheiro pagou o valor de um dia da força de trabalho; pertence-lhe, portanto, a utilização dela durante o dia, o trabalho de uma jornada. A circunstância de que a manutenção diária da força de trabalho só custe meia jornada de trabalho, apesar de a força de trabalho poder operar, trabalhar, um dia inteiro e de que, por isso, o valor que sua utilização cria durante um dia seja o dobro de seu próprio valor de um dia é uma grande sorte para o comprador, mas, de modo algum, uma injustiça contra o vendedor.

Nosso capitalista previu o caso que o faz sorrir.[I] O trabalhador encontra, por isso, na oficina, os meios de produção necessários para um processo de trabalho não de 6 horas, mas de 12. Se 10 libras de algodão absorviam 6 horas de trabalho e transformavam-se em 10 libras de fio, então 20 libras de algodão absorverão 12 horas de trabalho e se transformarão em 20 libras de fio. Consideremos o produto do processo prolongado de trabalho. Nas 20 libras de fio estão objetivadas agora 5 jornadas de trabalho: 4 na massa consumida de algodão e fusos, 1 absorvida pelo algodão durante o processo de fiação. Mas a expressão em ouro de 5 jornadas de trabalho é 30 xelins ou 1 libra esterlina e 10 xelins. Esse é, portanto, o preço das 20 libras de fio. Uma libra de fio custa, depois como antes, 1 xelim e 6 pence. Mas a soma dos valores das mercadorias lançadas no processo importou em 27 xelins. O valor do fio é de 30 xelins. O valor do produto ultrapassou em $\frac{1}{9}$ o valor adiantado para sua produção. Dessa maneira, transformaram-se 27 xelins em 30. Deram uma mais-valia de 3 xelins. Finalmente a artimanha deu certo. Dinheiro se transformou em capital.

Todas as condições do problema foram resolvidas e as leis do intercâmbio de mercadorias não foram violadas de modo algum. Trocou-se equivalente por equivalente. O capitalista pagou, como comprador, toda mercadoria por seu valor, algodão, massa de fusos, força de trabalho. Depois fez o que faz qualquer outro comprador de mercadorias. Consumiu seu valor de uso. Do processo de consumo da força de trabalho, ao mesmo tempo processo de produção da mercadoria, resultou um produto de 20 libras de fio com um valor de 30 xelins. O capitalista volta agora ao mercado e vende mercadoria, depois de ter comprado mercadoria. Vende a libra de fio por 1 xelim e 6 pence, nenhum centavo acima ou abaixo de seu valor. E, não obstante, tira da circulação 3 xelins a mais do que nela lançou. Todo esse seguimento, a transformação de seu dinheiro em capital, se opera na esfera da circulação e não se opera nela. ¦71 Por intermédio da circulação, por ser condicionado pela compra da força

---

I "*Kasus, der ihn lachen macht*", citação modificada de Goethe, *Fausto*, Parte I: "Studierzimmer" [Quarto de estudante]. [N. E. A.]

de trabalho no mercado. Fora da circulação, pois ela apenas introduz o processo de valorização, que ocorre na esfera da produção. E ¦ assim é *tout pour le mieux dans le meilleur des mondes possibles* [tudo pelo melhor no melhor dos mundos possíveis].[I]

O capitalista, ao transformar dinheiro em mercadorias, que servem de materiais constituintes de um novo produto ou de fatores do processo de trabalho, ao incorporar força de trabalho viva à sua objetividade morta, transforma valor, trabalho passado, objetivado, morto, em capital, em valor que se valoriza a si mesmo, um monstro animado que começa a "trabalhar" como se tivesse amor no corpo.[II]

Se comparamos o processo de formação de valor com o processo de valorização, vemos que o processo de valorização não é nada mais que um processo de formação de valor prolongado além de certo ponto. Se este dura apenas até o ponto em que o valor da força de trabalho pago pelo capital é substituído por um novo equivalente, então é um processo simples de formação de valor. Se ultrapassa esse ponto, torna-se processo de valorização.

¦ 72 Se comparamos, além disso, o processo de formação de valor com o processo de trabalho, vemos que este consiste no trabalho útil que produz valores de uso. O movimento é considerado aqui qualitativamente, em seu modo e maneira particular, segundo seu objetivo e conteúdo.¦ O mesmo processo de trabalho apresenta-se no processo de formação de valor somente em seu aspecto quantitativo. Trata-se aqui apenas do tempo que o trabalho precisa para sua operação ou da duração na qual a força de trabalho é despendida de forma útil. ¦ 73 Também as mercadorias que entram no processo de trabalho aqui já não valem como fatores materiais, determinados funcionalmente, da força de trabalho atuando orientadamente para um fim. Apenas contam com determinadas quantidades de trabalho objetivado. ¦ O trabalho, seja contido nos meios de produção, seja acrescido a eles pela força de trabalho, conta somente por sua duração. Representa tantas horas, dias etc.

Mas conta somente na medida em que o tempo gasto na produção do valor de uso é socialmente necessário. Isso envolve vários fatores. A força de trabalho tem de funcionar em condições normais. Se a máquina de fiar é o instrumento de trabalho socialmente dominante para a fiação, então não se deve pôr uma roda de fiar nas mãos do trabalhador. Ele não deve receber, em vez de algodão de qualidade normal, um refugo

---

I Aforismo do romance satírico *Cândido, ou o Otimismo*, de Voltaire. [N. E. A.]

II *Als haett'es Lieb im Leibe*: citação modificada de Johann Wolfgang von Goethe, *Fausto*, Parte I, "Auerbachs Keller in Leipzig" [Adega de Auerbach em Leipzig]. [N. E. A.]

que rasga a todo instante. Em ambos os casos, ele precisaria de mais do que o tempo socialmente necessário para a produção de uma libra de fio, mas esse tempo excedente não geraria valor em dinheiro. O caráter normal dos fatores materiais de trabalho não depende, porém, do trabalhador, mas do capitalista. Outra condição é o caráter normal da própria força de trabalho. No ramo em que se aplica, ela deve possuir o grau médio de habilidade, destreza e rapidez. Mas nosso capitalista comprou no mercado força de trabalho de qualidade normal. Essa força tem de ser despendida no grau médio habitual de esforço, com o grau de intensidade socialmente usual. Sobre isso o capitalista exerce vigilância com o mesmo temor que manifesta de que nenhum tempo seja desperdiçado sem trabalho. Comprou a força de trabalho por prazo determinado. Insiste em ter o que é seu. Não quer ser roubado. Finalmente – e para isso tem ele seu próprio *code pénal* [código penal] – não deve ocorrer nenhum consumo desnecessário de matéria-prima e meios de trabalho, porque material e meios de trabalho desperdiçados representam quantidades despendidas em excesso de trabalho objetivado, que, portanto, não contam nem entram no produto da formação de valor.[17]

Vê-se: a diferença, obtida anteriormente com a análise da mercadoria, entre o trabalho enquanto criador de valor de uso e o mesmo trabalho enquanto criador de valor apresenta-se agora como diferenciação dos diferentes aspectos do processo de produção.

Como unidade do processo de trabalho e processo de formação de valor, o processo de produção é processo de produção de mercadorias; como unidade do processo de trabalho e processo de valorização, ele é processo de produção capitalista, forma capitalista da produção de mercadorias.

Observamos anteriormente que, para o processo de valorização, é totalmente indiferente se o trabalho apropriado pelo capitalista é trabalho simples, trabalho social médio ou trabalho mais complexo, trabalho de peso específico superior. O trabalho que vale como trabalho superior, mais complexo em face do trabalho social médio, é a exteriorização de uma força de trabalho na qual entram custos mais altos de formação, cuja produção custa mais tempo de trabalho e que, por isso, tem valor mais elevado que a força de trabalho simples. Se o valor dessa força é superior, ela se exterioriza, por conseguinte, em trabalho superior e se objetiva nos mesmos períodos de tempo em valores proporcionalmente mais altos. Qualquer que seja, porém, a diferença de grau entre o trabalho do fiandeiro e o do joalheiro, a porção de trabalho com que o joalheiro apenas repõe o valor de sua própria força de trabalho não se distingue qualitativamente, de modo algum, da porção de trabalho adicional com que gera mais-valia. Depois como antes, a mais-valia resulta somente de um excesso quantitativo de trabalho, da duração prolongada do mesmo processo de trabalho, que, em um caso, é o processo da produção de fios e, em outro, o processo da produção de joias.[18]

Por outro lado, em todo processo de formação de valor, o trabalho superior sempre tem de ser reduzido a trabalho social médio, por exemplo uma jornada de trabalho superior a x jornadas de trabalho simples.[19] ¦ 74 Evita-se, portanto, uma operação supérflua e simplifica-se a análise, por meio da suposição de que o trabalhador empregado pelo capital executa trabalho social médio simples. ¦

CAPÍTULO 6

CAPITAL CONSTANTE E CAPITAL VARIÁVEL

Os diferentes fatores do processo de trabalho tomam parte de diferentes modos na formação do valor do produto.

O trabalhador acrescenta ao objeto do trabalho novo valor, por meio do acréscimo de determinado *quantum* de trabalho, abstraindo o conteúdo determinado, a finalidade e o caráter técnico do trabalho. Por outro lado, reencontramos os valores dos meios de produção consumidos como partes integrantes do valor do produto, por exemplo os valores do algodão e do fuso no valor do fio. O valor dos meios de produção conserva-se, portanto, pela sua transferência ao produto. Essa transferência ocorre durante a transformação dos meios de produção em produto no processo de trabalho. É mediada pelo trabalho. Mas como?

O trabalhador não trabalha duas vezes ao mesmo tempo, uma vez para agregar valor ao algodão, por meio de seu trabalho, e outra vez para conservar seu valor anterior, ou, o que é o mesmo, para transferir ao produto, o fio, o valor do algodão que transforma e do fuso com o qual ele trabalha. Antes, pelo contrário, pelo mero acréscimo de novo valor, conserva o valor antigo. Mas, como o acréscimo de novo valor ao objeto de trabalho e a conservação dos valores antigos no produto são dois resultados totalmente diferentes que o trabalhador alcança ao mesmo tempo, embora trabalhe uma só vez durante esse tempo, essa dualidade do resultado só pode explicar-se, evidentemente, pela dualidade de seu próprio trabalho. No mesmo instante, o trabalho tem de gerar valor em uma condição e deve conservar ou transferir valor em outra condição.

Como é que todo trabalhador agrega tempo de trabalho e, portanto, valor? Sempre apenas sob a forma de seu modo peculiar de trabalho produtivo. O fiandeiro só agrega tempo de trabalho fiando, o tecelão tecendo, o ferreiro forjando. Mediante essa forma orientada a um fim, porém, sob a qual agregam trabalho em geral e, por isso, novo valor, mediante o fiar, tecer e forjar, os meios de produção algodão e fuso, fio e tear, ferro e bigorna tornam-se elementos constituintes de um produto, de um novo valor de uso.[20] A forma antiga de seu valor de uso desaparece, mas só para aparecer sob nova forma-valor de uso. Ao considerar o processo de formação de valor vimos que, na medida em que se consome um valor de uso a fim de se produzir novo valor de uso, o tempo de trabalho necessário para a produção do valor de uso consumido forma parte do tempo de trabalho necessário para a produção do novo valor de uso, portanto é tempo de trabalho que se transfere do meio de produção consumido ao novo produto. O trabalhador conserva, portanto, os valores dos meios de produção consumidos ou os transfere, como partes componentes do valor, ao produto, não pelo seu acréscimo de trabalho em geral, mas pelo caráter particularmente útil, pela forma específica produtiva desse trabalho adicional. Como atividade produtiva, adequada a um fim – fiar, tecer, forjar –, o trabalho, através de seu mero contato, ressuscita dos mortos os meios de produção, vivifica-os para serem fatores do processo de trabalho e se combina com eles para formar produtos.

Se o trabalho produtivo específico do trabalhador não fosse o de fiar, ele não transformaria o algodão em fio e, portanto, não transferiria os valores do algodão e do fuso ao fio. Se, no entanto, o mesmo trabalhador mudar de profissão e se tornar marceneiro, agregará, depois como antes, valor a seu material mediante uma jornada de trabalho. Agrega valor, portanto, mediante seu trabalho não por ser trabalho de fiação ou de marcenaria, mas por ser abstrato, trabalho social geral, e agrega determinada grandeza de valor não por ter seu trabalho um conteúdo particular, útil, mas porque dura um tempo determinado. Portanto, em virtude de sua propriedade abstrata, geral, como dispêndio de força de trabalho humana, o trabalho do fiandeiro agrega novo valor aos valores do algodão e do fuso e, em virtude de sua propriedade concreta, específica, útil, como processo de fiação, transfere o valor desses meios de produção ao produto e recebe, assim, seu valor no produto. Daí a dualidade do seu resultado no mesmo instante.

Pela mera agregação quantitativa de trabalho, valor novo é agregado; pela quantidade do trabalho agregado, os valores antigos dos meios de produção são conservados no produto. Esse efeito dual do mesmo trabalho em virtude de seu caráter dual se mostra tangivelmente em diversos fenômenos.

Suponha que uma invenção qualquer capacite o fiandeiro a fiar em 6 horas a mesma quantidade de algodão que fiava antes em 36. Como atividade adequada a um fim, útil e produtiva, seu trabalho aumentou sua força seis vezes. Seu produto é seis vezes maior, 36 libras de fio em vez de 6. Mas as 36 libras de algodão absorvem agora apenas o mesmo tempo de trabalho que antes absorviam 6 libras. Seis vezes menos trabalho novo lhes é agregado em comparação com o método antigo, portanto apenas um sexto do valor anterior. Por outro lado, existe agora um valor em algodão seis vezes maior no produto, nas 36 libras de fio. Nas 6 horas de fiação, um valor em matéria-prima seis vezes maior é conservado e transferido ao produto, embora à mesma matéria-prima seja agregado um valor novo seis vezes menor. Isso demonstra que a propriedade em virtude da qual o trabalho, durante o mesmo processo indivisível, conserva valores é essencialmente diferente da propriedade em virtude da qual ele cria valores. Quanto mais tempo de trabalho necessário é absorvido durante a operação de fiar pelo mesmo *quantum* de algodão, tanto maior é o novo valor agregado ao algodão; mas, quanto mais libras de algodão são fiadas no mesmo tempo de trabalho, tanto maior é o valor antigo conservado no produto.

Suponha, ao contrário, que a produtividade do trabalho de fiação fique a mesma, o fiandeiro precisando, depois como antes, do mesmo tempo para transformar uma libra de algodão em fio. Mas suponha que mude o valor de troca do próprio algodão, o preço de uma libra de algodão suba ou caia em seis vezes. Em ambos os casos, o fiandeiro continua a acrescentar ao mesmo *quantum* de algodão o mesmo tempo de trabalho, portanto o mesmo valor, e em ambos os casos produz no mesmo tempo a mesma quantidade de fio. Todavia, o valor que transfere do algodão ao fio, ao produto, é seis vezes menor num caso e seis vezes maior noutro caso. O mesmo ocorre quando os meios de trabalho se tornam mais caros ou mais baratos, prestando, porém, sempre o mesmo serviço no processo de trabalho.

Se as condições técnicas do processo de fiação não se alterarem nem houver mudança de valor nos meios de produção, o fiandeiro consome, depois como antes, no mesmo tempo de trabalho, as mesmas quantidades de matéria-prima e de maquinaria com os mesmos valores. O valor que ele conserva no produto se mantém em razão direta ao novo valor que ele agrega. Em duas semanas, agrega duas vezes mais trabalho do que em uma, portanto duas vezes mais valor, e ao mesmo tempo consome duas vezes mais material de duas vezes mais valor, depreciando duas vezes mais maquinaria de um valor duas vezes maior; ele conserva, portanto, no produto de duas semanas, mais valor do que no produto de uma semana. Sob condições dadas imutáveis de produção, o trabalhador conserva tanto mais valor quanto mais valor agrega, mas não conserva mais valor porque agrega mais valor, e sim por agregá-lo sob condições invariáveis e independentes de seu próprio trabalho.

No entanto, pode-se dizer, em sentido relativo, que o trabalhador sempre conserva valores antigos na mesma proporção em que acrescenta valor novo. Suba o algodão de 1 para 2 xelins, ou caia para 6 pence, ele conservará no produto de uma hora sempre apenas metade do valor em algodão que conserva em duas horas, qualquer que seja a variação desse valor. Varie ainda a produtividade de seu próprio trabalho, aumentando ou diminuindo, ele fiará em uma hora de trabalho, por exemplo, mais ou menos algodão que antes e conservará correspondentemente mais ou menos valor em algodão no produto de uma hora de trabalho. Contudo, conservará em duas horas de trabalho duas vezes mais valor do que em uma hora de trabalho.

Valor, abstraindo sua representação puramente simbólica no signo de valor, existe apenas num valor de uso, numa coisa. (O próprio ser humano, considerado mera existência de força de trabalho, é um objeto natural, uma coisa, embora uma coisa viva, consciente, e o próprio trabalho é manifestação material dessa força.) Portanto, se o valor de uso se perde, perde-se também o valor. Os meios de produção não perdem seu valor, simultaneamente com seu valor de uso, porque de fato só perdem a figura originária de seu valor de uso, por meio do processo de trabalho, para ganhar no produto a figura de outro valor de uso. Porém, por mais que importe ao valor existir num valor de uso qualquer, lhe é igualmente indiferente em qual deles ele existe, como o mostra a metamorfose das mercadorias. Segue-se daí que, no processo de trabalho, só se transfere valor do meio de produção ao produto na medida em que o meio de produção, juntamente com seu valor de uso independente, também perca seu valor de troca. Ele cede ao produto apenas o valor que perde como meio de produção. Os fatores objetivos do processo de trabalho, porém, comportam-se de forma diferente a esse respeito.

O carvão com que se aquece a máquina desaparece sem deixar vestígios, do mesmo modo o óleo com que se lubrifica o eixo da roda etc. Tinta e outros materiais auxiliares desaparecem, mas se mostram nas propriedades do produto. A matéria-prima constitui a substância do produto, mas mudou sua forma. Matéria-prima e materiais auxiliares perdem, portanto, a figura independente com que entram no processo de trabalho como valores de uso. Isso é diferente com os meios de trabalho propriamente ditos. Um instrumento, uma máquina, um edifício de fábrica, um recipiente etc. prestam serviço no processo de trabalho apenas enquanto conservam sua figura originária, entrando amanhã no processo de trabalho com a mesma forma com que entraram ontem. Como durante sua vida, durante o processo de trabalho, conservam sua figura independente em face do produto, assim também o fazem após sua morte. Os cadáveres de máquinas, instrumentos, edifícios industriais etc. continuam a existir separados dos produtos que ajudaram a formar. Se considerarmos todo o período em que tal meio de trabalho presta serviço, desde o dia de sua entrada na oficina até o dia de seu banimento ao despejo, veremos que, durante esse período, seu valor de uso foi inteiramente consumido pelo trabalho e seu valor de troca transferiu-se, por isso, totalmente ao produto. Se, por exemplo, uma máquina de fiar teve vida útil de 10 anos, então seu valor total transferiu-se, durante o processo de trabalho de dez anos, ao produto de dez anos. O período de vida de um meio de trabalho compreende, portanto, um número maior ou menor de processos de trabalho, repetidos com ele sempre de novo. E acontece ao meio de trabalho o mesmo que ao ser humano. Todo ser humano perece diariamente por 24 horas. Mas não se nota em ninguém por quantos dias já pereceu. Isso não impede, entretanto, as companhias de seguros de vida de tirarem, da vida humana média, conclusões muito seguras e, ainda mais, muito lucrativas. O mesmo ocorre com o meio de trabalho. Sabe-se, por experiência, quanto tempo um meio de trabalho, por exemplo determinado tipo de máquina, dura em média. Suponhamos que seu valor de uso, no processo de trabalho, dure apenas 6 dias. Perde então, em cada dia de trabalho, 1/6 de seu valor de uso e cede, por isso, 1/6 de seu valor ao produto diário. Desse modo, calcula-se a depreciação de todos os meios de trabalho, isto é, por exemplo, sua perda diária de valor de uso e sua correspondente transferência diária de valor ao produto.

Isso demonstra convincentemente que um meio de produção nunca transfere mais valor ao produto do que perde no processo de trabalho pela destruição de seu próprio valor de uso. Se não tivesse valor a perder, isto é, se não fosse ele mesmo produto do trabalho humano, então não transferiria nenhum valor ao produto. Serviria de formador de valor de uso sem servir de formador de valor de troca. Isso ocorre com todos os meios de produção preexistentes por natureza, sem colaboração humana, como a terra, o vento, a água, o ferro no filão, a madeira da floresta virgem etc.

Outro fenômeno interessante apresenta-se aqui. Suponhamos que uma máquina tenha, por exemplo, um valor de 1000 libras esterlinas e se deprecie em 1000 dias. Nesse caso, todo dia 1/1000 do valor da máquina passa dela mesma a seu produto diário. Ao mesmo tempo, a máquina inteira continua a atuar, embora com decrescente força vital, no processo de trabalho. Vê-se, portanto, que um fator do processo de trabalho, um meio de produção, entra em sua totalidade no processo de trabalho, mas só em parte no processo de valorização. A diferença entre processo de trabalho e processo de valorização reflete-se aqui em seus fatores objetivos, dado que o mesmo meio de produção conta como elemento do processo de trabalho, em sua totalidade, e como elemento da formação de valor, apenas em parte.[21]

Por outro lado, um meio de produção pode, ao contrário, entrar totalmente no processo de valorização, embora apenas parcialmente no processo de trabalho. Suponha que, ao fiar o algodão, a cada 115 libras haja 15 que não constituam fio, mas apenas *devil's dust* [pó de algodão]. Apesar disso, se esse desperdício de 15 libras for normal e inseparável da elaboração média do algodão, o valor dessas 15 libras, que não constituem elemento do fio, entra no valor do fio do mesmo modo que o valor das 100 libras que constituem sua substância. O valor de uso de 15 libras de algodão tem de tornar-se pó para fazer 100 libras de fio. A perda desse algodão é, portanto, uma condição da produção do fio. Por isso mesmo, transfere seu valor ao fio. Isso vale para todos os excrementos do processo de trabalho, pelo menos na medida em que esses excrementos não constituem outra vez novos meios de produção e, por conseguinte, novos valores de uso independentes. Vê-se, por exemplo, nas grandes fábricas de máquinas em Manchester, montanhas de refugos de ferro, produzidos por máquinas ciclópicas como se fossem aparas de madeira, que são transportados à noite em grandes carros da fábrica à fundição de ferro, para voltarem no dia seguinte da fundição de ferro à fábrica como ferro maciço.

Os meios de produção, apenas na medida em que perdem valor na figura de seus valores antigos de uso durante o processo de trabalho, transferem valor à nova figura do produto. O máximo de perda de valor que podem sofrer no processo de trabalho está evidentemente limitado pela grandeza originária de valor com que entram no processo de trabalho, ou pelo tempo de trabalho exigido para sua própria produção. Meios de produção nunca podem, por isso, agregar ao produto mais valor do que possuem, independentemente do processo de trabalho a que servem. Por mais útil que seja um material de trabalho, uma máquina, um meio de produção: se custa 150 libras esterlinas, digamos 500 dias de trabalho, nunca agregará ao produto total, que contribui a formar, mais que 150 libras esterlinas. Seu valor não é determinado pelo processo de trabalho em que entra como meio de produção, mas pelo processo de trabalho de que sai como produto. No processo de trabalho só serve de valor de uso, de coisa com propriedades úteis, e não transferiria, por isso, nenhum valor ao produto se já não possuísse valor antes de sua entrada no processo.[22]

Quando o trabalho produtivo transforma meios de produção em elementos constituintes de um novo produto, ocorre com o seu valor uma transmigração de almas. Ele transmigra do corpo consumido ao corpo recém-estruturado. Mas essa transmigração de almas ocorre igualmente às costas do verdadeiro trabalho. O trabalhador não pode agregar novo trabalho e, portanto, criar novo valor sem conservar valores antigos, pois tem de agregar o trabalho sempre sob uma forma útil, e ele não pode agregá-lo em forma útil sem fazer de produtos meios de produção de um novo produto e, com isso, transferir seu valor ao novo produto. É, portanto, um dom natural da força de trabalho em ação, do trabalho vivo, conservar valor ao agregar valor, um dom natural que nada custa ao trabalhador, mas que rende muito ao capitalista, a conservação do valor preexistente do capital.[22a] Enquanto o negócio marcha bem, o capitalista está aprofundado demais no ganho de excedente para ver esse dom gratuito do trabalho. Interrupções violentas do processo de trabalho, crises, tornam-no sensivelmente perceptível.[23]

O que se consome dos meios de produção é seu valor de uso, pelo consumo do qual o trabalho forma produtos. Seu valor não é, de fato, consumido[24] nem pode, portanto, ser reproduzido. Ele é conservado, mas não porque uma operação ocorre com ele mesmo no processo de trabalho, e sim porque o valor de uso em que existia originalmente, na verdade, desaparece, mas desaparece apenas em outro valor de uso. O valor dos meios de produção reaparece, por isso, no valor do produto, mas, falando exatamente, ele não é reproduzido. O que é produzido é o novo valor de uso, em que reaparece o antigo valor de troca.[25]

É diferente o que acontece com o fator subjetivo do processo de trabalho, a força de trabalho em ação. Enquanto o trabalho, por meio de sua forma adequada a um fim, transfere o valor dos meios de produção ao produto e o conserva, cada momento de seu movimento cria valor adicional, novo valor. Suponhamos que o processo de produção se interrompa no ponto em que o trabalhador tiver produzido um equivalente do valor de sua própria força de trabalho, tendo agregado mediante trabalho de seis horas, por exemplo, um valor de 3 xelins. Esse valor forma o excedente do valor-produto sobre seus componentes devidos ao valor dos meios de produção. Ele é o único valor original que surgiu de dentro desse processo, a única parte de valor do produto que é produzida pelo próprio processo. Certamente, substitui apenas o dinheiro adiantado pelo capitalista na compra da força de trabalho e gasto pelo próprio trabalhador em meios de subsistência. No que se refere aos 3 xelins despendidos, o novo valor de 3 xelins aparece apenas como reprodução. Mas ele é reproduzido realmente, e não só aparentemente, como o valor dos meios de produção. A substituição de um valor pelo outro é mediada aqui por criação nova de valor.

Já sabemos, entretanto, que o processo de trabalho perdura além do ponto em que um simples equivalente do valor da força de trabalho seria reproduzido e agregado ao objeto de trabalho. Em vez das 6 horas que bastam para isso, o processo dura, por exemplo, 12 horas. Mediante a atividade da força de trabalho, reproduz-se, portanto, não só seu próprio valor, mas também se produz valor excedente. Essa mais-valia forma o excedente do valor-produto sobre o valor dos constituintes consumidos do produto, isto é, dos meios de produção e da força de trabalho.

Ao apresentar os papéis que os diversos fatores do processo de trabalho desempenham na formação do valor-produto, caracterizamos, de fato, as funções das diferentes partes componentes do capital em seu próprio processo de valorização. O excedente do valor total do produto sobre a soma dos valores de seus elementos constituintes é o excedente do capital valorizado sobre o valor do capital originalmente adiantado. Meios de produção, de um lado, e força de trabalho, do outro, são apenas as diferentes formas de existência que o valor do capital originário assumiu ao desfazer-se de sua forma-dinheiro e ao transformar-se nos fatores do processo de trabalho.

A parte do capital, portanto, que se converte em meios de produção, isto é, em matéria-prima, materiais auxiliares e meios de trabalho, não altera sua grandeza de valor no processo de produção. Eu a chamo, por isso, parte constante do capital ou, mais concisamente: capital constante.

Em contraposição, a parte do capital convertida em força de trabalho muda seu valor no processo de produção. Ela reproduz seu próprio equivalente e, além disso, produz um excedente, uma mais-valia que pode variar, ela mesma, e ser maior ou menor. Essa parte do capital transforma-se continuamente de grandeza constante em grandeza variável. Eu a chamo, por isso, parte variável do capital ou, mais concisamente: capital variável. As mesmas partes componentes do capital, que do ponto de vista do processo de trabalho se distinguem como fatores objetivos e subjetivos, como meios de produção e força de trabalho, se distinguem, do ponto de vista do processo de valorização, como capital constante e capital variável.

O conceito do capital constante não exclui, de modo algum, uma revolução do valor de suas partes componentes. Suponha que uma libra de algodão custe hoje 6 pence e suba amanhã, em virtude de uma queda na colheita de algodão, a 1 xelim. O algodão velho, que continua a ser elaborado, foi comprado ao valor de 6 pence, mas agrega agora ao produto um valor de 1 xelim. E o algodão que já está fiado, e talvez esteja circulando no mercado sob a forma de fio, agrega também ao produto o dobro de seu valor original. Vê-se, porém, que essas alterações de valor são independentes da valorização do algodão no próprio processo de fiação. Se o algodão velho não tivesse entrado ainda no processo de trabalho, poderia ser revendido agora por 1 xelim, em vez de 6 pence. Por outro lado: quanto menos processos de trabalho ele ainda tiver de percorrer, mais seguro será esse resultado. Por isso, em tais revoluções de valor, é uma lei da especulação especular com a matéria-prima em sua forma menos elaborada, isto é, antes com o fio do que com o tecido e antes com o próprio algodão do que com o fio. A mudança de valor se origina aqui no processo que produz algodão, e não no processo em que funciona como meio de produção e, por isso, como capital constante. Ainda que o valor de uma mercadoria seja determinado pelo *quantum* de trabalho contido nela, esse próprio *quantum* é socialmente determinado. Se muda o tempo de trabalho socialmente necessário para sua produção – e o mesmo *quantum* de algodão, por exemplo, representa maior *quantum* de trabalho em colheitas desfavoráveis do que em favoráveis –, há um efeito retroativo sobre a mercadoria antiga, que sempre vale como exemplo isolado de sua espécie,[26] cujo valor sempre se mede pelo trabalho socialmente necessário, isto é, sempre pelo trabalho necessário nas condições sociais presentes.

Assim como o valor da matéria-prima, o valor dos meios de produção que já prestam serviço no processo de produção, por exemplo da maquinaria, pode variar, portanto também a parte de valor que transferem ao produto. Se, por exemplo, em consequência de uma nova invenção, se reproduz maquinaria da mesma espécie com menos dispêndio de trabalho, a antiga maquinaria é mais ou menos desvalorizada e transfere, por isso, relativamente menos valor ao produto. Mas também aqui a mudança de valor origina-se fora do processo de produção, em que a máquina funciona como meio de produção. Nesse processo, nunca cede mais valor do que possui independentemente dele.

Assim como uma mudança no valor dos meios de produção não altera seu caráter como capital constante, mesmo quando ocorre retroativamente após sua entrada no processo, tampouco uma mudança na proporção entre o capital constante e o variável atinge sua diferença funcional. As condições técnicas do processo de trabalho podem ser transformadas de forma que, por exemplo, onde antes 10 trabalhadores com 10 ferramentas de pouco valor processavam uma massa relativamente pequena de matéria-prima, agora 1 trabalhador com uma máquina cara processa cem vezes mais matéria-prima. Nesse caso, o capital constante, isto é, a massa de valor dos meios de produção empregados, teria crescido consideravelmente, e a parte do capital variável, adiantada sob a forma de força de trabalho, teria caído muito. Essa mudança altera, entretanto, apenas a relação de grandezas entre o capital constante e o variável, ou a proporção em que o capital total se decompõe em componentes constantes e variáveis, mas em contraposição não atinge a diferença ¦ 75 entre constante e variável ¦.

CAPÍTULO 7

A TAXA DE MAIS-VALIA

1. O GRAU DE EXPLORAÇÃO DA FORÇA DE TRABALHO

A mais-valia que o capital C adiantado no processo de produção produziu, ou a valorização do capital adiantado C, apresenta-se, de início, como excedente do valor do produto sobre a soma de valor de seus elementos de produção.

O capital C decompõe-se em duas partes, uma soma de dinheiro, c, despendida com meios de produção e outra, v, despendida com força de trabalho; c representa a parte do valor transformada em capital constante e v a parte que se transformou em capital variável. Originalmente, portanto, $C = c + v$, por exemplo, o capital adiantado de

$$500 \text{ libras esterlinas} = \overbrace{410}^{c} \text{ libras esterlinas} + \overbrace{90}^{v} \text{ libras esterlinas.}$$

No fim do processo de produção, surge a mercadoria cujo valor $= \overbrace{c + v + mv}$, representando mv a mais-valia, por exemplo,

$$\overbrace{410}^{c} \text{ libras esterlinas} + \overbrace{90}^{v} \text{ libras esterlinas} + \overbrace{90}^{mv} \text{ libras esterlinas.}$$

O capital original C transformou-se em C', de 500 libras esterlinas em 590 libras esterlinas. A diferença entre ambos $= mv$, uma mais-valia de 90. Como o valor dos elementos de produção é igual ao valor do capital adiantado, é de fato uma tautologia dizer que o excedente do valor-produto sobre o valor de seus elementos de produção é igual à valorização do capital adiantado ou igual à mais-valia produzida.

Essa tautologia, entretanto, exige determinação mais precisa. O que se compara com o valor-produto é o valor dos elementos de produção consumidos em sua formação. Vimos, porém, que a parte do capital constante aplicado que consiste em meios de trabalho transfere ao produto apenas uma porção de seu valor, enquanto a outra porção persiste em sua antiga forma de existência. Como esta última não desempenha nenhum papel na formação do valor, deve-se aqui abstraí-la. Sua inclusão nos cálculos nada alteraria. Suponha que $c = 410$ libras esterlinas componha-se de 312 libras esterlinas de matéria-prima, 44 libras esterlinas de materiais auxiliares e 54 libras esterlinas de maquinaria que se deprecia no processo, mas que o valor da maquinaria realmente empregada seja de 1 054 libras esterlinas. Como adiantado para gerar o valor-produto, só contamos o valor de 54 libras esterlinas que a máquina perde devido ao seu funcionamento, transferindo-o, portanto, ao produto. Se incluíssemos as 1000 libras esterlinas que continuam existindo em sua forma antiga como máquina a vapor etc., teríamos de somá-las aos dois lados, ao lado do valor adiantado e ao lado do valor-produto,[26a] e obteríamos assim respectivamente 1500 libras esterlinas e 1590 libras esterlinas. A diferença ou a mais-valia seria, depois como antes, 90 libras esterlinas. Por capital constante adiantado para a produção de valor compreendemos, por isso, sempre apenas o valor dos meios de produção consumidos na produção, a não ser que o contrário se evidencie do contexto.

Isso posto, voltamos à fórmula $C = c + v$, que se transforma em

$$C' = \overbrace{c+v}+mv$$

e, em virtude disso, transforma C em C'. Sabe-se que o valor do capital constante apenas reaparece no produto. O produto-valor realmente criado no processo distingue-se, portanto, do valor-produto obtido dele, por isso esse produto-valor não é, como parece à primeira vista,

$$\overbrace{c+v+mv} \text{ ou } \overbrace{410}^{c} \text{ libras esterlinas} + \overbrace{90}^{v} \text{ libras esterlinas} + \overbrace{90}^{mv} \text{ libras esterlinas},$$

$$\text{mas sim } v+mv \text{ ou } \overbrace{90}^{v} \text{ libras esterlinas} + \overbrace{90}^{mv} \text{ libras esterlinas},$$

não 590 libras esterlinas, e sim 180 libras esterlinas. Se c, o capital constante, fosse $= 0$, em outras palavras, se houvesse ramos industriais em que o capitalista não tivesse de aplicar meios de produção produzidos, nem matéria-prima, nem materiais auxiliares, nem instrumentos de trabalho, mas apenas materiais preexistentes na Natureza e força de trabalho, não haveria, portanto, nenhuma parte de valor constante a ser transferida ao produto. Esse elemento do valor-produto, em nosso exemplo 410 libras esterlinas, não existiria, mas o produto-valor de 180 libras esterlinas, contendo 90 libras esterlinas de mais-valia, permaneceria inteiramente com a mesma grandeza, como se c representasse a maior soma de valores. Teríamos

$$C = \overbrace{0+v} = v,$$

e C', o capital valorizado, $= v + mv$; $C' - C$ seria, depois como antes, $= mv$. Se, inversamente, $mv = 0$, em outras palavras, se a força de trabalho, cujo valor é adiantado na forma de capital variável, produzisse apenas um equivalente, então $C=c+v$, e C' (o valor-produto)

$$=\overbrace{c+v}+0, \text{ por isso, } C=C'.$$

O capital adiantado não teria se valorizado, então.

Já sabemos, de fato, que a mais-valia é mera consequência da mudança de valor que ocorre com v, a parte do capital convertida em força de trabalho, portanto, $v+mv=v+\Delta v$ (v mais incremento de v). Mas a verdadeira mudança de valor e a proporção em que se altera o valor são obscurecidas pelo fato de que, em consequência do crescimento de sua parte variável, cresce também o capital total. Este era 500 e tornou-se 590. A análise pura do processo exige, portanto, a abstração total da parte do valor do produto em que apenas reaparece o valor do capital constante, isto é, supõe-se o capital constante $c=0$ e aplica-se uma lei da Matemática, pela qual se opera com grandezas variáveis e constantes e a grandeza constante está ligada apenas por adição ou subtração à variável.

Outra dificuldade surge da forma original do capital variável. Assim, no exemplo acima, $C'=410$ libras esterlinas de capital constante + 90 libras esterlinas de capital variável + 90 libras esterlinas de mais-valia. Noventa libras esterlinas são, porém, uma grandeza dada, portanto constante, e por isso parece inconsistente tratá-la como grandeza variável. Mas

$$\underset{\text{90 libras esterlinas}}{\underbrace{v}}$$

ou 90 libras esterlinas de capital variável são aqui, de fato, nada mais que um símbolo do ¦76 processo que esse valor percorre. A parte do capital adiantada na compra da força de trabalho é determinado *quantum* de trabalho objetivado, portanto grandeza constante de valor, como o valor da força de trabalho comprada. No próprio processo de produção, porém, a força de trabalho em ação toma o lugar das 90 libras esterlinas adiantadas,¦ trabalho vivo em lugar de trabalho morto, uma grandeza em fluxo em lugar de uma estática, uma variável em lugar de uma constante. O resultado é a reprodução de v mais o incremento de v. Do ponto de vista da produção capitalista, todo esse percurso é o movimento autônomo do valor originalmente constante convertido em força de trabalho. Atribuem-se a ele o processo e seu resultado. Portanto, se a fórmula de 90 libras esterlinas de capital variável ou valor que se valoriza parece contraditória, ela apenas expressa uma contradição imanente à produção capitalista.

À primeira vista, parece estranho igualar o capital constante a 0. Entretanto, é o que se faz constantemente na vida cotidiana. Se alguém quisesse calcular, por exemplo, o quanto ganha a Inglaterra com a indústria de algodão, começaria por descontar o preço do algodão pago a Estados Unidos, Índia, Egito etc., quer dizer, igualaria a 0 o valor do capital que apenas reaparece no valor-produto.

No entanto, a relação da mais-valia não só com a parte do capital da qual ela diretamente se origina e cuja mudança de valor representa, mas também com o capital total adiantado, tem grande significação econômica. Por isso, trataremos dessa relação pormenorizadamente no Livro 3. Para valorizar parte do capital mediante sua conversão em força de trabalho, a outra parte do capital tem de ser transformada em meios de produção. Para que o capital variável funcione, o capital constante em proporções adequadas, segundo o caráter técnico determinado do processo de trabalho, tem de ser adiantado. A circunstância de que se precisa de retortas e de outros recipientes para um processo químico não impede, porém, que na análise a própria retorta seja abstraída. Na medida em que a criação de valor e a mudança de valor são encaradas em si mesmas, isto é, em sua pureza, os meios de produção, essas formas materiais do capital constante, só fornecem a matéria em que a força em fluxo, formadora do valor, deve fixar-se. É indiferente, por isso, a natureza dessa matéria, se algodão ou ferro. Também o valor dessa matéria é indiferente. Ela tem de existir em volume suficiente para poder absorver o *quantum* de trabalho a ser despendido durante o processo de produção. Dado o volume, seu valor pode subir ou baixar ou, se ela não tiver valor, como terra e mar, o processo da criação de valor e de mudança do valor não é afetado.[27]

De início, portanto, igualamos a parte constante do capital a 0. O capital adiantado se reduz, assim, de $c+v$ a v, e o valor-produto

$\overbrace{c+}v+mv$ ao produto-valor $\overbrace{v+mv}$.

Dado o produto-valor = 180 libras esterlinas, no qual se representa o trabalho que fluiu durante todo o processo de produção, temos de deduzir o valor do capital variável = 90 libras esterlinas para obter a mais-valia = 90 libras esterlinas. O número 90 libras esterlinas = *mv* expressa aqui a grandeza absoluta da mais-valia produzida. Mas sua grandeza proporcional, isto é, a proporção em que se valorizou o capital variável, é evidentemente determinada pela relação entre a mais-valia e o capital variável, expressando-se como $\frac{mv}{v}$. No exemplo acima é, portanto, $\frac{90}{90} = 100\%$. Essa valorização proporcional do capital variável ou grandeza proporcional da mais-valia eu chamo de taxa de mais-valia.[28]

Vimos que, durante parte do processo de trabalho, o trabalhador apenas produz o valor de sua força de trabalho, isto é, o valor dos meios de subsistência de que necessita. Produzindo num contexto que se baseia na divisão social de trabalho, ele não produz seus meios de subsistência diretamente, mas sob a forma de uma mercadoria particular, por exemplo fio, um valor igual ao valor de seus meios de subsistência ou ao dinheiro com o qual os compra. A parte de sua jornada de trabalho de que ele precisa para isso é maior ou menor conforme o valor de seus meios de subsistência diários médios, portanto conforme o tempo de trabalho diário médio exigido para a sua produção. Se o valor de seus meios diários de subsistência representa em média 6 horas de trabalho objetivado, o trabalhador necessita trabalhar em média 6 horas por dia para produzi-lo. Se ele não trabalhasse para o capitalista, mas para si mesmo, independentemente, teria de trabalhar em média, permanecendo iguais as demais circunstâncias, depois como antes, a mesma parte alíquota da jornada para produzir o valor de sua força de trabalho e, assim, obter os meios de subsistência necessários à sua manutenção ou reprodução contínua. Mas, como na parte da jornada de trabalho em que produz o valor diário da força de trabalho, digamos 3 xelins, ele produz apenas um equivalente ao valor dela já pago[28a] pelo capitalista e, portanto, repõe apenas o valor adiantado do capital variável pelo novo valor criado, essa produção de valor aparece como mera reprodução. A parte da jornada de trabalho em que sucede essa reprodução, portanto, eu chamo de tempo de trabalho necessário, e de trabalho necessário o trabalho despendido durante esse tempo.[29] Necessário ao trabalhador, por ser independente da forma social de seu trabalho. Necessário ao capital e ao seu mundo, porque a existência contínua do trabalhador é a sua base.

O segundo período do processo de trabalho, em que o trabalhador labuta além dos limites do trabalho necessário, embora lhe custe trabalho, dispêndio de força de trabalho, não cria para ele nenhum valor. Ele gera a mais-valia, que sorri ao capitalista com todo o encanto de uma criação do nada. Essa parte da jornada de trabalho chamo de tempo de trabalho excedente, e o trabalho despendido nela: mais-trabalho (*surplus labour*). Assim como, para a noção do valor em geral, é essencial concebê-lo como mero coágulo de tempo de trabalho, como simples trabalho objetivado, para a noção de mais-valia é igualmente essencial concebê-la como mero coágulo de tempo de trabalho excedente, como simples mais-trabalho objetivado. Apenas a forma pela qual esse mais-trabalho é extorquido do produtor direto, do trabalhador, diferencia as formações socioeconômicas, por exemplo a sociedade da escravidão da do trabalho assalariado.[30]

Como o valor do capital variável = ao valor da força de trabalho comprada por ele, como o valor dessa força de trabalho determina a parte necessária da jornada de trabalho, enquanto a mais-valia, por seu lado, é determinada pela parte excedente da jornada de trabalho, segue-se: a mais-valia está para o capital variável como o mais-trabalho para o necessário, ou a taxa de mais-valia $\frac{mv}{v} = \frac{\text{mais-trabalho}}{\text{trabalho necessário}}$. Ambas as proporções expressam a mesma relação de forma diferente, uma vez na forma de trabalho objetivado, outra vez na forma de trabalho em fluxo.

A taxa de mais-valia é, por isso, a expressão exata do grau de exploração da força de trabalho pelo capital ou do trabalhador pelo capitalista.[30a]

Segundo nossa suposição, o valor do produto era

$$= \underbrace{410}_{c} \text{ libras esterlinas} + \underbrace{90}_{v} \text{ libras esterlinas} + \underbrace{90}_{mv},$$

o capital adiantado = 500 libras esterlinas. Como a mais-valia = 90 e o capital adiantado = 500, obter-se-ia, segundo o modo costumeiro de cálculo, uma taxa de mais-valia (que é confundida com a taxa de lucro) = 18%, uma proporção tão baixa que comoveria o Sr. Carey e outros pregadores da harmonia. Na realidade, porém, a taxa de mais-valia não é $\frac{mv}{C}$ ou $\frac{mv}{c+v}$, e sim $= \frac{mv}{v}$; não é, portanto, $\frac{90}{500}$, e sim $\frac{90}{90} = 100\%$, mais de cinco vezes o grau aparente de exploração. Embora não conheçamos, no caso dado, a grandeza absoluta da jornada de trabalho, nem o período do processo de trabalho (dia, semana etc.), nem, finalmente, o número de trabalhadores postos em movimento simultaneamente pelo capital variável de 90 libras esterlinas, a taxa de mais-valia $\frac{mv}{v}$ indica-nos, por meio de sua convertibilidade em $\frac{\text{mais-trabalho}}{\text{trabalho necessário}}$ exatamente a relação mútua entre as duas partes componentes da jornada de trabalho. É de 100%. O trabalhador trabalhou, portanto, metade da jornada para si mesmo e a outra para o capitalista.

Em resumo, o método de calcular a taxa de mais-valia é o seguinte: tomamos o valor total do produto e igualamos a zero o valor do capital constante que apenas reaparece nele. No processo de formação da mercadoria, a soma de valor restante é o único produto-valor realmente produzido. Dada a mais-valia, nós a descontamos desse produto-valor para encontrar o capital variável. Se este último é dado, procedemos inversamente e procuramos a mais-valia. Sendo ambos dados, temos apenas de executar a operação final, calcular a relação da mais-valia para com o capital variável, $\frac{mv}{v}$.

Por simples que seja o método, parece conveniente exercitar o leitor por meio de alguns exemplos no modo de ver que o fundamenta e ao qual não está acostumado.

Comecemos pelo exemplo de uma fiação *mule* de 10 000 fusos que produz fio n. 32 de algodão americano, fabricando por semana 1 libra de fio por fuso. O refugo é de 6%. Portanto, 10 600 libras de algodão são transformadas semanalmente em 10 000 libras de fio e 600 libras de refugo. Em abril de 1871, esse algodão custava 7¾ pence por libra; portanto, o preço arredondado de 10 600 libras de algodão é de 342 libras esterlinas.

Os 10 000 fusos, inclusive a maquinaria preparatória da fiação e a máquina a vapor, custam 1 libra esterlina por fuso, portanto 10 000 libras esterlinas. Sua depreciação monta a 10% = 1 000 libras esterlinas, ou 20 libras esterlinas por semana. O aluguel do edifício da fábrica é de 300 libras esterlinas, ou 6 libras esterlinas por semana. Carvão (4 libras por hora e cavalo-vapor para 100 cavalos-vapor (indicador) e 60 horas por semana, inclusive aquecimento do edifício): 11 *tons* [toneladas] por semana, a 8 xelins e 6 pence por tonelada, custam arredondados 4½ libras por semana; gás, 1 libra esterlina por semana; óleo, 4½ libras esterlinas por semana; portanto, todos os materiais auxiliares, 10 libras esterlinas por semana. Assim, a parte de valor constante é de 378 libras esterlinas por semana. Os salários importam em 52 libras esterlinas por semana. O preço do fio é de 12¼ pence por libra, ou 10 000 libras = 510 libras esterlinas, a mais-valia, portanto, 510 – 430 = 80 libras esterlinas. Fazemos a parte de valor constante de 378 libras esterlinas = 0, porque não participa na formação semanal de valor. Resta o produto-valor semanal de

$$132 = \overbrace{52}^{v} + \overbrace{80}^{mv} \text{ libras esterlinas.}$$

A taxa de mais-valia é, portanto, = 80/52 = 153 11/13%. Para uma jornada de trabalho média de 10 horas, obtemos: trabalho necessário = 3 31/33 horas e mais-trabalho = 6 2/33 horas.[31]

Jacob faz, para o ano de 1815, um cálculo bastante defeituoso por ter compensado previamente vários itens, mas que serve, porém, para nossos fins.[I] Ele supõe um preço de trigo de 80 xelins por *quarter* e uma colheita média de 22 *bushels* por acre, rendendo assim cada acre 11 libras esterlinas.

PRODUÇÃO DE VALOR POR ACRE

Sementes (trigo)	£ 1 9 xel.	Dízimo, taxas, impostos	£ 1 1 xel.
Adubo	£ 2 10 xel.	Arrendamento	£ 1 8 xel.
Salários	£ 3 10 xel.	Lucro e juros do arrendatário	£ 1 2 xel.
Soma:	£ 7 9 xel.	Soma:	£ 3 11 xel.

A mais-valia, pressupondo-se sempre ser o preço do produto = seu valor, distribui-se aqui nas diversas rubricas lucro, juros, dízimo etc. Essas rubricas são indiferentes para nós. Nós as somamos e obtemos uma mais-valia de 3 libras esterlinas e 11 xelins. As 3 libras esterlinas e 19 xelins para sementes e adubos, como parte constante do capital, fazemos igual

I William Jacob, *A Letter to Samuel Withbread, Being a Sequel to Considerations on the Protection Required by British Agriculture*. London, 1815, p. 33. [N. E. A.]

a 0. Resta um capital variável adiantado de 3 libras esterlinas e 10 xelins, em lugar do qual se produziu um novo valor de

$$\underbrace{\text{3 lib. est. 10 xel.} + \text{3 lib. est. 11 xel.}}$$

$$\text{Portanto, } \frac{mv}{v} = \frac{\text{3 lib. est. 11 xel.}}{\text{3 lib. est. 10 xel.}}, \text{ mais de 100\%.}$$

O trabalhador emprega mais da metade de sua jornada de trabalho para produzir uma mais-valia que várias pessoas, sob diversos pretextos, repartem entre si.[31a]

2. REPRESENTAÇÃO DO VALOR DO PRODUTO EM PARTES PROPORCIONAIS DO PRODUTO

Voltemos ao exemplo que nos mostrou como o capitalista faz de dinheiro capital. O trabalho necessário de seu fiandeiro era de 6 horas, o mais-trabalho era o mesmo, o grau de exploração da força de trabalho era, portanto, de 100%.

O produto da jornada de trabalho de doze horas são 20 libras de fio, com um valor de 30 xelins. Nada menos que 8/10 do valor desse fio (24 xelins) são formados pelo valor que só reaparece dos meios de produção consumidos (20 libras de algodão por 20 xelins, fuso etc. por 4 xelins), ou seja, consistem em capital constante. Os 2/10 restantes são o novo valor de 6 xelins, surgido durante o processo de fiação, metade do qual repõe o valor adiantado de um dia da força de trabalho, ou seja, o capital variável, e a outra metade constitui uma mais-valia de 3 xelins. O valor total das 20 libras de fio está composto, portanto, do seguinte modo:

$$\text{Valor do fio de 30 xelins} = \overset{c}{\overbrace{24}} \text{ xelins} + \overset{v}{\overbrace{3}} \text{ xelins} + \overset{mv}{\overbrace{3}} \text{ xelins.}$$

Como esse valor total se representa no produto total de 20 libras de fio, deve ser possível representar os diferentes elementos de valor em partes proporcionais do produto.

Se existe um valor de fio de 30 xelins em 20 libras de fio, então 8/10 desse valor, ou seja, sua parte constante de 24 xelins, está contida em 8/10 do produto, isto é, em 16 libras de fio. Destas, 13⅓ libras representam o valor da matéria-prima, do algodão elaborado na fiação, por 20 xelins, e 2⅔ libras o valor dos materiais auxiliares e meios de trabalho consumidos, fusos etc. por 4 xelins.

13⅓ libras de fio representam, portanto, o algodão elaborado de um produto total de 20 libras de fio, a matéria-prima do produto total, porém nada mais. Embora elas contenham apenas 13⅓ libras de algodão, com um valor de 13⅓ xelins, seu valor adicional de 6⅔ xelins forma um equivalente para o algodão elaborado nas outras 6⅔ libras de fio. É como se, destas últimas, houvesse sido arrancado o algodão e todo o algodão do produto total houvesse sido comprimido em 13⅓ libras de fio. Estas, por outro lado, não contêm agora nenhum átomo do valor dos materiais auxiliares e meios de trabalho consumidos nem do novo valor criado no processo de fiação.

Do mesmo modo, as outras 2⅔ libras de fio, que contêm o resto do capital constante (= 4 xelins), não representam nada mais que o valor dos materiais auxiliares e meios de trabalho despendidos no produto total de 20 libras de fio.

Por isso, oito décimos do produto, ou seja, 16 libras de fio, apesar de serem fisicamente vistos como valor de uso, como fio, não menos produtos do trabalho de fiação que as demais partes do produto, neste caso não contêm nenhum trabalho de fiação, isto é, nenhum trabalho absorvido durante o próprio processo de fiação. É como se tivessem sido transformados em fio sem fiação e como se sua figura de fio fosse mera mentira e fraude. De fato, quando o capitalista os vende por 24 xelins e compra assim de volta seus meios de produção, vê-se que as 16 libras de fio não são nada mais que algodão, fuso, carvão etc. disfarçados.

Inversamente, os ²⁄₁₀ restantes do produto ou 4 libras de fio representam agora nada mais que o novo valor de 6 xelins produzido nas doze horas do processo de fiação. O que se encontrava neles do valor das matérias-primas e meios de trabalho consumido já foi extirpado e incorporado às primeiras 16 libras de fio. O trabalho de fiação corporificado em 20 libras de fio concentra-se em ²⁄₁₀ do produto. É como se o fiandeiro tivesse feito 4 libras de fio do ar ou com algodão e fusos preexistentes na Natureza, sem colaboração de trabalho humano, que não acrescentassem nenhum valor ao produto.

Das 4 libras de fio, nas quais se encontra, assim, todo o produto-valor do processo diário de fiação, metade representa apenas o valor de reposição da força de trabalho consumida, portanto o capital variável de 3 xelins, e as outras 2 libras de fio, a mais-valia de 3 xelins.

Como 12 horas de trabalho do fiandeiro se objetivam em 6 xelins, no valor de fio de 30 xelins estão objetivadas 60 horas de trabalho. Elas existem em 20 libras de fio, das quais ⁸⁄₁₀ ou 16 libras são a materialização de 48 horas de trabalho passado antes do processo de fiação, isto é, do trabalho objetivado nos meios de produção do fio, enquanto ²⁄₁₀ ou 4 libras são a materialização das 12 horas de trabalho despendidas no próprio processo de fiação.

Vimos anteriormente que o valor do fio é igual à soma do novo valor criado em sua produção mais os valores preexistentes em seus meios de produção. Verificou-se agora como as partes componentes do valor-produto, diferenciadas funcional ou conceitualmente, podem ser representadas pelas partes proporcionais do próprio produto.

Essa decomposição do produto – resultado do processo de produção – em um *quantum* de produto que representa somente o trabalho contido nos meios de produção ou a parte do capital constante, em outro *quantum* que representa somente o trabalho necessário agregado durante o processo de produção, ou a parte do capital variável, e num último *quantum* que representa somente o mais-trabalho agregado durante o mesmo processo ou a mais-valia, essa decomposição é tão simples quanto importante, conforme evidenciará sua aplicação posterior a problemas complicados e ainda não resolvidos.

¦ 79 Acabamos de considerar o produto total o resultado completo da jornada de trabalho de doze horas. Podemos, porém, acompanhá-lo em seu processo de formação e, apesar disso, representar os produtos parciais como partes do produto funcionalmente diferenciados. ¦

O fiandeiro produz em 12 horas 20 libras de fio, portanto em 1 hora $1\frac{2}{3}$ libra e em 8 horas $13\frac{1}{3}$ libras, isto é, um produto parcial do valor total do algodão fiado durante a jornada de trabalho inteira. Do mesmo modo, o produto parcial da uma hora e 36 minutos seguintes = $2\frac{2}{3}$ libras de fio e representa o valor dos meios de trabalho consumidos durante as 12 horas de trabalho. No período seguinte de uma hora e 12 minutos, o fiandeiro produz 2 libras de fio = 3 xelins, um valor-produto igual a todo o produto-valor que ele cria em 6 horas de trabalho necessário. Finalmente, produz nas últimas $\frac{6}{5}$ horas outra vez 2 libras de fio cujo valor é igual à mais-valia gerada pela sua meia jornada de mais-trabalho. Esse modo de calcular serve ao fabricante inglês para o uso doméstico, e ele dirá, por exemplo, que nas primeiras 8 horas ou $\frac{2}{3}$ da jornada de trabalho ele recupera seu algodão etc. Como se vê, a fórmula está certa; na verdade, nada mais é que a primeira fórmula, transferida do espaço onde as partes do produto ficam prontas, lado a lado, ao tempo em que elas se sucedem. Mas a fórmula pode também estar acompanhada de ideias muito bárbaras, sobretudo em cabeças cujo interesse prático no processo de valorização não é inferior ao interesse teórico de interpretá-lo equivocadamente. Assim, pode-se imaginar que nosso fiandeiro, por exemplo, produz ou repõe o valor do algodão nas primeiras 8 horas de sua jornada de trabalho; na uma hora e 36 minutos seguintes, o valor dos meios de trabalho consumidos; na uma hora e 12 minutos seguintes, o valor do salário; dedicando ao patrão, à produção da mais-valia, apenas a famosa “última hora”. Impõe-se assim ao fiandeiro o duplo milagre de produzir algodão, fuso, máquina a vapor, carvão, óleo etc. no mesmo instante em que com eles fia e de fazer, de uma jornada de trabalho de dado grau de intensidade, cinco dessas jornadas. É que em nosso caso a produção da matéria-prima e dos meios de trabalho exige $24/6 = 4$ jornadas de trabalho de doze horas e a transformação deles em fio mais uma jornada de doze horas. Que a rapacidade acredita em tais milagres e nunca falta o sicofanta doutrinário que os prova, será mostrado agora mediante um exemplo famoso na História.

3. A "ÚLTIMA HORA" DE SENIOR

Numa bela manhã do ano de 1836, Nassau W. Senior, afamado por sua ciência econômica e seu belo estilo e, de certo modo, o Clauren entre os economistas ingleses, foi chamado de Oxford a Manchester a fim de aí aprender Economia Política, em vez de ensiná-la em Oxford. Os fabricantes elegeram-no para ser seu campeão contra o *Factory Act*[I] recentemente promulgado e contra a agitação ainda mais ambiciosa pelas dez horas. Com sua costumeira sagacidade prática, reconheceram que o Sr. Prof. "*wanted a good deal of finishing*" [necessitava de um bocado de acabamento]. Por isso, mandaram-no vir a Manchester. O professor, por sua vez, estilizou a lição recebida dos fabricantes em Manchester no panfleto *Letters on the Factory Act, as It Affects the Cotton Manufacture*, London, 1837. Nele se pode ler, entre outras, a seguinte passagem edificante:

> "De acordo com a lei atual, nenhuma fábrica que emprega pessoas com menos de 18 anos pode trabalhar mais de 11½ horas por dia, isto é, 12 horas durante os primeiros 5 dias e 9 horas aos sábados. A seguinte análise (!) mostra que em tal fábrica todo o lucro líquido deriva da última hora. Um fabricante gasta 100 000 libras esterlinas – 80 000 nos edifícios da fábrica e nas máquinas, 20 000 em matéria-prima e salários. A venda anual da fábrica, supondo-se que o capital gire uma vez por ano e o lucro bruto seja de 15%, deve corresponder a mercadorias no valor de 115 000 libras esterlinas [...]. Dessas 115 000 libras esterlinas, cada uma das 23 meias horas de trabalho produz diariamente $5/115$ ou $1/23$. Dos $23/23$ que constituem o total das 115 000 libras esterlinas (*constituting the whole 115 000 pounds sterling*), $20/23$, isto é, 100 000 das 115 000, repõem apenas o capital; $1/23$ ou 5 000 libras esterlinas das 15 000 de lucro bruto (!) repõem o desgaste da fábrica e da maquinaria. Os restantes $2/23$, isto é, as duas últimas meias horas de cada jornada, produzem o lucro líquido de 10%. Se, por isso, permanecendo os preços inalterados, a fábrica pudesse trabalhar 13 horas em vez de 11½, poderia, com um acréscimo de aproximadamente 2 600 libras esterlinas ao capital circulante, mais que dobrar o lucro líquido. Por

I Aqui, lei fabril inglesa de 1833. [N. E. A.]

outro lado, se o tempo de trabalho fosse reduzido em 1 hora por dia, o lucro líquido desapareceria, se em 1½ hora, também o lucro bruto".[32]

E a isso chama o Sr. Professor de "análise". Se acreditasse na queixa dos fabricantes de que os trabalhadores desperdiçam a melhor parte do dia na produção, portanto na reprodução ou reposição do valor de edifícios, máquinas, algodão, carvão etc., então toda análise seria supérflua. Ele teria de responder simplesmente: Meus senhores!, se fazeis trabalhar 10 horas em vez de 11½, permanecendo inalteradas as demais circunstâncias, o consumo diário de algodão, maquinaria etc. diminuirá em 1½ hora. Ganharíeis, portanto, exatamente o que perderíeis. Vossos trabalhadores desperdiçarão no futuro 1½ hora menos para reproduzir ou repor o valor do capital adiantado. Se não acreditasse nas palavras dos fabricantes e, como perito, considerasse necessária uma análise, teria sobretudo de pedir-lhes, numa questão que gira exclusivamente em torno da relação do lucro líquido para com a grandeza da jornada de trabalho, que não baralhassem aleatoriamente maquinaria e edifícios de fábrica, matéria-prima e trabalho, mas tivessem a bondade de colocar o capital constante contido no edifício, na maquinaria, na matéria-prima etc. de um lado, e o capital adiantado para os salários, do outro. Se eventualmente verificasse que, segundo o cálculo dos fabricantes, o trabalhador reproduz ou repõe o salário em 2/2 horas de trabalho, ou em 1 hora, então o analista teria de prosseguir:

Segundo vossas informações, na penúltima hora, o trabalhador produz seu salário e, na última, vossa mais-valia ou o lucro líquido. Como produz em períodos iguais valores iguais, o produto da penúltima hora tem o mesmo valor do da última. Além disso, ele só produz valor enquanto despende trabalho, e o *quantum* de seu trabalho é medido por seu tempo de trabalho. Este, segundo vossa informação, é de 11½ horas por dia. Parte dessas 11½ horas ele emprega para produzir ou repor seu salário, a outra para produzir vosso lucro líquido. Nada mais faz além disso durante a jornada de trabalho. Mas como, segundo a informação, seu salário e a mais-valia fornecida por ele são valores iguais, ele produz evidentemente seu salário em 5¾ horas e vosso lucro líquido em outras 5¾ horas. Sendo, além disso, o valor do fio produzido em duas horas igual à soma de valor de seu salário mais vosso lucro líquido, esse valor do fio tem de medir-se por 11½ horas de trabalho, o produto da penúltima hora por 5¾ horas de trabalho e o da última, idem. Chegamos agora a um ponto delicado. Por isso, atenção. A penúltima hora de trabalho é uma hora comum de trabalho como a primeira. *Ni plus, ni moins* [Nem mais, nem menos]. Como pode, então, o fiandeiro produzir em uma hora de trabalho um valor de fio que representa 5¾ horas de trabalho? De fato, ele não faz tal milagre.

O que ele produz em uma hora de trabalho em valor de uso é determinado *quantum* de fio. O valor desse fio mede-se por 5¾ horas de trabalho, das quais 4¾, sem sua colaboração, estão contidas nos meios de produção consumidos por hora, no algodão, na maquinaria etc., e ⁴⁄₄ ou uma hora são agregadas por ele mesmo. Como, portanto, seu salário é produzido em 5¾ horas e o fio produzido em uma hora de fiação contém também 5¾ horas de trabalho, não é nenhuma bruxaria que o produto-valor de suas 5¾ horas de fiação seja igual ao valor do produto de uma hora de fiação. Estais no caminho errado, porém, pensando que ele perde um único átomo de tempo de sua jornada de trabalho com a reprodução ou "reposição" dos valores de algodão, maquinaria etc. Por seu trabalho de transformar algodão e fuso em fio, por ele fiar, o valor de algodão e fuso transfere-se ao fio por si mesmo. Isso se deve à qualidade de seu trabalho, não à quantidade. É verdade que transferirá ao fio mais valor de algodão etc. em uma hora do que em ½ hora, mas só por fiar mais algodão em uma hora do que em ½. Compreendeis, portanto: Vossa expressão de que o trabalhador produz, na penúltima hora, o valor de seu salário e, na última, o lucro líquido, não significa nada além de que, no fio produzido em duas horas de sua jornada de trabalho, estejam elas no início ou no final, estão corporificadas 11½ horas de trabalho, exatamente tantas quantas dura toda a sua jornada de trabalho. E a expressão de que durante as primeiras 5¾ horas ele produz seu salário e durante as últimas 5¾ horas vosso lucro líquido, mais uma vez, significa apenas que as primeiras 5¾ horas vós pagais e que as últimas 5¾ horas não pagais. Falo de pagamento do trabalho, e não de pagamento da força de trabalho, para usar vosso *slang* [jargão]. Se considerardes agora a relação entre o tempo de trabalho que pagais e o que não pagais, verificareis que é da metade de uma jornada à outra metade, portanto, de 100%, o que é, por certo, uma bela porcentagem. Não há, também, a menor dúvida de que, se fizerdes vossas "mãos" esfalfarem-se 13 horas em vez de 11½ e – o que vos parece ter tanta semelhança quanto um ovo a outro – se juntardes a 1½ hora excedente simplesmente ao mais-trabalho, o último cresceria de 5¾ horas para 7¼ horas e a taxa de mais-valia, por isso, de 100% para $126\frac{2}{23}$%. No entanto, seríeis exageradamente otimistas se esperásseis que ela, pelo acréscimo de 1½ hora, subiria de 100% a 200% e até a mais de 200%, o que seria "mais que dobrar". Por outro lado – e o coração humano é algo surpreendente, sobretudo quando o ser humano o tem no bolso –, sois pessimistas adoidados demais se temeis que, com a redução da jornada de trabalho de 11½ a 10½ horas, perder-se-á todo vosso lucro líquido. De modo algum. Permanecendo iguais todas as demais circunstâncias, o mais-trabalho cairá de 5¾ horas a 4¾ horas, o que ainda proporciona uma taxa de mais-valia bem considerável, a saber, $82\frac{14}{23}$%. A "última hora" fatal, porém, sobre a qual tendes fabulado mais que os quiliastas[I] sobre o fim do mundo, é *all bosh* [puro absurdo]. A perda dela não custará o "lucro líquido" a vós nem a "pureza da alma às crianças, de ambos os sexos, que fazeis trabalhar para vós".[32a]

Quando vossa "última horazinha" realmente soar pensai no professor de Oxford. E agora: Num mundo melhor, eu desejaria mais de vossa prezada companhia. *Addio!*...[33] O sinal da "última hora" descoberto por Senior em 1836 foi, em 15 de abril de 1848, tocado novamente por James Wilson, um dos principais mandarins da Economia, no *London Economist*, polemizando contra a lei da jornada de dez horas.

4. O MAIS-PRODUTO

A parte do produto em que se representa a mais-valia (1⁄10 de 20 libras de fio ou 2 libras de fio, no exemplo do item 2) chamamos de mais-produto (*surplus produce, produit net*). Assim como a taxa de mais-valia determina-se pela sua relação não com a soma total, mas com a parte do capital variável, também a grandeza do mais-produto determina-se pela sua relação não com o resto do produto total, mas com aquela parte do produto em que se representa o trabalho necessário. Como a produção de mais-valia é o objetivo determinante da produção capitalista, não é a grandeza absoluta do produto que mede o grau de riqueza, mas a grandeza relativa do mais-produto.[34]

A soma do trabalho necessário e do mais-trabalho, dos períodos em que o trabalhador produz o valor de reposição de sua força de trabalho e a mais-valia, forma a grandeza absoluta de seu tempo de trabalho – a jornada de trabalho (*working day*).

I Os quiliastas (grego: *chilioi* [χιλιοί] = mil) pregaram a doutrina religiosa-mística da segunda aparição de Cristo e da edificação do "reinado milenar" na Terra, de um reinado da justiça, da igualdade e da prosperidade. A fé quiliasta surgiu durante a decadência da ordem escravocrata, em consequência do jugo insuportável e dos sofrimentos dos trabalhadores, que procuraram uma saída em sonhos fantásticos de salvação. Essa fé era muito difundida e reapareceu mais tarde continuamente nas doutrinas de diversas seitas da Idade Média. [N. E. A.]

CAPÍTULO 8

A JORNADA DE TRABALHO

1. OS LIMITES DA JORNADA DE TRABALHO

Partimos do pressuposto de que a força de trabalho seja comprada e vendida pelo seu valor. Seu valor, como o de qualquer outra mercadoria, é determinado pelo tempo de trabalho necessário à sua produção. Se, portanto, a produção dos meios de subsistência médios diários do trabalhador exige 6 horas, então ele precisa trabalhar 6 horas por dia para produzir diariamente sua força de trabalho ou para reproduzir o valor recebido por sua venda. A parte necessária de sua jornada de trabalho compreende então 6 horas e é, portanto, mantendo-se inalteradas as demais circunstâncias, uma grandeza dada. Mas com isso não é dada a grandeza da própria jornada de trabalho.

Admitamos que a linha *a*———*b* represente a duração ou o comprimento do tempo de trabalho necessário, digamos 6 horas. Conforme o trabalho seja prolongado em 1, 3 ou 6 horas, obtemos as 3 diferentes linhas:

Jornada de trabalho I	Jornada de trabalho II	Jornada de trabalho III
a———*b*–*c*	*a*———*b*—*c*	*a*———*b*———*c*

que representam três diferentes jornadas de trabalho de 7, 9 e 12 horas. O prolongamento *bc* representa a duração do mais-trabalho. Como a jornada de trabalho = *ab* + *bc* ou *ac*, ela varia com a grandeza variável *bc*. Sendo *ab* dado, a proporção de *bc* em relação a *ab* pode ser sempre medida. Na jornada de trabalho I é $\frac{1}{6}$, na jornada de trabalho II, $\frac{3}{6}$ e na jornada de trabalho III, $\frac{6}{6}$ de *ab*. Ademais, como a proporção $\frac{\text{tempo de mais-trabalho}}{\text{tempo de trabalho necessário}}$ determina a taxa de mais-valia, esta é dada por aquela proporção. Ela se eleva nas três diferentes jornadas de trabalho, respectivamente, a $16\frac{2}{3}$, a 50 e a 100%. Inversamente, apenas a taxa de mais-valia não nos daria a grandeza da jornada de trabalho. Fosse ela, por exemplo, de 100%, poderia a jornada de trabalho ser de 8, 10, 12 horas etc., ou mais. Ela indicaria que as duas partes componentes da jornada de trabalho, trabalho necessário e mais-trabalho, são iguais, porém não o tamanho de cada uma das partes.

A jornada de trabalho não é, portanto, constante, mas uma grandeza variável. É verdade que uma das suas partes é determinada pelo tempo de trabalho exigido para a contínua reprodução do próprio trabalhador, mas sua grandeza total muda com o comprimento ou a duração do mais-trabalho. A jornada de trabalho é, portanto, determinável, mas indeterminada em si e para si.[35]

Porém, ainda que não seja uma grandeza fixa, mas fluente, a jornada de trabalho, por outro lado, pode variar somente dentro de certos limites. Seu limite mínimo é, entretanto, indeterminável. É certo que, se estabelecemos o prolongamento *bc* ou o mais-trabalho = 0, obtemos assim um limite mínimo, isto é, a parte do dia que o trabalhador necessariamente precisa trabalhar para sua autossustentação. Com base no modo de produção capitalista, no entanto, o trabalho necessário pode constituir apenas parte de sua jornada de trabalho, isto é, a jornada de trabalho não pode jamais se reduzir a esse mínimo. Em contraposição, a jornada de trabalho possui um limite máximo. Ela não é mais prolongável a partir de certo limite. Esse limite máximo é duplamente determinado. Uma vez pela limitação física da força de trabalho. Uma pessoa pode, durante o dia natural de 24 horas, despender apenas determinado *quantum* de força vital. Dessa forma, um cavalo pode trabalhar, um dia após o outro, somente 8 horas. Durante parte do dia, a força precisa repousar, dormir; durante outra parte, a pessoa tem outras necessidades físicas a satisfazer, alimentar-se, limpar-se, vestir-se etc. Além desse limite puramente físico, o prolongamento da jornada de trabalho esbarra em limites morais. O trabalhador precisa de tempo para satisfazer a necessidades espirituais e sociais, cuja extensão e número são determinados pelo nível geral de cultura. A variação da jornada de trabalho se move, portanto, dentro de barreiras físicas e sociais. Ambas as barreiras são de natureza muito elástica e permitem as maiores variações. Dessa forma encontramos jornadas de trabalho de 8, 10, 12, 14, 16, 18 horas, portanto com as mais variadas durações.

O capitalista comprou a força de trabalho pelo seu valor de um dia. A ele pertence seu valor de uso durante uma jornada de trabalho. Ele obteve, assim, o direito de fazer o trabalhador trabalhar para ele durante um dia. Porém, o que é uma jornada de trabalho?[36] Em todo caso, menos que um dia de vida natural. Quanto menos? O capitalista tem sua própria visão sobre essa *ultima thule*,[I] o limite necessário da jornada de trabalho. Como capitalista, ele é apenas capital personificado. Sua alma é a alma do capital. O capital tem um único impulso vital, o impulso de valorizar-se, de criar mais-valia, de absorver com sua parte constante, os meios

---

I Descoberta pelo grego Píteas de Marselha no século IV a.C., parece ter sido o ponto mais setentrional alcançado pelos viajantes da Antiguidade clássica, sendo considerada paradigma do remoto, limite último do mundo. [N. T.]

de produção, a maior massa possível de mais-trabalho.[37] O capital é trabalho morto que apenas se reanima, à maneira dos vampiros, chupando trabalho vivo e que vive tanto mais quanto mais trabalho vivo chupa. O tempo durante o qual o trabalhador trabalha é o tempo durante o qual o capitalista consome a força de trabalho que comprou.[38] Se o trabalhador consome seu tempo disponível para si, então rouba do capitalista.[39]

O capitalista apoia-se, pois, sobre a lei do intercâmbio de mercadorias. Ele, como todo comprador, procura tirar o maior proveito do valor de uso de sua mercadoria. De repente, porém, levanta-se a voz do trabalhador, que havia emudecido no ímpeto tempestuoso do processo de produção:

A mercadoria que te vendi distingue-se da multidão das outras mercadorias pelo fato de que seu consumo cria valor, e valor maior do que ela mesma custa. Essa foi a razão por que a compraste. O que do teu lado aparece como valorização do capital é da minha parte dispêndio excedente de força de trabalho. Tu e eu só conhecemos uma lei no mercado, a do intercâmbio de mercadorias. E o consumo da mercadoria não pertence ao vendedor que a aliena, mas ao comprador que a adquire. A ti pertence, portanto, o uso de minha força de trabalho diária. Mas, por meio de seu preço diário de venda, tenho de reproduzi-la diariamente para poder vendê-la de novo. Sem considerar o desgaste natural pela idade etc., amanhã preciso ser capaz de trabalhar com o mesmo nível normal de força, saúde e disposição que hoje. Tu me predicas constantemente o evangelho da "parcimônia" e da "abstinência". Pois bem! Quero gerir meu único patrimônio, a força de trabalho, como um administrador racional, parcimonioso, abstendo-me de qualquer desperdício tolo da mesma. Eu quero diariamente fazer fluir, converter em movimento, em trabalho, somente tanto dela quanto seja compatível com a sua duração normal e seu desenvolvimento sadio. Mediante prolongamento desmesurado da jornada de trabalho, podes em um dia fazer fluir um *quantum* de minha força de trabalho que é maior do que o que posso repor em três dias. O que tu ganhas em trabalho, assim, eu perco em substância de trabalho. A utilização de minha força de trabalho e a espoliação dela são duas coisas totalmente diferentes. Se o período médio que um trabalhador médio pode viver com um volume razoável de trabalho corresponde a 30 anos, o valor de minha força de trabalho que me pagas, um dia pelo outro, é $\frac{1}{365 \times 30}$ ou $1/10950$ de seu valor total. Se, porém, tu a consomes em 10 anos, pagas-me diariamente $1/10950$ em vez de $1/3650$ seu valor total, portanto apenas $1/3$ de seu valor de um dia, e furtas-me assim diariamente $2/3$ do valor de minha mercadoria. Pagas-me a força de trabalho de um dia quando utilizas a de três dias. Isso é contra nosso trato e a lei do intercâmbio de mercadorias. Eu exijo, portanto, uma jornada de trabalho de duração normal e a exijo sem apelo a teu coração, pois em assuntos de dinheiro cessa a boa vontade. Podes ser um cidadão modelar, talvez sejas membro da sociedade protetora dos animais, podes até estar em odor de santidade, mas a coisa que representas diante de mim é algo em cujo peito não bate nenhum coração. O que parece bater aí é a batida de meu próprio coração. Eu exijo a jornada normal de trabalho, porque eu exijo o valor de minha mercadoria, como qualquer outro vendedor.[40]

Vê-se que: abstraindo-se limites extremamente elásticos, da natureza do próprio intercâmbio de mercadorias não resulta nenhum limite à jornada de trabalho, portanto nenhuma limitação ao mais-trabalho. O capitalista afirma seu direito como comprador quando procura prolongar o mais possível a jornada de trabalho e transformar uma jornada de trabalho em duas sempre que possível. Por outro lado, a natureza específica da mercadoria vendida implica um limite de seu consumo pelo comprador, e o trabalhador afirma seu direito como vendedor quando quer limitar a jornada de trabalho a determinada grandeza normal. Ocorre aqui, portanto, uma antinomia, direito contra direito, ambos apoiados na lei do intercâmbio de mercadorias. Entre direitos iguais decide a força. E assim a regulamentação da jornada de trabalho apresenta-se na história da produção capitalista como uma luta ao redor dos limites da jornada de trabalho – uma luta entre o capitalista coletivo, isto é, a classe dos capitalistas, e o trabalhador coletivo, ou a classe trabalhadora.

2. A AVIDEZ POR MAIS-TRABALHO. FABRICANTE E BOIARDO

O capital não inventou o mais-trabalho. Onde quer que parte da sociedade possua o monopólio dos meios de produção, o trabalhador, livre ou não, tem de adicionar ao tempo de trabalho necessário à sua autoconservação um tempo de trabalho excedente destinado a produzir os meios de subsistência para o proprietário dos meios de produção,[41] seja esse proprietário καλὸς κ'ἀγαθός [aristocrata] ateniense, teocrata etrusco, *civis romanus* [cidadão romano], barão normando, escravocrata americano, boiardo da Valáquia, *landlord* [senhor de terras] moderno ou capitalista.[42] É claro, entretanto, que se numa formação socioeconômica predomina não o valor de troca, mas o valor de uso do produto, o mais-trabalho é limitado por um círculo mais estreito ou mais amplo de necessidades, ao passo que nenhuma necessidade ilimitada por mais-trabalho se origina do próprio caráter da produção. O sobretrabalho mostra-se tenebrosamente na Antiguidade, por conseguinte, onde se trata de ganhar o valor de troca em sua figura autônoma de dinheiro, na produção de ouro e prata. Trabalho forçado até a morte é aqui a forma oficial de sobretrabalho. Basta ler Diodoro Sículo.[43] Entretanto, estas constituem exceções no mundo antigo. Tão logo, porém, os povos cuja produção se move ainda nas formas inferiores do trabalho escravo, corveia etc. são arrastados a um mercado mundial, dominado pelo modo de produção capitalista, o qual desenvolve a venda de seus produtos no exterior como interesse preponderante, os horrores bárbaros da escravatura, da servidão etc. são coroados com o horror civilizado do sobretrabalho. Por isso, o trabalho dos negros nos estados sulistas da União Americana preservou um caráter moderadamente patriarcal, enquanto a produção destinava-se sobretudo ao autoconsumo direto. Na medida, porém, em que a exportação de algodão tornou-se interesse vital daqueles estados, o sobretrabalho dos negros, aqui e ali o consumo da vida deles em sete anos de trabalho, tornou-se fator de um sistema calculado e calculista. Já não se tratava de obter deles certa quantidade de produtos úteis. Tratava-se, agora, da produção da própria mais-valia. Algo semelhante sucedeu com a corveia nos principados do Danúbio.

A comparação da avidez por mais-trabalho nos principados do Danúbio com a mesma avidez nas fábricas inglesas oferece interesse especial, porque o mais-trabalho na corveia possui forma independente, palpável.

Suponha que a jornada de trabalho constitua-se de 6 horas de trabalho necessário e 6 horas de mais-trabalho. Assim, o trabalhador livre fornece semanalmente ao capitalista 6×6 ou 36 horas de mais-trabalho. É o mesmo que se ele trabalhasse 3 dias por semana para si e 3 dias por semana gratuitamente para o capitalista. Isso não é visível, porém. O mais-trabalho e o trabalho necessário confundem-se um com o outro. Posso exprimir a mesma relação, por exemplo, dizendo que, a cada minuto, o trabalhador trabalha 30 segundos para si e 30 segundos para o capitalista etc. Já com a corveia é diferente. O trabalho necessário que, por exemplo, o camponês valáquio executa para sua automanutenção está espacialmente separado de seu mais-trabalho para o boiardo. Um ele realiza em seu próprio campo, o outro na propriedade do senhor. Ambas as partes do tempo de trabalho existem uma ao lado da outra, independentemente. Na forma de corveia, o mais-trabalho está nitidamente dissociado do trabalho necessário. Na relação quantitativa entre mais-trabalho e trabalho necessário, essa forma de manifestação diferente evidentemente nada muda. Três dias de mais-trabalho na semana permanecem três dias de trabalho que não cria nenhum equivalente para o próprio trabalhador, seja ele denominado corveia ou trabalho assalariado. Todavia, a avidez do capitalista por mais-trabalho manifesta-se no empenho em prolongar desmedidamente a jornada de trabalho, a do boiardo mais simplesmente na caça direta por dias de corveia.[44]

Nos principados do Danúbio, a corveia estava associada a renda natural e demais complementos da servidão, mas constituía o tributo decisivo pago à classe dominante. Onde esse é o caso, raramente a corveia originou-se da servidão; ao contrário, com muito mais frequência, a servidão se originou da corveia.[44a] E assim foi nas províncias romenas. Seu modo original de produção baseava-se na propriedade comum, porém não a propriedade comum sob a forma eslava e menos ainda a indiana. Parte das terras era cultivada independentemente pelos membros da comunidade, como propriedade privada livre; outra parte – o *ager publicus* [campo público] – era cultivada em comum por eles. Parte dos produtos desse trabalho comunal servia de fundo de reserva para o caso de más colheitas e outras casualidades, parte de tesouro do Estado para cobrir os custos de guerra, religião e outras despesas comunais. Com o decorrer do tempo, dignitários militares e eclesiásticos usurparam a propriedade comunal e as prestações devidas à mesma. O trabalho dos camponeses livres sobre sua terra comunal transformou-se em corveia para os ladrões da terra comunal. Com isso, desenvolveram-se simultaneamente relações de servidão, no entanto apenas de fato, não legalmente, até que a Rússia, libertadora universal sob pretexto de abolir a servidão, elevou-a à categoria de lei. O código de corveia proclamado pelo general russo Kisseliów, em 1831, foi naturalmente ditado pelos próprios boiardos. A Rússia conquistou, desse modo, com um só golpe, os magnatas dos principados danubianos e os aplausos dos cretinos liberais de toda a Europa.

Segundo o *Règlement organique*,[I] como se intitula o código da corveia, cada camponês valáquio deve ao assim chamado proprietário da terra, além de uma quantidade detalhada de pagamento em *natura*, o seguinte: 1) doze jornadas de trabalho em geral, 2) uma jornada de trabalho no campo e 3) uma jornada para o transporte de lenha. *Summa summarum* [total], 14 dias por ano. Com profunda visão da Economia Política, a jornada de trabalho não é considerada em seu sentido comum, mas como a jornada de trabalho necessária para a realização de um produto diário médio; determina, porém, o produto diário médio de maneira tão astuciosa que mesmo um ciclope não poderia completá-lo em 24 horas. Nas palavras secas de autêntica ironia russa, o próprio *Règlement* declara, portanto, que

---

I *Règlement organique* de 1831 – a primeira constituição dos principados do Danúbio (Moldávia e Valáquia) que foram ocupados por tropas russas, com base no tratado de paz de Adrianópolis de 14 de setembro de 1829, terminando com a Guerra Russo-Turca de 1828–29. P. D. Kisseliów, chefe superior da administração desses principados, tinha elaborado o projeto para essa constituição. Segundo o Regulamento, em cada principado o poder legislativo foi concedido à assembleia, eleita pelos proprietários fundiários, e o poder executivo foi transmitido vitaliciamente aos hospodares, eleitos por representantes dos proprietários fundiários, do clero e das cidades. [N. E. A.]

se deve entender, por 12 jornadas de trabalho, o produto de um trabalho manual de 36 dias; por uma jornada de trabalho no campo, 3 dias; e, por 1 dia para transporte de madeira, do mesmo modo o triplo. *Summa*: 42 dias de corveia. Mas se acresce a isso a chamada *jobagie*, prestações de serviços devidos ao senhor para necessidades extraordinárias de produção. Em proporção ao tamanho de sua população, cada aldeia deve fornecer anualmente um contingente determinado para a *jobagie*. Essa corveia adicional é calculada em 14 dias para cada camponês valáquio. Assim, a corveia prescrita perfaz 56 jornadas de trabalho por ano. O ano agrícola na região da Valáquia, porém, por causa do péssimo clima, conta apenas com 210 dias, dos quais 40 para os domingos e feriados e em média 30 dias de mau tempo, ao todo 70 dias devem ser descontados. Restam 140 jornadas de trabalho. A proporção entre a corveia e o trabalho necessário, $\frac{56}{84}$ ou 66⅔%, expressa uma taxa de mais-valia muito menor do que aquela que regula o trabalho do trabalhador agrícola ou industrial na Inglaterra. Esta é, entretanto, apenas a corveia legalmente prescrita. E, ainda com um espírito mais "liberal" que a legislação fabril inglesa, o *Règlement organique* soube facilitar sua própria transgressão. Depois de transformar 12 dias em 54, a tarefa diária nominal de cada uma dessas 54 jornadas de corveia é determinada de tal forma que se tem de suplementá-la nos dias seguintes. Em um dia, por exemplo, deve-se mondar uma extensão de terra que, sobretudo nas plantações de milho, exige o dobro do tempo para essa operação. A tarefa diária legal para atividades agrícolas individuais pode ser interpretada de tal modo que o dia começa no mês de maio e termina no mês de outubro. Para a Moldávia as determinações são ainda mais duras.

> "Os doze dias de corveia do *Règlement organique*", proclamou um boiardo na embriaguez da vitória, "correspondem aos 365 dias do ano."[45]

Se o *Règlement organique* dos principados danubianos foi uma expressão positiva da avidez por mais-trabalho, a qual cada parágrafo legaliza, as Factory Acts [leis fabris] inglesas são uma expressão negativa da mesma avidez. Essas leis refreiam o impulso do capital por sucção desmesurada da força de trabalho, por meio da limitação coercitiva da jornada de trabalho pelo Estado e, na verdade, por um Estado que o capitalista e o *landlord* dominam. Abstraindo um movimento dos trabalhadores que cresce cada dia mais ameaçadoramente, a limitação da jornada de trabalho nas fábricas foi ditada pela mesma necessidade que levou à aplicação do guano nos campos ingleses. A mesma cega rapacidade que esgotou a terra, em um caso, afetou pelas raízes a força vital da nação, em outro. Epidemias periódicas manifestam-se aqui tão claramente como a diminuição da altura dos soldados na Alemanha e na França.[46]

A *Factory Act* em vigor atualmente (1867) permite como média diária de trabalho nos dias de semana 10 horas, a saber, para os primeiros 5 dias da semana 12 horas, das 6 da manhã até as 6 da tarde, das quais, porém, se descontam, por lei, ½ hora para o café da manhã e uma hora para o almoço, restando, portanto, 10½ horas de trabalho; e 8 horas aos sábados, das 6 da manhã até as 2 horas da tarde, das quais se subtrai ½ hora para o café da manhã. Restam 60 horas de trabalho, 10½ para os primeiros 5 dias da semana, 7½ para o último dia da semana.[47] Os inspetores de fábrica foram nomeados guardiões próprios da lei, subordinados diretamente ao Ministério do Interior, e seus relatórios são publicados semestralmente pelo Parlamento. Portanto, eles fornecem uma estatística contínua e oficial sobre a avidez dos capitalistas por mais-trabalho.

Ouçamos por um momento os inspetores de fábrica.[48]

> "O fabricante fraudulento começa o trabalho um quarto de hora antes das 6 da manhã, às vezes antes, às vezes mais tarde, e encerra um quarto de hora depois das 6 da tarde, às vezes antes, às vezes mais tarde. Ele corta 5 minutos, tanto no começo como no final, da meia hora nominalmente destinada ao café da manhã e retira 10 minutos, tanto no começo como no final, da hora reservada para o almoço. Aos sábados, ele trabalha um quarto de hora depois das 2 horas da tarde, às vezes mais, às vezes menos. Dessa forma, o seu ganho perfaz:

Antes das 6 horas da manhã	15 minutos	
Depois das 6 horas da tarde	15 "	
No café da manhã	10 "	Soma em 5 dias: 300 minutos
No almoço	20 "	
	60 minutos	

AOS SÁBADOS

Antes das 6 horas da manhã	15 minutos	
No café da manhã	10 "	Total do ganho semanal: 340 minutos
Depois das 2 horas da tarde	15 "	

Ou 5 horas e 40 minutos semanais, o que, multiplicado por 50 semanas, depois de subtrair 2 semanas para os dias festivos ou interrupções ocasionais, dá 27 dias de trabalho".[49]

> "Se se prolonga a jornada de trabalho diariamente em 5 minutos acima da duração normal, obtêm-se 2½ dias de produção por ano."[50] "Uma hora adicional diariamente, ganha com o furto de um pedacinho de tempo aqui e de outro pedacinho ali, faz dos 12 meses do ano 13."[51]

Crises, durante as quais a produção é interrompida, trabalhando-se apenas "curto tempo" durante alguns dias da semana, não mudam em nada, naturalmente, o empenho de prolongar a jornada de trabalho. Quanto menos negócios são feitos, tanto maior deve ser o ganho sobre o negócio feito. Quanto menos tempo pode ser trabalhado, tanto mais tempo de trabalho excedente deve ser trabalhado. Assim relatam os inspetores de fábrica sobre o período da crise de 1857 a 1858:

> "Pode-se considerar uma inconsequência que qualquer sobretrabalho seja realizado num tempo em que o comércio vá tão mal, porém a má conjuntura incita pessoas inescrupulosas a praticarem transgressões; assegura-se assim um lucro extra". [...] "Ao mesmo tempo", diz Leonard Horner, "que 122 fábricas em meu distrito encerraram suas atividades, 143 estão paradas e todas as outras trabalham com tempo reduzido, prossegue-se com o sobretrabalho além do tempo legalmente determinado."[52] "Embora", diz o Sr. Howell, "na maioria das fábricas, em virtude da má conjuntura dos negócios, só se trabalhe meio período, continuo a receber, depois como antes, o mesmo número de queixas de que meia hora ou ¾ de hora são furtados (*snatched*) diariamente aos trabalhadores por meio de incursões nos prazos que lhes são legalmente assegurados para as refeições e o descanso."[53]

O mesmo fenômeno repete-se, em escala menor, durante a terrível crise do algodão de 1861 a 1865.[54]

> "Às vezes, quando surpreendemos os trabalhadores em atividade durante as horas das refeições ou durante outras horas ilegais, é dada a desculpa de que estes não querem de modo algum abandonar a fábrica e é necessário coagi-los a interromper seu trabalho" (limpeza de máquinas etc.) "nomeadamente aos sábados à tarde. Mas, se os braços permanecem nas fábricas depois de parada a maquinaria, isso acontece apenas porque, entre as 6 horas da manhã e as 6 horas da tarde, no horário legal de trabalho, nenhum tempo lhes é concedido para executar tais tarefas."[55]

> "O lucro extra obtido por meio de sobretrabalho além do tempo legal parece ser tentação demasiadamente grande para que os fabricantes possam resistir a ela. Eles contam com a chance de não serem descobertos e calculam que, caso o sejam, o pequeno valor da multa e dos custos judiciais ainda lhes assegura um saldo lucrativo."[56] "Onde o tempo adicional é obtido mediante a multiplicação de pequenos furtos (*a multiplication of small thefts*) no curso do dia, os inspetores enfrentam dificuldades quase insuperáveis para conseguirem provas."[57]

Esses "pequenos furtos" pelo capital do tempo das refeições e do tempo de descanso dos trabalhadores chamam os inspetores também de "*petty pilferings of minutes*", pequenas furtadelas de minutos,[58] "*snatching a few minutes*", escamotear minutos[59] ou, como os trabalhadores os denominam tecnicamente, "*nibbling and cribbling at meal times*" [roer e peneirar o tempo das refeições].[60]

Vê-se que a formação de mais-valia por meio do mais-trabalho não é nenhum segredo nessa atmosfera.

> "'Se o senhor permite', disse-me um fabricante muito respeitável, 'que eu deixe, diariamente, apenas 10 minutos de tempo extra de trabalho, o senhor colocará anualmente em meu bolso 1000 libras esterlinas.'"[61] "Átomos de tempo são os elementos do lucro."[62]

Nesse sentido, nada é mais característico do que a designação dada aos trabalhadores que trabalham todo o tempo como *full times* [tempo-integrais] e às crianças de menos de 13 anos, que só podem trabalhar 6 horas, de *half times* [meio-tempos].[63] O trabalhador não é aqui mais que tempo de trabalho personificado. Todas as diferenças individuais reduzem-se às de "tempo integral" e "meio tempo".

3. RAMOS DA INDÚSTRIA INGLESA SEM LIMITE LEGAL DA EXPLORAÇÃO

Até agora, temos observado o impulso à prolongação da jornada de trabalho, a feroz voracidade dos lobisomens por mais-trabalho numa área na qual os abusos desmesurados não excedidos, como disse um economista burguês da Inglaterra, pelas crueldades dos espanhóis contra os índios na América[64] – colocaram finalmente o capital sob os grilhões da regulação legal. Lancemos agora o olhar sobre alguns ramos da produção em que a espoliação da força de trabalho ainda hoje não conhece limites ou não os conhecia até ontem.

> O Sr. Broughton, um *county magistrate* [juiz de condado], como presidente de uma reunião realizada na prefeitura da cidade de Nottingham em 14 de janeiro de 1860, declarou que, no setor da população urbana que vivia da fabricação de rendas, reinava um grau de sofrimento e miséria desconhecido no resto do mundo civilizado. [...] Às 2, 3, 4 horas da manhã, crianças de 9 a 10 anos são arrancadas de suas camas imundas e obrigadas, para ganhar sua mera subsistência, a trabalhar até as 10, 11 ou 12 horas da noite, enquanto seus membros definham, sua estatura se atrofia, suas linhas faciais se embotam e sua essência humana se imobiliza num torpor pétreo cuja aparência é horripi-

> lante. Não nos surpreendemos que o Sr. Mallett e outros fabricantes tenham-se manifestado em protesto contra qualquer discussão. [...] O sistema, como o reverendo Montagu Valpy o descreveu, é um sistema de escravidão ilimitada, escravidão no sentido social, físico, moral e intelectual. [...] O que se deve pensar de uma cidade que realiza uma assembleia pública para peticionar que o tempo de trabalho para homens se limite a 18 horas por dia! [...] Peroramos contra os plantadores da Virgínia e da Carolina. Entretanto, seria seu mercado de negros, com todos os horrores do açoite e do tráfego de carne humana, por acaso mais ignóbil do que essa lenta imolação de seres humanos, praticada a fim de que se produzam véus e colarinhos em proveito dos capitalistas?[65]

A indústria cerâmica (*pottery*) de Staffordshire foi, durante os últimos 22 anos, objeto de três inquéritos parlamentares. Os resultados constam do relatório do Sr. Scriven, de 1841, dirigido aos Children's Employment Commissioners [comissários de emprego infantil], no informe de 1860 do Dr. Greenhow, publicado por determinação do funcionário médico do Privy Council[I] (*Public Health, 3rd Report*, I, 102–13), e finalmente no relatório de 1863 do Sr. Longe, no *First Report of the Children's Employment Commission* de 13 de junho de 1863. Para meu objetivo, basta citar dos relatórios de 1860 e 1863 alguns depoimentos de testemunho das próprias crianças exploradas. A partir do que ocorre com as crianças, pode-se deduzir o que se passa com os adultos, principalmente com meninas e mulheres, num ramo industrial ao lado do qual a fiação de algodão e outras atividades semelhantes pareceriam um negócio muito agradável e saudável.[66]

Wilhelm Wood, nove anos de idade, tinha 7 anos e 10 meses quando começou a trabalhar. "Desde o começo, ele *ran moulds* (levava a peça modelada à câmara de secagem e trazia de volta depois a forma vazia). Chega todos os dias da semana às 6 horas da manhã e para por volta das 9 horas da noite. 'Eu trabalho todos os dias da semana até as 9 horas da noite. Foi assim, por exemplo, durante as últimas 7–8 semanas.'" Portanto, quinze horas de trabalho para uma criança de sete anos! J. Murray, um menino de doze anos, declara:

> "*I run moulds and turn jigger* (giro a roda). Eu chego às 6 horas, às vezes às 4 horas da manhã. Trabalhei durante toda a noite passada, indo até as 6 horas

---

I O Privy Council [Conselho Secreto] foi um órgão especial junto ao rei da Inglaterra, constituído no século XIII e composto de ministros e outros funcionários, assim como por dignitários clericais. Durante longo tempo, possuiu direitos legislativos e foi responsável apenas perante o rei, mas não perante o Parlamento. Nos séculos XVIII e XIX, sua importância diminuiu bastante. Atualmente ele não tem, na Inglaterra, nenhuma importância prática. [N. E. A.]

da manhã. Eu não fui para a cama desde a última noite. Além de mim, 8 ou 9 outros meninos trabalharam em toda a última noite. Todos, com exceção de um, retornaram esta manhã. Eu recebo semanalmente 3 xelins e 6 pence" (1 táler e 5 *groschen*). "Eu não recebo nada a mais, quando trabalho a noite toda. Na última semana, trabalhei durante duas noites inteiras."

Fernyhough, um menino de dez anos:

> Nem sempre tenho uma hora inteira para o almoço: frequentemente só tenho ½ hora; cada quinta, sexta e sábado.[67]

Dr. Greenhow declara que é extraordinariamente curto o tempo de vida nos distritos cerâmicos de Stoke-upon-Trent e Wolstanton. Embora no distrito de Stoke apenas 36,6% e em Wolstanton apenas 30,4% da população masculina acima de 20 anos esteja empregada nas cerâmicas, a incidência de mais da metade, no primeiro distrito, e de cerca de ⅖, no segundo, dos óbitos causados por doenças pulmonares, entre os homens dessa categoria, recai sobre os ceramistas. O Dr. Boothroyd, clínico geral em Hanley, declara:

> Cada geração sucessiva de ceramistas é mais raquítica e mais fraca que a anterior.

Da mesma forma, outro médico, Sr. McBean, afirma:

> Desde que iniciei minha clínica entre os ceramistas há 25 anos, a degeneração dessa classe tem-se manifestado progressivamente na redução de estatura e peso.

Essas declarações foram tomadas do relatório do Dr. Greenhow de 1860[68]

Do relatório dos comissários de 1863, segue-se: Dr. J. T. Arledge, médico-chefe do hospital de North Staffordshire, diz:

> "Como uma classe, os ceramistas, homens e mulheres [...], representam uma população física e moralmente degenerada. São em regra raquíticos, mal construídos e frequentemente deformados no peito. Eles envelhecem antes do tempo e têm a vida curta; fleumáticos e anêmicos, denunciam a fraqueza de sua constituição por meio de obstinados ataques de dispepsia, perturbações hepáticas e renais e reumatismo. Sofrem sobretudo das doenças do peito, pneumonia, tísica, bronquite e asma. Sofrem de uma forma peculiar desta última, conhecida como asma de ceramista ou tísica de ceramista. A escrofulose, que ataca amígdalas, ossos ou outras partes do corpo, é uma doença que afeta mais de dois terços dos ceramistas. A degenerescência (*degenerescence*) da população

deste distrito não é muito maior graças exclusivamente ao recrutamento dos distritos rurais circunvizinhos e ao casamento com raças mais sadias".

O Sr. Charles Parsons, ainda há pouco *house surgeon* [cirurgião da equipe interna] do mesmo hospital, escreve numa carta ao comissário Longe, entre outras coisas:

> Posso falar somente com base em observações pessoais, e não estatísticas, mas nem por isso deixo de afirmar que sentia mais e mais revolta ao ver essas pobres crianças cuja saúde foi sacrificada para satisfazer a avareza de seus pais e de seus empregadores.

Ele enumera as causas das doenças dos ceramistas e encerra a lista culminando com as *long hours* (longas horas de trabalho). O relatório da comissão espera que

> uma manufatura de posição tão destacada aos olhos do mundo já não irá ostentar a mácula de ter seu grande sucesso acompanhado pela degenerescência física, pelos sofrimentos corporais generalizados e pela morte prematura da população trabalhadora por meio de cujo trabalho e habilidade foram atingidos tão grandes resultados.[69]

O que vale para as cerâmicas da Inglaterra vale também para as da Escócia.[70]

A manufatura de fósforos data de 1833, quando se inventou o processo de aplicar o fósforo ao próprio palito. Desde 1845 desenvolveu-se rapidamente na Inglaterra, espalhando-se das zonas mais populosas de Londres particularmente para Manchester, Birmingham, Liverpool, Bristol, Norwich, Newcastle e Glasgow, levando junto com ela a necrose fosforosa da mandíbula, que, segundo a descoberta de um médico de Viena já em 1845, é doença peculiar dos produtores de fósforos. A metade dos trabalhadores é de crianças com menos de 13 anos e jovens com menos de 18. A manufatura é tão mal-afamada, por ser insalubre e repugnante, que somente a parte mais degradada da classe trabalhadora, viúvas famintas, entre outras, cede-lhe crianças, "crianças esfarrapadas, meio famintas, totalmente desamparadas e não educadas".[71] Das testemunhas inquiridas pelo comissário White (1863), 270 tinham menos de 18 anos, 40 menos de 10, 10 apenas 8 e 5 apenas 6. A jornada de trabalho variava entre 12, 14 e 15 horas, com trabalho noturno, refeições irregulares, em regra no próprio local de trabalho, empestado pelo fósforo. Dante sentiria suas fantasias mais cruéis sobre o inferno serem excedidas nessa manufatura.

Na fábrica de papéis de parede, as variedades mais grosseiras são impressas com máquinas, as variedades mais finas, manualmente (*block printing*). Os meses de negócios mais movimentados ficam entre começo de outubro e fim de abril. Durante esse período, o trabalho frequentemente dura quase sem interrupção das 6 horas da manhã até as 10 da noite ou ainda mais tarde.

J. Leach declara:

> "No inverno passado" (1862), "de 19 garotas, 6 deixaram de vir em consequência das doenças provocadas por sobretrabalho. Para mantê-las acordadas, preciso gritar com elas". W. Duffy: "As crianças frequentemente não conseguiam, devido ao cansaço, manter-se de olhos abertos, na realidade nós mesmos quase não o conseguíamos". T. Lightbourne: "Eu tenho 13 anos. [...] No último inverno trabalhávamos até 9 horas da noite e no inverno anterior, até as 10 horas. No inverno passado, eu gritava quase todas as noites devido à dor causada pelos meus pés feridos". G. Aspden: "Este meu filho, quando tinha 7 anos de idade, eu costumava carregá-lo nas costas para lá e para cá através da neve, e ele costumava trabalhar 16 horas. [...] Eu frequentemente me ajoelhei para alimentá-lo enquanto ele estava junto à máquina, pois ele não podia abandoná-la ou desligá-la". Smith, dirigente *associé* [associado] de uma fábrica de Manchester: "Nós" (ele quer dizer seus "braços" ¦ 80 ¦ que trabalham para "nós") "trabalhamos sem interrupção para as refeições, de modo que o trabalho diário de 10½ horas está terminado às 4½ horas da tarde e tudo o que vem depois é tempo extra".[72] (Acaso esse Sr. Smith não faz alguma refeição durante as 10½ horas?) "Nós" (o mesmo Smith) "raramente paramos antes das 6 horas da tarde" (ele se refere ao consumo de "nossas" máquinas de força de trabalho), "de modo que nós" (*iterum Crispinus*),[I] "de fato, trabalhamos tempo extra o ano todo. [...] As crianças e os adultos" (há 152 crianças e jovens menores de 18 anos e 140 adultos) "trabalharam igualmente, durante os últimos 18 meses, em média, pelo menos 7 jornadas e 5 horas por semana, ou seja, 78½ horas semanais. Nas 6 semanas que terminaram em 2 de maio deste ano" (1863), "a média foi superior: 8 jornadas, ou 84 horas por semana".

O mesmo Sr. Smith, porém, que é tão dado ao *pluralis majestatis* [plural majestático], prossegue sorrindo, satisfeito. "Trabalho a máquina é fácil." E assim dizem os usuários do *block printing*: "Trabalho manual é mais saudável que trabalho a máquina". E os senhores fabricantes, como um todo, declaram-se com indignação contra a proposta "de pararem as máquinas pelo menos durante as refeições".

I *Ecce iterum Crispinus*: assim começa a quarta sátira de Juvenal, em cuja primeira parte Crispino, um cortesão do imperador romano Domiciano, é criticado duramente. Em sentido transposto, essas palavras significam "outra vez a mesma pessoa" ou "outra vez o mesmo". [N. E. A.]

> "Uma lei", diz o Sr. Ottley, gerente de uma fábrica de papéis de parede em Borough (Londres), "que permitisse o horário de trabalho das 6 horas da manhã até as 9 horas da noite nos (!) faria muito bem, entretanto o horário da Factory Act, das 6 horas da manhã até as 6 horas da tarde, não nos (!) serve. [...] Nossa máquina fica parada durante o almoço" (que magnanimidade). "A paralisação não origina nenhuma perda digna de menção de papel ou tinta." "Porém", prossegue ele simpaticamente, "posso compreender que não gostem do prejuízo daí decorrente."

O relatório da comissão opina ingenuamente que o temor de algumas "firmas líderes" de perderem tempo, isto é, tempo de apropriação do trabalho alheio, e por meio disso "perderem lucro", não é "motivo suficiente" para "privar" crianças com menos de 13 anos e jovens com menos de 18 "de seu almoço" durante 12–16 horas ou para fazê-los ingerirem sua refeição como a máquina a vapor consome carvão e água, a lã, sabão, e a roda, óleo, e assim por diante – durante o próprio processo de produção, como mero material auxiliar do meio de trabalho.[73]

Nenhum ramo industrial na Inglaterra – (abstraímos o pão elaborado mecanicamente, que começa a ganhar espaço) – manteve até hoje um modo de produção tão arcaico como a panificação, chegando a ser pré-cristão, conforme revelam os poetas da época do Império Romano. Ao capital, porém, como já foi observado antes, é indiferente, de início, o caráter técnico do processo de trabalho do qual se apossa. No começo, ele o toma como o encontra.

A inacreditável adulteração do pão, especialmente em Londres, foi primeiramente desvendada pelo comitê da Câmara dos Comuns "sobre a adulteração de alimentos" (1855–56) e pelo escrito do Dr. Hassall, *Adulterations Detected* [Adulterações detectadas].[74] A consequência dessas revelações foi a lei de 6 de agosto de 1860: *for preventing the adulteration of articles of food and drink* [para impedir a adulteração de produtos alimentícios e bebida], uma lei ineficaz, pois, como é natural, observa-se a mais alta delicadeza contra todo *free trader* [livre-cambista] que se propõe, por meio da compra e venda de mercadorias adulteradas, *to turn an honest penny* [a ganhar um pêni honesto].[75] O próprio comitê formulou, mais ou menos ingenuamente, sua convicção de que o comércio livre significaria substancialmente o comércio com matérias falsificadas ou, como os ingleses jocosamente as denominam, "matérias sofisticadas". De fato, essa espécie de "sofística" sabe melhor que Protágoras como fazer preto de branco e branco de preto, e sabe demonstrar, *ad oculos* [aos olhos], melhor que os eleatas,[I] a mera aparência de todo real.[76]

I Orientação idealista na filosofia grega antiga, dos séculos VI e V a.C. Seus representantes mais significativos foram Xenofonte, Parmênides e Zenão. Os eleatas

De qualquer modo, o comitê dirigiu a atenção do público para seu "pão de cada dia" e, com isso, para a panificação. Ao mesmo tempo, ressoou em *meetings* [manifestações] e em petições ao Parlamento o grito dos oficiais de padeiros de Londres contra o sobretrabalho etc. A grita tornou-se tão insistente que o Sr. H. S. Tremenheere, membro da comissão de 1863, já várias vezes mencionada, foi nomeado comissário real de inquérito. Seu relatório,[77] juntamente com as declarações das testemunhas, tocou não o coração, mas o estômago do público. O inglês apegado à Bíblia sabe que o ser humano está condenado a comer pão com o suor de seu rosto quando, graças à Divina Providência, não se torna capitalista, *landlord* ou sinecurista; mas ele não sabia que, com seu pão diário, teria de comer certo *quantum* de suor humano, embebido em supurações de abscessos, teia de aranha, baratas mortas e fermento podre alemão, além de alúmen, arenito e outros agradáveis ingredientes minerais. Sem nenhuma consideração pela sua santidade, o *free trade*, a panificação, até então "livre", foi submetida à fiscalização de inspetores do Estado (final da legislatura de 1863) e, pelo mesmo ato do Parlamento, foi proibido o horário de trabalho das 9 horas da noite até as 5 da manhã aos oficiais de padeiros menores de 18 anos. A última cláusula vale por volumes inteiros no que se refere ao sobretrabalho nesse ramo de negócio, para nós tão paternalmente caseiro.

> "O trabalho de um oficial de padeiro londrino começa, em regra, às 11 horas da noite. A essa hora ele prepara a massa, um processo muito cansativo, que dura de ½ a ¾ de hora, segundo o tamanho da fornada e a sua finura. Ele se deita, então, sobre a tábua de amassar, que serve ao mesmo tempo como tampa da amassadeira onde é feita a massa, e dorme algumas horas com um saco de farinha sob a cabeça e outro saco sobre o corpo. Em seguida, começa um trabalho rápido e ininterrupto de 5 horas, jogar, passar, modelar a massa, levá-la ao forno, retirá-la do forno etc. A temperatura numa padaria varia de 75 a 90 graus [Fahrenheit], e nas pequenas panificadoras costuma variar antes para mais do que para menos. Quando termina o trabalho de fazer pão, pãezinhos etc., começa o trabalho de distribuição do pão; e parte considerável dos diaristas, depois de ter levado a cabo o duro trabalho noturno anteriormente descrito, dedica-se durante o dia a distribuir os pães com cestos ou em carrinhos de mão, que empurra de casa em casa, e às vezes ainda opera entrementes também na padaria. Segundo a estação e o volume de negócios, o trabalho termina entre 1 e 6 horas da tarde, enquanto outra parte dos oficiais continua ocupada até o fim da tarde

---

procuraram, entre outras coisas, comprovar que o movimento e a variedade dos fenômenos existiam não na realidade, mas somente em pensamento. [N. E. A.]

> na padaria."[78] "Durante a temporada de Londres, os oficiais das padarias que vendem pão a preço cheio, em West End, começam regularmente às 11 horas da noite e se mantêm ocupados assando pão, interrompidos por um ou dois intervalos, frequentemente muito curtos, até as 8 horas da manhã seguinte. Em seguida, até 4, 5 e 6 horas da tarde e mesmo 7 da noite, são colocados para entregar os pães ou às vezes para assar biscoitos na padaria. Depois de concluído o trabalho, desfrutam de um sono de 6 horas, muitas vezes de apenas 5 ou 4 horas. Nas sextas-feiras, o trabalho começa sempre mais cedo, digamos às 10 horas da noite, e dura sem interrupção, seja na preparação, seja na distribuição do pão, até as 8 horas da noite do sábado seguinte, porém, o mais das vezes, até as 4 ou 5 horas da manhã do domingo. Também nas padarias de luxo, que vendem pães a preços cheios, tem-se de executar, aos domingos, de 4 a 5 horas de trabalho de preparação para o dia seguinte. [...] Os oficiais de padeiros que trabalham para *underselling masters*" (aqueles que vendem o pão abaixo do preço cheio), "e estes constituem, como foi observado anteriormente, mais de ¾ dos padeiros de Londres, têm jornada de trabalho ainda mais longa, porém seu trabalho limita-se quase totalmente à padaria, pois seus mestres, com exceção do fornecimento a pequenas mercearias, vendem apenas em sua própria loja. Ao final da semana [...] isto é, na quinta-feira, o trabalho aqui começa às 10 horas da noite e dura, com pequenas interrupções apenas, até bem tarde no domingo à noite."[79]

Até da perspectiva burguesa se entendem os *underselling masters*: "o trabalho não pago dos oficiais (*the unpaid labour of the men*) constitui a base de sua concorrência".[80] E o *full priced baker* [padeiro que vende a preço cheio] denuncia seus concorrentes *underselling* à Comissão de Inquérito como ladrões de trabalho alheio e adulteradores.

> Eles têm êxito apenas enganando o público e extraindo dos seus oficiais 18 horas por um salário de 12 horas.[81]

A adulteração do pão e a formação de uma classe de padeiros que vende o pão abaixo do preço cheio desenvolveram-se na Inglaterra desde o começo do século XVIII, tão logo decaiu o caráter corporativo do ofício e surgiu o capitalista na figura do moleiro ou do intermediário da farinha por trás do mestre padeiro nominal.[82] Com isso estava constituída a base para a produção capitalista, para o desmesurado prolongamento da jornada de trabalho e para o trabalho noturno, ainda que este último só se tenha firmado, mesmo em Londres, em 1824.[83]

Pelo exposto, entende-se por que o relatório da comissão classifica os oficiais de padeiros entre os trabalhadores com vida curta, que, depois de terem a sorte de escapar à dizimação normal de crianças que se verifica em todos os setores da classe trabalhadora, raramente alcançam o 42º ano de vida. E, apesar disso, a indústria de pães está sempre abarrotada de candidatos. As fontes de oferta dessas "forças de trabalho" para Londres são a Escócia, os distritos agrícolas ocidentais da Inglaterra e... a Alemanha.

Nos anos de 1858-60, os oficiais de padeiros da Irlanda organizaram, às suas próprias custas, grandes *meetings* para agitação contra o trabalho noturno e aos domingos. O público tomou partido deles com calor irlandês, por exemplo na manifestação de maio em Dublin, 1860. Por meio desse movimento, conseguiu-se de fato estabelecer o trabalho exclusivamente diurno em Wexford, Kilkenny, Clonmel, Waterford etc.

> Em Limerick, onde os sofrimentos desses oficiais assalariados ultrapassaram reconhecidamente todas as medidas, esse movimento foi derrotado pela oposição dos mestres padeiros, notadamente dos padeiros-moleiros. O exemplo de Limerick levou ao retrocesso em Ennis e Tipperary. Em Cork, onde a indignação pública manifestou-se de modo mais forte, os mestres conseguiram derrotar o movimento utilizando seu poder de pôr na rua os oficiais. Em Dublin, os mestres opuseram a mais decidida resistência e, perseguindo os oficiais que estavam à frente da agitação, obrigaram os restantes a ceder, a conformar-se com o trabalho noturno e aos domingos.[84]

A comissão do governo inglês, que na Irlanda estava armado até os dentes, objeta amargamente contra os implacáveis mestres padeiros de Dublin, Limerick, Cork etc.:

> "O comitê acredita que as horas de trabalho são limitadas por leis naturais que não podem ser violadas impunemente. Os mestres, ao forçar, mediante ameaças de pô-los na rua, seus trabalhadores a violarem suas convicções religiosas, a desobedecerem à lei do país e a desprezarem a opinião pública" (isso tudo se refere ao trabalho aos domingos) "espalham a cizânia entre o capital e o trabalho e dão um exemplo perigoso para a religião, a moralidade e a ordem pública. [...] O comitê acredita que o prolongamento da jornada de trabalho além das 12 horas é um ataque usurpador à vida privada e doméstica do trabalhador e leva a resultados moralmente funestos por interferirem na vida doméstica de um homem e no cumprimento de suas obrigações familiares como filho, irmão, esposo e pai. O trabalho além de 12 horas tende a minar a saúde do trabalhador, fazê-lo envelhecer antes do tempo e morrer prematuramente e, portanto, causa infelicidade às famílias dos trabalhadores, que, no momento em que mais necessitam, são privadas (*are deprived*) do cuidado e do apoio do chefe de família".[85]

Nós estivemos há pouco na Irlanda. Do outro lado do canal, na Escócia, o trabalhador agrícola, o homem do arado, denuncia suas 13 até 14 horas de trabalho, no clima mais rigoroso, com trabalho adicional de 4 horas aos domingos (nesse país do sábado santificado!),[86] enquanto, ao mesmo tempo, estão perante um Grand Jury de Londres três ferroviários, um condutor, um maquinista e um sinalizador. Um grande desastre ferroviário despachou centenas de passageiros para o outro mundo. A negligência dos ferroviários é a causa do desastre. Eles declaram, unanimemente, perante os jurados, que há 10 ou 12 anos seu trabalho durava diariamente apenas 8 horas. Durante os últimos 5-6 anos, ele foi sendo aumentado para 14, 18 e 20 horas e, quando a afluência de viajantes é particularmente intensa, como no período dos trens de excursões, estendia-se muitas vezes a 40 ou 50 horas sem interrupção. Eles são seres humanos comuns, e não ciclopes. Além de certo ponto, sua força de trabalho falha. O torpor os domina. Seu cérebro para de pensar e seus olhos de ver. O totalmente *respectable British Juryman* [respeitável jurado britânico] responde por meio de um veredicto que os envia, por *manslaughter* (homicídio), ao juízo criminal e, num adendo moderado, expressa o piedoso desejo de que os senhores magnatas do capital da estrada de ferro, no futuro, sejam mais gastadores na compra do número necessário de "forças de trabalho" e mais "abstinentes", ou "mais renunciadores", ou "mais econômicos" na exploração da força de trabalho paga.[87]

Da colorida multidão de trabalhadores de todas as profissões, idades e sexos que nos atropelam com mais zelo que a Odisseu as almas dos assassinados e nos quais se reconhecem, à primeira vista, sem que levem sob seus braços os Livros Azuis, as marcas do sobretrabalho, selecionaremos, ainda, duas figuras cujo contraste flagrante demonstra que, diante do capital, todos os seres humanos são iguais – uma modista e um ferreiro.

Nas últimas semanas de junho de 1863, todos os jornais de Londres trouxeram um parágrafo com o título *sensational* [sensacionalista]: "*Death from Simple Overwork*" (Morte por simples sobretrabalho). Trata-se da morte da modista Mary Anne Walkley, de 20 anos, que trabalhava numa manufatura de modas muito respeitável, fornecedora da Corte, explorada por uma dama com o agradável nome de Elise. A velha história, tantas vezes contada, foi de novo agora descoberta,[88] a de que essas moças trabalham em média 16½ horas, porém, durante a temporada, frequentemente 30 horas sem interrupção, sendo reanimadas por meio de oferta oportuna de *sherry*, vinho do Porto ou café quando sua "força de trabalho" fraqueja. Estava-se então no ponto alto da temporada. Era necessário concluir, num abrir e fechar de olhos, como num passe de mágica, os vestidos de luxo das nobres *ladies* para o baile em homenagem à recém-importada princesa do País de Gales. Mary Anne Walkley tinha trabalhado 26½ horas ininterruptas, juntamente com 60 outras moças, cada 30 num quarto cuja capacidade cúbica mal chegava para conter ⅓ do ar necessário, enquanto à noite partilhavam, duas a duas, uma cama num dos buracos sufocantes em que se subdivide um quarto de dormir, por meio de paredes de tábuas.[89] E essa era uma das melhores casas de moda de Londres. Mary Anne Walkley adoeceu na sexta-feira e morreu no domingo, sem haver terminado antes a última peça, para a surpresa de Dona Elise. O médico, Dr. Keys, chamado muito tarde ao leito de morte, testemunhou perante o Coroner's Jury[I] em secas palavras:

> Mary Anne Walkley morreu por excesso de horas de trabalho numa oficina superlotada e por dormir num cubículo superestreito e mal ventilado.

Para dar ao médico uma lição de boas maneiras, o Coroner's Jury declarou.

> A vítima morreu de apoplexia, havendo razão, porém, para temer que sua morte tenha sido apressada por sobretrabalho numa oficina superlotada etc.

Nossos "escravos brancos", bradou o *Morning Star*, órgão dos livre-cambistas Cobden e Bright, "nossos escravos brancos são forçados ao túmulo pelo trabalho, arruínam-se e morrem sem canto nem glória".[90]

> "Trabalhar até a morte está na ordem do dia, não apenas na oficina das modistas, mas em milhares de outros lugares, na verdade em cada lugar onde o negócio floresce. [...] Permita-nos tomar o exemplo do ferreiro. Se se deve acreditar nos poetas, não existe nenhum homem tão cheio de vida nem tão alegre como o ferreiro. Ele se levanta cedo e tira faíscas ao sol; ele come, bebe e dorme como nenhuma outra pessoa. Considerado o aspecto puramente físico, ele se encontra com trabalho moderado, de fato numa das melhores posições humanas. Porém, seguimo-lo à cidade e vemos que carga de trabalho é lançada sobre esse homem forte e qual posição ele ocupa na lista de mortalidade em nosso país. Em Marylebone" (um dos maiores bairros de Londres) "os ferreiros morrem na proporção de 31 por 1000 anualmente, ou 11 acima da média de mortalidade dos homens adultos na Inglaterra. A ocupação, em si e para si irrepreensível, uma arte quase instintiva da humanidade, torna-se destruidora do homem em virtude do excesso de trabalho. Ele pode dar tantas marteladas por dia, andar tantos passos, respirar tantas vezes, realizar tanto trabalho e viver em média, digamos, 50 anos. Obrigam-no a dar tantas marteladas a mais, a andar tantos passos a mais, a respirar com mais frequência durante o dia e, tudo junto, a aumentar assim diariamente em ¼

I Júri que averigua a causa da morte. [N.T.]

seu dispêndio vital. Ele realiza a tentativa e, como resultado, num período limitado, realiza ¼ a mais de trabalho e morre aos 37 anos, e não aos 50."[91]

4. TRABALHO DIURNO E NOTURNO. O SISTEMA DE REVEZAMENTO

O capital constante, os meios de produção, considerados do ponto de vista do processo de valorização, só existem para absorver trabalho e, com cada gota de trabalho, um *quantum* proporcional de mais-trabalho. Caso não façam isso, sua mera existência constitui prejuízo negativo para o capitalista, pois, durante o tempo em que estão ociosos, representam adiantamento inútil de capital, e esse prejuízo torna-se positivo tão logo a interrupção exija gastos adicionais para o reinício do trabalho. O prolongamento da jornada de trabalho, além dos limites do dia natural, pela noite adentro, serve apenas de paliativo, apenas mitiga a sede vampiresca por sangue vivo do trabalho. Apropriar-se de trabalho durante todas as 24 horas do dia é, por conseguinte, o impulso imanente da produção capitalista. Sendo, porém, fisicamente impossível sugar as mesmas forças de trabalho continuamente dia e noite, necessita, pois, para superar esse obstáculo físico, do revezamento entre as forças de trabalho consumidas de dia e de noite, um revezamento que admite diferentes métodos, podendo, por exemplo, ser ordenado de tal forma que parte do pessoal trabalhador faça numa semana o trabalho diurno, na outra o trabalho noturno etc. Sabe-se que esse sistema de revezamento, essa economia de alternância, predominava no período pletórico inicial da indústria têxtil inglesa, florescendo hoje nas fiações de algodão no *gouvernement* [distrito] de Moscou. Como sistema, esse processo de produção de 24 horas existe ainda hoje em muitos ramos industriais britânicos até agora "livres", entre outros nos altos-fornos, forjas, laminações e outras manufaturas metalúrgicas da Inglaterra, do País de Gales e da Escócia. O processo de trabalho compreende aqui, além das 24 horas dos 6 dias úteis da semana, em grande parte dos casos também as 24 horas do domingo. Os trabalhadores são homens e mulheres, adultos e crianças de ambos os sexos. A idade das crianças e dos jovens percorre todas as etapas intermediárias dos 8 anos (em alguns casos, dos 6) até os 18 anos.[92] Em alguns ramos, as meninas e as mulheres trabalham também à noite, junto com o pessoal masculino.[93]

Abstraindo os efeitos geralmente prejudiciais do trabalho noturno,[94] a duração ininterrupta de 24 horas do processo de produção oferece a oportunidade altamente bem-vinda de ultrapassar os limites da jornada nominal de trabalho. Assim, por exemplo, nos ramos industriais mencionados anteriormente, extremamente fatigantes, a jornada oficial de trabalho está fixada, na maioria das vezes, em 12 horas, diurnas ou noturnas, para cada trabalhador. Mas o sobretrabalho além desse limite é, em muitos casos, para usar a expressão do relatório oficial inglês, "realmente horrorizante" (*truly fearful*).[95]

> "Nenhuma mente humana", diz o relatório, "pode pensar na quantidade de trabalho que, segundo os depoimentos das testemunhas, é realizada por meninos de 9 a 12 anos sem concluir, irresistivelmente, que não se pode mais permitir que esse abuso de poder dos pais e dos patrões continue."[96]

> O método de fazer meninos trabalharem alternadamente de dia e de noite leva ao iníquo prolongamento da jornada de trabalho, tanto nos períodos de maior pressão dos negócios quanto no seu decurso normal. Em muitos casos, esse prolongamento não é apenas cruel, mas também simplesmente inacreditável. Não pode deixar de ocorrer que, por esse ou aquele motivo, um menino falte vez ou outra ao revezamento. Um ou mais dos meninos presentes que já concluíram sua jornada de trabalho têm, então, de preencher a falta. Esse sistema é tão conhecido que o gerente de uma laminação, quando lhe perguntei como seria substituído o menino que faltara ao seu turno, respondeu: Eu sei que o senhor sabe disso tão bem quanto eu, e não hesitou em admitir o fato.[97]

> "Numa laminação em que a jornada nominal de trabalho ia das 6 horas da manhã até as 5½ da tarde, um menino trabalhava 4 noites por semana até pelo menos 8½ horas da noite do dia seguinte [...], e isso durante 6 meses." "Outro, com a idade de 9 anos, trabalhava às vezes três turnos de doze horas seguidos e, quando tinha 10 anos, trabalhava dois dias e duas noites consecutivos." "Um terceiro, agora com 10 anos, trabalhava das 6 da manhã até a meia-noite por 3 noites e até as 9 horas da noite durante as outras noites." "Um quarto, agora com 13 anos, trabalhava durante toda a semana, das 6 horas da tarde até as 12 horas do dia seguinte, e às vezes em 3 turnos consecutivos, por exemplo de segunda-feira de manhã até terça-feira à noite." "Um quinto, agora com 12 anos, trabalhava numa fundição de ferro em Stavely das 6 horas da manhã até a meia-noite durante 14 dias, sendo incapaz de fazê-lo por mais tempo." George Allinsworth, de nove anos de idade: "Vim pra cá sexta-feira passada. No dia seguinte tivemos de começar às 3 horas da manhã. Por isso fiquei aqui a noite inteira. Moro a 5 milhas daqui [cerca de 8 km]. Dormi no chão com um avental embaixo de mim e com um casaco pequeno em cima de mim. Os outros dois dias estive aqui às 6 horas da manhã. Sim!, este é um lugar quente! Antes de vir para cá, trabalhei também durante um ano inteiro num alto-forno. Era uma grande usina no campo. Começava também aos sábados às 3 horas da manhã, mas pelo menos eu podia ir dormir em casa,

pois era perto. Nos outros dias começava às 6 da manhã e terminava às 6 ou 7 da noite" etc.[98]

Ouçamos agora como o próprio capital concebe o sistema de 24 horas. Naturalmente deixa passar em silêncio os excessos do sistema, seu abuso do "cruel e incrível" prolongamento da jornada de trabalho. Ele fala somente do sistema em sua forma "normal".

Os srs. Naylor e Vickers, fabricantes de aço que empregam entre 600 e 700 pessoas, e entre elas apenas 10% menores de 18 anos, e destas somente 20 meninos no trabalho noturno, pronunciam-se como segue:

> "Os garotos não sofrem com o calor. A temperatura é provavelmente de 86º até 90º [Fahrenheit] [...]. Nas oficinas de forja e de laminação, os braços trabalham dia e noite por sistema de turnos, mas todos os demais trabalhos, ao contrário, são trabalhos diurnos, das 6 da manhã até as 6 horas da tarde. Na forja, trabalha-se das 12 às 12 horas. Alguns braços trabalham continuamente no horário noturno, sem revezamento entre turno diurno e noturno. [...] Achamos que não faz nenhuma diferença para a saúde" (dos senhores Naylor e Vickers?) "o trabalho noturno ou diurno, e provavelmente as pessoas dormem melhor quando gozam do mesmo período de descanso do que quando ele muda. [...] Aproximadamente 20 garotos menores de 18 anos trabalham com a turma da noite. [...] Não poderíamos fazê-lo bem (*not well do*) sem o trabalho noturno de rapazes menores de 18 anos. Nossa objeção é... ao aumento dos custos da produção. Braços hábeis e chefes de departamento são difíceis de conseguir, entretanto é possível obter tantos rapazes quantos se queira. [...] Naturalmente, considerando-se a pequena proporção de rapazes que nós utilizamos, limitações do trabalho noturno seriam de pouca importância ou interesse para nós".[99]

O Sr. J. Ellis, da firma John Brown & Co., usinas de ferro e aço que empregam 3000 homens e rapazes e, na verdade, declara que, em [uma] parte do trabalho pesado com aço e ferro, "de dia e de noite, por revezamento", há no trabalho pesado com aço um ou dois rapazes para cada dois homens. No seu negócio existem 500 rapazes com menos de 18 anos, dos quais ⅓, ou 170, tem menos de 13 anos. Com respeito à proposta de mudança na legislação, o senhor Ellis opina:

> "Não creio que haveria muito que objetar (*very objectionable*) contra exigir que qualquer pessoa menor de 18 anos não trabalhe mais de 12 horas em cada 24. Mas não creio que se possa traçar uma linha para dispensar do trabalho noturno rapazes com mais de 12 anos. Aceitaríamos antes uma lei que proibisse utilizar rapazes com menos de 13 ou até com menos de 15 anos à proibi-

ção de utilizar durante a noite os rapazes que já temos. Os rapazes da turma diurna têm de trabalhar de maneira alternada no período noturno, pois os homens não podem realizar trabalho noturno incessantemente; isso arruinaria sua saúde. Acreditamos, entretanto, que o trabalho noturno não é prejudicial em semanas alternadas".

(Os srs. Naylor e Vickers acreditavam, de acordo com o melhor de seu negócio, que, ao contrário, o trabalho noturno alternado, em lugar do continuado, fosse possivelmente prejudicial.)

> "Achamos que as pessoas que realizam trabalho noturno alternado são tão sadias quanto as que só trabalham de dia. [...] Nossas objeções contra a não utilização de rapazes menores de 18 anos para o trabalho noturno seriam feitas considerando o aumento das despesas, mas esse seria também o único motivo." (Que cínica ingenuidade!) "Acreditamos que esse aumento seria maior do que o negócio (*the trade*) poderia equitativamente suportar, com a devida consideração à sua realização com êxito. (*As the trade with due regards to etc. could fairly bear.*)" (Que fraseologia pastosa!) "Trabalho é raro aqui e poderia tornar-se insuficiente sob tal regulamentação"

(isto é, Ellis, Brown & Co. poderiam defrontar-se com o fatal embaraço de precisar pagar plenamente o valor da força de trabalho).[100]

A Cyklops Usinas de Aço e Ferro, dos srs. Cammell & Co., é conduzida em escala igualmente grande à do citado John Brown & Co. O diretor-gerente encaminhou seu testemunho por escrito ao comissário do governo White, porém mais tarde achou conveniente extraviar o manuscrito que lhe fora devolvido para revisão. Entretanto, o Sr. White tem memória eficaz. Ele se recorda com toda a certeza de que, para esses senhores ciclopes, a proibição do trabalho noturno para crianças e jovens seria "uma coisa impossível; seria o mesmo que parar suas usinas", e ainda assim seu negócio conta com pouco mais de 6% de rapazes menores de 18 anos e apenas 1% de menores de 13 anos.[101]

Sobre o mesmo assunto, declara o Sr. E. F. Sanderson, da firma Sanderson, Bros. & Co. Usinas de Aço, Laminação e Forja, em Attercliffe:

> "Grandes dificuldades surgiriam da proibição de rapazes menores de 18 anos trabalharem à noite. A principal dificuldade adviria do aumento dos custos, o qual seria uma consequência inevitável da substituição do trabalho infantil pelo trabalho de adultos. Quanto isso importaria não posso dizer, mas provavelmente não seria tanto que o fabricante pudesse aumentar o preço do aço, de modo que o prejuízo recairia sobre ele, uma vez que os trabalhadores" (que povo teimoso!) "naturalmente se recusariam a suportá-lo".

O Sr. Sanderson não sabe quanto paga às crianças, mas

> "talvez perfaça de 4 a 5 xelins por cabeça semanalmente. [...] O trabalho dos meninos é de uma espécie para a qual em geral" ("*generally*", naturalmente nem sempre "em especial") "a força dos rapazes é apenas suficiente, e consequentemente, da força maior dos homens, não resultaria nenhum lucro para compensar o prejuízo, a não ser nos poucos casos em que o metal é muito pesado. Os homens não gostariam de não ter nenhum menino sob seu comando, pois homens são menos obedientes. Além disso, os rapazes precisam começar cedo para aprender o ofício. A limitação dos rapazes a mero trabalho diurno não preencheria esse objetivo".

E por que não? Por que os rapazes não podem aprender seu ofício durante o dia? Suas razões?

> Porque os homens, que trabalham em semanas alternadas, ora durante o dia, ora durante a noite, ficariam separados dos rapazes de seu turno durante o mesmo tempo e perderiam metade do lucro que extraem deles. A orientação que dão aos rapazes é considerada parte do salário desses rapazes e possibilita aos homens obterem mais barato o trabalho juvenil. Cada homem perderia metade do seu lucro.

Em outras palavras, os srs. Sanderson teriam de pagar parte dos salários dos homens adultos de seu próprio bolso, e não com trabalho noturno dos rapazes. O lucro dos srs. Sanderson cairia um pouco, nesse caso, e essa é a boa razão sandersoniana por que menores não podem aprender seu ofício de dia.[102] Ademais, isso faria o trabalho regular noturno recair sobre os homens, que se revezam agora com os rapazes, e eles não o suportariam. Em suma, as dificuldades seriam tão grandes que provavelmente levariam à supressão total do trabalho noturno. "No que se refere à própria produção de aço", diz E. F. Sanderson, "não faria a menor diferença, porém!" Porém os srs. Sanderson têm mais o que fazer do que fabricar aço. A produção de aço é mero pretexto para a produção de mais-valia. Os fornos de fundição, as oficinas de laminação etc., as construções, a maquinaria, o ferro, o carvão etc. têm mais o que fazer do que transformar-se em aço. Eles estão lá para absorver mais-trabalho, e naturalmente absorvem mais em 24 horas do que em 12. Na realidade dão aos Sanderson, por graça de Deus e de direito, um cheque sobre o tempo de trabalho de certo número de "braços" por 24 horas inteiras do dia e perdem seu caráter de capital, sendo, portanto, prejuízo puro para os Sanderson tão logo seja interrompida sua função de sugar trabalho.

> Mas então haveria o prejuízo de maquinaria tão cara ficar durante metade do tempo ociosa, e para a mesma quantidade de produtos que podemos fabricar com o sistema atual teríamos de duplicar nossas construções e equipamentos, o que duplicaria a despesa.

Mas por que exatamente esses Sanderson exigem um privilégio em relação aos demais capitalistas que só podem deixar trabalhar durante o dia e cujas construções, maquinaria, matéria-prima permanecem, portanto, "ociosas" durante a noite?

> "É verdade", responde E. F. Sanderson em nome de todos os Sanderson, "é verdade que esse prejuízo oriundo da maquinaria ociosa atinge todas as manufaturas em que se trabalha apenas de dia. Mas o uso de fornos de fundição provoca, em nosso caso, prejuízo extra. Mantendo-os em funcionamento, desperdiça-se combustível" (enquanto agora é a matéria vital dos trabalhadores que é desperdiçada) "e, se não forem mantidos em funcionamento, haveria perda de tempo para acendê-los e obter o grau necessário de calor" (enquanto perda de tempo de sono, mesmo para crianças de oito anos, é ganho de tempo de trabalho para o clã dos Sanderson), "e os próprios fornos sofreriam com a mudança de temperatura" (enquanto os mesmos fornos nada sofrem com o revezamento do trabalho diurno e noturno).[103]

5. A LUTA PELA JORNADA NORMAL DE TRABALHO. LEIS COMPULSÓRIAS PARA O PROLONGAMENTO DA JORNADA DE TRABALHO, DA METADE DO SÉCULO XIV AO FIM DO SÉCULO XVII

"Que é uma jornada de trabalho?" Durante quanto tempo o capital pode consumir a força de trabalho cujo valor diário ele paga? Por quanto tempo pode ser prolongada a jornada de trabalho além do tempo de trabalho necessário à reprodução dessa mesma força de trabalho? A essas perguntas, viu-se que o capital responde: a jornada de trabalho compreende diariamente as 24 horas completas, depois de descontar as poucas horas de descanso sem as quais a força de trabalho fica totalmente impossibilitada de realizar novamente sua tarefa. Entende-se por si, desde logo, que o trabalhador, durante toda a sua existência, nada mais é que força de trabalho e que, por isso, todo seu tempo disponível é por natureza e por direito tempo de trabalho, portanto pertencente à autovalorização do capital. Tempo para educação humana, para o desenvolvimento intelectual, para o preenchimento de funções sociais, para o convívio social, para o jogo livre das forças vitais físicas e espirituais, mesmo o tempo livre de domingo – e mesmo no país do sábado santificado[104] – pura futilidade! Mas, em seu impulso cego, desmedido, em sua voracidade por mais-trabalho, o capital atropela não apenas os limites máximos morais, mas também os puramente físicos da jornada de trabalho. Usurpa o tempo para o crescimento, o desenvolvimento e a manutenção sadia do corpo. Rouba o tempo necessário para o consumo de ar puro e luz solar. Escamoteia o tempo destinado às refeições para incorporá-lo, sempre que possível, ao próprio processo de produção, suprindo o trabalhador, enquanto mero meio de produção, de alimentos, como a caldeira de carvão e a maquinaria de graxa ou óleo. Reduz o sono saudável para a concentração, renovação e restauração da força vital a tantas horas de torpor quanto a reanimação de um organismo absolutamente esgotado torna indispensáveis. Em vez de a conservação normal da força de trabalho determinar aqui o limite da jornada de trabalho, ao contrário, é o maior dispêndio possível diário da força de trabalho que determina, por mais penoso e doentiamente violento, o limite do tempo de descanso do trabalhador. O capital não se importa com a duração de vida da força de trabalho. O que interessa a ele, pura e simplesmente, é um *maximum* de força de trabalho que se poderá fazer fluir em uma jornada de trabalho. Atinge esse objetivo encurtando a duração da força de trabalho, como um agricultor ganancioso que consegue aumentar o rendimento do solo por meio do saqueio da fertilidade do solo.

A produção capitalista, que é essencialmente produção de mais-valia, absorção de mais-trabalho, produz, portanto, com o prolongamento da jornada de trabalho, não apenas a atrofia da força de trabalho humana, a qual é roubada em suas condições morais e físicas normais de desenvolvimento e atividade. Ela produz a exaustão prematura e o aniquilamento da própria força de trabalho.[105] Ela prolonga o tempo de produção do trabalhador num prazo determinado mediante o encurtamento de seu tempo de vida.

O valor da força de trabalho compreende, entretanto, o valor das mercadorias necessárias para a reprodução do trabalhador ou a propagação da classe trabalhadora. Portanto, se esse prolongamento antinatural da jornada de trabalho, a que o capital visa em seu impulso desmedido de autovalorização, encurta o período de vida dos trabalhadores individuais e com isso a duração de sua força de trabalho, torna-se necessária a mais rápida substituição dos que foram desgastados. Torna-se necessário, portanto, incluir custos maiores de depreciação na reprodução da força de trabalho, do mesmo modo como a parte do valor que tem de reproduzir-se diariamente de uma máquina é tanto maior quanto mais rápido seja o seu desgaste. Parece, portanto, como sendo do próprio interesse do capital uma jornada normal de trabalho.

O senhor de escravos compra seu trabalhador como compra seu cavalo. Com o escravo, ele perde um capital que tem de ser reposto mediante nova despesa no mercado de escravos. Porém

> os campos de arroz da Geórgia e os pântanos do Mississípi podem exercer fatalmente sua ação destruidora sobre a constituição humana; apesar de tudo, esse desperdício de vida humana não é tão grande que não possa ser reparado pelas pujantes reservas da Virgínia e do Kentucky. Considerações econômicas que poderiam oferecer uma espécie de segurança para o tratamento humano dos escravos, na medida em que identificam o interesse do senhor com a preservação dos escravos, transformam-se no seu inverso, após a introdução do tráfego negreiro, em razões para elevar a exploração do escravo ao máximo, pois, logo que o lugar de um escravo possa ser preenchido por suprimentos de reservas estrangeiras de negros, a duração de sua vida cede em importância à sua produtividade enquanto ela durar. Por isso, é uma máxima da economia escravagista, em países de importação de escravos, que a economia mais eficaz consiste em extrair do gado humano (*human cattle*) o maior volume possível de trabalho no menor tempo possível. Justamente nas culturas tropicais, onde os lucros anuais igualam-se com frequência ao capital total das plantações, a vida dos negros é sacrificada mais inescrupulosamente. A agricultura das Índias Ocidentais é, há séculos, berço de riquezas fabulosas que têm devorado milhões de homens da raça africana. Atualmente, é em Cuba, cujas *revenues* contam-se por milhões e cujos plantadores são verdadeiros príncipes, que vemos, além da alimentação mais grosseira e da faina mais esgotante e interminável, boa parte da classe escrava ser cada ano destruída diretamente pela tortura lenta do sobretrabalho e da falta de sono e de descanso.[106]

Mutato nomine de te fabula narratur! [Sob outro nome, de ti fala a fábula][I] Em vez de mercado de escravos, leia-se mercado de trabalho, em vez de Kentucky e Virgínia, Irlanda e os distritos agrícolas da Inglaterra, Escócia e País de Gales, em vez de África, Alemanha! Ouvimos como o sobretrabalho dizima os empregados das padarias em Londres e, apesar disso, o mercado de trabalho londrino está sempre abarrotado de alemães e de outros candidatos à morte na panificação. A cerâmica, conforme vimos, é um dos ramos industriais em que a vida é mais curta. Faltam, por isso, ceramistas? Josiah Wedgwood, o inventor da cerâmica moderna, ele próprio um simples trabalhador, declarou em 1785 perante a Câmara dos Comuns que toda a manufatura ocupava de 15000 a 20000 pessoas.[107] No ano de 1861, só a população dos centros urbanos dessa indústria na Grã-Bretanha elevava-se a 101302 pessoas.

I Horácio, *Sátiras*, Livro I, sátira 1. [N. E. A.]

> A indústria de tecelagem de algodão conta 90 anos. [...] Durante três gerações da *race* inglesa, ela devorou nove gerações de trabalhadores algodoeiros.[108]

Certamente, em algumas épocas de prosperidade febril, o mercado de trabalho mostrou lacunas preocupantes. Assim, por exemplo, em 1834. Os senhores fabricantes, porém, propuseram então aos Poor Law Commissioners [Comissários das Leis dos Pobres] mandar para o Norte a "superpopulação" dos distritos agrícolas, com a explicação de que "os fabricantes os absorveriam e consumiriam". Essas foram suas próprias palavras.[109]

> Foram designados agentes para Manchester, com a autorização dos Poor Law Commissioners. Listas de trabalhadores agrícolas foram preparadas e entregues a esses agentes. Os fabricantes acorriam aos escritórios, e, depois de escolher o que lhes convinha, as famílias eram despachadas do sul da Inglaterra. Essas encomendas de gente foram transportadas com etiquetas, como fardos de mercadorias, por via fluvial ou por carros de carga. Algumas pessoas foram a pé e muitas delas vagueavam perdidas e meio mortas de fome pelos distritos industriais. Isso se tornou um verdadeiro ramo de comércio. A Câmara dos Comuns terá dificuldade em acreditar nisso. Esse comércio regular, esse tráfico de carne humana, prosseguiu, essa gente foi comprada e vendida pelos agentes de Manchester aos fabricantes de Manchester tão regularmente como os negros aos plantadores de algodão dos estados sulinos. [...] O ano de 1860 marca o apogeu da indústria de algodão. [...] Faltaram novamente braços. Os fabricantes voltaram-se outra vez para os agentes de carne humana [...] e estes esquadrinharam as dunas de Dorset, as colinas de Devon e as planícies de Wilts, mas a superpopulação já fora devorada.

O [periódico] *Bury Guardian* se lamentou que, após a conclusão do acordo de comércio anglo-francês, poderiam ser absorvidos 10 000 braços adicionais e, em breve, mais de 30 000 ou 40 000 viriam a ser necessários. Em 1860, depois de os agentes e subagentes do comércio de carne terem varrido os distritos agrícolas quase sem resultado,

> uma delegação de fabricantes dirigiu-se ao Sr. Villiers, presidente da Poor Law Board [Junta da Lei dos Pobres], solicitando que permitisse de novo o fornecimento de crianças pobres e órfãs das *workhouses* [casas de trabalho].[110]

O que, em geral, a experiência mostra ao capitalista é uma superpopulação constante, isto é, superpopulação em relação à necessidade momentânea de valorização do capital, apesar de seu fluxo ser constituído de gerações humanas atrofiadas, cuja vida se consome depressa, que rapidamente se suplantam, como se fossem, por assim dizer, colhidas prematuramente.[111] Entretanto, por outro lado, a experiência demonstra ao observador entendido quão rápida e profundamente a produção capitalista, que considerada historicamente data quase de ontem, afetou a força do povo em sua raiz vital, como a degeneração da população industrial é retardada apenas pela contínua absorção de elementos vitais naturalmente desenvolvidos no campo e como mesmo os trabalhadores rurais, apesar do ar livre e do *principle of natural selection* [princípio de seleção natural], tão poderoso entre eles que só permite sobreviverem os indivíduos mais fortes, já começam a fenecer.[112] O capital, que tem tão "boas razões" para negar os sofrimentos da geração trabalhadora que o circunda, é em tão pouca medida condicionado em seu movimento prático pela perspectiva do apodrecimento futuro da humanidade, e, por fim, do incontrolável despovoamento, como pela possível queda da Terra sobre o Sol. Em qualquer malandragem com ações, ninguém ignora que um dia a casa cai, porém todos confiam que ela cairá sobre a cabeça do próximo, após terem colhido a própria chuva de ouro e a colocado em segurança. *Après moi le déluge!* [Depois de mim, o dilúvio!][I] é a divisa de todo capitalista e de toda nação capitalista. O capital não tem, por isso, a menor consideração pela saúde e duração de vida do trabalhador, a não ser quando é coagido pela sociedade a ter consideração.[113] À queixa sobre degradação física e mental, morte prematura, tortura do sobretrabalho, ele responde: Deve esse tormento atormentar-nos, já que ele aumenta o nosso gozo (o lucro)?[II] ¦ 81 ¦ De modo geral, porém, isso também não depende da boa ou da má vontade do capitalista individual. A livre concorrência impõe a cada capitalista individualmente, como leis externas inexoráveis, as leis imanentes da produção capitalista.[114]

O estabelecimento de uma jornada normal de trabalho é o resultado de uma luta multissecular entre capitalista e trabalhador. Entretanto, a história dessa luta mostra duas tendências opostas. Compare-se, por exemplo, a legislação fabril inglesa de nosso tempo com os estatutos ingleses do trabalho do século XIV até a metade do século XVIII.[115] Enquanto a moderna lei fabril reduzia compulsoriamente a jornada de trabalho, aqueles estatutos procuravam compulsoriamente prolongá-la. Sem dúvida, as pretensões do capital em seu estado embrionário – em que apenas começa a ser, portanto assegura seu direito de absorver um *quantum* suficiente de mais-trabalho não só mediante a simples força das condições econômicas, mas também mediante a ajuda do poder do

---

I Essas palavras teriam sido ditas pela Marquesa de Pompadour quando alguém da Corte externou a preocupação de que os constantes festins e festividades luxuosos teriam por consequência forte aumento da dívida pública da França. [N. E. A.]

II J. W. Goethe, *An Suleika*. [N. E. A.]

Estado – parecem até modestas, se as compararmos com as concessões que ele tem de fazer, rosnando e resistindo, em sua idade adulta. Custou séculos para que o trabalhador "livre", como resultado do modo de produção capitalista desenvolvido, consentisse voluntariamente, isto é, socialmente coagido, em vender todo o tempo ativo de sua vida, até sua própria capacidade de trabalho, pelo preço de seus meios de subsistência habituais, e seu direito à primogenitura por um prato de lentilhas. É natural, portanto, que a prolongação da jornada de trabalho, que o capital procura impor aos trabalhadores adultos por meio da força do Estado, da metade do século XIV ao fim do século XVII, coincida aproximadamente com a limitação do tempo de trabalho que, na segunda metade do século XIX, é imposta pelo Estado, aqui e acolá, à transformação de sangue infantil em capital. O que hoje, por exemplo no estado de Massachusetts, até recentemente o estado mais livre da República Norte-Americana, é proclamado como limite estatal do trabalho de meninos com menos de 12 anos era a jornada normal de trabalho na Inglaterra, ainda na metade do século XVII, para artesãos em pleno vigor, para robustos servos do campo e para gigantescos ferreiros.[116]

O primeiro *Statute of Labourers* [Estatuto de Trabalhadores] (23 Edward III, 1349) encontrou seu pretexto imediato (não sua causa, pois esse tipo de legislação prosseguiu durante séculos sem o pretexto) na Grande Peste que dizimou a população a tal ponto que, como diz um escritor *tory*, "a dificuldade de encontrar trabalhadores a preços razoáveis" (isto é, a preços que deixem para seus empregadores um *quantum* razoável de mais-trabalho) "tornou-se, de fato, insuportável".[117] Salários razoáveis foram, portanto, ditados por força da lei, assim como os limites da jornada de trabalho. O último ponto, que é o único que nos interessa aqui, foi repetido no estatuto de 1496 (sob Henrique VII). A jornada de trabalho para todos os artesãos (*artificers*) e trabalhadores agrícolas, de março até setembro, deveria durar naquele tempo, o que entretanto nunca se pôs em prática, das 5 horas da manhã até entre 7 e 8 da noite. Mas o tempo para as refeições era de 1 hora para o café da manhã, 1½ hora para o almoço e ½ hora para a merenda das 4 horas, portanto justamente o dobro do previsto segundo a lei fabril agora em vigor.[118] No inverno, devia-se trabalhar das 5 da manhã até o escurecer, com as mesmas interrupções. Um estatuto da Rainha Elizabeth, de 1562, para todos os trabalhadores "ajustados por salário diário ou semanal" deixa a duração da jornada de trabalho intocada, mas procura limitar os intervalos a 2½ horas no verão e 2 no inverno. O almoço deveria durar apenas 1 hora, e a "sesta da tarde de ½ hora" é permitida somente entre meados de maio e agosto. Para cada hora de falta ao trabalho deve-se deduzir 1 pêni (aproximadamente 8 *pfennig*) do salário. Na prática, entretanto, as condições eram muito mais favoráveis aos trabalhadores do que no texto dos estatutos. O pai da Economia Política, e de certo modo inventor da Estatística, William Petty, diz em um escrito que publicou no último terço do século XVII:

> "Trabalhadores" (*labouring men*, então de fato trabalhadores agrícolas) "trabalham 10 horas diariamente e tomam 20 refeições por semana, a saber, três refeições diárias nos dias de trabalho e duas aos domingos; por aí se vê claramente que, se eles quisessem jejuar sexta-feira à noite e almoçar durante uma hora e meia, em vez de gastarem duas horas nessa refeição, como atualmente, das 11 da manhã à 1, se portanto trabalhassem 1/20 mais e consumissem 1/20 menos, seria possível obter o décimo do imposto acima referido".[119]

Não tinha razão o Dr. Andrew Ure ao denunciar a lei das doze horas, de 1833, como retrocesso à Idade das Trevas? É verdade que as normas contidas nos estatutos e mencionadas por Petty valem também para os *apprentices* (aprendizes). Percebe-se, no entanto, qual era a situação do trabalho infantil ainda no final do século XVII pela seguinte reclamação:

> Nossos jovens, aqui na Inglaterra, não fazem absolutamente nada até a época de se tornarem aprendizes e, então, naturalmente, precisam de longo tempo – 7 anos – para se formarem como artesãos completos.

Louva-se, por sua vez, a Alemanha, porque lá as crianças, desde o berço, são "educadas para ao menos um pouquinho de trabalho".[120]

Ainda durante a maior parte do século XVIII, até a época da grande indústria, o capital, na Inglaterra, não havia conseguido, mediante pagamento do valor semanal da força de trabalho, apossar-se de toda a semana do trabalhador, constituindo exceção, entretanto, os trabalhadores agrícolas. A circunstância de que eles podiam viver uma semana toda com o salário de 4 dias não parecia aos trabalhadores razão suficiente a fim de trabalharem também os outros dois dias para o capitalista. Parte dos economistas ingleses, a serviço do capital, denunciava furiosamente essa obstinação, outra parte defendia os trabalhadores. Ouçamos, por exemplo, a polêmica entre Postlethwayt, cujo dicionário do comércio gozava então da mesma fama que hoje em dia gozam os escritos semelhantes de McCulloch e MacGregor, e o já anteriormente citado autor do *Essay on Trade and Commerce*.[121]

Postlethwayt diz entre outras coisas:

> Não posso encerrar essas breves observações sem registrar o comentário trivial na boca de muitos, de que, quando o trabalhador (*industrious poor*)

pode conseguir o suficiente em 5 dias para viver, ele não deseja trabalhar os 6 dias completos. Daí eles concluem pela necessidade de encarecer, por meio de impostos ou de qualquer outra medida, mesmo os meios de subsistência necessários a fim de forçar o artesão e o trabalhador da manufatura a trabalharem ininterruptamente seis dias por semana. Tenho de pedir permissão para discordar desses grandes políticos que se batem pela perpétua escravização da população trabalhadora deste reino (*the perpetual slavery of the working people*); eles esquecem que o provérbio *all work and no play* (apenas trabalho e nenhuma diversão) imbeciliza. Não se vangloriam os ingleses da genialidade e habilidade de seus artífices e trabalhadores em manufaturas, que até agora proporcionaram crédito e fama em geral às mercadorias britânicas? A que circunstâncias se deveu isso? Provavelmente a nenhuma outra a não ser ao modo peculiar como nosso povo trabalhador, com seus próprios meios, sabe se divertir. Se eles estivessem obrigados a trabalhar o ano inteiro, todos os seis dias da semana, em constante repetição da mesma atividade, isso não sufocaria sua genialidade, não se tornariam estúpidos e lerdos em lugar de alertas e hábeis; em consequência dessa eterna escravidão, não perderiam nossos trabalhadores seu renome, em vez de conservá-lo? [...] Que espécie de habilidade artística se poderia esperar de animais estafados (*hard driven animals*)? [...] Muitos deles realizam em 4 dias de trabalho o que um francês executa em 5 ou 6. Mas, se os ingleses devem ser transformados em trabalhadores forçados, há de se temer que eles degenerem (*degenerate*) mais que os franceses. Se nosso povo é famoso por causa de sua valentia na guerra, não dizemos que isso é devido, por um lado, aos bons *roastbeef* [rosbife] e *pudding* [pudim] ingleses em seu corpo e, por outro lado, não menos importante, ao nosso espírito constitucional de liberdade? E por que a maior genialidade, energia e habilidade de nossos artífices e trabalhadores de manufatura não se deveriam à liberdade com que se divertem à sua maneira? Eu espero que eles nunca mais percam esses privilégios e nem a boa vida da qual decorrem, na mesma medida, sua engenhosidade e sua coragem.[122]

A isso responde o autor do *Essay on Trade and Commerce*:

"Se se considera que descansar o sétimo dia da semana seja uma instituição divina, isso implica que os demais dias pertencem ao trabalho" (ele quer dizer ao capital, como logo se verá) "e não pode ser considerado cruel obrigar ao cumprimento desse mandamento de Deus. [...] Que a humanidade em geral tende, por natureza, para a comodidade e a indolência comprova-o a experiência fatal com o comportamento de nossa plebe da manufatura, que não trabalha, em média, mais que 4 dias por semana, salvo no caso de encarecimento dos meios de subsistência. [...] Suponha-se que 1 *bushel* de trigo represente todos os meios de subsistência do trabalhador e que custe 5 xelins, ganhando o trabalhador pelo seu trabalho diariamente um xelim. Ele precisa, então, trabalhar simplesmente 5 dias na semana; apenas 4, se o *bushel* custa 4 xelins. [...] Mas como neste reino o salário está muito mais alto, comparado com os preços dos meios de subsistência, o trabalhador da manufatura, que somente trabalha 4 dias, possui um excedente de dinheiro, com o qual vive o resto da semana na ociosidade. [...] Espero que tenha dito o suficiente para tornar claro que o trabalho comedido durante os 6 dias da semana não é nenhuma escravidão. Nossos trabalhadores agrícolas fazem isso e são, sob todas as aparências, os mais felizes entre os trabalhadores (*labouring poor*),[123] mas os holandeses fazem isso nas manufaturas e parecem um povo muito feliz. Os franceses o fazem, na medida em que não se interponham muitos feriados.[124] [...] Porém nossa plebe meteu na cabeça a ideia fixa de que, como ingleses, pertence-lhes por direito de nascença o privilégio de serem mais livres e independentes que" (o povo trabalhador) "em qualquer outro país da Europa. Agora, essa ideia, na medida em que afeta a coragem de nossos soldados, pode ser de alguma utilidade; entretanto, quanto menos os trabalhadores da manufatura a tenham, tanto melhor para eles mesmos e para o Estado. Trabalhadores nunca deveriam considerar-se independentes de seus superiores (*independents of their superiors*). [...] É extraordinariamente perigoso encorajar a ralé, num país comercial como o nosso, onde talvez 7 partes de cada 8 da população total têm pouca ou nenhuma propriedade.[125] A cura não será completa até que nossos pobres que trabalham não se resignem a trabalhar 6 dias pela mesma soma que agora ganham em 4 dias".[126]

Para tanto, "para a extirpação da preguiça, da licenciosidade e das divagações românticas de liberdade", assim como "para a redução da taxa dos pobres, para o incentivo do espírito da indústria e o rebaixamento do preço do trabalho nas manufaturas", nosso fiel Eckart do capital propõe um meio eficaz, a saber, encarcerar trabalhadores que passam a depender da beneficência pública, em uma palavra *paupers*, numa "casa ideal de trabalho" (*an ideal workhouse*). "É necessário tornar tal casa uma casa de terror (*house of terror*)."[127] Nessa "casa de terror", nesse "ideal de uma *workhouse*", devem ser trabalhadas "14 horas diariamente, inclusive o tempo adequado para as refeições, de modo que restem 12 horas completas de trabalho".[128]

Doze horas de trabalho diário na *ideal workhouse*, na casa de terror de 1770! Sessenta e três anos depois, em 1833, quando o Parlamento inglês reduziu a jornada de trabalho para menores de 13 a 18 anos, em quatro ramos industriais, a 12 horas inteiras de trabalho, parecia que o Dia do Juízo Final tinha soado para a indústria inglesa. Em 1852, quando L. Bonaparte procurou firmar sua posição junto à burguesia mexendo na jornada legal de trabalho, o povo trabalhador francês gritou a uma só boca: "A lei que reduz a jornada de trabalho a 12 horas é o único bem que nos restou da legislação da República!".[129] Em Zurique, o trabalho de crianças com mais de 10 anos foi limitado a 12 horas; em Argóvia, 1862, o trabalho de crianças entre 13 e 16 anos foi reduzido de 12½ a 12 horas; na Áustria, 1860, para crianças entre 14 e 16 anos, igualmente a 12 horas.[130] Que "progresso desde 1770", bradaria Macaulay com *exultation*!

A "casa de terror" para os pobres, com a qual ainda sonhava a alma do capital em 1770, ergueu-se poucos anos depois como gigantesca "casa de trabalho" para os próprios trabalhadores da manufatura. Chamou-se fábrica. E dessa vez o ideal empalideceu em face da realidade.

6. A LUTA PELA JORNADA NORMAL DE TRABALHO. LIMITAÇÃO POR FORÇA DE LEI DO TEMPO DE TRABALHO. A LEGISLAÇÃO FABRIL INGLESA DE 1833-64

Após o capital levar séculos para prolongar a jornada de trabalho até seu limite máximo normal e para ultrapassá-lo até os limites do dia natural de 12 horas,[131] ocorreu então, a partir do nascimento da grande indústria no último terço do século XVIII, um assalto desmedido e violento como uma avalancha. Todas as barreiras interpostas pela moral e pela natureza, pela idade e pelo sexo, pelo dia e pela noite foram destruídas. Os próprios conceitos de dia e noite, rusticamente simples nos velhos estatutos, confundiram-se tanto que um juiz inglês, ainda em 1860, teve de empregar argúcia verdadeiramente talmúdica para esclarecer "juridicamente" o que é dia e o que é noite.[132] O capital celebrava suas orgias.

Logo que a classe trabalhadora, atordoada pelo barulho da produção, recobrou de algum modo seus sentidos, começou sua resistência, primeiro na terra natal da grande indústria, na Inglaterra. Contudo, durante três decênios, as concessões conquistadas por ela permaneceram puramente nominais. O Parlamento promulgou, de 1802 até 1833, 5 leis sobre o trabalho, mas foi tão astuto que não voltou um tostão sequer para sua aplicação compulsória, para os funcionários necessários etc.[133] Essas leis permaneceram letra morta.

> A verdade é que, antes da lei de 1833, crianças e jovens tinham de trabalhar (*were worked*) a noite toda, o dia todo, ou ambos *ad libitum* [à vontade].[134]

Somente a partir da lei fabril de 1833 – abrangendo a indústria algodoeira, a indústria do linho e da seda – uma jornada normal de trabalho nasceu para a indústria moderna. Nada caracteriza melhor o espírito do capital que a história da legislação fabril inglesa de 1833 até 1864!

A lei de 1833 declara que a jornada normal de trabalho fabril deveria começar às 5½ horas da manhã e terminar às 8½ horas da noite e que, dentro desses limites, um período de 15 horas, é legal utilizar jovens (isto é, pessoas entre 13 e 18 anos) a qualquer hora do dia, pressupondo-se sempre que um mesmo jovem não trabalhe mais que 12 horas num mesmo dia, com exceção para certos casos especialmente previstos. A 6ª seção da lei determina "que, no decorrer de cada dia para cada uma dessas pessoas com limitação de tempo de trabalho, se deverá proporcionar pelo menos 1½ hora para as refeições". O emprego de crianças menores de 9 anos, com as exceções que mencionaremos mais tarde, foi proibido, e o trabalho de crianças entre 9 e 13 anos limitado a 8 horas diárias. Trabalho noturno, isto é, segundo essa lei, trabalho entre 8½ horas da noite e 5½ horas da manhã, foi proibido para qualquer pessoa entre 9 e 18 anos.

Os legisladores estavam tão longe de querer violar a liberdade do capital na extração da força de trabalho dos adultos ou, como eles a denominavam, "a liberdade do trabalho", que imaginaram um sistema apropriado para coibir essa horripilante consequência da lei fabril.

> "O grande mal do sistema fabril como organizado atualmente", diz o primeiro relatório do conselho central da comissão de 25 de junho de 1833, "consiste na criação da necessidade de estender o trabalho infantil até a duração máxima do trabalho dos adultos. O único remédio para esse mal, sem limitar o trabalho dos adultos, o que seria um mal maior que o que se pretende evitar, parece ser o plano de empregar turmas duplas de crianças."[I]

Sob o nome de sistema de turnos (*system of relays*; tanto em inglês como em francês, *relay* significa: troca dos cavalos da posta em diferentes estações), portanto, esse "plano" foi realizado de tal forma que, das 5½ horas da manhã até a 1½ da tarde, foi atrelada ao trabalho uma turma de crianças entre 9 e 13 anos e, da 1½ da tarde até as 8½ da noite, outra turma etc.

Como recompensa por terem os senhores fabricantes, durante os últimos 22 anos, ignorado todas as leis promulgadas sobre o trabalho infantil, foi-lhes dourada a pílula. O Parlamento determinou que, depois de 1º de março de 1834, nenhuma criança menor de 11 anos, depois de 1º de março de 1835, nenhuma criança menor de 12 anos e, depois de 1º de março de 1836, nenhuma criança menor de 13 anos devia trabalhar mais que 8 horas numa fábrica. Para o "capital", um "liberalismo" tão indulgente foi tanto mais digno de nota quanto o Dr. Farre, Sir A. Carlisle,

---

I Factories Inquiry Commission, *First Report of the Central Board of His Majesty's Commissioners. Ordered, by the House of Commons, to be Printed, 28 June 1833*, p. 53. [N. E. A.]

Sir B. Brodie, Sir C. Bell, Sr. Guthrie etc., enfim, os mais renomados *physicians* [médicos] e *surgeons* [cirurgiões] de Londres declararam, em seus depoimentos perante a Câmara dos Comuns, que existia *periculum in mora* [perigo iminente].[I] Dr. Farre expressou-se de forma ainda mais rude:

> "A legislação é igualmente necessária para a prevenção da morte em todas as formas em que ela pode ser prematuramente infligida, e esse" (modo fabril) "deve ser certamente considerado um dos meios mais cruéis de infligi-la".[135]

O mesmo Parlamento "reformado" que, por delicadeza para com os senhores fabricantes, condenou por ainda longos anos crianças menores de 13 anos a trabalharem 72 horas por semana no inferno das fábricas proibiu desde o início aos plantadores, na lei de emancipação, a qual, por sua vez, também ministrava a liberdade em conta-gotas, fazerem seus escravos negros trabalharem mais de 45 horas por semana!

Mas, de nenhuma forma apaziguado, o capital inaugurou então, por vários anos, uma estrepitosa agitação. Ela girava principalmente em torno da idade das categorias que, sob o nome de crianças, estavam limitadas a 8 horas de trabalho e sujeitas a certa obrigação escolar. Segundo a antropologia capitalista, a idade infantil acaba aos 10 anos ou, quando muito, aos 11. Quanto mais próxima a data da vigência da lei fabril, o ano fatal de 1836, tanto mais se enfurecia a corja dos fabricantes. De fato, eles conseguiram intimidar tanto o governo que, em 1835, este propôs reduzir o limite da idade infantil de 13 para 12 anos. Entrementes, a *pressure from without* [pressão de fora] cresceu ameaçadoramente. A coragem falhou à Câmara dos Comuns. Ela se recusou a lançar sob a roda do Jagrená[II] do capital meninos de 13 anos por mais de 8 horas diárias, e a lei de 1833 entrou em pleno vigor. Ela permaneceu sem alterações até junho de 1844.

Durante o decênio no qual essa lei, primeiro parcialmente e depois totalmente, regulou o trabalho fabril, os relatórios oficiais dos inspetores de fábrica regurgitam queixas sobre a impossibilidade de sua execução. Uma vez, pois, que a lei de 1833, em verdade, deixava aos senhores do capital a determinação de quando, durante o período de 15 horas, das 5½ da manhã até as 8½ da noite, cada "jovem" e cada "criança" deveria

---

I Da obra do historiador romano Tito Lívio, *Ab urbe condita*, Livro XXXVIII, cap. 25, verso 13. [N. E. A.]

II Jagrená (Jagannath) é uma das formas do deus Vixnu, um dos mais altos deuses hindus. O culto a Jagrená distinguia-se por um ritual particularmente faustoso e por extremo fanatismo religioso, que encontrava sua expressão na automortificação e no autossacrifício dos fiéis. Nos dias das grandes festividades, os fiéis se jogavam sob o carro no qual se encontrava uma figura de Vixnu-Jagrená. [N. E. A.]

iniciar, interromper e encerrar a jornada de 12 e 8 horas, respectivamente, e também a determinação de horas distintas de refeição para as diferentes pessoas, esses senhores descobriram logo um novo "sistema de *relays*" segundo o qual os cavalos de trabalho não são mudados em determinadas estações de troca, mas sempre atrelados de novo em estações alternantes. Nós não nos deteremos mais na beleza desse sistema, pois mais tarde teremos de retornar a ele. Em todo caso, fica claro à primeira vista que toda a lei fabril foi por ele revogada, não apenas em seu espírito, mas também em sua letra. Com uma contabilidade tão complicada, como poderiam os inspetores de fábrica impor o cumprimento do tempo de trabalho legalmente determinado e a concessão do horário legal de refeições para cada criança e cada jovem individualmente? Em grande parte das fábricas, o antigo e brutal abuso voltou a florescer impunemente. Em reunião com o Ministro do Interior (1844), os inspetores de fábrica demonstraram a impossibilidade de qualquer controle sob o sistema de turnos tramado recentemente.[136] Entrementes, no entanto, as circunstâncias mudaram muito. Os trabalhadores fabris, notadamente a partir de 1838, haviam feito da lei das dez horas sua palavra de ordem eleitoral econômica, como fizeram da *Charter*[I] sua palavra de ordem eleitoral política. Mesmo uma parte dos fabricantes que tinha regulado as atividades de suas fábricas de acordo com a lei de 1833 inundou o Parlamento com memoriais sobre a "concorrência" imoral dos falsos irmãos, aos quais maior atrevimento ou circunstâncias locais mais felizes permitiam a violação da lei. Além disso, por mais que o fabricante individual quisesse dar livre curso a sua antiga rapacidade, os representantes e dirigentes políticos da classe dos fabricantes ordenavam uma atitude diferente e uma linguagem diferente em face dos trabalhadores. Eles tinham aberto a campanha para a abolição das leis dos cereais e precisavam da ajuda dos trabalhadores para a vitória! Eles prometiam, portanto, não apenas a duplicação do tamanho do pão,[II] mas também a adoção da lei das dez

---

I Carta do povo (*People's Charter*): documento que continha as reivindicações dos cartistas; foi dado a público em 8 de maio de 1838 como projeto de lei que deveria ser levado ao Parlamento. As reivindicações eram: 1) sufrágio universal (para homens maiores de 21 anos); 2) eleições anuais do Parlamento; 3) votação secreta; 4) igualdade das circunscrições eleitorais; 5) abolição do censo de fortuna para os candidatos às eleições ao Parlamento; 6) remuneração para os membros do Parlamento. [N. E. A.]

II Os partidários da Anti-Corn Law League procuravam de forma demagógica convencer os trabalhadores de que, com a introdução do livre-câmbio, subiriam seu salário real e duplicariam o filão de pão (*big loaf*). Para isso, eles traziam pelas ruas, como meio visual, dois filões de pão – um grande e um pequeno – com as

horas sob o reinado milenar do *free trade*.[137] Eles não deviam, portanto, de modo algum, combater uma medida destinada apenas a tornar efetiva a lei de 1833. Ameaçados em seus mais sagrados interesses, a renda da terra, trovejaram finalmente os *tories*, filantropicamente indignados pelas "práticas infames"[138] de seus inimigos.

Assim surgiu a lei fabril adicional de 7 de junho de 1844. Entrou em vigor em 10 de setembro de 1844. Ela agrupava uma nova categoria de trabalhadores entre os protegidos, a saber, as mulheres maiores de 18 anos. Elas foram em todos os sentidos equiparadas aos jovens, com o tempo de trabalho reduzido a 12 horas, sendo-lhes vedado o trabalho noturno etc. Pela primeira vez, portanto, via-se a legislação obrigada a controlar direta e oficialmente também o trabalho de pessoas maiores. No relatório fabril de 1844-45, diz-se ironicamente:

> Não chegou ao nosso conhecimento nenhum caso de mulheres adultas que se teriam queixado dessa interferência em seus direitos.[139]

O trabalho de crianças menores de 13 anos foi reduzido a 6½ horas e, sob determinadas condições, a 7 horas diariamente.[140]

Para eliminar os abusos do falso "sistema de turnos", a lei determinou os seguintes detalhes importantes, entre outros:

> A jornada de trabalho para crianças e jovens deve ser contada a partir do momento em que qualquer criança ou jovem comece a trabalhar na fábrica pela manhã.

De modo que, se A, por exemplo, começa o trabalho às 8 horas da manhã e B às 10 horas, a jornada de trabalho de B deve, entretanto, terminar na mesma hora que a de A. O começo da jornada de trabalho deve ser marcado por um relógio público, por exemplo o relógio da estação ferroviária mais próxima, pelo qual se tem de regular o sino da fábrica. O fabricante tem de afixar na fábrica um aviso impresso em letras grandes, no qual são dados o começo, o fim e os intervalos da jornada de trabalho. Crianças que comecem seu trabalho da manhã antes das 12 horas não podem ser utilizadas de novo depois da 1 hora da tarde. O turno da tarde deve, portanto, consistir em outras crianças que não as do turno da manhã. A 1½ hora para a refeição deve ser concedida a todos os trabalhadores protegidos nos mesmos períodos do dia, pelo menos uma hora antes das

---

correspondentes inscrições. A realidade comprovou a mentira dessas promessas. O capital industrial da Inglaterra, que se fortaleceu por meio da revogação das leis dos cereais, reforçou seus ataques aos interesses vitais da classe trabalhadora. [N. E. A.]

3 horas da tarde. Crianças ou jovens não podem ser empregados mais de 5 horas antes da 1 hora da tarde sem que tenham pelo menos ½ hora de pausa para a refeição. Crianças, jovens e mulheres não podem permanecer durante o tempo de nenhuma das refeições em qualquer compartimento da fábrica onde esteja em curso qualquer processo de trabalho etc.

Conforme se viu: essas determinações minuciosas, que regulam o período, os limites e as pausas no trabalho de modo tão militarmente uniforme de acordo com o bater do sino, não eram, de modo nenhum, produto de alguma fantasia parlamentar. Desenvolveram-se progressivamente das próprias circunstâncias, como leis naturais do modo de produção moderno. Sua formulação, reconhecimento oficial e proclamação pelo Estado foram o resultado de prolongadas lutas de classes. Uma de suas consequências mais imediatas foi submeter, na prática, a jornada de trabalho dos trabalhadores masculinos adultos aos mesmos limites, uma vez que a cooperação das crianças, dos jovens e das mulheres era imprescindível na maioria dos processos de produção. Em suma, durante o período de 1844–47, o dia de trabalho de doze horas vigorou geral e uniformemente em todos os ramos industriais submetidos à legislação fabril.

Os fabricantes, entretanto, não permitiram esse "progresso" sem um "retrocesso" compensador. Sob pressão deles, a Câmara dos Comuns reduziu de 9 anos para 8 a idade mínima das crianças a serem exploradas, a fim de assegurar o "suprimento adicional de crianças para as fábricas",[141] devido ao capital por determinação de Deus e de direito.

Os anos de 1846–47 fazem época na história econômica da Inglaterra. Revogaram-se as leis dos cereais, eliminaram-se as tarifas alfandegárias para o algodão e outras matérias-primas, declarou-se o livre-câmbio como a estrela-guia da legislação. Em suma, raiou o império milenar! Por outro lado, nos mesmos anos, o movimento cartista e a agitação pelas dez horas alcançaram seus pontos máximos. Encontraram aliados nos *tories* sedentos de vingança. Apesar da fanática resistência das hostes perjuras do livre-cambismo, com Bright e Cabden à frente, a lei das dez horas, por tanto tempo almejada, passou no Parlamento.

A nova lei fabril de 8 de junho de 1847 decretava que deveria entrar em vigor, a partir de 1º de julho desse mesmo ano, uma redução provisória da jornada de trabalho dos "jovens" (de 13 até 18 anos) e de todas as trabalhadoras para 11 horas e, em 1º de maio de 1848, a limitação definitiva a 10 horas. De resto, a lei era apenas um complemento que emendava as leis de 1833 e 1844.

O capital empreendeu uma campanha preliminar para impedir a aplicação total da lei de 1º de maio de 1848. E seriam os próprios trabalhadores que, supostamente escarmentados pela experiência, deveriam ajudar a destruir a sua própria obra. O momento foi habilmente escolhido.

> Deve-se lembrar que, em consequência da terrível crise de 1846-47, reinava muita miséria entre os trabalhadores fabris, pois muitas fábricas trabalhavam apenas em tempo reduzido e outras estavam totalmente paralisadas. Considerável número de trabalhadores encontrava-se sob forte pressão, muitos endividados. Podia-se por isso admitir, com razoável certeza, que prefeririam um tempo de trabalho mais longo para se refazer das perdas sofridas, talvez pagar dívidas ou resgatar seus móveis da casa de penhores ou substituir haveres vendidos ou prover de roupas a si mesmos e a suas famílias.[142]

Os senhores fabricantes buscaram intensificar os efeitos naturais dessas circunstâncias mediante rebaixamento geral dos salários em 10%. Isso ocorreu, por assim dizer, para festejar a inauguração da nova era do livre-câmbio. Seguiu-se então nova redução de 8⅓%, logo que a jornada de trabalho foi reduzida a 11 horas, e do dobro, logo que foi reduzida definitivamente a 10 horas. Onde de alguma forma as circunstâncias o permitiram, teve lugar uma redução dos salários de pelo menos 25%.[143] Sob condições tão favoravelmente preparadas, teve início entre os trabalhadores a agitação em favor da revogação da lei de 1847. Nenhum meio de logro, de sedução e de ameaça foi desdenhado, porém tudo em vão. Com referência à meia dúzia de petições, nas quais os trabalhadores queixavam-se de "sua opressão pela lei", os próprios peticionários esclareceram, em interrogatório oral, que suas assinaturas foram extorquidas. "Eles estavam oprimidos, mas por alguém outro que não a lei fabril."[144] Quanto menos os fabricantes conseguiam fazer com que os trabalhadores falassem o que eles desejavam, porém, tanto mais alto eles mesmos gritavam, na imprensa e no Parlamento, em nome dos trabalhadores. Eles denunciaram os inspetores de fábricas como uma espécie de comissários da Convenção,[I] que sacrificavam impiedosamente os infelizes trabalhadores às suas quimeras de reforma do mundo. Também essa manobra fracassou. O inspetor de fábrica Leonard Horner, pessoalmente e por meio de seus subinspetores, tomou numerosos depoimentos de testemunhas nas fábricas de Lancashire. Cerca de 70% dos trabalhadores ouvidos declararam-se pelas 10 horas, uma porcentagem muito menor pelas 11 e uma insignificante minoria pelas velhas 12 horas.[145]

Outra manobra "bondosa" foi deixar os trabalhadores adultos masculinos trabalharem de 12 até 15 horas e então declarar esse fato como a melhor expressão dos desejos íntimos proletários. Mas o "implacável"

I Como se denominaram, durante a Revolução Francesa, os representantes da Convenção Nacional, com poderes plenos especiais nos departamentos e nos corpos de tropa. [N. E. A.]

inspetor Leonard Horner estava de novo a postos. A maioria dos que trabalharam horas extras declarou:

> eles preferiam de longe trabalhar 10 horas por menor salário, mas não tiveram escolha; tantos deles estavam sem trabalho, tantos fiandeiros eram obrigados a trabalhar como simples *piecers* [trabalhadores por peças] que, se recusassem o tempo mais longo de trabalho, outros tomariam imediatamente seu lugar; portanto, a questão para eles era: trabalhar por tempo mais longo ou ficar na rua[146]

A campanha preliminar do capital havia fracassado, e a lei das dez horas entrou em vigor em 1º de maio de 1848. Entrementes, o fiasco do partido cartista, com seus chefes na cadeia e sua organização arrebentada, tinha abalado a autoconfiança da classe trabalhadora inglesa. Logo em seguida, a insurreição parisiense de junho e seu afogamento em sangue uniram, tanto na Inglaterra quanto na Europa continental, todas as frações das classes dominantes, proprietários de terra e capitalistas, especuladores da Bolsa e lojistas, protecionistas e livre-cambistas, governo e oposição, padres e livres-pensadores, jovens prostitutas e velhas freiras, sob a bandeira comum da salvação da propriedade, da religião, da família, da sociedade! Por toda parte a classe trabalhadora foi proscrita, anatematizada, colocada sob a *loi des suspects* [lei dos suspeitos].[I] Os senhores fabricantes já não precisavam, portanto, constranger-se. Rebelaram-se abertamente não só contra a lei das dez horas, mas também contra toda a legislação que a partir de 1833 procurava, de certa forma, refrear a "livre" exploração da força de trabalho. Foi uma *proslavery rebellion* em miniatura, conduzida durante mais de dois anos com cínica falta de escrúpulos, com energia terrorista, ambas tanto mais baratas uma vez que o capitalista rebelde nada arriscava além da pele de seus trabalhadores.

Para a compreensão do que segue, deve-se recordar que as leis fabris de 1833, 1844 e 1847 estavam todas as três em pleno vigor, na medida em que uma não emendava a outra; que nenhuma delas limitava a jornada do trabalhador do sexo masculino maior de 18 anos e que, a partir de 1833, o período de quinze horas, das 5½ horas da manhã até as 8½ da noite, permanecia o "dia" legal, em cujos limites devia ser executado inicialmente o trabalho de doze horas, mais tarde o trabalho de dez horas, dos jovens e das mulheres, sob as condições legalmente prescritas.

I Lei sobre medidas para a segurança geral, a qual foi decidida em 19 de fevereiro de 1858 pelo *corps législatif* (corpo legislativo). A lei dava ao imperador e seu governo o direito irrestrito de lançar às prisões ou banir para diferentes lugares da França ou Argélia, ou mesmo para fora de todo o território francês, qualquer pessoa que fosse suspeita de ter postura inimiga para com o Segundo Império. [N. E. A.]

Os fabricantes começaram, aqui e ali, a despedir uma parte, às vezes metade, dos jovens e das trabalhadoras empregados por eles e a restaurar o já quase extinto trabalho noturno entre os trabalhadores masculinos adultos. A lei das dez horas, bradavam, não lhes deixava outra alternativa.[147]

O segundo passo foi dado em relação aos intervalos legais para as refeições. Ouçamos os inspetores de fábrica.

> Desde a limitação das horas de trabalho a 10, os fabricantes, embora não levem praticamente às últimas consequências seu ponto de vista, afirmam que estão cumprindo os preceitos da lei ao concederem, quando se trabalha, por exemplo, das 9 horas da manhã até as 7 horas da noite, uma hora para as refeições antes das 9 da manhã e meia hora depois das 7 da noite, assim sendo 1½ hora para as refeições. Em alguns casos permitem agora meia hora ou uma hora para o almoço, insistindo, porém, que não são de modo nenhum obrigados a incluir qualquer parte da 1½ hora no transcurso da jornada de dez horas.[148]

Os senhores fabricantes afirmavam, portanto, que as determinações meticulosas da lei de 1844 sobre as refeições dariam ao trabalhador apenas a permissão para comer e beber antes de entrar na fábrica e depois de sair dela, ou seja, em casa! E por que não poderiam os trabalhadores almoçar antes das 9 horas da manhã? Os juristas da Coroa decidiram, entretanto, que as refeições prescritas

> deveriam ser realizadas em pausas da jornada real de trabalho e que era ilegal fazer trabalhar 10 horas sucessivas, das 9 horas da manhã até as 7 horas da noite, sem interrupção.[149]

Depois dessas cordiais demonstrações, o capital encaminhou sua revolta através de um passo, o qual correspondia à letra da lei de 1844 e era, portanto, legal.

A lei de 1844 proibia ocupar crianças de 8 até 13 anos, que fossem ocupadas pela manhã antes das 12 horas, outra vez depois da 1 hora da tarde. Não regulava, de modo nenhum, entretanto, as 6½ horas de trabalho das crianças cujo tempo de trabalho começasse ao meio-dia ou depois! Crianças de 8 anos podiam, portanto, quando começassem o trabalho ao meio-dia, ser utilizadas das 12 até 1 hora, 1 hora; das 2 horas até as 4 horas da tarde, 2 horas, e das 5 horas até 8½ da noite, 3½ horas; no total, as 6½ horas legais! Ou melhor ainda. Para adaptar sua aplicação à atividade do trabalhador adulto até as 8½ da noite, o fabricante precisava somente não lhes dar nenhum trabalho antes das 2 horas da tarde e podia mantê-los daí em diante ininterruptamente na fábrica até as 8½ da noite!

E agora é expressamente admitido que, em virtude da ganância dos fabricantes que querem manter sua maquinaria funcionando por mais de 10 horas, foi introduzida na Inglaterra a prática de fazer trabalhar crianças de oito a treze anos, de ambos os sexos, até as 8½ da noite, junto com homens adultos, após todos os jovens e todas as mulheres terem deixado a fábrica.[150]

Trabalhadores e inspetores de fábrica protestaram por motivos higiênicos e morais. O capital, porém, respondeu:

Respondo por meus atos! Pela lei,
Exijo a pena e a multa do meu trato.[I]

Na verdade, segundo dados estatísticos apresentados à Câmara dos Comuns em 26 de julho de 1850, apesar de todos os protestos, 3742 crianças em 257 fábricas estavam submetidas a essa "prática" em 15 de julho de 1850.[151] Ainda não bastava! O olhar de lince do capital descobriu que a lei de 1844, embora não permitisse trabalhar cinco horas pela manhã sem intervalo de pelo menos 30 minutos para descanso, nada prescrevia desse gênero para o trabalho à tarde. O capital exigiu e se obstinou no prazer de fazer crianças trabalhadoras de 8 anos não apenas labutarem sem descanso, mas também passar fome das 2 horas da tarde até as 8½ da noite!

É isso, o peito;
'Stá escrito [...][II/152]

Esse apego shylockiano à letra da lei de 1844, na medida em que regulava o trabalho infantil, transmitiria somente a revolta aberta contra a mesma lei, na medida em que regulava o trabalho de jovens e mulheres. Deve-se recordar que a eliminação do "falso sistema de turnos" constituía o principal objetivo e o principal conteúdo daquela lei. Os fabricantes inauguraram sua revolta com a simples declaração de que as seções da lei de 1844 que proibiam o abuso à vontade de jovens e mulheres em partes mais curtas e arbitrárias da jornada fabril de quinze horas eram

comparativamente inofensivos (*comparatively harmless*) enquanto a jornada de trabalho estava limitada a 12 horas. Sob a lei das dez horas, representavam uma iniquidade (*hardship*) insuportável.[153]

I W. Shakespeare, *O mercador de Veneza* [*The Merchant of Venice*], trad. Barbara Heliodora. Rio de Janeiro: Nova Fronteira, 2017. Ato IV, cena I, p. 318. [N. E. B.]

II Ibid., p. 320. [N. E. B.]

Do modo mais frio, eles demonstraram aos inspetores que colocavam-se acima da letra da lei e implantariam de novo, por conta própria, o velho sistema.[154] E o fariam no interesse dos próprios trabalhadores mal-aconselhados,

> "para poder pagar-lhes melhores salários". "Seria o único plano possível, sob a lei das dez horas, para manter a supremacia industrial britânica."[155] "Poderia ser um pouco difícil descobrir irregularidades sob o sistema de turnos, mas e daí? (*what of that?*) Deve o grande interesse fabril deste país ser tratado como coisa secundária para poupar aos inspetores e subinspetores fabris um pouco mais de esforço (*some little trouble*)?"[156]

Todos esses embustes em nada ajudaram, naturalmente. Os inspetores de fábrica iniciaram procedimentos judiciários. Logo, porém, tal nuvem de petições dos fabricantes cobriu o ministro do interior, Sir George Grey, que ele, numa circular de 5 de agosto de 1848, instruiu os inspetores no sentido de

> em geral, não proceder contra a violação da letra da lei enquanto não houvesse abuso comprovado do sistema de turnos, fazendo trabalhar jovens e mulheres mais de 10 horas.

Em consequência, o inspetor J. Stuart permitiu o assim chamado sistema de turnos durante o período de quinze horas da jornada fabril em toda a Escócia, onde logo floresceu outra vez, à velha maneira. Os inspetores ingleses, em contraposição, declararam que o ministro não possuía poder ditatorial para a suspensão das leis e prosseguiram com procedimentos judiciais contra os rebeldes *proslavery*.

Para que, entretanto, todas aquelas citações perante os tribunais, se os tribunais, os *county magistrates*,[157] absolviam-nos? Nesses tribunais, sentavam-se os próprios senhores fabricantes para julgar a si mesmos. Um exemplo. Um certo Eskrigge, fabricante de fio de algodão, da firma Kershaw, Leese & Co., apresentou ao inspetor de fábrica de seu distrito o esquema de um sistema de turnos destinado à sua fábrica. Tendo a decisão sido negativa, manteve-se passivo a seguir. Poucos meses depois, um indivíduo de nome Robinson, igualmente fabricante de fios de algodão, que se não era o Sexta-Feira era em todo caso parente de Eskrigge, compareceu perante os *borough justices* [juízes de paz urbanos] em Stockport por haver introduzido um sistema de turnos idêntico ao urdido por Eskrigge. Eram 4 juízes, dentre eles 3 fabricantes de fios de algodão, tendo à frente o mesmo indefectível Eskrigge. Eskrigge absolveu Robinson e declarou então que o que era legal para Robinson era permitido a Eskrigge. Apoiado em sua própria decisão judicial, introduziu imediatamente o sistema em sua fábrica.[158] Em verdade, a composição desses tribunais era já uma aberta violação da lei.[159]

> "Essa espécie de farsas judiciais", exclama o inspetor Howell, "clama por um remédio, [...] a lei deve ser ou adaptada a essas sentenças ou administrada por um tribunal menos falível, que adapte suas decisões à lei [...] em tais casos. Como seria bom ter um juiz remunerado!"[160]

Os juristas da Coroa declararam que era absurda a interpretação dada pelos fabricantes à lei de 1848, mas os salvadores da sociedade não se deixavam desconcertar.

> "Depois de haver tentado", relata Leonard Horner, "impor a aplicação da lei por meio de 10 ações em 7 comarcas judiciais diferentes e apenas um caso ter sido apoiado pelos magistrados [...] considero inúteis outras ações por infrações à lei. A parte da lei instituída para conseguir uniformidade nas horas de trabalho [...] já não existe em Lancashire. Eu também não possuo, com meus subagentes, nenhum meio para assegurar-nos de que fábricas onde exista o denominado sistema de turnos não ocupem jovens e mulheres por mais de 10 horas. [...] Ao final de abril de 1849, já trabalhavam em meu distrito 114 fábricas segundo esse método, e seu número cresce rapidamente nos últimos tempos. Em geral, eles trabalham agora 13½ horas, das 6 horas da manhã até as 7½ da noite; em alguns casos, 15 horas, das 5½ da manhã até as 8½ da noite."[161]

Já em dezembro de 1848 Leonard Horner possuía uma lista de 65 fabricantes e 29 supervisores que declaravam unanimemente que nenhum sistema de fiscalização poderia impedir o sobretrabalho mais extensivo sob esse sistema de turnos.[162] As mesmas crianças e jovens eram passados (*shifted*) ora da fiação para a tecelagem etc., ora, durante 15 horas, de uma fábrica à outra.[163] Como controlar um sistema

> "que abusa da palavra turno para misturar os trabalhadores em infinitas variações, como cartas, e mudar diariamente as horas de trabalho e de descanso para os diferentes indivíduos, de tal modo que um mesmo sortimento completo de braços nunca atue conjuntamente no mesmo lugar e ao mesmo tempo"![164]

Mas, abstraindo totalmente o sobretrabalho real, esse assim chamado sistema de turnos era produto da fantasia do capital, que Fourier em seu esboço humorístico das *courtes séances* [sessões curtas][I] jamais superou,

---

I Fourier desenvolveu a imagem de uma sociedade futura na qual a pessoa realizaria diferentes trabalhos durante uma jornada de trabalho, pois esta seria

só que a atração do trabalho foi transformada na atração do capital. Observem-se tais esquemas dos fabricantes, que foram louvados pela boa imprensa como modelo "do que pode realizar razoável grau de cuidado e de método" (*what a reasonable degree of care and method can accomplish*). O pessoal trabalhador foi dividido às vezes de 12 até 15 categorias, que por sua vez mudavam constantemente suas partes componentes. Durante o período de quinze horas da jornada fabril, o capital incorporava o trabalhador ora por 30 minutos, ora por uma hora, repelindo-o outra vez para de novo incorporá-lo à fábrica e expulsá-lo da fábrica, fazendo-o correr para lá e para cá, em pedaços alternados de tempo, sem deixar de tê-lo em suas garras enquanto as dez horas de trabalho não estivessem preenchidas. Como sobre o palco, as mesmas pessoas tinham de entrar alternadamente nas diversas cenas dos diferentes atos. Mas, assim como um ator pertence ao palco durante toda a duração do drama, também os trabalhadores pertenciam agora durante 15 horas à fábrica, não incluindo o tempo de ida e retorno. As horas de repouso transformaram-se assim em horas de ociosidade forçada, que impeliam os jovens trabalhadores à taverna e as jovens trabalhadoras ao bordel. Com cada nova ideia urdida diariamente pelo capitalista para manter sua maquinaria em andamento por 12 ou 15 horas sem aumento do pessoal, o trabalhador tinha de engolir sua refeição ora em um fragmento de tempo não utilizado, ora em outro. Ao tempo da agitação pelas dez horas, os fabricantes gritavam que a corja de trabalhadores fazia petições na esperança de receber um salário de doze horas por dez horas de trabalho. Agora eles inverteram a medalha. Pagavam salário de dez horas por uma disposição de doze até quinze horas sobre as forças de trabalho.[165] Essa era a essência da coisa, essa era a versão dos fabricantes da lei das dez horas. Eram os mesmos untuosos livre-cambistas, porejantes de amor à humanidade, que durante todos os 10 anos da *anti-corn law agitation* [agitação contra as leis dos cereais] demonstraram até o último tostão aos trabalhadores que, com a livre importação de cereais e com os meios da indústria inglesa, dez horas de trabalho seriam suficientes para enriquecer os capitalistas.[166]

Os dois anos de revolta do capital foram finalmente coroados por uma decisão de uma das quatro mais altas cortes da Inglaterra, da Court of Exchequer, que num caso trazido perante ela decidiu, em 8

---

composta de várias *courtes séances*, das quais nenhuma duraria mais de uma hora e meia a duas horas. Em virtude disso, segundo o pensamento de Fourier, aumentaria de tal forma a produtividade do trabalho que o mais pobre dos trabalhadores estaria em condições de satisfazer mais completamente suas necessidades do que qualquer capitalista em épocas anteriores. [N. E. A.]

de fevereiro de 1850, que os fabricantes na verdade agiram contra o sentido da lei de 1844, mas que essa mesma lei continha certas palavras que a tornavam sem sentido. "Com essa decisão, a lei das dez horas foi revogada."[167] Uma massa de fabricantes que até então havia se abstido de aplicar a jovens e trabalhadoras o sistema de turnos atacou agora com as duas mãos.[168]

Mas, após essa vitória aparentemente definitiva do capital, houve de imediato uma reviravolta. Os trabalhadores tinham até então oferecido resistência passiva, embora inflexível e diariamente renovada. Agora eles protestavam em comícios abertamente ameaçadores em Lancashire e Yorkshire. A pretensa lei das dez horas seria, portanto, mero embuste, logro parlamentar, e não teria jamais existido! Os inspetores de fábrica preveniram urgentemente o governo de que o antagonismo de classe havia atingido um grau inacreditável de tensão. Uma parte dos próprios fabricantes murmurava:

> Em virtude das decisões contraditórias dos magistrados reina situação totalmente anormal e anárquica. Outra lei vigora em Yorkshire, outra em Lancashire, outra lei numa paróquia de Lancashire, outra em sua vizinhança imediata. O fabricante nas grandes cidades pode burlar a lei, o da área rural não encontra o pessoal necessário para o sistema de turnos e menos ainda para o deslocamento do trabalhador de uma fábrica para a outra etc.

E igual exploração da força de trabalho é o primeiro direito humano do capital.

Sob essas circunstâncias, chegou-se a um compromisso entre fabricantes e trabalhadores que foi consagrado pelo Parlamento na nova lei fabril adicional de 5 de agosto de 1850. Para "jovens e mulheres", a jornada de trabalho foi elevada de 10 para 10½ horas nos 5 primeiros dias da semana e aos sábados foi limitada a 7½ horas. O trabalho deve ser realizado no período das 6 da manhã até as 6 da tarde,[169] com 1½ hora de intervalo para refeições, a ser fixado ao mesmo tempo e de acordo com as determinações de 1844 etc. Com isso, pôs-se de uma vez por todas fim definitivo ao sistema de turnos.[170] Para o trabalho das crianças permaneceu em vigor a lei de 1844.

Assim como antes, dessa vez uma categoria de fabricantes assegurou para si direitos senhoriais especiais sobre as crianças proletárias. Foram os fabricantes de seda. No ano de 1833, tinham bramido ameaçadoramente que, "se lhes roubassem a liberdade de esfalfar crianças de qualquer idade por 10 horas diariamente, isso paralisaria suas fábricas" (*if the liberty of working children of any age for 10 hours a day was taken away, it would stop their works*). Ser-lhes-ia impossível comprar um número suficiente de crianças maiores de 13 anos. Eles extorquiram o privilégio desejado. Numa investigação posterior, o pretexto revelou-se pura mentira,[171] o que, entretanto, não os impediu de fiarem seda 10 horas diariamente com o sangue de crianças pequenas que precisavam ser colocadas em cima de cadeiras para a execução de seu trabalho.[172] A lei de 1844, em verdade, "roubou-lhes" a "liberdade" de pôr crianças menores de 11 anos a trabalhar mais que 6½ horas por dia, mas assegurou-lhes, em compensação, o privilégio de fazer trabalhar crianças entre 11 e 13 anos por 10 horas diárias e cassou a obrigatoriedade escolar prescrita para crianças de outras fábricas. Dessa vez sob o pretexto:

> A delicadeza do tecido exige uma leveza de tato que somente pode ser assegurada por entrada precoce na fábrica.[173]

Devido à delicadeza dos dedos, crianças foram completamente sacrificadas, como o gado no sul da Rússia por causa da pele e do sebo. Finalmente, em 1850, o privilégio concedido em 1844 foi limitado aos departamentos de torcimento e enrolamento da seda, mas, como compensação dos danos causados pela "liberdade" roubada ao capital, o tempo de trabalho para crianças de 11 a 13 anos foi aumentado de 10 para 10½ horas. Pretexto: "O trabalho seria mais leve nas fábricas de seda do que nas outras e de nenhum modo tão prejudicial à saúde".[174] Investigação médica oficial demonstrou posteriormente que, ao contrário,

> a taxa média de mortalidade nos distritos de [fábricas de] seda é excepcionalmente alta e, entre a parte feminina da população, ainda mais alta que nos distritos algodoeiros de Lancashire.[175]

Apesar dos protestos semestrais dos inspetores de fábricas, o abuso continua até hoje.[176]

A lei de 1850 transformou apenas para "jovens e mulheres" o período de quinze horas, das 5½ da manhã até as 8½ da noite, no período de doze horas, das 6 da manhã até as 6 da tarde. Portanto não para as crianças, que seguiam disponíveis sempre meia hora antes do começo e 2½ horas depois do término desse período, mesmo quando a duração total de seu trabalho não devesse ultrapassar 6½ horas. Durante a discussão da lei, os inspetores de fábricas submeteram ao Parlamento uma estatística sobre os infames abusos decorrentes daquela anomalia. Entretanto, em vão. No fundo, ocultava-se a intenção de, em anos de prosperidade, elevar a jornada de trabalhadores adultos de novo a 15 horas, com a ajuda das crianças. A experiência dos 3 anos seguintes demonstrou que tal tentativa tinha de fracassar em face da resistência dos trabalhadores masculinos adultos.[177] A lei de 1850 foi, portanto, completada em 1853 pela proibição "de utilizar crianças antes, pela manhã, e depois, à noite, de jovens e mulheres". A partir de então, com poucas exceções, a lei fabril de 1850 regulou a jornada de trabalho de todos os trabalhadores nos ramos industriais submetidos a ela.[178] Desde a promulgação da primeira lei fabril, havia já decorrido meio século.[179]

A legislação ultrapassou pela primeira vez sua esfera original com a *Printworks Act* (lei sobre as oficinas de estampagem de tecidos etc.) de 1845. O desagrado com que o capital permitiu essa nova "extravagância" destaca-se em cada linha da lei! Ela limita a 16 horas a jornada de trabalho para crianças de 8–13 anos e mulheres, entre 6 horas da manhã e 10 horas da noite, sem nenhum intervalo legal para as refeições. Ela permite pôr trabalhadores do sexo masculino maiores de 13 anos a trabalhar à vontade, dia e noite.[180] É um aborto parlamentar.[181]

Contudo, o princípio venceu com sua vitória nos grandes ramos industriais, que constituem a criação mais característica do moderno modo de produção. Seu desenvolvimento maravilhoso de 1853–60, par a par com o renascimento físico e moral dos trabalhadores fabris, evidenciou-se até aos olhos mais imbecis. Os próprios fabricantes, aos quais foram arrancadas, passo a passo, no curso de uma guerra civil de meio século, a limitação e a regulamentação legal da jornada de trabalho, apontavam orgulhosos para o contraste com os setores ainda de "livre" exploração.[182] Os fariseus da "Economia Política" proclamaram então a compreensão da necessidade de uma jornada de trabalho legalmente regulada como conquista característica de sua "ciência".[183] Compreende-se facilmente que, depois de os magnatas industriais terem se conformado e se reconciliado com o inevitável, a força de resistência do capital enfraquecesse gradualmente, enquanto, ao mesmo tempo, a força de ataque da classe trabalhadora crescia com o número de seus aliados nas camadas sociais não diretamente interessadas. Daí o progresso relativamente rápido a partir de 1860.

As tinturarias e branquearias[184] foram submetidas em 1860 à lei fabril de 1850; as fábricas de rendas e de meias, em 1861. Em virtude do primeiro relatório da "Comissão sobre o Emprego de Crianças" (1863), participaram do mesmo destino todas as manufaturas de artigos de cerâmica (não apenas as de louças), fósforos, espoletas, cartuchos, fábricas de papéis de parede, aparamento de veludo (*fustian cutting*) e numerosos processos que são resumidos sob a expressão *finishing* (acabamento). No ano de 1863, as "branquearias ao ar livre"[185] e as panificadoras foram submetidas a leis próprias, das quais a primeira proibia, entre outras coisas, o trabalho de crianças, jovens e mulheres à noite (das 8 horas da noite até as 6 horas da manhã) e a segunda, a utilização de oficiais de padeiros menores de 18 anos, entre 9 horas da noite e 5 da manhã. Sobre as propostas posteriores da citada comissão, as quais ameaçam roubar a "liberdade" de todos os mais importantes ramos industriais ingleses, com exceção da agricultura, das minas e do sistema de transportes, voltaremos depois.[185a]

7. A LUTA PELA JORNADA NORMAL DE TRABALHO. REPERCUSSÃO DA LEGISLAÇÃO FABRIL INGLESA EM OUTROS PAÍSES

O leitor recorda-se de que a produção de mais-valia ou a extração de mais-trabalho constitui o conteúdo e o objetivo específico da produção capitalista, abstraídas as transformações do próprio modo de produção que possam surgir da subordinação do trabalho ao capital. Ele se recordará de que, do ponto de vista desenvolvido até agora, apenas o trabalhador independente e, portanto, legalmente emancipado estabelece contratos como vendedor de mercadorias com o capitalista. Se, portanto, em nosso esboço histórico, desempenham papel importante a moderna indústria, de um lado, e o trabalho dos que são física e juridicamente menores, de outro, a primeira funcionou apenas como esfera específica e o segundo como exemplo particularmente convincente da exploração do trabalho. Sem antecipar o desenvolvimento posterior, entretanto, segue-se da mera interconexão dos fatos históricos:

Primeiro: Nas indústrias revolucionadas de início por água, vapor e maquinaria, nessas primeiras criações do moderno modo de produção, nas fiações e tecelagens de algodão, lã, linho e seda, é satisfeito primeiramente o impulso do capital para a prolongação sem limites e sem considerações da jornada de trabalho. O modo de produção material modificado e as condições sociais modificadas, que lhe correspondem, dos produtores[186] primeiramente dão origem a abusos desmedidos e então provocam, em contraposição, o controle social, que limita, regula e uniformiza legalmente a jornada de trabalho com suas pausas. Esse controle aparece, portanto, durante a primeira metade do século XIX, apenas como legislação de exceção.[187] Tão logo ela conquistou a área original do novo modo de produção, verificou-se que, entrementes, não apenas muitos outros ramos de produção haviam se incorporado ao regime propriamente fabril, mas que, além disso, manufaturas com métodos de produção mais ou menos antiquados, como as de louças, de vidros etc., ofícios à moda antiga, como panificação, e, finalmente, até esparsas indústrias assim chamadas domiciliares, como o fabrico de pregos etc.,[188] há muito caíram sob a exploração capitalista tanto quanto a fábrica. A legislação foi, portanto, obrigada a desfazer-se progressivamente de seu caráter de exceção ou, onde ela procede conforme a casuística romana, como na Inglaterra, a declarar arbitrariamente como sendo uma fábrica (*factory*) qualquer casa na qual se trabalhe.[189]

Segundo: A história da regulamentação da jornada de trabalho em alguns modos de produção e a luta que ainda prossegue em outros por essa regulamentação demonstram palpavelmente que o trabalhador individual, o trabalhador como "livre" vendedor de sua força de trabalho, encontra-se incapaz de resistir em certo nível de amadurecimento da produção capitalista. A criação de uma jornada normal de trabalho é, por isso, o produto de uma guerra civil de longa duração, mais ou menos oculta, entre a classe capitalista e a classe trabalhadora. Como a luta foi inaugurada no âmbito da indústria mais moderna, travou-se primeiro na terra natal dessa indústria, na Inglaterra.[190] Os trabalhadores fabris ingleses foram os campeões da moderna classe trabalhadora não somente inglesa, mas em geral, como também seus teóricos foram os primeiros a desafiar a teoria do capital.[191] O filósofo fabril Ure denuncia, portanto, como vergonha inextinguível da classe trabalhadora inglesa ter inscrito "a escravidão das leis fabris" em sua bandeira contra o capital, que lutava virilmente por "completa liberdade do trabalho".[192]

A França claudica lentamente atrás da Inglaterra. Foi necessária a Revolução de Fevereiro para o nascimento da lei das doze horas,[193] que é muito mais deficiente que o seu original inglês. Contudo, o método revolucionário francês faz valer também suas vantagens específicas. De um só golpe, dita a todas as oficinas e fábricas, sem diferença, a mesma limitação para a jornada de trabalho, enquanto a legislação inglesa cede relutantemente, ora neste ponto, ora naquele outro, à pressão das circunstâncias e está no melhor caminho de se perder enredada em novos casuísmos jurídicos.[194] Por outro lado, a lei francesa proclama como princípio o que na Inglaterra só foi conquistado em nome de crianças, menores e mulheres e só recentemente se reivindica como direito geral.[195]

Nos Estados Unidos da América do Norte, todo movimento trabalhador independente ficou paralisado enquanto a escravatura desfigurava uma parte da República. O trabalhador de pele branca não pode emancipar-se onde o trabalhador de pele negra é marcado com ferro em brasa. Mas da morte da escravidão nasceu imediatamente uma vida nova e rejuvenescida. O primeiro fruto da guerra civil foi a agitação pelas oito horas, que se propagou com as botas de sete léguas da locomotiva do Atlântico ao Pacífico, da Nova Inglaterra até a Califórnia. O congresso geral de trabalhadores, em Baltimore,[I] declara (agosto de 1866):

I O congresso geral americano de trabalhadores reuniu-se de 20 a 25 de agosto de 1866, em Baltimore. Participaram do congresso 60 delegados, que representavam mais de 60 000 trabalhadores organizados em *trade unions* [sindicatos].

> A primeira e mais importante exigência dos tempos presentes para libertar o trabalho deste país da escravidão capitalista é a promulgação de uma lei, pela qual deve ser estabelecida uma jornada normal de trabalho de 8 horas em todos os estados da União. Estamos decididos a empregar todas as nossas forças até termos alcançado esse glorioso resultado.[196]

Ao mesmo tempo (início de setembro de 1866), o "Congresso Internacional de Trabalhadores" decidiu, em Genebra, por proposta do Conselho Geral de Londres: "Declaramos a limitação da jornada de trabalho uma condição preliminar, sem a qual todas as demais tentativas para a emancipação devem necessariamente fracassar. [...] Propomos 8 horas de trabalho como limite legal da jornada de trabalho".[I]

Assim, o movimento de trabalhadores surgido instintivamente das próprias condições de produção, em ambos os lados do Atlântico, consagrou as palavras do inspetor de fábricas inglês R. J. Saunders:

> Novos passos para a reforma da sociedade não poderão ser dados com qualquer perspectiva de sucesso se a jornada de trabalho não for limitada antes e a observação do limite prescrito não for estritamente imposta.[197]

É preciso reconhecer que nosso trabalhador sai do processo de produção diferente do que nele entrou. No mercado, ele, como possuidor da mercadoria "força de trabalho", defrontou-se com outros possuidores de mercadorias, possuidor de mercadoria diante de possuidores de mercadorias. O contrato pelo qual ele vendeu sua força de trabalho ao capitalista ¦ 84 comprovou, por assim dizer, preto no branco, que ele dispõe livremente de si mesmo ¦. Depois de concluído o negócio, descobre-se que ele não era "nenhum agente livre", que o tempo de que dispõe para vender sua força de trabalho é o tempo em que é forçado a vendê-la,[198] que, em verdade, seu explorador não o deixa "enquanto houver ainda um músculo, um tendão, uma gota de sangue para explorar".[199] Como

---

O congresso tratou das seguintes questões: a introdução legal da jornada de oito horas, a atividade política dos trabalhadores, as sociedades cooperativas, a união de todos os trabalhadores nos *trade unions* e outras questões. Além disso foi decidida a fundação da National Labor Union [União Nacional do Trabalho], uma organização política da classe trabalhadora. [N. E. A.]

I A resolução aqui citada, do Congresso da Associação Internacional dos Trabalhadores em Genebra, foi aceita com base nas *Instruktionen fuer die Delegierten des Provisorischen Zentralrats zu den einzelnen Fragen* [Instruções aos delegados do Conselho Central Provisório para questões isoladas], redigidas por Marx. [N. E. A.]

"proteção" contra a serpente de seus martírios,[I] ¦85¦ os trabalhadores têm de reunir suas cabeças ¦86 e, como classe, conquistar uma lei estatal, uma barreira social intransponível, que os impeça de venderem a si e à sua descendência, por meio de contrato voluntário com o capital, à noite e à escravidão! ¦[200] No lugar do pomposo catálogo dos "direitos humanos inalienáveis", entra a modesta *Magna Charta*[II] de uma jornada de trabalho legalmente limitada que "finalmente esclarece quando termina o tempo que o trabalhador vende e quando começa o tempo que a ele mesmo pertence".[201] *Quantum mutatus ab illo!* [Que grande mudança!][III]

I Adaptação do poema contemporâneo "Heinrich", de Heinrich Heine. [N. E. A.]

II *Magna Charta Libertatum*: documento imposto ao rei inglês João I ("Sem Terra") pelos senhores feudais, os barões e príncipes da Igreja revoltosos, apoiados pelos cavaleiros e pelas cidades. A *Charta*, assinada em 15 de junho de 1215, limitou os direitos do rei sobretudo em favor dos grandes senhores feudais e continha determinadas concessões aos cavaleiros e às cidades; à massa principal da população, os camponeses servos, a *Charta* não trouxe nenhum direito. Marx refere-se aqui às leis para a limitação da jornada de trabalho, que foram conseguidas pela classe trabalhadora da Inglaterra numa luta longa e obstinada. [N. E. A.]

III Da epopeia de Virgílio, *Eneida*, Livro II, verso 274. [N. E. A.]

CAPÍTULO 9

TAXA E MASSA DE MAIS-VALIA

¦87¦ Neste capítulo supomos, como até aqui, que o valor da força de trabalho, ou seja, a parte da jornada de trabalho necessária para reproduzir ou manter a força de trabalho, é uma grandeza constante, dada.

Pressuposto isso, simultaneamente com a taxa nos é dada a massa de mais-valia que o trabalhador individual fornece ao capitalista em determinado período de tempo. Se, por exemplo, o trabalho necessário consiste em 6 horas por dia, expressas num *quantum* de ouro de 3 xelins = 1 táler, então o táler é o valor diário de uma força de trabalho ou o valor do capital adiantado na compra de uma força de trabalho. ¦88 E se, ademais, a taxa de mais-valia é de 100%, esse capital variável de 1 táler produz uma massa de mais-valia de 1 táler, ou o trabalhador fornece diariamente uma massa de mais-trabalho de 6 horas.¦

O capital variável é, no entanto, a expressão monetária do valor total de todas as forças de trabalho que o capitalista emprega simultaneamente. Seu valor é, portanto, igual ao valor médio de uma força de trabalho, multiplicado pelo número das forças de trabalho empregadas. Dado o valor da força de trabalho, a grandeza do capital variável está, portanto, na razão direta do número de trabalhadores simultaneamente empregados. Se o valor diário de uma força de trabalho = 1 táler, um capital de 100 táleres tem de ser adiantado para explorar 100 e um de *n* táleres para explorar *n* forças de trabalho diariamente.

Do mesmo modo: Se um capital variável de 1 táler, o valor diário de uma força de trabalho, produz uma mais-valia diária de 1 táler, então um capital variável de 100 táleres produz uma mais-valia diária de 100, e um de *n* táleres uma mais-valia diária de 1 táler × *n*. ¦89 A massa de mais-valia produzida é, portanto, igual à mais-valia que a jornada de trabalho do trabalhador individual fornece, multiplicada pelo número dos trabalhadores empregados. Mas, além disso, dado o valor da força de trabalho, como a massa de mais-valia produzida pelo trabalhador individual é determinada pela taxa de mais-valia, segue-se daí esta primeira lei: A massa de mais-valia produzida é igual à grandeza do capital variável adiantado multiplicado pela taxa de mais-valia ou é determinada pela relação composta entre o número das forças de trabalho exploradas simultaneamente pelo mesmo capitalista e o grau de exploração da força de trabalho individual.¦

Chamemos portanto a massa de mais-valia de *MV*, a mais-valia diariamente fornecida em média pelo trabalhador individual de *mv*, o capital variável adiantado diariamente para comprar uma força de trabalho individual de *v*, a soma total do capital variável de *V*, o valor de uma força de trabalho média de *ft*, o grau de sua exploração de $\frac{a'}{a}\left(\frac{\text{trabalho-excedente}}{\text{trabalho necessário}}\right)$ e o número dos trabalhadores empregados de *n*. Teremos então:

$$MV=\begin{cases}\dfrac{mv}{v}\times V\\ \hline ft\times\dfrac{a'}{a}\times n\end{cases}$$

Pressupomos sempre não só que o valor de uma força de trabalho média seja constante, mas também que os trabalhadores empregados por um capitalista sejam reduzidos a trabalhadores médios. Há casos excepcionais em que a mais-valia produzida não cresce na proporção do número dos trabalhadores explorados, mas então o valor da força de trabalho também não permanece constante.

¦ 90 ¦

Na produção de determinada massa de mais-valia, o decréscimo de um fator pode, por isso, ser compensado pelo acréscimo do outro. ¦ 91 Se diminui o capital variável e, ao mesmo tempo e na mesma proporção, aumenta a taxa de mais-valia, então a massa de mais-valia produzida permanece inalterada. Se, de acordo com os pressupostos anteriores, o capitalista tem de adiantar 100 táleres para explorar diariamente 100 trabalhadores e a taxa de mais-valia é de 50%, então esse capital variável proporciona uma mais-valia de 50 táleres ou de 100×3 horas de trabalho. Se a taxa de mais-valia duplica ou a jornada de trabalho se prolonga de 6 a 12 horas, em vez de 6 a 9, então o capital variável reduzido à metade, a 50 táleres, proporciona igualmente uma mais-valia de 50 táleres, ou de 50×6 horas de trabalho. ¦ Uma diminuição do capital variável pode, portanto, ser compensada por um aumento proporcional no grau de exploração da força de trabalho, ou pelo decréscimo do número dos trabalhadores empregados por prolongamento proporcional do dia de trabalho. Dentro de certos limites, a oferta de trabalho explorável pelo capital torna-se, portanto, independente da oferta de trabalhadores.[202] Ao contrário, um decréscimo na taxa de mais-valia deixa a massa de mais-valia produzida inalterada, se aumenta, na mesma proporção, a grandeza do capital variável ou o número dos trabalhadores ocupados.

Contudo, a compensação do número de trabalhadores ou da grandeza do capital variável pela elevação da taxa de mais-valia ou pelo prolongamento da jornada de trabalho tem limites intransponíveis. ¦ 92 Qualquer que seja o valor da força de trabalho, se chega a 2 ou a 10 horas o tempo de trabalho necessário para sustentar o trabalhador, o valor total que um trabalhador pode produzir, dia a dia, é sempre menor do que o valor em que 24 horas de trabalho se objetivam, menor do que 12 xelins ou

4 táleres, se essa for a expressão monetária de 24 horas objetivadas de trabalho. Sob nosso pressuposto anterior de que 6 horas de trabalho por dia são requeridas para reproduzir a própria força de trabalho ou repor o valor do capital adiantado na sua compra, um capital variável de 500 táleres que emprega 500 trabalhadores com taxa de mais-valia de 100% ou com jornada de trabalho de doze horas produz diariamente uma mais-valia de 500 táleres ou 6×500 horas de trabalho.¦ Um capital de 100 táleres que emprega diariamente 100 trabalhadores com taxa de mais-valia de 200% ou com jornada de trabalho de 18 horas produz apenas uma massa de mais-valia de 200 táleres ou 12×100 horas de trabalho. ¦93 E seu produto-valor total, equivalente do capital variável adiantado mais a mais-valia, nunca pode alcançar, dia a dia, a soma de 400 táleres ou 24×100 horas de trabalho. O limite absoluto da jornada média de trabalho, que por natureza sempre é menor que 24 horas, forma um limite absoluto à compensação de capital variável diminuído por aumento da taxa de mais-valia ou de um número reduzido de trabalhadores explorados por um acréscimo do grau de exploração da força de trabalho. ¦ Essa segunda lei, mais palpável, é importante para explicar muitos fenômenos que surgem da tendência do capital, a ser desenvolvida mais tarde, de reduzir tanto quanto possível o número de trabalhadores por ele empregados, ou seja, seu componente variável convertido em força de trabalho, em contradição com sua outra tendência de produzir a maior massa possível de mais-valia. ¦94 Ao contrário. Se a massa das forças de trabalho empregadas ou a grandeza do capital variável cresce, mas não na mesma proporção em que cai a taxa de mais-valia, diminui a massa de mais-valia produzida. ¦

Uma terceira lei decorre da determinação da massa de mais-valia produzida pelos dois fatores, taxa de mais-valia e grandeza do capital variável adiantado. Dados a taxa de mais-valia ou o grau de exploração da força de trabalho e o valor da força de trabalho ou a grandeza do tempo de trabalho necessário, é evidente que, quanto maior o capital variável, tanto maior a massa de valor e de mais-valia produzidos. Se o limite da jornada de trabalho é dado, assim como o limite de sua parte necessária, a massa de valor e de mais-valia que um capitalista individual produz depende, como é óbvio, exclusivamente da massa de trabalho que põe em movimento. ¦95¦ Esta, por sua vez, depende, sob os pressupostos dados, da massa de força de trabalho ou do número de trabalhadores que ele explora, e esse número, por sua vez, é determinado pela grandeza do capital variável por ele adiantado. Dados a taxa de mais-valia e o valor da força de trabalho, as massas de mais-valia produzidas estarão, assim, em razão direta com as grandezas dos capitais variáveis adiantados. Pois bem, sabe-se que o capitalista divide o seu capital em duas partes.

Uma parte despende com meios de produção. Essa é a parte constante de seu capital. A outra parte converte em força de trabalho viva. Essa parte constitui seu capital variável. Com base no mesmo modo de produção, difere a divisão do capital em seus componentes constante e variável nos diversos ramos de produção. Dentro do mesmo ramo de produção, essa proporção varia ao variar a base técnica e a combinação social do processo de produção. Mas como quer que um capital dado se decomponha em parte constante e variável, relacionando-se a última para a primeira como 1:2, 1:10, ou 1:x, a lei que acabamos de formular não é afetada, uma vez que, segundo nossa análise anterior, o valor do capital constante reaparece no ¦96 valor-produto, mas não entra no novo produto-valor criado ¦. Para utilizar 1000 fiandeiros, são necessários naturalmente mais matérias-primas, fusos etc. do que para utilizar 100. O valor desses meios de produção a serem adicionados, porém, pode subir, cair, permanecer inalterado, ser grande ou pequeno, mas ele permanece sem nenhuma influência sobre o processo de valorização das forças de trabalho que o põem em movimento. A lei constatada acima assume, portanto, a seguinte forma: as massas de valor e mais-valia produzidas ¦97 por diferentes capitais ¦ estão com dado valor da força de trabalho e igual grau de exploração da mesma, em razão direta às grandezas dos componentes variáveis desses capitais, isto é, de seus componentes transformados em força de trabalho viva.

Essa lei opõe-se evidentemente a toda experiência baseada na mera aparência. Todo mundo sabe que, considerando-se a porcentagem do capital total aplicado, um fabricante de fios que utiliza relativamente muito capital constante e pouco variável não obtém, por isso, um lucro ou uma mais-valia menor que um padeiro que põe em movimento relativamente muito capital variável e pouco constante. Para resolver essa contradição aparente, necessitam-se ainda muitos termos intermediários, do mesmo modo que, do ponto de vista da álgebra elementar, muitos termos intermediários são necessários para se compreender que $\frac{0}{0}$ pode representar uma grandeza real. Embora nunca tenha formulado essa lei, a Economia clássica instintivamente apega-se a ela porque é uma consequência necessária da lei do valor em geral. Procura salvá-la mediante abstração forçada das contradições da aparência. Mais adiante[203] veremos como a escola de Ricardo tropeçou nessa pedra. A Economia vulgar que "realmente nada tem aprendido"[I] insiste aqui, como em tudo, na

I "Eles nada aprenderam e nada esqueceram", dito de Talleyrand sobre os emigrantes aristocráticos que retornaram à França depois da restauração do domínio dos Bourbon, no ano de 1815, e tentaram retomar sua propriedade fundiária e obrigar os camponeses a assumir de novo suas obrigações feudais. [N. E. A.]

aparência, contra a lei que a rege. Em oposição a Spinoza, ela acredita que "a ignorância é uma razão suficiente".[I]

O trabalho que o capital total de uma sociedade põe em movimento, dia a dia, pode ser considerado uma única jornada de trabalho. Se, por exemplo, o número de trabalhadores é de um milhão e a jornada de trabalho média de um trabalhador é de 10 horas, a jornada de trabalho social será de 10 milhões de horas. Dada a duração desta jornada de trabalho, a massa de mais-valia só pode ser aumentada por meio do aumento do número de trabalhadores, isto é, da população trabalhadora. O crescimento da população constitui aqui o limite matemático da produção de mais-valia pelo capital social total. Ao contrário. Com dada grandeza da população, esse limite será constituído pelo prolongamento possível da jornada de trabalho.[204] Ver-se-á no capítulo seguinte que essa lei só vale para a forma da mais-valia de que tratamos até agora.

Da consideração feita até agora sobre a produção da mais-valia resulta que não se pode transformar qualquer soma de dinheiro ou de valor em capital, mas que essa transformação pressupõe certo mínimo de dinheiro ou de valor de troca nas mãos do possuidor individual de dinheiro ou de mercadorias. O mínimo de capital variável é o preço de custo de uma força individual de trabalho que, durante o ano inteiro, dia a dia, é desgastada para a obtenção de mais-valia. Se esse trabalhador estivesse de posse de seus próprios meios de produção e se contentasse em viver como trabalhador, bastar-lhe-ia trabalhar o tempo necessário para reproduzir seus meios de subsistência, digamos, 8 horas por dia. Portanto, precisaria apenas de meios de produção para 8 horas de trabalho. Ao contrário, o capitalista que o faz executar 4 horas de mais-trabalho além daquelas 8 horas precisa de uma soma de dinheiro adicional para adquirir os meios de produção adicionais. De acordo com nossa suposição, porém, ele teria de empregar dois trabalhadores para poder viver como um trabalhador da mais-valia apropriada diariamente, isto é, para poder satisfazer as suas necessidades indispensáveis. Nesse caso, a finalidade de sua produção seria a mera subsistência, e não a multiplicação da riqueza, e esta última está pressuposta na produção capitalista. Para poder viver duas vezes melhor do que um trabalhador comum e retransformar a metade da mais-valia produzida em capital, ele teria de multiplicar por oito ao mesmo tempo o número de trabalhadores e o mínimo do capital adiantado. No entanto, ele mesmo pode,

I "A ignorância é uma razão suficiente": no apêndice à primeira parte de sua obra *Ética*, Spinoza fala que a ignorância *não* é razão suficiente e, com isso, coloca-se contra os representantes da visão clerical-teleológica da Natureza, que veem a "vontade de Deus" como causa das causas de todos os fenômenos e cujo único argumento para isso era a apelação à ignorância de outras causas. [N. E. A.]

como seu trabalhador, participar diretamente do processo de produção, mas então será apenas um meio-termo entre capitalista e trabalhador, um "pequeno patrão". Certo grau de desenvolvimento da produção capitalista exige que o capitalista possa aplicar todo o tempo durante o qual funciona como capitalista, isto é, como capital personificado, à apropriação e, portanto, ao controle do trabalho alheio e à venda dos produtos desse trabalho.[205] O sistema corporativo da Idade Média procurou impedir coercitivamente a transformação do mestre artesão em capitalista, limitando a um máximo muito reduzido o número de trabalhadores que um mestre individual podia empregar. O possuidor de dinheiro ou de mercadorias só se transforma realmente em capitalista quando a soma mínima adiantada para a produção ultrapassa em muito o máximo medieval. Aqui, como nas ciências naturais, comprova-se a exatidão da lei descoberta por Hegel, em sua *Lógica*, de que modificações meramente quantitativas em certo ponto se transformam em diferenças qualitativas.[205a]

O mínimo da soma de valor de que deve dispor um possuidor individual de dinheiro ou de mercadorias para metamorfosear-se em capitalista varia em diferentes graus de desenvolvimento da produção capitalista e, dado o grau de desenvolvimento, é diferente nas diferentes esferas de produção, conforme as condições técnicas específicas de cada uma. Certas esferas de produção exigem já nas primeiras etapas da produção capitalista um mínimo de capital que ainda não se encontra em mãos de indivíduos isolados. Isso leva, em parte, ao subsídio de tais particulares pelo Estado, como na França no tempo de Colbert e em alguns estados alemães até a nossa época, e, em parte, à constituição de sociedades com monopólio legal para explorar determinados ramos industriais e comerciais[206] – as precursoras das modernas sociedades por ações.

Não nos deteremos em detalhes das modificações que a relação entre capitalista e trabalhador assalariado sofreu no curso do processo de produção, portanto nem nas demais determinações consequentes do próprio capital. Apenas destacaremos aqui alguns poucos pontos principais.

Dentro do processo de produção, o capital evoluiu para o comando sobre o trabalho, isto é, sobre a força de trabalho em atividade, ou seja, sobre o próprio trabalhador. O capital personificado, o capitalista, cuida de que o trabalhador execute seu trabalho ordenadamente e com o grau adequado de intensidade.

O capital evolui, além disso, para uma relação coercitiva que obriga a classe trabalhadora a executar mais trabalho do que exigia o estreito círculo de suas próprias necessidades vitais. E, como produtor de laboriosidade alheia, extrator de mais-trabalho e explorador da força de trabalho, o capital supera em energia, exorbitância e eficácia todos os sistemas de produção anteriores baseados em trabalho forçado direto.

De início, o capital submete o trabalho ao seu domínio nas condições técnicas em que o encontra historicamente. Não altera imediatamente, portanto, o modo de produção. A produção da mais-valia na forma observada até agora, mediante simples prolongamento do dia de trabalho, parecia, por isso, independente de qualquer mudança do próprio modo de produção. Não era menos eficaz na padaria antiga do que na moderna fiação de algodão.

Encarado o processo de produção do ponto de vista do processo de trabalho, o trabalhador se comportava para com os meios de produção não como capital, mas como simples meio e material para sua atividade produtiva racional. Num curtume, por exemplo, trata as peles como mero objeto de seu trabalho. Não é ao capitalista que ele curte a pele. Tudo é diferente quando observamos o processo de produção do ponto de vista do processo de valorização. Os meios de produção transformaram-se imediatamente em meios para a absorção de trabalho alheio. Não é mais o trabalhador quem emprega os meios de produção, mas os meios de produção que empregam o trabalhador. Em vez de serem consumidos por ele como elementos materiais de sua atividade produtiva, são eles que o consomem como fermento de seu próprio processo vital, e o processo vital do capital consiste apenas em seu movimento como valor que valoriza a si mesmo. Fornos de fundição e edifícios de trabalho que se imobilizam à noite e não absorvem nenhum trabalho vivo são "mera perda" (*mere loss*) para o capitalista. Por isso, fornos de fundição e edifícios de fábrica constituem um "direito de exigir trabalho noturno" das forças de trabalho. A mera transformação do dinheiro em fatores objetivos do processo de produção, em meios de produção, transforma os últimos em títulos jurídicos e títulos coercitivos sobre trabalho e mais-trabalho alheios. Como essa inversão particular e característica da produção capitalista, essa distorção da relação entre trabalho morto e vivo, entre valor e força criadora do valor, reflete-se na consciência das cabeças capitalistas será finalmente mostrado por mais um exemplo. Durante a revolta dos fabricantes ingleses de 1848-50,

> "o chefe da fiação de linho e algodão em Paisley, uma das mais antigas e respeitáveis firmas da Escócia ocidental, a companhia Carlile, Filhos & Co., existente desde 1752 e dirigida por geração após geração da mesma família" –

esse *gentleman* extremamente inteligente escreveu uma carta[207] ao *Glasgow Daily Mail* de 25 de abril de 1849, sob o título "O sistema de turno", na qual se encontra, entre outras, a seguinte passagem de uma ingenuidade grotesca:

> "Consideremos agora os males que decorrem de uma redução do tempo de trabalho de 12 para 10 horas. [...] Eles 'montam' ao dano mais sério das perspectivas e da propriedade do fabricante. Se ele" (isto é, suas "mãos") "trabalhava 12 horas e é limitado a 10, então cada 12 máquinas ou fusos em seu estabelecimento são reduzidos a 10 (*then every 12 machines or spindles, in his establishment, shrink to 10*) e, se quisesse vender sua fábrica, seriam avaliados apenas como 10, de modo que seria subtraída, em todo o país, a sexta parte do valor de cada fábrica".[208]

Nesse cérebro capitalista hereditariamente condicionado da Escócia ocidental, o valor dos meios de produção, fusos etc. confunde-se tanto com sua propriedade de capital de valorizar a si mesmo ou de tragar diariamente determinado *quantum* de trabalho alheio gratuito, que o chefe da casa Carlile & Co. presume realmente que, ao vender sua fábrica, lhe seria pago não só o valor dos fusos, mas também sua valorização, não só o trabalho contido neles e necessário para produzir fusos do mesmo tipo, mas também o mais-trabalho que eles ajudam a extrair diariamente dos honrados escoceses de Paisley. E, por isso, ele pensa que, reduzindo-se a jornada de trabalho em duas horas, o preço de venda de cada 12 máquinas de fiar se contrairia ao de 10.

SEÇÃO IV

A PRODUÇÃO DA MAIS-VALIA RELATIVA

CAPÍTULO 10

CONCEITO DA MAIS-VALIA RELATIVA

A parte da jornada de trabalho que apenas produz um equivalente do valor da força de trabalho pago pelo capital foi considerada por nós até agora uma grandeza constante, o que ela realmente é sob condições de produção dadas, em dado grau de desenvolvimento econômico da sociedade. Para além desse tempo de trabalho necessário, o trabalhador podia trabalhar 2, 3, 4, 6 horas etc. Da grandeza desse prolongamento dependiam a taxa de mais-valia e a duração da jornada de trabalho. Se o tempo de trabalho necessário era constante, a jornada de trabalho total, ao contrário, era variável. Suponha agora uma jornada de trabalho cujas duração e divisão em trabalho necessário e mais-trabalho sejam dadas. A linha *ac*, *a*——————*b*—*c*, represente, por exemplo, uma jornada de trabalho de doze horas; o segmento *ab*, 10 horas de trabalho necessário; o segmento *bc*, 2 horas de mais-trabalho. Como se pode aumentar a produção de mais-valia, isto é, prolongar o mais-trabalho, sem qualquer prolongamento ou independentemente de qualquer prolongamento de *ac*?

Apesar dos limites dados da jornada de trabalho *ac*, parece que se pode prolongar o segmento *bc* não o estendendo além de seu ponto final *c*, que é, ao mesmo tempo, o ponto final da jornada de trabalho *ac*, mas sim deslocando seu ponto inicial *b* na direção oposta para *a*. Suponha que *b'*–*b* na linha *a*——————*b'*–*b*—*c* seja igual à metade de *bc*, ou seja, igual a uma hora de trabalho. Se na jornada de trabalho de 12 horas *ac* o ponto *b* se desloca para *b'*, *bc* será prolongado para *b'c*, o mais-trabalho será aumentado em metade, de 2 para 3 horas, embora a jornada de trabalho dure, depois como antes, apenas 12 horas. Essa extensão do mais-trabalho de *bc* para *b'c,* de 2 horas para 3, é evidentemente impossível, porém, sem que o trabalho necessário se contraia de *ab* para *ab'*, de 10 para 9 horas. O prolongamento do mais-trabalho corresponderia à redução do trabalho necessário, ou seja, uma parte do tempo de trabalho que o trabalhador até agora utilizava de fato para si mesmo transforma-se em tempo de trabalho para o capitalista. O que teria mudado não seria a duração da jornada de trabalho, mas sua divisão em trabalho necessário e mais-trabalho.

Por outro lado, a grandeza do mais-trabalho é evidentemente dada, com dada grandeza da jornada de trabalho e dado valor da força de trabalho. O valor da força de trabalho, isto é, o tempo de trabalho exigido para produzi-la, determina o tempo de trabalho necessário para a reprodução de seu valor. Se uma hora de trabalho se representa num *quantum* de ouro de meio xelim ou 6 pence e o valor diário da força de trabalho monta a 5 xelins, o trabalhador tem de trabalhar 10 horas por dia para repor o valor diário de sua força de trabalho pago pelo capital ou para produzir um equivalente do valor dos seus meios de subsistência diariamente necessários. Com o valor desses meios de subsistência é dado o valor de sua força de trabalho,[1] com o valor de sua força de trabalho é dado seu tempo de trabalho necessário. A grandeza do mais-trabalho obtém-se, porém, subtraindo da jornada de trabalho total o tempo de trabalho necessário. Subtraindo-se dez horas de doze ficam duas, e não se pode ver como, nas condições dadas, o mais-trabalho pode ser prolongado além de duas horas. Na verdade, o capitalista pode pagar ao trabalhador 4 xelins e 6 pence ou menos ainda, em vez de 5 xelins. Para reproduzir esse valor de 4 xelins e 6 pence bastariam 9 horas de trabalho, cabendo assim ao mais-trabalho 3 horas em vez de 2 da jornada de trabalho de doze horas e aumentando-se a própria mais-valia de 1 xelim para 1 xelim e 6 pence. Mas esse resultado somente seria obtido mediante compressão do salário do trabalhador abaixo do valor de sua força de trabalho. Com os 4 xelins e 6 pence que produz em 9 horas, ele dispõe de 1⁄10 menos meios de subsistência do que antes, e assim a reprodução de sua força de trabalho só se dá de maneira atrofiada. O mais-trabalho, nesse caso, apenas seria prolongado por ultrapassar seus limites normais, seu domínio só se expandiria usurpando parte do domínio do trabalho necessário. Apesar do papel importante que esse método desempenha no movimento real do salário, ele é aqui excluído pelo pressuposto de que as mercadorias, inclusive a força de trabalho, portanto, sejam compradas e vendidas por seu pleno valor. Uma vez admitido isso, o tempo de trabalho necessário para produzir a força de trabalho ou para reproduzir seu valor pode diminuir, não porque o salário do trabalhador cai abaixo do valor de sua força de trabalho, mas só porque esse próprio valor cai. Com a duração da jornada de trabalho dada, o prolongamento do mais-trabalho tem de decorrer da redução do trabalho necessário, e não do contrário, ou seja, a redução do trabalho necessário do prolongamento do mais-trabalho. Em nosso exemplo, o valor da força de trabalho realmente tem de cair em 1⁄10 para que o tempo de trabalho necessário diminua em 1⁄10, de 10 para 9 horas, e assim se prolongue o mais-trabalho de 2 para 3 horas.

Porém, tal diminuição do valor da força de trabalho de 1⁄10 requer, por sua vez, que se produza em 9 horas a mesma quantidade de meios de subsistência que antes se produzia em 10. Isso é impossível, porém, sem aumentar a força produtiva do trabalho. Com os meios dados, um sapateiro pode, por exemplo, fazer um par de botas numa jornada de trabalho de 12 horas. Para fazer, no mesmo tempo, dois pares de botas, a força produtiva de seu trabalho tem de duplicar-se, e ela não pode duplicar-se sem alteração em seus meios de trabalho ou em seu método de trabalho, ou em ambos ao mesmo tempo. Por isso tem de ocorrer uma revolução nas condições de produção de seu trabalho, isto é, em seu modo de produção, portanto no próprio processo de trabalho. Entendemos aqui por aumento da força produtiva do trabalho em geral uma alteração no processo de trabalho, pela qual se reduz o tempo de trabalho socialmente necessário para produzir uma mercadoria, que um menor *quantum* de trabalho adquira, portanto, a força para produzir um maior *quantum* de valor de uso.[2] Enquanto, pois, ¦98 na produção da mais-valia, na forma até aqui considerada¦, o modo de produção é suposto como dado, não basta de modo algum, para produzir mais-valia mediante a transformação do trabalho necessário em mais-trabalho, que o capital se apodere do processo de trabalho em sua forma historicamente herdada ou já existente e apenas alongue sua duração. Tem de revolucionar as condições técnicas e sociais do processo de trabalho, portanto o próprio modo de produção, a fim de aumentar a força produtiva do trabalho, mediante o aumento da força produtiva do trabalho reduzir o valor da força de trabalho e, assim, encurtar parte da jornada de trabalho necessária para a reprodução desse valor.

A mais-valia produzida pelo prolongamento da jornada de trabalho chamo de mais-valia absoluta; a mais-valia que, ao contrário, decorre da redução do tempo de trabalho e da correspondente mudança da proporção entre os dois componentes da jornada de trabalho chamo de mais-valia relativa.

Para que diminua o valor da força de trabalho, o aumento da força produtiva tem de atingir ramos industriais cujos produtos determinam o valor da força de trabalho, que, portanto, ou pertençam à esfera dos meios de subsistência costumeiros ou possam substituí-los. Mas o valor de uma mercadoria não é determinado apenas pelo *quantum* de trabalho que lhe dá sua forma definitiva, e sim também pela massa de trabalho contida em seus meios de produção. O valor de uma bota, por exemplo, não se determina apenas pelo trabalho do sapateiro, mas também pelo valor do couro, do pez, do fio etc. O aumento da força produtiva e o correspondente barateamento das mercadorias nas indústrias, que fornecem os elementos materiais do capital constante, os meios de trabalho e o material de trabalho para produzir os meios de subsistência necessários, do mesmo modo reduzem o valor da força de trabalho. Por outro lado, em ramos de produção que não fornecem nem meios de subsistência necessários nem meios de produção para fabricá-los, o aumento da força produtiva deixa o valor da força de trabalho igual ao que era.

A mercadoria mais barata diminui naturalmente o valor da força de trabalho apenas *pro tanto*, isto é, na proporção em que entra na reprodução da força de trabalho. Camisas, por exemplo, são um meio de subsistência necessário, mas só um entre muitos. Seu barateamento diminui apenas a despesa do trabalhador com camisas. A soma total dos meios de subsistência compõe-se, porém, de diferentes mercadorias, todas produto de indústrias particulares, e o valor de cada uma dessas mercadorias constitui uma parte alíquota do valor da força de trabalho. Esse valor diminui com o tempo de trabalho necessário à sua reprodução, cuja redução total é igual à soma de suas reduções em todos aqueles ramos de produção particulares. Tratamos esse resultado geral aqui como se fosse resultado direto e fim direto em cada caso individual. Quando um capitalista individual, mediante o aumento da força produtiva do trabalho, barateia camisas, por exemplo, não lhe aparece necessariamente como objetivo reduzir o valor da força de trabalho e, com isso, o tempo de trabalho necessário *pro tanto*, mas, na medida em que, por fim, contribui para esse resultado, contribuirá para elevar a taxa geral de mais-valia.[3] As tendências gerais e necessárias do capital devem ser diferenciadas de suas formas de manifestação.

O modo como as leis imanentes da produção capitalista aparecem no movimento externo dos capitais, como se impõem como leis coercitivas da concorrência e assim surgem na consciência do capitalista individual como motivos impulsionadores não é para ser apreciado agora, mas esclareçamos de antemão: uma análise científica da concorrência só é possível depois de se compreender a natureza interna do capital, do mesmo modo que o movimento aparente dos corpos celestes somente é compreensível para quem conhece seu movimento real, embora imperceptível aos sentidos. Não obstante, para compreender a produção da mais-valia relativa com base apenas nos resultados já obtidos, deve-se observar o seguinte.

Se uma hora de trabalho se representa num *quantum* de ouro de 6 pence ou ½ xelim, em uma jornada de trabalho de doze horas se produzirá um valor de 6 xelins. Admita-se que, com a força produtiva de trabalho dada, se produzam 12 peças de mercadoria nessas 12 horas de trabalho. Que o valor dos meios de produção, matéria-prima etc., gastos em cada peça seja de 6 pence. Nessas circunstâncias, cada mercadoria custa 1 xelim, a saber, 6 pence pelo valor dos meios de produção e 6 pence pelo novo valor adicionado em sua elaboração. Que um capitalista consiga agora duplicar a força produtiva e produzir, portanto, durante a jornada de trabalho de doze horas, 24 peças dessa espécie de mercadoria, em vez de 12. Permanecendo inalterado o valor dos meios de produção, o valor de cada mercadoria individual cai a 9 pence, a saber, 6 pence para o valor dos meios de produção e 3 pence para o novo valor adicionado pelo último trabalho. Apesar da força produtiva duplicada, a jornada de trabalho gera, depois como antes, apenas um novo valor de 6 xelins, que se distribui, entretanto, sobre duas vezes mais produtos. Sobre cada produto singular cai por isso apenas 1/24 em vez de 1/12 desse valor total, 3 pence em vez de 6 ou, o que é o mesmo, aos meios de produção em sua transformação em produto, contando-se cada peça, adiciona-se agora apenas meia hora de trabalho em vez de uma hora inteira, como antes. O valor individual dessa mercadoria fica agora abaixo de seu valor social, isto é, ela custa menos tempo de trabalho do que a grande massa dos mesmos artigos produzidos nas condições sociais médias. A peça custa em média 1 xelim ou representa 2 horas de trabalho social; com o modo de produção modificado, custa apenas 9 pence ou contém somente 1½ hora de trabalho. O verdadeiro valor de uma mercadoria, porém, não é seu valor individual, mas sim seu valor social, isto é, não se mede pelo tempo de trabalho que custa realmente ao produtor, no caso individual, mas pelo tempo de trabalho socialmente exigido para sua produção. Portanto, se o capitalista que aplica o novo método vende sua mercadoria por seu valor social de 1 xelim, ele a venderá 3 pence acima de seu valor individual, realizando assim uma mais-valia extra de 3 pence. Mas, por outro lado, a jornada de trabalho de doze horas representa-se para ele agora em 24 peças de mercadoria, em vez de 12, como antes. Para vender, portanto, o produto de uma jornada de trabalho, ele precisa de uma demanda duplicada ou de um mercado duas vezes maior. Permanecendo iguais as demais circunstâncias, suas mercadorias só conquistarão maior espaço no mercado mediante contração de seus preços. Por isso, ele as venderá acima de seu valor individual, mas abaixo de seu valor social, digamos por 10 pence cada peça. Desse modo, ele obtém ainda de cada peça individual uma mais-valia extra de 1 pêni. Essa elevação da mais-valia se realiza para ele, pertença ou não sua mercadoria à esfera dos meios de subsistência necessários e que, por isso, entram na determinação do valor geral da força de trabalho. Abstraindo dessa última circunstância, existe, portanto, para cada capitalista individual, motivo para baratear a mercadoria mediante aumento da força produtiva do trabalho.

No entanto, mesmo nesse caso, a produção mais elevada de mais-valia decorre da redução do tempo de trabalho necessário e do correspondente prolongamento do mais-trabalho.[3a] Suposto que o tempo de trabalho necessário seja de 10 horas ou o valor diário da força de trabalho de 5 xelins e que o mais-trabalho seja de 2 horas, portanto a mais-valia produzida diariamente é de 1 xelim. Mas nosso capitalista produz agora 24 peças que vende por 10 pence cada uma ou por 20 xelins todas juntas. Como o valor dos meios de produção é igual a 12 xelins, 14⅖ peças da mercadoria apenas repõem o capital constante adiantado. A jornada de trabalho de doze horas representa-se nas 9⅗ peças restantes. Como o preço da força de trabalho = 5 xelins, o tempo de trabalho necessário representa-se em 6 peças produzidas e o mais-trabalho em 3⅗. A proporção entre o trabalho necessário e o mais-trabalho que, nas condições sociais médias, era de 5:1, é agora apenas de 5:3. O mesmo resultado se obtém da maneira seguinte: o valor-produto da jornada de trabalho de doze horas é de 20 xelins. Destes, 12 xelins pertencem ao valor dos meios de produção, que apenas reaparece. Restam, portanto, 8 xelins como expressão monetária do valor em que se representa a jornada de trabalho. Essa expressão monetária é maior do que a expressão monetária do trabalho social médio da mesma espécie, da qual 12 horas se representam em apenas 6 xelins. O trabalho de força produtiva excepcional atua como trabalho potenciado ou cria, no mesmo espaço de tempo, valores maiores do que o trabalho social médio da mesma espécie. Mas nosso capitalista paga, depois como antes, apenas 5 xelins pelo valor diário da força de trabalho. O trabalhador precisa, portanto, em vez de 10 horas como antes, apenas de 7½ agora para reproduzir esse valor. Por isso, seu mais-trabalho aumenta em 2½ horas, e a mais-valia por ele produzida, de 1 para 3 xelins. O capitalista que aplica o modo de produção aperfeiçoado apropria-se, portanto, de maior parte da jornada de trabalho para o mais-trabalho do que os demais capitalistas no mesmo ramo. Ele faz individualmente o que o capital, na produção da mais-valia relativa, faz em conjunto. Mas, por outro lado, aquela mais-valia extra desaparece tão logo se generaliza o novo modo de produção, pois com isso a diferença entre o valor individual das mercadorias produzidas mais baratas e seu valor social se desvanece. A mesma lei da determinação do valor pelo tempo de trabalho, que foi percebida pelo capitalista com o novo método na forma de ter de vender sua mercadoria abaixo de seu valor social, impele seus competidores, como lei coercitiva da concorrência, a aplicarem o novo modo de produção.[4] Portanto, o processo inteiro só afeta finalmente a taxa geral de mais-valia se o aumento da força produtiva do trabalho tiver atingido ramos de produção, portanto tiver barateado mercadorias, que entram no círculo dos meios de subsistência necessários e consequentemente constituem elementos do valor da força de trabalho.

O valor das mercadorias está na razão inversa da força produtiva do trabalho. Assim como o valor da força de trabalho, por ser determinado por valores de mercadorias. A mais-valia relativa, ao contrário, está na razão direta da força produtiva do trabalho. Sobe com o aumento da força produtiva e cai com a queda da força produtiva. Permanecendo inalterado o valor do dinheiro, uma jornada de trabalho social média de 12 horas produz sempre o mesmo produto-valor de 6 xelins, qualquer que seja a distribuição dessa soma de valor entre equivalente do valor da força de trabalho e mais-valia. Mas, se em consequência do aumento da força produtiva cair o valor dos meios diários de subsistência e, por isso, o valor diário da força de trabalho de 5 xelins para 3, a mais-valia aumentará de 1 xelim para 3. Para reproduzir o valor da força de trabalho eram necessárias 10 horas de trabalho e agora bastam 6. Quatro horas de trabalho foram liberadas e podem ser anexadas ao domínio do mais-trabalho. Por isso, é impulso imanente e tendência constante do capital aumentar a força produtiva do trabalho para baratear a mercadoria e, mediante o barateamento da mercadoria, baratear o próprio trabalhador.[5]

O valor absoluto da mercadoria é, em princípio, indiferente ao capitalista que a produz. Só lhe interessa a mais-valia contida nela e realizável na venda. A realização da mais-valia implica, por si mesma, a reposição do valor adiantado. Uma vez que a mais-valia relativa cresce na razão direta do desenvolvimento da força produtiva do trabalho, enquanto o valor das mercadorias cai na razão inversa desse mesmo desenvolvimento, sendo, portanto, o mesmo processo idêntico que barateia as mercadorias e eleva a mais-valia contida nelas, fica solucionado o mistério de que o capitalista, para quem importa apenas a produção de valor de troca, tente constantemente reduzir o valor de troca das mercadorias, uma contradição com que um dos fundadores da Economia Política, Quesnay, atormentava seus adversários e à qual eles lhe ficaram devendo a resposta.

> "Reconheceis", diz Quesnay, "que, quanto mais se puder, sem prejuízo para a produção, poupar custos ou trabalhos dispendiosos na fabricação de produtos industriais, tanto mais vantajosa será essa poupança, porque diminui o preço do produto. E apesar disso acreditais que a produção da riqueza que decorre dos trabalhos dos industriais consiste no aumento do valor de troca de seus produtos."[6]

Economia do trabalho por meio do desenvolvimento da força produtiva do trabalho[7] não objetiva, portanto, na produção capitalista, a redução da jornada de trabalho. Seu objetivo é apenas reduzir o tempo de trabalho necessário para a produção de determinado *quantum* de mercadorias. O fato de o trabalhador, com força produtiva aumentada de seu trabalho, produzir em 1 hora, digamos, 10 vezes mais mercadorias que antes, precisando, portanto, 10 vezes menos tempo de trabalho para cada peça de mercadoria, não impede, de modo algum, de fazê-lo trabalhar, assim como antes, 12 horas e produzir, nessas 12 horas, 1200 peças, em vez de 120 como antes. Sua jornada de trabalho até pode ser prolongada, ao mesmo tempo, de modo que produza agora, em 14 horas, 1400 peças etc. Por isso, nos economistas da estirpe de um McCulloch, Ure, Senior e *tutti quanti*, pode-se ler, numa página, que o trabalhador deve gratidão ao capital pelo desenvolvimento das forças produtivas, porque este reduz o tempo de trabalho necessário, e, na página seguinte, que ele deve manifestar essa gratidão passando a trabalhar 15 horas, em vez de 10. O desenvolvimento da força produtiva do trabalho, no seio da produção capitalista, tem por finalidade encurtar a parte da jornada de trabalho durante a qual o trabalhador tem de trabalhar para si mesmo, justamente para prolongar a outra parte da jornada do trabalho durante a qual pode trabalhar gratuitamente para o capitalista. Até que ponto pode-se alcançar ainda esse resultado sem baratear as mercadorias será mostrado nos métodos particulares de produção da mais-valia relativa, a cujo exame passamos agora.

CAPÍTULO 11

COOPERAÇÃO

A produção capitalista começa de fato, como vimos, apenas onde um mesmo capital individual ocupa simultaneamente um número maior de trabalhadores, onde o processo de trabalho, ¦ 99 portanto, amplia sua extensão e fornece produtos numa escala quantitativa maior que antes ¦. A atividade de um número maior de trabalhadores, ao mesmo tempo, no mesmo lugar (ou, se se quiser, no mesmo campo de trabalho), para produzir a mesma espécie de mercadoria, sob o comando do mesmo capitalista, constitui histórica e conceitualmente o ponto de partida da produção capitalista. Com respeito ao próprio modo de produção, a manufatura, por exemplo, mal se distingue, nos seus começos, da indústria artesanal das corporações, a não ser pelo maior número de trabalhadores ocupados simultaneamente pelo mesmo capital. A oficina do mestre artesão é apenas ampliada.

De início, a diferença é, portanto, meramente quantitativa. Viu-se que a massa de mais-valia produzida por determinado capital é igual à mais-valia fornecida por um trabalhador individual, multiplicada pelo número de trabalhadores simultaneamente ocupados. Esse número, em si e para si, em nada altera a taxa de mais-valia ou o grau de exploração da força de trabalho, e, quanto à produção de valor mercantil em geral, qualquer modificação quantitativa do processo de trabalho parece ser indiferente. Isso decorre da natureza do valor. Se uma jornada de trabalho se objetiva em 6 xelins, então 1200 de tais jornadas em 6 xelins × 1200. Em um caso, incorporam-se 12 horas de trabalho e, no outro, 12 × 1200 aos produtos. Na produção de valor, os muitos sempre contam como muitos indivíduos. Para a produção de valor, não faz diferença que 1200 trabalhadores produzam isoladamente ou unificados sob o comando do mesmo capital.

Contudo, dentro de certos limites, ocorre uma modificação. O trabalho objetivado em valor é trabalho de qualidade social média, portanto a manifestação de uma força de trabalho média. Mas uma grandeza média existe sempre apenas como média de muitas e diferentes grandezas individuais da mesma espécie. Em cada ramo industrial, o trabalhador individual, Pedro ou Paulo, difere mais ou menos do trabalhador médio. Esses desvios individuais, chamados em Matemática de "erros", compensam-se e desaparecem tão logo se tome um número maior de trabalhadores em conjunto. Edmund Burke, o famoso sofista e sicofanta, pretende até saber, com base nas suas experiências práticas de arrendatário, que toda diferença individual do trabalho já desaparece "num pelotão tão pequeno" quanto o de 5 servos agrícolas; portanto, que os cinco primeiros servos agrícolas ingleses no melhor da idade adulta executarão juntamente, no mesmo tempo, a mesma quantidade de trabalho que quaisquer outros cinco servos agrícolas ingleses.[8] Como quer que seja, é claro que a jornada de trabalho total de um número relativamente grande de trabalhadores simultaneamente empregados, dividido pelo número de trabalhadores, é em si e para si uma jornada de trabalho social média. Suponhamos que a jornada de um trabalhador individual seja de doze horas. Assim, uma jornada de trabalho de 12 trabalhadores simultaneamente ocupados constitui uma jornada de trabalho total de 144 horas, e, embora o trabalho de cada um dessa dúzia se desvie mais ou menos do trabalho social médio, podendo o indivíduo precisar, por isso, de mais ou menos tempo para a mesma operação, a jornada de trabalho de cada indivíduo, como $1/12$ da jornada de trabalho total de 144 horas, possui a qualidade social média. Mas, para o capitalista que emprega uma dúzia, existe a jornada de trabalho como jornada de trabalho total da dúzia. A jornada de trabalho de cada indivíduo existe como parte alíquota da jornada de trabalho total, independentemente do fato de os doze colaborarem entre si ou de toda a conexão entre seus trabalhos consistir apenas em trabalharem para o mesmo capitalista. Se, ao contrário, dos 12 trabalhadores forem empregados dois de cada vez por um pequeno mestre, será uma casualidade que cada mestre produza a mesma massa de valor e, portanto, realize a taxa geral de mais-valia. Ocorreriam desvios individuais. Se um trabalhador utilizasse significativamente mais tempo na produção de uma mercadoria do que o socialmente exigido, se o tempo de trabalho individualmente necessário se desviasse significativamente do tempo de trabalho socialmente necessário ou tempo de trabalho médio, seu trabalho não contaria como trabalho médio nem sua força de trabalho como força de trabalho média. Esta não se venderia de todo ou o faria apenas abaixo do valor médio da força de trabalho. Pressupõe-se, portanto, determinado mínimo de eficiência no trabalho, e veremos mais adiante que a produção capitalista encontra meios para medir esse mínimo. Nem por isso esse mínimo deixa de se desviar da média, embora, por outro lado, o valor médio da força de trabalho tenha de ser pago. Dos seis pequenos mestres, portanto, um obteria mais, outro menos do que a taxa geral da mais-valia. As desigualdades se compensariam para a sociedade, mas não para o mestre individual. Portanto, a lei geral da valorização só se realiza completamente para o produtor individual a partir do momento que ele produz como capitalista, emprega muitos trabalhadores ao mesmo tempo, pondo assim em movimento, desde o início, trabalho social médio.[9]

Mesmo não se alterando o modo de trabalho, o emprego simultâneo de um número relativamente grande de trabalhadores efetua uma revolução nas condições objetivas do processo de trabalho. Edifícios em que muitos trabalham, depósitos para matéria-prima etc., recipientes, instrumentos, aparelhos etc., que servem a muitos simultânea ou alternadamente, em suma, uma parte dos meios de produção é agora consumida em comum no processo de trabalho. Por um lado, o valor de troca de mercadorias, portanto também de meios de produção, não aumenta por uma exploração aumentada qualquer de seu valor de uso. Por outro lado, cresce a escala dos meios de produção utilizados em comum. Um quarto em que trabalham 20 tecelões com seus 20 teares deve ser mais espaçoso do que o quarto de um tecelão com dois ajudantes. Mas a produção de uma oficina para 20 pessoas custa menos trabalho do que a produção de 10 oficinas para duas pessoas cada uma, e assim o valor de meios de produção coletivos e concentrados massivamente não cresce em geral na proporção de seu volume e seu efeito útil. Meios de produção utilizados em comum cedem parte menor do seu valor ao produto individual, seja porque o valor total que transferem se reparte simultaneamente por uma massa maior de produtos, seja porque, comparados com meios de produção isolados, entram no processo de produção com um valor que, embora seja absolutamente maior, considerando sua escala de ação, é relativamente menor. Com isso diminui um componente do valor do capital constante, diminuindo também, portanto, na proporção de sua grandeza, o valor total da mercadoria. O efeito é o mesmo que se os meios de produção da mercadoria fossem produzidos de forma mais barata. Essa economia no emprego dos meios de produção decorre apenas de seu consumo coletivo no processo de trabalho de muitos. E eles adquirem esse caráter de condições do trabalho social ou condições sociais do trabalho em contraste com os meios de produção dispersos e relativamente custosos de trabalhadores autônomos isolados ou pequenos patrões, mesmo quando os muitos apenas trabalham no mesmo local, sem colaborar entre si. Parte dos meios de trabalho adquire esse caráter social antes que o próprio processo de trabalho o adquira.

A economia dos meios de produção, em geral, tem de ser considerada de um duplo ponto de vista. Uma vez, na medida em que barateia mercadorias, abaixando desse modo o valor da força de trabalho. Outra vez, na medida em que modifica a proporção entre mais-valia e capital total adiantado, isto é, a soma de valor de seus componentes constante e variável. Esse último ponto será examinado na primeira parte do Livro 3 desta obra, onde, por causas contextuais, trataremos também de assuntos que teriam aqui seu lugar. A marcha da análise exige essa quebra do objeto que corresponde, ao mesmo tempo, ao espírito da produção capitalista.

Como aqui, com efeito, as condições de trabalho se colocam em face do trabalhador de forma autônoma, a economia delas apresenta-se também como uma operação particular, que em nada lhe interessa e que por isso se separa dos métodos que elevam sua produtividade pessoal.

A forma de trabalho em que muitos trabalham planejadamente lado a lado e conjuntamente, no mesmo processo de produção ou em processos de produção diferentes, mas conexos, chama-se cooperação.[10]

Do mesmo modo que a força de ataque de um esquadrão de cavalaria ou a força de resistência de um regimento de infantaria difere essencialmente da soma das forças de ataque e resistência desenvolvidas individualmente por cada cavaleiro e infante, a soma mecânica das forças de trabalhadores individuais difere da potência social de forças que se desenvolve quando muitas mãos agem simultaneamente na mesma operação indivisa, por exemplo quando se trata de levantar uma carga, fazer girar uma manivela ou remover um obstáculo.[11] O efeito do trabalho combinado não poderia, nesse caso, ser produzido ao todo pelo trabalho individual, ou apenas em períodos de tempo muito mais longos, ou somente em escala ínfima. Não se trata aqui apenas do aumento da força produtiva individual por meio da cooperação, mas da criação de uma força produtiva que tem de ser, em si e para si, uma força de massas.[11a]

Abstraindo da nova potência de forças que decorre da fusão de muitas forças numa força total, o mero contato social provoca, na maioria dos trabalhos produtivos, emulação e excitação particular dos espíritos vitais (*animal spirits*) que elevam a produtividade individual das pessoas, de forma que uma dúzia de pessoas juntas, numa jornada simultânea de 144 horas, proporciona um produto total muito maior do que doze trabalhadores isolados, cada um dos quais trabalha 12 horas, ou do que um trabalhador que trabalhe 12 dias consecutivos.[12] Isso resulta do fato de que o ser humano é, por natureza, se não um animal político,[13] como acha Aristóteles, pelo menos um animal social.

Embora muitos executem simultânea e conjuntamente o mesmo ou algo semelhante, o trabalho individual de cada um pode ainda assim representar, como parte do trabalho total, diferentes fases do próprio processo de trabalho, as quais o objeto de trabalho percorre mais rapidamente em virtude da cooperação. Assim, por exemplo, quando pedreiros formam uma fila de mãos para levar tijolos do pé ao alto do andaime, cada um deles faz o mesmo, mas não obstante as operações individuais formam partes contínuas de uma operação total, fases específicas que cada tijolo tem de percorrer no processo de trabalho e pelas quais, digamos, as 24 mãos do trabalhador coletivo o transportam mais rapidamente do que as duas mãos de cada trabalhador individual que subisse e descesse o andaime.[14] O objeto de trabalho percorre o mesmo espaço em menos tempo. Por outro lado, ocorre combinação de trabalho quando, por exemplo, uma construção é iniciada de vários lados ao mesmo tempo, embora os que cooperam façam o mesmo ou algo da mesma espécie. A jornada de trabalho combinado de 144 horas, que ataca o objeto de trabalho espacialmente de vários lados, porque o trabalhador combinado ou trabalhador coletivo possui olhos e mãos à frente e atrás e, até certo ponto, o dom da ubiquidade, faz avançar o produto total mais rapidamente do que 12 jornadas de trabalho de doze horas de trabalhadores mais ou menos isolados, obrigados a atacar sua obra mais unilateralmente. Partes do produto em locações diferentes amadurecem ao mesmo tempo.

Acentuamos que os muitos que se completam mutuamente fazem o mesmo ou algo da mesma espécie, porque essa forma mais simples de trabalho coletivo desempenha papel importante, mesmo na forma mais desenvolvida da cooperação. Se o processo de trabalho é complicado, a simples massa dos que trabalham juntos permite distribuir as diferentes operações entre diferentes braços, portanto executá-las simultaneamente e, em virtude disso, encurtar o tempo de trabalho necessário para fabricar o produto total.[15]

Em muitos ramos de produção há momentos críticos, isto é, períodos de tempo fixados pela própria natureza do processo de trabalho, durante os quais determinados resultados do trabalho têm de ser atingidos. Se, por exemplo, trata-se de tosquiar um rebanho de ovelhas ou de ceifar e colher determinada área de cereais, a quantidade e a qualidade do produto dependem de a operação ser iniciada em determinado momento e terminada em determinado momento. O período de tempo que deve ser ocupado pelo processo de trabalho é aqui prescrito, por exemplo na pesca de arenque. O indivíduo só pode recortar de um dia uma jornada de trabalho, digamos, de 12 horas, mas a cooperação de 100 pessoas, por exemplo, expande uma jornada de doze horas a uma jornada de trabalho de 1200 horas. A brevidade do prazo de trabalho é compensada pela grandeza da massa de trabalho, lançada no campo de produção no momento decisivo. O efeito oportuno depende aqui do emprego simultâneo de muitas jornadas combinadas de trabalho, e o volume do efeito útil, do número de trabalhadores, sendo esse número, entretanto, sempre menor do que o número de trabalhadores que atingiriam, isoladamente, o mesmo resultado no mesmo período de tempo.[16] É por falta dessa cooperação que, no oeste dos Estados Unidos, se desperdiça todo ano uma quantidade de cereais e, naquelas partes da Índia Oriental onde o domínio inglês destruiu o velho sistema de comunidade, uma quantidade de algodão.[17]

Por um lado, a cooperação permite estender o espaço em que se realiza o trabalho, sendo, por isso, exigida em certos processos de trabalho pela própria configuração espacial do objeto de trabalho, por exemplo na drenagem de terras, na construção de diques, na irrigação, na construção de canais, estradas, ferrovias etc. Por outro lado, em proporção à escala de produção, ela possibilita um estreitamento espacial do campo de produção. Essa limitação do âmbito espacial do trabalho com a simultânea expansão de sua escala de ação, com o que se poupa uma quantidade de falsos custos (*faux frais*), surge da aglomeração dos trabalhadores, da junção na mesma área de diversos processos de trabalho e da concentração dos meios de produção.[18]

Em comparação com uma soma igual de jornadas de trabalho isoladas individuais, a jornada de trabalho combinada produz maiores quantidades de valor de uso, diminuindo por isso o tempo de trabalho necessário para produzir determinado efeito útil. Se, conforme o caso, ela obtém essa força produtiva mais elevada por aumentar a potência das forças mecânicas do trabalho, ou por estender sua escala espacial de ação, ou por estreitar o campo espacial de produção em relação à escala da produção, ou por mobilizar no momento crítico muito trabalho em pouco tempo, ou por provocar a emulação entre os indivíduos e excitar seus espíritos vitais, ou por imprimir às operações semelhantes de muitos o cunho da continuidade e da multiplicidade, ou por executar diversas operações ao mesmo tempo, ou por economizar os meios de produção mediante seu uso coletivo, ou por emprestar ao trabalho individual o caráter de trabalho social médio, em todas as circunstâncias a força produtiva específica da jornada de trabalho combinada é força produtiva social do trabalho ou força produtiva do trabalho social. Ela decorre da própria cooperação. Ao cooperar com outros de um modo planejado, o trabalhador se desfaz de suas limitações individuais e desenvolve a capacidade de sua espécie.[19]

Se os trabalhadores não podem cooperar diretamente sem estar juntos, sendo, portanto, sua aglomeração em determinado local condição de sua cooperação, os trabalhadores assalariados não podem cooperar sem que o mesmo capitalista os empregue simultaneamente e, portanto, compre ao mesmo tempo suas forças de trabalho. O valor total dessas forças de trabalho ou a soma dos salários dos trabalhadores por um dia, uma semana etc., tem de estar reunido, portanto, no bolso do capitalista antes de as próprias forças de trabalho serem unidas no processo de produção. O pagamento de 300 trabalhadores de uma vez, mesmo por um dia só, exige maior dispêndio de capital que o pagamento de poucos trabalhadores, semana por semana, durante o ano inteiro. Portanto, o número dos trabalhadores que cooperam ou a escala da cooperação depende, de início, da grandeza do capital que o capitalista individual pode despender na compra da força de trabalho, isto é, da medida em que cada capitalista dispõe dos meios de subsistência de muitos trabalhadores.

E com o capital constante acontece o mesmo que com o capital variável. A despesa com matéria-prima, por exemplo, é 30 vezes maior para um capitalista que emprega 300 trabalhadores do que para cada um dos 30 capitalistas que empregam 10 de cada vez. Na verdade, o volume de valor e a massa material dos meios de trabalho utilizados em comum não crescem na mesma medida que o número de trabalhadores empregados, mas crescem consideravelmente. A concentração de grandes quantidades de meios de produção em mãos de capitalistas individuais é, portanto, a condição material para a cooperação de trabalhadores assalariados, e a extensão da cooperação, ou a escala da produção, depende do grau dessa concentração.

Inicialmente, certa grandeza mínima de capital individual pareceu ser necessária para que o número de trabalhadores simultaneamente explorados, portanto a massa de mais-valia produzida, fosse suficiente para libertar o próprio empregador do trabalho manual, para fazer do pequeno patrão um capitalista e estabelecer assim formalmente a relação de capital. Esse mínimo aparece agora como condição material para a transformação de muitos processos de trabalho individuais, dispersos e independentes entre si, em um processo de trabalho social combinado.

Do mesmo modo, o comando do capital sobre o trabalho ¦ 100 parecia originalmente ser apenas consequência formal do fato de, em vez de o trabalhador trabalhar para si, fazê-lo para o capitalista e, portanto, sob o capitalista ¦. Com a cooperação de muitos trabalhadores assalariados, o comando do capital converte-se numa exigência para a execução do próprio processo de trabalho, numa verdadeira condição da produção. As ordens do capitalista no campo de produção tornam-se agora tão indispensáveis quanto as ordens do general no campo de batalha.

Todo trabalho diretamente social ou coletivo executado em maior escala requer, em maior ou menor medida, uma direção que estabeleça a harmonia entre as atividades individuais e execute as funções gerais que decorrem do movimento do corpo coletivo produtivo, em contraste com o movimento de seus órgãos autônomos. Um violinista isolado dirige a si mesmo, uma orquestra exige um maestro. Essa função de dirigir, superintender e mediar torna-se função do capital tão logo o trabalho a ele subordinado torna-se cooperativo. Como função específica do capital, a função de dirigir assume características específicas.

Em primeiro lugar, o motivo que impulsiona e o objetivo que determina o processo de produção capitalista é a maior autovalorização possível do capital,[20] isto é, a maior produção possível de mais-valia, portanto a maior exploração possível da força de trabalho pelo capitalista. Com a massa dos trabalhadores ocupados ao mesmo tempo cresce também sua resistência e, com isso, necessariamente, a pressão do capital para superar essa resistência. A direção do capitalista não é só uma função específica surgida da natureza do processo social de trabalho e pertencente a ele, ela é ao mesmo tempo uma função de exploração de um processo social de trabalho e, portanto, condicionada pelo inevitável antagonismo entre o explorador e a matéria-prima de sua exploração. Do mesmo modo, com o volume dos meios de produção que se colocam em face do assalariado como propriedade alheia, cresce a necessidade do controle sobre sua utilização adequada.[21] Além disso, a cooperação dos assalariados é mero efeito do capital, que os utiliza simultaneamente. A conexão de suas funções e sua unidade como corpo coletivo produtivo situa-se fora deles, no capital, que os reúne e os mantém unidos. Portanto, a conexão de seus trabalhos se confronta, idealmente, como plano e, na prática, como autoridade do capitalista, como poder de uma vontade alheia, que subordina sua atividade ao objetivo dela.

Se, portanto, a direção capitalista é, pelo seu conteúdo, dúplice, em virtude da duplicidade do próprio processo de produção que dirige, o qual é, por um lado, processo social de trabalho para a elaboração de um produto e, por outro, processo de valorização do capital, quanto à forma ela é despótica. Com o desenvolvimento da cooperação em maior escala, esse despotismo desenvolve suas formas peculiares. Como o capitalista, de início, é libertado do trabalho manual ¦ 102 tão logo seu capital tenha atingido aquela grandeza mínima com a qual a produção verdadeiramente capitalista apenas começa ¦, ele transfere agora a função de supervisão direta e contínua do trabalhador individual ou de grupos de trabalhadores a uma espécie particular de assalariados. Do mesmo modo que um exército precisa de oficiais superiores militares, uma massa de trabalhadores que cooperam sob o comando do mesmo capital necessita de oficiais superiores industriais (dirigentes, *managers* [gerentes]) e suboficiais (capatazes, *foremen* [mestres], *overlookers* [supervisores], *contremaîtres* [contramestres]) durante o processo de trabalho que comandam em nome do capital. O trabalho da superintendência se cristaliza em sua função exclusiva. Comparando o modo de produção de camponeses independentes ou de artífices autônomos com a economia das plantações, baseada na escravatura, o economista político considera esse trabalho de superintendência como um dos *faux frais de production* [falsos custos de produção].[21a] Ao considerar o modo de produção capitalista, em contraposição, ele identifica a função de direção, na medida em que deriva da natureza do processo de trabalho coletivo, com a mesma função na medida em que é condicionada pelo caráter capitalista e, por isso, antagônico desse processo.[22] O capitalista não é capitalista porque é dirigente industrial, ele se torna comandante industrial porque é capitalista. O comando supremo na indústria torna-se atributo do capital, como no tempo feudal o comando supremo na guerra e no tribunal era atributo da propriedade fundiária.[22a]

O trabalhador é o proprietário de sua força de trabalho enquanto, como vendedor da mesma, mercadeja com o capitalista, e ele só pode vender o que possui, sua força de trabalho individual isolada. Essa condição não se altera de modo algum pelo fato de o capitalista comprar 100 forças de trabalho em vez de uma ou por concluir contratos com 100 trabalhadores independentes entre si em vez de apenas com um. Ele pode utilizar os 100 trabalhadores sem fazê-los cooperar. O capitalista, portanto, paga o valor das 100 forças de trabalho independentes, mas não paga a força combinada dos cem. Como pessoas independentes, os trabalhadores são indivíduos que entram em relação com o mesmo capital, mas não entre si. Sua cooperação começa só no processo de trabalho, mas no processo de trabalho eles já deixaram de pertencer a si mesmos. Com a entrada no mesmo eles são incorporados ao capital. Como cooperadores, como membros de um organismo que trabalha, eles não são mais do que um modo específico de existência do capital. A força produtiva que o trabalhador desenvolve como trabalhador social é, portanto, força produtiva do capital. A força produtiva social do trabalho desenvolve-se gratuitamente tão logo os trabalhadores sejam colocados sob determinadas condições, e o capital os coloca sob essas condições. Uma vez que a força produtiva social do trabalho não custa nada ao capital e, por outro lado, não é desenvolvida pelo trabalhador antes que seu próprio trabalho pertença ao capital, ela aparece como força produtiva que o capital possui por natureza, como sua força produtiva imanente.

O efeito da cooperação simples mostra-se colossal nas obras gigantescas dos antigos asiáticos, egípcios, etruscos etc.

> Aconteceu em épocas passadas que esses Estados asiáticos, depois de custear suas despesas civis e militares, encontravam-se na posse de um excedente de meios de subsistência, que podiam aplicar em obras de magnificência ou utilidade. Seu comando sobre as mãos e braços de quase toda a população não agrícola e o domínio exclusivo do monarca e do sacerdócio sobre esse excedente proporcionavam-lhes os meios para construírem aqueles monumentos portentosos, com os quais cobriram o país. [...] Para movimentar estátuas colossais e volumes enormes, cujo transporte causa espanto, empregou-se trabalho humano quase exclusivamente e de maneira pródiga. O número de trabalhadores e a concentração de seus esforços bastavam. Do mesmo modo vemos possantes recifes de coral surgirem da profundidade do oceano, formando ilhas e constituindo terra firme, embora cada depositante

individual (*depositary*) seja ínfimo, frágil e desprezível. Os trabalhadores não agrícolas de uma monarquia asiática têm muito pouco a contribuir para as obras além de seus esforços físicos individuais, mas seu número é a sua força e o poder de direção sobre essa massa deu origem àquelas obras gigantescas. Foi a concentração das *revenues*, das quais vivem os trabalhadores, em uma ou poucas mãos, que tornou possíveis tais empreendimentos.[23]

Esse poder dos reis asiáticos e egípcios ou dos teocratas etruscos etc. foi conferido, na sociedade moderna, ao capitalista, quer ele se apresente como capitalista individual, quer como capitalista combinado, como nas sociedades por ações.

A cooperação no processo de trabalho, como a encontramos nas origens culturais da humanidade, predominantemente nos povos caçadores[23a] ou eventualmente na agricultura da comunidade indiana, fundamenta-se, por um lado, na propriedade comum das condições de produção e, por outro, na circunstância de que o indivíduo isolado desligou-se tão pouco do cordão umbilical da tribo ou da comunidade como a abelha individual da colmeia. Ambos a diferenciam da cooperação capitalista. A utilização da cooperação em grande escala no mundo antigo, na Idade Média e nas colônias modernas baseia-se em relações diretas de domínio e servidão, na maioria das vezes na escravidão. A forma capitalista pressupõe, ao contrário, desde o princípio, o trabalhador assalariado livre, que vende sua força de trabalho ao capital. Historicamente, no entanto, ela se desenvolve em antítese à economia camponesa e ao exercício independente dos ofícios, possua este forma corporativa[24] ou não. Nesse confronto, não é a cooperação capitalista que aparece como forma histórica específica da cooperação, mas a cooperação mesma que aparece como uma forma histórica peculiar do processo de produção capitalista e o distingue especificamente.

Do mesmo modo que a força produtiva social do trabalho desenvolvida pela cooperação aparece como força produtiva do capital, a própria cooperação aparece como forma específica do processo de produção capitalista, em antítese ao processo de produção de trabalhadores isolados independentes ou mesmo dos pequenos mestres. É a primeira modificação que o processo de trabalho real experimenta pela sua subsunção ao capital. Essa modificação se dá naturalmente. ¦ 103 Seu pressuposto, ocupação simultânea de um número relativamente grande de assalariados no mesmo processo de trabalho, constitui o ponto de partida da produção capitalista. Este coincide com a existência do próprio capital. ¦ Se o modo de produção capitalista se apresenta, portanto, por um lado, como uma necessidade histórica para a transformação do processo de trabalho em um processo social, então, por outro lado, essa forma social do processo de trabalho apresenta-se como um método, empregado pelo capital, para explorá-lo mais lucrativamente mediante o aumento da sua força produtiva.

Em sua figura simples, até agora considerada, a cooperação coincide com a produção em maior escala, porém não constitui nenhuma forma característica fixa de uma época particular de desenvolvimento do modo de produção capitalista. No máximo, aparece aproximadamente assim nos inícios ainda artesanais da manufatura[25] e em cada espécie de agricultura em grande escala, a qual corresponde ao período manufatureiro e se distingue substancialmente da economia camponesa apenas pela massa de trabalhadores empregados ao mesmo tempo e pelo volume dos meios de produção concentrados. A cooperação simples continua sendo ainda a forma predominante nos ramos de produção em que o capital opera em grande escala, sem que a divisão do trabalho ou a maquinaria desempenhem papel significativo.

A cooperação permanece a forma fundamental do modo de produção capitalista, embora sua figura simples mesma apareça como forma particular ao lado de suas formas mais desenvolvidas.

CAPÍTULO 12

DIVISÃO DO TRABALHO E MANUFATURA

1. DUPLA ORIGEM DA MANUFATURA

A cooperação baseada na divisão do trabalho adquire sua forma clássica na manufatura. Como forma característica do processo de produção capitalista ela predomina durante o período manufatureiro propriamente dito, que, *grosso modo*, dura de meados do século XVI até o último terço do século XVIII.

A manufatura origina-se de dois modos.

Em um deles, trabalhadores de diversos ofícios autônomos, por cujas mãos tem de passar um produto até o acabamento final, são reunidos em uma oficina sob o comando de um mesmo capitalista. Por exemplo, uma carruagem era o produto total do trabalho de grande número de artífices independentes, tais como segeiro, seleiro, costureiro, serralheiro, correeiro, torneiro, passamaneiro, vidraceiro, pintor, envernizador, dourador etc. A manufatura de carruagens reúne todos esses diferentes artífices em uma casa de trabalho, onde eles trabalham simultaneamente em colaboração uns com os outros. Não se pode, na verdade, dourar uma carruagem antes de fazê-la. Se, porém, muitas carruagens são feitas ao mesmo tempo, uma parte pode ser continuamente dourada enquanto outra parte percorre uma fase anterior do processo de produção. Até aí estamos ainda no terreno da cooperação simples, que encontra seu material humano e de coisas preexistente. Mas logo sucede uma modificação essencial. O costureiro, o serralheiro, o correeiro etc., que se ocupam apenas com a feitura de carruagens, perdem pouco a pouco, com o costume, a capacidade de exercer seu antigo ofício em toda a sua extensão. Por outro lado, a sua atividade, tornada unilateral, adquire a forma mais adequada para a sua escala de ação restrita. Originalmente, a manufatura de carruagens aparecia como uma combinação de ofícios autônomos. Progressivamente, ela se transforma em divisão da produção de carruagens em suas diversas operações particulares, em que cada operação cristaliza-se em função exclusiva de um trabalhador, e a sua totalidade é executada pela união desses trabalhadores parciais. Do mesmo modo surgiram a manufatura de panos e toda uma série de outras manufaturas, da combinação de diferentes ofícios sob o comando do mesmo capital.[26]

Mas a manufatura se origina também por caminho oposto. Muitos artífices que fazem o mesmo ou algo da mesma espécie, por exemplo papel ou tipos de imprensa ou agulhas, são ocupados pelo mesmo capital simultaneamente na mesma oficina. Essa é a cooperação na forma mais simples. Cada um desses artífices (talvez com um ou dois ajudantes) produz por inteiro a mercadoria e leva a cabo sucessivamente, portanto, as diferentes operações exigidas para a sua fabricação. Ele continua a trabalhar de acordo com o seu antigo modo artesanal. Contudo, circunstâncias externas logo fazem com que a concentração dos trabalhadores no mesmo local e a simultaneidade de seus trabalhos sejam utilizadas de outra maneira. Um *quantum* maior de mercadorias prontas tem de ser fornecido em determinado prazo, por exemplo. Por isso, o trabalho é dividido. Em vez de o mesmo artífice executar as diferentes operações em sequência temporal, elas são desprendidas umas das outras, isoladas, justapostas no espaço, cada uma delas é confiada a um artífice diferente e todas são executadas ao mesmo tempo pelos cooperadores. Essa divisão acidental se repete, mostra suas vantagens peculiares e ossifica-se pouco a pouco em divisão sistemática do trabalho. Do produto individual de um artífice autônomo que faz muitas coisas, a mercadoria transforma-se no produto social de uma união de artífices, cada um dos quais realiza ininterruptamente uma mesma tarefa parcial. As mesmas operações que se engrenaram como tarefas sucessivas do produtor de papel nas corporações alemãs tornaram-se autônomas na manufatura de papel holandesa, como operações parciais, executadas uma ao lado da outra por muitos trabalhadores cooperantes. O agulheiro corporativo de Nuremberg constitui o elemento fundamental da manufatura inglesa de agulhas. Mas enquanto aquele agulheiro isolado realizava uma série de talvez 20 operações consecutivas, aqui 20 agulheiros logo passaram a executar paralelamente cada um apenas uma das 20 operações, as quais, em virtude das experiências, foram ainda muito mais subdivididas, isoladas e tornadas autônomas como funções exclusivas de trabalhadores individuais.

A origem da manufatura, sua formação a partir do artesanato, é dúplice, portanto. De um lado, ela parte da combinação de ofícios autônomos de diferentes espécies, que são despidos de sua autonomia e tornados unilaterais até o ponto em que constituem apenas operações parciais que se complementam mutuamente no processo de produção de uma única e mesma mercadoria. De outro lado, ela parte da cooperação de artífices da mesma espécie, decompõe o mesmo ofício individual em suas diversas operações particulares e as isola e torna autônomas até o ponto em que cada uma delas torna-se função exclusiva de um trabalhador específico. Por um lado, portanto, a manufatura introduz a divisão do trabalho em um processo de produção ou a desenvolve mais; por outro lado, ela combina ofícios anteriormente separados. Qualquer que seja seu ponto particular de partida, sua figura final é a mesma – um mecanismo de produção cujos órgãos são seres humanos.

Para o entendimento correto da divisão do trabalho na manufatura é essencial atentar para os seguintes pontos: antes de mais nada, a análise do processo de produção em suas fases particulares coincide inteiramente com a decomposição de uma atividade artesanal em suas diversas operações parciais. Composta ou simples, a execução continua artesanal, portanto dependente da força, habilidade, rapidez e segurança do trabalhador individual no manejo de seu instrumento. O ofício permanece a base. Essa estreita base técnica exclui uma análise verdadeiramente científica do processo de produção, pois cada processo parcial percorrido pelo produto tem de poder ser realizado como trabalho parcial artesanal. Precisamente porque a habilidade manual continua sendo a base do processo de produção, cada trabalhador é apropriado exclusivamente para uma função parcial, e sua força de trabalho é transformada por toda a vida em órgão dessa função parcial. Finalmente, essa divisão do trabalho é uma espécie particular da cooperação e algumas de suas vantagens decorrem da natureza geral, e não dessa forma particular da cooperação.

2. O TRABALHADOR PARCIAL E SUA FERRAMENTA

Descendo agora aos pormenores, desde logo é claro que um trabalhador que executa uma única operação simples ao longo da vida inteira transforma todo o seu corpo em órgão automático unilateral dessa operação e, portanto, necessita para ela de menos tempo que o artífice, que executa alternadamente toda uma série de operações. O trabalhador coletivo combinado, que constitui o mecanismo vivo da manufatura, compõe-se, porém, apenas de tais trabalhadores parciais unilaterais. Em comparação com o ofício autônomo, produz por isso mais em menos tempo ou eleva a força produtiva do trabalho.[27] O método do trabalho parcial também se aperfeiçoa, após tornar-se autônomo, como função exclusiva de uma pessoa. A repetição contínua da mesma ação limitada e a concentração da atenção nela ensinam, conforme indica a experiência, a atingir o efeito útil desejado com um mínimo de gasto de força. Mas como diferentes gerações de trabalhadores sempre convivem simultaneamente e cooperam nas mesmas manufaturas, os truques técnicos do ofício assim adquiridos se consolidam, acumulam e transmitem rapidamente.[28]

A manufatura produz, de fato, a virtuosidade do trabalhador detalhista, ao reproduzir dentro da oficina a diferenciação naturalmente desenvolvida dos ofícios que já encontrou na sociedade e impulsioná-la sistematicamente ao extremo. Por outro lado, a transformação do trabalho parcial na profissão por toda a vida de um ser humano corresponde à tendência de sociedades anteriores de tornar hereditários os ofícios, de petrificá-los em castas ou, caso determinadas condições históricas produzissem no indivíduo uma variabilidade que contradissesse o sistema de castas, de ossificá-los em corporações. Castas e corporações surgem da mesma lei natural que regula a diferenciação de plantas e animais em espécies e subespécies, só que em determinado grau de desenvolvimento a hereditariedade das castas e a exclusividade das corporações são decretadas como lei social.[29]

> As musselinas de Dakka em sua finura, as chitas e outros tecidos de Coromandel na magnificência e durabilidade de suas cores nunca foram superados. São produzidos, entretanto, sem capital, maquinarias, divisão do trabalho ou qualquer um dos outros meios que proporcionam tantas vantagens à fabricação europeia. O tecelão é um indivíduo isolado, que faz o tecido por encomenda de um cliente com um tear da mais rudimentar construção, constituído às vezes apenas de hastes de madeira unidas toscamente. Ele não possui sequer um dispositivo para puxar a corrente para cima, o tear tem de ser utilizado em todo o seu comprimento e torna-se assim tão informe e longo que não cabe na choupana do produtor, obrigando-o a executar seu trabalho ao ar livre, onde é interrompido por qualquer mudança do tempo.[30]

É apenas a perícia acumulada de geração em geração e legada de pai para filho que proporciona ao indiano, como à aranha, essa virtuosidade. E, não obstante, tal tecelão indiano executa um trabalho muito complicado em comparação com a maioria dos trabalhadores da manufatura.

Um artesão que executa, um após outro, os diversos processos parciais da produção de uma obra é obrigado a mudar ora de lugar, ora de instrumentos. A passagem de uma operação para outra interrompe o fluxo de seu trabalho e, em certa medida, forma poros em sua jornada de trabalho. Esses poros vedam-se tão logo ele executa uma única e mesma operação o dia inteiro continuamente, ou desaparecem na medida em que as mudanças de operação diminuem. O aumento da produtividade se deve aqui ao dispêndio crescente de força de trabalho em dado espaço de tempo, portanto crescente intensidade de trabalho ou decréscimo do dispêndio improdutivo da força de trabalho. O excesso de dispêndio de força exigida, a saber, de cada transição do repouso para o movimento, se compensa pela maior perduração da velocidade normal, uma vez que esta é alcançada. Por outro lado, a continuidade de um trabalho uniforme destrói a tensão e o impulso dos espíritos vitais, que encontram sua recreação e seu estímulo na própria mudança de atividade.

A produtividade do trabalho depende não só da virtuosidade do trabalhador, mas também da perfeição de suas ferramentas. Ferramentas da mesma espécie, como instrumentos cortantes, perfuradores, pilões, martelos etc., são utilizadas em diversos processos de trabalho, e o mesmo instrumento se presta para executar operações diferentes no mesmo processo de trabalho. Mas, tão logo as diversas operações de um processo de trabalho se dissociam e cada operação parcial adquire na mão do trabalhador parcial a forma mais adequada possível, portanto exclusiva, tornam-se necessárias modificações nas ferramentas anteriormente utilizadas para fins diferentes. O sentido de sua mudança de forma resulta da experiência das dificuldades específicas ocasionadas pela forma inalterada. A diferenciação dos instrumentos de trabalho, que atribui aos instrumentos da mesma espécie formas fixas particulares para cada emprego útil particular, e sua especialização, que faz com que cada um desses instrumentos particulares só atue com total plenitude na mão de trabalhadores parciais específicos, caracterizam a manufatura. Apenas em Birmingham são produzidas cerca de 500 variedades de martelos, e cada um deles não serve apenas a um processo particular de produção, mas suas variedades frequentemente servem para operações diferentes do mesmo processo. O período manufatureiro simplifica, melhora e diversifica os instrumentos de trabalho, mediante sua adaptação às funções exclusivas particulares dos trabalhadores parciais.[31] Ele cria com isso, ao mesmo tempo, uma das condições materiais da maquinaria, que consiste numa combinação de instrumentos simples.

O trabalhador detalhista e seu instrumento constituem os elementos simples da manufatura. Voltemo-nos agora para sua configuração geral.

3. AS DUAS FORMAS FUNDAMENTAIS DA MANUFATURA – MANUFATURA HETEROGÊNEA E MANUFATURA ORGÂNICA

A articulação da manufatura possui duas formas fundamentais, que, apesar de eventual entrelaçamento, constituem duas espécies essencialmente diferentes e também desempenham papéis inteiramente diferentes, nomeadamente na transformação posterior da manufatura na grande indústria, movida por maquinaria. Esse duplo caráter origina-se da natureza do próprio produto. Este ou se constitui por composição meramente mecânica de produtos parciais autônomos ou deve sua figura acabada a uma sequência de processos e manipulações conexas.

Uma locomotiva, por exemplo, constitui-se de mais de 5000 peças autônomas. Ela não pode servir de exemplo para a primeira espécie de manufatura, porém, pois é uma criação da grande indústria. Mas o relógio sim, com o qual também William Petty ilustrou a divisão manufatureira do trabalho. De obra individual de um artífice de Nuremberg, o relógio transformou-se no produto social de inumeráveis trabalhadores parciais, como o fazedor das peças brutas, o fazedor das molas, o fazedor dos mostradores, o fazedor da mola espiral, o fazedor dos furos para as pedras e as alavancas com rubis, o fazedor dos ponteiros, o fazedor da caixa, o fazedor dos parafusos, o dourador, com muitas subdivisões, por exemplo o fazedor de rodas (de rodas de latão e de aço, de novo separados), o fazedor dos carretes, o fazedor da engrenagem dos ponteiros, o *acheveur de pignon* (fixa as rodas nos carretes, dá polimento às *facettes* etc.), o fazedor do pivô, o *planteur de finissage* (coloca diversas rodas e carretes na máquina), *finisseur de barillet* (entalha os dentes nas rodas, dá aos furos as dimensões adequadas, endurece as posições e travas), o fazedor da tranqueta de âncora, o fazedor do cilindro para essa tranqueta, o fazedor da roda catarina, o fazedor do volante, o fazedor do balancim, o fazedor da raquete (mecanismo com que se regula o relógio), o *planteur d'échappement* (o que faz o escapo propriamente), o *repasseur de barillet* (completa a caixa da mola e a posição), o polidor do aço, o polidor das rodas, o polidor dos parafusos, o pintor dos números, o esmaltador do mostrador (funde o esmalte sobre o cobre), o *fabricant de pendants* (faz apenas as argolas do relógio), o *finisseur de charnière* (coloca o eixo de latão no centro da caixa etc.), o *faiseur de secret* (coloca na caixa as molas que fazem pular a tampa), o *graveur* [gravador], o *ciseleur* [cinzelador], o *polisseur de boîte* [polidor da caixa] etc. e, finalmente, o *repasseur*, que monta todo o relógio e o entrega funcionando. Só poucas partes do relógio passam por diferentes mãos, e todos esses *membra disjecta* são reunidos somente na mão que os combina finalmente para formar um todo mecânico. Essa relação externa do produto acabado com seus elementos de diferentes espécies torna aqui, como em fabricações semelhantes, acidental a combinação dos trabalhadores parciais na mesma oficina. Os trabalhos parciais podem mesmo ser executados como ofícios independentes entre si, como nos cantões de Vaud e Neuchâtel, enquanto em Genebra, por exemplo, existem grandes manufaturas de relógios, isto é, realiza-se a cooperação direta dos trabalhadores parciais sob o comando de um capital. Também no último caso, mostrador, mola e caixa raramente são feitos na própria manufatura. A empresa manufatureira combinada aqui é lucrativa apenas sob condições excepcionais, pois a concorrência entre os trabalhadores, que querem trabalhar em casa, é a maior possível, o fracionamento da produção em numerosos processos heterogêneos permite pouco emprego de meios coletivos de trabalho e o capitalista com a fabricação dispersa poupa as despesas com edifícios fabris etc.[32] Entretanto, a posição desses trabalhadores detalhistas que trabalham em domicílio, mas para um capitalista (fabricante, *établisseur*), é inteiramente diferente da do artífice independente que trabalha para seus próprios clientes.[33]

A segunda espécie de manufatura, sua forma completa, produz artigos que percorrem fases interligadas de desenvolvimento, uma sequência de processos gradativos, por exemplo o arame, na manufatura de agulhas para costura, que passa pelas mãos de 72 e até de 92 trabalhadores parciais específicos.

Na medida em que tal manufatura combina ofícios originalmente dispersos, ela reduz a separação espacial entre as fases particulares de produção do artigo. O tempo de sua passagem de um estágio a outro é reduzido, do mesmo modo que o trabalho que medeia essa passagem.[34] Em comparação com o artesanato, ganha-se assim força produtiva, na verdade esse ganho tendo origem no caráter cooperativo geral da manufatura. Por outro lado, seu princípio peculiar da divisão de trabalho causa um isolamento das diferentes fases de produção, que como outros tantos trabalhos parciais artesanais se autonomizam reciprocamente. Estabelecer e manter a conexão entre as funções isoladas requer transporte ininterrupto do artigo de uma mão para outra e de um processo para outro. ¦ 104 Do ponto de vista da grande indústria, isso se apresenta como uma limitação característica, custosa e imanente ao princípio da manufatura. ¦[35]

A observação de determinado *quantum* de matéria-prima, por exemplo de aparas na manufatura de papel ou de arame na manufatura de agulhas, mostra que ela percorre, nas mãos dos diferentes trabalhadores parciais, uma sequência cronológica de fases de produção até chegar a sua figura final. Mas, pelo contrário, se observamos a oficina como um mecanismo inteiro, vemos que a matéria-prima se encontra simultaneamente em todas as suas fases de produção de uma vez. Com uma parte de suas muitas mãos armadas de instrumentos, o trabalhador coletivo, formado pela combinação de trabalhadores detalhistas, estira o arame enquanto simultaneamente o estica com outras mãos e outras ferramentas, corta-o com outras, aponta-o etc. De uma sucessão no tempo, os diversos processos graduais transformam-se em uma justaposição no espaço. Daí o fornecimento de mais mercadorias prontas no mesmo período de tempo.[36] Aquela simultaneidade decorre, na verdade, da forma cooperativa geral do processo como um todo, mas a manufatura não apenas encontra, desde o início, as condições para a cooperação, ela em parte as cria pela decomposição da atividade artesanal. Por outro lado, ela alcança essa organização social do processo de trabalho apenas soldando o mesmo trabalhador ao mesmo detalhe.

Sendo o produto parcial de cada trabalhador parcial apenas um degrau particular no desenvolvimento do mesmo artigo, cada trabalhador ou grupo de trabalhadores fornece ao outro sua matéria-prima.

O resultado do trabalho de um constitui o ponto de partida para o trabalho do outro. Um trabalhador ocupa diretamente o outro, portanto. O tempo de trabalho necessário para alcançar o efeito útil ambicionado em cada processo parcial é fixado de acordo com a experiência, e o mecanismo inteiro da manufatura baseia-se no pressuposto de que um resultado dado é obtido em dado tempo de trabalho. Somente sob esse pressuposto os diferentes processos de trabalho, que se complementam mutuamente, podem prosseguir espacialmente lado a lado, simultaneamente e sem interrupção. É claro que essa dependência direta dos trabalhos e, portanto, dos trabalhadores entre si obriga cada indivíduo a empregar só o tempo necessário à sua função, produzindo-se assim uma continuidade, uniformidade, regularidade, ordenamento[37] e, nomeadamente, também intensidade de trabalho totalmente diferentes das vigentes no ofício independente ou mesmo na cooperação simples. Que se aplique a uma mercadoria apenas o tempo de trabalho socialmente necessário à sua produção é algo que aparece na produção mercantil em geral como compulsão externa da concorrência, porque, expresso superficialmente, cada produtor individual tem de vender a mercadoria pelo seu preço de mercado. O fornecimento de dado *quantum* de produtos num tempo de trabalho determinado torna-se, na manufatura, lei técnica do próprio processo de produção.[38]

Operações diferentes necessitam, entretanto, de períodos desiguais de tempo e fornecem, por isso, em períodos iguais, quantidades desiguais de produtos parciais. Se, portanto, o mesmo trabalhador deve executar, dia após dia, sempre a mesma operação, então é necessário empregar números proporcionalmente diferentes de trabalhadores em diferentes operações, por exemplo, numa manufatura de tipos de imprensa, 4 fundidores e 2 quebradores para um polidor, o fundidor funde 2 000 tipos por hora, o quebrador tira 4 000 do molde e o polidor dá polimento a 8 000. Reaparece aí o princípio da cooperação em sua forma mais simples, a ocupação simultânea de muitos que executam trabalho da mesma espécie, agora porém como expressão de uma relação orgânica. A divisão manufatureira do trabalho não só simplifica e diversifica, portanto, os órgãos qualitativamente diferenciados do trabalhador coletivo social, mas também cria uma proporção matemática fixa para o volume quantitativo desses órgãos, isto é, para o número relativo de trabalhadores ou para a grandeza relativa dos grupos de trabalhadores em cada função particular. Ela desenvolve com a articulação qualitativa a regra quantitativa e a proporcionalidade do processo de trabalho social.

Uma vez fixada pela experiência a proporção mais adequada dos diferentes grupos de trabalhadores parciais para determinada escala de produção, somente se pode ampliar essa escala de produção empregando-se um múltiplo de cada grupo particular de trabalhadores.[39] Acresce que o mesmo indivíduo realiza tão bem certos trabalhos em escala maior ou menor, como o trabalho de superintendência, o transporte dos produtos parciais de uma fase de produção para outra etc. A autonomização dessas funções ou sua atribuição a trabalhadores específicos só se torna vantajosa com a ampliação do número de trabalhadores ocupados, mas essa ampliação tem de atingir de uma vez todos os grupos proporcionalmente.

O grupo individual, um número de trabalhadores que executam a mesma função parcial, consiste em elementos homogêneos e constitui um órgão particular do mecanismo inteiro. Em diferentes manufaturas, entretanto, o próprio grupo é um corpo articulado de trabalho, enquanto o mecanismo inteiro é constituído pela repetição ou pela multiplicação desses organismos produtivos elementares. Tomemos, por exemplo, a manufatura de garrafas de vidro. Ela se decompõe em três fases essencialmente diversas. Primeiro, a fase preparatória, como preparação da composição do vidro, mistura de areia, cal etc., e fundição dessa composição em uma massa líquida de vidro.[40] Na primeira fase, estão ocupados diferentes trabalhadores parciais, ocorrendo o mesmo na fase final, retirada das garrafas dos fornos de secagem, sua seleção, embalagem etc. Entre ambas as fases está a feitura propriamente dita do vidro ou a elaboração da massa líquida do vidro. Na mesma boca de forno trabalha um grupo, que na Inglaterra chama-se *hole* (buraco), composto de um *bottle maker* [fazedor de garrafa] ou *finisher* [acabador], um *blower* [soprador], um *gatherer* [coletor], um *putter up* [estivador] ou *whetter off* [amolador] e um *taker-in* [carregador]. Esses cinco trabalhadores parciais constituem outros tantos órgãos particulares de um único corpo de trabalho que só pode atuar como unidade por meio da cooperação direta de todos os cinco. Faltando um membro do corpo de cinco partes, ele fica paralisado. O mesmo forno de vidro, porém, tem diversas aberturas, na Inglaterra, por exemplo, de 4 a 6, cada uma delas com um cadinho de argila contendo a massa líquida de vidro e ocupando seu próprio grupo de trabalhadores, composto dos mesmos cinco membros. A articulação de cada grupo individual baseia-se aqui diretamente na divisão do trabalho, enquanto o vínculo que reúne os diversos grupos da mesma espécie é a cooperação simples, que utiliza um dos meios de produção, no caso o forno de vidro, de maneira mais econômica mediante seu consumo coletivo. Cada um desses fornos com seus 4 a 6 grupos constitui uma vidraria, e uma manufatura de vidro compreende várias vidrarias juntamente com as instalações e os trabalhadores para as fases preparatórias e finais de produção.

Finalmente, a manufatura, originando-se da combinação de diferentes ofícios, pode-se desenvolver numa combinação de diferentes manufaturas. As maiores vidrarias inglesas, por exemplo, fabricam elas mesmas seus cadinhos de argila, pelo fato de sua qualidade depender essencialmente do sucesso ou fracasso da produção. A manufatura de um meio de produção se associa aqui com a manufatura do produto. Inversamente, a manufatura do produto pode ser associada a manufaturas nas quais ele serve, por sua vez, de matéria-prima ou com cujos produtos é montado posteriormente. Assim, por exemplo, a manufatura de *flint glass* [cristal] encontra-se combinada com o polimento de vidro e com a fundição de latão, o último para a guarnição metálica de diversos artigos de vidro. As diversas manufaturas combinadas formam, então, departamentos mais ou menos separados espacialmente de uma manufatura inteira e, ao mesmo tempo, processos de produção independentes entre si, cada um com sua própria divisão de trabalho. Apesar de algumas vantagens que a manufatura combinada oferece, ela nunca adquire, sobre sua própria base, uma verdadeira unidade técnica. Esta surge somente pela sua transformação em empresa mecanizada.

O período da manufatura, o qual logo proclama conscientemente como princípio[41] a diminuição do tempo de trabalho necessário para a produção de mercadorias, também chega esporadicamente a desenvolver a utilização de máquinas, sobretudo para certos processos iniciais simples que têm de ser executados maciçamente e com grande emprego de força. Assim, por exemplo, logo se executa, na manufatura de papel, a trituração de aparas por meio de moinhos de papel e, na metalurgia, a fragmentação de minérios por meio dos assim chamados moinhos de pilões.[42] O Império Romano transmitiu-nos a forma elementar de toda a maquinaria com o moinho de água.[43] O período do artesanato legou as grandes invenções da bússola, da pólvora, da impressão de livros e do relógio automático. Em geral, entretanto, a maquinaria desempenha o papel secundário que Adam Smith lhe atribui ao lado da divisão do trabalho.[44] Tornou-se muito importante a utilização esporádica da maquinaria no século XVII, por ter oferecido aos grandes matemáticos daquele tempo pontos de apoio práticos e estímulos para criarem a mecânica moderna.

A maquinaria específica do período manufatureiro permanece o próprio trabalhador coletivo, combinação de muitos trabalhadores parciais. As diferentes operações que são executadas alternadamente pelo produtor de uma mercadoria e que se entrelaçam no conjunto de seu processo de trabalho apresentam-lhe exigências diferentes. Numa ele tem de desenvolver mais força, em outra mais habilidade, numa terceira mais atenção mental etc., e o mesmo indivíduo não possui essas qualidades no mesmo grau. Depois da separação, autonomização e isolamento das diferentes operações, os trabalhadores são separados, classificados e agrupados segundo suas qualidades dominantes. Se suas peculiaridades naturais formam a base sobre a qual se monta a divisão do trabalho, a manufatura desenvolve, uma vez introduzida, forças de trabalho que, por natureza, são aptas somente para funções específicas unilaterais. O trabalhador coletivo possui agora todas as propriedades produtivas no mesmo grau de virtuosidade e, ao mesmo tempo, as despende da maneira mais econômica, empregando todos os seus órgãos, individualizados em trabalhadores ou grupos de trabalhadores determinados, exclusivamente para suas funções específicas.[45] A unilateralidade e, até mesmo, a imperfeição do trabalhador parcial tornam-se sua perfeição como membro do trabalhador coletivo.[46] O hábito de exercer uma função unilateral transforma-o em seu órgão natural e de atuação segura, enquanto a conexão do mecanismo inteiro o obriga a operar com a regularidade de um componente de máquina.[47]

Uma vez que as diferentes funções do trabalhador coletivo podem ser mais simples ou mais complexas, mais baixas ou mais elevadas, seus órgãos, as forças de trabalho individuais, exigem diferentes graus de formação, possuindo por isso valores muito diferentes. A manufatura desenvolve, portanto, uma hierarquia das forças de trabalho, à qual corresponde uma escala de salários. Se, por um lado, o trabalhador individual é apropriado e anexado por toda a vida a uma função unilateral, então as diferentes operações daquela hierarquia são adaptadas às habilidades naturais e adquiridas.[48] Todo processo de produção exige, no entanto, certos manejos simples que qualquer ser humano é capaz de realizar. Eles também são destacados de sua conexão em fluxo com os momentos de mais conteúdo da atividade e ossificados em funções exclusivas.

A manufatura cria, portanto, em todo ofício de que se apossa, uma classe dos chamados trabalhadores não qualificados, os quais eram rigorosamente excluídos pelo artesanato. Se ela desenvolve a especialidade inteiramente unilateralizada, à custa da capacidade total de trabalho, até a virtuosidade, ela já começa também a fazer da falta de todo desenvolvimento uma especialidade. Ao lado da graduação hierárquica, surge a simples separação dos trabalhadores em qualificados e não qualificados. Para os últimos, os custos de aprendizagem desaparecem por inteiro, para os primeiros esses custos se reduzem, em comparação com o artesão, devido à função simplificada. Em ambos os casos cai o valor da força de trabalho.[49] Ocorrem exceções na medida em que a decomposição do processo de trabalho gera novas funções abarcadoras que, no artesanato, ou não existiam ou então não nessa mesma extensão. A desvalorização relativa da força de trabalho, que decorre da eliminação ou da redução dos custos de aprendizagem, implica diretamente uma valorização maior do capital, pois tudo que reduz o tempo de trabalho necessário para reproduzir a força de trabalho amplia os domínios do mais-trabalho.

4. DIVISÃO DO TRABALHO DENTRO DA MANUFATURA E DIVISÃO DO TRABALHO DENTRO DA SOCIEDADE

Inicialmente analisamos a origem da manufatura, depois seus elementos simples, o trabalhador parcial e sua ferramenta, e finalmente seu mecanismo inteiro. Examinaremos agora, rapidamente, a relação entre a divisão manufatureira do trabalho e a divisão social do trabalho, a qual constitui a base geral de toda a produção de mercadorias.

Se se considera apenas o próprio trabalho, podemos designar a separação da produção social em seus grandes gêneros, como agricultura, indústria etc., de divisão do trabalho em geral; a diferenciação desses gêneros de produção em espécies e subespécies, de divisão do trabalho em particular; e a divisão do trabalho dentro de uma oficina, de divisão do trabalho em detalhe.[50]

A divisão do trabalho dentro da sociedade e a correspondente limitação dos indivíduos a esferas profissionais particulares se desenvolvem, como a divisão do trabalho dentro da manufatura, a partir de pontos opostos. Dentro de uma família[50a] e, com desenvolvimento ulterior, dentro de uma tribo, origina-se uma divisão do trabalho que evolui naturalmente das diferenças de sexo e de idade, portanto sobre uma base puramente fisiológica, que amplia seu material com a expansão da comunidade, com o crescimento da população e, notadamente, com o conflito entre as diversas tribos e a subjugação de uma tribo pela outra. Por outro lado, como já observei anteriormente, o intercâmbio de produtos origina-se nos pontos em que diferentes famílias, tribos, comunidades entram em contato, pois nos começos da civilização não são pessoas privadas, mas famílias, tribos etc. que se defrontam autonomamente. Comunidades diferentes encontram meios diferentes de produção e meios diferentes de subsistência em seu meio ambiente natural. Seu modo de produção, modo de vida e produtos são diferentes, portanto. É essa diferença naturalmente desenvolvida que, quando as comunidades entram em contato, provoca o intercâmbio recíproco dos produtos e, portanto, a transformação progressiva desses produtos em mercadorias. O intercâmbio não cria a diferença entre as esferas de produção, mas as coloca em relação e as transforma assim em ramos mais ou menos interdependentes de uma produção social total. Aqui surge a divisão social do trabalho, por meio do intercâmbio entre esferas de produção originalmente diferentes porém independentes entre si. Onde a divisão fisiológica do trabalho constitui o ponto de partida, os órgãos particulares de um todo diretamente conexo desprendem-se uns dos outros, decompõem-se, processo de decomposição a que o intercâmbio de mercadorias com comunidades estranhas dá o impulso principal, e se autonomizam até o ponto em que a conexão entre os diferentes trabalhos é medida pelo intercâmbio dos produtos como mercadorias. Em um caso é a dependentização do que era autônomo, no outro a autonomização dos antes dependentes.

A base de toda divisão do trabalho desenvolvida e mediada pelo intercâmbio de mercadorias é a separação entre a cidade e o campo.[51] Pode-se dizer que toda a história econômica da sociedade resume-se no movimento dessa antítese, do qual não trataremos aqui, porém.

Assim como para a divisão do trabalho dentro da manufatura certo número de trabalhadores utilizados simultaneamente constitui o pressuposto material, este é para a divisão do trabalho dentro da sociedade a grandeza da população e sua densidade, que ocupa aqui o lugar da aglomeração na mesma oficina.[52] Essa densidade é algo relativo, no entanto. Um país de povoamento relativamente esparso com meios de comunicação desenvolvidos possui um povoamento mais denso do que um país mais povoado com meios de comunicação menos desenvolvidos, e, desse modo, por exemplo, os estados setentrionais da União Americana são mais densamente povoados do que a Índia.[53]

Sendo a produção e circulação de mercadorias o pressuposto geral do modo de produção capitalista, a divisão manufatureira do trabalho exige que a divisão do trabalho tenha amadurecido até certo grau de desenvolvimento no interior da sociedade. Inversamente, a divisão manufatureira do trabalho desenvolve e multiplica por efeito recíproco aquela divisão social do trabalho. Com a diferenciação dos instrumentos de trabalho diferenciam-se cada vez mais os ofícios que produzem esses instrumentos.[54] Se a empresa manufatureira apossa-se de um ofício que até então era ligado a outros, como atividade principal ou acessória, sendo exercido pelo mesmo produtor, ocorre imediatamente uma separação e autonomização recíproca. Se ela se apossa de uma fase específica de produção de uma mercadoria, então suas diferentes fases de produção transformam-se em diferentes ofícios independentes. Já verificamos que, quando o artigo é um todo composto puramente mecânico de produtos parciais, os trabalhos parciais podem autonomizar-se por sua vez em ofícios próprios. Para realizar mais perfeitamente a divisão do trabalho dentro de uma manufatura, o mesmo ramo de produção é, conforme a diversidade de suas matérias-primas ou das formas diferentes que a mesma matéria-prima pode assumir, dividido em manufaturas diferentes, em parte inteiramente novas. Assim, já na primeira metade do século XVIII, somente na França, eram tecidas mais de 100 variedades de seda e, em Avignon, era lei que "todo aprendiz tinha de dedicar-se a apenas uma espécie de fabricação, não devendo aprender a confecção de várias espécies, ao mesmo tempo". A divisão territorial do trabalho, que confina ramos particulares de produção em distritos particulares de um país, recebe novo impulso da empresa manufatureira, a qual explora todas as particularidades.[55] O período manufatureiro recebeu um rico material para a divisão do trabalho dentro da sociedade com a ampliação do mercado mundial e o sistema colonial, que pertencem à esfera de suas condições gerais de existência. Aqui não é o lugar para demonstrar, além disso, como essa divisão se apossa de todas as outras esferas da sociedade além da econômica, lançando por toda parte a base para aquele avanço da especialização, de especialidades e de um parcelamento do ser humano, que levou A. Ferguson, professor de A. Smith, a exclamar: "Estamos criando uma nação de hilotas e não existem livres entre nós".[56]

Apesar das numerosas analogias e conexões entre a divisão do trabalho no interior da sociedade e a divisão dentro de uma oficina, porém, ambas não são apenas gradual, mas essencialmente diferentes. A analogia parece mais palpavelmente incontestável onde um vínculo íntimo entrelaça diferentes ramos de negócios. O criador de gado, por exemplo, produz peles, o curtidor transforma as peles em couro, o sapateiro, o couro em botas. Cada um deles produz aqui um produto gradual, e a forma final acabada é o produto combinado de seus trabalhos específicos. Somam-se a isso os múltiplos ramos de trabalho que fornecem ao criador de gado, ao curtidor e ao sapateiro os meios de produção. Pode-se, então, imaginar com A. Smith que essa divisão social do trabalho se distinga apenas subjetivamente da manufatureira, pois aqui o observador vê espacialmente junta, num só olhar, a variedade dos trabalhos parciais, enquanto lá a conexão é obscurecida pela sua dispersão por grandes áreas e pelo grande número dos que estão ocupados em cada ramo específico.[57] O que estabelece, porém, a conexão entre os trabalhos independentes do criador de gado, do curtidor e do sapateiro? A existência de seus respectivos produtos como mercadorias. O que caracteriza, ao contrário, a divisão manufatureira do trabalho? Que o trabalhador parcial não produz mercadoria.[58] Só o produto comum dos trabalhadores parciais transforma-se em mercadoria.[58a] A divisão do trabalho no interior da sociedade é mediada pela compra e venda dos produtos de diferentes ramos de trabalho; a conexão dos trabalhos parciais na manufatura, pela venda de diferentes forças de trabalho ao mesmo capitalista, que as emprega como força de trabalho combinada. A divisão manufatureira do trabalho pressupõe concentração dos meios de produção nas mãos de um capitalista; a divisão social do trabalho, fracionamento dos meios de produção entre muitos produtores de mercadorias independentes entre si. Enquanto na manufatura a lei de bronze da proporcionalidade subsume determinadas quantidades de trabalhadores a determinadas funções, na sociedade o variado jogo do acaso e do arbítrio determina a distribuição dos produtores de mercadorias e de seus meios de produção entre os diferentes ramos sociais de trabalho. Em verdade, as diferentes esferas de produção procuram, constantemente, pôr-se em equilíbrio, de um lado, na medida em que cada produtor de mercadorias deve produzir um valor de uso, portanto satisfazer uma necessidade social particular, mas a extensão dessas necessidades é quantitativamente diferente e um vínculo interno concatena os diferentes volumes de necessidades num sistema naturalmente desenvolvido; por outro lado, a lei do valor das mercadorias determina quanto de todo tempo de trabalho disponível a sociedade pode despender para produzir cada espécie particular de mercadoria. Todavia essa constante tendência das diferentes esferas de produção de se colocar em equilíbrio atua apenas como reação contra a contínua eliminação desse equilíbrio. A regra que se segue *a priori* e planejadamente na divisão do trabalho dentro da oficina atua na divisão do trabalho no interior da sociedade apenas *a posteriori*, como necessidade natural, interna, muda, perceptível nas flutuações barométricas dos preços do mercado, subjugando o desregrado arbítrio dos produtores de mercadorias. A divisão manufatureira do trabalho pressupõe a autoridade incondicional do capitalista sobre seres humanos transformados em simples membros de um mecanismo inteiro que a ele pertence; a divisão social do trabalho confronta produtores independentes de mercadorias, que não reconhecem nenhuma outra autoridade senão a da concorrência, a coerção exercida sobre eles pela pressão de seus interesses recíprocos, do mesmo modo que no reino animal o *bellum omnium contra omnes* [guerra de todos contra todos][I] preserva mais ou menos as condições de existência de todas as espécies. A mesma consciência burguesa que festeja a divisão manufatureira do trabalho, a anexação do trabalhador por toda a vida a uma operação parcial e a subordinação incondicional dos trabalhadores parciais ao capital como uma organização do trabalho que aumenta a força produtiva denuncia com igual alarido qualquer controle e regulação social consciente do processo social de produção como uma infração dos invioláveis direitos de propriedade, da liberdade e da "genialidade" autodeterminante do capitalista individual. ¦ 106 É muito característico que os mais entusiásticos apologistas do sistema fabril não saibam dizer nada pior contra toda organização geral do trabalho social além de que ela transformaria toda a sociedade numa fábrica. ¦

Enquanto na sociedade do modo de produção capitalista a anarquia da divisão social do trabalho e o despotismo da divisão manufatureira do trabalho se condicionam reciprocamente, formas sociais anteriores, nas quais a particularização dos ofícios se desenvolveu naturalmente para depois cristalizar-se e por fim firmar-se legalmente, apresentam, ao contrário, de um lado, o quadro de uma organização do trabalho social subordinada a um plano e a uma autoridade e excluem inteiramente,

---

I Thomas Hobbes, *Leviatã*. [N. E. A.]

de outro, a divisão do trabalho dentro da oficina, ou só a desenvolvem numa escala minúscula, ou de modo apenas esporádico e acidental.[59]

Aquelas pequenas comunidades indianas antiquíssimas, por exemplo, que em parte ainda continuam a existir, baseiam-se na posse comum das terras, na união direta entre agricultura e artesanato e numa divisão fixa do trabalho, que no estabelecimento de novas comunidades serve de plano e de projeto. Constituem organismos de produção que bastam a si mesmos, variando suas áreas de produção de 100 a alguns 1000 acres. A maior parte dos produtos é destinada ao autoconsumo direto da comunidade sem ser como mercadoria, portanto a própria produção é independente da divisão do trabalho mediada pelo intercâmbio de mercadorias no conjunto da sociedade indiana. Apenas os produtos excedentes transformam-se em mercadorias, parte deles só depois de chegar às mãos do Estado, para o qual flui desde tempos imemoriais certo *quantum* como renda natural. Diferentes regiões da Índia possuem diferentes formas de comunidades. Em sua forma mais simples, a comunidade cultiva a terra em comum e distribui seus produtos entre seus membros, enquanto cada família fia, tece etc. como atividade acessória doméstica. Ao lado dessa massa homogeneamente ocupada encontramos "o habitante principal", juiz, polícia e coletor de impostos em uma pessoa; o guarda-livros, que faz a contabilidade do cultivo e que registra e cadastra tudo que a ele diz respeito; um terceiro funcionário, que persegue criminosos e protege viajantes estrangeiros, escoltando-os de uma aldeia a outra; o guarda de fronteira, que vigia as fronteiras de sua comunidade contra as comunidades vizinhas; o inspetor de águas, que distribui, para as necessidades agrícolas, a água dos reservatórios comunais; o brâmane, que exerce as funções do culto religioso; o mestre-escola, que ensina às crianças da comunidade a ler e a escrever na areia; o brâmane do calendário, que como astrólogo indica as ocasiões para a semeadura e para a colheita e as horas boas e ruins para todos os trabalhos agrícolas particulares; um ferreiro e um carpinteiro que confeccionam e consertam todos os instrumentos agrícolas; o oleiro, que faz todos os vasilhames da aldeia; o barbeiro, o lavador para a limpeza das roupas, o ourives de prata, aqui ou ali o poeta, que em algumas comunidades substitui o ourives de prata e em outras o mestre-escola. Essa dúzia de pessoas é sustentada à custa de toda a comunidade. Se a população aumenta, estabelece-se uma nova comunidade em terra não cultivada, segundo o modelo da anterior. O mecanismo comunal apresenta uma divisão planejada do trabalho, mas sua divisão manufatureira é impossível, pois o mercado do ferreiro, do carpinteiro etc. permanece inalterado, podendo-se, de acordo com o tamanho da aldeia, encontrar no máximo, em vez de um ferreiro, oleiro etc., dois ou três deles.[60] A lei que regula a divisão do trabalho comunal opera aqui com a autoridade inquebrantável de uma lei natural enquanto cada artesão particular, como o ferreiro etc., realiza todas as operações pertinentes a seu ofício de maneira tradicional, mas independente e sem reconhecer nenhuma autoridade em sua oficina. O organismo produtivo simples dessas comunidades autossuficientes, que se reproduzem constantemente da mesma forma e, se forem destruídas acidentalmente, são de novo reconstruídas no mesmo lugar, com o mesmo nome,[61] oferece a chave para o segredo da imutabilidade das sociedades asiáticas, que contrasta de maneira tão impressionante com a constante dissolução e reconstrução dos Estados asiáticos e com as incessantes mudanças de dinastias. A estrutura dos elementos econômicos fundamentais da sociedade não é atingida pelas tormentas desencadeadas no céu político.

Conforme já observamos, as leis das corporações, ao limitar com severidade o número de ajudantes que um único mestre de corporação podia empregar, impediam planejadamente a sua transformação em capitalista. Da mesma forma, somente lhe era permitido empregar ajudantes no ofício em que ele era mestre. A corporação defendia-se zelosamente contra qualquer intrusão do capital mercantil, a única forma livre de capital, com que se defrontava. O comerciante podia comprar todas as mercadorias, mas não o trabalho como mercadoria. Ele era apenas tolerado como distribuidor dos produtos artesanais. Se circunstâncias externas provocassem uma progressiva divisão do trabalho, as corporações existentes dividiam-se em subespécies ou eram fundadas novas corporações ao lado das antigas, porém sem que diferentes ofícios se reunissem em uma oficina. A organização corporativa, por mais que sua especialização, isolamento e aperfeiçoamento dos ofícios pertençam às condições de existência materiais do período de manufatura, excluía, portanto, a divisão manufatureira do trabalho. Em geral, o trabalhador e seus meios de produção permaneciam unidos como o caracol e sua concha, e faltava assim a base principal da manufatura, a autonomização dos meios de produção como capital perante o trabalhador.

Enquanto a divisão do trabalho no todo de uma sociedade, seja ou não mediada pelo intercâmbio de mercadorias, existe nas mais diferentes formações socioeconômicas, a divisão manufatureira do trabalho é uma criação totalmente específica do modo de produção capitalista.

5. O CARÁTER CAPITALISTA DA MANUFATURA

Um número relativamente grande de trabalhadores sob o comando de um mesmo capital constitui o ponto de partida naturalmente desenvolvido tanto da cooperação em geral quanto da manufatura. Reciprocamente, a divisão manufatureira do trabalho desenvolve o crescimento do número de trabalhadores empregados numa necessidade técnica. O mínimo de trabalhadores que um capitalista individual tem de empregar é-lhe agora prescrito pela divisão do trabalho estabelecida. ¦ 107 Por outro lado, as vantagens de uma divisão ulterior são condicionadas pelo aumento ulterior do número de trabalhadores, que só se pode realizar por múltiplos. ¦ Com a parte variável tem de crescer também a parte constante do capital, além do volume das condições comuns de produção, como construções, fornos etc., nomeadamente também a matéria-prima, com muito mais rapidez que o número de trabalhadores. O seu volume, consumido num tempo dado por dado *quantum* de trabalho, aumenta na mesma proporção que a força produtiva do trabalho em consequência da divisão deste. O incremento progressivo do volume mínimo de capital em mãos de capitalistas individuais ou a transformação crescente dos meios sociais de subsistência e dos meios de produção em capital é, portanto, uma lei que decorre do caráter técnico da manufatura.[62]

¦ 108 Assim como na cooperação simples, na manufatura o corpo de trabalho em ação é uma forma de existência do capital. O mecanismo social de produção composto de muitos trabalhadores parciais individuais pertence ao capitalista.¦ A força produtiva originada da combinação dos trabalhos aparece, por isso, como força produtiva do capital. A manufatura propriamente dita não só submete ao comando e à disciplina do capital o trabalhador antes autônomo, mas cria também uma graduação hierárquica entre os próprios trabalhadores. Enquanto a cooperação simples em geral não modifica o modo de trabalho do indivíduo, a manufatura o revoluciona pela base e se apodera da força individual de trabalho em suas raízes. Ela aleija o trabalhador, convertendo-o numa anomalia, ao fomentar artificialmente sua habilidade no pormenor mediante a repressão de um mundo de impulsos e capacidades produtivas, assim como nos Estados de La Plata abate-se um animal inteiro apenas para tirar-lhe a pele ou o sebo. Não só os trabalhos parciais específicos são distribuídos entre os diversos indivíduos, mas o próprio indivíduo é dividido e transformado no motor automático de um trabalho parcial,[63] tornando assim realidade a fábula insossa de Menenius Agrippa,[I] segundo a qual um ser humano é representado como mero fragmento de seu próprio corpo.[64] Se originalmente o trabalhador vendeu sua força de trabalho ao capital por lhe faltarem os meios materiais

---

I Em 494 a.C. ocorreu o primeiro grande choque entre patrícios e plebeus. Segundo a saga, o patrício Menênio Agripa conseguiu, com uma parábola, convencer os plebeus a aceitarem a reconciliação. A sublevação dos plebeus se assemelharia a uma recusa dos órgãos do corpo humano em permitir que o estômago

para a produção de uma mercadoria, agora sua força individual de trabalho deixa de cumprir seu serviço se não estiver vendida ao capital. Ela apenas funciona numa conexão que existe somente depois de sua venda, na oficina do capitalista. Incapacitado em sua qualidade natural de fazer algo autônomo, o trabalhador manufatureiro só desenvolve atividade produtiva como acessório da oficina capitalista.[65] Assim como o povo eleito levava escrito na fronte que era propriedade de Jeová, também a divisão do trabalho marca o trabalhador manufatureiro, com ferro em brasa, como propriedade do capital.

Os conhecimentos, a compreensão e a vontade que o camponês ou artesão autônomo desenvolve mesmo que em pequena escala, como o selvagem exercita toda arte da guerra como astúcia pessoal, agora passam a ser exigidos apenas pela oficina em seu conjunto. As potências intelectuais da produção ampliam sua escala por um lado porque desaparecem por muitos lados. O que os trabalhadores parciais perdem concentra-se no capital com que se confrontam.[66] É um produto da divisão manufatureira do trabalho opor-lhes as forças intelectuais do processo material de produção como propriedade alheia e poder que os domina. Esse processo de dissociação começa na cooperação simples, em que o capitalista representa em face dos trabalhadores individuais a unidade e a vontade do corpo social de trabalho. O processo desenvolve-se na manufatura, que mutila o trabalhador, convertendo-o em trabalhador parcial. Ele se completa na grande indústria, que separa do trabalho a ciência como potência autônoma de produção e a pressiona a servir ao capital.[67]

Na manufatura, o enriquecimento do trabalhador coletivo e, portanto, do capital em força produtiva social é condicionado pelo empobrecimento do trabalhador em forças produtivas individuais.

> A ignorância é a mãe da indústria, assim como da superstição. A reflexão e a imaginação estão sujeitas ao erro; mas o hábito de movimentar o pé ou a mão não depende nem de uma nem da outra. As manufaturas, portanto, prosperam mais onde mais se dispensa o espírito, de modo que a oficina pode ser considerada uma máquina cujas partes são seres humanos.[68]

Na realidade, algumas manufaturas na metade do século XVIII empregavam de preferência, em certas operações simples, mas que constituíam segredos de fábrica, indivíduos meio idiotas.[69]

---

recebesse alimento, o que teria por consequência que esses mesmos órgãos emagreceriam muito. A recusa dos plebeus de cumprirem seus deveres levaria o Império Romano ao declínio. [N. E. A.]

> "A inteligência da maior parte das pessoas", diz A. Smith, "desenvolve-se necessariamente a partir e por meio de suas ocupações diárias. Alguém que despende toda a sua vida na execução de algumas operações simples [...] não tem nenhuma oportunidade de exercitar sua inteligência. [...] Torna-se geralmente tão estúpido e ignorante quanto é possível a uma criatura humana."

Depois de A. Smith descrever o aparvalhamento do trabalhador parcial, prossegue:

> A uniformidade de sua vida estacionária corrompe naturalmente também a coragem de sua mente. [...] Ela destrói mesmo a energia de seu corpo e o incapacita a empregar suas forças com vigor e perseverança, a não ser na operação parcial para a qual foi adestrado. Assim, sua habilidade em seu ofício particular parece ter sido adquirida à custa de suas virtudes intelectuais, sociais e guerreiras. Mas, em toda sociedade industrial e civilizada, esse é o estado no qual necessariamente tem de cair o pobre que trabalha (*the labouring poor*), isto é, a grande massa do povo.[70]

A fim de evitar a degeneração completa da massa do povo, originada pela divisão do trabalho, A. Smith recomenda o ensino popular pelo Estado, embora em doses prudentemente homeopáticas. Seu tradutor e comentarista francês, G. Garnier, que no primeiro império francês metamorfoseou-se em senador, polemiza consequentemente contra essa ideia. O ensino popular contraria as leis primordiais da divisão do trabalho e com ele "se proscreveria todo o nosso sistema social".

> "Como todas as outras divisões do trabalho", disse ele, "a do trabalho manual e trabalho intelectual[71] se torna mais acentuada e mais resoluta à medida que a sociedade" (ele emprega acertadamente essa expressão referindo-se ao capital, à propriedade da terra e ao seu Estado) "torna-se mais rica. Como qualquer outra divisão do trabalho, essa é a consequência de progressos passados e causa de progressos futuros. [...] Pode então o governo contrariar essa divisão do trabalho e retardar sua marcha natural? Pode ele empregar parte da receita pública para tentar confundir e misturar duas classes de trabalho que almejam sua divisão e separação?"[72]

Certa deformação física e espiritual é inseparável até mesmo da divisão do trabalho em geral na sociedade. Mas, como o período manufatureiro leva muito mais longe essa divisão social dos ramos de trabalho e, por outro lado, apenas com a sua divisão peculiar alcança o indivíduo em suas raízes vitais, é ele o primeiro a fornecer o material e dar o impulso para a patologia industrial.[73]

> Subdividir um ser humano significa executá-lo, se ele merece a pena de morte, assassiná-lo, se ele não a merece. A subdivisão do trabalho é o assassinato de um povo.[74]

A cooperação baseada na divisão do trabalho ou a manufatura é, em seus inícios, uma formação naturalmente desenvolvida. Tão logo ela tenha ganhado alguma consistência e amplitude de existência, torna-se a forma consciente, planejada e sistemática do modo de produção capitalista. A história da manufatura propriamente dita mostra como, de início, a sua divisão peculiar do trabalho atinge, de acordo com a experiência, igualmente pelas costas das pessoas atuantes, as formas adequadas e como almeja, depois, da mesma forma que o artesanato corporativo, manter tradicionalmente a forma uma vez descoberta, mantendo-a, por séculos, em casos isolados. Excetuando aspectos secundários, essa forma altera-se somente em consequência de uma revolução nos instrumentos de trabalho. A manufatura moderna – não falo aqui da grande indústria baseada na maquinaria – ou encontra os *disjecta membra poetae* [membros dispersos do poeta][I] já prontos, como, por exemplo, a manufatura de roupa nas grandes cidades, onde ela nasce, tendo somente de juntá-los de sua dispersão, ou o princípio da divisão é evidente, bastando atribuir as diferentes operações da produção artesanal (por exemplo, da encadernação) exclusivamente a trabalhadores particulares. Não custa nem uma semana de experiência descobrir, em tais casos, a proporção entre os braços necessários para cada função.[75]

A divisão manufatureira do trabalho cria, por meio da análise da atividade artesanal, da especificação dos instrumentos de trabalho, da formação dos trabalhadores especiais, de sua agrupação e combinação em um mecanismo inteiro, a graduação qualitativa e a proporcionalidade quantitativa de processos sociais de produção, portanto determinada organização do trabalho social, e desenvolve com isso, ao mesmo tempo, nova força produtiva social do trabalho. Como forma especificamente capitalista do processo de produção social – e, sob as bases preexistentes, ela não podia desenvolver-se de outra forma a não ser na capitalista –, é apenas um método especial de produzir mais-valia relativa ou aumentar a autovalorização do capital – o que se denomina riqueza social, *Wealth of Nations* etc. – à custa dos trabalhadores. Ela desenvolve a força produtiva social do trabalho não só para o capitalista, em vez de para o trabalhador, mas também por meio da mutilação do trabalhador individual. Produz novas condições de dominação do capital sobre o trabalho. Ainda que, por um lado, apareça como progresso histórico e momento necessário

---

I Horácio, *Sátiras*, Livro I, sátira 4. [N. E. A.]

de desenvolvimento do processo de formação econômica da sociedade, por outro, ela surge como um meio de exploração civilizada e refinada.

A Economia Política, que só aparece como ciência própria no período manufatureiro, considera a divisão social do trabalho exclusivamente do ponto de vista da divisão manufatureira do trabalho[76] como um meio de produzir com o mesmo *quantum* de trabalho mais mercadorias, portanto para baratear as mercadorias e acelerar a acumulação do capital. Na mais rigorosa antítese a essa acentuação da quantidade e do valor de troca, os escritores da Antiguidade clássica se atêm exclusivamente à qualidade e ao valor de uso.[77] Em consequência da separação dos ramos sociais da produção, as mercadorias são mais bem-feitas, os diversos instintos e talentos dos seres humanos escolhem as correspondentes esferas de ação[78] e, sem limitação, nada significativo pode ser realizado.[79] Assim, pois, com a divisão do trabalho melhoram o produto e o produtor. Quando eventualmente é referido também o aumento da quantidade de produtos, isso é feito apenas relativamente à maior abundância do valor de uso. Não se faz a menor alusão ao valor de troca, ao barateamento das mercadorias. Esse ponto de vista do valor de uso domina tanto em Platão[80] que faz da divisão do trabalho o fundamento da divisão social dos estamentos, como em Xenofonte,[81] que com seu instinto caracteristicamente burguês acerca-se já da divisão do trabalho na oficina. A República de Platão, na medida em que a divisão do trabalho é desenvolvida nela como princípio formador do Estado, não passa de idealização ateniense do sistema egípcio de castas, sendo o Egito o país industrial modelar também para outros contemporâneos, por exemplo Isócrates,[82] e até mesmo para os gregos do tempo do Império Romano.[83]

Durante o período manufatureiro propriamente dito, isto é, o período em que a manufatura era a forma dominante do modo de produção capitalista, a plena realização de suas tendências se choca com obstáculos de diversas naturezas. Embora, como vimos, ela criasse, ao lado da graduação hierárquica dos trabalhadores, uma divisão simples entre trabalhadores qualificados e não qualificados, o número dos últimos fica muito limitado em virtude da influência predominante dos primeiros. Embora ajustasse as operações especiais aos diversos graus de maturidade, força e desenvolvimento dos seus órgãos vivos de trabalho, portanto induzisse a exploração produtiva de mulheres e crianças, essa tendência malograva geralmente devido aos hábitos e à resistência dos trabalhadores masculinos. Embora a decomposição da atividade artesanal reduzisse os custos de formação e, portanto, o valor do trabalhador, continuava necessário para o trabalho de detalhe mais difícil um tempo mais longo de aprendizagem e, mesmo onde este se tornava supérfluo, os trabalhadores procuravam zelosamente preservá-lo. Encontramos, por exemplo, na Inglaterra, as *laws of apprenticeship* [leis da aprendizagem], com seus sete anos de aprendizagem em pleno vigor até o fim do período manufatureiro, tendo sido postas de lado apenas pela grande indústria. Uma vez que a habilidade artesanal continua a ser a base da manufatura e que o mecanismo inteiro que nela funciona não possui nenhum esqueleto objetivo independente dos próprios trabalhadores, o capital luta constantemente com a insubordinação dos trabalhadores.

> "A fraqueza da natureza humana", exclama o amigo Ure, "é tão grande que, quanto mais hábil for o trabalhador, tanto mais ele se torna voluntarioso e mais difícil de ser tratado e, por conseguinte, causa grande dano ao mecanismo inteiro por meio de seus caprichos tolos."[84]

Por isso, por todo o período manufatureiro, permanece a queixa sobre a falta de disciplina dos trabalhadores.[85] E, se não tivéssemos os testemunhos dos escritores da época, falariam com a eloquência de bibliotecas os simples fatos de que, do século XVI até a época da grande indústria, o capital não conseguiu apoderar-se do tempo total disponível dos trabalhadores manufatureiros, as manufaturas tinham vida curta e, de acordo com a imigração ou a emigração dos trabalhadores, precisavam deixar um país para se instalarem em outro. "A ordem deve ser estabelecida, de um modo ou de outro", exclama em 1770 o repetidamente citado autor do *Essay on Trade and Commerce*. Ordem ressoa 66 anos mais tarde da boca do Dr. Andrew Ure, "ordem" faltou na manufatura baseada no "dogma escolástico da divisão do trabalho" e "Arkwright criou a ordem".

Ao mesmo tempo, a manufatura nem podia apossar-se da produção social em toda a sua extensão nem revolucioná-la em sua profundidade. Como obra de arte econômica, ela eleva-se qual ápice sobre a ampla base do artesanato urbano e da indústria doméstica rural. Sua própria base técnica estreita, ao atingir certo grau de desenvolvimento, entrou em contradição com as necessidades de produção que ela mesma criou.

Uma de suas obras mais completas foi a oficina para a produção dos próprios instrumentos de trabalho, nomeadamente também dos aparelhos mecânicos mais complicados que já começavam a ser aplicados.

> "Tal oficina", diz Ure, "oferecia aos olhos a divisão do trabalho em suas múltiplas gradações. A furadeira, o cinzel, o torno tinham cada um seus próprios trabalhadores, classificados hierarquicamente segundo o grau de sua habilidade."[I]

I Andrew Ure, *Philosophy of Manufactures*. London, 1835, p. 21. [N. E. A.]

Esse produto da divisão manufatureira do trabalho produziu, por sua vez... máquinas. Elas superam a atividade artesanal como princípio regulador da produção social. Assim, por um lado, é removido o motivo técnico da anexação do trabalhador a uma função parcial por toda a vida. Por outro lado, caem as barreiras que o mesmo princípio impunha ao domínio do capital.

CAPÍTULO 13

MAQUINARIA E GRANDE INDÚSTRIA

1. DESENVOLVIMENTO DA MAQUINARIA

John Stuart Mill, em seus *Princípios de Economia Política*, diz:

> É de se duvidar que todas as invenções mecânicas até agora feitas aliviaram a labuta diária de algum ser humano.[86]

Essa tampouco é, de modo algum, a finalidade da maquinaria utilizada como capital. Igual a qualquer outro desenvolvimento da força produtiva do trabalho, ela se destina a baratear mercadorias e a encurtar a parte da jornada de trabalho de que o trabalhador precisa para si mesmo, a fim de encompridar a outra parte da sua jornada de trabalho que ele dá de graça para o capitalista. Ela é meio ¦ 109 de produção de mais-valia. ¦

Na manufatura, o revolucionamento do modo de produção toma como ponto de partida a força de trabalho; na grande indústria, o meio de trabalho. É preciso, portanto, examinar primeiro mediante o que o meio de trabalho é metamorfoseado de ferramenta em máquina ou em que a máquina difere do instrumento manual. Aqui só se trata de grandes traços característicos, genéricos, pois linhas fronteiriças abstratamente rigorosas separam tão pouco as épocas da sociedade quanto as da história da Terra.

Matemáticos e mecânicos – e isto se encontra repetido aqui e acolá por economistas ingleses – explicam a ferramenta como uma máquina simples e a máquina como uma ferramenta composta. Não veem aí nenhuma diferença essencial e até chamam as potências mecânicas simples, como alavanca, plano inclinado, parafuso, cunha etc., de máquinas.[87] De fato, cada máquina constitui-se daquelas potências simples, como quer que estejam transvestidas e combinadas. Do ponto de vista econômico, no entanto, a explicação não vale nada, pois lhe falta o elemento histórico. Por outro lado, procura-se a diferença entre ferramenta e máquina no fato de que a força motriz da ferramenta seria o ser humano, enquanto na máquina seria uma força natural diferente da humana, como a força animal, hidráulica, eólica etc.[88] De acordo com isso, um arado puxado por bois, que pertence às mais diversas épocas da produção, seria uma máquina; o *circular loom* [tear circular] de Claussen, que, movido pela mão de um único trabalhador, fabrica 96 000 malhas por minuto, uma mera ferramenta. Sim, o mesmo *loom* seria ferramenta se movido a mão e máquina se movido a vapor. Como a utilização de força animal é uma das mais antigas invenções da humanidade, a produção com máquinas precederia, de fato, a produção artesanal. Quando, em 1735, John Wyatt anunciou sua máquina de fiar e, com ela, a Revolução Industrial do século XVIII, em momento algum aventou que, em vez de um ser humano, um burro moveria a máquina, no entanto esse papel acabou por recair sobre o burro. Uma máquina "para fiar sem os dedos", rezava seu prospecto.[89]

Toda maquinaria desenvolvida constitui-se de três partes essencialmente distintas: a máquina motriz, o mecanismo de transmissão e, finalmente, a máquina-ferramenta ou máquina de trabalho. A máquina motriz atua como força motora de todo o mecanismo. Ela produz a sua própria força motriz, como a máquina a vapor, a máquina calórica,[I] a máquina eletromagnética etc., ou recebe o impulso de uma força natural já pronta fora dela, como a queda-d'água para a roda-d'água, o vento para as pás do moinho etc. O mecanismo de transmissão, composto de volantes de inércia, eixos, rodas dentadas, polias, alças, cabos, correias, pinhões e engrenagens das mais variadas espécies, regula o movimento, modifica a forma deste onde necessário, por exemplo de perpendicular em circular, distribui-o e transmite-o para a máquina-ferramenta. Essas duas partes do mecanismo só existem para transmitir à máquina-ferramenta o movimento por meio do qual ela se apodera do objeto do trabalho e modifica-o de acordo com a finalidade. É dessa parte da maquinaria, a máquina-ferramenta, que se origina a Revolução Industrial no século XVIII. Ela ainda constitui o ponto de partida todos os dias, sempre que artesanato ou manufatura passam à produção mecanizada.

Se examinamos, agora, mais de perto, a máquina-ferramenta ou máquina de trabalho propriamente dita, então reaparecem, em geral, ainda que frequentemente sob forma muito modificada, os aparelhos e ferramentas com que o artesão e o trabalhador de manufatura trabalham, porém agora não como ferramentas do ser humano, e sim como ferramentas de um mecanismo ou mecânicas. Ou a máquina toda é uma edição mecânica mais ou menos modificada do antigo instrumento artesanal, como no caso do tear mecânico,[90] ou os órgãos ativos implantados na armação da máquina de trabalho são velhos conhecidos, como fusos na máquina de fiar, agulhas no tear de confeccionar meias, lâminas de serra na máquina de serrar, facas na máquina de picar etc. A diferença dessas

---

I Máquina baseada no princípio de dilatação e contração do volume normal de ar por aquecimento e resfriamento. Comparada com a máquina a vapor, era pesada e tinha baixa eficiência. Inventada no início do século XIX, teve uma aplicação limitada e tornou-se obsoleta antes do fim do século. [N. E. A.]

ferramentas em relação ao corpo propriamente dito da máquina de trabalho estende-se até a origem delas. Ou seja, em sua maior parte, ainda são produzidas de modo artesanal ou manufatureiro e só posteriormente afixadas no corpo da máquina de trabalho, produzido de modo mecanizado.[91] A máquina-ferramenta é, portanto, um mecanismo que, ao ser-lhe transmitido o movimento correspondente, executa com suas ferramentas as mesmas operações que o trabalhador executava antes com ferramentas semelhantes. Portanto, que a força motriz provenha do ser humano ou novamente de uma máquina em nada modifica a essência da coisa. Quando a própria ferramenta é transferida do ser humano para um mecanismo, surge uma máquina no lugar de uma mera ferramenta. A diferença salta logo à vista, mesmo que o ser humano continue sendo o primeiro motor. O número de instrumentos de trabalho com que ele pode operar ao mesmo tempo é limitado pelo número de seus instrumentos naturais de produção, seus próprios órgãos corpóreos. Na Alemanha, tentou-se inicialmente fazer com que um fiandeiro movimentasse duas rodas de fiar, portanto fazê-lo trabalhar simultaneamente com as duas mãos e os dois pés. Isso era estafante demais. Depois, inventou-se uma roda de fiar com pedal e dois fusos, mas os virtuoses da fiação que conseguiam fiar dois fios ao mesmo tempo eram quase tão raros quanto pessoas com duas cabeças. A Jenny,[I] pelo contrário, de saída, fia com 12–18 fusos; o tear de confeccionar meias tricoteia com muitos milhares de agulhas de uma só vez etc. O número de ferramentas com que a máquina-ferramenta joga simultaneamente está, de antemão, emancipado da barreira orgânica que restringe a ferramenta manual de um trabalhador.

Em muitas ferramentas manuais, a diferença entre o ser humano como mera força motriz e como aquele que trabalha com o próprio *operateur* [operador] tem existência corpórea à parte. Por exemplo, na roda de fiar, o pé atua apenas como força motriz, enquanto a mão, que trabalha no fuso, puxa e retorce, executa a operação de fiar propriamente dita. A Revolução Industrial apodera-se primeiro exatamente dessa última parte do instrumento artesanal e deixa para o ser humano, além do novo trabalho de vigiar com o olho a máquina e corrigir com a mão os erros dela, antes de tudo, ainda o papel puramente mecânico de força motriz. No entanto, ferramentas em que o ser humano só atua como simples força motriz desde o começo, por exemplo girar a manivela de um moinho,[92] bombear, mover para cima e para baixo o braço de um fole, bater com um pilão etc., invocam primeiro a utilização de animais, de água, de vento[93] como forças motrizes. Elas evoluem até se tornarem máquinas,

---

I Máquina de fiar inventada nos anos 1764–67 por James Hargreaves e batizada com o nome de sua filha. [N. E. A.]

em parte no período manufatureiro, esporadicamente já muito antes dele, mas não revolucionam o modo de produção. Que elas já são máquinas, mesmo em sua forma artesanal, é o que se mostra no período da grande indústria. As bombas hidráulicas, por exemplo, com que os holandeses drenaram o lago de Harlem em 1836–37, eram construídas de acordo com os princípios das bombas comuns, só que os seus êmbolos eram acionados por ciclópicas máquinas a vapor, e não por mãos humanas. Na Inglaterra, o comum e bastante imperfeito fole do ferreiro ainda é ocasionalmente transformado em bomba de ar mecânica, mediante a simples conexão de seu braço com uma máquina a vapor. A própria máquina a vapor, como foi inventada no final do século XVII, durante o período manufatureiro, e continuou a existir até o começo dos anos 80 do século XVIII,[94] não acarretou nenhuma revolução industrial. Ocorreu o contrário: foi a criação das máquinas-ferramenta que tornou necessária a máquina a vapor revolucionada. Quando o ser humano, em vez de atuar com a ferramenta sobre o objeto de trabalho, atua apenas como força motriz de uma máquina-ferramenta, torna-se casual a força motriz revestir-se de músculos humanos e o vento, a água, o vapor etc. podem tomar seu lugar. Isso naturalmente não exclui que tal mudança requeira com frequência grandes modificações técnicas no mecanismo originalmente construído apenas para a força motriz humana. Atualmente, todas as máquinas que ainda precisam abrir caminho, como máquinas de costura, máquinas de preparar pão etc., quando sua destinação não exclui de antemão a pequena escala, são construídas ao mesmo tempo para força motriz humana e puramente mecânica.

A máquina, da qual parte a Revolução Industrial, substitui o trabalhador, que maneja uma única ferramenta, por um mecanismo, que opera com uma massa de ferramentas iguais ou semelhantes de uma só vez e que é movimentado por uma única força motriz, qualquer que seja sua força.[95] Aí temos a máquina, mas apenas como elemento simples da produção mecanizada.

O aumento do tamanho da máquina de trabalho e do número de suas ferramentas simultaneamente operantes exige um mecanismo motor mais volumoso, e esse mecanismo, para superar sua própria resistência, precisa de uma força motriz mais possante do que a força humana; isso sem considerar que o ser humano é um instrumento muito imperfeito de produção de movimento uniforme e contínuo. Pressupondo-se que ele atue ainda como simples força motriz, portanto que no lugar de sua ferramenta haja uma máquina-ferramenta, forças naturais podem agora também substituí-lo como força motriz. De todas as grandes forças motrizes legadas pelo período manufatureiro, a força do cavalo era a pior, em parte porque um cavalo tem sua própria cabeça, em parte por causa de seu grande custo e do âmbito limitado em que pode ser usado em fábricas.[96] Mesmo assim, o cavalo foi frequentemente usado durante a infância da grande indústria, como, além das lamentações dos agrônomos da época, o testemunha a expressão, tradicional até hoje, da força mecânica em cavalos-vapor. O vento era por demais inconstante e incontrolável, e, além disso, na Inglaterra, berço da grande indústria, já predominava a utilização da força hidráulica durante o período manufatureiro. Já no século XVII se tentara colocar em movimento duas correias e, por conseguinte, também dois pares de mós de moinho com uma única roda-d'água. Porém, o volume inchado do mecanismo de transmissão entrou em conflito com a força hidráulica tornada insuficiente, e essa é uma das circunstâncias que levou ao estudo mais acurado das leis da fricção. Igualmente, a atuação irregular da força motriz nos moinhos, que eram postos em movimento pelo empurrar e puxar de êmbolos, levou à teoria e à aplicação do volante de inércia,[97] que mais tarde desempenharia papel tão importante na grande indústria. Desse modo, o período manufatureiro desenvolveu os primeiros elementos científicos e técnicos da grande indústria. A fiação com *throstle* [máquina de fiar] de Arkwright foi movida a água em seu início. No entanto, o uso da força hidráulica como principal força motriz também esteve envolvido em circunstâncias dificultadoras. Ela não podia ser aumentada à vontade nem sua carência podia ser corrigida, às vezes faltava e, antes de tudo, era de natureza puramente local.[98] Só com a segunda máquina a vapor de Watt, a assim chamada máquina de ação dupla, foi encontrado o primeiro motor que produz sua própria força motriz, consumindo para isso carvão e água, e cuja potência energética está totalmente sob controle humano, sendo deslocável e um meio de locomoção, urbano, e não rural como a roda-d'água, permitindo a concentração da produção nas cidades, em vez de dispersá-la pelo interior como a roda-d'água,[99] universal em sua aplicação tecnológica e cuja localização é relativamente pouco dependente de condições locais. O grande gênio de Watt se mostrava na especificação da patente que obteve em abril de 1784, na qual sua máquina a vapor não é descrita como uma invenção para fins específicos, e sim como agente geral da grande indústria. Indicava aí aplicações das quais várias, por exemplo o martelo a vapor, só foram introduzidas mais de meio século depois. No entanto, duvidou da aplicabilidade da máquina a vapor à navegação marítima. Seus sucessores, Boulton e Watt, apresentaram na exposição industrial de Londres, em 1851, a mais colossal máquina a vapor para *ocean steamers* [transatlânticos a vapor].

Só depois que as ferramentas se transformaram de ferramentas do organismo humano em ferramentas de um aparelho mecânico, a máquina motriz adquiriu forma autônoma, totalmente emancipada dos limites da força humana. Com isso, a máquina-ferramenta que examinamos até agora se reduz a simples elemento da produção mecanizada. Uma máquina motriz podia agora mover, ao mesmo tempo, muitas máquinas de trabalho. Com o número das máquinas de trabalho movidas simultaneamente, a máquina motriz cresce e a expansão do mecanismo de transmissão transforma-o num aparelho de grandes proporções.

É preciso distinguir agora duas coisas: cooperação de muitas máquinas da mesma espécie e sistema de máquinas.

Em um caso, o produto inteiro é feito pela mesma máquina de trabalho. Ela executa todas as diversas operações que um artesão executava com sua ferramenta, por exemplo o tecelão com seu tear, ou que artesãos executavam com ferramentas diferentes em série, autonomamente ou como membros de uma manufatura.[100] Por exemplo, na manufatura moderna de envelopes, um trabalhador dobrava o papel com a dobradeira, outro passava a cola e um terceiro dobrava a aba do envelope sobre a qual se imprime a divisa, um quarto punha a divisa etc., e em cada uma dessas operações cada envelope tinha de mudar de mãos. Uma única máquina de fazer envelopes executa todas essas operações de uma só vez e faz 3000 envelopes, ou até mais, em uma hora. Uma máquina americana para fazer cartuchos de papel, exibida na exposição industrial de Londres de 1862, corta, cola, dobra e apronta 300 peças por minuto. O processo total, dividido e realizado dentro da manufatura numa série sucessiva, é realizado aqui por uma máquina de trabalho que opera por meio da combinação de diferentes ferramentas. Seja tal máquina de trabalho apenas a ressurreição mecânica de uma ferramenta manual mais complicada ou a combinação de diferentes instrumentos mais simples particularizados pela manufatura, na fábrica – isto é, na oficina fundada na utilização da máquina –, a cooperação simples reaparece toda vez e, antes de mais nada (abstraímos aqui do trabalhador), como conglomeração espacial de máquinas de trabalho da mesma espécie, operando ¦ 110 simultaneamente em conjunto ¦. Assim, uma tecelagem se constitui pela justaposição de muitos teares mecânicos e uma fábrica de costuras pela justaposição de muitas máquinas de costura no mesmo local de trabalho. Aqui existe, porém, uma unidade técnica, à medida que as muitas máquinas de trabalho da mesma espécie recebem, ao mesmo tempo e do mesmo modo, seu impulso da batida cardíaca do primeiro motor comum, levado a elas através do mecanismo de transmissão, que em parte também lhes é comum, já que dele se ramificam saídas individuais para cada máquina-ferramenta. Exatamente como muitas ferramentas constituem os órgãos de uma máquina de trabalho, muitas máquinas de trabalho constituem agora apenas órgãos da mesma espécie do mesmo mecanismo motor.

Um autêntico sistema de máquinas só substitui, no entanto, a máquina autônoma individual quando o objeto de trabalho percorre uma sequência conexa de diferentes processos graduados, que são realizados por uma cadeia de máquinas-ferramenta diversificadas, mas que se complementam mutuamente. Aí reaparece a cooperação por meio da divisão do trabalho, peculiar à manufatura, mas agora como combinação de máquinas de trabalho parciais. As ferramentas específicas dos diferentes trabalhadores parciais, na manufatura da lã, por exemplo, a do batedor de lã, do cardador de lã, do tosador de lã, do fiandeiro de lã etc., transformam-se agora nas ferramentas de máquinas de trabalho especificadas, das quais cada uma constitui um órgão específico para uma função específica no sistema do mecanismo combinado de ferramentas. A própria manufatura fornece ao sistema de máquinas, nos ramos em que este é introduzido primeiro, em geral, o fundamento naturalmente desenvolvido da divisão e, portanto, da organização do processo de produção.[101] Aí se introduz, porém, imediatamente, uma diferença essencial. Na manufatura, trabalhadores precisam, individualmente ou em grupos, executar cada processo parcial específico com sua ferramenta manual. Embora o trabalhador seja adequado ao processo, também o processo é adaptado antes ao trabalhador. Esse princípio subjetivo da divisão é suprimido na produção mecanizada. O processo total é aqui considerado objetivamente, em si e por si, analisado em suas fases constituintes, e o problema de levar a cabo cada processo parcial e de combinar os diversos processos parciais é resolvido por meio da aplicação técnica da Mecânica, da Química etc.,[102] em que, naturalmente, a concepção teórica precisa ser, depois como antes, aperfeiçoada pela experiência prática acumulada em larga escala. Cada máquina fornece à seguinte sua matéria-prima e, como todas elas atuam simultaneamente, o produto se encontra continuamente nas diversas fases de seu processo de formação, bem como na transição de uma para outra fase de produção. Assim como na manufatura a cooperação direta dos trabalhadores parciais estabelece determinadas proporções entre os grupos particulares de trabalhadores, também no sistema articulado das máquinas a contínua utilização das máquinas parciais umas pelas outras estabelece uma relação determinada entre seu número, seu tamanho e sua velocidade. A máquina de trabalho combinada, agora um sistema articulado de máquinas de trabalho individuais de diferentes espécies e de grupos das mesmas, é tanto mais perfeita quanto mais contínuo for seu processo total, isto é, quanto menos interrupções a matéria-prima passa de sua primeira à sua última fase, quanto mais, portanto, em vez da mão humana, o próprio mecanismo a leva de uma fase da produção para outra. Se na manufatura o isolamento dos processos particulares é um princípio dado pela própria divisão de trabalho, na fábrica desenvolvida domina, pelo contrário, a continuidade dos processos particulares.

Um sistema de maquinaria, baseie-se agora na mera cooperação de máquinas de trabalho da mesma espécie, como na tecelagem, ou numa combinação de espécies diferentes, como na fiação, constitui em si e por si um grande autômato assim que é movido por um primeiro motor semovente. Mas o sistema inteiro pode ser movido, por exemplo, pela máquina a vapor, embora certas máquinas-ferramenta ainda precisem do trabalhador para determinados movimentos, como o movimento necessário para dar partida à *mule* [máquina de fiar a vapor], antes da introdução da *self-acting mule* [máquina automática de fiar], e o movimento ainda necessário na fiação fina, ou então determinadas partes da máquina que, para realizar sua função, precisam ser dirigidas como a ferramenta pelo trabalhador, como na construção de máquinas antes da transformação do *slide rest* (torno) em um *self-actor* [autômato]. A partir do momento em que a máquina de trabalho executa todos os movimentos necessários ao processamento da matéria-prima sem ajuda humana, precisando apenas de assistência humana, temos um sistema de maquinaria automático, capaz de ser continuamente aperfeiçoado em seus detalhes. Assim, por exemplo, o aparelho que para automaticamente a máquina de fiar tão logo um único fio se parta e o *self-acting stop* [freio automático], que para o tear melhorado a vapor quando falta fio na canela da lançadeira, são invenções bem modernas. A moderna fábrica de papel pode servir como exemplo tanto da continuidade da produção como da aplicação do princípio da automação. Na produção de papel, em geral se pode estudar vantajosamente a diferença entre diversos modos de produção, com base em diferentes meios de produção, bem como a conexão entre as relações sociais de produção e esses modos de produção, já que a mais antiga produção alemã de papel fornece o modelo da produção artesanal, a Holanda no século XVII e a França no século XVIII o modelo da autêntica manufatura e a Inglaterra moderna o modelo da fabricação automática nesse ramo, além de existirem ainda na China e na Índia duas diferentes formas da antiga produção asiática da mesma indústria.

A produção mecanizada possui sua forma mais desenvolvida como sistema articulado de máquinas de trabalho, que recebem seu movimento apenas de um autômato central através de uma maquinaria de transmissão. No lugar da máquina individual surge aqui um monstro mecânico, cujo corpo enche prédios fabris inteiros e cuja força demoníaca, de início escondida pelo movimento quase festivamente comedido de seus membros gigantescos, irrompe no turbilhão febril de seus inúmeros órgãos de trabalho propriamente ditos.

Havia *mules*, máquinas a vapor etc. antes de haver trabalhadores cuja ocupação exclusiva era fazer máquinas a vapor, *mules* etc., assim como o ser humano usava roupas antes de haver alfaiates. As invenções de Vaucanson, Arkwright, Watt etc. só foram concretizadas, no entanto, porque esses inventores encontraram à mão um *quantum* considerável de hábeis trabalhadores mecânicos fornecidos prontos pelo período manufatureiro. Parte desses trabalhadores era constituída por artesãos autônomos de diversas profissões, e parte estava reunida em manufaturas onde, como já foi mencionado, a divisão do trabalho imperava com especial rigor. Com o aumento das invenções e a crescente demanda pelas máquinas recém-inventadas, desenvolveram-se cada vez mais, por um lado, a separação da fabricação de máquinas em diversificados ramos autônomos e, por outro lado, a divisão do trabalho no interior das manufaturas que construíam máquinas. Vislumbramos, portanto, na manufatura, o fundamento técnico imediato da grande indústria. Aquela produziu a maquinaria com a qual esta superou o artesanato e a manufatura nas esferas de produção de que primeiro se apoderou. A produção mecanizada ergueu-se, portanto, de maneira natural sobre uma base material que lhe era inadequada. Em certo grau de desenvolvimento, ela teve de revolucionar essa base inicialmente encontrada pronta e depois aperfeiçoada em sua antiga forma e criar para si uma nova base, correspondente a seu próprio modo de produção. Assim como a máquina isolada permanece de tamanho diminuto enquanto é movida apenas por seres humanos, assim como o sistema de máquinas não pode desenvolver-se livremente enquanto a máquina a vapor não vem ocupar o lugar das forças motrizes preexistentes – animal, vento e até mesmo água –, da mesma forma a grande indústria esteve manietada em seu desenvolvimento enquanto seu meio de produção característico, a própria máquina, devia sua existência à força pessoal e à habilidade pessoal, dependendo, portanto, do desenvolvimento muscular, da agudeza do olhar e da virtuosidade da mão com que o trabalhador parcial, na manufatura, e o artesão, fora dela, conduziam seu instrumento diminuto. Abstraindo o encarecimento das máquinas em decorrência dessa origem – circunstância que domina o capital como motivação consciente –, a expansão da indústria já movida à máquina e a penetração da maquinaria em novos ramos da produção permaneceram, assim, inteiramente condicionadas pelo crescimento de uma categoria de trabalhadores que, devido à natureza semiartística de sua atividade, só podia ser ampliada pouco a pouco, e não aos saltos. Mas, em certo grau de desenvolvimento, a grande indústria entrou também tecnicamente em conflito com sua base artesanal e manufatureira. Expansão do tamanho das máquinas motrizes, do mecanismo de transmissão e das máquinas-ferramenta; maiores complicação e diversidade e uma regularidade mais rigorosa de seus componentes à medida que a máquina-ferramenta se desprendia do modelo da ferramenta artesanal, que originalmente dominava sua construção, e obtinha configuração livre,[103] determinada apenas por sua tarefa mecânica; aperfeiçoamento do sistema automático e aplicação cada vez mais inevitável de material difícil de dominar, por exemplo ferro em vez de madeira – a solução de todas essas tarefas originadas naturalmente se chocou por toda parte com as limitações pessoais, que também os trabalhadores combinados na manufatura só rompem em grau, não em essência. Máquinas como, por exemplo, a impressora moderna, o moderno tear a vapor e a moderna máquina de cardar não podiam ser fornecidas pela manufatura.

O revolucionamento do modo de produção numa esfera da indústria condiciona seu revolucionamento nas outras. Isso é válido primeiro para os ramos da indústria que estão isolados pela divisão social do trabalho, de forma que cada um deles produz uma mercadoria autônoma, mas que, mesmo assim, se entrelaçam como fases de um processo total. Assim, a mecanização da fiação tornou necessária a mecanização da tecelagem, e ambas tornaram necessária a revolução mecânica e química no branqueamento, na estampagem e na tinturaria. Assim, por outro lado, a revolução na fiação do algodão suscitou a invenção do *gin* para separar a fibra do algodão da semente, com que finalmente se tornou possível a produção de algodão na larga escala agora exigida.[104] Mas a revolução no modo de produção da indústria e da agricultura exigiu também uma revolução nas condições gerais do processo de produção social, isto é, nos meios de comunicação e transporte. Como os meios de comunicação e de transporte de uma sociedade da qual a pequena agricultura, com sua indústria acessória doméstica, e o artesanato urbano eram o pivô, para usar uma expressão de Fourier, já não podiam satisfazer, de forma alguma, às necessidades de produção do período manufatureiro, com sua divisão ampliada do trabalho social, com sua concentração de meios de trabalho e de trabalhadores e com seus mercados coloniais, também foram, de fato, revolucionados por isso. Da mesma maneira, os meios de transporte e de comunicação oriundos do período manufatureiro logo se transformaram em insuportáveis entraves para a grande indústria, com sua velocidade febril de produção, sua escala maciça, seu contínuo lançamento de massas de capital e de trabalhadores de uma esfera da produção para a outra e suas recém-estabelecidas conexões no mercado mundial. Abstraindo a construção de navios a vela totalmente revolucionada, o sistema de comunicação e transporte foi, pouco a pouco, mediante um sistema de navios fluviais a vapor, ferrovias, transatlânticos a vapor e telégrafos, ajustado ao modo de produção da grande indústria. Mas as terríveis massas de ferro que precisavam ser forjadas, soldadas, cortadas, furadas e moldadas exigiam, por sua vez, máquinas ciclópicas, cuja criação não era possível à construção manufatureira de máquinas.

A grande indústria teve, portanto, de apoderar-se de seu meio característico de produção, a própria máquina, e produzir máquinas por meio de máquinas. Só assim ela criou sua base técnica adequada e se firmou sobre seus próprios pés. Com a crescente produção mecanizada das primeiras décadas do século XIX, a maquinaria se apoderou, pouco a pouco, da fabricação das máquinas-ferramenta. Só durante as últimas décadas, no entanto, a colossal construção de ferrovias e a navegação transatlântica a vapor deram à luz ciclópicas máquinas para a construção dos primeiros motores.

A condição de produção essencial para a fabricação de máquinas por meio de máquinas era uma máquina motriz capaz de desenvolver qualquer potência e, no entanto, ao mesmo tempo, totalmente controlável. Ela já existia na máquina a vapor. Mas tratava-se também de produzir as formas rigorosamente geométricas necessárias às partes individuais da máquina, como linha, plano, círculo, cilindro, cone e esfera, de maneira mecanizada. Esse problema foi resolvido por Henry Maudslay na primeira década do século XIX, com a descoberta do *slide rest* [suporte de corredeira], que logo foi automatizado e, sob forma modificada, adaptado do torno ao qual havia sido destinado para outras máquinas de construção. Esse dispositivo mecânico, que não substitui nenhuma ferramenta particular, mas a própria mão humana, produz uma forma determinada mediante aproximação, ajustamento e orientação do fio de instrumentos cortantes etc. contra ou sobre o material de trabalho, por exemplo o ferro. Conseguiu-se, assim, produzir as formas geométricas das partes componentes da máquina

> com um grau de facilidade, precisão e rapidez que nenhuma experiência acumulada da mão do mais hábil trabalhador poderia conseguir.[105]

Examinemos agora a parte da maquinaria aplicada à construção de máquinas, que constitui a máquina-ferramenta propriamente dita, e veremos reaparecer o instrumento artesanal, mas em dimensão ciclópica. A parte operante da perfuratriz, por exemplo, é uma broca monstruosa, movida por uma máquina a vapor e sem a qual, por sua vez, não poderiam ser produzidos os cilindros das grandes máquinas a vapor e das prensas hidráulicas. O torno mecânico é o renascimento ciclópico do torno comum de pedal; a máquina de aplainar, um carpinteiro de ferro, que trabalha o ferro com as mesmas ferramentas com que o carpinteiro trabalha a madeira: a ferramenta que, nos estaleiros londrinos, corta as chapas é uma gigantesca navalha de barbear; a ferramenta da tesoura mecânica, que corta ferro como a tesoura do alfaiate corta pano, uma monstruosa tesoura; e o martelo a vapor opera com uma cabeça comum de martelo, mas de peso tal que nem mesmo Thor conseguiria brandi-lo.[106] Um desses martelos a vapor, por exemplo, que são uma invenção de Nasmyth, pesa mais de 6 toneladas e cai perpendicularmente de uma altura de 7 pés sobre uma bigorna de 36 toneladas de peso. Ele pulveriza, brincando, um bloco de granito e não é menos capaz de enfiar um prego em madeira macia mediante uma sequência de leves pancadas.[107]

Como maquinaria, o meio de trabalho adquire um modo de existência material que pressupõe a substituição da força humana por forças naturais e da rotina empírica pela aplicação consciente das ciências da Natureza. Na manufatura, a articulação do processo social de trabalho é puramente subjetiva, combinação de trabalhadores parciais; no sistema de máquinas, a grande indústria tem um organismo de produção inteiramente objetivo, que o trabalhador já encontra pronto, como condição de produção material. Na cooperação simples, e mesmo na especificada pela divisão do trabalho, a supressão do trabalhador individual pelo socializado aparece ainda como sendo mais ou menos casual. A maquinaria, com algumas exceções a serem aventadas posteriormente, só funciona com base no trabalho imediatamente socializado ou coletivo. O caráter cooperativo do processo de trabalho torna-se agora, portanto, uma necessidade técnica ditada pela natureza do próprio meio de trabalho.

2. TRANSFERÊNCIA DE VALOR DA MAQUINARIA AO PRODUTO

Viu-se que as forças produtivas decorrentes da cooperação e da divisão do trabalho nada custam ao capital. São forças naturais do trabalho social. Forças naturais, como vapor, água etc., que são apropriadas para uso em processos produtivos também nada custam. Mas, assim como o ser humano precisa de um pulmão para respirar, ele precisa de uma "criação da mão humana" para consumir produtivamente forças da Natureza. Uma roda-d'água é necessária para explorar a força motriz da água; uma máquina a vapor, para explorar a elasticidade do vapor. O que ocorre com as forças naturais ocorre com a ciência. Uma vez descobertas, a lei do desvio da agulha magnética no campo de ação de uma corrente elétrica ou a lei da indução de magnetismo no ferro em torno do qual circula uma corrente elétrica já não custam um único centavo.[108] Mas, para a exploração dessas leis pela telegrafia etc., é preciso uma aparelhagem muito cara e extensa. A ferramenta, como vimos, não é suprimida pela máquina. De uma ferramenta diminuta do organismo humano, ela aumenta em tamanho e número, tornando-se ferramenta de um mecanismo criado pelo ser humano. Em

vez de com uma ferramenta manual, agora o capital faz com que o trabalhador opere com uma máquina que conduz por si mesma suas ferramentas. Se, por isso, está claro à primeira vista que a grande indústria tem de aumentar extraordinariamente a produtividade do trabalho mediante a incorporação de monstruosas forças da Natureza e das ciências naturais ao processo de produção, não está de modo algum igualmente claro ¦ 112
que essa força produtiva ampliada não seja, por outro lado, obtida à custa de maior dispêndio de trabalho ¦. Como qualquer outro componente do capital constante, a maquinaria não cria valor, mas transfere seu próprio valor ao produto para cuja feitura ela serve. À medida que tem valor e, por isso, transfere valor ao produto, ela se constitui num componente de valor do mesmo. Ao invés de barateá-lo, encarece-o proporcionalmente a seu próprio valor. E é evidente que máquina e maquinaria desenvolvidas sistematicamente, o meio característico de trabalho da grande indústria, contêm desproporcionalmente mais valor em comparação com os meios de trabalho do artesanato e da manufatura.

É preciso, agora, observar inicialmente que a maquinaria entra sempre por inteiro no processo de trabalho e apenas em parte no processo de valorização. Ela nunca agrega mais valor do que, em média, perde por seu desgaste. Há, portanto, grande diferença entre o valor da máquina e a parcela do valor que ela transfere periodicamente para o produto. Há grande diferença entre a máquina como elemento formador do valor e como elemento formador do produto. Quanto maior o período durante o qual a mesma máquina serve repetidamente para o mesmo processo de trabalho, tanto maior essa diferença. Em todo caso, vimos que todo meio de trabalho ou instrumento de produção propriamente dito entra sempre inteiramente no processo de trabalho e sempre apenas em parte, na proporção de seu desgaste médio diário, no processo de valorização. Essa diferença entre utilização e desgaste é, no entanto, muito maior na maquinaria do que na ferramenta, porque ela, feita de material mais duradouro, tem vida mais longa, porque sua aplicação, regulada por leis rigorosamente científicas, possibilita maior economia no desgaste de suas partes componentes e de seus meios de consumo; finalmente, porque seu campo de produção é incomparavelmente maior do que o da ferramenta. Deduzamos de ambas, da maquinaria e da ferramenta, seus custos médios diários ou a componente de valor que, mediante o desgaste médio diário e o consumo de materiais acessórios, como óleo, carvão etc., agregam ao produto, então verificaremos que atuam de graça, exatamente da mesma forma que forças naturais preexistentes sem acréscimo de trabalho humano. Quanto maior o âmbito de atuação produtiva da maquinaria em relação ao da ferramenta, tanto maior o âmbito de seu serviço não pago, em comparação com o da ferramenta.

Só na grande indústria o ser humano aprende a fazer o produto de seu trabalho anterior, já objetivado, atuar gratuitamente em larga escala como uma força da Natureza.[109]

Do estudo da cooperação e da manufatura resultou que certas condições gerais de produção, como prédios etc., se comparadas com as condições de produção esparsas de trabalhadores isolados, são economizadas por meio do consumo coletivo e, portanto, encarecem menos o produto. Na maquinaria, não só o corpo de uma máquina de trabalho é consumido por suas muitas ferramentas, mas também a própria máquina motriz, além de parte do mecanismo de transmissão, é coletivamente consumida por muitas máquinas de trabalho.

Dada a diferença entre o valor da maquinaria e a parte de valor transferida para seu produto diário, o grau em que essa parte do valor encarece o produto depende, antes de tudo, do tamanho do produto, assim como de sua superfície. O Sr. Baynes, de Blackburn, numa conferência publicada em 1857, estima que

> cada cavalo-vapor real[109a] impulsiona 450 fusos da *self-acting mule* ou 200 fusos de *throstle* ou 15 teares para 40 *inch cloth* [pano de 40 polegadas], além dos acessórios para levantar a urdidura, alisar etc.[I]

Os custos diários de um cavalo-vapor e o desgaste da maquinaria colocada em movimento por ele se distribuem no primeiro caso entre o produto diário de 450 fusos de *mule*, no segundo entre o de 200 fusos de *throstle* e no terceiro entre o de 15 teares, de modo que, em virtude disso, apenas uma parcela ínfima de valor é transferida a uma onça de fio ou a uma vara de tecido. O mesmo se dá, no exemplo acima, com o martelo a vapor. Já que seu desgaste diário, consumo de carvão etc. se repartem pelas tremendas massas de ferro que martela a cada dia, a cada quintal de ferro só adere uma parcela minúscula de valor, que seria muito grande se esse instrumento ciclópico tivesse de colocar pequenos pregos. Dada a escala de ação da máquina de trabalho, portanto o número de suas ferramentas, ou, em se tratando de força, dado seu tamanho, a massa de produtos dependerá da velocidade com que ela opera, portanto, por exemplo, da velocidade com que gira o fuso ou do número de golpes que o martelo dá em um minuto. Vários desses martelos colossais dão 70 golpes, a máquina de forjar patenteada por Ryder, que usa martelos a vapor em dimensões menores para forjar fusos, dá 700 golpes em um minuto.

I J. B. Baynes, *The Cotton Trade. Two Lectures on the Above Subject, Delivered Before the Members of the Blackburn Literary Scientific and Mechanics' Institution*. London: Blackburn, 1857. [N. E. A.]

Dada a proporção em que a maquinaria transfere valor para o produto, a grandeza dessa parcela de valor depende de sua própria grandeza de valor.[110] Quanto menos trabalho ela mesma contém, menos valor agrega ao produto. Quanto menos valor transfere, mais produtiva é e mais seu préstimo se aproxima do das forças naturais. A produção de maquinaria por intermédio de maquinaria reduz, porém, seu valor em relação a sua amplitude e eficácia.

Uma análise comparativa entre os preços das mercadorias produzidas artesanal ou manufatureiramente e os preços das mesmas mercadorias como produtos de máquina dá, em geral, o resultado de que, no produto de máquina, a parte do valor devida ao meio de trabalho cresce relativamente, mas decresce em termos absolutos. Isso quer dizer que sua grandeza absoluta decresce, mas sua grandeza cresce em relação ao valor total do produto, por exemplo uma libra de fio.[111]

É claro que ocorre um mero deslocamento do trabalho, portanto a soma total do trabalho exigido para a produção de uma mercadoria não é diminuída nem a força produtiva do trabalho é aumentada quando a produção de uma máquina custa tanto trabalho quanto sua aplicação economiza. No entanto, a diferença entre o trabalho que ela custa e o trabalho que ela poupa, ou o grau de sua produtividade, não depende, evidentemente, da diferença entre seu próprio valor e o valor da ferramenta por ela substituída. A diferença perdurará tanto tempo quanto os custos de trabalho da máquina, por isso a parcela de valor adicionada por ela ao produto permanecerá menor do que o valor que o trabalhador com sua ferramenta acrescentaria ao objeto do trabalho. A produtividade da máquina se mede, portanto, pelo grau em que ela substitui a força de trabalho humana. Segundo o Sr. Baynes, são necessários 2½ trabalhadores[112] para 450 fusos de *mule* com acessórios, que são movidos por um cavalo-vapor; e, com cada *self-acting mule spindle* [fuso de máquina automática de fiar], em 10 horas de trabalho diário, são fiadas 13 onças de fio (número médio), portanto, semanalmente, 365⅝ libras por 2½ trabalhadores. Em sua transformação em fio, cerca de 366 libras de algodão (para simplificar, não consideramos as perdas) absorvem, portanto, apenas 150 horas de trabalho ou 15 dias de trabalho de dez horas, enquanto que, com a roda de fiar, se o fiandeiro manual fornece 13 onças de fio em 60 horas, o mesmo *quantum* de algodão absorve 2700 dias de trabalho de 10 horas ou 27000 horas de trabalho.[113] Onde o velho método do *block printing* ou de estampar tecidos à mão foi deslocado pela impressão à máquina, uma única máquina, assistida por um homem ou um rapaz, estampa tanto tecido a quatro cores quanto 200 homens antigamente.[114] Antes de Eli Whitney ter inventado a *cotton gin* em 1793, a separação de uma libra de algodão da semente custava em média um dia de trabalho. Em decorrência de sua invenção, 100 libras de algodão podiam ser obtidas a cada dia por uma [mulher] negra e, desde então, a eficiência da *gin* foi consideravelmente aumentada. Uma libra de fibra de algodão, antigamente produzida a 50 cents, é mais tarde vendida com maior lucro, ou seja, com a inclusão de mais trabalho não pago, a 10 cents. Na Índia, para separar a fibra da semente, emprega-se um instrumento semimecânico, a churka, com a qual um homem e uma mulher limpam diariamente 28 libras-peso. Com a churka inventada há alguns anos pelo Dr. Forbes, um homem e um rapaz produzem diariamente 250 libras; onde bois, vapor ou água são usados como forças motrizes, são necessários apenas poucos meninos e meninas como *feeders* (alimentadores da máquina com material). Dezesseis dessas máquinas, movidas por bois, fazem por dia o trabalho médio diário de 750 pessoas.[115]

Como já foi aventado,[I] a máquina a vapor, no caso do arado a vapor, executa em uma hora, a 3 pence ou ¼ de xelim, tanto trabalho quanto 66 pessoas a 15 xelins por hora. Volto a esse exemplo para esclarecer uma concepção falsa. Os 15 xelins não são, de modo algum, a expressão do trabalho realizado pelas 66 pessoas em uma hora. Se a relação entre mais-trabalho e trabalho necessário era de 100%, então ¦ 113 esses 66 trabalhadores produziam por hora um valor de 30 xelins, embora só 33 horas representem um equivalente para eles, isto é, um salário de 15 xelins ¦. Supondo-se, portanto, que uma máquina custa tanto quanto o salário anual de 150 trabalhadores deslocados por ela, digamos 3 000 libras esterlinas, então 3 000 libras esterlinas não são, de modo algum, a expressão monetária do trabalho fornecido por 150 trabalhadores e agregado ao objeto do trabalho, mas só a expressão da parcela de seu trabalho anual que se apresenta a eles mesmos como salário. Em contrapartida, o valor monetário da máquina de 3 000 libras esterlinas expressa todo o trabalho despendido durante sua produção, qualquer que seja a relação em que esse trabalho constitua salário para o trabalhador e mais-valia para o capitalista. Caso a máquina custe, por conseguinte, tanto quanto a força de trabalho substituída por ela, então o trabalho objetivado nela mesma é sempre muito menor do que o trabalho vivo por ela substituído.[116]

Considerada a maquinaria exclusivamente um meio de baratear o produto, o limite para seu uso está em que sua própria produção custe menos trabalho do que o trabalho que sua aplicação substitui. Para o capital, no entanto, esse limite se expressa de modo mais estreito. Como ele não paga o trabalho aplicado, mas o valor da força de trabalho aplicada, o uso da máquina lhe é delimitado pela diferença entre o valor

---

I Ver, neste volume, p. 751, nota 96. [N. E. B.]

da máquina e o valor da força de trabalho substituída por ela. Como a divisão da jornada de trabalho em trabalho necessário e mais-trabalho é diferente em diferentes países, bem como no mesmo país em diferentes períodos ou durante o mesmo período em diferentes ramos de atividades; como, além disso, o verdadeiro salário do trabalhador ora cai abaixo do valor de sua força de trabalho, ora se eleva acima dele, a diferença entre o preço da maquinaria e o preço da força de trabalho a ser substituída por ela pode variar muito, ainda que a diferença entre o *quantum* de trabalho necessário à produção da máquina e o *quantum* total de trabalho substituído por ela continue a mesma.[116a] Mas é só a primeira diferença que determina os custos de produção de mercadoria para o próprio capitalista e o influencia por meio das leis coercitivas da concorrência. Por isso, hoje, na Inglaterra, são inventadas máquinas empregadas apenas na América do Norte, assim como a Alemanha inventou, nos séculos XVI e XVII, máquinas utilizadas apenas pela Holanda, bem como mais de uma invenção francesa do século XVIII foi explorada apenas na Inglaterra. Em países desenvolvidos há mais tempo, a própria máquina produz, por sua aplicação em alguns ramos de atividade, tal excesso de trabalho (*redundancy of labour*, diz Ricardo) em outros ramos que, aí, a queda do salário abaixo do valor da força de trabalho impede o uso da maquinaria e torna-o supérfluo, frequentemente impossível, do ponto de vista do capital, cujo lucro surge, de qualquer modo, da diminuição não do trabalho aplicado, mas do trabalho pago. Em alguns ramos da manufatura inglesa de lã, o trabalho infantil diminuiu muito durante os últimos anos e, aqui e ali, foi quase suprimido. Por quê? A lei fabril tornou necessários dois turnos de crianças, dos quais um trabalha 6 horas e o outro 4, ou cada um só 5 horas. Mas os pais não queriam vender os *half-times* (meios-turnos) mais baratos do que anteriormente os *full-times* (turnos completos). Daí a substituição dos *half-times* por maquinaria.[117] Antes da proibição do trabalho de mulheres e crianças (com menos de 10 anos) em minas, o capital considerava o método de utilizar mulheres e meninas nuas, muitas vezes junto com homens, tão de acordo com seu código moral e sobretudo com seu livro-caixa que só depois da proibição ele recorreu à maquinaria. Os ianques inventaram máquinas britadoras. Os ingleses não as utilizam porque o "miserável" ("*wretch*" é o termo da Economia Política inglesa criado para o trabalhador agrícola) que faz esse trabalho recebe como paga uma parte tão diminuta de seu trabalho que a maquinaria encareceria a produção para o capitalista.[118] Na Inglaterra, em vez de cavalos, ocasionalmente ainda se utilizam mulheres para puxar etc. os barcos nos canais,[119] porque o trabalho exigido para a produção de cavalos e máquinas é um *quantum* matematicamente dado, enquanto, pelo contrário, o exigido para manter mulheres da população excedente está abaixo de qualquer cálculo. Por isso, em nenhum lugar se encontra desperdício mais descarado de força humana por uma ninharia do que na Inglaterra, a terra das máquinas.

3. EFEITOS IMEDIATOS DA PRODUÇÃO MECANIZADA SOBRE O TRABALHADOR

O ponto de partida da grande indústria constitui, como foi mostrado, a revolução do meio de trabalho, e o meio de trabalho revolucionado assume sua configuração mais desenvolvida no sistema articulado de máquinas da fábrica. Antes de vermos como o material humano é incorporado a esse organismo objetivo, consideremos algumas repercussões gerais daquela revolução sobre o próprio trabalhador.

a) Apropriação de forças de trabalho suplementares pelo capital. Trabalho feminino e infantil

À medida que a maquinaria torna a força muscular dispensável, ela se torna o meio de utilizar trabalhadores sem força muscular ou com desenvolvimento corporal imaturo, mas com membros de maior flexibilidade. Por isso, o trabalho de mulheres e de crianças foi a primeira palavra de ordem da aplicação capitalista da maquinaria! Com isso, esse poderoso meio de substituir trabalho e trabalhadores transformou-se rapidamente num meio de aumentar o número de assalariados, colocando todos os membros da família dos trabalhadores, sem distinção de sexo nem idade, sob o comando imediato do capital. O trabalho forçado para o capitalista usurpou não apenas o lugar do folguedo infantil, mas também o trabalho livre no círculo doméstico, dentro de limites decentes, para a própria família.[120]

O valor da força de trabalho era determinado pelo tempo de trabalho necessário não só para a manutenção do trabalhador individual adulto, mas para a manutenção da família do trabalhador. A maquinaria, ao lançar todos os membros da família do trabalhador no mercado de trabalho, reparte o valor da força de trabalho do homem por toda a sua família. Ela desvaloriza, portanto, sua força de trabalho. A compra de uma família parcelada em, por exemplo, 4 forças de trabalho custa, talvez, mais do que anteriormente a compra da força de trabalho do cabeça da família, mas, em compensação, surgem 4 jornadas de trabalho no lugar de uma, e o preço delas cai proporcionalmente ao excedente de mais-trabalho dos quatro em relação ao mais-trabalho de um. Agora, quatro precisam fornecer não só trabalho, mas mais-trabalho para o capital, a fim de que uma família possa viver. Assim, desde o início, a maquinaria amplia o material humano de exploração, o campo propriamente de exploração do capital,[121] do mesmo modo e ao mesmo tempo que o grau de exploração.

A maquinaria também revoluciona radicalmente a mediação formal das relações de capital, o contrato entre trabalhador e capitalista. Com base no intercâmbio de mercadorias, o pressuposto inicial era que capitalista e trabalhador se confrontariam como pessoas livres, como possuidores independentes de mercadorias: um, possuidor de dinheiro e de meios de produção; o outro, possuidor de força de trabalho. Mas, agora, o capital compra menores ou semidependentes. Antes o trabalhador vendia sua própria força de trabalho, da qual dispunha como pessoa formalmente livre. Agora vende mulher e filho. Torna-se mercador de escravos.[122] A demanda por trabalho infantil assemelha-se, frequentemente também na forma, à demanda de escravos negros, como se costumava ler em anúncios de jornais americanos.

> "Minha atenção", diz, por exemplo, um inspetor de fábrica inglês, "foi despertada por um anúncio no jornal local de uma das mais importantes cidades manufatureiras de meu distrito, do qual o seguinte é uma cópia: Precisa-se de 12 a 20 garotos bastante crescidos para que possam passar por 13 anos. Salário, 4 libras esterlinas por semana. Dirigir-se a etc."[123]

A frase "que possam passar por 13 anos" refere-se a que, pela Factory Act, crianças com menos de 13 anos só podem trabalhar 6 horas. Um médico oficialmente habilitado (*certifying surgeon*) tem de atestar a idade. O fabricante pede, portanto, garotos que aparentem já ter treze anos. A queda, por vezes súbita, do número de crianças com menos de 13 anos empregadas por fabricantes, surpreendente na estatística inglesa dos últimos 20 anos, era, segundo o depoimento dos inspetores de fábrica, devida em grande parte aos *certifying surgeons*, que falseavam a idade das crianças de acordo com a ânsia de exploração dos capitalistas e com a necessidade de traficância dos pais. No mal-afamado distrito londrino de Bethnal Green, a cada segunda-feira e terça-feira pela manhã, é realizado um mercado público em que crianças de ambos os sexos, a partir de 9 anos de idade, alugam a si mesmas para as manufaturas de seda londrinas. "As condições usuais são 1 xelim e 8 pence por semana (que pertencem aos pais) e 2 pence para mim mesmo, além de chá." Os contratos são válidos apenas por uma semana. As cenas e o linguajar, enquanto dura esse mercado, são verdadeiramente revoltantes.[124] Na Inglaterra, ainda ocorre que mulheres "peguem garotos da *workhouse* e os aluguem para qualquer comprador por 2 xelins e 6 pence por semana".[125] Apesar da legislação, pelo menos 2 000 rapazes continuam sendo vendidos na

Grã-Bretanha por seus próprios pais como máquinas vivas para limpar chaminés (apesar de existirem máquinas para substituí-los).[126] A revolução acarretada pela maquinaria na relação jurídica entre comprador e vendedor de força de trabalho, de maneira que a transação toda perde até mesmo a aparência de um contrato entre duas pessoas livres, propiciou mais tarde ao Parlamento inglês a escusa jurídica para a ingerência do Estado no sistema fabril. Toda vez que a lei fabril limita a 6 horas o trabalho infantil em ramos industriais até então não atingidos, ecoa sempre de novo a lamentação dos fabricantes: que parte dos pais retiraria as crianças da indústria, agora regulamentada, para vendê-las naquelas em que ainda predomina a "liberdade de trabalho", isto é, onde crianças com menos de 13 anos são obrigadas a trabalhar como adultos, podendo ser, portanto, também alienadas a um preço maior. Como o capital, porém, é um *leveller* [nivelador] por natureza, isto é, exige, em todas as esferas da produção, como um direito humano inato, igualdade nas condições de exploração do trabalho, a limitação legal do trabalho infantil em um ramo da indústria torna-se causa de sua limitação em outro.

Já se fez alusão à ruína física das crianças e dos jovens, bem como à das mulheres trabalhadoras, que a maquinaria submete à exploração do capital primeiro diretamente nas fábricas que rapidamente crescem com base nela e, depois, indiretamente, em todos os demais ramos industriais. Só nos deteremos aqui num ponto, a monstruosa mortalidade de filhos de trabalhadores em seus primeiros anos de vida. Na Inglaterra, há 16 distritos de registro em que, na média anual, para cada 100 000 crianças vivas com menos de 1 ano de idade, só ocorrem 9 085 casos de óbito (em um distrito, apenas 7 047); em 24 distritos, mais de 10 000, mas abaixo de 11 000; em 39 distritos, mais de 11 000, mas abaixo de 12 000; em 48 distritos, mais de 12 000, mas menos de 13 000; em 22 distritos, acima de 20 000; em 25 distritos, acima de 21 000; em 17, acima de 22 000; em 11, acima de 23 000; em Hoo, Wolverhampton, Ashton-under-Lyne e Preston, acima de 24 000; em Nottingham, Stockport e Bradford, acima de 25 000; em Wisbeach 26 001; e, em Manchester, 26 125.[127] Como demonstrou uma investigação médica oficial em 1861, abstraindo circunstâncias locais, as altas taxas de mortalidade se devem principalmente à ocupação extradomiciliar das mães e aos descuidos e maus-tratos daí decorrentes em relação às crianças – entre outras coisas, alimentação inadequada, falta de alimentação, administração de opiatos etc. –, além da alienação antinatural das mães contra seus filhos e, consequentemente, privação alimentar e envenenamento propositais.[128] Em distritos agrícolas, "onde existe um mínimo de ocupação feminina, a taxa de mortalidade é, por outro lado, menor".[129] A comissão de investigação de 1861, no entanto, chegou ao resultado inesperado de que, em alguns distritos puramente agrícolas adjacentes ao Mar do Norte, a taxa de mortalidade de crianças com menos de um ano quase alcançou a dos distritos fabris de pior fama. O Dr. Julian Hunter foi, por isso, incumbido de pesquisar *in loco* esse problema. Seu relatório está incorporado ao *VI Report on Public Health.*[130] Supunha-se que até então as crianças eram dizimadas pela malária e por outras doenças típicas de regiões baixas e pantanosas. A investigação revelou exatamente o contrário, ou seja,

> que a mesma causa que extinguiu a malária, isto é, a transformação do solo, de pântano no inverno e pastagem pobre no verão em terra fértil para cereais, acarretou a extraordinária taxa de mortalidade infantil.[131]

Os 70 clínicos gerais que o Dr. Hunter ouviu naquele distrito foram "surpreendentemente unânimes" quanto a esse ponto. De fato, com a revolução no cultivo do solo foi introduzido o sistema industrial.

> Mulheres casadas, que, em bandos, trabalham junto com meninas e meninos, são postas à disposição do arrendatário por um homem, chamado de "mestre do bando", que aluga o bando todo por determinada quantia. Esses bandos se deslocam frequentemente muitas milhas para longe de suas aldeias, são encontráveis ao amanhecer e à noitinha pelas estradas rurais, as mulheres usando anáguas curtas, saias correspondentes e botas, e às vezes calças, parecendo muito fortes e saudáveis, mas arruinadas pela imoralidade costumeira e despreocupadas com as consequências nefastas que seu amor por essa vida ativa e independente está acarretando para seus infortunados rebentos, que definham em casa.[132]

Todos os fenômenos dos distritos fabris se reproduzem aí e, em maior grau, o infanticídio disfarçado e o tratamento de crianças com opiatos.[133]

> "Meu conhecimento do mal que causa", diz o Dr. Simon, funcionário médico do *Privy Council* inglês e redator *en chef* dos relatórios sobre *Public Health*, "deve justificar o profundo horror com que encaro qualquer emprego industrial, em larga escala, de mulheres adultas."[134] "Será", proclama o inspetor de fábrica R. Baker num relatório oficial, "de fato uma felicidade para os distritos manufatureiros da Inglaterra quando toda mulher casada, que tenha família, for proibida de trabalhar em qualquer fábrica."[135]

A degradação moral decorrente da exploração capitalista do trabalho de mulheres e crianças foi exposta tão exaustivamente por F. Engels em *A situação da classe trabalhadora na Inglaterra* e por outros autores que apenas a registro aqui. Mas a devastação intelectual, artificialmente produzida pela transformação de pessoas imaturas em meras máquinas de produção de mais-valia – que deve ser bem distinguida daquela ignorância natural que deixa o espírito ocioso sem estragar sua capacidade de desenvolvimento, sua própria fecundidade natural –, obrigou, finalmente, até mesmo o Parlamento inglês a fazer do ensino primário a condição legal para o uso "produtivo" de crianças com menos de 14 anos em todas as indústrias sujeitas às leis fabris. O espírito da produção capitalista resplandeceu com brilho na redação indecente das assim chamadas cláusulas educacionais da legislação fabril, na falta de maquinaria administrativa, que torna esse ensino compulsório novamente em grande parte ilusório, na oposição dos fabricantes até mesmo contra essa lei do ensino e em artimanhas práticas e trapaças para deixarem de cumpri-la.

> Deve-se culpar apenas o Legislativo por ter passado uma lei ilusória (*delusive law*) que, sob a aparência de providenciar educação para as crianças, não contém nenhum dispositivo pelo qual esse pretenso objetivo possa ser assegurado. Ela não determina nada, exceto que as crianças devem ser encerradas por determinado número de horas" (3 horas) "por dia dentro das quatro paredes de um local, chamado de escola, e que o patrão da criança deve receber semanalmente um certificado a respeito de uma pessoa que o assina como professor ou professora.[136]

Antes da promulgação da lei fabril[I] emendada de 1844, não eram raros certificados de frequência escolar assinados com uma cruz pelo professor ou pela professora, já que estes não sabiam escrever.

> "Ao visitar uma dessas escolas expedidoras de certificados, fiquei tão chocado com a ignorância do mestre-escola que lhe disse: 'Por favor, o senhor sabe ler?'. Sua resposta foi: 'Ah, alguma coisa' (*summat*).[II] E, como justificativa, acrescentou: 'De todos os modos, estou à frente de meus alunos'."

Durante a elaboração da lei de 1844, os inspetores de fábrica denunciavam a lamentável situação dos locais, denominados escolas, cujos certificados eles tinham de aceitar como totalmente válidos do ponto de vista legal. Tudo o que conseguiram foi que, a partir de 1844,

---

I Neste capítulo, seguidamente aparece a expressão "lei fabril" ou "legislação fabril", tradução de *Fabrikakt* e *Fabrikgesetzgebung*, referindo-se à expressão inglesa *Factory Act*, também muito empregada por Marx. A tradução feita decorre de uma tradição já institucionalizada, ainda que seu pleno significado seja encontrado na expressão "lei trabalhista" e "legislação trabalhista". [N. T.]

II "*Something*" em *cockney*, dialeto londrino. [N. T.]

os números no certificado escolar tivessem de ser preenchidos com letra do próprio punho do mestre-escola, que também tinha de assinar com nome e sobrenome.[137]

Sir John Kincaid, inspetor de fábrica na Escócia, conta experiências funcionais semelhantes.

> "A primeira escola que visitamos era mantida por uma certa Mrs. Ann Killin. Quando lhe pedi para soletrar o sobrenome, ela logo cometeu um erro ao começar com a letra C, mas, corrigindo-se imediatamente, disse que seu sobrenome começava com K. Olhando sua assinatura nos livros de assentamentos escolares, reparei, no entanto, que ela o escrevia de vários modos, enquanto sua letra não deixava nenhuma dúvida quanto a sua incapacidade para lecionar. Ela mesma também reconheceu que não sabia manter o registro. [...] Numa segunda escola, encontrei uma sala de aula de 15 pés de comprimento e 10 pés de largura e, nesse espaço, contei 75 crianças que estavam grunhindo algo ininteligível."[138] "Não é, porém, apenas nessas covas lamentáveis que as crianças recebem certificados escolares mas nenhuma instrução, pois, em muitas escolas onde o professor é competente, os esforços dele são de pouca valia em face do amontoado atordoante de crianças de todas as idades, a partir de três anos. Sua receita, mísera no melhor dos casos, depende totalmente do número de pence recebidos do maior número de crianças que seja possível empilhar num quarto. A isso acresce o parco mobiliário escolar, a carência de livros e outros materiais didáticos, bem como o efeito deprimente, sobre as pobres crianças, de uma atmosfera fechada e fétida. Estive em muitas dessas escolas, onde vi séries inteiras de crianças não fazendo absolutamente nada: e isso é certificado como frequência escolar e, na estatística oficial, tais crianças figuram como tendo sido educadas (*educated*)."[139]

Na Escócia, os fabricantes procuram excluir, na medida do possível, crianças obrigadas a frequentar a escola.

> Isso basta para demonstrar a grande hostilidade dos fabricantes contra as cláusulas educacionais.[140]

De modo grotesco e horripilante, isso aparece nas estamparias de chita etc., que são regulamentadas por uma lei fabril própria. Segundo as determinações da lei:

> Toda criança, antes de ser empregada numa dessas estamparias, deve ter frequentado a escola por ao menos 30 dias e não menos de 150 horas durante os 6 meses que precedem imediatamente o primeiro dia de seu emprego.

> Durante a continuidade de seu emprego na estamparia, precisa igualmente frequentar a escola por um período de 30 dias e de 150 horas a cada período letivo semestral. [...] A frequência à escola precisa ocorrer entre 8 horas da manhã e 6 horas da tarde. Nenhuma frequência de menos de 2½ horas nem de mais de 5 horas no mesmo dia deve ser calculada como parte das 150 horas. Em circunstâncias normais, as crianças frequentam a escola pela manhã e à tarde por 30 dias, 5 horas por dia e, após o decurso dos 30 dias, quando a soma estatutária total de 150 horas for atingida, quando elas, para usar seu linguajar, acabarem seu livro, voltam para a estamparia, onde ficam de novo por 6 meses até que vença outro prazo de frequência escolar, e então ficam novamente na escola, até que acabem o livro novamente. [...] Ao voltar após o término dos 6 meses de permanência na estamparia, muitos rapazes que frequentam a escola durante as 150 horas requeridas estão no mesmo ponto em que estavam no começo. [...] Eles naturalmente perderam tudo quanto tinham adquirido com sua frequência anterior à escola. Em outras estamparias de chita, a frequência escolar é tornada dependente, de modo total e absoluto, das necessidades de serviço da fábrica. O número regulamentar de horas é preenchido a cada período semestral mediante prestações de 3 a 5 horas por vez, que talvez estejam dispersas pelos 6 meses. Por exemplo, num dia a escola é frequentada das 8 às 11 horas da manhã, noutro dia da 1 até as 4 horas da tarde e, depois de a criança ter ficado ausente por uma série de dias, volta subitamente das 3 às 6 da tarde; então, aparece talvez por 3 a 4 dias consecutivos, ou por uma semana, desaparece daí novamente por 3 semanas ou por 1 mês inteiro e retorna por algumas horas poupadas nos dias sobrantes, quando seu empregador por acaso não precisar dela; e, desse modo, a criança é, por assim dizer, chutada (*buffeted*) da escola para a fábrica, da fábrica para a escola, até que a soma de 150 horas tenha sido completada.[141]

Com a adição preponderante de crianças e mulheres ao pessoal de trabalho combinado, a maquinaria quebra finalmente a resistência que o trabalhador masculino ainda opunha na manufatura ao despotismo do capital.[142]

b) Prolongamento da jornada de trabalho

Se a maquinaria é o meio mais poderoso de elevar a produtividade do trabalho, isto é, de encurtar o tempo de trabalho necessário à produção de uma mercadoria, ela se torna, como portadora do capital, inicialmente nas indústrias de que se apodera de imediato, o mais poderoso meio de prolongar a jornada de trabalho para além de qualquer limite natural. Ela cria, por um lado, novas condições que capacitam o capital a dar livre vazão a essa sua tendência constante e, por outro lado, novos motivos para aguçar seu apetite voraz por trabalho alheio.

Antes de tudo, na maquinaria se autonomizam, em relação ao trabalhador, o movimento e a atividade operativa do meio de trabalho. Este se torna, em si e para si, um *perpetuum mobile* industrial, que produziria ininterruptamente caso não se chocasse com certas limitações naturais em seus auxiliares humanos: sua fraqueza corpórea e sua vontade própria. Enquanto capital – e, enquanto tal, o autômato tem no capitalista consciência e vontade –, está animada pelo impulso de reduzir a opositiva mas elástica limitação natural do ser humano à resistência mínima.[143] Esta é, de qualquer modo, diminuída pela aparente facilidade do trabalho na máquina e pela maior docilidade e maleabilidade dos elementos feminino e infantil.[144]

Como vimos, a produtividade da maquinaria é inversamente proporcional à grandeza da parcela de valor por ela transferida para o produto. Quanto mais longo o período em que funciona, tanto maior a massa dos produtos sobre a qual se reparte o valor por ela adicionado e tanto menor a parte do valor que ela adiciona à mercadoria individual. Mas o período de vida ativa da maquinaria é claramente determinado pela duração da jornada de trabalho ou pela duração do processo de trabalho diário multiplicado pelo número de dias em que ele se repete.

A depreciação das máquinas não corresponde, de modo algum, com exatidão matemática a seu tempo de utilização. E, mesmo que isso seja pressuposto, uma máquina que funciona 16 horas por dia durante 7½ anos cobre um período tão grande de produção e não adiciona ao produto total mais valor do que a mesma máquina que, durante 15 anos, funciona apenas 8 horas por dia. No primeiro caso, no entanto, a reprodução do valor da máquina seria duas vezes mais rápida do que no segundo, e o capitalista teria embolsado tanto mais-trabalho em 7½ anos quanto, no segundo caso, em 15.

O desgaste material da máquina é duplo. Um desgaste decorre de seu uso, como peças monetárias se desgastam pela circulação; o outro, de seu não uso, como uma espada inativa enferruja na bainha. Esse é seu desgaste pelos elementos. O desgaste da primeira espécie está em relação mais ou menos direta com seu uso; o segundo, até certo ponto, na razão inversa de seu uso.[145]

Mas, além do desgaste material, a máquina sofre um desgaste moral, por assim dizer. Ela perde valor de troca à medida que se podem reproduzir de modo mais barato máquinas de igual construção ou à medida que surjam máquinas melhores concorrendo com ela.[146] Em ambos os casos, seu valor, por mais nova e vitalmente forte que ainda possa ser, já não é determinado pelo tempo de trabalho de fato objetivado nela mesma, mas pelo tempo de trabalho necessário à sua própria reprodução ou à representação da máquina mais aperfeiçoada. Por isso, ela está mais ou menos desvalorizada. Quanto mais curto o período em que seu valor total é reproduzido, tanto menor o perigo da depreciação moral; quanto mais longa a jornada de trabalho, tanto mais curto aquele período. Logo que se introduz maquinaria em qualquer ramo da produção passo a passo aparecem novos métodos para reproduzi-la mais barato[147] e aperfeiçoamentos que atingem não só partes ou dispositivos isolados, mas toda sua construção. Por isso, em seu primeiro período de vida, esse motivo especial para o alongamento da jornada de trabalho atua de modo mais agudo.[148]

As demais circunstâncias permanecendo as mesmas e com uma jornada de trabalho dada, a exploração do dobro do número de trabalhadores exige igualmente a duplicação da parte do capital constante despendida em maquinaria e construções, bem como da despendida em matéria-prima, materiais auxiliares etc. Prolongando-se a jornada de trabalho, amplia-se a escala da produção, enquanto a parte do capital despendida em maquinaria e construções permanece a mesma.[149] Por isso, não só aumenta a mais-valia, mas diminuem as despesas necessárias à exploração da mesma. Na verdade, isso também ocorre mais ou menos em todo e qualquer outro prolongamento da jornada de trabalho; aqui se torna mais importante porque a parte do capital transformada em meio de trabalho é, em geral, mais importante.[150] O desenvolvimento da produção mecanizada fixa uma parcela sempre crescente do capital numa forma em que ele, por um lado, é constantemente valorizável e, por outro, perde valor de uso e valor de troca assim que seu contato com o trabalho vivo é interrompido. O Sr. Ashworth, um magnata inglês do algodão, ensina ao professor Nassau W. Senior:

> "quando um trabalhador agrícola põe de lado sua pá, torna inútil, por esse período, um capital de 18 pence. Se um dos nossos" (isto é, um dos trabalhadores da fábrica) "deixa a fábrica, ele torna inútil um capital que custou 100 000 libras esterlinas".[151]

Veja só! Tornar "inútil", ainda que apenas por um instante, um capital que custou 100 000 libras esterlinas! É de clamar aos céus, de fato, se algum dos nossos deixa a fábrica por uma única vez! O volume crescente da maquinaria, como o reconhece Senior, doutrinado por Ashworth, torna "desejável" um prolongamento sempre crescente da jornada de trabalho.[152]

A máquina produz mais-valia relativa não só ao desvalorizar diretamente a força de trabalho, e indiretamente baratear as mercadorias que entram em sua reprodução, mas também, em suas primeiras aplicações esporádicas, ao transformar em trabalho potenciado o trabalho empregado pelo dono das máquinas, ao elevar o valor social do produto da máquina acima de seu valor individual, possibilitando ao capitalista substituir, assim, com uma parcela menor de valor do produto diário, o valor diário da força de trabalho. Durante esse período de transição, em que a produção mecanizada permanece uma espécie de monopólio, os lucros são, por isso, extraordinários, e o capitalista procura explorar ao máximo essa "lua de mel" por meio do maior prolongamento possível da jornada de trabalho. A grandeza do ganho estimula a voracidade por mais ganho.

Com a generalização da maquinaria num mesmo ramo de produção, o valor social do produto da máquina cai para seu valor individual e se impõe a lei de que a mais-valia não se origina das forças de trabalho que o capitalista substitui pela máquina, mas, ao contrário, das forças de trabalho que ocupa com ela. A mais-valia só se origina da parte variável do capital, e vimos que a massa de mais-valia é determinada por dois fatores, a taxa de mais-valia e o número de trabalhadores simultaneamente ocupados. Dada a duração da jornada de trabalho, a taxa de mais-valia é determinada pela proporção em que a jornada se divide em trabalho necessário e mais-trabalho. O número de trabalhadores simultaneamente ocupados depende, por sua vez, da proporção entre a parte variável do capital e a constante. Está claro agora que a produção mecanizada, como quer que expanda, mediante o aumento da força produtiva do trabalho, o mais-trabalho à custa do trabalho necessário, só alcança esse resultado ao diminuir o número de trabalhadores ocupados por dado capital. Ela transforma parte do capital, que antes era variável, isto é, que se convertia em força de trabalho viva, em maquinaria, portanto em capital constante, que não produz mais-valia. É impossível, por exemplo, espremer tanta mais-valia de dois empregados quanto de 24. Se cada um dos 24 trabalhadores fornecer apenas uma hora de mais-trabalho a cada 12 horas, juntos eles fornecerão 24 horas de mais-trabalho, enquanto o trabalho total dos dois trabalhadores só compreenderá 24 horas. Há, portanto, uma contradição imanente na aplicação da maquinaria à produção de mais-valia, já que, dos dois fatores da mais-valia que um capital de dada grandeza fornece, ela só aumenta um, a taxa de mais-valia, porque reduz o outro fator, o número de trabalhadores. Essa contradição imanente se evidencia assim que, com a generalização da maquinaria em um ramo da indústria, o valor da mercadoria produzida mecanicamente se torna o valor social que regula todas as mercadorias da mesma espécie, e é essa contradição que, por sua vez, impele o capital, sem que ele tenha consciência disso,[153] ao prolongamento mais violento da jornada de trabalho, para compensar a redução do número relativo de trabalhadores explorados por meio do aumento do mais-trabalho não só relativo, mas também absoluto.

Se, portanto, a aplicação capitalista da maquinaria produz, por um lado, novos e poderosos motivos para o prolongamento desmedido da jornada de trabalho e revoluciona o próprio modo de trabalho, bem como o caráter do corpo social de trabalho, de tal maneira que quebra a oposição contra essa tendência, ela produz, por outro lado, em parte mediante a incorporação do capital de camadas da classe trabalhadora antes inacessíveis, em parte mediante a liberação dos trabalhadores deslocados pela máquina, uma população trabalhadora excedente,[154] compelida a aceitar a lei ditada pelo capital. Daí o notável fenômeno na história da indústria moderna de que a máquina joga por terra todos os limites morais e naturais da jornada de trabalho. Daí o paradoxo econômico de que o meio mais poderoso para encurtar a jornada de trabalho se torna o meio infalível de transformar todo o tempo de vida do trabalhador e de sua família em tempo de trabalho disponível para a valorização do capital. "Se", sonhava Aristóteles, o maior pensador da Antiguidade,

> cada ferramenta, obedecendo às ordens ou mesmo as pressentindo, pudesse realizar a obra que lhe coubesse, como os engenhos de Dédalo que se movimentavam por si mesmos ou as trípodes de Hefesto que iam por si mesmas ao trabalho sagrado, se as lançadeiras tecessem por si mesmas, não seriam, então, necessários auxiliares para o mestre artesão nem escravos para o senhor.[155]

E Antípatro, um poeta grego da época de Cícero, saudava a invenção do moinho hidráulico de moer cereal, essa forma elementar de toda maquinaria produtiva, como libertadora das escravas e criadora da Idade do Ouro![156] "Os pagãos, ah sim, os pagãos!" Como descobriu o sensato Bastiat e, antes dele, o ainda mais prudente McCulloch, eles não entendiam nada de Economia Política nem de cristianismo. Não entendiam, entre outras coisas, que a máquina é o mais comprovado meio de prolongar a jornada de trabalho. Justificavam eventualmente a escravidão de uns como meio para o pleno desenvolvimento humano de outros. Mas pregar a escravidão das massas para transformar alguns arrivistas grosseiros ou semicultos em "*eminent spinners*" [fiandeiros eminentes], *extensive sausage makers* [grandes fabricantes de salsichas] e *influential shoe black dealers* [influentes comerciantes de graxa de sapato], para isso lhes faltava o órgão especificamente cristão.

c) Intensificação do trabalho

O prolongamento desmedido da jornada de trabalho, que a maquinaria produz na mão do capital, provoca mais tarde, como vimos, uma reação por parte da sociedade, ameaçada em sua raiz vital, e com isso a instauração de uma jornada normal de trabalho legalmente limitada. Com base nesta última, desenvolve-se um fenômeno, que já encontramos antes, de decisiva importância – ou seja, a intensificação do trabalho. Na análise da mais-valia absoluta, tratava-se inicialmente da grandeza extensiva do trabalho, enquanto o grau de sua intensidade era pressuposto como dado. Temos, agora, de examinar a conversão da grandeza extensiva em grandeza intensiva ou de grau.

É evidente que, com o progresso da mecanização e com a experiência acumulada de uma classe própria de operadores de máquinas, aumenta naturalmente a velocidade e, com isso, a intensidade do trabalho. Assim, na Inglaterra, o prolongamento da jornada de trabalho avançou durante meio século paralelamente com a crescente intensificação do trabalho na fábrica. No entanto, torna-se compreensível que, num trabalho que não se caracteriza por paroxismos transitórios, mas por uma uniformidade regular, repetida a cada dia, é preciso alcançar um ponto nodal em que prolongamento da jornada de trabalho e intensidade do trabalho excluem-se mutuamente, de modo que o prolongamento da jornada de trabalho só é compatível com um grau mais fraco de intensidade do trabalho e, vice-versa, um grau mais elevado de intensidade com a redução da jornada de trabalho. Tão logo a revolta cada vez maior da classe trabalhadora obrigou o Estado a reduzir à força a jornada de trabalho e a ditar, inicialmente às fábricas propriamente ditas, uma jornada normal de trabalho, a partir desse instante, portanto, em que se impossibilitou de uma vez por todas a produção crescente de mais-valia mediante o prolongamento da jornada de trabalho, o capital lançou-se com força total e plena consciência à produção de mais-valia relativa por meio do desenvolvimento acelerado do sistema de máquinas. Ao mesmo tempo, ocorreu uma modificação no caráter da mais-valia relativa. Em geral, o método de produção da mais-valia relativa consiste em capacitar o trabalhador, mediante maior força produtiva do trabalho, a produzir mais com o mesmo dispêndio de trabalho no mesmo tempo. O mesmo tempo de trabalho continua a adicionar o mesmo valor ao produto total, embora esse valor de troca inalterado se apresente agora em mais valores de uso e, por isso, caia o valor da mercadoria individual. Ocorre outra coisa, porém, assim que a redução forçada da jornada de trabalho, com o prodigioso impulso que ela dá ao desenvolvimento da força produtiva e à economia das condições de produção, impõe maior dispêndio de trabalho, no mesmo tempo, tensão mais elevada da força de trabalho, preenchimento mais denso dos poros da jornada de trabalho, isto é, impõe ao trabalhador uma condensação do trabalho a um grau que só é atingível dentro da jornada de trabalho mais curta. Essa compressão de maior massa de trabalho em dado período de tempo conta, agora, pelo que ela é: como maior *quantum* de trabalho. Ao lado da medida do tempo de trabalho como "grandeza extensiva", surge agora a medida de seu grau de condensação.[157] A hora mais intensa da jornada de trabalho de 10 horas contém, agora, tanto ou mais trabalho, isto é, força de trabalho despendida, do que a hora mais porosa da jornada de trabalho de doze horas. Seu produto tem, por isso, tanto ou mais valor do que o da 1⅕ hora mais porosa. Abstraindo a elevação da mais-valia relativa pela força produtiva acrescida do trabalho, agora, por exemplo, 3⅓ horas de mais-trabalho fornecem ao capitalista, para 6⅔ horas de trabalho necessário, a mesma massa de valor fornecida antes por 4 horas de mais-trabalho para 8 horas de trabalho necessário.

Pergunta-se, agora: como o trabalho é intensificado?

O primeiro efeito da jornada de trabalho reduzida decorre da lei evidente de que a eficiência da força de trabalho está na razão inversa de seu tempo de efetivação. Por isso, dentro de certos limites, ganha-se em grau de esforço o que se perde em duração. No entanto, que o trabalhador efetivamente movimente mais força de trabalho é assegurado pelo capital mediante o método de pagamento.[158] Em manufaturas, por exemplo na cerâmica, onde o papel desempenhado pela maquinaria é insignificante ou nenhum, a introdução da lei fabril demonstrou de modo flagrante que a mera redução da jornada de trabalho eleva maravilhosamente a regularidade, uniformidade, ordem, continuidade e energia do trabalho.[159] Esse efeito parecia, no entanto, duvidoso na fábrica propriamente dita, pois a dependência do trabalhador em relação ao movimento contínuo e uniforme da máquina já tinha criado aí a disciplina mais rigorosa. Por isso, quando em 1844 era negociada a redução da jornada de trabalho para menos de 12 horas, os fabricantes declaravam quase unanimemente que

> "seus supervisores cuidavam, nas diversas dependências de trabalho, para que os braços não perdessem tempo", "o grau de vigilância e atenção por parte dos trabalhadores" (*the extent of vigilance and attention on the part of the workmen*) "dificilmente poderia ser aumentado" e, pressupondo-se inalteradas as demais circunstâncias, como o andamento da maquinaria etc. "seria, portanto, absurdo esperar, em fábricas bem administradas, qualquer resultado apreciável de uma atenção acrescida etc., por parte dos trabalhadores".[160]

Essa assertiva foi refutada por experimentos. O Sr. R. Gardner, em suas duas grandes fábricas, em Preston, fez com que, a partir de 20 de abril de 1844, em vez de 12 horas, se trabalhasse somente 11 horas por dia. Depois do prazo de mais ou menos um ano, verificou-se que se obteve o mesmo *quantum* de produto com os mesmos custos, e vários trabalhadores ganharam conjuntamente em 11 horas tanto salário quanto antes em 12.[161]

Passo aqui por alto os experimentos nas seções de fiação e cardagem por estarem associados ao aumento de velocidade da maquinaria (de cerca de 2%). No setor de tecelagem, pelo contrário, onde eram, ademais, tecidos artigos de fantasia com mais figuras, de espécies muito diferentes, não ocorreu nenhuma modificação nas condições objetivas de produção. O resultado foi que:

> De 6 de janeiro até 20 de abril de 1844, com a jornada de trabalho de 12 horas, salário semanal médio de cada trabalhador: 10 xelins e 1½ pêni; de 20 de abril até 29 de junho de 1844, com a jornada de trabalho de 11 horas, salário semanal médio: 10 xelins e 3½ pence.[162]

Produziu-se aqui em 11 horas mais do que antes em 12, exclusivamente devido a um esforço maior e mais constante dos trabalhadores e a uma maior economia de seu tempo. Enquanto eles recebiam o mesmo salário e ganhavam 1 hora de tempo livre, o capitalista recebia a mesma massa de produtos e poupava gastos de carvão, gás etc. por uma hora. Experiências semelhantes foram feitas, com igual êxito, nas fábricas dos Srs. Horrock e Jacson.[163]

Assim que a redução da jornada de trabalho, que cria de início a condição subjetiva para a condensação do trabalho, ou seja, a capacidade do trabalhador de liberar mais força num tempo dado, torna-se obrigatória por lei, a máquina, na mão do capitalista, transforma-se no meio objetivo e sistematicamente aplicado de espremer mais trabalho no mesmo espaço de tempo. Isso ocorre de duas maneiras: mediante aceleração das máquinas e mediante ampliação da maquinaria a ser supervisionada pelo mesmo trabalhador, ou do campo de trabalho deste. Em parte a construção mais aperfeiçoada da maquinaria é necessária para exercer maior pressão sobre o trabalhador, em parte ela acompanha por si mesma a intensificação do trabalho, porque a limitação da jornada de trabalho obriga o capitalista a controlar mais rigorosamente os custos de produção. O aperfeiçoamento da máquina a vapor eleva o número de batidas de seu êmbolo por minuto e permite, simultaneamente, por meio de maior economia de força, acionar com o mesmo motor um mecanismo mais volumoso com um gasto de carvão constante ou até mesmo em diminuição. O aperfeiçoamento do mecanismo de transmissão diminui a fricção e – o que distingue de modo tão evidente a maquinaria moderna da antiga – reduz o diâmetro e o peso das grandes e pequenas árvores de transmissão a um mínimo cada vez menor. Finalmente, os aperfeiçoamentos da maquinaria de trabalho, ao aumentarem a velocidade e a eficácia desta, diminuem seu tamanho, como no caso do moderno tear a vapor, ou lhe aumentam o corpo e, ao mesmo tempo, o tamanho e o número de ferramentas que opera, como na máquina de fiar, ou ampliam a mobilidade dessas ferramentas por meio de imperceptíveis alterações em pormenores, tendo sido, desse modo, na metade dos anos [18]50, acelerada em 1/5 a velocidade dos fusos da *self-acting mule*.

Na Inglaterra, a redução da jornada de trabalho para 12 horas data de 1832. Já em 1836, um fabricante inglês declarava:

> Comparado com o de antigamente, o trabalho que agora se manda fazer nas fábricas cresceu muito em decorrência da maior atenção e diligência que o grande aumento de velocidade da maquinaria exige do trabalhador.[164]

No ano de 1844, na Câmara dos Comuns, Lorde Ashley, agora Conde de Shaftesbury, fez a seguinte exposição apoiada em documentos:

> O trabalho feito pelos ocupados nos processos fabris é agora três vezes maior do que ao terem início tais operações. A maquinaria tem, sem dúvida alguma, realizado uma tarefa que substitui os tendões e músculos de milhões de seres humanos, mas também tem multiplicado prodigiosamente (*prodigiously*) o trabalho das pessoas dominadas por seu terrível movimento. [...] O trabalho de acompanhar para cima e para baixo, por 12 horas, um par de *mules* para fiar algodão n. 40 envolvia, em 1815, a necessidade de caminhar uma distância de 8 milhas. Em 1832, para acompanhar um par de *mules*, produzindo fio do mesmo número, durante 12 horas, a distância a percorrer era de 20 milhas e frequentemente mais. ¦ 114 ¦ Em 1825, o fiandeiro tinha de executar, durante 12 horas, 820 tiradas em cada *mule*, o que perfazia uma soma total de 1640 para 12 horas. Em 1832, o fiandeiro, durante sua jornada de trabalho de doze horas, tinha de executar, em cada *mule*, 2200 tiradas, ao todo 4400; em 1844, 2400 em cada *mule*, ao todo 4800; e em alguns casos o montante de trabalho (*amount of labor*) exigido é ainda ¦ 115 maior ¦. [...] Tenho aqui à mão outro documento de 1842, no qual é provado que o trabalho aumenta progressivamente não só porque é preciso percorrer uma distância maior, mas porque a quantidade de mercadoria produzida é multiplicada enquanto o número de braços diminui proporcionalmente; e, além disso, porque agora com frequência se fia algodão inferior, que exige mais trabalho. [...] Na seção de cardagem também ocorreu grande aumento de trabalho. Uma pessoa faz lá, agora, o trabalho que antes estava repartido por duas. [...] Na tecelagem, onde está ocupado grande número de pessoas, principalmente

do sexo feminino, o trabalho cresceu, nos últimos anos, ao menos 10% em decorrência da maior velocidade da maquinaria. Em 1838, o número de *hanks* [novelos] fiados por semana era de 18 000; em 1843, alcançava 21 000. Em 1819, o número de *picks* [passadas de lançadeira] no tear a vapor era de 60 por minuto; em 1842, era de 140, indicando grande aumento de trabalho.[165]

Em face da notável intensidade que o trabalho tinha atingido já em 1844 sob o domínio da lei das doze horas, parecia, naquela ocasião, justificada a declaração dos fabricantes ingleses de que seria impossível qualquer progresso ulterior nessa direção e de que, portanto, qualquer nova diminuição do tempo de trabalho equivaleria a uma diminuição da produção. A melhor prova da aparente correção de seu raciocínio é constituída pelas seguintes afirmações feitas na mesma época por seu incansável censor, o inspetor de fábrica Leonard Horner:

> Como a quantidade produzida é regulada principalmente pela velocidade da maquinaria, tem de ser do interesse do fabricante fazer com que ela funcione com o grau máximo de velocidade, de acordo com as seguintes condições: preservar a maquinaria de deterioração demasiado rápida, conservar a qualidade do artigo fabricado e habilitar o trabalhador a acompanhar o movimento sem um esforço maior do que pode sustentar continuamente. Acontece com frequência que o fabricante, em sua precipitação, acelera demais o movimento. Quebras e trabalho malfeito mais que compensam a velocidade, e ele é obrigado a moderar o andamento da maquinaria. Já que um fabricante ativo e inteligente descobre o máximo exequível, concluí que é impossível produzir em 11 horas tanto quanto em 12. Admiti, além disso, que o trabalhador pago por peça se esforçaria ao máximo, na medida em que tivesse capacidade de suportar de modo contínuo o mesmo grau de trabalho.[166]

Horner conclui, por isso, apesar das experiências de Gardner etc., que uma redução ulterior da jornada de trabalho para menos de 12 horas teria de diminuir a quantidade da produção.[167] Ele mesmo cita, 10 anos depois, suas reflexões de 1845 como prova de quão pouco entendera outrora a elasticidade da maquinaria e da força de trabalho humana, sendo ambas estendidas ao máximo, do mesmo modo, por meio da redução obrigatória da jornada de trabalho.

Passemos, agora, ao período posterior à introdução, em 1847, da lei das dez horas nas fábricas inglesas de algodão, lã, seda e linho.

> "A velocidade dos fusos aumentou 500 rotações por minuto nas *throstles* e 1 000 nas *mules*, ou seja, a velocidade dos fusos das *throstles*, que em 1839 era de 4 500 rotações por minuto, atinge agora" (1862) "5 000, e a dos fusos de

mule, que era de 5 000, atinge agora 6 000 por minuto; no primeiro caso, isso representa uma velocidade adicional de 1/10 e, no segundo, de 1/6."[168]

Ja[me]s Nasmyth, o famoso engenheiro civil de Patricroft, perto de Manchester, numa carta de 1852 a Leonard Horner, analisou os aperfeiçoamentos introduzidos, de 1848 a 1852, na máquina a vapor. Depois de observar que a força em cavalos-vapor, estimada todo o tempo na estatística oficial de acordo com sua produtividade de 1828,[169] é apenas nominal e só pode servir de índice da verdadeira força, ele afirma, entre outras coisas:

> Não há dúvida alguma de que maquinaria a vapor de mesmo peso, muitas vezes as mesmas e idênticas máquinas, às quais só foram aplicados os aperfeiçoamentos modernos, realizam em média 50% mais trabalho do que antes e de que, em muitos casos, as mesmas e idênticas máquinas a vapor, que nos tempos da velocidade limitada a 228 pés por minuto forneciam 50 cavalos-vapor, hoje, com menor consumo de carvão, fornecem mais de 100. [...] A moderna máquina a vapor, com a mesma potência nominal em cavalos-vapor, é acionada com maior força do que antes, em decorrência dos aperfeiçoamentos em sua construção, do tamanho menor e da instalação da caldeira etc. [...] Ainda que, por isso, o mesmo número de braços seja ocupado em relação à potência nominal em cavalos-vapor, são ocupados menos braços em relação à maquinaria de trabalho.[170]

No ano de 1850, as fábricas do Reino Unido utilizavam 134 217 cavalos-vapor nominais para movimentar 25 638 716 fusos e 301 445 teares. Em 1856, o número de fusos e de teares era, respectivamente, de 33 503 580 e 369 205. Se a potência em cavalos-vapor requerida tivesse permanecido igual a 1850, em 1856 seriam necessários 175 000 cavalos-vapor. Mas ela compreendia, de acordo com os dados oficiais, só 161 435, portanto mais de 10 000 cavalos-vapor a menos do que a estimativa feita com base em 1850.[171]

> "Os fatos constatados pelo último Return de 1856" (estatística oficial) "são que o sistema fabril se expande de modo avassalador, que o número de braços diminuiu em relação à maquinaria, que a máquina a vapor, mediante economia de força e outros métodos, aciona maior peso mecânico e alcança maior *quantum* de produção devido a máquinas de trabalho aperfeiçoadas, métodos modificados de fabricação, velocidade mais elevada da maquinaria e muitas outras causas."[172] "Os grandes aperfeiçoamentos introduzidos em máquinas de toda espécie elevaram muito sua força produtiva. Sem sombra de dúvida, a redução da jornada de trabalho [...] deu o impulso para esses aperfeiçoamentos. Estes últimos e o esforço mais intenso do trabalhador fazem com que seja fornecido

ao menos tanto produto durante a jornada de trabalho reduzida" (em duas horas ou 1/6) "quanto anteriormente durante a mais longa."[173]

Como o enriquecimento dos fabricantes aumentou com a exploração mais intensiva da força de trabalho já é demonstrado pela circunstância de que o crescimento médio das fábricas inglesas de algodão etc. foi de 32 por ano entre 1838 e 1850 e, em confronto, de 86 por ano entre 1850 e 1856.[I]

Por maior que tenha sido o progresso da indústria inglesa nos 8 anos sob vigência da jornada de trabalho de dez horas, de 1848 a 1856, ele foi novamente superado de longe no subsequente período de 6 anos, de 1856 a 1862. Na fabricação de seda, por exemplo. Em 1856: fusos, 1093799; em 1862, 1388544; em 1856: teares, 9260; e em 1862: 10709. Entretanto, em 1856: número de trabalhadores, 56137; e em 1862: 52429. Disso resulta um acréscimo de 26,9% no número de fusos e de 15,6% no de teares, com redução simultânea de 7% no número de trabalhadores. Em 1850, na fabricação de *worsted* [têxteis de lã], foram usados 875830 fusos; em 1856: 1324549 (acréscimo de 51,2%) e em 1862: 1289172 (decréscimo de 2,7%). No entanto, descontados os fusos de torcer, que figuram no cômputo de 1856, mas não no de 1862, o número de fusos permaneceu aproximadamente estacionário desde 1856. Entretanto, desde 1850, em muitos casos, a velocidade dos fusos e teares foi duplicada. Número de teares a vapor na fabricação de *worsted* em 1850: 32617; em 1856: 38956; e em 1862: 43048. Nisso estavam ocupadas em 1850: 79737 pessoas; em 1856: 87794; e em 1862: 86063; mas, entre elas, crianças com menos de 14 anos, em 1850: 9956; em 1856: 11228; e em 1862: 13178. Apesar do número muito maior de teares, comparando-se 1862 com 1856, o número total dos trabalhadores ocupados diminuiu e o das crianças exploradas aumentou.[174]

A 27 de abril de 1863, o deputado Ferrand declarou na Câmara Baixa:

> Delegados dos trabalhadores de 16 distritos de Lancashire e Cheshire, pelos quais eu falo, informaram-me de que o trabalho nas fábricas aumenta constantemente, devido ao aperfeiçoamento da maquinaria. Em vez de, como

I Nas primeiras quatro edições essa frase estava redigida do seguinte modo: "Como o enriquecimento dos fabricantes aumentou com a exploração mais intensiva da força de trabalho já é demonstrado pela circunstância de que o crescimento médio proporcional das fábricas inglesas de algodão etc. foi de 32% entre 1832 e 1850 e, em confronto, de 86% entre 1850 e 1856". Nossa modificação se funda nos dados do *Report of the Inspectors of Factories for 31st October 1856*. London, 1857, p. 12. Essa foi a fonte que Marx presumivelmente utilizou aqui. Compare-se também o artigo de Marx "Das englische Fabriksystem", in Marx-Engels-Werke (MEW), v. 12. Berlin: Dietz Verlag, 1984, pp. 187–93. [N. E. A.]

> anteriormente, uma pessoa com assistentes cuidar de dois teares, agora, sem assistentes, ela cuida de três, e não é nada incomum que uma pessoa cuide de uns quatro etc. Como se depreende dos fatos comunicados, doze horas de trabalho são agora espremidas em menos de 10 horas de trabalho. É evidente, portanto, em que proporção monstruosa aumentou a labuta dos trabalhadores de fábrica nos últimos anos.[175]

Por isso, embora os inspetores de fábrica louvem incansavelmente, e com toda razão, os resultados favoráveis das leis fabris de 1844 e 1850, reconhecem, no entanto, que a redução da jornada de trabalho provocou uma intensificação do trabalho destruidora da saúde dos trabalhadores e, portanto, da própria força de trabalho.

> Na maioria das fábricas de algodão, de *worsted* e de seda, um exaustivo estado de tensão, necessário para o trabalho junto à maquinaria, cujo movimento foi acelerado tão extraordinariamente nos últimos anos, parece ser uma das causas da excessiva mortalidade por doenças pulmonares que o Dr. Greenhow comprovou em seu admirável relatório mais recente.[176]

Não há a menor dúvida de que a tendência do capital, uma vez que o prolongamento da jornada de trabalho lhe é definitivamente vedado por lei, é de ressarcir-se mediante sistemática elevação do grau de intensidade do trabalho e transformar todo aperfeiçoamento da maquinaria num meio de exaurir ainda mais a força de trabalho, o que logo leva a novo ponto de reversão, em que se torna inevitável outra redução das horas de trabalho.[177] Por outro lado, a marcha impetuosa da indústria inglesa, de 1848 até o presente, ou seja, durante o período da jornada de trabalho de dez horas, superou o período de 1833 a 1837, ou seja, o período da jornada de trabalho de doze horas, em proporção ainda maior do que o último superou o meio século desde a introdução do sistema fabril, ou seja, o período da jornada ilimitada de trabalho.[178]

4. A FÁBRICA

No começo deste capítulo, examinamos o corpo da fábrica, a articulação do sistema de máquinas. Vimos então como a maquinaria aumenta o material humano explorável pelo capital mediante apropriação do trabalho de mulheres e crianças, vimos como ela confisca todo o tempo de vida do trabalhador mediante ampliação desmedida da jornada de trabalho e como seu progresso, que permite fornecer um produto em enorme crescimento num tempo cada vez mais curto, serve finalmente de meio sistemático de liberar em cada momento mais trabalho ou de explorar a força de trabalho de modo cada vez mais intenso. Voltamo-nos agora para o todo da fábrica, e isso em sua configuração mais evoluída.

Dr. Ure, o Píndaro da fábrica automática, descreve-a, por um lado, como

> "a cooperação de diferentes classes de trabalhadores, adultos e menores, que com destreza e diligência vigiam um sistema de máquinas produtivas, que é ininterruptamente posto em atividade por uma força central (o primeiro motor)",

E, por outro lado, como

> um enorme autômato, composto de inúmeros órgãos mecânicos e conscientes, agindo em concerto e sem interrupção para a produção de um mesmo objeto, de modo que todos estão subordinados a uma força motriz, que se move por si mesma.

Essas duas formulações não são, de modo algum, idênticas. Numa, o trabalhador coletivo combinado ou corpo social de trabalho aparece como sujeito transcendental e o autômato mecânico como objeto; na outra, o próprio autômato é o sujeito e os trabalhadores são apenas órgãos conscientes, coordenados com seus órgãos inconscientes e subordinados, com os mesmos, à força motriz central. A primeira formulação vale para qualquer aplicação possível da maquinaria em grande escala, a outra caracteriza sua aplicação capitalista e, portanto, o sistema fabril moderno. Por isso, Ure também gosta de apresentar a máquina central, da qual parte o movimento, não só como um autômato, mas também como um autocrata.

> Nessas grandes oficinas, a potência benigna do vapor reúne suas miríades de súditos em torno de si.[179]

Com a ferramenta de trabalho, transfere-se também, do trabalhador para a máquina, a virtuosidade em seu manejo. A eficácia da ferramenta é emancipada das limitações pessoais da força de trabalho humana. Com isso, supera-se o fundamento técnico sobre o qual repousa a divisão de trabalho na manufatura. No lugar da hierarquia de trabalhadores especializados que caracteriza a manufatura, surge, por isso, na fábrica automática, a tendência à igualação ou nivelação dos trabalhos, que os auxiliares da maquinaria precisam executar;[180] no lugar das diferenças artificialmente criadas entre os trabalhadores parciais, surgem de modo preponderante as diferenças naturais de idade e sexo.

Na medida em que na fábrica automática ressurge a divisão de trabalho, ela é, antes de tudo, distribuição dos trabalhadores entre as máquinas especializadas e de massas de trabalhadores, que no entanto não formam grupos articulados, entre os diversos departamentos da fábrica, onde trabalham em máquinas-ferramenta da mesma espécie, enfileiradas umas ao lado das outras, ocorrendo, portanto, apenas cooperação simples entre eles. O grupo articulado da manufatura é substituído pela conexão do trabalhador principal com alguns poucos auxiliares. A distinção essencial é entre trabalhadores que efetivamente estão ocupados com as máquinas-ferramenta (adicionam-se a estes alguns trabalhadores para vigiar ou então alimentar a máquina motriz) e meros ajudantes (quase exclusivamente crianças) desses trabalhadores de máquinas. Entre os ajudantes incluem-se mais ou menos todos os "*feeders*" (que apenas suprem as máquinas com material de trabalho). Ao lado dessas classes principais, surge um pessoal numericamente insignificante que se ocupa com o controle do conjunto da maquinaria e com sua constante reparação, como engenheiros, mecânicos, marceneiros etc. É uma classe mais elevada de trabalhadores, em parte com formação científica, em parte artesanal, externa ao círculo de trabalhadores de fábrica e só agregada a eles.[181] Essa divisão de trabalho é puramente técnica.

Todo trabalho na máquina exige aprendizado precoce do trabalhador para que ele aprenda a adaptar seu próprio movimento ao movimento uniforme e contínuo de um autômato. Na medida em que o próprio conjunto da maquinaria constitui um sistema de máquinas variadas, atuando ao mesmo tempo e de modo combinado, a cooperação nela baseada exige também uma divisão de diferentes grupos de trabalhadores entre as diferentes máquinas. Mas a produção mecanizada supera a necessidade de fixar essa divisão, à moda da manufatura, por meio da apropriação permanente do mesmo trabalhador à mesma função.[182] Como o movimento total da fábrica não parte do trabalhador, mas da máquina, pode ocorrer contínua mudança de pessoal sem haver interrupção do processo de trabalho. A prova mais contundente disso é dada pelo sistema de turnos múltiplos [*relays system*], posto em prática na Inglaterra durante a revolta dos fabricantes ingleses, de 1848 a 1850.[I] Finalmente, a velocidade com que o trabalho na máquina é aprendido na juventude elimina igualmente a necessidade de preparar uma classe especial de trabalhadores exclusivamente para o trabalho em máquinas.[183] Mas os serviços dos meros ajudantes em parte são substituíveis por máquinas na fábrica,[184] em parte possibilitam, por causa de sua total simplicidade, troca rápida e constante das pessoas submetidas a essa labuta.

Embora a maquinaria descarte agora, tecnicamente, o velho sistema da divisão do trabalho, este persiste inicialmente como tradição da

I Ver, neste volume, pp. 290–94, 307–08. [N. E. B.]

manufatura, por hábito, na fábrica, para depois ser reproduzido e consolidado sistematicamente pelo capital como meio de exploração da força de trabalho de forma ainda mais repugnante. Da especialidade por toda a vida em manejar uma ferramenta parcial surge, agora, a especialidade por toda a vida em servir a uma máquina parcial. Abusa-se da maquinaria para transformar o próprio trabalhador, desde a infância, em parte de uma máquina parcial.[185] Desse modo, não só os custos necessários para a sua própria reprodução são significativamente reduzidos, mas, ao mesmo tempo, se torna completa a sua total dependência da fábrica como um todo, isto é, do capitalista. Aqui, como em qualquer outro lugar, é preciso distinguir entre a maior produtividade que se deve ao desenvolvimento do processo de produção social e aquela produtividade maior que se deve à sua exploração capitalista.

Na manufatura e no artesanato, o trabalhador se serve da ferramenta; na fábrica, ele serve a máquina. Lá, é dele que parte o movimento do meio de trabalho; aqui, ele precisa acompanhar o movimento. Na manufatura, os trabalhadores constituem membros de um mecanismo vivo. Na fábrica, há um mecanismo morto, independente deles, ao qual são incorporados como um apêndice vivo.

> A lúgubre rotina de uma infindável tortura de trabalho, na qual o mesmo processo mecânico é repetido sempre de novo, semelha o trabalho de Sísifo; a carga de trabalho, como a rocha, recai sempre de novo sobre o estafado trabalhador.[186]

Enquanto o trabalho em máquinas agride o sistema nervoso ao máximo, ele reprime o jogo polivalente dos músculos e confisca toda a livre atividade corpórea e espiritual.[187] Mesmo a facilitação do trabalho torna-se um meio de tortura, já que a máquina não livra o trabalhador do trabalho, e sim seu trabalho de conteúdo. Toda produção capitalista, na medida em que não é apenas processo de trabalho, mas ao mesmo tempo processo de valorização do capital, tem em comum o fato de que não é o trabalhador quem usa as condições de trabalho, mas, ao contrário, são as condições de trabalho que usam o trabalhador: só com a maquinaria, porém, essa inversão ganha realidade tecnicamente palpável. Mediante sua transformação em autômato, o próprio meio de trabalho se confronta, durante o processo de trabalho, com o trabalhador como capital, como trabalho morto que domina e suga a força de trabalho viva. A separação entre as potências espirituais do processo de produção e o trabalho manual, bem como a transformação das mesmas em poderes do capital sobre o trabalho, completa-se, como já foi indicado antes, na grande indústria erguida sobre a base da maquinaria. A habilidade pormenorizada do operador de máquinas individual, esvaziado, desaparece como algo ínfimo e secundário perante a ciência, perante as enormes forças da Natureza e do trabalho social em massa que estão corporificadas no sistema de máquinas e constituem com ele o poder do "patrão" (*master*). Esse patrão, em cujo cérebro a maquinaria e seu monopólio sobre ela estão indissoluvelmente fundidos, proclama aos "braços", com desprezo, em casos de conflito:

> Os trabalhadores de fábrica deveriam resguardar em sagrada memória o fato de que o trabalho deles é efetivamente uma espécie muito baixa de trabalho qualificado: que não há nenhum que seja apropriado mais facilmente e que, em sua qualidade, seja mais bem pago, que, por meio de rápido treinamento dos menos experientes, possa ser suprido em tempo tão curto e em tamanha abundância. A maquinaria do patrão desempenha, de fato, um papel muito mais importante no negócio da produção do que o trabalho e a habilidade do trabalhador, que se adestra com um treino de 6 meses e que qualquer peão do campo pode aprender.[188]

A subordinação técnica do trabalhador ao andamento uniforme do meio de trabalho e a composição peculiar do corpo de trabalho por indivíduos de ambos os sexos e dos mais diversos níveis etários geram uma disciplina de caserna, que evolui para um regime fabril completo e desenvolve inteiramente o trabalho de supervisão, já antes aventado, portanto ao mesmo tempo a divisão dos trabalhadores em trabalhadores manuais e supervisores do trabalho, em soldados rasos da indústria e suboficiais da indústria.

> A principal dificuldade na fábrica automática consistia em sua disciplina necessária, em fazer os seres humanos renunciarem a seus hábitos irregulares no trabalho e se identificarem com a invariável regularidade do grande autômato. Divisar um código de disciplina fabril adequado às necessidades e à velocidade do sistema automático e realizá-lo com êxito foi um empreendimento digno de Hércules, eis a nobre realização de Arkwright! Mesmo hoje, quando o sistema está organizado com toda perfeição, é quase impossível encontrar entre os trabalhadores que atingiram a idade adulta ajudantes úteis para o sistema automático.[189]

O código fabril, em que o capital formula, por lei privada e autoridade própria, sua autocracia sobre seus trabalhadores, sem a divisão dos poderes tão cara fora daí à burguesia e sem o ainda mais amado sistema representativo, é apenas a caricatura capitalista da regulação social do processo de trabalho, que se torna necessária com a cooperação em grande escala e a utilização de meios coletivos de trabalho, notadamente a maquinaria. No lugar do chicote do feitor de escravos, surge o manual de penalidades do supervisor. Todas as penalidades se resolvem, naturalmente, em penas pecuniárias e descontos de salário, e a sagacidade legislativa desses Licurgos fabris faz com que a violação de suas leis lhes seja, sempre que possível, ainda mais rentável do que sua observância.[190]

Apenas apontamos as condições materiais em que se realiza o trabalho fabril. Todos os órgãos dos sentidos são igualmente lesados pela temperatura artificialmente elevada, pela atmosfera impregnada de resíduos de matéria-prima, pelo ruído ensurdecedor etc., para não falar do perigo de vida sob a maquinaria densamente amontoada que, com a regularidade das estações do ano, produz seus boletins da batalha industrial.[190a] A economia nos meios sociais de produção, artificialmente amadurecida apenas no sistema de fábrica, torna-se ao mesmo tempo, na mão do capital, roubo sistemático das condições de vida do trabalhador durante o trabalho, roubo de espaço, de ar, de luz e de meios de proteção de sua pessoa física contra condições que oferecem perigo de vida ou são nocivas à saúde no processo de produção, isso sem sequer falar de instalações para a comodidade do trabalhador.[191] Será que Fourier era injusto ao chamar as fábricas de "*bagnos* mitigados"?[I/192]

5. LUTA ENTRE TRABALHADOR E MÁQUINA

A luta entre capitalista e assalariado começa com a própria relação de capital. Ela se agita por todo o período manufatureiro.[193] Mas só a partir da introdução da maquinaria é que o trabalhador combate o próprio meio de trabalho, o modo de existência material do capital. Ele se revolta contra essa forma determinada do meio de produção como base material do modo capitalista de produção.

Durante o século XVII, quase toda a Europa vivenciou revoltas de trabalhadores contra o assim chamado tear de fitas (também denominado [em alemão] *Schnurmühle* ou *Mühlenstuhl*), uma máquina de tecer fitas e galões.[194] No final do primeiro terço do século XVII, uma serraria movida a vento, construída perto de Londres por um holandês, sucumbiu devido aos excessos do populacho. Ainda no começo do século XVIII, máquinas de serrar movidas a água venceram com dificuldade a resistência popular

---

I Prisões brandas (*les bagnes mitigés*) – é assim que Fourier denomina as fábricas no livro *La fausse industrie morcelée, répugnante, mensongère, et l'antidote, l'industrie naturelle, combinée, attrayante, véridique, donnant quadruple produit* [A falsa indústria, dividida, repugnante, enganadora e seu antídoto, a indústria natural, combinada, atraente, verídica, com produção quadruplicada]. [N. E. A.]

apoiada no Parlamento. Quando, em 1758, Everett construiu a primeira máquina de finalizar tecido movida a água, ela foi queimada pelas 100 000 pessoas que deixou sem trabalho. Contra os *scribbling mills* [moinhos de cardar] e máquinas de cardar de Arkwright se dirigiram ao Parlamento 50 000 trabalhadores, que até então tinham vivido de cardar lã. A destruição maciça de máquinas nos distritos manufatureiros ingleses durante os 15 primeiros anos do século XIX, provocada sobretudo pelo emprego do tear a vapor, ofereceu, sob o nome de movimento ludista, pretexto ao governo antijacobino de um Sidmouth, Castlereagh etc. para as mais reacionárias medidas de violência. É preciso tempo e experiência até que o trabalhador distinga a maquinaria de sua aplicação capitalista e, daí, aprenda a transferir seus ataques do próprio meio de produção para sua forma social de exploração.[195]

As lutas por salário dentro da manufatura pressupõem a manufatura e não são voltadas, de nenhuma maneira, contra sua existência. Na medida em que a formação das manufaturas foi combatida, isso ocorreu por parte dos mestres das corporações e das cidades privilegiadas, não dos assalariados. Por isso a divisão do trabalho é entendida por escritores do período manufatureiro preponderantemente como meio virtual de substituir trabalhadores, mas não de deslocar de fato trabalhadores. Essa diferença é evidente. Caso se diga, por exemplo, que, na Inglaterra, seriam necessários 100 milhões de pessoas para fiar, com a velha roda de fiar, a quantidade de algodão que agora é fiada com a máquina por 500 000, isso naturalmente não significa que a máquina tomou o lugar desses milhões que nunca existiram. Apenas quer dizer que muitos milhões de trabalhadores seriam necessários para substituir a maquinaria da fiação. Quando se diz, porém, que, na Inglaterra, o tear a vapor pôs no olho da rua 800 000 tecelões, não se fala aí de maquinaria existente que teria de ser substituída por determinado número de trabalhadores, mas de um número de trabalhadores existentes que foram efetivamente substituídos ou deslocados por maquinaria. Durante o período manufatureiro, a produção artesanal continuou, ainda que decomposta, sendo a base. Os novos mercados coloniais não podiam ser atendidos pelo número relativamente baixo de trabalhadores urbanos legados pela Idade Média, e as manufaturas propriamente ditas abriram, ao mesmo tempo, novas áreas de produção à população rural expulsa da terra com a dissolução da feudalidade. Destacava-se então, pois, mais o lado positivo da divisão do trabalho e da cooperação nas oficinas, que faziam os trabalhadores ocupados se tornarem mais produtivos.[196] Aplicadas à agricultura, cooperação e combinação dos meios de trabalho colocados nas mãos de poucos provocam grandes revoluções, súbitas e violentas, no modo de produção e, daí, nas condições de vida e nos meios de ocupação da população rural, em muitos países e bem antes do período da grande indústria. No entanto, essa luta trava-se originalmente mais entre grandes e pequenos proprietários fundiários do que entre capital e trabalho assalariado; por outro lado, à medida que trabalhadores são deslocados por meios de trabalho, ovelhas, cavalos etc., atos de violência direta constituem, aí, em primeira instância, o pressuposto da Revolução Industrial. Primeiro os trabalhadores são expulsos das terras e depois vêm as ovelhas. O latrocínio de terras em larga escala, como na Inglaterra, começa por oferecer à grande agricultura seu campo de aplicação.[196a] Em seus primórdios, esse revolucionamento da agricultura assemelha-se mais a uma revolução política.

Como máquina, o meio de trabalho logo se torna um concorrente do próprio trabalhador.[197] A autovalorização do capital por meio da máquina está na razão direta do número de trabalhadores cujas condições de existência ela destrói. Todo o sistema de produção capitalista repousa no fato de que o trabalhador vende sua força de trabalho como mercadoria. A divisão do trabalho unilateraliza essa força de trabalho em uma habilidade inteiramente particularizada de manejar uma ferramenta parcial. Assim que o manejo da ferramenta passa à máquina, extingue-se, com o valor de uso, o valor de troca da força de trabalho. O trabalhador torna-se invendável, como papel-moeda posto fora de circulação. A parte da classe trabalhadora que a maquinaria transforma em população supérflua, isto é, não mais imediatamente necessária para a autovalorização do capital, por um lado, sucumbe na luta desigual da velha empresa artesanal e manufatureira contra a mecanizada e, por outro lado, inunda todos os ramos mais acessíveis da indústria, abarrota o mercado de trabalho e reduz, por isso, o preço da força de trabalho abaixo de seu valor. Para os trabalhadores pauperizados, deve ser grande consolo acreditar, em parte, que seu sofrimento seja apenas "temporário" (*a temporary inconvenience*) e, em parte, que a maquinaria só se apodera paulatinamente de todo um setor da produção, ficando reduzidas a dimensão e a intensidade de seu efeito destruidor. Um consolo bate o outro. Onde a máquina se apodera paulatinamente de um setor da produção, produz miséria crônica nas camadas de trabalhadores que concorrem com ela. Onde a transição é rápida, seus efeitos são maciços e agudos. A história mundial não oferece nenhum espetáculo mais horrendo do que a progressiva extinção dos tecelões manuais de algodão ingleses, arrastando-se por décadas e consumando-se finalmente em 1838. Muitos deles morreram de fome, muitos vegetaram com suas famílias a 2½ pence por dia.[198] Em contraposição ¦117 foram agudos os efeitos da maquinaria algodoeira inglesa sobre a Índia Oriental, cujo governador-geral constatava em 1834-35:

A miséria dificilmente encontra um paralelo na história do comércio. Os ossos dos tecelões de algodão alvejam as planícies da Índia. ¦

Não há dúvida: despachando-os deste mundo temporal, ¦ 118 ¦ a máquina só lhes impunha uma "inconveniência temporal". Ademais, o efeito "temporal" da maquinaria é permanente, ao se apoderar constantemente de novos setores da produção. A configuração autonomizada e alienada que o modo de produção capitalista imprime em geral às condições de trabalho e ao produto do trabalho em confronto com o trabalhador desenvolve-se, pois, com a maquinaria, numa antítese completa.[199] Daí, pela primeira vez, com ela, a revolta brutal do trabalhador contra o meio de trabalho.

O meio de trabalho mata o trabalhador. Essa antítese direta aparece, no entanto, de maneira mais evidente, sempre que a maquinaria recém-introduzida concorre com a produção artesanal e manufatureira tradicional. Dentro da própria grande indústria, no entanto, o aperfeiçoamento constante da maquinaria e o desenvolvimento do sistema automático têm efeitos análogos.

"O objetivo permanente da maquinaria aperfeiçoada é diminuir o trabalho manual ou completar um elo na corrente de produção da fábrica mediante a substituição de um aparelho humano por um de ferro."[200] "A aplicação da força do vapor ou da água à maquinaria, que até então era movida à mão, é acontecimento de todo dia. [...] Os aperfeiçoamentos menores na maquinaria, que almejam economia de força motriz, melhoria do produto, maior produção no mesmo tempo ou deslocamento de uma criança, de uma mulher ou de um homem, são constantes e, embora não pareçam ter grande peso, têm, no entanto, resultados ponderáveis."[201] "Onde quer que uma operação requeira muita destreza e mão segura, será retirada tão rápido quanto possível dos braços do trabalhador demasiado qualificado e frequentemente inclinado a irregularidades de toda espécie, para ser confiada a um mecanismo específico tão bem regulado que uma criança pode cuidar dele."[202] "No sistema automático, o talento do trabalhador é progressivamente suprimido." "O aperfeiçoamento da maquinaria não só exige diminuição no[203] número de trabalhadores adultos ocupados para alcançar determinado resultado, mas substitui uma classe de indivíduos por outra classe, uma mais qualificada por uma menos qualificada, adultos por crianças, homens por mulheres. Todas essas mudanças causam constantes flutuações no nível do salário."[204] "A maquinaria joga incessantemente adultos para fora da fábrica."[205]

A extraordinária elasticidade do sistema de máquinas, devido à experiência prática acumulada, à dimensão preexistente dos meios mecânicos e ao constante progresso da técnica, foi-nos mostrada por sua marcha impetuosa sob a pressão de uma jornada de trabalho encurtada. Mas quem teria adivinhado em 1860, o ano do apogeu da indústria algodoeira inglesa, os aperfeiçoamentos galopantes da maquinaria e o deslocamento correspondente do trabalho manual que os três anos seguintes provocariam sob o acicate da Guerra Civil Americana? Dos relatórios oficiais dos inspetores de fábrica ingleses quanto a esse ponto, bastam alguns exemplos. Um fabricante de Manchester declara:

> Em vez de 75 máquinas de cardar, agora precisamos apenas de 12, que fornecem a mesma quantidade de produto de igual qualidade, se não melhor. [...] A economia salarial é de 10 libras esterlinas por semana, a de perdas de algodão é de 10%.

Numa fiação fina de Manchester,

> por meio do movimento mais acelerado e da adoção de diversos processos *self-acting* [automatizados], ¼ do pessoal de trabalho foi afastado de um departamento, mais da metade em outro, enquanto a máquina de pentear, no lugar da segunda máquina de cardagem, diminuiu consideravelmente o número de trabalhadores empregados na sala de cardar.

Outra fiação estima sua economia geral de "braços" em 10%. Os Srs. Gilmore, fiandeiros de Manchester, declaram:

> Em nosso *blowing department* [departamento de sopro], devido à nova maquinaria, avaliamos em ⅓ a economia feita em braços e salários. [...] Na *jack frame* e *drawing frame room* [sala de máquinas de bobinar e repuxar fio], cerca de ⅓ a menos em despesa e braços; na sala de fiação, cerca de ⅓ a menos em despesa. Mas isso não é tudo; quando nosso fio vai agora para os tecelões, está tão melhorado por causa da utilização da nova maquinaria que eles produzem mais e melhor tecido do que com o fio das máquinas antigas.[206]

Sobre isso, observa o inspetor de fábrica A. Redgrave:

> A redução do número de trabalhadores com aumento da produção avança rapidamente; nas fábricas de lã, começou há pouco uma nova redução dos braços, e ela continua; há poucos dias, um mestre-escola que mora perto de Rochdale disse-me que a grande evasão nas escolas para meninas não é causada apenas pela pressão da crise, mas também pelas mudanças de maquinaria na fabricação de lã, em consequência das quais ocorreu uma redução média de 70 trabalhadores de meia jornada.[207]

A tabela a seguir mostra o resultado total dos aperfeiçoamentos mecânicos devidos à Guerra Civil Americana na indústria algodoeira inglesa:[I]

	1856	1861	1868
	Número de fábricas		
Inglaterra e País de Gales	2 046	2 715	2 405
Escócia	152	163	131
Irlanda	12	9	13
Reino Unido	2 210	2 887	2 549
	Número de teares a vapor		
Inglaterra e País de Gales	275 590	367 125	344 719
Escócia	21 624	30 110	31 864
Irlanda	1 633	1 757	2 746
Reino Unido	298 847	399 992	379 329
	Número de fusos		
Inglaterra e País de Gales	25 818 576	28 352 125	30 478 228
Escócia	2 041 129	1 915 398	1 397 546
Irlanda	150 512	119 944	124 240
Reino Unido	28 010 217	30 387 467	32 000 014
	Número de pessoas ocupadas		
Inglaterra e País de Gales	341 170	407 598	357 052
Escócia	34 698	41 237	39 809
Irlanda	3 345	2 734	4 203
Reino Unido	379 213	451 569	401 064

De 1861 a 1868 desapareceram, portanto, 338 fábricas de algodão; ou seja, maquinaria mais produtiva e mais potente concentrou-se nas mãos de um número menor de capitalistas. O número de teares a vapor diminuiu em 20 663; mas, ao mesmo tempo, seu produto aumentou, de modo que um tear aperfeiçoado produzia agora mais do que um antigo. Finalmente, o número de fusos cresceu em 1 612 547, enquanto o número de trabalhadores empregados diminuiu em 50 505. A miséria "temporária" com que a crise algodoeira oprimiu os trabalhadores foi, portanto, intensificada e consolada pelo progresso rápido e permanente da maquinaria.

I A tabela foi feita com dados dos três relatórios parlamentares seguintes, que têm o título comum de *Factories: Return to an Address of the Honourable the House of Commons*, 15 abr. 1856, 24 abr. 1861, 5 dez. 1867. [N. E. A.]

A maquinaria não atua, no entanto, apenas como concorrente mais poderoso, sempre pronto para tornar o trabalhador assalariado "supérfluo". Aberta e tendencialmente, o capital a proclama e maneja como uma potência hostil ao trabalhador. Ela se torna a arma mais poderosa para reprimir as periódicas revoltas trabalhadoras, greves etc., contra a autocracia do capital.[208] Segundo Gaskell, a máquina a vapor foi desde o início uma antagonista da "força humana", que capacitou os capitalistas a esmagarem as crescentes exigências dos trabalhadores que ameaçavam levar à crise o nascente sistema fabril.[209] Poder-se-ia escrever toda uma história dos inventos que, a partir de 1830, surgiram apenas como armas do capital contra motins de trabalhadores. Lembramos, sobretudo, a *self-acting mule*, porque ela abre uma nova era do sistema automático.[210]

Em seu depoimento perante a Trades Unions Commission, Nasmyth, o inventor do martelo a vapor, relata o seguinte sobre os aperfeiçoamentos da maquinaria introduzidos por ele, em decorrência das grandes e longas *strikes* dos trabalhadores de máquinas em 1851:

> O traço característico de nossos modernos aperfeiçoamentos mecânicos é a introdução de máquinas-ferramenta automáticas. O que agora um trabalhador mecânico tem de fazer, e o que qualquer garoto pode fazer, não é ele mesmo trabalhar, mas supervisionar o belo trabalho da máquina. Já está posta de lado toda a classe de trabalhadores que depende exclusivamente de sua própria habilidade. Antes, eu ocupava quatro garotos para cada mecânico. Graças a essas novas combinações mecânicas, reduzi o número de homens adultos de 1500 para 750. O resultado foi um considerável aumento em meu lucro.[I]

A respeito de uma máquina de estampar nas estamparias de chita, diz Ure:

> "Por fim, os capitalistas procuraram libertar-se dessa intolerável escravidão" (ou seja, das para eles incômodas condições contratuais dos trabalhadores) "apelando para os recursos da ciência e logo estavam reintegrados em seus legítimos direitos, os da cabeça sobre os demais membros do ¦119 corpo¦".

Falando de uma invenção para preparar urdiduras, cujo motivo imediato foi uma *strike*, diz ele:

> A horda dos insatisfeitos, que se imaginava entrincheirada inexpugnavelmente atrás das velhas linhas da divisão do trabalho, viu-se, assim, tomada

---

I *Tenth Report of the Commissioners Appointed to Inquire into the Organization and Rules of Trades Unions and Other Associations: Together with Minutes of Evidence.* London, 1868, pp. 63–64. [N. E. A.]

pelo flanco, e suas defesas aniquiladas pela moderna tática mecânica. Tiveram de render-se incondicionalmente.

¦ 120 A respeito da invenção da *self-acting mule*, diz ele:

> Ele estava destinado a restabelecer a ordem entre as classes industriais. [...] Essa invenção confirma a doutrina já desenvolvida por nós de que o capital, ao pôr a ciência a seu serviço, sempre compele à docilidade o braço rebelde do trabalho. ¦[211]

Embora o escrito de Ure tenha sido publicado em 1835, à época, portanto, de um sistema fabril ainda relativamente pouco desenvolvido, ele continua sendo a expressão clássica do espírito fabril, não só por causa de seu franco cinismo, mas também por causa da ingenuidade com que deixa escaparem as contradições impensadas da mente do capital. Depois que ele, por exemplo, desenvolve a "doutrina" de que o capital, com a ajuda da ciência posta a seu soldo,

> "sempre compele à docilidade o braço rebelde do trabalho", indigna-se porque "partiu de alguns a acusação à ciência físico-mecânica de se prestar ao despotismo de ricos capitalistas e de se oferecer como um instrumento de opressão das classes pobres".

Depois de pregar largamente quão vantajoso é para os trabalhadores o desenvolvimento rápido da maquinaria, adverte-os de que, por sua oposição, *strikes* etc. acelerariam o desenvolvimento da maquinaria.

> "Revoltas violentas dessa natureza", diz ele, "mostram a miopia humana em seu caráter mais desprezível, o caráter de um ser humano que se torna seu próprio carrasco."

Poucas páginas antes ele afirma o contrário:

> Sem as violentas colisões e interrupções ocasionadas pelas errôneas concepções dos trabalhadores, o sistema fabril ter-se-ia desenvolvido ainda muito mais rapidamente e de modo muito mais útil para todos os interessados.

Depois ele proclama novamente:

> "Para felicidade da população dos distritos fabris da Grã-Bretanha, os aperfeiçoamentos da mecânica só ocorrem gradualmente". "Injustamente", diz ele, "acusam-se as máquinas de diminuírem o salário dos adultos, desempregando

parte deles, com o que seu número excede a necessidade de trabalho. Elas aumentam, porém, a demanda de trabalho de crianças e, com isso, o índice salarial delas."

O mesmo bom samaritano defende, por outro lado, o nível baixo dos salários das crianças para que "se evite que os pais enviem os filhos cedo demais para as fábricas". Seu livro é uma apologia da jornada ilimitada de trabalho, e sua alma liberal evoca os tempos mais sombrios da Idade Média, quando a legislação proibia exaurir crianças de menos de 13 anos durante mais de 12 horas diárias. Isso não o impede de exortar os trabalhadores fabris a elevarem uma oração de graças à Providência, que, por meio da maquinaria, "lhes proporcionou o lazer para meditar sobre seus interesses imortais".[212]

6. A TEORIA DA COMPENSAÇÃO, RELATIVA AOS TRABALHADORES DESLOCADOS PELA MAQUINARIA

Toda uma série de economistas burgueses, como James Mill, McCulloch, Torrens, Senior, J. St. Mill etc., afirma que toda maquinaria que desloca trabalhadores sempre libera, simultânea e necessariamente, capital adequado para empregar esses mesmos trabalhadores.[213]

Suponha-se que um capitalista empregue 100 trabalhadores, por exemplo, numa fábrica de papel de parede, cada homem a 30 libras esterlinas por ano. O capital variável gasto por ele anualmente importa, portanto, em 3000 libras esterlinas. Suponha-se que ele despeça 50 trabalhadores e empregue os 50 restantes com uma maquinaria que lhe custe 1500 libras esterlinas. Para simplificar, suponha-se que não se levem em conta construções, carvão etc. Admita-se ainda que a matéria-prima anualmente consumida custe, depois como antes, 3000 libras esterlinas.[214] Por meio dessa metamorfose, algum capital foi "liberado"? No modo antigo de produzir, a soma total despendida era de 6000 libras esterlinas, metade constituída de capital constante, metade de capital variável. Agora ela é constituída de 4500 libras esterlinas de capital constante (3000 para matéria-prima e 1500 para maquinaria) e 1500 libras esterlinas de capital variável. Em vez de metade, a parte do capital variável, ou a parcela investida em força de trabalho viva, só constitui ¼ do capital total. Em vez de liberação, tem lugar aqui a vinculação de capital numa forma em que ele deixa de se trocar por força de trabalho, isto é, transformação de capital variável em constante. Agora, o capital de 6000 libras esterlinas não pode, permanecendo invariáveis as demais circunstâncias, ocupar mais de 50 trabalhadores. A cada aperfeiçoamento da maquinaria, ele ocupa menos.

Custando a recém-introduzida maquinaria menos do que a soma da força de trabalho e das ferramentas de trabalho deslocadas por ela, portanto, por exemplo, em vez de 1500, apenas 1000 libras esterlinas, então um capital variável de 1000 libras esterlinas se transformaria ou se converteria em capital constante, enquanto um capital de 500 libras esterlinas seria liberado. Este último, suposto o mesmo salário anual, constitui um fundo para dar ocupação a cerca de 16 trabalhadores, enquanto 50 são despedidos; na verdade, para muito menos do que 16 trabalhadores, já que, para sua transformação em capital, as 500 libras esterlinas precisam ser de novo transformadas parcialmente em capital constante, portanto só podem ser também em parte convertidas em força de trabalho.

Suponhamos também que a fabricação da nova máquina dê emprego a maior número de mecânicos; deve isso ser uma compensação para os produtores de papel de parede postos no olho da rua? Na melhor das hipóteses, fabricá-la emprega menos trabalhadores do que sua utilização desloca. A soma de 1500 libras esterlinas, que só representava o salário dos produtores de papel de parede despedidos, representa, agora, na figura da maquinaria: 1) o valor dos meios de produção requeridos para sua construção; 2) o salário dos mecânicos que a constroem; 3) a mais-valia que cabe a seu "patrão". Além disso: uma vez pronta, nunca mais a máquina precisa ser renovada até sua morte. Portanto, para ocupar continuamente o número adicional de mecânicos, é necessário que um fabricante de papéis de parede após outro desloque trabalhadores por meio de máquinas.

Aqueles apologetas também não têm em mente, de fato, essa espécie de liberação de capital. Eles têm em mente os meios de subsistência dos trabalhadores liberados. No caso acima, não se pode negar que, por exemplo, a maquinaria não só libera 50 trabalhadores e, assim, torna-os "disponíveis", mas, ao mesmo tempo, suprime a conexão deles com meios de subsistência no valor de 1500 libras esterlinas e, assim, "libera" esses meios de subsistência. ¦ 121 O fato simples, e de modo algum novo, de que a maquinaria libera os trabalhadores dos meios de subsistência significa, portanto, economicamente, que a maquinaria libera meios de subsistência para o trabalhador ou os transforma em capital para lhe dar emprego. ¦ Como se vê, tudo depende do modo de se expressar. *Nominibus mollire licet mala* [É lícito abrandar o mal com palavras].[I]

Segundo essa teoria, os meios de subsistência no valor de 1500 libras esterlinas eram um capital valorizado mediante o trabalho dos cinquenta produtores de papel de parede despedidos. Esse capital perde, em consequência, sua ocupação assim que os cinquenta se tornam ociosos, não descansando nem sossegando enquanto não encontra nova "aplicação"

I Ovídio, *Artis amatoriae*, Livro II, verso 657. [N. E. A.]

em que os ditos cinquenta possam de novo consumi-lo produtivamente. Portanto, mais cedo ou mais tarde, capital e trabalho precisam reencontrar-se, e é quando se dá a compensação. As provações dos trabalhadores deslocados pela maquinaria são, portanto, tão transitórias quanto as riquezas deste mundo.

Os meios de subsistência no valor de 1500 libras esterlinas nunca se confrontaram, enquanto capital, com os trabalhadores despedidos. O que se confrontava com estes como capital eram as 1500 libras esterlinas agora transformadas em maquinaria. Observando-se mais de perto, essas 1500 libras esterlinas representavam apenas parte dos papéis de parede produzidos anualmente pelos 50 trabalhadores despedidos e que eles recebiam de seu empregador como salário em forma-dinheiro, e não *in natura*. Com os papéis de parede transformados em 1500 libras esterlinas, eles compravam meios de subsistência da mesma importância. Estes não existiam, portanto, para eles como capital, mas como mercadorias; e eles mesmos não existiam para essas mercadorias como assalariados, mas como compradores. A circunstância de que a maquinaria os "liberou" dos meios de compra transforma-os de compradores em não-compradores. Daí a menor demanda daquelas mercadorias. *Voilà tout* [Isso é tudo]. Se essa demanda diminuída não é compensada por demanda aumentada de outro setor, então cai o preço de mercado das mercadorias. ¦ 122 Se isso dura por mais tempo e em maior escala, então ocorre um *déplacement* [deslocamento] dos trabalhadores empregados na produção daquelas mercadorias. Parte ¦ do capital, que antes produzia meios de subsistência necessários, passa a ser reproduzida de outra forma. Durante a queda dos preços de mercado e o *déplacement* de capital, os trabalhadores empregados na produção dos meios de subsistência necessários também são "liberados" de parte de seu salário. Portanto, em vez de provar que a maquinaria, mediante a liberação dos trabalhadores dos meios de subsistência, transforma os últimos simultaneamente em capital para o emprego dos primeiros, o Sr. Apologista prova, com a consagrada lei da oferta e da demanda, que a maquinaria põe trabalhadores no olho da rua não só no ramo da produção em que é introduzida, mas também nos ramos da produção em que não é introduzida.

Os fatos verdadeiros, travestidos pelo otimismo econômico, são estes: os trabalhadores deslocados pela maquinaria são jogados da oficina para o mercado de trabalho, aumentando o número de forças de trabalho já disponíveis para a exploração capitalista. Na Seção VII, vai-se mostrar que esse efeito da maquinaria, que nos é aqui apresentado como uma compensação para a classe trabalhadora, atinge o trabalhador como o mais temível dos flagelos. Aqui, só isto: os trabalhadores postos fora de um ramo da indústria podem, na verdade, procurar emprego em qualquer outro ramo. Se o encontram e, com isso, recompõe-se o laço que havia entre eles e os meios de subsistência com eles liberados, então isso acontece por intermédio de novo capital adicional, que procura aplicação; de nenhum modo, porém, por intermédio do capital que já funcionava antes e agora se transformou em maquinaria. E, mesmo então, quão limitada perspectiva têm eles! Atrofiados pela divisão do trabalho, esses pobres-diabos têm tão pouco valor fora de seu velho círculo de atividade que só conseguem acesso a alguns poucos ramos inferiores de trabalho, portanto ramos constantemente saturados e sub-remunerados.[215] Além disso, cada ramo industrial atrai anualmente novo afluxo de seres humanos, que lhe fornece seu contingente para substituição e crescimento regulares. Assim que a maquinaria libera parte dos trabalhadores até então ocupados em determinado ramo industrial, o pessoal de reserva também é redistribuído e absorvido em outros ramos de trabalho, enquanto as vítimas originais em grande parte decaem e perecem no período de transição.

É um fato indubitável que a maquinaria não é, em si, responsável pela "liberação" dos trabalhadores dos meios de subsistência. Ela barateia o produto e aumenta sua quantidade no ramo de que se apodera, deixando inalteradas as massas de meios de subsistência produzidos em outros ramos industriais. Tanto depois quanto antes de sua introdução, a sociedade possui, por conseguinte, a mesma quantidade ou mais de meios de subsistência para os trabalhadores deslocados, e isso mesmo sem considerar a enorme massa do produto anual que é desperdiçada por não-trabalhadores. E essa é a grande conclusão da apologética econômica! As contradições e os antagonismos inseparáveis da utilização capitalista da maquinaria não existem, uma vez que decorrem não da própria maquinaria, mas de sua utilização capitalista! Já que, portanto, considerada em si, a maquinaria encurta o tempo de trabalho, enquanto utilizada como capital ela aumenta a jornada de trabalho; em si facilita o trabalho, utilizada como capital aumenta sua intensidade; em si é uma vitória do ser humano sobre a força da Natureza, utilizada como capital submete o ser humano por meio da força da Natureza; em si aumenta a riqueza do produtor, utilizada como capital o pauperiza etc. O economista burguês declara simplesmente que a observação da maquinaria em si demonstra com toda precisão que essas contradições palpáveis são mera aparência da realidade comum, mas que nem sequer existem em si e, portanto, também não existem na teoria. Ele se poupa, assim, à necessidade de continuar quebrando a cabeça e, ainda por cima, imputa a seu adversário a bobagem de combater não a utilização capitalista da maquinaria, mas a própria maquinaria.

De forma alguma o economista burguês nega que surjam também aí aborrecimentos temporários; mas onde existiria uma medalha sem reverso? Para ele, é impossível outra utilização da maquinaria que não seja a capitalista. A exploração do trabalhador pela máquina é, por conseguinte, para ele, idêntica à exploração da máquina pelo trabalhador. Quem, portanto, revela o que realmente ocorre com a utilização capitalista da maquinaria simplesmente não quer sua utilização, é um adversário do progresso social![216] Igual ao raciocínio do célebre degolador Bill Sikes:

> Senhores jurados! Sem dúvida, a garganta desse caixeiro-viajante foi cortada. Esse fato, porém, não é culpa minha, é culpa da faca. Por causa de tais aborrecimentos temporários, deveríamos nós eliminar a utilização da faca? Pensem uma vez! Que seria da agricultura e do artesanato sem a faca? Será que ela não é tão benéfica na cirurgia quanto sábia na anatomia? Além disso, uma auxiliar prestimosa em alegres ágapes? Eliminem a faca – e lançar-nos-ão de volta à mais profunda barbárie.[216a]

Embora a maquinaria necessariamente desloque trabalhadores nos ramos de atividade em que é introduzida, pode, no entanto, suscitar aumento da ocupação em outros ramos. Esse efeito nada tem a ver, no entanto, com a assim chamada teoria da compensação. Já que todo produto de máquina, por exemplo uma vara de tecido feito à máquina, é mais barato do que o produto manual similar deslocado por ele, segue como lei absoluta: permanecendo o *quantum* total do artigo produzido mecanicamente igual ao *quantum* total do artigo produzido manual ou artesanalmente por ele substituído, então diminui a soma total do trabalho aplicado. O acréscimo de trabalho exigido para a produção do próprio meio de trabalho, em maquinaria, carvão etc., tem de ser menor do que a diminuição de trabalho decorrente da utilização da maquinaria. Se não, o produto da máquina seria tão caro ou até mais caro do que o produto manual. Mas, em vez de permanecer igual, a massa total do artigo feito à máquina por um número reduzido de trabalhadores cresce, de fato, muito além da massa total do artigo artesanal deslocado. Suponha-se que 400 000 varas de tecido feito à máquina seriam produzidas por menos trabalhadores do que 100 000 varas de tecido feito à mão. No produto quadruplicado, há quatro vezes mais matéria-prima. A produção de matéria-prima precisa, portanto, ser quadruplicada. Mas, no que tange aos meios de trabalho consumidos, como construções, carvão, máquinas etc., modifica-se assim o limite dentro do qual pode crescer o trabalho adicional necessário à sua produção, com a diferença entre a massa do produto de máquinas e a massa do ¦ 123 produto manual que poderia ter sido feito pelo mesmo número de trabalhadores ¦.

Com a expansão do sistema fabril num ramo industrial, portanto, aumenta inicialmente a produção em outros ramos que lhe fornecem seus meios de produção. Até que ponto cresce, em função disso, a massa de trabalhadores ocupados é algo que depende, dadas a duração da jornada de trabalho e a intensidade do trabalho, da composição dos capitais aplicados, ou seja, da relação entre suas componentes constante e variável. Essa relação, por sua vez, varia muito com a amplitude com que a maquinaria já se apoderou ou se apodera desses mesmos ramos. O número de seres humanos condenados às minas de carvão e metal cresceu enormemente com o progresso do sistema fabril inglês, embora seu crescimento tenha-se tornado mais lento nas últimas décadas devido ao uso de nova maquinaria para a mineração.[217] Uma nova espécie de trabalhador nasce com a máquina: seu produtor. Já sabemos que a produção mecanizada se apossou mesmo desse ramo da produção em escala cada vez mais maciça.[218] Além disso, quanto à matéria-prima,[219] não há dúvida alguma, por exemplo, de que a marcha acelerada da fiação de algodão promoveu de modo artificial a plantação de algodão nos Estados Unidos, e com ela o tráfico de escravos africanos, simultaneamente fazendo da criação de negros o principal negócio dos assim chamados estados escravagistas fronteiriços. ¦ 124 ¦ Quando, em 1790, foi feito o primeiro censo de escravos nos Estados Unidos, o número deles atingia 697 000, ao passo que em 1861 eram cerca de quatro milhões. Por outro lado, não é menos certo que o florescimento da fábrica mecânica de lã, com a transformação progressiva de terras cultivadas em pastagens para ovelhas, provocou a expulsão em massa dos trabalhadores agrícolas e sua "conversão em supranumerários". A Irlanda atravessa, ainda neste instante, o processo de diminuir ainda mais sua população, já reduzida desde 1845 quase à metade, até atingir a medida exata correspondente às necessidades de seus *landlords* e dos senhores fabricantes de lã ingleses.

Quando a maquinaria se apodera de fases preliminares ou intermediárias que um objeto de trabalho tem de percorrer até sua forma final, com o material de trabalho aumenta a demanda de trabalho nos ramos ainda artesanais ou manufatureiros em que entra o produto da máquina. A fiação à máquina, por exemplo, fornecia o fio tão barato e tão abundante que os tecelões manuais podiam inicialmente trabalhar em tempo integral, sem maiores despesas. Assim, cresceu sua renda.[220] Daí a afluência de pessoas para a tecelagem de algodão, até que, na Inglaterra, os 800 000 tecelões gerados pela Jenny, pela *throstle* e pela *mule* foram, afinal, novamente liquidados pelo tear a vapor. Assim, com a superabundância de tecidos para vestuário produzidos à máquina, cresce o número de alfaiates, modistas, costureiras etc., até que aparece a máquina de costura.

Correspondendo à massa crescente de matérias-primas, produtos semiacabados, instrumentos de trabalho etc., que a empresa mecanizada fornece com um número relativamente baixo de trabalhadores, a elaboração dessas matérias-primas e desses produtos semiacabados se divide em inúmeras subespécies, portanto cresce a diversidade dos ramos sociais de produção. A empresa mecanizada leva a divisão social do trabalho incomparavelmente mais avante do que a manufatura, pois amplia a força produtiva dos setores de que se apodera em grau incomparavelmente mais elevado.

O próximo resultado da maquinaria é aumentar a mais-valia e, ao mesmo tempo, a massa de produtos em que ela se representa, portanto a substância de que a classe dos capitalistas e seu cortejo se nutrem, fazendo crescer essas camadas sociais. Sua riqueza crescente e a diminuição relativamente constante dos trabalhadores exigidos para a produção dos gêneros de primeira necessidade geram, além de novas necessidades de luxo, simultaneamente novos meios para sua satisfação. Uma parte maior do produto social transforma-se em produto excedente e uma parte maior do produto excedente é reproduzida e consumida em formas mais refinadas e mais variadas. Em outras palavras: cresce a produção de luxo.[221] O refinamento e a diversificação dos produtos brotam igualmente das novas relações do mercado mundial, criadas pela grande indústria. Não só se trocam mais artigos estrangeiros de consumo pelo produto doméstico, mas uma massa maior de matérias-primas, ingredientes, produtos semiacabados etc. estrangeiros entra na indústria doméstica como meio de produção. Com essas relações do mercado mundial, cresce a demanda de trabalho na indústria de transportes, e esta se divide em numerosas subespécies novas.[222]

A multiplicação dos meios de produção e de subsistência com decréscimo relativo do número de trabalhadores leva à expansão do trabalho em ramos da indústria cujos produtos, como canais, docas, túneis, pontes etc., só trazem frutos em futuro mais distante. Constituem-se, diretamente com base na maquinaria ou, então, na Revolução Industrial geral que lhe corresponde, ramos totalmente novos da produção e, portanto, novos campos de trabalho. A participação deles na produção total não é, no entanto, mesmo nos países mais desenvolvidos, de modo algum significativa. O número de trabalhadores ocupados por eles sobe na proporção direta em que é reproduzida a necessidade de trabalho manual mais rudimentar. Como indústrias principais dessa espécie, podem-se considerar, atualmente, usinas de gás, telegrafia, fotografia, navegação a vapor e sistema ferroviário. O censo de 1861 (para Inglaterra e País de Gales) registra 15211 pessoas na indústria de gás (usinas de gás, produção dos aparelhos mecânicos, agentes das companhias de gás etc.), 2399 na telegrafia, 2366 na fotografia, 3570 no serviço de navegação a vapor e 70599 nas ferrovias, entre as quais cerca de 28000 trabalhadores de terra "não qualificados" ocupados de modo mais ou menos permanente, além de todo o pessoal administrativo e comercial. Portanto, número total de indivíduos nessas cinco indústrias novas: 94145.

Por fim, a força produtiva extraordinariamente elevada nas esferas da grande indústria, acompanhada como é pela exploração da força de trabalho ampliada intensiva e extensivamente em todas as demais esferas da produção, permite ocupar de forma improdutiva uma parte cada vez maior da classe trabalhadora e, assim, reproduzir maciçamente os antigos escravos domésticos sob o nome de "classe serviçal", como criados, empregadas, lacaios etc. Segundo o censo de 1861, a população total da Inglaterra e do País de Gales era de 20066224 pessoas, das quais 9776259 do sexo masculino e 10289965 do sexo feminino. Descontando-se disso os que são velhos demais ou jovens demais para o trabalho, todas as mulheres "improdutivas", os jovens e as crianças, em seguida os estamentos ideológicos, como ¦ 125 governo, clero, juristas, militares ¦ etc., além disso aqueles cujo negócio exclusivo é consumir trabalho alheio sob a forma de renda da terra, juros etc. e, por fim, indigentes, vagabundos, criminosos etc., então restam aproximadamente 8 milhões de ambos os sexos e das mais variadas idades, inclusive diversos capitalistas que, de algum modo, desempenhem funções na produção, no comércio, nas finanças etc. Desses 8 milhões, são:

Trabalhadores agrícolas (inclusive pastores, bem como peões e criadas que moram junto com os arrendatários)	1098261 pessoas
Todos os ocupados na fabricação de algodão, lã, linho, cânhamo, seda e juta, bem como na confecção mecanizada de meias e rendas	642607 pessoas[223]
Todos os ocupados em minas de carvão e de metais	565835 pessoas
Todos os ocupados em usinas metalúrgicas (altos-fornos, laminações etc.) e em manufaturas metalúrgicas de toda espécie	396998 pessoas[224]
Classe serviçal	1208648 pessoas[225]

Se contarmos os ocupados em todas as fábricas têxteis junto com o pessoal das minas de carvão e de metais, teremos 1208442; se os computarmos com o pessoal de todas as metalúrgicas e manufaturas, teremos então o número total de 1039605; em ambos os casos, o total é menor do que o número de modernos escravos domésticos. Que edificante resultado da maquinaria explorada como capital! ¦ 126 ¦

7. REPULSÃO E ATRAÇÃO DE TRABALHADORES COM O DESENVOLVIMENTO DA PRODUÇÃO MECANIZADA. CRISES DA INDÚSTRIA ALGODOEIRA

Todos os representantes confiáveis da Economia Política reconhecem que a introdução de nova maquinaria age como uma peste sobre os trabalhadores dos artesanatos e manufaturas tradicionais, com os quais ela inicialmente compete. Quase todos deploram a escravidão do trabalhador de fábrica. E qual é o grande trunfo que todos eles põem na mesa? Que a maquinaria, depois do pavor de seu período de introdução e desenvolvimento, aumenta, em última instância, os escravos do trabalho, ao invés de finalmente diminuí-los! Sim, a Economia Política se rejubila com o teorema repelente, repelente para qualquer "filantropo" que acredite na eterna necessidade natural do modo de produção capitalista, de que mesmo a fábrica baseada na produção mecanizada, depois de certo período de crescimento, depois de maior ou menor "período de transição", esfalfe mais trabalhadores do que ela originalmente pôs no olho da rua![226]

Já se mostrou em alguns casos, por exemplo nas fábricas inglesas de *worsted* e de seda, que, em certo grau de desenvolvimento, uma extraordinária expansão de ramos fabris pode estar unida a um decréscimo não só relativo, mas absoluto, do número de trabalhadores empregados.[I] No ano de 1860, quando se fez um censo especial, por ordem do Parlamento, de todas as fábricas do Reino Unido, contava a seção, adjudicada ao inspetor fabril *R. Baker*, dos distritos fabris de Lancashire, Cheshire e Yorkshire, com 652 fábricas. Destas, 570 continham: 85 622 teares a vapor, 6 819 146 fusos (com exclusão dos fusos de torcer), 27 439 cavalos-vapor de força em máquinas a vapor e 1 390 em rodas-d'água; 94 119 pessoas ocupadas. Em 1865, no entanto, as mesmas fábricas continham: 95 163 teares a vapor, 7 025 031 fusos, 28 925 cavalos-vapor em máquinas a vapor, 1 445 em rodas-d'água; 88 913 pessoas ocupadas. De 1860 a 1865, a expansão dessas fábricas atingia, portanto, 11% em teares a vapor, 3% em fusos, 5% em cavalos-vapor, enquanto, ao mesmo tempo, o número de pessoas ocupadas diminuía em 5,5%.[227] Entre 1852 e 1862, ocorreu considerável crescimento da fabricação inglesa de lã, enquanto o número de trabalhadores empregados se manteve quase estacionário.

> Isso mostra em que grande medida a maquinaria recém-introduzida tinha deslocado o trabalho de períodos anteriores.[228]

Em casos empiricamente dados, o aumento de trabalhadores fabris empregados é, com frequência, apenas aparente, isto é, não devido à expansão da fábrica já baseada na produção mecanizada, mas à anexação paulatina de ramos acessórios. Por exemplo, o aumento dos teares mecânicos e dos trabalhadores de fábrica por eles ocupados era devido, de 1838 a 1858, nas fábricas da indústria algodoeira (britânica), simplesmente à expansão desse ramo de atividades; nas outras fábricas, pelo contrário,

---

I Ver, neste volume, p. 388. [N. E. B.]

à aplicação nova da força do vapor nos teares de tapetes, fitas, linho etc., que antes eram movidos por força muscular humana.[229] Portanto, o acréscimo desses trabalhadores fabris era apenas a expressão de uma diminuição do número total de trabalhadores ocupados. Por fim, aqui não se considera que, por toda parte, com exceção das fábricas metalúrgicas, trabalhadores jovens (com menos de 18 anos), mulheres e crianças constituem de longe o elemento preponderante do pessoal de fábrica.

Compreende-se, no entanto, apesar da massa de trabalhadores factualmente deslocada e virtualmente substituída, como, com seu próprio crescimento, expresso em maior número de fábricas da mesma espécie ou nas dimensões ampliadas das fábricas existentes, os trabalhadores de fábrica podem ser, afinal, mais numerosos do que os trabalhadores de manufatura ou artesãos deslocados por eles. Suponhamos que o capital de 500 libras esterlinas semanalmente aplicado consista, por exemplo, no antigo modo de produzir, em 2/5 de capital constante e 3/5 de capital variável, ou seja, que 200 libras sejam despendidas em meios de produção e 300 libras em força de trabalho, digamos a 1 libra por trabalhador. Com a produção mecanizada, a composição do capital total se transforma. Este se decompõe agora, por exemplo, em 4/5 de componente constante e 1/5 de variável, ou são gastas apenas 100 libras esterlinas em força de trabalho. Dois terços dos trabalhadores anteriormente ocupados são, por conseguinte, despedidos. Se essa empresa fabril se expande e o capital total investido, com as outras condições de produção constantes, cresce de 500 para 1 500, então passarão a ser ocupados 300 trabalhadores, tantos quanto antes da Revolução Industrial. Crescendo o capital aplicado até 2 000, então 400 trabalhadores serão empregados, portanto 1/3 a mais que no antigo modo de produzir. Em termos absolutos, o número de trabalhadores empregados cresceu em 100; em termos relativos, ou seja, em relação ao capital total investido, caiu em 800, pois o capital de 2 000 libras esterlinas teria, no antigo modo de produzir, ocupado 1 200 em vez de 400 trabalhadores. A redução relativa do número de trabalhadores é, portanto, compatível com seu aumento absoluto ¦ 120 ¦. Supôs-se acima que, com o crescimento do capital total, sua composição permaneceria constante, porque também as condições de produção assim permaneceram. Mas já se sabe que, com cada progresso do sistema de máquinas, cresce a parte constante do capital composta de maquinaria, matéria-prima etc., enquanto cai o capital variável, despendido em força de trabalho, e já se sabe também que os aperfeiçoamentos não são tão constantes em nenhum outro modo de produzir e, por isso, a composição do capital total é tão variável. Essa mudança contínua é, porém, constantemente interrompida por pontos de parada e pela expansão apenas quantitativa sobre uma base técnica dada. Com isso, cresce o número de trabalhadores ocupados. Assim, o número de todos os trabalhadores nas fábricas de algodão, lã, *worsted*, linho e seda, no Reino Unido, em 1835, somava apenas 354 684, enquanto em 1861 só o número de tecelões de teares a vapor (de ambos os sexos e de idades diferentes, a partir dos 8 anos) era de 230 654. Esse crescimento certamente não parece tão grande quando se pondera que, em 1838, os tecelões manuais britânicos de algodão, juntamente com as famílias ocupadas por eles mesmos, ainda eram 800 000,[230] abstraindo totalmente os trabalhadores deslocados na Ásia e na Europa continental.

Nas poucas observações a serem ainda feitas sobre esse ponto, tocaremos, em parte, em relações puramente factuais que nossa própria exposição teórica ainda não considerou.

Enquanto a produção mecanizada se expande num ramo da indústria à custa do artesanato ou da manufatura tradicionais, suas vitórias são tão seguras quanto a vitória de um exército equipado com fuzis de agulha contra um exército de arqueiros. Esse período inicial, em que a máquina primeiro conquista seu raio de ação, é de importância decisiva por causa dos extraordinários lucros que ajuda a produzir. Estes não só constituem, em si e para si, uma fonte de acumulação acelerada, mas atraem grande parte do capital social adicional, que constantemente se forma e que busca novas aplicações, à esfera favorecida de produção. As vantagens especiais do primeiro período de ímpeto tempestuoso repetem-se constantemente nos ramos da produção em que a maquinaria é introduzida pela primeira vez. Mas, assim que o sistema fabril ganha certa base existencial e certo grau de maturidade, especialmente quando sua própria base técnica, a maquinaria, passa, por sua vez, a ser produzida por meio de máquinas, assim que a extração de carvão e ferro, bem como a elaboração dos metais e os meios de transportes, são revolucionados, quando, em suma, são estabelecidas as condições gerais de produção correspondentes à grande indústria, esse modo de produzir adquire elasticidade, uma súbita capacidade de expansão aos saltos, que só encontra limites na matéria-prima e no mercado de escoamento. A maquinaria efetua, por um lado, aumento direto de matéria-prima, como, por exemplo, o *cotton gin* aumentou a produção de algodão.[231] Por outro lado, barateamento do produto da máquina e sistemas revolucionados de transporte e de comunicação são armas para a conquista de mercados estrangeiros. Mediante a ruína do produto artesanal desses mercados, a produção mecanizada os transforma à força em campos de produção de suas matérias-primas. Assim, a Índia foi obrigada a produzir algodão, lã, cânhamo, juta, anil etc. para a Grã-Bretanha.[232] A constante "transformação em supranumerários" dos trabalhadores dos países da grande indústria promove de maneira artificialmente rápida a emigração e a colonização de países estrangeiros, que se transformam em áreas de plantações das matérias-primas do país de origem, como, por exemplo, a Austrália tornou-se um local de produção de lã.[233] Cria-se nova divisão internacional do trabalho, adequada às principais sedes da indústria mecanizada, que transformam parte do globo terrestre em campo de produção preferencialmente agrícola para o outro campo preferencialmente industrial. Essa revolução está ligada a modificações na agricultura que ainda não serão examinadas aqui.[234]

Por iniciativa do Sr. Gladstone, a Câmara dos Comuns ordenou, a 18 de fevereiro de 1867, que fosse feita uma estatística de todo grão, cereal e farinha de qualquer espécie, importados e exportados do Reino Unido. Apresento, mais adiante, o resultado sinóptico. A farinha está reduzida a *quarters* de grão.[I] (Ver tabela à p. 414.)

A enorme capacidade de expansão aos saltos do sistema fabril e sua dependência do mercado mundial produzem necessariamente produção febril e consequente saturação dos mercados, cuja contração provoca estagnação. A vida da indústria se transforma numa sequência de períodos de vitalidade média, prosperidade, superprodução, crise e estagnação. A insegurança e a instabilidade a que a produção mecanizada submete a ocupação e, com isso, a situação de vida dos trabalhadores tornam-se normais com essas oscilações periódicas do ciclo industrial. Descontados os tempos de prosperidade, impera entre os capitalistas a mais intensa luta em torno de sua participação individual no mercado. Essa participação está em relação direta com a barateza do produto. Além de tal rivalidade, produzida por esse fato, no uso de maquinaria aperfeiçoada, que substitui a força de trabalho, e de novos métodos de produção, surge toda vez um ponto em que o barateamento da mercadoria é buscado mediante diminuição forçada dos salários abaixo do valor da força de trabalho.[235]

O crescimento do número de trabalhadores de fábrica é, portanto, condicionado pelo crescimento proporcionalmente muito mais rápido do capital total investido nas fábricas. Esse processo só se realiza, porém, dentro dos períodos de maré alta e maré baixa do ciclo industrial. Além disso, ele constantemente é interrompido pelo progresso técnico, que ora substitui virtualmente trabalhadores, ora os desloca de fato. Essa mudança qualitativa na produção mecanizada afasta constantemente trabalhadores da fábrica ou cerra seus portões ao novo fluxo de recrutas, enquanto a expansão apenas quantitativa das fábricas engole, além dos expulsos, novos contingentes. Assim, os trabalhadores são ininterruptamente repelidos e atraídos, jogados de um lado para o outro, e isso numa mudança constante de sexo, idade e habilidade dos recrutados.

I Marx extraiu os dados do relatório parlamentar *Corn, Grain, and Meal. Return to an Order of the Honourable House of Commons,* 18 fev. 1867. [N. E. A.]

	Períodos quinquenais e ano de 1866							
	1831–35	1836–40	1841–45	1846–50	1851–55	1856–60	1861–65	1866
Importação anual média (*quarters*)	1 096 373	2 389 729	2 843 865	8 776 552	8 345 237	10 913 612	15 009 871	16 457 340
Exportação anual média (*quarters*)	225 263	251 770	139 056	155 461	307 491	341 150	302 754	216 218
Excedente da exportação sobre a importação nas médias anuais	871 110	2 137 959	2 704 809	8 621 091	8 037 746	10 572 462	14 707 117	16 241 122
POPULAÇÃO								
Número anual médio em cada período	24 621 107	25 929 507	27 262 569	27 797 598	27 572 923	28 391 544	29 381 760	29 935 404
Média anual de grãos etc. consumida em *quarters* por habitante, em divisão igual entre a população, do excedente sobre a produção doméstica	0,036	0,082	0,099	0,310	0,291	0,372	0,501	0,543

As vicissitudes do trabalhador de fábrica ficarão mais bem evidenciadas mediante rápido exame dos destinos da indústria algodoeira inglesa.

De 1770 a 1815, indústria algodoeira deprimida ou estagnada por 5 anos. Durante esse período inicial de 45 anos, os fabricantes ingleses detinham o monopólio da maquinaria e do mercado mundial. De 1815 a 1821, deprimida; em 1822 e 1823, prosperando; em 1824, revogação das leis de coalizão,[I] grande expansão geral das fábricas; em 1825, crise; em 1826, grande miséria e levantes entre os trabalhadores do algodão; em 1827, leve melhoria; em 1828, grande aumento de teares a vapor e das exportações; em 1829, a exportação, especialmente para a Índia, supera todos os anos anteriores; em 1830, mercados saturados, grande penúria; de 1831 a 1833, depressão permanente; o monopólio do comércio para a Ásia oriental (Índia e China) é retirado da Companhia das Índias Orientais. Em 1834, grande crescimento de fábricas e maquinaria, falta de braços. A nova Lei dos Pobres estimula a migração dos trabalhadores agrícolas para os distritos fabris. Grande busca de crianças nos condados rurais. Tráfico de escravos brancos. Em 1835, grande prosperidade. Simultaneamente, os tecelões manuais de algodão morrem de fome. Em 1836, grande prosperidade. Em 1837 e 1838, depressão e crise. Em 1839, recuperação. Em 1840, grande depressão, levantes, intervenção militar. Em 1841 e 1842, sofrimento terrível dos trabalhadores fabris. Em 1842, os fabricantes excluem trabalhadores das fábricas, para forçar a revogação das leis dos cereais. Os trabalhadores afluem aos milhares a Yorkshire, sendo repelidos pelas tropas, e seus líderes são levados a julgamento em Lancaster. Em 1843, grande miséria. Em 1844, recuperação. Em 1845, grande prosperidade. Em 1846, de início ascensão contínua, em seguida sintomas de reação. Revogação das leis dos cereais. Em 1847, crise. Redução geral dos salários em 10% ou mais para festejar o ¦ 129 *big loaf.* ¦ Em 1848, mantém-se a depressão. Manchester sob proteção militar. Em 1849, recuperação. Em 1850, prosperidade. Em 1851, preço das mercadorias em declínio, salários baixos, *strikes* frequentes. Em 1852, início de melhoria. Continuação das *strikes*, os fabricantes ameaçam importar trabalhadores estrangeiros. Em 1853, exportações em crescimento. *Strike* de oito meses e grande miséria em Preston. Em 1854, prosperidade, abarrotamento

---

I Nos anos de 1799 e 1800, o Parlamento inglês aprovou leis pelas quais eram proibidas a fundação e a atividade de quaisquer organizações de trabalhadores. Essas leis foram novamente revogadas pelo Parlamento em 1824, no entanto mesmo depois as autoridades limitavam ao máximo a atividade das organizações trabalhadoras. Especialmente a agitação para que os trabalhadores ingressassem numa organização e participassem de greves foi considerada "intimidação" e "imposição" e punida como ato criminoso. [N. E. A.]

dos mercados. Em 1855, relatos de falências afluem dos Estados Unidos, do Canadá, dos mercados da Ásia oriental. Em 1856, grande prosperidade. Em 1857, crise. Em 1858, melhoria. Em 1859, grande prosperidade, aumento das fábricas. Em 1860, apogeu da indústria algodoeira inglesa. Mercado indiano, australiano e outros tão abarrotados que, ainda em 1863, mal tinham absorvido todo o encalhe. Tratado de comércio com a França. Enorme crescimento de fábricas e maquinaria. Em 1861, a melhoria continua por algum tempo, reação, Guerra Civil Americana, falta de algodão. De 1862 a 1863, colapso total.

A história da falta de algodão é característica demais para não nos demorarmos nela por um instante. Pelas indicações das condições do mercado mundial de 1860 a 1861, vê-se que a crise do algodão foi oportuna e, em parte, vantajosa para os fabricantes, fato reconhecido em relatórios da Câmara de Comércio de Manchester, proclamado no Parlamento por Palmerston e Derby, confirmado pelos acontecimentos.[236] No entanto, em 1861 havia, entre as 2 887 fábricas algodoeiras do Reino Unido, muitas pequenas. Segundo o relatório do inspetor de fábrica A. Redgrave, cuja circunscrição administrativa abrangia 2 109 daquelas 2 887 fábricas, 392 delas, ou seja 19%, empregavam menos de 10 cavalos-vapor; 345 ou 16%, de 10 a menos de 20; 1 372, no entanto, 20 ou mais cavalos-vapor.[237] A maioria das pequenas fábricas eram tecelagens, construídas durante o período de prosperidade a partir de 1858, a maior parte por especuladores, dos quais um fornecia o fio, outro a maquinaria e um terceiro o prédio, sob a direção de antigos *overlookers* ou de outras pessoas sem recursos. Grande parte desses pequenos fabricantes fracassaram. O mesmo destino lhes teria sido reservado pela crise comercial, evitada pelo desastre do algodão. Embora constituíssem ⅓ do número de fabricantes, suas fábricas absorviam parte incomparavelmente menor do capital investido na indústria algodoeira. No que tange à dimensão da paralisação, segundo estimativas idôneas, em outubro de 1862, 60,3% dos fusos e 58% dos teares estavam parados. Isso se refere a todo ramo da indústria e estava, naturalmente, muito modificado em cada distrito individual. Só poucas fábricas trabalhavam em tempo integral (60 horas por semana); as restantes, com interrupções. Mesmo para os poucos trabalhadores ocupados em tempo integral e pelo costumeiro salário por peça, estreitou-se necessariamente o salário semanal devido à substituição do algodão melhor por um pior, o Sea Island pelo egípcio (na fiação fina), o americano e o egípcio pelo surat (das Índias orientais) e o algodão puro pela mistura de restos de algodão com surat. A fibra mais curta do algodão surat, sua condição suja, a maior fragilidade dos fios, a substituição da farinha por toda espécie de ingredientes mais pesados, a fim de engomar os fios da urdidura etc., diminuíam a velocidade da maquinaria ou o número de teares que um tecelão podia supervisionar, aumentavam o trabalho com os erros da máquina e limitavam, com menor quantidade de produtos, o salário por peça. Com o uso de surat e com tempo integral de trabalho, a perda do trabalhador elevava-se a 20, 30% e até mais. Mas a maioria dos fabricantes também rebaixava a taxa de salário por peça em 5, 7½ e 10%. Pode-se entender, daí, a situação dos empregados por 3, 3½, 4 dias por semana ou só 6 horas por dia. Em 1863, depois de haver ocorrido melhoria relativa para tecelões, fiandeiros etc., os salários semanais eram de 3 xelins e 4 pence, 3 xelins e 10 pence, 4 xelins e 6 pence, 5 xelins e 1 pêni etc.[238] Mesmo nessas condições angustiosas, o espírito inventivo do fabricante quanto a reduções salariais não se esgotava. Estas eram impostas em parte como multas por defeitos no produto, devidos a má qualidade do algodão, maquinaria inadequada etc. Onde o fabricante era, porém, proprietário dos *cottages* [casebres] dos trabalhadores, ele cobrava os aluguéis por meio de descontos no salário nominal. O inspetor de fábrica Redgrave conta a respeito de *self-acting minders* (que supervisionam um par de *self-acting mules*) que,

> ao final de catorze dias de trabalho integral, recebiam 8 xelins e 11 pence e, dessa soma, era descontado o aluguel da casa, do qual, no entanto, o fabricante devolvia a metade como presente, de modo que os *minders* levavam para casa 6 xelins e 11 pence. Ao final de 1862, o salário semanal dos tecelões variava de 2 xelins e 6 pence para cima.[239]

Mesmo que só trabalhassem em horário reduzido, o aluguel era frequentemente descontado do salário dos trabalhadores.[240] Não é de admirar que em algumas partes de Lancashire irrompesse uma espécie de peste de fome! Mais característico do que tudo isso foi, porém, como o revolucionamento do processo de produção progrediu à custa do trabalhador. Eram, formalmente, *experimenta in corpore vili* [experimentos em corpo vil], como os dos anatomistas com rãs.

> "Embora", diz o inspetor de fábrica Redgrave, "eu tenha informado as quantias de fato recebidas pelos trabalhadores em muitas fábricas, não se deve concluir que eles recebam a mesma quantia a cada semana. Os trabalhadores estão sujeitos às maiores flutuações por causa das constantes experimentações (*experimentalizing*) dos fabricantes [...] as remunerações deles sobem e descem com a qualidade da mistura do algodão; ora se aproximam até 15% de seus ganhos antigos, ora caem em 50 ou 60% uma ou duas semanas depois."[241]

Essas experiências não foram feitas apenas à custa dos meios de subsistência dos trabalhadores. Eles tiveram de pagar com seus cinco sentidos.

Os ocupados em abrir os fardos de algodão informaram-me que o fedor insuportável lhes causa mal-estar. [...] Aos empregados nas salas de misturar, *scribbling* [carduçar] e cardar, o pó e a sujeira que se desprendem irritam todos os orifícios da cabeça, provocam tosse e dificuldades de respiração. [...] Por causa do pouco comprimento da fibra, ao engomá-la é adicionada grande quantidade de todas as espécies de substitutos no lugar da farinha anteriormente usada. Daí a náusea e a dispepsia dos tecelões. A bronquite prepondera por causa do pó, assim como a inflamação da garganta, além de uma enfermidade da pele em consequência de sua irritação pela sujeira contida no surat.

Por outro lado, os substitutos da farinha eram uma sacola de Fortunato[I] para os senhores fabricantes, por causa do aumento do peso do fio. Faziam "15 libras de matéria-prima pesarem 20 libras quando tecidas".[242] No relatório dos inspetores de fábrica, de 30 de abril de 1864, lê-se:

A indústria se aproveita agora dessa fonte auxiliar numa proporção verdadeiramente indecente. Sei, de autoridade idônea, que um tecido de 8 libras é feito de 5¼ libras de algodão e 2¾ libras de goma. Outro tecido de 5¼ libras continha duas libras de goma. Estes eram *shirtings* [tecidos para camisa] ordinários para exportação. Em outras espécies, às vezes se acrescentavam 50% de goma, de modo que fabricantes podiam vangloriar-se, e se vangloriavam realmente, de que ficavam ricos com a venda de tecidos por menos dinheiro do que custava o fio nominalmente contido neles.[243]

Os trabalhadores, porém, não tiveram de sofrer apenas com as experimentações dos fabricantes nas fábricas e das municipalidades fora das fábricas, não só com reduções salariais e desemprego, com penúria e esmolas, com discursos laudatórios dos lordes e dos membros da Câmara dos Comuns.

Infortunadas mulheres, desempregadas devido à crise algodoeira, tornaram-se párias da sociedade e assim continuaram. [...] O número de jovens prostituídas cresceu mais do que durante os últimos 25 anos.[244]

Portanto, nos primeiros 45 anos da indústria algodoeira britânica, de 1770 a 1815, houve apenas 5 anos de crise e estagnação; esse foi, porém, o período de seu monopólio mundial. O segundo período, de 48 anos, de 1815 a 1863, conta apenas 20 anos de recuperação e prosperidade para 28 de depressão e

---

I Personagem literário alemão que possui uma sacola com dinheiro que nunca acaba. [N. T.]

estagnação. De 1815 a 1830, começa a concorrência com a Europa continental e os Estados Unidos. A partir de 1833, a expansão dos mercados asiáticos é forçada por meio da "destruição da *race* humana".[I] Desde a revogação das leis dos cereais, de 1846 a 1863, foram nove anos de depressão e estagnação para oito anos de vitalidade e prosperidade médias. A situação dos trabalhadores adultos masculinos do algodão, mesmo durante a época de prosperidade, pode ser julgada pela nota a seguir.[245]

8. O REVOLUCIONAMENTO DA MANUFATURA, DO ARTESANATO E DO TRABALHO DOMICILIAR PELA GRANDE INDÚSTRIA

a) Superação da cooperação baseada no artesanato e na divisão do trabalho

Viu-se como a maquinaria supera a cooperação baseada no artesanato e a manufatura baseada na divisão do trabalho artesanal. Um exemplo da primeira espécie é a máquina de ceifar, que substitui a cooperação de ceifeiros. Um exemplo impactante da segunda espécie é a máquina de fazer agulhas de costura. Segundo Adam Smith, à sua época, por meio da divisão do trabalho, 10 homens faziam diariamente mais de 48 000 agulhas de costura. Uma única máquina fornece, no entanto, 145 000 num dia de trabalho de 11 horas. Uma mulher ou uma jovem supervisiona, em média, 4 dessas

---

I Marx refere-se à intensidade com que os comerciantes particulares ingleses conquistaram o mercado chinês depois da supressão do monopólio da Companhia das Índias Orientais no comércio com a China (1833). Para tanto, qualquer meio lhes servia. A primeira Guerra do Ópio (1839-42), que foi uma guerra de agressão da Inglaterra contra a China, tinha o intuito de abrir o mercado chinês ao comércio inglês. Com ela, iniciou-se a transformação da China num país semicolonial. Desde o início do século passado, a Inglaterra procurava, por meio do contrabando para a China de ópio produzido na Índia, equilibrar o passivo de sua balança comercial com a China; chocou-se, porém, com a oposição das autoridades chinesas, que em 1839 confiscaram e mandaram queimar carregamentos de ópio a bordo de navios estrangeiros em Cantão. Esse foi o pretexto para a guerra em que a China foi derrotada. Os ingleses se aproveitaram dessa derrota da China feudal e retrógrada e ditaram-lhe o espoliador Tratado de Paz de Nanquim (agosto de 1842). O Tratado de Nanquim assegura a abertura de cinco portos chineses (Cantão, Xiamen, Fucheu, Ningbo e Xangai) ao comércio inglês, a entrega de Hong Kong "por toda a eternidade" à Inglaterra e o pagamento de elevados tributos a esse país. Mediante o protocolo complementar do Tratado de Nanquim, a China também teve de reconhecer aos estrangeiros o direito da extraterritorialidade. [N. E. A.]

máquinas e produz, portanto, com a maquinaria, diariamente 600 000 agulhas de coser, mais de 3 000 000 por semana.[246] À medida que uma única máquina de trabalho toma o lugar da cooperação ou da manufatura, ela mesma pode novamente servir de base à produção de caráter artesanal. No entanto, essa reprodução do artesanato com base na maquinaria constitui apenas a transição para a produção fabril, que, em regra, surge assim que a força motriz mecânica, vapor ou água, substitui os músculos humanos na movimentação da máquina. De modo esporádico e igualmente apenas transitório, a pequena empresa pode ligar-se à força motriz mecânica por meio do aluguel de vapor, como em algumas manufaturas de Birmingham, por meio do uso de pequenas máquinas calóricas, como em certos ramos da tecelagem etc.[247] Na tecelagem de seda em Coventry, desenvolveu-se de modo natural a experiência das "fábricas-*cottages*". No meio de fileiras de *cottages*, construídas em forma de quadrado, foi erguida uma assim chamada *engine house* [casa das máquinas] para a máquina a vapor; esta, por meio de cabos, foi ligada aos teares nos *cottages*. Em todos os casos, o vapor era alugado, por exemplo a 2½ xelins por tear. Essa renda do vapor era paga semanalmente, quer os teares estivessem em funcionamento, quer não. Cada *cottage* continha de 2 a 6 teares, pertencentes aos trabalhadores, ou comprados a crédito, ou alugados. A luta entre a fábrica-*cottage* e a fábrica propriamente dita perdurou por mais de 12 anos. Terminou com a ruína total das 300 *cottage factories*.[248] Onde a natureza do processo não condicionava desde o início a produção em larga escala, as novas indústrias surgidas nas últimas décadas, como fábricas de envelopes, de penas de aço etc., percorriam, em regra, primeiro a empresa artesanal e depois a empresa manufatureira como fases transitórias, de curta duração, até a empresa fabril. Essa metamorfose continua a mais difícil onde a produção manufatureira da mercadoria não é constituída por uma sequência de processos de desenvolvimento, mas por uma multiplicidade de processos díspares. Isso constitui, por exemplo, grande obstáculo à fábrica de molas de aço. Não obstante, há cerca de uma década e meia, foi inventado um autômato que executa, de uma só vez, 6 processos díspares. Em 1820, o artesanato fornecia as primeiras 12 dúzias de molas de aço a 7 libras esterlinas e 4 xelins; em 1830, a manufatura as fornecia a 8 xelins; hoje, a fábrica as fornece ao comércio por atacado por 2 a 6 pence.[249]

b) Reação do sistema fabril sobre a manufatura e o trabalho domiciliar

Com o desenvolvimento do sistema fabril e o revolucionamento da agricultura que o acompanha, não só se expande a escala da produção nos demais ramos da indústria, mas também se modifica seu caráter. Por toda parte, torna-se determinante o princípio da produção mecanizada – analisar o processo de produção em suas fases constitutivas e resolver os problemas assim dados por meio da aplicação da Mecânica, da Química etc., em suma, das ciências naturais. A maquinaria, portanto, força sua entrada ora neste, ora naquele processo parcial das manufaturas. A cristalização fixa de sua organização, oriunda da velha divisão do trabalho, dissolve-se com isso e dá lugar a mudanças contínuas. Abstraindo disso, a composição do trabalhador coletivo ou do pessoal de trabalho combinado é revolucionada pela base. Em antítese ao período da manufatura, o plano da divisão do trabalho funda-se agora, sempre que possível, na utilização da mão de obra feminina, do trabalho de crianças de todas as idades, de trabalhadores não qualificados, em suma, do *cheap labour*, do trabalho barato, como o inglês tão caracteristicamente o denomina. Isso vale não só para toda a produção combinada em larga escala, quer use maquinaria, quer não, mas também para a assim chamada indústria domiciliar, seja ela exercida nas moradias privadas dos trabalhadores ou em pequenas oficinas. Exceto pelo nome, essa assim chamada moderna indústria domiciliar nada tem em comum com a antiga, que pressupõe artesanato urbano independente, economia camponesa autônoma e, antes de tudo, uma casa da família trabalhadora. Ela está agora transformada no departamento externo da fábrica, da manufatura ou da grande loja. Ao lado dos trabalhadores fabris, dos trabalhadores manufatureiros e dos artesãos, que concentra espacialmente em grandes massas e comanda diretamente, o capital movimenta, por fios invisíveis, outro exército de trabalhadores domiciliares espalhados pelas grandes cidades e pela zona rural. Exemplo: a fábrica de camisas do Sr. Tillie, em Londonderry, Irlanda, que emprega 1000 trabalhadores na fábrica e 9000 trabalhadores domiciliares espalhados pelo campo.[250]

Na manufatura moderna, a exploração de forças de trabalho baratas e imaturas torna-se mais desavergonhada do que na fábrica propriamente dita, pois a base técnica aí existente, substituição da força muscular por máquinas e facilidade do trabalho, em grande parte não existe lá e, ao mesmo tempo, o corpo feminino ou ainda imaturo fica exposto, da maneira mais inescrupulosa, às influências de substâncias venenosas etc. Ela se torna ainda mais desavergonhada no assim chamado trabalho domiciliar do que na manufatura, porque a capacidade de resistência dos trabalhadores diminui com sua dispersão; toda uma série de parasitas rapaces se coloca entre o empregador propriamente dito e o trabalhador, o trabalho domiciliar luta em toda parte com empresas mecanizadas ou ao menos manufatureiras no mesmo ramo da produção, a pobreza rouba do trabalhador as condições mais necessárias ao trabalho, como espaço, luz, ventilação etc., cresce a irregularidade do emprego e, finalmente, nesses últimos refúgios daqueles que a grande indústria e a grande agricultura tornaram "supranumerários", a concorrência entre os trabalhadores alcança necessariamente seu máximo. A economia dos meios de produção, desenvolvida sistematicamente apenas pela produção mecanizada, que de antemão e ao mesmo tempo é o desperdício mais inescrupuloso de força de trabalho e roubo dos pressupostos normais da função do trabalho, acentua agora tanto mais esse seu lado antagônico e homicida quanto menos estiverem desenvolvidas num ramo da indústria a força produtiva social do trabalho e a base técnica de processos combinados de trabalho.

c) A manufatura moderna

Quero agora ilustrar com alguns exemplos as assertivas feitas acima. O leitor já conhece, com efeito, numerosos testemunhos da parte relativa à jornada de trabalho. As manufaturas de metal em Birmingham e adjacências empregam, em grande parte para trabalhos muito pesados, 30 000 crianças e jovens, além de 10 000 mulheres. São aí encontráveis em atividades insalubres, nas fundições de latão, fábricas de botões, trabalhos de esmaltar, galvanizar e laquear.[251] O excesso de trabalho, para maiores e menores de idade, assegurou a diversas gráficas de jornais e livros o honroso nome de "matadouro".[251a] Os mesmos excessos ocorrem no setor da encadernação de livros, sendo vítimas sobretudo mulheres, moças e crianças. Trabalho pesado para menores nas cordoarias; trabalho noturno em salinas, em manufaturas de velas e em outras manufaturas químicas; utilização assassina de rapazes para rodar os teares em tecelagens de seda não movidas mecanicamente.[252] Um dos trabalhos mais infames, sujos e mal pagos, para o qual são empregadas de preferência garotas e mulheres, é o de separar trapos. Sabe-se que a Grã-Bretanha, além de seus inúmeros trapos próprios, constitui o empório para o comércio de trapos de todo o mundo. Afluem do Japão, dos mais distantes estados da América do Sul e das Ilhas Canárias. Mas as principais fontes de suprimento são Alemanha, França, Rússia, Itália, Egito, Turquia, Bélgica e Holanda. Servem para a adubação, para a fabricação de estofos (para roupa de cama), *shoddy* (lã artificial) e como matéria-prima do papel. As classificadoras separadoras de trapos tornam-se transmissoras de varíola e de outras doenças contagiosas, cujas primeiras vítimas são elas mesmas.[253] Como exemplo clássico de sobretrabalho, trabalho pesado e inadequado, assim como da brutalização, daí decorrente, dos trabalhadores consumidos desde a infância, podem servir, além da mineração e da produção de carvão, as olarias, nas quais a máquina recém-descoberta é usada, ainda esporadicamente, apenas na Inglaterra (1866). Entre maio e setembro, o trabalho vai de 5 horas da manhã até 8 horas da noite e, quando se faz a secagem ao ar livre, frequentemente de 4 horas da manhã até 9 horas da noite. A jornada de trabalho das 5 horas da manhã até 7 horas da noite é considerada "reduzida", "moderada". Crianças de ambos os sexos são empregadas a partir dos 6 e até mesmo dos 4 anos de idade. Trabalham o mesmo número de horas, frequentemente mais, que os adultos. O trabalho é duro, e o calor do verão aumenta ainda mais o esgotamento. Numa olaria de Mosley, por exemplo, uma moça de 24 anos fazia diariamente 2 000 tijolos, ajudada por duas garotas menores de idade como auxiliares, que traziam o barro e empilhavam os tijolos. Essas garotas carregavam diariamente 10 toneladas de barro pelo aclive escorregadio de uma escavação com profundidade de 30 pés e a uma distância de 210 pés.

> "É impossível a uma criança passar pelo purgatório de uma olaria sem grande degradação moral. [...] A linguagem baixa que tem de ouvir desde a mais tenra idade, os hábitos obscenos, indecentes e desavergonhados, entre os quais as crianças crescem inconscientes e meio selvagens, tornam-nas, para o resto da vida, sem lei, vis e dissolutas. [...] Uma terrível fonte de desmoralização é o modo como moram. Cada *moulder* (moldador)" (o trabalhador realmente qualificado e chefe de um grupo de trabalho) "fornece a seu grupo de 7 pessoas alojamento e refeições em sua cabana ou *cottage*. Pertencendo ou não à sua família, homens, meninos e meninas dormem na cabana. Esta é constituída por 2 peças, só excepcionalmente por 3, todas ao rés do chão, com pouca ventilação. Os corpos estão tão exaustos pela grande transpiração que de nenhum modo são observadas as regras de higiene, de limpeza ou de decência. Muitas dessas cabanas são verdadeiros modelos de desordem, sujeira e pó. [...] O maior mal desse sistema, que emprega meninas para essa espécie de trabalho, reside em que, em regra, ele as amarra, desde a infância por todo o resto da vida, à corja mais abjeta. Elas se tornam rudes rapagões desbocados (*rough, foul-mouthed boys*) antes mesmo de a Natureza tê-las ensinado que são mulheres. Vestidas com poucos trapos imundos, pernas desnudas até bem acima dos joelhos, cabelos e rostos manchados com sujeira, aprendem a tratar com desprezo todos os sentimentos de decência e pudor. Durante o intervalo das refeições, deitam-se esticadas pelos campos ou espiam os rapazes que tomam banho num canal próximo. Concluído, afinal, seu pesado labor cotidiano, vestem roupas melhores e acompanham os homens às tabernas."

Que, desde a infância, reine em toda essa classe a maior embriaguez, é apenas natural.

"O pior é que os oleiros se desesperam. Um dos melhores disse a um capelão de Southallfield: O senhor pode tentar elevar e melhorar tanto o diabo como um oleiro, meu senhor!" (*You might as well try to raise and improve the devil as a brickie, Sir!*)[254]

Sobre o modo capitalista de economizar nas condições de trabalho na manufatura moderna (que inclui todas as oficinas em grande escala, exceto fábricas propriamente ditas) encontra-se material oficial e mais rico no IV (1861) e no VI (1864) *Public Health Report*. A descrição dos *workshops* (locais de trabalho), notadamente dos impressores e alfaiates londrinos, supera as mais repulsivas fantasias de nossos romancistas. O efeito sobre o estado de saúde dos trabalhadores é evidente. O Dr. Simon, o mais alto funcionário médico do Privy Council e editor oficial dos *Public Health Reports*, diz, entre outras coisas:

"Em meu quarto relatório" (1861) "mostrei como é praticamente impossível para os trabalhadores sustentarem o que seria seu primeiro direito em matéria de saúde, o direito de que, qualquer que seja a atividade para a qual seu empregador os reúna, o trabalho deve estar livre de todas as circunstâncias nocivas à saúde que possam ser evitadas, na medida em que isso dependa dele. Demonstrei que, enquanto os trabalhadores forem praticamente incapazes de alcançar por si mesmos essa justiça sanitária, não poderão conseguir nenhuma ajuda eficaz dos administradores nomeados da polícia sanitária. [...] A vida de miríades de trabalhadores e trabalhadoras é, agora, inutilmente torturada e encurtada pelo sofrimento físico sem fim, causado apenas por sua ocupação".[255]

Para ilustrar a influência dos locais de trabalho sobre o estado de saúde, o Dr. Simon dá a seguinte tabela de mortalidade:

Número de pessoas, de todos os grupos de idade, empregadas nas respectivas indústrias	Indústrias comparadas com relação à saúde	Taxa de mortalidade por 100 000 homens nas respectivas indústrias segundo as faixas etárias dadas		
		de 25 a 35 anos	de 35 a 45 anos	de 45 a 55 anos
958 265	Agricultores ingleses e galeses	743	805	1 145
22 301 homens 12 377 mulheres	Alfaiates londrinos	958	1 262	2 093
13 803	Gráficos londrinos	894	1 747	2 367[256]

d) O trabalho domiciliar moderno

Volto-me agora para o assim chamado trabalho domiciliar. Para se ter noção dessa esfera de exploração do capital, construída na retaguarda da grande indústria, bem como de suas monstruosidades, considere-se, por exemplo, a fabricação de pregos,[257] tão idílica na aparência, em algumas aldeias remotas da Inglaterra. Aqui bastam alguns exemplos tirados dos ramos da fabricação de rendas e de trançados de palha, que ainda não são mecanizados ao todo ou concorrem com empresas mecanizadas e manufatureiras.

Das 150 000 pessoas empregadas na produção inglesa de rendas, cerca de 10 000 caem no âmbito da lei fabril de 1861. A grande maioria das 140 000 restantes são mulheres, jovens e crianças de ambos os sexos, embora o sexo masculino só esteja fracamente representado. O estado de saúde desse material "barato" de exploração se revela na seguinte tabela do Dr. Trueman, médico na *general dispensary* [enfermaria geral] de Nottingham. De cada 686 pacientes, rendeiras, a maioria, entre 17 e 24 anos de idade, era tuberculosa:

1852	1 em 45,	1857	1 em 13,
1853	1 em 28,	1858	1 em 15,
1854	1 em 17,	1859	1 em 9,
1855	1 em 18,	1860	1 em 8,
1856	1 em 15,	1861	1 em 8.[258]

Essa progressão na taxa de incidência de tuberculose deve ser suficiente para o mais otimista dos progressistas e o mais mentiroso [*lügenfauchen*] dos traficantes alemães do livre-cambismo.

A lei fabril de 1861 regulamenta a feitura propriamente dita de rendas, na medida em que ocorre à máquina, e essa é a regra na Inglaterra. Os ramos que aqui examinamos sumariamente – não na medida em que concentram trabalhadores em manufaturas, estabelecimentos comerciais etc., mas só na medida em que compreendem os assim chamados trabalhadores domiciliares – dividem-se em 1) *finishing* (último acabamento das rendas confeccionadas à máquina, uma categoria que, por sua vez, compreende numerosas subdivisões); 2) rendas de bilro.

O *lace finishing* [acabamento da renda] é feito como trabalho domiciliar nas assim chamadas *mistresses houses* [casas de mestras] ou por mulheres sozinhas ou com filhos em sua moradia privada. As mulheres que mantêm as *mistresses houses* são elas mesmas pobres. O local de trabalho faz parte de sua moradia privada. Elas recebem encomendas de fabricantes, donos de lojas etc. e empregam mulheres, moças e crianças pequenas, de acordo com o tamanho de seus quartos e a flutuante demanda do negócio. O número de trabalhadoras empregadas varia de 20 a 40 em alguns locais, de 10 a 20 em outros. A idade média mínima com que crianças começam é de 6 anos, algumas, no entanto, com menos de 5 anos. O tempo de trabalho costuma ir das 8 horas da manhã até as 8 horas da noite, com 1½ hora para as refeições, que são feitas sem regularidade e muitas vezes nos próprios buracos fétidos de trabalho. Com bons negócios, o trabalho vai de 8 horas (às vezes 6 horas) da manhã até as 10, 11 ou 12 horas da noite. Nas casernas inglesas, o espaço reservado por regulamento para cada soldado é de 500–600 pés cúbicos, nos hospitais militares, de 1200. Naqueles buracos de trabalho, há 67–100 pés cúbicos para cada pessoa. Ao mesmo tempo, lampiões a gás consomem o oxigênio do ar. Para manter as rendas limpas, as crianças, mesmo no inverno, têm de tirar os sapatos, embora o assoalho seja de laje ou ladrilho.

> Não é nada incomum, em Nottingham, encontrar de 15 a 20 crianças amontoadas num pequeno quarto de talvez não mais que 12 pés quadrados e ocupadas durante 15 das 24 horas do dia num trabalho em si mesmo estafante por seu tédio e monotonia, executado, além disso, em todas as condições possíveis que prejudicam a saúde. [...] Mesmo as crianças menores trabalham com atenção tensa e numa velocidade que é espantosa, quase nunca permitindo a seus dedos descanso ou movimentação mais lenta. Quando se faz uma pergunta a elas, nunca levantam os olhos do serviço por medo de perder um só instante."

As *mistresses* usam uma "vara longa" como estimulante, recorrendo a ela quando se prolonga o tempo de trabalho.

> As crianças se cansam gradualmente e se tornam tão inquietas como pássaros ao final de sua longa prisão em uma atividade monótona, perniciosa aos olhos e estafante devido à postura sempre igual do corpo. É verdadeiramente trabalho escravo (*Their work is like slavery*).[259]

Onde mulheres trabalham com seus próprios filhos em casa, isto é, no sentido moderno, num quarto alugado, frequentemente num sótão, as circunstâncias são, caso isso seja possível, ainda piores. Essa espécie de trabalho é distribuída num raio de 80 milhas em torno de Nottingham. Quando a criança ocupada nos estabelecimentos comerciais sai, às 9 ou 10 horas da noite, dá-se ainda a ela, frequentemente, um pacote para que o apronte em casa. O fariseu capitalista, representado por um de seus lacaios assalariados, acompanha isso com a frase untuosa de que "isto é para mamãe", mas ele sabe muito bem que a pobre criança vai ter de ficar sentada e ajudar.[260]

A indústria das rendas de bilro é desenvolvida principalmente em dois distritos agrícolas ingleses, o distrito de rendas de Honiton, com de 20 a 30 milhas ao longo da costa sul de Devonshire, incluindo-se poucos lugares de Nord-Devon, e outro distrito, que compreende grande parte dos condados de Buckingham, Bedford Northampton e as regiões vizinhas de Oxfordshire e Huntingdonshire. Os *cottages* dos diaristas agrícolas constituem em geral os locais de trabalho. Alguns donos de manufatura empregam mais de 3000 desses trabalhadores domiciliares, sobretudo crianças e jovens, exclusivamente do sexo feminino. As condições descritas no *lace finishing* se repetem. Só que no lugar das *mistresses houses* surgem as assim chamadas *lace schools* (escolas de bordado), mantidas por mulheres pobres em seus casebres. A partir dos 5 anos de idade, às vezes menos, até os 12 ou 15 anos, as crianças trabalham nessas escolas; durante o primeiro ano, as menores trabalham de 4 a 8 horas; depois, das 6 horas da manhã até as 8 ou 10 horas da noite.

> Os quartos geralmente são salas de estar comuns de pequenos *cottages*, com a chaminé tapada para evitar correntes de ar, com os ocupantes às vezes também no inverno aquecidos apenas por seu próprio calor animal. Em outros casos, essas assim chamadas salas de aula parecem pequenas despensas, sem lareira. [...] A superlotação desses buracos e a poluição do ar assim causada são frequentemente extremas. A isso se acrescentam o efeito maléfico de canaletas de esgotos, privadas, substâncias em decomposição e outras imundícies que costumam estar nas vias de acesso aos *cottages* menores.

Quanto ao espaço:

> Numa escola de bordado, 18 meninas e a mestra, 33 pés cúbicos para cada pessoa; em outra, na qual o cheiro era insuportável, 18 pessoas e 24½ pés cúbicos por cabeça. Nessa atividade, encontram-se empregadas crianças de 2 e 2½ anos de idade.[261]

Onde acaba a renda de bilros nos condados rurais de Buckingham e Bedford, começa o entrançamento de palha. Ele se estende por grande parte de Hertfordshire e pelas regiões a oeste e ao norte de Essex. Em 1861, 48043 pessoas estavam ocupadas em trançar palha e fazer chapéus de palha, das quais 3815 do sexo masculino em todos os grupos etários, as outras do sexo feminino, das quais 14913 com menos de 20 anos de idade, sendo 7000 crianças. No lugar das escolas de bordados, surgem as *straw plait schools* (escolas de entrançamento de palha). Aí as crianças começam a aprender a entrançar palha com 4 anos de idade, às vezes entre os 3 e os 4 anos. Educação, naturalmente, não recebem nenhuma.

As próprias crianças chamam as escolas primárias de *natural schools* (escolas naturais), para diferenciá-las dessas instituições de sugar sangue, nas quais apenas são mantidas a trabalhar para aprontarem a tarefa prescrita por suas mães meio mortas de fome, em geral 30 jardas por dia. Essas mães fazem frequentemente com que trabalhem em casa até 10, 11, 12 horas da noite. A palha corta-lhes os dedos e a boca, com a qual a umedecem a todo momento. Segundo o ponto de vista geral dos funcionários médicos de Londres, resumido pelo Dr. Ballard, é de 300 pés cúbicos o espaço mínimo para cada pessoa num quarto de dormir ou numa sala de trabalho. Nas escolas de entrançamento de palha, o espaço é ainda mais escassamente repartido do que nas escolas de bordados, variando de 12⅔, 17, 18½ a 22 pés cúbicos para cada pessoa.

> "Os menores desses números", diz o comissário White, "representam menos da metade do espaço que uma criança ocuparia caso empacotada numa caixa de 3 pés em cada uma das dimensões."

Esse é o prazer da vida das crianças até os 12 ou 14 anos de idade. Os pais, miseráveis e degenerados, só pensam em arrancar o máximo possível de seus filhos. Uma vez crescidos, os filhos não querem mais saber dos pais e os abandonam.

> Não admira que a ignorância e o vício grassem numa população assim criada. [...] Sua moralidade está no mais baixo nível. [...] Grande número de mulheres tem filhos ilegítimos, e isso em idade tão imatura que até mesmo os familiarizados com a estatística criminal ficam assombrados.[262]

E a pátria dessas famílias modelares, segundo afirma o Conde de Montalembert, seguramente autoridade competente em matéria de cristianismo, é o modelo de país cristão da Europa!

O salário, nos ramos de atividades abordados, em geral deplorável (o salário máximo excepcional das crianças nas escolas de entrançamento de palha é de 3 xelins), é reduzido a muito menos do que seu montante nominal, por meio do *truck system*,[I] que prepondera em geral sobretudo nos distritos das rendas e dos bordados.[263]

I Sistema de pagamento em vales que devem ser resgatados pelo empregado em loja do próprio empregador, a preços maiores que os do mercado; espécie de servidão por dívidas. [N. E. B.]

e) Transição da manufatura e do trabalho domiciliar modernos para a grande indústria. Aceleração dessa revolução pela aplicação das leis fabris a esses modos de produzir

O barateamento da força de trabalho por meio do mero abuso de forças de trabalho femininas e imaturas, do mero roubo de todas as condições normais de trabalho e de vida e da mera brutalidade do trabalho excessivo e noturno choca-se, por fim, com certas barreiras naturais não mais transponíveis, o mesmo ocorrendo com o barateamento das mercadorias e com a exploração capitalista em geral, quando repousam nesses fundamentos. Assim que esse ponto finalmente é alcançado, o que demora bastante, soa a hora de introduzir a maquinaria e a agora rápida transformação do trabalho domiciliar esparso (ou também da manufatura) em produção fabril.

O mais colossal exemplo desse movimento é dado pela produção de *wearing apparel* (artigos pertencentes ao vestuário). Segundo a classificação da Children's Employment Commission, essa indústria compreende confeccionadores de chapéus de palha e femininos, confeccionadores de gorros, alfaiates, *milliners* e *dressmakers*,[264] camiseiros e costureiras, espartilheiros, luveiros, sapateiros, além de muitos ramos menores, como fabricação de gravatas, de colarinhos etc. O pessoal feminino ocupado nessas atividades na Inglaterra e no País de Gales atingia, em 1861: 586 298 pessoas, das quais no mínimo 115 242 menores de 20 e 16 560 menores de 15 anos. Número dessas trabalhadoras no Reino Unido (1861): 750 334. Número de trabalhadores masculinos ocupados à mesma época na confecção de chapéus, calçados e luvas na Inglaterra e no País de Gales: 437 969, dos quais 14 964 menores de 15 anos de idade, 89 285 de quinze a vinte anos, 333 117 maiores de 20 anos. Faltam nesses dados muitos pequenos ramos pertencentes a esse setor. Se tomarmos, no entanto, os números como estão, então resulta, só para Inglaterra e País de Gales, segundo o censo de 1861, uma soma de 1 024 267 pessoas, portanto mais ou menos tantas quantas absorvem a agricultura e a criação de gado. Começa-se a entender por que a maquinaria ajuda a criar, como por mágica, massas tão enormes de produtos e a "liberar" massas tão enormes de trabalhadores.

A produção de *wearing apparel* é levada a cabo por manufaturas que apenas reproduzem em seu interior a divisão do trabalho e cujos *membra disjecta* já encontraram prontos; por mestres artesãos menores, mas que não trabalham, como antigamente, para consumidores individuais, e sim para manufaturas e grandes lojas, de modo que cidades e regiões inteiras do país exercem tais atividades, por exemplo fabricação de calçados etc., como especialidade; por fim, em maior escala, pelos assim chamados trabalhadores domiciliares, que constituem o departamento externo das manufaturas, das grandes lojas e mesmo dos mestres menores.[265] As medidas de material de trabalho, matéria-prima, produtos semiacabados etc. são fornecidas pela grande indústria, a medida do material humano barato (*taillable à merci et miséricorde* [sujeito à graça e à misericórdia]) é constituída de "liberados" pela grande indústria e pela grande agricultura. As manufaturas dessa esfera devem sua origem principalmente à necessidade do capitalista de ter à mão um exército adequado a qualquer flutuação da demanda, pronto para ser mobilizado.[266] Essas manufaturas deixavam, no entanto, que subsistisse a seu lado, como ampla base, a dispersa atividade artesanal em domicílio. A grande produção de mais-valia nesses ramos de atividades, bem como o progressivo barateamento simultâneo de seus artigos, eram e são devidos sobretudo ao mínimo de salário necessário para vegetar miseramente somado ao máximo de tempo de trabalho humanamente possível. Foi, de fato, a barateza do sangue e do suor humanos transformados em mercadoria que ampliou constante e diariamente o mercado de escoamento, no caso da Inglaterra especialmente para o mercado colonial, onde, além de tudo, preponderam os costumes e o gosto ingleses. Chegou-se, por fim, a um ponto nodal. O fundamento do velho método, a mera exploração brutal da mão de obra, mais ou menos acompanhada da divisão do trabalho sistematicamente desenvolvida, já não bastava ao crescente mercado e à concorrência ainda mais rapidamente crescente dos capitalistas. Soou a hora da maquinaria. A máquina revolucionária de fato, que se apodera dos diversos e inumeráveis ramos dessa esfera da produção, como confecções, alfaiataria, fabricação de sapatos, costura, chapelaria etc., é... a máquina de costura.

Seu efeito imediato sobre os trabalhadores é, mais ou menos, o de toda maquinaria que, no período da grande indústria, se apodera de novos ramos de atividades. Crianças de menos idade são afastadas. O salário dos trabalhadores de máquinas se eleva em relação ao dos trabalhadores domiciliares, entre os quais muitos pertencem aos "mais pobres dos pobres" ("*the poorest of the poor*"). O salário dos artesãos mais bem colocados, com os quais a máquina concorre, cai. Os novos trabalhadores de máquinas são exclusivamente meninas e moças. Com o auxílio da força mecânica, elas aniquilam o monopólio do trabalho masculino em tarefas pesadas e expulsam das tarefas mais leves massas de mulheres idosas e crianças imaturas. A concorrência irresistível elimina os trabalhadores manuais mais débeis. O horrendo crescimento da morte por inanição (*death from starvation*) em Londres durante a última década corre em paralelo com a expansão da costura à máquina.[267] As novas trabalhadoras da máquina de costura movida com o pé e a mão, ou só com a mão, ficando elas sentadas ou de pé, de acordo com o peso, o tamanho e a especialidade da máquina, despendem muita força de trabalho. Sua ocupação torna-se nociva à saúde devido à duração do processo, embora esta seja, na maioria das vezes, menor do que no velho sistema. Onde quer que a máquina de costura se abrigue, como na confecção de calçados, espartilhos, chapéus etc., em oficinas já por si acanhadas e superlotadas, multiplica as influências nocivas à saúde.

> "O efeito", diz o comissário Lord, "experimentado ao se entrar em locais de trabalho de teto baixo, onde de 30 a 40 operadores de máquinas trabalham juntos, é insuportável. [...] O calor, devido parcialmente aos fogões a gás usados para aquecer os ferros de passar, é terrível. [...] Mesmo quando prevalece em tais locais o assim chamado horário moderado de trabalho, isto é, das 8 horas da manhã às 6 horas da tarde, ainda assim de 3 a 4 pessoas desmaiam regularmente a cada dia."[268]

O revolucionamento do modo social de produzir, esse produto necessário da transformação do meio de produção, realiza-se num colorido caos de formas de transição. Elas variam de acordo com o tamanho, o setor e o período de tempo em que a máquina de costura tenha se apoderado de um ou outro ramo da indústria; com a situação preexistente dos trabalhadores, com a preponderância da produção manufatureira, artesanal ou domiciliar, com o aluguel dos locais de trabalho[269] etc. Por exemplo, na confecção de vestidos finos, em que o trabalho já estava em geral organizado, principalmente mediante cooperação simples, a máquina de costura constitui de início apenas um novo fator da produção manufatureira. Na alfaiataria, na camisaria, na confecção de calçados etc., entrecruzam-se todas as formas. Aqui, produção fabril propriamente dita. Lá, intermediários recebem a matéria-prima do capitalista *en chef* [em chefe] e agrupam de 10 a 50 e até mais assalariados ao redor de máquinas de costura, em "câmaras" ou "sótãos". Finalmente, como em toda maquinaria que não constitui um sistema articulado e é utilizável em tamanho pequeno, artesãos ou trabalhadores domiciliares utilizam, com a própria família ou com a ajuda de alguns poucos trabalhadores estranhos, máquinas pertencentes a eles mesmos.[270] Agora prepondera de fato, na Inglaterra, o sistema pelo qual o capitalista concentra um número maior de máquinas em seus prédios e depois reparte o produto da máquina entre o exército de trabalhadores domiciliares para o processamento subsequente.[271] ¦ 132 A diversidade das formas de transição não esconde, porém, a tendência à transformação em autêntico sistema fabril. ¦ Essa tendência é alimentada pelo caráter da máquina de costura, cuja aplicabilidade diversificada induz à unificação no mesmo prédio, e sob o comando do mesmo capital, de ramos de atividade anteriormente separados; devido à circunstância de que trabalhos preparatórios de agulha e algumas outras operações se realizam mais adequadamente no local em que está a máquina; finalmente, devido à inevitável expropriação dos artesãos e trabalhadores domiciliares que produzem com suas próprias máquinas. Essa fatalidade já os colheu em parte agora. A massa sempre crescente de capital investido em máquinas de costura[272] estimula a produção e provoca saturação de mercado, que fazem soar o sinal para a venda das máquinas de costura dos trabalhadores domiciliares. A própria superprodução de tais máquinas força seus produtores, que precisam de escoadouros, a alugá-las por semana, acarretando, com isso, uma concorrência mortífera para os pequenos proprietários de máquinas.[273] As constantes mudanças na construção e o barateamento das máquinas depreciam de modo igualmente constante seus exemplares antigos e só permitem sua utilização ainda lucrativa quando ela se realiza em massa, comprados a preços irrisórios, nas mãos de grandes capitalistas. Finalmente, a substituição do ser humano pela máquina a vapor dá o golpe decisivo nesse processo, assim como em todos os processos similares de revolucionamento. A utilização da força do vapor choca-se no começo com obstáculos puramente técnicos, como trepidação das máquinas, dificuldades em controlar sua velocidade, desgaste rápido das máquinas mais leves etc., todos eles obstáculos que a experiência logo ensina a superar.[274] Se, por um lado, a concentração de muitas máquinas de trabalho em manufaturas maiores leva à utilização da força do vapor, a concorrência do vapor com músculos humanos acelera, por outro lado, a concentração de trabalhadores e máquinas de trabalho em grandes fábricas. Assim, a Inglaterra vivencia atualmente, na colossal esfera de produção de *wearing apparel*, como na maioria dos demais setores, o revolucionamento da manufatura, do artesanato e do trabalho domiciliar em sistema fabril, depois de todas essas formas, sob a influência da grande indústria, estarem totalmente modificadas, decompostas, deformadas, já tendo reproduzido e até mesmo exagerado todas as monstruosidades do sistema fabril, sem seus momentos positivos de desenvolvimento.[275]

Essa Revolução Industrial, que se processa naturalmente, é acelerada de modo artificial pela extensão das leis fabris a todos os ramos industriais em que trabalhem mulheres, jovens e crianças. A regulamentação obrigatória da jornada de trabalho, estabelecendo duração, pausas, início e término, o sistema de turnos para crianças, a exclusão de todas as crianças abaixo de certa idade etc., torna necessária, por um lado, mais maquinaria[276] e a substituição de músculos por vapor como força motriz.[277] Por outro lado, para ganhar em espaço o que é perdido em tempo, ocorre a ampliação dos meios de produção utilizados em comum, o forno, as construções etc., portanto, em uma palavra, maior concentração dos meios de produção e maior aglomeração correspondente de trabalhadores. A principal objeção, apaixonadamente repetida por toda manufatura quando ameaçada com a lei fabril, é, com efeito, a necessidade de maior investimento de capital para levar avante a empresa em sua dimensão antiga. No que tange às formas intermediárias entre manufatura e trabalho domiciliar, assim como ao próprio trabalho domiciliar, sua base desmorona com a limitação da jornada de trabalho e do trabalho infantil. Exploração ilimitada de forças de trabalho baratas constitui o único fundamento de sua capacidade de concorrência.

A segurança normal quanto ao resultado, isto é, a produção de determinado *quantum* de mercadoria ou de um efeito útil tencionado em certo espaço de tempo, é condição essencial da produção fabril, sobretudo assim que submetida à regulamentação da jornada de trabalho. As pausas legais na jornada de trabalho regulamentada pressupõem, além disso, paradas súbitas e periódicas do trabalho, sem prejuízo para o objeto que se encontra em processo de produção. Essa segurança quanto ao resultado e a possibilidade de interrupção do trabalho são, naturalmente, alcançáveis com maior facilidade em atividades puramente mecânicas do que naquelas em que processos químicos e físicos são importantes, como na cerâmica, no branqueamento, na tinturaria, na panificação, na maioria das manufaturas de metal. Com a prática da jornada de trabalho ilimitada, do trabalho noturno e da livre devastação de seres humanos, toda dificuldade naturalmente desenvolvida é logo considerada uma eterna "barreira natural" à produção. Nenhum veneno elimina animais daninhos de modo mais seguro do que a lei fabril faz com tais "barreiras naturais". Ninguém gritou mais alto sobre "impossibilidades" do que os donos das cerâmicas. Em 1864, foi-lhes imposta a lei fabril e, 16 meses depois, todas as impossibilidades já tinham desaparecido. Devido à lei fabril, surgiu um

> método aperfeiçoado de produzir massa de revestimento (*slip*) por pressão, e não por evaporação, a nova construção dos fornos para secagem do artigo não queimado etc., acontecimentos de grande importância na arte da cerâmica e que marcam um progresso que o século anterior não pôde exibir. [...] Reduziu consideravelmente a temperatura dos fornos, com considerável economia no consumo de carvão e ação mais rápida sobre o produto.[278]

Apesar de todas as profecias, não subiu o preço de custo dos artigos de cerâmica, mas sim a massa dos produtos, de modo que a exportação dos 12 meses, de dezembro de 1864 a dezembro de 1865, resultou num excedente de valor de 138 628 libras esterlinas acima da média dos três anos anteriores. Na fabricação de fósforos, era considerada lei natural que rapazes, mesmo enquanto engoliam sua refeição do meio-dia, molhassem os palitos num composto químico de fósforo aquecido cujo vapor venenoso lhes subia ao rosto. Com a necessidade de economizar tempo, a lei fabril forçou a criação (1864) de uma *dipping machine* (máquina de imersão) cujos vapores não poderiam atingir o trabalhador.[279] Assim, nos ramos da manufatura de rendas ainda não sujeitos à lei fabril, sustenta-se agora que os intervalos das refeições não podem ser regulares por causa dos tempos diferentes que diferentes materiais de rendas precisam para secar e que variam de 3 minutos a uma hora e até mais. A isso respondem os comissários da Children's Employment Comm.:

> "As circunstâncias desse caso são exatamente análogas às da estamparia de papéis de parede. Alguns dos principais fabricantes desse ramo sustentavam com veemência que a natureza dos materiais empregados e a diversidade dos processos que percorrem não permitiriam, sem grande perda, paralisar as atividades subitamente para refeições. [...] De acordo com a 6ª cláusula da 6ª seção da Factory Acts Extension Act [Lei de Extensão das Leis Fabris]" (1864) "foi-lhes concedido um prazo de dezoito meses a partir da data de promulgação da lei, findo o qual teriam de se submeter às pausas para descanso especificadas pela lei fabril".[280]

Mal a lei recebera sanção parlamentar quando os senhores fabricantes também descobriram:

> Os males que esperávamos da introdução da lei fabril não ocorreram. Não achamos, de modo algum, que a produção esteja paralisada. De fato, produzimos mais no mesmo tempo.[281]

Vê-se que o Parlamento inglês, a quem seguramente ninguém há de acusar de genialidade, chegou por meio da experiência à convicção de que uma lei coercitiva pode simplesmente eliminar todas as assim chamadas barreiras naturais da produção contrárias à limitação e à regulamentação da jornada de trabalho. Com a introdução da lei fabril num ramo industrial, é concedido, por isso, um prazo de 6 a 18 meses, dentro do qual é problema do fabricante eliminar os obstáculos técnicos. Para a tecnologia moderna, vale literalmente o dito de Mirabeau: "*Impossible? Ne me dites jamais ce bête de mot!*" [Impossível? Jamais me diga essa palavra estúpida!]. Se, porém, a lei fabril acelera assim a maturação dos elementos materiais necessários à transformação da empresa manufatureira em fabril, apressa, ao mesmo tempo, pela necessidade de maior dispêndio de capital, a ruína dos pequenos mestres, bem como a concentração do capital.[282]

Além dos obstáculos puramente técnicos e tecnicamente elimináveis, a regulamentação da jornada de trabalho choca-se com hábitos irregulares dos próprios trabalhadores, notadamente onde predomina o salário por peça e onde o desperdício de tempo numa parte do dia ou da semana pode ser posteriormente compensado por sobretrabalho ou trabalho noturno, método que embrutece os trabalhadores adultos e arruína seus companheiros jovens e suas companheiras.[283] Embora essa irregularidade no dispêndio da força de trabalho seja uma reação primitiva e natural contra o enfado de uma labuta monótona e maçante, ela se origina, no entanto, em grau incomparavelmente mais elevado, da anarquia da própria produção, que, por sua vez, pressupõe novamente exploração desenfreada da força de trabalho pelo capital. Além das variações periódicas gerais do ciclo industrial e das oscilações específicas de mercado em cada ramo de produção, surge ainda a assim chamada temporada, com base quer na periodicidade das estações do ano mais favoráveis à navegação, quer na moda e na premência de grandes encomendas a serem atendidas no menor prazo. Esse costume se expande com as ferrovias e a telegrafia.

> "A expansão do sistema ferroviário", diz, por exemplo, um fabricante londrino, "através de todo o país desenvolveu muito o hábito de encomenda urgente. Agora chegam compradores de Glasgow, Manchester e Edimburgo, uma vez a cada 14 dias ou, então, para compras no atacado nos estabelecimentos da City, aos quais fornecemos as mercadorias. Em vez de comprarem do estoque, como era costume, eles fazem encomendas que precisam ser atendidas imediatamente. Em anos anteriores, estávamos sempre em condições de adiantar o serviço durante a estação baixa para a demanda da temporada seguinte, mas agora ninguém pode prever qual será a demanda então."[284]

Nas fábricas e manufaturas ainda não sujeitas à lei fabril, reina periodicamente o mais terrível sobretrabalho durante a assim chamada temporada, em fluxos imprevisíveis devido a encomendas súbitas. No departamento externo da fábrica, da manufatura ou da casa comercial, na esfera do trabalho domiciliar, já por si totalmente irregular, completamente dependente dos caprichos do capitalista para a obtenção de matéria-prima e de encomendas, o qual aqui não está sujeito a nenhuma preocupação com a valorização de prédios, máquinas etc. e que aqui tampouco arrisca coisa alguma exceto a pele do próprio trabalhador, cria-se assim, sistematicamente, um exército industrial de reserva sempre disponível, durante parte do ano dizimado por um trabalho forçado desumano, enquanto durante outra parte está na miséria por falta de trabalho.

> "Os empregadores", diz a Child. Empl. Comm., "exploram a irregularidade habitual do trabalho domiciliar para, nas épocas em que seja necessário

trabalho extra, forçarem-no até 11, 12 e 2 horas da noite, de fato até, como diz uma frase corrente, durante todas as horas", e isso em locais "onde o fedor é suficiente para vos pôr a nocaute (*the stench is enough to knock you down*). Os senhores podem ir, talvez, até a porta e abri-la, mas recuariam com horror em vez de ir avante."[285] "Nossos patrões são tipos estranhos", diz uma das testemunhas ouvidas, um sapateiro, "eles pensam que não faz nenhum mal a um rapaz matar-se de tanto trabalhar durante metade do ano e ser quase obrigado a vagabundear durante a outra metade."[286]

Como ocorre com os obstáculos técnicos, esses assim chamados "costumes do comércio" ("*usages which have grown with the growth of trade*") foram e são declarados, por capitalistas interessados, como sendo "barreiras naturais" da produção, grito predileto dos lordes do algodão à época em que a lei fabril ameaçou-os pela primeira vez. Embora sua indústria, mais do que qualquer outra, se baseie no mercado mundial e, portanto, na navegação, a experiência prática os desmentiu. Desde então todo pretenso "obstáculo ao comércio" é tratado pelos inspetores de fábrica ingleses como puro embuste.[287] As investigações inteiramente conscienciosas da Child. Empl. Comm. provam que, de fato, em algumas indústrias, a massa de trabalho já empregada só foi distribuída de modo mais regular, por todo o ano, devido à regulamentação da jornada de trabalho,[288] que esta última foi o primeiro freio racional para os volúveis caprichos da moda, destruidores de vidas humanas, sem sentido e inadequados ao sistema da grande indústria,[289] que o desenvolvimento da navegação transoceânica e dos meios de comunicação efetivamente superou a causa propriamente técnica do trabalho sazonal,[290] que todas as outras circunstâncias pretensamente incontroláveis são eliminadas por mais edificações, maquinaria adicional, maior número de trabalhadores simultaneamente empregados[291] e pela repercussão consequente sobre o sistema do comércio atacadista.[292] No entanto, o capital, como ele reiteradamente declara pela boca de seus representantes, só se prontifica a tal revolucionamento "sob a pressão de uma lei geral do Parlamento"[293] que regule coercitivamente a jornada de trabalho.

9. LEGISLAÇÃO FABRIL. (CLÁUSULAS SANITÁRIAS E EDUCACIONAIS.) SUA GENERALIZAÇÃO NA INGLATERRA

A legislação fabril, essa primeira reação consciente e planejada da sociedade à configuração espontaneamente desenvolvida de seu processo de produção, é, como se viu, um produto tão necessário da grande indústria quanto algodão, *self-actors* e o telégrafo elétrico. Antes de passarmos para sua generalização na Inglaterra, há que se mencionar resumidamente algumas das cláusulas da lei fabril inglesa não relacionadas ao número de horas da jornada de trabalho.

Além de sua redação, que facilita ao capitalista burlá-las, as cláusulas sanitárias são extremamente pobres, efetivamente restritas a prescrever a caiação das paredes e mais algumas outras medidas de limpeza, de ventilação e de proteção contra máquinas perigosas. Voltaremos, no Livro 3, à luta fanática dos fabricantes contra a cláusula que lhes impõe uma pequena despesa para a proteção dos membros de seus "braços". Aqui, de novo, se demonstra brilhantemente o dogma do livre-cambismo, segundo o qual, numa sociedade com interesses antagônicos, cada qual promove o bem comum mediante a busca de sua vantagem particular. Basta um exemplo. Sabe-se que, durante o último período de vinte anos, a indústria do linho e, com ela, as *scutching mills* (fábricas para bater e quebrar o linho) aumentaram muito na Irlanda. Em 1864, havia ali cerca de 1800 dessas *mills*. Periodicamente, no outono e no inverno, jovens e mulheres principalmente, filhos, filhas e mulheres dos pequenos arrendatários das vizinhanças, pessoas que nada conhecem de maquinaria, são retirados do trabalho do campo para alimentarem com linho os laminadores das *scutching mills*. Em dimensão e intensidade, os acidentes são totalmente sem similares na história da maquinaria. Uma única *scutching mill* em Kildinan (perto de Cork) registrou, de 1852 a 1856, seis casos fatais e 60 mutilações graves, dos quais todos poderiam ter sido evitados mediante dispositivos dos mais simples, ao preço de poucos xelins. O Dr. W. White, *certifying surgeon* das fábricas de Downpatrick, declara num relatório oficial de 16 de dezembro de 1865:

> Os acidentes nas *scutching mills* são da espécie mais terrível. Em muitos casos, um quarto do corpo é arrancado do tronco. A morte ou um futuro de mísera incapacitação e sofrimentos são as consequências usuais dos ferimentos. A multiplicação das fábricas neste país naturalmente há de difundir esses resultados assustadores. Estou convicto de que, por meio de fiscalização estatal adequada das *scutching mills*, grandes sacrifícios de vidas e corpos podem ser evitados.[294]

O que poderia caracterizar melhor o modo de produção capitalista do que a necessidade de que lhe sejam impostas, por meio de coação legal do Estado, as mais simples providências de higiene e saúde?

> A lei fabril de 1864 caiou e limpou mais de 200 oficinas de cerâmica, depois de uma abstinência de 20 anos ou de uma total abstinência de qualquer operação dessa espécie" (essa é a "abstinência" do capital!) "em locais onde

> estão ocupados 27878 trabalhadores e onde até agora, durante trabalho excessivo diurno e muitas vezes noturno, respiravam uma atmosfera mefítica que impregna de doença e morte uma atividade que, fora isso, seria comparativamente inofensiva. A lei multiplicou muito os meios de ventilação.[295]

Ao mesmo tempo, esse ramo da lei fabril mostra contundentemente como o modo de produção capitalista exclui, a partir de certo ponto, de acordo com sua essência, toda melhoria racional. Reiteradas vezes foi observado que os médicos ingleses declaram com unanimidade que 500 pés cúbicos de ar por pessoa constituem o mínimo absolutamente necessário em condições de trabalho continuado. Pois bem! Se a lei fabril acelera indiretamente, por meio de todas as suas regras coercitivas, a transformação das oficinas menores em fábricas e, assim, interfere indiretamente no direito de propriedade dos capitalistas menores e garante o monopólio aos grandes, a imposição legal do espaço de ar necessário para cada trabalhador na oficina expropriaria diretamente, de um só golpe, milhares de pequenos capitalistas! Ela atingiria a raiz do modo de produção capitalista, isto é, a autovalorização do capital, seja grande ou pequeno, mediante "livre" compra e consumo da força de trabalho. Por isso, ante esses 500 pés cúbicos de ar, a lei fabril perde o fôlego. As autoridades sanitárias, as comissões de investigação industrial, os inspetores de fábrica repetem sempre de novo a necessidade dos 500 pés cúbicos e a impossibilidade de impô-los ao capital. Eles declaram assim que, na realidade, tuberculose e outras enfermidades pulmonares são condições vitais do capital.[296]

Por parcas que pareçam no todo, as cláusulas educacionais da lei fabril proclamam a instrução primária como condição obrigatória para o trabalho.[297] Seu êxito demonstrou, antes de tudo, a possibilidade de conjugar ensino e ginástica[298] com trabalho manual, por conseguinte também trabalho manual com ensino e ginástica. Os inspetores de fábrica logo descobriram, por depoimentos de mestres-escolas, que as crianças de fábricas, embora só gozem de metade do ensino oferecido aos alunos regulares de dia inteiro, aprendem tanto e muitas vezes até mais.

> A coisa é simples. Aqueles que só permanecem metade do dia na escola estão sempre lépidos e quase sempre dispostos e desejosos de receber instrução. O sistema de metade trabalho e metade escola faz de cada uma dessas atividades descanso e recreação em relação à outra e, consequentemente, muito mais adequadas para a criança do que a continuidade ininterrupta de uma das duas. Um garoto que desde manhã cedo fica sentado na escola não pode concorrer, especialmente quando faz calor, com outro que chega lépido e fagueiro de seu trabalho.[299]

Pode-se encontrar documentação adicional no discurso de Senior proferido durante o congresso sociológico de Edimburgo em 1863. Entre outras coisas, ele mostra como a jornada escolar unilateral, improdutiva e prolongada das crianças das classes alta e média aumenta inutilmente o trabalho dos professores, "enquanto desperdiça tempo, saúde e energia das crianças não só de modo infrutífero, mas absolutamente prejudicial".[300] Do sistema fabril, como se pode ver detalhadamente em Robert Owen, brotou o germe da educação do futuro, que há de conjugar, para todas as crianças acima de certa idade, trabalho produtivo com ensino e ginástica não só como um método de elevar a produção social, mas como único método de produzir seres humanos desenvolvidos em todas as dimensões.

Viu-se que a grande indústria supera tecnicamente a divisão manufatureira do trabalho, com sua anexação por toda a vida de um ser humano inteiro a uma operação de detalhe, enquanto, ao mesmo tempo, a forma capitalista da grande indústria reproduz ainda mais monstruosamente aquela divisão do trabalho, na fábrica propriamente dita, por meio da transformação do trabalhador em acessório consciente de uma máquina parcelar e, em todos os outros lugares, em parte mediante o uso esporádico das máquinas e do trabalho das máquinas,[301] em parte por meio da introdução de trabalho feminino, infantil e não qualificado como nova base da divisão do trabalho. A contradição entre a divisão manufatureira do trabalho e a essência da grande indústria impõe-se com violência. Ela aparece, entre outras coisas, no terrível fato de que grande parte das crianças empregadas nas fábricas modernas e nas manufaturas, soldadas desde a mais tenra idade às manipulações mais simples, é explorada durante anos sem aprender nenhum trabalho que as torne mais tarde úteis ao menos nessa mesma fábrica ou manufatura. Nas gráficas inglesas de livros, por exemplo, ocorria antigamente a passagem, correspondente ao sistema da velha manufatura e do artesanato, dos aprendizes de trabalhos mais leves para trabalhos de mais conteúdo. Eles percorriam as etapas de uma aprendizagem, até serem tipógrafos completos. Saber ler e escrever era, para todos, uma exigência do ofício. Tudo isso mudou com a máquina impressora. Ela emprega duas espécies de trabalhadores: um trabalhador adulto, o supervisor da máquina, e rapazes, em geral com 11–17 anos de idade, cuja tarefa consiste exclusivamente em colocar uma folha de papel na máquina ou retirar dela a folha impressa. Notadamente em Londres, eles executam essa faina vexatória por 14, 15, 16 horas ininterruptas, durante alguns dias da semana e com frequência até por 36 horas consecutivas, com apenas 2 horas de descanso para comer e dormir![302] Grande parte deles não sabe ler e, em regra, são criaturas embrutecidas, anormais.

> A fim de capacitá-los para sua tarefa, não é necessária formação intelectual de nenhuma espécie; eles têm poucas oportunidades para habilitação e menos ainda para julgamento; o salário, embora relativamente alto para jovens, não cresce proporcionalmente ao próprio crescimento deles, e a grande maioria não tem perspectiva de atingir o posto mais bem remunerado e mais responsável de supervisor de máquina, pois para cada máquina existe apenas um supervisor e frequentemente 4 rapazinhos.[303]

Assim que se tornam velhos demais para seu trabalho infantil, portanto o mais tardar aos 17 anos, são despedidos da tipografia. Tornam-se recrutas da criminalidade. Algumas tentativas de arranjar-lhes ocupação noutro lugar fracassam em face de sua ignorância, embrutecimento, degradação física e espiritual.

O que é válido para a divisão manufatureira do trabalho no interior da oficina vale para a divisão do trabalho no interior da sociedade. Enquanto artesanato e manufatura constituem o fundamento geral da produção social, a subsunção do produtor a um ramo exclusivo de produção, o rompimento da diversidade original de suas ocupações,[304] é um momento necessário do desenvolvimento. Sobre esse fundamento, cada ramo específico da produção encontra empiricamente a configuração técnica que lhe é adequada, aperfeiçoa-a lentamente e cristaliza-a rapidamente, assim que é atingido certo grau de maturidade. O que provoca modificações aqui e acolá é, além de novos materiais de trabalho fornecidos pelo comércio, a mudança paulatina do instrumento de trabalho. Uma vez alcançada a forma adequada de acordo com a experiência, também ela se ossifica, como o comprova sua passagem, através de milênios, das mãos de uma geração para as de outra. Era característico que, até o século XVIII, inclusive, os ofícios específicos se chamassem *mysteries* (*mystères*),[305] em cujos arcanos só poderia penetrar aquele que era iniciado empírica e profissionalmente. A grande indústria rasgou o véu que ocultava aos seres humanos seu próprio processo de produção social e que transformava os diversos ramos da produção, os quais se haviam naturalmente particularizado, em enigmas de uns para os outros e até mesmo para o iniciado em cada ramo. Seu princípio – dissolver, em si e para si, em seus elementos constitutivos, todos os processos de produção e, antes de tudo, fazer isso sem nenhuma consideração para com a mão humana – produziu a bem moderna ciência da tecnologia. As coloridas configurações, aparentemente desconexas e ossificadas, do processo de produção social se dissolveram em aplicações conscientemente planejadas e sistematicamente particularizadas, de acordo com o efeito útil tencionado das ciências naturais. A tecnologia descobriu igualmente as poucas formas fundamentais do movimento, em que necessariamente ocorre todo fazer produtivo do corpo humano, apesar da diversidade dos instrumentos utilizados, assim como a Mecânica não se deixa enganar pela maior complicação da maquinaria quanto à repetição constante das potências mecânicas simples. A indústria moderna nunca encara nem trata a forma existente de um processo de produção como definitiva. Sua base técnica é, por isso, revolucionária, enquanto a de todos os modos de produção anteriores era essencialmente conservadora.[306] Por meio da maquinaria, de processos químicos e de outros métodos, ela revoluciona de forma contínua, com a base técnica da produção, as funções dos trabalhadores e as combinações sociais do processo de produção. Com isso, ela revoluciona de modo igualmente constante a divisão do trabalho no interior da sociedade e lança sem cessar massas de capital e massas de trabalhadores de um ramo da produção para outro. A natureza da grande indústria condiciona, portanto, a variação do trabalho, a fluidez da função e a mobilidade, em todos os sentidos, do trabalhador. Por outro lado, reproduz em sua forma capitalista a velha divisão do trabalho com suas particularidades ossificadas. Viu-se como essa contradição absoluta ¦ 133 elimina toda tranquilidade, solidez e segurança na situação de vida do trabalhador ¦, ameaçando constantemente arrancar-lhe da mão, com o meio de trabalho, o meio de subsistência[307] e torná-lo, com sua função parcelar, supérfluo; como ¦ 134 essa contradição desencadeia um ritual ininterrupto de sacrifício da classe trabalhadora, o mais desmesurado desperdício de forças de trabalho e as devastações da anarquia social ¦. Esse é o lado negativo. Mas, se a variação do trabalho agora se impõe apenas como lei natural preponderante e com o cego efeito destrutivo de uma lei natural que se defronta com obstáculos por toda parte,[308] a grande indústria torna, por suas catástrofes mesmo, uma questão de vida ou morte reconhecer a mudança dos trabalhos e, portanto, a maior polivalência possível dos trabalhadores, como lei geral e social da produção, adequando as condições à sua realização normal. Ela torna uma questão de vida ou morte substituir a monstruosidade de uma miserável população trabalhadora em disponibilidade, mantida em reserva para as mutáveis necessidades de exploração do capital, pela disponibilidade absoluta do ser humano para as exigências variáveis do trabalho; o indivíduo-fragmento, o mero portador de uma função social de detalhe, pelo indivíduo totalmente desenvolvido, para o qual diferentes funções sociais são modos de atividade que se alternam. Um momento desse processo de revolucionamento, espontaneamente desenvolvido com base na grande indústria, são as escolas politécnicas e agronômicas, outro são as *écoles d'enseignement professionnel* [escolas de ensino profissional], em que filhos de trabalhadores recebem alguma instrução de tecnologia e de manejo prático dos diferentes instrumentos de produção. Se a legislação fabril, como primeira concessão penosamente arrancada ao capital, só conjuga ensino elementar com trabalho fabril, não há dúvida de que a inevitável conquista do poder político pela classe trabalhadora há de conquistar também para o ensino teórico e prático da tecnologia seu lugar nas escolas dos trabalhadores. Mas tampouco há dúvida de que a forma capitalista de produção e as condições econômicas dos trabalhadores que lhe correspondem estão na contradição mais diametral com tais fermentos revolucionários e seu objetivo, a superação da antiga divisão do trabalho. O desenvolvimento das contradições de uma forma histórica de produção é, no entanto, o único caminho histórico de sua dissolução e estruturação de uma nova. ¦ 135 ¦ *Ne sutor ultra crepidam!* [Que o sapateiro não vá além das chinelas!],[I] o *nec plus ultra* [o ponto culminante, o não mais além] da sapiência artesanal tornou-se uma tremenda bobagem a partir do momento em que o relojoeiro Watt inventou a máquina a vapor, o barbeiro Arkwright, a máquina de fiar, o joalheiro Fulton, o navio a vapor.[309]

Na medida em que a legislação fabril regula o trabalho em fábricas, manufaturas etc., isso aparece inicialmente apenas como intromissão nos direitos de exploração do capital. Toda regulamentação do assim chamado trabalho domiciliar[310] apresenta-se, em compensação, como intervenção direta ao *patria potestas* [pátrio poder, autoridade paterna], ou seja, interpretado modernamente, à autoridade paterna, passo perante o qual o sensível Parlamento inglês fingiu por muito tempo estar impedido pelo temor. A força dos fatos obrigou, no entanto, a reconhecer finalmente que a grande indústria, junto com o fundamento econômico do antigo sistema familiar e do trabalho familiar que lhe corresponde, dissolve também as próprias relações familiares antigas. O direito das crianças teve de ser proclamado.

> "Infelizmente", diz o relatório final de 1866 da Child. Empl. Comm., "transparece, da totalidade dos depoimentos de testemunhas, que as crianças de ambos os sexos precisam de mais proteção contra seus pais do que contra qualquer outra pessoa." O sistema da exploração desmesurada do trabalho infantil de modo geral e do trabalho em domicílio em particular é "mantido porque os pais exercem sobre seus jovens e tenros rebentos um poder arbitrário e nefasto, sem freios nem controle. [...] Os pais não deveriam ter o poder absoluto de fazer de seus filhos meras máquinas para conseguirem certa quantia de salário semanal. Crianças e jovens têm direito à proteção da legislatura contra o abuso do poder paterno, que alquebra prematuramente sua força física e os degrada na escala dos seres morais e intelectuais".[311]

I Com tais palavras, Apeles, pintor grego da Antiguidade, rebateu a crítica de um sapateiro a seus quadros. [N. E. A.]

Não foi, no entanto, o abuso do poder paterno que acarretou a exploração direta ou indireta de forças de trabalho imaturas pelo capital, mas, pelo contrário, foi o modo de exploração capitalista que fez do poder paterno um abuso, ao suprimir sua correspondente base econômica. ¦ 136 ¦ Por terrível e repugnante que agora pareça a dissolução do antigo sistema familiar ¦ 137 ¦ no interior do sistema capitalista, a grande indústria não deixa de criar, com o papel decisivo que confere às mulheres, aos jovens e às crianças de ambos os sexos em processos de produção socialmente organizados para além da esfera domiciliar, o novo fundamento econômico para uma forma mais elevada de família e de relações entre ambos os sexos. Naturalmente, é tolo tomar como absoluta tanto a forma teuto-cristã de família quanto a forma romana antiga, ou a grega antiga, ou a oriental, que, aliás, constituem entre si uma progressão histórica de desenvolvimento. É igualmente óbvio que a composição da coletividade dos trabalhadores por indivíduos de ambos os sexos e dos mais diversos grupos etários – embora em sua forma capitalista espontaneamente brutal, em que o trabalhador existe para o processo de produção, e não o processo de produção para o trabalhador –, fonte pestilenta de degeneração e escravidão, tenha, sob circunstâncias adequadas, de converter-se inversamente em fonte de desenvolvimento humano.[312]

A necessidade de generalizar a lei fabril, de uma lei de exceção para fiações e tecelagens, primeiras formações da empresa mecanizada, em uma lei de toda a produção social, decorre, como se viu, da marcha histórica de desenvolvimento da grande indústria, em cuja esteira é completamente revolucionada a estrutura tradicional da manufatura, do artesanato e do trabalho domiciliar; a manufatura transforma-se continuamente em fábrica, o artesanato em manufatura e, por fim, as esferas do artesanato e do trabalho domiciliar tornam-se, em tempo relativo espantosamente curto, antros de miséria, onde campeiam livremente as mais fantásticas monstruosidades da exploração capitalista. Por fim, são duas as circunstâncias que se tornam decisivas: primeiro, a experiência, sempre de novo repetida, de que o capital, assim que fica sujeito ao controle do Estado em alguns pontos da periferia social, se ressarce tanto mais desmesuradamente nos outros pontos;[313] segundo, o clamor dos próprios capitalistas por igualdade nas condições de concorrência, isto é, limitações iguais à exploração do trabalho.[314] Ouçamos, a respeito disso, dois gritos vindos do coração. Os Srs. W. Cooksley (fabricantes de pregos, correntes etc. em Bristol) introduziram voluntariamente a regulamentação fabril em seu negócio.

> Como o antigo sistema, irregular, continua nas empresas vizinhas, eles ficam expostos à desvantagem de ter seus jovens trabalhadores atraídos (*enticed*)

a continuarem trabalhando noutro local após as 6 horas da tarde. "Isto", dizem eles naturalmente, "é uma injustiça contra nós e uma perda, já que esgota parte da energia dos garotos, da qual devemos ter pleno usufruto."[315]

O Sr. J. Simpson (*paper box bag maker* [fabricante de embalagens de papelão], Londres) explica aos comissários da Child. Empl. Comm.:

> "Ele subscrevia qualquer petição em prol da implantação das leis fabris. Na atual situação, sempre se sentia intranquilo à noite (*he always felt restless at night*), após fechar sua oficina, com a preocupação de que outros deixassem trabalhar por mais tempo, arrebatando-lhe suas encomendas diante de seu nariz".[316] "Seria uma injustiça", resume a Child. Empl. Comm., "para com os empregadores maiores que suas fábricas fossem submetidas à regulamentação enquanto, em seu próprio ramo de atividade, a pequena empresa não estivesse sujeita a nenhuma limitação legal do tempo de trabalho. E, à injustiça decorrente de condições desiguais de concorrência em relação às horas de trabalho devidas à exclusão das empresas menores, ainda se acrescentaria a desvantagem para os fabricantes maiores de que seu suprimento de trabalho juvenil e feminino seria desviado para as oficinas não sujeitas à legislação. Por outro lado, isso daria estímulo à multiplicação das oficinas menores, que, quase sem exceção, são as menos favoráveis à saúde, ao conforto, à educação e à melhoria geral do povo."[317]

Em seu relatório final, a Children's Employment Commission propõe que sejam submetidos à lei fabril mais de 1400000 de crianças, jovens e mulheres, dos quais cerca de metade é explorada pela pequena empresa e pelo trabalho domiciliar.[318]

> "Caso", diz o relatório, "o Parlamento aceitasse nossa proposta em toda sua amplitude, não há dúvida de que tal legislação exerceria a mais benéfica influência não só sobre os jovens e os fracos, com os quais se ocupa imediatamente, mas sobre a massa ainda maior de trabalhadores adultos que ficariam sob sua ação direta (mulheres) ou indireta (homens). Ela lhes imporia horas regulares e moderadas de trabalho; pouparia e acumularia a reserva de energia física, da qual tanto dependem seu próprio bem-estar e o do país; protegeria a geração em crescimento do esforço excessivo em idade imatura, que mina sua constituição e leva à decadência prematura; finalmente, assegurar-lhes-ia – ao menos até os 13 anos de idade – a oportunidade de receberem instrução elementar e acabaria com a incrível ignorância [...] tão fielmente descrita nos relatórios da comissão e que só pode ser encarada com a sensação de máximo sofrimento e um sentimento profundo de degradação nacional."[319]

Na fala do trono de 5 de fevereiro de 1867, o ministério *tory* anunciou que tinha formulado como *bills* [projetos de lei] as recomendações[319a] da comissão de inquérito industrial. Para tanto, tinha necessitado de um novo *experimentum in corpore vili* de vinte anos. Já em 1840 havia sido nomeada uma comissão parlamentar para investigar o trabalho infantil. Seu relatório de 1842, segundo as palavras de N. W. Senior, oferecia

> "o mais horrível quadro de avareza, egoísmo e crueldade por parte de pais e patrões, de miséria, degradação e aniquilamento de crianças e jovens que jamais foi dado ao mundo contemplar. [...] Talvez se suponha que o relatório descreva horrores de uma era passada. Infelizmente há relatos de que esses horrores continuam tão intensos como antes. Uma brochura, publicada por Hardwicke há dois anos, afirma que os abusos denunciados em 1842 continuam hoje" (1863) "em plena florescência. [...] Esse relatório" (de 1842) "foi esquecido por vinte anos, durante os quais aquelas crianças cresceram sem a menor ideia daquilo que denominamos 'moral' e sem formação escolar, religião ou afeto familiar natural – àquelas crianças permitiu-se que se tornassem os pais da atual geração".[320]

Entrementes, a situação social tinha-se modificado. O Parlamento não se atreveu a rechaçar as exigências da comissão de 1863 assim como fizera, na época, com as de 1842. Por isso, já em 1864, tendo a comissão publicado apenas parte de seus relatórios, a indústria de cerâmica (inclusive louças), a confecção de tapetes, fósforos, cartuchos e espoletas, bem como a aparação de veludo, foram submetidas às leis vigentes para a indústria têxtil. Na fala do trono de 5 de fevereiro de 1867, o gabinete *tory* de então anunciou outros *bills*, baseados nas propostas finais da comissão, que entrementes, em 1866, havia completado seu trabalho.

A Factory Acts Extension Act, a 15 de agosto de 1867, e a Workshops' Regulation Act, a 21 de agosto, receberam sanção real; a primeira lei regulamenta os grandes ramos de atividade e a segunda, os pequenos.

A Factory Acts Extension Act regula os altos-fornos, as usinas siderúrgicas e de cobre, fundições, fábricas de máquinas, oficinas metalúrgicas, fábricas de guta-percha, papel, vidro, tabaco, depois gráficas e encadernadoras e, em geral, todas as oficinas industriais dessa espécie nas quais 50 ou mais pessoas estão ocupadas ao mesmo tempo durante pelo menos 100 dias por ano.

Para dar noção da extensão da área abrangida por essa lei, seguem aqui algumas das definições nela estabelecidas:

> *Artesanato* deve" (nessa lei) "significar: qualquer trabalho manual exercido comercialmente ou como fonte de ganho na, ou por ocasião da, feitura, modi-

> ficação, ornamentação, conserto ou acabamento para venda de qualquer artigo ou parte dele".
>
> *Oficina* deve significar: qualquer quarto ou local, coberto ou a céu aberto, no qual seja exercido um 'artesanato' por qualquer criança, trabalhador jovem ou mulher e sobre o qual aquele que ocupa tal criança, trabalhador jovem ou mulher tenha o direito de acesso e de controle.
>
> *Ocupado* deve significar: ativo em um 'artesanato', por salário ou não, sob um patrão ou um dos pais, conforme abaixo mais pormenorizadamente definido.
>
> *Pais* deve significar: pai, mãe, guardião ou outra pessoa que tenha tutela ou controle sobre qualquer [...] criança ou trabalhador jovem.

A cláusula 7, a cláusula que pune a ocupação de crianças, jovens e mulheres em violação das determinações dessa lei, fixa penas pecuniárias não só para o dono da oficina, seja ele um dos pais ou não, mas também para

> os pais ou outras pessoas que tenham sob sua guarda a criança, o jovem ou a mulher, ou que tirem vantagens diretas do trabalho deles.

A Factory Acts Extension Act, que atinge os grandes estabelecimentos, está atrás da lei fabril pelo fato de estabelecer numerosas exceções miseráveis e compromissos covardes com os capitalistas.

A Workshops' Regulation Act, deplorável em todos os seus pormenores, permaneceu letra morta nas mãos das autoridades citadinas e locais encarregadas de sua execução. Quando o Parlamento em 1871 retirou-lhes essa atribuição, passando-a para os inspetores de fábrica, cuja área de supervisão foi aumentada, de uma só vez, em mais de 100 000 oficinas, além de 300 olarias, seu pessoal foi cuidadosamente ampliado em apenas oito assistentes, quando já era, até então, muito deficiente.[321]

O que, portanto, chama a atenção nessa legislação inglesa de 1867 é, por um lado, a necessidade, imposta ao Parlamento das classes dominantes, de adotar, em princípio, regulamentação tão extraordinária e ampla contra os excessos da exploração capitalista; por outro lado, as meias medidas, a má vontade e a *mala fides* [má-fé] com que, então, adotou realmente essa regulamentação.

A comissão de inquérito de 1862 propôs, igualmente, nova regulamentação da indústria de mineração, uma indústria que se diferencia de todas as outras porque nela os interesses dos proprietários fundiários e dos capitalistas industriais coincidem. A antítese entre esses dois interesses tinha favorecido a legislação fabril, a ausência dessa antítese basta para explicar o retardamento e as chicanas da legislação sobre mineração.

A comissão de inquérito de 1840 tinha feito revelações tão terríveis e revoltantes e provocado tal escândalo ante toda a Europa que o Parlamento teve de aquietar sua consciência por meio da Mining Act de 1842, em que se limitou a proibir o trabalho abaixo da superfície a mulheres e crianças com menos de 10 anos.

Então veio, em 1860, a Mines' Inspection Act, segundo a qual as minas seriam inspecionadas por funcionários públicos especialmente nomeados para tanto e meninos entre 10 e 12 anos não deveriam ser ocupados, exceto quando de posse de um atestado escolar ou quando frequentassem a escola por certo número de horas. Essa lei continuou sendo totalmente letra morta devido ao número ridiculamente diminuto de inspetores nomeados, devido à insignificância de seus poderes e a outras causas que ao longo da exposição se mostrarão de modo mais preciso.

Um dos mais recentes Livros Azuis sobre minas é o *Report from the Select Committee on Mines, together with* [...] *Evidence, 23 July 1866*. É a obra de um comitê de membros da Câmara dos Comuns, com plenos poderes para chamar testemunhas e inquiri-las; um volumoso in-fólio, no qual o próprio *Report* ocupa apenas 5 linhas, com o seguinte conteúdo: que o comitê nada sabe dizer e que mais testemunhas precisam ser ouvidas.

O modo de ali inquirir testemunhas lembra os *cross examinations* [inquéritos cruzados] perante as cortes inglesas, onde o advogado procura, por meio de um contraquestionamento desavergonhado e capcioso, confundir a testemunha e torcer o sentido de suas palavras. Aqui, os advogados são os próprios inquiridores parlamentares, entre eles proprietários e exploradores de minas; as testemunhas, trabalhadores mineiros, geralmente de minas de carvão. Toda essa farsa é demasiado característica do espírito do capital para que se deixe de apresentar aqui alguns extratos. Para facilitar a visão geral, dou os resultados do inquérito etc. em rubricas. Lembro que, nos *Blue Books* ingleses, pergunta e resposta obrigatória estão numeradas e que as testemunhas, cujos depoimentos são aqui citados, são trabalhadores em minas de carvão.

1. Ocupação nas minas de garotos a partir dos 10 anos. O trabalho, junto com o percurso obrigatório de ida até as minas e volta, dura em regra de 14 a 15 horas, excepcionalmente mais, das 3, 4, 5 horas da manhã até 4 ou 5 horas da tarde (n. 6, 452, 83). Os trabalhadores adultos trabalham em dois turnos ou 8 horas, mas nenhuma alternância é feita no caso dos jovens, a fim de poupar despesas (n. 80, 203, 204). As crianças pequenas, empregadas principalmente para abrir e fechar as portas de ventilação nas diversas seções da mina; as mais velhas, em trabalho pesado no transporte de carvão etc. (n. 122, 739, 740). As longas horas

de trabalho debaixo da terra duram até os 18 ou 22 anos, quando ocorre a passagem para o trabalho de mineração propriamente dito (n. 161). As crianças e os jovens são hoje mais esfalfados do que em qualquer período anterior (n. 1663–67). Os trabalhadores das minas reivindicam quase unanimemente uma lei parlamentar que proíba o trabalho em minas até os 14 anos de idade. E então Hussey Vivian (ele mesmo explorador de minas) pergunta:

"Essa reivindicação não depende da maior ou menor pobreza dos pais?". – E Mr. Bruce: "Nos casos em que o pai está morto ou mutilado etc., não seria duro tirar da família esses recursos? E é preciso mesmo haver uma regra geral. Quereis proibir em todos os casos a ocupação das crianças até os 14 anos debaixo da terra?". – Resposta: "Em todos os casos". (n. 107–10) Vivian: "Se o trabalho nas minas fosse proibido até os 14 anos, será que os pais não enviariam as crianças para fábricas etc.?". – "Via de regra, não." (n. 174) Trabalhador: "Abrir e fechar as portas parece fácil. É uma tarefa muito penosa. Sem levar em conta a contínua corrente de ar, o garoto está preso exatamente como se estivesse numa cela escura de cadeia". O burguês Vivian: "O garoto não pode ler enquanto cuida da porta, caso ele tenha uma luz?". – "Primeiro, ele teria de comprar as velas. Mas, ainda por cima, isso não lhe seria permitido. Ele está lá para cuidar de seu serviço, tem de cumprir uma obrigação. Nunca vi um garoto lendo dentro da mina." (n. 139, 141–60)

2. Educação. Os trabalhadores das minas reivindicam uma lei tornando obrigatório o ensino para as crianças, como nas fábricas. Consideram a cláusula da lei de 1860, pela qual se exige certificado escolar para o emprego de meninos de 10–12 anos de idade, como pura ilusão. O "penoso" processo de interrogatório dos juízes de instrução capitalistas torna-se aqui verazmente cômico.

(n. 115) "A lei é mais necessária contra os empregadores ou contra os pais? – Contra ambos." (n. 116) "Mais contra um ou contra o outro? – Como devo responder a isso?" (n. 137) "Os empregadores mostram algum desejo de adaptar o horário de trabalho ao ensino escolar? – Nunca." (n. 211) "Os trabalhadores das minas de carvão melhoram posteriormente sua educação? – Geralmente eles pioram; adquirem maus hábitos; entregam-se à bebida, ao jogo e a coisas semelhantes e naufragam completamente." (n. 454) "Por que não enviar as crianças a escolas noturnas? – Na maioria dos distritos carvoeiros elas não existem. Mas o principal é que elas ficam tão exaustas do longo sobretrabalho que os olhos fecham de cansaço." "Portanto", conclui o burguês, "vós sois contra o ensino? – De modo nenhum, mas etc." (n. 443) "Os donos das minas não são obrigados, pela lei de 1860, a exigir certificado escolar quando empregam crianças entre 10 e 12 anos? – Pela lei sim, mas os empregadores não o fazem." (n. 444) "Em sua opinião, essa cláusula legal não é geralmente cumprida? – Ela não é cumprida ao todo." (n. 717) "Os mineiros se interessam pela questão educacional? – A grande maioria." (n. 718) "Eles estão temerosos pela execução da lei? – A grande maioria." (n. 720) "Por que eles não forçam, então, a execução dela? – Muitos trabalhadores gostariam de recusar garotos sem certificado escolar, mas eles se tornam homens marcados (*a marked man*)." (n. 721) "Marcado por quem? – Por seu empregador." (n. 722) "Vós acreditais, por acaso, que os empregadores perseguiriam alguém só porque quer cumprir a lei? – Creio que eles o fariam." (n. 723) "Por que os trabalhadores não se negam a empregar tais menores? – Isso não depende da escolha deles." (n. 1634) "Os senhores pedem a intervenção do Parlamento? – Se deve ser feito algo eficaz para a educação dos filhos dos mineiros, precisa se tornar compulsório mediante lei do Parlamento." (n. 1636) "Isso deve ser feito para os filhos de todos os trabalhadores da Grã-Bretanha ou só para os trabalhadores das minas? – Estou aqui para falar em nome dos trabalhadores das minas." (n. 1638) – "Por que distinguir entre as crianças das minas e as outras? – Porque elas constituem uma exceção à regra." (n. 1639) "Em que sentido? – No físico." (n. 1640) "Por que a educação deveria ser mais valiosa para elas do que para os meninos de outras classes? – Eu não digo que seja mais valiosa para elas, mas devido ao sobretrabalho nas minas elas têm menos chances de receber educação em escolas diurnas e dominicais." (n. 1644) "Não é verdade que é impossível tratar de modo absoluto questões dessa natureza?" (n. 1646) "Há bastantes escolas nos distritos? – Não." (n. 1647) "Se o Estado exigisse que toda criança fosse enviada à escola, de onde viriam escolas para todas as crianças? – Creio que, assim que as circunstâncias o possibilitarem, as escolas vão surgir por si mesmas." "A grande maioria não só das crianças, mas também dos trabalhadores adultos nas minas não sabe ler nem escrever." (n. 705, 726)

3. Trabalho das mulheres. Desde 1842, trabalhadoras já não são esgotadas debaixo da terra, mas sim na superfície, para carregar carvão etc., arrastar as cubas até os canais e vagões ferroviários, selecionar o carvão etc. O emprego delas aumentou muito nos últimos 3-4 anos (n. 1727). Em sua maioria, são esposas, filhas e viúvas de mineiros, de 12 até 50 e 60 anos de idade (n. 647, 1779, 1781).

(n. 648) "O que pensam os mineiros do emprego de mulheres na mineração? – Eles geralmente o condenam." (n. 649) "Por quê? – Eles o consideram degradante para o sexo. [...] Elas vestem uma espécie de roupa masculina. Em muitos casos, todo pudor é eliminado. Várias mulheres fumam. O trabalho é tão sujo quanto nas próprias galerias. Muitas dentre elas são mulheres casadas, que não podem cumprir suas obrigações domésticas." (n. 651 e seguintes, 701) (n. 709) "As viúvas podem conseguir em outro lugar emprego tão rendoso (de 8 a 10 xelins por semana)? – Não sei dizer nada quanto a isso." (n. 710) "E ainda assim" (coração de pedra!) "estais resolvidos a cortar-lhes esse ganha-pão? – Certamente." (n. 1715) "De onde vem esse sentimento? – Nós, os mineiros, temos respeito demais pelo belo sexo para querer vê-lo condenado à mina de carvão [...]. Esse trabalho é, na maior parte, muito pesado. Muitas dessas garotas levantam 10 toneladas por dia." (n. 1732) "Acreditais que as trabalhadoras ocupadas nas minas são mais imorais do que as ocupadas nas fábricas? – A porcentagem das que não prestam é maior do que entre as moças das fábricas." (n. 1733) "Mas não estais satisfeito também com o nível de moralidade nas fábricas? – Não." (n. 1734) "Quereis, então, proibir também o trabalho das mulheres nas fábricas? – Não, eu não quero." (n. 1735) "Por que não? – É mais honrado e conveniente para o sexo feminino." (n. 1736) "Apesar disso, acreditais que é prejudicial para a moralidade delas? – Não, de modo algum, não tanto quanto o trabalho na mina. Aliás, eu não falo só por razões morais, mas também físicas e sociais. A degradação social das moças é deplorável e extrema. Quando se tornam esposas de mineiros, os homens sofrem profundamente com essa degradação, e isso os leva para fora de casa e para a bebida." (n. 1737) "Mas isso não seria igualmente válido para as mulheres ocupadas nas usinas siderúrgicas? – Não posso falar por outros ramos de atividade." (n. 1740) "Mas qual é a diferença entre as mulheres empregadas em siderurgias e as empregadas em minas? – Essa não é uma questão que tem me ocupado." (n. 1741) "Podeis descobrir alguma diferença entre uma classe e outra? – Não tenho certeza sobre nada disso, mas conheço, por visitas de casa em casa, o deplorável estado de coisas em nosso distrito." (n. 1750) "Será que não teríeis grande desejo de acabar com a ocupação feminina onde quer que ela seja degradante? – Sim [...] os melhores sentimentos das crianças têm de vir da educação materna." (n. 1751) "Mas isso também é válido quanto ao trabalho agrícola de mulheres? – Este dura apenas duas estações do ano, enquanto no nosso elas trabalham as quatro estações, muitas vezes dia e noite, molhadas até os ossos, com a constituição enfraquecida e a saúde alquebrada." (n. 1753) "Não estudastes a questão (da ocupação feminina) de modo geral? – Tenho olhado ao meu redor e posso dizer que em nenhum lugar encontrei algo equivalente à ocupação feminina em minas de carvão. [n. 1793, 1794, 1808] É trabalho de homem, e trabalho para homens fortes. A melhor classe dos mineiros, que procura se elevar e humanizar, ao invés de encontrar apoio em suas mulheres, é rebaixada por elas."

Depois de os burgueses terem continuado a questionar em todas as direções, revela-se finalmente o segredo de sua "compaixão" por viúvas, famílias pobres etc.:

O dono da mina de carvão designa certos *gentlemen* [cavalheiros] para a supervisão e, a fim de colherem aplausos, a política deles é fazer tudo do modo mais econômico possível, e as meninas ocupadas recebem de 1 a 1 xelim e 6 pence por dia, onde um homem receberia 2 xelins e 6 pence. (n. 1816)

4. Júris de instrução em casos de morte

(n. 360) "Em relação aos *coroner's inquests* [inquéritos em casos de morte], em vossos distritos, os trabalhadores estão satisfeitos com o processo judicial em caso de acidentes? – Não, não estão." (n. 361–75) "Por que não? – Especificamente porque se nomeiam pessoas para o júri que não sabem absolutamente nada de minas. Trabalhadores nunca são convocados, a não ser como testemunhas. Normalmente são escolhidos merceeiros das vizinhanças, que estão sob a influência dos proprietários das minas, seus fregueses, e não entendem sequer as expressões técnicas das testemunhas. Reivindicamos que parte do júri seja constituída por mineiros. Em média, a sentença está em contradição com os depoimentos das testemunhas." (n. 378) "Mas os júris não devem ser imparciais? – Sim." (n. 379) "Os trabalhadores o seriam? – Não vejo motivos para que eles não sejam imparciais. Eles têm conhecimento do assunto." (n. 380) "Mas eles não teriam a tendência de, no interesse dos trabalhadores, pronunciarem sentenças injustamente severas? – Não, creio que não."

5. Pesos e medidas falsos etc. Os trabalhadores reivindicam pagamento semanal e não a cada 14 dias, medido por peso e não por cubagem, proteção contra o uso de pesos falsos etc.

(n. 1071) "Se as cubas são aumentadas fraudulentamente, então um homem pode abandonar a mina após 14 dias de aviso-prévio? – Mas, se ele for para outro lugar, ele encontra a mesma coisa." (n. 1072) "Mas ele pode abandonar o local onde a injustiça é cometida! – Ela existe por toda parte." (n. 1073) "Mas o homem pode deixar o emprego depois dos 14 dias de aviso-prévio? – Sim."

Passemos adiante!

6. Inspeção de minas. Os trabalhadores não sofrem apenas devido a acidentes com gases que explodem.

(n. 234 ss.) "Nós também temos de nos queixar da má ventilação das minas de carvão, pois as pessoas mal podem respirar lá dentro; elas se tornam incapazes de qualquer espécie de trabalho. Por exemplo, bem agora, na parte da mina em que trabalho, o ar pestilento pôs muitas pessoas de cama, doentes, durante semanas. As galerias principais são em geral bem ventiladas, mas exatamente os lugares onde trabalhamos não. Se um homem apresenta queixa ao inspetor quanto à ventilação, é despedido e se torna um homem 'marcado', que também não encontra ocupação em outros lugares. A Mining Inspection Act de 1860 é um mero farrapo de papel. O inspetor, e o número deles é pequeno demais, talvez faça uma visita formal a cada 7 anos. Nosso inspetor é um homem totalmente incapaz, de setenta anos, que está à testa de mais de 130 minas. Além de mais inspetores, precisamos de subinspetores." (n. 280) "O governo deve manter um exército tal de inspetores de modo que ele mesmo possa fazer tudo o que demandais sem informações dos próprios trabalhadores? – Isso é impossível, mas eles que venham buscar as informações nas próprias minas." (n. 285) "Não acreditais que o efeito seria jogar a responsabilidade (!) pela ventilação etc. do proprietário da mina para os funcionários governamentais? – De modo algum; deve ser tarefa deles exigir o cumprimento das leis já existentes." (n. 294) "Ao falardes de subinspetores, vós vos referis a pessoas com menor salário e de caráter mais baixo que os dos atuais inspetores? – Não os desejo mais baixos, se vós podeis conseguir melhores." (n. 295) "Quereis mais inspetores ou uma classe mais baixa de gente do que os inspetores? – Precisamos de gente que ande de fato dentro das minas, pessoas que não tenham medo de arriscar a pele." (n. 297) "Se fosse atendido vosso desejo de ter inspetores de espécie pior, será que a falta de habilitação deles não criaria perigos etc.? – Não; é atribuição do governo nomear pessoas adequadas."

Tal espécie de interrogatório acaba sendo demasiado estúpida até mesmo para o presidente da comissão de inquérito.

"Quereis", intervém ele, "pessoas práticas, que examinem pessoalmente as minas e relatem aos inspetores, que podem, então, utilizar seus maiores conhecimentos." (n. 531) "Será que a ventilação de todas essas construções antigas não acarretaria muitas despesas? – Sim, as despesas poderiam crescer, mas vidas humanas seriam protegidas."

(n. 581) Um trabalhador de minas de carvão protesta contra a 17ª seção da lei de 1860:

Atualmente, quando o inspetor de minas encontra qualquer parte da mina fora de condições de trabalho, tem de relatá-lo ao proprietário da mina e ao ministro do Interior. Depois disso, o proprietário tem 20 dias para pensar no assunto; ao cabo dos 20 dias, ele pode recusar qualquer alteração. Mas, se fizer isso, tem de escrever ao ministro do Interior e propor-lhe 5 engenheiros de minas, entre os quais o ministro tem de escolher os árbitros. Sustentamos que, nesse caso, o proprietário da mina virtualmente nomeia seus próprios juízes.

(n. 586) O examinador burguês, ele mesmo proprietário de minas:

> "Essa é uma objeção puramente especulativa." (n. 588) "Tendes, portanto, pouca fé na integridade dos engenheiros de minas? – Digo que é muito iníquo e injusto." (n. 589) "Não possuem os engenheiros de minas uma espécie de caráter público, que coloca as decisões deles acima da parcialidade que temeis? – Recuso-me a responder a perguntas sobre o caráter pessoal desses homens. Estou convencido de que em muitos casos eles agem de modo muito parcial e de que esse poder deveria ser-lhes retirado quando houver vidas humanas em jogo."

O mesmo burguês tem a sem-vergonhice de perguntar:

> Não acreditais que também os proprietários de minas têm prejuízos com as explosões?

Finalmente (n. 1042):

> Será que vós, trabalhadores, não poderíeis cuidar vós mesmos dos vossos interesses sem apelar para a ajuda do governo? – Não.

No ano de 1865, havia 3 217 minas de carvão na Grã-Bretanha – e 12 inspetores. Um proprietário de minas em Yorkshire calcula, ele mesmo (*Times*, 26 jan. 1867), que, fora as atividades puramente burocráticas e que absorvem todo o tempo deles, cada mina só poderia ser inspecionada uma vez a cada 10 anos. Não admira que as catástrofes tenham aumentado progressivamente nos últimos anos (notadamente em 1866 e 1867) em número e dimensões (às vezes com o sacrifício de 200–300 trabalhadores). Essas são as belezas da "livre" produção capitalista!

De qualquer modo, a lei de 1872, por defeituosa que seja, é a primeira a regular o horário de trabalho das crianças ocupadas em minas e torna, em certa medida, os exploradores e proprietários de minas responsáveis pelos assim chamados acidentes.

A comissão real de 1867 para investigar a ocupação de crianças, jovens e mulheres na agricultura publicou alguns relatórios muito importantes. Foram feitas diversas tentativas de aplicar, sob forma modificada, os princípios da legislação fabril à agricultura, mas até agora todas elas falharam totalmente. Mas tenho de chamar a atenção quanto à existência de uma tendência irresistível para a aplicação geral desses princípios.

Se a generalização da legislação fabril tornou-se inevitável como meio de proteção física e espiritual da classe trabalhadora, ela, por outro lado, generaliza e acelera, como já foi aventado, a metamorfose de processos de trabalho esparsos realizados em pequena escala em processos de trabalho combinados e em larga escala social, portanto a concentração do capital e o domínio exclusivo do regime de fábrica. Ela destrói todas as formas antiquadas e transitórias, atrás das quais a dominação do capital ainda se esconde em parte, e as substitui por sua dominação direta, indisfarçada. Generaliza, com isso, também, a luta direta contra essa dominação. Enquanto impõe nas oficinas individuais uniformidade, regularidade, ordem e economia, aumenta, por meio do imenso estímulo que a limitação e a regulamentação da jornada de trabalho impõem à técnica, a anarquia e as catástrofes da produção capitalista em seu conjunto, a intensidade do trabalho e a concorrência da maquinaria com o trabalhador. Com as esferas da pequena empresa e do trabalho domiciliar, aniquila os últimos refúgios dos "supranumerários" e, consequentemente, a válvula de segurança até agora existente de todo o mecanismo da sociedade. Com as condições materiais e a combinação social do processo de produção, amadurecem as contradições e os antagonismos de sua forma capitalista e, portanto, ao mesmo tempo, os elementos constitutivos de uma nova e os momentos revolucionadores da velha sociedade.[322]

10. GRANDE INDÚSTRIA E AGRICULTURA

A revolução que a grande indústria provoca na agricultura e nas condições sociais de seus agentes de produção só poderá ser abordada mais tarde. Aqui, basta uma curta referência a alguns resultados antecipados. Se o uso da maquinaria na agricultura está em grande parte livre dos inconvenientes físicos que acarreta ao trabalhador de fábrica,[323] ela atua aí ainda mais intensamente e sem contrapeso no sentido de "tornar supranumerários" os trabalhadores, como se verá mais tarde em detalhes. Nos condados de Cambridge e Suffolk, por exemplo, a área de terras cultivadas ampliou-se muito nos últimos vinte anos, enquanto a população rural, no mesmo período, diminuiu em termos não só relativos, mas também absolutos. Nos Estados Unidos da América do Norte, máquinas agrícolas substituem trabalhadores, por enquanto, apenas virtualmente, ou seja, permitem ao produtor o cultivo de superfície maior, mas não expulsam trabalhadores efetivamente ocupados. ¦ 138 Na Inglaterra e no País de Gales, em 1861, o número de pessoas participantes na fabricação de máquinas agrícolas era de 1 034, enquanto o número de trabalhadores agrícolas ocupados no manejo de máquinas a vapor e máquinas de trabalho era apenas 1 205. ¦

Na esfera da agricultura, a grande indústria atua de modo mais revolucionário à medida que aniquila o baluarte da velha sociedade, o "camponês", substituindo-o pelo trabalhador assalariado. As necessidades de revolucionamento social e as antíteses do campo são, assim, niveladas às da cidade. No lugar da produção mais rotineira e irracional, surge a aplicação consciente e tecnológica da ciência. A ruptura do laço familiar original de agricultura e manufatura, que envolvia a configuração infantilmente não desenvolvida de ambas, é completada pelo modo de produção capitalista. ¦ 139 Mas ele cria, ao mesmo tempo, os pressupostos materiais de uma síntese nova, mais elevada, da união entre agricultura e indústria com base em suas configurações antiteticamente elaboradas. ¦ Com a preponderância sempre crescente da população urbana que amontoa em grandes centros, a produção capitalista acumula, por um lado, a força motriz histórica da sociedade, mas perturba, por outro lado, o metabolismo entre ser humano e terra, isto é, o retorno à terra dos componentes da terra consumidos pelo ser humano sob a forma de alimentos e vestuário, portanto a eterna condição natural de fertilidade permanente do solo. Com isso, ela destrói simultaneamente a saúde física dos trabalhadores urbanos e a vida espiritual dos trabalhadores rurais.[324] Mas, ao destruir as condições desse metabolismo, desenvolvidas espontaneamente, obriga-o simultaneamente a restaurá-lo de maneira sistemática, como lei reguladora da produção social e numa forma adequada ao pleno desenvolvimento humano. Tanto na agricultura quanto na manufatura, a transformação capitalista do processo de produção aparece, ao mesmo tempo, como martirológio dos produtores, o meio de trabalho como um meio de subjugação, exploração e pauperização do trabalhador, a combinação social dos processos de trabalho como opressão organizada de sua vitalidade, liberdade e autonomia individuais. A dispersão dos trabalhadores rurais em áreas cada vez maiores quebra, ao mesmo tempo, sua capacidade de resistência, enquanto a concentração aumenta a dos trabalhadores urbanos. Assim como na indústria citadina, na agricultura moderna o aumento da força produtiva e a maior mobilização do trabalho são conseguidos mediante a devastação e o empestamento da própria força de trabalho. E cada progresso da agricultura capitalista não é um progresso apenas na arte de saquear o trabalhador, mas ao mesmo tempo na arte de saquear o solo, pois cada progresso no aumento da fertilidade por certo período é simultaneamente um progresso na ruína das fontes permanentes dessa fertilidade. Quanto mais um país, como, por exemplo, os Estados Unidos da América do Norte, inicia-se com a grande indústria como fundamento de seu desenvolvimento, tanto mais rápido esse processo de destruição.[325] Por isso, a produção capitalista só desenvolve a técnica e a combinação do processo de produção social ao minar simultaneamente as fontes de toda a riqueza: a terra e o trabalhador.

SEÇÃO V

A PRODUÇÃO DA MAIS-VALIA ABSOLUTA E RELATIVA

CAPÍTULO 14

MAIS-VALIA ABSOLUTA E RELATIVA

¦140¦ O processo de trabalho foi considerado primeiramente em abstrato (ver capítulo 5), independente de suas formas históricas, como processo entre ser humano e Natureza. Disse-se aí: "Considerando-se o processo inteiro de trabalho do ponto de vista de seu resultado, então aparecem ambos, meio e objeto de trabalho, como meios de produção, e o trabalho mesmo como trabalho produtivo". E na nota 7 foi complementado: "Essa determinação de trabalho produtivo, tal como resulta do ponto de vista do processo simples de trabalho, não basta, de modo algum, para o processo de produção capitalista". É isso que será mais desenvolvido aqui.

Na medida em que o processo de trabalho é puramente individual, o mesmo trabalhador reúne todas as funções que mais tarde se separam. Na apropriação individual de objetos naturais para seus fins de vida, ele controla a si mesmo. Mais tarde ele será controlado. O ser humano isolado não pode atuar sobre a Natureza sem a atuação de seus próprios músculos, sob o controle de seu próprio cérebro. Como no sistema natural cabeça e mão estão interligadas, o processo de trabalho une o trabalho intelectual com o trabalho manual. Mais tarde separam-se até se oporem como inimigos. ¦141 O produto transforma-se, sobretudo, do produto direto do produtor individual em social, em produto comum de um trabalhador coletivo, isto é, de um pessoal combinado de trabalho, cujos membros se encontram mais perto ou mais longe da manipulação do objeto de trabalho. ¦ Com o caráter cooperativo do próprio processo de trabalho amplia-se, portanto, necessariamente, o conceito de trabalho produtivo e de seu portador, do trabalhador produtivo. Para trabalhar produtivamente, já não é necessário, agora, pôr pessoalmente a mão na obra; basta ser órgão do trabalhador coletivo, executando qualquer uma de suas subfunções. A determinação original, acima, de trabalho produtivo, derivada da própria natureza da produção material, permanece sempre verdadeira para o trabalhador coletivo, considerado como coletividade. Mas ela já não é válida para cada um de seus membros, tomados isoladamente.

¦142 Por outro lado, porém, o conceito de trabalho produtivo se estreita. ¦ A produção capitalista não é apenas produção de mercadoria, é essencialmente produção de mais-valia. O trabalhador produz não para si, mas para o capital. Não basta, portanto, que produza em geral. Ele tem de produzir mais-valia. Apenas o trabalhador que produz mais-valia para o capitalista ou serve à autovalorização do capital é produtivo. Se for permitido escolher um exemplo fora da esfera da produção material, então um mestre-escola será um trabalhador produtivo se não trabalhar apenas as cabeças das crianças, mas extenuar a si mesmo para enriquecer o empresário. O fato de que este último tenha investido seu capital numa fábrica de ensinar, em vez de numa fábrica de salsichas, não altera nada na relação. O conceito de trabalho produtivo, portanto, não encerra de modo algum apenas uma relação entre atividade e efeito útil, entre trabalhador e produto do trabalho, mas também uma relação de produção especificamente social, formada historicamente, a qual marca o trabalhador como meio direto de valorização do capital. Ser trabalhador produtivo não é, portanto, sorte, mas azar. ¦ 143 No Livro 4 deste escrito, o qual trata da história da teoria, será visto, com mais pormenores, que a Economia Política clássica sempre fez da produção de mais-valia a característica decisiva do trabalhador produtivo. ¦ Com sua concepção da natureza da mais-valia, portanto, muda sua definição de trabalhador produtivo. Desse modo, os fisiocratas declaram que somente o trabalho agrícola seria produtivo, pois só ele forneceria mais-valia. Para os fisiocratas, porém, a mais-valia existe exclusivamente na forma da renda da terra.

O prolongamento da jornada de trabalho além do ponto em que o trabalhador teria produzido apenas um equivalente pelo valor de sua força de trabalho, e a apropriação desse mais-trabalho pelo capital – isso é a produção da mais-valia absoluta. Ela constitui a base geral do sistema capitalista e o ponto de partida para a produção da mais-valia relativa. Com esta, a jornada de trabalho está desde o princípio dividida em duas partes: trabalho necessário e mais-trabalho. Para prolongar o mais-trabalho, reduz-se o trabalho necessário por meio de métodos pelos quais o equivalente do salário é produzido em menos tempo. A produção da mais-valia absoluta gira apenas em torno da duração da jornada de trabalho; a produção da mais-valia relativa revoluciona de alto a baixo os processos técnicos do trabalho e os agrupamentos sociais.

Ela supõe, portanto, um modo de produção especificamente capitalista, que com seus métodos, meios e condições nasce e é formado naturalmente apenas sobre a base da subsunção formal do trabalho ao capital. No lugar da subsunção formal, surge a subsunção real do trabalho ao capital.

Basta uma mera alusão a formas híbridas, em que o mais-trabalho não é extraído do produtor por coação direta nem sucede à subordinação formal deste ao capital. O capital ainda não se apoderou aqui diretamente do processo de trabalho. Ao lado dos produtores autônomos que exercem seus ofícios ou lavram a terra de modo tradicional, patriarcal, surgem o usurário ou o comerciante, o capital usurário ou o capital comercial, que os suga parasitariamente. A predominância dessa forma de exploração numa sociedade exclui o modo de produção capitalista, para o qual, por outro lado, como nos fins da Idade Média, pode constituir a transição. Finalmente, como mostra o exemplo do moderno trabalho domiciliar, certas formas híbridas são reproduzidas aqui e acolá na retaguarda da grande indústria, ainda que com fisionomia totalmente modificada.

Se para a produção da mais-valia absoluta basta a subsunção meramente formal do trabalho ao capital – por exemplo que artesãos que antes trabalhavam por si próprios ou como oficiais de um mestre de corporação tornem-se agora trabalhadores assalariados sob controle direto do capitalista –, por outro lado se mostrou como os métodos para a produção da mais-valia relativa são, ao mesmo tempo, métodos para a produção da mais-valia absoluta. Mais ainda, o desmedido prolongamento da jornada de trabalho apresentava-se como produto mais característico da grande indústria. Tão logo se tenha apoderado de todo um ramo de produção e, mais ainda, de todos os ramos decisivos de produção, o modo de produção especificamente capitalista deixa de ser ao todo um simples meio para a produção de mais-valia relativa. Ele torna-se agora a forma geral, socialmente dominante, do processo de produção. Como método particular para a produção da mais-valia relativa, atua ainda somente, primeiro, na medida em que se apodera de indústrias até então apenas formalmente subordinadas ao capital, portanto em sua propagação. Segundo, ao serem revolucionadas continuamente as indústrias que já se encontram em seu poder, mediante a mudança dos métodos de produção.

De certo ponto de vista, toda diferença entre mais-valia absoluta e mais-valia relativa parece ilusória. A mais-valia relativa é absoluta, pois condiciona um prolongamento absoluto da jornada de trabalho além do tempo de trabalho necessário à existência do próprio trabalhador. A mais-valia absoluta é relativa, pois condiciona um desenvolvimento da produtividade do trabalho que permite limitar o tempo de trabalho necessário a uma parte da jornada de trabalho. Observando-se, porém, o movimento da mais-valia, desfaz-se essa aparência de identidade. Assim que o modo de produção capitalista esteja estabelecido e se tenha tornado modo geral de produção, a diferença entre mais-valia absoluta e relativa torna-se sensível tão logo se trate de aumentar a taxa de mais-valia em geral. Pressupondo-se que a força de trabalho seja paga por seu valor, encontramo-nos diante destas alternativas: dada a força produtiva de trabalho e seu grau normal de intensidade, só é possível aumentar a taxa de mais-valia mediante prolongamento absoluto da jornada de trabalho; por outro lado, dada a limitação da jornada de trabalho, só é possível aumentar a taxa de mais-valia mediante mudança da grandeza de suas partes integrantes, trabalho necessário e mais-trabalho, o que, por sua vez, para o salário não cair abaixo do valor da força de trabalho, pressupõe mudança na produtividade ou na intensidade do trabalho.

¦144 Se o trabalhador precisa de todo seu tempo para produzir os meios de subsistência necessários ao sustento de si mesmo e de sua *race*, não lhe resta tempo algum para trabalhar gratuitamente para uma terceira pessoa.¦ Sem certo grau de produtividade do trabalho não há tal tempo disponível para o trabalhador, e, sem tal tempo excedente, nenhum mais-trabalho e, portanto, ¦145¦ nenhum capitalista, mas também nenhum senhor de escravos, nenhum barão feudal, em uma palavra, nenhuma classe de grandes proprietários.[1]

¦146 Pode-se, pois, falar de uma base natural da mais-valia, porém apenas no sentido muito geral de que nenhum obstáculo natural absoluto impede alguém de se eximir do trabalho necessário a sua própria existência e lançá-lo sobre outrem, assim como, por exemplo, obstáculos naturais não impedem alguém de utilizar a carne do outro como alimento.[1a] Não se deve associar, de forma alguma, como ocorreu aqui e ali, concepções místicas a essa produtividade do trabalho naturalmente desenvolvida. Só depois que as pessoas superaram, pelo trabalho, suas condições primitivas de animalidade, portanto seu trabalho já está até certo grau socializado, surgem condições em que o mais-trabalho de uma se torna a condição de existência de outra.¦ Nos primórdios da cultura, as forças produtivas de trabalho adquiridas são mínimas, mas assim o são as necessidades, as quais se desenvolvem com os meios para satisfazê-las e em função deles. Além disso, naqueles primórdios, a proporção dos setores da sociedade que vivem do trabalho alheio é minúscula se comparada com a massa dos produtores diretos. Com o progresso da força produtiva social do trabalho, essa proporção cresce de forma absoluta e relativa.[2] A relação de capital, de resto, nasce sobre um solo econômico que é produto de um longo processo de desenvolvimento. A produtividade do trabalho preexistente, sobre a qual se fundamenta, não é uma dádiva da Natureza, mas de uma história que abrange milhares de séculos.

Abstraindo a forma mais ou menos desenvolvida da produção social, a produtividade do trabalho permanece ligada a condições naturais. Todas elas podem ser reduzidas à natureza do próprio ser humano, como raça etc., e à Natureza que o rodeia. As condições naturais externas dividem-se economicamente em duas grandes classes, riqueza natural de meios de subsistência, como fertilidade do solo, águas ricas em peixe etc., e riqueza natural de meios de trabalho, como quedas-d'água abundantes, rios navegáveis, madeira, metais, carvão etc. Nos primórdios da cultura, a primeira espécie de riqueza natural é decisiva; em níveis mais altos de desenvolvimento, a segunda. Compare-se, por exemplo, a Inglaterra com a Índia ou, no mundo antigo, Atenas e Corinto com os países às margens do mar Negro.

Quanto menor o número das necessidades naturais a serem absolutamente satisfeitas e quanto maior a fertilidade natural do solo e a excelência do clima, tanto menor o tempo de trabalho necessário para a manutenção e a reprodução do produtor. Tanto maior, portanto, pode ser o excedente de seu trabalho para outros, além daquele que realiza para si mesmo. Dessa forma, já observa Diodoro a respeito dos antigos egípcios:

> É incrível quão pouco esforço e custos lhes impõe a criação de seus filhos. Cozinham-lhes a comida mais simples e mais fácil de conseguir; dão-lhes também para comer a parte de baixo do caule do papiro, na medida em que se pode tostá-la ao fogo, e as raízes e os talos de plantas dos pântanos, em parte crus, em parte cozidos e assados. A maioria das crianças anda sem sapatos e sem roupas, já que o ar é muito ameno. Portanto, uma criança custa a seus pais, até que esteja adulta, não mais que vinte dracmas ao todo. Daí se pode explicar, principalmente, por que no Egito a população é tão numerosa e, em consequência, puderam-se executar tantas grandes obras.[3]

Contudo, as grandes obras ¦ 147 dos antigos egípcios são devidas menos ao volume de sua população do que à grande proporção em que estava disponível ¦. Do mesmo modo como o trabalhador individual pode fornecer uma quantidade de mais-trabalho tanto maior quanto menor for seu tempo de trabalho necessário, assim, quanto menor for a parte da população trabalhadora exigida para a produção dos meios de subsistência necessários, tanto maior a parte dela disponível para outras obras.

Uma vez pressuposta a produção capitalista, com as demais circunstâncias constantes e dada a duração da jornada de trabalho, variará a grandeza do mais-trabalho com as condições naturais do trabalho, sobretudo também com a fertilidade do solo. Mas de modo algum se segue daí, inversamente, que o solo mais fértil é o mais apropriado para o crescimento do modo de produção capitalista. Este supõe o domínio do ser humano sobre a Natureza. Uma Natureza demasiado pródiga "segura-o pela mão como uma criança em andadeiras". Ela não faz de seu próprio desenvolvimento uma necessidade natural.[4] A pátria do capital não é o clima tropical, com sua exuberante vegetação, mas a zona temperada. Não é a fertilidade absoluta do solo, mas sim sua diferenciação, a multiplicidade de seus produtos naturais, que constitui a base natural da divisão social do trabalho e estimula o ser humano, pela mudança das condições naturais, dentro das quais ele reside, à multiplicação de suas próprias necessidades, capacidades, meios de trabalho e modos de trabalho. A necessidade de controlar socialmente uma força natural, de administrá-la, começando por apropriá-la ou dominá-la mediante obras feitas pela mão humana, desempenha papel decisivo na história da indústria. Assim, por exemplo, a regulação das águas no Egito,[5] na Lombardia, Holanda etc. Ou na Índia, Pérsia etc., onde a irrigação através de canais artificiais leva ao solo não apenas a água indispensável, mas, com a lama desta, simultaneamente os adubos minerais das montanhas. O segredo do florescimento industrial da Espanha e da Sicília sob domínio árabe foi a canalização.[6]

A excelência das condições naturais fornece sempre apenas a possibilidade, jamais a realidade do mais-trabalho, portanto da mais-valia ou do mais-produto. As diferentes condições naturais do trabalho fazem com que a mesma quantidade de trabalho em países diferentes satisfaça diferentes massas de necessidades,[7] de modo que, sob circunstâncias em tudo o mais análogas, o tempo de trabalho necessário é diferente. Sobre o mais-trabalho elas atuam somente como barreira natural, isto é, mediante a determinação do ponto em que pode começar o trabalho para outros. Na mesma medida em que a indústria avança, essa barreira natural recua. No seio da ¦ 148 sociedade europeia ocidental ¦, onde o trabalhador adquire a permissão para trabalhar por seu próprio sustento apenas em troca do mais-trabalho, imagina-se facilmente que fornecer um mais-produto seja uma qualidade inata do trabalho humano.[8] Mas tome-se, por exemplo, o habitante das ilhas orientais do arquipélago asiático, onde o sagu cresce naturalmente nas matas.

> Quando os habitantes, abrindo um buraco na árvore, se convencem de que a medula está madura, o tronco é derrubado e dividido em vários pedaços, a medula é raspada, misturada com água e coada; obtém-se assim uma farinha de sagu, pronta para ser utilizada. Uma árvore fornece geralmente 300 libras, em alguns casos de 500 a 600 libras. Vai-se à floresta e fatia-se seu pão, como entre nós corta-se sua lenha.[9]

Suponha-se que um desses fatiadores de pão da Ásia oriental necessite de 12 horas de trabalho por semana para a satisfação de todas as suas necessidades. O que a graça da Natureza lhe dá diretamente é muito tempo de ócio. Para que o utilize de forma produtiva para si mesmo, toda uma série de circunstâncias históricas é requerida; para que o despenda como mais-trabalho para estranhos, faz-se necessária coação externa. Se fosse introduzida a produção capitalista, o pobre homem teria de trabalhar talvez 6 dias por semana para apropriar-se do produto de uma jornada de trabalho. A graça da Natureza não explica por que ele agora trabalha 6 dias por semana ou por que ele fornece 5 dias de mais-trabalho. Ela explica apenas por que seu tempo de trabalho necessário é limitado a um dia por semana. Em nenhum caso, porém, seu mais-produto se origina de uma qualidade oculta, inata, do trabalho humano.

Da mesma forma que as forças produtivas do trabalho historicamente desenvolvidas, sociais, aquelas condicionadas pela Natureza aparecem como forças produtivas do capital, ao qual o trabalho é ¦ 149 incorporado. – ¦

Ricardo não se preocupa jamais com a origem da mais-valia. Ele a trata como algo inerente ao modo de produção capitalista, a seus olhos a forma natural da produção social. Quando ele fala da produtividade do trabalho, não busca nela a causa da existência de mais-valia, mas apenas a causa que determina sua grandeza. Em compensação, sua escola proclamou bem alto a força produtiva do trabalho como a causa do surgimento do lucro (leia-se: mais-valia). Em todo caso, um progresso em relação aos mercantilistas, que por seu lado derivam o excedente do preço dos produtos sobre seus custos de produção do intercâmbio, da venda acima de seu valor. Apesar disso, também a escola de Ricardo apenas contornou o problema, não o solucionou. Na realidade, esses economistas burgueses ¦ 150 intuíam corretamente que seria muito perigoso penetrar ¦ a fundo na questão candente da origem da mais-valia. Que dizer, porém, quando, meio século depois de Ricardo, o Sr. John Stuart Mill solenemente constata sua superioridade sobre os mercantilistas ao repetir mal os subterfúgios superados dos primeiros vulgarizadores de Ricardo? Mill diz:

> A causa do lucro é que o trabalho produz mais do que é exigido para seu sustento.

Até aqui nada além da velha cantiga; Mill, porém, quer também acrescentar algo próprio:

> Ou para variar a forma da frase: a causa pela qual o capital fornece um lucro é que alimentos, roupas, matérias-primas e meios de trabalho duram um tempo mais longo do que o exigido para sua produção.

Mill confunde aqui a duração do tempo de trabalho com a duração de seus produtos. Segundo essa opinião, um padeiro, cujos produtos duram apenas um dia, não poderia jamais retirar de seus trabalhadores assalariados o mesmo lucro que um construtor de máquinas, cujos produtos duram vinte anos ou mais. Não obstante, se os ninhos dos pássaros não resistissem mais tempo do que o necessário para sua construção, os pássaros teriam de se arranjar sem eles.

Uma vez estabelecida essa verdade fundamental, Mill assinala sua superioridade sobre os mercantilistas:

> Vemos, pois, que o lucro surge não do incidente das trocas, mas da força produtiva do trabalho: o lucro total de um país é sempre determinado pela

força produtiva do trabalho, haja intercâmbio ou não. Se não existisse a divisão das ocupações, não haveria compras nem vendas, mas ainda assim lucro.

Aqui, pois, intercâmbio, compra e venda, as condições gerais da produção capitalista, são mero incidente e ainda assim existe o lucro, sem compra e venda da força de trabalho!

Prosseguindo:

> Se a totalidade dos trabalhadores de um país produz 20% acima da soma de seus salários, os lucros serão de 20%, qualquer que seja o nível dos preços das mercadorias.

Por um lado, isso é uma tautologia extremamente bem lograda, pois, se os trabalhadores produzem mais-valia de 20% para seus capitalistas, os lucros, em relação ao salário total dos trabalhadores, estarão na razão de 20 : 100. Por outro lado, é absolutamente falso que os lucros "serão de 20%". Os lucros têm de ser sempre menores, pois são calculados sobre a soma total do capital adiantado. O capitalista, por exemplo, adiantou 500 libras esterlinas, das quais 400 libras em meios de produção e 100 libras em salários. Se a taxa de mais-valia for, como a admitida, de 20%, então a taxa de lucro será de 20 : 500, isto é, de 4%, e não 20%.

Segue uma brilhante prova de como Mill trata as diferentes formas históricas da produção social:

> Eu pressuponho, em toda parte, o atual estado de coisas que domina, com poucas exceções, por toda parte, ou seja, que o capitalista faz todos os adiantamentos, inclusive o pagamento do trabalhador.

Que rara ilusão óptica a de ver por toda parte uma situação que até agora apenas excepcionalmente domina sobre a Terra! Continuemos, entretanto. Mill tem a bondade de admitir que "não é uma absoluta necessidade que assim o seja".[I] Ao contrário,

---

I Em sua carta a N. F. Daniélson de 28 de novembro de 1878, Marx propôs a seguinte versão deste texto: "Segue uma brilhante prova de como Mill trata as diferentes formas históricas de produção social. 'Eu pressuponho por toda parte', diz ele, 'a situação atual das coisas, que com poucas exceções domina por toda parte, onde trabalhadores e capitalistas opõem-se uns aos outros como classes, isto é, onde o capitalista faz todos os adiantamentos, inclusive o pagamento do trabalhador.' O senhor Mill quer acreditar que não é uma necessidade absoluta que assim seja – mesmo no sistema econômico em que trabalhadores e capitalistas se contrapõem reciprocamente como classes". [N. E. A.]

> o trabalhador poderia esperar inclusive o pagamento de seu salário inteiro até o trabalho estar completamente pronto, se ele tiver os meios necessários para sua manutenção. Mas, nesse caso, ele seria em certa medida um capitalista, que poria capital no negócio e que forneceria parte dos fundos necessários para sua continuação.

Da mesma forma, Mill poderia dizer que o trabalhador, o qual adianta para si mesmo não apenas os meios de subsistência, mas também os meios de trabalho, seria em realidade seu próprio trabalhador assalariado. Ou que o camponês americano seria seu próprio escravo, que labuta apenas para si próprio, e não para um senhor alheio.

Depois de comprovar claramente, dessa forma, que a produção capitalista, mesmo se não existisse, sempre existiria, Mill é agora bastante consequente para provar que ela não existe, mesmo quando existe:

> "E mesmo no caso anterior" (quando o capitalista adianta ao trabalhador assalariado todos os meios de subsistência) "o trabalhador pode ser considerado sob o mesmo ponto de vista" (isto é, como um capitalista). "Pois, ao ceder seu trabalho abaixo do preço de mercado (!) ele pode ser considerado como se adiantasse a diferença (?) a seu empresário etc."[9a]

Na realidade o trabalhador adianta, de fato, seu trabalho ao capitalista durante uma semana etc. de graça, para no final da semana etc. receber seu preço de mercado; isso faz dele, segundo Mill, um capitalista! Na planície, até montes de terra parecem colinas; que se meça a trivialidade de nossa burguesia hodierna pelo calibre de seus "grandes espíritos".

CAPÍTULO 15

VARIAÇÃO DE GRANDEZA DO PREÇO DA FORÇA DE TRABALHO E DA MAIS-VALIA

O valor da força de trabalho é determinado pelo valor dos meios de subsistência habitualmente necessários ao trabalhador médio. A massa desses meios de subsistência, ainda que sua forma possa variar, em determinada época de determinada sociedade, é dada, podendo, portanto, ser tratada como uma grandeza constante. O que muda é o valor dessa massa. Dois outros fatores entram na determinação do valor da força de trabalho. Por um lado, seus custos de desenvolvimento, que se modificam com o modo de produção; por outro lado, sua diferença natural, se masculina ou feminina, se madura ou imatura. A utilização dessas diferentes forças de trabalho, por sua vez condicionada pelo modo de produção, acarreta grande diferença nos custos de reprodução da família trabalhadora e no valor do trabalhador masculino adulto. Ambos os fatores, entretanto, ficam excluídos da investigação seguinte.[9b]

Suponhamos: 1) que as mercadorias sejam vendidas por seu valor, 2) que o preço da força de trabalho suba ocasionalmente acima de seu valor, porém jamais caia abaixo dele.

Uma vez suposto isso, verifica-se que as grandezas relativas do preço da força de trabalho e da mais-valia são condicionadas por três circunstâncias: 1) a extensão da jornada de trabalho ou a grandeza extensiva do trabalho; 2) ¦ 151 a intensidade normal do trabalho ou sua grandeza intensiva, de modo que determinado *quantum* de trabalho é despendido em determinado tempo ¦ ; 3) finalmente, a força produtiva do trabalho, de tal forma que, segundo o grau de desenvolvimento das condições de produção, o mesmo *quantum* de trabalho fornece no mesmo tempo um *quantum* maior ou menor de produto. Combinações muito diferentes são evidentemente possíveis, conforme um dos três fatores seja constante e dois sejam variáveis, ou dois fatores constantes e um variável, ou, por fim, os três sejam simultaneamente variáveis. Essas combinações são ainda multiplicadas pelo fato de que, com variação simultânea de diferentes fatores, a grandeza e a direção da variação podem ser diferentes. A seguir são apresentadas apenas as combinações principais.

I. GRANDEZA DA JORNADA DE TRABALHO E INTENSIDADE DO TRABALHO CONSTANTES (DADAS), FORÇA PRODUTIVA DO TRABALHO VARIÁVEL

Sob esse pressuposto, o valor da força de trabalho e a mais-valia são determinados por três leis.

Primeira: A jornada de trabalho de grandeza dada representa-se sempre no mesmo produto-valor, como quer que varie a produtividade do trabalho, com ela a massa de produtos e, portanto, o preço da mercadoria individual.

¦ 152 O produto-valor de uma jornada de trabalho de doze horas é, por exemplo, 6 xelins, embora a massa dos valores de uso produzidos varie com a força produtiva do trabalho, distribuindo-se, pois, o valor de 6 xelins sobre mais ou menos mercadorias. ¦

Segunda: O valor da força de trabalho e a mais-valia variam em sentido oposto. Variando a força produtiva do trabalho, seu acréscimo ou decréscimo influi em razão inversa sobre o valor da força de trabalho e em razão direta sobre a mais-valia.

O produto-valor da jornada de trabalho de doze horas é uma grandeza constante, por exemplo 6 xelins. Essa grandeza constante é igual à soma da mais-valia com o valor da força de trabalho, que o trabalhador substitui por um equivalente. É evidente que, de duas partes de uma grandeza constante, nenhuma pode crescer sem que a outra decresça. O valor da força de trabalho não pode subir de 3 para 4 xelins sem que a mais-valia caia de 3 para 2 xelins, e a mais-valia não pode subir de 3 para 4 xelins sem que o valor da força de trabalho caia de 3 para 2 xelins. Sob essas circunstâncias, não é possível nenhuma mudança na grandeza absoluta, seja do valor da força de trabalho, seja da mais-valia, sem uma mudança simultânea de suas grandezas relativas ou proporcionais. É impossível que elas caiam ou subam simultaneamente.

Além disso, o valor da força de trabalho não pode cair, portanto a mais-valia não pode subir, sem que a força produtiva do trabalho suba; por exemplo, no caso acima, o valor da força de trabalho não pode cair de 3 xelins para 2 sem que a força produtiva aumentada permita produzir em 4 horas a mesma massa de meios de subsistência que antes exigia 6 horas para sua produção. Ao contrário, o valor da força de trabalho não pode subir de 3 para 4 xelins sem que a força produtiva do trabalho caia, portanto que sejam requeridas 8 horas para a produção da mesma massa de meios de subsistência para a qual, antes, bastavam 6 horas. ¦ 153 Segue-se ¦ daqui que o aumento na produtividade do trabalho reduz o valor da força de trabalho e, com isso, aumenta a mais-valia, enquanto, ao contrário, a diminuição da produtividade eleva o valor da força de trabalho e reduz a mais-valia.

Na formulação dessa lei, Ricardo deixou de ver uma circunstância: apesar de uma mudança na grandeza da mais-valia ou do mais-trabalho condicionar uma mudança contrária na grandeza do valor da força de trabalho ou do trabalho necessário, não segue, de nenhuma forma, que elas variem na mesma proporção. Seu aumento ou diminuição é da mesma grandeza. A proporção em que aumenta ou diminui cada uma das partes do produto-valor ou da jornada de trabalho, porém, depende da divisão original, que havia antes da mudança na força produtiva do trabalho. Se o valor da força de trabalho era de 4 xelins ou o tempo de trabalho necessário de 8 horas, ou a mais-valia de 2 xelins ou o mais-trabalho de 4 horas, e em consequência do aumento da força produtiva do trabalho o valor da força de trabalho cai para 3 xelins ou o trabalho necessário para 6 horas, então a mais-valia sobe para 3 xelins ou o mais-trabalho para 6 horas. A mesma grandeza de 2 horas ou de 1 xelim é acrescentada lá e retirada daqui. Mas a mudança proporcional é diferente em ambos os lados. Enquanto o valor da força de trabalho cai de 4 xelins para 3, portanto em ¼ ou 25%, a mais-valia sobe de 2 xelins para 3, portanto em ½ ou 50%. ¦ 154 Segue, ¦ pois, que o aumento ou a diminuição proporcional da mais-valia, em virtude de dada mudança na força produtiva do trabalho, é tanto maior quanto menor, e tanto menor quanto maior, tiver sido originalmente a parte da jornada de trabalho que se representa na mais-valia.

Terceira: O aumento ou a diminuição da mais-valia é sempre consequência e jamais causa do correspondente aumento ou diminuição do valor da força de trabalho.[10]

¦ 155 Como a jornada de trabalho é uma grandeza constante, representa-se numa grandeza de valor constante, a cada variação da grandeza da mais-valia corresponde uma variação de grandeza inversa do valor da força de trabalho, e o valor da força de trabalho somente pode variar variando a força produtiva do trabalho. ¦ Segue sob essas condições, evidentemente, que cada variação de grandeza da mais-valia surge de uma variação de grandeza inversa no valor da força de trabalho. Se, portanto, viu-se que não é possível nenhuma variação de grandeza absoluta no valor da força de trabalho e da mais-valia sem uma variação de suas grandezas relativas, então segue, agora, que nenhuma variação de suas grandezas de valor relativas é possível sem uma variação na grandeza de valor absoluta da força de trabalho.

Pela terceira lei, a variação da grandeza da mais-valia pressupõe um movimento do valor da força de trabalho, causado pela variação na força produtiva do trabalho. O limite daquela variação é dado pelo novo limite do valor da força de trabalho. Podem, porém, mesmo se as circunstâncias permitirem que a lei atue, realizar-se movimentos intermediários. Se, por exemplo, em consequência do aumento da força produtiva do trabalho, o valor da força de trabalho cai de 4 para 3 xelins ou o tempo de trabalho necessário de 8 para 6 horas, então o preço da força de trabalho poderia cair apenas para 3 xelins e 8 pence, 3 xelins e 6 pence, 3 xelins e 2 pence etc., portanto a mais-valia poderia subir a apenas 3 xelins e 4 pence, 3 xelins e 6 pence, 3 xelins e 10 pence etc. O grau da queda, cujo limite mínimo são 3 xelins, depende do peso relativo que a pressão do capital, de um lado, e a resistência do trabalhador, de outro, jogam no prato da balança.

O valor da força de trabalho é determinado pelo valor de determinado *quantum* de meios de subsistência. O que muda com a força produtiva do trabalho é o valor desses meios de subsistência, não sua massa. A massa mesma, ao aumentar a força produtiva do trabalho, pode crescer simultaneamente e na mesma proporção para capitalista e trabalhador, sem nenhuma variação de grandeza entre preço da força de trabalho e mais-valia. Sendo de 3 xelins o valor original da força de trabalho e de 6 horas o tempo de trabalho necessário, sendo a mais-valia também de 3 xelins ou o mais-trabalho de 6 horas, uma duplicação na força produtiva do trabalho, com idêntica divisão da jornada de trabalho, deixaria inalterados o preço da força de trabalho e a mais-valia. Mas cada um deles representar-se-ia em duas vezes tantos valores de uso relativamente barateados. Embora o preço da força de trabalho permaneça o mesmo, ele teria subido acima de seu valor. Se o preço da força de trabalho caísse não até o limite mínimo de 1½ xelim dado por seu novo valor, mas sim para 2 xelins e 10 pence, 2 xelins e 6 pence etc., esse preço decrescente representaria ainda uma crescente massa de meios de subsistência. O preço da força de trabalho poderia, assim, cair continuamente ao crescer a força produtiva do trabalho, com crescimento simultâneo contínuo da massa dos meios de subsistência do trabalhador. Relativamente, porém, isto é, comparado com a mais-valia, decresceria continuamente o valor da força de trabalho e ampliar-se-ia assim o abismo entre as condições de vida do trabalhador e as do capitalista.[11]

Ricardo foi o primeiro a formular, de modo estrito, as três leis acima estabelecidas. Os defeitos de sua apresentação são: 1) que ele considera as condições particulares dentro das quais valem aquelas leis como condições autoevidentes, gerais e exclusivas da produção capitalista. Ele não conhece nenhuma variação nem da extensão da jornada de trabalho nem da intensidade do trabalho, de modo que, para ele, a produtividade do trabalho torna-se por si mesma o único fator variável; 2) mas – isto falsifica sua análise em grau muito mais alto – ele investigou tão pouco quanto os demais economistas a mais-valia como tal, isto é, independentemente de suas formas particulares, como lucro, renda da terra etc. | 156
Ele confunde, portanto, as leis sobre a taxa de mais-valia com as leis sobre

a taxa de lucro. | Como já foi dito, a taxa de lucro é a relação da mais-valia com o capital total adiantado, enquanto a taxa de mais-valia é a relação da mais-valia com a parte apenas variável desse capital. Suponhamos que um capital de 500 libras esterlinas (C) se divida em matérias-primas, meios de trabalho etc., valendo em conjunto 400 libras esterlinas (c), e em 100 libras esterlinas de salários (v); além disso a mais-valia = 100 libras esterlinas (mv).

Então, a taxa de mais valia $\frac{mv}{v} = \frac{\text{100 libras esterlinas}}{\text{100 libras esterlinas}} = 100\%$. Mas a taxa de lucro, $\frac{mv}{C} = \frac{\text{100 libras esterlinas}}{\text{500 libras esterlinas}} = 20\%$. É óbvio, além disso, que a taxa de lucro pode depender de circunstâncias que de forma alguma afetam a taxa de mais-valia. Eu provarei mais tarde, no Livro 3 deste escrito, que a mesma taxa de mais-valia pode expressar-se nas mais diferentes taxas de lucro, e diferentes taxas de mais-valia, sob determinadas circunstâncias, na mesma taxa de lucro.

II. JORNADA DE TRABALHO CONSTANTE, FORÇA PRODUTIVA DO TRABALHO CONSTANTE, INTENSIDADE DO TRABALHO VARIÁVEL

Intensidade crescente do trabalho supõe dispêndio ampliado de trabalho no mesmo espaço de tempo. A jornada de trabalho mais intensiva corporifica-se, portanto, em mais produtos do que a menos intensiva, com igual número de horas. Com força produtiva aumentada, em verdade a mesma jornada de trabalho fornece, também, mais produtos. No último caso, porém, cai o valor do produto unitário, porque custa menos trabalho que antes; no primeiro caso, ele permanece inalterado porque o produto, depois como antes, custa a mesma quantidade de trabalho. O número de produtos, aqui, aumenta sem cair seu preço. Com seu número cresce a soma de seus preços, enquanto lá a mesma soma de valor representa-se numa massa de produtos apenas aumentada. Para um número de horas constante, a jornada de trabalho mais intensiva se corporifica, pois, em produto-valor mais alto, portanto, permanecendo constante o valor do dinheiro, em mais dinheiro. Seu produto-valor varia com os desvios de sua intensidade do grau socialmente normal. A mesma jornada de trabalho não se representa, portanto, num produto-valor constante, como antes, mas num produto-valor variável; a jornada de trabalho mais intensiva, de doze horas, por exemplo, em 7 xelins, 8 xelins etc., em vez de 6 xelins, como a jornada de trabalho de doze horas de intensidade habitual. É claro: se varia o produto-valor da jornada de trabalho, digamos, de 6 para 8 xelins, ambas as partes desse produto-valor, o preço da força de trabalho e a mais-valia, podem crescer simultaneamente, seja em grau igual ou desigual. O preço da força de trabalho e a mais-valia podem ambos crescer ao mesmo tempo de 3 para 4 xelins, se o produto-valor subir de 6 para 8. Aumento do preço da força de trabalho não implica aqui, necessariamente, elevação de seu preço acima de seu valor. Ele pode, pelo contrário, ser acompanhado por uma queda abaixo de seu valor. Isso ocorre sempre que o aumento do preço da força de trabalho não compensa seu desgaste acelerado.

Sabe-se que, com exceções transitórias, uma variação na produtividade do trabalho acarreta uma variação na grandeza do valor da força de trabalho, portanto na grandeza da mais-valia, somente se os produtos dos ramos industriais atingidos entram no consumo habitual do trabalhador. Essa restrição desaparece aqui. Se a grandeza do trabalho muda extensiva ou intensivamente, sua mudança de grandeza corresponde a uma mudança na grandeza de seu produto-valor, independentemente da natureza do artigo no qual esse valor se representa.

Se a intensidade do trabalho se elevasse em todos os ramos industriais ao mesmo tempo e na mesma medida, o novo grau de intensidade mais alto tornar-se-ia o grau normal, socialmente habitual, e com isso cessaria de ser contado como grandeza extensiva. Contudo, mesmo então os graus médios de intensidade do trabalho das diversas nações permaneceriam diferentes e modificariam, portanto, a aplicação da lei do valor às diversas jornadas nacionais de trabalho. A jornada de trabalho mais intensiva de uma nação representa-se numa expressão monetária mais elevada que a da jornada menos intensiva das outras.[12]

III. FORÇA PRODUTIVA E INTENSIDADE DO TRABALHO CONSTANTES, JORNADA DE TRABALHO VARIÁVEL ¦157¦

A jornada de trabalho pode variar em dois sentidos. Ela pode ser reduzida ou prolongada. ¦158¦

1) Redução da jornada de trabalho sob as condições dadas, isto é, força produtiva e intensidade do trabalho constantes, deixa inalterado o valor da força de trabalho e, portanto, o tempo de trabalho necessário. Ela reduz o mais-trabalho e a mais-valia. Com a grandeza absoluta desta última, cai também sua grandeza ¦159 relativa, isto é, sua grandeza em relação à grandeza de valor constante da força de trabalho ¦. Apenas pelo rebaixamento de seu preço abaixo de seu valor o capitalista poderia evitar o prejuízo.

Todos os lugares-comuns contra a redução da jornada de trabalho supõem que o fenômeno ocorra sob as circunstâncias aqui ¦160 pressupostas, ao passo que, na realidade, ao contrário, variações na produtividade e intensidade do trabalho precedem a redução da jornada de trabalho ou a sucedem ¦ imediatamente.[13]

2) ¦ 161 Prolongamento da jornada de trabalho: seja o tempo de trabalho necessário de 6 horas ou o valor da força de trabalho de 3 xelins, assim como o mais-trabalho de 6 horas e a mais-valia de 3 xelins. A jornada de trabalho total perfaz, então, 12 horas e representa-se num produto-valor de 6 xelins. Se a jornada de trabalho é prolongada em 2 horas e o preço da força de trabalho permanece inalterado, então cresce com a grandeza absoluta da mais-valia sua grandeza relativa. ¦ Embora a grandeza de valor da força de trabalho permaneça absolutamente inalterada, cairá relativamente. Sob as condições de I, a grandeza de valor relativa da força de trabalho não podia variar sem uma variação em sua grandeza absoluta. Aqui, ao contrário, a variação relativa de grandeza no valor da força de trabalho é o resultado de uma variação absoluta de grandeza da mais-valia.

Visto que o produto-valor, no qual a jornada de trabalho se representa, cresce com o próprio prolongamento desta, o preço da força de trabalho e a mais-valia podem crescer simultaneamente com incremento igual ou desigual. Esse crescimento simultâneo é, portanto, possível em dois casos, a saber, com prolongamento absoluto da jornada de trabalho e com intensidade crescente do trabalho, sem tal prolongamento.

Com a jornada de trabalho prolongada, o preço da força de trabalho pode cair abaixo de seu valor, embora nominalmente permaneça inalterado ou mesmo suba. É que o valor diário da força de trabalho, como será lembrado, é calculado sobre sua duração média, ou seja, sobre a duração normal da vida de um trabalhador e sobre uma correspondente transformação normal, ajustada à natureza humana, de substância vital em movimento.[14] Até certo ponto, o desgaste maior de força de trabalho, inseparável do prolongamento da jornada de trabalho, pode ser compensado por maior restauração. Além desse ponto, o desgaste cresce em progressão geométrica e, ao mesmo tempo, todas as condições normais de reprodução e atuação da força de trabalho são destruídas. O preço da força de trabalho e o grau de sua exploração deixam de ser grandezas comensuráveis.

IV. VARIAÇÕES SIMULTÂNEAS DE DURAÇÃO, FORÇA PRODUTIVA E INTENSIDADE DO TRABALHO

Aqui evidentemente é possível grande número de combinações. Cada dois fatores podem variar e um permanecer constante, ou os três podem variar simultaneamente. Eles podem variar em grau igual ou desigual, em direção igual ou contrária, compensando-se, portanto, suas variações em parte ou totalmente. Sem embargo, a análise de todos os casos, após os resultados obtidos em I, II e III, é fácil. Encontra-se o resultado de cada combinação possível considerando-se, um a um, cada fator como variável e os outros inicialmente como constantes. Tomamos aqui, portanto, conhecimento sumário de apenas dois casos importantes.

1) Força produtiva decrescente do trabalho com prolongamento simultâneo da jornada de trabalho:

Quando falamos aqui da força produtiva decrescente do trabalho, trata-se de ramos de trabalho cujos produtos determinam o valor da força de trabalho, assim, por exemplo, de força produtiva decrescente do trabalho em consequência da crescente esterilidade do solo e o correspondente encarecimento dos produtos do solo. Seja a jornada de trabalho de doze horas, seu produto-valor de 6 xelins, dos quais metade reponha o valor da força de trabalho e metade constitua a mais-valia. A jornada de trabalho decompõe-se, assim, em 6 horas de trabalho necessário e 6 horas de mais-trabalho. Em consequência do encarecimento dos produtos do solo, suponhamos que suba o valor da força de trabalho de 3 para 4 xelins, portanto o tempo de trabalho necessário de 6 para 8 horas. Se a jornada de trabalho permanece inalterada, o mais-trabalho cai, então, de 6 para 4 horas, a mais-valia, de 3 para 2 xelins. Se a jornada de trabalho é prolongada em 2 horas, isto é, de 12 para 14 horas, o mais-trabalho continua sendo de 6 horas, a mais-valia de 3 xelins, mas sua grandeza cai em comparação com o valor da força de trabalho, medido pelo trabalho necessário. Se a jornada de trabalho é prolongada ¦ 162 em 4 horas, de 12 para 16 horas, as grandezas proporcionais da mais-valia e do valor da força de trabalho, do mais-trabalho e do trabalho necessário permanecem inalteradas, mas a grandeza absoluta da mais-valia cresce de 3 para 4 xelins, a do mais-trabalho de 6 para 8 horas de trabalho, portanto em ⅓ ou 33⅓%. ¦ Com força produtiva do trabalho em decréscimo e prolongamento simultâneo da jornada de trabalho, a grandeza absoluta da mais-valia pode, portanto, permanecer inalterada, enquanto cai sua grandeza proporcional; sua grandeza proporcional pode permanecer inalterada, enquanto sua grandeza absoluta cresce e, conforme o grau do prolongamento, ambas podem crescer.

¦ 163 ¦

No período de 1799 até 1815, os crescentes preços dos meios de subsistência na Inglaterra acarretaram um aumento nominal dos salários, apesar de caírem os salários reais, expressos em meios de subsistência. Disso West e Ricardo concluíram que a diminuição da produtividade do trabalho agrícola teria causado uma queda da taxa de mais-valia, fazendo dessa suposição, válida somente em suas fantasias, um ponto de partida para importantes análises sobre a proporção da grandeza relativa de salário, lucro e renda da terra. Mas, graças à intensidade aumentada do trabalho e do prolongamento forçado do tempo de trabalho, a mais-valia então tinha crescido absoluta e relativamente. Foi esse o período no qual o desmedido prolongamento da jornada de trabalho adquiriu direito de cidadania,[15] período caracterizado especialmente pelo aumento acelerado do capital aqui e do pauperismo lá.[16]

2) Intensidade e força produtiva do trabalho crescentes com simultânea redução da jornada de trabalho:

A força produtiva do trabalho aumentada e sua crescente intensidade atuam uniformemente em um mesmo sentido. Ambas ampliam a massa de produtos elaborada em cada período de tempo. Ambas reduzem, pois, a parte da jornada de trabalho de que o trabalhador precisa para a produção de seus meios de subsistência ou seu equivalente. O limite mínimo absoluto da jornada de trabalho é constituído, em geral, por esse seu componente necessário, porém contraível. Se toda a jornada de trabalho se atrofiasse até esse limite, desapareceria o mais-trabalho, o que, sob o regime capitalista, é impossível. A supressão da forma de produção capitalista permite limitar a jornada de trabalho ao trabalho necessário. Entretanto, permanecendo constantes as demais circunstâncias, este último ampliaria seu espaço. Por um lado, porque as condições de vida do trabalhador tornar-se-iam mais ricas e suas exigências vitais maiores. Por outro, porque parte do atual ¦ 164 mais-trabalho contaria como trabalho necessário, a saber, o trabalho necessário para a criação de um fundo social de reserva e acumulação ¦.

Quanto mais cresce a força produtiva do trabalho, tanto mais pode ser reduzida a jornada de trabalho e, quanto mais é reduzida a jornada de trabalho, tanto mais pode crescer a intensidade do trabalho. Socialmente considerada, a produtividade do trabalho cresce também com sua economia. Esta inclui não apenas economizar meios de produção, mas também evitar todo trabalho inútil. ¦ 165 Enquanto o modo de produção capitalista impõe economia em todo negócio individual, seu sistema anárquico da concorrência produz o mais desmesurado desperdício dos meios de produção sociais e das forças de trabalho, ao lado de inúmeras funções agora indispensáveis, mas em si e para si supérfluas. ¦

Dadas a intensidade e a força produtiva do trabalho, a parte da jornada social de trabalho necessária para a produção material será tanto mais curta, portanto tanto mais longa a parte do tempo conquistado para a livre atividade espiritual e social dos indivíduos, quanto mais equitativamente for distribuído o trabalho entre todos os membros capacitados da sociedade e quanto menos uma camada social puder eximir-se da necessidade natural do trabalho, lançando-a sobre outra camada. O limite absoluto para a redução da jornada de trabalho é, por esse lado, a generalização do trabalho. Na sociedade capitalista, é produzido tempo livre para uma classe mediante a transformação de todo o tempo de vida das massas em tempo de trabalho.

CAPÍTULO 16

DIFERENTES FÓRMULAS PARA A TAXA DE MAIS-VALIA

Viu -se que a taxa de mais-valia representa-se nas fórmulas:

$$\text{I. } \frac{\text{mais-valia}}{\text{capital variável}}\left(\frac{mv}{v}\right)\frac{\text{mais-valia}}{\text{valor da força de trabalho}}=\frac{\text{mais-trabalho}}{\text{trabalho necessário}}$$

As duas primeiras fórmulas apresentam como relação de valores o que a terceira apresenta como relação dos tempos durante os quais esses valores são produzidos. Essas fórmulas intersubstituíveis são conceitualmente estritas. Pode-se encontrá-las portanto quanto a seu conteúdo na Economia Política clássica, porém não conscientemente elaboradas. Nesta, ao contrário, encontramos as seguintes fórmulas derivadas:

II. [166] $$\frac{\text{mais-trabalho}}{\text{jornada de trabalho}}=\frac{\text{mais-valia}}{\text{valor-produto}}=\frac{\text{mais-produto}}{\text{produto total}}$$

Aqui a mesma proporção é expressa alternadamente sob a forma de uma relação entre tempos de trabalho, entre valores nos quais eles se corporificam, entre produtos nos quais esses valores existem. É suposto, naturalmente, que por valor do produto entende-se apenas o produto-valor da jornada de trabalho, excluindo-se, porém, a parte constante do valor-produto.

Em todas essas fórmulas, o grau real de exploração do trabalho ou a taxa de mais-valia se expressa de modo falso. Seja a jornada de trabalho de 12 horas. Com os demais pressupostos de nosso exemplo anterior, o grau real de exploração do trabalho se apresenta, nesse caso, nas proporções:

$$\frac{\text{6h de mais-trabalho}}{\text{6h de trabalho necessário}}=\frac{\text{mais-valia de 3 xelins}}{\text{capital variável de 3 xelins}}=100\%$$

Segundo as fórmulas II, obtemos, ao contrário:

$$\frac{\text{6h de mais-trabalho}}{\text{12h de jornada de trabalho}}=\frac{\text{mais-valia de 3 xelins}}{\text{produto-valor de 6 xelins}}=50\%$$

Essas fórmulas derivadas expressam, na realidade, a proporção na qual a jornada de trabalho ou seu produto-valor se divide entre capitalista e trabalhador. Portanto, se elas fossem válidas como expressões diretas do grau de autovalorização do capital, vigoraria a falsa lei:

O mais-trabalho ou a mais-valia não pode jamais alcançar 100%.[17] Visto que o mais-trabalho constitui sempre uma parte alíquota da jornada de trabalho ou a mais-valia sempre uma parte alíquota do produto-valor, o mais-trabalho é necessariamente sempre menor do que a jornada de trabalho ou a mais-valia é sempre menor do que o produto-valor. Para se relacionarem na proporção $\frac{100}{100}$, porém, teriam de ser iguais. Para que o mais-trabalho absorvesse toda a jornada de trabalho (trata-se aqui da jornada média da semana de trabalho, do ano de trabalho etc.), o trabalho necessário teria de cair a zero. Desaparecendo o trabalho necessário, porém, desaparecerá também o mais-trabalho, visto que este último é apenas uma função do primeiro. A proporção

$$\frac{\text{mais-trabalho}}{\text{jornada de trabalho}} = \frac{\text{mais-valia}}{\text{produto-valor}}$$

não pode jamais alcançar o limite de $\frac{100}{100}$ e muito menos subir a $\frac{100+x}{100}$.

Mas a taxa de mais-valia ou o grau real de exploração de trabalho, sim. Tomemos, por exemplo, a estimativa do Sr. L. de Lavergne, segundo a qual o trabalhador agrícola inglês recebe somente ¼, ao passo que o capitalista (arrendatário) recebe ¾ do produto[18] ou de seu valor, como quer que o butim se divida depois entre capitalista e proprietário da terra etc. O mais-trabalho do trabalhador rural inglês se relaciona, portanto, com seu trabalho necessário, = 3 : 1, uma taxa percentual de exploração de 300%.

O método da ¦167 escola,¦ de considerar a jornada de trabalho uma grandeza constante, foi reforçado pela utilização das fórmulas II, porque se compara aqui o mais-trabalho sempre com uma jornada de trabalho de grandeza dada. O mesmo ocorre quando se enfoca exclusivamente a divisão do produto-valor. A jornada de trabalho que já se objetivou num produto-valor é sempre uma jornada de trabalho cujos limites são dados.

¦168 A representação de mais-valia e valor da força de trabalho como frações do produto-valor – um modo de representação que decorre, de resto, do próprio modo de produção capitalista e cujo significado será explorado mais tarde – esconde o caráter específico da relação de capital, a saber, o intercâmbio do capital variável com a força de trabalho viva e a correspondente exclusão do trabalhador do produto.¦ Apresenta-se, em seu lugar, a falsa aparência de uma relação associativa na qual o trabalhador e o capitalista partilham o produto conforme a proporção de seus diferentes fatores constituintes.[19]

De resto, as fórmulas II são sempre retransformáveis nas fórmulas I. Se temos, por exemplo,

$$\frac{\text{6h de mais-trabalho}}{\text{12h de jornada de trabalho}}$$

então o tempo de trabalho necessário = jornada de trabalho de doze horas menos o mais-trabalho de seis horas resulta, assim:

$$\frac{\text{6h de mais-trabalho}}{\text{6h de trabalho necessário}} = \frac{100}{100}$$

Uma terceira fórmula, que oportunamente já antecipei, é:

$$\text{III. } \frac{\text{mais-valia}}{\text{valor da força de trabalho}} = \frac{\text{mais-trabalho}}{\text{trabalho necessário}} = \frac{\text{trabalho não pago}}{\text{trabalho pago}}$$

O mal-entendido, ao qual a fórmula $\frac{\text{trabalho não pago}}{\text{trabalho pago}}$ poderia conduzir, de que o capitalista pagaria o trabalho, e não a força de trabalho, é eliminado pelo que foi exposto anteriormente. $\frac{\text{trabalho não pago}}{\text{trabalho pago}}$ é apenas a expressão mais popular para $\frac{\text{mais-trabalho}}{\text{trabalho necessário}}$. ¦ 169 O capitalista paga o valor – ou o preço, que dele diverge – da força de trabalho e recebe em troca a disposição sobre a própria força de trabalho viva. Seu usufruto dessa força de trabalho decompõe-se em dois períodos. ¦ Durante um período, o trabalhador produz apenas um valor = valor de sua força de trabalho, portanto apenas um equivalente. Pelo preço adiantado da força de trabalho, o capitalista recebe, assim, um produto de mesmo preço. É como se ele comprasse o produto já pronto no mercado. No período do mais-trabalho, ao contrário, o usufruto da força de trabalho gera valor para o capitalista, sem custar a ele nenhum substituto de valor.[20] Ele obtém essa realização da força de trabalho de graça. Nesse sentido, o mais-trabalho ¦ 170 ¦ pode chamar-se de trabalho não pago.

O capital é, portanto, não apenas comando sobre trabalho, como diz A. Smith. Ele é essencialmente comando sobre trabalho não pago. Toda mais-valia, qualquer que seja a forma particular de lucro, renda etc. em que ela mais tarde se cristalize, é, segundo sua substância, materialização de tempo de trabalho não pago. O segredo da autovalorização do capital se resolve em sua disposição sobre determinado *quantum* de trabalho alheio não pago.

SEÇÃO VI

O SALÁRIO

CAPÍTULO 17

TRANSFORMAÇÃO DO VALOR, OU PREÇO, DA FORÇA DE TRABALHO EM SALÁRIO

Na superfície da sociedade burguesa, o salário do trabalhador aparece como preço do trabalho, como um *quantum* determinado de dinheiro pago por um *quantum* determinado de trabalho. Fala-se aqui do valor do trabalho e chama-se sua expressão monetária de seu preço necessário ou natural. Por outro lado, fala-se dos preços de mercado do trabalho, isto é, dos preços que oscilam abaixo ou acima de seu preço necessário.

Mas o que é o valor de uma mercadoria? Forma objetiva do trabalho social despendido em sua produção. E por meio de que medimos a grandeza de seu valor? Pela grandeza do trabalho contido nela. Por meio de que seria, pois, determinado o valor, por exemplo, de uma jornada de trabalho de doze horas? Pelas 12 horas de trabalho contidas numa jornada de trabalho de 12 horas, o que é uma insípida tautologia.[21]

Para ser vendido no mercado como mercadoria, o trabalho tem de, pelo menos, existir antes de ser vendido. Mas, se o trabalhador pudesse dar-lhe existência independente, então ele venderia mercadoria, e não trabalho.[22]

Abstraindo dessas contradições, uma troca direta de dinheiro, isto é, de trabalho objetivado, por trabalho vivo ou anularia a lei do valor, que se desenvolve livremente apenas com base na produção capitalista, ou anularia a própria produção capitalista, que repousa precisamente no trabalho assalariado. A jornada de trabalho de 12 horas, por exemplo, se representa num valor monetário de 6 xelins. Se se trocam equivalentes, o trabalhador receberá 6 xelins por trabalho de doze horas. O preço de seu trabalho seria igual ao preço de seu produto. Nesse caso, não produziria nenhuma mais-valia para o comprador de seu trabalho, os 6 xelins não se transformariam em capital e a base da produção capitalista desapareceria; é mais precisamente sobre essa base que ele vende seu trabalho, e seu trabalho é trabalho assalariado. Ou ele recebe, por 12 horas de trabalho, menos de 6 xelins, isto é, menos de 12 horas de trabalho. Doze horas de trabalho se trocam por 10 ou 6 horas de trabalho etc. Essa equiparação de grandezas desiguais não anula apenas a determinação do valor. Tal contradição anula a si mesma e não pode ser pronunciada nem formulada ao todo como lei.[23]

De nada serve deduzir a troca de mais por menos trabalho a partir da diferença de forma, do fato de que em um caso ele está objetivado, no outro está vivo.[24] Isso é tanto mais absurdo pelo fato de o valor de uma mercadoria não ser determinado pelo *quantum* de trabalho realmente objetivado nela, mas pelo *quantum* de trabalho vivo necessário para produzi-la. Suponhamos que uma mercadoria represente 6 horas de trabalho. ¦ 171 Se surgem invenções que permitem produzi-la em 3 horas, o valor da mercadoria já produzida também cairá pela metade. ¦ Ela representa agora 3 horas de trabalho social necessário, em vez de 6, como antes. Portanto, é o *quantum* de trabalho exigido para sua produção, e não sua forma objetivada, que determina sua grandeza de valor.

O que se defronta diretamente com o possuidor de dinheiro, no mercado, não é o trabalho, de fato, mas o trabalhador. O que este último vende é ¦ 172 ¦ sua força de trabalho. Tão logo seu trabalho realmente comece, esta já não lhe pertence e, portanto, não pode mais ser vendida por ele. O trabalho é a substância e a medida imanente dos valores, mas ele mesmo não tem valor.[25]

Na expressão "valor do trabalho", o conceito de valor não está apenas inteiramente apagado, mas convertido em seu contrário. É uma expressão imaginária como, por exemplo, valor da terra. Essas expressões imaginárias surgem, entretanto, das próprias condições de produção. São categorias para formas de manifestação condições essenciais. Que na aparência as coisas se apresentam frequentemente invertidas é conhecido em quase todas as ciências, exceto na Economia Política.[26]

A Economia Política clássica tomou de empréstimo à vida cotidiana, sem maior crítica, a categoria "preço do trabalho", para perguntar-se, depois, como se determina esse preço. Reconheceu logo que a variação da relação entre demanda e oferta nada esclarece a respeito do preço do trabalho, assim como de qualquer outra mercadoria, além de sua variação, isto é, a oscilação dos preços de mercado abaixo ou acima de certa grandeza. Se demanda e oferta coincidem, permanecendo as demais circunstâncias constantes, a oscilação de preço cessa. Mas, então, demanda e oferta cessam também de explicar qualquer coisa. ¦ 173 O preço do trabalho, quando demanda e oferta coincidem, é seu preço natural, determinado independentemente da relação entre demanda e oferta, preço que, desse modo, se tornou o objeto que, na verdade, deveria ser analisado. ¦ Ou se tomou um período mais longo de oscilações do preço de mercado, por exemplo um ano, e verificou-se, então, que suas altas e baixas se compensam, produzindo uma grandeza média, uma grandeza constante. Essa grandeza tinha, naturalmente, de ser determinada de outro modo, e não pelas oscilações compensatórias ao redor dela mesma. Esse preço que predomina sobre os preços casuais do trabalho no mercado e os regula, o "preço necessário" (fisiocratas) ou o "preço natural" do trabalho (Adam Smith), só pode ser, ¦ 174 como o das outras mercadorias, seu valor expresso em dinheiro. ¦ Desse modo, a Economia Política acreditava chegar, por meio dos preços casuais do trabalho, a seu valor. Assim como com as outras mercadorias, esse valor era determinado, em seguida, pelos custos de produção. Mas o que são os custos de produção – do trabalhador, isto é, os custos para produzir ou reproduzir o próprio trabalhador? ¦ 175 Inconscientemente, essa questão tomou, para a Economia Política, o lugar da original, já que, com os custos de produção do trabalho enquanto tal, ela ficou girando em círculo e não conseguiu sair do lugar. ¦ Portanto, o que ela chama de valor do trabalho (*value of labour*) é, na realidade, o valor da força de trabalho, que existe na personalidade do trabalhador e difere de sua função, o trabalho, tanto quanto uma máquina de suas operações. Ocupada com a diferença entre os preços de mercado do trabalho e seu assim chamado valor, com a relação entre esse valor e a taxa de lucro, ou entre ele e os valores-mercadoria produzidos por meio do trabalho etc., nunca descobriu que a marcha da análise não apenas tinha evoluído dos preços de mercado do trabalho ¦ 176 a seu suposto valor ¦, mas, além disso, levara a dissolver esse mesmo valor do trabalho novamente no valor da força de trabalho ¦ 177 ¦. A inconsciência sobre esse resultado de sua própria análise, a aceitação sem crítica das categorias "valor do trabalho", "preço natural do trabalho" etc. como expressões últimas adequadas da relação de valor examinada, emaranhou a Economia Política clássica, como se verá mais adiante, em confusões e contradições insolúveis, enquanto ofereceu à Economia vulgar uma base segura de operações para sua superficialidade, dedicada principalmente ao culto das aparências.

¦ 178 Vejamos agora, em primeiro lugar, como o valor e os preços da força de trabalho apresentam-se em sua forma transformada como salário. ¦

Sabe-se que o valor diário da força de trabalho é calculado tomando-se por base certa duração de vida do trabalhador, a qual corresponde a certa duração da jornada de trabalho. Suponhamos que a jornada de trabalho habitual seja de 12 horas ¦ 179 ¦ e o valor diário da força de trabalho de 3 xelins, ¦ 180 ¦ expressão monetária de um valor em que se representam 6 horas de trabalho. Se o trabalhador recebe 3 xelins, recebe o valor de sua força de trabalho em funcionamento durante 12 horas. ¦ 181 Se esse valor diário da força de trabalho é expresso, então, como valor do trabalho de uma jornada, chega-se à fórmula: o trabalho de doze horas tem um valor de 3 xelins. O valor da força de trabalho determina assim o valor do trabalho ou, expresso em dinheiro, seu preço necessário. Se, no entanto, o preço da força de trabalho se desvia de seu valor, o mesmo se dá com o preço do trabalho de seu assim chamado valor. ¦

Como o valor do trabalho é apenas uma expressão irracional para o valor da força de trabalho, segue por si mesmo que o valor do trabalho tem de ser sempre menor que seu produto-valor, pois o capitalista sempre faz a força de trabalho funcionar por mais tempo do que o necessário para a reprodução de seu próprio valor. No exemplo acima, o valor da força de trabalho em funcionamento durante 12 horas é de 3 xelins, valor para cuja reprodução ela precisa de 6 horas. Seu produto-valor, porém, é de 6 xelins, pois ela funciona na realidade durante 12 horas, e seu produto-valor não depende de seu próprio valor, mas da duração de seu funcionamento. Chega-se assim ao resultado, absurdo à primeira vista, de que trabalho que cria um valor de 6 xelins possui um valor de 3 xelins.[27]

¦ 182 Vê-se, além disso: o valor de 3 xelins, em que se representa a parte paga da jornada de trabalho, isto é, um trabalho de seis horas, aparece como valor ou preço da jornada de trabalho total de 12 horas, que contém 6 horas não pagas. ¦ A ¦ 183 forma do salário ¦ extingue, portanto, todo vestígio da divisão da jornada de trabalho em trabalho necessário e mais-trabalho, em trabalho pago e trabalho não pago. Todo trabalho ¦ 184 ¦ aparece como trabalho pago. Na corveia, distinguem-se espacial e temporalmente, de modo perceptível para os sentidos, o trabalho do servo para si mesmo e seu trabalho forçado para o senhor da terra. No trabalho escravo, a parte da jornada de trabalho em que o escravo apenas repõe o valor de seus próprios meios de subsistência, em que, portanto, realmente só trabalha para si mesmo, aparece como trabalho para seu senhor. Todo seu trabalho aparece como trabalho não pago.[28] No trabalho assalariado, ao contrário, mesmo o mais-trabalho ou trabalho não pago aparece como trabalho pago. Ali a relação de propriedade oculta o trabalho do escravo para si mesmo; aqui a relação de dinheiro oculta o trabalho gratuito do assalariado.

¦ 185 Compreende-se, assim, a importância decisiva da transformação do valor e do preço da força de trabalho na forma de salário ou em valor e preço do próprio trabalho. Sobre essa forma de manifestação, que torna invisível a verdadeira relação e mostra justamente o contrário dela, repousam todas as concepções jurídicas tanto do trabalhador como do capitalista, todas as mistificações do modo de produção capitalista, todas as suas ilusões de liberdade, todas as pequenas mentiras apologéticas da Economia vulgar. ¦

Ainda que a história mundial precise de muito tempo para descobrir o segredo do salário, em compensação nada é mais fácil de compreender do que a necessidade, as *raisons d'être* [razões de ser], dessa forma de manifestação.

O intercâmbio entre capital e trabalho apresenta-se de início à percepção exatamente do mesmo modo como a compra e a venda das demais mercadorias. O comprador dá determinada soma de dinheiro; o vendedor, um artigo diferente do dinheiro. A consciência jurídica reconhece aí no máximo uma diferença material, que se expressa nas fórmulas juridicamente equivalentes: *Do ut des, do ut facias, facio ut des* e *facio ut facias* [Dou para que dês, dou para que faças, faço para que dês e faço para que faças].

Além disso: Como valor de troca e valor de uso são em si e para si grandezas incomensuráveis, a expressão "valor do trabalho", "preço do trabalho", não parece ser mais irracional do que a expressão "valor do algodão", "preço do algodão". Acresce que o trabalhador é pago depois de ter fornecido seu trabalho. Em sua função como meio de pagamento, o dinheiro realiza posteriormente o valor ou o preço do artigo fornecido, portanto, no caso dado, o valor ou o preço do trabalho fornecido. Finalmente, o "valor de uso" que o trabalhador fornece ao capitalista não é, na verdade, sua força de trabalho, ¦ 186 mas sim a função dela, determinado trabalho útil, trabalho do alfaiate, trabalho do sapateiro, trabalho do fiandeiro etc. O fato de que esse mesmo trabalho, sob outro aspecto, seja elemento geral criador de valor, o que o distingue das demais mercadorias, não está ao alcance da consciência ordinária ¦.

Coloquemo-nos sob o ponto de vista do trabalhador, que recebe por doze horas de trabalho, por exemplo, o produto-valor de seis horas de trabalho, digamos 3 xelins; para ele, seu trabalho de doze horas é, de fato, o meio de compra de 3 xelins. O valor de sua força de trabalho pode variar com o valor de seus meios de subsistência costumeiros de 3 para 4 xelins, ou de 3 para 2 xelins, ou, permanecendo igual o valor de sua força de trabalho, seu preço, em virtude da relação variável entre demanda e oferta, pode subir a 4 xelins ou cair a 2 xelins, mas ele sempre fornece 12 horas de trabalho. Cada variação na grandeza do equivalente que recebe aparece-lhe, portanto, necessariamente como variação do valor ou preço de suas 12 horas de trabalho. Essa circunstância, ao contrário, induziu Adam Smith, que considera a jornada de trabalho uma grandeza constante,[29] a afirmar que ¦ 187 o valor do trabalho é constante, ainda que varie o valor dos meios de subsistência e que a mesma jornada de trabalho represente-se, por isso, em mais ou menos dinheiro para o trabalhador ¦.

Tomemos, por outro lado, o capitalista: o que ele quer, na verdade, é obter o máximo possível de trabalho pelo mínimo possível de dinheiro. Praticamente lhe interessa apenas, portanto, a diferença entre o preço da força de trabalho e o valor que sua função cria. Mas ele procura comprar toda mercadoria o mais barato possível e sempre explica a si mesmo seu lucro a partir do simples logro, a compra abaixo e a venda acima do valor. Por isso, não chega a compreender que, se existisse realmente algo como valor do trabalho e se ele pagasse realmente esse valor, não existiria nenhum capital, e seu dinheiro ¦ 188 não se transformaria em capital ¦.

Além disso, o movimento real do salário apresenta fenômenos que parecem demonstrar que não se paga o valor da força de trabalho, mas o valor de sua função, do próprio trabalho. Podemos reduzir esses fenômenos a duas grandes classes. Primeiro: variação do salário ao variar a duração da jornada de trabalho. Poder-se-ia concluir, do mesmo modo, que não se paga o valor da máquina, mas o de sua operação, pois custa mais alugar uma máquina por uma semana do que por um dia. Segundo: a diferença individual nos salários de diversos trabalhadores que executam a mesma função. Essa diferença individual encontra-se também, mas sem motivo para ilusões, no sistema escravocrata, onde a própria força de trabalho é vendida franca e livremente, sem adornos. No entanto, no sistema escravocrata, a vantagem de uma força de trabalho superior à média ou a desvantagem de uma força de trabalho inferior à média recai sobre o proprietário do escravo, ao passo que, no sistema do trabalho assalariado, recai sobre o próprio trabalhador, pois, em um caso, sua força de trabalho é vendida por ele mesmo e, no outro, por uma terceira pessoa.

De resto, para a forma de manifestação "valor e preço de trabalho" ou "salário", em contraste com a relação essencial que aparece, valor e preço da força de trabalho, vale o mesmo que para todas as formas de manifestação e seu fundo oculto. As primeiras reproduzem-se direta e espontaneamente como formas comuns e correntes de pensamento; o segundo tem de ser antes descoberto pela ciência. A Economia Política clássica aproxima-se da verdadeira relação das coisas, sem entretanto formulá-la conscientemente. Isso não lhe é possível enquanto estiver metida em sua pele burguesa.

CAPÍTULO 18

O SALÁRIO POR TEMPO

Por sua parte, o salário assume formas muito variadas, circunstância que não é possível perceber por meio dos compêndios de Economia, os quais, em seu brutal interesse pela substância, negligenciam todas as diferenças das formas. Uma exposição de todas essas formas pertence, entretanto, à teoria especial do trabalho assalariado, e não a esta obra. Não obstante, cabe aqui desenvolver resumidamente as duas formas fundamentais predominantes.

A venda da força de trabalho se dá, como será recordado, sempre por determinados períodos de tempo. A forma transformada em que o valor diário, semanal etc. da força de trabalho se representa diretamente é, portanto, a do "salário por tempo", isto é, salário diário etc.

De início, há de observar-se que as leis sobre a variação de grandeza do preço da força de trabalho e da mais-valia, expostas no capítulo 15, transformam-se, mediante simples mudança de forma, em leis do salário. Do mesmo modo, a diferença entre o valor de troca da força de trabalho e a massa dos meios de subsistência, em que se converte esse valor, apresenta-se agora como diferença entre salário nominal e salário real. Seria inútil repetir com respeito à forma de manifestação o que já se expôs com respeito à forma essencial. Limitar-nos-emos, por isso, a alguns poucos pontos, característicos do salário por tempo.

A soma de dinheiro[30] que o trabalhador recebe por seu trabalho diário, semanal etc. constitui o montante de seu salário nominal ou estimado pelo valor. Porém, é claro que, conforme a duração da jornada de trabalho, isto é, conforme a quantidade de trabalho por ele diariamente fornecida, o mesmo salário diário, semanal etc. pode representar um preço do trabalho muito diferente, isto é, somas de dinheiro muito diferentes para o mesmo *quantum* de trabalho.[31] Ao considerar o salário por tempo, por sua vez, há de distinguir-se, portanto, entre a importância total do salário diário, semanal etc. e o preço do trabalho. Mas como encontrar esse preço, isto é, o valor monetário de dado *quantum* de trabalho? Obtém-se o preço médio do trabalho ao dividir o valor diário médio da força de trabalho pelo número de horas da jornada de trabalho média. Se, por exemplo, o valor diário da força de trabalho é de 3 xelins, produto-valor de 6 horas de trabalho, e a jornada de trabalho é de doze horas, o preço de uma hora de trabalho será $= \frac{3 \text{ xelins}}{12} = 3$ pence. O preço da hora de trabalho assim obtido serve de unidade de medida para o preço do trabalho.

Segue daí que o salário diário, semanal etc. pode permanecer o mesmo, apesar de o preço do trabalho cair continuamente. Se, por exemplo, a jornada de trabalho costumeira era de 10 horas e o valor diário da força de trabalho era de 3 xelins, o preço da hora de trabalho importava em $3\frac{3}{5}$ pence; ele cai para 3 pence tão logo a jornada de trabalho aumente para 12 horas, e para $2\frac{2}{5}$ pence tão logo aumente para 15 horas. Mesmo assim, o salário diário ou semanal permanece inalterado. Inversamente, o salário diário ou semanal pode subir, ainda que o preço do trabalho permaneça constante ou caia. Se, por exemplo, a jornada de trabalho era de dez horas e o valor diário da força de trabalho de 3 xelins, o preço de uma hora de trabalho seria de $3\frac{3}{5}$ pence. Se o trabalhador, em virtude de crescente ocupação, trabalha 12 horas, com o preço de trabalho constante, então seu salário diário sobe para 3 xelins e $7\frac{1}{5}$ pence, sem variação do preço do trabalho. Obter-se-ia o mesmo resultado caso se aumentasse a grandeza intensiva do trabalho em vez da grandeza extensiva.[32] A elevação do salário nominal diário ou semanal pode, portanto, ser acompanhada por um preço de trabalho constante ou decrescente. O mesmo vale para a receita da família trabalhadora tão logo o *quantum* de trabalho fornecido pelo chefe da família seja aumentado pelo trabalho dos membros da família. Há, portanto, métodos para abaixar o preço do trabalho, independentes da diminuição do salário nominal diário ou semanal.[33]

Mas como lei geral segue: sendo a quantidade de trabalho diário, semanal etc. dada, o salário diário ou semanal depende do preço do trabalho, o qual varia, por sua vez, com o valor da força de trabalho ou com os desvios de seu preço em relação a seu valor. Sendo, ao contrário, dado o preço do trabalho, então o salário diário ou semanal depende da quantidade de trabalho diário ou semanal.

A unidade de medida do salário por tempo, o preço da hora de trabalho, é o quociente do valor diário da força de trabalho dividido pelo número de horas da jornada de trabalho costumeira. Suponha-se que esta última seja de 12 horas, o valor diário da força de trabalho de 3 xelins, o produto-valor de 6 horas de trabalho. Nessas circunstâncias, o preço da hora de trabalho é 3 pence e seu produto-valor é 6 pence. Se o trabalhador é ocupado menos de 12 horas por dia (ou menos de 6 dias por semana), por exemplo apenas 6 ou 8 horas, então ele recebe com esse preço do trabalho somente um salário diário de 2 ou 1½ xelim.[34] Como ele, segundo o pressuposto, tem de trabalhar em média 6 horas diárias para produzir ¦ 189 apenas um salário diário correspondente ao valor de sua força de trabalho ¦, e, ainda segundo o mesmo pressuposto, com o trabalho de cada hora somente ½ para si mesmo, ½, porém, para o capitalista, é claro que não poderá obter o produto-valor de 6 horas, se for ocupado por menos de 12. Enquanto se viram anteriormente as consequências destruidoras do sobretrabalho, descobrem-se aqui as fontes dos sofrimentos que decorrem, para o trabalhador, de sua subocupação.

Se o salário por hora é fixado de modo que o capitalista não se comprometa a pagar um salário diário ou semanal, mas apenas as horas de trabalho durante as quais lhe agrade ocupar o trabalhador, então ele pode empregá-lo por um período inferior ao que originalmente serviu de base para calcular o salário por hora ou a unidade de medida do preço do trabalho. Como essa unidade de medida é determinada pela proporção

$$\frac{\text{valor diário da força de trabalho}}{\text{jornada de trabalho de dado número de horas}},$$

ela perde naturalmente qualquer sentido tão logo a jornada de trabalho deixe de contar um número determinado de horas. A conexão entre o trabalho pago e o não pago se anula. O capitalista pode agora extrair determinado *quantum* de mais-trabalho do trabalhador sem lhe conceder o tempo de trabalho necessário para seu próprio sustento. Pode destruir toda a regularidade da ocupação e fazer, apenas em função de sua comodidade, arbítrio e interesse momentâneo, com que o mais monstruoso sobretrabalho se alterne com desemprego relativo ou absoluto. Pode, sob o pretexto de pagar o "preço normal do trabalho", prolongar anormalmente a jornada de trabalho sem nenhuma compensação correspondente para o trabalhador. Daí a revolta (1860) absolutamente racional dos trabalhadores, ocupados no ramo de construção em Londres, contra a tentativa dos capitalistas de impor-lhes tal salário por hora. A limitação legal da jornada de trabalho põe fim a esse abuso, porém, naturalmente, não à subocupação decorrente da concorrência da maquinaria, ¦ 190 das mudanças na qualidade dos trabalhadores empregados e das crises parciais e gerais ¦.

Com o salário diário ou semanal crescente, o preço do trabalho pode ficar nominalmente constante e, apesar disso, cair abaixo de seu nível normal. Isso acontece toda vez que, com o preço do trabalho constante, ou da hora de trabalho, a jornada de trabalho é prolongada além de sua duração costumeira. Quando na fração

$$\frac{\text{valor diário da força de trabalho}}{\text{jornada de trabalho}}$$

aumenta o denominador, o numerador aumenta ainda mais rapidamente. O valor da força de trabalho, porque isso se dá com seu desgaste, aumenta com a duração de seu funcionamento e em proporção maior do que o incremento da duração de seu funcionamento. Em muitos ramos industriais onde predomina o salário por tempo, sem limitações legais do tempo de trabalho, formou-se naturalmente o costume de se considerar, somente até certo ponto, por exemplo até o decorrer da 10ª hora, normal a jornada de trabalho (*normal working day*, *the days work*, *the regular hours of work* [dia normal de trabalho, o trabalho diário, as horas regulares de serviço]). Além desse limite, o tempo de trabalho constitui tempo extra (*overtime*) e, tomando-se a hora como unidade de medida, é mais bem pago (*extra pay*), ainda que muitas vezes em proporção ridiculamente pequena.[35] A jornada normal de trabalho existe aqui como fração da verdadeira jornada de trabalho, e esta última muitas vezes ocupa mais tempo durante o ano inteiro do que aquela.[36] O incremento do preço do trabalho com o prolongamento da jornada de trabalho além de certo limite normal adquire, em diversos ramos industriais britânicos, tal forma que o baixo preço do trabalho durante o assim chamado tempo normal impõe ao trabalhador o tempo extra mais bem pago, se quiser alcançar ao todo um salário suficiente.[37] A limitação legal da jornada de trabalho acaba com essa alegria.[38]

É um fato geralmente conhecido que, quanto mais longa a jornada de trabalho num ramo industrial, tanto mais baixo é o salário.[39] O inspetor de fábricas A. Redgrave ilustra isso mediante uma visão comparativa do período de vinte anos entre 1839 e 1859, segundo a qual o salário subiu nas fábricas submetidas à lei das dez horas e caiu nas fábricas em que se trabalha de 14 a 15 horas por dia.[40]

Da lei "com o preço do trabalho dado, o salário diário ou semanal depende da quantidade de trabalho fornecida", segue-se de início que, quanto mais baixo o preço do trabalho, tanto maior precisa ser o *quantum* de trabalho ou tanto mais longa a jornada de trabalho, a fim de que o trabalhador assegure ao menos um ¦ 191 parco salário médio ¦. A exiguidade do preço do trabalho atua aqui como acicate para prolongar o tempo de trabalho.[41]

Inversamente, porém, o prolongamento do tempo de trabalho produz, por sua vez, uma queda no preço do trabalho e, com isso, no salário diário ou semanal.

¦ 192 Da determinação do preço do trabalho por

$$\frac{\text{valor diário da força de trabalho}}{\text{jornada de trabalho de dado número de horas}}$$

resulta que o simples prolongamento da jornada de trabalho rebaixa o preço do trabalho, se não houver uma compensação. ¦ Mas as mesmas circunstâncias que capacitam o capitalista a prolongar a jornada de trabalho de maneira permanente capacitam-no de início e obrigam-no por fim a rebaixar também nominalmente o preço do trabalho, até que o preço total do número aumentado de horas caia e, portanto, também o salário diário ou semanal. Basta referir aqui duas circunstâncias. Se

¦ 193 ¦ um homem realiza o trabalho de 1½ ou 2 homens, cresce a oferta de trabalho, ainda que a oferta de forças de trabalho que se encontram no mercado permaneça constante. A concorrência assim provocada entre os trabalhadores capacita o capitalista a comprimir o preço do trabalho, enquanto o preço decrescente do trabalho, inversamente, o capacita a elevar ainda mais o tempo de trabalho.[42] ¦ 194 Logo depois, porém, essa disposição sobre quantidades anormais, isto é, que ultrapassam o nível social de trabalho não pago, torna-se meio de concorrência entre os próprios capitalistas. ¦ Parte do preço da mercadoria consiste no preço do trabalho. A parte não paga do preço do trabalho não precisa entrar no cálculo do preço da mercadoria. Pode ser presenteada ao comprador da mercadoria. Esse é o primeiro passo a que compele a concorrência. O segundo passo a que ela obriga é excluir também do preço de venda da mercadoria pelo menos parte da mais-valia anormal, produzida pelo prolongamento da jornada de trabalho. ¦ 195 Desse modo, primeiro se forma esporadicamente e pouco a pouco se fixa um preço de venda para a mercadoria anormalmente baixo, que daqui em diante torna-se base constante de um salário mesquinho com tempo de trabalho desmesurado, que tinha sido originalmente produto dessas circunstâncias. ¦ Limitamo-nos a aludir a esse movimento, pois a análise da concorrência não tem lugar aqui. Mas deixemos falar por um momento o próprio capitalista.

> Em Birmingham, a concorrência entre os patrões é tão grande que alguns de nós são obrigados – enquanto empregadores – a fazer o que se envergonhariam de fazer em outras circunstâncias; e, apesar disso, não se faz mais dinheiro (*and yet no more money is made*), somente o público leva vantagem.[43]

Lembremo-nos das duas espécies de padeiros londrinos, uma das quais vendia o pão pelo preço cheio (*the "full priced" bakers*) e a outra que o vendia abaixo de seu preço normal (*the underpriced*, *the undersellers*). Os *full priced* denunciam seus concorrentes perante a comissão parlamentar de inquérito:

> "Eles existem apenas, primeiro, por enganarem o público" (falsificando a mercadoria) "e, segundo, por extorquirem de sua gente 18 horas de trabalho pelo salário de doze horas de trabalho. [...] O trabalho não pago (*the unpaid labour*) dos trabalhadores é o meio pelo qual a luta da concorrência é conduzida. [...] É a concorrência entre os mestres padeiros que causa a dificuldade de suprimir o trabalho noturno. Um vendedor por subpreço, que vende seu pão abaixo do preço de custo, variável conforme o preço da farinha, mantém-se sem prejuízo extraindo mais trabalho de sua gente. Se eu extrair apenas 12 horas de trabalho de minha gente, porém meu vizinho extrair 18 ou 20, ele

não pode deixar de me derrotar no preço de venda. Se os trabalhadores pudessem insistir no pagamento do tempo extra, logo acabaria essa manobra. [...] Grande número dos ocupados pelos vendedores por subpreços são estrangeiros, jovens e outros, obrigados a aceitar qualquer salário que possam obter".[44]

Essa jeremiada é interessante também porque mostra como somente a aparência das relações de produção se reflete no cérebro capitalista. O capitalista não sabe que o preço normal do trabalho também encerra determinado *quantum* de trabalho não pago e que precisamente esse trabalho não pago é a fonte normal de seu lucro. A categoria de tempo de mais-trabalho não existe para ele, pois este está compreendido na jornada normal de trabalho, que ele acredita pagar com o salário diário. O que existe para ele, porém, é o tempo extra, o prolongamento da jornada de trabalho além do limite correspondente ao preço costumeiro do trabalho. Em face de seu concorrente, que vende por subpreço, ele insiste até em pagamento extra (*extra pay*) por esse tempo extra. Ele não sabe, mais uma vez, que esse pagamento extra inclui trabalho não pago do mesmo modo que o preço da hora ordinária de trabalho. Assim, por exemplo, o preço de uma hora da jornada de trabalho de doze horas é de 3 pence, produto-valor de ½ hora de trabalho, enquanto o preço do tempo extra de trabalho é de 4 pence, produto-valor de ⅔ da hora de trabalho. No primeiro caso, o capitalista se apropria, sem pagar, da metade de cada hora de trabalho; no segundo, da terça parte.

CAPÍTULO 19

O SALÁRIO POR PEÇA

O salário por peça nada mais é que uma forma metamorfoseada do salário por tempo, do mesmo modo que o salário por tempo é a forma metamorfoseada do valor ou preço da força de trabalho.

O salário por peça parece, à primeira vista, como se ¦ 196 o valor de uso vendido pelo trabalhador não fosse função de sua força de trabalho, trabalho vivo, mas trabalho já objetivado no produto, como se o preço desse trabalho não fosse determinado, como o do salário por tempo, pela fração

$$\frac{\text{valor diário da força de trabalho}}{\text{jornada de trabalho de dado número de horas}},$$

mas pela capacidade de produção do produtor ¦.[45]

Para começar, a confiança dos que acreditam nessa aparência deverá ser fortemente abalada pelo fato de que ambas as formas de salário existem simultaneamente, lado a lado, nos mesmos ramos de negócios. Por exemplo:

> Em regra, os tipógrafos de Londres ganham por peça, enquanto o salário por tempo representa exceção entre eles. O contrário ocorre com os tipógrafos nas províncias, onde o salário por tempo é a regra e o salário por peça a exceção. No porto de Londres, os carpinteiros de navios são pagos por peça; nos demais portos ingleses, por tempo.[46]

Nas mesmas selarias de Londres, pelo mesmo trabalho, frequentemente se paga salário por peça aos franceses e salário por tempo aos ingleses. Nas fábricas propriamente ditas, onde em geral predomina o salário por peça, funções isoladas de trabalho são excluídas, por causas técnicas, desse tipo de medida e, por isso, pagas por tempo.[47] Em si e para si fica claro, porém, que a diferença de forma no pagamento do salário em nada altera sua essência, ainda que uma forma possa ser mais favorável que a outra para o desenvolvimento da produção capitalista.

Suponhamos que a jornada de trabalho normal seja de 12 horas, das quais 6 pagas e 6 não pagas. Seja seu produto-valor de 6 xelins, o de uma hora de trabalho, portanto, de 6 pence. Suponhamos que se verifique pela experiência que um trabalhador que trabalha com o grau médio de intensidade e habilidade, que, de fato, emprega apenas o tempo de trabalho socialmente necessário na produção de um artigo, fornece em 12 horas 24 peças, sejam elas partes discretas ou mensuráveis de um produto contínuo. Desse modo, o valor dessas 24 peças, descontando a parte constante do capital contida nelas, é de 6 xelins, e o valor de cada peça, 3 pence. O trabalhador recebe 1½ pêni por peça, ganhando assim 3 xelins em 12 horas. Da mesma forma como, com salário por tempo, é indiferente que se suponha que o trabalhador trabalhe 6 horas para si e 6 para o capitalista ou que trabalhe de cada hora metade para si mesmo e metade para o capitalista, aqui tanto faz dizer que de cada peça individual metade é paga e metade não paga ou que o preço de 12 peças repõe apenas o valor da força de trabalho, enquanto nas outras 12 peças se corporifica a mais-valia.

A forma de salário por peça é tão irracional quanto a do salário por tempo. Enquanto, por exemplo, duas peças de mercadoria, depois de descontado o valor dos meios de produção nelas gastos, valem 6 pence como produto de 1 hora de trabalho, o trabalhador recebe por elas um preço de 3 pence. O salário por peça não expressa diretamente na realidade nenhuma relação de valor. Não se trata de medir o valor da peça pelo tempo de trabalho nela corporificado, mas, ao contrário, de medir o trabalho despendido pelo trabalhador pelo número de peças que produziu. No salário por tempo, o trabalho se mede por sua duração direta; no salário por peça, pelo *quantum* de produtos em que o trabalho se condensa durante determinado período de tempo.[48] O preço do próprio tempo de trabalho, finalmente, determina-se pela equação: valor do trabalho de um dia = valor diário da força de trabalho. O salário por peça é, portanto, apenas uma forma modificada do salário por tempo.

Observemos agora, mais de perto, as peculiaridades características do salário por peça.

A qualidade do trabalho é aqui controlada mediante o próprio produto, que tem de possuir qualidade média se o preço por peça deve ser pago integralmente. Desse modo, o salário por peça se torna fonte mais fecunda de descontos salariais e de fraudes capitalistas.

Ele proporciona ao capitalista uma medida inteiramente determinada para a intensidade do trabalho. Só o tempo de trabalho que se corporifica num *quantum* de mercadorias previamente determinado e fixado pela experiência vale como tempo de trabalho socialmente necessário e é pago como tal. Por isso, nas grandes alfaiatarias de Londres, chama-se certa peça de trabalho, por exemplo um colete etc., de hora, ½ hora etc., na razão de 6 pence por hora. Sabe-se pela prática qual é o produto médio de uma hora. Com novas modas, consertos etc., surgem conflitos entre empregador e trabalhador, se determinada peça = uma hora etc., até que também aqui a experiência decida. Algo semelhante ocorre nas marcenarias londrinas etc. Se o trabalhador não possui a capacidade média de produção, não pode fornecer determinado mínimo de trabalho diário, então é despedido.[49]

Como qualidade e intensidade do trabalho são controladas aqui pela própria forma do salário, esta torna supérflua grande parte da supervisão do trabalho. Ela constitui, por isso, a base tanto do moderno trabalho domiciliar anteriormente descrito como de um sistema hierarquicamente organizado de exploração e opressão. Este último possui duas formas fundamentais. O salário por peça facilita, por um lado, a interposição de parasitas entre o capitalista e o trabalhador assalariado, o subarrendamento do trabalho (*subletting of labour*). O ganho dos intermediários decorre exclusivamente da diferença entre o preço do trabalho que o capitalista paga e a parte desse preço que eles realmente deixam chegar ao trabalhador.[50] Na Inglaterra, esse sistema chama-se caracteristicamente de *sweating system* (sistema de suador). ¦ 197 ¦ Por outro lado, o salário por peça permite ao capitalista concluir com o trabalhador principal – na manufatura com o chefe de um grupo, nas minas com o quebrador de carvão etc., na fábrica com o operador de máquina propriamente dito – um contrato de tanto por peça, a um preço pelo qual o próprio trabalhador principal se encarrega da contratação e pagamento de seus trabalhadores auxiliares. A exploração dos trabalhadores pelo capital se realiza aqui mediada pela exploração do trabalhador pelo trabalhador.[51]

Dado o salário por peça, é naturalmente do interesse pessoal do trabalhador aplicar sua força de trabalho o mais intensamente possível, o que facilita ao capitalista elevar o grau normal de intensidade.[51a] Do mesmo modo, é interesse pessoal do trabalhador prolongar a jornada de trabalho, pois com isso sobe seu salário diário ou semanal.[52] Ocorre, assim, a reação já descrita ao tratarmos do salário por tempo, abstraindo o fato de que o prolongamento da jornada de trabalho, mesmo permanecendo constante o salário por peça, implica em si e para si uma baixa de preço do trabalho.

Com salário por tempo prevalece, com poucas exceções, salário igual para as mesmas funções, enquanto com salário por peça, ainda que o preço do tempo de trabalho seja medido por determinado *quantum* de produtos, o salário diário ou semanal, ao contrário, varia com a diferenciação individual dos trabalhadores, dos quais um fornece apenas o mínimo do produto num período dado, o outro a média e o terceiro mais do que a média. Quanto à receita real, aparecem aqui, portanto, grandes diferenças conforme a habilidade, força, energia, persistência etc. dos trabalhadores individuais.[53] Isso naturalmente nada altera na relação geral entre capital e trabalho assalariado. Primeiro, as diferenças individuais se compensam na oficina como um todo, de modo que ela fornece o produto médio em determinado tempo de trabalho, e o salário total pago será o salário médio do ramo de atividade; segundo, a proporção entre salário e mais-valia permanece inalterada, pois ao salário individual do trabalhador isolado corresponde a massa de mais-valia individualmente fornecida por ele. Mas a maior liberdade que o salário por peça oferece à individualidade tende, por um lado, a desenvolver a individualidade e, com ela, o sentimento de liberdade, a independência e autocontrole dos trabalhadores; por outro lado, a concorrência entre eles e de uns contra os outros. Por isso, ao elevar os salários individuais acima do nível médio, o salário por peça tem a tendência de reduzir esse mesmo nível. Mas onde determinado salário por peça já havia se estabelecido tradicionalmente, portanto sua redução oferecia dificuldades extraordinárias, os patrões se refugiaram excepcionalmente em sua transformação forçada em salário por tempo. Contra isso se posicionou, por exemplo, em 1860,[54] a grande greve dos tecelões de fitas de Coventry. O salário por peça é, finalmente, um dos suportes principais do sistema de horas anteriormente descrito.[55]

Do exposto resulta que o salário por peça é a forma de salário mais adequada ao modo de produção capitalista. Embora não seja, de maneira alguma, novo – figura oficialmente ao lado do salário por tempo, entre outras coisas, nos estatutos dos trabalhadores ingleses e franceses do século XIV –, adquire, no entanto, maior margem de aplicação durante o período da manufatura propriamente dito. No período de ímpeto tempestuoso da grande indústria, nomeadamente de 1797 a 1815, ele serve de alavanca ao prolongamento do tempo de trabalho e rebaixamento do salário. Encontra-se material muito importante sobre o movimento do salário, durante aquele período, nos Livros Azuis: *Report and Evidence from the Select Committee on Petitions Respecting the Corn Laws* (sessão parlamentar de 1813-14) e *Reports from the Lord's Committee, on the State of the Growth, Commerce, and Consumption of Grain, and All Laws Relating Thereto* (sessão de 1814-15). Encontra-se aqui a prova documental do rebaixamento contínuo do preço do trabalho a partir do começo da guerra antijacobina.[I] Na tecelagem, por exemplo, o salário por peça tinha caído tanto que, apesar da jornada de trabalho muito prolongada, ¦ 198
o salário diário era agora mais baixo que antes ¦.

> A receita real do tecelão é muito menor que antes: sua superioridade sobre o trabalhador comum, que tinha sido muito grande, desapareceu quase de todo. De fato, a diferença entre os salários por trabalho qualificado e trabalho ordinário é agora muito menos significativa do que em qualquer período anterior.[56]

I Na versão francesa, Marx atribui a autoria dessa expressão ao escritor e líder radical e obreiro William Cobbett (1762-1835): "*Antijacobin war*, tal é o nome dado por William Cobbett à guerra contra a Revolução Francesa". [N. T.]

Quão pouco o proletariado rural aproveitou a intensidade e a extensão elevadas do trabalho em função do salário por peça é demonstrado pela seguinte passagem tomada de um escrito partidário dos *landlords* e arrendatários:

> A grande maioria das operações agrícolas é executada por pessoas contratadas por dia ou por peça. Seu salário semanal é de aproximadamente 12 xelins; e, ainda que se possa supor que um homem remunerado por peça, sob maior acicate para trabalhar, ganhe 1 xelim ou talvez 2 xelins mais do que se fosse remunerado por semana, verifica-se, contudo, ao se estimar sua receita total, que sua perda de ocupação no decurso do ano anula essa receita adicional. [...] Ver-se-á ainda que, em regra, os salários desses homens guardam certa proporção com o preço dos meios de subsistência necessários, de modo que um homem com dois filhos é capaz de manter sua família sem recorrer à ajuda paroquial.[57] ¦ 199 ¦

Malthus observou, naquela ocasião, referindo-se aos fatos publicados pelo Parlamento:

> Confesso que vejo com desgosto a grande difusão da prática do pagamento por peça. O trabalho realmente duro durante 12 ou 14 horas por dia, ou período mais longo, é demais para um ser humano.[58]

Nas oficinas submetidas à lei fabril, o salário por peça se torna regra geral, pois lá o capital só pode ampliar a jornada de trabalho intensivamente.[59]

Com a produtividade variável do trabalho, o mesmo *quantum* de produtos representa um tempo variável de trabalho. Portanto, varia também o salário por peça, pois expressa em preço um determinado tempo de trabalho. Em nosso exemplo acima, produziam-se 24 peças em 12 horas, sendo 6 xelins o produto-valor das 12 horas, 3 xelins o valor diário da força de trabalho, 3 pence o preço da hora de trabalho e 1½ pêni o salário por peça; numa peça estava contida ½ hora de trabalho. Se a mesma jornada de trabalho fornecesse, por exemplo, 48 peças em vez de 24, em virtude de uma produtividade duplicada do trabalho, permanecendo inalteradas as demais circunstâncias, então o salário por peças cairia de 1½ pêni para ¾ de pêni, pois cada peça agora representaria apenas ¼ de hora em vez de ½ hora de trabalho. 24 × 1½ pêni = 3 xelins e, do mesmo modo, 48 × ¾ de pêni = 3 xelins. Em outras palavras: o salário por peça é reduzido na mesma proporção em que cresce o número das peças produzidas durante o mesmo tempo,[60] isto é, em que diminui o tempo de trabalho empregado na mesma peça. Essa variação do salário por peça, enquanto puramente nominal, provoca lutas contínuas entre capitalista e trabalhador. Ou porque o capitalista aproveita o pretexto para reduzir realmente o preço do trabalho ou porque o aumento da força produtiva do trabalho é acompanhado de um aumento da intensidade do mesmo. Ou porque o trabalhador toma a sério a aparência do salário por peça, como se lhe pagassem seu produto, e não sua força de trabalho, por isso se opõe a uma redução do salário que não corresponde à redução do preço de venda da mercadoria.

> Os trabalhadores vigiam cuidadosamente o preço da matéria-prima e o preço dos bens fabricados, podendo calcular com exatidão os lucros de seus patrões.[61]

O capital rejeita, com razão, tal pretensão como um erro grosseiro quanto à natureza do trabalho assalariado.[62] Ele clama contra a ousadia de tributar o progresso da indústria e declara rotundamente que o trabalhador não tem absolutamente nada a ver com a produtividade do trabalho.[63]

CAPÍTULO 20

DIVERSIDADE NACIONAL DOS SALÁRIOS

¦ 200 ¦ No capítulo 15 nos ocupamos das diversas combinações que podem produzir uma variação na grandeza de valor, absoluta ou relativa (isto é, comparada com a mais-valia), da força de trabalho, enquanto, por outro lado, o *quantum* de meios de subsistência, em que o preço da força de trabalho se realiza, podia percorrer movimentos diferentes ou independentes[64] da variação desse preço. Conforme já observado, transformam-se, mediante mera tradução do valor – ou, no caso, do preço – da força de trabalho na forma exotérica do salário, todas aquelas leis em leis do movimento do salário. O que, dentro desse movimento, pode aparecer como combinação variável pode aparecer, para países diferentes, como diferença simultânea dos salários nacionais. Na comparação de salários nacionais devem ser considerados, pois, todos os momentos determinantes da variação ¦ 201 na grandeza de valor da força de trabalho, preço e volume das primeiras necessidades vitais naturais e historicamente desenvolvidas, custos da educação do trabalhador, papel do trabalho feminino e infantil, produtividade do trabalho, sua grandeza extensiva e intensiva. Mesmo a comparação mais superficial exige, antes de tudo, reduzir o salário médio diário para os mesmos ofícios em diferentes países à igual grandeza da jornada de trabalho ¦. Após tal equiparação dos salários diários, o salário por tempo tem de ser de novo traduzido em salário por peça, pois apenas o último permite medir tanto o grau da produtividade como o da grandeza intensiva do trabalho.

Em cada país vale certa intensidade média do trabalho, abaixo da qual o trabalho para a produção de uma mercadoria consome mais tempo que o socialmente necessário, por isso não conta como trabalho de qualidade normal. Apenas um grau de intensidade que se eleva acima da média nacional, num país dado, muda a medida do valor pela mera duração do tempo de trabalho. Não ocorre o mesmo no mercado mundial, cujas partes integrantes são os vários países. A intensidade média do trabalho muda de país para país; aqui é maior, lá é menor. Essas médias nacionais constituem, assim, uma escala, cuja unidade de medida é a unidade média do trabalho universal. Comparado com o menos intensivo, o trabalho nacional mais intensivo produz, pois, em tempo igual, mais valor, que se expressa em mais dinheiro.

Porém, em sua aplicação internacional, a lei do valor é modificada ainda mais, pelo fato de que, no mercado mundial, o trabalho nacional mais produtivo conta também como mais intensivo sempre que a nação mais produtiva não é obrigada pela concorrência a reduzir o preço de venda de sua mercadoria a seu valor.

Uma vez que a produção capitalista é desenvolvida num país, elevam-se aí também, na mesma medida, a intensidade e a produtividade nacional do trabalho acima do nível internacional.[64a] As diferentes quantidades de mercadorias da mesma espécie que são produzidas em tempo igual de trabalho em diferentes países têm, portanto, valores internacionais desiguais, que se expressam em preços diferentes, isto é, em somas diferentes de dinheiro conforme os valores internacionais. O valor relativo do dinheiro será menor, portanto, na nação em que o modo de produção capitalista é mais desenvolvido do que naquela em que é menos desenvolvido. Segue, portanto, que o salário nominal, o equivalente da força de trabalho expresso em dinheiro, será também mais alto na primeira nação que na segunda; o que de forma alguma significa que isso também é válido para o salário real, isto é, para os meios de subsistência colocados à disposição do trabalhador.

Porém, mesmo abstraindo essa diferença relativa do valor do dinheiro em diferentes países, será frequentemente verificado que o salário diário, semanal etc. na primeira nação é mais alto que na segunda, enquanto o preço relativo do trabalho, isto é, o preço do trabalho em relação tanto à mais-valia como ao valor do produto, é mais alto na segunda nação que na primeira.[65]

J. W. Cowell, membro da comissão fabril de 1833, após cuidadosa investigação da fiação, chegou ao resultado de que,

> "na Inglaterra, os salários são virtualmente mais baixos para o fabricante do que no continente, apesar de para o trabalhador poderem ser mais altos". (Ure, [*The Philosophy of Manufactures*,] p. 314)

No relatório fabril de 31 de outubro de 1866, mediante estatística comparativa com os Estados continentais, o inspetor de fábricas inglês Alexander Redgrave comprova que, apesar do salário mais baixo e do tempo de trabalho muito mais longo, o trabalho continental em relação ao produto é mais caro que o inglês. Um diretor (*manager*) inglês de uma fábrica de algodão em Oldemburgo declara que, lá, o tempo de trabalho dura das 5h30 da manhã até as 8 horas da noite, inclusive aos sábados, e que os trabalhadores locais, quando sob supervisores ingleses, durante esse tempo produzem pouco menos que ingleses em 10 horas, porém, sob supervisores alemães, produzem ainda muito menos. O salário seria muito mais baixo do que na Inglaterra, 50% em muitos casos, mas o número de braços em relação à maquinaria seria muito maior, em vários departamentos na proporção de 5:3. O Sr. Redgrave dá detalhes preciosos sobre as fábricas russas de algodão. Os dados foram-lhe fornecidos por um *manager* inglês que ainda recentemente esteve ali ocupado. Sobre esse solo russo, tão fértil em todos as infâmias, também os velhos horrores do período da infância das *factories* inglesas estão em pleno florescimento. Os dirigentes são naturalmente ingleses, pois os capitalistas russos nativos não servem para o negócio fabril. Apesar de todo sobretrabalho, trabalho diurno e noturno ininterruptos e do mais vergonhoso subpagamento dos trabalhadores, o produto russo apenas vegeta devido à proibição do estrangeiro. – Finalmente, dou ainda um quadro comparativo do Sr. Redgrave sobre o número médio de fusos por fábrica e por fiandeiro em diferentes países da Europa. O próprio Sr. Redgrave observa que reuniu esses dados há alguns anos e que, desde então, o tamanho das fábricas e o número de fusos por trabalhador na Inglaterra teriam aumentado. Ele pressupõe, porém, progresso proporcionalmente igual nos países continentais enumerados, de modo que os dados numéricos teriam mantido seu valor comparativo.

Número médio de fusos por fábrica

Na Inglaterra	Número médio de fusos em cada fábrica	12 600
Na Suíça	" " " " " " "	8 000
Na Áustria	" " " " " " "	7 000
Na Saxônia	" " " " " " "	4 500
Na Bélgica	" " " " " " "	4 000
Na França	" " " " " " "	1 500
Na Prússia	" " " " " " "	1 500

Número médio de fusos per capita

Na França	uma pessoa para	14 fusos
Na Rússia	" " "	28 "
Na Prússia	" " "	37 "
Na Baviera	" " "	46 "
Na Áustria	" " "	49 "
Na Bélgica	" " "	50 "
Na Saxônia	" " "	50 "
Nos pequenos estados alemães	" " "	55 "
Na Suíça	" " "	55 "
Na Inglaterra	" " "	74 "

"Essa comparação", diz o Sr. Redgrave, "é particularmente desfavorável para a Inglaterra porque, além de outras razões, lá existe grande número de fábricas nas quais a tecelagem mecânica está combinada com a fiação, enquanto o

> cálculo não desconta nenhuma cabeça para os teares. As fábricas estrangeiras, ao contrário, são na maioria simples fiações. Se pudéssemos comparar exatamente igual com igual, então eu poderia enumerar muitas fiações de algodão em meu distrito em que *mules* com 2 200 fusos são supervisionadas por um único homem (*minder*) e duas auxiliares, produzindo diariamente 220 libras de fio com o comprimento de 400 milhas (inglesas)." (*Reports of Insp. of Fact., 31st Oct. 1866*, pp. 31-37 ss.)

Sabe-se que na Europa oriental, assim como na Ásia, companhias inglesas encarregaram-se da construção de estradas de ferro e, ao lado de trabalhadores nativos, utilizaram também certo número de trabalhadores ingleses. Forçadas pela necessidade prática de levar em conta as diferenças nacionais na intensidade do trabalho, não tiveram com isso nenhum prejuízo. Sua experiência ensina que, ainda que o nível do salário corresponda mais ou menos à intensidade média do trabalho, o preço relativo do trabalho (em relação ao produto) geralmente se move em sentido contrário.

Em *Ensaio sobre a taxa de salários*,[66] um de seus primeiros estudos econômicos, H. Carey tenta provar que os diferentes salários nacionais variam diretamente com os graus de produtividade das jornadas nacionais de trabalho, extraindo dessa proporção internacional a conclusão de que o salário em geral sobe e desce de acordo com a produtividade do trabalho. Nossa análise da produção da mais-valia comprova o absurdo dessa conclusão, mesmo que Carey tivesse demonstrado sua premissa, em vez de, segundo seu costume, amontoar e embaralhar superficialmente e sem nenhuma crítica o material estatístico recolhido ao acaso. O melhor é que ele não afirma que a coisa se comporta realmente como deveria se comportar segundo a teoria. A intervenção do Estado, na verdade, falseou as relações econômicas naturais. Têm-se, portanto, de calcular os salários nacionais como se a parte deles que vai para o Estado como imposto coubesse ao próprio trabalhador. Não deveria o Sr. Carey continuar a refletir se esses "custos do Estado" não são também "frutos naturais" do desenvolvimento capitalista? O raciocínio é totalmente digno do homem que primeiro declarou as relações de produção capitalista como leis eternas da Natureza e da razão, cujo jogo livre e harmônico somente seria perturbado pela intervenção do Estado, para depois descobrir que a influência diabólica da Inglaterra no mercado mundial, uma influência que, ao que parece, não decorre das leis naturais da ¦ 202
produção capitalista ¦, torna necessária a intervenção do Estado, a saber, a proteção daquelas leis da Natureza e da razão pelo Estado, aliás o sistema protecionista. Ele descobriu ainda que os teoremas de Ricardo etc., em que são formuladas as antíteses e contradições sociais existentes,

não constituem o produto ideal do movimento econômico real, mas que, ao contrário, as antíteses reais da produção capitalista na Inglaterra e noutros países são o resultado das teorias de Ricardo etc.! Ele descobriu, finalmente, que em última instância é o comércio que destrói as belezas e harmonias inatas do modo de produção capitalista. Com um passo a mais, talvez ele descubra que o único mal da produção capitalista é o próprio capital. Só um homem com tal espantosa falta de senso crítico e erudição de *faux aloi* [de falsa substância] mereceria, apesar de sua heresia protecionista, tornar-se a fonte secreta da sabedoria harmônica de um Bastiat e de todos os livre-cambistas otimistas da atualidade.

SEÇÃO VII

O PROCESSO DE ACUMULAÇÃO DO CAPITAL

A transformação de uma soma de dinheiro em meios de produção e força de trabalho é o primeiro movimento pelo qual passa um *quantum* de valor que deve funcionar como capital. Ela tem lugar no mercado, na esfera de circulação. A segunda fase do movimento, o processo de produção, está encerrada tão logo os meios de produção estejam transformados em mercadorias cujo valor supera o valor de seus componentes, portanto, que contenha o capital originalmente adiantado mais uma mais-valia. Essas mercadorias a seguir têm de ser lançadas de novo na esfera da circulação. Trata-se de vendê-las, realizar seu valor em dinheiro, transformar esse dinheiro novamente em capital, e assim sempre de novo. Esse ciclo, que percorre sempre as mesmas fases sucessivas, constitui a circulação do capital.

A primeira condição da acumulação é que o capitalista tenha conseguido vender suas mercadorias e retransformar a maior parte do dinheiro assim recebido em capital. É pressuposto, a seguir, que o capital percorra seu processo de circulação de modo normal. A análise mais pormenorizada desse processo pertence ao Livro 2.

O capitalista que produz a mais-valia, isto é, extrai trabalho não pago diretamente dos trabalhadores e o fixa em mercadorias, é, na verdade, o primeiro apropriador, mas de modo algum o último proprietário dessa mais-valia. Tem de dividi-la, mais tarde, com capitalistas que realizam outras funções na produção social como um todo, com o proprietário fundiário etc. A mais-valia divide-se, portanto, em diferentes partes. Suas frações cabem a categorias diferentes de pessoas e recebem formas diferentes, independentes umas das outras, tais como lucro, juro, ganho comercial, renda da terra etc. Essas formas mudadas da mais-valia somente podem ser tratadas no Livro 3.

Supomos aqui, portanto, por um lado, que o capitalista que produz a mercadoria a vende por seu valor, sem nos determos mais com seu retorno ao mercado, nem com as novas formas que o capital assume na esfera de circulação, nem com as condições concretas da reprodução ocultas nessas formas. Por outro lado, consideramos o produtor capitalista como proprietário da mais-valia inteira ou, caso se queira, como representante de todos os participantes no butim. De início, portanto, encaramos a acumulação em abstrato, isto é, como mero momento do processo direto de produção.

De resto, na medida em que a acumulação se realiza, o capitalista consegue vender a mercadoria produzida e retransformar em capital o dinheiro recebido por ela. Além disso: o fracionamento da mais-valia em diversas partes nada muda em sua natureza nem nas condições necessárias em que ela se torna elemento da acumulação. Qualquer que seja a ¦ 203 proporção da mais-valia que o produtor capitalista retém para si mesmo ou cede a outros, ele sempre se apropria dela em primeira mão ¦. O que é pressuposto em nossa apresentação da acumulação, portanto, é pressuposto de seu processo real. Por outro lado, o fracionamento da mais-valia e o movimento mediador da circulação obscurecem a simples forma fundamental do processo de acumulação. Por isso, sua análise pura exige a abstração provisória de todos os fenômenos que escondem o jogo interno de seu mecanismo ¦ 204 ¦.

CAPÍTULO 21

REPRODUÇÃO SIMPLES

Qualquer que seja a forma social do processo de produção, este tem de ser contínuo ou percorrer periodicamente, sempre de novo, as mesmas fases. Uma sociedade não pode parar de consumir, tampouco deixar de produzir. Considerado em sua permanente conexão e constante fluxo de sua renovação, todo processo social de produção é, portanto, ao mesmo tempo, processo de reprodução.

As condições da produção são ao mesmo tempo as condições da reprodução. Nenhuma sociedade pode produzir continuamente, isto é, reproduzir, sem retransformar continuamente parte de seus produtos em meios de produção ou em elementos da nova produção. Permanecendo constantes as demais circunstâncias, ela só pode reproduzir ou manter sua riqueza na mesma escala substituindo os meios de produção, isto é, meios de trabalho, matérias-primas e materiais auxiliares, consumidos, por exemplo, durante o ano, *in natura*, por um *quantum* igual de novos exemplares, separados da massa anual de produtos e incorporados, de novo, ao processo de produção. Determinado *quantum* do produto anual pertence, portanto, à produção. Destinado desde a origem ao consumo produtivo, esse *quantum* existe, em grande parte, sob formas naturais que por si mesmas excluem o consumo individual.

Se a produção tem forma capitalista, então a reprodução a terá. Como no modo de produção capitalista o processo de trabalho só aparece como um meio para o processo de valorização, a reprodução aparece apenas como um meio para reproduzir o valor adiantado como capital, isto é, como valor que se valoriza. Uma pessoa só encarna a personagem econômica do capitalista porque seu dinheiro funciona continuamente como capital. Se, por exemplo, a quantia adiantada de 100 libras esterlinas se transformou, nesse ano, em capital e produziu uma mais-valia de 20 libras esterlinas, então terá de repetir a mesma operação no ano seguinte etc. Como incremento periódico do valor do capital, ou fruto periódico do capital em processamento, a mais-valia recebe a forma de uma *revenue* que provém do capital.[1]

Se essa *revenue* serve ao capitalista apenas como fundo de consumo ou é despendida com a mesma periodicidade com que é ganha, então, permanecendo constantes as demais circunstâncias, tem lugar a reprodução simples ¦205¦. Embora esta seja mera repetição do processo de produção na mesma escala, essa mera repetição ou continuidade imprime ao processo certas características novas ou, antes, dissolve as características aparentes que possui como episódio isolado.

¦ 206 ¦

O processo de produção é iniciado com a compra da força de trabalho por determinado tempo, e esse início se renova constantemente, tão logo o prazo de venda do trabalho esteja vencido, tendo decorrido determinado período de produção, semana, mês etc. O trabalhador, porém, só é pago depois de ¦ 207 sua força de trabalho ter se efetivado e realizado tanto seu próprio valor como a mais-valia, em mercadorias ¦. Ele produziu, dessa forma, tanto a mais-valia, que consideramos por enquanto apenas como fundo de consumo do capitalista, quanto o fundo de seu próprio pagamento, o capital variável, antes que este retorne a ele sob a forma de salário, e ele só fica ocupado enquanto não deixa de reproduzi-lo. Daí provém a fórmula dos economistas, mencionada no capítulo 16, em II, que apresenta o salário como participação no próprio produto.[2] É uma parte do produto reproduzido continuamente pelo próprio trabalhador, que reflui constantemente para ele na forma de salário. O capitalista paga-lhe, contudo, o valor das mercadorias em dinheiro. Mas o dinheiro não é nada mais que a ¦ 208 forma transformada do produto do trabalho. ¦ Enquanto o trabalhador transforma parte dos meios de produção em produto, ¦ 209 retransforma-se parte de seu produto anterior ¦ em dinheiro. É com seu trabalho da semana anterior ou do último meio ano que seu trabalho de hoje ou do próximo meio ano será pago. A ilusão gerada pela ¦ 210 forma-dinheiro ¦ desaparece imediatamente tão logo sejam consideradas a classe capitalista e a classe trabalhadora em vez do capitalista individual e do trabalhador individual. A classe capitalista dá constantemente à classe trabalhadora, sob forma-dinheiro, títulos sobre parte do produto produzido por esta e apropriado por aquela. Esses títulos o trabalhador restitui, do mesmo modo constante, à classe capitalista e, com isso, retira desta aquela parte de seu próprio produto que é atribuída a ele. A forma-mercadoria do produto e a forma-dinheiro da mercadoria disfarçam a transação.

O capital variável, ¦ 211 ¦ portanto, é apenas uma forma de manifestação histórica particular em que aparece o fundo dos meios de subsistência ou fundo de trabalho, ¦ 212 ¦ de que o trabalhador necessita para sua própria manutenção e reprodução e que em todos os sistemas de produção social ele mesmo sempre tem de produzir e reproduzir. O fundo de trabalho só flui constantemente para ele sob a forma ¦ 213 ¦ de meios de pagamento de seu trabalho porque seu próprio produto afasta-se constantemente dele sob a forma de capital. Mas essa forma de manifestação do fundo de trabalho em nada altera o fato de que o capitalista adianta ao trabalhador seu próprio trabalho objetivado.[3] Tomemos, por exemplo, um camponês submetido à corveia. Ele trabalha com seus próprios meios de produção em seu próprio campo, por exemplo, 3 dias por semana. Nos outros três dias da semana realiza a corveia na propriedade senhorial. ¦214 Ele reproduz constantemente seu próprio fundo de trabalho e este, em relação a ele, ¦ não assume nunca a forma de meios de pagamento adiantados por um terceiro por seu trabalho. Em compensação, seu trabalho forçado não pago jamais assume a forma de trabalho voluntário e pago. Se amanhã o senhor feudal se apropriasse do campo, dos animais de tração, das sementes, numa só palavra, dos meios de produção do camponês submetido à corveia, este, daí em diante, teria de vender sua força de trabalho ao senhor. Não se alterando as demais circunstâncias, trabalharia, depois como antes, 6 dias por semana, 3 dias para si mesmo e 3 dias para o ex-senhor feudal, transformado agora em senhor do salário. Continuaria, depois como antes, desgastando os meios de produção como meios de produção e transferindo seu valor ao produto. Depois como antes, determinada parte do produto continuaria entrando na reprodução. Mas, como a corveia assume forma de trabalho assalariado, o fundo de trabalho, depois como antes produzido e reproduzido pelo servo, assume a forma de um capital adiantado a este pelo senhor feudal. O economista burguês, cujo cérebro limitado não é capaz de distinguir a forma de manifestação do que nela se manifesta, fecha os olhos ao fato de ¦215 que até hoje o fundo de trabalho aparece apenas excepcionalmente sobre o globo terrestre na forma de capital ¦.[4]

No entanto, o capital variável só perde o significado de um valor adiantado a partir do fundo próprio do capitalista[4a] se consideramos o processo de produção capitalista no fluxo contínuo de sua renovação. ¦216 Mas ele tem de começar em algum lugar e em algum momento. A partir de nosso ponto de vista, desenvolvido até agora, é provável, portanto, que alguma vez o capitalista tenha se tornado possuidor de dinheiro em virtude de uma acumulação primitiva, independente de trabalho alheio não pago, por isso pôde pisar no mercado como comprador de força de trabalho. Entretanto, a mera continuação do processo de produção capitalista ou a reprodução simples efetuam outras mudanças notáveis que atingem não somente o capital variável, mas também o capital total. ¦

Se a mais-valia produzida periodicamente, por exemplo anualmente, por um capital de 1000 libras esterlinas for de 200 libras esterlinas e se essa mais-valia for consumida todos os anos, é claro que, depois de repetir-se o mesmo processo durante cinco anos, a soma da mais-valia consumida será = 5 × 200, ou igual ao valor do capital originalmente adiantado de 1000 libras esterlinas. Se a mesma mais-valia fosse apenas parcialmente consumida, por exemplo só pela metade, teríamos o mesmo resultado após dez anos de repetição do processo de produção, pois 10×100=1000. Em geral: o valor do capital adiantado dividido pela mais-valia consumida anualmente dá o número de anos, ou de períodos de ¦ 217 reprodução ¦, ao cabo dos quais o capital adiantado originalmente foi consumido pelo capitalista e, portanto, desapareceu. A concepção do capitalista de que ele consome o produto do trabalho alheio não pago, a mais-valia, e mantém o capital original não pode alterar absolutamente nada no fato. Ao final de certo número de anos, o valor do capital que possui é igual à soma da mais-valia apropriada durante o mesmo número de anos, sem equivalente, e a soma do valor consumido por ele é igual ao valor do capital original. Certamente ele mantém um capital nas mãos cuja grandeza não se alterou, do qual parte, edifícios, máquinas etc., já existia quando pôs seu negócio em andamento. Trata-se aqui, porém, do valor do capital, e não de seus componentes materiais. Se alguém consome sua propriedade inteira assumindo dívidas que se igualam ao valor dessa propriedade, então toda a propriedade representa apenas a soma total de suas dívidas. E, do mesmo modo, quando o capitalista tiver consumido o equivalente de seu capital adiantado, o valor desse capital representará apenas a soma total da mais-valia de que se apropriou gratuitamente. Não subsiste nenhum átomo de valor de seu antigo capital.

Abstraindo toda acumulação, a mera continuidade do processo de produção, ou a reprodução simples, transforma necessariamente, após um período mais ou menos longo, todo capital em capital acumulado ou mais-valia capitalizada. Se, ao entrar no processo de produção, ele tiver sido propriedade pessoal adquirida mediante trabalho de seu aplicador, mais cedo ou mais tarde torna-se valor apropriado sem equivalente ou materialização, seja em forma-dinheiro ou outra, de trabalho alheio não pago.

Vimos no capítulo 4: para transformar dinheiro em capital, não bastava a existência de produção de mercadorias e circulação de mercadorias. ¦ 218 Antes tinham de defrontar-se, aqui, possuidores de valor ou dinheiro, lá, possuidores da substância criadora de valor; aqui, possuidores de meios de produção e de subsistência, lá, possuidores de nada mais que a força de trabalho, desempenhando os papéis de compradores e vendedores. ¦ A separação entre o produto do trabalho e o próprio trabalho, entre as condições objetivas do trabalho e sua força subjetiva de trabalho, era a base realmente dada, o ponto de partida do processo de produção capitalista.

Mas o que, no princípio, era apenas ponto de partida é produzido e perpetuado sempre de novo, por meio da mera continuidade do processo, da reprodução simples, como resultado próprio da produção capitalista. Por um lado, o processo de produção transforma continuamente a riqueza material em capital, em meios de valorização e de satisfação para o capitalista. Por outro, o trabalhador sai do processo sempre como nele entrou – fonte pessoal de riqueza, mas despojado de todos os meios para tornar essa riqueza realidade para si. Como, ao entrar no processo, seu próprio trabalho já está alienado dele, apropriado pelo capitalista e incorporado ao capital, este se objetiva, durante o processo, continuamente em produto alheio. Como o processo de produção é, ao mesmo tempo, o processo de consumo da força de trabalho pelo capitalista, o produto do trabalhador transforma-se continuamente não só em mercadoria, mas em capital, em valor que explora a força criadora de valor, em meios de subsistência que compram pessoas, em meios de produção que ¦219 empregam ¦ o produtor.[5] O próprio trabalhador, por isso, produz constantemente a riqueza objetiva como capital, como poder estranho, que o domina e explora, e o capitalista produz de forma igualmente contínua a força de trabalho como fonte subjetiva de riqueza, separada de seus próprios meios de objetivação e realização, abstrata, existente na mera corporalidade do trabalhador, numa só palavra, o trabalhador como trabalhador assalariado.¦220 Essa constante reprodução ou perpetuação do trabalhador é a condição *sine qua non* da produção capitalista. ¦[6]

O consumo do trabalhador é de dupla espécie. Na própria produção, ele consome meios de produção, mediante seu trabalho, e os transforma em produtos de valor mais elevado que o do capital adiantado. Esse é seu consumo produtivo. Ele é simultaneamente consumo de sua força de trabalho pelo capitalista que a comprou. Por outro lado, o trabalhador utiliza o dinheiro pago pela compra da força de trabalho em meios de subsistência: esse é seu consumo individual. O consumo produtivo e o individual do trabalhador são, portanto, inteiramente diferentes. No primeiro, atua como força motriz do capital e pertence ao capitalista; no segundo, pertence a si mesmo e executa funções vitais fora do processo de produção. O resultado do primeiro é a vida do ¦221 capitalista ¦, o do outro é a vida do próprio trabalhador.

Ao considerar a "jornada de trabalho" ¦222 etc. ¦, mostrou-se oportunamente que o trabalhador é com frequência forçado a fazer de seu consumo individual mero incidente do processo de produção. Nesse caso, ele se abastece de meios de subsistência a fim de manter sua força de trabalho em andamento, como se abastece a máquina a vapor com água e carvão e a roda com óleo. Nesse caso, seus meios de consumo são simples meios de consumo de um meio de produção; seu consumo individual, consumo diretamente produtivo. Isso parece ser, entretanto, um abuso não essencial ao processo de produção capitalista.[7]

A coisa muda de figura tão logo consideramos não o capitalista individual e o trabalhador individual, mas a classe capitalista e a classe trabalhadora, não o processo de produção da mercadoria isolado, mas o processo de produção capitalista em seu fluxo e em sua dimensão social. – Quando o capitalista converte parte de seu capital em força de trabalho, valoriza com isso seu capital total. Mata dois coelhos com uma só cajadada. Ele lucra não apenas com aquilo que recebe do trabalhador, mas também com aquilo que lhe dá. O capital alienado no intercâmbio por força de trabalho é transformado em meios de subsistência, cujo consumo serve para reproduzir músculos, nervos, ossos, cérebro dos trabalhadores existentes, assim como para produzir novos trabalhadores. Dentro dos limites do absolutamente necessário, o consumo individual da classe trabalhadora é, portanto, retransformação dos meios de subsistência, alienados pelo capital por força de trabalho, em força de trabalho de novo explorável pelo capital. Esse consumo é produção e reprodução do meio de produção mais imprescindível ao capitalista, o próprio trabalhador. O consumo individual do trabalhador continua sendo, pois, um momento da produção e reprodução do capital, quer ocorra dentro, quer fora da oficina, da fábrica etc., quer dentro, quer fora do processo de trabalho, exatamente como a limpeza da máquina, se esta ocorre durante o processo de trabalho ou durante determinadas pausas do mesmo. Em nada altera a coisa se o trabalhador realiza seu consumo individual por amor a si mesmo, e não ao capitalista. Assim, o consumo do animal de carga não deixa de ser um momento necessário do processo de produção porque o animal se satisfaz com o que come. A constante manutenção e reprodução da classe trabalhadora permanece a condição constante para a reprodução do capital. O capitalista pode deixar tranquilamente seu preenchimento a cargo do impulso de autopreservação e procriação ¦ 223 dos trabalhadores ¦. Ele apenas cuida de manter o consumo individual deles o mais possível nos limites do necessário e está muito longe daquela brutalidade sul-americana, que obriga o trabalhador a ingerir alimentos mais substanciosos em vez de menos substanciosos.[8]

É por isso que o capitalista e seu ideólogo, o economista político, consideram produtiva apenas a parte do consumo individual do trabalhador que é exigida para a perpetuação da classe trabalhadora, que, portanto, tem de ser consumida de fato para que o capital consuma a força de trabalho; o que, além disso, o trabalhador puder consumir para seu próprio prazer ¦ 225 ¦ é consumo improdutivo.[9] Se a acumulação do capital causasse uma elevação do salário e, portanto, um aumento dos meios de consumo do trabalhador, sem consumo de mais força de trabalho pelo capital, o capital adicional teria sido consumido improdutivamente.[10] De fato: o consumo individual do trabalhador é para ele mesmo improdutivo, pois reproduz apenas o indivíduo necessitado; ele é produtivo para o capitalista e para o Estado, posto que produz a força produtora de riqueza alheia.[11]

Do ponto de vista social, a classe trabalhadora é, portanto, mesmo fora do processo direto de trabalho, um acessório do capital, do mesmo modo que o instrumento morto de trabalho. Mesmo seu consumo individual, dentro de certos limites, é apenas um momento do processo de reprodução do capital. O processo, porém, faz com que esses instrumentos de produção autoconscientes não fujam ao remover constantemente seu produto do polo deles para o polo oposto do capital. O consumo individual cuida, por um lado, de sua própria manutenção e reprodução, por outro, mediante destruição dos meios de subsistência, de seu constante reaparecimento no mercado de trabalho. O escravo romano estava preso por correntes a seu proprietário, o trabalhador assalariado o está por fios invisíveis. ¦226¦ A aparência de que é independente é mantida pela mudança contínua dos patrões individuais e pela *fictio juris* [ficção jurídica] do contrato.

Antigamente, o capital fazia valer, onde lhe parecia necessário, seu direito de propriedade sobre o trabalhador livre por meio da coação legal. Assim, por exemplo, a emigração de operadores de máquinas estava proibida na Inglaterra até 1815, sob pena de pesada punição.

A reprodução da classe trabalhadora implica, ao mesmo tempo, a transmissão e a acumulação da habilidade de uma geração para outra.[12] A extensão em que o capitalista conta com a existência de tal classe trabalhadora hábil entre as condições de produção a ele pertencentes, considerando-a, de fato, a existência real de seu capital variável, revela-se assim que uma crise ameaça causar sua perda. Em consequência da Guerra Civil Americana e da crise do algodão que a acompanhou, como se sabe, a maioria dos trabalhadores algodoeiros em Lancashire foi jogada na rua. Do seio da própria classe trabalhadora, como de outras camadas da sociedade, ergueu-se um clamor pelo apoio do Estado ou por uma coleta nacional voluntária, a fim de possibilitar a emigração dos "supérfluos" para as colônias inglesas ou para os Estados Unidos. Naquela ocasião, o *Times* (24 mar. 1863) publicou uma carta de Edmund Potter, ex-presidente da Câmara de Comércio de Manchester. Sua carta foi chamada, com razão, na Câmara dos Comuns, de "manifesto dos fabricantes".[13] Damos aqui algumas passagens características em que se apresenta, sem rodeios, o título de propriedade do capital sobre a força de trabalho.

> "Aos trabalhadores algodoeiros se poderia dizer que sua oferta é grande demais [...] ela teria de ser reduzida talvez em um terço, e então surgiria uma saudável demanda para os dois terços restantes. [...] A opinião pública insiste na emigração. [...] O patrão" (isto é, o fabricante de algodão) "não pode ver de boa vontade que sua oferta de trabalho se afaste; ele pode pensar que isso é

tão injusto como equivocado. [...] Se a emigração for sustentada com fundos públicos, ele tem o direito de pedir para ser ouvido e talvez de protestar."

O mesmo Potter prossegue explicando quão útil é a indústria de algodão e como "ela indubitavelmente drenou a população da Irlanda e dos distritos agrícolas ingleses"; quão imensa é sua extensão; como ela, no ano de 1860, forneceu 5/13 de todo o comércio inglês de exportação e como logo em poucos anos se expandirá de novo mediante a ampliação do mercado, particularmente o da Índia, e mediante a consecução de suficiente "oferta de algodão a 6 pence a libra". E continua então:

> "O tempo – um, dois, três anos talvez – produzirá a quantidade necessária. [...] Eu gostaria então de perguntar se não se deve conservar essa indústria, se não vale a pena manter a maquinaria" (quer dizer, as máquinas vivas de trabalho) "em ordem e se não é a maior loucura pensar em abandoná-la! Eu penso isso. Admito que os trabalhadores não são propriedade (*I allow that the workers are not a property*), que não são propriedade de Lancashire ou dos patrões; eles são, porém, a força de ambos; são a força espiritual e instruída que numa geração não poderá ser substituída; a outra maquinaria, com que trabalham (*the mere machinery which they work*), ao contrário, poderia, em grande parte, ser substituída com vantagem e melhorada em doze meses.[14] Encorajem ou permitam (!) a emigração da força de trabalho, e que será do capitalista? (*Encourage or allow the working power to emigrate, and what of the capitalist?*)".

Esse grito aflitivo lembra o marechal da corte Kalb.[I]

> "[...] Tirem a nata dos trabalhadores, e o capital fixo será desvalorizado em alto grau e o capital circulante não se exporá à luta com oferta restrita de uma espécie inferior de trabalho. [...] Dizem-nos que os próprios trabalhadores desejam a emigração. É muito natural que façam isso. [...] Reduzam, comprimam o negócio do algodão mediante a retirada de suas forças de trabalho (*by taking away its working power*), pela diminuição de seu dispêndio em salários, digamos em 1/3 ou 5 milhões, e que será então da próxima classe

---

I Marx faz alusão aqui ao comportamento do marechal da corte Von Kalb na tragédia de Friedrich Schiller, *Kabale und Liebe* [*Intriga e amor*]. Na cena II do ato III, Kalb se recusa, de início, a participar da intriga que é tramada pelo presidente da corte de um príncipe alemão. Em consequência, o presidente ameaça com sua renúncia, que significaria simultaneamente a queda do marechal da corte. Seriamente chocado, Kalb brada: "E eu? – O senhor tem um bom discurso! O senhor é um homem estudado! Mas eu – *mon Dieu!* O que sou eu, então, se sua alteza me demitir?". [N. E. A.]

acima deles, os pequenos merceeiros? Que será da renda da terra, do aluguel dos *cottages*? [...] Do pequeno arrendatário, do proprietário de casas mais bem situado e do proprietário fundiário? E digam agora se qualquer outro plano pode ser mais suicida para todas as classes do país do que este, de enfraquecer a nação pela exportação de seu melhores trabalhadores fabris e pela desvalorização de parte de seu capital e de sua riqueza mais produtivos? Eu aconselho um empréstimo de 5 a 6 milhões, distribuído em 2 ou 3 anos, administrado por comissários especiais, agregados à administração dos pobres nos distritos algodoeiros, sob regulações legislativas especiais, com certo trabalho forçado para manter elevados os valores morais dos que recebem esmolas. [...] Pode haver algo pior para proprietários fundiários ou patrões (*can anything be worse for landowners or masters*) do que renunciar a seus melhores trabalhadores, desmoralizando e desapontando os restantes, mediante emigração extensa ¦ 227 ¦ e esvaziadora e esvaziamento de valor e capital de toda uma província?"

Potter, o órgão escolhido dos fabricantes de algodão, distingue duas espécies de "maquinaria", ambas pertencentes ao capitalista, das quais uma permanece na fábrica, enquanto a outra reside à noite e aos domingos externamente em *cottages*. Uma está morta, a outra viva. A maquinaria morta não apenas piora e se desvaloriza a cada dia, mas, devido ao contínuo progresso técnico, grande parte de sua massa existente envelhece constantemente de tal forma que é vantajoso substituí-la, em poucos meses, por maquinaria mais nova. A maquinaria viva, ao contrário, melhora quanto mais dura, quanto mais acumula em si a habilidade de gerações. O *Times* respondeu ao magnata fabril, entre outras coisas:

O Sr. E. Potter está tão impressionado pela importância extraordinária e absoluta dos senhores do algodão que, para manter essa classe e perpetuar seu negócio, quer encarcerar meio milhão da classe trabalhadora, contra sua vontade, numa grande *workhouse* moral. Essa indústria merece ser mantida?, pergunta o Sr. Potter. Seguramente, por todos os meios honrados, respondemos nós. Vale a pena manter a maquinaria em ordem?, pergunta outra vez o Sr. Potter. Aqui ficamos perplexos. Por maquinaria o Sr. Potter entende a maquinaria humana, pois ele assegura que não pretende tratá-la como propriedade absoluta. Temos de confessar que não achamos que 'valha a pena' ou mesmo que seja possível manter a maquinaria humana em ordem, isto é, encarcerá-la e lubrificá-la até que dela se necessite. A maquinaria humana tem a propriedade de se enferrujar durante a inatividade, por mais que seja lubrificada e esfregada. Além disso, a maquinaria humana, como a experiência acaba de nos ensinar, é capaz por si de aumentar a pressão do vapor e rebentar ou de perder as estribeiras, em nossas grandes cidades.

> Pode ser, como diz o Sr. Potter, que um tempo mais longo seja necessário para a reprodução dos trabalhadores, porém, com maquinistas e dinheiro à mão, encontraremos sempre homens ativos, duros e industriosos para deles fabricar mais mestres de fábrica do que jamais poderíamos utilizar. [...] O Sr. Potter fala de uma reanimação da indústria em 1, 2, 3 anos e exige de nós que não se encoraje nem se permita a emigração da força de trabalho! Ele diz ser natural que os trabalhadores desejem emigrar, mas acha que a nação deve encarcerar esse meio milhão de trabalhadores, juntamente com os 700 000 que dependem deles, a despeito de seus desejos, nos distritos algodoeiros e, como consequência necessária, sufocar pela força seu descontentamento, sustentando-os com esmolas, tudo pela possibilidade de que os patrões algodoeiros venham a necessitar deles de novo algum dia. [...] É chegada a hora em que a grande opinião pública dessas ilhas deve fazer algo para salvar 'essa força de trabalho' daqueles que querem tratá-la como tratam o carvão, o ferro e o algodão (*to save this 'working power' from those who would deal with it as they deal with iron, coal and cotton*).[15]

O artigo do *Times* era apenas um *jeu d'esprit* [jogo de espírito]. A "grande opinião pública" era, na verdade, a opinião do Sr. Potter de que os trabalhadores fabris eram acessórios móveis das fábricas. Sua emigração foi impedida.[16] Encarceraram-se os trabalhadores na "*workhouse* moral" dos distritos algodoeiros e eles continuaram sendo, depois como antes, "a força (*the strenght*) dos senhores do algodão de Lancashire".

O processo de produção capitalista reproduz, portanto, mediante sua própria ocorrência, a separação entre força de trabalho e condições de trabalho. Ele reproduz e perpetua, com isso, as condições de exploração do trabalhador. Obriga constantemente o trabalhador a vender sua força de trabalho para viver e capacita constantemente o capitalista a comprá-la para se enriquecer.[17] Já não é a casualidade que contrapõe capitalista e trabalhador como comprador e vendedor no mercado. É a armadilha do próprio processo que lança o último constantemente de novo ao mercado como vendedor de sua força de trabalho e sempre transforma seu próprio produto no meio de compra do primeiro. Na realidade, o trabalhador pertence ao capital antes que se venda ao capitalista. Sua servidão econômica[18] é ao mesmo tempo mediada e escondida pela renovação periódica da venda de si mesmo, pela troca de seus patrões individuais e pela oscilação do preço de mercado do trabalho.[19]

O processo de produção capitalista, considerado como um todo articulado ou como processo de reprodução, produz, por conseguinte, não apenas a mercadoria, não apenas a mais-valia, mas produz e reproduz a própria relação de capital, de um lado o capitalista, do outro o trabalhador assalariado.[20]

CAPÍTULO 22

TRANSFORMAÇÃO DE MAIS-VALIA EM CAPITAL

1. PROCESSO DE PRODUÇÃO CAPITALISTA EM ESCALA AMPLIADA. CONVERSÃO DAS LEIS DE PROPRIEDADE DA PRODUÇÃO DE MERCADORIAS EM LEIS DE APROPRIAÇÃO CAPITALISTA

Anteriormente tivemos de considerar como a mais-valia se origina do capital, agora como o capital se origina da mais-valia. ¦ 228 A aplicação de mais-valia como capital ou a retransformação de mais-valia em capital chama-se acumulação de capital. ¦[21]

Consideremos, primeiro, esse processo do ponto de vista do capitalista individual. Suponhamos que um fiandeiro, por exemplo, tenha adiantado um capital de 10 000 libras esterlinas, quatro quintos do qual em algodão, máquinas etc., o último quinto em salário. Que produza anualmente 240 000 libras de fio no valor de 12 000 libras esterlinas. Com uma taxa de mais-valia de 100%, a mais-valia se encontra no mais-produto ou produto líquido de 40 000 libras de fio, um sexto do produto bruto, com um valor de 2 000 libras esterlinas a ser realizado na venda. Uma soma no valor de 2 000 libras esterlinas é uma soma no valor de 2 000 libras esterlinas. Esse dinheiro não revela pelo cheiro e aparência que é mais-valia. O caráter de um valor enquanto mais-valia indica como ele chegou a seu possuidor, mas nada altera na natureza do valor ou do dinheiro.

Para transformar a soma recém-adicionada de 2 000 libras esterlinas em capital, o fiandeiro, permanecendo iguais as demais circunstâncias, adiantará quatro quintos dela em compra de algodão etc. e um quinto em compra de novos trabalhadores fiandeiros, que encontrarão no mercado os meios de subsistência cujo valor ele lhes adiantou. Então, o novo capital de 2 000 libras esterlinas funciona na fiação e proporciona, por seu lado, uma mais-valia de 400 libras esterlinas.

O valor do capital foi originalmente adiantado sob a forma-dinheiro; a mais-valia, ao contrário, existe, desde o princípio, como valor de determinada parte do produto bruto. Se este é vendido, transformado em dinheiro, o valor do capital readquire sua forma primitiva, mas a mais-valia muda seu modo de existência original. A partir desse momento, no entanto, valor do capital e mais-valia são ambos somas de dinheiro e sua retransformação em capital executa-se de modo inteiramente idêntico. O capitalista aplica tanto um como a outra na compra de mercadorias, que o capacitam a recomeçar a fabricação de seu artigo, e na verdade desta vez em escala ampliada. Mas, para comprar essas mercadorias, precisa encontrá-las prontas no mercado.

Seus próprios fios só circulam porque ele leva ao mercado seu produto anual, como todos os demais capitalistas também fazem com suas mercadorias. Mas, antes de essas mercadorias chegarem ao mercado, já faziam parte do fundo de produção anual, isto é, da massa total de objetos de toda a espécie em que se transforma, no decorrer do ano, a soma total dos capitais individuais ou o capital social total, do qual cada capitalista tem nas mãos apenas uma parte alíquota. As operações no mercado efetivam apenas a venda das partes componentes individuais da produção anual, enviam-nas de uma mão à outra, mas não podem aumentar a produção anual total nem modificar a natureza dos objetos produzidos. O uso que poderá ser feito do produto anual total depende de sua própria composição, de nenhum modo, porém, da circulação.

Primeiramente, a produção anual tem de fornecer todos os objetos (valores de uso) com os quais têm de ser repostos os componentes materiais do capital consumidos no decorrer do ano. Deduzidos estes, resta o produto líquido ou o mais-produto, no qual se encontra a mais-valia. E de que se compõe esse mais-produto? Talvez de coisas destinadas a satisfazer às necessidades e aos apetites da classe capitalista, entrando, portanto, em seu fundo de consumo? Se isso fosse tudo, a mais-valia seria dissipada até a última migalha e teria lugar meramente a reprodução simples.

Para acumular, é preciso transformar parte do mais-produto em capital. Mas, sem fazer milagres, só se podem transformar em capital coisas que são utilizáveis no processo de trabalho, isto é, meios de produção e, além destas, coisas com as quais o trabalhador pode manter-se, isto é, meios de subsistência. Por conseguinte, parte do mais-trabalho anual tem de ser empregada na fabricação de meios adicionais de produção e de subsistência, em excesso sobre o *quantum* que foi necessário para a reposição do capital adiantado. Em uma palavra: a mais-valia só é transformável em capital porque o mais-produto, do qual é o valor, já contém os componentes materiais de um novo capital.[21a]

Para fazer esses componentes funcionarem de fato como capital, a classe capitalista necessita de um acréscimo de trabalho. Caso a exploração dos trabalhadores já ocupados não deva crescer extensiva ou intensivamente, precisam ser empregadas forças de trabalho adicionais. Disso o mecanismo da produção capitalista também já cuidou, ao reproduzir a classe trabalhadora como classe dependente do salário, cujo salário comum basta não apenas para assegurar sua manutenção, mas também sua multiplicação. O capital precisa apenas incorporar essas forças de trabalho adicionais, anualmente fornecidas a ele em diferentes idades pela classe trabalhadora, aos meios de produção adicionais já contidos na produção anual, e a transformação da mais-valia em capital está pronta. Considerada concretamente, a acumulação se reduz à reprodução do capital em escala progressiva. O circuito da reprodução simples se altera e se transforma, na expressão de Sismondi, em uma espiral.[21b]

Voltemos ao nosso exemplo. É a velha história: Abraão gerou Isaac, Isaac gerou Jacó etc.[I] O capital original de 10 000 libras esterlinas gera uma mais-valia de 2 000 libras esterlinas, que é capitalizada. O novo capital de 2 000 libras esterlinas gera uma mais-valia de 400 libras esterlinas; esta, por sua vez capitalizada, transformada portanto num segundo capital adicional, gera uma nova mais-valia de 80 libras esterlinas etc.

Nós abstraímos aqui da parte da mais-valia consumida pelo capitalista. Tampouco nos interessa, no momento, se os capitais adicionais são juntados ao capital original ou são separados dele para uma valorização autônoma; se o mesmo capitalista que os acumulou os explora ou se ele os transfere a outros. Apenas não devemos esquecer de que, ao lado dos novos capitais formados, o capital original continua a se reproduzir e a produzir mais-valia e que o mesmo vale para cada capital acumulado em relação ao capital adicional por ele produzido.

O capital original formou-se pelo adiantamento de 10 000 libras esterlinas. De onde as obtém seu possuidor? Por seu próprio trabalho e pelo de seus antepassados!, respondem-nos unanimemente os porta-vozes da Economia Política,[21c] e essa suposição parece ser realmente a única coerente com as leis da produção de mercadorias.

Mas a coisa é totalmente diversa com o capital adicional de 2 000 libras esterlinas. Conhecemos exatamente seu processo de surgimento. É mais-valia capitalizada. Desde a origem, ele não contém nenhum átomo de valor que não derive de trabalho alheio não pago. Os meios de produção aos quais a força de trabalho adicional é incorporada, assim como os meios de subsistência com os quais ela se mantém, não são mais do que componentes integrantes do mais-produto, o tributo que anualmente é extraído da classe trabalhadora pela classe capitalista. Quando esta, com parte do tributo, compra força de trabalho adicional daquela, mesmo por seu preço cheio, de modo que se troque equivalente por equivalente – permanece sempre o velho procedimento do conquistador, que compra as mercadorias dos vencidos com seu próprio dinheiro roubado.

Quando o capital adicional ocupa seu próprio produtor, primeiramente este tem de continuar a valorizar o capital original e, além disso,

---

I O evangelho de Mateus relata, no primeiro capítulo, como a descendência de Abraão, o progenitor original dos israelitas, cresceu progressivamente e finalmente surgiu dela todo o povo judeu. [N. E. A.]

de comprar de volta o produto de seu trabalho anterior com mais trabalho do que o que esse produto custou. Considerada uma transação entre a classe capitalista e a classe trabalhadora, não muda nada na coisa se com o trabalho não pago dos trabalhadores até agora ocupados forem empregados trabalhadores adicionais. O capitalista talvez transforme o capital adicional numa máquina que joga na rua o produtor do capital adicional e o substitui por algumas crianças. Em todos os casos, a classe trabalhadora criou com o seu mais-trabalho deste ano o capital que no próximo ano ocupará trabalho adicional.[22] Isso é o que se denomina produzir capital mediante capital.

O pressuposto para a acumulação do primeiro capital adicional de 2 000 libras esterlinas foi uma soma no valor de 10 000 libras esterlinas, adiantada pelo capitalista e pertencente a ele em virtude de seu "trabalho original". O pressuposto do segundo capital adicional de 400 libras esterlinas, ao contrário, nada mais é que a acumulação prévia do primeiro, das 2 000 libras esterlinas, do qual ele é a mais-valia capitalizada. ¦ 229 A propriedade de trabalho passado não pago aparece agora como a única condição para a apropriação presente de trabalho vivo não pago, em dimensão sempre crescente. Quanto mais o capitalista houver acumulado, tanto mais poderá acumular. ¦

Na medida em que a mais-valia, na qual consiste o capital adicional número I, foi o resultado da compra da força de trabalho por uma parte do capital original, compra que correspondeu às leis do intercâmbio de mercadorias e, juridicamente considerada, não pressupõe mais do que a livre disposição por parte do trabalhador sobre suas próprias capacidades, por parte do possuidor de dinheiro ou mercadorias sobre os valores que lhe pertencem; na medida em que o capital adicional número II etc. é simples resultado do capital adicional número I, consequência, portanto, daquela primeira relação; na medida em que cada transação isolada corresponde constantemente à lei do intercâmbio de mercadorias, isto é, o capitalista sempre compra a força de trabalho e o trabalhador sempre a vende, e queremos mesmo admitir que por seu valor real, a lei da apropriação ou lei da propriedade privada, baseada na produção de mercadorias e na circulação de mercadorias, evidentemente se converte mediante sua própria dialética interna, inevitável, em seu contrário direto. O intercâmbio de equivalentes, que apareceu como a operação original, torceu-se de tal modo que se troca apenas na aparência, pois, primeiro, a parte do capital que se troca por força de trabalho nada mais é que uma parte do produto de trabalho alheio apropriado sem equivalente e, segundo, ela não somente é reposta por seu produtor, o trabalhador, como este tem de repô-la com novo excedente. A relação de intercâmbio entre capitalista e trabalhador torna-se, portanto, apenas mera aparência pertencente ao processo de circulação, mera forma, que é alheia ao próprio conteúdo e apenas o mistifica. A contínua compra e venda da força de trabalho é a forma. O conteúdo é que o capitalista sempre troque parte do trabalho alheio já objetivado, do qual se apropria incessantemente sem equivalente, por um *quantum* maior de trabalho vivo alheio. Originalmente, o direito de propriedade apareceu-nos fundado sobre o próprio trabalho. Pelo menos tinha de valer essa suposição, já que somente se defrontam possuidores de mercadorias com iguais direitos, e o meio de apropriação de mercadoria alheia é, porém, apenas a alienação da própria mercadoria, e esta pode ser produzida apenas mediante trabalho. A propriedade aparece agora, do lado do capitalista, como direito de apropriar-se de trabalho alheio não pago ou de seu produto; do lado do trabalhador, como impossibilidade de apropriar-se de seu próprio produto. A separação entre propriedade e trabalho torna-se consequência necessária de uma lei que, aparentemente, se originava em sua identidade.[23]

Por mais que o modo de apropriação capitalista pareça ofender as leis originais da produção de mercadorias, ele não se origina de maneira alguma da violação dessas leis, e sim, ao contrário, de sua aplicação. Um breve retrospecto da sequência das fases do movimento, cujo término é a acumulação capitalista, esclarecerá isso mais uma vez.

Primeiro, vimos que a transformação original de uma soma de valor em capital se realizava inteiramente de acordo com as leis do intercâmbio. Um dos contraentes vende sua força de trabalho, o outro a compra. O primeiro obtém o valor de sua mercadoria, cujo valor de uso – o trabalho – é assim alienado ao segundo. Este transforma agora os meios de produção já pertencentes a ele, com ajuda de trabalho do mesmo modo a ele pertencente, em novo produto, que por direito também lhe pertence.

O valor desse produto inclui: primeiro, o valor dos meios de produção consumidos. O trabalho útil não pode consumir esses meios de produção sem transferir seu valor ao novo produto; mas, para ser vendável, a força de trabalho tem de ser capaz de fornecer trabalho útil no ramo industrial onde ela deve ser aplicada.

O valor do novo produto inclui, de resto: o equivalente do valor da força de trabalho e uma mais-valia, precisamente porque o valor da força de trabalho vendida por determinado período de tempo, dia, semana etc., é menor do que o valor que seu uso cria durante esse tempo. O trabalhador, porém, recebeu em pagamento o valor de troca de sua força de trabalho e, com isso, alienou seu valor de uso – como é o caso em toda compra e venda.

O fato de que essa mercadoria particular, força de trabalho, tenha o peculiar valor de uso de fornecer trabalho, portanto de criar valor, em nada pode alterar a lei geral da produção de mercadorias. Se, portanto, a soma de valores adiantada em salário não reaparece simplesmente no produto, mas reaparece aumentada de uma mais-valia, isso não provém de o vendedor ter sido logrado, pois ele recebeu o valor de sua mercadoria, mas do consumo desta pelo comprador.

A lei do intercâmbio requer igualdade apenas para os valores de troca das mercadorias reciprocamente alienadas. Ela até mesmo exige, desde o princípio, a diversidade de seus valores de uso e não tem absolutamente nada a ver com seu consumo, que somente começa depois de realizado o negócio.

A transformação original do dinheiro em capital realiza-se na mais perfeita harmonia com as leis econômicas da produção de mercadorias e com o direito de propriedade delas derivado. Não obstante, ela tem por resultado:

1) que o produto pertence ao capitalista, e não ao trabalhador;

2) que o valor desse produto, além do valor do capital adiantado, inclui uma mais-valia, a qual custou trabalho ao trabalhador, mas nada ao capitalista, todavia se torna propriedade legítima deste;

3) que o trabalhador continuou a manter sua força de trabalho e pode vendê-la de novo, caso encontre comprador.

A reprodução simples é apenas a repetição periódica dessa primeira operação; cada vez, sempre de novo, dinheiro é transformado em capital. A lei não é, portanto, violada, ao contrário, ela obtém apenas a oportunidade de atuar permanentemente.

> *Plusieurs échanges successifs n'ont fait du dernier que le représentant du premier.* [Várias trocas sucessivas fazem do último apenas o representante do primeiro.] (Sismondi, [*Nouveaux principes d'économie politique*,] op. cit., p. 70)

E, sem embargo, vimos que a reprodução simples basta para imprimir a essa primeira operação – na medida em que foi enfocada como episódio isolado – um caráter totalmente modificado.

> "*Parmi ceux qui se partagent le revenu national, les uns*" (os trabalhadores) "*y acquièrent chaque année un nouveau droit par un noveau travail, les autres*" (os capitalistas) "*y ont acquis antérieurement un droit permanent par un travail primitif.*"[I] (Ibid., pp. 110–11)

Como se sabe, a área do trabalho não é a única onde a primogenitura faz milagres.

I "Entre aqueles que repartem entre si a renda nacional, uns" (os trabalhadores) "adquirem a cada ano desta um novo direito por meio de novo trabalho, outros" (os capitalistas) "já adquiriram anteriormente um direito permanente por meio de um trabalho primitivo." [N. T.]

Também não importa se a reprodução simples é substituída pela reprodução em escala ampliada, pela acumulação. Naquela, o capitalista esbanja toda a mais-valia; nesta, demonstra sua virtude burguesa pelo consumo de apenas uma parte e pela transformação do resto em dinheiro.

A mais-valia é sua propriedade, ela jamais pertenceu a outro. Se a adianta para a produção, ele faz, exatamente como no dia em que pisou pela primeira vez no mercado, adiantamentos de seu próprio fundo. Que, dessa vez, esse fundo se origine do trabalho não pago de seus trabalhadores, não altera absolutamente nada na coisa. Se o trabalhador B é ocupado com a mais-valia que o trabalhador A produziu, então, primeiro, A forneceu essa mais-valia sem que se tenha deduzido um centavo do justo preço de sua mercadoria e, segundo, B não tem absolutamente nada a ver com esse negócio. O que B exige e tem direito de exigir é que o capitalista lhe pague o valor de sua força de trabalho.

> "*Tous deux gagnaient encore; l'ouvrier parce qu'on lui avançait les fruits de son travail*" (deveria dizer: *du travail gratuit d'autres ouvriers*) "*avant qu'il fût fait*" (deveria dizer: *avant que le sien ait porté de fruit*); "*le maître, parce que le travail de cet ouvrier valait plus que le salaire*" (deveria dizer: *produisait plus de valeur que celle de son salaire*).[I] (Ibid., p. 135)

Todavia, a coisa assume figura inteiramente diferente se consideramos a produção capitalista no fluxo ininterrupto de sua renovação e se, em vez de lançarmos o olhar sobre o capitalista individual e o trabalhador individual, lançamos sobre a totalidade, a classe capitalista e, diante dela, a classe trabalhadora. Mas com isso aplicaríamos um padrão de medida que é totalmente estranho à produção de mercadorias.

Na produção de mercadorias defrontam-se apenas, independentes um do outro, vendedor e comprador. Suas relações recíprocas chegam ao fim no dia de vencimento do contrato concluído entre eles. Se a transação se repetir, será em consequência de novo contrato, que não tem nada a ver com o anterior e no qual somente por acaso o mesmo comprador e o mesmo vendedor estarão de novo reunidos.

Se a produção de mercadorias ou um procedimento a ela pertencente deve ser julgado segundo suas próprias leis econômicas, temos

---

I "Os dois ainda ganhavam; o trabalhador porque lhe adiantaram os frutos de seu trabalho" (deveria dizer: do trabalho gratuito de outros trabalhadores) "antes que ele o fizesse" (deveria dizer: antes que o dele tivesse dado frutos); "o empresário porque o trabalho desse trabalhador valia mais que seu salário" (deveria dizer: produziu mais valor do que o de seu salário). [N. T.]

de considerar cada ato de intercâmbio por si mesmo, fora de qualquer conexão com o ato de intercâmbio que o precedeu e com o que o segue. E, visto que compras e vendas são efetuadas apenas entre indivíduos isolados, é inadmissível procurar nelas relações entre classes sociais inteiras.

Por mais longa que seja a sequência das reproduções periódicas e acumulações precedentes pelas quais tenha passado o capital que hoje funciona, este conserva sempre sua virgindade original. Enquanto em cada ato de troca – considerado isoladamente – são mantidas as leis do intercâmbio, o modo de apropriação pode experimentar um revolucionamento total sem que seja afetado, de forma alguma, o direito de propriedade adequado à produção de mercadorias. Esse mesmo direito vigora tanto no início, quando o produto pertence ao produtor e este, trocando equivalente por equivalente, pode enriquecer apenas mediante seu próprio trabalho, como também no período capitalista, em que a riqueza social em proporção sempre crescente torna-se propriedade daqueles que estão em condições de apropriar-se sempre de novo do trabalho não pago de outros.

Esse resultado torna-se inevitável tão logo a força de trabalho é vendida livremente como mercadoria pelo próprio trabalhador. Mas também só a partir de então se generaliza a produção de mercadorias, que se torna a forma típica de produção; somente a partir de então cada produto é, desde o início, produzido para a venda e toda a riqueza produzida passa pela circulação. Somente então, quando o trabalho assalariado se torna sua base, a produção de mercadorias impõe-se a toda a sociedade; mas também somente então ela desenvolve todas as suas potencialidades ocultas. Dizer que a interferência do trabalho assalariado falseia a produção de mercadorias significa dizer que a produção de mercadorias, para permanecer autêntica, não deve se desenvolver. Na mesma medida em que ela evolui, segundo suas próprias leis imanentes, até se tornar produção capitalista, as leis de propriedades inerentes à produção de mercadorias se convertem em leis de apropriação capitalista.[24]

Viu-se que ¦ 230 mesmo na reprodução simples todo o capital adiantado, como quer que tenha sido originalmente obtido, transforma-se ¦ em capital acumulado ou mais-valia capitalizada. Mas no fluxo da produção todo capital originalmente adiantado torna-se em geral uma grandeza evanescente (*magnitudo evanescens*, em sentido matemático) comparado com o capital diretamente acumulado, isto é, a mais-valia ou o mais-produto retransformado em capital, seja funcionando nas mãos de quem acumulou, seja em mãos alheias. A Economia Política apresenta, por isso, o capital em geral como "riqueza acumulada" (mais-valia ou *revenue* transformada), "que é empregada de novo para a produção de mais-valia",[25] ou o capitalista como "possuidor do mais-produto".[26]

O mesmo ponto de vista aparece, apenas sob outra forma, na expressão de que todo capital existente é juro acumulado ou capitalizado, pois o juro é uma simples fração da mais-valia.[27]

2. CONCEPÇÃO ERRÔNEA DA REPRODUÇÃO EM ESCALA AMPLIADA POR PARTE DA ECONOMIA POLÍTICA

Antes de tratarmos de algumas determinações mais pormenorizadas da acumulação ou da retransformação da mais-valia em capital, cumpre esclarecer uma ambiguidade criada pela Economia clássica.

As mercadorias que o capitalista compra com parte da mais-valia para seu próprio consumo não lhe servem como meios de produção e valorização; ¦232¦ do mesmo modo, o trabalho que compra para satisfazer às suas necessidades naturais e sociais não é trabalho produtivo. ¦233 Em vez de transformar a mais-valia em capital, por meio da compra dessas mercadorias e desse trabalho, ele, ao contrário, a consome ou despende como *revenue*. Em face da velha mentalidade aristocrática, que, como Hegel corretamente diz, "consiste no consumo do existente"[I] e especificamente se expande também no luxo dos serviços pessoais, teve importância decisiva para a Economia burguesa preconizar a acumulação de capital como primeiro dever do cidadão e pregar de forma incansável: não se pode acumular quando se come toda a *revenue*, em vez de gastar-se boa parte dela na contratação de trabalhadores produtivos adicionais, que rendem mais do que custam. ¦ Por outro lado, a Economia burguesa teve de polemizar contra o preconceito popular, que confunde produção capitalista com entesouramento[28] e, por isso, imagina que riqueza acumulada seja riqueza que foi preservada da destruição em sua forma natural preexistente e, portanto, do consumo, ou seja, foi salva da circulação. Trancar o dinheiro para que não circule seria exatamente o contrário de sua valorização como capital, e acumulação de mercadorias com sentido de entesouramento, mera loucura.[28a] Acumulação de mercadorias em grandes quantidades é o resultado de uma paralisação da circulação ou de superprodução.[29] É certo que corre na imaginação popular, de um lado, o quadro dos bens acumulados no fundo de consumo dos ricos e que lentamente vão sendo consumidos; ¦234¦ de outro lado, a formação de reservas, um fenômeno que pertence a todos os modos de produção e no qual nos deteremos por um momento na análise do processo de circulação.

I G. W. F. Hegel, *Grundlinien der Philosophie des Rechts, oder Naturrecht und Staatswissenschaft im Grundrisse* [*Linhas fundamentais da filosofia do direito*]. Berlin, 1840, § 203, adendo. [N. E. A.]

Até esse ponto, a Economia clássica está certa quando realça o consumo do mais-produto por trabalhadores produtivos, em vez de por improdutivos, como momento característico do processo de acumulação. Entretanto, aqui começa também seu erro. A. Smith tornou moda representar a acumulação meramente como consumo do mais-produto por trabalhadores produtivos ou a capitalização da mais-valia como sua mera conversão em força de trabalho. Ouçamos, por exemplo, Ricardo:

> Deve-se compreender que todos os produtos de um país são consumidos; porém, faz a maior diferença imaginável saber se são consumidos por aqueles que reproduzem outro valor ou por aqueles que não o reproduzem. Quando dizemos que a *revenue* é poupada e adicionada ao capital, isso significa que a parte da *revenue* da qual se diz ter sido adicionada ao capital é consumida por trabalhadores produtivos, em vez de por trabalhadores improdutivos. Não existe maior erro que o de supor que o capital é aumentado pelo não-consumo.[30]

Não existe maior erro do que o de A. Smith, que Ricardo e todos os economistas subsequentes repetem sem pensar, de que:

> a parte da renda da qual se diz ter sido adicionada ao capital é consumida por trabalhadores produtivos.

Segundo essa concepção, toda mais-valia que é transformada em capital tornar-se-ia capital variável ¦235¦. Ela se reparte, ao contrário, como valor original adiantado, em capital constante e capital variável, em meios de produção e força de trabalho. ¦236 Força de trabalho é a forma em que o capital variável existe dentro do processo de produção. Nesse processo, ela mesma é consumida pelo capitalista. Ela consome, por intermédio de sua função – o trabalho –, meios de produção. Ao mesmo tempo, o dinheiro pago na compra da força de trabalho transforma-se em meios de subsistência, que são consumidos não pelo "trabalho produtivo", mas pelo "trabalhador produtivo". A. Smith chega, por uma análise basicamente equivocada, ao resultado absurdo de que, ainda que todo capital individual se decomponha em parte constante e parte variável, o capital social se compõe somente de capital variável ou é gasto apenas em pagamento de salários. ¦ Um fabricante de panos, por exemplo, transforma 2 000 libras esterlinas em capital. Ele aplica parte do dinheiro na compra de tecelões e parte na de fios de lã, maquinaria para processar lã etc. ¦237 As pessoas das quais ele compra os fios e a maquinaria, porém, pagam de novo com parte do dinheiro obtido, trabalho etc., até que todas as 2 000 libras esterlinas sejam gastas no pagamento de salários ou até que todo o produto representado pelas 2 000 libras esterlinas seja consumido por trabalhadores produtivos. ¦ Vê-se: todo o peso desse argumento está na palavra "etc.", que nos remete de ¦ 238 Pôncio até Pilatos ¦. Na realidade, A. Smith interrompe a investigação justamente onde começa sua dificuldade.[31]

Enquanto nos fixamos apenas no fundo da produção anual total, o processo de reprodução anual é fácil de compreender. Mas todos os componentes da produção anual têm de ser levados ao mercado, e aí começa a dificuldade. Os movimentos dos capitais individuais e das *revenues* pessoais cruzam-se, misturam-se, perdem-se numa troca geral de posição – a circulação da riqueza social – que confunde a visão e propõe à investigação tarefas muito complicadas para resolver. Na Seção III do Livro 2, farei a análise das verdadeiras conexões. – O grande mérito dos fisiocratas é terem feito, em seu *Tableau économique*,[I] pela primeira vez, a tentativa de oferecer um quadro da produção anual com a estrutura que tem ao sair da circulação.[32] ¦ 239 ¦

De resto, entende-se por si mesmo que a Economia Política, no interesse da classe capitalista, não deixou de explorar a proposição de A. Smith: a de que toda a parte do produto líquido transformada em capital é consumida pela classe trabalhadora.

3. REPARTIÇÃO DA MAIS-VALIA EM CAPITAL E *REVENUE*. A TEORIA DA ABSTINÊNCIA

No capítulo anterior consideramos a mais-valia, ou o mais-produto, apenas como fundo de consumo individual do capitalista, neste capítulo, até aqui, apenas como fundo de acumulação. Entretanto, ela não é apenas um ou apenas o outro, mas sim ambos ao mesmo tempo. Parte da mais-valia é consumida pelo capitalista como *revenue*,[33] parte é aplicada como capital ou acumulada.

Com uma massa de mais-valia dada, uma dessas partes é tanto maior quanto menor for a outra. Permanecendo iguais as demais circunstâncias, é a proporção em que se realiza essa partilha que determina a grandeza da acumulação. Mas quem procede a essa partilha é o proprietário da mais-valia, o capitalista. Ela é, portanto, um ato de sua vontade. Da parte

---

I O fisiocrata Quesnay empreendeu em seu escrito *Tableau économique*, em 1758, pela primeira vez, a tentativa de uma representação esquemática da reprodução e circulação do capital social total. Marx utilizou a edição: F. Quesnay, "Analyse du Tableau Économique" (1766), in *Physiocrates* [...] I, org. Eugène Daire, 1846. Marx trata minuciosamente do *Tableau économique* em *Theorien über den Mehrwert*, Parte I, cap. 6; no cap. 10 da Seção II do livro de Engels, *Anti-Dühring*, escrito por ele; e em *O capital*, Livro 2, cap. 19. [N. E. A.]

do tributo por ele recolhido, que ele acumula, diz-se que a poupa, porque não a consome, isto é, porque exerce sua função de capitalista, a saber, a função de se enriquecer.

Apenas na medida em que é capital personificado o capitalista tem valor histórico e aquele direito histórico à existência que, como diz o espirituoso Lichnowski, nenhuma data tem.[I] Somente nessa medida sua própria necessidade transitória está embutida na necessidade transitória do modo de produção capitalista. Mas, nessa medida, também não é o valor de uso a satisfação, mas o valor de troca, e sua multiplicação é o móvel de sua ação. Como fanático da ¦ 240 valorização do valor ¦, ele força sem nenhum escrúpulo a humanidade à produção pela produção e, portanto, a um desenvolvimento das forças produtivas sociais e à criação de condições materiais de produção, que são as únicas que podem constituir a base real de uma forma de sociedade mais elevada, cujo princípio básico é o desenvolvimento livre e pleno de cada indivíduo. Apenas como personificação do capital o capitalista é respeitável. Como tal, ele partilha com o entesourador o instinto absoluto do enriquecimento. O que neste aparece como mania individual, porém, no capitalista é efeito do mecanismo social, do qual ele é apenas uma engrenagem. Além disso, o desenvolvimento da produção capitalista faz do contínuo aumento do capital investido numa empresa industrial uma necessidade, e a concorrência impõe a todo capitalista individual as leis imanentes do modo de produção capitalista como leis coercitivas externas. Obriga-o a ampliar seu capital continuamente para conservá-lo, e ele só pode ampliá-lo mediante acumulação progressiva.

Na medida em que sua ação e omissão são apenas funções do capital que nele é dotado de vontade e consciência, seu próprio consumo privado constitui para ele um roubo ¦ 241 ¦ contra a acumulação de seu capital, da mesma forma que na contabilidade italiana os gastos privados figuram na coluna de débito do capitalista contra o capital. A acumulação é conquista do mundo da riqueza social. Ela estende ao mesmo tempo a massa de material humano explorado e o domínio direto e indireto do capitalista.[34]

Mas o pecado original atua em toda parte. Com o desenvolvimento do modo de produção capitalista, da acumulação e da riqueza, o capitalista deixa de ser mera encarnação do capital. Ele sente um "enternecimento

---

I O latifundiário reacionário silesiano Lichnowski tomou a palavra em 31 de agosto de 1848, na Assembleia Nacional de Frankfurt, e pronunciou-se contra o direito histórico da Polônia a uma existência independente. Para isso, ele utilizou várias vezes as palavras citadas acima, às quais os presentes responderam todas as vezes com grandes gargalhadas. Essa cena cômica foi em sua época reproduzida por Marx e Engels no jornal *Neue Rheinische Zeitung* [Nova Gazeta Renana]. [N. E. A.]

humano"[I] por seu próprio Adão e torna-se tão culto que chega a ridicularizar a paixão pela ascese como preconceito do entesourador arcaico. ¦ 242 Enquanto o capitalista clássico estigmatiza o consumo individual como pecado contra sua função e "abstinência" da acumulação, o capitalista moderno é capaz de conceber a acumulação como "renúncia" a seu instinto do prazer. ¦ "Duas almas moram, ah! em seu peito, e uma deseja separar-se da outra!"[II]

Nos primórdios históricos do modo de produção capitalista – e cada capitalista novato percorre individualmente essa fase – predominam a sede de riqueza e a avareza como paixões absolutas. Mas o progresso da produção capitalista não cria apenas um mundo de prazeres. Ele abre com a especulação e o sistema de crédito milhares de fontes de súbito enriquecimento. Em certo nível de desenvolvimento, um grau convencional de esbanjamento, que é ao mesmo tempo ostentação de riqueza e, portanto, meio de obter crédito, torna-se até uma necessidade do negócio para o "infeliz" capitalista. O luxo ¦ 243 ¦ entra nos custos de representação do capital. Além do mais, o capitalista não se enriquece, como ¦ 244 o entesourador ¦, em proporção a seu trabalho pessoal e a seu não-consumo pessoal, mas na medida em que extrai força de trabalho alheia e impõe ao trabalhador a renúncia a todos os prazeres da vida. Se bem que, por isso, o esbanjamento do capitalista não possuía nunca o caráter de *bona fide* [boa-fé] do esbanjamento do pródigo senhor feudal, pois no fundo espreita sempre a mais suja avareza e o cálculo mais angustioso, seu esbanjamento cresce, contudo, com sua acumulação, sem que um precise prejudicar a outra. Com isso se desenvolve, ao mesmo tempo, no coração do capitalista, um conflito fáustico entre o impulso de acumular e o instinto do prazer.

> "A indústria de Manchester", diz-se num escrito publicado pelo Dr. Aikin em 1795, "pode ser dividida em quatro períodos. No primeiro, os fabricantes eram forçados a trabalhar duro por seu sustento."

Eles enriqueceram-se particularmente furtando os pais que lhes mandavam os filhos como *apprentices* (aprendizes) e, para isso, tinham de pagar pesadamente, enquanto os aprendizes estavam esfaimados. Por outro lado, os lucros médios eram baixos e a acumulação exigia grande economia. Eles viviam como entesouradores e não consumiam nem sequer os juros de seu capital.

I F. Schiller, *Die Bürgschaft*. [N. E. A.]

II Citação modificada do *Fausto*, de Goethe, Parte I. [N. E. A.]

No segundo período, eles começaram a adquirir pequenas fortunas, mas assim mesmo trabalhavam tão duramente como antes", pois a exploração direta do trabalho custa trabalho, como todo feitor de escravos sabe, "e viviam, depois como antes, no mesmo estilo frugal. [...] No terceiro período começou o luxo e o negócio foi ampliado mediante o envio de cavaleiros" (*berittenen Commis voyageurs* [caixeiros-viajantes a cavalo]) "para receber ordens em cada cidade mercantil do reino. É provável que poucos capitais, ou mesmo nenhum, de 3000 até 4000 libras esterlinas, adquiridos na indústria, existissem antes de 1690. Por esse tempo, porém, ou talvez um pouco mais tarde, os industriais já tinham acumulado dinheiro e começaram a construir casas de pedra, em vez de madeira e argamassa. [...] Ainda nos primeiros decênios do século XVIII, um fabricante de Manchester que servisse a seus hóspedes um jarro de vinho estrangeiro expunha-se aos comentários e ao menear de cabeça de todos os seus vizinhos.

Antes do aparecimento da maquinaria, o consumo noturno dos fabricantes nas tabernas, onde se reuniam, nunca excedia 6 pence para um copo de ponche e 1 pêni para um rolo de tabaco. Somente em 1758, e isso fez época, viu-se que "uma pessoa realmente engajada no negócio possuía a própria carruagem. O quarto período", o último terço do século XVIII, "é o de grande luxo e esbanjamento, apoiados pela ampliação do negócio".[35] Que diria o bom Dr. Aikin se ressuscitasse hoje em Manchester!

Acumulai, acumulai! Isso é Moisés e os profetas![I] "¦ 245 A ¦ indústria fornece o material que a poupança acumula."[36] Portanto, poupai, poupai, isto é, retransformai a maior parte possível da mais-valia ou do mais-produto em capital! Acumulação pela acumulação, produção pela produção, nessa fórmula a Economia clássica expressou a vocação histórica do período burguês. Ela não se enganou em nenhum momento sobre as dores do nascimento da riqueza,[37] mas para que serve a lamentação diante de uma necessidade histórica? Se para a Economia clássica o proletário é apenas uma máquina destinada à produção de mais-valia, o capitalista vale para ela também apenas como uma máquina destinada à transformação dessa mais-valia em mais-capital. Ela leva sua função histórica amargamente a sério. Para exorcizar o desgraçado conflito entre o instinto do prazer e a sede de riqueza, que lhe corta o coração, Malthus defendia, ¦ 246 no começo dos anos vinte deste século [1820] ¦, uma divisão

---

I Segundo a antiga lenda cristã, os livros do Velho Testamento da Bíblia foram escritos por Moisés e grande número de profetas. Os cinco livros de Moisés, em especial, constituem a lei na religião judaica. Marx emprega aqui essa expressão no seguinte sentido: Isso é o principal! Esse é o mandamento mais importante! [N. E. A.]

do trabalho que atribui ao capitalista realmente engajado na produção o negócio de acumulação, aos outros participantes da mais-valia, a aristocracia rural, os prebendados do Estado, da Igreja etc., o negócio do esbanjamento. É da maior importância, diz ele, "manter separadas a paixão pelo gasto e a paixão pela acumulação" (*the passion for expenditure and the passion for accumulation*).[38] Os senhores capitalistas, há muito transformados em gozadores e homens do mundo, protestaram. O quê!, exclamou um de seus porta-vozes, um ricardiano, o Sr. Malthus prega altas rendas da terra, altos impostos ¦ 247 etc. ¦, para que os industriais sejam continuamente esporeados pelos consumidores improdutivos! Por certo, produção, produção em escala sempre mais ampliada, é a palavra de ordem, mas

> A produção mediante tal processo será mais obstruída do que incentivada. Nem é muito justo (*nor is it quite fair*) manter na ociosidade certo número de pessoas apenas para pressionar outras, de cujo caráter pode-se concluir (*who are likely, from their characters*) que, se fosse possível forçá-las a funcionar, funcionariam com sucesso.[39]

Por mais injusto que ele ache aguilhoar o capitalista industrial à acumulação, tirando-lhe a manteiga do pão, parece-lhe necessário limitar o salário do trabalhador ao mínimo possível, "para mantê-lo laborioso". Também não oculta, em nenhum momento, que a apropriação de trabalho não pago é o segredo da extração de mais-valia.

> "A demanda ampliada por parte dos trabalhadores nada mais significa que sua disposição para tomar menos para si mesmos de seu próprio produto e para deixar uma parte maior para seus empregadores; quando se diz que isso, mediante a redução do consumo" (por parte dos trabalhadores), "acarreta *glut* (saturação do mercado, superprodução), "só me resta responder que *glut* é sinônimo de lucros altos."[40]

A erudita controvérsia sobre o modo mais profícuo para a acumulação distribuir, entre o capitalista industrial e o ocioso proprietário de terras etc., o butim extraído do trabalhador emudeceu em face da Revolução de Julho. Logo após, o proletariado urbano tocou o sino de alarme em Lyon e o proletariado rural começou a atear fogo em fazendas na Inglaterra. Desse lado do canal, grassava o owenismo, do outro lado, o saint-simonismo e o fourierismo. A hora da Economia vulgar tinha soado. Justamente um ano antes de descobrir, em Manchester, que o lucro do capital (inclusive juros) é produto da "última décima segunda hora de trabalho" não paga, Nassau W. Senior anunciou ao mundo outra descoberta. "Eu", disse ele solenemente, "substituo a palavra capital, considerado como instrumento de produção, pela palavra abstinência."[41] Uma insuperável amostra essa das "descobertas" da Economia vulgar. Ela substitui uma categoria econômica por uma frase sicofanta. *Voilà tout* [Isso é tudo]. "Quando o selvagem", pontifica Senior, "fabrica arcos, exerce uma indústria, mas não pratica a abstinência." ¦ 248 Isso nos explica como e por que, nas condições sociais pretéritas, "sem a abstinência" do capitalista, foram fabricados instrumentos de trabalho. ¦ "Quanto mais a sociedade progride, tanto mais abstinência ela exige",[42] a saber, por parte daqueles que exercem a indústria de se apropriar da indústria alheia e do produto desta. Todas as condições do processo de trabalho transformam-se de agora em diante em outras tantas práticas de abstinência do capitalista. Que o cereal não seja apenas comido, mas também semeado, abstinência do capitalista! Que o vinho obtenha o tempo para terminar de fermentar, abstinência do capitalista![43] ¦ 249 O capitalista rouba de seu próprio Adão quando "empresta ao trabalhador os instrumentos de produção" (!), aliás, mediante incorporação de força de trabalho, valoriza-os como capital, em vez de comer máquinas a vapor, algodão, estradas de ferro, esterco, animais de tração etc. ou, como o economista vulgar infantilmente imagina, de dissipar "seu valor" em luxos e outros meios de consumo." ¦[44] Como a classe capitalista deveria fazer isso é até aqui um segredo teimosamente guardado pela Economia vulgar. Basta, o mundo vive somente da automortificação desse moderno penitente de Vixnu, o capitalista. Não apenas a acumulação, mas também a simples "manutenção de um capital exige um esforço constante para resistir à tentação de comê-lo".[45] É preciso pois, por simples humanidade, libertar o capitalista desse martírio e tentação, do mesmo modo que o senhor de escravos georgiano foi recentemente libertado, pela abolição da escravatura, do doloroso dilema de dissipar em champanha todo o mais-produto extraído a chicote dos escravos negros ou de retransformá-lo parcialmente em mais negros e mais terras.

Nas mais diversas formações socioeconômicas, não tem lugar apenas reprodução simples, mas, embora em diferente medida, reprodução em escala ampliada. Produz-se progressivamente mais e se consome mais, portanto mais produto é transformado em meios de produção. Esse processo, contudo, não se apresenta como acumulação de capital e, por conseguinte, também não como função do capitalista, enquanto os meios de produção do trabalhador e, portanto, também seu produto e seus meios de subsistência não ¦ 250 se confrontam com ele sob a forma de capital ¦.[46] Richard Jones, falecido há alguns anos, sucessor de Malthus na cadeira de Economia Política na Universidade de Haileybury, nas Índias Orientais, discute isso bem a partir de dois importantes fatos. Como a maior parte do povo da Índia é composta de camponeses que produzem autonomamente seu produto, seus meios de trabalho e de subsistência nunca existem "sob a forma (*in the shape*) de um fundo que é poupado graças à *revenue* alheia (*saved from revenue*) e que, portanto, percorreu um processo prévio de acumulação (*a previous process of accumulation*)".[47] Por outro lado, os trabalhadores não agrícolas nas províncias onde o domínio inglês dissolveu em menor grau o velho sistema são ocupados diretamente pelos grandes, para os quais flui, como tributo ou renda da terra, uma porção do mais-produto rural. Parte desse produto é consumida *in natura* pelos grandes, parte é transformada para eles em artigos de luxo e demais meios de consumo pelos trabalhadores, enquanto o restante constitui o salário dos trabalhadores, que são proprietários de seus instrumentos de trabalho. Produção e reprodução em escala ampliada seguem aqui seu curso, sem nenhuma interferência desse santo milagroso, desse cavaleiro da triste figura, o capitalista "abstinente".

4. CIRCUNSTÂNCIAS QUE, INDEPENDENTEMENTE DA DIVISÃO PROPORCIONAL DA MAIS-VALIA EM CAPITAL E *REVENUE*, DETERMINAM O VOLUME DA ACUMULAÇÃO: GRAU DE EXPLORAÇÃO DA FORÇA DE TRABALHO – FORÇA PRODUTIVA DO TRABALHO – DIFERENÇA CRESCENTE ENTRE CAPITAL APLICADO E CAPITAL CONSUMIDO – GRANDEZA DO CAPITAL ADIANTADO

Pressuposta como dada a proporção em que a mais-valia se divide em capital e *revenue*, a grandeza do capital acumulado evidentemente se regerá pela grandeza absoluta da mais-valia. Supondo-se que 80% sejam capitalizados e 20% consumidos, o capital acumulado será de 2400 libras esterlinas ou de 1200 libras esterlinas, conforme a mais-valia total tenha sido de 3000 ou 1500 libras esterlinas. Por conseguinte, todas as circunstâncias que determinam a massa de mais-valia participam na determinação da grandeza da acumulação. Vamos resumi-las aqui de novo, mas somente na medida em que nos ofereçam novos pontos de vista em relação à acumulação.

Deve-se recordar que a taxa de mais-valia, em primeira instância, depende do grau de exploração da força de trabalho. A Economia Política atribui tanta importância a esse papel que, ocasionalmente, identifica a aceleração da acumulação pela elevação da força produtiva do trabalho com sua aceleração mediante elevação da exploração do trabalhador.[48] Nas seções sobre a produção de mais-valia, foi suposto constantemente que o salário era pelo menos igual ao valor da força de trabalho. A redução forçada do salário abaixo desse valor desempenha, contudo, papel demasiadamente importante no movimento prático para que não nos detenhamos nela por um momento. Essa redução transforma, de fato, dentro de certos limites, o fundo necessário de consumo do trabalhador em um fundo de acumulação de capital.

> "Salários", diz J. St. Mill, "não têm força produtiva; eles são o preço de uma força produtiva; salários não contribuem, ao lado do próprio trabalho, para a produção de mercadorias, tampouco o preço da própria maquinaria. Se trabalho pudesse ser obtido sem compra, os salários seriam supérfluos."[49]

Se os trabalhadores, porém, pudessem viver do ar, não seria possível comprá-los por nenhum preço. O seu não custo, portanto, é um limite em sentido matemático, sempre inalcançável, ainda que sempre aproximável. É uma tendência constante do capital rebaixar os trabalhadores a esse nível niilista. Um escritor do século XVIII, frequentemente citado por mim, o autor do *Essay on Trade and Commerce*, trai o segredo mais íntimo da alma do capital inglês quando declara como missão vital histórica da Inglaterra rebaixar o salário inglês ao nível do francês e do holandês.[50] Ele diz ingenuamente, entre outras coisas:

> "Mas se nossos pobres" (expressão artística para trabalhadores) "desejam viver luxuosamente [...], seu trabalho tem naturalmente de ser caro. [...] Basta considerar a horripilante massa de coisas supérfluas (*heap of superfluities*) que nossos trabalhadores manufatureiros consomem, como aguardente, gim, chá, açúcar, frutas estrangeiras, cerveja forte, linhos estampados, rapé e fumo etc.".[51]

Ele cita o escrito de um fabricante de Northamptonshire que, com os olhos em direção aos céus, lamenta:

> "O trabalho na França é todo um terço mais barato que na Inglaterra: pois os franceses pobres trabalham duramente e se tratam com dureza quanto à alimentação e ao vestuário, e seus consumos principais são pão, frutas, ervas, raízes e peixe seco; pois comem muito raramente carne e, quando o trigo é caro, muito pouco pão".[52] "Acresce ainda", prossegue o ensaísta, "que a bebida deles consiste em água ou licores fracos, de modo que, na realidade, gastam surpreendentemente pouco dinheiro. [...] Um estado semelhante de coisas é seguramente difícil de implantar, mas não é inalcançável, como demonstra sua existência tanto na França como na Holanda."[53]

|251|

Duas décadas mais tarde, um *humbug* [farsante] americano, o baronizado ianque Benjamin Thompson (aliás, Conde Rumford) perseguiu a mesma linha filantrópica, com muito agrado perante Deus e a humanidade. Seus

Essays são um livro de cozinha com receitas de toda espécie, para substituir por sucedâneos os caros alimentos normais do trabalhador. Uma receita particularmente bem lograda desse prodigioso "filósofo" é a seguinte:

> "Cinco libras de cevada, cinco libras de milho, 3 pence de arenque, 1 pêni de sal, 1 pêni de vinagre, 2 pence de pimenta e ervas – a soma de 20¾ pence dá uma sopa para 64 pessoas; com os preços médios dos cereais, o custo pode ser rebaixado a ¼ de pêni" (menos ainda que 3 *pfennig*) "por cabeça".[54]

Com o progresso da produção capitalista, a falsificação de mercadorias tornou os ideais de Thompson desnecessários.[55]

Nos fins do século XVIII e durante as primeiras décadas do século XIX, os arrendatários e senhores de terra ingleses impuseram o salário absolutamente mínimo, pagando aos diaristas agrícolas menos que o mínimo sob a forma de salário, o resto, porém, sob a forma de ajuda paroquial. Um exemplo da farsa encenada pelos Dogberries ingleses na fixação "legal" da tarifa salarial:

> Quando, em 1795, os *squires* [senhores rurais] fixaram os salários para Speenhamland, eles já tinham almoçado, mas evidentemente pensaram que os trabalhadores não tinham necessidade disso. [...] Eles decidiram que, se o pão com peso de 8 libras e 11 onças custasse 1 xelim, o salário semanal por homem deveria ser de 3 xelins, e o salário deveria aumentar regularmente até que o pão custasse 1 xelim e 5 pence. Tão logo ele subisse acima desse preço, o salário deveria diminuir proporcionalmente até que o preço do pão alcançasse 2 xelins; e então a alimentação do homem deveria ser ⅕ menos que antes.[56]

Perante o comitê de inquérito da Câmara dos Lordes, em 1814, foi perguntado a um certo A. Bennett, grande arrendatário, magistrado, administrador da casa de pobres e regulador de salários:

> "É observada alguma proporção entre o valor do trabalho diário e a ajuda paroquial aos trabalhadores?". Resposta: "Sim. A receita semanal de cada família é completada acima de seu salário nominal até o pão de 1 galão (8 libras e 11 onças) e 3 pence por cabeça. [...] Supomos que o pão de um galão seja suficiente para manter cada pessoa da família durante a semana; e os 3 pence são para roupas; e, se a paróquia prefere ela mesma fornecer as roupas, os 3 pence são descontados. Essa prática predomina não apenas em toda a região a oeste de Wiltshire, mas, como acredito, em todo o país".[57] "Assim", exclama um escritor burguês daquela época, "os arrendatários degradaram, por anos, uma classe respeitável de seus conterrâneos ao forçá-los a buscar refúgio na *workhouse*. [...] O arrendatário multiplicou seus próprios ganhos

ao impedir a acumulação do fundo de consumo mais indispensável do lado dos trabalhadores."[58]

Que papel desempenha, hoje, o roubo direto ao fundo de consumo necessário do trabalhador para a formação da mais-valia, portanto ao fundo de acumulação do capital, foi mostrado, por exemplo, pelo chamado trabalho em domicílio (ver cap. 13, [parte] 8, [item] d). Novos fatos no decorrer desta Seção.

Embora em todos os ramos industriais a parte do capital constante constituída de ¦ 252 meios de trabalho ¦ tenha de ser suficiente para certo número de trabalhadores, determinado pelo tamanho do empreendimento, não é, entretanto, de forma alguma necessário que essa parte cresça sempre na mesma proporção que a quantidade de trabalho ocupada. Suponhamos que, numa fábrica, cem trabalhadores com oito horas de trabalho forneçam 800 horas de trabalho. Se o capitalista deseja aumentar essa soma em metade, ele pode empregar 50 novos trabalhadores; então, porém, ele terá de adiantar também novo capital, não somente para salários, mas também para meios de trabalho. Mas ele pode ainda fazer os 100 trabalhadores antigos trabalharem 12 horas em vez de 8, e então os instrumentos de trabalho existentes serão suficientes, apenas se depreciarão mais rapidamente. Desse modo, o trabalho adicional, produzido por um atrelamento mais elevado da força de trabalho, pode aumentar o mais-produto e a mais-valia, a substância da acumulação, sem aumento proporcional da parte constante do capital.

Na indústria extrativa, nas minas, por exemplo, as matérias-primas não fazem parte do adiantamento de capital. O objeto de trabalho não é aqui produto de trabalho prévio, mas presenteado gratuitamente pela Natureza. São os minérios metálicos, minerais, carvão de pedra, pedras etc. O capital constante aqui consiste quase exclusivamente em meios de trabalho que podem suportar muito bem uma ampliação do *quantum* de trabalho (turnos diários e noturnos de trabalhadores, por exemplo). Porém, permanecendo constantes as demais circunstâncias, a massa e o valor do produto sobem em razão direta ao trabalho empregado. Como no primeiro dia da ¦ 253 produção, aqui os formadores originais do produto, portanto também os formadores dos elementos materiais do capital, ser humano e Natureza, vão juntos ¦. Graças à elasticidade da força de trabalho, ampliou-se a área de acumulação sem aumento prévio do capital ¦ 254 constante ¦.

Na agricultura, não se pode ampliar a terra cultivada sem adiantamento de sementes e adubos adicionais. Mas, uma vez feito esse adiantamento, mesmo o cultivo puramente mecânico do solo exerce efeito milagroso sobre a quantidade do produto. A maior quantidade de trabalho, executada pelo número de trabalhadores até aqui em atividade, eleva assim a fertilidade sem exigir novo adiantamento de meios de trabalho. É novamente a ação direta do ser humano sobre a Natureza que se torna fonte direta de acumulação acrescida, sem interferência de novo capital.

Por fim, ¦ 255 na indústria propriamente dita ¦, cada dispêndio adicional de trabalho pressupõe um dispêndio adicional correspondente de matérias-primas, mas não necessariamente de meios de trabalho. E, uma vez que a indústria extrativa e a agricultura fornecem à indústria fabril suas próprias matérias-primas e a de seus meios de trabalho, esta também se beneficia pelo acréscimo de produção que aquelas realizaram sem aumento de capital adicional.

Resultado geral: ao incorporar as duas formadoras originais da riqueza, a força de trabalho e a terra, o capital adquire uma força expansiva que lhe permite estender os elementos de sua acumulação além dos limites aparentemente fixados por sua própria grandeza, fixados pelo valor e pela massa dos meios de produção já produzidos, nos quais tem sua existência.

Outro importante fator na acumulação do capital é o grau de produtividade do trabalho social.

¦ 256 Com a força produtiva do trabalho cresce a massa de produtos na qual se representa determinado valor e, por conseguinte, também a mais-valia de dada grandeza. Com taxa de mais-valia constante e mesmo decrescente, na medida em que ela decresça mais lentamente do que aumenta a força produtiva do trabalho, a massa do mais-produto cresce. Permanecendo constante a divisão da mesma em *revenue* e capital adicional, o consumo do capitalista pode, portanto, crescer sem diminuição do fundo de acumulação. A grandeza proporcional do fundo de acumulação pode mesmo crescer à custa do fundo de consumo, enquanto o barateamento das mercadorias coloca à disposição do capitalista quantidade igual ou maior do que antes de meios de satisfação. ¦ ¦ 257 Mas, como vimos, com a crescente produtividade do trabalho, segue-se o barateamento do trabalhador, portanto uma crescente taxa de mais-valia, mesmo que o salário real aumente. Ele nunca sobe proporcionalmente com a produtividade do trabalho. O mesmo valor em capital variável coloca, pois, mais força de trabalho e, portanto, também mais trabalho em movimento. O mesmo valor em capital constante representa-se em mais meios de produção, isto é, mais meios de trabalho, material de trabalho e materiais auxiliares, fornecendo assim tanto mais formadores de produto como formadores de valor ou absorvedores de trabalho. Com valor constante ou mesmo decrescente do capital adicional tem lugar, portanto, acumulação acelerada. Não apenas se amplia materialmente a escala da reprodução, mas a produção da mais-valia cresce mais rapidamente que o valor do capital adicional. ¦

¦ 258 O desenvolvimento da força produtiva do trabalho reage também sobre o capital original ou sobre o capital que já se encontra no processo de produção. Parte do capital constante em funcionamento consiste em meios de trabalho, como maquinaria etc., que apenas em períodos mais longos são consumidos e, portanto, reproduzidos ou substituídos por novos exemplares da mesma espécie. A cada ano, porém, parte desses meios de trabalho perece ou atinge o objetivo final de sua função produtiva. Essa parte encontra-se, portanto, a cada ano, no estágio de sua reprodução periódica ou de sua reposição por novos exemplares da mesma espécie. ¦ ¦ 259 Se a força produtiva do trabalho ampliou-se no nascedouro desses meios de trabalho – e ela se desenvolve continuamente com o fluxo ininterrupto da ciência e da técnica –, então máquinas, ferramentas, aparelhos etc. mais eficazes e, considerando seu desempenho, mais baratos, tomam o lugar dos antigos. ¦ O capital antigo é reproduzido de forma mais produtiva, abstraindo as contínuas mudanças de detalhes nos meios de trabalho existentes. A outra parte do capital constante, matérias-primas e materiais auxiliares, é reproduzida ¦ 260 constantemente no decorrer do ano, e as originárias da agricultura, em sua maior parte, anualmente ¦. Toda introdução de melhores métodos etc. tem efeito, aqui, portanto, quase simultâneo sobre o capital adicional e sobre o capital que já se encontra em funcionamento. Cada progresso da Química multiplica o número das matérias úteis e as aplicações úteis das já conhecidas, ampliando assim, com o crescimento do capital, sua esfera de aplicação. ¦ 261 Ensina, ao mesmo tempo, como lançar os excrementos dos processos de produção e de consumo de volta ao ciclo do processo de reprodução e cria, portanto, sem prévio dispêndio de capital, nova matéria para o capital. ¦ ¦ 262 Assim como a exploração aumentada das riquezas naturais mediante mera tensão mais alta da força de trabalho, ciência e técnica constituem uma potência independente da grandeza dada do capital em funcionamento para sua expansão. ¦ Ela reage, ao mesmo tempo, sobre a parte do capital original que entrou em seu estágio de renovação. ¦ 263 Em sua nova forma, o capital incorpora gratuitamente o progresso social realizado atrás do pano de sua forma antiga. É certo que esse desenvolvimento da força produtiva é, ao mesmo tempo, acompanhado por uma depreciação parcial de capitais em funcionamento. ¦ Na medida em que essa depreciação se faz sentir agudamente por meio da concorrência, o peso principal recai sobre o trabalhador, com cuja exploração mais elevada o capitalista procura se indenizar ¦ 264 ¦.

O trabalho transfere ao produto o valor dos meios de produção por ele consumidos. Por outro lado, o valor e a massa dos meios de produção postos em movimento por dada quantidade de trabalho crescem na proporção em que o trabalho torna-se mais produtivo. Assim, ainda que a mesma quantidade de trabalho agregue sempre a seus produtos a mesma soma de valor novo, cresce todavia o antigo valor-capital, que ela ao mesmo tempo lhes transfere, com ¦ 265 produtividade crescente do trabalho ¦.

Um fiandeiro inglês e um chinês, por exemplo, podem trabalhar o mesmo número de horas com a mesma intensidade, de modo que ambos, em uma semana, produzem valores iguais. Apesar dessa igualdade, há enorme diferença entre o valor do produto semanal do inglês, que trabalha com uma poderosa máquina automática, e o do chinês, que possui apenas uma roca de fiar. No mesmo tempo em que o chinês fia 1 libra de algodão, o inglês fia várias centenas de libras ¦ 266 ¦. Uma soma várias centenas de vezes maior de valores antigos incha o valor de seu produto, no qual são conservados sob nova forma mais útil e, assim, podem funcionar de novo como capital. "Em 1782", nos ensina F. Engels, "toda a safra de lã dos três anos precedentes permanecia ainda não processada, por falta de trabalhadores, e teria permanecido assim se a maquinaria recém-inventada não viesse em seu auxílio e não a tivesse fiado."[59] O trabalho objetivado sob a forma de maquinaria não fez brotar diretamente nenhum ser humano do solo, mas permitiu a um reduzido número de trabalhadores, mediante a agregação de relativamente pouco trabalho vivo, não apenas consumir de maneira produtiva a lã e adicionar-lhe valor novo, mas também sob a forma de fios etc. conservar seu valor antigo. Forneceu com isso, simultaneamente, os meios e o estímulo para a reprodução ampliada de lã. É dom natural do trabalho vivo conservar valores antigos enquanto cria valor novo. Com o crescimento da eficiência, do volume e do valor de seus meios de produção, portanto com a acumulação que acompanha o desenvolvimento de sua força produtiva, o trabalho mantém e perpetua, sob forma sempre nova, um valor-capital constantemente crescente.[60] ¦ 267 Essa força natural do trabalho aparece como força de autoconservação do capital, ao qual é incorporada, do mesmo modo que suas forças produtivas sociais aparecem como propriedades dele e a constante apropriação do mais-trabalho pelo capitalista aparece como contínua autovalorização do capital. ¦ Todas as forças do trabalho projetam-se como forças do capital, do mesmo modo que todas as formas-valor projetam-se como formas de dinheiro.

¦ 268 Com o crescimento do capital cresce a diferença entre o capital empregado e o consumido. Em outras palavras: crescem a massa de valor e a massa material dos meios de trabalho, como edifícios, maquinaria, canos de drenagem, animais de trabalho, aparelhos de toda espécie que, durante períodos mais longos ou mais curtos, em processos de produção constantemente repetidos, funcionam em toda sua extensão ou servem para a obtenção de determinados efeitos úteis, enquanto só se depreciam gradativamente, portanto perdendo seu valor por partes, transferindo-o pois ao produto também apenas por partes. ¦ ¦ 269 Na proporção em que esses meios de trabalho servem como formadores de produtos, sem lhes agregar valor, em que, portanto, são aplicados em sua totalidade, mas apenas parcialmente consumidos, prestam, conforme mencionado antes, o mesmo serviço. Esse serviço gratuito do trabalho passado, quando apanhado e animado pelo trabalho vivo, acumula com a escala crescente da acumulação. ¦

Como o trabalho passado se disfarça sempre em capital, isto é, o passivo do trabalho de A, B, C etc. torna-se o ativo do não-trabalhador X, burgueses e economistas políticos se excedem em louvar os méritos do trabalho passado que, segundo o gênio escocês McCulloch, deve até mesmo receber um soldo próprio (juros, lucro etc.).[61] O peso sempre crescente do trabalho passado, que colabora no processo vivo de trabalho sob a forma de meios de produção, é atribuído, portanto, à figura em que o trabalho passado é alienado pelo próprio trabalhador, como trabalho não pago, isto é, à sua figura de capital. Os agentes práticos da produção capitalista e seus rábulas ideológicos são incapazes de conceber o meio de produção separadamente da máscara social antagônica, que hoje adere nele, assim como um possuidor de escravos não concebe o próprio trabalhador separado de seu caráter de escravo.

¦ 270 ¦

Com o grau de exploração da força de trabalho dado, a massa de mais-valia é determinada pelo número de trabalhadores simultaneamente explorados, e este corresponde, embora em proporção variável, à grandeza do capital. Assim, quanto mais o capital cresce, mediante acumulações sucessivas, mais cresce também a soma de valor que se cinde em fundo de consumo e fundo de acumulação. O capitalista pode, por isso, viver mais prodigamente e, ao mesmo tempo, "renunciar" mais. E, por fim, todas as molas da produção atuam com tanto mais energia quanto mais se amplia sua escala com a massa do capital adiantado.

5. O ASSIM CHAMADO FUNDO DE TRABALHO

¦ 271 Verificou-se no decorrer desta investigação que o capital não é uma grandeza fixa, mas uma parte elástica e, com a divisão da mais-valia em *revenue* e capital adicional, constantemente flutuante da riqueza social. ¦ ¦ 272 Viu-se ainda que, mesmo com a grandeza dada do capital em funcionamento, a força de trabalho, a ciência e a terra (pela qual se deve entender, economicamente, todos os objetos de trabalho preexistentes na Natureza, sem interferência humana) nele incorporadas constituem potências elásticas dele que, dentro de certos limites, lhe permitem uma margem de ação independente de sua própria grandeza. ¦ ¦ 273 Chegou-se a isso abstraindo todas as circunstâncias do processo de circulação que proporcionam graus muito diferentes de eficiência à mesma massa de capital. Uma vez que pressupomos os limites da produção capitalista, portanto uma figura puramente natural do processo social de produção, foi abstraída qualquer combinação mais racional, realizável de maneira direta e planejada, com os meios de produção e as forças de trabalho existentes. A Economia clássica sempre gostou de conceber o capital social como grandeza fixa com grau fixo de eficiência. ¦ Mas o preconceito só foi solidificado em dogma pelo arquifilisteu Jeremias Bentham, o oráculo insípido, pedante e tagarela do senso comum burguês do século XIX.[62] Bentham é, entre os filósofos, o que Martin Tupper é entre os poetas. ¦ 274 Ambos só poderiam ter sido fabricados na Inglaterra. ¦[63] ¦ 275 Com seu dogma, os fenômenos mais comuns do processo de produção, por exemplo suas súbitas expansões e contrações, e até a acumulação, tornam-se inteiramente incompreensíveis. ¦[64] ¦ 276 O dogma foi mal usado tanto pelo próprio Bentham como por Malthus, James Mill, McCulloch etc., para fins apologéticos, notadamente para representar parte do capital, a variável ou conversível em força de trabalho, como grandeza fixa ¦. ¦ 277 A existência material do capital variável, isto é, a massa dos meios de subsistência que ele representa para o trabalhador, ou o assim chamado fundo de trabalho, foi imaginariamente transformada numa parcela particular da riqueza social, cercada por barreiras naturais intransponíveis. ¦ ¦ 278 Para colocar em movimento a parte da riqueza social que deve funcionar como capital constante ou, expresso materialmente, como meios de produção, requer-se determinada massa de trabalho vivo. Esta é tecnologicamente dada. Porém não é dado nem o número de trabalhadores necessário para realizar essa massa de trabalho, pois isso varia com o grau de exploração da força de trabalho individual, nem o preço dessa força de trabalho, mas apenas seu limite mínimo, que, além do mais, é muito elástico. ¦ ¦ 279 Os fatos que estão na base do dogma são estes: por um lado o trabalhador não tem voz na partilha da riqueza social em meios de satisfação dos não-trabalhadores e em meios de produção; por outro lado, apenas em casos excepcionais favoráveis ele pode ampliar o assim chamado "fundo de trabalho" à custa da "*revenue*" dos ricos. ¦[65]

A que absurda tautologia leva imaginar que a barreira capitalista do fundo de trabalho é sua barreira natural social mostra o Prof. Fawcett, entre outros:

> "O capital circulante[66] de um país", diz ele, "é seu fundo de trabalho. E, portanto, para calcular o salário médio que cada trabalhador recebe, temos simplesmente de dividir esse capital pelo número de membros da população trabalhadora".[67]

Isso quer dizer, portanto, que, primeiro, reunimos em uma soma os salários individuais pagos e, então, afirmamos que essa adição constitui a soma de valor do "fundo de trabalho", outorgado por Deus e pela Natureza. ¦ 280 Finalmente dividimos a soma obtida pelo número de trabalhadores para voltar a descobrir ¦ quanto pode caber em média a cada trabalhador. Um procedimento singularmente astucioso. Ele não impede o Sr. Fawcett de dizer, no mesmo fôlego:

> A riqueza total acumulada anualmente na Inglaterra é dividida em duas partes. Uma parte é aplicada na Inglaterra para a manutenção de nossa própria indústria. Outra parte é exportada para outros países. [...] A parte que é empregada em nossa indústria não constitui porção significativa da riqueza acumulada anualmente neste país.[68]

A maior parte do mais-produto que acresce anualmente, extraído ao trabalhador inglês sem equivalente, não é capitalizada na Inglaterra, portanto, mas em países estrangeiros. Com o capital adicional assim exportado, porém, também é exportada parte do "fundo de trabalho" inventado por Deus e Bentham.[69]

CAPÍTULO 23

A LEI GERAL DA ACUMULAÇÃO CAPITALISTA

1. DEMANDA CRESCENTE DE FORÇA DE TRABALHO COM A ACUMULAÇÃO, MANTENDO-SE CONSTANTE A COMPOSIÇÃO DO CAPITAL

Neste capítulo, tratamos da influência que o crescimento do capital exerce sobre o destino da classe trabalhadora. Os fatores mais importantes nessa investigação são a composição do capital e as modificações que ela sofre no transcurso do processo de acumulação.

A composição do capital tem de ser compreendida em duplo sentido. Da perspectiva do valor, ela é determinada pela proporção em que se reparte em capital constante, ou valor dos meios de produção, e capital variável, ou valor da força de trabalho, soma total dos salários. Da perspectiva da matéria, como ela funciona no processo de produção, cada capital se reparte em meios de produção e força de trabalho viva; essa composição é determinada pela proporção entre, por um lado, a massa dos meios de produção utilizados e, por outro lado, o montante de trabalho exigido para seu emprego. Chamo a primeira de composição-valor e a segunda de composição técnica do capital. Entre ambas há estreita correlação. Para expressá-la, chamo a composição-valor do capital, na medida em que é determinada por sua composição técnica e espelha suas modificações, de: composição orgânica do capital. Onde se fala simplesmente de composição do capital, deve-se entender sempre sua composição orgânica.

Os numerosos capitais individuais aplicados em determinado ramo da produção ¦ 281 ¦ têm entre si composição mais ou menos diferenciada. A média de suas composições individuais dá-nos a composição do capital total desse ramo da produção. Por fim, a média geral das composições médias de todos os ramos da produção dá-nos a composição do capital social de um país, e é apenas desta que, em última instância, se há de falar em seguida.

Crescimento do capital implica crescimento de sua parcela variável ou convertida em força de trabalho. Uma parcela da mais-valia transformada em capital adicional precisa ser sempre retransformada em capital variável ou fundo adicional de trabalho. Suponhamos que, além de mantidas constantes as demais circunstâncias, a composição do capital permaneça inalterada, ou seja, que determinada massa de meios de produção ou de capital constante requeira sempre a mesma massa de força de trabalho para ser posta em movimento, então cresce evidentemente a demanda de trabalho e o fundo de subsistência dos trabalhadores proporcionalmente ao capital, e tanto mais rapidamente quanto mais rapidamente cresce o capital. ¦ 282 Como o capital produz anualmente uma mais-valia, da qual parte é adicionada anualmente ao capital original, como esse próprio incremento cresce anualmente com o tamanho crescente do capital já em função e como, finalmente, sob o aguilhão particular do impulso ao enriquecimento, por exemplo a abertura de novos mercados, de novas esferas dos investimentos de capital em decorrência de necessidades sociais recém-desenvolvidas etc., a escala da acumulação é subitamente ampliável mediante mera repartição modificada da mais-valia ou do mais-produto em capital e *revenue*, as necessidades da acumulação do capital podem superar o crescimento da força de trabalho ou do número de trabalhadores, a demanda de trabalhadores pode se tornar maior que a sua oferta e, por isso, os salários se elevam. Esse tem de ser o caso, afinal de contas, permanecendo inalterados os pressupostos acima. ¦ Como a cada ano são ocupados mais trabalhadores do que no anterior, mais cedo ou mais tarde se tem de chegar ao ponto em que as necessidades da acumulação começam a crescer além da oferta habitual de trabalho, em que, portanto, começa o aumento salarial. Queixas quanto a isso ressoam na Inglaterra durante todo o século quinze e a primeira metade do século dezoito. As circunstâncias mais ou menos favoráveis em que ¦ 283 os assalariados se mantêm e se multiplicam em nada modificam, no entanto, o caráter básico da produção capitalista ¦. Assim como a reprodução simples reproduz continuamente a própria relação de capital, capitalistas de um lado, assalariados do outro, também a reprodução em escala ampliada ou a acumulação reproduz a relação de capital em escala ampliada, mais capitalistas ou capitalistas maiores neste polo, mais assalariados naquele. A reprodução da força de trabalho, que incessantemente precisa incorporar-se ao capital como meio de valorização, não podendo livrar-se dele, e cuja subordinação ao capital só é encoberta pela mudança dos capitalistas individuais a que se vende, constitui de fato um momento da própria reprodução do capital. Acumulação do capital é, portanto, multiplicação do proletariado.[70]

¦ 284 A Economia clássica entendeu tão bem essa proposição que A. Smith, Ricardo etc., como anteriormente aventado, até identificam falsamente a acumulação com o consumo de toda a parte capitalizada do mais-produto por trabalhadores produtivos ou com sua transformação em assalariados adicionais. ¦ Já em 1696 dizia John Bellers:

> Se alguém tivesse 100 000 acres de terra e igual número de libras em dinheiro e em gado, o que seria esse homem rico sem o trabalhador, senão um trabalhador? E, como os trabalhadores tornam pessoas ricas, então quanto

mais trabalhadores houver, tanto mais ricos. [...] O trabalho dos pobres é a mina dos ricos.[71]

Assim, Bernard de Mandeville no começo do século XVIII:

"Onde a propriedade estiver suficientemente protegida, seria mais fácil viver sem dinheiro do que sem pobres, pois quem faria o trabalho? [...] Assim como os trabalhadores devem ser preservados de morrer de fome, também não devem receber nada que valha a pena ser poupado. Se aqui e ali alguém da classe mais baixa, por incomum esforço e apertando o cinto, eleva-se acima das condições em que foi criado, ninguém deve impedi-lo: sim, é inegavelmente o plano mais sábio para cada pessoa na sociedade, para cada família, ser frugal; mas é do interesse de todas as nações ricas que a maior parte dos pobres nunca esteja inativa e, ainda assim, continuamente gaste o que ganha. [...] Aqueles que ganham a vida com seu labor diário [...] não têm nada que os aguilhoe para serem serviçais senão suas necessidades, que é prudente aliviar, mas loucura curar. A única coisa que pode tornar o homem trabalhador esforçado é um salário moderado. Um baixo demais o torna, conforme seu temperamento, desalentado ou desesperado; um alto demais o torna insolente e preguiçoso. [...] Do desenvolvimento até aqui segue que, numa nação livre em que não sejam permitidos escravos, a riqueza mais segura consiste numa porção de pobres laboriosos. Além de serem a inesgotável fonte fornecedora da marinha e do exército, não poderia haver satisfação sem eles e nenhum produto de país algum seria valorizável. Para fazer a sociedade" (que, obviamente, consiste em não-trabalhadores) "feliz e o povo contente, mesmo nas piores circunstâncias, é necessário que a grande maioria permaneça tanto ignorante quanto pobre. O acontecimento amplia e multiplica nossos desejos, e quanto menos um homem deseja, tanto mais facilmente suas necessidades podem ser atendidas".[72]

O que Mandeville, um homem honesto e lúcido, ainda não entende é que o próprio mecanismo do processo de acumulação multiplica, com o capital, a massa dos "pobres laboriosos", isto é, dos assalariados, que transformam sua força de trabalho em crescente força de valorização do capital crescente e, por isso mesmo, precisam perpetuar sua relação de dependência para com seu próprio produto, personificado no capitalista. ¦ 285 Quanto a essa relação de dependência ¦, observa Sir F. M. Eden, em seu *The State of the Poor, or An History of the Labouring Classes in England* [A situação dos pobres, ou Uma história da classe trabalhadora na Inglaterra]:

Nossa zona exige trabalho para satisfazer às necessidades e, por isso, ao menos parte da sociedade precisa trabalhar infatigavelmente. [...] Alguns

> que não trabalham têm, porém, os produtos do esforço a sua disposição. No entanto, esses proprietários devem isso somente à civilização e à ordem; são meras criaturas das instituições burguesas.[73] Pois estas reconheceram que também é possível apropriar-se dos frutos do trabalho de outro modo que não seja trabalhando. Pessoas de fortuna independente [...] devem sua fortuna quase inteiramente ao trabalho dos outros, e não à habilidade deles mesmos, que não é, de modo algum, maior do que a dos outros; não é a propriedade de terras ou de dinheiro, mas o comando sobre o trabalho (*the command of labour*) que distingue os ricos dos pobres. [...] O que convém ao pobre não é uma situação abjeta ou servil, mas uma condição cômoda e liberal de dependência (*a state of easy and liberal dependence*), e o que convém às pessoas de posses é ter influência e autoridade suficiente sobre aqueles que trabalham para elas. [...] Tal condição de dependência é, como o sabe todo conhecedor da natureza humana, necessária para o conforto do próprio trabalhador.[74]

Sir F. M. Eden, diga-se de passagem, é o único discípulo de Adam Smith que, durante o século dezoito, realizou algo significativo.[75]

Sob as condições de acumulação até agora supostas, as mais favoráveis aos trabalhadores, sua relação de dependência do capital reveste-se de formas suportáveis ou, como diz Eden, "cômodas e liberais". Ao invés de tornar-se mais intensiva com o crescimento do capital, torna-se apenas mais extensiva, isto é, a esfera de exploração e de dominação do capital apenas se expande com suas próprias dimensões e o número de seus subordinados. De seu próprio mais-produto, em expansão e expandindo a parte ¦ 286 transformada em capital adicional ¦, flui de volta para eles uma parcela maior sob a forma de meios de pagamento, de maneira que podem ampliar o âmbito de suas satisfações, podem prover melhor seu fundo de consumo de vestuário, móveis etc. e constituir um pequeno fundo de reserva em dinheiro. Mas, assim como melhores vestuário, alimentação, tratamento e um pecúlio maior não superam a relação de dependência e a exploração do escravo, tampouco superam as do assalariado. Preço crescente do trabalho em decorrência da acumulação do capital significa, de fato, apenas que o tamanho e o peso da cadeia de ouro, que o próprio trabalhador forjou para si, permitem reduzir seu aperto. Nas controvérsias em torno desse objeto, geralmente se deixou de ver o principal, ou seja, a *differentia specifica* da produção capitalista. Força de trabalho é aí comprada não para satisfazer, mediante seu serviço ou seu produto, às necessidades pessoais do comprador. Sua finalidade é a valorização de seu capital, produção de mercadorias que contenham mais trabalho do que ele paga, portanto, que contenham uma parcela de valor que nada lhe custa e que, ainda assim, é realizada pela venda de mercadorias. Produção de mais-valia ou geração de excedente é a lei absoluta desse modo de produção. Só à medida que mantém os meios de produção como capital, que reproduz seu próprio valor como capital ¦ 287 e que fornece em trabalho não pago uma fonte de capital adicional é que a força de trabalho é vendável.[76] ¦ As condições de sua venda, quer sejam mais, quer sejam menos favoráveis para o trabalhador, incluem, portanto, a necessidade de sua contínua revenda e a contínua reprodução ampliada da riqueza como capital. O salário, como se viu, condiciona sempre, por sua natureza, o fornecimento de determinado *quantum* de trabalho não pago por parte do trabalhador. Abstraindo inteiramente a elevação do salário com preço decrescente do trabalho etc., seu aumento significa, no melhor dos casos, apenas diminuição quantitativa do trabalho não pago que o trabalhador tem de prestar. Essa diminuição nunca pode ir até o ponto em que ela ameace o próprio sistema. ¦ 288 Abstraindo conflitos violentos sobre a taxa do salário – e Adam Smith já mostrou que, de modo geral, em tal conflito o patrão sempre permanece patrão –, uma elevação do preço do trabalho decorrente da acumulação de capital pressupõe a seguinte alternativa. ¦

Ou o preço do trabalho continua a se elevar, porque sua elevação não perturba o progresso da acumulação; nisso não há nada de surpreendente, pois como diz A. Smith:

> mesmo com lucros diminuídos os capitais continuam a aumentar: crescem até mesmo mais depressa do que antes. [...] Um grande capital, mesmo com lucros menores, geralmente cresce mais depressa do que um capital pequeno com lucros grandes. ([*Wealth of Nations*], op. cit., I, p. 189)

¦ 289 Nesse caso, é evidente que uma diminuição do trabalho não pago de modo algum prejudica a expansão do domínio do capital. ¦ – Ou, este é o outro lado da alternativa, a acumulação afrouxa devido ao preço crescente do trabalho, pois o aguilhão do lucro embota. A acumulação decresce. Mas, com seu decréscimo, desaparece a causa de seu decréscimo, ou seja, a desproporção entre capital e força de trabalho explorável. O próprio mecanismo do processo de produção capitalista elimina, portanto, os empecilhos que ele temporariamente cria. O preço do trabalho cai novamente para um nível correspondente às necessidades de valorização do capital, quer esse nível esteja abaixo, acima ou igual ao que era considerado normal antes de surgir o crescimento adicional de salário. ¦ 290 Vê-se que: no primeiro caso, não é a diminuição no crescimento absoluto ou proporcional da força de trabalho ou da população trabalhadora que torna o capital redundante, mas, ao contrário, é o aumento do capital que torna insuficiente a força de trabalho explorável. No segundo caso, não é o aumento no crescimento absoluto ou proporcional da força de trabalho ou da população trabalhadora que torna o capital insuficiente, mas, ao contrário, é a diminuição de capital que torna excessiva a força de trabalho explorável ou, antes, seu preço. São esses movimentos absolutos na acumulação do capital que se refletem como movimentos relativos na massa da força de trabalho explorável e, por isso, parecem dever-se ao movimento próprio desta última. ¦ Para usar uma expressão matemática: a grandeza da acumulação é a variável independente; a grandeza do salário, a dependente, e não o contrário. Assim, na fase de crise do ciclo industrial, a queda geral dos preços das mercadorias se expressa como elevação do valor relativo do dinheiro e, na fase de prosperidade, a elevação geral dos preços das mercadorias se expressa como queda do valor relativo do dinheiro ¦ 291 ¦. A assim chamada *currency school*[I] conclui daí que, com preços altos, circula dinheiro demais e, com preços baixos, dinheiro de menos. Sua ignorância e desconhecimento total dos fatos[77] encontram paralelos à altura nos economistas que interpretam esses fenômenos da acumulação como se ora existissem assalariados demais e ora de menos.

A lei da produção capitalista, que subjaz à pretensa "lei natural da população", redunda simplesmente nisto: a relação entre capital, acumulação e taxa de salário não é nada mais que a relação entre o trabalho não pago, transformado em capital, e o trabalho adicional necessário à movimentação do capital adicional. Não é, portanto, de modo algum uma relação de duas grandezas independentes entre si, por um lado a grandeza do capital, por outro o tamanho da população trabalhadora, mas é, em última instância, muito mais a relação entre o trabalho não pago e o trabalho pago da mesma população trabalhadora. Se cresce a quantidade de trabalho não pago fornecido pela classe trabalhadora e acumulada pela classe capitalista de modo suficientemente rápido para poder transformar-se em capital apenas com um acréscimo extraordinário de trabalho pago, então o salário sobe e, permanecendo tudo o mais constante, o trabalho não pago diminui proporcionalmente. Mas, assim que essa diminuição atinge o ponto em que o mais-trabalho, que alimenta o capital, já não é oferecido na quantidade normal, então ocorre uma reação: uma parte menor da *revenue* é capitalizada, a acumulação se desacelera e o movimento ascendente do salário sofre um contragolpe. A elevação do preço do trabalho permanece, portanto, confinada em limites que não só deixam intocados os fundamentos do sistema capitalista, mas também asseguram sua reprodução em escala crescente. A lei da acumulação capitalista, mistificada em lei da Natureza, expressa, portanto, de fato, apenas que sua natureza exclui todo decréscimo no grau de

I Ver, neste volume, p. 698, nota 109. [N. E. B.]

exploração do trabalho ou toda elevação do preço do trabalho que poderia ameaçar seriamente a reprodução continuada da relação de capital e sua reprodução em escala sempre ampliada. ¦ 292 Nem poderia ser diferente num modo de produção em que o trabalhador existe para as necessidades de valorização de valores existentes, em vez de a riqueza objetiva existir para as necessidades de desenvolvimento do trabalhador. ¦ Assim como na religião o ser humano é dominado pela obra de sua própria cabeça, na produção capitalista ele o é pela obra de sua própria mão.[77a]

2. DECRÉSCIMO RELATIVO DA PARTE VARIÁVEL DO CAPITAL COM O PROGRESSO DA ACUMULAÇÃO E DA CONCENTRAÇÃO QUE A ACOMPANHA

De acordo com os próprios economistas, não é o volume existente da riqueza social nem a grandeza do capital já adquirido que acarretam uma elevação salarial, mas unicamente o crescimento contínuo da acumulação e a velocidade desse crescimento (A. Smith, Livro 1, cap. 8). Até agora examinamos apenas uma fase particular desse processo, aquela em que o crescimento adicional de capital ocorre com composição técnica do capital constante. Mas o processo ultrapassa essa fase.

Uma vez dados os fundamentos gerais do sistema capitalista, no transcurso da acumulação surge sempre um ponto em que o desenvolvimento da produtividade do trabalho social se torna a mais poderosa alavanca da acumulação.

> "A mesma causa", diz A. Smith, "que eleva os salários, ou seja, o aumento de capital, impele o incremento das capacidades produtivas do trabalho e habilita uma quantidade menor de trabalho a produzir uma quantidade maior de produtos."[I]

¦ 293 Abstraindo das condições naturais, como fertilidade do solo etc., e da habilidade dos produtores independentes e que trabalham isoladamente – a qual, no entanto, se patenteia mais qualitativamente na perfeição do que quantitativamente na massa do produto –, o grau de produtividade social do trabalho se expressa no volume relativo dos meios de produção que um trabalhador, durante um tempo dado, com o mesmo dispêndio de força de trabalho, transforma em produto. A massa dos meios de produção com que ele funciona cresce com a produtividade de seu trabalho. ¦ Esses meios de produção desempenham duplo papel. ¦ 294 O

I A. Smith, *An Inquiry into the Nature and Causes of the Wealth of Nations*, v. I. Edinburgh, 1814, p. 142. [N. E. A.]

crescimento de uns é consequência e o de outros é condição da crescente produtividade do trabalho. Por exemplo, com a divisão manufatureira do trabalho e a utilização da maquinaria, no mesmo espaço de tempo mais matéria-prima é processada, portanto uma massa maior de matéria-prima e de materiais auxiliares entra no processo de trabalho. Essa é a consequência da crescente produtividade do trabalho. Por outro lado, a massa da maquinaria utilizada, dos animais de trabalho, dos adubos minerais, das tubulações de drenagem etc. é condição da crescente produtividade do trabalho. Assim também a massa dos meios de produção concentrados em prédios, altos-fornos, os meios de transporte etc. ¦ ¦295 Mas, condição ou consequência, o volume crescente dos meios de produção em comparação com a força de trabalho neles incorporada expressa a crescente produtividade do trabalho. O acréscimo desta última aparece, portanto, no decréscimo da massa de trabalho proporcionalmente à massa de meios de produção movimentados por ela ou no decréscimo da grandeza do fator subjetivo do processo de trabalho em comparação com seus fatores objetivos. ¦

Essa mudança na composição técnica do capital, o crescimento da massa dos meios de produção, comparada à massa da força de trabalho que os vivifica, reflete-se em sua composição em valor, no acréscimo da componente constante do valor do capital à custa de sua componente variável. Originalmente são investidos de um capital, por exemplo, calculados em porcentagem, 50% em meios de produção e 50% em força de trabalho; mais tarde, com o desenvolvimento da produtividade do trabalho, são investidos 80% em meios de produção e ¦296 20% em força de trabalho etc. ¦ Essa lei do crescente aumento da parte constante do capital em relação à parte variável é confirmada a cada passo (como já desenvolvido acima) pela análise comparativa dos preços das mercadorias, quer comparemos diferentes épocas econômicas de uma única nação ou nações diferentes na mesma época. A grandeza relativa do elemento do preço, que representa apenas o valor dos meios de produção consumidos ou a parte constante do capital, estará na razão direta; a grandeza relativa do outro elemento do preço, que representa a parte que paga o trabalho ou a parte variável do capital, estará geralmente na razão inversa do progresso da acumulação.

O decréscimo da parte variável do capital em confronto com a constante ou a composição modificada do valor do capital indica, no entanto, de modo apenas aproximado, a mudança na ¦297 composição de seus componentes materiais ¦. Se, por exemplo, hoje, o valor do capital investido na fiação é 7/8 constante e 1/8 variável, enquanto no começo do século XVIII era ½ constante e ½ variável, a massa de matéria-prima, meios de trabalho etc. que determinado *quantum* de trabalho de fiação consome hoje produtivamente é quatrocentas vezes maior do que no começo do século XVIII. ¦ 298 A razão disso é simplesmente que, com a crescente produtividade do trabalho, não apenas se eleva o volume dos meios de produção por ele utilizados, mas cai o valor deles em comparação com seu volume. ¦ Seu valor se eleva de modo absoluto, pois, mas não proporcionalmente a seu volume. O crescimento da diferença entre capital constante e capital variável é, por isso, muito menor do que o da diferença entre a massa dos meios de produção em que o capital constante é convertido e a massa da força de trabalho em que se converte o capital variável. A primeira diferença cresce com a última, mas em grau menor.

Além disso, se o progresso da acumulação diminui a grandeza relativa da parte variável do capital, não exclui, com isso, de modo algum, o crescimento de sua grandeza absoluta. Suponhamos que um valor de capital se divida inicialmente em 50% de capital constante e 50% de variável, mais tarde em 80% de constante e 20% de variável. Se, entrementes, o capital original, digamos 6000 libras esterlinas, aumentou para 18000 libras esterlinas, sua componente variável cresceu também em 1/5. Era de 3000 libras esterlinas e monta agora a 3600 libras esterlinas. Mas, se antes um crescimento de 20% de capital teria bastado para elevar a demanda de mão de obra em 20%, isso agora exige triplicação do capital original.

Na Seção IV foi mostrado como o desenvolvimento da força produtiva social do trabalho pressupõe cooperação em larga escala, como só com esse pressuposto é que podem ser organizadas a divisão e a combinação do trabalho, podem ser poupados meios de produção mediante concentração maciça, podem ser criados materialmente meios de trabalho apenas utilizáveis em conjunto, por exemplo sistema de maquinaria etc., podem ser postas a serviço da produção colossais forças da Natureza e pode ser completada a transformação do processo de produção em aplicação tecnológica da ciência. ¦ 299 Sobre a base da produção de mercadorias, na qual os meios de produção são propriedade de pessoas privadas, na qual o trabalhador manual, portanto, produz mercadorias de modo isolado e autônomo ou vende sua força de trabalho como mercadoria porque lhe faltam os meios para produzir autonomamente, aquele pressuposto só se realiza pelo crescimento dos capitais individuais ou à medida que os meios sociais de produção e subsistência são transformados em propriedade privada de capitalistas. ¦ O terreno da produção de mercadorias só pode sustentar a produção em larga escala na forma capitalista. Certa acumulação de capital nas mãos de produtores individuais de mercadorias constitui, por isso, o pressuposto do modo específico de produção capitalista. Tínhamos, portanto, de pressupô-la na passagem do artesanato para a empresa capitalista. Pode ser chamada de acumulação primitiva, ¦ 300 ¦ pois, em vez de resultado histórico, ela é fundamento histórico da produção especificamente capitalista. Ainda não precisamos examinar aqui como ela própria surge. Basta dizer que ela constitui o ponto de partida. Mas todos os métodos de elevar a força produtiva social do trabalho surgidos sobre esse fundamento são, ao mesmo tempo, métodos de elevar a produção de mais-valia ou mais-produto, que, por sua vez, é o elemento constitutivo da acumulação. São, por conseguinte, métodos para produzir capital mediante capital ou métodos de sua acumulação acelerada. A contínua retransformação de mais-valia em capital apresenta-se como grandeza crescente do capital que entra no processo de produção. Este se torna, por sua vez, fundamento para uma escala ampliada de produção, dos métodos que o acompanham para a elevação da força produtiva do trabalho e a produção acelerada de mais-valia. Se, portanto, certo grau de acumulação de capital aparece como condição do modo de produção especificamente capitalista, este último ocasiona em reação uma acumulação acelerada do capital. Com a acumulação do capital desenvolve-se, portanto, o modo de produção especificamente capitalista e, com o modo de produção especificamente capitalista, a acumulação do capital. Esses dois fatores econômicos criam, de acordo com a relação conjugada dos impulsos que eles se dão mutuamente, a mudança na composição técnica do capital pela qual a componente variável se torna cada vez menor comparada à constante.

¦ 301 Todo capital individual é uma concentração maior ou menor de meios de produção com comando correspondente sobre um exército maior ou menor de trabalhadores. Toda acumulação torna-se meio de nova acumulação. Com a massa multiplicada da riqueza, que funciona como capital, ela amplia sua concentração nas mãos de capitalistas individuais e, portanto, a base da produção em larga escala e dos métodos de produção especificamente capitalistas. O crescimento do capital social realiza-se no crescimento de muitos capitais individuais. Pressupondo-se as demais circunstâncias constantes, os capitais individuais crescem e, com eles, a concentração dos meios de produção, na proporção em que constituem partes alíquotas do capital total da sociedade. Ao mesmo tempo, parcelas se destacam dos capitais originais e passam a funcionar como novos capitais autônomos. Nisso desempenha um grande papel, entre outros fatores, a partilha da fortuna das famílias capitalistas. Com a acumulação do capital, cresce portanto, em maior ou menor proporção, o número dos capitalistas. Dois pontos caracterizam essa espécie de concentração, que repousa diretamente na acumulação, ou melhor, que é idêntica a ela. Primeiro: a crescente concentração dos meios de produção social nas mãos de capitalistas individuais, permanecendo constantes as demais circunstâncias, é limitada pelo grau de crescimento da riqueza social. Segundo: a parte do capital social localizada em cada esfera específica da produção está repartida entre muitos capitalistas, que se confrontam como produtores de mercadorias independentes e reciprocamente concorrentes. A acumulação e a concentração que a acompanha não apenas estão dispersas em muitos pontos, mas o crescimento dos capitais em funcionamento é entrecruzado pela constituição de novos capitais e pela fragmentação de capitais antigos. Assim, se a acumulação se apresenta, por um lado, como concentração crescente dos meios de produção e do comando sobre o trabalho, por outro lado ela aparece como repulsão recíproca entre muitos capitais individuais.

Essa dispersão do capital total da sociedade em muitos capitais individuais ou a repulsão recíproca entre suas frações é oposta por sua atração. Esta já não é concentração simples, idêntica à acumulação, de meios de produção e de comando sobre o trabalho. É concentração de capitais já constituídos, supressão de sua autonomia individual, expropriação de capitalista por capitalista, transformação de muitos capitais menores em poucos capitais maiores. Esse processo se distingue do primeiro porque pressupõe apenas divisão alterada dos capitais já existentes e em funcionamento, seu campo de ação não estando, portanto, limitado pelo crescimento absoluto da riqueza social ou pelos limites absolutos da acumulação. Aqui o capital se expande numa mão, até atingir grandes massas, porque acolá ele é perdido por muitas mãos. É a centralização propriamente dita, distinguindo-se da acumulação e da concentração. ¦

As leis dessa centralização dos capitais ou da atração de capital por capital não podem ser desenvolvidas aqui. Basta uma indicação sumária dos fatos. A luta da concorrência é conduzida por meio do barateamento das mercadorias. A barateza das mercadorias depende, *caeteris paribus*, da produtividade do trabalho, porém esta depende da escala da produção. Os capitais maiores, portanto, derrotam os menores. Recorde-se ainda que, com o desenvolvimento do modo de produção capitalista, cresce o tamanho mínimo do capital individual que é requerido para conduzir um negócio sob suas condições normais. Os capitais menores disputam, por isso, esferas da produçao das quais a grande indústria se apoderou apenas de modo esporádico ou incompleto. A concorrência se desencadeia aí com fúria diretamente proporcional ao número dos capitais rivais e em proporção inversa à grandeza destes. Termina sempre com a ruína de muitos capitalistas menores, cujos capitais em parte se transferem para a mão do vencedor, em parte soçobram. Sem levar isso em conta, com a produção capitalista constitui-se uma potência inteiramente nova, o sistema de crédito, que, em seus primórdios, se insinua furtivamente como modesto auxiliar da acumulação, levando por fios invisíveis recursos monetários, dispersos em massas maiores ou menores pela superfície da sociedade, às mãos de capitalistas individuais ou associados, mas logo se torna uma nova e temível arma na luta da concorrência e finalmente se transforma em enorme mecanismo social para a centralização dos capitais.

À medida que se desenvolvem a produção e a acumulação capitalista, na mesma medida desenvolvem-se concorrência e crédito, as duas mais poderosas alavancas da centralização. Paralelamente, o progresso da acumulação multiplica a matéria centralizável, isto é, os capitais individuais, enquanto a expansão da produção capitalista cria aqui a necessidade social e acolá os meios técnicos para aquelas poderosas empresas industriais cuja realização se liga a uma centralização prévia do capital. Hoje, portanto, a força de atração recíproca dos capitais individuais e a tendência à centralização são mais fortes do que em qualquer ocasião anterior. Mas, embora a expansão relativa e o ímpeto do movimento centralizador sejam determinados até certo ponto pela grandeza já atingida da riqueza capitalista e pela superioridade do mecanismo econômico, o progresso da centralização não depende, de nenhum modo, do crescimento positivo da grandeza do capital social. E especialmente isso diferencia a centralização da concentração, que é apenas outra expressão para a reprodução em escala ampliada. A centralização pode ocorrer por meio de mera mudança da distribuição de capitais já existentes, por meio de mudança simples do agrupamento quantitativo dos componentes do capital social. O capital pode crescer aqui numa mão até formar massas grandiosas porque acolá ele é retirado de muitas mãos individuais. Em dado ramo de negócios, a centralização teria alcançado seu limite último se todos os capitais aí investidos fossem fundidos num só capital individual.[77b] Em dada sociedade, esse limite seria alcançado no instante em que o capital total da sociedade estivesse reunido na mão seja de um único capitalista, seja de uma única sociedade de capitalistas.

A centralização complementa a obra da acumulação ao colocar os capitalistas industriais em condições de expandir a escala de suas operações. Seja esse último resultado uma consequência da acumulação ou da centralização; ocorra a centralização pelo caminho violento da anexação – onde certos capitais se tornam centros de gravitação tão superiores para outros que rompem a coesão individual destes e, então, atraem para si os fragmentos isolados –; ou ocorra a fusão de uma porção de capitais já constituídos ou em vias de constituição mediante o procedimento mais tranquilo da formação de sociedades por ações – o efeito econômico permanece o mesmo. A expansão acrescida dos estabelecimentos industriais constitui por toda parte o ponto de partida para uma organização mais abrangente do trabalho coletivo de muitos, para um desenvolvimento mais amplo de suas forças motrizes materiais, isto é, para a conversão progressiva de processos de produção isolados e rotineiros em processos de produção socialmente combinados e cientificamente dispostos.

Mas é claro que a acumulação, o aumento paulatino do capital pela reprodução que passa da forma circular para a espiral, é um processo bastante lento, se comparado com a centralização, que só precisa alterar o agrupamento quantitativo das partes integrantes do capital social. O mundo ainda estaria sem estradas de ferro, caso ficasse esperando até que a acumulação de alguns capitais individuais alcançasse o tamanho requerido para a construção de uma estrada de ferro. No entanto, a centralização mediante as sociedades por ações chegou a esse resultado num piscar de olhos. E, enquanto a centralização assim reforça e acelera os efeitos da acumulação, simultaneamente amplia e acelera as revoluções na composição técnica do capital, que aumentam sua parte constante à custa de sua parte variável e, com isso, diminuem a demanda relativa de trabalho.

As massas de capital soldadas entre si da noite para o dia pela centralização se reproduzem e multiplicam como as outras, só que mais rapidamente e, com isso, tornam-se novas e poderosas alavancas da acumulação social. Ao falar, portanto, do progresso da acumulação social – hoje –, os efeitos da centralização estão implícitos.

Os capitais adicionais (ver cap. 22, [parte] 1) constituídos no transcurso da acumulação normal servem preferencialmente como veículo para a exploração de novas invenções e descobertas, sobretudo de aperfeiçoamentos industriais. Mas também o velho capital alcança com o tempo o momento de sua renovação da cabeça aos pés, quando ele muda de pele e igualmente renasce na configuração técnica aperfeiçoada em que uma massa menor de trabalho basta para pôr em movimento uma massa maior de maquinaria e matérias-primas. A diminuição absoluta da demanda de trabalho, que ¦ 302 necessariamente segue daí, torna-se, como é óbvio, tanto maior quanto mais os capitais que passam por esse processo de renovação estejam acumulados em massas, graças ao movimento ¦ centralizador.

Por um lado, o capital adicional constituído no decurso da acumulação atrai, portanto, em proporção a seu tamanho, menos e menos trabalhadores. Por outro lado, o velho capital, reproduzido periodicamente em nova composição, repele mais e mais trabalhadores anteriormente ocupados por ele.

3. PRODUÇÃO PROGRESSIVA DE UMA SUPERPOPULAÇÃO RELATIVA OU EXÉRCITO INDUSTRIAL DE RESERVA

A acumulação de capital, que apareceu originalmente só como sua ampliação quantitativa, realiza-se, como vimos, numa alteração qualitativa contínua de sua composição, com acréscimo permanente de seu componente constante à custa do variável.[77c] ¦303¦

O modo de produção especificamente capitalista, o desenvolvimento da força produtiva do trabalho a ele correspondente e a alteração assim causada na composição orgânica do capital não avançam somente passo a passo com o progresso da acumulação ou o crescimento da riqueza social. Avançam com rapidez incomparavelmente maior, porque tanto a acumulação simples ou a expansão absoluta do capital total é acompanhada pela centralização de seus elementos individuais como a revolução técnica do capital adicional é acompanhada pela revolução técnica do capital original. ¦304 Com o avanço da acumulação modifica-se, portanto, a proporção entre a parte constante e a parte variável do capital, originalmente de 1:1, para 2:1, 3:1, 4:1, 5:1, 7:1 etc., de modo que, ao crescer o capital, ao invés de ½ de seu valor total, progressivamente apenas ⅓, ¼, ⅕, ⅙, ⅛ etc. se convertem em força de trabalho, ao passo que ⅔, ¾, ⅘, ⅚, ⅞ etc., em meios de produção.¦ ¦305 Como a demanda de trabalho não é determinada pelo volume do capital total, mas sim por seu componente variável, ela cai progressivamente com o crescimento do capital total, ao invés de, como antes se pressupôs, crescer de modo proporcional com ele.¦ Ela cai em relação à grandeza do capital total e em progressão acelerada com o crescimento dessa grandeza. ¦306 Com o crescimento do capital total, na verdade, também cresce seu componente variável, ou a força de trabalho nele incorporada, mas em proporção continuamente decrescente.¦ ¦307 Os períodos em que a acumulação atua como mera expansão da produção sobre uma base técnica dada tornam-se cada vez mais curtos.¦ ¦308 Requer-se uma acumulação acelerada do capital total em progressão crescente para absorver um número adicional de trabalhadores de certa grandeza ou mesmo, por causa da constante metamorfose do capital antigo, para ocupar os já em funcionamento. Por sua vez, essa acumulação crescente e a centralização se convertem numa fonte de nova mudança da composição do capital ou reiterado decréscimo acelerado de sua componente variável se comparada com a constante.¦ ¦309 Esse decréscimo relativo de sua componente variável, acelerado pelo crescimento do capital total, e que é mais acelerado que seu próprio crescimento, aparece, por outro lado, inversamente, como crescimento absoluto da população trabalhadora sempre mais rápido do que do capital variável ou de seus meios de ocupação.¦ ¦310 No entanto, a acumulação capitalista produz constantemente – e isso em proporção à sua energia e às suas dimensões – uma população trabalhadora adicional relativamente supérflua ou subsidiária, ao menos no concernente às necessidades de aproveitamento por parte do capital.¦

¦311 Considerando o capital total da sociedade, ora o movimento de sua acumulação provoca variações periódicas, ora seus momentos se repartem, simultaneamente, nas diferentes esferas da produção. Em algumas esferas ocorre mudança na composição do capital sem crescimento de sua grandeza absoluta, em decorrência de mera concentração; em outras, o crescimento absoluto do capital está ligado ao decréscimo absoluto de seu componente variável ou da força de trabalho absorvida por ele; em outras, ora o capital continua a crescer sobre sua base técnica dada e atrai força de trabalho adicional em proporção a seu crescimento, ora ocorre mudança orgânica e se contrai sua componente variável; em todas as esferas, o crescimento da parte variável do capital, portanto do número de trabalhadores ocupados, está sempre ligado a fortes flutuações e à produção transitória de superpopulação, quer esta assuma agora a forma mais notável de repulsão de trabalhadores já ocupados, quer assuma a menos aparente, mas não menos efetiva, de absorção dificultada da população trabalhadora adicional pelos canais costumeiros. ¦[78] ¦ 312 Com a grandeza do capital social já em funcionamento e com o grau de seu crescimento, com a expansão da escala de produção e da massa dos trabalhadores postos em movimento, com o desenvolvimento da força produtiva de seu trabalho, com o fluxo mais amplo e mais completo de todos os mananciais da riqueza, expande-se também a escala em que uma maior atração de trabalhadores pelo capital está ligada à maior repulsão dos mesmos, cresce a rapidez da mudança da composição orgânica do capital e de sua forma técnica e aumenta o âmbito das esferas da produção que são atingidas ora simultânea ora alternadamente por ela. ¦ Com a acumulação do capital produzida por ela mesma, a população trabalhadora produz, portanto, em volume crescente, os meios de sua própria conversão em relativamente supranumerária.[79] Essa é uma lei populacional peculiar ao modo de produção capitalista, assim como, de fato, cada modo de produção histórico tem suas leis populacionais particulares, historicamente válidas. Uma lei populacional abstrata só existe para plantas e animais, enquanto o ser humano não interferir historicamente.

Mas, se uma população trabalhadora excedente é produto necessário da acumulação ou do desenvolvimento da riqueza com base no capitalismo, essa superpopulação torna-se, por sua vez, a alavanca da acumulação capitalista, até uma condição de existência ¦ 314 do modo de produção capitalista ¦. Ela constitui um exército industrial de reserva disponível, que pertence ao capital de maneira tão absoluta como se ele o tivesse criado à sua própria custa. Ela proporciona às suas mutáveis necessidades de valorização o material humano sempre pronto para ser explorado, independente dos limites do verdadeiro acréscimo populacional. ¦ 315 Com a acumulação e o desenvolvimento da força produtiva do trabalho que a acompanha, cresce a súbita força de expansão do capital, não só porque crescem a elasticidade do capital em funcionamento e a riqueza absoluta, da qual o capital só constitui uma parte elástica, mas também porque o crédito, sob qualquer estímulo particular, põe, num instante, à disposição da produção, como capital adicional, parte incomum dessa riqueza. As condições técnicas do próprio processo de produção, maquinaria, meios de transporte etc., possibilitam em maior escala a transformação mais rápida de mais-produto em meios de produção adicionais. ¦ ¦ 316 A massa da riqueza social, superabundante com o progresso da acumulação e transformável em capital adicional, lança-se freneticamente em ramos da produção antigos, cujo mercado se amplia subitamente, ou em ramos recém-abertos, como estradas de ferro etc., cuja necessidade decorre do desenvolvimento dos antigos. Em todos esses casos, grandes massas humanas precisam estar disponíveis para serem subitamente lançadas nos pontos decisivos, sem quebra da escala de produção em outras esferas. A superpopulação as provê. ¦ O curso de vida característico da indústria moderna, sob a forma de um ciclo decenal, interrompido por oscilações menores, de vitalidade média, produção a todo vapor, crise e estagnação, repousa na contínua constituição, na maior ou menor absorção e na reconstituição do exército industrial de reserva ou superpopulação. ¦ 317 Por sua vez, as oscilações do ciclo industrial recrutam a superpopulação e tornam-se os mais enérgicos agentes de sua reprodução. ¦

Esse curso de vida peculiar da indústria moderna, que não encontramos em nenhuma época anterior da humanidade, também era impossível no período de infância da produção capitalista. ¦ 318 A composição do capital só se alterava paulatinamente. À sua acumulação correspondia, portanto, no todo, um crescimento proporcional da demanda de trabalho. ¦ Lento como o progresso de sua acumulação, se comparado com o da época moderna, ele se chocava com barreiras naturais da população trabalhadora explorável, que só foram removidas por meios violentos a serem mencionados mais tarde. A expansão súbita e intermitente da escala de produção é o pressuposto de sua contração súbita; a contração provoca novamente a expansão, mas esta é impossível sem material humano disponível, sem multiplicação dos trabalhadores independente do crescimento absoluto da população. Ela é criada pelo simples processo de "liberar" constantemente parte dos trabalhadores, por métodos que diminuem o número de trabalhadores ocupados em relação à produção aumentada. Toda forma de movimento da indústria moderna decorre, portanto, da constante transformação de parte da população trabalhadora em braços desempregados ou semiempregados. A superficialidade da Economia Política evidencia-se, entre outras coisas, quando ela faz da expansão e contração do crédito mero sintoma dos períodos de variação do ciclo industrial, a causa do mesmo. Assim como corpos celestes que uma vez lançados em determinado movimento sempre o repetem, o mesmo acontece com a produção social tão logo tenha sido posta nesse movimento de expansão e contração alternadas ¦ 319 ¦. ¦ 320 Efeitos, por sua vez, tornam-se causas, e as alternâncias de todo o processo, que reproduz continuamente suas próprias condições, assumem a forma de periodicidade. Uma vez consolidada esta última, então até mesmo a Economia Política entende a produção de uma população excedente relativa, isto é, em relação à necessidade média de valorização do capital, como condição de vida da indústria moderna. ¦

> "Suponha-se", diz H. Merivale, anteriormente professor de Economia Política em Oxford, depois funcionário do Ministério das Colônias da Inglaterra, "que, por ocasião de algumas dessas crises, a nação se arrebate no esforço de se livrar, por emigração, de algumas centenas de milhares de braços supérfluos, qual seria a consequência? Que com o primeiro retorno da demanda de trabalho haveria uma carência. Por rápida que seja a reprodução humana, em todos os casos ela precisa do espaço de uma geração para a reposição de trabalhadores adultos. Ora, os lucros de nossos fabricantes dependem principalmente do poder de explorar o momento favorável de demanda intensa, compensando-se assim pelo período de paralisia. Esse poder lhes é assegurado apenas pelo comando sobre maquinaria e trabalho manual. Eles precisam encontrar braços disponíveis, precisam estar em condições de incrementar e afrouxar a atividade de suas operações, de acordo com a situação do mercado, ou então possivelmente não poderão afirmar a superioridade na corrida da concorrência, sobre a qual se funda a riqueza desse país."[80]

Até mesmo Malthus reconhece na superpopulação – que, em sua visão estreita, ele interpreta como consequência do excessivo crescimento absoluto da população trabalhadora, e não do fato de esta ter se tornado relativamente supranumerária – uma necessidade da indústria moderna. Diz ele:

> Hábitos prudentes quanto ao casamento, se levados excessivamente em conta pela classe trabalhadora de um país que dependa principalmente de manufaturas e comércio, ser-lhe-iam prejudiciais. [...] De acordo com a natureza da população, um acréscimo de trabalhadores não pode ser fornecido ao mercado, em consequência de demanda especial, antes do lapso de 16 ou 18 anos, e a conversão de *revenue* em capital mediante poupança pode ter lugar muito mais rapidamente; um país está sempre sujeito a um crescimento mais rápido de seu fundo de trabalho do que o da população.[81]

Depois de ter, assim, explicado a produção constante de uma superpopulação relativa de trabalhadores como uma necessidade da acumulação capitalista, a Economia Política, bem adequadamente na figura de uma velha solteirona, põe na boca do *beau idéal* [belo ideal] de seu capitalista as seguintes palavras, dirigidas aos "supranumerários", postos na rua por sua própria criação de capital adicional:

> Nós fabricantes fazemos o que podemos por vós, à medida que multiplicamos o capital, do qual vós precisais para subsistir; e vós tendes de fazer o restante, ajustando vosso número aos meios de subsistência.[82]

¦ 321 Não basta à produção capitalista de modo algum o *quantum* de força de trabalho disponível que o crescimento natural da população fornece. Ela precisa, para ter liberdade de ação, de um exército industrial de reserva independente dessa barreira natural. ¦

¦ 322 Até agora se pressupôs que o acréscimo ou decréscimo do capital variável corresponde exatamente ao acréscimo ou decréscimo do número de trabalhadores ocupados. ¦

¦ 323 Com número igual ou até decrescente de trabalhadores comandados por ele, o capital variável cresce, no entanto, se o trabalhador individual fornece mais trabalho, aumentando assim seu salário, mesmo que o preço do trabalho permaneça igual ou até caia, só que mais devagar do que aumenta a massa de trabalho. O acréscimo do capital variável torna-se então índice de mais trabalho, mas não de mais trabalhadores ocupados. Todo capitalista tem interesse absoluto em extrair determinado *quantum* de trabalho de um número menor de trabalhadores, em vez de extraí-lo de modo tão barato quanto ou até mesmo mais barato de um número maior de trabalhadores. No último caso cresce o dispêndio de capital constante proporcionalmente à massa de trabalho posto em ação, no primeiro caso ele cresce mais devagar. Quanto maior a escala da produção, tanto mais decisivo é esse motivo. Seu peso cresce com a acumulação do capital. ¦

¦ 324 Viu-se que o desenvolvimento do modo de produção capitalista e da força produtiva do trabalho – simultaneamente causa e efeito da acumulação – capacita o capitalista a pôr em ação, com o mesmo dispêndio de capital variável, mais trabalho mediante exploração extensiva ou intensiva das forças de trabalho individuais. Viu-se, além disso, que com capital do mesmo valor ele compra mais forças de trabalho ao deslocar progressivamente força de trabalho mais qualificada por menos qualificada, madura por imatura, masculina por feminina, adulta por jovem ou infantil.

Por um lado, portanto, com o avanço da acumulação, maior capital variável põe mais trabalho em ação, sem recrutar mais trabalhadores; por outro, capital variável da mesma grandeza põe mais trabalho em ação com a mesma massa de força de trabalho e, finalmente, mais forças de trabalho inferiores mediante o deslocamento de forças de trabalho superiores. ¦

¦ 325 A produção de uma superpopulação relativa ou a liberação de trabalhadores avança ainda mais rapidamente do que a revolução técnica do processo de produção – já acelerada, de todo modo, com o progresso da acumulação – e o correspondente decréscimo proporcional da parte variável do capital em relação à constante. Se os meios de produção, ao crescerem em volume e eficiência, tornam-se meios de ocupação dos trabalhadores em menor grau, essa mesma relação é modificada de novo pelo fato de que, à medida que cresce a força produtiva do trabalho, o capital eleva sua oferta de trabalho mais rapidamente do que sua demanda de trabalhadores. ¦ O sobretrabalho da parte ocupada da classe trabalhadora engrossa as fileiras de sua reserva, enquanto, inversamente, a maior pressão que a última exerce sobre a primeira obriga-a ao sobretrabalho e ¦ 326 à submissão aos ditames do capital ¦. A condenação de uma parcela da classe trabalhadora à ociosidade forçada em virtude do sobretrabalho da outra parte, e vice-versa, torna-se um meio de enriquecimento do capitalista individual[83] e acelera, simultaneamente, a produção do exército industrial de reserva numa escala adequada ao progresso da acumulação social. O quanto esse momento é importante na constituição da superpopulação relativa prova-o, por exemplo, a Inglaterra. Seus meios técnicos de "poupar" trabalho são colossais. Ainda assim, se amanhã o trabalho fosse limitado a uma medida racional e adequadamente escalonado, conforme idade e sexo, para as diferentes camadas da classe trabalhadora, então a população trabalhadora disponível seria absolutamente insuficiente para levar avante a produção nacional em sua atual escala. A grande maioria dos trabalhadores ora "improdutivos" teria de ser transformada em "produtivos".

De hábito, os movimentos gerais do salário são exclusivamente regulados pela expansão e contração do exército industrial de reserva, que correspondem à mudança periódica do ciclo industrial. Não são, portanto, determinados pelo movimento do número absoluto da população trabalhadora, mas pela proporção variável em que a classe trabalhadora se divide em exército ativo e exército de reserva, pelo acréscimo e decréscimo da dimensão relativa da superpopulação, pelo grau em que ela é ora absorvida, ora liberada. Para a indústria moderna, com seu ciclo decenal e suas fases periódicas, que, além disso, no decorrer da acumulação, são entrecruzadas por oscilações irregulares em sucessão cada vez mais rápida, seria, de fato, uma linda lei a que regulasse a demanda e a oferta de trabalho não pela expansão e contração do capital – portanto, de acordo com suas necessidades momentâneas de valorização, de modo que o mercado ora parece relativamente subsaturado porque o capital se expande, ora novamente supersaturado porque ele se contrai –, mas, inversamente, fazendo a dinâmica do capital dependente do movimento do tamanho da população. Esse é, no entanto, o dogma econômico. De acordo com o mesmo, em virtude da acumulação do capital, o salário sobe. O salário mais elevado estimula a multiplicação mais rápida da população trabalhadora, o que continua até que o mercado de trabalho esteja supersaturado, portanto tendo o capital se tornado insuficiente em relação à oferta de trabalho. O salário cai, e agora vem o reverso da medalha. Com o salário em baixa, a população trabalhadora é mais e mais dizimada, de modo que em relação a ela o capital volta a ficar excessivo, ou, como outros o explicam, o salário em baixa e a correspondente exploração mais elevada do trabalhador novamente aceleram a acumulação, enquanto, ao mesmo tempo, o salário baixo mantém o crescimento da classe trabalhadora em xeque. Assim, reaparece a condição em que a oferta de trabalho é mais baixa do que a demanda de trabalho, o salário sobe etc. Belo método de movimento esse da produção capitalista desenvolvida! Antes que, em decorrência da elevação salarial, pudesse ocorrer algum crescimento positivo da população efetivamente capaz de trabalhar, várias vezes teria vencido o prazo em que a campanha industrial teria de ser conduzida, a batalha travada e decidida.

Entre 1849 e 1859 ocorreu, simultaneamente com os preços dos cereais em queda, uma elevação salarial, que na prática foi apenas nominal, nos distritos agrícolas ingleses. Em Wiltshire, por exemplo, o salário semanal subiu de 7 para 8 xelins, em Dorsetshire de 7 ou 8 para 9 xelins etc. Isso foi consequência do êxodo extraordinário da superpopulação agrícola, causado por demanda bélica,[I] expansão maciça das construções de estradas de ferro, fábricas, minas etc. Quanto mais baixo o salário, tanto mais elevada a expressão em porcentagem de cada elevação dele, por mais insignificante que seja. Se, por exemplo, o salário semanal é de 20 xelins e sobe para 22, então se eleva em 10%; se, no entanto, é só de 7 xelins e sobe para 9, então se eleva em 28⁴⁄₇%, o que soa como considerável. De qualquer modo, os arrendatários chiaram e até o *London Economist*[84] matraqueou mui seriamente sobre *a general and substancial advance* [um aumento geral e substancial] em relação a esses salários de fome. O que fizeram, então, os arrendatários? Esperaram até que os trabalhadores rurais, em decorrência desse pagamento brilhante, tivessem se multiplicado tanto que seu

---

I Entre 1849 e 1859, a Inglaterra participou de várias guerras: a Guerra da Crimeia (de 1853 a 1856), as guerras contra a China (1856-58 e 1859-60) e contra a Pérsia (1856-57). Além disso, a Inglaterra completou em 1849 a conquista da Índia e em 1857-59 suas tropas foram usadas para a repressão ao levante indiano pela libertação nacional. [N. T.]

salário novamente teria de cair, como a coisa acontece no cérebro do economista dogmático? Eles introduziram mais maquinaria e, num instante, os trabalhadores se tornaram novamente "redundantes" numa proporção conveniente até mesmo aos arrendatários. Havia, agora, "mais capital" investido na agricultura do que antes e de forma mais produtiva. Com isso caiu a demanda de trabalho de modo não só relativo, mas absoluto.

Aquela ficção econômica confunde as leis que regulam o movimento geral do salário ou a relação da classe trabalhadora, isto é, força de trabalho total e capital total da sociedade, com as leis que distribuem a população trabalhadora entre as esferas específicas da produção. Se, por exemplo, em decorrência de uma conjuntura favorável, a acumulação ocorre de modo especialmente intenso em determinada esfera da produção, sendo aí os lucros maiores do que os lucros médios, capital adicional acorre para lá e, assim, naturalmente, sobem a demanda de trabalho e o salário. O salário mais elevado atrai uma parte maior da população trabalhadora para a esfera favorecida até que ela esteja saturada de força de trabalho e o salário novamente caia para o nível médio anterior ou abaixo do mesmo, caso o afluxo tenha sido demasiado grande. Então não só cessa a imigração de trabalhadores para o ramo de atividades em questão, mas ela inclusive dá lugar à sua emigração. Aí o economista político crê avistar "onde e como", com o acréscimo do salário, ocorre acréscimo absoluto de trabalhadores e, com o acréscimo absoluto de trabalhadores, ¦ 329 um decréscimo do salário ¦, mas de fato ele só enxerga a oscilação local do mercado de trabalho de uma esfera específica da produção, só enxerga fenômenos da distribuição da população trabalhadora nas diferentes esferas de investimento do capital, de acordo com suas mutáveis necessidades.

O exército industrial de reserva pressiona durante os períodos de estagnação e prosperidade média o exército ativo de trabalhadores e contém suas pretensões durante o período de superprodução e paroxismo. A superpopulação relativa é, portanto, o pano de fundo sobre o qual a lei da oferta e da demanda de mão de obra se movimenta. Ela reduz o raio de ação dessa lei a limites absolutamente condizentes com a avidez de explorar e a paixão por dominar do capital. Aqui é oportuno voltar a uma das façanhas da apologética econômica. ¦ 330 Recorde-se que, quando uma parcela do capital variável é transformada em capital constante em virtude da introdução de maquinaria nova ou da ampliação de maquinaria antiga, o apologista econômico interpreta essa operação, que "imobiliza" capital e por isso mesmo "libera" trabalhadores, às avessas, como se ela liberasse capital para o trabalhador. Só agora é que se pode apreciar plenamente o descaramento do apologeta. ¦ O que é "liberado" não são apenas os trabalhadores diretamente deslocados pela máquina, mas igualmente sua equipe de reserva e – com a expansão costumeira do negócio sobre sua velha base – o contingente adicional regularmente absorvido. Estão agora todos “liberados”, e todo novo capital com desejo de funcionar pode dispor deles. Se atrair estes ou outros, o efeito sobre a demanda geral de trabalho será nulo enquanto esse capital for exatamente suficiente para livrar o mercado de tantos trabalhadores quantos a máquina tenha lançado nele. Caso ele empregue um número menor, cresce a quantidade dos supranumerários: caso ocupe número maior, então a demanda geral de trabalho cresce só na medida em que os ocupados excedem os “liberados”. O impulso que capitais adicionais em busca de aplicação teriam dado, em outras circunstâncias, à demanda geral de trabalho é, portanto, em cada caso, neutralizado até o limite em que bastam os trabalhadores postos na rua pela máquina. Isso quer dizer, portanto, que o mecanismo da produção capitalista cuida para que o acréscimo absoluto de capital não seja acompanhado por nenhuma elevação correspondente da demanda geral de trabalho. E a isso o apologeta chama de uma compensação para a miséria, os sofrimentos e o possível aniquilamento dos trabalhadores deslocados durante o período de transição, que os desterra para o exército industrial de reserva! ¦ 331 A demanda de trabalho não é idêntica ao crescimento do capital, a oferta de trabalho não é idêntica ao crescimento da classe trabalhadora, como se duas potências mutuamente independentes interagissem. ¦ *Les dés sont pipés* [Os dados estão falsificados]. O capital age sobre ambos os lados ao mesmo tempo. Se por um lado sua acumulação multiplica a demanda de trabalho, por outro multiplica a oferta de trabalhadores mediante sua “liberação”, enquanto, ao mesmo tempo, a pressão dos desocupados força os ocupados a porem mais trabalho em ação, portanto, até certo ponto, torna a oferta de trabalho independente da oferta de trabalhadores. O movimento da lei de demanda e oferta de trabalho completa, nessa base, o despotismo do capital. Portanto, assim que os trabalhadores desvendam o segredo de como pode acontecer que, na mesma medida em que trabalham mais, produzem mais riqueza alheia e que, na medida em que a força produtiva de seu trabalho cresce, até mesmo sua função de meio de valorização do capital se torna cada vez mais precária para eles; assim que descobrem que o grau de intensidade da concorrência entre eles depende inteiramente da pressão da superpopulação relativa; assim que eles, então, mediante *trades unions* etc., procuram organizar uma atuação conjunta planejada dos empregados com os desempregados para eliminar ou enfraquecer as ruinosas consequências daquela lei natural da produção capitalista sobre sua classe, o capital e seu sicofanta, o economista político, clamam contra a violação da “eterna” e, por assim dizer, “sagrada” lei da demanda e oferta. É que toda solidariedade entre os empregados e desempregados perturba a ação “livre” daquela lei. Por outro lado, assim que, nas colônias, por exemplo, circunstâncias adversas perturbem a criação do exército industrial de reserva e, com ele, a dependência absoluta da classe trabalhadora em relação à classe capitalista, o capital, inclusive seu Sancho Pança dos lugares-comuns, rebela-se contra a "sagrada" lei da demanda e oferta e trata de promover aquela criação por meios coercitivos.

4. DIFERENTES FORMAS DE EXISTÊNCIA DA SUPERPOPULAÇÃO RELATIVA. A LEI GERAL DA ACUMULAÇÃO CAPITALISTA

A superpopulação relativa existe em todos os matizes possíveis. Todo trabalhador faz parte dela durante o tempo em que está desocupado parcial ou inteiramente. Abstraindo as grandes formas, periodicamente repetidas, que a mudança das fases do ciclo industrial lhe imprime, de modo que ora aparece agudamente nas crises, ora cronicamente nas épocas de negócios fracos, ela possui ¦ 332 continuamente três formas ¦: flutuante, latente e estagnada.

Nos centros da indústria moderna – fábricas, manufaturas, siderúrgicas, minas etc. –, trabalhadores são ora repelidos, ora atraídos em maior proporção, ¦ 333 ¦ de modo que, ao todo, o número de ocupados cresce, ainda que em proporção sempre decrescente em relação à escala da produção. A superpopulação existe aqui, em forma flutuante.

Tanto nas fábricas ¦ 334 propriamente ditas como em todas as grandes oficinas, em que a maquinaria entra como fator ou em que ao menos a moderna divisão do trabalho é aplicada, precisa-se maciçamente de trabalhadores masculinos até o fim da juventude ¦. Uma vez atingido esse termo, só um número muito reduzido continua empregado no mesmo ramo de atividade, enquanto a maioria é regularmente demitida. Esta constitui um elemento da superpopulação flutuante, que cresce com o tamanho da indústria. Parte emigra e, de fato, apenas segue atrás do capital emigrante. Uma das consequências é que a população feminina cresce mais rapidamente do que a masculina, *teste* [testemunha-o] a Inglaterra. Que o acréscimo natural da massa trabalhadora não satisfaça às necessidades de acumulação ¦ 335 do capital e, ainda assim, simultaneamente as ultrapasse é uma contradição de seu próprio movimento. Ele precisa de massas maiores de trabalhadores em idade jovem, de massas menores em idade adulta ¦. A contradição não é mais gritante do que a outra, a de que haja queixas quando à carência de braços ao mesmo tempo que muitos milhares estão na rua, porque a divisão de trabalho os acorrenta a determinado ramo de atividades.[85] O consumo da força de trabalho pelo capital é, além disso, tão rápido que o trabalhador de idade mediana, na maioria dos casos, já está mais ou menos esgotado. Ele cai nas fileiras dos supranumerários ou passa de um escalão mais alto para um mais baixo. Justamente entre os trabalhadores da grande indústria é que deparamos com a duração mais curta de vida.

> O Dr. Lee, funcionário da Saúde Pública de Manchester, verificou que naquela cidade a duração média de vida da classe abastada é de 38 anos e a da classe trabalhadora é de apenas 17 anos. Em Liverpool, é de 35 anos para a primeira e de 15 para a segunda. Segue, portanto, que a classe privilegiada tem uma expectativa de vida (*have a lease of life*) mais de duas vezes maior do que a de seus concidadãos menos favorecidos.[85a]

Nessas circunstâncias, o crescimento absoluto dessa fração do proletariado exige uma forma que aumente o número de seus elementos, ainda que estes se desgastem rapidamente. Portanto, rápida renovação das gerações de trabalhadores. (A mesma lei não vale para as demais classes da população.) Essa necessidade social é satisfeita mediante casamentos precoces, consequência necessária das condições em que vivem os trabalhadores da grande indústria, e mediante o prêmio que a exploração dos filhos dos trabalhadores acrescenta à sua produção.

Assim que a produção capitalista se apodera da agricultura, ou à medida que se apodera dela, decresce, com a acumulação do capital em funcionamento aí, a demanda de população trabalhadora rural de modo absoluto, sem que sua repulsão, como na indústria não agrícola, seja complementada por maior atração. Parte da população rural encontra-se, por isso, continuamente na iminência de transferir-se para o proletariado urbano ou manufatureiro, e à espreita de circunstâncias favoráveis para essa transferência. (Manufatureiro aqui no sentido de toda a indústria não agrícola.)[86] Essa fonte da superpopulação relativa flui, portanto, continuamente. Mas seu fluxo constante para as cidades pressupõe uma contínua superpopulação latente no próprio campo, cujo volume só se torna visível assim que os canais de escoamento se abrem excepcionalmente de modo amplo. O trabalhador rural é, por isso, rebaixado para o mínimo do salário e está sempre com um pé no pântano do pauperismo.

A terceira categoria da superpopulação relativa, a estagnada, constitui parte do exército ativo de trabalhadores, mas com ocupação completamente irregular. Ela proporciona, assim, ao capital, um reservatório inesgotável de força de trabalho disponível. ¦ 336 Sua condição de vida cai abaixo do nível normal médio da classe trabalhadora, e exatamente isso faz dela uma base ampla para certos ramos de exploração do capital. É caracterizada pelo máximo do tempo de serviço e pelo mínimo de salário. ¦ Sob a rubrica de trabalho domiciliar, já tomamos conhecimento de

¦337 sua principal configuração¦. Ela absorve continuamente os supranumerários da grande indústria e da agricultura e notadamente também de ramos industriais decadentes, em que o artesanato é vencido pela manufatura e esta última pela produção mecanizada. Seu volume se expande na medida em que, com o volume e a energia da acumulação, avança a "produção da redundância". Mas ela constitui ao mesmo tempo um elemento autorreprodutor e autoperpetuador da classe trabalhadora, que tem participação proporcionalmente maior em seu crescimento total do que os demais elementos. De fato, não só a massa dos nascimentos e óbitos, mas também ¦338 a grandeza absoluta das famílias está ¦ em proporção inversa ao nível do salário, portanto à massa dos meios de subsistência de que as diferentes categorias de trabalhadores dispõem. ¦339 Essa lei da sociedade capitalista soaria absurda¦ entre selvagens ou mesmo entre colonos civilizados. Ela lembra a reprodução maciça de espécies animais individualmente fracas e muito perseguidas.[87]

Finalmente, o mais profundo sedimento da superpopulação relativa habita a esfera do pauperismo. Abstraindo vagabundos, delinquentes, prostitutas, em suma, o lumpemproletariado propriamente dito, essa camada social consiste em três categorias. Primeiro, os aptos para o trabalho. Basta apenas observar superficialmente a estatística do pauperismo inglês e se constata que sua massa se expande ¦340 a cada crise¦ e decresce a toda retomada dos negócios. Segundo, órfãos e crianças indigentes. Eles são candidatos ao exército industrial de reserva e, em tempos de grande prosperidade, por exemplo em 1860, são rápida e maciçamente incorporados ao exército ativo de trabalhadores. ¦341 Terceiro, degradados, maltrapilhos, incapacitados para o trabalho. São notadamente indivíduos que sucumbem devido a sua imobilidade, causada pela divisão do trabalho, aqueles que ultrapassam a idade normal de um trabalhador e, finalmente, as vítimas da indústria, cujo número cresce com a maquinaria perigosa, minas, fábricas químicas etc., isto é, aleijados, doentes, viúvas etc.¦ O pauperismo constitui o asilo para inválidos do exército ativo de trabalhadores e o peso morto do exército industrial de reserva. Sua produção está incluída na produção da superpopulação relativa, sua necessidade na necessidade dela, e ambas constituem uma condição de existência da produção capitalista e do desenvolvimento da riqueza. Ele pertence aos *faux frais* [falsos custos] da produção capitalista que, no entanto, o capital sabe transferir em grande parte de si mesmo para os ombros da classe trabalhadora e da pequena classe média.

Quanto maiores a riqueza social, o capital em funcionamento, o volume e a energia de seu crescimento, portanto também a grandeza absoluta do proletariado e a força produtiva de seu trabalho, tanto maior o exército industrial de reserva. A força de trabalho disponível é desenvolvida pelas mesmas causas que a força expansiva do capital. A grandeza proporcional do exército industrial de reserva cresce, portanto, com as potências da riqueza. Mas, quanto maior esse exército de reserva em relação ao exército ativo de trabalhadores, tanto mais maciça a superpopulação consolidada, cuja miséria está em razão inversa do suplício de seu trabalho. Quanto maior, finalmente, a camada lazarenta da classe trabalhadora e o exército industrial de reserva, tanto maior o pauperismo oficial. *Essa é a lei geral, absoluta, da acumulação capitalista.* Como todas as outras leis, ela é modificada em sua realização por variegadas circunstâncias, cuja análise não cabe aqui.

Compreende-se a insanidade da sabedoria econômica que prega aos trabalhadores que ajustem seu número às necessidades de valorização do capital. O mecanismo da produção e acumulação capitalista ajusta constantemente esse número a essas necessidades de valorização. A primeira palavra desse ajustamento é a criação de uma superpopulação relativa ou exército industrial de reserva; a última palavra, a miséria de camadas sempre crescentes do exército ativo de trabalhadores e o peso morto do pauperismo.

A lei segundo a qual uma massa ¦ 342 sempre crescente de meios de produção ¦, graças ao progresso da produtividade do trabalho social, pode ser colocada em movimento com um dispêndio progressivamente decrescente de força humana – essa lei ¦ 343 se expressa ¦ sobre a base capitalista, onde não é o trabalhador quem emprega os meios de trabalho, mas os meios de trabalho o trabalhador, de forma que, quanto mais elevada a força produtiva do trabalho, tanto maior a pressão do trabalhador sobre seus meios de ocupação e tanto mais precária, portanto, sua condição de existência: venda da própria força para multiplicar a riqueza alheia ou para a autovalorização do capital. O crescimento dos meios de produção e da produtividade do trabalho mais rapidamente do que o da população produtiva expressa-se, capitalisticamente, portanto, às avessas, no fato de que a população trabalhadora sempre cresce mais rapidamente do que a necessidade de valorização do capital.

Vimos na Seção IV, na análise da produção de mais-valia relativa: dentro do sistema capitalista, todos os métodos para a elevação da força produtiva social do trabalho se aplicam à custa do trabalhador individual; todos os meios para o desenvolvimento da produção se convertem em meios de dominação e exploração do produtor, mutilam o trabalhador, transformando-o num ser parcial, degradam-no, tornando-o um apêndice da máquina; ¦ 344 aniquilam seu conteúdo com o tormento de seu trabalho, ¦ alienam-lhe as potências espirituais do processo de trabalho na mesma medida em que a ciência é incorporada a este último como potência autônoma: desfiguram as condições dentro das quais ele trabalha, submetem-no, durante o processo de trabalho, ao mais mesquinho e odiento despotismo, transformam seu tempo de vida em tempo de trabalho, jogam sua mulher e seu filho sob a roda do Jagrená do capital. Mas todos os métodos de produção da mais-valia são, simultaneamente, métodos de acumulação, e toda expansão da acumulação torna-se, reciprocamente, meio de desenvolver aqueles métodos. Segue portanto que, à medida que se acumula capital, a situação do trabalhador, qualquer que seja seu pagamento, alto ou baixo, tem de piorar. Finalmente, a lei que mantém a superpopulação relativa ou exército industrial de reserva sempre em equilíbrio com o volume e a energia da acumulação prende o trabalhador mais firmemente ao capital do que as correntes de Hefesto agrilhoaram Prometeu ao rochedo. Ela ocasiona uma acumulação de miséria correspondente à acumulação de capital. Acumulação da riqueza num polo é, portanto, ao mesmo tempo, acumulação de miséria, tormento de trabalho, escravidão, ignorância, brutalização e degradação moral no polo oposto, isto é, do lado da classe que produz seu próprio produto como capital.

Esse caráter antagônico da acumulação capitalista[88] foi expresso sob diversas formas pelos economistas políticos, embora o confundam com fenômenos em parte efetivamente análogos, mas ainda assim essencialmente diferentes, de modos de produção pré-capitalistas.

O monge veneziano Ortes, um dos grandes escritores econômicos do século XVIII, apreende o antagonismo da produção capitalista como lei natural genérica da riqueza social.

> "O bem econômico e o mal econômico numa ação sempre se mantêm em equilíbrio (*il bene ed il male economico in una nazione sempre all'istessa misura*), a abundância dos bens para uns é sempre igual à penúria dos mesmos para outros (*la copia dei beni in alcuni sempre eguale alla mancanza di essi in altri*). Grande riqueza de alguns é sempre acompanhada de privação absoluta do necessário para muitos outros. A riqueza de uma nação corresponde à sua população, e a sua miséria corresponde à sua riqueza. A diligência de uns impõe a ociosidade a outros. Os pobres e ociosos são fruto necessário dos ricos e ativos" etc.[89]

¦ 345 De modo bem brutal, cerca de 10 anos depois de Ortes, o ministro anglicano Townsend celebrava a pobreza como condição necessária da riqueza. ¦

> A coação legal para trabalhar está ligada a excessiva encrenca, violência e barulho [...] enquanto a fome não só constitui uma pressão mais pacífica, silenciosa, incessante, mas, como motivo mais natural para a indústria e o trabalho, provoca os esforços mais poderosos.

¦346 Portanto, tudo o que importa é tornar a fome permanente entre os que pertencem à classe trabalhadora, e disso cuida, segundo Townsend, o princípio populacional, que é especialmente ativo entre os pobres. ¦

> "Parece ser uma lei da Natureza que os pobres sejam até certo ponto imprevidentes (*improvident*)" (isto é, tão imprevidentes quanto vir ao mundo sem uma colher de ouro na boca), "que sempre há alguns (*that there may always be some*) para a realização das tarefas mais servis, mais sórdidas e mais ignóbeis da comunidade. O fundo de felicidade humana (*the fund of human happiness*) é muito incrementado com isso, enquanto os mais delicados (*the more delicate*) estão livres do trabalho penoso e podem seguir, sem serem perturbados, uma vocação mais alta etc. [...] A Lei dos Pobres tem a tendência de destruir a harmonia e a beleza, a simetria e a ordem desse sistema, que Deus e a Natureza estabeleceram no mundo."[90]

Se o monge veneziano via na fatalidade que perpetua a miséria a razão de ser da caridade cristã, do celibato, dos conventos e das fundações pias, o prebendado protestante acha nisso, pelo contrário, um pretexto para condenar as leis por força das quais era assegurada ao pobre uma escassa assistência pública.

> "O progresso da riqueza social", diz Storch, "gera aquela classe útil da sociedade [...] que exerce as ocupações mais enfadonhas, sórdidas e repugnantes, numa palavra, que põe tudo o que a vida tem de desagradável e servil sobre os ombros e, por meio disso, proporciona às demais classes o tempo, a serenidade de espírito e a convencional (*c'est bon!* [essa é boa!]) dignidade de caráter etc."[91]

Storch se pergunta qual seria, então, propriamente, a vantagem dessa civilização capitalista, com sua miséria e sua degradação das massas em comparação com a barbárie? Ele só encontra uma resposta – a segurança!

> "Graças ao progresso da indústria e da ciência", diz Sismondi, "cada trabalhador pode produzir a cada dia muito mais do que precisa para seu consumo. Mas, ao mesmo tempo, embora seu trabalho produza a riqueza, caso ele fosse chamado a consumi-la, torná-lo-ia pouco apto para o trabalho." Segundo ele, "os seres humanos" (isto é, os não-trabalhadores) "provavelmente renunciariam a todo aperfeiçoamento das artes e também a todas as satisfações que a indústria nos proporciona caso tivessem de adquiri-los por meio de contínuo trabalho como o do trabalhador. [...] Os esforços serão hoje dissociados de sua recompensa; não é o mesmo ser humano que primeiro trabalha e depois descansa: pelo contrário, exatamente porque um trabalha é que o outro tem de descansar. [...] A infinita multiplicação das forças produtivas do trabalho

não pode, portanto, ter outro resultado que não o aumento do luxo e das satisfações dos ricos ociosos".[92]

¦ 347 ¦

Finalmente, Destutt de Tracy, o fleumático doutrinador burguês, proclama brutalmente:

> As nações pobres são aquelas em que o povo está bem, e as nações ricas são aquelas em que ele é comumente pobre.[93]

5. ILUSTRAÇÃO DA LEI GERAL DA ACUMULAÇÃO CAPITALISTA

a) Inglaterra, 1846-66

Nenhum período da sociedade moderna é tão adequado ao estudo da acumulação capitalista quanto o dos últimos 20 anos. ¦ 348 ¦ É como se esse período tivesse achado a bolsa de Fortunato. De todos os países, porém, é novamente a Inglaterra que oferece o exemplo clássico, porque ocupa o primeiro lugar no mercado mundial, porque só aqui o modo de produção capitalista está plenamente desenvolvido e, finalmente, porque o estabelecimento do reino milenar no livre-câmbio a partir de 1846 eliminou o último refúgio da Economia vulgar. O titânico progresso da produção, que faz com que a última metade do período de 20 anos novamente supere de longe a primeira, já foi suficientemente descrito na Seção IV.

Embora o crescimento absoluto da população inglesa no último meio século tenha sido muito grande, o crescimento relativo ou a taxa de acréscimo caiu continuamente, como o mostra a seguinte tabela, tomada do censo oficial:

Acréscimo percentual anual da população da Inglaterra e do País de Gales em números decimais

1811-21	1,533%
1821-31	1,446%
1831-41	1,326%
1841-51	1,216%
1851-61	1,141%

Consideremos, agora, por outro lado, o crescimento da riqueza. O ponto de referência mais seguro oferece aí o movimento dos lucros, das rendas das terras etc., sujeito ao imposto de renda. O acréscimo dos lucros tributáveis (arrendatários e algumas outras rubricas não incluídas) foi para a Inglaterra, de 1853 até 1864, em média de 50,47% (ou 4,58% em média anual),[94] enquanto o da população durante o mesmo período foi de cerca de 12%. O aumento das rendas tributáveis da terra (inclusive casas, estradas de ferro, minas, pesqueiras etc.) atingiu, de 1853 até 1864, 38% ou 3⁵⁄₁₂% ao ano, e as seguintes rubricas tiveram a maior participação:

	Excedente do rendimento anual de 1864 sobre 1853	*Aumento anual*
De casas	38,60%	3,50%
De pedreiras	84,76%	7,70%
De minas	68,85%	6,26%
De fundições	39,92%	3,63%
De pesqueiras	57,37%	5,21%
De usinas de gás	126,02%	11,45%
De estradas de ferro	83,29%	7,57%[95]

Comparando os quadriênios do período de 1853-64, então o grau de acréscimo dos rendimentos cresce continuamente. Ele é, por exemplo, para aqueles provenientes dos lucros de 1853-57, anualmente de 1,73%; de 1857-61, anualmente de 2,74%; e de 9,30% anualmente para 1861-64. A soma total dos rendimentos sujeitos ao imposto de renda no Reino Unido foi, em 1856, de 307 068 898 libras esterlinas; em 1859, de 328 127 416 libras esterlinas; em 1862, de 351 745 241 libras esterlinas; em 1863, de 359 142 897 libras esterlinas; em 1864, de 362 462 279 libras esterlinas; em 1865, de 385 530 020 libras esterlinas.[96]

A acumulação de capital foi simultaneamente acompanhada por sua concentração e centralização. Embora não haja estatística agrícola oficial para a Inglaterra (porém existe para a Irlanda), ela foi fornecida voluntariamente por 10 condados. Segundo essa estatística, de 1851 a 1861, os arrendamentos abaixo de 100 acres diminuíram de 31 583 para 26 567, portanto 5 016 foram fundidos com arrendamentos maiores.[97] De 1815 até 1825, nenhum patrimônio mobiliário acima de 1 milhão de libras esterlinas foi sujeito ao imposto de herança; de 1825 a 1855, no entanto, 8; de 1855 a junho de 1859, isto é, em 4½ anos, 4.[98] Há de se perceber melhor a centralização, no entanto, a partir de uma breve análise do imposto de renda da rubrica D (lucros com exclusão de arrendatários etc.) nos anos de 1864 e 1865. Observo preliminarmente que rendimentos oriundos dessa fonte, a partir de 60 libras esterlinas, pagam *income tax* [imposto de renda]. Esses rendimentos tributáveis atingiam na Inglaterra, no País de Gales e na Escócia, em 1864, 95 844 222 libras esterlinas e, em 1865, 105 435 787 libras esterlinas;[99] o número dos tributados em 1864: 308 416 pessoas numa população total de 23 891 009; em 1865: 332 431 pessoas numa população total de 24 127 003. Sobre a repartição de tais rendimentos nesses dois anos, segue-se a tabela:

	Ano que acabou em 5 de abril de 1864		Ano que acabou em 5 de abril de 1865	
	Rendimento por lucro	Pessoas	Rendimento por lucro	Pessoas
Rendimento total:	£ 95 844 222	308 416	£ 105 435 787	332 431
do qual:	£ 57 028 290	22 334	£ 64 554 297	24 075
do qual:	£ 36 415 225	3 619	£ 42 535 576	4 021
do qual:	£ 22 809 781	822	£ 27 555 313	973
do qual:	£ 8 744 762	91	£ 11 077 238	107

No Reino Unido, foram produzidas, em 1855, 61 453 079 toneladas de carvão, no valor de 16 113 267 libras esterlinas; em 1864, 92 787 873 toneladas, no valor de 23 197 968 libras esterlinas; em 1855, 3 218 154 toneladas de ferro-gusa, no valor de 8 045 385 libras esterlinas; em 1864, 4 767 951 toneladas, no valor de 11 919 877 libras esterlinas. Em 1854, a extensão das estradas de ferro em funcionamento no Reino Unido atingia 8 054 milhas, com capital realizado de 286 068 794 libras esterlinas; em 1864, a extensão chegava a 12 789 milhas, com capital realizado de 425 719 613 libras esterlinas. Em 1854, a exportação e a importação totais do Reino Unido atingiam 268 210 145 libras esterlinas; em 1865: 489 923 285. A tabela a seguir mostra o movimento da exportação:

1847	£	58 842 377
1849	£	63 596 052
1856	£	115 826 948
1860	£	135 842 817
1865	£	165 862 402
1866	£	188 917 563[100]

Por esses poucos dados, compreende-se o grito de triunfo do Registrar General do povo britânico:

> Por mais rápido que tenha crescido a população, ela não acompanhou o progresso da indústria e da riqueza.[101]

Voltemo-nos agora para o agente imediato dessa indústria, para a classe trabalhadora.

> "É uma das características mais melancólicas da situação social do país", diz Gladstone, "que, com um decréscimo na capacidade de consumo do povo e um acréscimo nas privações e na miséria da classe trabalhadora, haja ao

mesmo tempo acumulação constante de riqueza nas classes altas e crescimento constante de capital."[102]

Assim falou esse untuoso ministro na Câmara dos Comuns a 13 de fevereiro de 1843. A 16 de abril de 1863, vinte anos mais tarde, no discurso em que ele apresenta seu orçamento:

> De 1842 a 1852, o rendimento tributável deste país cresceu 6%. [...] Nos 8 anos de 1853 a 1861, se partirmos da base de 1853, ele cresceu cerca de 20%. O fato é tão espantoso que chega a ser quase inacreditável. [...] Esse aumento embriagador de riqueza e poder [...] está totalmente limitado às classes possuidoras [...] mas deve ser indiretamente vantajoso para a população trabalhadora, porque barateia os artigos de consumo geral; enquanto os ricos se tornaram mais ricos, os pobres se tornaram menos pobres, em todo caso. Que os extremos da pobreza tenham diminuído não ouso afirmar.[103]

Que anticlímax capenga! Se a classe trabalhadora continuou "pobre", apenas proporcionalmente "menos pobre", ao produzir um "aumento embriagador de riqueza e poder" para a classe proprietária, ela continua sendo, em termos relativos, igualmente pobre. Se os extremos da pobreza não diminuíram, eles aumentaram, pois aumentaram os extremos da riqueza. Quanto ao barateamento dos meios de subsistência, a estatística oficial, por exemplo os dados do London Orpham Asylum [orfanato londrino], mostra encarecimento de 20% na média dos três anos de 1860 a 1862, comparados com 1851–53. Nos 3 anos seguintes, 1863–65, encarecimento progressivo de carne, manteiga, leite, açúcar, sal, carvão e outros meios de subsistência necessários.[104] O discurso seguinte de Gladstone sobre o orçamento, a 7 de abril de 1864, é um ditirambo pindárico sobre o progresso da extração de mais-valia e da felicidade do povo moderada pela "pobreza". Ele fala de massas "à beira do pauperismo", dos ramos de atividades "em que o salário não subiu" e, finalmente, sintetiza a felicidade da classe trabalhadora nas palavras:

> A vida humana, em nove de cada dez casos, é mera luta pela existência.[105]

O Professor Fawcett, não estando preso como Gladstone a cautelas oficiais, declara redondamente:

> "Não nego, naturalmente, que o salário monetário tenha se elevado com esse aumento do capital" (nos últimos decênios), "mas essa vantagem aderente é novamente perdida em larga escala porque muitas necessidade vitais tornam-se constantemente mais caras" (ele crê que seja por causa da queda de valor

> dos metais nobres). "[...] Os ricos tornam-se rapidamente mais ricos (*the rich grow rapidly richer*), enquanto não há nenhum acréscimo perceptível no conforto das classes trabalhadoras. [...] Os trabalhadores se tornam quase escravos dos comerciantes, dos quais são devedores."[106]

Nas seções sobre a jornada de trabalho e a maquinaria, desvendaram-se as circunstâncias sob as quais a classe trabalhadora britânica criou um "aumento embriagador de riqueza e poder" para as classes proprietárias. Naquela ocasião, no entanto, preocupava-nos sobretudo o trabalhador no exercício de sua função social. A fim de esclarecer plenamente as leis da acumulação, é preciso ter em vista também sua situação fora da oficina, suas condições de nutrição e moradia. Os limites deste livro levam-nos a cuidar aqui, antes de tudo, da parte mais mal paga do proletariado industrial e dos trabalhadores agrícolas, isto é, da maioria da classe trabalhadora.

Antes, uma palavra sobre o pauperismo oficial ou a parte da classe trabalhadora que perdeu sua condição de existência, a venda da força de trabalho, e que vegeta graças à caridade pública. A lista oficial de indigentes somava na Inglaterra,[107] em 1855: 851369 pessoas; em 1856: 877767; em 1865: 971433. Em decorrência da crise do algodão, aumentou nos anos de 1863 e 1864 para 1079382 e 1014978. A crise de 1866, que atingiu Londres mais severamente, gerou nesse centro do mercado mundial, mais populoso do que o reino da Escócia, um acréscimo de 19,5% de indigentes em 1866, em relação a 1865, e de 24,4%, em relação a 1864, e um acréscimo ainda maior nos primeiros meses de 1867, em relação a 1866. Na análise da estatística dos indigentes, é preciso destacar dois pontos. Por um lado, o movimento de decréscimo e acréscimo da massa de indigentes reflete as oscilações periódicas do ciclo industrial. Por outro, a estatística oficial engana cada vez mais quanto à verdadeira extensão do pauperismo, à medida que, com a acumulação do capital, se desenvolve a luta de classes e, portanto, a consciência dos trabalhadores. Por exemplo, a barbárie no tratamento do indigente, sobre a qual a imprensa inglesa (*Times*, *Pall Mall Gazette* etc.) berrou tão alto durante os dois últimos anos, vem de velha data. Em 1844, F. Engels constata horrores totalmente idênticos e idêntica vociferação, passageira e hipócrita, pertencente à "literatura sensacionalista".[I] Mas o terrível aumento das mortes por fome (*deaths by starvation*) em Londres, durante o último decênio, demonstra incontestavelmente o crescente horror dos trabalhadores ante a escravidão da *workhouse*,[108] esse cárcere da miséria.

I Referência à obra de Engels *Die Lage der arbeitenden Klasse in England* [*A situação da classe trabalhadora na Inglaterra*]. Leipzig, 1845. [N. E. A.]

b) As camadas mal pagas da classe trabalhadora industrial inglesa

Voltemo-nos agora para as camadas mal pagas da classe trabalhadora ¦ 351
industrial ¦. Durante a crise algodoeira, em 1862, o Dr. Smith foi encarregado pelo Privy Council de fazer uma investigação sobre o estado de nutrição dos desgraçados trabalhadores do algodão em Lancashire e Cheshire. Longos anos de observação tinham-no levado à conclusão de que, "para evitar doenças causadas pela fome" (*starvation diseases*), a alimentação diária de uma mulher média deveria conter ao menos 3 900 grãos de carbono e 180 grãos de nitrogênio; a alimentação diária de um homem médio necessitaria ao menos de 4 300 grãos de carbono e 200 grãos de nitrogênio; para as mulheres aproximadamente tanto material nutriente quanto está contido em duas libras de bom pão de trigo, para os homens 1/9 a mais, para a média semanal de mulheres e de homens adultos ao menos 28 600 grãos de carbono e 1 330 grãos de nitrogênio. Seu cálculo foi confirmado na prática de modo surpreendente pela coincidência com a lastimável porção de alimento a que a situação de calamidade tinha reduzido o consumo dos trabalhadores do algodão. Eles obtinham semanalmente, em dezembro de 1862, 29 211 grãos de carbono e 1 295 de nitrogênio.

No ano de 1863, o Privy Council ordenou que fosse feita uma investigação sobre a situação de miséria da parte mais mal alimentada da classe trabalhadora inglesa. O Dr. Simon, funcionário médico do Privy Council, escolheu para essa tarefa o acima mencionado Dr. Smith. Sua investigação estende-se, por um lado, aos trabalhadores agrícolas; por outro, aos tecelões de seda, costureiras, luveiros em couro, tecelões de meias, tecelões de luvas e sapateiros. As últimas categorias, com exceção dos tecelões de meias, são exclusivamente urbanas. Foi estabelecido como norma de investigação selecionar, em cada categoria, as famílias mais saudáveis e relativamente mais bem situadas.

Como resultado geral adveio que:

> somente em uma das classes examinadas de trabalhadores urbanos o suprimento médio de nitrogênio superou um pouco a medida absolutamente mínima, abaixo da qual ocorrem doenças causadas por fome, enquanto em duas classes observou-se carência, em uma das quais a deficiência de alimentação contendo nitrogênio e carbono era muito grande; das famílias de trabalhadores agrícolas investigadas, mais de um quinto obtinha menos do que a quantidade indispensável de alimentação contendo carbono, mais de 1/3 menos do que a quantidade indispensável de alimentação contendo nitrogênio; e que em três condados (Berkshire, Oxfordshire e Somersetshire) prevalecia em média uma deficiência quanto ao mínimo de alimentação contendo nitrogênio.[109]

Entre os trabalhadores agrícolas, os da Inglaterra, a parte mais rica do Reino Unido, eram os mais mal alimentados.[110] A subnutrição entre os trabalhadores agrícolas recaía principalmente sobre mulheres e crianças, pois "o homem precisa comer para fazer o serviço". Penúria ainda maior grassava entre as categorias de trabalhadores urbanos investigadas. "Estão tão malnutridos que seguramente tem de ocorrer muitos casos de privação cruel e nociva à saúde" (tudo isso "renúncia" do capitalista!, ou seja, renúncia ao pagamento dos meios de subsistência indispensáveis para que seus braços possam meramente vegetar!).[111]

A tabela seguinte mostra a relação entre a situação alimentar das categorias de trabalhadores puramente citadinos mencionadas acima e a medida mínima adotada pelo Dr. Smith e, por outro lado, a alimentação dos trabalhadores algodoeiros durante a época de sua miséria mais extrema:

Ambos os sexos	Média semanal de carbono (grãos)	Média semanal de nitrogênio (grãos)
Cinco ramos de negócios urbanos	28 876	1 192
Trabalhadores fabris desempregados de Lancashire	29 211	1 295
Quantum mínimo proposto aos trabalhadores de Lancashire (para um número igual de homens e mulheres)	28 600	1 330[112]

Metade, 60/125, das categorias de trabalhadores industriais investigadas não consumia absolutamente nenhuma cerveja, 28% nenhum leite. A média semanal dos alimentos líquidos nas famílias oscilava de 7 onças entre as costureiras até 24¾ onças entre os tecelões de meias. A maioria das que jamais consumiam leite era constituída pelas costureiras de Londres. A quantidade de pão consumida semanalmente variava de 7¾ libras entre as costureiras até 11¼ libras entre os sapateiros, resultando em uma média total de 9,9 libras por semana por adulto. Açúcar (melaço etc.) variava de 4 onças semanais entre os luveiros em couro até 11 onças entre os tecelões de meias; a média geral por semana para todas as categorias era de 8 onças por adulto. O consumo médio total por semana de manteiga (gordura etc.), 5 onças por adulto. A média semanal de carne (toucinho etc.) oscilava, por adulto, de 7¼ onças entre os tecelões de seda até 18¼ onças entre os luveiros em couro; média total para as diversas categorias, 13,6 onças. O custo semanal para alimentação por adulto importava nas seguintes cifras médias gerais: tecelões de seda, 2 xelins e 2½ pence; costureiras, 2 xelins e 7 pence; luveiros em couro, 2 xelins e 9½ pence; sapateiros, 2 xelins e

7¾ pence; tecelões de meias, 2 xelins e 6¼ pence; para os tecelões de seda em Macclesfield, a média semanal era de apenas 1 xelim e 8½ pence. As categorias mais malnutridas eram as costureiras, os tecelões de seda e os luveiros em couro.[113]

Em seu relatório geral sobre a situação de saúde, o Dr. Simon diz a respeito dessa situação alimentar:

> Que são inúmeros os casos em que a deficiência alimentar causa ou agrava doenças há de confirmá-lo qualquer um que esteja familiarizado com a prática médica com indigentes ou com pacientes dos hospitais, sejam eles internados ou morem fora. [...] No entanto, do ponto de vista sanitário, acrescenta-se outra circunstância decisiva. [...] É preciso lembrar que a privação de alimentos é suportada com muita relutância e que, em regra, dietas muito deficientes só ocorrem quando outras privações as precederam. Muito antes de a insuficiência alimentar passar a gravitar no plano da higiene, muito antes de o fisiólogo pensar em contar os grãos de nitrogênio e carbono, entre os quais oscilam a vida e a morte por inanição, a economia doméstica já terá sido despojada de todo conforto material. O vestuário e o aquecimento ter-se-ão tornado ainda mais escassos do que a comida. Nenhuma proteção suficiente contra o rigor do inverno; redução do espaço de moradia a um grau que gera enfermidades ou as agrava; ausência quase total de utensílios domésticos ou de móveis; a própria limpeza ter-se-á tornado custosa ou difícil. Se, por dignidade pessoal, ainda se tenta mantê-la, cada uma dessas tentativas representa suplícios adicionais de fome. O lar há de ser onde o teto for mais barato; em áreas onde a polícia sanitária dá menos fruto, é mais lamentável o sistema de esgoto, menor o tráfego, máxima a imundície pública, mais miserável ou pior o suprimento de água e, em cidades, maior a falta de luz e ar. Tais são os perigos sanitários a que a pobreza inevitavelmente está sujeita quando essa pobreza inclui carência alimentar. Se a soma desses males constitui perigo de terrível magnitude para a vida, a mera carência alimentar já é em si mesma horrível. [...] Essas são reflexões penosas, especialmente quando se recorda que a pobreza que as motiva não é a merecida pobreza da preguiça. É a pobreza de trabalhadores. Sim, no que concerne aos trabalhadores urbanos, o trabalho mediante o qual é comprado o escasso bocado de comida geralmente é prolongado além de toda medida. E, ainda assim, só em sentido muito restrito é que se pode dizer que esse trabalho permite o autossustento. [...] E, em escala muito ampla, o autossustento nominal só pode ser o maior ou menor percurso na direção do pauperismo.[114]

A conexão interna entre o tormento da fome das camadas mais ¦ 352
laboriosas de trabalhadores ¦ e o consumo esbanjador, grosseiro ou refinado dos ricos, baseado na acumulação capitalista, só se desvela com o

conhecimento das leis econômicas. É diferente a situação habitacional. Qualquer observador isento percebe que, quanto mais maciça a centralização dos meios de produção, tanto maior a consequente aglomeração de trabalhadores no mesmo espaço; que, portanto, quanto mais rápida a acumulação capitalista, tanto mais miserável a situação habitacional dos trabalhadores. As "melhorias" (*improvements*) das cidades, que acompanham o progresso da riqueza, mediante demolição de quarteirões mal construídos, construção de palácios para bancos, casas comerciais etc., ampliação das ruas para o tráfego comercial e de carruagens de luxo, introdução de linhas de bondes puxados por cavalos etc., expulsam evidentemente os pobres para refúgios cada vez piores e mais densamente preenchidos. Por outro lado, todos sabem que o preço alto das moradias está na razão inversa de sua qualidade e que as minas da miséria são exploradas por especuladores imobiliários com mais lucros e menos custos do que jamais o foram as minas de Potosí. O caráter antagônico da acumulação capitalista, e portanto das próprias relações capitalistas de propriedade,[115] torna-se aqui tão palpável que mesmo os relatórios ingleses oficiais sobre esse assunto pululam de invectivas nada ortodoxas contra a "propriedade e seus direitos". O mal acompanhou de tal modo o ritmo do desenvolvimento da indústria, da acumulação do capital, do crescimento e "embelezamento" das cidades, que o mero temor de doenças infecciosas, que tampouco poupam as classes respeitáveis, gerou não menos que 10 leis parlamentares sobre controle sanitário e, em algumas cidades, como Liverpool, Glasgow etc., a burguesia assustada chegou a investir por meio de sua municipalidade. Não obstante, o Dr. Simon, em seu relatório de 1865, exclama: "Falando de modo geral, as situações maléficas estão fora de controle na Inglaterra". Por ordem do Privy Council, teve lugar, em 1864, uma pesquisa sobre as condições de moradia entre os trabalhadores rurais e, em 1865, sobre as das classes mais pobres nas cidades. Os magistrais trabalhos do Dr. Julian Hunter encontram-se no sétimo e oitavo relatórios sobre *public health* [saúde pública]. Aos trabalhadores rurais voltarei mais tarde. Quanto à situação habitacional urbana, cito preliminarmente uma observação geral do Dr. Simon:

> "Embora minha perspectiva oficial", diz ele, "seja exclusivamente médica, os sentimentos humanitários mais comuns não permitem ignorar o outro lado desse mal. Em seus graus mais altos, envolve quase necessariamente tal negação de toda delicadeza, uma confusão tão suja de corpos e funções corpóreas, tal exposição de nudez animal e sexual, que é mais bestial do que humana. Estar sujeito a essas influências é uma degradação que se aprofunda à medida que perdura. Para as crianças que nasceram sob essa maldição, constitui um batismo para a infâmia (*baptism into infamy*): E não se pode

de modo algum esperar que pessoas expostas a tais circunstâncias devam, em outros aspectos, procurar ascender àquela atmosfera de civilização que consiste na limpeza física e moral".[116]

O primeiro lugar em habitações superlotadas ou absolutamente impróprias para abrigar seres humanos é ocupado por Londres.

"Dois pontos", diz o Dr. Hunter, "estão claros: primeiro, que há cerca de 20 grandes colônias em Londres, cada uma com cerca de 10 000 pessoas, cuja mísera condição excede tudo que já tenha sido visto em qualquer outro lugar da Inglaterra e é quase inteiramente resultante de suas más condições de moradia; em segundo lugar, as condições de superlotação e decadência das casas dessas colônias são muito piores que há 20 anos."[117] "Não é demais dizer que a vida em certas partes de Londres e Newcastle é infernal."[118]

Também a parcela mais bem situada da classe trabalhadora, juntamente com pequenos vendeiros e outros elementos da classe média baixa, cai em Londres cada vez mais sob a maldição dessas condições indignas de moradia à medida que avançam os "melhoramentos" e, com eles, a demolição de velhas ruas e casas, que aumentam as fábricas e o afluxo humano para a metrópole, e, finalmente, os aluguéis se elevam com a renda fundiária urbana.

Os aluguéis se tornaram tão exorbitantes que poucos trabalhadores podem pagar por mais do que um quarto.[119]

Quase não há propriedade londrina que não esteja sobrecarregada por inúmeros *middlemen* [intermediários]. É que o preço do terreno em Londres está sempre muito alto em relação a seus rendimentos anuais, pois todo comprador especula com a possibilidade de, mais cedo ou mais tarde, desfazer-se dele de novo por um *jury price* (valor fixado por juramentados, no caso de expropriações) ou de lograr uma valorização extraordinária pela proximidade de algum grande empreendimento. Consequência disso é um comércio regular de compras de contratos de locação prestes a expirar.

Dos *gentlemen* que estão nesse negócio pode-se esperar que ajam como agem, arrancando tudo o que podem dos moradores e deixando a casa em máxima petição de miséria para seus sucessores.[120]

Os aluguéis são semanais, e os senhorios não correm riscos. Em decorrência da construção de estradas de ferro dentro da cidade

> viu-se recentemente na parte leste de Londres certa quantidade de famílias, expulsas de suas antigas moradias, perambulando num sábado à noite, com seus parcos bens terrenos às costas, sem outro paradeiro que a *workhouse*.[121]

As *workhouses* já estão superlotadas, e os "melhoramentos" já aprovados pelo Parlamento estão apenas no começo de sua execução. Se os trabalhadores são expulsos pela demolição de suas velhas casas, não abandonam sua paróquia ou, no máximo, instalam-se em seus limites ou na mais próxima.

> Eles, naturalmente, tentam permanecer tão perto quanto possível de seus locais de trabalho. A consequência é que, em vez de dois quartos, apenas um tem de abrigar a família. Mesmo com aluguel mais alto, a moradia se torna pior do que aquela já ruim da qual foram expulsos. Metade dos trabalhadores do Strand precisa agora viajar 2 milhas até o local de trabalho.

Esse Strand, cuja rua principal causa ao estrangeiro uma impressão imponente da riqueza de Londres, pode servir de exemplo do empacotamento humano londrino. Numa paróquia de lá, o funcionário sanitário contou 581 pessoas por acre, embora a metade do Tâmisa estivesse incluída na área. É evidente que todas as medidas regulamentares da polícia sanitária que expulsam os trabalhadores de um bairro pela demolição de casas inutilizáveis, como tem sido o caso até agora em Londres, só servem para aglomerá-los ainda mais densamente noutro.

> "Ou", diz o Dr. Hunter, "todo esse procedimento tem de ser necessariamente interrompido por ser absurdo ou a simpatia (!) pública precisa acordar para o que agora pode, sem exagero, ser chamado de dever nacional, isto é, proporcionar teto para aqueles que, por falta de capital, não podem arranjá-lo por si mesmos, mas que mediante pagamento periódico podem indenizar os locadores."[122]

Como é admirável a justiça capitalista! O proprietário fundiário, o dono de casas, o homem de negócio, quando expropriados por *improvements*, como estradas de ferro, abertura de ruas etc., não apenas recebem indenização total. Por sua "renúncia" forçada, devem, por Deus e pela Justiça, ser ainda consolados com um lucro considerável. O trabalhador é jogado com mulher, filhos e pertences na rua e – se acorre em demasia para bairros onde a multiplicidade zela pelo decoro – é processado pela polícia sanitária!

Exceto Londres, no começo do século XIX não havia uma única cidade na Inglaterra com mais de 100 000 habitantes. Apenas cinco cidades tinham mais de 50 000. Agora existem 28 cidades com mais de 50 000 habitantes.

O resultado dessa mudança não foi apenas o enorme acréscimo da população urbana, mas as velhas cidadezinhas de grande densidade são agora centros cercados de construções por todos os lados, sem nenhum lugar para a penetração de ar. Como já não são agradáveis para os ricos, eles as abandonaram por subúrbios mais aprazíveis. Os sucessores desses ricos ocupam as casas maiores, uma família, frequentemente ainda com sublocatários, para cada quarto. Assim, uma população foi comprimida em casas que não lhe eram destinadas e para o que são totalmente inadequadas, num ambiente que é verdadeiramente degradante para os adultos e ruinoso para as crianças.[123]

Quanto mais rápido se acumula o capital numa cidade industrial ou comercial, tanto mais rápido o afluxo do material humano explorável e tanto mais miseráveis as moradias improvisadas dos trabalhadores. Newcastle-upon-Tyne, como centro de um distrito carbonífero e de mineração cada vez mais produtivo, ocupa, depois de Londres, o segundo lugar no inferno da moradia. Nada menos que 34000 pessoas vivem lá em moradias de uma só peça. Por serem extremamente prejudiciais à comunidade, a polícia fez há pouco demolir um número significativo de casas em Newcastle e Gateshead. O avanço da construção das novas casas é muito vagaroso, o dos negócios é muito rápido. Por isso, em 1865, a cidade estava mais superlotada do que em qualquer momento anterior. Quase não havia um único quarto para alugar. O Sr. Embleton, do Hospital de Febres de Newcastle, afirma:

> Não se pode duvidar de que a causa da persistência e propagação do tifo é a excessiva aglomeração de seres humanos e a falta de higiene em suas moradias. As casas em que os trabalhadores frequentemente vivem situam-se em becos cercados e pátios. Quanto a luz, ar, espaço e limpeza, são verdadeiros modelos de insuficiência e insalubridade, uma desgraça para qualquer nação civilizada. Ali, à noite, homens, mulheres e crianças deitam-se misturadamente. No que tange aos homens, o turno da noite segue ao turno do dia em fluxo ininterrupto, de modo que as camas quase não têm tempo de esfriar. As casas são mal supridas de água e, pior ainda, de privadas; são sujas, mal ventiladas e pestilentas.[124]

O aluguel semanal de tais buracos varia de 8 pence a 3 xelins.

> "A cidade de Newcastle-upon-Tyne", diz o Dr. Hunter, "oferece o exemplo de uma das mais belas estirpes de nossos compartimentos que, devido às circunstâncias externas de moradia e rua, submergiu em degradação quase selvagem."[125]

Devido ao fluxo e refluxo de capital e trabalho, a situação habitacional de uma cidade industrial pode ser hoje suportável para se tornar repugnante amanhã. Ou a vereança urbana pode, finalmente, ter-se erguido para a eliminação dos piores malefícios. Amanhã penetra nela um enxame de gafanhotos de irlandeses maltrapilhos ou de trabalhadores agrícolas ingleses decaídos. Eles são enfurnados em porões e celeiros, ou a casa do trabalhador, outrora respeitável, é transformada num alojamento em que o pessoal muda tão rapidamente como as guarnições durante a Guerra dos Trinta Anos. Exemplo: Bradford. Lá, o filisteu municipal estava então ocupado com reforma urbana. Além disso, em 1861 havia ainda 1751 casas desabitadas ali. Mas eis que surge agora a época dos bons negócios, sobre a qual recentemente o suave liberal Sr. Forster, o amigo dos negros, cacarejou tão graciosamente. Com os bons negócios, chega naturalmente a inundação provocada pelas ondas do sempre flutuante "exército de reserva" ou "superpopulação relativa". As repugnantes moradias em porões e quartinhos, registradas na lista (nota)[126] que o Dr. Hunter recebeu de um agente de uma companhia de seguros, eram geralmente habitadas por trabalhadores bem pagos. Explicaram que gostariam de pagar por moradias melhores, se elas estivessem disponíveis. Entrementes, degradam-se e adoecem uns após os outros, enquanto o suave liberal Forster, M. P. [integrante da Câmara dos Comuns], derrama lágrimas pelas bênçãos ¦ 353 do livre-câmbio ¦ e pelos lucros das eminentes cabeças de Bradford obtidos no *worsted*. No relatório de 5 de setembro de 1865, o Dr. Bell, um dos médicos dos indigentes de Bradford, explica a terrível mortalidade dos enfermos por febre em consequência de suas condições de moradia:

> Num porão de 1500 pés cúbicos moram 10 pessoas. [...] A rua Vincent, Green Air Place e the Leys abrigam 223 casas com 1450 habitantes, 435 camas e 36 privadas. [...] As camas – e por esse termo entendo qualquer amontoado de trapos sujos ou uma mancheia de cavacos – abrigam uma média de 3,3 pessoas, várias de 4 a 6. Muitos dormem sem cama, sobre o assoalho nu, com suas roupas, homens e mulheres jovens, casados e não casados, todos misturados. Será que é preciso acrescentar que muitas dessas habitações são em geral buracos fedorentos, escuros, úmidos, sujos, completamente inadequados para servir de moradia humana? São os centros de onde se irradiam doença e morte e que colhem suas vítimas também entre as pessoas em boa situação (*of good circumstances*), que permitem que esses tumores pestilentos supurem em nosso meio.[127]

Bristol ocupa o terceiro lugar depois de Londres em miséria habitacional:

Aqui, numa das cidades mais ricas da Europa, a maior abundância na mais pura pobreza (*blank poverty*) e miséria doméstica.[128]

c) A população nômade

¦ 354 Agora nos voltamos para uma camada da população cuja origem é rural e cuja ocupação é em grande parte industrial. Ela constitui a infantaria ligeira do capital, que, de acordo com sua necessidade, ora a lança neste ponto, ora naquele. Quando não em marcha, "acampa". ¦ O trabalho nômade é empregado em várias operações de construção e drenagem, na fabricação de tijolos, queima de cal, construção de ferrovias etc. Coluna ambulante da pestilência, ele traz aos lugares em cujas cercanias instala seu acampamento: varíola, tifo, cólera, escarlatina etc.[129] Em empreendimentos com aplicação significativa de capital, como construção de ferrovias etc., geralmente o próprio empresário fornece seu exército de barracos de madeira ou similares, aldeias improvisadas sem nenhuma instalação sanitária, além do controle das autoridades locais, muito lucrativo para o Sr. Contratista, que explora duplamente os trabalhadores: como soldados da indústria e como inquilinos. Conforme o barraco de madeira tenha 1, 2 ou 3 buracos, seu ocupante, terraplenador etc., tem de pagar semanalmente 2, 3, 4 xelins.[130] Um exemplo bastaria. Em setembro de 1864, relata Dr. Simon, ministro do Interior, Sir George Grey recebeu, por parte do presidente do Nuisance Removal Committee [Comitê de Remoção de Incômodos] da paróquia de Sevenoaks, a seguinte denúncia:

"A varíola era totalmente desconhecida nesta paróquia até cerca de 12 meses atrás. Pouco antes dessa época, iniciaram-se aqui os trabalhos para construir uma estrada de ferro de Lewisham a Tunbridge. Além de as principais obras terem sido executadas na vizinhança imediata dessa cidade, aqui também foi instalado o depósito principal de toda a obra. Empregou-se grande número de pessoas aqui, portanto. Como foi impossível acomodar todas em *cottages*, o contratante, Dr. Jay, mandou erguer barracos em diversos lugares ao longo da linha do trem, para abrigo dos trabalhadores. Esses barracos não tinham ventilação nem esgoto e, além disso, estavam necessariamente superlotados, pois cada morador tinha de acomodar outros moradores, por mais numerosa que fosse sua família e ainda que cada cabana só tivesse dois quartos. Segundo o relatório médico que recebemos, a consequência foi que essa pobre gente tinha de suportar, à noite, todas as torturas da asfixia para evitar as emanações pestilentas da água suja e estagnada e das privadas logo abaixo das janelas. Por fim, foram encaminhadas queixas a nosso comitê por um médico que teve a oportunidade de visitar esses barracos. Ele falou sobre a situação dessas assim chamadas moradias com expressões das mais amargas e temia muito consequências bastante sérias, caso não fossem adotadas algumas medidas sanitárias. Aproximadamente há um ano, *p.p.*[I] Jay se comprometeu a construir uma casa para a qual, havendo irrupção de enfermidades contagiosas, pessoas por ele empregadas pudessem ser imediatamente removidas. Ele reafirmou essa promessa ao final de julho último, mas nunca deu o menor passo para seu cumprimento, embora desde essa data diversos casos de varíola aparecessem, tendo por consequência dois óbitos. A 9 de setembro, o médico Kelson relatou-me outros casos de varíola nos mesmos barracos e descreveu a situação destes como horrível. Para sua" (do ministro) "informação, devo acrescentar que nossa paróquia possui uma casa isolada, a assim chamada casa da peste, onde os paroquianos que sofrem de doenças infecciosas são tratados. Essa casa tem sido continuamente superlotada por pacientes. Numa família, cinco crianças morreram de varíola e febre. De 1º de abril a 1º de setembro deste ano, ocorreram não menos que 10 óbitos por varíola, 4 deles nos já referidos barracos, os focos da peste. É impossível calcular o número de casos de enfermidade, pelo fato de as famílias atingidas manterem-nos tão secretos quanto possível".[131]

Os trabalhadores de minas de carvão e de outras minas pertencem às categorias mais bem pagas do proletariado britânico. A que preço eles compram seu salário já foi mostrado numa passagem anterior.[132] Lanço aqui um rápido olhar sobre suas condições de moradia. Em regra, o explorador da mina, seja seu proprietário ou arrendatário, constrói certo número de *cottages* para seus braços. Eles recebem o *cottage*, bem como carvão para queimar, "de graça", isto é, estes constituem parte do salário pago *in natura*. Os que não podem ser alojados dessa forma recebem 4 libras esterlinas por ano como compensação. Os distritos mineiros atraem rapidamente grande população, composta da própria população mineira e pelos artesãos, vendeiros etc., que se agrupam ao redor deles. Como em todo lugar onde a população é densa, a renda fundiária é elevada. O empresário de minas procura, por isso, erguer num local de construção tão estreito quanto possível na boca das minas tantos *cottages* quantos forem estritamente necessários para acondicionar seus braços e suas famílias. Se novas minas são abertas nas proximidades ou velhas minas são reativadas, aumenta o aperto. Na construção dos *cottages* vigora apenas um ponto de vista: a "renúncia" do capitalista a toda despesa não absolutamente inevitável de dinheiro.

"As moradias dos mineiros e de outros trabalhadores ligados às minas de Northumberland e Durham", diz o Dr. Julian Hunter, "são talvez, em média, as piores e mais caras daquilo que a Inglaterra oferece em larga escala nesse

I *Proemissis proemittendis* – antepondo os títulos que lhe correspondam. [N. T.]

gênero, excetuados, no entanto, distritos similares em Monmouthshire. [...] A extrema ruindade reside no elevado número de pessoas que lotam um quarto, na estreiteza do espaço de construção sobre o qual é lançada grande massa de casas, na falta de água e na ausência de privadas, no método frequentemente adotado de colocar uma casa sobre a outra ou de distribuí-las em *flats*" (de modo que os diferentes *cottages* constituam andares verticalmente superpostos). [...] "O empreiteiro trata toda a colônia como se ela apenas acampasse, e não residisse."[133] "Em obediência a minhas instruções", diz o Dr. Stevens, "visitei a maioria das grandes aldeias mineiras da Durham Union. [...] Com pouquíssimas exceções, é válido para todas que qualquer providência para assegurar a saúde dos moradores foi negligenciada. [...] Todos os mineiros de carvão estão atados" (*bound*, expressão que, como *bondage* [servidão], data da época da servidão da gleba) "ao arrendatário (*lessee*) ou proprietário da mina por 12 meses. Se mineiros dão vazão a seu descontentamento ou, de algum modo, irritam o supervisor (*viewer*), então este coloca uma marca ou um memorando ao lado do nome deles no livro de supervisão e os demite quando da nova ligação anual. [...] Parece-me que em nenhuma parte o *truck system* [sistema de pagamento com bônus] pode ser pior do que o que predomina nesses distritos densamente povoados. O trabalhador está obrigado a receber como parte de seu salário uma casa cercada de influências pestilenciais. Ele não pode ajudar a si mesmo. Para todos os efeitos, ele é um servo (*he is to all intents and purposes a serf*). Parece duvidoso que mais alguém possa ajudá-lo além de seu proprietário, e esse proprietário leva em conta, antes de tudo, seu balanço, e o resultado é geralmente infalível. O trabalhador recebe também do proprietário o suprimento de água. Seja ela boa ou má, fornecida ou não, ele precisa pagar por ela ou, antes, tolerar um desconto do salário."[134]

Quando em conflito com a "opinião pública" ou mesmo com a polícia sanitária, o capital não se embaraça nem um pouco ao "justificar" as condições, em parte perigosas, em parte degradantes, a que submete a função e o lar do trabalhador, necessárias para explorá-lo de modo mais lucrativo. Assim é quando renuncia a instalações para a proteção contra maquinaria perigosa na fábrica, a meios de ventilação e segurança nas minas etc. E assim com a moradia dos trabalhadores de minas.

"Como desculpa", diz o Dr. Simon, funcionário médico do Privy Council, em seu relatório oficial, "da indigna acomodação doméstica, alega-se que as minas são comumente exploradas por arrendamento, que a duração do contrato de arrendamento (que nas minas de carvão costuma ser de 21 anos) é curta demais para que valha a pena ao arrendatário fornecer boas acomodações domésticas para o povo trabalhador, bem como para os profissionais etc., que a obra atrai; mesmo que ele tivesse o propósito de agir com liberalidade nessa matéria, seria frustrado pelo proprietário fundiário. Este teria, na verdade, a tendência de imediatamente pedir uma renda adicional exorbitante pelo privilégio de se construir, na superfície do solo, uma aldeia decente e confortável para abrigar os trabalhadores da propriedade subterrânea. Esse preço proibitivo, quando não proibição de fato, desanima igualmente outros que possam querer construir. [...] Não quero mais examinar o valor dessa desculpa e tampouco sobre quem em última instância recairia a despesa adicional por acomodação decente – se sobre o senhor da terra, o arrendatário da mina, o trabalhador ou o público. Mas, em vista de tais fatos vergonhosos, como os revelados nos relatórios anexos" (os dos Drs. Hunter, Stevens etc.), "um remédio tem de ser aplicado. [...] Direitos de propriedade da terra estão sendo usados para praticar uma grande injustiça pública. O senhor da terra, em sua qualidade de proprietário da mina, convida uma colônia industrial para trabalhar em seu domínio e, então, em sua qualidade de proprietário da superfície da terra, torna impossível aos trabalhadores por ele reunidos encontrar acomodação adequada, indispensável a sua vida. O arrendatário da mina" (o explorador capitalista) "não tem, entrementes, interesse pecuniário para resistir a essa divisão do negócio, pois ele sabe bem que, se as pretensões do proprietário são exorbitantes, as consequências não recaem sobre ele, que seus trabalhadores, sobre os quais elas recaem, carecem de educação para conhecer seus direitos sanitários, que nem a moradia mais obscena nem a água mais podre para se beber jamais dão motivo para uma greve."[135]

d) Efeitos das crises sobre a parte mais bem remunerada da classe trabalhadora

Antes de passar aos trabalhadores agrícolas propriamente ditos, devo ainda mostrar por um exemplo como as crises afetam até mesmo a parte mais bem remunerada da classe trabalhadora, sua aristocracia. Relembremos: o ano de 1857 trouxe uma das grandes crises com que sempre se encerra o ciclo industrial. O prazo seguinte venceu em 1866. Já antecipada nos distritos fabris propriamente ditos pela penúria do algodão, que afugentou muito capital da esfera habitual de investimento para os grandes centros do mercado monetário, a crise assumiu dessa vez caráter preponderantemente financeiro. Sua irrupção, em maio de 1866, foi assinalada pela bancarrota de um gigantesco banco londrino, seguida imediatamente pela quebra de inúmeras sociedades financeiras fraudulentas. Um dos grandes ramos de negócios londrinos atingido pela catástrofe foi a construção de navios de ferro. Os magnatas desse negócio tinham, durante o auge vertiginoso, não só produzido em excesso, mas também assumido enormes contratos de fornecimento, com base na especulação de que a fonte de crédito continuaria jorrando com igual abundância. Surgiu então uma terrível reação, que perdura até agora, final de março de 1867, também em outras indústrias londrinas.[136] Para caracterizar a situação dos trabalhadores, segue-se uma passagem do relatório detalhado de um correspondente do *Morning Star* que, no começo de 1867, visitou os principais centros do infortúnio.

> No leste de Londres, nos distritos de Poplar, Millwall, Greenwich, Deptford, Limehouse e Canning Town, encontram-se no mínimo 15000 trabalhadores com suas famílias em um estado de extrema miséria, entre eles 3000 mecânicos qualificados. Seus fundos de reserva estão exauridos após seis ou oito meses de desemprego. [...] Tive grandes dificuldades em abrir caminho até o portão da *workhouse* (de Poplar), pois estava cercado por uma multidão faminta. [...] Ela estava à espera de bônus de pão, mas ainda não era hora da distribuição. O pátio formava um grande quadrado, com um telhado inclinado ao longo dos muros. Densos montes de neve cobriam o pavimento no meio do pátio. Aqui havia certos pequenos espaços limitados por cercas de vime, como currais de ovelhas, onde os homens trabalhavam com melhor tempo. No dia de minha visita, os currais estavam tão cheios de neve que ninguém podia sentar neles. Os homens estavam, no entanto, protegidos pelos beirais, macadamizando pedras de pavimentar. Cada homem tinha por assento uma grande pedra de pavimentar e batia com um martelo sobre o granito coberto de gelo até ter quebrado 5 *bushels*. Com isso ele cumpria sua tarefa diária e obtinha 3 pence (2 *silbergroschen*, 6 *pfennige*) e um bônus de pão. Em outra parte do pátio havia uma raquítica e diminuta casa de madeira. Ao abrir a porta, encontramo-la repleta de homens que estavam comprimidos ombro a ombro para se aquecerem mutuamente. Desfiavam estopa e discutiam quem deles conseguiria trabalhar mais tempo com um mínimo de comida – pois resistência era *point d'honneur* [ponto de honra]. Nessa única *workhouse*, 7000 recebiam sustento, dos quais muitas centenas recebiam, 6 ou 8 meses antes, os maiores salários pagos por trabalho qualificado neste país. O número deles seria o dobro se não houvesse tantos que, tendo exaurido todas as suas economias, ainda assim recuavam ante a ideia de apelar para a paróquia enquanto ainda tinham alguma coisa para empenhar. [...] Ao sair da *workhouse*, dei uma volta pelas ruas, a maioria delas margeada por pequenas casas de um andar, que abundam em Poplar. Meu guia era um membro do Comitê dos Desempregados. [...] A primeira casa em que entramos era de um metalúrgico que estava 27 semanas havia sem emprego. Encontrei o homem sentado com toda a família num quarto dos fundos. O quarto não estava inteiramente desprovido de mobília e havia fogo nele. Isso era necessário para proteger os pés desnudos das crianças do congelamento, pois o dia estava amargamente frio. Num prato em frente ao

> fogo havia uma quantidade de estopa que a mulher e as crianças estavam desfiando em troca do pão da *workhouse*. O homem trabalhava num dos pátios acima descritos por um bônus de pão e 3 pence ao dia. Ele tinha acabado de voltar para casa, a fim de almoçar, muito faminto, como nos contou com um sorriso amargo, e seu almoço consistia em algumas fatias de pão com banha e uma xícara de chá sem leite. [...] A próxima porta em que batemos foi aberta por uma mulher de meia-idade que, sem dizer uma só palavra, conduziu-nos a um quartinho dos fundos, onde estava sentada toda a sua família, silenciosa e olhando fixamente para um fogo que morria rapidamente. Pairava tal desolação, tal desespero, sobre essas pessoas e seu quartinho que nunca mais quero ver semelhante cena. "Não ganharam nada, meu senhor", disse a mulher apontando para seus meninos, "por 26 semanas e todo nosso dinheiro se foi, todo o dinheiro que eu e o pai economizamos quando os tempos eram melhores, na ilusão de assegurar sustento quando os negócios estivessem mal. Olhe", gritou ela, quase impetuosamente, enquanto buscava uma caderneta bancária com todas as suas anotações regulares do dinheiro depositado e retirado, de modo que podíamos ver como a pequena fortuna tinha começado, com o primeiro depósito de 5 xelins, como tinha crescido pouco a pouco até chegar a 20 libras esterlinas e, depois, derretido novamente até que o último registro tornou o livro tão sem valor quanto uma folha de papel em branco. Essa família recebia apenas uma magra refeição diária da *workhouse*. [...] Nossa visita seguinte foi à esposa de um irlandês que tinha trabalhado nos estaleiros navais. Encontramo-la doente por falta de comida, deitada com suas roupas sobre um colchão e mal coberta por um pedaço de tapete, pois toda a roupa de cama tinha sido penhorada. As crianças maltrapilhas cuidavam dela, parecendo estarem elas, por sua vez, precisando do cuidado materno. Dezenove semanas de ociosidade forçada haviam-na reduzido a esse estado e, enquanto ela contava a história desse amargo passado, gemia como se toda a sua esperança num futuro melhor estivesse perdida. [...] Ao sair dessa casa, um jovem veio correndo atrás de nós e pediu-nos que entrássemos em sua casa para ver se alguma coisa podia ser feita por ele. Uma jovem esposa, duas belas crianças, um punhado de notas de penhor e um quarto desnudo era tudo o que tinha para mostrar.

Sobre as consequências da crise de 1866, segue-se o extrato de um jornal *tory*. ¦ 355 Não se deve esquecer que a parte leste de Londres, da qual se trata aqui, não é apenas sede da construção de navios de ferro aventada no texto, mas também do assim chamado "trabalho domiciliar", invariavelmente remunerado abaixo do mínimo. ¦

> Um espetáculo terrível se desenrolou ontem numa parte da metrópole. Embora os milhares de desempregados da parte leste da cidade não tivessem marchado

> em massa com suas bandeiras negras, a torrente humana era assaz imponente. Rememoremos o que sofre essa população. Ela morre de fome. Esse é o fato simples e terrível. São 40 000. [...] Em nossa presença, num bairro dessa maravilhosa metrópole bem ao lado da mais imensa acumulação de riqueza que o mundo já viu – bem junto a ela estão 40 000 pessoas sem auxílio, morrendo de fome! Esses milhares irrompem agora em outros bairros; meio mortos de fome em todas as épocas, eles gritam sua miséria em nossos ouvidos, clamam aos céus, falam-nos de suas habitações atingidas pela miséria, dizem que lhes é impossível achar trabalho e que é inútil pedir esmolas. Os contribuintes locais do imposto para os pobres estão sendo, eles mesmos, arrastados para a beira do pauperismo pelos encargos paroquiais. (*Standard*, 5 abr. 1867.)

Já que agora é moda entre os capitalistas ingleses descrever a Bélgica como o paraíso do trabalhador porque lá "a liberdade do trabalhador" ou, o que é o mesmo, "a liberdade do capital" não seria violada pelo despotismo dos *trades unions* nem por leis fabris, aqui vão algumas palavras sobre a "felicidade" do trabalhador belga. Seguramente, ninguém estava mais profundamente familiarizado com os mistérios dessa felicidade do que o falecido Sr. Ducpétiaux, inspetor geral das prisões e instituições de beneficência belgas e membro da comissão central de estatística belga. Tomemos sua obra: *Budgets économiques des classes ouvrières en Belgique*. Bruxelles, 1855. Aí, entre outras coisas, encontramos uma família trabalhadora belga normal, cujas receitas e despesas anuais estão calculadas segundo dados muito precisos e cujas condições alimentares são então comparadas com as dos soldados, dos marinheiros e dos presidiários. A família "é constituída por pai, mãe e quatro filhos". Dessas seis pessoas, "quatro podem ser ocupadas de modo útil durante o ano inteiro"; pressupõe-se "que entre elas não haja doentes nem incapacitados para o trabalho", nem "despesas para finalidades religiosas, morais e intelectuais, salvo uma muito pequena para assentos na igreja", nem "depósitos em cadernetas de poupança ou pecúlios de aposentadoria", nem "dispêndios com luxo ou outras despesas supérfluas". Mesmo assim, o pai e o primogênito devem poder fumar tabaco e ir ao botequim aos domingos, para o que lhes são destinados semanalmente 86 cêntimos ao todo.

> Do levantamento geral dos salários pagos aos trabalhadores dos diversos ramos de negócios infere-se [...] que a média mais alta de salário por dia é: 1 franco e 56 cêntimos para os homens, 89 cêntimos para as mulheres, 56 cêntimos para os rapazes e 55 cêntimos para as moças. Calculados nessa base, os rendimentos da família atingiriam no máximo 1 068 francos anuais. [...] No orçamento doméstico considerado típico incluímos todas as receitas possíveis. Mas, se atribuímos à mãe um salário, excluímos o cuidado da casa

de seu comando; quem cuida da casa, quem cuida das crianças pequenas? Quem deve cozinhar, lavar, remendar? Esse dilema se apresenta a cada dia para os trabalhadores.

De acordo com isso, o orçamento da família é o seguinte:

o pai	300 dias de trabalho a	1,56 franco	468 francos
a mãe		0,89 franco	267 francos
o rapaz		0,56 franco	168 francos
a moça		0,55 franco	165 francos
		Total	1 068 francos

A despesa anual da família e seu déficit seriam, caso o trabalhador tivesse a alimentação do:

marinheiro	1 828 francos	déficit de	760 francos
soldado	1 473 francos	déficit de	405 francos
presidiário	1 112 francos	déficit de	44 francos

Vê-se que poucas famílias de trabalhadores podem obter a alimentação não só do marinheiro ou do soldado, mas mesmo a do presidiário. Em média, cada preso custou diariamente, de 1847 a 1849, na Bélgica, 63 cêntimos, o que dá, em relação aos custos de manutenção diária do trabalhador, uma diferença de 13 cêntimos. Os custos de administração e vigilância se compensam, pois o presidiário não paga aluguel. [...] Mas como ocorre que grande número, poderíamos dizer a grande maioria, dos trabalhadores viva em condições ainda mais econômicas? Só ao recorrer a expedientes dos quais apenas o trabalhador tem o segredo; ao reduzir sua ração diária; ao comer pão de centeio em vez de pão de trigo; ao comer pouca carne ou até mesmo nenhuma, o mesmo ocorrendo com a manteiga e os condimentos; ao amontoar a família em um ou dois cubículos, onde moças e rapazes dormem juntos, frequentemente sobre o mesmo colchão de palha; ao poupar no vestuário, na roupa de baixo, nos produtos de limpeza; ao renunciar aos divertimentos dominicais, em suma ao se dispor às mais penosas privações. Uma vez chegado a essa fronteira última, o menor aumento nos preços dos meios de subsistência, um desemprego, uma doença multiplicam a miséria do trabalhador e o arruínam completamente. As dívidas se acumulam, o crédito é recusado, as roupas e os móveis mais necessários vão para a casa de penhores e, finalmente, a família pede sua inscrição na lista dos indigentes.[137]

Efetivamente, nesse "paraíso dos capitalistas", a mínima mudança no preço dos meios de subsistência mais necessários é seguida por uma mudança no número de óbitos e crimes! (Ver *Manifest der Maatschappij: De Vlamingen Vooruit!* Brüssel, 1860, p. 12.) Toda a Bélgica conta com 930 000 famílias, das quais, segundo a estatística oficial: 90 000 ricas (eleitoras) = 450 000 pessoas; 390 000 famílias de classe média baixa em cidades e aldeias, grande parte delas continuamente caindo no proletariado = 1 950 000 pessoas. Finalmente, 450 000 famílias de trabalhadores = 2 250 000 pessoas, das quais as famílias-modelo desfrutam da felicidade descrita por Ducpétiaux. Das 450 000 famílias de trabalhadores, mais de 200 000 estão na lista de indigentes!

e) O proletariado agrícola britânico

Em nenhuma parte o caráter antagônico da produção e da acumulação capitalista mostra-se mais brutal do que no progresso da agricultura inglesa (inclusive pecuária) e no retrocesso do trabalhador rural inglês. Antes de passar para sua situação atual, um rápido retrospecto. A agricultura moderna data, na Inglaterra, de meados do século XVIII, embora o revolucionamento das relações de propriedade fundiária, que constitui o ponto de partida do modo de produção transformado, seja de época muito anterior.

Se tomarmos os dados de Arthur Young, um observador rigoroso, embora pensador superficial, sobre o trabalhador agrícola de 1771, veremos que este desempenha papel muito miserável se comparado com seu antecessor do final do século XIV, "quando ele podia viver em abundância e acumular riqueza",[138] para não falar do século XV, "a idade de ouro do trabalhador inglês na cidade e no campo". Não precisamos recuar tanto, porém. Em seu texto muito substancioso de 1777, pode-se ler:

> O grande arrendatário se elevou quase ao nível do *gentleman*, enquanto o pobre trabalhador rural foi rebaixado quase ao chão. Sua situação infeliz se revela claramente mediante um exame comparativo entre suas condições de hoje e as de 40 anos atrás. [...] Proprietário fundiário e arrendatário [...] atuam conjuntamente para oprimir o trabalhador.[139]

É, então, provado em detalhes que o salário real no campo caiu, de 1737 a 1777, cerca de ¼ ou 25%.

> "A política moderna", diz ao mesmo tempo o Dr. Richard Price, "favorece as classes mais altas da população; a consequência há de ser que mais cedo ou mais tarde o reino todo só se comporá de cavalheiros e mendigos ou de senhores e escravos."[140]

Ainda assim, a situação do trabalhador agrícola inglês de 1770 a 1780, no que tange tanto a suas condições de alimentação e moradia quanto ao autorrespeito, diversões etc., constitui um ideal nunca mais alcançado posteriormente. Expresso em pintas[I] de trigo, seu salário médio atingia, de 1770 a 1771, até 90 pintas; ao tempo de Eden (1797), apenas 65; mas em 1808, 60.[141]

A situação do trabalhador rural ao término da guerra antijacobina ¦356¦, durante a qual aristocratas fundiários, arrendatários, fabricantes, comerciantes, banqueiros, especuladores da Bolsa, fornecedores do exército etc. tanto enriqueceram, já foi indicada anteriormente. O salário nominal subiu, devido em parte à depreciação das cédulas bancárias, em parte ao aumento no preço dos meios de subsistência de primeira necessidade, independentemente dessa depreciação. Mas a real variação de salário pode ser constatada de maneira muito simples, sem recorrer a detalhes aqui não pertinentes. A Lei dos Pobres e sua administração eram as mesmas em 1795 e 1814. Recorde-se como essa lei foi aplicada no campo: sob a forma de esmolas, a paróquia complementava o salário nominal até a soma nominal necessária à mera vida vegetativa do trabalhador. A proporção entre o salário pago pelo arrendatário e o déficit salarial coberto pela paróquia mostra-nos duas coisas: primeiro, a queda do salário abaixo de seu mínimo; segundo, o grau em que o trabalhador rural era um composto de assalariado e indigente, ou o grau em que foi transformado em servo de sua paróquia. Escolhemos um condado que representa a situação média de todos os outros condados. Em 1795, o salário semanal médio em Northamptonshire atingia 7 xelins e 6 pence, o gasto total por ano de uma família de 6 pessoas era de 36 libras esterlinas, 12 xelins e 5 pence, sua receita total era de 29 libras esterlinas e 18 xelins, e o déficit coberto pela paróquia era de: 6 libras esterlinas, 14 xelins e 5 pence. No mesmo condado, em 1814, o salário semanal era de 12 xelins e 2 pence, o gasto total de uma família de 5 pessoas era de 54 libras esterlinas, 18 xelins e 4 pence, sua receita total era de 36 libras esterlinas e 2 xelins, e o déficit coberto pela paróquia era de: 18 libras esterlinas, 6 xelins e 4 pence.[142] Em 1795, o déficit era menor que ¼ do salário; em 1814, era mais da metade. É evidente que, nessas circunstâncias, os pequenos confortos que Eden ainda encontrava no *cottage* do trabalhador rural haviam desaparecido em 1814.[143] De todos os animais mantidos pelo arrendatário, o trabalhador, o *instrumentum vocale* [instrumento com voz], tornou-se desde então o mais extenuado, o mais mal alimentado e o mais brutalmente tratado.

O mesmo estado de coisas perdurou tranquilamente até que

I Uma pinta = 0,568 litro. [N. T.]

> "as rebeliões de Swing[I] em 1830 revelaram-nos" (isto é, às classes dominantes), "à luz dos montes de palha incendiados, que miséria e descontentamento sombrio e sedicioso ardiam sob a superfície da Inglaterra agrícola tão selvagemente quanto da industrial".[144]

Naquela ocasião, na Câmara dos Comuns, Sadler batizou os trabalhadores agrícolas de "escravos brancos" (*white slaves*), e um bispo repetiu esse epíteto na Câmara dos Lordes. O mais importante economista político daquele período, E. G. Wakefield, afirma:

> O trabalhador agrícola do sul da Inglaterra [...] não é um escravo, não é um homem livre: ele é um indigente.[145]

O período imediatamente anterior à revogação das leis dos cereais lançou nova luz sobre a situação do trabalhador rural. Por um lado, ¦ 357 era do interesse dos agitadores burgueses provar quão pouco essas leis de proteção protegiam o verdadeiro produtor de cereais ¦. Por outro lado, a burguesia industrial espumava de raiva contra a denúncia das condições fabris por parte dos aristocratas fundiários, em relação à afetada simpatia desses ociosos degenerados, desalmados e finos pelos sofrimentos do trabalhador fabril ¦ 358 e, com seu "zelo diplomático", pela legislação fabril ¦. Um velho ditado inglês diz que, quando dois bandidos se agarram pelos cabelos, algo de bom sempre acontece. E, de fato, a barulhenta e apaixonada briga entre as duas facções da classe dominante para saber qual das duas explorava mais desavergonhadamente o trabalhador tornou-se, à direita e à esquerda, parteira da verdade. O Conde de Shaftesbury, também chamado de Lorde Ashley, era o paladino da filantrópica campanha aristocrática antifabril. Por isso, de 1844 a 1845, ele foi o tema predileto nas revelações do *Morning Chronicle* sobre as condições dos trabalhadores agrícolas. Esse jornal, então o mais significativo órgão liberal, enviou aos distritos rurais comissários próprios, que não se satisfaziam com descrições gerais e estatísticas, mas publicavam os nomes tanto das famílias de trabalhadores examinadas quanto de seus proprietários fundiários. A tabela a seguir dá os salários pagos em três aldeias, nas vizinhanças de Blandford, Wimbourne e Poole. As aldeias são propriedades do Sr. G. Bankes e do Conde de Shaftesbury. Pode-se

---

I Movimento de trabalhadores agrícolas ingleses nos anos de 1830–33 contra a utilização de máquinas debulhadoras e pelo pagamento de salários mais elevados; procurava atingir seus objetivos por meio de cartas ameaçadoras enviadas a fazendeiros e proprietários de terras em nome de um fictício Captain Swing, bem como pondo fogo em montes de cereais e destruindo máquinas debulhadoras. [N. E. A.]

notar que esse papa da *low church*,[I] esse cabeça dos pietistas ingleses, do mesmo modo que o referido Bankes, embolsa novamente, a título de aluguel de casas, parte significativa do salário de cão dos trabalhadores.

Crianças	Número de membros da família	Salário semanal do homem	Salário semanal da criança		Receita familiar semanal		Aluguel semanal		Salário total por semana descontado o aluguel		Salário semanal por cabeça	
a	b	c	d		e		f		g		h	
					Primeira aldeia							
		xelim	xelim	pence	xelim	pence	xelim	pence	xelim	pence	xelim	pence
2	4	8	–	–	8	–	2	–	6	–	1	6
3	5	8	–	–	8	–	1	6	6	6	1	3½
2	4	8	–	–	8	–	1	–	7	–	1	9
2	4	8	–	–	8	–	1	–	7	–	1	9
6	8	7	1	6	10	6	2	–	8	6	1	¾
3	5	7	2	–	7	–	1	4	5	8	1	1½
					Segunda aldeia							
		xelim	xelim	pence	xelim	pence	xelim	pence	xelim	pence	xelim	pence
6	8	7	1	6	10	–	1	6	8	6	1	¾
6	8	7	1	6	7	–	1	3½	5	8½	–	8½
8	10	7	–	–	7	–	1	3½	5	8½	–	7
4	6	7	–	–	7	–	1	6½	5	5½	–	11
3	5	7	–	–	7	–	1	6½	5	5½	1	1
					Terceira aldeia							
		xelim	xelim	pence	xelim	pence	xelim	pence	xelim	pence	xelim	pence
4	6	7	–	–	7	–	1	–	6	–	1	–
3	5	7	2	–	11	6	–	10	10	8	2	1½
0	2	5	2	6	5	–	1	–	4	–	2	–[146]

I Corrente da Igreja Anglicana que prevalecia principalmente entre a burguesia e o clero mais baixo; enfatizava a propagação da moral burguesa cristã e as atividades filantrópicas, sempre de caráter pio-hipócrita. Graças a essa atividade, o Conde de Shaftesbury (Lorde Ashley) tinha influência significativa nos círculos da *low church*, e é por isso que Marx ironicamente o chama de "papa" dessa Igreja. [N. E. A.]

A revogação das leis dos cereais deu enorme impulso à agricultura inglesa. Drenagem em larga escala,[147] novo sistema de alimentação em currais e de cultivo de forragens artificiais, introdução de aparelhagem mecânica de adubação, novo tratamento da terra argilosa, uso mais elevado de adubos minerais, utilização da máquina a vapor e toda espécie de nova maquinaria de trabalho etc. e, sobretudo, a cultura mais intensiva do solo caracterizam essa época. O presidente da Sociedade Real para a Agricultura, Sr. Pusey, afirma que os custos (relativos) da produção foram reduzidos quase à metade pela maquinaria recém-introduzida. Por outro lado, o rendimento positivo do solo subiu rapidamente. Maior aplicação de capital por acre, portanto também concentração acelerada dos arrendamentos, era condição básica do novo método.[148] Ao mesmo tempo, de 1846 a 1856, a área cultivada expandiu-se em 464 119 acres, sem falar das grandes extensões dos condados orientais, que foram transformadas, por encanto, de viveiros de coelhos e pobres pastagens de gado em férteis campos de cereais. Já se sabe que, ao mesmo tempo, diminuiu o número total de pessoas ocupadas na agricultura. No que tange aos lavradores propriamente ditos, de ambos os sexos e de todas as idades, seu número caiu de 1 241 269 em 1851 para 1 163 217 em 1861.[149] Se o Registrar General inglês observa, por isso, com razão: "O aumento de arrendatários e trabalhadores agrícolas desde 1801 não guarda nenhuma proporção com o aumento do produto agrícola",[150] essa desproporção vale ainda muito mais ¦ 359 para o último período ¦, em que a redução positiva da população trabalhadora rural acompanha a expansão da área cultivada, cultivo mais intensivo, uma acumulação jamais vista do capital incorporado ao solo e destinado a cultivá-lo, elevação do produto do solo sem paralelo na história da agronomia inglesa, registros de renda abundantes dos proprietários fundiários e riqueza crescente dos arrendatários capitalistas. Considerando isso em conjunto com a ininterrupta e rápida expansão do mercado citadino e com o domínio do livre-câmbio, então o trabalhador rural estava, *post tot discrimina rerum* [após tantas peripécias], finalmente em condições que, *secundum artem* [segundo as regras da arte], deveriam deixá-lo louco de felicidade.

O professor Rogers chegou, no entanto, à conclusão de que o trabalhador rural inglês de nossos dias, sem falar de seu antepassado da segunda metade do século XIV e do século XV, mas comparando-o apenas com seus predecessores do período de 1770–80, teve sua situação extremamente piorada, de que "ele novamente se tornou um servo", e um servo malnutrido e mal acomodado.[151] O Dr. Julian Hunter, em seu memorável relatório sobre as condições habitacionais dos trabalhadores rurais, afirma:

"Os custos de manutenção do *hind*" (nome dado ao trabalhador agrícola no tempo da servidão) "são fixados no mais baixo montante possível com que ele possa viver. [...] Seu salário e seu teto não são calculados sobre o lucro a ser extraído dele. Ele é um zero nos cálculos dos arrendatários.[152] [...] Seus meios de subsistência são sempre tratados como uma quantidade fixa.[153] No que concerne a qualquer redução adicional de seu rendimento, ele pode dizer: *nihil habeo, nihil curo* [nada tenho, nada me preocupa]. Ele não tem temores quanto ao futuro porque não dispõe de nada, a não ser o absolutamente indispensável a sua existência. Ele atingiu o ponto de congelamento do qual partem os cálculos do arrendatário. Venha o que vier, não o tocará nenhuma participação na sorte ou adversidade".[154]

Em 1863, foi feito um inquérito oficial sobre as condições de alimentação e de ocupação dos criminosos condenados à deportação e ao trabalho forçado público. Os resultados estão consignados em dois grossos Livros Azuis.

"Uma cuidadosa comparação", é o que ali se diz, entre outras coisas, "entre a dieta de criminosos em prisões da Inglaterra e a dos indigentes em *workhouses* e trabalhadores rurais livres do mesmo país revela indubitavelmente que os primeiros estão mais bem alimentados do que qualquer uma das duas outras classes",[155] enquanto o montante de trabalho exigido de um condenado comum a trabalho forçado público é cerca da metade do executado por um trabalhador agrícola comum.[156]

Alguns poucos testemunhos característicos: John Smith, diretor da prisão de Edimburgo, que depõe:

"n. 5056: 'A dieta nas prisões inglesas é muito melhor do que a dos trabalhadores ingleses comuns'. n. 5057: 'É um fato que os trabalhadores agrícolas comuns da Escócia raramente recebem alguma carne'. n. 3047: 'O senhor conhece qualquer razão para a necessidade de alimentar os criminosos muito melhor (*much better*) do que os trabalhadores rurais comuns? – Certamente não'. n. 3048: 'O senhor considera adequado que se façam outros experimentos para aproximar a dieta de prisioneiros condenados a trabalho forçado público da dieta de trabalhadores agrícolas livres?'."[157] "O trabalhador rural", afirma-se, "poderia dizer: Eu trabalho duro e não tenho o suficiente para comer. Quando estive na prisão não trabalhei tão duramente e tinha comida em abundância; por isso, para mim é melhor estar na prisão do que em liberdade."[158]

A partir das tabelas anexadas ao primeiro volume do relatório, foi organizado um quadro comparativo.

	Quantidade semanal de alimento[158a]			
	Ingredientes com nitrogênio	Ingredientes sem nitrogênio	Ingredientes minerais	Soma total
	Onças	Onças	Onças	Onças
Criminoso na prisão de Portland	28,95	150,06	4,68	183,69
Marinheiro na Marinha Real	29,63	152,91	4,52	187,06
Soldado	25,55	114,49	3,94	143,98
Construtor de carruagens (trabalhador)	24,53	162,06	4,23	190,82
Tipógrafo	21,24	100,83	3,12	125,19
Trabalhador rural	17,73	118,06	3,29	139,08

O resultado geral da comissão de investigação médica de 1863 quanto às condições de nutrição das classes mais mal alimentadas do povo já é do conhecimento do leitor. Ele se recorda de que a dieta de grande parte das famílias de trabalhadores agrícolas está abaixo do mínimo necessário "para evitar as doenças decorrentes da fome". Tal é o caso em todos os distritos puramente agrícolas de Cornwall, Devon Somerset, Wilts, Stafford, Oxford, Berks e Herts.

> "A alimentação que o trabalhador recebe", diz o Dr. Smith, "é maior do que o indica o *quantum* médio, já que lhe cabe uma parte maior, indispensável para seu trabalho, [...] de alimento do que aos demais membros da família, nos distritos mais pobres quase toda a carne ou bacon. [...] A quantidade de comida que cabe à mulher e também às crianças no período de crescimento rápido é, em muitos casos e em quase todos os condados, deficiente, principalmente em nitrogênio."[159]

Os criados e criadas que moram com os arrendatários são bem alimentados. O número deles caiu de 288 277 em 1851 para 204 962 em 1861.

> "O trabalho de mulheres nos campos", diz o Dr. Smith, "quaisquer que sejam as desvantagens que sempre o acompanham, é, sob as atuais circunstâncias, de grande vantagem para a família, já que proporciona à mesma meios para providenciar calçados, roupas e pagar o aluguel, permitindo-lhe assim se alimentar melhor."[160]

Um dos resultados mais notáveis dessa investigação foi que o trabalhador agrícola da Inglaterra é de longe mais mal alimentado do que nas outras partes do Reino Unido ("*is considerably the worst fed*"), como mostra a tabela:

Consumo semanal de carbono e nitrogênio do trabalhador rural médio

	Carbono (grãos)	Nitrogênio (grãos)
Inglaterra	40 673	1 594
País de Gales	48 354	2 031
Escócia	48 980	2 348
Irlanda	43 366	2 434[161]

"Cada página do relatório do Dr. Hunter", diz o Dr. Simon em seu relatório oficial de saúde, "dá testemunho da quantidade insuficiente e da qualidade miserável das condições de moradia de nosso trabalhador agrícola. E há muitos anos, gradualmente, sua situação tem-se deteriorado nesse aspecto. Agora é muito mais difícil para ele encontrar acomodações e, quando as encontra, correspondem muito menos a suas necessidades do que, talvez, tenha sido o caso há séculos. Especialmente nos últimos 30 ou 20 anos, o mal está em rápido crescimento e as condições de habitação do morador do campo são, agora, deploráveis no mais alto grau. A não ser que aqueles que seu trabalho enriquece considerem valer a pena tratá-lo com uma espécie de piedosa indulgência, ele está completamente desamparado nessa questão. Se ele encontra moradia na terra que cultiva, se ela é apropriada para seres humanos ou para porcos, se tem ou não um pequeno jardim, que tanto diminui a pressão da pobreza, tudo isso não depende de sua própria vontade ou capacidade de pagar um aluguel razoável, mas do uso que outros queiram fazer de seu direito de fazer o que quiserem com sua propriedade. Por maior que seja um arrendamento, não há nenhuma lei de que deve conter determinado número de moradias para trabalhadores e, ainda mais, de que estas sejam decentes; tampouco a lei reserva ao trabalhador o mínimo direito sobre o solo, para o qual seu trabalho é tão necessário quanto o sol e a chuva. [...] Uma circunstância notória lança ainda um grande peso na balança contra ele [...], a influência da Lei dos Pobres, com seus dispositivos quanto a domicílio e a encargos tributários.[162] Sob sua influência, cada paróquia tem um interesse pecuniário em restringir a um mínimo o número de seus trabalhadores agrícolas residentes; pois, infelizmente, o trabalho agrícola, em vez de garantir uma independência segura e permanente ao trabalhador laborioso e à sua família, conduz apenas por um percurso mais ou menos longo ao pauperismo, um pauperismo que, durante toda a caminhada, está tão próximo que qualquer doença ou falta temporária de ocupação obriga a recorrer imediatamente à ajuda paroquial; daí, todo assentamento de uma população agrícola numa paróquia é, evidentemente, um acréscimo em seus impostos para os pobres. [...] Grandes proprietários fundiários[163] precisam apenas decidir que não deve haver moradias para trabalhadores em suas propriedades e logo se livram de metade de sua responsabilidade em relação aos pobres. Em que medida a Constituição inglesa e a lei objetivam tal espécie de propriedade fundiária incondicional, que capacita um *landlord*, 'que faz o que quer com o que é seu', a tratar os agricultores como forasteiros e a expulsá-los de seu território, é uma questão que não me cabe discutir. [...] Esse poder de evicção não é mera teoria. Na prática, ele é exercido na mais larga escala. Ele é uma das circunstâncias que dominam as condições habitacionais do trabalhador agrícola. [...] A extensão do mal pode ser julgada pelo último censo, segundo o qual a demolição de casas, apesar da maior demanda local, progrediu nos últimos 10 anos em 821 diferentes distritos da Inglaterra, de modo que, abstraindo das pessoas que foram forçadas a se tornar não-residentes (isto é, não-residentes nas paróquias em que trabalham), em 1861, comparado com 1851, uma população 5⅓% maior foi comprimida num espaço 4½% menor. [...] Assim que o processo de despovoamento tiver alcançado sua meta", diz o Dr. Hunter, "o resultado será uma aldeia-mostruário onde os *cottages* tenham sido reduzidos a uns poucos e onde ninguém, exceto pastores de ovelhas, jardineiros ou guarda-caças, bem como servidores regulares que recebem de seus nobres patrões o bom tratamento costumeiramente dado à sua classe, terá permissão de viver.[164] Mas a terra exige cultivo e há de se verificar que os trabalhadores nela ocupados não são inquilinos do proprietário fundiário, mas que eles vêm de uma aldeia aberta, talvez a 3 milhas de distância, onde foram alojados por numerosos pequenos proprietários de casas depois da destruição de seus *cottages* nas aldeias fechadas. Onde as coisas tendem a esse resultado, frequentemente os *cottages* testemunham, por sua aparência miserável, o destino a que estão condenados. Podem ser encontrados nos vários estágios de decadência natural. Enquanto o abrigo se mantém de pé, o trabalhador tem permissão de pagar aluguel, e ele está muito contente em poder fazê-lo, mesmo tendo de pagar o preço de uma boa moradia. Mas nenhum conserto, nenhuma melhoria, exceto os que possam ser providenciados pelo inquilino sem tostão. E quando, por fim, ele se torna totalmente inabitável, será um *cottage* destruído a mais e um tanto de imposto para os pobres a menos. Enquanto os grandes proprietários se livram assim do imposto para os pobres por meio do despovoamento das terras por eles controladas, a cidadezinha rural ou localidade aberta mais próxima abriga os trabalhadores expulsos; digo a mais próxima, mas esse 'mais próxima' pode estar a 3 ou 4 milhas do arrendamento onde o trabalhador tem de se esfalfar diariamente. Desse modo, à sua faina diária é adicionada, como se não fosse nada, a necessidade de uma caminhada diária de 6 a 8 milhas para poder ganhar seu pão de cada dia. Todo o trabalho agrícola executado por sua mulher e seus filhos é efetuado sob as mesmas circunstâncias agravantes. E esse não é todo o mal que a distância lhe ocasiona. Na localidade aberta, especuladores imobiliários compram pedaços de chão, que semeiam tão densamente quanto possível com as mais baratas espeluncas que se possam conceber. É nessas habitações miseráveis, as quais compartilham das mais horríveis características das piores moradias urbanas até mesmo quando desembocam em terreno aberto que se amontoam os trabalhadores agrícolas da Inglaterra.[165] Por outro lado, não se deve imaginar que, mesmo quando o trabalhador esteja morando nas terras que cultiva, ele encontra uma moradia que sua vida de produtiva industriosidade merece. Mesmo nas propriedades rurais mais principescas [...] seu *cottage* é muitas vezes da mais lamentável espécie. Há *landlords* que consideram um estábulo como sendo suficientemente bom para seus trabalhadores e respectivas famílias e que, mesmo assim, não desdenham de tentar arrancar de seu aluguel a maior quantia sonante possível.[166] Pode ser uma cabana em decadência, com um dormitório, sem fogão, sem privada, sem janelas que abram, sem água corrente exceto a da vala, sem jardim, o trabalhador está desamparado contra essa injustiça. E nossas leis de polícia sanitária (*The Nuissances Removal Acts*) [...] são [...] letra morta. Sua aplicação é confiada justamente aos proprietários que alugam tais buracos. É preciso não se deixar ofuscar por cenas excepcionalmente mais resplandecentes, deixando de ver a esmagadora preponderância de fatos que são uma mancha vergonhosa para a civilização da Inglaterra. Lamentável, de verdade, deve ser a situação se, apesar da evidente monstruosidade das acomodações presentes, observadores competentes concluem unanimemente que a indignidade geral das moradias é um mal infinitamente menos urgente do que sua mera insuficiência numérica. Há anos que a superlotação das moradias dos trabalhadores rurais tem sido matéria de profunda preocupação não só das pessoas que valorizam a saúde, mas de todos os que dão valor a uma vida decente e moral. Pois, sempre de novo, com expressões tão uniformes que parecem ser estereotipadas, os autores de relatórios sobre a propagação de doenças epidêmicas em distritos rurais denunciam a superlotação habitacional como uma causa que frustra totalmente qualquer tentativa de deter uma epidemia uma vez que ela tenha surgido. E sempre de novo tem sido provado que, apesar das muitas influências saudáveis da vida rural, a aglomeração, que tanto favorece a propagação de doenças contagiosas, também ocasiona o surgimento de enfermidades não contagiosas. E as pessoas que têm denunciado essa situação não silenciam quanto a outros males. Mesmo quando seu tema original só era concernente a cuidados da saúde, foram quase obrigadas a entrar em outros aspectos do assunto. Ao provarem quão frequentemente ocorre que pessoas adultas, de ambos os sexos, casadas ou não, são amontoadas (*huddled*) em estreitos quartos de dormir, seus relatórios tiveram de produzir a convicção de que, nas circunstâncias descritas, o sentimento de pudor e decência é grosseiramente ferido e a moralidade quase necessariamente arruinada.[167] Por exemplo, em apêndice a meu último relatório, o Dr. Ord, em seu relatório sobre a epidemia de febre em Wing, em Buckinghamshire, menciona a chegada a essa localidade de um homem jovem que veio de Wingrave com febre. 'Nos primeiros dias de sua doença, ele dormia num quarto com 9 outras pessoas. Em duas semanas, várias dessas pessoas foram acometidas pela febre e, no decorrer de poucas semanas, 5 das 9 foram vitimadas e uma veio a falecer!' Ao mesmo tempo, o Dr. Harvey, do Hospital de St. George, relatava-me na mesma linha que, em atividades profissionais privadas, visitou Wing durante o período da epidemia: 'Uma jovem mulher, febril, dormia à noite no mesmo quarto que seu pai, sua mãe, seu filho bastardo, dois homens jovens, seus irmãos, e suas duas irmãs, cada uma com um bastardo, 10 pessoas ao todo. Poucas semanas antes, 13 crianças[I] dormiam no mesmo quarto'."[168]

O Dr. Hunter investigou 5 375 *cottages* de trabalhadores rurais não só nos distritos puramente agrícolas, mas em todos os condados da Inglaterra. Desses 5 375, 2 195 tinham só um quarto de dormir (frequentemente ao mesmo tempo sala de estar), 2 930 só 2 e 250 mais de 2. Quero dar um breve florilégio de uma dúzia de condados.

1. Bedfordshire

Wrestlingworth: dormitórios com cerca de 12 pés de comprimento e 10 de largura, embora muitos sejam menores. O pequeno barraco de um andar é dividido frequentemente por tábuas em dois quartos de dormir, havendo muitas vezes uma cama numa cozinha de 5 pés e 6 polegadas de altura. Aluguel de 3 libras esterlinas. Os locatários têm de construir suas próprias privadas, o proprietário da casa só fornece uma fossa. Toda vez que um constrói uma privada, esta é usada por toda a vizinhança. Uma casa de nome Richardson, de inigualável beleza. Suas paredes de argamassa se arqueavam como o vestido de uma dama que fizesse uma genuflexão. Um espigão do telhado era convexo, o outro côncavo, e sobre o último se encontrava, de modo infeliz, uma chaminé, um cano torto, de argila e madeira, igual a uma tromba de elefante. Um longo pau servia de escora para impedir a queda da chaminé. Porta e janela em forma romboide. De 17 casas visitadas, só 4 tinham mais de 1 quarto de dormir, e essas 4 superlotadas. Os *cottages* de um quarto de dormir abrigavam 3 adultos com 3 crianças, casal com 6 crianças etc.

Dunton: aluguéis elevados, de 4 a 5 libras esterlinas; salário semanal dos homens, 10 xelins. Esperam conseguir o aluguel com o entrançamento de palha efetuado pela família. Quanto mais elevado o aluguel, tanto maior o número de pessoas que precisa se unir para pagá-lo. Seis adultos com 4 crianças num dormitório pagam por ele 3 libras esterlinas e 10 xelins. A casa mais barata em Dunton, do lado de fora 15 pés de comprimento por 10 de

I Em Marx, *Kinder* (crianças); em inglês: *persons* (pessoas). [N. T.]

largura, estava alugada por 3 libras esterlinas. Só uma das 14 casas examinadas tinha dois quartos de dormir. Pouco antes da aldeia, uma casa cujos moradores estercaram suas paredes externas, as 9 polegadas inferiores da porta carcomidas por puro processo de putrefação; alguns tijolos dispostos engenhosamente por dentro, à noite, ao fechar, e recobertos com uma esteira. Metade de uma janela, com vidro e moldura, já tinha cumprido o destino de toda carne. Aí, sem móveis, amontoavam-se 3 adultos e 5 crianças. Dunton não é pior que o resto da Biggleswale Union.

2. Berkshire

Beenham: em junho de 1864, um homem, mulher e 4 filhos viviam num *cot* (*cottage* de um andar). Uma filha que trabalhava como doméstica voltou para casa com escarlatina. Ela morreu. Uma criança adoeceu e morreu. A mãe e uma criança sofriam de tifo, quando o Dr. Hunter foi chamado. O pai e uma criança dormiam fora, mas percebe-se aqui a dificuldade de assegurar isolamento, pois a roupa da família atingida pela febre estava no apinhado mercado da mísera aldeia, esperando ser lavada. – O aluguel da casa de H., 1 xelim por semana; um quarto de dormir para um casal e 6 crianças. Uma casa alugada a 8 pence (por semana), 14 pés e 6 polegadas de comprimento, 7 pés de largura, cozinha de 6 pés de altura; o quarto de dormir sem janela, sem lareira, sem porta nem abertura, a não ser para o corredor, sem jardim. Um homem vivia aí fazia pouco tempo, com duas filhas já crescidas e um filho em crescimento; pai e filho dormiam na cama, as moças no corredor. Cada uma teve um filho enquanto a família aí viveu, mas uma foi à *workhouse* para o parto e depois voltou para casa.

3. Buckinghamshire

30 *cottages* – sobre 1000 acres de terreno – albergam aí cerca de 130–40 pessoas. A paróquia de Brandenham abrange 1000 acres; em 1851, tinha 36 casas e uma população de 84 pessoas do sexo masculino e 54 do feminino. Essa desigualdade entre os sexos foi corrigida em 1861, quando contava 98 varões e 87 mulheres; em 10 anos, aumento de 14 homens e 33 mulheres. Entrementes, o número de casas diminuiu em 1.

Winslow: grande parte recém-construída em bom estilo; a demanda de casas parece significativa, pois *cots* muito pobres são alugados por 1 xelim e por 1 xelim e 3 pence por semana.

Water Eaton: aí os proprietários, em vista do crescimento populacional, demoliram cerca de 20% das casas existentes. Um pobre trabalhador que tinha de andar cerca de 4 milhas até seu local de trabalho, ao ser perguntado se não podia achar um *cot* mais perto, respondeu: "Não, eles vão tomar bastante cuidado para não alojar um homem com uma família tão grande quanto a minha".

Tinker's End, perto de Winslow: um dormitório com 4 adultos e 5 crianças, com 11 pés de comprimento, 9 pés de largura, 6 pés e 5 polegadas de altura no ponto mais elevado; outro, com 11 pés e 7 polegadas de comprimento, 9 pés de largura, 5 pés e 10 polegadas de altura, abrigava 6 pessoas. Cada uma dessas famílias tinha menos espaço do que o necessário para um sentenciado às galés. Nenhuma casa tinha mais de um quarto de dormir, nenhuma tinha porta dos fundos. Água, muito raramente. Aluguel semanal de 1 xelim e 4 pence até 2 xelins. Em 16 casas examinadas, apenas um único homem que ganhava 10 xelins por semana. A quantidade de ar que cada pessoa dispunha no caso citado era equivalente à que ela teria se fosse trancafiada à noite numa caixa de 4 pés cúbicos. Em compensação, as velhas cabanas oferecem maciça ventilação natural.

4. Cambridgeshire

Gamblingay pertence a diversos proprietários. Contém os mais ignóbeis *cots* que se podem encontrar em qualquer lugar. Muito entrançamento de palha. Uma lassidão mortal, uma resignação sem esperanças a viver na sujeira domina Gamblingay. A negligência em seu centro torna-se tortura nos extremos norte e sul, onde as casas caem aos pedaços, apodrecidas. Os donos das terras absenteístas sangram o pobre lugarejo com toda vivacidade. Os aluguéis são muito altos: 8 a 9 pessoas comprimidas num único dormitório; em dois casos, 6 adultos, cada um com de 1 a 2 crianças, num pequeno quarto de dormir.

5. Essex

Nesse condado, em muitas paróquias, o decréscimo do número de pessoas corre paralelamente ao decréscimo de *cottages*. Em não menos que 22 paróquias, no entanto, a demolição de casas não conteve o crescimento populacional ou não acarretou a expulsão que, sob o nome de "migração para as cidades", ocorre por toda parte. Em Fingringhoe, uma paróquia de 3 443 acres, havia, em 1851, 145 casas; em 1861, apenas 110, mas o povo não quis ir embora e conseguiu aumentar, mesmo submetido a esse tratamento. Em Ramsden Crays, em 1851, 252 pessoas habitavam 61 casas, mas, em 1861, 262 pessoas estavam espremidas em 49 casas. Em Basildon viviam, em 1851, sobre 1 827 acres, 157 pessoas em 35 casas; ao final do decênio, 180 pessoas em 27 casas. Nas paróquias de Fingringhoe, South Fambridge, Widford, Basildon e Ramsden Crays, em 1851, sobre 8 449 acres, viviam 1 392 pessoas em 316 casas; em 1861, sobre a mesma área, 1 473 pessoas em 249 casas.

6. Herefordshire

Esse pequeno condado sofreu mais com o "espírito de evicção" do que qualquer outra parte da Inglaterra. Em Madley, os *cottages* superlotados, a maioria com 2 quartos de dormir, pertencem em grande parte aos arrendatários. Eles alugam-nos facilmente por 3 ou 4 libras esterlinas ao ano e pagam um salário semanal de 9 xelins!

7. Huntingdonshire

Hartford tinha, em 1851, 87 casas; pouco depois, 19 *cottages* foram destruídos nessa pequena paróquia de 1720 acres; população em 1831: 452 pessoas; em 1851: 382; em 1861: 341. Investigados catorze *cots* com um quarto de dormir. Em um: 1 casal, 3 filhos adultos, 1 filha adulta, 4 crianças, ao todo 10; em outro, 3 adultos, 6 crianças. Um desses quartinhos, no qual 8 pessoas dormiam, tinha 12 pés e 10 polegadas de comprimento, 12 pés e 2 polegadas de largura, 6 pés e 9 polegadas de altura; foram medidos, sem descontar saliências, em média 130 pés cúbicos por cabeça. Nos 14 quartos de dormir, 34 adultos e 33 crianças. Esses *cottages* raramente são providos de jardins, mas muitos dos moradores podiam arrendar um pequeno lote de terra a 10 ou 12 xelins por *rood* (¼ de acre). Esses loteamentos ficam longe das casas, que não têm privadas. A família tem de ir até seu lote para lá depositar seus excrementos ou, é preciso informar aqui com todo o respeito, tem de encher com eles a gaveta de um armário. Assim que está cheia, é retirada e esvaziada lá onde seu conteúdo é necessário. No Japão, o percurso circular das condições de vida transcorre de modo mais limpo.

8. Lincolnshire

Langtoft: um homem mora aqui, na casa de Wright, com sua mulher, a mãe dela e 5 filhos: a casa tem cozinha frontal, copa, dormitório sobre a cozinha frontal; cozinha frontal e dormitório, 12 pés e 2 polegadas de comprimento, 9 pés e 5 polegadas de largura; a área toda de 21 pés e 3 polegadas de comprimento, 9 pés e 5 polegadas de largura. O dormitório é uma água-furtada. As paredes vão-se estreitando como um pão de açúcar na direção do teto, e uma janela de alçapão se abre na frente. Por que ele morava ali? Jardim? Extraordinariamente diminuto. Aluguel? Elevado, 1 xelim e 3 pence por semana. Perto de seu trabalho? Não, 6 milhas distante, de modo que a cada dia ele precisa marchar 12 milhas para ir e voltar. Ele morava ali porque era um *cot* alugável e porque ele queria ter um *cot* só para si, em qualquer lugar, a qualquer preço, em qualquer estado. O que segue é a estatística de 12 casas em Langtoft, com 12 dormitórios, 38 adultos e 36 crianças:

12 casas em Langtoft

Casas	Dormitórios	Adultos	Crianças	Número de pessoas	Casas	Dormitórios	Adultos	Crianças	Número de pessoas
1	1	3	5	8	1	1	3	3	6
1	1	4	3	7	1	1	3	2	5
1	1	4	4	8	1	1	2	0	2
1	1	5	4	9	1	1	2	3	5
1	1	2	2	4	1	1	3	3	6
1	1	5	3	8	1	1	2	4	6

9. Kent

Kennington, tristemente superlotada em 1859, quando surgiu a difteria e o médico da paróquia organizou uma investigação oficial sobre a situação da classe mais pobre do povo. Ele verificou que, nessa localidade, onde muito trabalho era necessário, diversos *cots* haviam sido demolidos e nenhum novo construído. Num distrito havia 4 casas, denominadas *birdcages* (gaiolas de pássaros): cada uma tinha 4 quartos, com as seguintes dimensões em pés e polegadas:

Cozinha	9,5 × 8,11 × 6,6
Copa	8,6 × 4,6 × 6,6
Dormitório	8,5 × 5,10 × 6,3
Dormitório	8,3 × 8,4 × 6,3

10. Northamptonshire

Brixworth, Pitsford e Floore: nessas aldeias, durante o inverno, 20-30 homens perambulam pelas ruas por falta de trabalho. Os arrendatários nem sempre cultivam suficientemente as terras de cereais e tubérculos, e o dono da terra considerou conveniente juntar todos os seus arrendamentos em 2 ou 3. Por isso, falta de ocupação. Enquanto de um lado do fosso o campo clama por trabalho, do outro lado os trabalhadores logrados lançam-lhe olhares saudosos. Febrilmente sobrecarregados de trabalho no verão e meio mortos de fome no inverno, não é de se admirar que, em seu dialeto peculiar, digam que "*the parson and gentlefolks seem frit to death at them*".[168a]

Em Floore, exemplos de casais com 4, 5, 6 crianças num dormitório minúsculo; idem, 3 adultos mais 5 crianças; idem, um casal com avô e 6 crianças com escarlatina etc.; em 2 casas com 2 dormitórios, 2 famílias, com respectivamente 8 e 9 adultos.

11. Wiltshire

Stratton: visitadas 31 casas, 8 com apenas um dormitório. Penhill, na mesma paróquia. Um *cot* alugado por 1 xelim e 3 pence por semana para 4 adultos e 4 crianças não tinha, exceto pelas boas paredes, nada de bom em si, desde o assoalho de pedras toscas até o teto de palha podre.

12. Worcestershire

Demolição de casas não tão grave aqui; todavia, de 1851 a 1861, aumentou o pessoal por casa de 4,2 para 4,6 indivíduos.

Badsey: muitos *cots* e jardinzinhos aqui. Alguns arrendatários declaram que os *cots* são *a great nuisance here, because they bring the poor* (um grande incômodo aqui, porque trazem os pobres). Sobre a assertiva de um *gentleman*:

> "Os pobres nem por isso estão em melhor situação; se se constroem 500 *cots*, estes saem como pãezinhos; quantos mais se constroem, tantos mais são necessários" –

de que as casas é que fazem surgir os moradores, os quais, por uma lei natural, pressionam quanto aos "meios de moradia" –, observa o Dr. Hunter:

> Ora, esses pobres precisam provir de algum lugar e, uma vez que em Badsey não há nenhuma atração especial, como donativos, é necessário haver repulsão de algum outro lugar ainda mais incômodo, que os impele para cá. Se cada um pudesse encontrar um *cot* e um pedacinho de terra perto de seu local de trabalho, não preferiria Badsey, onde paga por seu punhado de chão duas vezes mais do que o arrendatário paga pelo mesmo.

A constante migração para as cidades, a constante "produção de supranumerários" no campo pela concentração de arrendamentos, pela transformação de lavouras em pastagens, pela maquinaria etc. e a constante evicção da população rural pela destruição dos *cottages* marcham juntas. Quanto mais vazio de gente o distrito, tanto maior sua "superpopulação relativa", tanto maior sua pressão sobre os meios de ocupação, tanto maior o excesso absoluto do povo rural em relação a seus meios habitacionais, tanto maior, portanto, nas aldeias, a população excedente local e o empacotamento mais pestilencial de seres humanos. A condenação do ajuntamento humano em pequenas aldeias e vilas esparsas corresponde ao violento esvaziamento populacional da área rural. A conversão ininterrupta dos trabalhadores rurais em supranumerários, apesar de seu número decrescente e da massa crescente de seu produto, é o berço de seu pauperismo. Seu pauperismo eventual é um motivo para sua evicção e a fonte principal de sua miséria habitacional, que quebra a última capacidade de resistência e os torna verdadeiros escravos dos senhores fundiários[169] e dos arrendatários, de modo que o mínimo de salário se consolida como se fosse para eles lei natural. Por outro lado, o campo, apesar de sua "superpopulação relativa", está ao mesmo tempo subpovoado. Isso se mostra não só localmente, naqueles pontos onde o fluxo humano para cidades, minas, construções de ferrovias etc. avança com excessiva rapidez, mas se mostra em todos os lugares, tanto na época da colheita quanto na primavera e no verão, durante os numerosos momentos em que a muito cuidadosa e intensiva agricultura inglesa precisa de braços extras. Os trabalhadores agrícolas são sempre demasiados para as necessidades médias e sempre insuficientes para as necessidades excepcionais ou temporárias da lavoura.[170] Por isso, encontra-se registrada nos documentos oficiais a queixa contraditória dos mesmos lugares sobre falta de trabalho e excesso de trabalho simultâneos. A carência temporária ou local de mão de obra não acarreta nenhuma elevação de salário, mas força mulheres e crianças ao trabalho na lavoura e a inclusão de grupos etários cada vez mais baixos. Assim que a exploração de mulheres e crianças ganha maior espaço, ela se torna, por sua vez, um novo meio de conversão do trabalhador rural masculino em supranumerário e de manutenção de seu salário em baixo nível. Na parte oeste da Inglaterra viceja um belo fruto desse *cercle vicieux* [círculo vicioso] – o assim chamado *gang system* (sistema de turmas ou bandos), para o qual me volto aqui brevemente.[171]

O sistema de turmas funciona quase exclusivamente em Lincolnshire, Huntingdonshire, Cambridgeshire, Norfolk, Suffolk e Nottinghamshire, esporadicamente nos vizinhos condados de Northampton, Bedford e Rutland. Que sirva como exemplo aqui Lincolnshire. Grande parte desse condado é nova, constituída por antigos pântanos ou também, como em outros dos citados condados orientais, por terra que foi conquistada ao mar. A máquina a vapor faz maravilhas para a drenagem. O que era pântano e solo arenoso ostenta agora um exuberante mar de cereais e as mais elevadas rendas fundiárias. O mesmo é válido para as terras de aluvião conquistadas artificialmente, como na ilha de Axholme e em outras paróquias à margem do Trent. À medida que surgiram novos arrendamentos, não só novos *cottages* foram construídos, mas os antigos foram demolidos; no entanto, a oferta de trabalho era obtida das aldeias abertas, distantes várias milhas e situadas à beira das estradas rurais que serpenteiam pelas encostas dos morros. Somente lá a população encontrou abrigo contra as demoradas enchentes de inverno. Os trabalhadores (aqui chamados de *confined labourers*) que moram nos arrendamentos de 400 a 1000 acres servem exclusivamente para o trabalho agrícola permanentemente pesado e executado com cavalos. Para cada 100 acres (1 acre = 40,49 ares ou 1,584 *morgen* prussianos), mal existe em média um *cottage*. Um arrendatário de *fenland* (terra de pântano) declara, por exemplo, à Comissão de Inquérito:

> Meu arrendamento cobre 320 acres, tudo terra cerealífera. Ele não contém nenhum *cottage*. Um trabalhador mora agora comigo. Tenho 4 homens, que trabalham com os cavalos, morando por perto. O trabalho leve, para o qual são necessários muitos braços, é feito por turmas.[172]

O solo exige muito trabalho leve, como capina, trabalho de enxada, certas operações de adubação, remoção de pedras etc. É feito pelas turmas ou bandos organizados, cujas moradias ficam nas localidades abertas.

A turma se compõe de 10 a 40 ou 50 pessoas, a saber, mulheres, jovens de ambos os sexos (13–18 anos), embora os rapazes geralmente saiam quando chegam aos 13 anos; por fim, crianças de ambos os sexos (de 6 a 13 anos). À frente deles está o *gangmaster* (chefe de turma), sempre um trabalhador agrícola comum, frequentemente um assim chamado sujeito mal-encarado, debochado, inconstante, bêbado, porém com certo espírito empreendedor e *savoir-faire*. Ele recruta a turma, que trabalha sob o seu comando, e não sob o do arrendatário. Com este último ele geralmente ajusta um acordo por empreitada, e seu ganho, que em média não se eleva muito acima do de um trabalhador agrícola comum,[173] depende quase inteiramente de sua habilidade em extrair, no menor tempo, tanto trabalho quanto possível da turma. Os arrendatários descobriram que as mulheres só trabalham direito sob ditadura masculina, mas que mulheres e crianças, uma vez acionadas, como já o sabia Fourier, despendem sua energia vital com verdadeiro frenesi, ao passo que o trabalhador masculino adulto é tão malandro que procura poupar o mais possível. O chefe de turma vai de uma fazenda para outra e ocupa, assim, seu bando durante 6–8 meses por ano. Tê-lo por freguês é, por isso, muito mais rendoso e seguro para as famílias de trabalhadores do que ter como freguês o arrendatário individual, que só ocasionalmente ocupa crianças. Essa circunstância reforça tanto sua influência nas localidades abertas, que geralmente só por seu intermédio é que crianças podem ser contratadas. O aluguel individual das últimas, separadamente da turma, constitui seu negócio acessório.

Os "lados sombrios" do sistema são o sobretrabalho de crianças e jovens, as enormes marchas que fazem a cada dia para ir e vir de fazendas distantes 5, 6 e às vezes 7 milhas e, por fim, a desmoralização da turma. Embora o chefe de turma, que em algumas regiões é chamado de *the driver* (o feitor), esteja munido de longo bastão, só muito raramente o emprega e só excepcionalmente há queixas quanto a maus-tratos. Ele é um imperador democrático ou uma espécie de flautista mágico de

Hamelin. Precisa, portanto, de popularidade entre seus súditos e os seduz com a boêmia, que floresce sob seus auspícios. Licenciosidade grosseira, folia alegre e o mais obsceno atrevimento dão asas à turma. Geralmente o chefe de turma faz os pagamentos numa taberna e depois, cambaleante, apoiado à esquerda e à direita em robusta rapariga, volta para casa à frente do cortejo, as crianças e os jovens atrás fazendo algazarra e entoando cantigas de escárnio e obscenas. No caminho de volta, o que Fourier chama de "fanerogamia"[I] está na ordem do dia. Meninas de treze e catorze anos engravidarem de seus companheiros de mesma idade é frequente. As aldeias abertas, que fornecem o contingente da turma, tornam-se Sodomas e Gomorras[174] e produzem o dobro de nascimentos ilegítimos do que o resto do Reino. Já se aventou anteriormente o que as meninas criadas nessa escola perpetram no campo da imoralidade quando já são mulheres casadas. ¦ 360 ¦ Seus filhos, à medida que o ópio não os liquida, são recrutas natos da turma.

A turma, em sua forma clássica acima descrita, é chamada de turma pública, comum ou ambulante (*public, common or tramping gang*). Pois há também turmas privadas (*private gangs*). São compostas como as turmas comuns, mas contam com menos cabeças e, em vez de estarem sob um chefe de turma, trabalham sob o comando de um velho criado camponês, que o arrendatário não sabe como utilizar melhor. A boêmia desaparece aí, mas, de acordo com todos os testemunhos, o pagamento e o tratamento das crianças pioram.

O sistema de turmas, que se tem ampliado constantemente nos últimos anos,[175] não existe evidentemente para favorecer o chefe de turma. Existe para enriquecer os grandes arrendatários[176] ou senhores de terras.[177] Para o arrendatário não há método mais engenhoso a fim de manter seu pessoal de trabalho muito abaixo do nível normal e, ainda assim, ter sempre disponível, para todo trabalho extra, a mão de obra extra, para extrair com o mínimo de dinheiro o máximo de trabalho[178] e para tornar "supranumerário" o trabalhador adulto do sexo masculino. A partir da discussão acima, compreende-se que, se por um lado se admite a maior ou menor falta de ocupação do homem do campo, por outro, ao mesmo tempo, se declara o sistema de turmas como "necessário" devido à falta de mão de obra masculina e à sua migração para as cidades.[179] O campo livre de plantas daninhas e a danação humana de Lincolnshire etc. são polo e contrapolo da produção capitalista.[180]

I Charles Fourier, *Le nouveau monde industriel et societaire* [*O novo mundo industrial e societário*]. Paris, 1829. [N. E. A.]

f) Irlanda

Ao término deste capítulo, precisamos nos dirigir por um momento à Irlanda. Primeiro os fatos de que aqui se trata.

A população da Irlanda havia crescido até atingir, em 1841, 8 222 664 pessoas, mas passou a se contrair depois, contando, em 1851, 6 623 985, em 1861, 5 850 309, em 1866, 5,5 milhões, tendo então regredido mais ou menos a seu nível de 1801. O decréscimo começou com o ano da fome de 1846, de modo que a Irlanda, em menos de 20 anos, perdeu mais de 5/16 de sua população.[181] Sua emigração total de maio de 1851 a julho de 1865 foi de 1 591 487 pessoas, sendo a emigração durante os últimos 5 anos, 1861-65, de mais de meio milhão. O número de casas habitadas diminuiu, de 1851 a 1861, em 52 990. De 1851 a 1861 cresceu o número de arrendamentos de 15-30 acres em 61 000, o de arrendamentos acima de 30 acres em 109 000, enquanto o número total de todos os arrendamentos decresceu em 120 000, um decréscimo que é, portanto, exclusivamente devido à aniquilação de arrendamentos com menos de 15 acres, isto é, a sua centralização.

O decréscimo populacional foi, naturalmente, acompanhado em geral por um decréscimo da massa de produtos. Para nosso propósito, basta considerar os 5 anos de 1861 a 1865, durante os quais mais de meio milhão emigrou e a população absoluta caiu em mais de ⅓ de milhão. (Ver Tabela A)

TABELA A

Animais de criação

Ano	*Equinos*			*Bovinos*		
	Total	Decréscimo		Total	Decréscimo	Acréscimo
1860	619 811			3 606 374		
1861	614 232	5 579		3 471 688	134 686	
1862	602 894	11 338		3 254 890	216 798	
1863	579 978	22 916		3 144 231	110 659	
1864	562 158	17 820		3 262 294		118 063
1865	547 867	14 291		3 493 414		231 120

Ano	*Ovinos*			*Suínos*		
	Total	Decréscimo	Acréscimo	Total	Decréscimo	Acréscimo
1860	3 542 080			1 271 072		
1861	3 556 050		13 970	1 102 042	169 030	
1862	3 456 132	99 918		1 154 324		52 282
1863	3 308 204	147 928		1 067 458	86 866	
1864	3 366 941		58 737	1 058 480	8 978	
1865	3 688 742		321 801	1 299 893		241 413

Da tabela acima resulta:

Equinos	*Bovinos*	*Ovinos*	*Suínos*
Decréscimo absoluto	Decréscimo absoluto	Acréscimo absoluto	Acréscimo absoluto
71944	112960	146662	28821[182]

Voltemo-nos agora para a lavoura, que fornece os meios de subsistência para animais e seres humanos. Na tabela a seguir está calculado o acréscimo ou decréscimo ocorrido a cada ano em relação ao ano imediatamente precedente. A coluna dos cereais abrange trigo, aveia, cevada, centeio, feijão e ervilha; a das hortaliças compreende batata, *turnips* [nabo], acelga, beterraba, repolho, cenoura, *parsnips* [pastinacas], ervilhaca etc.

TABELA B

Acréscimo ou decréscimo de área de terra usada para lavoura e pastagem (em acres)

	Cereais	Hortaliças		Pastagem e feno		Linho		Total da área usada para lavoura e criação	
Ano	−	−	+	−	+	−	+	−	+
1861	15701	36974		47969			19271	81373	
1862	72734	74785			6623		2055	138841	
1863	144719	19358			7724		63922	92431	
1864	122437	2317			47486		87761		10493
1865	72450		25421		68970	50159		28218	
1861–65	428041	108013			82834		122850	330370	

No ano de 1865, sob a rubrica "pastagem", somaram-se mais 127470 acres, principalmente porque a área sob a rubrica "terra deserta não aproveitada e *bog* (turfeiras)" decresceu 101543 acres. Comparando o ano de 1865 com 1864, tem-se então um decréscimo de 246667 *quarters* de cereais, dos quais 48999 de trigo, 166605 de aveia, 29892 de cevada etc.; decréscimo de 446398 toneladas de batata, embora a área de seu cultivo tenha crescido em 1865 etc. (Ver Tabela C)

Do movimento da população e da produção agrícola da Irlanda, passemos ao movimento no bolso de seus senhores de terras, grandes arrendatários e capitalistas industriais. Ele se reflete no acréscimo e decréscimo do imposto de renda. Para entender a tabela D, a seguir, observe-se que a categoria D (lucros com exceção dos lucros de arrendatários) também compreende os assim chamados "lucros profissionais", isto é, os rendimentos de advogados, médicos etc., mas as categorias C e E, que não são

TABELA C

Acréscimo ou decréscimo na área de solo cultivado, de produto por acre e produto total. 1865 comparado com 1864[183]												
Produto	Acres de terra cultivada		Acréscimo ou decréscimo em 1865		Produto por acre		Acréscimo ou decréscimo em 1865		Produção total			
	1864	1865			1864	1865			1864	1865	Acréscimo ou decréscimo em 1865	
			+	−			+	−			+	−
					Quintais				*Quarters*			
Trigo	276 483	265 989	–	9 494	13,3	13,0	–	0,3	875 782	826 783	–	48 999
Aveia	1 814 886	1 745 228	–	69 658	12,1	12,3	0,2	–	7 826 332	7 659 727	–	166 605
Cevada	172 700	177 102	4 402	–	15,9	14,9	–	1,0	761 909	732 017	–	29 892
Bere [cevada temporã]	8 894	10 091	1 197	–	16,4	14,8	–	1,6	15 160	15 989	–	1 171
Centeio					8,5	10,4	1,9	–	12 680	18 364	5 684	–
					Toneladas							
Batata	1 039 724	1 066 260	26 536	–	4,1	3,6	–	0,5	4 312 388	3 865 990	–	446 398
Nabo	337 355	334 212	–	3 143	10,3	9,9	–	0,4	3 467 659	3 301 683	–	165 976
Acelga	14 073	14 389	316	–	10,5	13,3	2,8	–	147 284	191 937	44 653	–
Repolho	31 821	33 622	1 801	–	9,3	10,4	1,1	–	297 375	350 252	52 877	–
Linho	301 693	251 433	–	50 260	34,2*	25,2*	–	9,0*	64 506	39 561	–	24 945
Feno	1 609 569	1 678 493	68 924	–	1,6	1,8	0,2	–	2 607 153	3 068 707	461 554	–

* *Stones* [pedras] de 14 libras.

apresentadas especificamente, abarcam os rendimentos de funcionários, oficiais, sinecuristas do Estado, credores do Estado etc.

TABELA D

Rendimentos sujeitos a imposto de renda (em £)[184]						
	1860	1861	1862	1863	1864	1865
Categoria A Renda da terra	12 893 829	13 003 554	13 398 938	13 494 091	13 470 700	13 801 616
Categoria B Lucros de arrendatários	2 765 387	2 773 644	2 937 899	2 938 823	2 930 874	2 946 072
Categoria D Lucros industriais etc.	4 891 652	4 836 203	4 858 800	4 846 497	4 546 147	4 850 199
Todas as categorias de A até E	22 962 885	22 998 394	23 597 574	23 658 631	23 236 298	23 930 340

Na categoria D, o acréscimo anual médio de 1853-64 foi de apenas 0,93, enquanto no mesmo período na Grã-Bretanha ele foi de 4,58. A tabela a seguir mostra a distribuição dos lucros (com exclusão dos lucros de arrendatários) nos anos de 1864 e 1865:

TABELA E

Categoria D. Rendimentos por lucros (acima de £ 60) na Irlanda[185]				
	1864		1865	
	£	por pessoa	£	por pessoa
Total dos rendimentos anuais	4 368 610	17 467	4 669 979	18 081
Rendimento anual acima de £ 60 e abaixo de £ 100	238 726	5 015	222 575	4 703
Do total de rendimentos anuais	1 979 066	11 321	2 028 571	12 184
Resto do total dos rendimentos anuais	2 150 818	1 131	2 418 833	1 194
Dos quais:	1 073 906	1 010	1 097 927	1 044
	1 076 912	121	1 320 906	150
	430 535	95	584 458	122
	646 377	26	736 448	28
	262 819	3	274 528	3

A Inglaterra, país de produção capitalista desenvolvida e eminentemente industrial, esvair-se-ia mortalmente caso sofresse uma hemorragia populacional igual à irlandesa. Mas, atualmente, a Irlanda é apenas um distrito agrícola da Inglaterra, da qual se separa por um largo fosso e à qual fornece cereais, lã, gado, recrutas industriais e militares.

O despovoamento retirou muita terra do cultivo, diminuiu muito o produto da terra[186] e, apesar da área mais ampla de criação de gado, acarretou decréscimo absoluto em alguns de seus ramos e um progresso que mal merece ser citado em outros, interrompido por constantes retrocessos. Ainda assim, com a queda da massa populacional, subiram continuamente a renda da terra e os lucros por arrendamento, embora estes não tão constantemente quanto aquela. A razão é facilmente compreensível. Por um lado, com a fusão dos arrendamentos e a transformação de terra cultivada em pastagem para o gado, uma parte maior do produto total se converteu em mais-produto. O mais-produto cresceu, embora o produto total, do qual constitui uma fração, tenha decrescido. Por outro lado, o valor monetário desse mais-produto cresceu ainda mais rápido do que sua massa, em decorrência do aumento que, nos últimos 20 anos, especialmente nos últimos 10, os preços da carne, da lã etc. sofreram no mercado inglês.

Meios de produção dispersos, que servem aos próprios produtores como meios de ocupação e subsistência, sem se valorizarem mediante incorporação de trabalho alheio, são tanto capital quanto o produto consumido por seu próprio produtor é mercadoria. Se com a massa populacional também decresceu a massa dos meios de produção empregados na agricultura, a massa de capital nela empregada aumentou, porque parte dos meios de produção antes dispersos foi transformada em capital.

O capital total da Irlanda investido fora da agricultura, na indústria e no comércio, durante os últimos dois decênios, acumulou-se lentamente submetido a grandes e constantes flutuações. Com maior rapidez se desenvolveu, no entanto, a concentração de seus componentes individuais. Finalmente, por diminuto que tenha sido, de qualquer modo, seu crescimento absoluto, relativamente, isto é, em proporção à massa populacional contraída, esse capital inchou.

Aqui se desenrola, portanto, debaixo de nossos olhos, em larga escala, um processo como a Economia ortodoxa não o poderia desejar mais lindo para a manutenção de seu dogma, segundo o qual a miséria decorre da superpopulação absoluta e o equilíbrio é recuperado por meio do despovoamento. Esse é um experimento de importância totalmente diversa ¦ 361 ¦ daquela da peste de meados do século XIV, tão glorificada pelos malthusianos. Uma observação de passagem. Se, em si, já era de uma ingenuidade de mestre-escola querer aplicar às relações de produção e às relações demográficas correspondentes do século XIX o padrão do século XIV, essa ingenuidade deixava de ver, além do mais, que, se aquela peste e a dizimação que a acompanhou foram seguidas deste lado do canal, na Inglaterra, por libertação e enriquecimento da população rural, do outro lado, na França, maior sujeição e miséria acrescida é que seguiram suas pegadas.[186a]

Na Irlanda, em 1846, a fome liquidou mais de um milhão de pessoas, mas só pobres-diabos. Não trouxe o menor prejuízo à riqueza do país. O êxodo ocorrido nos vinte anos seguintes e que ainda continua a crescer não dizimou, como a Guerra dos Trinta Anos, junto com as pessoas, seus meios de produção. O gênio irlandês inventou um método inteiramente novo para trasladar, como por encanto, um pobre povo a uma distância de milhares de milhas do cenário de sua miséria. Os emigrantes assentados nos Estados Unidos enviam a cada ano somas de dinheiro para casa, meios para pagar a viagem dos que ficaram para trás. Cada tropa que emigra este ano arrasta atrás de si outra tropa no ano que vem. Ao invés de custar algo à Irlanda, a emigração constitui, assim, um dos ramos mais rendosos de suas atividades de exportação. Ela é, finalmente, um processo sistemático que não se limita a fazer transitoriamente um buraco na massa populacional, mas que bombeia da mesma, a cada ano, mais pessoas do que o crescimento vegetativo repõe, de modo que, de ano a ano, o nível populacional absoluto cai.[186b]

Quais foram as consequências, para os trabalhadores irlandeses que permaneceram, do fato de ficarem livres da superpopulação? Que a superpopulação relativa é hoje tão grande quanto antes de 1846, que o salário está em nível igualmente baixo, que o trabalho se tornou mais extenuante, que a miséria no campo volta a preparar nova crise. As causas são simples. A revolução na agricultura acompanhou o ritmo da emigração. A produção da superpopulação relativa ultrapassou o ritmo do despovoamento absoluto. Um olhar à Tabela B mostra como a transformação de terras cultivadas em pastagens para o gado deve ter efeitos mais agudos na Irlanda do que na Inglaterra. Nesta, com a criação de gado, aumenta o cultivo de hortaliças, naquela ele diminui. Enquanto grandes extensões de terras antes cultivadas são mantidas em alqueive ou transformadas em pastagens permanentes, grande parte da terra deserta e das turfeiras, antes não aproveitadas, serve para expandir a criação de gado. Os pequenos e médios arrendatários – incluo aí todos os que não cultivam mais de 100 acres – constituem ainda cerca de 8/10 do número total.[186c] São progressivamente esmagados, em grau até então desconhecido, pela concorrência da agricultura praticada de modo capitalista e fornecem, por isso, constantemente novos recrutas à classe dos trabalhadores assalariados. A única grande indústria da Irlanda, a fabricação de linho, precisa de relativamente poucos homens adultos e, sobretudo, apesar de sua expansão desde o encarecimento do algodão entre 1861 e 1866, ocupa só uma parte relativamente insignificante da população. Como toda outra grande indústria, produz constantemente, por meio de permanentes oscilações em sua própria esfera, uma superpopulação relativa, mesmo com o crescimento absoluto da massa humana por ela absorvida. A miséria da população rural constitui o pedestal de enormes fábricas de camisas etc., cujo exército de trabalhadores está em grande parte espalhado no campo. Encontramos aí o sistema, anteriormente descrito, do trabalho domiciliar, que tem no subpagamento e no sobretrabalho seus meios metódicos de "produzir supranumerários". Por fim, embora o despovoamento não tenha consequências tão destrutivas como num país de produção capitalista desenvolvida, ele não transcorre sem repercussões constantes sobre o mercado interno. A lacuna que a emigração aí acarreta não só estreita a demanda local de trabalho, mas também os rendimentos dos pequenos comerciantes, artesãos, pequenos empresários em geral. Daí o retrocesso nos rendimentos entre 60 e 100 libras esterlinas na Tabela E.

Uma exposição clara da situação dos diaristas rurais na Irlanda se encontra nos relatórios dos inspetores da administração irlandesa de assistência aos pobres (1870).[186d] Funcionários de um governo que se mantém apenas pela baioneta e pelo estado de sítio ora aberto, ora dissimulado precisam todos observar as precauções de linguagem que seus colegas da Inglaterra desprezam; apesar disso, não permitem a seu governo acalentar ilusões. Segundo eles, o nível salarial, sempre ainda muito baixo, elevou-se no campo, durante os últimos 20 anos, mesmo assim, em 50-60% e agora o salário é, em média, de 6 a 9 xelins por semana. Por trás dessa elevação aparente esconde-se, porém, uma queda real do salário, pois ela nem sequer equivale ao aumento dos preços, entrementes ocorrido, dos meios necessários à subsistência; o seguinte extrato das contas oficiais de uma *workhouse* irlandesa o comprova:

Custo semanal médio de manutenção por pessoa

Ano	Alimentação	Vestuário	Soma
de 29 set. 1848 a 29 set. 1849	1 xelim 3¼ pence	0 xelim 3 pence	1 xelim 6¼ pence
de 29 set. 1868 a 29 set. 1869	2 xelins 7¼ pence	0 xelim 6 pence	3 xelins 1¼ pence

O preço dos meios necessários à subsistência aumentou quase duas vezes, portanto, e o do vestuário é exatamente o dobro de vinte anos atrás.

Mesmo abstraindo essa desproporção, a mera comparação da taxa salarial paga em dinheiro ainda não daria, de longe, um resultado correto. Antes da epidemia da fome, a grande massa dos salários rurais era saldada *in natura*, sendo em dinheiro só a menor parte; hoje, o pagamento em dinheiro é a regra. Já daí segue que, qualquer que seja a movimentação do salário real, sua taxa monetária teria de subir.

> Antes da epidemia da fome, o diarista agrícola possuía um pedacinho de terra onde plantava batatas e criava porcos e aves. Hoje ele não só tem de comprar todos os meios de subsistência, mas também deixa de usufruir das receitas da venda de porcos, aves e ovos.[187]

De fato, os trabalhadores agrícolas confundiam-se antigamente com os pequenos arrendatários e constituíam, em geral, apenas a retaguarda dos arrendamentos médios e grandes, nos quais encontravam ocupações. Só a partir da catástrofe de 1846 é que começaram a constituir uma fração da classe dos assalariados puros, um estamento específico, que só está ligado a seus empregadores por relações monetárias.

Sabe-se qual era sua situação habitacional em 1846. Desde então ela ainda piorou. Entretanto, parte dos diaristas agrícolas, cujo número diminui dia após dia, ainda mora nas terras dos arrendatários em choupanas superlotadas, cujos horrores ultrapassam de longe o pior que os distritos rurais ingleses nos apresentaram no gênero. E isso vale de modo geral, com exceção de alguns trechos dos Ulster; no sul, nos condados de Cork, Limerick, Kilkenny etc.; no leste, em Wicklow, Wexford etc.; no centro, no condado de King e Queen, Dublin etc.; no norte, em Down, Antrim, Tyrone etc.; a oeste, em Sligo, Roscommon, Mayo, Galway etc. "É uma vergonha", exclama um dos inspetores, "para a religião e a civilização deste país." A fim de tornar mais suportável aos diaristas a moradia em suas tocas, confisca-se sistematicamente o pedacinho de terra que desde tempos imemoriais estava anexado a cada uma.

> A consciência dessa espécie de banimento, a que são submetidos pelos donos das terras e seus administradores, provocou nos diaristas rurais sentimentos correspondentes de antagonismo e ódio contra aqueles que os tratam como uma *race* sem direitos.[187a]

O primeiro ato da revolução agrária foi varrer, na maior escala possível e como por uma palavra de ordem vinda do alto, as choupanas localizadas no campo de trabalho. Muitos trabalhadores foram, assim, obrigados a procurar abrigo em aldeias e cidades. Lá foram lançados como rebotalho em águas-furtadas, buracos, porões e nos covis dos piores bairros. Milhares de famílias irlandesas que, segundo o testemunho até mesmo de ingleses, prisioneiros de preconceitos nacionais, se destacavam por seu raro apego ao lar, por sua alegria despreocupada e por sua pureza de costumes domésticos encontraram-se, assim, subitamente transplantadas para os viveiros do vício. Os homens precisam agora procurar trabalho com os arrendatários vizinhos e são alugados apenas por dia, portanto na forma salarial mais precária; com isso

> eles precisam agora percorrer longos caminhos de ida e de volta ao arrendamento, muitas vezes molhados como ratos e sujeitos a outras inclemências que frequentemente provocam fraqueza, doença e, com isso, privações.[187b]

"As cidades tinham de receber, ano após ano, o que era considerado excedente de trabalhadores dos distritos rurais",[187c] depois ainda há quem se admire que "prepondera excesso de trabalhadores nas cidades e aldeias e falta de trabalhadores no campo"![187d] A verdade é que essa falta só é sentida "na época de trabalhos agrícolas prementes, na primavera e no outono, enquanto durante o resto do ano muitos braços ficam ociosos";[187e] que "depois da colheita de outubro até a primavera não há quase ocupação para eles"[187f] e que, também, durante o tempo em que estão ocupados, "perdem frequentemente dias inteiros e estão sujeitos a toda espécie de interrupções no trabalho".[187g]

Essas consequências da revolução agrícola, isto é, da transformação de terras de lavoura em pastagens para gado, da utilização de maquinaria, da economia de trabalho mais severa etc. – são tornadas ainda mais agudas pelos proprietários fundiários modelares, aqueles que, em vez de consumir suas rendas no estrangeiro, condescendem em morar na Irlanda, em seus domínios. Para que a lei da oferta e da demanda permaneça totalmente inviolada, esses cavalheiros satisfazem

> agora quase toda a sua necessidade de trabalho com seus pequenos arrendatários, que são, assim, obrigados a labutar para seu proprietário fundiário por um salário geralmente inferior ao do diarista comum, e isso sem nenhuma consideração para com os desconfortos e as perdas decorrentes de terem de negligenciar seus próprios campos na época crítica da semeadura ou da colheita.[187h]

A insegurança e a irregularidade da ocupação, a frequente repetição e a longa duração das paralisações do trabalho, todos esses sintomas de uma superpopulação relativa figuram, pois, nos relatórios dos inspetores da administração dos pobres como outras tantas queixas do proletariado agrícola irlandês. Recordemos que fenômenos semelhantes se encontram entre o proletariado agrícola inglês. Mas a diferença é que na Inglaterra, país industrial, a reserva industrial se recruta no campo, enquanto na Irlanda, país agrícola, a reserva agrícola se recruta nas cidades, refúgio dos trabalhadores agrícolas expulsos. Lá, os supranumerários da agricultura transformam-se em trabalhadores fabris; aqui, os enxotados para as cidades, ao mesmo tempo que exercem pressão sobre o salário urbano, continuam sendo trabalhadores rurais e são constantemente remetidos de volta ao campo à procura de trabalho.

Os relatores oficiais resumem da seguinte maneira a situação dos diaristas agrícolas:

> Embora vivam na mais estrita frugalidade, seu salário mal dá para assegurar a eles e a suas famílias comida e moradia; para o vestuário, precisam de receitas adicionais. [...] A atmosfera de suas moradias, combinada com outras privações, expõe essa classe especialmente ao tifo e à tísica.[187i]

De acordo com isso, não admira que, segundo o testemunho unânime dos relatores, um descontentamento sombrio pervada as fileiras dessa classe, fazendo com que ela deseje de volta o passado, abomine o presente, desespere-se com o futuro, "entregue-se às malignas influências de demagogos" e tenha apenas a ideia fixa de emigrar para a América. Esta é o Eldorado em que a grande panaceia malthusiana, o despovoamento, converteu a verde Erin![I]

Para ver com quanto conforto vivem os trabalhadores manufatureiros irlandeses, basta um exemplo:

> Em minha recente inspeção ao norte da Irlanda", diz o inspetor de fábrica inglês Robert Baker, "chamou-me a atenção o esforço de um trabalhador qualificado irlandês para dar educação a seus filhos apesar de sua penúria de meios. Reproduzo literalmente suas declarações, conforme as recebi de sua boca. Que ele seja um trabalhador qualificado dá para perceber quando digo que está empregado na produção de artigos destinados ao mercado de Manchester. Johnson: Sou um *beetler* [acabador] e trabalho das 6 horas da manhã às 11 da noite, de segunda a sexta; aos sábados terminamos às 6 da tarde, e temos 3 horas para refeições e descanso. Tenho 5 filhos. Por esse trabalho, ganho 10 xelins e 6 pence por semana; minha mulher trabalha também e ganha 5 xelins por semana. Minha filha mais velha, de doze anos, cuida da casa. Ela é nossa cozinheira e única serviçal. É ela quem prepara os mais jovens para a escola. Minha mulher se levanta comigo e sai comigo. Uma menina que passa por nossa casa nos acorda às 5½ da manhã. Não comemos nada antes de ir para o serviço. A criança de doze anos cuida das menores durante o dia. Tomamos o desjejum às 8 horas e para isso vamos para casa. Temos chá uma vez por semana; se não, temos uma papa (*stirabout*), às vezes de farinha de aveia, às vezes de farinha de milho, conforme o que conseguimos arranjar. No

---

I Antigo nome dado à Irlanda. [N. E. A.]

inverno, acrescentamos um pouco de açúcar e água à nossa farinha de milho. No verão, colhemos algumas batatas que plantamos num pedacinho de terra e, quando elas acabam, voltamos para a papa. [...] Assim vão as coisas, dia após dia, domingos e dias úteis, o ano todo. Estou sempre exausto à noite, quando termino o serviço do dia. Só comemos um pedaço de carne excepcionalmente, mas é muito raro. Três de nossos filhos vão à escola, para o que pagamos semanalmente 1 pêni por cabeça. Nosso aluguel é de 9 pence por semana. A turfa para aquecimento não custa menos de 1 xelim e 6 pence por quinzena.[188]

Esses são os salários irlandeses, essa é a vida irlandesa!

De fato, a miséria da Irlanda está novamente na ordem do dia na Inglaterra. No final de 1866 e início de 1867, um dos magnatas rurais irlandeses, Lorde Dufferin, lançou-se pelo *Times* à solução: "Quão humanitário da parte de tão grande senhor!".

Na Tabela E, viu-se que, durante o ano de 1864, de 4368610 libras esterlinas de lucro total, 3 extratores de mais-valia embolsaram apenas 262819; que no entanto, em 1865, os mesmos 3 virtuosos da "renúncia" embolsaram 274528 do lucro total de 4669979 libras esterlinas; em 1864, 26 extratores de mais-valia, 646377 libras esterlinas; em 1865, 28 extratores de mais-valia, 736448 libras esterlinas; em 1864, 121 extratores de mais-valia 1076912 libras esterlinas; em 1865, 150 extratores de mais-valia, 1320906 libras esterlinas; em 1864, 1131 extratores de mais--valia, 2150818 libras esterlinas, quase a metade do lucro total anual; em 1865, 1194 extratores de mais-valia, 2418833 libras esterlinas, mais da metade do lucro total anual. Mas a parte do leão, que um número ínfimo de magnatas fundiários devora do produto nacional na Inglaterra, Escócia e Irlanda, é tão monstruosa que a sabedoria de Estado inglesa achou conveniente não fornecer sobre a distribuição de renda da terra o mesmo material estatístico fornecido a respeito da distribuição do lucro. Lorde Dufferin é um desses magnatas fundiários. Que os registros de renda e os lucros possam alguma vez ser "supranumerários" ou que sua pletora tenha de algum modo conexão com a pletora de miséria do povo é, naturalmente, uma concepção tão "desrespeitosa" quanto "malsã" (*unsound*). Ele se atém a fatos. O fato é que, à medida que o tamanho da população irlandesa diminui, os registros de renda irlandeses aumentam, que o despovoamento "faz bem" ao proprietário fundiário, portanto também ao solo, portanto também ao povo, que é apenas acessório do solo. Por conseguinte, ele declara que a Irlanda ainda está superpovoada e que a corrente emigratória flui com demasiada lentidão. Para ser completamente feliz, a Irlanda teria de liberar ainda, ao menos, ⅓ de milhão de trabalhadores. Não se presuma que esse lorde, além de tudo poeta, seja um médico da escola de Sangrado, que, toda vez que verificava que seus pacientes não tinham melhorado, prescrevia uma sangria, uma nova sangria, até que o paciente perdesse, junto com o sangue, também a doença. Lorde Dufferin pede uma nova sangria de apenas ⅓ de milhão, em vez de uma de cerca de 2 milhões, sem a qual, com efeito, o milênio não se pode estabelecer em Erin. A prova é fácil de fornecer.

Número e Tamanho dos Arrendamentos na Irlanda em 1864

1		2		3		4	
Arrendamentos de não mais de 1 acre		Arrendamentos com mais de 1 e não mais de 5 acres		Arrendamentos com mais de 5 e não mais de 15 acres		Arrendamentos com mais de 15 e não mais de 30 acres	
número	*acres*	*número*	*acres*	*número*	*acres*	*número*	*acres*
48 653	25 394	82 037	288 916	176 368	1 836 310	136 578	3 051 343

5		6		7		8
Arrendamentos com mais de 30 e não mais de 50 acres		Arrendamentos com mais de 50 e não mais de 100 acres		Arrendamentos com mais de 100 acres		Área total
número	acres	*número*	*acres*	*número*	*acres*	*acres*
71 961	2 906 274	54 247	3 983 880	31 927	8 227 807	20 319 924[188a]

De 1851 até 1861, a centralização aniquilou principalmente arrendamentos das três primeiras categorias, com menos de 1 e não mais de 15 acres. São as que devem, antes de mais nada, desaparecer. Isso dá 307 058 arrendatários "supranumerários", e a família, calculada por baixo com base na média de 4 cabeças, resulta em 1 228 232 pessoas. Com o extravagante pressuposto de que ¼ delas seja novamente absorvível depois de concluída a revolução agrícola, restam por emigrar: 921 174 pessoas. As categorias 4, 5 e 6, de mais de 15 e não mais de 100 acres, são, como há muito já se sabe na Inglaterra, pequenas demais para a plantação capitalista de cereais e ínfimas para a criação de carneiros. Com os mesmos pressupostos de antes, pois, há outras tantas 788 761 pessoas para emigrar. Total: 1 709 532. E, *comme l'appétit vient en mangeant* [já que comer abre o apetite], os olhos do registro de renda logo descobrirão que a Irlanda, com 3½ milhões, continuará sempre miserável porque superpovoada, portanto que seu despovoamento precisa ir ainda muito além para que realize sua verdadeira vocação: a de ser pastagem de ovelhas e gado para a Inglaterra.[188b]

Esse lucrativo método tem, como tudo o que é bom neste mundo, seu inconveniente. Com a acumulação da renda fundiária na Irlanda se dá, no mesmo ritmo, a acumulação de irlandeses na América.

O irlandês deslocado por ovelhas e bois ressurge do outro lado do oceano como feniano.[I] E, perante a antiga Rainha dos Mares, eis que se levanta cada vez mais ameaçadora a jovem e gigantesca República.

Acerba fata Romanos agunt
Scelusque fraternae necis.[II]

I Revolucionários irlandeses pequeno-burgueses. As primeiras organizações fenianas surgiram em 1857 na Irlanda e nos Estados Unidos, onde reuniam os emigrantes irlandeses. O programa e as atividades dos fenianos deram expressão ao protesto das massas populares da Irlanda contra o jugo colonial inglês. Os fenianos reivindicavam a independência nacional para seu país, o estabelecimento de uma república democrática, a transformação dos arrendatários rurais em proprietários da terra que cultivavam etc.; pensavam poder impor seu programa político por meio de um levante armado. Sua atividade conspirativa não teve êxito. No final dos anos 1860, os fenianos sofreram represálias em massa. Nos anos 1870, o movimento entrou em decadência. [N. E. A.]

II "Acerbo fado e fratricídio são os flagelos romanos." Horácio, epodo 7. Tradução livre de Flávio R. Kothe. [N. T.]

CAPÍTULO 24

A ASSIM CHAMADA ACUMULAÇÃO PRIMITIVA

1. O SEGREDO DA ACUMULAÇÃO PRIMITIVA

Viu-se como dinheiro é transformado em capital, como por meio do capital é produzida mais-valia e da mais-valia mais capital. Porém, a acumulação do capital pressupõe a mais-valia; a mais-valia, a produção capitalista; e esta, por sua vez, a existência de massas relativamente grandes de capital e de força de trabalho nas mãos de produtores de mercadorias. Todo esse movimento parece, portanto, girar num círculo vicioso, do qual só podemos sair supondo uma acumulação "primitiva" ("*previous accumulation*", em A. Smith) precedente à acumulação capitalista, uma acumulação que não é resultado do modo de produção capitalista, mas sim seu ponto de partida.

Essa acumulação primitiva desempenha na Economia Política um papel análogo ao pecado original na Teologia. Adão mordeu a maçã e, com isso, o pecado sobreveio à humanidade. Explica-se sua origem contando-a como anedota ocorrida no passado. Em tempos muito remotos, havia, por um lado, uma elite laboriosa, inteligente e sobretudo parcimoniosa e, por outro, vagabundos dissipando tudo o que tinham e mais ainda. A lenda do pecado original teológico conta-nos, contudo, como o ser humano foi condenado a comer seu pão com o suor de seu rosto; a história do pecado original econômico, no entanto, revela-nos por que há gente que não tem necessidade disso. Tanto faz. Assim se explica que os primeiros acumularam riquezas e os últimos, finalmente, nada tinham para vender senão a própria pele. E desse pecado original data a pobreza da grande massa, que até agora, apesar de todo seu trabalho, nada possui para vender senão a si mesma, e a riqueza dos poucos, que cresce continuamente, embora há muito tenham parado de trabalhar. ¦ 364 Tais trivialidades infantis o Sr. Thiers, por exemplo, serve ainda, com a solene seriedade de um estadista, em defesa da *propriété* [propriedade], aos franceses, outrora tão espirituosos. ¦ Mas, tão logo entra em jogo a questão da propriedade, torna-se dever sagrado sustentar o ponto de vista da cartilha infantil como o único adequado a todas as faixas etárias e graus de desenvolvimento. ¦ 365 ¦ Na história real, como se sabe, a conquista, a subjugação, o assassínio para roubar, em suma, a violência, desempenham o principal papel. Na suave Economia Política reinou desde sempre o idílio. Desde o início, o direito e o "trabalho" têm sido os únicos meios de enriquecimento, excetuando-se sempre, naturalmente, "este ano". Na realidade, os métodos da acumulação primitiva são tudo menos idílicos.

¦ 366 Dinheiro e mercadoria, desde o princípio, são tão pouco capital quanto os meios de produção e de subsistência. Eles requerem sua transformação em capital. Mas essa transformação mesma só pode realizar-se em determinadas circunstâncias, que se reduzem ao seguinte: duas espécies bem diferentes de possuidores de mercadorias têm de defrontar-se e entrar em contato; de um lado, possuidores de dinheiro, meios de produção e meios de subsistência, que se propõem a valorizar a soma-valor que possuem mediante compra de força de trabalho alheia: do outro, trabalhadores livres, vendedores da própria força de trabalho e, portanto, vendedores de trabalho. Trabalhadores livres no duplo sentido, porque não pertencem diretamente aos meios de produção, como os escravos, os servos etc., nem os meios de produção lhes pertencem, como, por exemplo, o camponês economicamente autônomo etc., estando, pelo contrário, livres, soltos e desprovidos deles. Com essa polarização do mercado estão dadas as condições fundamentais da produção capitalista. ¦ A relação de capital pressupõe a separação entre os trabalhadores e a propriedade das condições da realização do trabalho. ¦ 367 Tão logo a produção capitalista se apoie sobre seus próprios pés, não apenas conserva aquela separação, mas a reproduz em escala sempre crescente. Portanto, o processo que cria a relação de capital não pode ser outra coisa além do processo de separação do trabalhador da propriedade das condições de seu trabalho, um processo que transforma, por um lado, os meios sociais de subsistência e de produção em capital e, por outro, os produtores diretos em trabalhadores assalariados. A assim chamada acumulação primitiva é, portanto, nada mais que o processo histórico de separação entre produtor e meio de produção. Ele aparece como "primitivo" porque constitui a pré-história do capital e do modo de produção que lhe corresponde. ¦

A estrutura econômica da sociedade capitalista proveio da estrutura econômica da sociedade feudal. A decomposição desta liberou os elementos daquela.

O produtor direto, o trabalhador, somente pôde dispor de sua pessoa depois que deixou de estar vinculado à gleba e de ser servo ou dependente de outra pessoa. Para tornar-se livre vendedor de força de trabalho, que leva sua mercadoria a qualquer lugar onde houver mercado para ela, ele precisava ainda escapar do domínio das corporações, de seus regulamentos para aprendizes e oficiais e das prescrições restritivas do trabalho. Assim, o movimento histórico que transforma os produtores em trabalhadores assalariados aparece, por um lado, como sua libertação da servidão e da coação corporativa; e esse aspecto é o único que existe para nossos escribas burgueses da História. Por outro lado, porém, esses recém-libertados só se tornam vendedores de si mesmos depois que todos os seus meios de produção e todas as garantias de sua existência, oferecidas pelas velhas instituições feudais, lhes foram roubados. E a história dessa sua expropriação está inscrita nos anais da humanidade com traços de sangue e fogo.

Os capitalistas industriais, esses novos potentados, tiveram de deslocar, por sua vez, não apenas os mestres artesãos corporativos, mas também os senhores feudais, possuidores das fontes de riquezas. Sob esse aspecto, sua ascensão apresenta-se como fruto de uma luta vitoriosa contra o poder feudal e seus privilégios revoltantes, assim como contra as corporações e os entraves que estas opunham ao livre desenvolvimento da produção e à livre exploração do ser humano pelo ser humano. Mas os cavaleiros da indústria só conseguiram desalojar os cavaleiros da espada explorando acontecimentos em que não tiveram a menor culpa. Eles se lançaram ao alto por meios tão vis quanto os que empregou outrora o liberto romano para tornar-se senhor de seu *patronus* [patrono].

O ponto de partida do desenvolvimento que produziu tanto o trabalhador assalariado quanto o capitalista foi a servidão do trabalhador. A continuação consistiu numa mudança de forma dessa sujeição, na transformação da exploração feudal em capitalista. Para compreender sua marcha, não precisamos volver a um passado tão longínquo. Ainda que os primórdios da produção capitalista já se apresentem esporadicamente em algumas cidades mediterrâneas nos séculos XIV e XV, a era capitalista só data do século XVI. Onde ela surge, a servidão já está abolida há muito tempo, e o ponto mais brilhante da Idade Média, a existência de cidades soberanas, há muito começou a empalidecer.

O que faz época na história da acumulação primitiva são todos os revolucionamentos que servem de alavanca à classe capitalista em formação; sobretudo, porém, todos os momentos em que grandes massas humanas são arrancadas súbita e violentamente de seus meios ¦ 368 de subsistência ¦ e lançadas no mercado de trabalho como proletários livres como os pássaros. A expropriação da base fundiária do produtor rural, do camponês, forma a base de todo o processo. ¦ 369 Sua história assume coloridos diferentes nos diferentes países e percorre as várias fases em sequência diferente e em diferentes épocas históricas. Apenas na Inglaterra, que, por isso, tomamos como exemplo, mostra-se em sua forma clássica. ¦[189]

2. EXPROPRIAÇÃO DO POVO DO CAMPO DE SUA BASE FUNDIÁRIA

Na Inglaterra, a servidão tinha de fato desaparecido na última parte do século XIV. A grande maioria da população[190] consistia naquela época, e mais ainda no século XV, de camponeses livres, economicamente autônomos, qualquer que fosse a etiqueta feudal que ocultasse sua propriedade. Nos domínios senhoriais maiores o *bailiff* [bailio], outrora ele mesmo servo, foi desalojado pelo arrendatário livre. Os trabalhadores assalariados da agricultura consistiam, em parte, em camponeses que aproveitavam seu tempo de lazer trabalhando para os grandes proprietários e, em parte, numa classe independente, relativa e absolutamente pouco numerosa, de trabalhadores assalariados propriamente ditos. Também estes eram, ao mesmo tempo, de fato camponeses economicamente autônomos, pois recebiam, além de seu salário, um terreno arável de 4 ou mais acres além do *cottage*. Além disso, junto com os camponeses propriamente ditos, gozavam o usufruto das terras comunais, em que pastava seu gado e que ao mesmo tempo lhes forneciam combustíveis como lenha, turfa etc.[191] Em todos os países da Europa ¦370¦, a produção feudal é caracterizada pela partilha do solo entre o maior número possível de súditos. O poder de um senhor feudal, como o de todo soberano, não se baseava no registro de sua renda, mas no número de seus súditos, e este dependia do número de camponeses economicamente autônomos.[192] Embora o solo inglês, depois da conquista normanda, tenha sido dividido em baronias gigantescas, das quais uma única muitas vezes abrangia a extensão de 900 antigos senhorios anglo-saxônicos, ele estava salpicado de pequenas explorações camponesas, interrompidas apenas aqui e ali por domínios senhoriais maiores. Tais condições, com o florescimento simultâneo das cidades, característico do século XV, permitiam aquela riqueza do povo de que o Chanceler Fortescue tanto fala em seus *Laudibus legum Angliae*, mas excluíam a riqueza de capital.

O prelúdio do revolucionamento, que criou a base do modo de produção capitalista, ocorreu no último terço do século XV e nas primeiras décadas do século XVI. Uma massa de proletários livres como os pássaros foi lançada no mercado de trabalho pela dissolução dos séquitos feudais, que, como observa acertadamente Sir James Steuart, "por toda parte enchiam inutilmente casa e castelo".[I] Embora, em sua luta pela soberania absoluta, o poder real, ele mesmo um produto do desenvolvimento burguês, tenha acelerado violentamente a dissolução desses séquitos, ele não foi, de modo algum, sua única causa. Foi muito mais,

I James Steuart, *An Inquiry into the Principles of Political Economy*, v. I. Dublin, 1770, p. 52. [N. E. A.]

em oposição mais teimosa à realeza e ao Parlamento, o grande senhor feudal quem criou um proletariado incomparavelmente maior mediante expulsão violenta do campesinato da base fundiária, sobre a qual possuía o mesmo título jurídico feudal que ele, e usurpação de sua terra comunal. O impulso imediato para isso foi dado, na Inglaterra, nomeadamente pelo florescimento da manufatura flamenga de lã e pela consequente alta dos preços da lã. A velha nobreza feudal fora devorada ¦ 372 pelas grandes guerras feudais ¦; a nova era uma filha de seu tempo, para a qual o dinheiro era o poder dos poderes. Por isso, a transformação de terras de lavoura em pastagens de ovelhas tornou-se sua divisa. Harrison, em sua *Description of England. Prefixed to Holinshed's Chronicles*, descreve como a expropriação dos pequenos camponeses arruína o país. "*What care our great incroachers!*" (Mas o que importa isso a nossos grandes usurpadores!) As habitações dos camponeses e os *cottages* dos trabalhadores foram violentamente demolidos ou entregues à ruína.

> "Consultando os inventários mais antigos de cada domínio senhorial", diz Harrison, "ver-se-á que desapareceram inúmeras casas e pequenas explorações camponesas, que o campo alimenta muito menos gente, que muitas cidades decaíram, ainda que algumas novas floresçam. [...] Eu poderia dizer algo sobre cidades e aldeias que foram destruídas para dar lugar a pastagens de ovelhas e onde ficaram apenas as casas senhoriais." ¦ 373 ¦

As queixas daquelas antigas crônicas são sempre exageradas, mas ilustram exatamente como a revolução nas condições de produção impressionou os próprios contemporâneos. Uma comparação dos escritos do Chanceler Fortescue e de Thomas Morus torna visível o abismo entre os séculos XV e XVI. De sua idade de ouro, a classe trabalhadora inglesa caiu sem transição, como Thornt diz acertadamente, à idade de ferro.

A legislação aterrorizou-se com esse revolucionamento. Não tinha chegado àquele ápice da civilização em que a *wealth of the nation* [riqueza da nação], isto é, a formação do capital e a exploração inescrupulosa e o empobrecimento da massa do povo, é considerada o píncaro de toda a sabedoria de Estado. Em sua história de Henrique VII, diz Bacon:

> "Naquele tempo" (1489) "aumentaram as queixas sobre a transformação de terras de lavoura em pastagens" (para criação de ovelhas etc.) "fáceis de cuidar por poucos pastores; e arrendamentos por tempo determinado, vitalícios ou anualmente revogáveis (dos quais vivia grande parte dos *yeomen* [camponeses livres]), foram transformados em domínios senhoriais. Isso provocou uma decadência de cidades, igrejas, dízimos. [...] Na cura desse mal, a sabedoria do rei e do Parlamento naquela época foi admirável. [...] Tomaram medi-

das contra essa usurpação despovoadora das terras comunais (*depopulating inclosures*) e a exploração pastoril despovoadora (*depopulating pasture*) que lhe seguia as pegadas".

Um decreto de Henrique VII, de 1489, c. 19, proibiu a destruição de todas as casas camponesas, às quais pertenciam pelo menos 20 acres de terra. Num decreto 25,[I] de Henrique VIII, a mesma lei é renovada. Diz-se ali, entre outras coisas, que:

> muitos arrendamentos e grandes rebanhos de gado, especialmente de ovelhas, acumulam-se em poucas mãos, por meio do que as rendas da terra cresceram muito, ao mesmo tempo a lavoura (*tillage*) decaiu, igrejas e casas foram demolidas e massas populares maravilhosas tornaram-se incapazes de sustentar a si mesmas e a suas famílias.

A lei ordena, por isso, a reconstrução das propriedades camponesas decaídas, determina a proporção entre campos de cereais e pastagens etc. Um decreto de 1533 se queixa de que alguns proprietários possuíam 24000 ovelhas e limita seu número a 2000.[193] As queixas do povo e a legislação, que a partir de Henrique VII continuamente, por 150 anos, se voltava contra a expropriação dos pequenos arrendatários e camponeses, foram igualmente infrutíferas. O segredo de seu fracasso nos revela Bacon, sem o saber.

> "O decreto de Henrique VII", diz ele, em seus *Essays, Civil and Moral*, seção 29, "era profundo e digno de admiração ao criar explorações camponesas e casas rurais de determinado padrão, isto é, ao manter para os lavradores uma proporção de terra que os capacitava a trazer ao mundo súditos com riqueza suficiente e sem posição servil, mantendo o arado em mão de proprietários, e não de trabalhadores de aluguel" (*to keep the plough in the hand of the owners and not hirelings*).[193a]

Mas o que o sistema capitalista requeria era, ao contrário, uma posição servil da massa do povo, sua transformação em trabalhadores de aluguel e a de seus meios de trabalho em capital. Durante esse período de transição, a legislação procurou também conservar os 4 acres de terras junto ao *cottage* do assalariado agrícola e proibiu-o de tomar inquilinos em seu *cottage*. Ainda em 1627, sob Carlos I, Roger Crocker, de Fontmill [Front Mill], foi condenado pela construção de um *cottage* no domínio de Fontmill [Front Mill] sem 4 acres de terra como anexo permanente; ainda em 1638, sob Carlos I, foi nomeada uma comissão real para impor

I Ou seja, um decreto baixado no 25º ano do reinado de Henrique VIII. [N. T.]

a execução das velhas leis, notadamente sobre os 4 acres de terra; Cromwell também proibiu a construção de casas num raio de 4 milhas ao redor de Londres se não estivessem dotadas de 4 acres de terra. Ainda na primeira metade do século XVIII, faziam-se queixas quando o *cottage* do trabalhador agrícola não tinha como complemento 1 ou 2 acres. Hoje ele fica feliz quando ela é dotada de um jardinzinho ou quando pode arrendar umas poucas varas de terra longe dela.

> Senhores de terra e arrendatários", diz o Dr. Hunter, "agem, nesse caso, de mãos dadas. Poucos acres junto ao *cottage* tornariam o trabalhador demasiado independente.[194]

O processo de expropriação violenta da massa do povo recebeu um novo e terrível impulso, no século XVI, pela Reforma e, em consequência dela, pelo roubo colossal dos bens da Igreja. Na época da Reforma, a Igreja Católica era a proprietária feudal de grande parte da base fundiária inglesa. A supressão dos conventos etc. lançou seus moradores na proletarização. Os próprios bens da Igreja foram, em grande parte, dados aos rapaces favoritos reais ou vendidos por um preço irrisório a especuladores arrendatários ou habitantes das cidades, que expulsaram em massa os antigos camponeses tributários hereditários, fundindo suas propriedades. A propriedade de uma parte dos dízimos da Igreja legalmente garantida a camponeses empobrecidos foi tacitamente confiscada.[195] "*Pauper ubique jacet*" [O pobre é subjugado em toda parte],[I] exclamou a Rainha Elizabeth após uma viagem pela Inglaterra. No 43º ano de seu reinado, finalmente se forçou o reconhecimento oficial do pauperismo mediante a introdução do imposto para os pobres.

> "Os autores dessa lei se envergonhavam de enunciar suas razões e por isso, contra toda a tradição, trouxeram-na ao mundo sem nenhum *preamble* (exposição de motivos)."[196]

¦ 374 Essa lei foi declarada perpétua por 16 Car. I, 4,[II] e, na realidade, somente em 1834 recebeu uma forma nova e mais dura.[197] Esses efeitos imediatos da Reforma não foram os mais persistentes. ¦ A propriedade da Igreja constituía o baluarte religioso das antigas relações de propriedade. Ao cair aquela, estas não poderiam ser mantidas.[198]

Ainda nas últimas décadas do século XVII, a *yeomanry*, uma classe de camponeses independentes,¦ 376 ¦ era mais numerosa que a classe

---

I Da obra de Ovídio, *Fasti*, Livro I, verso 218. [N. E. A.]

II Pela 4ª lei do 16º ano do reinado de Carlos I. [N. E. A.]

dos arrendatários. Ela constituíra a força principal de Cromwell e, conforme confessa o próprio Macaulay, contrastava vantajosamente com os fidalgos porcalhões e beberrões e com seus lacaios, os curas rurais, que tinham de conseguir casamento para a "criada preferida" do senhor. Os assalariados rurais ainda participavam da propriedade comunal. Ao redor de 1750, tinha desaparecido a *yeomanry*[199] e, nas últimas décadas do século XVIII, o último vestígio de propriedade comunal dos lavradores. Abstraímos aqui das forças motrizes puramente econômicas da revolução agrícola. O que procuramos são as alavancas com que foi violentamente realizada.

Sob a restauração dos Stuart, os proprietários fundiários impuseram legalmente uma usurpação que se realizou sem rodeios legais em todo o continente. Eles aboliram a constituição feudal do solo, isto é, livraram-se de todas as obrigações desta para com o Estado, "indenizaram" o Estado por meio de impostos sobre o campesinato e o resto da massa do povo, vindicaram a moderna propriedade privada de bens, sobre os quais possuíam apenas títulos feudais, e outorgaram, finalmente, aquelas leis de assentamento (*laws of settlement*) ¦ 377 que tiveram, *mutatis mutandis*, sobre os lavradores ingleses os mesmos efeitos que o édito do tártaro Borís Godunóv sobre o campesinato russo ¦.[I]

A *Glorious Revolution* (Revolução Gloriosa) trouxe ao poder, com Guilherme III de Orange,[200] extratores de mais-valia fundiários e capitalistas. Inauguraram a nova era ¦ 378 praticando em escala colossal o roubo dos domínios do Estado, até então realizado em proporções apenas modestas. Essas terras foram presenteadas, vendidas a preços irrisórios ou, mediante usurpação direta, anexadas ¦ a propriedades privadas.[201] Tudo isso ocorreu sem nenhuma observância da etiqueta legal. O patrimônio do Estado, apropriado tão fraudulentamente, junto com o roubo da Igreja – o que já não havia sumido durante a revolução republicana – formam a base dos atuais domínios principescos da oligarquia inglesa.[202] Os capitalistas burgueses favoreceram a operação visando, entre outros motivos, transformar a base fundiária em puro artigo de comércio, expandir a área da grande exploração agrícola, multiplicar sua oferta de ¦ 379 proletários livres como os pássaros, provenientes do campo ¦ etc. Além disso, a nova aristocracia fundiária era aliada natural da nova bancocracia, da alta finança que acabava de sair da casca do

---

I Sob o reinado de Fiódor Ivánovitch (1584–98), quando o soberano de fato da Rússia era Borís Godunóv, foi decretado um édito, em 1597, segundo o qual os camponeses que tinham fugido do jugo insuportável e das chicanas dos proprietários fundiários seriam procurados durante cinco anos e devolvidos à força a seus antigos senhores. [N. E. A.]

ovo e dos grandes manufatureiros, que então se apoiavam sobre tarifas protecionistas. A burguesia inglesa agiu assim, em defesa de seus interesses, tão acertadamente quanto os burgueses suecos que, ao contrário, junto com seu baluarte econômico, o campesinato, apoiaram os reis na recuperação violenta das terras da Coroa em mãos da oligarquia (desde 1604, mais tarde sob Carlos X e Carlos XI).

A propriedade comunal – inteiramente diferente da propriedade estatal considerada acima – era uma antiga instituição germânica que continuou a viver sob a cobertura do feudalismo. Viu-se como a violenta usurpação da mesma, em geral acompanhada pela transformação da terra de lavoura em pastagem, começa no final do século XV e prossegue no século XVI. Mas então o processo efetivava-se como ato individual de violência, contra a qual a legislação lutou, em vão, durante 150 anos. O progresso do século XVIII consiste em a própria lei se tornar agora veículo do roubo das terras do povo, embora os grandes arrendatários empreguem paralelamente também seus pequenos e independentes métodos privados.[203] A forma parlamentar do roubo é a das Bills for Inclosures of Commons (leis para o cercamento das terras comunais), em outras palavras, decretos pelos quais os senhores fundiários dão de presente a si mesmos a terra do povo como propriedade privada, decretos de expropriação do povo. Sir F. M. Eden refuta sua astuta argumentação de advogado, na qual busca apresentar a propriedade comunal como propriedade privada dos grandes proprietários fundiários, que tomaram o lugar dos feudais, ao pedir ele mesmo "uma lei parlamentar geral para o cercamento das terras comunais", admitindo, portanto, que é necessário um golpe de Estado parlamentar para a transformação delas em propriedade privada, porém, por outro lado, ¦ 380 solicitando da legislatura uma "indenização" para os pobres expropriados ¦.[204]

Enquanto o lugar dos *yeomen* independentes foi tomado por *tenants-at-will* – arrendatários menores sujeitos a serem desalojados em um ano, um bando servil e dependente dos caprichos do *landlord* –, o roubo dos domínios do Estado, sobretudo o furto sistematicamente executado da propriedade comunal, ajudou a inchar aqueles grandes arrendamentos que, no século XVIII, eram chamados de arrendamentos de capital[205] ou arrendamentos de mercador[206] e a "liberar" o povo rural como proletariado para a indústria.

O século XVIII, entretanto, não tinha compreendido ainda, na mesma medida que o século XIX, a identidade entre riqueza nacional e pobreza do povo. Daí, portanto, a mais violenta polêmica na literatura econômica dessa época sobre o *inclosure of commons*. Cito algumas passagens do volumoso material que tenho à vista porque, assim, as circunstâncias serão visualizadas de modo mais vivo.

"Em muitas paróquias de Hertfordshire", escreve uma pena indignada, "24 arrendamentos com 50-150 acres em média foram fundidos em 3 arrendamentos."[207] "Em Northamptonshire e Lincolnshire tem predominado muito o cercamento das terras comunais, e a maioria dos novos senhorios surgidos dos cercamentos está convertida em pastagens; em consequência, muitos senhorios não têm 50 acres sob o arado, onde anteriormente eram arados 1500. [...] Ruínas de antigas habitações, celeiros, estábulos etc." são os únicos vestígios dos antigos habitantes. "Cem casas e famílias, em alguns lugares, foram reduzidas [...] a 8 ou 10. [...] Os proprietários fundiários, na maioria das paróquias onde o cercamento se realizou somente há 15 ou 20 anos, são muito poucos em comparação com o número dos que lavraram a terra quando na condição de campo aberto. Não é nada incomum ver 4 ou 5 ricos criadores de gado usurparem senhorios recentemente cercados que antes se encontravam em mãos de 20 a 30 arrendatários e outros tantos pequenos proprietários e moradores. Todos eles e suas famílias foram expulsos de suas posses juntamente com muitas outras famílias que eram por eles ocupadas e mantidas."[208]

Sob pretexto de cercamento, era anexada pelo *landlord* vizinho não apenas a terra em alqueive, mas frequentemente a terra cultivada em comum ou mediante certo pagamento à comunidade.

"Eu falo aqui do cercamento de campos abertos e terras que já estão sendo cultivados. Até os escritores que defendem os *inclosures* admitem que estes últimos aumentam o monopólio dos grandes arrendamentos, elevam os preços dos meios de subsistência e produzem despovoamento [...] e mesmo o cercamento de terras desertas, como empreendido agora, rouba aos pobres parte de seus meios de subsistência e incha arrendamentos que agora já são grandes demais."[209] "Se", diz o Dr. Price, "a terra cair nas mãos de alguns poucos grandes arrendatários, os pequenos arrendatários" (antes designados por ele como 'uma multidão de pequenos proprietários e arrendatários que mantêm a si mesmos e a sua família com o produto das terras cultivadas por eles, com ovelhas, aves, porcos etc. [...], os quais criam na terra comunal, tendo portanto pouca oportunidade de comprar meios de subsistência') "serão transformados em pessoas que terão de ganhar sua subsistência trabalhando para os outros e que serão forçadas a ir ao mercado para comprar tudo de que precisam [...]. Será realizado, talvez, mais trabalho, porque há mais compulsão para isso. [...] Cidades e manufaturas crescerão, pois mais pessoas que buscam emprego serão impelidas para elas. Essa é a forma como a concentração dos arrendamentos opera naturalmente e em que, neste reino, tem realmente operado há muitos anos."[210]

Ele resume assim o efeito geral dos *inclosures*:

> Ao todo, a situação das classes inferiores do povo tem piorado em quase todos os sentidos; os pequenos proprietários fundiários e arrendatários são rebaixados à condição de diaristas e trabalhadores de aluguel; e, ao mesmo tempo, tornou-se mais difícil ganhar a vida nessa condição.[211]

Na realidade, a usurpação da terra comunal e a revolução da agricultura que a acompanhou tiveram efeitos tão agudos sobre os trabalhadores agrícolas que, segundo o próprio Eden, entre 1765 e 1780, o salário deles começou a cair abaixo do mínimo e a ser complementado pela assistência oficial aos pobres. Seu salário, diz ele, "bastava apenas para as necessidades vitais absolutas".

Ouçamos por um momento, ainda, um defensor dos *inclosures* e adversário do Dr. Price.

> "Não é correto concluir que haja despovoamento porque não se vê mais gente desperdiçando seu trabalho em campo aberto. [...] Quando, depois da transformação dos pequenos camponeses em pessoas que têm de trabalhar para outros, mais trabalho é produzido, isso é uma vantagem que a nação" (à qual os transformados naturalmente não pertencem) "deve desejar. [...] O produto torna-se maior quando seu trabalho combinado é empregado num arrendamento: assim é formado produto excedente para as manufaturas e, por meio deste, as manufaturas, uma das minas de ouro desta nação, serão multiplicadas em proporção ao *quantum* produzido de cereais."[212]

A estoica serenidade com que o economista político encara as violações mais desavergonhadas do "sagrado direito de propriedade" e os atos de violência mais grosseira contra as pessoas, na medida em que sejam necessários para estabelecer a base do modo de produção capitalista, demonstra-nos, entre outros, esse Sir F. M. Eden, que, além de tudo, apresenta matiz *tory* e é "filantropo". Toda a série de pilhagens, horrores e tormentos do povo, que acompanham a violenta expropriação do povo do último terço do século XV até o fim do século XVIII, leva-o apenas à "confortável" reflexão final:

> "A proporção correta (*due*) entre terras para lavoura e para criação de gado tinha de ser estabelecida. Ainda no decorrer do século XIV e na maior parte do século XV, havia 1 acre de pastagem para 2, 3 e mesmo 4 acres de terra para lavoura. Em meados do século XVI, a proporção transformou-se em 2 acres de pastagem para 2 acres de lavoura, mais tarde 2 acres de pastagem para 1 acre de lavoura, até que finalmente se estabeleceu a proporção correta de 3 acres de pastagem para 1 acre de lavoura".

No século XIX, naturalmente, perdeu-se mesmo a lembrança da conexão entre lavoura e propriedade comunal. Sem falar dos tempos posteriores, que *farthing* de indenização recebeu o povo do campo alguma vez pelos 3 511 770 acres de terra comunal que entre 1810 e 1831 lhe foram roubados e parlamentarmente presenteados aos *landlords* pelos *landlords*?

¦ 382 O último grande processo de expropriação dos lavradores da base fundiária é, finalmente, a assim chamada *clearing of estates* (clarear propriedades, na verdade limpá-las de seres humanos). ¦ Todos os métodos ingleses até agora observados culminaram no "clarear". Como se viu pela descrição da situação moderna, na parte anterior, trata-se agora, que já não há camponeses independentes para serem varridos, de "clarear" os *cottages*, de modo que os trabalhadores agrícolas já não encontram o espaço necessário para suas moradias nem mesmo sobre o solo que lavram. Mas o que *clearing of estates* significa em sentido próprio vamos aprender apenas na terra prometida da moderna literatura de romance, na alta Escócia. Lá, o procedimento se distingue por seu caráter sistemático, pela grandeza da escala em que é executado com um só golpe (na Irlanda, os senhores fundiários conseguiram varrer várias aldeias ao mesmo tempo; na alta Escócia, trata-se de áreas do tamanho de ducados alemães) – e finalmente pela forma especial da propriedade fundiária usurpada.

Os celtas da alta Escócia constituíam clãs, cada um deles proprietário do solo por ele ocupado. O representante do clã, seu chefe ou "grande homem", era apenas o proprietário titular desse solo, tal como a rainha da Inglaterra é a proprietária titular de todo o solo nacional. Quando o governo inglês conseguiu reprimir as guerras intestinas desses "grandes homens" e suas contínuas incursões nas planícies da baixa Escócia, os chefes de clãs não renunciaram, de modo algum, a seu velho ofício de assaltantes; mudaram apenas a forma. Por conta própria, transformaram seu direito titular de propriedade em direito de propriedade privada e, como encontraram resistência por parte dos membros do clã, resolveram enxotá-los com violência direta.

> "Um rei da Inglaterra poderia, com o mesmo direito, lançar seus súditos ao mar",

diz o Prof. Newman.[213] Essa revolução, que começou na Escócia depois do último levante do pretendente,[I] pode ser seguida em suas primeiras

---

I Os partidários dos Stuart esperavam, com sua revolta de 1745-46, forçar a subida ao trono do chamado jovem pretendente, Carlos Eduardo, como rei da Inglaterra. Ao mesmo tempo, o levante refletia o protesto da massa do povo da Escócia e da Inglaterra contra sua exploração pelos senhores da terra e contra a expulsão em massa dos pequenos lavradores. A derrota da revolta teve por

fases ¦ 383 com Sir James Steuart[214] e James Anderson.[215] ¦ No século XVIII, foi simultaneamente proibida a emigração dos gaélicos expulsos da terra com o fim de impeli-los à força para Glasgow e outras cidades fabris.[216] Como exemplo do método dominante no século XIX,[217] bastam aqui as "clareações" levadas a cabo pela Duquesa de Sutherland. Essa pessoa economicamente instruída decidiu, logo ao assumir o governo, empreender uma cura econômica radical e transformar em pastagem todo o condado, cuja população já havia sido antes reduzida a 15 000 mediante processos semelhantes. De 1814 até 1820, esses 15 000 habitantes, cerca de 3 000 famílias, foram sistematicamente expulsos e exterminados. Todas as suas aldeias foram destruídas e arrasadas pelo fogo, todos os seus campos transformados em pastagem. Soldados britânicos foram encarregados da execução e entraram em choque com os nativos. Uma velha senhora foi queimada nas chamas da cabana que ela se recusava a abandonar. Dessa forma, essa madame apropriou-se de 794 000 acres de terras que, desde tempos imemoriais, pertenciam ao clã. Aos nativos expulsos ela destinou aproximadamente 6 000 acres de terras, 2 acres por família, na orla marítima. Os 6 000 acres tinham até então estado desertos e não haviam proporcionado nenhuma renda aos proprietários. A duquesa foi tão longe com seus nobres sentimentos a ponto de arrendar por 2 xelins e 6 pence, em média, o acre de terra às pessoas do clã que há séculos vinham vertendo seu sangue pela família. Ela dividiu toda a terra roubada ao clã em 29 grandes arrendamentos para a criação de ovelhas, cada um habitado por uma única família, na maioria servos ingleses de arrendatários. No ano de 1825, os 15 000 gaélicos já tinham sido substituídos por 131 000 ovelhas. Aquela parte dos aborígines que foi jogada na orla marítima procurou viver da pesca. Eles se tornaram anfíbios e viviam, como diz um escritor inglês, metade sobre a terra e metade na água, vivendo, com tudo isso, apenas a metade de ambas.[218]

Mas os bravos gaélicos deviam pagar ainda mais caro por sua idolatria romântica montanhesa pelos "grandes homens" do clã. O cheiro de peixe subiu ao nariz dos grandes homens. Farejaram algo lucrativo por trás dele e arrendaram a orla marítima aos grandes comerciantes de peixes de Londres. Os gaélicos foram expulsos pela segunda vez.[219]

Finalmente, porém, uma parte das pastagens para ovelhas foi retransformada em reserva de caça. Sabe-se que na Inglaterra não há florestas propriamente ditas. A caça que circula pelos parques dos grandes é

---

consequência a completa destruição do sistema de clãs na Escócia. A expulsão dos camponeses de suas terras prosseguiu ainda mais intensamente que antes. [N. E. A.]

constitucionalmente gado doméstico, gordo como *aldermen* [vereadores] londrinos. A Escócia é, portanto, o último asilo da "nobre paixão".

> "Nas Terras Altas", diz Somers em 1848, "as florestas foram muito ampliadas. Aqui, de um lado de Gaick vocês têm a nova floresta de Glenfeshie e lá, do outro lado, a nova floresta de Ardverikie. Na mesma linha vocês têm o Bleak-Mount, um imenso deserto, recentemente erguido. De leste a oeste, das vizinhanças de Aberdeen até os penhascos de Oban, vocês têm agora uma linha contínua de florestas, enquanto, em outras partes das Terras Altas, encontram-se as novas florestas de Loch Archaig, Glengarry, Glenmoriston etc. [...] A transformação de sua terra em pastagem de ovelhas [...] impeliu os gaélicos para terras menos férteis. Agora o veado começa a substituir a ovelha e lança aqueles em miséria ainda mais triturante. [...] As florestas de caça[219a] e o povo não podem existir um ao lado do outro. Um ou outro tem de ceder espaço. Deixem as florestas de caça crescerem em número e extensão, no próximo quarto de século, como no passado, e vocês já não encontrarão nenhum gaélico sobre sua terra natal. Esse movimento entre os proprietários das Terras Altas deve-se, em parte, à moda, aos pruridos aristocráticos, à paixão pela caça etc.; em parte, porém, eles exercem o comércio da caça exclusivamente com um olho sobre o lucro. Pois é fato que uma área de terras montanhosas convertida em reserva de caça é em muitos casos incomparavelmente mais lucrativa do que pastagem para ovelhas. [...] O aficionado que procura uma reserva de caça limita sua oferta apenas pelo tamanho de sua bolsa. ¦ 386 ¦ [...] Foram impostos sofrimentos às Terras Altas que não são menos cruéis que aqueles impostos pela política dos reis normandos à Inglaterra. Os veados ganharam espaços mais livres, enquanto os seres humanos foram acossados em um círculo cada vez mais estreito. [...] Uma liberdade atrás da outra foi sendo roubada ao povo. [...] E a opressão ainda cresce diariamente. Clareação e dispersão do povo são seguidas como princípio inabalável pelos proprietários, como uma necessidade agrícola, do mesmo modo que as árvores e os arbustos nas selvas da América e Austrália são varridas, e a operação segue sua marcha tranquila e comercial."[220]

O roubo dos bens da Igreja, a fraudulenta alienação dos domínios do Estado, o furto da propriedade comunal e a transformação usurpadora – executada com terrorismo inescrupuloso – da propriedade feudal e clânica em propriedade privada moderna foram outros tantos métodos idílicos da acumulação primitiva. Eles conquistaram o campo para a agricultura capitalista, incorporaram a base fundiária ao capital e criaram para a indústria urbana a oferta necessária de um proletariado livre como os pássaros.

3. LEGISLAÇÃO SANGUINÁRIA CONTRA OS EXPROPRIADOS DESDE O FINAL DO SÉCULO XV. LEIS PARA O REBAIXAMENTO DOS SALÁRIOS

Expulso pela dissolução dos séquitos feudais e pela intermitente e violenta expropriação da base fundiária, esse proletariado livre como os pássaros não podia ser absorvido pela manufatura nascente com a mesma velocidade com que foi posto no mundo. Por outro lado, os que foram bruscamente arrancados de seu modo costumeiro de vida não conseguiam enquadrar-se de maneira igualmente súbita na disciplina da nova condição. Eles se converteram em massas de pedintes, assaltantes, vagabundos, em parte por predisposição e na maioria dos casos por força das circunstâncias. Daí ter surgido em toda a Europa ocidental, no final do século XV e durante todo o século XVI, uma legislação sanguinária contra a vagabundagem. Os ancestrais da atual classe trabalhadora foram imediatamente punidos pela transformação, que lhes foi imposta, em vagabundos e *paupers*. A legislação os tratava como criminosos "voluntários" e supunha que dependia de sua boa vontade seguir trabalhando nas antigas condições, que já não existiam.

Na Inglaterra, essa legislação começou sob Henrique VII.

Henrique VIII, 1530: Pedintes velhos e incapacitados para o trabalho recebem uma licença para mendigar. Em contraposição, açoitamento e encarceramento para vagabundos de constituição física robusta. Devem ser amarrados atrás de um carro e açoitados até que o sangue corra de seu corpo, em seguida devem prestar juramento de retornarem a sua terra natal ou ao lugar onde moraram nos últimos três anos e "se porem ao trabalho" (*to put himself to labour*). Que cruel ironia! Em 27 Henrique VIII,[I] o estatuto anterior é repetido, mas agravado por novos adendos. Aquele que for apanhado pela segunda vez por vagabundagem deverá ser novamente açoitado e ter a metade da orelha cortada; na terceira reincidência, porém, o réu, como criminoso grave e inimigo da comunidade, deverá ser executado.

Eduardo VI: Um estatuto de seu primeiro ano de governo, 1547, estabelece que, se alguém se recusa a trabalhar, deverá ser condenado a se tornar escravo da pessoa que o denunciou como vadio. ¦ 387 ¦ O senhor deve alimentar seu escravo com pão e água, bebida fraca e refugos de carne, conforme ache conveniente. Tem o direito de forçá-lo a qualquer trabalho, mesmo o mais repugnante, por meio do açoite e de correntes. Se o escravo se ausentar por 14 dias, será condenado à escravidão por toda a vida e deverá ser marcado a ferro na testa ou na face com a letra

---

I Isto é, lei do 27º ano de reinado de Henrique VIII. Nas citações seguintes, os algarismos dados em segundo lugar são os números das leis promulgadas no ano do reinado em questão. [N. E. A.]

s [de *slave*, escravo]; caso fuja pela terceira vez, será executado como traidor do Estado. O dono pode vendê-lo, legá-lo a seus herdeiros ou alugá-lo como escravo, igual a qualquer outro bem móvel ou gado. Se os escravos tentarem alguma coisa contra os senhores, também devem ser executados. Os juízes de paz, quando informados, devem perseguir os marotos. Se se verificar que um vagabundo está vadiando há três dias, ele deve ser levado a sua terra natal, marcado com ferro em brasa no peito com a letra v [de *vagabond*, vagabundo] e lá posto a ferro para trabalhar na rua ou ser utilizado em outros serviços. Se o vagabundo der um falso lugar de nascimento, como castigo deverá se tornar escravo vitalício dessa localidade, de seus habitantes ou da corporação e marcado a ferro com um s. Qualquer pessoa tem o direito de tomar os filhos dos vagabundos e mantê-los como aprendizes, os rapazes até 24 anos e as moças até 20. Se fugirem, eles devem, até essa idade, ser escravos dos mestres, que podem acorrentá-los, açoitá-los etc., conforme quiserem. Todo dono pode colocar um anel de ferro no pescoço, nos braços ou pernas de seu escravo para reconhecê-lo mais facilmente e estar mais seguro dele.[221]
A última parte desse estatuto prevê que certos pobres devem ser empregados pela comunidade ou por indivíduos que lhes deem de comer e de beber e desejem encontrar trabalho para eles. Essa espécie de escravo de paróquia subsistiu por bastante tempo no século XIX, na Inglaterra, sob o nome de *roundsmen* (circulantes).

Elizabeth, 1572: Pedintes sem licença e com mais de 14 anos de idade devem ser duramente açoitados e ter a orelha esquerda marcada a ferro, caso ninguém queira tomá-los a serviço por dois anos; em caso de reincidência, se com mais de 18 anos, devem ser executados, caso ninguém os queira tomar a serviço por dois anos; numa terceira incidência, serão executados sem perdão, como traidores do Estado. Estatutos análogos: 18 Elizabeth, c. 13 e 1597.[221a]

Jaime I: Alguém que perambule e mendigue será declarado um malandro e vagabundo. Os juízes de paz ¦ 388 nas *petty sessions*[I] ¦ estão autorizados a mandar açoitá-lo publicamente; na primeira vez que for apanhado, será encarcerado por 6 meses e, na segunda, por 2 anos. Na prisão, devem ser açoitados tanto e tantas vezes quanto os juízes de paz considerem adequado. [...] Os malandros irrecuperáveis e perigosos devem ser marcados a ferro no ombro esquerdo com um R [de *rogue*, vadio] e condenados a trabalho forçado; se forem apanhados de novo mendigando, devem ser executados sem perdão. Essas prescrições subsistiram legalmente até o começo do século XVIII e foram revogadas somente por 12 Ana c. 23.

I Reuniões dos tribunais de paz na Inglaterra; tratam de pequenos casos em processos simplificados. [N. E. A.]

Leis semelhantes vigoraram na França, onde em meados do século XVII se estabeleceu um reino de vagabundos (*royaume des truands*) em Paris. Ainda nos primeiros anos de reinado de Luís XVI (ordenança de 13 de julho de 1777), qualquer pessoa com boa saúde de 16 a 60 anos, sem meios de subsistência e sem exercer uma profissão, devia ser mandada às galés. Analogamente o estatuto de Carlos V para os Países Baixos, de outubro de 1537, o primeiro édito dos estados e cidades da Holanda, de 19 de março de 1614, e o das Províncias Unidas, de 25 de julho de 1649, etc.

Assim, o povo do campo, tendo sua base fundiária expropriada à força e dela sendo expulso e reduzido à vagabundagem, foi enquadrado por leis grotescas e terroristas numa disciplina necessária ao sistema de trabalho assalariado, por meio do açoite, do ferro em brasa e da tortura.

Não basta que as condições de trabalho apareçam num polo como capital e que no outro polo estejam pessoas que nada têm para vender a não ser sua força de trabalho. Não basta também que sejam forçadas a se venderem voluntariamente. Na evolução da produção capitalista, desenvolve-se uma classe de trabalhadores que, por educação, tradição, costume, reconhece as exigências daquele modo de produção como leis naturais evidentes. A organização do processo capitalista de produção plenamente constituído quebra toda a resistência, a constante produção de uma superpopulação mantém a lei da oferta e da demanda de trabalho, portanto o salário, em trilhos adequados às necessidades de valorização do capital e a muda coação das condições econômicas sela o domínio do capitalista sobre o trabalhador. Ainda se emprega a violência extraeconômica direta, é verdade, mas apenas excepcionalmente. Para o curso usual das coisas, o trabalhador pode ser confiado às "leis naturais da produção", isto é, à sua dependência do capital que se origina das próprias condições de produção e por elas é garantida e perpetuada. Outro era o caso durante a gênese histórica da produção capitalista. A burguesia nascente precisa e emprega a força do Estado para "regular" o salário, isto é, para comprimi-lo dentro dos limites convenientes à extração de mais-valia, a fim de prolongar a jornada de trabalho e manter o próprio trabalhador num grau normal de dependência. Esse é um momento essencial da assim chamada acumulação primitiva.

A classe dos trabalhadores assalariados, que surgiu na última metade do século XIV, constituía então e no século seguinte apenas uma parte mínima da população, que estava fortemente protegida em sua posição pela economia camponesa autônoma no campo e pela organização corporativa da cidade. No campo e na cidade, mestres e trabalhadores estavam socialmente próximos. A subordinação do trabalho ao capital era apenas formal, isto é, o ¦ 390 próprio modo de produção ¦ não possuía ainda caráter especificamente capitalista. O elemento variável do capital predominava fortemente sobre o constante. A demanda de trabalho assalariado crescia, portanto, rapidamente com toda a acumulação do capital, enquanto a oferta de trabalho assalariado seguia apenas lentamente. Grande parte do produto nacional, convertida mais tarde em fundo de acumulação do capital, ainda entrava no fundo de consumo do trabalhador.

A legislação sobre o trabalho assalariado, desde o início cunhada para a exploração do trabalhador e em seu prosseguimento sempre hostil a ele,[222] foi iniciada na Inglaterra pelo *Statute of Labourers* [Estatuto dos Trabalhadores] de Eduardo III, em 1349. A ele corresponde, na França, a Ordenança de 1350 promulgada em nome do Rei João. A legislação inglesa e a francesa seguem paralelas, e quanto ao conteúdo são idênticas. Na medida em que os estatutos dos trabalhadores buscam forçar o prolongamento da jornada de trabalho, não voltarei a eles, pois esse ponto já foi tratado anteriormente (capítulo 8, [parte] 5).

O *Statute of Labourers* foi promulgado em virtude das queixas insistentes da Câmara dos Comuns ¦ 391 ¦.

> "Outrora", diz ingenuamente um *tory*, "os pobres exigiam salários tão altos que ameaçavam a indústria e a riqueza. Agora, seu salário está tão baixo que igualmente ameaça a indústria e a riqueza, mas de modo diferente e talvez mais perigoso que então."[223]

Uma tarifa legal de salários foi estabelecida para a cidade e para o campo, para o trabalho por peça e por dia. Os trabalhadores rurais deviam alugar-se por ano, os da cidade "no mercado aberto". Proibia-se, sob pena de prisão, pagar salários superiores ao estatutário, porém o recebimento destes era punido mais duramente do que seu pagamento. Assim, o Estatuto dos Aprendizes de Elizabeth, nas seções 18 e 19, impunha dez dias de prisão para quem pagasse salário mais alto, em contraposição a 21 dias para quem ¦ 392 o recebesse ¦. Um estatuto de 1360[I] agravou as penas e até mesmo autorizava o patrão a recorrer à coação física para extorquir trabalho pela tarifa legal de salário. Todas as combinações, os acordos, juramentos etc., pelos quais pedreiros e carpinteiros se vinculavam reciprocamente, foram declarados nulos e sem valor. Coalizão de trabalhadores é considerada crime grave, desde o século XIV até 1825, ano da revogação das leis anticoalização. O espírito do Estatuto dos Trabalhadores de 1349, bem como dos que o seguiram, revela-se claramente no fato de que um salário máximo é ditado pelo Estado, mas de forma alguma um mínimo.

I Deve ser 1630, pois Elizabeth I reinou de 1558 a 1603. [N. T.]

No século XVI, como se sabe, piorou muito a situação dos trabalhadores. O salário monetário subiu, mas não em proporção à depreciação do dinheiro e à correspondente elevação dos preços das mercadorias. O salário, portanto, caiu de fato. Contudo, continuavam em vigor as leis destinadas a seu rebaixamento, simultaneamente com os cortes de orelhas e a marcação a ferro daqueles "que ninguém queria tomar a seu serviço". Pelo Estatuto dos Aprendizes 5 Elizabeth c. 3, os juízes de paz ¦393¦ foram autorizados a fixar certos salários e a modificá-los segundo as épocas do ano e os preços das mercadorias. Jaime I estendeu essa regulação do trabalho também a tecelões, fiandeiros e todas as categorias possíveis de trabalhadores;[224] Jorge II estendeu a lei anticoalizão a todas as manufaturas.

No período manufatureiro propriamente dito, o modo de produção capitalista estava suficientemente fortalecido para tornar a regulação legal do salário tão impraticável como supérflua, mas não se quis dispensar as armas do velho arsenal, para o caso de necessidade. 8 Jorge II proibiu para os oficiais de alfaiataria em Londres e circunvizinhanças salários acima de 2 xelins e 7½ pence por dia, salvo em casos de luto generalizado; 13 Jorge III c. 68 transferiu a regulamentação dos salários dos tecelões de seda aos juízes de paz: em 1796 necessitou-se de duas sentenças dos tribunais superiores para decidir se as ordens dos juízes de paz sobre salários teriam validade para os trabalhadores não agrícolas; ainda em 1799, um ato do Parlamento confirmou que o salário dos trabalhadores de minas da Escócia seria regulado por um estatuto de Elizabeth e dois atos escoceses de 1661 e 1671. Entretanto, o quanto a situação tinha mudado se comprovou com um acontecimento inaudito na Câmara Baixa inglesa. Aqui, onde há mais de 400 anos fabricaram-se leis fixando o máximo que o salário não deveria, de forma alguma, ultrapassar, Whitbread propôs em 1796 para o diarista agrícola um salário mínimo legal. Pitt opôs-se, mas admitiu que "a situação dos pobres era cruel". Finalmente, em 1813, as leis sobre a regulação de salários foram abolidas. Eram uma anomalia ridícula, desde que o capitalista passou a regular a fábrica por meio de sua legislação privada, deixando o imposto dos pobres completar o salário do trabalhador rural até o mínimo indispensável. As determinações dos estatutos dos trabalhadores sobre contratos entre patrão e trabalhador assalariado, prazos de demissões e análogos, que permitem por quebras contratuais apenas uma ação civil contra o patrão, mas uma ação criminal contra o trabalhador, permanecem, até o atual momento, em pleno vigor.

As leis cruéis contra as coalizões caíram em 1825, ante a atitude ameaçadora do proletariado. Apesar disso, caíram apenas em parte. Alguns belos resíduos dos velhos estatutos desapareceram somente em 1859.

Finalmente, o ato do Parlamento de 29 de junho de 1871 pretendeu eliminar os últimos vestígios dessa legislação de classe, por meio do reconhecimento legal dos *trades unions*. Mas um ato do Parlamento, da mesma data (*An act to amend the criminal law relating to violence, threats and molestation* [Um ato para emendar a lei penal em relação a violência, ameaças e molestamento]), restabeleceu, de fato, a situação anterior sob nova forma. Por essa escamoteação parlamentar, os meios de que os trabalhadores podem se servir em uma greve ou *lockout* (greve de fabricantes coligados mediante fechamento simultâneo de suas fábricas) foram subtraídos ao direito comum e colocados sob uma legislação penal de exceção, cuja interpretação coube aos próprios fabricantes em sua qualidade de juízes de paz. Dois anos antes, a mesma Câmara dos Comuns e o mesmo Sr. Gladstone ¦ 394 ¦, com sua conhecida honradez, tinham apresentado um projeto de lei para abolir todas as leis penais de exceção contra a classe trabalhadora. Porém, jamais se deixou que ele chegasse a uma segunda leitura, e assim a coisa foi sendo protelada até que finalmente o "grande partido liberal", por meio de uma aliança com os *tories*, ganhou coragem de voltar-se resolutamente contra o mesmo proletariado que o havia levado ao poder. E, não satisfeito com essa traição, o "grande partido liberal" ¦ 395 ¦ permitiu aos juízes ingleses, sempre abanando o rabo a serviço das classes dominantes, que desenterrassem novamente as arcaicas leis sobre "conspirações" e as aplicassem às coalizões de trabalhadores. Vê-se que apenas contra sua vontade e sob pressão das massas o Parlamento inglês renunciou às leis contra greves e *trades unions*, depois de ele mesmo ter assumido por cinco séculos, com vergonhoso egoísmo, a posição de um *trades union* permanente dos capitalistas contra os trabalhadores.

Logo no início da tormenta revolucionária, a burguesia francesa ousou abolir de novo o direito de associação que os trabalhadores tinham acabado de conquistar. Pelo decreto de 14 de junho de 1791 ela declarou toda coalizão de trabalhadores como um "atentado à liberdade e à declaração dos direitos humanos", punível com multa de 500 libras, além de privação, por um ano, dos direitos de cidadão ativo.[225] Essa lei, que comprime a luta de concorrência entre o capital e o trabalho por meio da polícia do Estado nos limites convenientes ao capital, sobreviveu a revoluções e mudanças dinásticas. Mesmo o Governo do Terror[I] deixou-a intocada. Só recentemente foi riscada totalmente do Code Pénal [Código Penal]. Nada é mais característico que o pretexto para esse golpe de Estado burguês. "Se bem que", diz Le Chapelier, o relator, "seja desejável que o salário se eleve acima de seu nível atual, para que aquele que o

I Ditadura dos jacobinos de junho de 1793 até junho de 1794. [N. E. A.]

receba esteja livre dessa dependência absoluta produzida pela privação dos meios de primeira necessidade, a qual é quase a dependência da escravidão", não se deve autorizar, contudo, os trabalhadores a estabelecerem entendimentos sobre seus interesses, agirem em comum e, por meio disso, moderarem sua "dependência absoluta, que é quase escravidão", porque assim ferem "a liberdade de seus *ci-devant maîtres* [ex-mestres], dos atuais empresários" (a liberdade de manter os trabalhadores na escravidão!), e porque uma coalizão contra o despotismo dos ex-mestres das corporações – adivinhe – é uma restauração das corporações abolidas pela constituição francesa![226]

4. GÊNESE DOS ARRENDATÁRIOS CAPITALISTAS

Depois que consideramos a violenta criação do proletariado livre como os pássaros, a disciplina sanguinária que os transforma em trabalhadores assalariados, a sórdida ação do soberano e do Estado, que eleva, com o grau de exploração do trabalho, policialmente a acumulação do capital, pergunta-se de onde se originam os capitalistas. Pois a expropriação do povo do campo cria, diretamente, apenas grandes proprietários fundiários. No que concerne à gênese do arrendatário, podemos, por assim dizer, tocá-la com a mão, porque ela é um processo lento, que se arrasta por muitos séculos. Os próprios servos, ao lado dos quais houve também pequenos proprietários livres, encontravam-se em relações de propriedade bastante diferentes e foram, por isso, emancipados também sob condições econômicas muito diferentes.

Na Inglaterra, a primeira forma de arrendatário é o *bailiff*, ele mesmo um servo. Sua posição é idêntica à do *villicus* da Roma Antiga, apenas em esfera de ação mais estreita. Durante a segunda metade do século XIV, ele é substituído por um arrendatário a quem o *landlord* fornece sementes, gado e instrumentos agrícolas. Sua situação não é muito diferente da do camponês. Apenas explora mais trabalho assalariado. Torna-se logo *métayer* [meeiro], meio arrendatário. Ele aplica uma parte do capital agrícola, o *landlord* a outra. Ambos dividem o produto total em proporção contratualmente determinada. Essa forma ¦ 396 ¦ desaparece rapidamente na Inglaterra, para dar lugar ao arrendatário propriamente dito, o qual valoriza seu próprio capital pelo emprego de trabalhadores assalariados e paga uma parte do mais-produto, em dinheiro ou *in natura*, ao *landlord* como renda da terra.

Enquanto, durante o século XV, o camponês independente e o servo agrícola, que trabalha como assalariado e, ao mesmo tempo, para si mesmo, enriquecem mediante seu trabalho, a situação do arrendatário e seu campo de produção permanecem igualmente medíocres. A revolução agrícola, no último terço do século XV, que prossegue por quase todo o século XVI (com exceção de suas últimas décadas), enriqueceu o arrendatário com a mesma rapidez com que empobreceu o povo do campo.[227] A usurpação das pastagens comunais etc. permitiu-lhe ¦ 397 grande multiplicação de seu gado, quase sem custos, enquanto o gado fornecia-lhe ¦ maior quantidade de adubo para o cultivo do solo.

No século XVI, acresce ainda um momento decisivamente importante. Naquela época, os contratos de arrendamento eram longos, frequentemente por 99 anos. A contínua queda em valor dos metais nobres, portanto do dinheiro, trouxe ao arrendatário frutos de ouro. ¦ 398 Ela reduziu, abstraindo as demais circunstâncias anteriormente mencionadas, o salário. Uma fração do mesmo foi acrescentada ao lucro do arrendatário. ¦ O constante aumento dos preços de cereal, lã, carne, enfim, de todos os produtos agrícolas, inchou o capital monetário do arrendatário sem sua colaboração, enquanto a renda da terra, que ele tinha de pagar, foi contraída em valores monetários ultrapassados.[228] Assim, ele enriquecia, ao mesmo tempo, à custa de seus trabalhadores assalariados e de seu *landlord*. Não é de admirar, portanto, que a Inglaterra, nos fins do século XVI, possuísse uma classe de "arrendatários de capital" bastante ricos para a época.[229]

5. REPERCUSSÃO DA REVOLUÇÃO AGRÍCOLA SOBRE A INDÚSTRIA. CRIAÇÃO DO MERCADO INTERNO PARA O CAPITAL INDUSTRIAL

A intermitente e sempre renovada expropriação e expulsão do povo do campo, como foi visto, forneceu à indústria urbana mais e mais massas de proletários, situados totalmente fora das relações corporativas, uma sábia circunstância que faz o velho A. Anderson (que não deve ser confundido com James Anderson), em sua história do comércio, acreditar numa intervenção direta da Providência. Temos de nos deter ainda um momento nesse elemento da acumulação primitiva. À rarefação do povo independente, economicamente autônomo, do campo correspondeu o adensamento do proletariado industrial, do mesmo modo como, segundo Geoffroy Saint-Hilaire, o adensamento da matéria do universo aqui se explica por sua rarefação ali.[230] Apesar do número reduzido de seus cultivadores, o solo proporcionava, depois como antes, tanta ou mais produção, porque a revolução nas relações de propriedade fundiária foi acompanhada por métodos melhorados de cultura, maior cooperação, concentração dos meios de produção etc. e porque os assalariados agrícolas não apenas foram obrigados a trabalhar mais intensamente,[231] mas também o campo de produção, sobre o qual trabalhavam para si mesmos, ¦ 399 contraía-se mais e mais ¦. Com a liberação de parte do povo do campo, os alimentos que este consumia anteriormente também são liberados. Eles se transformam agora em elemento material do capital variável. O camponês despojado tem de adquirir o valor deles de seu novo senhor, o capitalista industrial, sob a forma de salário. Assim como os meios de subsistência, foram afetadas também as matérias-primas agrícolas nacionais da indústria. Transformaram-se em elemento do capital constante.

Suponha-se, por exemplo, que parte dos camponeses da Vestfália, que no tempo de Frederico II fiavam linho, ainda que não seda, fosse expropriada à força e expulsa da base fundiária, sendo a outra parte restante, porém, transformada em diaristas de grandes arrendatários. Ao mesmo tempo, erguem-se grandes fiações e tecelagens de linho, nas quais os "liberados" trabalham agora por salários. O linho tem exatamente o mesmo aspecto que antes. Nenhuma de suas fibras foi mudada; mas uma nova alma social penetrou-lhe no corpo. Ele constitui agora parte do capital constante dos senhores da manufatura. Antes repartido entre inumeráveis pequenos produtores, que o cultivavam e fiavam em pequenas porções com suas famílias, está agora concentrado nas mãos de um capitalista, que faz outros fiarem e tecerem para ele. O trabalho extra despendido na fiação do linho realizava-se antes como receita extra de inumeráveis famílias camponesas ou, ao tempo de Frederico II, também em impostos *pour le roi de Prusse* [para o rei da Prússia]. Ele realiza-se agora no lucro de alguns poucos capitalistas. Os fusos e teares, antes disseminados pelo interior, estão agora concentrados em algumas grandes casernas de trabalho, tal como os trabalhadores e como a matéria-prima. E os fusos, os teares e a matéria-prima, de meios de existência independente para fiandeiros e tecelões, transformam-se agora em meios de comandá-los[232] e de extrair deles trabalho não pago. Nas grandes manufaturas, bem como nos grandes arrendamentos, não se nota que se originam da reunião de muitos pequenos centros de produção e que são formados pela expropriação de muitos pequenos produtores independentes. Entretanto, a observação imparcial não se deixa enganar. Ao tempo de Mirabeau, o leão da revolução, chamavam as grandes manufaturas ainda de *manufactures réunies*, oficinas reunidas, assim como falamos de campos reunidos.

> "Veem-se apenas", diz Mirabeau, "as grandes manufaturas, onde centenas de pessoas trabalham sob as ordens de um diretor e que costumeiramente são chamadas de manufaturas reunidas (*manufactures réunies*). Aquelas, ao contrário, em que trabalha um número muito grande de trabalhadores disper-

> sos e cada um por conta própria, quase não são consideradas dignas de um olhar. São colocadas bem no fundo. Esse é um erro muito grande, pois só elas constituem um componente realmente importante da riqueza do povo. [...] A fábrica reunida (*fabrique réunie*) enriquecerá maravilhosamente um ou dois empresários, os trabalhadores, porém, são apenas diaristas e em nada participam do bem-estar do empresário. Na fábrica separada (*fabrique séparée*), ao contrário, ninguém se torna rico, mas uma porção de trabalhadores encontra-se ¦ 400 em situação confortável ¦. [...]. O número de trabalhadores laboriosos e econômicos crescerá, pois eles reconhecem num prudente modo de vida, na atividade, um meio de melhorar substancialmente sua situação, em vez de ganhar um pequeno aumento salarial que nunca pode ser objeto importante para o futuro, mas que, no máximo, capacita as pessoas a viverem um pouco melhor ¦ 401 da mão para a boca. As manufaturas individuais separadas, geralmente conjugadas com pequena agricultura, são as livres."[233] ¦

A expropriação e a expulsão de parte do povo do campo liberam, com os trabalhadores, não apenas seus meios de subsistência e seu material de trabalho para o capital industrial, mas criam também o mercado interno.

De fato, os acontecimentos que transformam os pequenos camponeses em trabalhadores assalariados, e seus meios de subsistência e de trabalho em elementos materiais do capital, criam para este último, ao mesmo tempo, seu mercado interno. Antes, a família camponesa produzia e processava os meios de subsistência e as matérias-primas que, depois, em sua maior parte, ela mesma consumia. Essas matérias-primas e esses meios de subsistência tornaram-se agora mercadorias; o grande arrendatário as vende e nas manufaturas encontra ele seu mercado. Fio, pano, tecidos grosseiros de lã, coisas cujas matérias-primas encontravam-se ao alcance de toda família camponesa e que eram fiadas e tecidas por ela para seu autoconsumo – transformam-se agora em artigos de manufatura cujos mercados são constituídos justamente pelos distritos rurais. A numerosa clientela dispersa, até aqui condicionada por uma porção de pequenos produtores trabalhando por conta própria, concentra-se agora num grande mercado abastecido pelo capital industrial.[234] Assim, com a expropriação de camponeses antes economicamente autônomos e sua separação de seus meios de produção, dá-se no mesmo ritmo a destruição da indústria subsidiária rural, o processo de separação entre manufatura e agricultura. E somente a destruição do ofício doméstico rural pode proporcionar ao mercado interno de um país a extensão e a sólida coesão de que o modo de produção capitalista necessita.

Entretanto, o período manufatureiro propriamente dito não leva a nenhuma reestruturação radical. Recordemos que a manufatura só se apodera da produção nacional de forma muito fragmentária e sempre se baseia sobre os ofícios urbanos e sobre a pequena indústria doméstica rural como fundamento amplo. Quando a manufatura destrói uma forma dessa indústria doméstica, em ramos específicos de negócio e em determinados pontos, provoca o surgimento da mesma em outros, porque precisa dela, até certo grau, para o processamento da matéria-prima. Ela produz, portanto, uma nova classe de pequenos rurícolas, os quais exercem o cultivo do solo como atividade subsidiária e o trabalho industrial para a venda dos produtos à manufatura – diretamente ou pelo rodeio do comerciante – como negócio principal. ¦ 402 Essa é uma causa, embora não a principal, de um fenômeno que confunde, inicialmente, o pesquisador da história inglesa. ¦ A partir do último terço do século XV, ele encontra queixas contínuas, somente interrompidas em certos intervalos, sobre a crescente economia capitalista no campo e a destruição progressiva do campesinato. Por outro lado, encontra sempre de novo esse campesinato, embora em número menor e sob uma forma sempre piorada.[235] A causa principal é: a Inglaterra é predominantemente ora cultivadora de cereais, ora criadora de gado, em períodos alternados, variando com estes a extensão da empresa camponesa. Somente a grande indústria fornece, com as máquinas, a base constante da agricultura capitalista, expropria radicalmente a imensa maioria do povo do campo e completa a separação entre a agricultura e a indústria rural doméstica, cujas raízes – fiação e tecelagem – ela arranca.[236] ¦ 403 Portanto, ela foi a primeira a conquistar para o capital industrial ¦ todo o mercado interno.[237]

6. GÊNESE DO CAPITALISTA INDUSTRIAL

A gênese do capitalista industrial[238] não ocorreu da mesma maneira gradativa do arrendatário. Sem dúvida, alguns pequenos mestres corporativos e, mais ainda, pequenos artesãos independentes ou, também, trabalhadores assalariados transformaram-se em pequenos capitalistas e, mediante a exploração paulatinamente mais ampliada do trabalho assalariado e a correspondente acumulação, em capitalistas *sans phrase* [sem disfarce]. No período da infância da produção capitalista, as coisas se passaram, muitas vezes, como na infância do sistema urbano medieval, onde a questão de quem dos servos evadidos deveria ser mestre e quem deveria ser criado foi decidida, em grande parte, pela data mais recente ou mais antiga de sua fuga. Contudo, a marcha de lesma desse método não correspondia, de modo algum, às necessidades comerciais do novo mercado mundial, que fora criado pelas grandes descobertas dos fins do século XV. A Idade Média, porém, legou duas formas diferentes de capital, que amadurecem nas mais diversas formações socioeconômicas e, antes mesmo da era do modo de produção capitalista, contam como capital *quand même* [em geral] – o capital usurário e o capital comercial.

> ¦ 404 "Atualmente, ¦ toda a riqueza da sociedade vai para as mãos do capitalista [...] ele paga ao proprietário da terra a renda, ao trabalhador o salário, ao coletor de imposto e de dízimo seus direitos, guardando grande parte, na realidade a maior parte, que aumenta a cada dia, do produto anual do trabalho para si mesmo. O capitalista pode agora ser considerado o proprietário de toda a riqueza social em primeira mão, apesar de que nenhuma lei tenha lhe concedido o direito a essa propriedade. [...] Essa mudança na propriedade foi efetivada pela cobrança de juros sobre o capital [...] e não é menos notável que os legisladores de toda a Europa quisessem impedir isso mediante leis contra a usura. [...] O poder do capitalista sobre toda a riqueza do país é uma revolução completa no direito de propriedade; e por qual lei ou série de leis ela foi efetivada?"[239]

O autor deveria observar que revoluções não são feitas por meio de leis.

O capital monetário formado pela usura e pelo comércio foi impedido pela constituição feudal no campo e pela constituição corporativa nas cidades de se converter em capital industrial.[240] Essas barreiras caíram com a dissolução dos séquitos feudais, com a expropriação e a expulsão parcial ¦ 405 do povo do campo ¦. A nova manufatura foi instalada nos portos marítimos de exportação ou em pontos no campo, fora do controle do velho sistema urbano e de sua constituição corporativa. Na Inglaterra verificou-se, por isso, amarga luta das *corporate towns* [cidades corporativas] contra esses novos viveiros industriais. ¦ 406 ¦

A descoberta das terras do ouro e da prata, na América, o extermínio, a escravização e o enfurnamento da população nativa nas minas, o começo da conquista e pilhagem das Índias Orientais, a transformação da África em um cercado para a caça comercial das peles negras marcam a aurora da era de produção capitalista. Esses processos idílicos são momentos fundamentais da acumulação primitiva. De imediato segue-se a guerra comercial das nações europeias, tendo o mundo por palco. Ela é aberta pela sublevação dos Países Baixos contra a Espanha, assume proporção gigantesca na guerra antijacobina da Inglaterra e prossegue ainda nas Guerras do Ópio contra a China etc.

Os diferentes momentos da acumulação primitiva repartem-se, então, mais ou menos em ordem cronológica, a saber, por Espanha, Portugal, Holanda, França e Inglaterra. Na Inglaterra, em fins do século XVII, são resumidos sistematicamente no sistema colonial, no sistema da dívida pública, no moderno sistema tributário e no sistema protecionista. Esses métodos baseiam-se, em parte, na mais brutal violência, por exemplo o sistema colonial. Todos, porém, utilizaram o poder do Estado, a violência concentrada e organizada da sociedade, para ativar artificialmente o processo de transformação do modo feudal de produção em capitalista e para abreviar a transição. A violência é a parteira de toda velha sociedade que está prenhe de uma nova. Ela mesma é uma potência econômica.

Sobre o sistema colonial cristão, um homem que faz da cristandade uma especialidade, W. Howitt, diz:

> As barbaridades e as atrozes crueldades das assim chamadas raças cristãs, em todas as regiões do mundo e contra todo povo que puderam subjugar, não encontram paralelo em nenhuma era da história universal, em nenhuma raça, por mais selvagem e ignorante, por mais despida de piedade e de vergonha que fosse.[241]

A história da economia colonial holandesa – e a Holanda era a nação capitalista modelar do século XVII – "desenrola um insuperável quadro de traição, suborno, massacre e baixeza".[242] Nada é mais característico que seu sistema de roubo de pessoas em Celebes, a fim de obter escravos para Java. Os ladrões de pessoas eram adestrados para esse fim. O ladrão, o intérprete e o vendedor eram os agentes principais nesse comércio; os príncipes nativos os principais vendedores. Os jovens sequestrados eram escondidos nas prisões secretas de Celebes até que estivessem maduros para o envio aos navios de escravos. Um relatório oficial diz:

> Esta cidade de Macassar, por exemplo, está cheia de prisões secretas, uma mais horrenda que a outra, entulhadas de miseráveis, vítimas da avidez e da tirania, presos a correntes, arrancados violentamente de suas famílias.

Para se apoderar de Malaca, os holandeses subornaram o governador português. Em 1641, ele os deixou entrar na cidade. Dirigiram-se imediatamente a sua casa e o assassinaram, a fim de se "absterem" do pagamento da soma do suborno de 21875 libras esterlinas. Onde punham o pé, seguiam devastação e despovoamento. Banyuwangi, uma província de Java, contava em 1750 com mais de 80000 habitantes, em 1811 com apenas 8000. Esse é o *doux commerce* [doce comércio]!

A Companhia Inglesa das Índias Orientais obteve, como se sabe, além do poder político nas Índias Orientais, o monopólio exclusivo do comércio de chá, assim como do comércio chinês em geral e do transporte de mercadorias para a Europa. Mas a navegação costeira da Índia e entre as ilhas, bem como o comércio no interior da Índia, tornaram-se monopólio dos altos funcionários da Companhia. Os monopólios de sal, ópio, betel e outras mercadorias eram minas inesgotáveis de riquezas. Os próprios funcionários fixavam os preços e esfolavam a seu bel-prazer o infeliz indiano. O governador-geral tomava parte nesse comércio privado. Seus favoritos obtinham contratos sob condições em que, mais espertos que os alquimistas, do nada faziam ouro. Grandes fortunas brotavam num dia, como cogumelos: a acumulação primitiva realizava-se sem adiantamento de um xelim sequer. O processo judicial de Warren Hastings está repleto de tais exemplos. Aqui um caso. Um contrato de ópio é atribuído a um certo Sullivan, no momento de sua partida – em função oficial – para uma parte da Índia totalmente afastada dos distritos de ópio. Sullivan vende seu contrato por 40 000 libras esterlinas a um certo Binn. Este vende-o, no mesmo dia, por 60 000 libras esterlinas, e o comprador e executor definitivo do contrato declara que, posteriormente, ainda conseguiu um lucro enorme. Segundo uma lista apresentada ao Parlamento, a Companhia e seus funcionários, de 1757 a 1766, deixaram-se presentear pelos indianos com 6 milhões de libras esterlinas! Entre 1769 e 1770, os ingleses fabricaram uma epidemia de fome por meio da compra de todo arroz e pela recusa de revendê-lo, a não ser por preços fabulosos.[243]

O tratamento dos nativos era naturalmente o mais terrível nas plantações destinadas apenas à exportação, como nas Índias Ocidentais, e nos países ricos e densamente povoados, entregues às matanças e à pilhagem, como o México e as Índias Orientais. No entanto, mesmo nas colônias propriamente ditas, não se desmentia o caráter cristão da acumulação primitiva. Aqueles protestantes austeros e virtuosos, os puritanos da Nova Inglaterra, estabeleceram, em 1703, por resolução de sua *assembly* [assembleia], um prêmio de 40 libras esterlinas para cada escalpo indígena e para cada pele-vermelha aprisionado; em 1720, um prêmio de 100 libras esterlinas para cada escalpo; em 1744, depois de Massachusetts-Bay ter declarado certa tribo como rebelde, os seguintes preços: para o escalpo masculino, de 12 anos para cima, 100 libras esterlinas da nova emissão; para prisioneiros masculinos, 105 libras esterlinas; para mulheres e crianças aprisionadas, 50 libras esterlinas; para escalpos de mulheres e crianças, 50 libras esterlinas! Alguns decênios mais tarde, o sistema colonial vingou-se nos descendentes rebeldes dos piedosos *pilgrim fathers* [patriarcas peregrinos]. Com incentivo e pagamento inglês, eles foram *tomahawked* [mortos a machado por índios]. O Parlamento britânico declarou cães de caça e escalpelamento como sendo "meios que Deus e a Natureza colocaram em suas mãos".

O sistema colonial fez amadurecer como plantas de estufa o comércio e a navegação. As "sociedades *monopolia*" (Lutero) foram alavancas poderosas da concentração de capital. Às manufaturas em expansão, as colônias asseguravam mercado de escoamento e uma acumulação potenciada por meio do monopólio de mercado. O tesouro apresado fora da Europa diretamente por pilhagem, escravização e assassinato refluía à metrópole e transformava-se em capital. A Holanda, que primeiro desenvolveu plenamente o sistema colonial, atingira já em 1648 o apogeu de sua grandeza comercial. Estava

> na posse quase exclusiva do comércio das Índias Orientais e do tráfego entre o sudoeste e o nordeste europeu. Sua pesca, a marinha e as manufaturas sobrepujavam as de qualquer outro país. Os capitais da República eram talvez mais importantes que os do resto da Europa em conjunto.[1]

Gülich esquece de acrescentar: o povo holandês era já em 1648 mais sobrecarregado de trabalho, mais empobrecido e mais brutalmente oprimido que os povos do resto da Europa em conjunto.

Hoje em dia, a supremacia industrial traz consigo a supremacia comercial. No período manufatureiro propriamente dito, ao contrário, é a supremacia comercial que dá o predomínio industrial. Daí o papel preponderante que o sistema colonial desempenhava então. Era o "deus estranho" que se colocava sobre o altar ao lado dos velhos ídolos da Europa e que, um belo dia, com um empurrão e um chute, jogou-os todos por terra. Proclamou a extração de mais-valia como objetivo último e único da humanidade.

O sistema de crédito público, isto é, das dívidas públicas, cujas origens encontramos em Gênova e Veneza já na Idade Média, apoderou-se de toda a Europa durante o período manufatureiro. O sistema colonial, com seu comércio marítimo e suas guerras comerciais, serviu-lhe de estufa. Assim, ele se consolidou primeiramente na Holanda. A dívida pública, isto é, a alienação do Estado – seja este despótico, constitucional ou republicano – imprime sua marca sobre a era capitalista. A única parte da assim chamada riqueza nacional que realmente entra na posse coletiva dos povos modernos é... sua dívida pública.[243a] Daí ser totalmente consequente a doutrina moderna de que um povo torna-se tanto mais rico quanto mais se endivida. O crédito público torna-se o credo do capital. E, com o surgimento do endividamento do Estado, o lugar do pecado contra o Espírito Santo, para o qual não há perdão, é ocupado pela falta de fé na dívida pública. ¦ 407 ¦

A dívida pública torna-se uma das mais enérgicas alavancas da acumulação primitiva. Tal como o toque de uma varinha mágica, ela dota o dinheiro improdutivo de força criadora e o transforma, desse modo, em

---

1 Gustav von Gülich, *Geschichtliche Darstellung des Handels, der Gewerbe und des Ackerbaus der bedeutendsten handeltreibenden Staaten unsrer Zeit*, v. 1. Jena, 1830, p. 371. [N. E. A.]

capital, sem que tenha necessidade para tanto de se expor ao esforço e perigo inseparáveis da aplicação industrial e mesmo usurária. Os credores do Estado, na realidade, não dão nada, pois a soma emprestada é convertida em títulos da dívida, facilmente transferíveis, que continuam a funcionar em suas mãos como se fossem a mesma quantidade de dinheiro sonante. Porém, abstraindo a classe de rentistas ociosos assim criada e a riqueza improvisada dos financistas que atuam como intermediários entre o governo e a nação – como também os arrendatários de impostos, comerciantes e fabricantes privados, aos quais uma boa parcela de cada empréstimo do Estado rende o serviço de um capital caído do céu –, a dívida pública fez prosperar as sociedades por ações, o comércio com títulos negociáveis de toda espécie, a agiotagem, em uma palavra: o jogo da Bolsa e a moderna bancocracia.

Desde seu nascimento, os grandes bancos, decorados com títulos nacionais, eram apenas sociedades de especuladores privados que se colocavam ao lado dos governos e, graças aos privilégios recebidos, estavam em condições de adiantar-lhes dinheiro. Por isso, a acumulação da dívida pública não tem medidor mais infalível que a alta sucessiva das ações desses bancos, cujo completo desenvolvimento data da fundação do Banco da Inglaterra (1694). O Banco da Inglaterra começou emprestando seu dinheiro ao governo a 8%; ao mesmo tempo, foi autorizado pelo Parlamento a cunhar dinheiro do mesmo capital, emprestando-o ao público outra vez sob a forma de cédulas bancárias. Com essas notas, ele podia descontar letras, conceber empréstimos sobre mercadorias e comprar metais nobres. Não demorou muito para que esse dinheiro de crédito, por ele mesmo fabricado, se tornasse a moeda com a qual o Banco da Inglaterra fazia empréstimos ao Estado e, por conta do Estado, pagava os juros da dívida pública. Não bastava que ele desse com uma mão para retomar mais com a outra: ele, enquanto recebia, continuava eterno credor da nação até o último tostão adiantado. Progressivamente, tornou-se o receptáculo inevitável dos tesouros metálicos do país e o centro de gravitação de todo o crédito comercial. Ao mesmo tempo que na Inglaterra se parou de queimar feiticeiras, começou-se a enforcar falsificadores de cédulas bancárias. O efeito causado sobre os contemporâneos pelo repentino aparecimento dessa ninhada de bancocratas, financistas, *rentiers*, corretores *stockjobbers* [corretores não autorizados] e leões da Bolsa demonstram os escritos daquela época, por exemplo os de Bolingbroke.[243b]

Com as dívidas públicas, surgiu um sistema internacional de crédito que frequentemente oculta uma das fontes da acumulação primitiva neste ou naquele povo. Assim, as vilezas do sistema veneziano de rapina constituem uma das tais bases ocultas da riqueza de capital da Holanda, à qual a decadente Veneza emprestou grandes somas em dinheiro. O mesmo se passou entre a Holanda e a Inglaterra. Já no início do século XVIII, as manufaturas da Holanda estavam bastante ultrapassadas e ela havia cessado de ser a nação dominante do comércio e da indústria. Um de seus principais negócios de 1701 a 1776 torna-se, por isso, emprestar enormes capitais, especialmente a sua poderosa concorrente, a Inglaterra. Uma relação análoga existe hoje entre a Inglaterra e os Estados Unidos. Muito capital que aparece hoje nos Estados Unidos sem certidão de nascimento é sangue infantil ainda ontem capitalizado na Inglaterra.

Como a dívida pública se respalda nas receitas do Estado, que precisam cobrir os juros e demais pagamentos anuais, o moderno sistema tributário tornou-se um complemento necessário do sistema de empréstimos nacionais. Os empréstimos capacitam o governo a enfrentar despesas extraordinárias sem que o contribuinte o sinta imediatamente, mas exigem, ainda assim, como consequência, elevação de impostos. Por outro lado, o aumento de impostos causado pela acumulação de dívidas contraídas sucessivamente força o governo a tomar sempre novos empréstimos para fazer face a novos gastos extraordinários. O regime fiscal moderno, cujo eixo é constituído pelos impostos sobre os meios de subsistência mais necessários (portanto, encarecendo-os), traz em si mesmo o germe da progressão automática. A supertributação não é um incidente, porém muito mais um princípio. Na Holanda, onde esse sistema foi primeiramente inaugurado, o grande patriota [Johan] de Witt o celebrou por isso, em suas máximas, como o melhor sistema para manter o trabalhador assalariado submisso, frugal, diligente e... sobrecarregado de trabalho. A influência destruidora que exerce sobre a situação dos trabalhadores assalariados interessa-nos aqui, entretanto, menos que a violenta expropriação do camponês, do artesão, enfim, de todos os componentes da pequena classe média que ele condiciona. Sobre isso não há opiniões divergentes, nem mesmo entre os economistas burgueses. Sua eficácia expropriante é fortalecida ainda pelo sistema protecionista, que constitui uma de suas partes integrantes.

A grande participação da dívida pública e de seu correspondente sistema fiscal na capitalização da riqueza e na expropriação das massas levou muitos escritores, como Cobbett, Doubleday e outros, a buscar erroneamente aqui a causa básica da miséria dos povos modernos.

O sistema protecionista foi um meio artificial de fabricar fabricantes, de expropriar trabalhadores independentes, de capitalizar os meios nacionais de produção e de subsistência, de encurtar violentamente a transição do antigo modo de produção para o moderno. Os Estados europeus disputaram furiosamente entre si a patente desse invento e, uma vez colocados a serviço dos extratores de mais-valia, não se limitavam para esse fim a pilhar seu próprio povo, indiretamente, por meio de tarifas protecionistas e, diretamente, por meio de prêmios de exportação etc. Nos países secundários dependentes, toda a indústria foi violentamente extirpada pela Inglaterra, como, por exemplo, a manufatura de lã irlandesa. No continente europeu, segundo o modelo de Colbert, o processo foi ainda mais simplificado. ¦408 O capital original do industrial flui aqui, em parte, diretamente do tesouro do Estado.¦

"Por que", exclama Mirabeau, "ir tão longe buscar a causa do esplendor da manufatura da Saxônia antes da Guerra dos Sete Anos? 180 milhões de dívidas públicas!"[244]

Sistema colonial, dívidas públicas, peso dos impostos, proteção, guerras comerciais etc., esses rebentos do período manufatureiro propriamente dito se agigantam durante a infância da grande indústria. O nascimento desta última é celebrado pelo grande rapto herodiano de crianças. Como a frota real, as fábricas recrutam por intermédio da imprensa. Por mais *blasé* [esnobe] que Sir F. M. Eden seja diante dos horrores da expropriação do povo do campo de sua base fundiária, desde o último terço do século XV até sua época, o fim do século XVIII, por mais que vaidosamente se congratule por esse processo ser "necessário" para "estabelecer" a agricultura capitalista e "a verdadeira proporção entre terra para lavoura e para pastagem", ele não revela, entretanto, a mesma compreensão econômica da necessidade do roubo de crianças e de sua escravização para a transformação da empresa manufatureira em empresa fabril e o estabelecimento da verdadeira relação entre capital e força de trabalho. Ele diz:

"Talvez valha a pena o público avaliar se uma manufatura, para ser eficaz, tem de saquear *cottages* e *workhouses* de crianças pobres, para que sejam esfalfadas em turmas que se revezam e tenham seu descanso roubado pela maior parte da noite; uma manufatura que, além disso, amontoa gente de ambos os sexos, de diferentes idades e inclinações, de tal forma que a contaminação do exemplo deve levar à depravação e à libertinagem – tal manufatura pode aumentar a soma da felicidade nacional e individual?".[245] "Em Derbyshire, Nottinghamshire e especialmente em Lancashire", diz Fielden, "a maquinaria recentemente inventada foi empregada em grandes fábricas, próximas a correntezas capazes de girar a roda-d'água. Subitamente, milhares de braços tornaram-se necessários nesses lugares, longe das cidades; e Lancashire, a saber, até então comparativamente pouco povoado e infértil, necessitava agora, sobretudo, de uma população. Os dedos pequenos e ágeis eram os mais requisitados. Logo surgiu o costume de procurar aprendizes (!) nas diferentes *workhouses* paroquiais de Londres, Birmingham e de onde quer que fosse.

Muitos, muitos milhares dessas pequenas criaturas desamparadas, de 7 até 13 ou 14 anos, foram assim expedidos para o norte. Era costume do mestre" (isto é, do ladrão de crianças) "vestir, alimentar e alojar seus aprendizes numa casa de aprendizes, próximo à fábrica. Supervisores foram designados para vigiar-lhes o trabalho. Era de interesse desses feitores de escravos fazer as crianças trabalharem ao extremo, pois sua remuneração era proporcional ao *quantum* de produto que podia ser extraído da criança. Crueldade foi a consequência natural. [...] Em muitos distritos fabris, especialmente em Lancashire, foram aplicadas torturas de dilacerar o coração contra essas criaturas inofensivas e sem amigos que foram consignadas aos senhores de fábricas. Elas foram exauridas até a morte por excesso de trabalho [...] elas foram açoitadas, acorrentadas e torturadas com o maior refinamento de crueldade: elas foram mantidas, em muitos casos, esfomeadas até só lhes restarem pele e ossos, enquanto o chicote as mantinha no trabalho. Sim, em alguns casos, elas foram impelidas ao suicídio! [...] Os belos e românticos vales de Derbyshire, Nottinghamshire e Lancashire, ocultos para o olho público, converteram-se em pavorosos ermos de tortura e... frequentemente de assassinato! [...] Os lucros dos fabricantes eram enormes. Isso apenas lhes aguçava a voracidade de lobisomem. Eles iniciaram a prática do trabalho noturno, isto é, após terem esgotado um grupo de mãos pelo trabalho diurno, mantinham outro grupo já preparado para o trabalho noturno; o grupo diurno ia para as camas que o grupo noturno acabara de deixar e vice-versa. É tradição popular em Lancashire que as camas jamais esfriem."[246]

Com o desenvolvimento da produção capitalista durante o período manufatureiro, a opinião pública da Europa perdeu o que lhe restava de sentimento de vergonha e consciência. As nações se jactavam cinicamente de cada infâmia que fosse um meio para acumular capital. Basta ler, por exemplo, os ingênuos anais do comércio do probo A. Anderson. Aí se trombeteia como triunfo da sabedoria política inglesa que a Inglaterra, na paz de Utrecht, pelo tratado de Asiento,[I] tenha extorquido dos espanhóis o privilégio de explorar também entre a África e a América espanhola o tráfico de negros, o qual até então explorava apenas entre a África e as Índias Ocidentais inglesas. A Inglaterra obteve o direito de fornecer à América espanhola, até 1743, 4800 negros por ano. Isso proporcionava, ao mesmo tempo, um manto oficial para o contrabando britânico. Liverpool teve grande crescimento com base no comércio de escravos. Ele constitui seu método de acumulação primitiva. E até hoje

---

I Denominação dos acordos pelos quais a Espanha concedia a Estados estrangeiros e pessoas privadas o direito de fornecer escravos negros africanos para suas colônias americanas, do século XVI até o século XVIII. [N. E. A.]

a "honorabilidade" liverpoolense continua sendo o Píndaro do comércio de escravos, o qual – ver o escrito citado do Dr. Aikin, de 1795 – "eleva o espírito empresarial até a paixão, forma famosos marinheiros e traz enormes somas em dinheiro". Liverpool ocupava, em 1730, 15 navios no comércio de escravos; em 1751: 53; em 1760: 74; em 1770: 96; e em 1792: 132.

Ao mesmo tempo que introduzia a escravidão infantil na Inglaterra, a indústria do algodão dava o impulso para transformar a economia escravista dos Estados Unidos, que antes era mais ou menos patriarcal, num sistema de exploração comercial. De maneira geral, a escravidão encoberta dos trabalhadores assalariados na Europa precisava, como pedestal da escravidão *sans phrase*, do Novo Mundo.[247]

Tantae molis erat [Tanto esforço fazia-se necessário][I] para desatar as "eternas leis naturais" do modo de produção capitalista, para completar o processo de separação entre trabalhadores e condições de trabalho, para converter, em um dos polos, os meios sociais de produção e subsistência em capital e, no polo oposto, a massa do povo em trabalhadores assalariados, em "pobres laboriosos" livres, essa obra de arte da história moderna.[248] Se o dinheiro, segundo Augier, "vem ao mundo com manchas naturais de sangue sobre uma de suas faces",[249] então o capital nasce escorrendo sangue e sujeira por todos os poros, da cabeça aos pés.[250]

7. TENDÊNCIA HISTÓRICA DA ACUMULAÇÃO CAPITALISTA

A que conduz a acumulação primitiva do capital, isto é, sua gênese histórica? Na medida em que ela não é a transformação direta de escravos e servos em trabalhadores assalariados, portanto mera mudança de forma, significa apenas a expropriação dos produtores diretos, isto é, dissolução da propriedade privada baseada no trabalho próprio.

Propriedade privada, como antítese da propriedade social, coletiva, existe apenas onde os meios de trabalho e suas condições externas pertencem a pessoas privadas. Porém, conforme essas pessoas privadas sejam trabalhadores ou não-trabalhadores, a propriedade privada assume também caráter diferente. Os infindáveis matizes que a propriedade privada exibe à primeira vista refletem apenas as situações intermediárias existentes entre esses dois extremos.

A propriedade privada do trabalhador sobre seus meios de produção é a base da pequena empresa, a pequena empresa é uma condição

---

I Marx utiliza aqui uma expressão de Virgílio na *Eneida*, Livro I, verso 33. Lê-se aí: *Tantae molis erat Romanam condere gentem* (Tanto esforço fazia-se necessário para fundamentar a estirpe romana). [N. E. A.]

necessária para o desenvolvimento da produção social e da livre individualidade do próprio trabalhador. Na verdade, esse modo de produção existe também durante a escravidão, a servidão e outras relações de dependência. Mas ela só floresce, só libera toda a sua energia, só conquista a forma clássica adequada onde o trabalhador é livre proprietário privado das condições de trabalho manipuladas por ele mesmo, o camponês da terra que cultiva, o artesão dos instrumentos que maneja como um virtuose.

¦ 409 Esse modo de produção pressupõe o parcelamento do solo e dos demais meios de produção. Exclui a concentração destes últimos, assim como exclui a cooperação, a divisão do trabalho dentro dos mesmos processos de produção, a dominação social e a regulação da Natureza, o livre desenvolvimento das forças sociais produtivas. ¦ Ele só é compatível com estreitas barreiras naturalmente desenvolvidas da produção e da sociedade. Pretender eternizá-lo significaria, como diz Pecqueur com razão, "decretar a mediocridade geral".[I] Em certo nível de desenvolvimento, produz os meios materiais de sua própria destruição. A partir desse momento, agitam-se forças e paixões no seio da sociedade que se sentem manietadas por ele. Tem de ser destruído e é destruído. Sua destruição, a transformação dos meios de produção individuais e parcelados em socialmente concentrados, portanto da propriedade minúscula de muitos em propriedade gigantesca de poucos, portanto a expropriação da grande massa da população de sua base fundiária, de seus meios de subsistência e instrumentos de trabalho, essa terrível e difícil expropriação da massa do povo constitui a pré-história do capital. Ela compreende uma série de métodos violentos, dos quais passamos em revista apenas aqueles que fizeram época como métodos de acumulação primitiva do capital. A expropriação dos produtores diretos é realizada com o mais implacável vandalismo e sob o impulso das paixões mais sujas, mais infames e mais mesquinhamente odiosas. A propriedade privada obtida com trabalho próprio, baseada, por assim dizer, na fusão do trabalhador individual isolado e independente com suas condições de trabalho, é deslocada pela propriedade privada capitalista, a qual se baseia na exploração do trabalho alheio, mas formalmente livre.[251]

Tão logo esse processo de transformação tenha decomposto suficientemente a antiga sociedade, em profundidade e extensão, tão logo os trabalhadores tenham sido convertidos em proletários e suas condições de trabalho em capital, tão logo o modo de produção capitalista se sustente sobre seus próprios pés, a socialização ulterior do trabalho

---

I Constantin Pecqueur, *Théorie nouvelle d'économie sociale et politique*. Paris, 1842, p. 435. [N. E. A.]

e a transformação ulterior da terra e de outros meios de produção em meios de produção socialmente explorados, portanto coletivos, e a consequente expropriação ulterior dos proprietários privados ganham nova forma. O que agora se expropria já não é o trabalhador economicamente autônomo, mas o capitalista que explora muitos trabalhadores.

Essa expropriação se faz por meio do jogo das leis imanentes da própria produção capitalista, por meio da centralização dos capitais. Cada capitalista mata muitos outros. Paralelamente a essa centralização ou à expropriação de muitos capitalistas por poucos, desenvolve-se a forma cooperativa do processo de trabalho em escala sempre crescente, a aplicação técnica consciente da ciência, a exploração planejada da terra, a transformação dos meios de trabalho em meios de trabalho utilizáveis apenas coletivamente, a economia de todos os meios de produção mediante uso como meios de produção de um trabalho social combinado, o entrelaçamento de todos os povos na rede do mercado mundial e, com isso, o caráter internacional do regime capitalista. Com a diminuição constante do número dos magnatas do capital, os quais usurpam e monopolizam todas as vantagens desse processo de transformação, aumenta a extensão da miséria, da opressão, da servidão, da degeneração, da exploração, mas também a revolta da classe trabalhadora, sempre numerosa, educada, unida e organizada pelo próprio mecanismo do processo de produção capitalista. O monopólio do capital torna-se um entrave para o modo de produção que floresceu com ele e sob ele. A centralização dos meios de produção e a socialização do trabalho atingem um ponto em que se tornam incompatíveis com seu invólucro capitalista. Ele é arrebentado. Soa a hora final da propriedade privada capitalista. Os expropriadores são expropriados.

O modo de apropriação capitalista surgido do modo de produção capitalista, ou seja, a propriedade privada capitalista, é a primeira negação da propriedade privada individual baseada no trabalho próprio. Mas a produção capitalista cria, com a inexorabilidade de um processo natural, sua própria negação. É a negação da negação. Esta não restabelece a propriedade privada, mas a propriedade individual baseada nas conquistas da era capitalista: a cooperação e a propriedade comum da terra e dos meios de produção produzidos pelo próprio trabalho.

A transformação da propriedade privada parcelada, baseada no trabalho próprio dos indivíduos, em propriedade capitalista é, naturalmente, um processo incomparavelmente mais longo, duro e difícil do que a transformação da propriedade capitalista, de fato já fundada numa organização social da produção, em propriedade social. Lá se tratou da expropriação da massa do povo por poucos usurpadores, aqui se trata da expropriação de poucos usurpadores pela massa do povo.[252]

CAPÍTULO 25

A TEORIA MODERNA DA COLONIZAÇÃO[253]

A Economia Política confunde, por princípio, duas espécies muito diferentes de propriedade privada, das quais uma se baseia no trabalho próprio do produtor e a outra na exploração do trabalho alheio. Ela esquece que a última não apenas forma a antítese direta da primeira, mas também cresce somente sobre seu túmulo.

Na Europa ocidental, a terra natal da Economia Política, o processo da acumulação primitiva está mais ou menos completado. O regime capitalista aqui ou submeteu diretamente toda a produção nacional ou, onde as condições estão menos desenvolvidas, controla pelo menos indiretamente aquelas camadas sociais decadentes que pertencem ao modo de produção arcaico que continua existindo a seu lado. Sobre esse mundo já pronto do capital, o economista político aplica com zelo tanto mais ansioso e com unção tanto maior as concepções de direito e propriedade do mundo pré-capitalista quanto mais claramente os fatos negam sua ideologia.

As coisas são bem outras nas colônias. O regime capitalista choca-se lá por toda parte contra a barreira do produtor, que como possuidor de suas condições de trabalho enriquece a si mesmo por seu trabalho, em vez de enriquecer ao capitalista. A contradição desses dois sistemas econômicos diametralmente opostos afirma-se aqui praticamente na luta entre eles. Ali onde o capitalista tem atrás de si o poder da metrópole, ele procura eliminar pela força o modo de produção e apropriação baseado no trabalho próprio. ¦ 410 O mesmo interesse que, na metrópole, faz o sicofanta do capital, o economista político, tratar teoricamente o modo de produção capitalista como se fosse seu oposto, esse mesmo interesse impulsiona-o aqui *to make a clean breast of it* [a confessar a verdade] e a proclamar bem alto a antítese entre os dois modos de produção. ¦ Para esse fim, ele demonstra que o desenvolvimento da força produtiva social do trabalho, a cooperação, a divisão do trabalho, a aplicação da maquinaria em larga escala etc. são impossíveis sem a expropriação dos trabalhadores e a correspondente transformação de seus meios de produção em capital. No interesse da assim chamada riqueza nacional, ele procura artifícios para produzir a pobreza do povo. Sua couraça apologética se estilhaça aqui, pedaço por pedaço, como madeira podre.

O grande mérito de E. G. Wakefield não é ter descoberto algo novo sobre as colônias,[254] mas ter descoberto nas colônias a verdade sobre as condições capitalistas da metrópole. Como o sistema protecionista ambicionava, em suas origens,[255] a fabricação de capitalistas na metrópole, assim a teoria da colonização de Wakefield, que a Inglaterra durante certo tempo procurou pôr em prática legalmente, ambiciona a fabricação de trabalhadores assalariados nas colônias, o que ele denomina *systematic colonization* (colonização sistemática).

De início, Wakefield descobriu nas colônias que a propriedade de dinheiro, meios de subsistência, máquinas e outros meios de produção ainda não faz de uma pessoa um capitalista se falta o complemento, o trabalhador assalariado, a outra pessoa, que é obrigada a vender a si mesma voluntariamente. Ele descobriu que o capital não é uma coisa, mas uma relação social entre pessoas intermediada por coisas.[256] O Sr. Peel, lamenta-se ele, levou meios de subsistência e meios de produção, num total de 50 000 libras esterlinas, da Inglaterra para o Swan River, na Nova Holanda [Austrália]. O Sr. Peel foi tão precavido, que levou também 3 000 pessoas da classe trabalhadora, homens, mulheres e crianças. Uma vez alcançado o lugar de destino, "o Sr. Peel ficou sem nenhum criado para fazer sua cama ou para buscar-lhe água do rio".[257] Infeliz Sr. Peel, que previu tudo, menos a exportação das relações inglesas de produção para o Swan River!

Para o entendimento dos descobrimentos seguintes de Wakefield, duas observações preliminares. Sabe-se: meios de produção e de subsistência, como propriedades do produtor direto, não são capital. Eles tornam-se capital apenas sob condições em que servem ao mesmo tempo como meios de exploração e de dominação do trabalhador. Essa sua alma capitalista, porém, está na cabeça do economista político tão intimamente unida com sua substância material, que ele os batiza de capital, sob todas as circunstâncias, mesmo onde eles são precisamente o contrário. Assim acontece com Wakefield. Além disso: à fragmentação dos meios de produção como propriedade individual de muitos trabalhadores economicamente autônomos e independentes uns dos outros ele denomina repartição igual do capital. Acontece ao economista político o mesmo que ao jurista feudal. Este último colava também sobre as relações puramente monetárias suas etiquetas jurídicas feudais.

> "Se", diz Wakefield, "o capital fosse repartido em porções iguais entre todos os membros da sociedade, nenhuma pessoa teria interesse em acumular mais capital do que pudesse empregar com as próprias mãos. Esse é, em certo grau, o caso nas novas colônias americanas, em que a paixão pela propriedade fundiária impede a existência de uma classe de trabalhadores assalariados."[258]

Enquanto o trabalhador, portanto, pode acumular para si mesmo – e isso ele pode enquanto for proprietário de seus meios de produção –, a acumulação capitalista e o modo capitalista de produção são impossíveis. A classe dos trabalhadores assalariados, imprescindíveis para tanto, falta. Como então, na velha Europa, se produziu a expropriação do trabalhador de suas condições de trabalho, portanto capital e trabalho assalariado? Por meio de um *contrat social* de tipo totalmente original.

> "A humanidade adotou um método simples para promover a acumulação do capital", a qual naturalmente, desde os tempos de Adão, lhe aparecia como o último e único fim de sua existência; "ela se dividiu em proprietários de capital e proprietários de trabalho [...] essa divisão foi o resultado de entendimento e combinação voluntários."[259]

Numa palavra: a massa da humanidade expropriou a si mesma em honra da "acumulação do capital". Então se deveria acreditar que o instinto desse fanatismo de autorrenúncia precisaria deixar as rédeas soltas sobretudo nas colônias, o único lugar em que existem pessoas e circunstâncias que poderiam trasladar um *contrat social* do reino dos sonhos ao mundo da realidade. Mas para que, então, a "colonização sistemática" em antítese à colonização naturalmente desenvolvida? Mas, mas:

> nos estados nortistas da União americana, é duvidoso se um décimo da população pertence à categoria dos trabalhadores assalariados. [...] Na Inglaterra [...] a grande massa do povo consiste em trabalhadores assalariados.[260]

Sim, o instinto de autoexpropriação da humanidade trabalhadora em honra do capital existe tão pouco que a escravidão, mesmo segundo Wakefield, é o único fundamento naturalmente desenvolvido da riqueza colonial. Sua colonização sistemática é mero *pis aller* [expediente], já que ele tem de se haver com livres em vez de com escravos.

> "Os primeiros povoadores espanhóis em Santo Domingo não receberam trabalhadores da Espanha. Mas sem trabalhadores" (isto é, sem escravidão) "o capital teria perecido ou pelo menos se teria reduzido a pequenas massas que cada indivíduo poderia empregar com as próprias mãos. Isso ocorreu realmente na última colônia fundada pelos ingleses, onde um grande capital em sementes, gado e instrumentos pereceu por falta de trabalhadores assalariados e onde nenhum povoador possui muito mais capital do que pode empregar com as próprias mãos."[261]

Viu-se: a expropriação da massa do povo de sua base fundiária constitui a base do modo de produção capitalista. A essência de uma colônia livre consiste, pelo contrário, em que a maior parte do solo ainda é propriedade do povo e cada povoador, portanto, pode transformar parte dele em sua propriedade privada e em meio de produção individual, sem impedir os povoadores que chegam depois de executarem essa mesma operação.[262] Este é o segredo tanto do florescimento das colônias quanto de seu câncer – sua resistência à radicação do capital.

> Onde a terra é muito barata e todas as pessoas são livres, onde cada uma pode obter à vontade uma parcela de terra, não somente o trabalho é muito caro, no que diz respeito à participação do trabalhador em seu produto, mas a dificuldade está em conseguir trabalho combinado, a qualquer preço que seja.[263]

Visto que, nas colônias, a separação entre o trabalhador e as condições de trabalho e sua raiz, a base fundiária, não existe ainda, ou existe apenas esporadicamente ou em escala limitada demais, assim como não existe a separação entre a agricultura e a indústria nem a destruição da indústria doméstica rural, de onde deve provir, então, o mercado interno para o capital?

> Nenhuma parte da população da América é exclusivamente agrícola, com exceção dos escravos e de seus empregadores, que combinam o capital e o trabalho para grandes obras. Americanos livres, que cultivam eles próprios a terra, exercem ao mesmo tempo muitas outras ocupações. Parte dos móveis e ferramentas que utilizam é feita por eles mesmos. Frequentemente, constroem suas próprias casas e levam o produto de sua própria indústria ao mercado, por mais distante que seja. Eles são fiandeiros e tecelões, fabricam sabão e velas, sapatos e roupas para seu próprio uso. Na América, a agricultura constitui frequentemente negócio subsidiário de um ferreiro, de um moleiro ou de um merceeiro.[264]

Entre gente tão esquisita, onde fica o "campo de abstinência" para o capitalista?

A grande beleza da produção capitalista consiste em que ela não apenas reproduz constantemente o trabalhador assalariado como trabalhador assalariado, mas produz, em relação à acumulação do capital, sempre uma superpopulação relativa de trabalhadores assalariados. Assim, a lei da oferta e demanda de trabalho é mantida nos trilhos certos, a oscilação salarial é confinada em limites convenientes à exploração capitalista e, finalmente, a dependência social tão indispensável do trabalhador em relação ao capitalista é assegurada, uma relação absoluta de dependência que o economista político, em casa, na metrópole, pode mentirosamente disfarçar em uma relação contratual livre entre comprador e vendedor, entre possuidores igualmente independentes de mercadorias, entre possuidores da mercadoria capital e da mercadoria trabalho. Mas, nas colônias, essa bela fantasia se despedaça. A população absoluta cresce aqui muito mais rapidamente que na metrópole, pois muitos trabalhadores já chegam adultos ao mundo, e mesmo assim o mercado de trabalho está sempre subabastecido. A lei da oferta e demanda de trabalho desmorona. Por um lado, o velho mundo introduz constantemente capital desejoso de exploração e necessitado de abstinência; por outro lado, a reprodução regular dos trabalhadores assalariados se choca com obstáculos dos mais grosseiros e em parte insuperáveis. E isso para não falar da produção de trabalhadores assalariados supranumerários em relação à acumulação do capital! O trabalhador assalariado de hoje torna-se amanhã camponês ou artesão independente, economicamente autônomo. Ele desaparece do mercado de trabalho, mas... não na *workhouse*. Essa constante transformação dos trabalhadores assalariados em produtores independentes, que, em vez de trabalhar para o capital, trabalham para si mesmos e, em vez de enriquecer o senhor capitalista, enriquecem a si mesmos, repercute de forma completamente prejudicial sobre as condições do mercado de trabalho. Não apenas fica indecentemente baixo o grau de exploração do trabalhador assalariado, este perde também, junto com a relação de dependência, o sentimento de dependência em relação ao capitalista abstinente. Daí, portanto, todos os males que nosso E. G. Wakefield descreve de forma tão honrada, tão eloquente e tão comovente.

A oferta de trabalho assalariado, queixa-se ele, não é nem constante, nem regular, nem suficiente. Ela "sempre é não apenas pequena demais, mas incerta".[265]

> Embora o produto a ser dividido entre o trabalhador e o capitalista seja grande, o trabalhador toma uma parte tão grande, que ele se torna rapidamente um capitalista. [...] Em contraposição, poucos podem, mesmo se tiverem vida excepcionalmente longa, acumular grandes riquezas.[266]

Os trabalhadores simplesmente não permitem ao capitalista abster-se do pagamento da maior parte de seu trabalho. De nada lhe serve ser astuto a ponto de importar, com seu próprio capital, seus próprios trabalhadores assalariados da Europa.

> Logo deixam de ser trabalhadores assalariados, transformam-se em camponeses independentes ou até em concorrentes de seus antigos patrões no próprio mercado de trabalho assalariado.[267]

Compreenda-se o horror! O honrado capitalista importou da Europa seus próprios concorrentes, em pessoa, com seu próprio bom dinheiro. Assim

também não é possível! Não é de admirar que Wakefield reclame da ¦ 412
ausência de relações de dependência ¦ e de sentimentos de dependência dos trabalhadores assalariados nas colônias. “Devido aos altos salários”, diz seu discípulo Merivale, “existe nas colônias a procura apaixonada por trabalho mais barato e mais submisso, por uma classe para a qual o capitalista possa ditar as condições, em vez de ela ditá-las a ele. Nos países de velha civilização, o trabalhador, embora livre, é dependente do capitalista por uma lei da Natureza; nas colônias, essa dependência precisa ser criada por meios artificiais.”[268]

Qual é então, segundo Wakefield, a consequência dessa calamidade nas colônias? Um “bárbaro sistema de dispersão” dos produtores e da riqueza nacional.[269] A fragmentação dos meios de produção entre inumeráveis proprietários economicamente autônomos elimina, com a centralização do capital, toda a base de trabalho combinado. Todo empreendimento de grande fôlego, que se estenda por vários anos e exija desembolso de capital fixo, tropeça em obstáculos para sua execução. Na Europa, o capital não hesita um instante, pois a classe trabalhadora constitui seu acessório vivo, sempre superabundante, sempre à disposição. Mas nos países coloniais! Wakefield conta uma anedota extremamente dolorosa. Ele conversou com alguns capitalistas do Canadá e do estado de Nova York, onde, além do mais, as vagas de imigração frequentemente estancam, deixando um sedimento de trabalhadores “supranumerários”.

> “Nosso capital”, suspira um dos personagens do melodrama, “estava preparado para muitas operações que exigem um prazo considerável para serem completadas; mas poderíamos começar tais operações com trabalhadores que, sabíamos, logo nos dariam as costas? Se estivéssemos certos de poder reter o trabalho de tais imigrantes, imediatamente e com prazer os teríamos engajado e a alto preço. Sim, apesar da certeza de perdê-los, os teríamos engajado assim, se tivéssemos garantia de novo suprimento, conforme nossa necessidade.”[270]

Depois de Wakefield ter contrastado ostensivamente a agricultura capitalista inglesa e seu trabalho “combinado” com a dispersa economia camponesa americana, escapa-lhe também o reverso da medalha. Ele descreve a massa do povo americano como próspera, independente, empreendedora e relativamente instruída, enquanto

> o trabalhador agrícola inglês é um pobre miserável (*miserable wretch*), um *pauper* [...]. Em que país, além da América do Norte e de algumas colônias novas, os salários pagos ao trabalho livre empregado no campo ultrapassam, em proporções dignas de menção, os meios de subsistência indispensáveis ao

trabalhador? [...] Sem dúvida, na Inglaterra, os cavalos de lavoura, sendo uma propriedade valiosa, são muito mais bem alimentados que o lavrador inglês[271]

Mas, *never mind* [não importa], uma vez mais, a riqueza nacional é, por natureza, idêntica à miséria do povo.

Como curar, então, o câncer anticapitalista das colônias? Se se quisesse, de um golpe, transformar toda base fundiária de propriedade do povo em propriedade privada, destruir-se-ia – é verdade – o mal pela raiz, mas também... a colônia. A proeza consiste em matar dois coelhos com uma só cajadada. Faça-se o governo fixar para a terra virgem um preço artificial independente da lei da oferta e demanda, o qual force o imigrante a trabalhar por tempo mais longo como assalariado até poder ganhar dinheiro suficiente para adquirir sua base fundiária[272] e transformar-se num camponês independente. O fundo que flui da venda das terras a um preço relativamente proibitivo para o trabalhador ¦ 413
assalariado ¦, portanto esse fundo de dinheiro extorquido do salário mediante a violação da sagrada lei da oferta e demanda, deveria ser usado pelo governo, por outro lado, a fim de importar, na mesma proporção em que ele cresce, pobres-diabos da Europa às colônias e, desse modo, manter abastecido para o senhor capitalista seu mercado de trabalho assalariado. Nessas circunstâncias, *tout sera pour le mieux dans le meilleur des* ¦ 414 *mondes* ¦ *possibles*. Esse é o grande segredo da "colonização sistemática".

> "Segundo esse plano", proclama triunfante Wakefield, "a oferta de trabalho tem de ser constante e regular; pois, primeiro, não estando nenhum trabalhador em condições de conseguir terra antes de ter trabalhado por dinheiro, todos os trabalhadores imigrantes, pelo fato de trabalharem combinadamente por salário, produziram para seus empregadores capital destinado ao emprego de mais trabalho; segundo, cada um que abandonasse o trabalho assalariado e se tornasse proprietário de terra asseguraria, exatamente pela compra da terra, um fundo para a importação de novo trabalho para as colônias."[273]

O preço da terra imposto pelo Estado deve naturalmente ser "suficiente" (*sufficient price*), isto é, tão alto que "impeça os trabalhadores de se tornarem camponeses independentes até chegarem outros para tomar seu lugar no mercado de trabalho assalariado".[274] Esse "preço suficiente da terra" é nada mais que um circunlóquio eufêmico do resgate que o trabalhador paga ao capitalista pela permissão de retirar-se do mercado de trabalho assalariado para o campo. Primeiro ele tem de criar "capital" para o senhor capitalista, para que este possa explorar mais trabalhadores, e depois trazer ao mercado de trabalho um "substituto", que o governo expede à sua custa, para o senhor capitalista seu ex-patrão, do outro lado do mar.

É altamente característico que o governo inglês tenha posto em prática, por muitos anos, esse método de "acumulação primitiva" expressamente prescrito por Wakefield para o uso em países coloniais. O fiasco foi naturalmente tão vergonhoso como o da lei bancária de Peel.[I] O fluxo da emigração foi apenas desviado das colônias inglesas para os Estados Unidos. Entrementes, o progresso da produção capitalista na Europa, acompanhado de crescente pressão do governo, tornou a receita de Wakefield supérflua. Por um lado, o imenso e contínuo afluxo de gente, impelido ano a ano para a América, deixa sedimentos estagnados no leste dos Estados Unidos, pelo fato de a onda de emigração da Europa lançar aí no mercado de trabalho mais pessoas do que a onda de emigração para o oeste pode absorver. Por outro lado, a Guerra Civil Americana teve por consequência uma imensa dívida nacional e, com ela, pressão tributária, criação da mais ordinária aristocracia financeira, doação de imensa parte das terras públicas a sociedades de especulação para a exploração de estradas de ferro, minas etc. – em suma, a mais rápida centralização do capital. A grande República deixou de ser, pois, a terra prometida para trabalhadores emigrantes. A produção capitalista avança lá a passos de gigante, embora o rebaixamento dos salários e a dependência do trabalhador assalariado ainda não tenham caído, nem de longe, ao nível normal europeu. O vergonhoso malbaratamento pelo governo inglês do solo colonial ainda não cultivado da Austrália,[275] doado a aristocratas e capitalistas, denunciado pelo próprio Wakefield com tanta eloquência, juntamente com o afluxo de gente atraída pelas *gold-diggings* [jazidas de

---

I Para superar as dificuldades na conversão de cédulas bancárias em ouro, o governo inglês decidiu, em 1844, por iniciativa de Robert Peel, fazer uma lei sobre a reforma do Banco da Inglaterra. Essa lei previa a divisão do banco em dois departamentos completamente independentes, com fundos monetários separados; o Banking Department, que realizava operações puramente bancárias, e o Issue Department, que assumia a emissão de cédulas bancárias. Essas notas deviam possuir sólida cobertura em forma de um fundo de ouro especial, que precisaria estar sempre à disposição. A emissão de cédulas bancárias não cobertas por ouro foi limitada a 14 milhões de libras esterlinas. No entanto, ao contrário do que dizia a lei bancária de 1844, a quantidade de cédulas bancárias em circulação dependia factualmente não do fundo de cobertura, mas da demanda na esfera de circulação. Durante as crises econômicas em que a falta de dinheiro era particularmente grande, o governo inglês suspendeu temporariamente a lei de 1844 e aumentou a soma de cédulas bancárias não cobertas por ouro. [N. E. A.]

ouro] e a concorrência que a importação das mercadorias inglesas faz até mesmo ao menor artesão produziram uma ¦ 415 "superpopulação relativa de trabalhadores" suficiente, de modo que quase todo vapor postal traz ¦ a má notícia de um abarrotamento do mercado de trabalho australiano – *glut of the Australian labour market* –, e a prostituição lá floresce em certos lugares tão exuberantemente quanto no Haymarket de Londres.

Entretanto, não nos ocupa aqui a situação das colônias. O que nos interessa é o segredo descoberto no Novo Mundo pela Economia Política do Velho Mundo e proclamado bem alto: o modo capitalista de produção e acumulação e, portanto, a propriedade privada capitalista exigem o aniquilamento da propriedade privada baseada no trabalho próprio, isto é, a expropriação do trabalhador.

NOTAS DE KARL MARX E FRIEDRICH ENGELS

PREFÁCIO DA PRIMEIRA EDIÇÃO

1 Isso pareceu tanto mais necessário uma vez que até mesmo a parte do ensaio de F.[erdinand] Lassalle contra [Hermann] Schulze-Delitzsch, na qual pretende expor "a quinta-essência espiritual" de minhas ideias sobre o assunto, contém mal-entendidos graves. *En passant* [de passagem]. Se F. Lassalle tomou todas as teses teóricas gerais de seus trabalhos econômicos, por exemplo sobre o caráter histórico do capital, sobre a conexão entre as relações de produção e o modo de produção etc. etc., de minhas obras, quase literalmente, sem citar as fontes e até com a terminologia elaborada por mim, esse procedimento foi com certeza determinado por objetivos de propaganda. Obviamente não estou falando das suas exposições sobre detalhes nem das suas aplicações práticas, com as quais nada tenho a ver.

POSFÁCIO DA SEGUNDA EDIÇÃO

1 Ver minha obra *Zur Kritik etc.* [*Para a crítica da Economia Política*], [Berlin, 1859,] p. 39.

[a] Os embusteiros grandiloquentes da Economia vulgar alemã censuraram o estilo e o modo de exposição do meu livro. Ninguém pode julgar mais severamente do que eu as carências literárias de *O capital*. Ainda assim, para alegria e proveito desses senhores e de seu público, quero citar um juízo inglês e um russo. O *Saturday Review*, que é totalmente hostil às minhas ideias, disse em sua nota sobre a primeira edição alemã: o modo de exposição "confere um charme peculiar até mesmo às questões econômicas mais áridas". O С.-П. Ведомости [Jornal de São Petersburgo] observa, entre outras coisas, em seu número de 20 de abril de 1872: "A exposição, excetuadas algumas partes demasiadamente especializadas, distingue-se por sua geral acessibilidade, pela clareza e, apesar da altura científica do objeto, pela extraordinária vivacidade. Quanto a isso [...], não existe nem de longe qualquer semelhança do autor com a maioria dos intelectuais alemães, que [...] escrevem os seus livros numa linguagem tão obscura e árida que faz estourar a cabeça dos mortais comuns". Aos leitores da literatura catedrática teuto-nacional-liberal contemporânea estoura, porém, algo completamente diverso da cabeça.

PREFÁCIO DA EDIÇÃO INGLESA

1 *Le capital: Par Karl Marx*, trad. M. J. Roy, totalmente revista pelo autor. Paris: Lachâtre. Essa tradução contém, especialmente na última parte do livro, consideráveis mudanças e complementações em relação ao texto da segunda edição alemã.

1[a] Na reunião trimestral da Câmara de Comércio de Manchester, efetuada hoje à tarde, ocorreu um animado debate sobre a questão do livre-cambismo. Foi apresentada uma resolução declarando que "por 40 anos se tinha esperado em vão que outras nações seguissem o exemplo inglês do livre-cambismo e que a Câmara considera ter chegado a hora de mudar esse ponto de vista". A resolução foi rejeitada por uma maioria de apenas um voto, havendo 21 a favor e 22 contra. (*Evening Standard*, 1º nov. 1886)

SEÇÃO I [PP. 97–180]
MERCADORIA E DINHEIRO

1 Karl Marx, *Zur Kritik der politischen Oekonomie*. Berlin, 1859, p. 3.

2 “Desejo inclui necessidade, é o apetite do espírito e tão natural como a fome para o corpo. [...] a maioria (das coisas) tem seu valor derivado da satisfação das necessidades do espírito.” (Nicholas Barbon, “A Discourse on Coining the New Money Lighter”, in *Answer to Mr. Locke's Considerations etc*. London, 1696, pp. 2–3)

3 “Coisas têm uma *intrinsick vertue*” (isto, para Barbon, é a designação específica para valor de uso) “que é igual em toda parte, assim como a do ímã de atrair o ferro” (ibid., p. 6). A propriedade do ímã de atrair ferro só se tornou útil depois que, por meio dela, se descobriu a polaridade magnética.

4 “O *worth* [valor] natural de cada coisa consiste em sua aptidão para satisfazer as necessidades ou servir às comodidades da vida humana” (John Locke, *Some Considerations on the Consequences of the Lowering of Interest* (1691), in *Works*, v. II. Edit. Lond., 1777, p. 28). No século XVII encontramos ainda, com frequência, nos escritores ingleses, *worth* para valor de uso e *value* para valor de troca, totalmente no espírito de um idioma que gosta de expressar as coisas diretas com um termo germânico e as coisas refletidas com um termo românico.

5 Na sociedade burguesa domina a *fictio juris* [ficção jurídica] de que cada pessoa, como compradora, possui um conhecimento enciclopédico das mercadorias.

6 “O valor consiste na relação de troca que se estabelece entre uma coisa e outra, entre a quantidade de um produto e a de outro.” (Le Trosne, “De l'intérêt social”, in *Physiocrates*, org. Daire. Paris, 1846, p. 889)

7 “Nada pode ter um valor de troca intrínseco” (N. Barbon, [“A Discourse on Coining the New Money Lighter”,] op. cit., p. 6), ou, como diz *Butler*:

O valor de uma coisa
é justamente tanto quanto ela rende.

[Citação modificada da epopeia *Hudibras* de Samuel Butler. Parte II, canto I – N. E. A.]

8 “*One sort of wares are as good as another if the value be equal. There is no difference or distinction in things of equal value.* [...] *One hundred pounds worth of lead or iron is of as great a value as one hundred pounds worth of silver and gold*” [Uma espécie de mercadoria é tão boa quanto a outra se o seu valor de troca for igual. Não existe nenhuma diferença ou distinção entre coisas de valor de troca igual. [...] Cem libras esterlinas de chumbo ou ferro têm o mesmo valor que cem libras esterlinas de ouro ou prata]. (N. Barbon, [“A Discourse on Coining the New Money Lighter”,] op. cit., p. 53, 7)

9 Nota à 2ª edição. “*The value of them* (*the necessaries of life*) *when they are exchanged the one for another, is regulated by the quantity of labour necessarily required, and commonly taken in producing them*” [O valor de objetos de uso, tão logo eles são trocados entre si, é determinado pelo *quantum* de trabalho necessariamente exigido e habitualmente usado para sua produção] (*Some Thoughts on the Interest of Money in General, and Particularly in the Publick Funds etc*. London, pp. 36–37). Esse notável escrito anônimo do século passado não traz data. De seu conteúdo deduz-se, entretanto, que ele apareceu sob Jorge II, por volta de 1739 ou 1740.

10 “Todos os produtos da mesma espécie formam propriamente apenas uma massa cujo preço é determinado de forma geral e sem consideração às situações especiais.” (Le Trosne, [“De l'intérêt social”,] op. cit., p. 893)

11 K. Marx, [*Zur Kritik der politischen Ökonomie*,] op. cit., p. 6.

1a Nota à 4ª edição. – Eu introduzo o tre-
:ho entre chaves porque sua omissão tem 'requentemente originado o mal-entendido le considerar que, para Marx, vale como nercadoria todo produto que é consumido or outro que não o produtor. – F. E.

2 [K. Marx, *Zur Kritik der politischen Öko-omie*,] op. cit., pp. 12–13 ss.

3 "Todas as manifestações do universo, ejam elas causadas pela mão humana ou elas leis gerais da Física, não são real-nente novas criações, apenas pura e sim-lesmente uma transformação da matéria. ssociação e dissociação são os únicos lementos que o espírito humano encon-ra sempre de novo ao analisar a ideia da eprodução; e do mesmo modo comporta-e com a reprodução do valor" (valor de so, apesar de que aqui Verri, em sua po-êmica contra os fisiocratas, não sabe ao erto de que espécie de valor ele fala) "e la riqueza, quando terra, ar e água trans-ormam-se em cereais sobre os campos u também quando, pela mão humana, a ecreção de um inseto transforma-se em eda ou algumas partezinhas de metal or-lenam-se para formarem um relógio de epetição." (Pietro Verri, *Meditazioni sulla Economia Politica*. Impresso primeiro em 771, na edição dos economistas italianos or [Pietro] Custodi. Parte Moderna, v. XV, p. 21–22)

4 Ver Hegel, [*Grundlinien der*] *Philosophie es Rechts* [*Linhas fundamentais da Filosofia o Direito*]. Berlin, 1840, p. 250, § 190.

5 O leitor deve estar atento para o fato de qui não se falar de salário ou valor, que trabalhador obtém aproximadamente or um dia de trabalho, mas sim do valor las mercadorias em que se materializa seu ia de trabalho. A categoria salário ainda ão existe de forma alguma nesta altura le nossa apresentação.

6 Nota à 2ª edição. Para provar "que o tra-alho, sozinho, é a medida real e definitiva com o que se avalia e pode ser comparado o valor de todas as mercadorias em todos os tempos", diz *A. Smith*: "Quantidades iguais de trabalho precisam, em todos os tempos e em todos os lugares, ter para o próprio trabalhador o mesmo valor. Em seu estado normal de saúde, força e atividade, e com o grau médio de habilidade que ele possua, precisa ceder a mesma porção de seu sos-sego, sua liberdade e sua felicidade" ([*The*] *Wealth of Nations* [*A riqueza das nações*], v. I, cap. V [pp. 104–05]). De um lado, A. Smith confunde aqui (nem sempre) a determi-nação do valor pelo *quantum* de trabalho despendido na produção da mercadoria com a determinação dos valores das mer-cadorias pelo valor do trabalho, e procura, portanto, comprovar que as mesmas quan-tidades de trabalho têm sempre o mesmo valor. Por outro lado, pressente ele que o trabalho, na medida em que se representa no valor das mercadorias, vale apenas como dispêndio de força de trabalho, mas capta esse dispêndio apenas como sacri-fício de sossego, liberdade e felicidade, e não como uma atividade também normal de vida. Na realidade, ele tem em vista o trabalhador assalariado moderno. – Muito mais preciso, diz o antecessor anônimo de A. Smith, citado anteriormente na nota 9 [p. 676]: "Um homem empregou uma se-mana no fabrico desse objeto necessário [...], e aquele que lhe dará outro objeto em troca não pode estimar melhor o que se-ria um equivalente apropriado senão por meio do cômputo do que lhe custam a mesma quantidade de trabalho e tempo. Isso significa, de fato, a troca do trabalho que uma pessoa, em determinado tempo, empregou em um objeto pelo trabalho de outra, no mesmo tempo aplicado a outro objeto" (*Some Thoughts on the Interest of Money in General etc.*, p. 39). – {À 4ª edição: A língua inglesa tem a vantagem de possuir duas palavras diferentes para esses dois

aspectos diferentes do trabalho. O trabalho que gera valores de uso e é qualitativamente determinado chama-se de *work*, em antítese a *labour*; o trabalho que cria valor e é medido apenas quantitativamente chama-se *labour*, em antítese a *work*. Ver nota à p. 14 da tradução inglesa. – F. E.}

17 Os poucos economistas que, como S. Bailey, se ocuparam com a análise da forma-valor não podiam chegar a nenhum resultado, primeiro porque confundiam forma-valor e valor, segundo porque eles, sob a influência crua do burguês prático, de início, consideravam exclusivamente a determinação quantitativa. "A disposição sobre a quantidade [...] faz o valor" (*Money and its Vicissitudes*. Lond., 1837, p. 11). Autor S. Bailey.

17a Nota à 2ª edição. Um dos primeiros economistas que após William Petty enfocou a natureza do valor, o famoso Franklin, diz: "Uma vez que o comércio nada mais é que a troca de um trabalho por outro, o valor de todas as coisas será avaliado mais justamente em trabalho" (*The Works of B. Franklin etc.* Edit. por Sparks, Boston, 1836, v. II, p. 267). Ao avaliar o valor de todas as coisas "em trabalho", ¦ 36 Franklin não está consciente de que abstrai a diversidade dos trabalhos trocados – e assim os reduz a trabalho humano igual. Diz contudo o que não sabe. Ele fala primeiro de "um trabalho", depois de "outro trabalho" e finalmente de "trabalho" sem outra qualificação, como substância do valor de todas as coisas ¦.

18 De certa forma, sucede ao ser humano como à mercadoria. Pois ele não vem ao mundo nem com um espelho nem como um filósofo fichtiano: eu sou eu, o ser humano se espelha primeiro em outro ser humano. Só por meio da relação com o ser humano Paulo, como seu semelhante, reconhece-se o ser humano Pedro a si mesmo como ser humano. Com isso, para ele também vale Paulo, com pele e cabelos, em sua corporalidade paulínica como forma de manifestação do gênero humano.

19 A expressão "valor", como já ocorreu anteriormente algumas vezes, é usada aqui para valor quantitativamente determinado, portanto para grandeza de valor.

20 Nota à 2ª edição. ¦ 18 Essa incongruência entre grandeza de valor e sua expressão relativa foi explorada com habitual sagacidade pela Economia vulgar. Por exemplo: "Admita-se que ¦ A baixe porque B, com que é trocado, suba, embora na ocasião não decresça o trabalho despendido em A e seu princípio geral de valor caia por terra [...]. Quando se admite que o valor de B cai relativamente ao de A porque o valor de A sobe em relação ao de B, destrói-se a base sobre a qual Ricardo estabelece sua grande proposição de que o valor de uma mercadoria é sempre determinado pelo *quantum* de trabalho nela incorporado, pois, quando uma mudança nos custos de A altera não somente seu próprio valor em relação a B, com que se troca, mas também o valor de B relativamente ao de A, sem ter ocorrido nenhuma mudança no *quantum* de trabalho requerido para a produção de B, então cai por terra não apenas a doutrina que assegura que a quantidade de trabalho despendida em um artigo regula seu valor, mas também a doutrina que assegura que os custos de produção de um artigo regulam seu valor" (J. Broadhurst, *Political Economy.* London, 1842, pp. 11–14)

O Sr. Broadhurst poderia também dizer: Considerem-se as frações 10/20, 10/50, 10/100 etc. O número 10 permanece inalterado e, apesar disso, decresce constantemente sua grandeza proporcional, sua grandeza relativa aos denominadores 20, 50, 100. Assim, cai por terra o grande princípio de que a grandeza de um número inteiro, como 10, por exemplo, é "regulada" por meio da quantidade de unidades nela contidas.

21 Em geral, essas determinações reflexivas são muito peculiares. Esse ser humano, por exemplo, é rei apenas porque outros seres humanos comportam-se como súditos diante dele. Eles pensam, ao contrário, que são súditos porque ele é rei.

22 Nota à 2ª edição. F. L. A. Ferrier (*sous-inspecteur des douanes* [subinspetor de aduanas], *Du gouvernement considéré dans ses rapports avec le commerce*. Paris, 1805; e Charles Ganilh, *Des systèmes d'economie politique*, 2ª ed. Paris, 1821.

22a Nota à 2ª edição. Em Homero, por exemplo, o valor de uma coisa é expresso numa série de coisas diferentes.

23 Fala-se, por isso, do valor do linho em casaco, quando seu valor se representa em casacos, de seu valor em grão, quando em grão etc. Cada expressão dessas diz que é o seu valor o que se manifesta nos valores de uso casaco, grão etc. "Como o valor de cada mercadoria denomina sua relação na troca, podemos tratá-lo como [...] valor em grão, valor em pano, segundo a mercadoria com a qual ela é comparada; e, portanto, existem milhares de diferentes espécies de valores, tanto quanto as mercadorias existentes, e todas são igualmente reais e igualmente nominais" (*A Critical Dissertation on the Nature, Measures and Causes of Value; Chiefly in Reference to the Writings of Mr. Ricardo and His Followers. By the Author of Essays on the Formation etc. of Opinions*. London, 1825, p. 39). S. Bailey, o autor desse escrito anônimo que a seu tempo causou muita celeuma na Inglaterra, imagina ter destruído toda determinação de conceito do valor por meio dessa indicação sobre as variadas expressões relativas do mesmo valor mercantil. Que ele, de resto, apesar de sua própria estreiteza, tenha tocado em feridas da teoria ricardiana é comprovado pela irritação com que a escola ricardiana o atacou, por exemplo na *Westminster Review*.

24 De fato, a forma de permutabilidade direta geral não sugere, de modo algum, que é uma forma-mercadoria antitética, tão inseparável da forma de permutabilidade não direta como a positividade de um polo magnético da negatividade do outro. Pode-se, portanto, imaginar que seja possível imprimir ao mesmo tempo a toda mercadoria o carimbo de permutabilidade direta, da mesma maneira como se poderia imaginar todos os católicos serem feitos papas ¦ 27 ¦. Para o pequeno burguês, que vê na produção de mercadorias o *nec plus ultra* [a expressão máxima] da liberdade humana e da independência individual, seria naturalmente muito desejável que ele estivesse livre das calamidades ligadas a essa forma, a saber, também da permutabilidade não direta das mercadorias. A descrição dessa utopia filisteia constitui o socialismo de Proudhon, que, como já demonstrei em outra parte [*Miséria da filosofia*, capítulo 1], não possui nem o mérito da originalidade, pois muito antes dele havia sido mais bem desenvolvida por Gray, Bray e outros. Isso não impede, hoje em dia, tal sabedoria de grassar em certos círculos sob o nome de *science* [ciência]. Jamais uma escola alardeou mais a palavra "*science*" que a proudhoniana, pois,

> *onde conceitos faltam,*
> *ali se encaixa no momento certo uma*
> *palavra.*
> [Modificação de um trecho do *Fausto*, de Goethe, Parte I. – N. E. A.]

25 Recorde-se que a China e as mesas começaram a dançar quando o resto do mundo parecia estar tranquilo – *pour encourager les autres* [para encorajar os outros]. [Depois da derrota das revoluções de

1848–49, começou na Europa um período da mais obscura política reacionária. Enquanto, nesse tempo, as rodas aristocráticas e também as burguesas se entusiasmavam pelo espiritismo, especialmente por fazer a mesa andar, desenvolveu-se na China um poderoso movimento de libertação antifeudal, particularmente entre os camponeses, que entrou para a História como Revolução de Taiping. – N. E. A.]

26 Nota à 2ª edição. Entre os antigos germanos, o tamanho de um *Morgen* [uma jeira] de terra era calculado segundo o trabalho de um dia, e daí denominado *Morgen Tagwerk* (também *Tagwanne*) (*jurnale* ou *jurnalis*, *terra jurnalis*, *jornalis* ou *diurnalis*), *Mannwerk*, *Mannskraft*, *Mannsmaad*, *Mannhauet* etc. Ver Georg Ludwig von Maurer, *Einleitung zur Geschichte der Mark-, Hofit-, usw. Verfassung*. München, 1854, pp. 129 ss.

27 Nota à 2ª edição. Quando, portanto, Galiani disse: O valor é uma relação entre pessoas – "*La Ricchezza è una ragione tra due persone*" –, ele deveria ter acrescentado: uma relação oculta sob uma capa material. (Galiani, *Della moneta*, p. 221, t. III da coleção de Custodi, Scrittori Classici Italiani di Economia Politica, Parte Moderna. Milano, 1803)

28 "O que se deve pensar de uma lei que se pode impor apenas por meio de revoluções periódicas? É, pois, uma lei natural, que se baseia na inconsciência dos participantes." (F. Engels, "Umrisse zu einer Kritik der Nationalökonomie", in *Deutsch-Französische Jahrbücher*, ed. Arnold Ruge e Karl Marx. Paris, 1844)

29 Nota à 2ª edição. Ricardo também não está livre de sua robinsonada. "Ele faz imediatamente o pescador e o caçador primitivos, como possuidores de mercadorias, trocarem o peixe e a caça em proporção ao tempo de trabalho materializado nesses valores de troca. Nessa oportunidade, ele cai no anacronismo de fazer com que pescadores e caçadores primitivos, para calcular o valor de seus instrumentos de trabalho, utilizem as tabelas de anuidades de uso corrente em 1817 na Bolsa de Londres. Os 'paralelogramos do Sr. Owen' parecem ser a única forma de sociedade que ele conhecia além da burguesa" (K. Marx *Zur Kritik etc.*, [op. cit.,] pp. 38–39). [Ricardo menciona os "paralelogramos do Sr. Owen em seu escrito *On Protection to Agriculture* 4ª ed. London, 1822, p. 21. Em seus planos utópicos de uma reforma social, Owen procurou comprovar que era mais conveniente, sob o aspecto tanto da rentabilidade como da vida doméstica, assentar uma colônia em forma de um paralelogramo ou de um quadrado. – N. E. A.]

30 Nota à 2ª edição. "É um preconceito ridículo, difundido recentemente, o de que a forma de propriedade comunal que se desenvolveu de modo natural seja especificamente uma forma eslava, até mesmo exclusivamente uma forma russa. Ela é a forma original, que podemos comprovar entre romanos, germanos, celtas, da qual porém, um mostruário completo com múltiplas provas se encontra ainda hoje entre os hindus, mesmo que parcialmente em ruínas. Um estudo mais exato das formas asiáticas de propriedade comunal especialmente das indianas, comprovaria como das distintas formas de propriedade comunal desenvolvida naturalmente resultam diferentes formas de sua dissolução. Assim podem ser derivados, por exemplo, os diferentes tipos originais de propriedade privada romana e germânica das diferentes formas de propriedade coletiva indiana." (K. Marx, *Zur Kritik etc.* [op. cit.,] p. 10)

31 ¦ 36 ¦ A insuficiência da análise de Ricardo da grandeza de valor – e ela é a melhor – será demonstrada nos Livros 3 e 4 deste escrito. Quanto ao valor em geral, a Economia Política clássica não distingue expressamente e com consciência clara, em lugar algum, o trabalho como ele se representa no valor e o mesmo trabalho como ele se representa no valor de uso de seu produto. Naturalmente, ela de fato faz essa distinção, pois considera o trabalho, por um lado, sob o aspecto quantitativo e, por outro, sob o aspecto qualitativo. Não lhe ocorre, porém, que a mera diferença quantitativa entre os trabalhos pressupõe sua unidade ou igualdade qualitativa, portanto sua redução a trabalho humano abstrato. Ricardo, por exemplo, declara-se de acordo com Destutt de Tracy quando este diz: "Visto que é seguro que somente nossas capacidades físicas e espirituais são nossa riqueza original, é o uso dessas capacidades, certa espécie de trabalho, nosso tesouro original; é sempre esse uso que cria todas aquelas coisas que denominamos riqueza. [...] Além disso, é sabido que todas essas coisas representam apenas o trabalho que as criou, e, se elas têm um valor ou até mesmo dois valores diferentes, então apenas podem tê-los a partir" (do valor) "do trabalho do qual eles se originam" (Ricardo, *The Principles of Pol. Econ.*, 3ª ed. London, 1821, p. 334 [N. E. A.: Compare com Destutt de Tracy, *Éléments d'idéologie*, 4ª e 5ª partes. Paris, 1826, pp. 35-36]). Apenas indicamos que Ricardo atribui a Destutt seu próprio sentido mais profundo. De fato, Destutt diz, por um lado, que todas as coisas que formam a riqueza "representam o trabalho que as criou" e, por outro lado, porém, que elas recebem seus "dois valores diferentes" (valor de uso e valor de troca) do "valor do trabalho". Ele cai assim na superficialidade da Economia vulgar, que pressupõe o valor de uma mercadoria (aqui do trabalho) para, por meio disso, determinar depois o valor das outras mercadorias. Ricardo o lê de tal forma que, tanto no valor de uso como no valor de troca, se representa trabalho (não o valor do trabalho). Ele mesmo, porém, distingue tão pouco as duas faces do caráter do trabalho representado duplamente que é obrigado, por todo o capítulo "Value and Riches, Their Distinctive Properties", a se haver, com muito esforço, com as trivialidades de um J.-B. Say. No fim, ele fica, portanto, todo surpreendido que Destutt concorde com ele sobre o trabalho como fonte de valor e, ainda assim, com Say sobre o conceito de valor.

32 É uma das falhas básicas da Economia Política clássica não ter conseguido jamais descobrir, a partir da análise da mercadoria e, sobretudo, do valor das mercadorias, a forma-valor, que justamente o torna valor de troca. Precisamente, seus melhores representantes, como A. Smith e Ricardo, tratam a forma-valor como algo totalmente indiferente ou como algo externo à própria natureza da mercadoria. A razão não é apenas que a análise da grandeza de valor absorve totalmente sua atenção. É mais profunda. A forma-valor do produto de trabalho é a forma mais abstrata, contudo também a forma mais geral, do modo burguês de produção, que assim se caracteriza como um tipo particular e, ao mesmo tempo, histórico de produção social. Se for vista, no entanto, de maneira errônea, como a forma natural eterna de produção social, necessariamente também deixará de ser visto o específico da forma-valor, portanto da forma-mercadoria e, de modo mais desenvolvido, da forma-dinheiro, da forma-capital etc. Encontram-se por isso, entre economistas que concordam inteiramente com a medida da grandeza de valor por meio do tempo de trabalho, os mais contraditórios e confusos conceitos de dinheiro, isto é, da figura terminada do equivalente geral. Isso se apresenta de forma mais cabal, por exemplo, no tratamento do sistema bancário, no qual já não

bastam as definições banais do dinheiro. Como antítese, portanto, criou-se um mercantilismo restaurado (Ganilh etc.), o qual vê no valor apenas a forma social ou, mais precisamente, apenas sua aparência sem substância. – E, para esclarecer de uma vez por todas, entendo como Economia Política clássica toda Economia, desde W. Petty, que investigue o nexo interno das condições de produção burguesas como antítese da Economia vulgar, que apenas se move dentro do nexo aparente, rumina constantemente de novo o material já há muito fornecido pela Economia científica, oferecendo um entendimento plausível dos fenômenos, por assim dizer, mais grosseiros e para o uso caseiro da burguesia, limitando-se, de resto, a sistematizar, pedantizar e proclamar como verdades eternas as ideias banais e presunçosas que os agentes da produção burguesa formam sobre seu mundo, para eles o melhor possível.

33 "Os economistas têm um modo peculiar de proceder. Para eles há apenas duas espécies de instituições, as artificiais e as naturais. As instituições do feudalismo são artificiais, as da burguesia, naturais. Eles igualam-se nisso aos teólogos, que também distinguem dois tipos de religião. Toda religião que não a sua própria é uma invenção humana; a sua própria, no entanto, uma revelação divina. – Assim, portanto, houve história, mas agora não há mais" (K. Marx, *Misère de la philosophie: Réponse à la Philosophie de la Misère de M. Proudhon*. 1847, p. 113). Verdadeiramente engraçado é o Sr. Bastiat, que imagina que os antigos gregos e romanos teriam vivido apenas do roubo. Quando, porém, se vive muitos séculos do roubo, tem de haver constantemente algo para roubar, ou seja, o objeto do roubo tem de reproduzir-se incessantemente. Parece, portanto, que também os gregos e romanos tinham um processo de produção, ou seja, uma economia, a qual formava a base material de seu mundo, tanto quanto a economia burguesa forma a do mundo atual. Ou talvez Bastiat queira dizer que um sistema de produção que se baseia em trabalho escravo apoia-se num sistema de roubo? Ele coloca-se, então, em terreno perigoso. Se um gigante do pensamento como Aristóteles, em sua apreciação do trabalho escravo, errou, por que deveria um economista diminuto em sua apreciação do trabalho assalariado acertar? – Aproveito a oportunidade para refutar, de forma breve, uma objeção que me foi feita, quando do aparecimento de meu escrito *Zur Kritik der pol. Oekonomie*, 1859, por um jornal teuto-americano. Este dizia que a minha opinião sobre determinado sistema de produção e as relações de produção que lhe correspondem, em suma, "a estrutura econômica da sociedade, serem a base real sobre a qual se levantaria uma superestrutura jurídica e política e à qual corresponderiam determinadas formas sociais de consciência", sobre "o modo de produção da vida material condicionar o processo da vida social, política e intelectual em geral" – tudo isso estaria até mesmo certo para o mundo atual, dominado pelos interesses materiais, mas não para a Idade Média, dominada pelo catolicismo, nem para Atenas e Roma, onde a política dominava. Em primeiro lugar, é estranho que alguém prefira supor que esses lugares-comuns arquiconhecidos sobre a Idade Média e o mundo antigo sejam ignorados por alguma pessoa. Deve ser claro que a Idade Média não podia viver do catolicismo nem o mundo antigo da política. A forma e o modo como eles ganhavam a vida explica, ao contrário, por que lá a política e aqui o catolicismo desempenhavam o papel principal. De resto basta pouco conhecimento, por exemplo, da história republicana de Roma, para saber que a história da propriedade fundiária constitui sua história secreta. Por outro

lado, Dom Quixote já pagou pelo erro de presumir que a cavalaria andante seria igualmente compatível com todas as formas econômicas da sociedade.

34 "*Value is a property of things, riches of man. Value, in this sense, necessarily implies exchanges, riches do not.*" (*Observations on some Verbal Disputes in Pol. Econ., Particularly Relating to Value, and to Supply and Demand*. London, 1821, p. 16)

35 "*Riches are the attribute of man, value is the attribute of commodites. A man or a community is rich a pearl or a diamond is valuable.* [...] *A pearl or a diamond is valuable as a pearl or diamond.*" (S. Bailey, op. cit., pp. 165 ss.)

36 O autor de *Observations* e S. Bailey acusam Ricardo de ter transformado o valor de troca em algo absoluto, em vez de apenas relativo. Ao contrário. Ele reduziu a relatividade aparente que estas coisas, diamante e pérola, por exemplo, possuem como valores de troca à verdadeira relação que se oculta por trás dessa aparência, à sua relatividade como meras expressões do trabalho humano. Se os ricardianos respondem a Bailey com grosseria, mas não com acerto, isso se deve somente a eles não terem encontrado no próprio Ricardo nenhuma explicação sobre a conexão interna entre valor e forma-valor ou valor de troca.

37 No século XII, renomado por sua piedade, encontramos frequentemente entre essas mercadorias coisas muito delicadas. Um poeta francês dessa época conta, por exemplo, entre as mercadorias que se viam no mercado de Landit, além de tecidos, sapatos, couro, instrumentos agrícolas, peles etc., *femmes folles de leurs corps* [mulheres de corpo fogoso].

38 Proudhon cria, primeiramente, seu ideal de justiça, da *justice éternelle* [justiça eterna], a partir das relações jurídicas correspondentes à produção de mercadorias, com o que, diga-se de passagem, proporciona a prova tão consoladora a todos os filisteus de que a forma de produção de mercadorias é algo tão eterno quanto a justiça. Depois, inversamente, ele pretende remodelar a produção real de mercadorias e o direito real correspondente a ela segundo esse ideal. Que pensaríamos de um químico que, em vez de estudar as verdadeiras leis do metabolismo e, com base nelas, resolver determinados problemas, resolvesse remodelar o metabolismo por meio das "ideias eternas", da *naturalité* [naturalidade] e da *affinité* [afinidade]? Acaso se sabe mais sobre a "usura" quando se diz que ela contraria a *justice éternelle*, a *équité éternelle* [equidade eterna], a *mutualité éternelle* [reciprocidade eterna] e outras *vérités éternelles* [verdades eternas], do que os padres da Igreja sabiam, quando diziam que a usura contraria a *grâce éternelle* [graça eterna], a *foi éternelle* [fé eterna] e a *volonté éternelle de dieu* [vontade eterna de deus]?

39 "Pois duplo é o uso de cada bem. Um é próprio à coisa como tal, o outro não, como a uma sandália o de servir para calçar e ser trocável por outro objeto. Ambos são valores de uso da sandália, pois também quem troca a sandália por algo que lhe falta, alimento, por exemplo, usa a sandália como sandália. Não em seu modo natural de uso, porém, pois a sandália não existe para ser trocada." (Aristóteles, *De Republica*, Livro I, cap. 9)

40 Julgue-se, pois, a habilidade do socialismo pequeno-burguês que quer eternizar a produção de mercadorias e, ao mesmo tempo, abolir a "antítese entre dinheiro e mercadoria", portanto o próprio dinheiro, pois este somente existe dentro dessa antítese. Do mesmo modo, poder-se-ia abolir o Papa e deixar permanecer o catolicismo. Ver pormenores em minha obra *Zur Kritik der politischen Oekonomie*, [op. cit.,] pp. 61 ss.

41 Enquanto ainda não se trocam dois diferentes objetos de uso, mas sim uma massa caótica de coisas é oferecida como equivalente de um terceiro, como verificamos frequentemente entre selvagens, a própria troca direta ainda está em seu limiar.

42 K. Marx, [*Zur Kritik der politischen Oekonomie*,] op. cit., p. 135. "Os metais [...] são, por natureza, dinheiro." (Galiani, *Della moneta*, na coleção de Custodi, [Scrittori Classici Italiani di Economia Politica,] Parte Moderna, t. III, p. 137)

43 Ver mais detalhes em minha obra acima citada, no capítulo "Os metais preciosos".

44 "O dinheiro é a mercadoria geral." (Verri, [*Meditazioni sulla Economia Politica*,] op. cit., p. 16)

45 "Prata e ouro em si, aos quais podemos dar o nome geral de metais preciosos, são [...] mercadorias [...] que sobem e baixam [...] de valor. Ao metal precioso pode-se reconhecer um valor mais alto quando, por um peso menor dele, se compra maior quantidade do produto ou manufatura do país etc." ([S. Clement,] *A Discourse of the General Notions of Money, Trade, and Exchange, as they Stand in Relations to each Other. By a Merchant*. Lond., 1695, p. 7). "Ainda que a prata e o ouro, cunhados ou sem cunhar, sejam usados como unidade de medida de todas as demais coisas, não são menos mercadoria que vinho, óleo, tabaco, pano ou tecido" ([J. Child,] *A Discourse Concerning Trade, and that in Particular of the East-Indies etc*. London, 1689, p. 2). "A fortuna e a riqueza do reino, tomadas com precisão, não podem se limitar a dinheiro, nem o ouro nem a prata podem deixar de ser considerados mercadorias." [Th. Papillon,] *The East India Trade a most Profitable Trade*. London, 1677, p. 4.

46 "O ouro e a prata têm valor como metais, antes de serem dinheiro" (Galiani, [*Della moneta*,] op. cit. [p. 72]). Locke diz: "A opinião geral das pessoas atribuiu à prata, devido às suas qualidades que a tornam adequada para ser dinheiro, um valor imaginário" [John Locke, *Some Considerations etc.*, 1691, in *Works*, v. II ed. 1777, p. 15]. Ao contrário, Law: "Como poderiam diferentes nações atribuir um valor imaginário a uma coisa qualquer [...] ou como poderia ter se mantido esse valor?". Mas quão pouco ele mesmo entendia sobre o assunto: "A prata trocava-se segundo o valor de uso que possuía, ou seja, segundo seu valor real; por meio de sua determinação como dinheiro, ela adquiriu um valor adicional (*une valeur additionnelle*). (Jean Law, *Considérations sur le Numéraire et le Commerce*. Na edição de E. Daire dos *Économistes Financiers du XVIII Siècle*, pp. 469–70)

47 "O dinheiro é seu" (das mercadorias) "signo" ([François Véron Duverger] de Forbonnais. *Élémens du Commerce*, nouv. edit. t. II. Leyde, 1766, p. 143). "Como signo, é atraído pelas mercadorias." (Ibid., p. 155) "O dinheiro é signo de uma coisa e a representa" (Montesquieu, *De l'esprit des lois* [*Do espírito das leis*]. Oeuvres, t. II. Lond. 1767, p. 3). "O dinheiro não é mero signo, ele é por si mesmo riqueza; ele não representa os valores, ele é o equivalente deles" (Le Trosne, ["De l'intérêt social",] op. cit. p. 910). "Se examinamos o conceito de valor, a coisa ela mesma [*die Sache selbst*] é considerada somente um signo, e não conta como ela mesma, porém como o que vale" (Hegel, [*Grundlinien der Philosophie des Rechts*,] op. cit., p. 100). Muito antes dos economistas, os juristas impulsionaram a ideia do dinheiro como mero signo e do valor unicamente imaginário dos metais preciosos, com o que prestavam um serviço de sicofantas ao poder real, cujo direito de falsificar moeda fundamentaram, durante toda a Idade Média, sobre as tradições do Império Romano e

os conceitos monetários das *Pandectas*. Num decreto de 1346, diz seu dócil discípulo Filipe de Valois: "Ninguém pode nem deve levantar dúvidas de que só cabe a Nós e a Nossa Majestade real [...] a operação monetária, a fabricação, a disposição, o aprovisionamento e toda regulamentação relativa às moedas, colocá-las em circulação assim e a tal preço, conforme nos compraza e bom nos pareça". Era dogma do direito romano que o imperador decretasse o valor do dinheiro. Era expressamente proibido tratar o dinheiro como mercadoria. "Não deve, entretanto, ser permitido a ninguém comprar dinheiro, pois, tendo sido criado para uso geral, não deve ser mercadoria." A obra de G. F. Pagnini, *Saggio sopra il giusto pregio delle cose*, 1751 [Scrittori Classici Italiani di Economia Politica,] de Custodi, Parte Moderna, t. II, contém uma boa exposição a respeito. Notadamente na segunda parte da obra, Pagnini polemiza contra os senhores juristas. [*Pandectas* (grego) ou *Digesto* (latim). Parte principal do direito civil romano (*corpus juris civilis*). As *Pandectas* eram uma composição de excertos das obras de juristas romanos e corresponderam aos interesses dos escravagistas. Foram redigidas por incumbência do imperador bizantino Justiniano I e proclamadas como lei no ano 533. – N. E. A.]

48 "Se alguém pode trazer uma onça de prata a Londres, desde as entranhas da terra no Peru, utilizando o mesmo tempo que necessitaria para produzir um *bushel* de cereal, então um é o preço natural do outro; se ele agora, em virtude da abertura de novas minas mais ricas, em vez de uma onça, conseguir duas, com o mesmo esforço de antes, o cereal pelo preço de 10 xelins por *bushel* será tão barato agora quanto antes pelo preço de 5 xelins, *caeteris paribus*." (William Petty, *A Treatise on Taxes and Contributions*. Lond., 1667, p. 31)

49 Depois que o prof. Roscher nos ensinou: "As falsas definições do dinheiro podem dividir-se em dois grupos principais: aqueles que o consideram mais e aqueles que o consideram menos que uma mercadoria", segue-se um catálogo embaralhado de escritos sobre o sistema monetário, em que também não transparece a mais remota compreensão da história real da teoria, e então vem a moral: "De resto não se pode negar que a maioria dos economistas mais jovens não tenha considerado suficientemente as especificidades que distinguem o dinheiro das demais mercadorias". (Portanto, também, mais ou menos como mercadoria?) "Nesse sentido, a reação semimercantilista de Ganilh etc. não é totalmente sem motivo" (Wilhelm Roscher, *Die Grundlagen der Nationalökonomie*, 3ª ed., 1858, pp. 207–10). Mais – menos – não suficientemente – nesse sentido – não totalmente! Que determinações conceituais! E semelhante prosa eclética professoral o Sr. Roscher batiza modestamente de "método anatômico-fisiológico" da Economia Política! Devemos-lhe, no entanto, uma descoberta, a saber, que o dinheiro é "uma mercadoria agradável".

50 A pergunta sobre por que o dinheiro não representa diretamente o próprio tempo de trabalho, de modo que, por exemplo, uma nota de papel represente *x* horas de trabalho, reduz-se simplesmente à pergunta sobre por que, na base da produção de mercadorias, os produtos de trabalho precisam representar-se como mercadorias, pois a representação de mercadoria implica sua duplicação em mercadoria e mercadoria monetária. Ou sobre por que o trabalho privado não pode ser tratado como seu contrário, trabalho diretamente social. Já tratei minuciosamente, em outra parte, do utopismo superficial de uma "moeda-trabalho" com base na produção de mercadorias. ([*Zur Kritik der*

politischen Oekonomie,] op. cit., pp. 61 ss.) Observaria ainda que, por exemplo, a "moeda-trabalho" de Owen é tão pouco "dinheiro" como um bilhete de teatro. Owen pressupõe trabalho diretamente socializado, uma forma de produção diametralmente oposta à produção de mercadorias. O certificado de trabalho constata apenas a participação individual do produtor no trabalho comum e seu direito individual à parte do produto comum destinada ao consumo. Porém, a Owen não ocorre pressupor a produção de mercadorias e, apesar disso, querer escamotear suas condições necessárias por meio de artimanhas monetárias.

51 O selvagem ou semisselvagem usa a língua de outro modo. O Capitão Parry observa, por exemplo, nos habitantes da costa ocidental da baía de Baffin: "Nesse caso" (ao intercambiar produtos) "[...] eles os lambiam" (o que lhes foi oferecido) "duas vezes com a língua, com o que pareciam considerar o negócio concluído satisfatoriamente" [W. E. Parry, *Journal of a Voyage for the Discovery of a North-West Passage from the Atlantic to the Pacific*, 2ª ed. London, 1821, pp. 277–78]. Do mesmo modo, entre os esquimós orientais, o permutante lambia o artigo ao recebê-lo. Portanto, se no Norte a língua serve de órgão de apropriação, não é de admirar que no Sul a barriga funcione como órgão de propriedade acumulada e que o cafre calcule a riqueza de um homem segundo a sua pança. Os cafres são tipos muito espertos, pois, enquanto o relatório oficial inglês sobre a saúde de 1864 deplora a falta de substâncias formadoras de gorduras em grande parte da classe trabalhadora, um certo Dr. Harvey, mas não aquele que descobriu a circulação do sangue, fez fortuna no mesmo ano por meio de receitas charlatanescas que prometiam livrar a burguesia e a aristocracia da carga de gordura excessiva.

52 Ver K. Marx, "Theorien von der Maßeinheit des Geldes" in *Zur Kritik etc.*, [op. cit.,] pp. 53 ss. [Ed. bras.: "Teorias sobre a unidade de medida do dinheiro", in *Contribuição à crítica da Economia Política*, trad. Florestan Fernandes. São Paulo: Expressão Popular, 2008. – N. E. B.]

53 Nota à 2ª edição. "Onde o ouro e a prata permanecem legalmente um ao lado do outro como dinheiro, isto é, como medida de valor, sempre se tentou, em vão, tratá-los como uma única e mesma matéria. Se admite-se que o mesmo tempo de trabalho tem de, imutavelmente, objetivar-se na mesma proporção de prata e de ouro, admite-se de fato que prata e ouro são a mesma matéria e que determinada quantidade do metal menos valioso, a prata, forma uma fração imutável de determinada massa de ouro. Do governo de Eduardo III até a época de Jorge II, a história do sistema monetário inglês perpassa uma série progressiva de perturbações resultante da colisão entre a fixação legal da relação de valor entre ouro e prata e suas reais oscilações de valor. Ora o ouro era avaliado em demasia, ora a prata. O metal subavaliado era retirado de circulação, fundido e exportado. A relação de valor de ambos os metais era, então, legalmente alterada, mas o novo valor nominal logo entrava no mesmo conflito com a relação de valor real, assim como o antigo. – Em nossa própria época, a queda muito fraca e passageira no valor do ouro em relação à prata, em consequência da demanda de prata na Índia e na China, produziu o mesmo fenômeno, em maior escala, na França: exportação da prata e sua expulsão da circulação pelo ouro. Durante os anos de 1855, 1856 e 1857, o excedente de importação de ouro pela França sobre a exportação de ouro pela França montou a 41 580 000 de libras esterlinas, enquanto o excedente de exportação de prata sobre

a importação de prata foi de 34704000 de libras esterlinas. De fato, em países ¦ 44 ¦ onde os dois metais são as medidas legais de valor, portanto onde ambos têm de ser aceitos em pagamento, mas qualquer um pode pagar à vontade em ouro e prata, o metal com valor em alta porta um ágio e mede, como qualquer outra mercadoria, seu preço no metal superavaliado, enquanto o último é o único que serve de medida de valor. Toda a experiência histórica nessa área se reduz simplesmente a que, onde duas mercadorias estão legalmente providas com a função de medida de valor, só uma delas se impõe como tal." (K. Marx, [*Zur Kritik der politischen Oekonomie*,] op. cit., pp. 52–53)

54 Nota à 2ª edição. A singularidade de, na Inglaterra, a onça de ouro como unidade do padrão monetário não estar dividida em partes alíquotas explica-se do seguinte modo: "Nosso sistema monetário originariamente estava adaptado apenas à utilização de prata – portanto, uma onça de prata pode sempre ser dividida em determinada alíquota de peças monetárias; visto, porém, que somente em época posterior o ouro foi introduzido num sistema de moedas que estava adaptado apenas à prata, uma onça de ouro não poderia ser cunhada numa alíquota de moedas". ([James] Maclaren, [*A Sketch of the*] *History of the Currency*. London, 1858, p. 16)

55 Nota à 2ª edição. Nos escritos ingleses, é indizível a confusão a respeito de medida dos valores (*measure of values*) e padrão dos preços (*standard of value*). As funções e, portanto, seus nomes são constantemente trocados.

56 De resto, ela também não possui validade histórica universal.

57 ¦ 51 Nota à 2ª edição. Assim, a libra inglesa significa menos de um terço de seu peso original, a libra escocesa antes da *Union* apenas 1/36, a libra francesa 1/74, o maravedi espanhol menos de 1/1 000, o real português uma proporção ainda muito menor. ¦ [*Union*: a união entre Inglaterra e Escócia, que se deu em 1707, ligou definitivamente a última à primeira. O Parlamento escocês foi dissolvido e todas as barreiras econômicas entre os dois países foram removidas. – N. E. A.]

58 ¦ 49 Nota à 2ª edição. As moedas cujas denominações hoje são apenas ideais são as mais antigas em todas as nações; outrora foram todas reais e, justamente porque foram reais, calculava-se com elas [*Le monete le quali oggi sono ideali sono le più antiche d'ogni nazione, e tutte furono un tempo reali, e perchè erano reali con esse si contava*]. (Galiani, *Della moneta*, op. cit., p. 153) ¦

59 ¦ 50 Nota à 2ª edição. O Sr. David Urquhart observa, em suas *Familiar Words*, a monstruosidade (!) de que hoje em dia uma libra (£ esterlina), a unidade do padrão monetário inglês, seja aproximadamente igual a 1/4 de onça de ouro: "Isso é falsificação de uma medida, e não fixação de um padrão" [p. 105]. Ele vê nessa "falsa denominação" do peso do ouro, como em tudo o mais, a mão falsificadora da civilização. ¦

60 Nota à 2ª edição. "Quando se perguntou a Anacársis para que os helenos precisavam de dinheiro, respondeu ele: para fazer contas." (Athen[aeus], *Deipn*[*osophistae*], Livro IV, 49, v. 2, [p. 120,] ed. Schweighäuser, 1802)

61 Nota à 2ª edição. "Uma vez que o ouro, como padrão dos preços, aparece com denominações de conta iguais às dos preços das mercadorias, ¦ 52 ¦ de forma que, por exemplo, uma onça de ouro, tanto quanto o valor de uma tonelada de ferro, é expressa em 3 libras esterlinas, 17 xelins e 10½ pence, essas suas denominações de conta foram designadas como o seu preço monetário. Surgiu, por isso, essa estranha concepção de que o ouro (ou a prata) seria

¦ 53 avaliado em seu próprio material ¦ e, diferentemente das outras mercadorias, receberia do Estado um preço fixo. Confundiu-se a fixação dessas denominações de conta de determinados pesos de ouro com a fixação do valor desses pesos." (K. Marx, [*Zur Kritik der politischen Oekonomie*,] op. cit., p. 52)

62 Ver "Theorien von der Maßeinheit des Geldes", in *Zur Kritik der pol. Oekon. etc.*, [op. cit.,] pp. 53 ss. ["Teorias sobre a unidade de medida do dinheiro", in *Contribuição à crítica da Economia Política*, op. cit. – N. E. B.] As fantasias sobre o aumento ou a diminuição do "preço da moeda", que consistem em as denominações monetárias legais de pesos legalmente fixados de ouro ou prata serem transferidas para pesos maiores ou menores pelo Estado, passando-se a cunhar ¼ de onça de ouro em 40 xelins, em vez de em 20 – essas fantasias, na medida em que não objetivem operações financeiras inábeis contra credores públicos ou privados, mas sim "curas milagrosas" econômicas, já foram tratadas tão exaustivamente por Petty em *Quantulumcunque Concerning Money. To the Lord Marquis of Halifax*, 1682, que seus sucessores imediatos, Sir Dudley North e John Locke, para não falar nos posteriores, puderam apenas vulgarizá-las. "Se a riqueza de uma nação", diz ele, entre outras coisas, "pudesse ser decuplicada por meio de um decreto, seria de estranhar que nossos governos não tivessem já há muito tempo promulgado tais decretos." (Ibid., p. 36)

63 "Ou então se deve reconhecer que um milhão em dinheiro vale mais que um valor igual em mercadorias" (Le Trosne, ["De l'intérêt social",] op. cit., p. 919), portanto "que um valor vale mais que outro igual."

64 Se São Jerônimo, em sua juventude, teve de batalhar muito contra a carne material, como o demonstra sua luta no deserto com as imagens de lindas mulheres, assim também, na velhice, contra a carne espiritual. "Eu acreditei", diz ele, por exemplo, "estar em espírito diante do juiz do mundo." "Quem és tu?", perguntou uma voz. "Eu sou um cristão." "Tu mentes", trovejou o juiz do mundo. "Tu és apenas um ciceroniano." [Marx cita aqui São Jerônimo, "Epístola a Eustóquia – sobre a conservação da virgindade". – N. E. A.]

65 "Do [...] fogo, entretanto, provém tudo, disse Heráclito, e de tudo o fogo, como do ouro os bens e dos bens o ouro" (F. Lassalle, *Die Philosophie Herakleitos des Dunklen*. Berlin, 1858. Livro I, p. 222). Nota de Lassalle a essa passagem, p. 224, n. 3, declara o dinheiro, incorretamente, como mero signo de valor.

66 "Toda venda é compra" (Dr. Quesnay, "Dialogues sur le commerce et les travaux des artisans", [in] *Physiocrates*, I, org. Daire. Paris, 1846, p. 170), ou como Quesnay, em suas *Maximes générales*, diz: "Vender é comprar". [Essa citação de Quesnay encontra-se na obra de Dupont de Nemours, "Maximes du Docteur Quesnay, ou résumé de ses principes d'économie sociale", in *Physiocrates*, I [...], ed. Eugène Daire. Paris, 1846, p. 392. – N. E. A.]

67 "O preço de uma mercadoria pode apenas ser pago com o preço de outra mercadoria." (Mercier de la Rivière, "L'ordre naturel et essentiel des sociétés politiques", in *Physiocrates*, II, org. Daire, p. 554)

68 "Para ter esse dinheiro, é preciso ter vendido." ([Mercier de la Rivière, "L'ordre naturel et essentiel des sociétés politiques",] op. cit., p. 543)

69 Constitui exceção, como já foi observado anteriormente, o produtor de ouro (ou prata), que intercambia seu produto sem o ter vendido antes.

70 "Se o dinheiro em nossas mãos representa as coisas que podemos desejar comprar, representa também as coisas que vendemos por esse dinheiro." (Mercier de la Rivière, ["L'ordre naturel et essentiel des sociétés politiques",] op. cit., p. 586)

71 "Existem, portanto, quatro pontos finais e três contratantes, dos quais um intervém duas vezes." (Le Trosne, ["De l'intérêt social",] op. cit., p. 909)

72 Nota à 2ª edição. Apesar de esse fenômeno ser tão evidente, não é notado pelos economistas políticos, na maioria das vezes, nomeadamente pelo livre-cambista vulgaris.

73 Compare com minhas observações sobre James Mill, *Zur Kritik etc.*, [op. cit.,] pp. 74-76. Dois pontos são característicos, aqui, para o método da apologética economicista. Primeiro, a identificação de circulação das mercadorias e a troca direta dos produtos por meio da simples abstração de suas diferenças. Segundo, a tentativa de escamotear as contradições do processo de produção capitalista ao dissolver as relações de seus agentes de produção nas relações simples que se originam da circulação de mercadorias. Produção de mercadorias e circulação de mercadorias são, porém, fenômenos que pertencem aos mais diferentes modos de produção, embora com extensão e alcance diferentes. Ainda não se sabe, portanto, nada sobre a *differentia specifica* [diferença específica] desses modos de produção e, assim, não se podem julgá-los quando se conhecem apenas as categorias abstratas da circulação de mercadorias que lhes são comuns. Em nenhuma outra ciência, além da Economia Política, predomina tanta pretensão fundada em vulgaridades elementares. Por exemplo, J.-B. Say se arroga julgar as crises porque sabe que a mercadoria é produto.

74 Mesmo se a mercadoria é vendida repetidas vezes, um fenômeno que não existe ainda aqui para nós, ela sai com a última venda definitiva da esfera de circulação para a de consumo, a fim de servir aqui de meio de subsistência ou de meio de produção.

75 "Ele" (o dinheiro) "não tem nenhum outro movimento além daquele que lhe é dado por meio dos produtos." (Le Trosne, ["De l'intérêt social",] op. cit., p. 885)

76 "São os produtos que o põem" (o dinheiro) "em movimento e o fazem circular. [...] Por meio da velocidade de seu" (isto é, do dinheiro) "movimento, é complementada sua quantidade. Se necessário, desliza apenas de uma mão à outra, sem se deter um momento." (Le Trosne, ["De l'intérêt social",] op. cit., pp. 915-16)

77 "Como o dinheiro [...] representa a medida comum para compra e venda, qualquer um que tenha algo para vender e não encontre comprador está imediatamente propenso a pensar que a culpa por suas mercadorias não encontrarem saída é da falta de dinheiro no *kingdom* [reino] ou no país; daí a gritaria por toda parte contra a falta de dinheiro, o que, entretanto, é um grande erro. [...] De que precisam essas pessoas que gritam por dinheiro? [...] O arrendatário queixa-se, [...] ele pensa que, se houvesse mais dinheiro no país, poderia obter um preço para seus bens. [...] Então, parece que lhe falta não dinheiro, porém um preço para seu grão e seu gado, que ele gostaria de vender, mas não pode. [...] Por que ele não pode conseguir um preço? [...] 1) Ou há cereal e gado demais no país e a maioria dos que vão ao mercado tem, como ele, necessidade de vender, tendo poucos a de comprar, ou 2) a saída habitual, por meio de exportação, paralisa-se [...], ou 3) o consumo reduz-se quando, por exemplo, as pessoas, em consequência da pobreza, já não despendem tanto para a manutenção doméstica como antes. Por isso, não é o aumento do dinheiro, puro e simples, que repercutiria favoravelmente sobre os bens do arrendatário, mas sim a eliminação de

uma dessas três causas que realmente deprimem o mercado. [...] Comerciante e merceeiro necessitam igualmente de dinheiro, isto é, como os mercados param, falta-lhes saída para os bens com os quais negociam. [...] Uma nação nunca prospera mais do que quando as riquezas passam rapidamente de mão em mão." (Sir Dudley North, *Discourses upon Trade*. Lond., 1691, pp. 11–15 ss.) Todos os embustes de Herrenschwand se resumem na ideia de que as contradições que se originam da natureza da mercadoria, e, portanto, aparecem na circulação mercantil, podem ser suprimidas mediante aumento do meio de circulação. Da ilusão popular que atribui a paralisação dos processos de produção e circulação a uma falta de meio de circulação não segue, de modo algum, o oposto, ou seja, que a falta real de meio de circulação, por exemplo em consequência de trapalhadas oficiais com a *regulation of currency* [*regulação do curso monetário*], não possa, por seu lado, provocar paralisações.

78 "Existem determinadas medida e proporção de dinheiro necessárias para manter em marcha o comércio de uma nação; se mais ou menos, provocariam nele uma quebra. Assim como num pequeno estabelecimento varejista é necessária certa quantidade de *farthings* [antiga moeda britânica no valor de ¼ de pêni] para trocar moedas de prata e fazer pagamentos que não possam ser efetuados com as menores moedas de prata. [...] Assim como a proporção numérica de *farthings* necessários para o comércio depende do número de compradores, da frequência de suas compras e, sobretudo, também do valor da menor moeda de prata, de modo semelhante a proporção do dinheiro necessária para nosso comércio (moedas de ouro e prata) é determinada pela frequência das transações e pelo tamanho dos pagamentos" (William Petty, *A Treatise on Taxes and Contributions*. Lond., 1667, p. 17). A. Young defendeu a teoria de Hume, contra J. Steuart e outros, em seu *Political Arithmetic*, Lond., 1774, num capítulo próprio: "Prices Depend on Quantity of Money", pp. 112 ss. Eu observo em *Zur Kritik etc.*, [op. cit.,] p. 149: "A questão da quantidade de moeda circulante ele (Adam Smith) suprime tacitamente, ao tratar o dinheiro de modo totalmente errôneo, como simples mercadoria". Isso vale apenas na medida em que A. Smith trata *ex officio* [explicitamente] do dinheiro. Ocasionalmente, entretanto, por exemplo na crítica aos sistemas mais antigos da Economia Política, ele se pronuncia corretamente: "A quantidade de dinheiro cunhado de cada país é regulada por meio do valor das mercadorias, cuja circulação ele tem de mediar. [...] O valor dos bens comprados e vendidos anualmente num país exige certa quantidade de dinheiro para fazê-los circular e distribuí-los aos seus verdadeiros consumidores, mas não pode criar nenhuma aplicação para mais dinheiro. O canal da circulação atrai necessariamente uma soma que é suficiente para preenchê-lo, mas nunca absorve uma maior" (*Wealth of Nations*, [v. III,] l. IV, cap. I [pp. 87–89]). De forma semelhante, A. Smith inicia sua obra *ex officio* com uma apoteose da divisão do trabalho. Depois, no último livro sobre as fontes das rendas do Estado, ele reproduz, ocasionalmente, a denúncia da divisão do trabalho, de A. Ferguson, seu mestre.

79 "Os preços das coisas subirão seguramente em cada país, na medida em que cresce a quantidade de ouro e prata entre as pessoas; por conseguinte, quando o ouro e a prata num país se reduzem, os preços de todas as mercadorias devem cair também proporcionalmente a essa diminuição do dinheiro" (Jacob Vanderlint,

Money Answers All Things. Lond., 1734, p. 5). Uma comparação mais pormenorizada entre Vanderlint e os *Essays* de Hume não deixa a mim a menor dúvida de que Hume conheceu e utilizou o escrito, aliás significativo, de Vanderlint. A ideia de que o volume do meio de circulação determina os preços encontra-se também em Barbon e em outros escritores ainda muito mais antigos. "Nenhuma inconveniência", diz Vanderlint, "pode surgir do comércio desimpedido, mas apenas grandes vantagens, pois, quando a quantidade de dinheiro efetivo da nação for diminuída por meio dele, o que as medidas de proibição devem impedir, as outras nações, para as quais flui o dinheiro, verificarão certamente que os preços de todas as coisas subirão na medida em que nelas crescer a quantidade de dinheiro efetivo. E [...] nossos produtos de manufatura e todas as outras mercadorias logo ficarão tão baratos que a balança comercial outra vez se tornará favorável a nós e, em consequência disso, o dinheiro flui de volta para nós." (Ibid., pp. 43–44)

80 É evidente que cada tipo individual de mercadoria constitui, por meio de seu preço, um elemento da soma dos preços de todas as mercadorias em circulação. Porém, é totalmente incompreensível como valores de uso incomensuráveis entre si devem trocar-se *en masse* [em massa] com a massa de ouro ou prata existente num país. Se ardilosamente se converte o mundo das mercadorias em uma única mercadoria total, da qual cada mercadoria constitui apenas uma parte alíquota, obtém-se o lindo exemplo aritmético: mercadoria total = x quintais de ouro. Mercadoria A = parte alíquota da mercadoria total = a mesma parte alíquota de x quintais de ouro. Montesquieu expressa isso honestamente: "Se se compara a massa de ouro e prata existente no mundo com a soma das mercadorias existentes, do mesmo modo pode-se certamente comparar cada produto específico, isto é, mercadoria, com uma quantidade determinada de dinheiro. Suponhamos que exista apenas um único produto, ou seja, uma única mercadoria, no mundo, ou que apenas uma seja comprada, e que ela seja divisível, da mesma forma que o dinheiro: certa parte dessa mercadoria corresponderá então à parte da massa de dinheiro; a metade da totalidade das mercadorias à metade da massa total de dinheiro etc. [...] a determinação dos preços das mercadorias depende sempre, fundamentalmente, da relação entre a quantidade total das mercadorias e a quantidade total dos signos monetários" (Montesquieu, [*De l'esprit des lois*,] op. cit., t. III, pp. 12–13). Sobre o desenvolvimento ulterior dessa teoria por Ricardo, seu discípulo James Mill, Lorde Overstone etc., compare-se *Zur Kritik etc.*, [op. cit.,] pp. 140–46, 150 ss. O Sr. J. St. Mill consegue, com sua habitual lógica eclética, adotar o ponto de vista de seu pai, J. Mill, e simultaneamente o oposto. Compare-se o texto de seu compêndio *Princ. of Pol. Econ.* com o prefácio (primeira edição), no qual ele mesmo se anuncia como o Adam Smith contemporâneo, então não se sabe o que mais admirar, se a ingenuidade do homem ou a do público que o aceita credulamente como um Adam Smith, com o qual ele se assemelha tanto quanto o General [William Fenwick] Williams, de Kars, ao Duque de Wellington. As pesquisas originais do Sr. J. St. Mill, nem extensas nem ricas em conteúdo, no campo da Economia Política, desfilam todas em formação em sua brochurinha aparecida em 1844: *Some Unsettled Questions of Political Economy*. Locke enuncia diretamente a conexão entre a inexistência de valor em ouro e prata e a determinação de seu valor por meio da quantidade. "Tendo a humanidade acordado em conferir ao ouro e à prata um valor imaginário [...] o valor intrínseco, que se observa nesses metais, é nada mais que a sua quantidade." (*Some Considerations etc.* 1691, in *Works*, v. II. Ed. 1777, p. 15)

81 Está, naturalmente, muito além do meu objetivo tratar de detalhes como cunhagem e outros semelhantes. A propósito da admiração que o sicofanta romântico Adam Müller devota à "grandiosa liberalidade" com a qual "o governo inglês cunha gratuitamente", vejamos o seguinte parecer de Sir Dudley North: "Prata e ouro apresentam, como outras mercadorias, suas cheias e vazantes. Quando chega um carregamento da Espanha, [...] ele é trazido ao Tower e cunhado. Não muito depois, surge a demanda por barras para a exportação. Quando não há nenhuma disponível, no entanto, porque todas estão, por acaso, cunhadas, o que fazer? Fundi-las de novo; isso não significa nenhuma perda, pois cunhar não custa nada ao proprietário. Mas a nação tem o prejuízo, pois ela paga pelo entrançar da palha com que depois se alimenta o burro. Se o comerciante" (North era ele mesmo um dos maiores comerciantes ao tempo de Charles II) "tivesse de pagar um preço pela cunhagem, não enviaria sua prata ao Tower sem refletir, e dinheiro cunhado teria sempre um valor mais alto que prata não amoedada" (North, [*Discourses upon Trade*,] op. cit., p. 18). Adam Heinrich Müller, *Die Elemente der Staatskunst*, v. II. Berlin, 1809, p. 280. – N. E. A.]

82 "Quando já não há dinheiro de prata além do necessário para os pequenos pagamentos, ele não pode ser reunido em quantidades suficientes para pagamentos maiores. [...] O uso de ouro para grandes pagamentos implica também, necessariamente, seu uso no comércio varejista: quem possui moedas de ouro usa-as também para compras menores e recebe de volta, com as mercadorias compradas, o resto em prata; assim, o resto excedente em prata, que de outra maneira pesaria ao comerciante varejista, é retirado deste e lançado de volta na circulação geral. Quando, porém, existe tanta prata que os pequenos pagamentos podem ser realizados independentemente do ouro, então o varejista recebe prata por pequenas compras, que será necessariamente acumulada por ele." (David Buchanan, *Inquiry into the Taxation and Commercial Policy of Great Britain*. Edinburgh, 1844, pp. 248–49)

83 O mandarim das finanças Wan-mao-in se permitiu submeter ao Filho do Céu um projeto cujo objetivo secreto era transformar os *assignats* imperiais chineses em cédulas bancárias conversíveis. No relatório do comitê de *assignats* de abril de 1854, recebeu merecida reprimenda. Se ele recebeu também as obrigatórias vergastadas de bambu, não está relatado. "O comitê", diz o final do relatório, "examinou atentamente seu projeto e acha que tudo nele resulta vantajoso para os comerciantes e em nada há vantagem para a Coroa" (*Arbeiten der Kaiserlich Russischen Gesandtschaft zu Peking über China*, v. I. Aus dem Russischen von Dr. K. Abelund F. A. Mecklenburg. Berlin, 1858, p. 54). Sobre a contínua desmetalização das moedas de ouro mediante seu curso, diz um *governor* do Bank of England, como testemunha perante o House of Lord's Committee (sobre *Bank acts* [leis bancárias]): "Todo ano uma nova classe de *sovereigns* [soberanos]" (estes não políticos, pois *sovereign* é o nome da libra esterlina) "torna-se leve demais. A classe que, num ano, tem peso pleno perde, no seguinte, pelo desgaste, o bastante para tornar-lhe a balança desfavorável". (*House of Lord's Committee*, 1848, n. 429)

84 Nota à 2ª edição. A falta de clareza na concepção das diferentes funções do dinheiro, mesmo nos melhores escritores sobre o sistema monetário, é demonstrada, por exemplo, pela seguinte passagem de Fullarton: "Quanto à nossa troca interna, todas as funções do dinheiro, que são costumeiramente preenchidas por moedas de ouro e prata, podem ser desempenhadas com a mesma eficácia por uma circulação de notas não conversíveis, que não têm nenhum outro valor senão esse valor artificial e fundamentado em convenção que receberam por lei – um fato que, penso eu, não pode ser contestado. Um valor dessa espécie poderia servir a todos os objetivos de um valor intrínseco e até mesmo tornar supérflua a necessidade de um padrão de valor, desde que a quantidade de suas emissões seja mantida dentro dos limites pertinentes" (Fullarton, *Regulation of Currencies*, 2ª ed. London, 1845, p. 21). Portanto, como a mercadoria monetária pode ser substituída na circulação por meros signos de valor, ela é supérflua como medida dos valores e padrão dos preços!

85 Do fato de ouro e prata, enquanto moeda ou na função exclusiva de meio de circulação, tornarem-se símbolos deles mesmos, Nicholas Barbon deriva o direito dos governos *to raise money* [de aumentar o dinheiro], isto é, por exemplo, dar a um *quantum* de prata chamado grosso [*Groschen*] a denominação de um *quantum* maior de prata, como o táler, e assim pagar os credores com grossos, em vez de táleres. "Dinheiro se desgasta e torna-se mais leve pelas múltiplas vezes que é contado. [...] É a denominação e o câmbio do dinheiro o que as pessoas que comerciam observam, e não a quantidade de prata. [...] É a autoridade do Estado que faz do metal dinheiro." (N. Barbon, ["A Discourse on Coining the New Money Lighter",] op. cit., pp. 29–30, 25)

86 "Riqueza em dinheiro nada mais é [...] que a riqueza em produtos que foram transformados em dinheiro" (Mercier de la Rivière, ["L'ordre naturel et essentiel des sociétés politiques",] op. cit., p. 573). "Um valor na forma de produtos apenas mudou de forma." (Ibid., p. 486)

87 "Por meio dessa medida, eles mantêm tão baixos os preços de todos os bens e manufaturados." (Vanderlint, [*Money Answers All Things*,] op. cit., pp. 95–96)

88 "Dinheiro é um penhor." (John Bellers, *Essays about the Poor, Manufacturers, Trade, Plantations, and Immorality*. Lond., 1699, p. 13)

89 Compra em sentido categórico pressupõe ouro ou prata como figura já transformada da mercadoria ou como produto da venda.

90 Henrique III, rei cristianíssimo da França, rouba aos mosteiros etc. suas relíquias para convertê-las em moeda corrente. Sabe-se qual papel desempenhou o roubo dos tesouros do templo de Delfos pelos fócios na história grega. Para o deus das mercadorias, o templo, na Antiguidade, servia de moradia. Eles eram "bancos sagrados". Aos fenícios, um povo comerciante *par excellence*, o dinheiro valia como a figura alienada de todas as coisas. Era, portanto, lógico que as virgens que se entregavam aos estranhos por ocasião da festa da deusa do amor ofertassem à deusa a moeda recebida em pagamento.

91 *Ouro! Ouro vermelho, fulgurante, precioso!*
Uma porção dele faz do preto branco, do feio bonito;
Do ruim bom, do velho jovem, do covarde valente, do vilão nobre.
[...]
Ó deuses! Por que isso? Por que isso, deuses;
Ah, isso vos afasta o sacerdote do altar;
E arranca o travesseiro do que nele repousa;
Sim, esse escravo vermelho ata e desata
Vínculos sagrados; abençoa o amaldiçoado;
Faz a lepra adorável; honra o ladrão,
Dá-lhe títulos, genuflexões e influência,
No conselho dos senadores;
Traz pretendentes à viúva carregada de anos;

[...]
Metal maldito,
És da humanidade a comum prostituta.
(Shakespeare, *Timão de Atenas*)

92 *Nada suscitou nas pessoas tantas ignomínias*
Como o ouro. É capaz de arruinar cidades,
De expulsar os homens de seus lares;
Seduz e deturpa o espírito nobre
Dos justos, levando-os a ações abomináveis;
Ensina aos mortais os caminhos da astúcia e da perfídia,
E os induz a cada obra amaldiçoada pelos deuses.
(Sófocles, *Antígona*)

93 "A avareza espera arrancar o próprio Plutão do interior da Terra." (Athen[aeus], *Deipnos*[*ophistae*, op. cit.])

94 "Aumentar o mais possível o número dos vendedores de cada mercadoria, diminuir o mais possível o número dos compradores, esses são os pontos cruciais em torno dos quais giram todas as medidas da Economia Política." (Verri, [*Meditazioni sulla Economia Politica*,] op. cit., pp. 52–53)

95 "Para comerciar, cada nação precisa de uma soma determinada de *specifick money*, que varia, sendo uma vez maior, outra vez menor, conforme exijam as circunstâncias. [...] Essas cheias e vazantes de dinheiro regulam-se por si mesmas, sem nenhuma ajuda dos políticos. [...] Os baldes trabalham alternadamente: quando é escasso o dinheiro, amoedam-se barras; sendo escassas as barras, fundem-se moedas" (Sir D. North, [*Discourses upon Trade*,] op. cit. [postscript], p. 3). John Stuart Mill, durante muito tempo funcionário da Companhia das Índias Orientais, confirma que na Índia os ornamentos de prata ainda funcionam diretamente como tesouro. Os "ornamentos de prata são levados à cunhagem quando há uma alta taxa de juros; eles voltam quando a taxa de juros cai". ("J. St. Mill's Evidence", in *Repts. on Bank acts*. 1857, n. 2084, 2101). Segundo um documento parlamentar de 1864 sobre a importação e exportação de ouro e prata na Índia, em 1863 a importação de ouro e prata ultrapassou a exportação em 19367764 libras esterlinas. Nos últimos oito anos antes de 1864, o excedente da importação sobre a exportação dos metais preciosos montou a 109652917 libras esterlinas. No curso deste século, cunharam-se na Índia bem mais de 200000000 de libras esterlinas. [Ver "East India (Bullion). Return to an Address of the Honourable House of Commons, dated 8 February 1864." – N. E. A.]

96 Lutero distingue dinheiro como meio de compra e como meio de pagamento. "Fazes de mim um gêmeo do avarento, de modo que não posso pagar aqui nem comprar ali." (Martin Luther [Martinho Lutero], *An die Pfarrherrn, wider den Wucher zu predigen* [Aos pastores, para que preguem contra a usura]. Wittenberg, 1540) [Nós citamos Lutero conforme a 4ª edição de *O capital*. – N. E. A.]

97 Sobre as relações entre devedor e credor, entre os comerciantes ingleses, no início do século XVIII: "Entre os comerciantes, aqui na Inglaterra, reina tal espírito de crueldade que não se encontra em nenhuma outra sociedade humana nem em nenhum outro país do mundo". (*An Essay on Credit and the Bankrupt Act*. Lond., 1707, p. 2)

98 Nota à 2ª edição. Vê-se, pela seguinte citação de meu escrito surgido em 1859, por que, no texto, não tomo em consideração uma forma oposta: "Inversamente, o dinheiro pode, no processo *D–M*, ser alienado como verdadeiro meio de compra e, assim, o preço da mercadoria ser realizado antes de o valor de uso do dinheiro realizar-se ou a mercadoria alienar-se. Isso ocorre, por

exemplo, na forma costumeira dos pagamentos adiantados. Ou na forma em que o governo inglês [...] compra o ópio dos Ryots na Índia. Desse modo, porém, o dinheiro atua somente na forma já conhecida como meio de compra. [...] Naturalmente que também se adianta capital sob a forma de dinheiro. [...] Mas esse aspecto não cabe no horizonte da circulação simples". (*Zur Kritik etc.*, [op. cit.,] pp. 119–20)

99 Deve-se distinguir bem a crise monetária, definida no texto como fase particular de cada crise geral de produção e comércio, do tipo especial de crise a que também se chama crise monetária, mas que pode aparecer independentemente, de modo que só afeta a indústria e o comércio por repercussão. Trata-se de crises cujo movimento se centra no capital monetário e, por isso, bancos, Bolsas de Valores e finanças são sua esfera imediata. (Nota de Marx à 3ª edição)

100 "Esse salto brusco do sistema de crédito para o sistema monetário acrescenta o susto teórico ao pânico prático: e os agentes da circulação estremecem perante o mistério impenetrável de suas próprias relações" (K. Marx, [*Zur Kritik etc.*,] op. cit., p. 126). "Os pobres não têm trabalho porque os ricos não têm dinheiro para empregá-los, embora possuam as mesmas terras e as mesmas forças de trabalho que antes para poder produzir alimentos e roupas; mas são elas que constituem a verdadeira riqueza de uma nação, e não o dinheiro." (John Bellers, *Proposals for Raising a Colledge of Industry*. Lond., 1696, pp. 3–4)

101 Como tais momentos são explorados pelos *amis du commerce* [amigos do comércio]: "Certa ocasião" (1839) "um velho e ávido banqueiro" (da City) "levantou a tampa da escrivaninha à qual sentava, em sua sala privada, e exibiu a um amigo maços de cédulas bancárias; com prazer efusivo, ele contou que eram 600 000 libras esterlinas que teriam sido retidas para tornar o dinheiro escasso e que seriam todas postas em circulação depois das 3 horas, no mesmo dia" ([H. Roy,] *The Theory of the Exchanges. The Bank Charter Act of 1844*. Lond., 1864, p. 81). O órgão semioficial *The Observer* relata que, no dia 24 de abril de 1864: "Estão circulando rumores muito estranhos sobre os meios empregados com o fim de provocar uma escassez de cédulas bancárias. [...] Por mais questionável que possa parecer admitir-se que truques desse tipo pudessem ter sido empregados, difundiu-se tanto a notícia a respeito que, de fato, ela tem de ser mencionada".

102 "O volume de vendas ou contratos realizados durante um dia determinado não influi na quantidade de dinheiro que circula nesse dia, mas, na grande maioria dos casos, vai se traduzir em múltiplas emissões de letras de câmbio sobre a quantidade de dinheiro que poderá estar em curso no futuro, em dias mais ou menos distantes. As letras concedidas ou créditos abertos hoje não precisam, no que diz respeito ao seu número, montante ou prazo, ter nenhuma semelhança com aqueles que foram concedidos ou aceitos para amanhã ou depois de amanhã; antes, pelo contrário, muitos dos créditos e das letras de hoje, quando vencidos, se cobrem com um montante de obrigações cuja origem se distribui por uma série de datas anteriores, totalmente indeterminadas. Letras de câmbio com prazos de 12 meses, 6, 3 ou 1 coincidem muitas vezes de tal modo que aumentam extraordinariamente as obrigações vencidas em determinado dia." (*The Currency Theory Reviewed; a Letter to the Scotch People*. By a Banker in England. Edinburgh, 1845, pp. 29–30 ss.)

103 Como um exemplo de quão pequena é a quantidade de dinheiro real que entra nas verdadeiras operações comerciais, segue aqui o esquema de uma das maiores casas de comércio de Londres (Morrison,

Dillon & Co.) sobre seus recebimentos e pagamentos monetários anuais. Suas transações, no ano de 1856, que abrangem muitos milhões de libras, estão reduzidas à escala de um milhão.

Recebimentos	£
Letras de banqueiros e comerciantes pagáveis a prazo	553 596
Cheques de banqueiros etc. pagáveis à vista	357 715
Notas bancárias provinciais	9 627
Notas do Bank of England	68 554
Ouro	28 089
Prata e cobre	1 486
Post Office Orders [vales-postais]	933
TOTAL	1 000 000

Pagamentos	£
Letras pagáveis a prazo	302 674
Cheques sobre banqueiros de Londres	663 672
Notas do Bank of England	22 743
Ouro	9 427
Prata e cobre	1 484
TOTAL	1 000 000

(*Report from the Select Committee on the Bank Acts*, jul. 1858, p. LXXI)

104 "O caráter do comércio mudou de tal maneira que agora, em vez da troca de bens por bens ou entrega e recepção, há venda e pagamento e todos os negócios [...] apresentam-se atualmente como negócios puros de dinheiro." (D. Defoe, *An Essay upon Publick Credit*, 3ª ed. Lond., 1710, p. 8)

105 "O dinheiro tornou-se o verdugo de todas as coisas." A arte financeira é "a retorta na qual se evaporou uma quantidade assustadora de bens e mercadorias a fim de obter esse fatal extrato". "O dinheiro declara guerra a todo o gênero humano." (Boisguillbert, "Dissertation sur la nature des richesses, de l'argent et des tributs", org. Daire. *Économistes Financiers*, t. I. Paris, 1843, pp. 413, 419, 417, 418)

106 "Segunda-feira de Pentecostes de 1824", conta o Sr. Craig à comissão de investigação parlamentar de 1826, "havia uma demanda tão imensa por cédulas bancárias em Edimburgo que, às 11 horas, já não tínhamos nenhuma nota sob nossa custódia. Dirigimo-nos aos diferentes bancos, um após o outro, para obter algumas emprestadas, mas não foi possível, e muitas transações só puderam ser acertadas por meio de *slips of paper* [pedaços de papel]. Às 3 horas da tarde, porém, diversas cédulas já haviam retornado aos bancos dos quais haviam saído. Elas apenas tinham mudado de mãos." Embora a circulação média efetiva das cédulas bancárias na Escócia importe em menos de 3 milhões de libras esterlinas, são postas em atividade em diversos dias de pagamento do ano todas as notas que se encontram na posse dos banqueiros, num total de cerca de 7 milhões de libras esterlinas. Nessas ocasiões, as notas têm de exercer uma função única e específica e, tão logo esta é exercida, refluem aos respectivos bancos dos quais saíram (John Fullarton, *Regulation of Currencies*, 2ª ed. Londres, 1845, nota à p. 86). A título de esclarecimento, acrescente-se que na Escócia, ao tempo do escrito de Fullarton, não se emitiam cheques, mas só notas para os depósitos.

107 À pergunta "Se houvesse a necessidade de movimentar 40 milhões por ano, bastariam os mesmos 6 milhões" (de ouro) "para os giros e ciclos que se dão por exigência do comércio?", Petty responde com sua costumeira mestria: "Eu respondo sim: para a quantia de 40 milhões bastariam 40/52 de 1 milhão, se os ciclos durassem um período tão curto, isto é, semanal, como acontece com pobres artesãos e trabalhadores, que recebem e pagam todos os sábados; se, porém, os prazos forem trimestrais, conforme nosso costume de pagar arrendamento e de coletar impostos, então seriam necessários 10 milhões. Se supusermos, portanto, que os pagamentos geralmente ocorrem em prazos diferentes, entre 1 e 13 semanas, então é preciso adicionar 10 milhões a 40/52, cuja metade é cerca de 5½ milhões, de modo que 5½ milhões seriam suficientes". (William Petty, *Political Anatomy of Ireland*, 1672. Edit. Lond., 1691, pp. 13–14) [Marx cita aqui o escrito de Petty, *Verbum sapienti*, que foi publicado como suplemento da obra *Political Anatomy of Ireland*. – N. E. A.]

108 Daí a inadequação de qualquer legislação que prescreva aos bancos nacionais só entesourarem o metal precioso que funciona como dinheiro no interior do país. Os "doces impedimentos" assim autoimpostos do Bank of England, por exemplo, são conhecidos. Sobre as grandes épocas históricas da mudança do valor relativo do ouro e da prata, ver K. Marx, [*Zur Kritik etc.*,] op. cit., pp. 136 ss. – Acréscimo à 2ª edição: Sir Robert Peel procurou, em sua lei bancária de 1844, remediar esse mal, permitindo ao Bank of England emitir notas garantidas por barras de prata, de tal maneira, porém, que a reserva de prata nunca foi mais que ¼ da reserva de ouro. O valor da prata estima-se, nesse caso, segundo seu preço de mercado (em ouro) no mercado de Londres. {À 4ª edição. – Encontramo-nos, de novo, numa época de grande mudança do valor relativo do ouro e da prata. Há cerca de 25 anos, a relação de valor do ouro com a prata era de 15½:1, hoje é de aproximadamente 22:1, e a prata está caindo ainda continuamente em relação ao ouro. Isso é essencialmente a consequência de uma mudança no modo de produção de ambos os metais. Antigamente, extraía-se o ouro quase exclusivamente por meio da lavagem de camadas aluviais, produto da erosão de rochas auríferas. Agora já não basta esse método, que foi relegado a segundo plano pelo processamento dos próprios filões auríferos de quartzo, método que, embora bem conhecido dos antigos (Diodor [Diodoro Sículo], III, 12–14), era utilizado antes apenas em segundo lugar. Por outro lado, não apenas se descobriram novas jazidas de prata imensas a oeste das montanhas Rochosas americanas, mas também estas e as minas de prata mexicanas foram abertas ao tráfego por vias férreas, possibilitando a introdução de maquinaria moderna e de combustíveis e, desse modo, a extração de prata em maior escala e a custos mais baixos. Existe, porém, grande diferença quanto ao modo de ocorrência dos dois metais nos filões. O ouro está geralmente em estado puro, mas em compensação disperso no quartzo em quantidades minúsculas; por isso, toda a ganga tem de ser triturada, extraindo-se depois o ouro por meio de lavagem ou de mercúrio. De 1 000 000 de gramas de quartzo, frequentemente se obtêm apenas 1–3 gramas, muito raramente 30 60 gramas de ouro. A prata quase nunca ocorre pura, em compensação, mas em minérios próprios, que podem ser separados com relativa facilidade da ganga e contêm geralmente 40–90% de prata; ou é contida em quantidades menores nos minérios de cobre, chumbo etc., cujo processamento já é por si mesmo lucrativo. Daí já se vê que, enquanto o trabalho de produção do ouro tende a aumentar, ao passo que o da prata indubitavelmente diminui, a queda do valor da última se explica de maneira inteiramente natural. Essa queda do valor expressar-se-ia em queda ainda maior de preço caso não se mantivesse o preço da prata elevado por meios artificiais. Os tesouros de prata da América, porém, só foram colocados ao alcance dos exploradores em pequena parte, e assim toda a perspectiva é de que o valor da prata continue a baixar por mais tempo. Contribui ainda para isso a relativa diminuição da demanda de prata para artigos de uso e de luxo, sua substituição por mercadorias prateadas, alumínio etc. Daí se avalie o utopismo da ideia bimetalista de que um curso forçado internacional elevaria a prata à antiga proporção de valor 1:15½. É mais provável que a prata perca também no mercado mundial, cada vez mais, sua qualidade monetária. – F. E.}

109 Os antagonistas do sistema mercantilista, que considerava a liquidação do saldo excedente da balança comercial por meio de ouro e prata como objetivo do comércio internacional, desconheciam totalmente, por seu lado, a função do dinheiro mundial. Como a concepção falsa das leis que regulam o volume do meio de circulação se reflete na concepção falsa sobre o movimento internacional dos metais preciosos, demonstrei minuciosamente em Ricardo. ([K. Marx, *Zur Kritik etc.*,] op. cit., pp. 150 ss.) Seu falso dogma, "Uma balança comercial desfavorável só pode originar-se de um excesso de meio de circulação. [...] A exportação de moedas é devida a seu preço baixo e não é consequência, mas sim causa, de uma balança desfavorável", já se encontra em Barbon: "A balança comercial, quando existe uma, não é a causa de o dinheiro ser exportado de um país. A exportação resulta antes da diferença de valor dos metais preciosos em cada país" (N. Barbon, ["A Discourse on Coining the New Money Lighter",] op. cit., p. 59). McCulloch, em *The Literature of Political Economy: A Classified Catalogue*, Lond., 1845, louva Barbon por essa antecipação, mas evita prudentemente mencionar as formas ingênuas em que os pressupostos absurdos do *currency principle* aparecem ainda em B[arbon]. A falta de crítica e mesmo a desonestidade desse catálogo culminam nas seções sobre a história da teoria monetária, porque aqui McCulloch está bajulando como sicofanta de Lorde Overstone (o ex-banqueiro Loyd), a quem chama o "*facile princeps argentariorum*" [reconhecido rei da gente de dinheiro]. [Marx cita o livro de David Ricardo, *The High Price of Bullion: A Proof of the Depreciation of Bank Notes*, 4ª ed. London, 1811. *Currency principle*: teoria monetária muito divulgada na Inglaterra na primeira metade do século XIX e que partiu da teoria quantitativa do dinheiro. Os representantes da teoria quantitativa afirmam que os preços das mercadorias seriam determinados pela quantidade de dinheiro em circulação. Os representantes do *currency principle* queriam imitar as leis da circulação metálica. No *currency* (meio de circulação) incluíam, além do dinheiro metálico, também as notas bancárias. Eles acreditavam alcançar um curso estável do dinheiro por meio da plena cobertura em ouro das notas; a emissão devia ser regulada conforme a importação e exportação do metal precioso. As tentativas do governo inglês (lei bancária de 1844) de basear-se nessa teoria não tiveram nenhum sucesso e somente confirmaram sua falta de sustentação científica e sua total inutilidade para fins práticos. – N. E. A.]

110 Por exemplo, nos casos de subsídios, de empréstimos de dinheiro para a condução de guerras ou para a retomada dos pagamentos à vista pelos bancos etc., o valor pode ser exigido justamente na forma-dinheiro.

110a Nota à 2ª edição: "De fato, eu não posso imaginar nenhuma prova mais convincente de que o mecanismo do entesouramento, em países de padrão metálico, seja capaz de desempenhar cada função necessária à compensação de obrigações internacionais, sem nenhum apoio perceptível por parte da circulação geral, do que a facilidade com que a França, ainda em vias de se recuperar do abalo de uma destruidora invasão estrangeira, conseguiu efetuar, num período de 27 meses, o pagamento de quase 20 milhões de indenização de guerra, imposto a ela pelas potências aliadas, sendo de se notar que parte considerável dessa soma em dinheiro metálico, sem restrição ou perturbação visível do curso interno do dinheiro nem oscilações alarmantes de sua taxa de câmbio". (Fullarton, [*Regulation of Currencies*,] op. cit., p. 141) {À 4ª edição. – Temos um exemplo de maior impacto na facilidade com que a mesma França, de 1871 a 1873, conseguiu pagar, em 30 meses, uma indenização de guerra mais de dez vezes superior, sendo, da mesma forma, uma parte significativa em dinheiro metálico. – F. E.}

111 "O dinheiro distribui-se pelas nações segundo suas necessidades [...] ao ser atraído sempre pelos produtos" (Le Trosne, ["De l'intérêt social",] op. cit., p. 916). "As minas, que fornecem continuamente ouro e prata, são fecundas o bastante para fornecer a cada nação esse *quantum* necessário." (J. Vanderlint, [*Money Answers all Things*.,] op. cit., p. 40)

112 "As taxas de câmbio sobem e descem toda semana; em certos períodos do ano, sobem em prejuízo de uma nação, em outros chegam à mesma altura em favor desta." (N. Barbon, ["A Discourse on Coining the New Money Lighter",] op. cit., p. 39)

113 Essas funções diferentes podem entrar em conflito perigoso logo que se lhes adiciona a função de um fundo de conversão para cédulas bancárias.

114 "O que existe em dinheiro além do mínimo indispensável para o comércio interno representa capital morto e não traz nenhum ganho ao país que o possui, exceto quando ele mesmo é exportado ou importado" (John Bellers, *Essays etc.*, p. 13). "O que acontece se temos dinheiro cunhado em demasia? Poderemos fundir o mais pesado e transformá-lo em suntuosas baixelas, vasos e utensílios domésticos de ouro e prata; ou enviá-lo como mercadoria para onde há necessidade e demanda dele; ou emprestá-lo a juros, onde se paga alta taxa de juros" (W. Petty, *Quantulumcunque*, [op. cit.,] p. 39). "O dinheiro é apenas a gordura do corpo do Estado, por isso seu excesso afeta tanto sua mobilidade quanto sua falta torna-o doente [...] como a gordura lubrifica o movimento dos músculos, substitui alimentos faltantes, aplaina desníveis e embeleza o corpo, assim o dinheiro facilita os movimentos do Estado, traz alimentos do exterior quando há carestia no país, paga dívidas [...] e embeleza o conjunto; porém particularmente", conclui ironicamente, "os indivíduos que possuem muito dele." (W. Petty, *Political Anatomy of Ireland*, [op. cit.,] pp. 14–15)

SEÇÃO II [PP. 181–204] A TRANSFORMAÇÃO DO DINHEIRO EM CAPITAL

1 A antítese entre o poder da propriedade fundiária, repousando sobre relações pessoais de servidão e senhorio, e o poder impessoal do dinheiro está claramente captada em dois ditos franceses: "*Nulle terre sans seigneur*" [Nenhuma terra sem senhor], "*L'argent n'a pas de maître*" [O dinheiro não tem mestre].

2 "Com dinheiro se compram mercadorias e com mercadorias se compra dinheiro." (Mercier de la Rivière, *L'ordre naturel et essentiel des sociétés politiques*, [op. cit.,] p. 543)

3 "Se uma coisa é comprada para ser novamente vendida, chama-se a soma aplicada nisso de dinheiro adiantado; se comprada para não ser revendida, ela pode ser designada como gasta." (James Steuart, *Works etc.*, ed. General Sir James Steuart, seu filho. Lond., 1805. v. I, p. 274)

4 "Não se troca dinheiro por dinheiro", clama Mercier de la Rivière aos mercantilistas ([*L'ordre naturel et essentiel des sociétés politiques*,] op. cit., p. 486). Numa obra que trata, *ex professo* [magistralmente], do "comércio" e da "especulação", lê-se: "Todo comércio consiste na troca de coisas de espécies diferentes; e o proveito" (para o comerciante?) "se origina mesmo dessa diferença. Trocar uma libra de pão por uma libra de pão não traria nenhuma vantagem [...] daí o contraste vantajoso entre comércio e jogo, sendo este apenas intercâmbio de dinheiro por dinheiro" (Th. Corbet, *An Inquiry into the Causes and Modes of the Wealth of Individuals; or the Principles of Trade and Speculation Explained*. London, 1841, p. 5). Embora Corbet não veja que *D–D*, trocar dinheiro por dinheiro, é a forma característica de circulação não só do capital comercial, mas de todo capital, pelo menos admite que essa forma de uma espécie de comércio, da especulação, é comum ao jogo, mas então aparece McCulloch e acha que comprar para vender seja especular e que, portanto, a diferença entre especulação e comércio se desfaz. "Cada negócio em que uma pessoa compra um produto para revendê-lo é, de fato, uma especulação" (McCulloch, *A Dictionary, Practical etc. of Commerce*. London, 1847, p. 1009). Incomparavelmente mais ingênuo, Pinto, o Píndaro da Bolsa de Amsterdã: "O comércio é um jogo" (frase emprestada de Locke) "e com mendigos não se pode ganhar nada. Se, durante longo tempo, se ganhasse tudo de todos, ter-se-ia, mediante acordo amigável, de devolver de novo a maior parte do lucro para novamente iniciar o jogo". ([Isaac de] Pinto, *Traité de la circulation et du crédit*. Amsterdam, 1771, p. 231)

5 "O capital se divide [...] em capital original e lucro, o incremento do capital [...] embora a própria práxis converta logo esse lucro novamente em capital e o coloque com este em fluxo." (F. Engels, "Umrisse zu einer Kritik der Nationalökonomie", in *Deutsch-Französische Jahrbücher*, ed. Arnold Ruge e Karl Marx. Paris, 1844, p. 99)

6 Aristóteles contrapõe à crematística a economia. Ele parte da economia. Enquanto arte da aquisição, ela se limita à obtenção dos bens necessários à vida e úteis ao lar e ao Estado. "A verdadeira riqueza (ὁ ἀληθινὸς πλοῦτος) consiste em tais valores de uso; pois, para a boa vida, a medida suficiente dessa espécie de propriedade não é limitada. Existe, porém, uma segunda arte da aquisição chamada preferencialmente e com direito de crematística, segundo a qual não parece existir limite à riqueza e à propriedade. O comércio de mercadorias" ("ἡ καπηλική" significa literalmente comércio de retalhos, e Aristóteles usa essa forma porque nela predomina o valor de uso) "não pertence por natureza à crematística, pois aqui o valor de troca só se refere ao que é necessário a eles mesmos (compradores e vendedores)." Por isso, continua ele adiante, a forma original do comércio de mercadorias também era o escambo, mas com a sua expansão surgiu necessariamente o dinheiro. Com a invenção do dinheiro, o escambo tinha de evoluir necessariamente para καπηλική, comércio de mercadorias, e este, em contraposição à sua tendência original, evoluiu para a crematística, a arte de fazer dinheiro. A crematística distingue-se agora da eco-

nomia porque, "para ela, a circulação é a fonte da riqueza (ποιητικὴ χρημάτων [...] διὰ χρημάτων μεταβολῆς). E ela parece girar em torno do dinheiro, pois o dinheiro é o começo e o fim dessa espécie de troca (τὸ γὰρ νόμισμα στοιχεῖον καὶ πέρας τῆς ἀλλαγῆς ἐστίν). Por isso, a riqueza pretendida pela crematística também é ilimitada. Assim como toda arte para a qual sua meta não vale como meio, mas como finalidade última, é ilimitada em sua aspiração, pois procura aproximar-se dela sempre mais, enquanto as artes que só perseguem meios para fins não são ilimitadas, já que a própria meta é o enriquecimento absoluto. A economia tem um limite, e não a crematística [...] a primeira intenciona algo diferente do próprio dinheiro; a outra, a sua multiplicação [...]. A confusão de ambas as formas, que se sobrepõem entre si, induz alguns a verem na conservação e multiplicação do dinheiro ao infinito a finalidade última da economia." (Aristóteles, *De Rep.*, ed. Bekker, Livro I, caps. 8, 9 ss.)

7 "Mercadorias" (aqui no sentido de valores de uso) "não são a finalidade última do capitalista que comercia [...] a sua finalidade última é dinheiro." (Th. Chalmers, *On Politic. Econ. etc.*, 2ª ed. Glasgow, 1832, pp. 165-66)

8 "Ainda que o comerciante também não menospreze o lucro já alcançado, o seu olhar está, no entanto, sempre voltado para o lucro futuro." (A. Genovesi, *Lezioni di economia civile* (1765). Edição dos economistas italianos de Custodi, Parte Moderna, t. VIII, p. 139)

9 "A paixão inextinguível pelo lucro, a *auri sacra fames* [sagrada fome de ouro], sempre caracteriza o capitalista" (McCulloch, *The Principles of Polit. Econ.* London, 1830, p. 179). Naturalmente, essa compreensão não impede o mesmo McCulloch e consortes, em dificuldades teóricas, por exemplo, no tratamento da superprodução, de metamorfosear o mesmo capitalista em um bom cidadão, para o qual só se trata do valor de uso e que até desenvolve uma verdadeira fome de lobisomem por botas, chapéus, ovos, chitas e outras espécies de valor de uso extremamente familiares.

10 "Σώζειν" é uma das expressões características dos gregos para entesourar. Igualmente, *to save* significa ao mesmo tempo salvar e poupar.

10a "O infinito, que as coisas não têm no progredir, elas o têm no ciclo." (Galiani [*Della moneta*, op. cit., p. 156])

11 "Não é o material que constitui o capital, mas o valor desses materiais." (J.-B. Say, *Traité d'Écon. Polit.*, 3ª ed. Paris, 1817, t. II, p. 429)

12 "O meio de circulação (!) que é usado para fins produtivos é capital" (Macleod, *The Theory and Practice of Banking*. London, 1855, v. I, cap. 1, p. 55). "Capital é igual a mercadorias." (James Mill, *Elements of Pol. Econ.* Lond., 1821, p. 74)

13 "Capital [...] valor que se multiplica permanentemente." (Sismondi, *Nouveaux principes d'Écon. Polit.*, t. I, p. 89)

14 "*L'échange est une transaction admirable dans laquelle les deux contractants gagnent – toujours* (!)" [A troca é uma transação admirável, na qual os dois contratantes ganham – sempre] (Destutt de Tracy, *Traité de la volonté et de ses effets.* Paris, 1826, p. 68). O mesmo livro apareceu também como *Traité d'Éc. Pol.*

15 Mercier de la Rivière, [*L'ordre naturel et essentiel des sociétés politiques*,] op. cit., p. 544.

16 "Que uma dessas mercadorias seja dinheiro ou que ambas sejam mercadorias comuns, nada pode ser em si mais indiferente." (Mercier de la Rivière, [*L'ordre naturel et essentiel des sociétés politiques*,] op. cit., p. 543)

17 "Sobre o valor não decidem os parceiros de contrato; ele já está fixado antes do acordo." (Le Trosne, ["De l'intérêt social",] op. cit., p. 906)

18 "*Dove è egualità non è lucro*." (Galiani, *Della moneta*, in Custodi, Parte Moderna, t. IV, p. 244)

19 "O intercâmbio torna-se desvantajoso para uma das partes se qualquer circunstância estranha diminui ou aumenta o preço: então a igualdade é violada, mas essa violação é acarretada por aquela causa, e não pela troca." (Le Trosne, ["De l'intérêt social",] op. cit., p. 904)

20 "O intercâmbio é, por sua natureza, um contrato baseado na igualdade, ou seja, que ocorre entre dois valores iguais. Ele não é, portanto, um meio de se enriquecer, pois se dá tanto quanto se recebe." (Le Trosne, ["De l'intérêt social",] op. cit., pp. 903–04)

21 Condillac, "Le commerce et le gouvernement" (1776), org. Daire e Molinari, in *Mélanges d'économie politique*. Paris, 1847, pp. 267, 291.

22 Por isso, Le Trosne responde muito acertadamente ao seu amigo Condillac: "Na sociedade desenvolvida não existe, a rigor, nada supérfluo". Ao mesmo tempo, faz troça dele com a glosa de que, "se ambos os participantes de troca recebem igualmente mais por igualmente menos, ambos recebem por igual". Como Condillac ainda não tem a mínima noção da natureza do valor de troca, ele é o fiador adequado do Sr. Prof. Wilhelm Roscher para os seus próprios conceitos infantis. Vejam dele: *Die Grundlagen der Nationalökonomie*, 3ª ed. 1858.

23 S. P. Newman, *Elements of Polit. Econ.* Andover / New York, 1835, p. 175.

24 "Por meio da elevação do valor nominal do produto [...] os vendedores não ficam mais ricos [...] já que o que eles ganham como vendedores eles gastam exatamente de novo em sua qualidade de compradores." ([J. Gray,] *The Essential Principles of the Wealth of Nations etc.* London, 1797, p. 66)

25 "Caso se tenha de vender por 18 *livres* [libras] uma quantidade de determinado produto que vale 24 *livres*, há de se obter também por 18 *livres* tanto quanto por 24 *livres* ao se aplicar a mesma soma de dinheiro para a compra." (Le Trosne, ["De l'intérêt social",] op. cit., p. 897)

26 "Nenhum vendedor pode, portanto, aumentar habitualmente o preço de suas mercadorias sem ter de pagar também mais caro as mercadorias dos outros vendedores; e pela mesma razão nenhum consumidor habitualmente pode comprar mais barato sem ter de diminuir igualmente o preço das mercadorias que ele vende." (Mercier de la Rivière, [*L'ordre naturel et essentiel des sociétés politiques*,] op. cit., p. 555)

27 R. Torrens, *An Essay on the Production of Wealth*. London, 1821, p. 349.

28 "O pensamento de que os lucros sejam pagos pelos consumidores é decerto totalmente absurdo. Quem são os consumidores?" (G. Ramsay, *An Essay on the Distribution of Wealth*. Edinburgh, 1836, p. 183)

29 "Se a alguém falta demanda, aconselha-o o Sr. Malthus a pagar a outra pessoa para que esta lhe compre as suas mercadorias?", pergunta um indignado ricardiano a Malthus, que, como seu discípulo, o padre Chalmers, diviniza economicamente a classe dos meros compradores ou consumidores. Ver *An Inquiry into those Principles, Respecting the Nature of Demand and the Necessity of Consumption, Lately Advocated by Mr. Malthus etc.* London, 1821, p. 55.

30 Destutt de Tracy, embora – talvez porque – *membre de l'Institut*, era de opinião contrária. Os capitalistas industriais, diz ele, obtêm os seus lucros "por venderem tudo mais caro do que custou produzi-lo. E a quem eles o vendem? Primeiro, uns aos outros". ([*Traité de la volonté et de ses effets*,] op. cit., p. 239) [*Membre de l'Institut*: membro do Institut de France, a mais elevada corporação da França, constituída por várias classes ou academias. Destutt de Tracy foi membro da Academia de Ciências Morais e Políticas. – N. E. A.]

31 "O intercâmbio de dois valores iguais não aumenta o volume dos valores existentes na sociedade nem o diminui. O intercâmbio de dois valores desiguais [...] também não altera nada na soma dos valores sociais, já que acrescenta à fortuna de um o que retira da do outro" (J.-B. Say, [*Traité d'économie politique*,] op. cit., t. II, pp. 443-44). Say, naturalmente despreocupado quanto às consequências dessa frase, tomou-a quase literalmente dos fisiocratas. A maneira como ele explora os textos deles, esgotados na sua época, para o aumento do seu próprio "valor" é mostrada pelo seguinte exemplo. A "mais famosa" frase de Monsieur Say, "Só se pode comprar produtos com produtos" (ibid., p. 438), reza no original fisiocrático: "Produtos só se podem pagar com produtos". (Le Trosne, ["De l'intérêt social",] op. cit., p. 899)

32 "O intercâmbio não transfere valor de nenhuma espécie aos produtos." (F. Wayland, *The Elements of Pol. Econ*. Boston, 1843, p. 168)

33 "Sob o domínio de equivalentes imutáveis, o comércio seria impossível" (G. Opdyke, *A Treatise on Polit. Economy*. New York, 1851, pp. 66-69). "Sob a diferença entre valor real e valor de troca jaz um fato – ou seja, que o valor de uma coisa é diferente do assim chamado equivalente que por ela é dado no comércio, isto é, que esse equivalente não é equivalente." (F. Engels, ["Umrisse zu einer Kritik der Nationalökonomie",] op. cit., pp. 95-96)

34 Benjamin Franklin, *Works*, v. II, edit. Sparks, in *Positions to be Examined Concerning National Wealth* [p. 376].

35 Arist[óteles], [*De Republica*,] op. cit., cap. 10 [p. 17].

36 "Sob as condições costumeiras do mercado, o lucro não é gerado pelo intercâmbio. Se ele não tivesse estado antes presente, tampouco poderia existir depois dessa transação." (Ramsay, [*An Essay on the Distribution of Wealth*,] op. cit., p. 184)

37 De acordo com essa discussão, o leitor compreende que isso significa apenas: a formação de capital tem de ser possível também quando o preço da mercadoria for igual ao valor da mercadoria. Ela não pode ser explicada pelo desvio dos preços das mercadorias em relação aos valores das mercadorias. Se os preços se desviam realmente dos valores, então é preciso começar por reduzi-los aos últimos, ou seja, abstrair essa circunstância como sendo casual, para ter pela frente, em sua pureza, o fenômeno da formação de capital com base no intercâmbio de mercadorias e não ser confundido em sua observação por circunstâncias secundárias, perturbadoras e estranhas ao verdadeiro decurso. Sabe-se, aliás, que essa redução não é, de modo algum, um mero procedimento científico. As constantes oscilações dos preços de mercado, seu aumento e sua queda se compensam, se anulam reciprocamente e se reduzem a um preço médio como sua regra imanente. Esta constitui a estrela-guia, por exemplo, do comerciante ou do industrial, em cada empreendimento que abranja espaço de tempo maior. Ele sabe, por conseguinte, que, considerando-se um período mais longo como um todo, as mercadorias realmente não são vendidas nem abaixo nem acima, mas de acordo com o seu preço médio. Se o pensamento desinteressado fosse ao todo de seu interesse, então ele precisaria colocar o problema da formação de capital assim: como pode surgir o capital sendo

os preços regulados pelo preço médio, ou seja, em última instância, pelo valor das mercadorias? Digo "em última instância" porque os preços médios não coincidem diretamente com as grandezas de valor das mercadorias, conforme acreditam A. Smith, Ricardo etc.

38 "Na forma de dinheiro [...] o capital não gera lucro." (Ricardo, *Princ. of Pol. Econ.*, [op. cit.,] p. 267)

39 Nas enciclopédias sobre a Antiguidade clássica, pode-se ler o disparate de que no mundo antigo o capital estava plenamente desenvolvido, "exceto por faltarem o trabalhador livre e o sistema de crédito". Também o Sr. Mommsen, em sua *Römische Geschichte* [História romana], pratica um quiproquó depois do outro.

40 Diversas legislações estabeleceram, por isso, um máximo para o contrato de trabalho. Todos os códigos legais em países de trabalho livre regulam condições de rescisão do contrato. Em diversos países, notadamente no México (antes da Guerra Civil americana, também nos territórios arrancados ao México e, de acordo com a coisa, até a revolução de Cuza, nas províncias do Danúbio), a escravatura se oculta sob a forma de peonagem. Por meio de adiantamentos resgatáveis em trabalho e que passam de geração em geração, não só o trabalhador individual, mas também sua família, torna-se de fato propriedade de outras pessoas e de suas famílias. Juárez tinha abolido a peonagem. O assim chamado Imperador Maximiliano restabeleceu-a mediante um decreto, que foi acertadamente denunciado na Câmara dos Representantes em Washington como decreto para o restabelecimento da escravatura no México. "De minhas habilidades específicas e possibilidades físicas e espirituais de atividade posso [...] alienar a outrem um uso limitado no tempo porque, por essa limitação, elas recebem uma relação externa com minha totalidade e universalidade. Por meio da alienação de todo o meu tempo concreto pelo trabalho e da totalidade de minha produção eu converteria em propriedade de outro o substancial da mesma, minha atividade e realidade gerais, a minha personalidade." (Hegel, [*Grundlinien der*] *Philosophie des Rechts* [*Linhas fundamentais da filosofia do direito*]. Berlin, 1840, p. 104, § 67) [Revolução de Cuza: em janeiro de 1859, Alexandre Cuza foi eleito hospodar da Moldávia e pouco depois, da Valáquia. Pela unificação desses dois principados danubianos, que durante muito tempo estiveram submetidos ao domínio do Império Otomano criou-se um Estado unitário romeno. Cuza definiu como sua meta realizar uma série de reformas democrático-burguesas. Sua política encontrou, no entanto, forte resistência dos proprietários fundiários e de certa parte da burguesia. Depois que a Assembleia Nacional, na qual os representantes dos proprietários fundiários predominavam, rejeitou o projeto de reforma agrária apresentado pelo governo, Cuza dissolveu essa corporação reacionária. Foi proclamada uma Constituição, o círculo de eleitores foi ampliado e o poder do governo se fortaleceu. A Reforma Agrária adotada nessa nova situação política previa a abolição da servidão e a repartição da terra entre os camponeses mediante sua recompra. – N. E. A.]

41 O que caracteriza a época capitalista, portanto, é que a força de trabalho assume, para o próprio trabalhador, a forma de uma mercadoria que pertence a ele, que, por conseguinte, seu trabalho assume a forma de trabalho assalariado Por outro lado, só a partir desse instante se universaliza a forma-mercadoria dos produtos do trabalho.

42 "O valor de um homem é, como o de todas as outras coisas, igual ao seu preço:

quer dizer, tanto quanto é pago para o uso de sua força." (Th. Hobbes, *Leviathan*, in *Works*, v. III, ed. Molesworth. London, 1839–44, p. 76)

43 O *villicus* da Roma Antiga, como feitor de escravos nos trabalhos agrícolas, recebia, "por ter trabalho mais leve que o dos escravos, uma ração menor do que estes". (Th. Mommsen, *Romische Geschichte*. 1867, p. 810)

44 Cf. W. Thornton, *Over-Population and its Remedy*. Londres, 1846.

45 Petty.

46 "Seu" (do trabalho) "preço natural [...] consiste em determinada quantidade de meios de subsistência e objetos de conforto, de acordo com o necessário ao clima e aos hábitos de um país, para manter o trabalhador e possibilitar-lhe criar uma família que possa assegurar uma oferta de trabalho sem diminuição no mercado" (R. Torrens, *An Essay on the External Corn Trade*. London, 1815, p. 62). A palavra "trabalho" está aí erroneamente em lugar de força de trabalho".

47 Rossi, *Cours d'Écon. Polit*. Bruxelles, 1843, pp. 370–71.

48 Sismondi, *Nouv. princ. etc.* t. I, p. 113.

49 "Todo trabalho é pago depois de concluído" (*An Inquiry into those Principles, Respecting the Nature of Demand etc.*, p. 104). O crédito comercial tinha de começar no momento em que o trabalhador, o primeiro criador da produção, estava em condições, com base em suas economias, de esperar pelo salário de seu trabalho até o final de uma a duas semanas, um mês, um trimestre etc." (Ch. Ganilh, *Des systèmes d'Écon. Polit.*, 2ª ed. Paris, 1821, t. II, p. 150)

50 "O trabalhador empresta seu esforço", mas, acrescenta Storch astutamente, nada arrisca", exceto "perder o seu salário [...] o trabalhador não transfere nada material." (Storch, *Cours d'Écon. Polit.*, t. II. Pétersbourg, 1815, pp. 36–77)

51 Um exemplo. Em Londres existem duas espécies de padeiros, os *full priced*, que vendem o pão por seu valor cheio, e os *undersellers*, que o vendem abaixo desse valor. Essa última classe constitui ¾ do número total dos padeiros (p. XXXII no *report* do comissário governamental H. S. Tremenheere sobre as *Grievances Complained of by the Journeymen Bakers etc.* London, 1862). Esses *undersellers* vendem, quase sem exceção, pão falsificado com a mistura de alúmen, sabão, potassa, cal, pó de pedra de Derbyshire e outros ingredientes saborosos, nutritivos e saudáveis. (Ver o Livro Azul acima citado [*Grievances Complained*...], bem como o relatório do Committee of 1855 on the Adulteration of Bread e do Dr. Hassall, *Adulterations Detected*, 2ª ed. London, 1861.) Sir John Gordon declarou perante o comitê de 1855 que, "em consequência dessas falsificações, o pobre, que vive de duas libras-peso de pão por dia, agora não recebe de fato nem a quarta parte do material nutriente, sem considerar os efeitos prejudiciais sobre sua saúde". Como motivo para que "uma parte muito grande da classe trabalhadora", ainda que bem informada sobre as falsificações, mesmo assim aceite na compra alúmen, pó de pedra etc., Tremenheere (ibid., p. XLVIII) informa que, para eles, "é uma questão de necessidade aceitar do seu padeiro ou da *chandler's shop* [loja de miudezas] o pão como eles queiram fornecê-lo". Por serem pagos apenas no fim da semana de trabalho, também só podem "pagar no fim da semana o pão consumido pela família durante a semana"; e, acrescenta Tremenheere, apoiado em assertivas de testemunhas: "É notório que o pão preparado com tais misturas se destina expressamente para essa espécie de fregueses" ("*It is notorious that bread composed of those mixtures, is made expressly for sale in this manner*").

"Em muitos distritos agrícolas ingleses" (mas ainda mais nos escoceses) "o salário é pago a cada catorze dias e até mesmo mensalmente. Com esses longos prazos de pagamento, o trabalhador agrícola tem de comprar as suas mercadorias a crédito. [...] Ele tem de pagar preços mais altos e está preso, de fato, ao armazém que lhe fia. Assim, em Horningsham, em Wilts, onde o salário é mensal, ele paga 2 xelins e 4 *pence* pela mesma farinha que, em outro lugar, ele paga com 1 xelim e 10 *pence* por *stone*" [medida inglesa de peso equivalente a 6,35 quilos] (*"Sixth Report" on "Public Health" by The Medical Officer of the Privy Council etc.*, 1864, p. 264). "Os estampadores manuais de tecido de Paisley e Kilmarnock" (Escócia ocidental) "conquistaram em 1853, por meio de uma *strike* [greve], a redução do prazo de pagamento de um mês para catorze dias" (*Reports of the Inspectors of Factories for 31st Oct. 1853*, p. 34). Como outra espécie de desenvolvimento do crédito que o trabalhador fornece ao capitalista, pode ser considerado o método de muitos proprietários ingleses de minas de carvão, pelo qual o trabalhador é pago apenas no fim do mês e, no meio-tempo, recebe adiantamentos do capitalista, muitas vezes em mercadorias, que ele precisa pagar acima do preço do mercado (*trucksystem*). "É uma prática costumeira dos donos de minas de carvão pagar a seus trabalhadores uma vez por mês e lhes dar um adiantamento a cada semana intermediária. Esse adiantamento é dado no armazém" (ou seja, na *tommy-shop* ou loja que pertence ao próprio patrão). "Os homens recebem-no de um lado do armazém e o gastam do outro." (Childrens Employment Commission, *III Report*. Lond., 1864, p. 38, n. 192)

SEÇÃO III [PP. 205-308] A PRODUÇÃO DA MAIS-VALIA ABSOLUTA

1 "Os produtos naturais da terra, existen tes em pequenas quantidades e totalmente independentes do ser humano, parecem ser dados pela Natureza do mesmo modo que se dá a um jovem uma pequena soma para que possa trabalhar e fazer sua for tuna." (James Steuart, *Principles of Polit. Econ.* Dublin, 1770, v. I, p. 116)

2 "A razão é tão ardilosa como poderosa. O ardil consiste na atividade mediadora, a qual, ao fazer os objetos atuarem uns sobre os outros e desgastarem-se mutua mente, segundo sua própria natureza, sem se inserir diretamente nesse processo, todavia, realiza apenas seu próprio fim." (Hegel, *Enzyklopädie*, Parte I: "Die Logik" Berlin, 1840, p. 382)

3 Ganilh confronta acertadamente os fisio cratas com a larga série de processos de trabalho que constituem o pressuposto da própria agricultura; em seu escrito, de resto miserável, *Théorie de l'Écon. Polit.* Paris, 1815.

4 Em *Réflexions sur la formation et la dis tribution des richesses* (1766) Turgot de senvolve bem a importância do animal domesticado para os inícios da cultura.

5 As próprias mercadorias de luxo são, de todas as mercadorias, as menos significa tivas para a comparação tecnológica de diversas épocas de produção.

5a Nota à 2ª edição. Por menos que a his toriografia conheça, até agora, o desenvol vimento da produção material, portanto a base de toda vida social e, por isso, de toda verdadeira História, pelo menos o tempo pré-histórico foi dividido com base em pesquisas das ciências naturais, e não das chamadas pesquisas históricas, em Idade da Pedra, do Bronze e do Ferro, segundo o material das ferramentas e das armas.

6 Parece um paradoxo, por exemplo, con siderar o peixe que ainda não foi pescado meio de produção da pesca. Mas até agora não se inventou a arte de pescar em águas onde não haja peixes.

7 Essa determinação de trabalho produtivo, tal como resulta do ponto de vista do processo simples de trabalho, não basta, de modo algum, para o processo de produção capitalista.

8 Storch distingue entre a própria matéria-prima, *matière*, e os materiais auxiliares, *materiaux*. Cherbuliez denomina os materiais auxiliares de *matières instrumentales*. [Henri Storch, *Cours d'économie politique, ou exposition des principes qui déterminent la prospérité des nations*, v. 1. St.-Petersbourg, 1815, p. 228. A. Cherbuliez, *Richesse ou pauvreté: Exposition des causes et des effets de la distribution actuelle des richesses sociales*. Paris, 1841, p. 14 – N. E. A.]

9 Por essa razão altamente lógica, o Coronel Torrens deve ter descoberto na pedra do selvagem... a origem do capital. "Na primeira pedra que o selvagem atira na fera que persegue, no primeiro pau que apanha para derrubar a fruta que não pode alcançar com as mãos, vemos a apropriação de um artigo para o fim de adquirir outro e descobrimos assim... a origem do capital" (R. Torrens, *An Essay on the Production of Wealth etc.*, [op. cit.,] pp. 70–71). Daquele primeiro pau [*Stock*, em alemão] explica-se provavelmente por que, em inglês, *stock* é sinônimo de capital.

10 "Os produtos são apropriados antes de se transformarem em capital; essa transformação não os livra daquela apropriação" (Cherbuliez, *Richesse ou pauvreté*. Paris, 1841, p. 54). "Ao vender seu trabalho por determinado *quantum* de meios de subsistência (*approvisionnement*), o proletário renuncia inteiramente a toda participação no produto. A apropriação dos produtos fica a mesma que antes; ela não se altera, de modo algum, pelo convênio mencionado. O produto pertence exclusivamente ao capitalista, que forneceu as matérias-primas e o *approvisionnement*. Essa é uma consequência rigorosa da lei da apropriação, cujo princípio fundamental era inversamente o direito exclusivo de propriedade de cada trabalhador do seu produto" (ibid., p. 58). James Mill, *Elements of Pol. Econ. etc.*, [op. cit.,] pp. 70–71: "Se os trabalhadores trabalham por um salário, o capitalista é proprietário não só do capital" (o que significa, aqui, dos meios de produção) "mas também do trabalho (*of the labour also*). Incluindo-se, como é costume, no conceito de capital o que se paga como salário, é absurdo falar do trabalho separadamente do capital. A palavra capital, nesse sentido, compreende ambos, capital e trabalho".

11 "No valor das mercadorias não influi apenas o trabalho nelas diretamente aplicado, mas também o trabalho aplicado nos instrumentos, ferramentas e edifícios que apoiam o trabalho diretamente despendido." (Ricardo, [*On the Principles of Political Economy, and Taxation*,] op. cit., p. 16)

12 Esses números são totalmente arbitrários.

13 Essa é a proposição fundamental em que se baseia a doutrina fisiocrática da improdutividade de todo trabalho não agrícola, e ela é irrefutável para o economista... de profissão. "Essa maneira de imputar a um único objeto os valores de vários outros" (por exemplo, ao linho a subsistência do tecelão), "de acumular, por assim dizer, diversos valores em camadas sobre um único, faz com que este cresça na mesma proporção. [...] A palavra adição designa muito bem o modo como se forma o preço das manufaturas; esse preço é apenas a soma total de vários valores consumidos e adicionados; mas adicionar não é multiplicar." (Mercier de la Rivière, [*L'ordre naturel et essentiel des sociétés politiques*,] op. cit., p. 599)

14 Assim, por exemplo, de 1844 a 1847, ele retirou parte de seu capital do negócio produtivo para perdê-la na especulação com ações ferroviárias. Assim, ao tempo da Guerra de Secessão americana, fechou a fábrica e lançou o trabalhador na rua, para jogar na Bolsa de algodão de Liverpool.

15 "Deixa que se exaltem, se adornem e se enfeitem. [...] Mas quem toma mais ou algo melhor" (do que dá) "pratica usura e não presta serviço, e sim causa prejuízo a seu próximo, como se furtasse ou roubasse. Nem tudo que se chama de serviço e benefício ao próximo é serviço e benefício. Pois um adúltero e uma adúltera se prestam mutuamente grande serviço e prazer. Um cavaleiro presta grande serviço ao incendiário e assassino, ajudando-o a roubar nas estradas, a fazer guerra a terras e gentes. Os papistas prestam aos nossos grande serviço ao não afogarem, queimarem, assassinarem ou fazerem apodrecer a todos nas prisões, mas deixando alguns viverem, desterrando-os ou despojando-os de seus haveres. O próprio diabo presta a seus servidores grande e inestimável serviço [...]. Em resumo, o mundo está cheio de grandes e excelentes serviços e benefícios diários." (M. Luther [Lutero], *An die Pfarrherrn, wider den Wucher zu Predigen etc.* [op. cit.] Wittenberg, 1540)

16 Em *Zur Kritik der pol. Oek.*, [op. cit.,] p. 14, observo sobre isso, entre outras coisas: "Compreende-se qual 'serviço' a categoria 'serviço' (*service*) deve prestar a uma espécie de economistas como J.-B. Say e F. Bastiat".

17 Essa é uma das circunstâncias que encarecem a produção baseada na escravidão. O trabalhador aí, segundo a expressão acertada dos antigos, apenas se distingue do animal, como *instrumentum semivocale* [instrumento semivocal], e dos instrumentos de trabalhos mortos, como *instrumentum mutum* [instrumento mudo], por ser *instrumentum vocale* [instrumento vocal]. Mas ele mesmo faz o animal e os instrumentos de trabalho sentirem que não é seu igual, e sim um ser humano. Ele proporciona a si mesmo a autoconsciência de ser diferente deles ao maltratá-los e destruí-los *con amore*. Por isso, nesse modo de produção, vale como princípio econômico empregar apenas os instrumentos de trabalho mais toscos, mais pesados, porém, exatamente devido à sua canhestra rusticidade, difíceis de serem estragados. Até a eclosão da Guerra de Secessão, encontravam-se, por isso, nos estados escravocratas sobre o Golfo do México, arados construídos como os dos antigos chineses, que fuçavam a terra como um porco ou uma toupeira, sem fendê-la nem revirá-la. Ver J. E. Cairnes, *The Slave Power*, London, 1862, pp. 46 ss. Em seu *Seaboard Slave States* [pp. 46-47], Olmsted conta, entre outras coisas: "Mostraram-me aqui instrumentos que, entre nós, nenhuma pessoa razoável imporia a seu trabalhador, a quem pagasse salário. Em minha opinião, seu peso extraordinário e sua rusticidade tornam o trabalho executado com ele ao menos 10% mais difícil do que seria com os instrumentos que nós geralmente usamos. Como me asseguraram, porém, o modo negligente e inepto com que os escravos aparentemente os manejam, não se devem confiar a eles, com bom resultado, instrumentos mais leves ou menos toscos; instrumentos como os que nós confiamos aos nossos trabalhadores, aliás com bom lucro para nós, não durariam um dia num campo de cereais da Virgínia – embora a terra seja mais leve e menos pedregosa que a nossa. Do mesmo modo, quando perguntei por que nas fazendas se usavam geralmente mulas em vez de cavalos, me apresentaram como razão primordial e decisiva a de que os cavalos não suportam o tratamento que

contínua e inevitavelmente recebem dos negros. Os cavalos, em pouco tempo, são inutilizados e aleijados de tanto apanhar, enquanto as mulas aguentam as bordoadas e a falta ocasional de uma ou duas rações, sem prejuízo físico. Não se resfriam nem adoecem por descuido ou excesso de trabalho. Mas não preciso ir além da janela do quarto em que estou escrevendo para ver, quase a qualquer hora, o gado ser tratado de modo que levaria qualquer *farmer* [agricultor] do norte a despedir imediatamente o vaqueiro".

18 A diferença entre trabalho superior e trabalho simples, *skilled* e *unskilled labour*, baseia-se, em parte, em meras ilusões ou, pelo menos, em diferenças que há muito tempo cessaram de ser reais e só perduram em convenções tradicionais; em parte, baseia-se na situação desamparada de certas camadas da classe trabalhadora, situação que lhes permite menos que as outras exercer pressão para obterem o valor de sua força de trabalho. Circunstâncias acidentais desempenham no caso um papel tão importante que os mesmos tipos de trabalho invertem suas posições. Onde, por exemplo, a substância física da classe trabalhadora está enfraquecida e relativamente esgotada, como em todos os países de produção capitalista desenvolvida, os trabalhos em geral brutais, que exigem muita força muscular, geralmente se tornam superiores em confronto com trabalhos muito mais delicados, que descendem ao nível de trabalho simples, como, por exemplo, na Inglaterra, o trabalho de um *bricklayer* (pedreiro) ocupa um nível muito mais alto que o de um tecedor de damasco. Por outro lado, o trabalho de um *fustian cutter* (tosador de veludo) figura como trabalho "simples", embora exija bastante esforço físico e faça, além disso, muito mal à saúde. De resto, ninguém deve se iludir que o chamado *skilled labour* represente uma proporção quantitativamente significativa do trabalho nacional. Laing calcula que na Inglaterra (e no País de Gales) a existência de mais de 11 milhões baseia-se em trabalho simples. Depois de descontar um milhão de aristocratas e um milhão e meio de mendigos, vagabundos, criminosos, prostitutas etc. da população de 18 milhões que existia ao publicar-se sua obra, ficam 4 650 000 para a classe média, inclusive pequenos rentistas, funcionários, escritores, artistas, professores etc. Para chegar a esses 4⅔ milhões, ele inclui na parte trabalhadora da classe média, além de banqueiros etc., todos os "trabalhadores de fábrica" mais bem remunerados! Também não faltam *bricklayers* nessa categoria de "trabalhadores potenciados". Restam-lhe então os referidos 11 milhões. (S. Laing, *National Distress etc.* London, 1844 [pp. 49–52 ss.]). "A grande classe que, em troca de alimento, nada mais pode dar que trabalho comum é a grande maioria do povo." (James Mill, no artigo "Colony", in *Supplement to the Encyclop. Brit.*, 1831)

19 "Quando se fala de trabalho como padrão do valor, subentende-se necessariamente determinada espécie de trabalho [...] a proporção em que as outras espécies de trabalho estão em relação a ela é fácil de averiguar." (J. Cazenove, *Outlines of Polit. Economy*. London, 1832, pp. 22–23)

20 "O trabalho gera uma nova criação em lugar de uma aniquilada." (*An Essay on the Polit. Econ. of Nations*. London, 1821, p. 13)

21 Não se trata aqui de consertos dos meios de trabalho, máquinas, construções etc. Uma máquina que está sendo consertada não funciona como meio de trabalho, mas como material de trabalho. Não se trabalha com ela, mas ela mesma é trabalhada, para remendar seu valor de uso. Para nosso fim, podem-se considerar tais trabalhos de reparação sempre incluídos no trabalho exigido para a produção do meio de trabalho. No texto, trata-se da depreciação que nenhum médico pode curar e que progressivamente leva à morte, "aquela espécie de desgaste que não se pode reparar de tempo a tempo e que, por exemplo, leva uma faca finalmente a tal estado que o cuteleiro diz não valer mais a pena colocar uma lâmina nova". Viu-se no texto que uma máquina, por exemplo, entra por inteiro em cada processo de trabalho, mas só em parte no processo de valorização que se realiza simultaneamente. Julgue-se, em função disso, a seguinte confusão de conceitos: "Ricardo fala da quantidade de trabalho despendida pelo construtor de máquinas na fabricação de uma máquina de fazer meias" como contida, por exemplo, no valor de um par de meias. "Entretanto, a totalidade de trabalho que produz cada par de meias [...] inclui a totalidade do trabalho do construtor de máquinas, e não apenas uma parte; pois, na verdade, uma máquina faz muitos pares de meias, mas nenhum desses pares poderia ter sido fabricado com a renúncia a alguma parte da máquina" (*Observations on Certain Verbal Disputes in Pol. Econ. Particularly Relating to Value, and to Demand and Supply*. London, 1821, p. 54). O autor, um "*wiseacre*" [sabichão] extremamente presunçoso, só tem razão com sua confusão e, por isso, com sua polêmica na medida em que nem Ricardo nem qualquer outro economista, antes ou depois dele, distinguiu exatamente os dois aspectos do trabalho, menos ainda, portanto, seus diferentes papéis na formação do valor.

22 Compreende-se, por isso, a falta de senso do insípido J.-B Say, que quer deduzir a mais-valia (juros, lucro, renda) dos *services productifs* [serviços produtivos] que os meios de produção terra, instrumentos, couro etc. prestam no processo de trabalho por meio de seus valores de uso. O Sr. Wilhelm Roscher, que dificilmente deixa de registrar preto no branco especiosas ideias apologéticas, exclama: "J.-B Say observa com muita razão em *Traité* t. I, cap. 4, que o valor produzido por um lagar, depois de deduzir todos os custos é algo novo, essencialmente diferente do trabalho que criou o próprio lagar" ([*Die Grundlagen der Nationalökonomie*,] op. cit. p. 82, nota). Muito certo. O "óleo" produzido pelo lagar é algo muito diferente do trabalho que custa a construção do lagar. E por "valor" entende o Sr. Roscher coisas como "óleo", pois "óleo" tem valor, e "na Natureza" encontra-se óleo mineral, embora relativamente "não muito", fato a que se refere sua outra observação: "Ela" (a Natureza!) "quase não produz valores de troca" [ibid., p. 79]. Sucede à Natureza de Roscher com o valor de troca o mesmo que à virgem tola com o filho, que apenas "era muito pequeno". Esse mesmo "sábio" ("*savant sérieux*") observa ainda, na ocasião mencionada acima: "A escola de Ricardo costuma subsumir também o capital no conceito de trabalho, como 'trabalho poupado'. Isso é inadequado (!) como (!) o possuidor do capital (!), sem dúvida (!) fez mais (!) do que a mera (?!) produção (?) e (??) conservação do mesmo (do quê?): a saber (?!?) a abstinência do próprio prazer, pelo que exige, por exemplo (!!!) juros" (ibid. [p. 82]). Quão "adequado"! é esse "método anatômico-fisiológico" da Economia Política, pois, que do mero "desejo" desenvolve o "valor".

22a "De todos os recursos auxiliares na agricultura, o trabalho do ser humano é [...] aquele do qual o *farmer* mais depende para a reposição de seu capital. Os outros dois – a disponibilidade de animais de trabalho e [...] os carros, arados, pás etc – não são nada sem certa quantidade do primeiro." (Edmund Burke, *Thoughts and Details on Scarcity, Originally Presented to the Rt. Hon. W. Pitt in the Month of November 1795*. London, 1800, p. 10)

23 No *Times* de 26 de novembro de 1862, um fabricante cuja fiação ocupa 800 trabalhadores e consome semanalmente, em média, 150 fardos de algodão da Índia, ou aproximadamente 130 fardos de algodão americano, queixa-se ao público sobre os custos anuais ocasionados pela paralisação de sua fábrica. Ele as avalia em 6 000 libras esterlinas. Entre esses custos encontram-se muitos itens que não nos interessam aqui, como renda da terra, impostos, prêmios de seguro, ordenados de trabalhadores contratados anualmente, *manager* [gerente], contador, engenheiro etc. Mas então calcula 150 libras esterlinas por carvão, a fim de aquecer de tempos em tempos a fábrica e pôr em movimento, ocasionalmente, a máquina a vapor, além disso, salários para trabalhadores que, mediante trabalho de ocasião, mantêm a maquinaria em "fluxo". Finalmente 1 200 libras esterlinas pela deterioração da maquinaria, uma vez que "o tempo e as causas naturais da decadência não suspendem sua atuação porque a máquina a vapor deixa de girar". Observa expressamente que essa soma de 1 200 libras esterlinas é tão baixa porque o estado da maquinaria é de muito uso.

24 "Consumo produtivo: onde o consumo de uma mercadoria é parte do processo de produção. [...] Nesses casos, não há consumo de valor." (S. P. Newman, [*Elements of Political Economy*,] op. cit., p. 296)

25 Num compêndio norte-americano, do qual houve talvez 20 edições, lê-se: "Não é significativa a forma sob a qual o capital reaparece". Depois de uma loquaz enumeração de todos os possíveis ingredientes da produção cujo valor reaparece no produto, diz-se finalmente: "As diferentes espécies de alimentos, roupas e habitações necessárias à existência e ao conforto humanos são igualmente transformadas. São consumidas de tempo em tempo, e seu valor reaparece na nova força que emprestam ao seu corpo e ao seu espírito, constituindo assim novo capital que se aplica de novo no processo de produção". (F. Wayland, [*The Elements of Political Economy*,] op. cit., pp. 31–32) Abstraindo todas as demais esquisitices, não é, por exemplo, o preço do pão que reaparece na força renovada, mas suas substâncias formadoras de sangue. O que reaparece, ao contrário, como valor da força, não são os meios de subsistência, mas seu valor. Se os mesmos alimentos custam apenas a metade, produzirão exatamente a mesma quantidade de músculos, ossos etc., em suma, a mesma força, mas não força do mesmo valor. Essa conversão de "valor" em "força" e toda essa indeterminação farisaica dissimulam a tentativa, de resto vã, de fazer surgir uma mais-valia do mero reaparecimento de valores adiantados.

26 "Todos os produtos da mesma espécie formam, na verdade, nada mais que uma massa cujo preço é determinado de modo geral e sem consideração às circunstâncias específicas." (Le Trosne, ["De l'intérêt social",] op. cit., p. 893)

26a "Se considerarmos como parte do capital adiantado o valor do capital fixo aplicado, teremos de calcular, no fim do ano, o valor remanescente desse capital como parte da receita anual." (Malthus, *Princ. of Pol. Econ.*, 2ª ed. London, 1836, p. 269)

27 Nota à 2ª edição. Entende-se por si mesmo o que diz Lucrécio, "*nil posse creari de nihilo*". De nada sai nada. "Criação de valor" é conversão de força de trabalho em trabalho. A força de trabalho, por sua vez, é sobretudo matéria natural convertida no organismo humano. [Lucrécio, *Von der Natur*, Livro I, versos 156–57. – N. E. A.]

28 Do mesmo modo como os ingleses utilizam *rate of profits* [taxa de lucro], *rate of interest* [taxa de juros] etc. Reconhecer-se-á, no Livro 3, que é fácil compreender

a taxa de lucro tão logo se conheçam as leis da mais-valia. Pelo caminho inverso não se entende *ni l'un, ni l'autre* [nem um, nem outro].

28a {Nota à 3ª edição. O autor usa aqui a linguagem econômica corrente. É de se lembrar que, na p. 203, ficou demonstrado que, na verdade, não é o capitalista que "adianta" ao trabalhador, mas o trabalhador ao capitalista. – F. E.}

29 Empregamos até agora nesta obra a expressão "tempo de trabalho necessário" para designar o tempo de trabalho socialmente necessário à produção de uma mercadoria, em geral. Daqui em diante a empregaremos também para indicar o tempo de trabalho necessário à produção da mercadoria específica força de trabalho. O uso dos mesmos *termini technici* [termos técnicos] com sentidos diferentes é melindroso, mas em nenhuma ciência pode-se evitá-lo inteiramente. Compare-se, por exemplo, os níveis superiores e inferiores da Matemática.

30 ¦ 77 Com uma genialidade gottschidiana, o Sr. Wilhelm Tucídides Roscher descobre que, se hoje em dia a formação da mais-valia ou mais-produto e a acumulação daí decorrente são devidas à "parcimônia" do capitalista, que em compensação "exige, por exemplo, juros", por outro lado, "nos níveis mais baixos de cultura, [...] os mais fracos são obrigados pelos mais fortes a serem parcimoniosos" ¦ ([*Die Grundlagen der Nationalökonomie*,] op. cit., pp. 82, 78). A poupar trabalho? Ou produtos excedentes de que não dispõem? Além da ignorância real, é o receio apologético de analisar conscienciosamente o valor e a mais-valia, e chegar eventualmente a um resultado comprometedor e subversivo, que força Roscher e consortes a converterem as justificações mais ou menos plausíveis que o capitalista dá para sua apropriação das mais-valias existentes em causas da origem da mais-valia. [Gottschidiana: alusão irônica ao escritor e crítico de literatura alemão Johann Christoph Gottsched, que desempenhou certo papel positivo na literatura, mas ao mesmo tempo manifestou intolerância extraordinária contra novas tendências literárias. Por isso, seu nome tornou-se símbolo de altivez e obtusidade literária. Sr. Wilhelm Tucídides Roscher: Marx chama Wilhelm Roscher ironicamente de Wilhelm Tucídides Roscher, porque este, no prefácio à primeira edição de seu livro *Die Grundlagen der Nationalökonomie* (Fundamentos da Economia Política), anunciou-se, como diz Marx, "modestamente como o Tucídides da Economia Política". Ver K. Marx, *Theorien über den Mehrwert* (*Teorias da mais-valia*), Parte III. Berlin, 1962, p. 499) – N. E. A.]

30a Nota à 2ª edição. Apesar de ser expressão exata do grau de exploração da força de trabalho, a taxa de mais-valia não expressa a grandeza absoluta da exploração. Se, por exemplo, o trabalho necessário = 5 horas e o mais-trabalho = 5 horas, o grau de exploração = 100%. A grandeza da exploração mede-se aqui em 5 horas. Mas, se o trabalho necessário = 6 horas e o mais-trabalho = 6 horas, o grau de exploração de 100% permanece inalterado, enquanto a grandeza da exploração aumenta em 20%, de 5 para 6 horas.

31 Nota à 2ª edição. ¦ 78 O exemplo de uma fiação do ano 1860, dado na 1ª edição, continha alguns erros factuais. Os dados exatos que constam do texto foram-me fornecidos por um fabricante de Manchester. ¦ – Deve-se observar que na Inglaterra se calculavam os antigos cavalos-vapor pelo diâmetro do cilindro, enquanto os novos se contam segundo a força real que mostra o indicador.

31a Os cálculos dados servem apenas de ilustração. Admite-se, a saber, que preços

=valores. No Livro 3, ver-se-á que essa equiparação não funciona de maneira tão simples nem mesmo para os preços médios.

32 Senior, [*Letters on the Factory Act, as it Affects the Cotton Manufacture*,] op. cit., pp. 12–13. Deixamos de lado certas passagens curiosas que são indiferentes para nosso propósito, por exemplo a afirmação de que os fabricantes incluem, em seus cálculos, a reposição da maquinaria desgastada etc., isto é, de um componente do capital, no lucro, bruto ou líquido, sujo ou limpo. O mesmo quanto à correção ou à falsidade dos dados numéricos. Que eles não valem mais que a chamada "análise", demonstrou Leonard Horner em *A Letter to Mr. Senior etc.*, London, 1837. Leonard Horner, um dos *factory inquiry commissioners* [comissários investigadores das condições fabris] de 1833 e inspetor de fábrica, na realidade censor de fábrica, até 1859, adquiriu méritos imorredouros a serviço da classe trabalhadora inglesa. Lutou uma vida inteira não só contra os exasperados fabricantes, mas também contra os ministros, para os quais era incomparavelmente mais importante contar os "votos" dos fabricantes na Câmara dos Comuns do que as horas de trabalho das "mãos" na fábrica.

A exposição de Senior é confusa, independentemente da falsidade do seu conteúdo. O que ele realmente queria dizer era isto: O fabricante ocupa os trabalhadores $11\frac{1}{2}$ ou $\frac{23}{2}$ horas por dia. Como cada jornada de trabalho, o trabalho anual consiste em $11\frac{1}{2}$ ou $\frac{23}{2}$ horas (multiplicadas pelo número de dias de trabalho do ano). Pressuposto isto, produzem as $\frac{23}{2}$ horas de trabalho o produto anual de 115 000 libras esterlinas; $\frac{1}{2}$ hora de trabalho produz $\frac{1}{23} \times 115\,000$ libras esterlinas; $\frac{20}{2}$ horas de trabalho produzem $\frac{20}{23} \times 115\,000$ libras esterlinas = 100 000 libras esterlinas, isto é, repõem apenas o capital adiantado. Restam $\frac{3}{2}$ horas de trabalho que produzem $\frac{3}{23} \times 115\,000$ libras esterlinas = 15 000, isto é, o lucro bruto. Destas $\frac{3}{2}$ horas de trabalho, $\frac{1}{2}$ hora de trabalho produz $\frac{1}{23} \times 115\,000$ libras esterlinas = 5 000 libras esterlinas, isto é, ela produz apenas a reposição do desgaste da fábrica e da maquinaria. As duas últimas meias horas, isto é, a última hora de trabalho, produz $\frac{2}{23} \times 115\,000$ libras esterlinas = 10 000 libras esterlinas, isto é, o lucro líquido. No texto, Senior converte os últimos $\frac{2}{23}$ do produto em partes da própria jornada de trabalho.

32a Se Senior comprovou que da "última hora de trabalho" dependem o lucro líquido dos fabricantes, a existência da indústria algodoeira inglesa e a grandeza da Inglaterra no mercado mundial, o Dr. Andrew Ure, por sua vez, comprovou que as crianças e jovens menores de 18 anos, ocupados nas fábricas, que não são retidos 12 horas inteiras na atmosfera moralmente aquecida e pura da fábrica, mas lançadas "uma hora" antes no frio e frívolo mundo exterior, correm o perigo de perder pelo ócio e pelos vícios a salvação de suas almas. Desde 1848, os inspetores de fábrica não se cansam, em seus *reports* semestrais, de zombar dos fabricantes com a "última hora", a "hora fatal". O Sr. Howell, por exemplo, diz em seu relatório fabril de 31 de maio de 1855: "Se o seguinte cálculo engenhoso" (ele cita Senior) "fosse correto, toda fábrica de tecidos de algodão do Reino Unido teria trabalhado com prejuízo desde 1850" (*Reports of the Insp. of Fact. for the Half Year Ending 30th April 1855*, pp. 19–20). Quando, em 1848, a lei das dez horas passou no Parlamento, os fabricantes impuseram a alguns trabalhadores normalmente ocupados nas fiações de linho rurais, dispersas entre os condados de Dorset e Somerset, uma petição contra a lei, em que se dizia, entre outras coisas: "Vossos peticionários, pais, acreditam que uma hora adicional de folga não pode ter outro efeito do que a desmoralização de seus filhos, pois o ócio é a mãe de todos os vícios". A propósito disso, observa o relatório fabril de 31 de outubro de 1848: "A atmosfera das fiações de linho em que trabalham os filhos desses ternos e virtuosos pais está tão impregnada de inúmeras partículas de pó e de fibras da matéria-prima que se torna extremamente desagradável permanecer mesmo 10 minutos nas salas de fiação, pois é impossível deixar de experimentar a mais penosa sensação, já que os olhos, as orelhas, as narinas e a boca imediatamente se enchem de nuvens de pó de linho, das quais não há escapatória. O próprio trabalho, em virtude da velocidade febril da maquinaria, exige um dispêndio infatigável de habilidade e de movimento, controlados por uma atenção que nunca se cansa, e parece algo duro permitir que os pais apliquem a expressão 'ociosidade' a respeito de seus próprios filhos que, descontando o tempo de refeições, ficam encadeados durante 10 horas inteiras em tal ocupação, em tal atmosfera. [...] Essas crianças trabalham mais que os servos de lavoura nas aldeias vizinhas. [...] Esse palavrório sem carinho sobre 'ociosidade e vício' deve ser estigmatizado como a mais pura *cant* [hipocrisia] e o fingimento mais desavergonhado. [...] Aquela parte do público que, há uns doze anos, se surpreendeu com a segurança com que se proclamava publicamente e com toda a seriedade, sancionado por alta autoridade, que todo o 'lucro líquido' dos fabricantes decorre da 'última hora' de trabalho e, por isso, a redução de uma hora da jornada de trabalho destruiria o lucro líquido; essa parte do público, dizemos, mal acreditará em seus próprios olhos quando verificar que a descoberta original das virtudes da 'última hora' foi desde então tão aperfeiçoada que inclui igualmente 'moral' e 'lucro': de modo que, se a duração do trabalho das crianças for reduzida a 10 horas inteiras, a moral das crianças perder-se-ia simultaneamente com o lucro líquido de seus patrões, sendo ambos dependentes dessa fatal hora última" (*Repts. of Insp. of Fact. for 31st Oct. 1838*, p. 101). O mesmo relatório fabril apresenta em seguida provas da "moral" e da "virtude" desses senhores fabricantes, das artimanhas, dos truques, dos engodos, das ameaças, das falsificações que aplicaram para fazer uns poucos trabalhadores totalmente desamparados assinarem tais petições, tendo em vista enganar o Parlamento, fazendo-as passar por petições de todo um ramo industrial, de condados inteiros. – É altamente característico do estado atual da chamada "ciência" econômica que nem Senior, que mais tarde, para sua honra, defendeu energicamente a legislação fabril, nem seus opositores originais e posteriores tenham sabido resolver os sofismas da "descoberta original". Eles apelaram à experiência real. O *why* e *wherefore* [o porquê e a causa] continuaram sendo um mistério. [De Andrew Ure, ver *The Philosophy of Manufactures*. London, 1835, p. 406. – N. E. A.]

33 Contudo, o Senhor Professor acabou por lucrar algo com sua excursão a Manchester! Nas *Letters on the Factory Act*, todo o ganho líquido, "lucro" e "juros" e até *something more* [algo mais] dependem de uma hora de trabalho não paga do trabalhador. Um ano antes, em *Outlines of Political Economy*, composta para o bem comum dos estudantes de Oxford e filisteus cultos, ele ainda tinha "descoberto", contra a determinação ricardiana do valor pelo tempo de trabalho, que o lucro se origina do trabalho do capitalista e os juros de sua ascese, de sua "abstinência". A patranha mesma era velha, mas a palavra "abstinência" era nova. O Sr. Roscher a traduziu corretamente para o alemão pela palavra *Enthaltung*. Seus compatriotas me-

nos versados em latim, Wirte, Schulzen e demais Michels, traduziram-na, monasticamente, por *Entsagung* (renúncia).

34 "Para um indivíduo com um capital de 20 000 libras esterlinas cujos lucros anuais importassem em 2 000 libras esterlinas, seria totalmente indiferente que seu capital ocupasse 100 ou 1 000 trabalhadores ou que as mercadorias produzidas se vendessem por 10 000 ou 20 000 libras esterlinas, desde que seus lucros, em todos os casos, não caiam abaixo de 2 000 libras esterlinas. Não acontece o mesmo com o interesse real de uma nação? Supondo-se que sua renda líquida real, suas rendas e lucros permaneçam os mesmos, não tem a mínima importância que a nação tenha 10 ou 12 milhões de habitantes" (Ricardo, [*On the Principles of Political Economy, and Taxation*,] op. cit., p. 416). Bem antes de Ricardo, o fanático do mais-produto, Arthur Young, de resto um autor palrador e sem juízo crítico, cuja fama está na razão inversa de seu mérito, dizia, entre outras coisas: "Que utilidade teria, num reino moderno, uma província inteira cujas terras fossem, ao modo dos antigos romanos, cultivadas, ainda que da melhor maneira, por pequenos camponeses independentes? Que finalidade teria isso a não ser a de procriar homens (*the mere purpose of breeding men*), o que, em si e para si, não tem finalidade nenhuma (*is a most useless purpose*)?". (Arthur Young, *Political Arithmetic etc.* London, 1774, p. 47)

Acréscimo à nota 34 É estranha a "forte propensão a apresentar a renda líquida como vantajosa para a classe trabalhadora, [...] embora seja evidente que esta não é vantajosa por ser líquida". (Th. Hopkins, *On Rent of Land etc.* London, 1828, p. 126)

35 "Uma jornada de trabalho é uma grandeza indeterminada, podendo ser longa ou curta." (*An Essay on Trade and Commerce, Containing Observations on Taxation etc.* London, 1770, p. 73)

36 Essa pergunta é infinitamente mais importante que a famosa pergunta de Sir Robert Peel à Câmara do Comércio de Birmingham: *What is a pound?* [O que é uma libra?], pergunta que somente poderia ser colocada porque Peel tinha tão pouca clareza sobre a natureza do dinheiro quanto os *little shilling men* [homens do xelim pequeno] de Birmingham. [Na primeira metade do século XIX, os *little shilling men* propagavam a doutrina de uma medida monetária ideal e consideravam, em conformidade com isso, o dinheiro meramente como entidade de cálculo. Os representantes dessa escola, os irmãos Thomas e Matthias Attwood, Spooner e outros, apresentaram um projeto para reduzir o teor de ouro da unidade monetária, na Inglaterra, que foi denominado como "projeto do xelim pequeno". Daí se originou a denominação da própria escola. Ao mesmo tempo, os "homens do xelim pequeno" se voltaram contra as medidas do governo que visavam ao rebaixamento da massa de dinheiro em circulação. Eles defendiam a ideia de que a aplicação de sua teoria contribuiria por meio de um aumento artificial dos preços para reanimar a indústria e garantir a prosperidade geral do país. Na realidade, no entanto, a proposta desvalorização do dinheiro podia servir simplesmente para amortizar as dívidas do Estado e dos grandes empresários, que eram os principais tomadores dos mais diferentes créditos. Marx fala também sobre os "homens do xelim pequeno" em seu trabalho *Zur Kritik der politischen Oekonomie*. – N. E. A.]

37 "É tarefa do capitalista obter, com o capital despendido, a maior soma possível de trabalho" (*D'obtenir du capital dépensé la plus forte somme de travail possible*). (J.-G. Courcelle-Seneuil, *Traité théorique et pratique des entreprises industrielles*, 2ª ed. Paris, 1857, p. 62)

38 "A perda de uma hora de trabalho por dia representa um prejuízo extraordinário para um Estado que comercia." "O consumo de artigos de luxo pelos trabalhadores pobres deste reino é muito grande, especialmente entre a plebe ocupada nas manufaturas: ao fazê-lo, consomem também seu tempo, um consumo mais fatídico que qualquer outro." (*An Essay on Trade and Commerce etc.*, pp. 47, 153)

39 "Quando o trabalhador livre repousa um instante, a economia sórdida, que o segue com olhos inquietos, afirma que ele a está roubando." (N. Linguet, *Théorie des loix civiles etc.* London, 1767, t. II, p. 466)

40 Durante a grande *strike* [greve] dos *builders* [trabalhadores da construção], em Londres, em 1860–1861, pela redução da jornada de trabalho a 9 horas, o comitê dos trabalhadores publicou uma declaração que coincidia aproximadamente com a argumentação de nosso trabalhador. A declaração aludia, não sem ironia, a que o mais ávido por lucro entre os "*building masters*" [empreendedores de obras] – um certo Sir M. Peto – encontrava-se em "odor de santidade". (O mesmo Peto chegou ao fim depois de 1867, junto com... Strousberg!) [Barthel Heinrich Strousberg foi empresário ferroviário na Alemanha, e sua falência, em 1873, teve muita repercussão. – N. T.]

41 "Na realidade, aqueles que trabalham [...] alimentam tanto os pensionistas, a quem chamamos de ricos, quanto a si mesmos." (Edmund Burke, [*Thoughts and Details on Scarcity, Originally Presented to the Rt. Hon. W. Pitt in the Month of November 1795*,] op. cit., pp. 2–3)

42 Niebuhr observa muito ingenuamente em sua *Römischen Geschichte* [História de Roma]: "Não se pode encobrir que obras como as etruscas, que em suas ruínas nos assombram, pressupõem, em pequenos (!) Estados, senhores e servos". Com muito maior profundidade observa Sismondi que as "rendas de Bruxelas" pressupõem empregadores e assalariados.

43 "Não se pode ver esses infelizes" (nas minas de ouro entre o Egito, a Etiópia e a Arábia) "que nem podem manter limpo o próprio corpo nem cobrir sua nudez sem lamentar seu miserável destino. Pois lá não se encontra remissão nem indulgência para os doentes, os débeis, os velhos nem para a fragilidade feminina. Todos têm de continuar trabalhando, forçados por pancadas, até que a morte ponha fim a seus sofrimentos e à sua desgraça." (Diod[orus] Sic[ulus], *Historische Bibliothek*, Livro III, cap. 13 [p. 260])

44 O que segue se refere à situação das províncias romenas antes da revolução que sucedeu desde a Guerra da Crimeia.

44a {Nota à 3ª edição – Isso se aplica também à Alemanha e especialmente à Prússia, a leste do Elba. No século XV, o camponês alemão estava mais submetido em quase toda parte a certas prestações em produtos e em trabalho, mas era de fato, quanto ao resto, um homem livre. Os colonos alemães em Brandemburgo, Pomerânia, Silésia e Prússia Oriental eram até mesmo juridicamente considerados livres. A vitória da nobreza na Guerra dos Camponeses pôs fim a isso. Não apenas os camponeses vencidos da Alemanha meridional tornaram-se de novo servos, mas já desde meados do século XVI os camponeses livres da Prússia Oriental, de Brandemburgo, Pomerânia e Silésia e, pouco depois, os de Schleswig-Holstein foram rebaixados à categoria de servos. (Maurer, *Fronhöfe*, v. IV. – Meitzen, *Der Boden des Pr. Staats*. – Hanssen, *Leibeigenschaft in Schleswig-Holstein*) – F. E.}

45 Mais detalhes encontram-se em É. Regnault, *Histoire politique et sociale des principautés danubiennes*. Paris, 1855 [pp. 304 ss.].

46 "Em geral, ultrapassar o tamanho médio de sua espécie indica, dentro de certos limites, desenvolvimento dos seres orgâ-

nicos. Quanto ao ser humano, sua altura reduz-se quando seu desenvolvimento é prejudicado por condições físicas ou sociais. Em todos os países europeus onde existe a conscrição, diminuiu, desde sua introdução, o tamanho médio dos homens adultos e, de modo geral, sua aptidão para o serviço militar. Antes da Revolução (1789), o mínimo de altura para os soldados de infantaria na França era de 165 cm; em 1818 (lei de 10 de março), 157; segundo a lei de 21 de março de 1832, 156 cm; em média, mais de metade dos conscritos são considerados inaptos, na França, por insuficiência de altura e por debilidade. Na Saxônia, em 1780, a altura exigida era de 178 cm; agora, 155. Na Prússia é de 157. Segundo informou o Dr. Meyer no jornal *Bayerische Zeitung* de 9 de maio de 1862, verificou-se em média na Prússia, durante 9 anos, que, de 1000 conscritos, 716 eram inaptos para o serviço militar: 317 em virtude do tamanho e 399 por deficiência. [...] Em 1858, Berlim não pôde apresentar seu contingente de reserva, faltavam 156 homens." (J. V. Liebig, *Die Chemie in ihrer Anwendung auf Agrikultur und Physiologie*, v. I, 7ª ed. 1862, pp. 117–18)

47 A história da Lei Fabril de 1850 segue no decorrer deste capítulo.

48 Do começo da grande indústria na Inglaterra até 1845, ocupo-me apenas aqui e ali e recomendo ao leitor, a esse respeito, a obra de F. Engels, *Die Lage der arbeitenden Klasse in England* [*A situação da classe trabalhadora na Inglaterra*], Leipzig, 1845. A profundidade com que Engels apreendeu o espírito do modo de produção capitalista demonstram os *Factory Reports*, *Reports on Mines* e outros, que apareceram a partir de 1845, e, como ele nos pintou admiravelmente as condições em detalhes, evidencia-se mesmo com a comparação mais superficial entre seu trabalho e os *reports* oficiais da Children's Employment Commission (1863–67), publicados de 18 a 20 anos mais tarde. Na verdade, estes tratam de ramos industriais, nos quais até 1862 a legislação fabril não havia sido introduzida, em parte ainda não foi introduzida. Aqui ainda não foi imposta coercitivamente nenhuma modificação maior ou menor nas condições descritas por Engels. Tomo meus exemplos principalmente do período do livre-câmbio posterior a 1848, daquela época paradisíaca sobre a qual os mascates do livre-câmbio, tão fanfarrões quanto cientificamente negligentes, tanto fabularam [*vorfauchen*] aos alemães. – De resto, a Inglaterra figura aqui apenas em primeiro plano, porque ela representa classicamente a produção capitalista e é a única a possuir, sobre os assuntos tratados, uma estatística oficial ininterrupta.

49 "Suggestions etc. by Mr. L. Horner, Inspector of Factories", in *Factories Regulation Act. Ordered by the House of Commons to Be Printed 9 Aug. 1859*, pp. 4–5.

50 *Reports of the Insp. of Fact. for the Half Year, Oct. 1856*, p. 35.

51 *Reports etc. 30th April 1858*, p. 9.

52 *Reports etc.*, op. cit., p. 10.

53 *Reports etc.*, op. cit., p. 25.

54 *Reports etc. for the Half Year Ending 30th April 1861*. Ver Apêndice n. 2; *Reports etc. 31st Oct. 1862*, pp. 7, 52 e 53. As transgressões tornam-se mais numerosas de novo no segundo semestre de 1863. Ver *Reports etc. Ending 31st Oct. 1863*, p. 7.

55 *Reports etc. 31st Oct. 1860*, p. 23. Com que fanatismo, segundo as declarações dos fabricantes perante os tribunais, os seus trabalhadores se opunham a qualquer interrupção do trabalho da fábrica mostra o seguinte caso curioso: em começo de junho de 1836 foram encaminhadas aos *magistrates* [magistrados] de Dewsbury (Yorkshire) denúncias relativas à violação da lei fabril por proprietários de

8 grandes fábricas, nas proximidades de Batley. Parte desses senhores era acusada de ter posto a trabalhar 5 meninos de 12 a 15 anos das 6 horas da manhã de sexta-feira até as 4 da tarde do sábado seguinte, sem lhes conceder nenhum descanso além do tempo para as refeições e uma hora para dormir à meia-noite. E esses meninos tiveram de realizar essas 30 horas de trabalho permanecendo no *shoddyhole*, como se chama a caverna onde são desmanchados os trapos de lã e onde nuvens de poeira, de resíduos etc. forçam mesmo os trabalhadores adultos a tapar continuamente a boca com lenços a fim de proteger os pulmões! Os senhores acusados asseguraram em lugar do juramento – como os quacres eram homens religiosos demasiado escrupulosos para prestarem juramento – que, com sua grande compaixão, tinham permitido aos miseráveis meninos dormir 4 horas, mas que os cabeças-duras não quiseram de modo algum ir para a cama! Os senhores quacres foram condenados a pagar 20 libras de multa. Dryden pressentia esses quacres:

> *Uma raposa cheia de hipocrisia,*
> *Que mente como o diabo, entretanto tem medo de jurar,*
> *Que aparece como impenitente, mas lança olhares gananciosos,*
> *Não ousa pecar, sem antes dizer sua prece.*
> [John Dryden, *The Cock and the Fox; on the Tale of the Nun's Priest*. – N. E. A.]

56 *Rep. etc. 31st Oct. 1856*, p. 34.

57 Ibid., p. 35.

58 Ibid., p. 48.

59 Ibid.

60 Ibid.

61 Ibid.

62 "*Moments are the elements of profit.*" (*Rep. of the Insp. etc. 30th April 1860*, p. 56)

63 A expressão tem foros de cidadania tanto nas fábricas como nos relatórios fabris.

64 "A voracidade dos donos de fábrica, cujas crueldades na caça ao lucro mal foram excedidas por aquelas perpetradas pelos espanhóis, por ocasião da conquista da América, na caça ao ouro" (John Wade, *History of the Middle and Working Classes*, 3ª ed. Lond., 1835, p. 114). A parte teórica desse livro, uma espécie de fundamento da Economia Política, contém algumas ideias originais para seu tempo, por exemplo sobre as crises econômicas. A parte histórica sofre de um plágio desavergonhado da obra de Sir M. Eden, *The State of the Poor*. London, 1797.

65 London, *Daily Telegraph* de 17 de janeiro de 1860.

66 Cf. Engels, *Die Lage etc.* [*A situação da classe trabalhadora na Inglaterra*], pp. 249–51.

67 Children's Employment Commission, *First Report etc. 1863*. Apêndice, pp. 16, 19, 18.

68 *Public Health, 3rd Report etc.*, pp. 103, 105.

69 Childrens Employment Commission, 1863, pp. 24, 22 e XI.

70 Ibid., p. XLVII.

71 Ibid., p. LIV.

72 Isso não deve ser compreendido como tempo de trabalho excedente, segundo nosso conceito. Esses senhores consideram as 10½ horas de trabalho como jornada normal de mais-trabalho, a qual inclui também o mais-trabalho normal. Então começa "o tempo extra", que é algo mais bem pago. Ver-se-á em uma oportunidade mais adiante que a utilização da força de trabalho durante a chamada jornada normal é paga abaixo do valor, de modo que o "tempo extra" é mera artimanha dos capitalistas para extrair mais "mais-trabalho", o que continuaria sendo, mesmo se a força de trabalho aplicada du-

rante a "jornada normal de trabalho" fosse paga plenamente.

73 Ibid. Apêndice, pp. 123, 124, 125, 140 e LXIV.

74 Alúmen, ralado fino ou misturado com sal, é um artigo normal de comércio que leva o nome significativo de *baker's stuff* [material de padeiro].

75 Fuligem é conhecida como uma forma muito energética de carbono e constitui um adubo que os limpadores de chaminés capitalistas vendem a arrendatários ingleses. Em 1862, num processo, um *juryman* [jurado] britânico teve de decidir se fuligem misturada com 90% de pó e areia, sem conhecimento do comprador, era fuligem "verdadeira" no sentido "comercial" ou fuligem "adulterada" no sentido "legal". Os *amis du commerce* [amigos do comércio] decidiram que era fuligem comercial "verdadeira" e rejeitaram a queixa do arrendatário, que ainda teve de pagar as custas do processo.

76 Em um tratado sobre as *sophistications* [adulterações] das mercadorias, o químico francês Chevallier apresenta, para muitos dos mais de 600 artigos que passa em revista, 10, 20, 30 diferentes métodos de adulteração. Acrescenta que não conhece todos os métodos e que não menciona todos que conhece. Para o açúcar, dá 6 espécies de adulteração, 9 para o azeite de oliva, 10 para a manteiga, 12 para o sal, 19 para o leite, 20 para o pão, 23 para a aguardente, 24 para a farinha, 28 para o chocolate, 30 para o vinho, 32 para o café etc. Nem mesmo o bom Deus escapa desse destino. Ver Rouard de Card, *De la falsification des substances sacramentelles*. Paris, 1856.

77 *Report etc. Relating to the Grievances Complained of by the Journeymen Bakers etc.* London, 1862; e *Second Report etc.* London, 1863.

78 Id., *First Report etc.*, pp. VI-VII.

79 Ibid., p. LXXI.

80 George Read, *The History of Baking*. London, 1848, p. 16.

81 *Report (First) etc. Evidence*. Depoimento do *full priced baker* Cheesman, p. 108.

82 George Read, [*The History of Baking*,] op. cit. No fim do século XVII e começo do XVIII, os *factors* (agentes) que se intrometiam em todos os ofícios possíveis ainda eram denunciados oficialmente como *public nuisances* [malfeitores públicos]. Assim, por exemplo, na sessão trimestral dos juízes de paz do condado de Somerset, o Grand Jury fez uma *presentment* [representação] à Câmara dos Comuns, onde se disse, entre outras coisas, que "os agentes de Blackwell Hall são malfeitores públicos que causam danos ao comércio de panos e deveriam ser reprimidos como elementos nocivos". (*The Case of our English Wool etc.* London, 1865, pp. 6, 7)

83 *First Report etc.*, p. VIII.

84 *Report of Committee on the Baking Trade in Ireland for 1861*.

85 Ibid.

86 *Meeting* público dos trabalhadores agrícolas em Lasswade, perto de Glasgow, em 5 de janeiro de 1866. (Ver *Workman's Advocate*, de 13 de janeiro de 1866.) A formação, desde os fins de 1865, de um *trade union* [sindicato] dos trabalhadores agrícolas, começando pela Escócia, é um acontecimento histórico. Em um dos distritos rurais mais oprimidos da Inglaterra, em Buckinghamshire, os trabalhadores assalariados realizaram, em março de 1867, uma grande *strike* pelo aumento do salário semanal de 9–10 xelins para 12 xelins. – (Vê-se, pelos fatos mencionados, que o movimento do proletariado agrícola, desde a repressão às suas poderosas demonstrações a partir de 1830 e, notadamente, desde a introdução da nova lei de assistência aos pobres, foi inteiramente destroçado, recomeça nos anos de 1860 a 1870, para se projetar, por fim, de maneira memorável, em 1872. Volto

ao assunto no volume 2, do mesmo modo que aos Livros Azuis aparecidos desde 1867 sobre a situação do trabalhador agrícola inglês. Acréscimo à 3ª edição.)

87 *Reynolds' Paper*, [21 de] janeiro de 1866. Semana após semana, o mesmo semanário publica, sob *sensational headings* [manchetes sensacionalistas]: "*Fearful and Fatal Accdents*" [Acidentes temíveis e fatais], "*Apalling Tragedies*" [Tragédias terríveis] etc., uma lista completa de novos acidentes ferroviários. Em resposta, um trabalhador da linha de North Staffordshire comenta: "Todos conhecem as consequências quando a atenção do maquinista e do foguista fraqueja por um instante. E como poderia ser diferente, com prolongamento desmedido do trabalho, sem pausa nem repouso, no tempo mais inclemente? Tome-se por exemplo, como ocorre diariamente, o seguinte caso. Na última segunda-feira um foguista começou seu dia de trabalho muito cedo. Terminou-o depois de 14 horas e 50 minutos. Antes de ter tido tempo de ao menos tomar seu chá, foi de novo chamado ao trabalho. Teve assim de trabalhar ininterruptamente 29 horas e 15 minutos. O restante de sua semana de trabalho teve o seguinte horário: quarta-feira, 15 horas; quinta-feira, 15 horas e 35 minutos; sexta-feira, 14½ horas; sábado, 14 horas e 10 minutos: o total da semana elevou-se a 88 horas e 30 minutos. E agora imaginem sua surpresa quando recebeu o pagamento de somente 6 jornadas de trabalho. O homem era um novato e perguntou o que se entendia por uma jornada de trabalho. Resposta: 13 horas, portanto 78 horas por semana. Mas e o pagamento das 10 horas e 30 minutos excedentes? Após longo debate, recebeu uma compensação de 10 pence" (menos de 10 *Silbergroschen*). (Ibid., n. de 4 fev. 1866)

88 Ver F. Engels, [*Die Lage der arbeitenden Klasse in England*,] op. cit., pp. 253-54.

89 Dr. Letheby, médico da Board of Health [Repartição de Saúde], declarou então: "O mínimo de ar necessário para um adulto num quarto de dormir deve ser de 300 pés cúbicos e numa sala de estar, de 500 pés cúbicos". Dr. Richardson, médico-chefe de um hospital de Londres: "As costureiras de toda espécie, as modistas, costureiras de vestidos e costureiras comuns, sofrem de tríplice infortúnio: sobretrabalho, carência de ar e deficiência de alimentação ou deficiência de digestão. De modo geral, esse tipo de trabalho é mais adequado, sob qualquer circunstância, para mulheres do que para homens. Por desgraça, esse negócio é monopolizado, notadamente na capital, por uns 26 capitalistas que, com as armas que se originam do capital (*that spring from capital*), espremem economia do trabalho (*force economy out of labour*, ele quer dizer: economizar despesas mediante desperdício da força de trabalho). Seu poder é sentido nos limites de toda essa classe de trabalhadoras. Se uma costureira consegue um pequeno círculo de clientes, a concorrência a força a se matar de trabalhar em casa, para conservá-lo, e o mesmo sobretrabalho ela tem de impor necessariamente às suas auxiliares. Se o negócio fracassa ou se ela não pode estabelecer-se por conta própria, então se dirige a um *établissement* [estabelecimento], onde o trabalho não é menor, mas o pagamento é seguro. Assim posta, torna-se uma simples escrava, jogada para cá e para lá conforme cada flutuação da sociedade: ora está em casa, num pequeno cubículo, passando fome ou quase, ora está de novo ocupada de 15, 16 até 18 das 24 horas em atmosfera quase insuportável e com alimentação que, mesmo se fosse boa, não poderia ser digerida devido à falta de ar puro. É por causa dessas vítimas que prolifera a tísica, a qual não é nada mais que uma doença oriunda do ar viciado".

(Dr. Richardson, "Work and Overwork", in *Social Science Review*, 18 jul. 1863)

90 *Morning Star*, 23 jun. 1863. O *Times* aproveitou o sucedido para defender os senhores de escravos da América contra Bright etc. "Muitos de nós", diz, "acham que, enquanto fizermos trabalhar até a morte nossas jovens mulheres, utilizando o flagelo da fome em lugar do estalar do chicote, quase não teremos o direito de submeter a ferro e fogo famílias que desde o berço possuem escravos e pelo menos os alimentam bem, fazendo-os trabalhar moderadamente" (*Times*, 2 jul. 1863). Do mesmo modo, o *Standard*, jornal dos *tories*, repreendeu o reverendo Newman Hall: "Ele excomunga os senhores de escravos, mas reza com a boa gente que fazia os condutores e os cocheiros de ônibus de Londres trabalharem apenas 16 horas diariamente por um salário de cão". Finalmente falou o oráculo, Sr. Thomas Carlyle, sobre o qual publiquei em 1850: "Ao diabo com o gênio, ficou o culto". Ele reduz a uma curta parábola o único acontecimento grandioso da História contemporânea, a Guerra Civil americana, a que o Pedro do Norte quer arrebentar o crânio do Paulo do Sul, com toda violência, porque o Pedro do Norte aluga sua mão de obra "diariamente" e o Paulo do Sul aluga-se pela "vida toda" ("Ilias Americana in nuce", *Macmillan's Magazine*, caderno de agosto de 1863). Por fim arrebentou a bolha de sabão da simpatia dos *tories* pelo assalariado urbano – a qual não se estende de modo algum ao rural. O âmago chama-se... escravatura. [Marx refere-se à sua resenha sobre o livro de Thomas Carlyle, *Latter-Day Pamphlets*. – N. E. A.]

91 Dr. Richardson, ["Work and Overwork",] op. cit.

92 Children's Employment Commission, *Third Report*. Lond., 1864, pp. IV, V, VI.

93 "Em Staffordshire, assim como no sul de Gales, jovens meninas e mulheres são empregadas para trabalhar nas minas de carvão e nos depósitos de coque não apenas durante o dia, mas também à noite. Nos relatórios dirigidos ao Parlamento, isso foi muitas vezes mencionado como prática que dá origem a males notórios. Essas mulheres que trabalham junto com os homens e que, pelas roupas, mal se distinguem deles, sujas e enfumaçadas, expõem-se à degenerescência de caráter causada pela perda de seu autorrespeito, consequência quase inevitável dessa ocupação não feminina. (ibid., pp. 194, XXVI. Ver *Fourth Report* (1865) 61, p. XIII). Acontece o mesmo nas fábricas de vidro.

94 "Parece natural", observou um fabricante de aço que utiliza crianças para o trabalho noturno, "que meninos que trabalham à noite não durmam durante o dia e não encontrem nenhum descanso regular, porém no dia seguinte perambulem infatigavelmente" (ibid., *Fourth Rep.*, 63, p. XIII). Sobre a importância da luz solar para a manutenção e o desenvolvimento do corpo, um médico observa, entre outras coisas: "A luz atua diretamente sobre os tecidos do corpo, endurecendo-os e dando-lhes elasticidade. Os músculos dos animais aos quais se priva o *quantum* normal de luz tornam-se esponjosos e inelásticos, a força dos nervos perde seu tônus por falta de estímulos e o acabamento de tudo que está crescendo torna-se raquítico. No caso de crianças, o acesso contínuo à abundante luz do dia e aos raios diretos do sol, durante parte do dia, é essencial para a saúde. A luz ajuda a transformar os alimentos em bom sangue plástico e endurece a fibra depois de formada. Estimula os órgãos da visão e provoca, desse modo, maior atividade das diferentes funções do cérebro". Dr. W. Strange, médico-chefe do General Hospital de Worcester, de cuja obra sobre "saúde" (1864) essa citação foi tomada, escreve numa carta ao Sr. White, um dos comissários de inquéritos: "Eu tive anteriormente, em Lancashire, oportunidade de observar os efeitos do trabalho noturno sobre as crianças das fábricas e não hesito em dizer, contrariando o que alguns patrões gostam de assegurar, que a saúde das crianças foi afetada rapidamente" (Children's Employment Commission, *Fourth Report*, 284, p. 55). O fato de que coisas dessa natureza constituam objeto de sérias controvérsias demonstra do melhor modo como a produção capitalista atua sobre as "funções do cérebro" dos capitalistas e de seus *retainers* [servidores]. [William Strange, *The Seven Sources of Health*. London, 1864, p. 84. – N. E. A.]

95 Ibid., 57, p. XII.

96 Ibid., (*4th Rep.*, 1865,) 58, p. XII.

97 Ibid.

98 Ibid., p. XIII. O nível de instrução dessa "força de trabalho" deve, naturalmente, ser o que se revela nos diálogos seguintes com um dos membros da comissão de inquérito! Jeremiah Haynes, de 12 anos de idade: "[...] quatro vezes quatro são oito, mas quatro quartos (4 *fours*) são 16. [...] Um rei é quem tem todo o dinheiro e todo o ouro (*A king is him that has all the money and gold*). Dizem que temos um rei, dizem que ele é uma rainha, chamam-no Princesa Alexandra. Dizem que ela se casou com o filho da rainha. Uma princesa é um homem". William Turner, de doze anos: "Não vivo na Inglaterra. Acho que existe tal país, mas não sabia disso antes". John Morris, de catorze anos: "Ouvi dizer que Deus fez o mundo e que todo o povo se afogou, exceto um; ouvi que este era um passarinho". William Smith, de quinze anos: "Deus fez o homem; o homem fez a mulher". Edward Taylor, de quinze anos: "Nada sei de Londres". Henry Matthewman, de dezessete anos: "Às vezes vou à igreja [...]. Um nome sobre o qual pregam é o de um certo Jesus Cristo, mas não posso dizer nenhum outro nome e também nada posso dizer sobre ele. Ele não foi assassinado, morreu como outras pessoas. Ele não era como as outras pessoas, de certo modo, pois era religioso, de certo modo, e outros não" ("*He was not the same as other people in some ways, because he was religious in some ways, and others isn't*") (ibid., 74, p. XV). "O diabo é uma boa pessoa. Eu não sei onde ele vive. Cristo foi um mau sujeito" ("*The devil is a good person. I don't know where he lives; Christ was a wicked man*"). "Essa menina (10 anos) soletra *God* [Deus] como se fosse *dog* [cachorro] e não sabe o nome da rainha" (Ch. Empl. Comm., *V. Rep.*, 1866, p. 55, n. 278). O mesmo sistema dominante nas mencionadas manufaturas de metal vigora nas fábricas de vidro e papel. Nas fábricas de papel, onde o papel é feito a máquina, o trabalho noturno é a regra para todos os processos, exceto para a seleção dos trapos. Em alguns casos, o trabalho noturno por revezamento prossegue sem interrupção por toda a semana, indo geralmente de domingo à noite até a meia-noite do sábado seguinte. A turma que se encontra no turno diurno trabalha 5 dias de 12 horas e um dia de 18, e a turma do turno noturno 5 noites de 12 horas e uma de 6 horas por semana. Em outros casos, cada turma trabalha 24 horas, uma depois da outra, em dias alternados. Uma turma trabalha 6 horas na segunda-feira e 18 no sábado, para completar as 24 horas. Em outros casos, foi introduzido ainda um sistema intermediário, em que todos os empregados na maquinaria de fazer papel trabalham 15–16 horas a cada dia da semana. Esse sistema, diz o comissário de inquérito Lord, parece unir todos os males dos revezamentos de doze e de vinte e quatro horas. Crianças com menos de 13 anos,

jovens com menos de 18 e mulheres trabalham sob esse sistema noturno. Às vezes, no sistema de doze horas, em virtude da ausência de alguém para rendê-los, eles tinham de trabalhar o turno duplo de 24 horas. Os depoimentos das testemunhas provam que, com muita frequência, meninos e meninas trabalham tempo extra, que não raro se estende a 24 e até 36 horas de trabalho sem interrupção. No processo "contínuo e imutável" das oficinas de polimento, encontram-se meninas de 12 anos que, durante o mês inteiro, trabalham 14 horas por dia, "sem nenhum descanso ou interrupção regular, além de dois ou, no máximo, três de meia hora para refeições". Em algumas fábricas onde se aboliu o trabalho noturno regular, trabalha-se tempo extra numa extensão terrível, e "isso frequentemente nos processos mais sujos, mais abrasantes e mais monótonos". (Children's Employment Commission, *Report IV*, 1865, pp. XXXVIII, XXXIX)

99 *Fourth Report etc.*, 1865, 79, p. XVI.

100 Ibid., 80, pp. XVI, XVII.

101 Ibid., 82, p. XVII.

102 "Em nossa época rica em reflexão e raciocínio, não deve ter subido muito quem não sabe apresentar uma boa razão para tudo, mesmo para o que há de pior e de mais errado. Tudo o que foi estragado neste mundo foi estragado por boas razões." (Hegel, [*Enzyklopädie*, Parte I: "Die Logik",] op. cit., p. 249)

103 Children's Employment Commission, *Fourth Report.*, 1865, 85, p. XVII. À preocupação de delicadeza semelhante dos senhores fabricantes de vidros, de que não era possível conceder às crianças "refeições regulares" porque, desse modo, determinado *quantum* de calor que os fornos irradiam seria "puro prejuízo" ou seria "desperdiçado", responde o comissário de inquérito White, de nenhum modo igual a Ure, Senior etc. e seus estreitos imitadores alemães, como Roscher etc., comovidos pela "abstinência", pela "abnegação" e "parcimônia" dos capitalistas no dispêndio de seu dinheiro e pela sua "prodigalidade" com vidas humanas, próprias de um Timur-Tamerlão, dizendo: "É possível que se desperdice determinado *quantum* de calor, acima da medida atual, ao se assegurarem refeições regulares, mas mesmo em valor monetário isso não é nada se comparado com a devastação de força vital (*the waste of animal power*) que hoje o reino sofre, em virtude de as crianças em fase de crescimento, empregadas nas vidrarias, não disporem de tempo suficiente para tomar comodamente seus alimentos e digeri-los" (ibid., p. XLV). E isso no "ano do progresso", 1865! Abstraindo o dispêndio de energia para levantar e carregar, durante a execução contínua de seu trabalho tal criança marcha, nas usinas que fazem garrafas e *flint glass* [cristal], de 15 a 20 milhas (inglesas) em 6 horas! E o trabalho dura frequentemente de 14 a 15 horas. Em muitas dessas vidrarias vigora, como nas fiações de Moscou, o sistema de revezamento de seis horas. "Durante o tempo de trabalho da semana, o período ininterrupto mais longo de descanso é de seis horas, e dele tem de ser deduzido o tempo para ir à fábrica, voltar, lavar-se, vestir-se, alimentar-se, e tudo isso custa tempo. Assim só fica para descanso um período extremamente curto. Não sobra tempo para brincar e tomar ar puro, a não ser à custa do sono, tão indispensável às crianças que executam um trabalho tão fatigante numa atmosfera tão quente. [...] Mesmo o breve sono é interrompido, pois o menino tem de despertar a si mesmo, à noite, ou é despertado por ruídos externos de dia." O Sr. White apresenta casos, o de um jovem que trabalhou 36 horas consecutivas; outros de meninos de 12 anos que se esfalfam até as 2 horas da noite, dormindo na fábrica até as 5 horas da manhã (3 horas!) para começar de novo o trabalho! "O volume de trabalho", dizem os redatores do relatório geral, Tremenheere e Tufnell, "que os meninos, as meninas e as mulheres realizam no curso de seu período de trabalho (*spell of labour*) diário, noturno ou diurno, é fabuloso" (ibid., pp. XLIII e XLIV). Enquanto isso, talvez tarde da noite, o capital do vidro cambaleia, "cheio de abstinência" e de vinho do Porto, do clube para casa, cantarolando imbecilmente: *Britons never, never, shall be slaves!* [Britânicos nunca, nunca, serão escravos!].

104 Na Inglaterra, por exemplo, às vezes ainda se condena, no campo, um trabalhador à prisão por profanação do sábado ao trabalhar no jardinzinho em frente à sua casa. O mesmo trabalhador é punido por quebra de contrato se falta ao trabalho aos domingos, mesmo que seja por beatice religiosa, nas usinas metalúrgicas, de papel ou vidro. O Parlamento ortodoxo não tem ouvidos para a profanação dos sábados quando ela se dá no "processo de valorização" do capital. Num memorial (agosto de 1863) em que os diaristas londrinos das peixarias e casas de aves reivindicam a supressão do trabalho aos domingos, consta que seu trabalho nos primeiros 6 dias da semana dura, em média, 15 horas diárias e, no domingo, de 8 a 10 horas. Por esse memorial ficamos sabendo, ao mesmo tempo, que a refinada *gourmandise* [glutonaria] dos beatos aristocráticos de Exeter Hall incentiva esse "trabalho aos domingos". Esses "santos" tão cuidadosos *in cute curanda* [em preocupar-se com seu bem-estar corporal] demonstram seu cristianismo pelo modo resignado com que suportam o sobretrabalho, as privações e a fome de terceiros. *Obsequium ventris istis* (dos trabalhadores) *perniciosius est* [A glutonaria é para eles (os trabalhadores) perniciosa]. [Exeter Hall: edifício em Londres, lugar de assembleia de sociedades religiosas e filantrópicas. – N. E. A.]

105 "Em nossos relatórios anteriores, reproduzimos as constatações de vários fabricantes experientes que afirmam que horas extras [...] trazem em si, seguramente, o perigo de exaurir prematuramente a força de trabalho dos seres humanos." (Ibid., 64, p. XIII)

106 Cairnes, [*The Slave Power*,] op. cit., pp. 110–11.

107 John Ward, *History of the Borough of Stoke-upon-Trent etc.* London, 1843, p. 42.

108 Discurso de Ferrand na House of Commons [Câmara dos Comuns] em 27 de abril de 1863.

109 "*That the manufacturers would absorb it and use it up. Those were the very words used by the cotton manufacturers.*" (Ibid.)

110 Ibid. Villiers, apesar da melhor boa vontade, estava "legalmente" obrigado a recusar as pretensões dos fabricantes. Esses senhores, entretanto, conseguiram seus objetivos graças à condescendência das administrações locais dos pobres. O Sr. A. Redgrave, inspetor de fábricas, assegura que, desta vez, o sistema segundo o qual crianças órfãs e filhas de *paupers* [indigentes] eram "legalmente" consideradas *apprentices* (aprendizes) "não foi acompanhado dos velhos abusos" – (sobre esses "abusos", ver Engels, [*Die Lage der arbeitenden Klasse in England*,] op. cit.) –, se bem que em um caso tenha ocorrido "abuso com o sistema em relação a meninas e jovens mulheres trazidas dos distritos agrícolas da Escócia para Lancashire e Cheshire". De acordo com esse "sistema", o fabricante faz um contrato com os administradores das casas dos pobres por períodos determinados. Ele alimenta, veste e aloja as crianças e lhes dá uma pequena soma em dinheiro. Soa um tanto estranha a seguinte observação do Sr. Redgrave, sobretudo se considerarmos que o ano de 1860 foi um ano único, mesmo entre os anos de prosperidade da indústria algodoeira inglesa, e que, além disso, os salários então estavam altos, pois a extraordinária demanda por trabalho se chocou com o despovoamento da Irlanda e com uma corrente de emigração sem precedentes dos distritos agrícolas da Inglaterra e Escócia para a Austrália e América, com um decréscimo positivo da população em alguns distritos agrícolas ingleses, resultante em parte do bem-afortunado aniquilamento das energias vitais, em parte do esgotamento prematuro da população disponível pelos comerciantes de carne humana. E, apesar de tudo isso, diz o Sr. Redgrave: "Esse gênero de trabalho" (das crianças das casas dos pobres) "é, entretanto, procurado somente quando não se pode encontrar nenhum outro, pois é trabalho caro (*high priced labour*). O salário comum para um menino de 13 anos é de aproximadamente 4 xelins por semana; porém alojar, vestir e alimentar de 50 a 100 meninos desses, com assistência médica e com supervisão adequada, dando-lhes, além disso, uma pequena remuneração em dinheiro, não é algo que se possa conseguir por 4 xelins por cabeça, semanalmente" (*Rep. of the Insp. of Fact. for 30th April 1860*, p. 27). O Sr. Redgrave esqueceu-se de dizer como o próprio trabalhador pode dar tudo isso a seus filhos com seus 4 xelins de salário, se o fabricante não pode fazê-lo para 50 ou 100 jovens que são alojados, nutridos e supervisionados coletivamente. Para evitar que se tirem falsas conclusões do texto, devo observar que a indústria algodoeira da Inglaterra, desde que foi submetida à Factory Act de 1850, com a sua regulamentação do tempo de trabalho etc., deve ser considerada a indústria modelar da Inglaterra. O trabalhador da indústria algodoeira da Inglaterra está, sob todos os pontos de vista, melhor que seu companheiro de infortúnio no continente: "O trabalhador prussiano de fábrica trabalha pelo menos 10 horas por semana mais que seu rival inglês e, quando trabalha em casa, em seu próprio tear, desaparece até mesmo esse limite colocado às suas horas de trabalho adicional" (*Rep. of Insp. of Fact. 31st Oct. 1855*, p. 103). O acima referido inspetor de fábricas Redgrave viajou pelo continente depois da exposição industrial de 1851, visitando especialmente a França e a Prússia, para lá investigar as condições das fábricas. Sobre o trabalhador de fábrica prussiano, ele relata: "Recebe um salário que chega para lhe proporcionar a alimentação simples e o pequeno conforto a que está acostumado e com que se satisfaz. [...] Ele vive pior e trabalha mais duramente que seu rival inglês". (*Rep. of Insp. of Fact. 31st Oct. 1853*, p. 85)

111 "Os forçados ao sobretrabalho morrem com estranha rapidez; mas os lugares daqueles que sucumbem são imediatamente preenchidos, e uma troca frequente de pessoas não traz nenhuma alteração à cena." (E. G. Wakefield, *England and America*. London, 1833, t. I, p. 55)

112 Ver *Public Health, Sixth Report of the Medical Officer of the Privy Council. 1863*, publicado em Londres, em 1864. Esse relatório trata especialmente dos trabalhadores agrícolas. "Tem-se apresentado o condado de Sutherland como um condado muito melhorado, mas uma investigação mais recente descobriu que, em distritos outrora famosos pelos seus belos homens e soldados corajosos, os habitantes degeneraram numa *race* [raça] magra e atrofiada. Nos lugares mais saudáveis, nas encostas que dão para o mar, o rosto das crianças é fino e pálido como só pode ser na atmosfera viciada de uma viela de Londres" (Thornton, [*Over-Population and its Remedy*,] op. cit., pp. 74-75). Equiparam-se, de fato, aos

30 000 "*gallant Highlanders*" [galantes montanheses] que vivem promiscuamente com prostitutas e ladrões nos *wynds* e *closes* [ruas e pátios] de Glasgow.

113 "Embora a saúde da população seja um elemento tão importante do capital nacional, receamos ter de confessar que os capitalistas não se sentem inclinados a conservar e zelar por esse tesouro e dar-lhe valor. [...] A consideração pela saúde dos trabalhadores foi imposta aos fabricantes" (*Times*, 5 nov. 1861). "Os homens de West Riding tornaram-se os produtores de tecidos da humanidade [...] a saúde dos trabalhadores foi sacrificada, e a *race* teria degenerado dentro de algumas gerações, mas ocorreu uma reação. As horas de trabalho das crianças foram limitadas etc." (*Twenty-second Annual Report of the Registrar-General*, 1861)

114 Assim, por exemplo, verificamos que, no começo de 1863, 26 firmas, proprietárias de grandes cerâmicas em Staffordshire, entre elas J. Wedgwood e Filhos, pedem num memorial "a enérgica intervenção do Estado". A "concorrência com outros capitalistas" não lhes permite nenhuma limitação "voluntária" do tempo de trabalho das crianças etc. "Por mais que lamentemos os males acima mencionados, seria impossível impedi-los por meio de qualquer espécie de acordo entre os fabricantes. [...] Considerando todos esses pontos, chegamos à convicção de que é necessária uma lei coativa." (Children's Emp. Comm., *Rep. I*, 1863, p. 322)

Acréscimo à nota 114 Um exemplo muito mais expressivo ofereceu o passado recente. A alta dos preços do algodão, numa época de atividade febril, induziu os proprietários de tecelagens de algodão em Blackburn, mediante acordo geral, a reduzir o tempo de trabalho em suas fábricas por determinado prazo. O prazo terminou em fins de novembro (1871). Entrementes, os fabricantes mais ricos, que combinam fiação com tecelagem, aproveitaram a queda de produção decorrente desse acordo para expandir seu próprio negócio, alcançando assim grandes lucros à custa dos pequenos mestres. Estes últimos, vendo-se em apuros, voltaram-se para os trabalhadores fabris e incitaram-nos a tomar a sério a agitação pela jornada de nove horas, prometendo-lhes contribuições em dinheiro para esse fim!

115 Esses estatutos dos trabalhadores, que na mesma época podem ser encontrados na França, na Holanda etc., foram abolidos formalmente na Inglaterra somente em 1813, depois de as condições de produção já os terem, há muito, superado.

116 "Não é permitido empregar nenhuma criança com menos de 12 anos diariamente por mais de 10 horas numa fábrica" (*General Statutes of Massachusetts*, cap. 60, § 3. As ordenanças foram promulgadas de 1836 até 1858). "Trabalho que foi realizado num espaço de 10 horas diariamente em todas as fábricas de algodão, lã, seda, papel, vidro e linho ou em usinas de ferro e outros metais deve ser considerado, no sentido da lei, como jornada de trabalho. Fica legalmente estabelecido que, de agora em diante, nenhum menor de idade que for empregado em qualquer fábrica poderá ser retido ou dele se poderá exigir que trabalhe mais de 10 horas diariamente ou 60 horas semanais; além disso, que no futuro nenhum menor de 10 anos deverá ser empregado como trabalhador numa fábrica do território deste estado" (State of New Jersey, *An Act to Limit the Hours of Labour etc.*, § 1 e 2. Lei de 18 de março de 1851). "Nenhum menor entre 12 e 15 anos deverá ser empregado em qualquer fábrica mais de 11 horas diárias ou antes das 5 horas da manhã ou depois das 7½ da noite." (*Revised Statutes of the State of Rhode Island etc.*, cap. 139, § 23, de 1º de julho de 1857)

117 [J. B. Byles,] *Sophisms of Free Trade*, 7ª ed. Lond., 1850, p. 205. O mesmo *tory* admite, de resto, que "atos parlamentares que regulavam os salários contra os trabalhadores e em favor dos empregadores vigoraram durante o longo período de 464 anos. A população cresceu. Essas leis tornaram-se supérfluas e incômodas". (Ibid., p. 206)

118 Com referência a esse estatuto, J. Wade observa com acerto: "Do estatuto de 1496 se deduz que a alimentação equivalia a ⅓ da receita de um artífice e a ½ da receita de um trabalhador agrícola, o que indica maior grau de independência dos trabalhadores em relação ao que prevalece hoje, quando a alimentação do trabalhador agrícola industrial representa uma proporção muito maior do seu salário" (J. Wade, [*History of the Middle and Working Classes*,] op. cit., pp. 24, 25, 577). A opinião de que essa diferença seja talvez devida à diferença na relação de preços entre alimentos e peças de vestuário, agora e antigamente, é refutada pela mais superficial consulta de *Chronicon Preciosum etc., by Bishop* [do Bispo] Fleetwood. 1ª ed., London, 1707; 2ª ed., London, 1745.

119 W. Petty, *Political Anatomy of Ireland 1672*, ed. 1691, p. 10.

120 *A Discourse on the Necessity of Encouraging Mechanick Industry*. London, 1690, p. 13. Macaulay, que falsificou a história inglesa no interesse dos *whigs* e da burguesia, declama como segue: "A prática de pôr crianças a trabalhar prematuramente prevalecia no século XVII num grau quase inacreditável para a situação da indústria de então. Em Norwich, o principal centro da indústria de lã, considerou-se uma criança de 6 anos apta para o trabalho. Diversos escritores daquele tempo, entre eles alguns que passaram por muito benevolentes, mencionaram com *exultation* (encanto) o fato de que, naquela cidade, meninos e meninas criavam uma riqueza que ultrapassava o valor de sua subsistência em 12 000 libras esterlinas por ano. Quanto mais exatamente examinamos a história do passado, mais razão encontramos para discordar daqueles que sustentam ser a nossa época fértil em novos males sociais. O que é novo é a inteligência que descobre os males e a humanidade que os cura" (*History of England*, v. I, p. 417). Macaulay poderia continuar relatando que "os extraordinariamente benévolos" *amis du commerce* no século XVII contam com *exultation* como uma criança de 4 anos foi empregada num asilo para pobres na Holanda e que esse exemplo da *vertu mise en pratique* [virtude colocada em prática] transita em todos os escritos humanitários *à la* Macaulay até a época de Adam Smith. É certo que com a chegada da manufatura, em contraposição aos ofícios, mostram-se traços da *exploitation* [exploração] de crianças, que até certo grau já existia entre os camponeses, e tanto mais desenvolvido quanto mais duro o jugo que recai sobre o homem do campo. A tendência do capital é inequívoca, mas os fatos mesmos apresentam-se ainda tão isolados como o aparecimento de crianças de duas cabeças. Por isso, foram assinalados com "*exultation*" por clarividentes *amis du commerce* como dignos de atenção e admiração, sendo recomendado a seus contemporâneos e à posteridade que os imitassem. O mesmo sicofanta e beletrista escocês Macaulay diz: "Ouve-se falar hoje apenas de retrocesso e vê-se somente progresso". Que olhos e, sobretudo, que ouvidos!

121 Entre os acusadores dos trabalhadores, o mais furioso é o autor anônimo mencionado no texto de *An Essay on Trade and Commerce: Containing Observation on Taxation etc*. London, 1770. Já anteriormente em seu escrito *Consideration on Taxes*. London, 1765. Também Polônio Arthur Young, o inefável tagarela estatístico, segue na mesma linha. Entre os defensores dos trabalhadores destacam-se: Jacob Vanderlint, em *Money Answers all Things*. London, 1734; rev. Nathaniel Forster, D.D., em *An Enquiry into the Causes of the Present [High] Price of Provisions*. London, 1767; Dr. Price; e sobretudo também Postlethwayt, tanto num suplemento ao seu *Universal Dictionary of Trade and Commerce* quanto em *Great Britain's Commercial Interest Explained and Improved*, 2ª ed. Lond., 1759. Os fatos mesmos encontram-se constatados por muitos outros autores contemporâneos, entre outros por Josiah Tucker.

122 Postlethwayt, "First Preliminary Discourse", [in *Universal Dictionary of Trade and Commerce*,] op. cit., p. 14.

123 *An Essay etc*. Ele mesmo conta à p. 96 em que consistia já em 1770 "a felicidade" dos trabalhadores agrícolas ingleses. "Suas forças de trabalho (*their working powers*) estão constantemente em tensão máxima (*on the stretch*); eles não podem viver pior do que o fazem (*they cannot live cheaper than they do*) nem trabalhar mais duramente (*nor work harder*)."

124 O protestantismo desempenha, mediante sua transformação em dias úteis de quase todos os feriados tradicionais, importante papel na gênese do capital.

125 *An Essay etc*., pp. 41, 15, 96, 97, 55, 56, 57.

126 Ibid., p. 69. Jacob Vanderlint declarou já em 1734 que o segredo da queixa capitalista sobre a preguiça do povo trabalhador consistia apenas em que eles exigiam, pelo mesmo salário, 6 dias de trabalho em lugar de 4.

127 *An Essay etc*., pp. 242-43: "*Such ideal workhouse must be made a 'House of Terror'*, e não um asilo de pobres onde eles obtenham alimentação farta, agasalhos e boas roupas e onde só trabalhem pouco".

128 "*In this ideal workhouse the poor shall work 14 hours in a day, allowing proper time for meals, in such manner that there shall remain 12 hours of neat labour*" (Ibid. [p. 260]). "Os franceses", diz ele, "riem de nossas entusiásticas ideias de liberdade." (Ibid., p. 78)

129 "Eles se opunham particularmente a aceitar uma jornada com mais de 12 horas de trabalho, porque a lei que fixou esse número de horas é o único bem que lhes restou da legislação da República" (*Rep. of Insp. of Fact. 31st Oct. 1855*, p. 80). A lei francesa de doze horas, de 5 de setembro de 1850, uma versão burguesa do decreto do Governo Provisório de 2 de março de 1848, aplica-se indistintamente a todas as oficinas. Antes dessa lei, a jornada de trabalho na França era ilimitada. Durava nas fábricas 14, 15 ou mais horas. Ver *Des classes ouvrières en France, pendant l'année 1848. Par M. Blanqui*. O Sr. Blanqui, o economista, não o revolucionário, estava encarregado dos inquéritos sobre as condições dos trabalhadores.

130 Também no que se refere à regulamentação da jornada de trabalho, a Bélgica confirma-se como Estado-modelo burguês. Lorde Howard de Walden, plenipotenciário inglês em Bruxelas, informa ao Foreign Office em 12 de maio de 1862: "O ministro Rogier informou-me que nem uma lei geral nem regulamentações locais limitam de nenhuma forma o trabalho infantil; que o governo, nos últimos três anos, alimentou, em cada sessão, a ideia de propor à Câmara uma lei sobre o assunto, que porém encontrou sempre obstáculo insuperável na ansiedade ciumenta contra qualquer legislação em contradição com o princípio da perfeita liberdade do trabalho"! ¦ 82 ¦

131 "É por certo muito lamentável que qualquer classe de pessoas seja obrigada a se esfalfar 12 horas diariamente. Adicionando-se as horas das refeições e para ir e voltar da fábrica, elas totalizam, de fato, 14 das 24 horas do dia. [...] Abstraindo a saúde, ninguém hesitará, espero, em admitir que, do ponto de vista moral, essa absorção completa do tempo das classes trabalhadoras, sem interrupções, desde a idade dos 13 anos, e desde muito antes nos ramos industriais 'livres', é extremamente nefasta e um mal terrível. [...] No interesse da moral pública, para a formação de uma população apta e a fim de proporcionar à grande massa do povo razoável gozo da vida, é necessário que em todos os ramos de atividade seja reservada uma parte de cada dia de trabalho para descanso e lazer." (Leonard Horner, in *Reports of Insp. of Fact. 31st Dec. 1841*)

132 Ver *Judgement of Mr. J. H. Otway, Belfast, Hilary Sessions, County Antrim, 1860.*

133 É muito característico para o regime de Luís Filipe, o *roi bourgeois* [rei burguês], que a única lei fabril promulgada em seu reinado, de 22 de março de 1841, não tenha sido aplicada jamais. E essa lei refere-se apenas ao trabalho infantil. Estabelece 8 horas para crianças entre 8 e 12 anos, doze horas para crianças entre 12 e 16 anos etc., com muitas exceções que permitem o trabalho noturno até para crianças de oito anos. Vigilância e imposição da lei, num país onde cada rato é administrado policialmente, foram deixadas à boa vontade dos *amis du commerce*. Somente desde 1853 existe, em um único departamento, no departamento du Nord, um inspetor governamental pago. Não menos característico do desenvolvimento da sociedade francesa em geral é o fato de a lei de Luís Filipe permanecer, até a Revolução de 1848, como a única em meio à fábrica francesa de leis que tudo envolve!

134 *Rep. of Insp. of Fact. 30th April 1860*, p. 50.

135 *"Legislation is equally necessary for the prevention of death in any form in which it can be prematurely inflicted, and certainly this must be viewed as a most cruel mode of inflicting it."* [*Report from the Committee on the "Bill to Regulate the Labour of Children in the Mills and Factories of the United Kingdom": With the Minutes of Evidence. Ordered, by the House of Commons, to be printed, 8 August 1832*. – N. E. A.]

136 *Rep. of Insp. of Fact. 31st October 1849*, p. 6.

137 *Rep. of Insp. of Fact. 31st October 1848*, p. 98.

138 De resto, Leonard Horner usa oficialmente a expressão *nefarious practices* [práticas infames]. (*Reports of Insp. of Fact. 31st October 1859*, p. 7)

139 *Rep. etc. for 30th Sept. 1844*, p. 15.

140 A lei permite utilizar crianças por 10 horas, sempre e quando não trabalhem dia após dia, mas sim em dias alternados. De modo geral, essa cláusula ficou sem efeitos.

141 "Como uma redução de seu tempo de trabalho levaria à necessidade de empregar um número maior" (de crianças), "pensou-se que uma oferta adicional de crianças em idade entre 8 e 9 anos cobriria a demanda aumentada." (Ibid., p. 13)

142 *Rep. of Insp. of Fact. 31st Oct. 1848*, p. 16.

143 "Verifiquei que pessoas que ganhavam 10 xelins semanalmente tiveram uma redução de 1 xelim, por conta da rebaixa geral de 10%, e de 1 xelim e 6 *pence* dos restantes 9 xelins, por motivo da diminuição do tempo de trabalho, ao todo 2 xelins e 6 *pence*, e apesar de tudo a maioria se manteve firmemente em prol da lei de 10 horas." (Ibid.)

144 "Na mesma ocasião em que assinei a petição, declarei que eu estava fazendo algo errado. – Por que então a assinou? – Porque, em caso de recusa, me teriam jogado na rua. – O peticionário sentia-se de fato oprimido, porém não exatamente pela lei fabril." (Ibid., p. 102)

145 Ibid., p. 17. No distrito do Sr. Horner, foram assim ouvidos 10 270 trabalhadores adultos masculinos de 181 fábricas. Suas declarações se encontram no apêndice do relatório fabril do semestre que termina em outubro de 1848. Esses depoimentos oferecem material valioso também sob outros aspectos.

146 Ibid. Veja as declarações coligidas pelo próprio Leonard Horner, números 69, 70, 71, 72, 92, 93 e também aquelas recolhidas pelo subinspetor A., de números 51, 52, 58, 59, 62, 70 do Apêndice. Um fabricante mesmo confessou toda a verdade. Ver ibid., números 14 e 2651.

147 *Reports etc. for 31st October 1848*, pp. 133-34.

148 *Reports etc. for 30th April 1848*, p. 47.

149 *Reports etc. for 31st Oct. 1848*, p. 130.

150 *Reports etc.*, op. cit., p. 142.

151 *Reports etc. for 31st Oct. 1850*, pp. 5-6.

152 A natureza do capital permanece a mesma, tanto em suas formas não desenvolvidas quanto nas desenvolvidas. No código de leis imposto ao território do Novo México sob a influência dos senhores de escravos pouco antes de rebentar a Guerra Civil Americana, lê-se: o trabalhador, na medida em que o capitalista tenha comprado sua força de trabalho, "é seu (do capitalista) dinheiro" ("*The labourer is his* (*the capitalist's*) *money*"). A mesma visão era corrente entre os patrícios romanos. O dinheiro que eles adiantavam aos devedores plebeus transformava-se, pelos meios de subsistência, em carne e sangue do devedor. Essa "carne e sangue" era, portanto, "seu dinheiro". Daí a lei shylockiana das 10 tábuas! Que a hipótese de Linguet de que os credores patrícios, de tempo em tempo, organizavam festins com carne cozida de seus devedores, do outro lado do Tibre, permaneça no mesmo pé que a hipótese de Daumer sobre a Ceia da Eucaristia. [Lei das 10 tábuas: variante do original da lei das "doze tábuas", o mais antigo monumento legislativo do Estado escravagista romano. Essa lei protegia a propriedade privada e previa pena de prisão, escravização ou despedaçamento do corpo do devedor incapaz de saldar suas dívidas. Foi o ponto de partida do direito privado romano. Hipótese de Linguet: o historiador francês a formula em seu trabalho *Théorie des loix civiles, ou Principes fondamentaux de la société*, v. 2, Livro 5 Londres, 1767, cap. 20. Hipótese de Daumer: em seu trabalho *Geheimnisse des christlichen Altertums*, o poeta e filósofo alemão apresentou a hipótese de que os primeiros cristãos teriam degustado carne humana na Ceia da Eucaristia. – N. E. A.]

153 *Reports etc. for 31st Oct. 1848*, p. 133.

154 Assim se expressa, entre outros, o filantropo Ashworth numa repugnante carta ao estilo quacre a Leonard Horner (*Rep. Apr. 1849*, p. 4)

155 *Reports etc. for 31st Oct. 1848*, p. 138.

156 Op. cit., p. 140.

157 Esses *county magistrates*, os *great unpaid* [grandes não pagos], como os denomina W. Cobbett, são uma espécie de juízes de paz não remunerados, escolhidos entre os honoráveis dos condados Constituem de fato as cortes patrimoniais das classes dominantes.

158 *Reports etc. for 30th April 1849*, pp. 21-22 Ver exemplos parecidos em ibid., pp. 4-5.

159 Pelos [artigos] 1 e 2 de G[uilherme] IV c. 29, p. 10, conhecidos como Sir John Hobhouse's Factory Act, proíbe-se que qualquer proprietário de fiação ou tecelagem de algodão, ou pai, filho e irmão de tal dono, funcionem como juiz de paz em questões que digam respeito à Factory Act

160 *Reports etc. for 30th April 1849* [p. 22].

161 *Reports etc. for 30th April 1849*, p. 5.

162 *Rep. etc. for 31st Oct. 1849*, p. 6.

163 *Rep. etc. for 30th April 1849*, p. 21.

164 *Rep. etc. 31st Oct. 1848*, p. 95.

165 Ver *Reports etc. for 30th April 1849*, p. 6 e a explanação pormenorizada do *shifting system* [sistema de turnos] pelos inspetores de fábricas Howell e Saunders em

Reports etc. for 31st Oct. 1848. Ver também a petição à rainha do clero de Ashton e vizinhança, na primavera de 1849, contra o *shift system*.

166 Compare, por exemplo, *The Factory Question and the Ten Hours Bill*, de R. H. Greg, 1837.

167 F. Engels, "Die englische Zehnstundenbill" (na revista por mim editada *Neue Rh. Zeitung. Politisch-oekonomische Revue* [*Nova Gazeta Renana. Revista Político-Econômica*], caderno de abril, 1850, p. 13). A mesma "alta" corte descobriu também, durante a Guerra Civil Americana, uma ambiguidade de expressão que transformava a lei contra o armamento de navios piratas em seu oposto.

168 *Rep. etc. for 30th April 1850*.

169 No inverno, o período pode ser também entre 7 horas da manhã e 7 horas da noite.

170 "A lei atual" (de 1850) "foi um compromisso por meio do qual os trabalhadores abriram mão dos benefícios de lei das dez horas pela vantagem de um começo e término uniforme do trabalho daqueles cujo tempo de trabalho está submetido à limitação." (*Reports etc. for 30th April 1852*, p. 14)

171 *Reports etc. for 30th Sept. 1844*, p. 13.

172 Ibid.

173 "*The delicate texture of the fabric in which they were employed requiring a lightness of touch, only to be acquired by their early introduction to these factories.*" (*Rep. etc. for 31st Oct. 1846*, p. 20)

174 *Reports etc. for 31st Oct. 1861*, p. 26.

175 Ibid., p. 27. De modo geral, a população trabalhadora submetida à lei fabril melhorou bastante fisicamente. Todos os testemunhos médicos concordam a esse respeito e convenci-me do mesmo mediante observação pessoal em diferentes períodos. Contudo, e abstraindo a enorme taxa de mortalidade infantil nos primeiros anos de vida, os relatórios oficiais do Dr. Greenhow mostram as condições de saúde desfavoráveis dos distritos fabris, em comparação com os "distritos agrícolas de saúde normal". Como prova, entre outras, a seguinte tabela do seu relatório de 1861: **[ver tabela p. 829]**

176 Sabe-se com que relutância os "livre-cambistas" ingleses renunciaram à proteção alfandegária para a manufatura de seda. Em lugar da proteção contra a importação francesa, a falta de proteção serve agora ao que diz respeito às crianças inglesas que trabalham nas fábricas.

177 *Reports etc. for 30th April 1853*, p. 30.

178 Durante os anos de apogeu da indústria inglesa de algodão, 1859 e 1860, alguns fabricantes tentaram, por meio da isca de salários mais altos por horas extras, levar os fiandeiros masculinos adultos etc. a favorecer a prolongação da jornada de trabalho. Os *hand-mule-spinners* [fiandeiros manuais] e os *self-actor minders* [operadores de máquinas de fiar automáticas] puseram um fim ao experimento mediante memorando a seus empregadores, onde se lê, entre outras coisas: "Falando francamente, nossa vida é para nós uma carga e, enquanto nós ficamos acorrentados à fábrica quase 2 dias a mais por semana" (20 horas) "do que os outros trabalhadores, sentimo-nos como hilotas no país e nos censuramos por perpetuar um sistema que prejudica moral e fisicamente a nós mesmos e a nossos descendentes. [...] Portanto, informamos-lhes, respeitosamente, que a partir do Ano-Novo não trabalharemos nenhum minuto mais que 60 horas semanais, das 6 horas até 6 horas, com o desconto das pausas legais de 1½ hora". (*Report etc. for 30th April 1860*, p. 30)

179 Sobre os meios que a redação dessa lei oferece para sua violação, ver Parliamentary Return, *Factories Regulations Acts* (9 ago. 1859) e, aí, de Leonard Horner, "Suggestions for Amending the Factory Acts to Enable the Inspectors to Prevent Illegal Working, Now Become Very Prevalent".

180 "Crianças de 8 anos de idade e mais foram de fato esfalfadas das 6 horas da manhã até 9 horas da noite durante o último meio ano" (1857) "em meu distrito." (*Reports etc. for 31st Oct. 1857*, p. 39)

181 "A lei sobre estamparia de algodão é confessadamente um fracasso no que se refere às suas disposições tanto de educação quanto também de proteção." (*Reports etc. for 31st Oct. 1862*, p. 52)

182 Assim, por exemplo, E. Potter numa carta ao *Times* de 24 de março de 1863. O *Times* lembrou-o da revolta dos fabricantes contra a lei das dez horas.

183 Assim, entre outros, o Sr. W. Newmarch, colaborador e editor da *History of Prices*, de Tooke. Constitui progresso científico fazer concessões covardes à opinião pública?

184 A lei sobre branquearias e tinturarias promulgada em 1860 determinava que, em 1º de agosto de 1861, a jornada de trabalho seria reduzida preliminarmente a 12 horas e, em 1º de agosto de 1862, definitivamente a 10 horas, isto é, 10½ horas para dias úteis e 7½ horas para os sábados. Ao romper o ano mau de 1862, repetiu-se a velha *farce* [farsa]. Os senhores fabricantes fizeram uma petição ao Parlamento para tolerar por mais um ano a jornada de trabalho de doze horas para jovens e mulheres. [...] "Na situação atual dos negócios" (ao tempo da crise do algodão) "é grande vantagem para os trabalhadores se lhes é permitido trabalhar 12 horas por dia e ganhar o maior salário possível [...] Já se havia conseguido apresentar um projeto nesse sentido na Câmara dos Comuns. Ele caiu em virtude da agitação dos trabalhadores nas branquearias da Escócia" (*Reports etc. for 31st Oct. 1862*, pp. 14–15). Assim, derrotado pelos próprios trabalhadores em cujo nome pretendia falar, o capital descobriu, com a ajuda de óculos jurídicos, que a lei de 1860, do mesmo modo que as outras leis parlamentares destinadas à "proteção do trabalho", fora redigida em termos retorcidos e equívocos e daria margem a excluir de sua aplicação os *calenderers* e *finishers* [calandristas e finalizadores]. A jurisdição inglesa, sempre fiel serva do capital, sancionou a chicana por meio da corte das Common Pleas [corte de justiça civil]. "Suscitou grande descontentamento entre os trabalhadores e é muito lamentável que a clara intenção da legislação ficasse frustrada sob o pretexto da definição defeituosa de uma palavra." (Ibid., p. 18)

185 As "branquearias ao ar livre" escaparam à lei de 1860 sobre "branqueamento" por meio da mentira de que não punham mulheres a trabalhar à noite. A mentira foi denunciada pelos inspetores de fábricas, mas ao mesmo tempo petições dos trabalhadores roubaram ao Parlamento a imagem de refrescantes campinas perfumadas dessas "branquearias ao ar livre". Nessas branquearias são utilizadas câmaras de secagem de 90 até 100 graus Fahrenheit, onde trabalham principalmente meninas. *Cooling* (resfriamento) é a expressão técnica para designar as ocasionais escapadas da câmara de secagem ao ar livre. "Quinze meninas nas câmaras de secagem. Calor de 80º a 90º para linho, de 100º e mais para *cambric* [cambraia]. Doze meninas passam e dobram (*cambric* etc.) num pequeno quarto de cerca de 10 pés quadrados que tem no meio um fogão hermeticamente fechado. As meninas estão em volta do fogão, que irradia um calor terrível e seca a cambraia rapidamente para as passadeiras. O número de horas para esses braços é ilimitado. Quando há maior movimento, elas trabalham até as 9 ou 12 horas da noite, muitos dias seguidos" (*Reports etc. for 31st Oct. 1862*, p. 56). Um médico declara: "Para o resfriamento não se concedem horas específicas, mas quando a temperatura torna-se insuportável, ou as mãos das trabalhadoras ficam sujas de suor, é-lhes permitido sair ao ar livre por alguns minutos. [...] Minha experiência no tratamento das doenças dessas trabalhadoras obriga-me a constatar que o estado de saúde delas é muito inferior ao das fiandeiras de algodão" (e o capital, em suas petições ao Parlamento, tinha-as pintado transbordantes de saúde, à maneira de Rubens!). "Suas doenças mais notórias são tísica, bronquite, irregularidades das funções uterinas, histeria em sua forma mais agravada e reumatismo. Todas decorrem, acredito, direta ou indiretamente, da atmosfera superaquecida de suas câmaras de trabalho e da falta de suficiente roupa confortável para protegê-las, ao irem para casa, da atmosfera úmida e fria durante os meses de inverno" (Ibid., pp. 56, 57). Os inspetores de fábricas observam, sobre a lei arrancada a duras penas posteriormente, em 1863, aos joviais "branqueários ao ar livre": "Essa lei não só fracassou em prestar aos trabalhadores a proteção que parece prestar [...] ela está redigida de tal modo que a proteção só se dá ao surpreenderem-se crianças e mulheres trabalhando depois das 8 horas da noite, e mesmo então o método legalmente estabelecido de prova é tão duvidoso que é quase impossível obter uma condenação" (Ibid., p. 52). "Como uma lei com objetivos humanitários e educativos, ela fracassou por completo. Dificilmente se pode qualificar de humanitário permitir que mulheres e crianças trabalhem ou, o que vem a ser o mesmo, obrigá-las a trabalhar 14 horas diariamente, com ou sem refeições conforme for o caso, e talvez por mais horas, sem limite de idade, sem diferenciar os sexos e sem consideração pelos hábitos sociais das famílias da vizinhança onde se situam as branquearias." (*Reports etc. for 30th April 1863*, p. 40)

185a Nota à 2ª edição. Desde 1866, quando escrevi o que se acha no texto, sobreveio de novo uma reação. ¦ 83 ¦

186 "A conduta de cada uma dessas classes" (capitalistas e trabalhadores) "tem sido o resultado da situação relativa em que elas têm sido colocadas." (*Reports etc. for 31st Oct. 1848*, p. 113)

187 "As ocupações sujeitas às limitações estavam relacionadas com a fabricação de produtos têxteis com a ajuda da força de vapor ou hidráulica. Uma atividade tinha de preencher duas condições para estar sob a proteção da inspeção de fábricas, a saber, a aplicação do vapor ou da força hidráulica e o processamento de determinadas fibras especificadas." (*Reports etc. for 31st October 1864*, p. 8)

188 Sobre a situação da assim chamada indústria domiciliar encontra-se material abundante nos últimos relatórios da Children's Employment Commission.

189 "As leis da última sessão legislativa" (1864) "[...] compreendem ramos de ocupação de gêneros diversos nos quais reinam costumes muito diferentes e a aplicação de força mecânica para movimentar as máquinas já não se inclui, como antigamente, entre as condições necessárias para que um estabelecimento seja considerado fábrica no sentido da lei." (*Reports etc. for 31st Oct. 1864*, p. 8)

190 A Bélgica, o paraíso do liberalismo continental, não apresenta também nenhum indício desse movimento. Mesmo em suas minas de carvão e de metal, os trabalhadores de ambos os sexos e de qualquer idade são consumidos com completa "liberdade" por qualquer duração de tempo e período de tempo. Para cada 1 000 pessoas ali ocupadas, há 733 homens, 88 mulheres, 135 rapazes e 44 moças com menos de 16 anos; nos altos-fornos etc. encontram-se para cada 1000: 668 homens, 149 mulheres, 98 rapazes e 85 moças com menos de 16 anos. Acrescenta-se a isso o salário baixo para a enorme exploração de forças de trabalho, amadurecidas e não amadurecidas, recebendo os homens em média 2 xelins e 8 pence por dia, as mulheres 1 xelim e 8 pence e os jovens 1 xelim e 2½ pence. Por isso mesmo, em 1863, a Bélgica aproximadamente duplicou, em comparação com 1850, o *quantum* e o valor de sua exportação de carvão, ferro etc.

191 Quando Robert Owen, logo depois do primeiro decênio deste século, não só defendeu teoricamente a necessidade de uma limitação da jornada de trabalho, mas também introduziu realmente a jornada de 10 horas em sua fábrica em New Lanark, isso foi ridicularizado como utopia comunista, assim como sua "união de trabalho produtivo com a educação de crianças", como também as empresas cooperativas dos trabalhadores, fundadas por ele. Hoje em dia, a primeira utopia é a lei fabril, a segunda figura como frase oficial em todas as Factory Acts e a terceira já serve até como manto de cobertura para embustes reacionários.

192 Ure, trad. francesa: *Philosophie des manufactures*, t. II. Paris, 1836, pp. 39, 40, 67, 77 etc.

193 No *compte rendu* [relatório] do "Congresso Estatístico Internacional de Paris, 1855", lê-se, entre outras coisas: "A lei francesa que limita a duração do trabalho diário a 12 horas, em fábricas e oficinas, não restringe esse trabalho dentro de horas fixas" (períodos de tempo), "na medida em que apenas para o trabalho infantil é prescrito o período entre 5 horas da manhã e 9 horas da noite. Por isso, parte dos fabricantes serve-se do direito que lhes dá esse silêncio fatal para fazerem trabalhar, dia a dia, com exceção talvez dos domingos, sem interrupção. Eles utilizam para isso dois turnos diferentes de trabalhadores, nenhum dos quais passa mais de 12 horas na oficina, porém o trabalho do estabelecimento dura dia e noite. A lei é atendida, mas a humanidade também?" Além da "destruidora influência do trabalho noturno sobre o organismo humano" é ressaltada "a fatal influência da associação noturna de ambos os sexos nas mesmas oficinas mal iluminadas".

194 "Em meu distrito, por exemplo, no mesmo edifício fabril, o mesmo fabricante é branqueador e tingidor sob a 'lei das branquearias e tinturarias', estampador sob a Printworks Act [Lei das Estamparias] e *finisher* sob a lei fabril [...]" ("Report of Mr Baker", in *Reports etc. 31st Oct. 1861*, p. 20) Depois de enumerar as diferentes disposições dessas leis e a consequente complicação, diz o Sr. Baker: "Vê-se quão difícil é assegurar o cumprimento dessas três leis parlamentares quando o proprietário da fábrica gosta de burlar a lei" [iIbid., p. 2] Mas o que se assegura aos senhores juristas por meio disso são processos.

195 Assim os inspetores de fábricas atrevem-se finalmente a dizer: "Essas objeções" (do capital contra a limitação legal do tempo de trabalho) "devem ceder diante do grande princípio do direito do trabalho [...] existe um ponto no tempo em que cessa o direito do empresário sobre o trabalho de seu trabalhador e este mesmo pode dispor de seu tempo, mesmo quando ele ainda não está esgotado". (*Reports etc. for 31st Oct. 1862*, p. 54)

196 "Nós, os trabalhadores de Dunkirk declaramos que a jornada de trabalho exigida sob o atual sistema é demasiado longa e não deixa ao trabalhador tempo para repouso e desenvolvimento, mas ao contrário, o reduz a uma condição de servo, a qual é pouco melhor que a escravidão (*a condition of servitude but little better than slavery*). Por isso, resolvemos que 8 horas bastam para uma jornada de trabalho e devem ser legalmente reconhecidas como suficientes; que apelamos para a ajuda da imprensa, essa poderosa alavanca [...] e consideramos todos que recusam essa ajuda inimigos da reforma do trabalho e dos direitos dos trabalhadores." (Resoluções dos trabalhadores de Dunkirk, estado de Nova York, 1866)

197 *Reports etc. for 31st Oct. 1848*, p. 112.

198 "Esses procedimentos" (as manobras do capital, por exemplo 1848–50) "proporcionaram, além disso, prova incontestável de como é falsa a afirmativa, tantas vezes feita, de que os trabalhadores não precisam de proteção, mas devem ser considerados livres possuidores dispondo da única propriedade que eles têm, o trabalho de suas mãos e o suor de seu rosto" (*Reports etc. for 30th April 1850*, p. 45). "Trabalho livre, se assim pode ser chamado ao todo, precisa do braço forte da lei para sua proteção, mesmo num país livre" (*Reports etc. for 31st Oct. 1864*, p. 34). "Permitir, o que significa o mesmo que forçar, [...] que se trabalhem 14 horas diariamente, com ou sem refeições etc." (*Reports etc. for 30th April 1863*, p. 40)

199 F. Engels, *Die englische Zehnstundenbill*, op. cit., p. 5.

200 A lei das dez horas, nos ramos industriais a ela submetidos, "salvou os trabalhadores da degeneração completa e protegeu suas condições físicas" (*Reports etc. for 31st Oct. 1859*, p. 47). "O capital" (nas fábricas) não pode jamais manter a maquinaria em movimento além de um período limitado de tempo, sem prejudicar a saúde e a moral dos trabalhadores ocupados; e eles não estão em condições de proteger a si mesmos." (Ibid., p. 8)

201 "Uma vantagem maior ainda significa que finalmente se distingue com clareza o tempo do próprio trabalhador daquele que pertence ao seu empresário. O trabalhador sabe agora quando o tempo que ele vende termina e o seu próprio começa e, uma vez que ele sabe disso exatamente de antemão, pode dispor de seus próprios minutos para seus próprios fins antecipadamente" (ibid., p. 52). "Ao torná-los donos de seu próprio tempo, elas" (as leis fabris) "deram-lhes uma energia moral que os conduz possivelmente a tomar posse do poder político" (ibid., p. 47). Com discreta ironia e com expressões muito cautelosas, os inspetores de fábricas indicam que a atual lei das dez horas, de certo modo, libertou o capitalista da sua brutalidade naturalmente desenvolvida como simples encarnação do capital e lhe proporcionou tempo para adquirir alguma "educação". Antes, "o empresário não tinha tempo para mais nada senão o dinheiro, o trabalhador para nada mais senão o trabalho". (Ibid., p. 48)

202 Essa lei elementar parece ser desconhecida pelos senhores da Economia vulgar que, ao contrário de Arquimedes, acreditam ter encontrado, na determinação dos preços de mercado do trabalho pela demanda e pela oferta, o ponto não para levantar o mundo de seu fulcro, mas sim para o paralisar.

203 Pormenores sobre isso no Livro 4.

204 "O trabalho de uma sociedade, isto é, o tempo empregado na economia, representa uma grandeza dada, digamos 10 horas por dia de um milhão de pessoas, ou 10 milhões de horas. [...] O capital é limitado em seu crescimento. Em cada período dado, esse limite consiste na extensão real do tempo empregado na economia." (*An Essay on the Political Economy of Nations*. London, 1821, pp. 47–49)

205 "O arrendatário não deve depender do seu próprio trabalho; e, se assim o fizer, estará, na minha opinião, perdendo. Sua atividade deve consistir na supervisão do conjunto: há de prestar atenção a seu debulhador, pois senão em breve estará perdido o salário pago por cereal que não foi debulhado; do mesmo modo seus ceifeiros, segadores etc. têm de ser supervisionados; necessita revisar continuamente suas cercas; tem de cuidar para que nada seja negligenciado, o que será o caso se se limitar a um único ponto" ([J. Arbuthnot,] *An Enquiry into the Connection between the Price of Provisions and the Size of Farms etc.* By a Farmer [Por um agricultor]. London, 1773, p. 12). Esse escrito é muito interessante. Nele se pode estudar a gênese do *capitalist farmer* [agricultor capitalista] ou *merchant farmer* [agricultor mercantil], como é chamado expressamente, e escutar sua autoglorificação em confronto com o *small farmer* [pequeno agricultor], cujo objetivo essencial é a subsistência. "A classe capitalista é liberada parcialmente, de início, e totalmente, por fim, da necessidade do trabalho manual." (*Text-book of Lectures on the Pol. Economy of Nations*. By the Rev. Richard Jones. Hertford, 1852. Lecture III, p. 39)

205a A teoria molecular aplicada pela Química moderna e desenvolvida cientificamente, pela primeira vez, por Laurent e Gerhardt, não se baseia em outra lei. {Acréscimo à 3ª edição} – Para esclarecer essa anotação, bastante obscura para quem não é químico, observamos que o autor fala aqui das "séries homólogas" de compostos de hidrocarbonetos, assim denominadas pela primeira vez por C. Gerhardt em 1843, cada uma das quais tem sua própria fórmula algébrica de composição. Assim a série das parafinas: C_nH_{2n+2}; a dos álcoois normais: $C_nH_{2n+2}O$; a dos ácidos graxos normais: $C_nH_{2n}O_2$ e muitas outras. Nos exemplos acima, obtém-se a cada vez um corpo qualitativamente diferente mediante simples adição quantitativa de CH_2 à fórmula molecular. Quanto à participação de Laurent e Gerhardt, superestimada por Marx, na verificação desse fato importante, ver Kopp, *Entwicklung der Chemie*. München, 1873, pp. 709 e 716; e Schorlemmer, *Rise and Progress of Organic Chemistry* London, 1879, p. 54. – F. E.

206 Martinho Lutero chama a tais instituições de "a Sociedade *Monopolia*" [*Die Gesellschaft Monopolia*].

207 *Reports of Insp. of Fact. for 30th April 1849*, p. 59.

208 Ibid., p. 60. O inspetor de fábrica Stuart, também escocês e, ao contrário dos inspetores de fábrica ingleses, inteiramente imbuído da forma de pensar capitalista, observa expressamente que essa carta, que incorpora a seu relatório, "é a comunicação mais útil feita por qualquer dos fabricantes que empregam o sistema de turnos e a mais bem concebida para remover os preconceitos e escrúpulos contra aquele sistema".

SEÇÃO IV [PP. 309–455]
A PRODUÇÃO DA MAIS-VALIA RELATIVA

1 O valor do salário médio diário determina-se pelo que o trabalhador precisa "para viver, trabalhar e reproduzir-se" (William Petty, *Political Anatomy of Ireland*, 1672 p. 64). "O preço do trabalho é sempre determinado pelo preço dos meios de subsistência necessários." O trabalhador não recebe o salário adequado "quando [...] o salário do trabalhador não basta para alimentar uma família tão grande como costuma ser o destino de muitos deles, de acordo com sua baixa condição social e sua situação de trabalhadores" (J. Vanderlint, [*Money Answers All Things*,] op. cit., p. 15). "O simples trabalhador que nada possui além dos seus braços e de sua aplicação nada tem a não ser quando consegue vender seu trabalho a outros. [...] Em qualquer espécie de trabalho tem de ocorrer, e de fato ocorre que o salário do trabalhador fique limitado ao que ele precisa para seu sustento" (Turgot, *Réflexions etc.*, in *Oeuvres*, I, org. Daire p. 10). "O preço dos meios de subsistência é, de fato, igual aos custos de produção do trabalho." (Malthus, *Inquiry into etc. Rent*. Lond., 1815, p. 48, nota)

2 "Quando os ofícios se aperfeiçoam, isso não significa outra coisa que a descoberta de novos caminhos para que se possa fabricar um produto com menos pessoas ou (o que é o mesmo) em menos tempo que antes" (Galiani, [*Della moneta*,] op. cit., pp. 158–59). "A redução dos custos da produção não pode ser outra coisa senão a economia da quantidade de trabalho aplicada na produção." (Sismondi, *Études etc.*, t. I, p. 22)

3 "Se o fabricante, por meio do aperfeiçoamento da maquinaria, duplica seus produtos [...] só ganha (ao final), se isso lhe capacita vestir mais barato o trabalhador [...] e assim uma parte menor do rendimento total fica com o trabalhador." (Ramsay, [*An Essay on the Distribution of Wealth*,] op. cit., pp. 168–69)

3a "O lucro de uma pessoa não depende de seu comando sobre o produto do trabalho dos outros, mas de seu comando sobre o próprio trabalho. Se pode vender suas mercadorias a um preço mais alto, enquanto os salários de seus trabalhadores ficam inalterados, obterá evidentemente lucros daí. [...] Uma parte menor do que produz basta para pôr esse trabalho em movimento e, em consequência, fica para ele uma parte maior do produto." ([J. Cazenove,] *Outlines of Polit. Econ*. London, 1832, pp. 49–50)

4 "Se meu vizinho pode vender barato por produzir muito com pouco trabalho, tenho de tratar de vender tão barato quanto ele. Desse modo, cada arte, cada procedimento ou cada máquina que consegue trabalhar com menor número de mãos e consequentemente mais barato provoca nos outros uma espécie de coerção e uma competição, seja para aplicar a mesma arte, o mesmo procedimento ou a mesma máquina, seja para inventar algo semelhante, a fim de que todos fiquem no mesmo nível e ninguém possa vender por menor preço do que seu vizinho." (*The Advantages of the East India Trade to England*. Lond., 1720, p. 67)

5 "Qualquer que seja a proporção em que se diminuam as despesas de um trabalhador, seu salário diminuirá na mesma proporção quando, ao mesmo tempo, forem eliminadas as restrições sobre a indústria" (*Considerations, Concerning Taking off the Bounty on Corn Exported etc*. Lond., 1753, p. 7). "O interesse da indústria exige que cereais e todos os meios de subsistência sejam tão baratos quanto possível; o que quer que os encareça, há de encarecer também o trabalho [...] em todos os países nos quais a indústria não está sujeita a restrições, o preço dos meios de subsistência tem de influenciar o preço do trabalho. Este será sempre rebaixado quando os meios de subsistência necessários se tornarem mais baratos" (ibid., p. 3). "Os salários são rebaixados na mesma proporção em que crescem as forças produtivas. A máquina, na realidade, barateia os meios de subsistência necessários, mas ela barateia, além disso, também o trabalhador." (*A Prize Essay on the Comparative Merits of Competition and Cooperation*. London, 1834, p. 27)

6 "*Ils conviennent que plus on peut, sans préjudice, épargner de frais ou de travaux dispendieux dans la fabrication des ouvrages des artisans, plus cette épargne est profitable par la diminution des prix de ces ouvrages. Cependant ils croient que la production de richesse que résulte des travaux des artisans consiste dans l'augmentation de la valeur vénale de leurs ouvrages*." (Quesnay, *Dialogues sur le commerce et sur les travaux des artisans*, pp. 188–89)

7 "Esses especuladores que poupam tanto o trabalho dos trabalhadores que teriam de pagar" (J.-N. Bidaut, *Du monopole qui s'établit dans les arts industriels et le commerce*. Paris, 1828, p. 13). "O empresário fará sempre tudo para poupar tempo e

trabalho" (Dugald Stewart, *Works*, ed. by Sir W. Hamilton, v. VIII. Edinburgh, 1855. *Lectures on Polit. Econ.*, p. 318). "Eles" (os capitalistas) "estão interessados em que as forças produtivas dos trabalhadores que empregam sejam as maiores possíveis. Sua atenção se fixa, na verdade quase exclusivamente, em aumentar essa força." (R. Jones, [*Text-book of Lectures on the Political Economy of Nations*,] op. cit., Lecture III)

8 "Sem dúvida, existe grande diferença entre o valor do trabalho de um homem e o de outro, em virtude da diferença de força, habilidade e honesta diligência. Porém, com base em minhas cuidadosas observações, estou completamente seguro de que quaisquer cinco homens, em sua totalidade, realizarão uma quantidade de trabalho igual à de quaisquer outros cinco que se encontrem nos períodos de vida mencionados. Isto é, que entre esses cinco homens encontre-se um que tenha todas as qualidades de um bom trabalhador, um que seja um mau trabalhador, enquanto os outros três sejam médios e se aproximem do primeiro e do último. Assim se encontrará, portanto, mesmo em um grupo tão pequeno de cinco homens, a totalidade de tudo o que cinco homens podem render" (E. Burke, [*Thoughts and Details on Scarcity, Originally Presented to the Rt. Hon. W. Pitt in the Month of November 1795*,] op. cit., pp. 15–16). Ver Quetelet sobre o indivíduo médio.

9 O Senhor Professor Roscher pretende ter descoberto que uma costureira que durante dois dias é empregada pela Senhora Professora realiza mais trabalho que duas costureiras que a Senhora Professora emprega no mesmo dia. O Senhor Professor não devia fazer suas observações sobre o processo de produção capitalista no quarto das crianças e nem em circunstâncias em que falta o personagem principal, o capitalista. [Wilhelm Roscher, *Die Grundlagen der Nationaloekonomie*, 3ª ed. Stuttgart / Augsburg, 1858, pp. 88–89. – N. E. A.]

10 "Concours de forces." (Destutt de Tracy, ([*Traité de la volonté et de ses effets*,] op. cit., p. 80)

11 "Existem numerosas operações tão simples que não permitem sua decomposição em partes, entretanto só podem ser executadas mediante ação conjunta de muitos pares de mãos. Por exemplo levantar um grande tronco de árvore sobre um carro [...], em suma, tudo que não pode ser feito sem que grande número de pares de mãos se ajudem mútua e simultaneamente na mesma tarefa indivisa." (E. G. Wakefield, *A View of the Art of Colonization*. London, 1849, p. 168)

11a "Enquanto um homem não é capaz de levantar uma tonelada e 10 homens precisam esforçar-se para isso, cem homens podem fazê-lo com a força de apenas um dedo." (John Bellers, *Proposals for Raising a Colledge of Industry*. London, 1696, p. 21)

12 "Há também" (quando, por exemplo, o mesmo número de trabalhadores é empregado por um arrendatário com 300 acres em vez de por 10 arrendatários com 30 acres cada um) "uma vantagem no número relativo dos servos, a qual não é tão fácil de reconhecer, a não ser por homens de prática. Diz-se naturalmente que, assim como 1 : 4, assim também 3 : 12; mas isso não se confirma na prática. Pois no tempo da colheita e em muitas outras operações que exigem a mesma pressa, o trabalho é realizado melhor e mais rápido pela união de muitas forças de trabalho. Por exemplo durante a colheita, 2 carroceiros, 2 carregadores, 2 enfeixadores, 2 recolhedores e os trabalhadores restantes no palheiro ou no celeiro realizam o dobro do trabalho que o mesmo número de trabalhadores que estejam divididos em grupos separados e em diferentes sítios." ([J. Arbuthnot,] *An Inquiry into the Connection between the Present*

Price of Provisions and the Size of Farms. By a Farmer. London, 1773, pp. 7-8)

13 A definição de Aristóteles é, na verdade, de que o homem é, por natureza, um cidadão urbano. Ela é tão característica para a Antiguidade clássica como o é para os ianques a definição de Franklin de que o ser humano é, por natureza, um fazedor de instrumentos.

14 "Deve-se observar ainda que essa divisão parcial do trabalho também pode ocorrer onde os trabalhadores estão ocupados numa operação igual. Pedreiros, por exemplo, que fazem passar tijolos de mão em mão até ao alto de um andaime executam todos eles o mesmo trabalho; existe, ainda assim, entre eles uma espécie de divisão do trabalho, que consiste em que cada um deles faz o tijolo cobrir determinada distância, todos em conjunto fazendo-o chegar a dado ponto mais rapidamente do que o fariam se cada um deles carregasse separadamente seu tijolo ao alto do andaime." (F. Skarbek, *Théorie des richesses sociales*, 2ª ed. Paris, 1839, t. I, pp. 97-98)

15 "Quando se trata da execução de um trabalho complicado, coisas diferentes precisam ser feitas simultaneamente. Um faz uma coisa enquanto o outro faz alguma outra, e todos contribuem para um resultado que um único ser humano não poderia ter produzido. Um rema enquanto o outro dirige, um terceiro lança a rede ou arpoa o peixe, e a pescaria tem sucesso, o qual seria impossível sem essa cooperação." (Destutt de Tracy, [*Traité de la volonté et de ses effets*,] op. cit., p. 78)

16 "Sua" (do trabalho na agricultura) "realização no momento decisivo tem efeito ainda maior" ([J. Arbuthnot,] *An Inquiry into the Connection between the Present Price etc*. p. 7). "Na agricultura não existe fator mais importante que o fator tempo." (Liebig, *Über Theorie und Praxis in der Landwirtschaft*. 1856, p. 23)

17 "Outro mal que dificilmente se espera encontrar num país que exporta mais trabalho que qualquer outro do mundo, excetuando talvez a China e a Inglaterra, consiste na impossibilidade de se conseguir suficiente número de braços para a colheita de algodão. Em consequência disso, grandes quantidades de algodão ficam sem ser colhidas, enquanto se recolhe outra parte caída no chão, obviamente descolorida e parcialmente deteriorada, de tal modo que, por falta de trabalhadores na estação certa, o plantador é forçado a submeter-se à perda de grande parte da colheita tão ansiada na Inglaterra." (*Bengal Hurkaru. Bi-Monthly Overland Summary of News*. 22 jul. 1861)

18 "Com o progresso da lavoura, todo capital e todo trabalho, que antes eram dispersos em 500 acres ou talvez mais, são concentrados agora no cultivo mais completo de 100 acres." Embora "em relação ao montante empregado de capital e trabalho o espaço se tenha tornado menor, ele representa uma esfera de produção maior que a esfera de produção ocupada ou cultivada antes por um único produtor independente". (R. Jones, *An Essay on the Distribution of Wealth*, "On Rent" [Sobre renda]. London, 1831, p. 191)

19 "A força do ser humano isolado é mínima, mas a união dessas forças tão mínimas gera uma força total que é maior que a soma de todas as forças parciais, de modo que a mera união das forças pode diminuir o tempo e alargar o âmbito de suas atividades." (G. R. Carli, nota a P. Verri, [*Meditazioni sulla Economia Politica*,] op. cit., t. XV, p. 196) ¦ 101 ¦

20 "Lucros [...] são o único objetivo do negócio." (J. Vanderlint, [*Money Answers All Things*,] op. cit., p. 11)

21 Um jornal filisteu inglês, o *Spectator*, de 26 de maio de 1866, noticiou que, depois da introdução de uma espécie de

associação entre capitalista e trabalhadores, na *wirework company of Manchester* [Companhia de Fabricação de Arame de Manchester]: "o primeiro resultado foi uma súbita redução do desperdício de material, pois os trabalhadores não compreendiam por que deveriam desperdiçar sua propriedade mais que a dos capitalistas, e desperdício de material é, ao lado de más dívidas a receber, talvez a maior fonte de prejuízos nas fábricas". O mesmo jornal descobriu como erro básico da *Rochdale cooperative experiments* [experiência cooperativista de Rochdale]: "*They showed that associations of workmen could manage shops, mills, and almost all forms of industry with success, and they immensely improved the condition of the men, but then they did not leave a clear place for masters*". ("Elas comprovaram que associações de trabalhadores podem gerir com sucesso lojas, fábricas e quase toda forma de indústria, e elas melhoraram extraordinariamente a situação dos trabalhadores, porém (!), não deixaram nenhum lugar visível para os capitalistas." *Quelle horreur!* [Que horror!]) [Sob a influência das ideias dos socialistas utópicos, trabalhadores de Rochdale (norte de Manchester) reuniram-se em 1844 na Society of Equitable Pioneers (Sociedade dos Pioneiros Justos). Originalmente era uma cooperativa de consumo; logo se ampliou e deu vida a organizações cooperativas de produção. Com os pioneiros de Rochdale começou um novo período do movimento cooperativo na Inglaterra e em outros países. – N. E. A.]

21a O prof. Cairnes, depois de apresentar a *superintendence of labour* [superintendência do trabalho] como característica principal da produção baseada na escravatura nos Estados sulistas da América do Norte, prossegue: "Uma vez que o proprietário camponês" (do Norte) "fica com todo o produto de seu solo para si, ele não precisa de nenhum estímulo específico para esforçar-se. A fiscalização aqui é totalmente desnecessária". (Cairnes, [*The Slave Power*,] op. cit., pp. 48–49)

22 Sir James Steuart, que se destaca pela excelente visão das diferenças caracteristicamente sociais entre diferentes modos de produção, observa: "Por que as grandes empresas manufatureiras destroem as indústrias domiciliares, senão por estarem mais próximas da simplicidade do trabalho escravo?". (*Princ. of Pol. Econ.*, v. I. London, 1767, pp. 167–68)

22a Auguste Comte e sua escola teriam podido demonstrar, portanto, da mesma forma, a eterna necessidade dos senhores feudais, como o fizeram para os senhores capitalistas.

23 R. Jones, *Text-book of Lectures etc.*, [op. cit.,] pp. 77–78. As coleções dos antigos assírios, egípcios etc., em Londres e em outras capitais europeias, fazem-nos testemunhas oculares daqueles processos cooperativos de trabalho.

23a Linguet, em sua *Théorie des lois civiles*, talvez não deixe de ter razão quando declara a caça como a primeira forma de cooperação e a caça ao ser humano (guerra) como uma das primeiras formas de caça.

24 A pequena economia camponesa e o exercício independente dos ofícios, que em parte constituem a base do modo de produção feudal e, em parte, após a dissolução deste, aparecem ao lado da empresa capitalista, formam ao mesmo tempo a base econômica das comunidades clássicas em sua melhor época, depois de ter-se dissolvido a propriedade comum de origem oriental e antes de a escravatura ter-se apossado efetivamente da produção.

25 "Não é a união da habilidade, da diligência e da emulação de muitos juntos na mesma obra o meio de levá-la adiante? E de outro modo teria sido possível à Inglaterra levar sua manufatura de lã a tal grau de perfeição?" (Berkeley, *The Querist*. Lond., 1750, p. 56, § 521)

26 Para dar um exemplo mais moderno dessa espécie de formação da manufatura, eis a seguinte citação. A fiação e tecelagem de seda de Lyon e Nimes "é inteiramente patriarcal; ela ocupa muitas mulheres e crianças, mas sem as fatigar nem corromper; permite-lhes ficar em seus belos vales da Drôme, do Var, da Isère e de Vaucluse para lá criarem o bicho-da-seda e enovelar seus casulos; nunca chega a ser um empreendimento fabril regular. E para permitir uma explicação tão extensa [...] o princípio da divisão do trabalho assume aqui caráter especial. Há dobadouras, torcedores de seda, tintureiros, encoladores, além de tecelões; mas não estão reunidos na mesma oficina nem dependem de um mesmo mestre; todos eles são independentes" (A. Blanqui, *Cours d'Écon. Industrielle*. Recueilli par A. Blaise. Paris, 1838-39, p. 79). Desde que Blanqui escreveu isso, os diversos trabalhadores independentes foram em parte reunidos em fábricas. {À 4a edição. – E, desde que Marx escreveu o que está acima, o tear a vapor invadiu as fábricas, expulsando rapidamente o tear manual. A indústria de sedas de Krefeld tem algo a dizer sobre isso. – F. E.}

27 "Quanto mais um trabalho de grande variedade é desmembrado e atribuído a diferentes trabalhadores parciais, tanto mais ele deverá ser feito necessariamente melhor e mais depressa, com menos perda de tempo e trabalho." (*The Advantages of the East India Trade*. Lond., 1720, p. 71)

28 "Trabalho realizado facilmente é habilidade transmitida." (Th. Hodgskin, *Popular Political Economy*. [London, 1827,] p. 48)

29 "Também as artes [...] alcançaram no Egito o devido grau de perfeição. Pois só nesse país os artesãos não podem intervir nos negócios de outra classe de cidadãos, devendo apenas desempenhar a profissão que por lei é hereditária em sua tribo. [...] Em outros povos verifica-se que os artesãos dispersam sua atenção por objetos demais. [...] Ora tentam a agricultura, ora se lançam ao comércio, ora se ocupam com duas ou três artes ao mesmo tempo. Em Estados livres, o mais das vezes frequentam as assembleias do povo. [...] No Egito, ao contrário, qualquer artesão é severamente punido se se imiscui nos negócios do Estado ou se exerce, ao mesmo tempo, várias artes. Assim, nada pode perturbar sua diligência profissional. [...] Além disso, como têm numerosas regras de seus antepassados, empenham-se em descobrir ainda novas vantagens." (Diodorus Siculus, *Historische Bibliothek*, Livro I, cap. 74)

30 *Historical and Descriptive Account of Brit. India etc.* By Hugh Murray, James Wilson etc. Edinburgh, 1832. v. II, pp. 449, 450. O tear indiano fica de pé, isto é, a urdidura é estendida verticalmente.

31 Darwin observa em sua célebre obra *A origem das espécies*, com referência aos órgãos naturais das plantas e animais: "Enquanto um mesmo órgão tem de executar diferentes trabalhos, pode-se talvez encontrar um motivo para a sua variabilidade no fato de a seleção natural preservar ou suprimir cada pequena variação de forma com menos cuidado do que se esse órgão fosse destinado apenas a uma função particular. Assim, facas destinadas a cortar qualquer coisa podem ter a mesma forma, em linhas gerais, enquanto ferramentas destinadas a um uso determinado devem ter, para cada uso, uma forma também distinta".

32 Genebra produziu, no ano de 1854, 80 000 relógios, menos de um quinto da produção do cantão de Neuchâtel. Chaux-de-Fonds, que se pode considerar uma única manufatura de relógios, fornece sozinha anualmente o dobro de Genebra. De 1850 a 1861, Genebra forneceu 720 000 relógios. Ver "Report from Geneva on the

Watch Trade", in *Reports by H. M.'s Secretaries of Embassy and Legation on the Manufactures, Commerce etc.*, n. 6, 1863. Se a falta de conexão entre os processos em que se decompõe a produção de objetos apenas justapostos já dificulta em si e para si a transformação de manufaturas desse gênero em grande indústria mecanizada, para os relógios acrescem ainda dois outros obstáculos, a pequenez e delicadeza de seus elementos e seu caráter de luxo, portanto sua variedade, de modo que, por exemplo, nas melhores casas de Londres, o ano todo, dificilmente se chega a fabricar uma dúzia de relógios que sejam parecidos. A fábrica de relógios de Vacheron & Constantin, que utiliza maquinaria com sucesso, também fornece no máximo 3–4 diferentes variedades em tamanho e forma.

33 Na feitura de relógios, esse exemplo clássico da manufatura heterogênea, pode-se estudar com precisão a diferenciação e especialização dos instrumentos de trabalho, mencionada acima, oriunda da decomposição da atividade artesanal.

34 "Quando as pessoas trabalham tão juntas umas das outras, o transporte tem de ser necessariamente menor." (*The Advantages of the East India Trade*, [op. cit.,] p. 106)

35 "O isolamento das diferentes fases de produção na manufatura, que decorre do emprego de trabalho manual, eleva extraordinariamente os custos de produção, originando-se sobretudo a perda do mero transporte de um processo de trabalho para outro." (*The Industry of Nations*, Parte II. Lond., 1855, p. 200)

36 "Ela" (a divisão do trabalho) "produz também uma economia de tempo ao decompor o trabalho em seus diversos ramos, que podem todos ser executados ao mesmo tempo. [...] Por meio da execução simultânea de todos os diferentes processos de trabalho que um indivíduo isolado teria de executar separadamente, torna-se possível, por exemplo, produzir uma quantidade de agulhas no mesmo tempo que se necessitaria para cortar ou aguçar uma única agulha." (Dugald Stewart, [*Works*,] op. cit., p. 319)

37 "Quanto maior a variedade de trabalhadores especializados em cada manufatura [...] tanto mais ordenado e regular é cada trabalho; este deve necessariamente ser executado em menos tempo e o trabalho deve reduzir-se." (*The Advantages etc.* [op. cit.,] p. 68)

38 Em muitos ramos, contudo, a exploração manufatureira alcança esse resultado apenas imperfeitamente, pois não sabe controlar com segurança as condições físicas e químicas gerais do processo de produção.

39 "Quando a experiência, de acordo com a natureza particular dos produtos de cada manufatura, revela tanto a maneira mais vantajosa de dividir a fabricação em operações parciais como também o número de trabalhadores a elas necessário, os estabelecimentos que não empregam um múltiplo exato desse número fabricam com custos maiores. [...] Essa é uma das causas da ampliação colossal dos estabelecimentos industriais." (Ch. Babbage, *On the Economy of Machinery*. Lond., 1832, cap. XXI, pp. 172–73)

40 Na Inglaterra, o forno de fusão é separado do forno de vidro, no qual se elabora o vidro; na Bélgica, por exemplo, o mesmo forno serve para os dois processos.

41 Pode-se ver isso, entre outros, em W. Petty, John Bellers, Andrew Yarranton, *The Advantages of the East India Trade* [op. cit.] e Vanderlint.

42 Na França, ainda nos fins do século XVI, utilizavam-se o almofariz e a peneira para pilar e lavar os minérios.

43 Toda a história do desenvolvimento da maquinaria pode ser seguida através da história dos moinhos de trigo. A fábrica

em inglês chama-se ainda *mill* [moinho]. Em escritos tecnológicos alemães dos primeiros decênios do século XIX, encontra-se ainda a expressão “moinho” não só para designar toda maquinaria movida por forças naturais, mas também todas as manufaturas que usavam aparelhos mecânicos. |105|

44 Como se verá mais pormenorizadamente no Livro 4 desta obra, A. Smith não elaborou nenhuma proposição nova sobre a divisão do trabalho. O que, porém, o caracteriza como economista político que sintetiza todo o período da manufatura é o acento que coloca sobre a divisão do trabalho. O papel subordinado que atribui à maquinaria provocou, no começo da grande indústria, a polêmica de Lauderdale e, numa época mais desenvolvida, a de Ure. A. Smith confunde também a diferenciação dos instrumentos, na qual o próprio trabalhador parcial da manufatura teve participação muito ativa com a invenção das máquinas. Não são os trabalhadores das manufaturas, mas os estudiosos, os artífices, inclusive os camponeses (Brindley) etc. que aqui desempenham papel importante.

45 “Dividindo a fabricação de um artigo em várias operações diferentes, cada uma exigindo graus diferentes de habilidade e força, o mestre manufatureiro pode conseguir exatamente o *quantum* de força e de habilidade correspondente a cada operação. Se, ao contrário, toda a obra tivesse de ser executada por um só trabalhador, o mesmo indivíduo teria de possuir habilidade suficiente para as operações mais delicadas e força suficiente para as mais penosas.” (Ch. Babbage, [*On the Economy of Machinery*,] op. cit., cap. XIX)

46 Por exemplo, desenvolvimento unilateral dos músculos, deformação dos ossos etc.

47 Muito corretamente o Sr. Wm. Marshall, *general manager* [gerente geral] de uma manufatura de vidros, responde à pergunta do comissário de inquérito sobre como a laboriosidade dos jovens trabalhadores era mantida: “Eles não podem, de forma alguma, negligenciar seu trabalho; depois de terem começado a trabalhar, têm de prosseguir; eles são exatamente como partes de uma máquina”. (Child. Empl. Comm., *Fourth Report*. 1865, p. 247)

48 Dr. Ure, em sua apoteose da grande indústria, percebe as características peculiares da manufatura com mais nitidez do que os economistas anteriores, que não tinham seu interesse polêmico, e mesmo do que seus contemporâneos, por exemplo Babbage, que, embora superior a ele como matemático e mecânico, compreende a grande indústria apenas do ponto de vista da manufatura. Ure observa: “A apropriação dos trabalhadores a cada operação particular constitui a essência da distribuição dos trabalhos”. Por outro lado, ele qualifica essa distribuição como “adaptação dos trabalhos às diferentes capacidades individuais” e, finalmente, caracteriza todo o sistema de manufatura como “um sistema de gradações segundo o nível de habilidade”, como “uma divisão do trabalho segundo os diferentes graus de habilidade” etc. (Ure, *Philosophy of Manufactures*, [op. cit.,] pp. 19–23 ss.)

49 “Todo artesão que [...] foi capacitado a aperfeiçoar-se, pela prática, numa operação parcial [...] tornou-se um trabalhador mais barato.” (Ure, [*Philosophy of Manufactures*,] op. cit., p. 19)

50 “A divisão do trabalho vai desde a separação das profissões mais diferentes até aquela divisão em que diversos trabalhadores dividem entre si a elaboração de um único produto, como na manufatura” (Storch, *Cours d’Écon. Pol.*, t. I. Ed. de Paris, p. 173). “Encontramos nos povos que alcançaram certo grau de civilização três espécies de divisão do trabalho: a primeira,

que chamamos de geral, leva à distinção dos produtores em agricultores, manufatores e comerciantes, correspondendo aos três ramos principais do trabalho nacional; a segunda, que se poderia chamar especial, é a divisão de cada ramo de trabalho em espécies [...] a terceira divisão do trabalho, finalmente, que se deveria designar de divisão da operação de trabalho ou divisão do trabalho propriamente dita, é a que se estabelece nos ofícios e profissões separados [...] e que se estabelece na maioria das manufaturas e das oficinas." (Skarbek, [*Théorie des richesses sociales*,] op. cit., pp. 84-85)

50a {Nota à 3ª edição. – Estudos posteriores bastante aprofundados sobre as condições primitivas do ser humano levaram o autor a concluir que, originalmente, não foi a família que evoluiu para formar a tribo, mas sim, ao contrário, a tribo foi a forma primitiva, naturalmente desenvolvida da socialização humana baseada no parentesco de sangue, de modo que só mais tarde se desenvolveram, a partir do início da dissolução dos laços tribais, as múltiplas e diversas formas da família. – F. E.}

51 Sir James Steuart foi quem melhor tratou desse ponto. Quão pouco conhecida é, hoje em dia, sua obra, que apareceu 10 anos antes de *Wealth of Nations* [*A riqueza das nações*], é algo que se vê, entre outras coisas, pela circunstância de que os admiradores de Malthus nem sequer sabem que este, na primeira edição de sua obra sobre a *Population*, pondo-se de lado a parte puramente declamatória, quase que se limita a copiar Steuart, além dos clérigos Wallace e Townsend.

52 "Existe certa densidade de população que é conveniente tanto ao inter-relacionamento social quanto àquela combinação de forças por meio da qual aumenta o produto de trabalho" (James Mill, [*Elements of Political Economy*,] op. cit., p. 50). "Se o número dos trabalhadores cresce, a força produtiva da sociedade aumenta na mesma proporção desse crescimento, multiplicada pelo efeito da divisão do trabalho." (Th. Hodgskin, [*Popular Political Economy*,] op. cit., p. 120)

53 Em consequência da grande demanda de algodão, a partir de 1861, foi ampliada, em alguns distritos densamente populosos da Índia oriental, a produção de algodão, à custa da produção de arroz. Surgiu assim penúria alimentar em certas partes, porque a falta de meios de comunicação, portanto da conexão física, não permitia compensar a queda da produção de arroz de um distrito com o suprimento de outros distritos.

54 Assim a manufatura de lançadeiras já constituía durante o século XVII, na Holanda, uma indústria específica.

55 "Não está a manufatura de lã da Inglaterra dividida em diferentes partes ou ramos, que se assentaram em lugares particulares onde são manufaturadas única ou principalmente; tecidos finos em Somersetshire, grossos em Yorkshire, enfestados em Exeter, seda em Sudbury, crepes em Norwich, fazendas de semilã em Kendal, cobertores em Whitney etc.?" (Berkeley, *The Querist*, 1750, § 520)

56 A. Ferguson, *History of Civil Society*, Parte IV, seção II. Edinb., 1767, p. 285.

57 Nas manufaturas propriamente ditas, diz ele, a divisão do trabalho parece maior porque "os ocupados em cada ramo de trabalho podem muitas vezes estar reunidos na mesma oficina e ser abarcados com um olhar pelo observador. Ao contrário, naquelas grandes manufaturas (!), as quais são destinadas a satisfazer às principais necessidades da grande massa da população, cada ramo de trabalho ocupa um número tão grande de trabalhadores que é impossível reuni-los na mesma oficina [...] a divisão aí está longe de ser tão evidente". (A. Smith, *Wealth of Nations*, Livro I, cap. I)

A célebre passagem, no mesmo capítulo, que começa com as palavras "Observem-se os haveres do mais comum dos artesãos ou dos diaristas num país civilizado e florescente etc." e, então, prossegue descrevendo como inúmeros e variados ofícios trabalham em conjunto para satisfazer às necessidades de um trabalhador comum é copiada quase literalmente dos *remarks* [comentários] de B. de Mandeville à sua *Fable of the Bees: Or, Private Vices, Publick Benefits*. (Primeira edição sem comentários 1705, com comentários 1714.)

58 "Mas não existe nada mais que se possa designar como o salário natural do trabalho de um indivíduo. Cada trabalhador produz somente uma parte de um todo e, uma vez que cada parte por si mesma não tem valor ou utilidade, não existe nada que o trabalhador possa tomar e do qual possa dizer: Isto é meu produto, isto quero para mim" (*Labour Defended Against the Claims of Capital*. Lond., 1825, p. 25). O autor dessa excelente obra é o já anteriormente citado Th. Hodgskin.

58a Nota à 2ª edição. Essa diferença entre divisão manufatureira e divisão social do trabalho foi ilustrada na prática para os ianques. Um dos novos impostos ideados em Washington durante a guerra civil foi o tributo de 6% sobre "todos os produtos industriais". Pergunta: O que é um produto industrial? Resposta do legislador: Uma coisa é produzida "quando é feita" (*when it is made*), e ela é feita quando está pronta para a venda. Então um exemplo, entre muitos. Manufaturas de Nova York e Filadélfia anteriormente costumavam "fazer" guarda-chuvas com todos os acessórios. Mas, sendo um guarda-chuva um *mixtum compositum* de várias partes inteiramente diversas, tornaram-se elas, pouco a pouco, artigos independentes entre si, produzidos por ramos de negócios localizados em diferentes lugares. Os seus produtos parciais inseriam-se, então, como mercadorias independentes na manufatura de guarda-chuvas, que apenas os combinava para formarem um todo. Os ianques batizaram artigos dessa espécie com o nome de *assembled articles* [artigos reunidos], nome que mereceram sobretudo por reunirem impostos. Assim, o guarda-chuva "reunia" 6% de impostos sobre o preço de cada um de seus elementos e, novamente, 6% sobre seu preço total.

59 "Pode-se estabelecer como regra geral: quanto menos a autoridade intervém na divisão do trabalho no interior da sociedade, tanto mais se desenvolve a divisão do trabalho dentro da oficina e tanto mais ela se subordina à autoridade de um indivíduo. Consequentemente, a autoridade na oficina e a autoridade na sociedade estão, com referência à divisão do trabalho, em razão inversa uma da outra." (K. Marx, [*Misère de la philosophie*,] pp. 130–31)

60 Tenente-coronel Mark Wilks, *Historical Sketches of the South of India*, v. I. Lond., de 1810 a 1817, pp. 118–20. Um bom compêndio das diferentes formas de comunidade indiana encontra-se em *Modern India*, de George Campbell. London, 1852.

61 "Dessa forma simples [...] têm vivido, desde tempos imemoriais, os habitantes do país. Raramente os limites das aldeias foram alterados e, embora estas tenham sido repetidas vezes atingidas e mesmo devastadas pela guerra, pela fome ou por epidemias, o mesmo nome, os mesmos limites, os mesmos interesses e inclusive as mesmas famílias têm sobrevivido através de gerações. Os habitantes não se preocupam com o desmoronamento ou a divisão de reinos; desde que a aldeia permaneça íntegra pouco lhes importa o poder a que foi transferida ou a que soberano foi adjudicada. Sua economia interna permanece inalterada." (Th. Stamfort Raffles, "Late

Lieut. Gov. of Java", in *The History of Java*, v. I. Lond., 1817, p. 285)

62 "Não basta que o capital necessário para a subdivisão dos ofícios" (deveria dizer, os meios de subsistência e os de produção necessários para esse fim) "se encontre disponível na sociedade; além disso, é preciso que esteja acumulado nas mãos dos empresários em quantidade suficientemente grande, para capacitá-los a trabalhar em grande escala. [...] Quanto mais a divisão aumenta, mais a ocupação constante de um mesmo número de trabalhadores exige um capital cada vez maior em ferramentas, matérias-primas etc." (Storch, *Cours d'Écon. Polit.*, t. I. Ed. de Paris, pp. 250–51). "A concentração dos instrumentos de produção e a divisão do trabalho são tão inseparáveis uma da outra quanto, na área da política, a centralização dos poderes públicos e a divisão dos interesses privados." (K. Marx, [*Misère de la philosophie*,] op. cit., p. 134)

63 Dugald Stewart denomina os trabalhadores de manufatura de "autômatos vivos [...] que são empregados em trabalhos parciais". ([*Works*,] op. cit., p. 318)

64 Nos corais, cada indivíduo constitui realmente o estômago de todo o grupo. Mas esse indivíduo lhe fornece substância nutritiva, em vez de, como o patrício romano, tirá-la dele.

65 "O trabalhador que domina uma profissão completa pode trabalhar e encontrar seu sustento em qualquer lugar; o outro" (o trabalhador de manufatura) "é apenas um acessório e, separado de seus colegas de trabalho, não possui nem capacidade nem independência, sendo forçado, portanto, a aceitar a lei que se considere correta lhe impor." (Storch, [*Cours d'économie politique*,] t. I, op. cit. Ed. São Petersburgo, 1815, p. 204)

66 A. Ferguson, [*History of Civil Society*,] op. cit., p. 281: "Um pode ter ganhado o que o outro perdeu".

67 "O homem do saber e o trabalhador produtivo estão amplamente separados um do outro, e a ciência, em vez de nas mãos do trabalhador aumentar suas próprias forças produtivas para ele mesmo, colocou-se contra ele em quase toda parte. [...] O conhecimento torna-se um instrumento capaz de ser separado do trabalho e oposto a ele." (W. Thompson, *An Inquiry into the Principles of the Distribution of Wealth*. London, 1824, p. 274)

68 A. Ferguson, [*History of Civil Society*,] op. cit., p. 280.

69 J. D. Tuckett, *A History of the Past and Present State of the Labouring Population*, v. I. London, 1846, p. 148.

70 A. Smith, *Wealth of Nations*, Livro V, cap. I, art. II. Como discípulo de A. Ferguson, que desenvolvera as desvantajosas consequências da divisão do trabalho, A. Smith era extremamente claro sobre esse ponto. Na introdução de sua obra, onde a divisão do trabalho é festejada *ex professo*, ele a menciona apenas de passagem como fonte das desigualdades sociais. Só no Livro 5 relativo à receita do Estado, ele reproduz Ferguson. Eu expus, em *Misère de la Philosophie*, o necessário sobre a relação histórica entre Ferguson, A. Smith, Lémontey e Say em sua crítica da divisão do trabalho e lá também apresentei a divisão manufatureira do trabalho como forma específica do modo de produção capitalista. (op. cit., pp. 122 ss.)

71 Ferguson diz de imediato (op. cit., p. 281): "E o pensar propriamente pode, nesta época de divisões do trabalho, vir a ser um ofício especial".

72 G. Garnier, t. V de sua tradução, pp. 4–5.

73 Ramazzini, professor de clínica geral em Pádua, publicou em 1713 sua obra *De morbis artificum*, traduzida para o francês em 1777, impressa novamente em 1841, na *Encyclopédie des sciences médicales, 7me div. Auteurs classiques*. O período da grande

indústria ampliou muito, naturalmente, seu catálogo de doenças dos trabalhadores. Veja entre outras obras *Hygiène physique et morale de l'ouvrier dans les grandes villes en général, et dans la ville de Lyon en particulier*. Par le Dr. A. L. Fonteret. Paris, 1858 e [R. H. Rohatzsch,] *Die Krankheiten, welche verschiednen Standen, Altern und Geschlechtern eigenthümlich sind*, 6 v. Ulm, 1840. No ano de 1854, a Society of Arts nomeou uma comissão de inquérito sobre patologia industrial. A lista dos documentos reunidos por essa comissão encontra-se no catálogo do Twickenham Economic Museum. Muito importantes os *Reports on Public Health* oficiais. Ver também Eduard Reich, M. D., *Ueber die Entartung des Menschen*. Erlangen, 1868. [Society of Arts and Trades (Sociedade das Artes e Ofícios): sociedade filantrópica, fundada em 1754, que se aproximava do Iluminismo burguês. Durante os anos 1850, foi liderada pelo Príncipe Albert. O objetivo da sociedade, apregoado com muito barulho, era "apoiar a arte, os ofícios e o comércio" e recompensar quem contribuísse "para dar emprego aos pobres, ampliar o comércio, aumentar as riquezas do país etc.". Na pretensão de impedir o desenvolvimento do movimento grevista de massas na Inglaterra, essa sociedade tentou apresentar-se como intermediária entre os trabalhadores e empresários. Marx denominou-a de Society of Arts and Tricks (Sociedade das Artes e Artimanhas). – N. E. A.]

74 "*To subdivide a man is to execute him, if he deserves the sentence, to assassinate him, if he does not* [...] *the subdivision of labour is the assassination of a people*" (D. Urquhart, *Familiar Words*. London, 1855, p. 119). Hegel tinha ideias muito heréticas sobre a divisão do trabalho. "Por pessoas cultas, pode-se entender aquelas que podem fazer tudo que as outras fazem", diz ele em sua obra *Rechtsphilosophie*. [G. W. F. Hegel, *Grundlinien der Philosophie des Rechts, oder Naturrecht und Staatswissenschaft im Grundrisse*. Berlin, 1840, § 187, complemento. – N. E. A.]

75 A crença cômoda no gênio inventivo que o capitalista individual exerceria *a priori* na divisão do trabalho só se encontra hoje em professores alemães, tais como o Sr. Roscher, por exemplo, que consagra ao capitalista, como sinal de gratidão pela divisão do trabalho que salta pronta de sua cabeça jupiteriana, "diversos salários". A maior ou menor aplicação da divisão do trabalho depende do tamanho da bolsa, não da grandeza do gênio.

76 Mais que A. Smith, escritores mais antigos, como Petty, como o autor anônimo das *Advantages of the East India Trade etc.*, fixaram o caráter capitalista da divisão manufatureira do trabalho.

77 Entre os escritores modernos, constituem exceção alguns do século XVIII, como Beccaria e James Harris, que em relação à divisão do trabalho quase não fazem mais que seguir os antigos. Assim diz Beccaria: "A cada um comprova a própria experiência que, quando se empregam mãos e engenho sempre na mesma espécie de trabalho e de produtos, os resultados são mais fáceis, mais abundantes e melhores do que se cada um fizesse isoladamente todas as coisas de que necessita. [...] Desse modo, os seres humanos dividem-se, para proveito de todos e para seu próprio proveito, em diferentes classes e estamentos" (Cesare Beccaria, *Elementi di Econ. publica*. Ed. Custodi, Part. Moderna, t. XI, p. 28). James Harris, mais tarde Earl of [Conde de] Malmesbury, famoso pelos *Diaries* [Diários] de sua época de embaixador em São Petersburgo, diz mesmo em uma nota a seu *Dialogue Concerning Happiness*, London, 1741, mais tarde de novo impresso em *Three Treatises etc.*, 3ª ed., Lond., 1772:

"Toda a demonstração de que a sociedade é algo natural" (isto é, pela "divisão das ocupações") "foi tirada do Livro II de *A República*, de Platão". [O autor da obra *Dialogue Concerning Happiness* não é o diplomata James Harris, autor dos *Diaries and Correspondence*, mas sim seu pai, James Harris. – N. E. A.]

78 Assim diz a Odisseia, XIV, 228: "Pois um outro homem se deleita também com outros trabalhos", e Arquíloco, em Sexto Empírico: "Cada um recreia seus sentidos em outro trabalho". [Marx cita essa expressão de Arquíloco segundo a obra de Sexto Empírico, *Adversus Mathematicos*, Livro 11, p. 44. – N. E. A.]

79 "Πολλ' ἠπίστατο ἔργα, κακῶς δ' ἠπίστατο πάντα" [Muitos trabalhos sabia ele, entretanto sabia todos mal]. – O ateniense sentia-se superior ao espartano, como produtor de mercadorias, porque este na guerra podia dispor de pessoas, mas não de dinheiro, conforme palavras que Tucídides põe na boca de Péricles em discurso incitando os atenienses à guerra do Peloponeso. "Os que vivem em autossubsistência estão mais preparados para fazer guerra com seus corpos do que com dinheiro" (Tucídides, Livro I, c. 141). Entretanto, permanecia seu ideal também na produção material a αὐταρκεία [autarquia] que se opõe à divisão do trabalho, "pois com esta há prosperidade, mas com aquela há também independência". É necessário considerar-se que, à época da queda dos 30 tiranos, não chegavam a 5000 os atenienses sem propriedade de terra. [30 tiranos: comissão que, depois do término da guerra do Peloponeso (404 a.C.), foi encarregada, em Atenas, de elaborar uma nova constituição. Essa corporação, entretanto, em pouco tempo chamou para si todo o poder e realizou um regime de terror. Após oito meses de domínio pela violência, os tiranos foram derrubados e a democracia escravocrata foi restaurada em Atenas. – N. E. A.]

80 Platão desenvolve a divisão do trabalho dentro da comunidade a partir da multiplicidade das necessidades e da unilateralidade das capacidades dos indivíduos. Para ele, o aspecto principal é que o trabalhador deve ajustar-se à obra, e não a obra ao trabalhador, como seria inevitável se ele exercesse diversas artes simultaneamente, portanto uma ou outra delas como ofício secundário. "Pois o trabalho não quer esperar pelo tempo livre daquele que o executa, mas o trabalhador tem de ater-se ao trabalho, todavia não de maneira leviana. – Isto é necessário. – Daí segue que se fabrica mais de tudo, assim como com mais beleza e facilidade, quando cada um faz apenas uma coisa, de acordo com seus talentos naturais, no momento adequado, estando livre de outras ocupações." (*De Republica*, [Livro] II, 2ª ed. Baiter, Orelli etc.) Semelhante em Tucídides, op. cit., c. 142: "A navegação é uma arte como qualquer outra e não pode ser exercida circunstancialmente de maneira acessória, senão, pelo contrário, outras ocupações não podem ser exercidas acessoriamente ao lado dela". Se a obra, diz Platão, tem de esperar pelo trabalhador, então, muitas vezes, o momento crítico da produção será perdido (ἔργου καιρὸν διόλλυται) e o trabalho se estragará. A mesma ideia platônica encontra-se de novo no protesto dos proprietários ingleses de branquearias contra a cláusula da lei fabril que estabelece determinada hora para as refeições de todos os trabalhadores. Seu negócio não poderia ajustar-se aos trabalhadores, pois "as diferentes operações de aquecer, lavar, clarear, passar, calandrar e tingir não podem, por nenhum momento, ser interrompidas sem perigo de danos. [...] Impor a mesma hora de refeição para todos os trabalhadores pode sujeitar ocasionalmente bens valiosos ao perigo de o

processo de trabalho não ser terminado". *Le platonisme où va-t-il se nicher*! [O platonismo, aonde ele vai se aninhar! – N. T.]

81 Xenofonte conta que não apenas é honroso receber alimentos da mesa do rei persa, mas que esses alimentos são muito mais saborosos que os outros. "E isso não é nada milagroso, já que, assim como as outras artes adquirem uma perfeição especial nas grandes cidades, as iguarias reais são preparadas de um modo todo particular. Pois nas pequenas cidades o mesmo indivíduo faz cama, porta, arado, mesa; frequentemente ainda constrói casas e fica satisfeito quando consegue desse modo uma clientela suficiente para manter-se. É impossível que uma pessoa que faz tanta coisa faça tudo bem. Nas grandes cidades, porém, onde cada um encontra muitos compradores, basta um ofício para alimentar um homem. Muitas vezes, nem é necessário um ofício por inteiro, um fazendo sapatos para homem, o outro sapatos para mulher. Aqui e ali, um vive simplesmente de costurar, o outro de cortar sapatos, um simplesmente corta vestimentas, o outro assenta as partes. É necessário, pois, que o executor do trabalho mais simples o faça indubitavelmente da melhor maneira. Do mesmo modo ocorre com a culinária" (Xenofonte, *Cirop*[*édia*], Livro VIII, cap. 2). Acentua-se aqui exclusivamente a qualidade a ser atingida pelo valor de uso, embora Xenofonte já saiba que a escala da divisão do trabalho depende da extensão do mercado.

82 "Ele" (Busíris) "dividiu a todos em castas especiais [...] ordenou que sempre os mesmos indivíduos executassem os mesmos ofícios, porque ele sabia que os que mudam suas ocupações não se aprofundam em nenhuma; porém, os que permanecem na mesma ocupação realizam tudo com a maior perfeição. Realmente verificaremos que, em suas artes e ofícios, eles superaram seus rivais em maior medida do que o mestre superou o remendão e, em relação à instituição por meio da qual mantêm a monarquia e a constituição restante do Estado, são tão excelentes que os célebres filósofos que trataram do assunto elogiaram a constituição estatal egípcia mais que as outras." (Isócrates, *Busíris*, cap. 8)

83 Cf. Diod[orus] Sic[ulus].

84 Ure, [*Philosophy of Manufactures*,] op. cit., p. 20.

85 O que foi dito no texto é mais válido para a Inglaterra do que para a França, e mais para a França do que para a Holanda.

86 "*It is questionable, if all the mechanical inventions yet made have lightened the day's toil of any human being.*" Mill deveria ter dito: "*Of any human being not fed by other people's labour*", pois a maquinaria indubitavelmente aumentou muito o número dos ociosos ilustres.

87 Ver, por exemplo, [Charles] Hutton, [*A*] *Course of Mathematics*.

88 "Desse ponto de vista pode-se, então, traçar uma nítida linha divisória entre ferramenta e máquina: pás, martelo, cinzel etc., alavancas e chaves de fenda, para os quais, por artificiais que sejam, o ser humano é a força motriz [...] tudo isso cabe no conceito de ferramenta; já o arado, com a força animal que o move, os moinhos movidos a vento etc. devem ser contados entre as máquinas" (Wilhelm Schulz, *Die Bewegung der Production*. Zürich, 1843, p. 38). Uma obra louvável em vários sentidos.

89 Antes dela, ainda que muito imperfeitas, foram usadas máquinas para torcer o fio, provavelmente primeiro na Itália. Uma história crítica da tecnologia provaria, sobretudo, quão pouco qualquer invenção do século XVIII cabe a um só indivíduo. Até hoje não existe tal obra. Darwin atraiu o interesse para a história da tecnologia da Natureza, isto é, para a formação dos órgãos de plantas e animais como instrumentos de produção para a vida das plantas e dos animais. Será que não merece igual atenção a história da formação dos órgãos produtivos do ser humano social, da base material de toda organização social específica? E não seria mais fácil reconstituí-la, já que, como diz Vico, a história humana difere da história natural por termos feito uma, e não a outra? A tecnologia revela a atitude ativa do ser humano para com a Natureza, o processo de produção direto de sua vida, e com isso também suas condições sociais de vida e as concepções espirituais decorrentes delas. Mesmo toda história da religião que abstraia essa base material é... acrítica. É efetivamente muito mais fácil descobrir, mediante análise, o cerne terreno das nebulosas representações religiosas do que desenvolver, inversamente, a partir das condições reais de vida de cada momento, as suas formas celestializadas. Este último é o único método materialista e, portanto, científico. As falhas do materialismo científico natural abstrato, que exclui o processo histórico, já se percebem pelas concepções abstratas e ideológicas de seus porta-vozes, assim que se aventuram além dos limites de sua especialidade.

90 Sobretudo na forma primitiva do tear mecânico, reconhece-se à primeira vista o tear antigo. Ele aparece essencialmente modificado em sua forma moderna.

91 Só a partir de 1850 aproximadamente é que se passou a fabricar à máquina uma parte sempre crescente das ferramentas das máquinas de trabalho, embora não pelos mesmos fabricantes das próprias máquinas. São máquinas para fabricação de tais ferramentas mecânicas, por exemplo: *automatic bobbin-making engine*, *card-setting engine*, máquinas de fazer lançadeira, máquinas de soldar fusos para *mule* e *throstle*.

92 Diz Moisés do Egito: "Não atarás a boca do boi que debulha". Os filantropos teuto-cristãos, no entanto, colocavam um grande disco de madeira ao redor do pescoço do servo que empregavam como força motriz para moer, a fim de que ele não pudesse levar farinha à boca com a mão.

93 Em parte a falta de quedas-d'água naturais, em parte a luta contra inundações forçaram os holandeses a usar o vento como força motriz. O próprio moinho de vento eles obtiveram da Alemanha, onde essa invenção provocara uma curiosa luta entre a nobreza, o clero e o imperador para saber a qual dos três "pertenceria" o vento. O ar tira a liberdade, dizia-se na Alemanha, enquanto o vento libertava a Holanda. Do que ele tirava a liberdade aqui não era do holandês, mas do solo para o holandês. Ainda em 1836 eram empregados na Holanda 12 000 moinhos de vento com 6 000 cavalos-vapor para impedir que dois terços do país se transformassem novamente em pântano.

94 Ela já foi muito aperfeiçoada com a primeira máquina a vapor de Watt, a assim chamada máquina de ação simples, mas continuou sendo, sob essa forma, mera máquina de puxar água e solução salgada das minas de sal.

95 "A reunião de todos esses instrumentos simples movidos por um único motor constitui uma máquina." (Babbage, [*On the Economy of Machinery and Manufactures*,] op. cit. [p. 136])

96 Em dezembro de 1859, John C. Morton apresentou na Society of Arts um trabalho sobre "as forças utilizadas na agricultura". Entre outras coisas, aí se diz: "Toda melhoria que contribua para a uniformização do solo favorece o emprego da máquina a vapor para produzir força puramente mecânica. [...] A força do cavalo é exigida onde cercas irregulares e outros obstáculos impedem a ação uniforme. Esses obs-

táculos estão desaparecendo a cada dia mais. Para operações que exijam maior dispêndio de vontade e menos força real, a única força aplicável é a dirigida minuto a minuto pelo espírito humano, portanto a força humana". O Sr. Morton reduz, então, forças de vapor, de cavalo e humana à unidade de medida usual em máquinas a vapor, ou seja, à força para erguer 33 000 libras por minuto a um pé, e calcula os custos de um cavalo-vapor por hora em 3 pence para a máquina a vapor e 5½ pence para o cavalo. Além disso, o cavalo, em pleno estado de saúde, só pode ser utilizado 8 horas por dia. Empregando-se a força do vapor, podem ser poupados, durante o ano todo, em terra cultivada, 3 de cada 7 cavalos, a um preço de custo não maior do que o dos cavalos dispensados durante os 3 ou 4 meses em que são efetivamente utilizados. Finalmente, nas operações agrícolas em que a força do vapor pode ser aplicada, ela melhora, se comparada com a força do cavalo, a qualidade do produto. Para executar o trabalho da máquina a vapor, teriam de ser empregados 66 trabalhadores, ao preço conjunto de 15 xelins por hora e, para executar o trabalho dos cavalos, 32 homens, ao preço conjunto de 8 xelins por hora.

97 [Johann] Faulhaber, [*Mechanische Verbesserung einer Alten Roszmühlen, welche vor diesem der Königliche Ingenieur Augustinus Ramellus an tag geben.* Ulm,] 1625; [Solomon] De Cous [Caus], [Hero Alexandrinus, *Buch von Lufft- und Wasser-Künsten, welche von Friderich Commandino von Urbin aus dem Griegischen in das Lateinische übersetzt... Und mit einem Anhang von allerhand Mühl-, Wasser- und Grotten-Wercken aus Salomon de Cous* [*Caus*]... *auch anderen berühmt- und erfahrnen Autoribus zusammen getragen.* Frankfurt,] 1688.

98 A moderna invenção das turbinas liberta a exploração industrial da força hidráulica de muitas limitações anteriores.

99 "Nos primórdios da manufatura têxtil, a localização da fábrica dependia de um curso de água que tivesse uma queda suficiente para fazer girar uma roda-d'água: e, embora o estabelecimento dos moinhos d'água significasse então o início da dissolução da indústria doméstica, os moinhos, que necessariamente tinham de ser instalados junto a cursos de água e frequentemente se situavam a considerável distância uns dos outros, representavam antes parte de um sistema rural do que urbano; só com a introdução da energia a vapor como substituta do curso de água é que as fábricas foram comprimidas em cidades e em localidades onde carvão e água, necessários à produção do vapor, estavam disponíveis em quantidades suficientes. A máquina a vapor é a mãe das cidades industriais." (A. Redgrave, in *Reports of the Insp. of Fact. 30th April 1860*, p. 36)

100 Do ponto de vista da divisão manufatureira, tecer não era trabalho simples, e sim, antes, trabalho artesanal complicado, de modo que o tear mecânico é uma máquina que executa operações muito variadas. É sobretudo falsa a concepção de que a maquinaria moderna assume originalmente operações que a divisão manufatureira do trabalho tinha simplificado. Fiar e tecer diversificaram-se em novas espécies durante o período manufatureiro, e suas ferramentas foram melhoradas e diversificadas, mas o próprio processo de trabalho não foi de modo algum dividido, permanecendo artesanal. Não é do trabalho, mas do meio de trabalho, que a máquina se origina.

101 Antes da época da grande indústria, a manufatura da lã era a manufatura dominante na Inglaterra. Nela foi feita, por isso, durante a primeira metade do século XVIII, a maioria dos experimentos. O algodão, cuja elaboração mecanizada exige prepa-

rativos menos trabalhosos, foi beneficiado pelas experiências feitas na lã de carneiro, assim como mais tarde, inversamente, a indústria mecânica da lã se desenvolveu com base na fiação e tecelagem mecânicas do algodão. Só nos últimos decênios elementos isolados da manufatura da lã foram incorporados ao sistema fabril, por exemplo a cardagem de lã. "A aplicação de força mecânica ao processo de cardagem [...], que, desde a introdução da máquina de cardar, especialmente a de Lister, ocorreu em grande escala [...] teve indubitavelmente por efeito que grande número de trabalhadores perdesse seu trabalho. Antes a lã era cardada à mão, na maioria das vezes no *cottage* [casebre] do cardador. Agora ela geralmente é cardada na fábrica e, exceto em algumas espécies particulares de trabalho em que ainda se prefere lã cardada à mão, o trabalho manual foi eliminado. Muitos dos cardadores manuais encontraram emprego nas fábricas, mas o produto do trabalho do cardador manual é tão pequeno em comparação com o da máquina que grande número de cardadores ficou sem ocupação." (*Rep. of Insp. of Fact. for 31st Oct. 1856*, p. 16)

102 "O princípio do sistema da fábrica é, então, substituir [...] a divisão ou graduação do trabalho entre artesãos pela composição de um processo em seus constituintes essenciais." (Ure, [*The Philosophy of Manufactures*. London, 1835,] p. 20)

103 O tear mecânico é constituído em sua primeira forma principalmente de madeira, o aperfeiçoado, moderno, de ferro. O quanto, no começo, a velha forma do meio de produção domina sua nova forma mostra-o, entre outras coisas, a mais superficial comparação do moderno tear a vapor com o antigo, dos modernos instrumentos de insuflar ar nas fundições de ferro com a primeira e pouco eficiente ressurreição mecânica do fole comum e, talvez de modo mais convincente do que qualquer outro, uma locomotiva experimentada antes da invenção das locomotivas atuais e que tinha, de fato, duas patas que erguia alternadamente, como um cavalo. Só depois do ulterior desenvolvimento da mecânica e com a experiência prática acumulada é que a forma passa a ser inteiramente determinada pelo princípio mecânico, portanto totalmente emancipada da antiga forma corpórea tradicional da ferramenta, que se metamorfoseia em máquina.

104 A *cotton gin* do ianque Eli Whitney havia sido, até há pouco, menos modificada na essência do que qualquer outra máquina do século XVIII. Só nos últimos decênios (antes de 1867) outro americano, o Sr. Emery, de Albany, Nova York, tornou antiquada a máquina de Whitney por meio de uma melhoria tão simples como eficaz.

105 *The Industry of Nations*, Parte II. Lond., 1855, p. 239. Aí também se lê: "Por simples e exteriormente pouco importante que possa parecer esse acessório do torno, cremos que não seja ousar demasiadamente asseverar que sua influência no emprego melhor e mais amplo de máquinas foi tão grande quanto a dos aperfeiçoamentos de Watt na máquina a vapor. Sua introdução teve imediatamente como consequência o aperfeiçoamento e barateamento de todas as máquinas, estimulando invenções e aperfeiçoamentos ulteriores".

106 Em Londres, uma dessas máquinas para forjar *paddle-wheel shafts* tem o nome de "Thor". Ela forja um eixo de 16½ toneladas de peso com a mesma facilidade com que um ferreiro forja uma ferradura.

107 As máquinas que trabalham com madeira e que também podem ser empregadas ¦ 111 em pequena escala ¦ são, na maioria, de invenção americana.

108 A ciência não custa absolutamente "nada" ao capitalista, o que absolutamente não o impede de explorá-la. A ciência alheia" é incorporada ao capital como trabalho alheio. Apropriação "capitalista" e apropriação "pessoal", seja da ciência, seja da riqueza material, são coisas total e completamente díspares. O próprio Dr. Ure deplora o grosseiro desconhecimento de Mecânica por parte de seus queridos fabricantes exploradores de máquinas, e [Justus von] Liebig pode contar alguma coisa sobre a pavorosa ignorância quanto à Química por parte dos fabricantes ingleses de produtos químicos.

109 Ricardo apreende esse efeito das máquinas – o qual, aliás, no restante, ele desenvolve tão pouco quanto a diferença geral entre processo de trabalho e processo de valorização – com tanta exclusividade que ocasionalmente esquece a componente de valor que as máquinas transferem ao produto e as confunde totalmente com as forças da Natureza. Assim, por exemplo: "Adam Smith não subavalia em nenhum lugar os serviços que os agentes naturais e a maquinaria nos prestam, mas distingue muito justamente a natureza do valor que agregam às mercadorias [...] como eles executam seu trabalho gratuitamente, o auxílio que nos prestam não agrega nada ao valor de troca" (Ricardo, [*On the Principles of Political Economy, and Taxation*. London, 1821,] pp. 336-37). Naturalmente a observação de Ricardo é correta contra J.-B. Say, que imagina que as máquinas prestam o "serviço" de criar valor, que constitui parte do "lucro".

109a {Nota à 3ª edição. – Um "cavalo-vapor" equivale à força de 33 000 libras-pé por minuto, ou seja, à força capaz de erguer o peso de 33 000 libras [14 969 kg] a 1 pé (inglês) por minuto ou então 1 libra [14 969 kg] a 33 000 pés [0,305 m]. Isso é o que se entende acima por "cavalo-vapor". Na linguagem comercial comum, e também aqui e ali em citações deste livro, faz-se, porém, distinção entre cavalos-vapor "nominais" e "comerciais" ou "indicados" da mesma máquina. O cavalo-vapor antigo ou nominal é calculado exclusivamente pelo comprimento do curso do êmbolo e pelo diâmetro do cilindro, deixando de considerar totalmente a pressão do vapor e a velocidade do êmbolo. Ou seja, expressa efetivamente: esta máquina a vapor tem, por exemplo, 50 cavalos-vapor se ela for impelida pela mesma pressão baixa e à mesma velocidade reduzida do êmbolo que à época de Boulton e Watt. Os dois últimos fatores cresceram, porém, enormemente desde então. Para medir a força mecânica realmente fornecida hoje por uma máquina, foi inventado o indicador que registra a pressão do vapor. A velocidade do êmbolo é fácil de verificar. Assim, a medida dos cavalos-vapor "indicados" ou "comerciais" de uma máquina é uma fórmula matemática que considera simultaneamente o diâmetro do cilindro, o comprimento do curso do êmbolo, a velocidade do êmbolo e a pressão do vapor, mostrando, portanto, quantas vezes a máquina efetivamente realiza 33 000 libras-pé por minuto. Um cavalo-vapor nominal pode, por conseguinte, realizar três, quatro e até mesmo cinco cavalos-vapor indicados ou reais. Leve-se isso em consideração para esclarecer diversas citações posteriores. – F. E.}

110 O leitor preso a concepções capitalistas sente aqui, naturalmente, falta do "juro" que a máquina agrega ao produto proporcionalmente a seu valor de capital. É fácil de compreender, no entanto, que a máquina, já que cria tão pouco valor novo como qualquer outra parte do capital constante, não pode adicionar o mesmo sob o nome de "juros". Além disso, está claro que aqui, onde se trata da produção de mais-valia, não pode ser pressuposta, *a priori*, nenhuma parte da mesma sob o nome de "juros". O modo de calcular capitalista, que, *prima facie*, parece absurdo e contraditório às leis de formação do valor, encontra sua explicação no Livro 3 desta obra.

111 Essa parcela do valor adicionada pela máquina cai absoluta e relativamente nos casos em que ela desloca cavalos, animais de tração em geral, que só sejam usados como força motriz, e não como máquinas metabólicas. Observe-se de passagem que Descartes, com sua definição dos animais como meras máquinas, enxerga com os olhos do período manufatureiro, em contraste com a Idade Média, para a qual o animal era ajudante do ser humano, como o seria depois de novo para o Sr. v[on] Haller em sua *Restauration der Staatswissenschaften*. Que Descartes, assim como Bacon, encarava uma configuração modificada da produção e dominação prática da Natureza pelos seres humanos como resultante do método modificado de pensamento demonstra-o seu *Discours de la méthode*, no qual, entre outras coisas, é dito: "É possível" (mediante o método introduzido por ele na Filosofia) "alcançar conhecimentos que são muito úteis para a vida e, no lugar daquela filosofia especulativa que se ensina nas escolas, encontrar uma filosofia prática, pela qual podemos aplicar a força e eficácia do fogo, da água, do ar, dos astros e de todos os outros corpos que nos cercam – ao conhecê-los com tanta exatidão quanto os diversos ofícios de nossos artesãos – igualmente a todos os fins úteis a que se adéquam e, assim, tornar-nos senhores e possuidores da Natureza" e, desse modo, "contribuir para o aperfeiçoamento da vida humana". No prefácio de *Discourses upon Trade*, de Sir Dudley North (1691), é dito que o método de Descartes, aplicado à Economia Política, teria começado a livrá-la de antigos contos de fadas e de concepções supersticiosas sobre dinheiro, comércio etc. Em média, no entanto, os antigos economistas ingleses se filiam a Bacon e Hobbes como seus filósofos, enquanto Locke tornou-se mais tarde "o filósofo" κατ' ἐξοχήν [por excelência] da Economia Política para Inglaterra, França e Itália.

112 Segundo um relatório anual da Câmara de Comércio de Essen (outubro de 1863), a siderúrgica Krupp produziu, em 1862, por meio de 161 fornos de fundição, caldeamento e cementação, de 32 máquinas a vapor (em 1800, era esse mais ou menos o número total de máquinas a vapor utilizadas em Manchester) e de 14 martelos a vapor, que representam um conjunto de 1236 cavalos-vapor, de 49 forjas, de 203 máquinas-ferramenta e de cerca de 2400 trabalhadores – 13 milhões de libras de aço. Aí, nem sequer 2 trabalhadores para 1 cavalo-vapor.

113 Babbage calcula que, em Java, 117% são adicionados ao valor do algodão quase só pelo trabalho de fiação. Na mesma época (1832), na Inglaterra, o valor total que a maquinaria e o trabalho acrescentavam ao algodão na fiação fina era de mais ou menos 33% sobre o valor da matéria-prima. (*On the Economy of Machinery*, [op. cit.,] pp. 165-66)

114 Além disso, a estampagem a máquina economiza tinta.

115 Cf. "Paper Read by Dr. Watson, Reporter on Products to the Government of India, before the Society of Arts", 17 abr. 1860.

116 "Esses agentes mudos" (as máquinas) "são sempre o produto de muito menos trabalho do que aquele que eles dispensam, mesmo quando possuem o mesmo valor monetário." (Ricardo, [*On the Principles of Political Economy, and Taxation*,] op. cit., p. 40)

116a Nota à 2ª edição. Numa sociedade comunista, a maquinaria teria, portanto, um espaço de atuação completamente diferente do que tem na sociedade burguesa.

117 "Empregadores de trabalho não querem manter desnecessariamente duas turmas de crianças com menos de 13 anos. [...] Um grupo de fabricantes, os fiandeiros de fio de lã, de fato, raramente emprega agora crianças com menos de treze anos de idade, isto é, trabalhadores de tempo parcial. Introduziram máquinas aperfeiçoadas e novas de várias espécies, que tornaram supérflua a utilização de crianças" (isto é, com menos de 13 anos); como exemplo, mencionarei um processo de trabalho para ilustrar essa diminuição do número de crianças em que às máquinas já existentes foi ligado um aparelho chamado máquina de emendar, mediante o qual o trabalho de seis ou quatro meios-turnos, conforme as características da máquina, pode ser feito por uma pessoa jovem" (com mais de 13 anos). "[...] O sistema de meio turno" estimulou "a invenção da máquina de emendar." (*Reports of Insp. of Fact. for 31st Oct. 1858* [pp. 42-43])

118 "Maquinaria [...] frequentemente não pode ser usada enquanto o trabalho" (ele quer dizer salário) "não subir." (Ricardo, [*On the Principles of Political Economy, and Taxation*,] op. cit., p. 479)

119 Ver *Report of the Social Science Congress at Edinburgh. Octob. 1863*.

120 Durante a crise do algodão que acompanhou a Guerra Civil Americana, o Dr. Edward Smith foi enviado pelo governo britânico para Lancashire, Cheshire etc., para averiguar a situação de saúde dos trabalhadores da indústria algodoeira. Entre outras coisas, relatou que: do ponto de vista da higiene, abstraindo o banimento dos trabalhadores da atmosfera da fábrica, a crise teria várias outras vantagens. As mulheres trabalhadoras tinham agora o tempo livre necessário para amamentar as suas crianças, em vez de envenená-las com Godfrey's Cordial (um opiato). Elas ganharam tempo para aprender a cozinhar. Infelizmente essa arte culinária coincidiu com um momento em que elas nada tinham para comer. Vê-se, porém, como o capital, para sua autovalorização, usurpou o trabalho familiar necessário ao consumo. Igualmente, a crise foi usada para ensinar, em escolas próprias, as filhas dos trabalhadores a costurar. Uma revolução americana e uma crise mundial foram necessárias para que jovens trabalhadoras que fiam para o mundo inteiro aprendessem a costurar!

121 "O número de trabalhadores aumentou muito, porque se substitui cada vez mais trabalho masculino por feminino e, sobretudo, trabalho adulto por infantil. Três garotas de 13 anos de idade, com salários de 6 a 8 xelins por semana, deslocaram um homem adulto com salário de 18 a 45 xelins" (Th. de Quincey, *The Logic of Polit. Econ.* Lond., 1844, nota à p. 147). Como certas funções da família, por exemplo cuidar das crianças e amamentá-las etc., não podem ser totalmente suprimidas, as mães de família confiscadas pelo capital têm de arranjar substitutas mais ou menos equivalentes. Os labores domésticos que o consumo da família exige, como costurar, remendar etc., precisam ser substituídos pela compra de mercadorias prontas. Ao menor dispêndio de trabalho doméstico corresponde, portanto, maior dispêndio de dinheiro. Os custos de produção da família trabalhadora crescem, portanto, e contrabalançam a receita suplementar. Acrescente-se a isso que economia e eficiência no uso e na preparação dos meios de subsistência se tornam impossíveis. Sobre esses fatos escamoteados pela Economia Política oficial encontra-se rico material nos *reports* dos inspetores de fábrica, na Children's Employment Commission e, notadamente, nos *Reports on Public Health*.

122 Contrastando com o importante fato de a limitação do trabalho das mulheres e das crianças nas fábricas inglesas ter sido uma conquista arrancada ao capital pelos trabalhadores adultos masculinos, encontram-se ainda nos relatórios mais recentes da Children's Employment Commission atitudes realmente revoltantes, próprias de comerciantes de escravos, por parte de pais trabalhadores em relação ao tráfico de crianças. Mas o fariseu capitalista, como se pode ver nesses mesmos *reports*, denuncia essa bestialidade por ele mesmo produzida, eternizada e explorada, à qual, fora daí, dá o nome de "liberdade de trabalho". "Recorreu-se ao trabalho de crianças pequenas [...] até mesmo para que trabalhassem para seu próprio pão de cada dia. Sem forças para suportar trabalho tão desproporcionalmente pesado, sem instrução que viesse a guiar sua vida futura, foram jogadas numa situação poluída física e moralmente. O historiador judeu observou, em relação à destruição de Jerusalém por Tito, que não era de se admirar que teria de ser destruída, e destruída tão completamente, se lá uma mãe desumana sacrificou seu próprio rebento para satisfazer a avidez de uma fome absoluta." (*Public Economy Concentrated*. Carlisle, 1833, p. 66)

123 A. Redgrave, in *Reports of Insp. of Fact. for 31st October 1858*, pp. 40–41.

124 Children's Employment Commission, *v Report*. London, 1866, p. 81, n. 31. {À 4ª edição. – A indústria de sedas de Bethnal Green está agora quase extinta. – F. E.}

125 Child. Empl. Comm., *III Report*. Lond., 1864, p. 53, n. 15.

126 Id., *v Report*, p. XXII, n. 137.

127 *Sixth Report on Public Health*. Lond., 1864, p. 34.

128 "Ele" (o inquérito de 1861) "[...] mostrou, além disso, que, enquanto nas circunstâncias descritas as crianças pequenas perecem devido à negligência e aos maus-tratos, que são condicionados pelo trabalho de suas mães, as mães perdem, em assustadora dimensão, as emoções naturais em relação a seus rebentos – comumente não se incomodando muito com a morte deles e às vezes até [...] tomando medidas diretas para provocá-la." (Ibid.)

129 Ibid., p. 454.

130 Ibid., pp. 454–62. *Reports by Dr. Henry Julian Hunter on the Excessive Mortality of Infants in Some Rural Districts of England*.

131 Ibid., pp. 35, 455–56.

132 Ibid., p. 456.

133 Assim como nos distritos fabris ingleses, expande-se dia a dia também nos distritos agrícolas o consumo de ópio entre trabalhadores e trabalhadoras adultos. "Promover a venda de opiatos [...] é a grande meta de alguns atacadistas empreendedores. Entre os farmacêuticos, é considerado o artigo de maior saída." (Ibid., p. 459) "Lactantes a que foram dados opiatos atrofiam, tornando-se pequenos anciões", ou "murcham até ficar como pequenos macacos." (Ibid., p. 460) Percebe-se como a Índia e a China se vingam da Inglaterra.

134 Ibid., p. 37.

135 *Reports of Insp. of Fact. for 31st Oct. 1862*, p. 59. Esse inspetor de fábrica tinha sido anteriormente médico.

136 Leonard Horner, in *Reports of Insp. of Fact, for 30th April 1857*, p. 17.

137 Id., in *Reports of Insp. of Fact. for 31st Oct. 1855*, pp. 18–19.

138 Sir John Kincaid, in *Reports of Insp. of Fact. for 31st Oct. 1858*, pp. 31–32.

139 Leonard Horner, in *Reports etc. for 30th April 1857*, pp. 17–18.

140 Sir John Kincaid, [in] *Rep. Insp. Fact. 31st Oct. 1856*, p. 66.

141 A. Redgrave, in *Reports of insp. of Fact. for 31st Oct. 1857*, pp. 41–43. Nos ramos industriais ingleses em que vigora há mais tempo a lei fabril propriamente dita (não o Prints Works Act referido por último no texto), os obstáculos contra as cláusulas educacionais foram um tanto superados nos últimos anos. Nas indústrias não sujeitas à lei fabril, ainda preponderam muito as opiniões do fabricante de vidros J. Geddes, que elucida ao comissário de investigação White: "Pelo que percebo, o maior montante de educação de que parte da classe trabalhadora usufruiu nos últimos anos é um mal. É perigoso porque os torna independentes demais". (Childrens Employment Commission, *IV Report*. London, 1865, p. 253)

142 "O Sr. E., um fabricante, informou-me que emprega exclusivamente mulheres em seus teares mecânicos; ele dá preferência às mulheres casadas, especialmente àquelas com família em casa, que depende delas para se sustentar; são muito mais atentas e dóceis, compelidas a aplicar o máximo de seus esforços para obterem os meios de subsistência de que necessitam. Assim as virtudes, as virtudes peculiares do caráter feminino, são pervertidas para seu próprio prejuízo – assim, tudo o que há de mais honesto e terno em sua natureza é transformado num meio de sua escravização e sofrimento." (*Ten Hours' Factory Bill. The Speech of Lord Ashley, 15th March*. London, 1844, p. 20)

143 "Desde a introdução geral de máquinas caras, a natureza humana tem sido solicitada muito além de sua força média." (Robert Owen, *Observations on the Effects of the Manufacturing System*, 2ª ed. London, 1817 [p. 16])

144 Os ingleses, que gostam de considerar a primeira forma de manifestação empírica de uma coisa como seu motivo, apontam frequentemente o grande roubo de crianças que o capital, como Herodes, levou a cabo em asilos e orfanatos nos primórdios do sistema fabril – e por meio do qual incorporou material humano totalmente desprovido de vontade – como motivo da longa jornada de trabalho nas fábricas. Assim, por exemplo, Fielden, ele mesmo fabricante inglês: "É claro que as longas jornadas de trabalho foram estabelecidas pela circunstância de ter-se recebido um número tão grande de crianças indigentes de diferentes partes do país que os fabricantes se tornaram independentes dos trabalhadores e, uma vez tendo, com o auxílio do mísero material humano dessa forma mobilizado, tornado a longa jornada de trabalho costumeira, puderam impô-la com maior facilidade também a seus vizinhos" (J. Fielden, *The Curse of the Factory System*. Lond., 1836, p. 11). Quanto ao trabalho de mulheres, diz o inspetor de fábricas Saunders no relatório fabril de 1844: "Entre as trabalhadoras, há mulheres que são ocupadas por muitas semanas sucessivas, com exceção de apenas poucos dias, das 6 horas da manhã até a meia-noite, com menos de 2 horas para refeições, de modo que, em 5 dias da semana, das 24 horas do dia só lhes sobram 6 para ir e voltar de suas casas e descansar na cama".

145 "A ocasião [...] para o estrago das delicadas partes móveis do mecanismo metálico pode estar na imobilidade." (Ure, [*The Philosophy of Manufactures*,] op. cit., p. 281)

146 O spinner [fiandeiro] de Manchester mencionado anteriormente (*Times*, 26 nov. 1862 [ver p. 711, nota 23]) enumera entre os custos da maquinaria: "Ela" (ou seja, a dedução pela depreciação da máquina) "tem também o fim de cobrir o prejuízo que constantemente é causado pelo fato de máquinas, antes de estarem depreciadas, serem colocadas fora de uso por outras de construção mais nova e melhor".

147 "Estima-se, em geral, que construir uma única máquina de um novo modelo custará cerca de cinco vezes mais do que a reconstrução do mesmo modelo." (Babbage, [*On the Economy of Machinery*,] op. cit., pp. 211–12)

148 "Há alguns anos, foram realizados aperfeiçoamentos tão significativos e numerosos na fabricação de tule que uma

máquina em bom estado de conservação, cujo custo original havia sido de 1200 libras esterlinas, foi vendida alguns anos depois por 60 libras esterlinas. [...] Os aperfeiçoamentos se sucederam tão rapidamente que máquinas permaneceram inacabadas nas mãos de seus construtores porque, devido a invenções mais afortunadas, já se haviam tornado obsoletas." Nesse período de avanços tempestuosos, os fabricantes de tule logo expandiram, por isso, a jornada anterior de trabalho de 8 horas com turma dupla para 24 horas. (Ibid., p. 233)

149 "É evidente que, com as marés altas e marés baixas dos mercados e com a alternância de expansão e contração da demanda, seguidamente reaparecerão ocasiões em que o fabricante poderá aplicar capital circulante adicional sem empregar capital fixo adicional [...] quando quantidades adicionais de matéria-prima podem ser processadas sem despesas adicionais para construções e maquinaria." (R. Torrens, *On Wages and Combination*. Lond., 1834, p. 64)

150 A circunstância aventada no texto só é aventada para tornar completa a exposição, pois apenas no Livro 3 é que trato da taxa de lucro, isto é, da relação entre mais-valia e capital total adiantado.

151 "*When a labourer*", said Mr. Ashworth, "*lays down his spade, he renders useless, for that period, a capital worth 18 d. When one of our people leaves the mill, he renders useless a capital that has cost 100 000 pounds*." (Senior, *Letters on the Factory Act*. Lond., 1837, p. 14)

152 "O grande peso do capital fixo em relação ao capital circulante [...] torna desejável a longa jornada de trabalho." Com o volume crescente da maquinaria etc., "a motivação para prolongar a jornada de trabalho torna-se mais forte, pois esse é o único meio de tornar lucrativa grande massa de capital fixo". (Ibid., pp. 11–14) "Há diversas despesas numa fábrica que continuam constantes quer a fábrica trabalhe mais ou menos tempo, como aluguel dos edifícios, impostos gerais e locais, seguro contra fogo, salários de vários trabalhadores permanentes, deterioração da maquinaria, além de vários outros encargos cuja proporção para com o lucro diminui à medida que aumenta a produção." (*Reports of the Insp. of Fact. for 31st Oct. 1862*, p. 19)

153 Por que essa contradição imanente não chega à consciência do capitalista individual, portanto tampouco à da Economia Política presa às concepções dele, é o que se verá nas primeiras partes do Livro 3.

154 Um dos grandes méritos de Ricardo é ter entendido a maquinaria não só como um meio de produção de mercadorias, mas também de *redundant population*.

155 F. Biese, *Die Philosophie des Aristoteles*, v. 2. Berlin, 1842, p. 408.

156 Apresento aqui a tradução do poema por Stolberg, porque, do mesmo modo que as citações anteriores sobre a divisão do trabalho, ele caracteriza a antítese entre a visão antiga e a moderna.

Schonet der mahlenden Hand, o Müllerinnen, und schlafet
Sanft! es verkünde der Hahn euch den Morgen umsonst!
Däo hat die Arbeit der Mädchen den Nymphen befohlen,
Und itzt hüpfen sie leicht über die Räder dahin,
Daß die erschütterten Achsen mit ihren Speichen sich wälzen,
Und im Kreise die Last drehen des wälzenden Steins.
Laßt uns leben das Leben der Väter, und laßt uns der Gaben
Arbeitslos uns freun, welche die Göttin uns schenkt.

[*Poupa essa mão moedora, ó moleira, e dorme em paz!*
Que o galo anuncie a manhã em vão.
Deo ordenou às ninfas o trabalho das moças,
E sobre as rodas elas saltam agora,
Que os eixos estremecidos com seus raios rodem
E movam em círculo a carga da pedra giratória.
Deixem-nos viver a vida dos pais e deixem-nos
Gozar sem trabalho a dádiva que a deusa nos deu.]
(Poema traduzido do grego [para o alemão] por Christian, Conde de Stolberg. Hamburg, 1782.)

157 Naturalmente há diferenças na intensidade do trabalho em geral em ramos diversos da produção. Elas se compensam parcialmente, como já mostrou A. Smith, pelas circunstâncias peculiares a cada espécie de trabalho. Mas também aqui a influência do tempo de trabalho como medida de valor ocorre apenas enquanto as grandezas intensiva e extensiva se colocam como expressões opostas e mutuamente excludentes do mesmo *quantum* de trabalho.

158 Isto é, por meio do salário por peça, forma que será desenvolvida na Seção VI.

159 Ver *Reports of Insp. of Fact. for 31st Oct. 1865*.

160 *Reports of Insp. of Fact. for 1844 and the Quarter Ending 30th April 1845*, pp. 20-21.

161 Ibid., p. 19. Como a remuneração por peça permaneceu a mesma, o montante do salário semanal dependia do *quantum* de produto.

162 Ibid., p. 20.

163 Ibid., p. 21. O elemento moral desempenhou papel importante nos experimentos acima. Os trabalhadores contaram ao inspetor de fábrica: "Trabalhamos mais animados, temos sempre ante nós a recompensa de sairmos mais cedo à noite, um espírito ativo e alegre toma conta da fábrica toda, do mais jovem auxiliar até o mais velho trabalhador, e podemos nos ajudar mutuamente muito no trabalho" (ibid.).

164 John Fielden, [*The Curse of the Factory System*,] op. cit., p. 32.

165 Lord Ashley, [*Ten Hours' Factory Bill*,] op. cit., pp. 6-9 ss.

166 *Reports of Insp. of Fact. to 30th April 1845*, p. 20.

167 Ibid., p. 22.

168 *Reports of Insp. of Fact. for 31st Oct. 1862*, p. 62.

169 Isso se modificou com o Parliamentary Return de 1862. Aí aparece a verdadeira potência do cavalo-vapor das modernas máquinas a vapor e rodas-d'água no lugar da nominal (ver nota 109a, p. 753. Também os fusos de torcer já não são misturados com os fusos de fiar propriamente ditos (como nos Returns de 1839, 1850 e 1856); além disso, para os fabricantes de lã, é acrescentado o número de *gigs* [máquinas de cardar]; distingue-se, por um lado, entre as fábricas de juta e de cânhamo e, por outro, as fábricas de linho, e é finalmente incluída no relatório, pela primeira vez, a confecção de meias.

170 *Reports of Insp. of Fact. for 31st Oct. 1856*, pp. 14-20.

171 Ibid., pp. 14-15.

172 Ibid., p. 20.

173 *Reports etc. for 31st Oct. 1858*, p. 10. Confrontar com *Reports etc. for 30th April 1860*, p. 30 ss.

174 *Reports of Insp. of Fact. for 31st Oct. 1862*, pp. 100, 103, 129, 130.

175 Com o moderno tear a vapor, um tecelão fabrica agora, em 60 horas por semana e com 2 teares, 26 peças de certa espécie e de determinado comprimento e largura, das quais ele só podia fazer 4 no antigo tear a vapor. Os custos de tecer tal peça, já

no início dos anos de 1850, haviam caído de 2 xelins e 9 pence para 5⅛ pence.

Acréscimo à 2ª edição: "Há 30 anos" (1841) "exigia-se de um fiandeiro de algodão com 3 assistentes que cuidasse apenas de um par de *mules* com de 300 a 324 fusos. Hoje" (final de 1871) "com 5 assistentes, ele tem de cuidar de *mules* cujo número de fusos é de 2 200 e produz não menos que sete vezes mais fio do que em 1841". (Alexander Redgrave, inspetor de fábrica, in *Journal of the Soc. of Arts*, 5 jan. 1872)

176 *Reports of Insp. of Fact. for 31st Oct. 1861*, pp. 25-26.

177 A agitação das 8 horas começou agora (1867) em Lancashire, entre os trabalhadores de fábrica.

178 Os poucos números seguintes mostram o progresso das *factories* propriamente ditas, no Reino Unido, desde 1848: **[ver tabela p. 830]**

Em Lancashire, de 1839 a 1850, as fábricas aumentaram em apenas 4%; entre 1850 e 1856, 19%; entre 1856 e 1862, 33%, enquanto em ambos os períodos de onze anos o número de pessoas ocupadas aumentou de modo absoluto, mas diminuiu relativamente. Cf. *Reports of Insp. of Fact for 31st Oct 1862*, p. 63. Em Lancashire predomina a indústria algodoeira. Pode-se depreender, no entanto, o espaço proporcional que ela ocupa, em geral, na fabricação de fio e tecido, considerando que representa 45,2% de todas as fábricas dessa espécie na Inglaterra, no País de Gales, na Escócia e na Irlanda, 83,3% de todos os fusos, 81,4% de todos os teares a vapor, 72,6% de todos os cavalos-vapor que movem essa indústria e 58,2% do número total das pessoas ocupadas. (Ibid., pp. 62-63)

179 Ure, [*The Philosophy of Manufactures*,] op. cit., p. 18.

180 Ibid., p. 20. Comparar com *Misère etc.* [*Miséria da filosofia*], de K. Marx, pp. 140-41.

181 É característico da intenção de engodo estatístico, que, aliás, poderia ser ainda detalhadamente comprovada em outros casos, quando a legislação fabril inglesa exclui expressamente de seu âmbito de aplicação os trabalhadores aventados por último no texto como não-trabalhadores fabris, enquanto, por outro lado, os Returns publicados pelo Parlamento incluem tão expressamente não só engenheiros, mecânicos etc., mas também dirigentes de fábrica, vendedores, mensageiros, supervisores de estoques, empacotadores etc., em suma, todas as pessoas exceto o próprio proprietário da fábrica, na categoria de trabalhadores fabris.

182 Ure reconhece isso. Ele diz que, "em caso de necessidade, os trabalhadores podem ser deslocados de uma máquina para outra conforme a vontade do administrador" e exclama, triunfante: "Tal mudança está em aberta contradição com a velha rotina, que divide o trabalho e que atribui a um trabalhador a tarefa de acabar a cabeça de um alfinete e a outro a de afiar a ponta". Ele deveria, antes, ter-se perguntado por que essa "velha rotina" na fábrica automática só é abandonada "em caso de necessidade".

183 Em períodos de grande necessidade, como durante a Guerra Civil Americana, o trabalhador de fábrica é, excepcionalmente, usado pelo burguês para os trabalhos mais rudes, como construção de estradas etc. Os *ateliers nationaux* ingleses de 1862 e anos seguintes, destinados aos trabalhadores algodoeiros desempregados, diferenciavam-se dos franceses de 1848 porque nestes o trabalhador tinha de executar, à custa do Estado, tarefas improdutivas, ao passo que naqueles tinha de fazer trabalhos produtivos urbanos para o benefício da burguesia, a salários menores do que os dos trabalhadores regulares, com os quais ele foi, assim, colocado em competição. "A aparência física dos trabalhadores algodoeiros melhorou indubitavelmente. Atribuo isso [...] quanto aos homens, ao trabalho ao ar livre em obras públicas". (Trata-se aqui dos trabalhadores das fábricas de Preston, que foram empregados no "Preston Moor".) (*Rep. of Insp. of Fact. Oct. 1863*, p. 59)

184 Exemplo: os diversos aparelhos mecânicos que foram, desde a lei de 1844, introduzidos na fabricação de lã como substitutos do trabalho infantil. Assim que os próprios filhos dos senhores fabricantes tiverem de fazer a "sua escola" como ajudantes de fábrica, esse setor da Mecânica ainda quase inexplorado há de experimentar logo notável impulso. "As *self-acting mules* talvez sejam máquinas tão perigosas quanto as de qualquer outra espécie. A maioria dos acidentes ocorre com crianças pequenas, por engatinharem por baixo das *mules* a fim de varrer o assoalho enquanto as *mules* estão em movimento. Diversos *minders* (trabalhadores das mules) foram processados judicialmente (pelos inspetores de fábrica) e condenados a penas pecuniárias por causa desse procedimento, mas sem nenhum benefício geral. Se os fabricantes de máquinas ao menos inventassem um varredor automático, cujo uso eliminasse a necessidade de essas crianças pequenas engatinharem por baixo da maquinaria, essa seria uma feliz adição a nossas medidas preventivas." (*Reports of Insp. of Factories for 31st October 1866*, p. 63)

185 Reconheça-se o mérito da fabulosa ideia de Proudhon, que "constrói" a maquinaria não como síntese de meios de trabalho, mas como ¦ 116 síntese de trabalhos parciais para os próprios trabalhadores ¦.

186 F. Engels, *Lage etc.* [*A situação da classe trabalhadora na Inglaterra*], [op. cit.,] pp. 217 ss. Mesmo um livre-cambista bem ordinário e otimista, o Sr. Molinari, observa: "Um homem se desgasta mais rapidamente vigiando a movimentação uniforme de um mecanismo durante quinze horas por dia do que exercendo sua própria força física no mesmo espaço de tempo. Esse trabalho de vigilância, que talvez pudesse servir como uma ginástica útil para a mente se não fosse prolongado por muito tempo, destrói a longo prazo, por seu excesso, tanto a mente como o próprio corpo". (G. de Molinari, *Études économiques*. Paris, 1846 [p. 49])

187 F. Engels, [*Die Lage der arbeitenden Klasse in England*,] op. cit., p. 216.

188 "*The factory operatives should keep in wholesome remembrance the fact that their is really a low species of skilled labour; and that there is none which is more easily acquired or of its quality more amply remunerated, or which, by a short training of the least expert can be more quickly as well as abundantly acquired.* [...] *The masters machinery really plays a far more important part in the business of production than the labour and the skill of the operative, which six months' education can teach, and a common labourer can learn*" (*The Master Spinners' and Manufacturers' Defence Fund. Report of the Committee*. Manchester, 1854, p. 17). Mais tarde se verá que o *master* assobia outra melodia quando ameaçado com a perda de seus autômatos "vivos".

189 Ure, [*The Philosophy of Manufactures*,] op. cit., p. 15. Quem conhece a biografia de Arkwright nunca lançará a palavra "nobre" sobre a cabeça desse genial barbeiro. De todos os grandes inventores do século XVIII, era ele indubitavelmente o maior ladrão de invenções alheias e o sujeito mais ordinário.

190 "A escravidão em que a burguesia mantém preso o proletariado não aparece em nenhum lugar mais nitidamente à luz do dia do que no sistema fabril. Aí cessa toda liberdade de direito e de fato. O trabalhador tem de estar às 5½ horas da manhã na fábrica; caso chegue tarde alguns minutos, é punido; caso chegue 10 minutos atrasado, não pode nem entrar até depois do café da manhã e perde um quarto de dia do salário. Ele tem de comer, beber e dormir sob comando [...]. O sino despótico arranca-o da cama, do desjejum e do almoço. E o que acontece, afinal, na fábrica? Aí, o fabricante é legislador absoluto. Baixa regulamentos fabris conforme lhe apetece; modifica seu código e lhe faz os acréscimos que o agradam; e, ainda que insira a coisa mais extravagante, os tribunais dizem ao trabalhador: Já que os senhores, por livre e espontânea vontade, aderiram a esse contrato, agora também têm de cumpri-lo. [...] Esses trabalhadores estão condenados, de seu nono ano de vida até a morte, a viverem sob essa férula espiritual e corpórea." (F. Engels, [*Die Lage der arbeitenden Klasse in England*,] op. cit., pp. 217 ss.) Quero esclarecer com dois exemplos o que "dizem os tribunais". Um dos casos ocorreu em Shefield, ao final de 1866. Lá um trabalhador se tinha alugado por 2 anos a uma fábrica metalúrgica. Por causa de uma divergência com o fabricante, deixou a fábrica e declarou que em nenhuma circunstância trabalharia mais para ele. Foi processado por quebra de contrato e condenado a dois meses de prisão. (Se o fabricante rompe o contrato, ele só pode ser acusado *civiliter* [civilmente] e só arrisca uma pena pecuniária.) Depois de cumprir os dois meses, o mesmo fabricante o intima, de acordo com o antigo contrato, a voltar à fábrica. O trabalhador declara: Não. Pela quebra de contrato ele já pagou. O fabricante o processa de novo, o tribunal o condena novamente, embora um dos juízes, Mr. Shee, denuncie isso publicamente como uma monstruosidade jurídica, pela qual um homem poderia ser punido periodicamente sempre de novo durante toda sua vida pela mesma falta ou delito. Esse julgamento não foi proferido pelos Great Unpaid [ver nota 157, p. 730], Dogberries provincianos, mas em Londres, por uma das mais altas cortes de justiça. {Acréscimo à 4ª edição: Agora isso está abolido. Com raras exceções – por exemplo, em empresas públicas de gás – agora, na Inglaterra, o trabalhador, em caso de rompimento de contrato, está equiparado ao empregador e só pode ser processado civilmente. – F. E.} O segundo caso transcorre em Wiltshire, ao final de novembro de 1863. Cerca de 30 operadoras de tear a vapor, empregadas por um certo Harrup, fabricante de pano em Leower's Mill, Westbury Leigh, fizeram uma *strike* porque esse mesmo Harrup tinha o agradável hábito de lhes descontar do salário, por atrasos na hora de entrada: 6 pence para 2 minutos, 1 xelim para 3 minutos e 1 xelim e 6 pence para 10 minutos. Isso soma, a 9 xelins por hora, 4 libras esterlinas e 10 xelins por dia, enquanto o salário médio anual delas nunca era maior do que 10 a 12 xelins por semana. Harrup encarregou igualmente um garoto para fazer soar o apito da fábrica, o que ele às vezes faz mesmo antes das 6 horas da manhã e, se os braços já não estão por acaso aí, assim que acaba, os portões são fechados e quem está fora é punido pecuniariamente; como não há relógio no local, os infelizes braços estão sob o poder do jovem guardião do tempo inspirado por Harrup. Os braços envolvidos na *strike*, mães de família e moças, declararam que voltariam ao trabalho se o guardião do tempo fosse substituído por um relógio e se uma escala mais racional de multas fosse estabelecida. Harrup denunciou aos magistrados 19 mulheres e moças por rompimento de contrato. Elas foram condenadas a pagar, cada uma, 6 pence de multa e 2 xelins e 6 pence de custas, sob ruidosa indignação do auditório. Harrup saiu do tribunal seguido por uma massa popular que o vaiava. – Um golpe predileto dos fabricantes é punir os trabalhadores com descontos salariais por falhas do material que lhes é fornecido. Esse método provocou, em 1866, uma *strike* geral nos distritos cerâmicos ingleses. Os relatórios da Ch. Employm. Commiss. (1863–66) apresentam casos em que o trabalhador, em vez de receber salário por seu trabalho, torna-se, ainda por cima, por meio do regulamento de penalidades, devedor do seu augusto *master*. Traços edificantes da sagacidade dos autocratas fabris quanto aos descontos salariais também foram expostos na mais recente crise algodoeira. "Eu mesmo", afirma R. Baker, inspetor de fábrica, "há pouco, tive de iniciar uma ação judicial contra um fabricante de algodão por ele ter, nestes tempos duros e difíceis, descontado 10 pence de alguns dos trabalhadores jovens" (de mais de 13 anos) "que emprega, pelo certificado médico, que só lhe custa 6 pence, pelo qual a lei só lhe faculta descontar 3 pence e a tradição não faculta nenhum desconto. [...] Outro fabricante, para alcançar o mesmo objetivo sem conflito com a lei, onera com um xelim cada uma das pobres crianças que trabalham para ele como taxa pelo aprendizado da arte e do mistério do fiar, assim que o certificado médico as declare maduras para essa atividade. Há portanto correntes subterrâneas que é preciso conhecer para compreender fenômenos tão extraordinários como *strikes* em tempos tais como o presente". (Trata-se de uma *strike* na fábrica de Darven, em junho de 1863, entre os tecelões de máquina) (*Reports of Insp. of Fact. for 30th April 1863*, pp. 50–51). (Os relatórios de fábrica vão sempre além de sua data oficial.)

190a As leis de proteção contra maquinaria perigosa tiveram efeito benéfico. "Mas [...] há outras fontes de acidentes que não existiam há 20 anos; uma especialmente: a maior velocidade das máquinas. Rodas, cilindros, fusos e teares são, agora, impulsionados com força maior e em constante aumento; os dedos precisam pegar o fio quebrado com mais rapidez e segurança porque, se colocados com hesitação ou descuido, são sacrificados. [...] Grande número de acidentes é causado pela ansiedade dos trabalhadores em executar rapidamente seu serviço. É preciso recordar que é da maior importância para os fabricantes que sua maquinaria esteja ininterruptamente em movimento, isto é, produzindo fios e tecidos. Cada minuto de parada não é apenas uma perda de força motriz, mas de produção. Os trabalhadores são urgidos pelos supervisores, que estão interessados na quantidade da produção, para manterem a maquinaria em movimento; e isso não é menos importante para os trabalhadores, que são pagos por peso ou por peça. Em consequência, embora seja formalmente proibido, na maioria das fábricas, que a maquinaria seja limpa enquanto em movimento, essa prática é geral. Só essa causa produziu 906 acidentes durante os 6 últimos meses. [...] Embora a tarefa de limpeza esteja sendo feita dia a dia, sábado é geralmente o dia reservado para a limpeza completa da maquinaria, e a maior parte é feita enquanto ela está em movimento. [...] É uma operação não paga, e os trabalhadores procuram, portanto, acabá-la o mais rápido possível. Por isso, o número de acidentes que ocorrem às sextas-feiras e especialmente aos sábados é muito maior do que nos demais dias da semana. Às sextas o excedente é cerca de 12% acima do número médio dos 4 primeiros dias da semana, sábado o excedente de acidentes é de 25% acima do número médio dos 5 dias anteriores; caso se leve em conta que o número de horas de trabalho aos sábados é de somente 7½ horas e de 10½ horas nos outros dias da semana, o excedente sobe a mais de 65%." (*Reports of Insp. of Factories for etc. 31st Oct. 1866*. London, 1867, pp. 9, 15, 16 e 17)

191 Na Seção I do Livro 3 tratarei de uma recente campanha dos fabricantes ingleses contra as cláusulas da lei fabril destinada à proteção dos membros dos "braços" contra maquinaria que ofereça perigo de vida. Aqui basta uma citação de um relatório oficial do inspetor de fábrica Leonard Horner: "Ouvi fabricantes falando com inescusável frivolidade de alguns dos acidentes, por exemplo que a perda de um dedo seria uma coisa de nada. A vida e as perspectivas de um trabalhador dependem tanto de seus dedos que tal perda é algo extremamente sério para ele. Quando ouço tal palavrório irrefletido, coloco a questão: suponhamos que o senhor precise de mais um trabalhador e dois se candidatassem, ambos igualmente bem qualificados em outros aspectos, mas um tendo perdido um polegar ou indicador, qual dos dois o senhor escolheria? Eles nunca hesitavam um instante em se decidir pelo que tivesse todos os dedos. [...] Esses senhores fabricantes têm preconceitos errôneos contra o que chamam de legislação pseudofilantrópica" (*Reports of Insp. of Fact. for 31st Oct.* [pp. 6–7]). Esses senhores são "gente sagaz", não foi gratuitamente que se entusiasmaram com a rebelião dos escravocratas.

192 Nas fábricas que estiveram sujeitas por mais tempo à lei fabril, com suas limitações forçadas à jornada de trabalho e seus outros regulamentos, alguns dos antigos abusos desapareceram. A melhoria da própria maquinaria requer, em algum momento, uma "melhor construção dos edifícios fabris" que beneficie os trabalhadores. (Cf. *Reports etc. for 31st Oct. 1863*, p. 109)

193 Ver, entre outros, John Houghton, *Husbandry and Trade Improved*. Lond., 1727. [Vários autores,] *The Advantages of the East-India Trade* [*to England*], 1720. John Bellers, [*Proposals for Raising a Colledge of Industry*,] op. cit. "Os patrões e os trabalhadores estão, infelizmente, em perpétua guerra entre si. Aqueles têm o invariável objetivo de obter seu trabalho tão barato quanto possível; e eles não hesitam em usar nenhum artifício para esse propósito, enquanto os últimos estão igualmente atentos para forçar seus patrões, em qualquer ocasião, a atender às suas reivindicações mais elevadas." *An Inquiry into the Causes of the Present High Prices of Provisions*, 1767, pp. 61–62. (Aut. Rev. Nathaniel Forster, totalmente do lado dos trabalhadores.)

194 O tear de fitas foi inventado na Alemanha. O abade italiano Lancellotti conta, num texto publicado em Veneza no ano de 1636: "Anton Müller, de Danzigue, viu, há cerca de 50 anos" (escrevia L. em 1629) "uma máquina muito engenhosa, que fabricava de 4 a 6 tecidos ao mesmo tempo; mas, como o Conselho Municipal receava que essa invenção transformasse uma porção de trabalhadores em mendigos, suprimiu o emprego da invenção e mandou secretamente estrangular ou afogar o inventor". Em Leiden, a mesma máquina foi empregada pela primeira vez em 1629. As revoltas dos tecelões de galões obrigaram inicialmente os magistrados a proibi-la; mediante diversas ordenações, de 1623, 1639 etc., por parte dos Estados Gerais, seu uso devia ser limitado; finalmente ela foi permitida, sob certas condições, mediante uma ordenação de 15 de dezembro de 1661. "Nessa cidade", diz Boxhorn (*Inst. Pol.*, 1663) sobre a introdução do tear de fitas em Leiden, "certas pessoas inventaram há cerca de vinte anos um instrumento para tecer com o qual um indivíduo podia produzir mais tecido e com maior facilidade do que, de outro modo, várias pessoas em tempo igual. Isso levou a distúrbios e a queixas dos tecelões, até que o uso desse instrumento foi proibido pelo magistrado etc." Essa mesma máquina foi proibida em Colônia em 1676, enquanto sua introdução na Inglaterra provocou na mesma época agitações entre os trabalhadores. Por meio de um édito imperial de 19 de fevereiro de 1685, seu uso foi proibido em toda a Alemanha. Em Hamburgo, ela foi queimada publicamente por ordem do magistrado. Carlos VI renovou a 9 de fevereiro de 1719 o édito de 1685, e o eleitorado da Saxônia só permitiu seu uso em 1765. Essa máquina, que causou tanta barulheira no mundo, era efetivamente a precursora das máquinas de fiar e tecer, portanto da Revolução Industrial do século XVIII. Ela capacitava um jovem sem nenhuma experiência em tecelagem a pôr em movimento, empurrando e puxando uma barra acionadora, o tear inteiro, com todas as suas lançadeiras, e produzia, em sua forma aperfeiçoada, 40-50 peças de uma só vez. [Marx cita o trabalho de Secondo Lancellotti, *L'Hoggidi. Overo gl'ingegni non inferiori a'passati*, de acordo com Johann Beckmann, *Beyträge zur Geschichte der Erfindungen*, v. 1. Leipzig, 1786, pp. 125-32. As informações adicionais da nota 194 também são retiradas desse livro. – N. E. A.]

195 Em manufaturas antiquadas, ainda hoje às vezes se repete a forma primitiva de indignação dos trabalhadores contra a maquinaria. Assim, por exemplo, em Sheffield, em 1865, entre os afiadores de limas.

196 Sir James Steuart também capta o efeito da maquinaria nesse sentido. "Considero, portanto, as máquinas como meio de aumentar (conforme sua eficácia) o número de pessoas ativas, sem que se seja obrigado a alimentar seu acréscimo. [...] Em que difere o efeito de uma máquina do de novos habitantes?" (Trad. francesa, t. I, l. I, cap. XIX). Petty, bem mais ingênuo, diz que ela substitui a "poligamia". Esse ponto de vista é adequado, no máximo, para algumas partes dos Estados Unidos. Pelo contrário: "Raramente a maquinaria pode ser usada com sucesso para abreviar o trabalho de um indivíduo; mais tempo seria perdido em sua construção do que se poderia poupar com sua utilização. Ela só é realmente útil quando opera em larga escala, quando uma única máquina pode suportar o trabalho de milhares. Por isso, a maquinaria é utilizada ao máximo nos países mais densamente povoados, onde há mais desempregados. [...] Ela não é utilizada devido à escassez de trabalhadores, mas pela facilidade com que podem ser levados a trabalhar em massa". (Piercy Ravenstone, *Thoughts on the Funding System and its Effects*. Lond., 1824, p. 45)

196a {À 4ª edição: isso vale também para a Alemanha. Onde existe entre nós a agricultura extensiva, portanto notadamente no leste, ela só se tornou possível por meio da Bauernlegen [expropriação das terras de camponeses], praticada desde o século XVI, mas particularmente desde 1648. – F. E.}

197 "Maquinaria e trabalho estão em constante competição." (Ricardo, [*On the Principles of Political Economy, and Taxation*,] op. cit., p. 479)

198 A concorrência entre tecelagem à mão e tecelagem à máquina foi prolongada na Inglaterra antes da introdução da Lei dos Pobres de 1834 porque se complementavam com subsídios paroquiais os salários, então muito abaixo do mínimo. "O Reverendo Mr. Turner era, em 1827, pároco de Wilmslow em Cheshire, um distrito industrial. As perguntas do Comitê de Emigração e as respostas de Mr. Turner mostram como é mantida a competição do trabalho manual com a maquinaria. Pergunta: 'Será que o uso do tear mecânico não suprimiu o uso do tear manual?'. Resposta: 'Sem dúvida; inclusive o teria suprimido muito mais se os tecelões manuais não tivessem sido colocados na situação de se submeterem a uma redução de salários'. Pergunta: 'Mas o tecelão manual contentou-se, mediante essa submissão, com um salário que é insuficiente para seu sustento vital e solicita subsídio paroquial para o resto de seu sustento vital?'. Resposta: 'Sim, e, de fato, a competição entre o tear manual e o mecânico é mantida pela assistência aos pobres'. Esse pauperismo degradante ou a emigração são a vantagem que a introdução da maquinaria trouxe aos trabalhadores; eles foram rebaixados de artesãos respeitáveis e em certo grau independentes a miseráveis rastejantes que comem o pão degradante da caridade. A isso é que se chama uma inconveniência temporária." (*A Prize Essay on the Comparative Merits of Competition and Co-operation*. Lond., 1834, p. 29)

199 "A mesma causa que pode aumentar a *revenue* líquida do país" (isto é, como Ricardo explica na mesma passagem, *the revenues of landlords and capitalists* [as rendas de senhores de terras e capitalistas] cuja *wealth* [riqueza] considerada do ponto de vista econômico é, em geral = *Wealth of the Nation* [riqueza da nação]) "pode, ao mesmo tempo, gerar uma população excedente e piorar a situação do trabalhador." (Ricardo, [*On the Principles of Political Economy, and Taxation*,] op. cit., p. 469)
"O objetivo constante e a tendência de cada aperfeiçoamento do mecanismo é, de fato, eliminar completamente o trabalho do ser humano ou diminuir seu preço por meio da substituição do trabalho de homens adultos pelo de mulheres e de crianças ou o de trabalhadores qualificados pelo de não qualificados." (Ure [*The Philosophy of Manufactures*, op. cit., p. 23])

200 *Reports of Insp. of Fact. 31st Oct. 1858*, p. 43.

201 *Reports etc. 31st Oct. 1856*, p. 15.

202 Ure, [*The Philosophy of Manufactures*,] op. cit., p. 19. "A grande vantagem da maquinaria utilizada para queimar tijolos consiste em tornar o empregador inteiramente independente de trabalhadores qualificados." (Ch. Empl. Comm., *V Report*. Lond. 1866, p. 130, n. 46)

Acréscimo à 2ª edição: O Sr. A. Sturrock, superintendente do departamento de máquinas da Great Northern Railway, diz, referindo-se à construção de máquinas (locomotivas etc.): "Trabalhadores ingleses caros (*expensive*) são a cada dia menos necessários. A produção está sendo incrementada mediante o uso de instrumentos aperfeiçoados, e esses instrumentos, por sua vez, são manejados por uma classe baixa de trabalho (*a low class of labour*). [...] Antes, o trabalho qualificado produzia necessariamente todas as partes da máquina a vapor. Agora, as mesmas partes são produzidas por trabalho menos qualificado, mas com bons instrumentos. [...] Por instrumentos entendo máquinas utilizadas na construção de máquinas". (Royal Commission on Railways. *Minutes of Evidence*, n. 17862 e 17863. London, 1867)

203 Ure, [*The Philosophy of Manufactures*,] op. cit., p. 20.

204 Ibid., p. 321.

205 Ibid., p. 23.

206 *Reports of Insp. of Fact. 31st Oct. 1863*, pp. 108 ss.

207 Ibid., p. 109. O rápido aperfeiçoamento da maquinaria durante a crise do algodão permitiu aos fabricantes ingleses, logo depois do término da Guerra Civil Americana, abarrotar novamente o mercado mundial num piscar de olhos. Os tecidos, já durante os últimos 6 meses de 1866, tornaram-se quase invendáveis. Com isso, começou a consignação das mercadorias para a China e a Índia, o que naturalmente tornou ainda mais intensiva a *glut* [superabundância]. No começo de 1867, os fabricantes recorreram a seu habitual expediente, redução dos salários em 5%. Os trabalhadores se opuse ram e declararam, de modo absolutamente correto no plano teórico, que o único remédio seria trabalhar menos tempo, 4 dias por semana. Depois de espernearem bastante, os autonomeados capitães da indústria tiveram de se decidir a aceitar, com a redução de salários de 5% em alguns lugares, sem ela em outros.

208 "A relação entre patrões e trabalhadores nas fábricas de cristais e garrafas de vidro soprado é uma *strike* crônica!" Daí o impulso da manufatura de vidro prensado, em que as operações principais são realizadas por meio de maquinaria. Uma firma de Newcastle, que antes produzia anualmente 350 000 libras de cristal soprado, produz agora, em vez disso, 3 000 500 libras de vidro prensado." (Ch. Empl. Comm, IV *Rep.*, 1865, pp. 262–63)

209 Gaskell, *The Manufacturing Population of England*. Lond., 1833, pp. 11–12.

210 Algumas aplicações muito significativas de máquinas para a construção de máquinas foram inventadas pelo Sr. Fairbairn em decorrência de *strikes* em sua própria fábrica de máquinas.

211 Ure, [*The Philosophy of Manufactures*,] op. cit., pp. 367–70.

212 Ibid., pp. 368, 7, 370, 280, 321, 281, 475.

213 Inicialmente, Ricardo compartilhava desse ponto de vista, mas retratou-se expressamente, mais tarde, com sua característica imparcialidade científica e seu amor à verdade. Ver [*On the Principles of Political Economy, and Taxation*,] op. cit., cap. XXXI, "On Machinery".

214 *NB*, dou o exemplo totalmente de acordo com os economistas acima citados.

215 Um ricardiano observa, quanto a isso, contra as sensaborias de J.-B. Say: "Com divisão de trabalho desenvolvida, a qualificação do trabalhador só é aplicável no ramo particular em que ela foi adquirida: eles mesmos são uma espécie de máquina. Por isso, não adianta em absoluto palrar, como um papagaio, que as coisas têm tendência a encontrar seu nível. Precisamos olhar ao nosso derredor e ver que não podem, por longo tempo, encontrar seu nível; e, quando o encontram, o nível está mais baixo do que no começo do processo". (*An Inquiry into those Principles Respecting the Nature of Demand etc.* Lond., 1821, p. 72)

216 Um virtuose desse desmesurado cretinismo é, entre outros, McCulloch. "Se é vantajoso", diz ele com a ingenuidade afetada de uma criança de 8 anos, "desenvolver mais e mais a habilidade do trabalhador, de modo que ele seja capaz de produzir uma quantidade sempre crescente de mercadorias com a mesma ou menor quantidade de trabalho, então deve ser também vantajoso que recorra ao auxílio da maquinaria que lhe sirva de modo mais eficaz para atingir esse resultado." (McCulloch, *Princ. of Pol. Econ.* Lond., 1830, p. 182)

216a "O inventor da máquina de fiar arruinou a Índia, o que efetivamente pouco nos importa." (A. Thiers, *De la propriété* [p. 275]. O Sr. Thiers confunde aí a máquina de fiar com o tear mecânico, "o que efetivamente pouco nos importa".

217 Segundo o censo de 1861 (v. II, Lond., 1863), o número de trabalhadores empregados nas minas de carvão da Inglaterra e do País de Gales era de 246 613, dos quais 73 546 com menos de 20 anos de idade e 173 067 com mais de 20 anos. À primeira rubrica pertencem 835 com cinco a dez anos de idade, 30 701 com dez a quinze anos, 42 010 com quinze a dezenove anos. O número de ocupados em minas de ferro, cobre, chumbo, zinco e todos os outros metais: 319 222.

218 Na Inglaterra e no País de Gales, em 1861, estavam ocupadas na produção de maquinaria: 60 807 pessoas, incluídos os fabricantes com seus caixeiros etc., isto é, todos os agentes e pessoas do comércio nesse setor. Excluídos, no entanto, os produtores de máquinas menores, como máquinas de costura etc., bem como os produtores de ferramentas para as máquinas de trabalho, como fusos etc. O número de engenheiros civis atingia 3329.

219 Como o ferro é uma das principais matérias-primas, registre-se aqui que, em 1861, na Inglaterra e no País de Gales, havia 125771 fundidores de ferro, dos quais 123430 do sexo masculino e 2341 do sexo feminino. Daqueles, 30810 com menos de 20 anos de idade e 92620 com mais de 20 anos.

220 "Uma família de 4 pessoas adultas (tecelões de algodão), com 2 crianças como *winders*, [enroladoras de fio] ganhava, no final do século passado e início do atual, 4 libras esterlinas por semana para uma jornada de trabalho de 10 horas; sendo o trabalho muito urgente, podiam ganhar mais. [...] Antes disso, sempre haviam sofrido devido a um suprimento deficiente de fio." (Gaskell, [*The Manufacturing Population of England*,] op. cit., pp. 34-35)

221 F. Engels, em *Lage etc.* [*A situação da classe trabalhadora na Inglaterra*], demonstra a situação deplorável exatamente de grande parte desses trabalhadores do luxo. Maciços dados novos quanto a isso nos relatórios da Child. Empl. Comm.

222 Em 1861, na Inglaterra e no País de Gales, havia 94665 marinheiros empregados na marinha mercante.

223 Das quais só 177596 do sexo masculino com mais de 13 anos.

224 Destas, 30501 do sexo feminino.

225 Destas, 137447 do sexo masculino. Excluído dos 1208648 todo pessoal que não presta serviços em residências particulares.

Acréscimo à 2ª edição: De 1861 a 1870, o número de serviçais masculinos quase dobrou. Aumentou para 267671. Em 1847, havia 2694 guardas-florestais (para as reservas de caça dos aristocratas); em 1869, no entanto, havia 4921. – As moças que trabalhavam como empregadas nas casas dos pequenos burgueses londrinos eram chamadas, na linguagem popular, de *little slaveys*, pequenas escravas.

226 Ganilh considera, no entanto, como resultado último da produção mecanizada, um número absolutamente reduzido de escravos do trabalho, à custa dos quais se nutre um número maior de *gens honnêtes* [pessoas honestas] e desenvolve sua conhecida *perfectibilité perfectible* [perfectibilidade perfectível] ¦ 127 ¦. Por pouco que ele entenda o movimento da produção, ao menos sente que a maquinaria é uma instituição extremamente fatal quando sua introdução transforma trabalhadores ocupados em *paupers*, quando seu desenvolvimento gera mais escravos do trabalho do que ela liquida. O cretinismo de seu ponto de vista só se pode expressar por meio de suas próprias palavras: "As classes condenadas a produzir e a consumir diminuem e as classes que dirigem o trabalho, as que aliviam, consolam e esclarecem toda a população, se multiplicam [...] e se apropriam de todos os benefícios que resultam da diminuição dos custos do trabalho, da abundância dos produtos e dos baixos preços dos bens de consumo. Sob essa direção a espécie humana se eleva às mais altas criações do gênio, penetra nas profundezas misteriosas da religião, estabelece os salutares fundamentos da moral" (que consiste em "apropriar-se de todos os benefícios" etc.), "as leis tuteladoras da liberdade" (a liberdade para as "classes condenadas a produzir"?) "e do poder, da obediência e da justiça, do dever e da humanidade". Esse palavrório está em *Des systèmes d'économie politique etc.*, por M. Ch. Ganilh, 2ª ed. Paris, 1821, t. I, p. 224, cf. ibid., p. 212.

227 *Reports of Insp. of Fact. 31st Oct. 1865*, pp. 58 ss. Mas, ao mesmo tempo, já havia também a base material para a ocupação de um número crescente de trabalhadores em 110 novas fábricas com 11 625 teares a vapor, 628 576 fusos, 2 695 cavalos-vapor em força de vapor e força hidráulica. (Ibid.)

228 *Reports etc. for 31st Oct. 1862*, p. 79.

Acréscimo à 2ª edição: Ao final de dezembro de 1871, dizia o inspetor de fábrica A. Redgrave, numa conferência proferida em Bradford, na New Mechanics' Institution: "O que me tem chocado, há algum tempo, é a aparência alterada das fábricas de lã. Antes elas estavam lotadas de mulheres e crianças, agora a maquinaria parece fazer todo o trabalho. Questionado, um fabricante deu-me a seguinte explicação: 'No sistema antigo, eu empregava 63 pessoas; depois da introdução de maquinaria aperfeiçoada, reduzi meus braços a 33 e, recentemente, em consequência de novas e extensas alterações, fui capaz de reduzi-los de 33 a 13'".

229 *Reports etc. for 31st Oct. 1856*, p. 16.

230"Os sofrimentos dos tecelões manuais" (de algodão e de materiais misturados com algodão) "foram objeto de inquérito de uma Comissão Real, mas, embora a miséria deles fosse reconhecida e lamentada, a melhoria (!) de sua situação foi deixada às chances e mudanças do tempo, podendo esperar-se agora" (20 anos depois!) "que esses sofrimentos quase (*nearly*) tenham desaparecido, para o que a grande expansão do tear a vapor com toda probabilidade contribuiu." (*Rep. Insp. Fact. 31st Oct. 1856*, p. 15)

231 Outros métodos mediante os quais a maquinaria afeta a produção da matéria-prima serão mencionados no Livro 3.

232 **[ver tabela p. 831]**

233 **[ver tabela p. 831]**

234 O desenvolvimento econômico dos Estados Unidos é, ele mesmo, um produto da grande indústria europeia, ou melhor, inglesa. Em sua atual configuração (1866), precisam ser ainda considerados uma colônia da Europa. {Acréscimo à 4ª edição: De lá para cá, transformaram-se no segundo país mais industrializado do mundo, sem ter, com isso, perdido completamente seu caráter colonial. – F. E.} **[ver tabela p. 831]**

235 Numa proclamação dos trabalhadores, postos na rua pelos fabricantes de calçados de Leicester por meio de um *lock out*, às Trade Societies of England em julho de 1866, é dito, entre outras coisas: "Há cerca de 20 anos a fabricação de calçados de Leicester foi revolucionada por meio da introdução do rebitamento no lugar da costura. Naquela época, era possível receber bons salários. Logo esse novo negócio se expandiu muito. Verificou-se grande competição entre as diversas firmas com o intuito de apresentar os artigos mais elegantes. Pouco depois, no entanto, surgiu uma espécie pior de competição, ou seja, a de cada um vender no mercado a preço mais baixo do que o outro. As funestas consequências disso logo se manifestaram pela redução de salário, e a queda do preço do trabalho foi tão impetuosamente rápida que muitas firmas só pagam metade do salário original agora. E, mesmo assim, apesar de os salários caírem mais e mais, os lucros parecem crescer com cada alteração na escala dos salários". – Mesmo períodos desfavoráveis da indústria são aproveitados pelos fabricantes para conseguirem lucros extraordinários mediante redução exagerada do salário, isto é, roubo direto dos meios de subsistência mais necessários ao trabalhador. Um exemplo. Trata-se da crise na tecelagem de seda em Coventry: "Por informações que recebi tanto de fabricantes como de trabalhadores, parece não haver dúvidas de que os salários têm sido reduzidos em extensão maior do que o impunha a concorrência dos produtores estrangeiros ou outras circunstâncias. [...] A maioria dos tecelões está trabalhando

com uma redução de 30 a 40% em seus salários. Uma peça de fita, para cuja feitura o tecelão recebia 6 ou 7 xelins há uns 5 anos, só lhe rende agora 3 xelins e 3 pence ou 3 xelins e 6 pence; outro trabalho, tendo anteriormente o preço de 4 xelins e 4 xelins e 3 pence, é pago agora a 2 xelins e a 2 xelins e 3 pence. A redução salarial é maior do que a requerida para estimular a demanda. De fato, no caso de muitas espécies de fita, a redução do salário não foi acompanhada por nenhuma redução do preço do artigo". (Relatório do comissário Descer? D. Longe, in Ch. Emp. Comm., *V Rep. 1866*, p. 114, n. 1)

236 Cf. *Reports of Insp. of Fact. for 31st Oct. 1862*, p. 30.

237 Ibid., pp. 18–19.

238 *Reports of Fact. for 31st Oct. 1863*, pp. 41–45, 51.

239 *Reports etc. 31st Oct. 1863*, pp. 41–42.

240 Ibid., p. 57.

241 Ibid., pp. 50–51.

242 Ibid., pp. 62–63.

243 *Reports etc. 30th April 1864*, p. 27.

244 De uma carta do *chief constable* [chefe de polícia] Harris, de Bolton, in *Reports of Insp. of Fact. 31st Oct.*, pp. 61–62.

245 Num manifesto dos trabalhadores de algodão, na primavera de 1863, para a constituição de uma sociedade de emigração, entre outras coisas se diz: "Poucos hão de negar que uma grande emigração de trabalhadores de fábrica seja, agora, absolutamente necessária. Mas que uma corrente contínua de emigração seja necessária em todos os tempos, sem a qual seria impossível manter nossa posição em circunstâncias normais, mostram os seguintes fatos: No ano de 1814, o valor oficial (que é apenas índice da quantidade) dos artigos de algodão exportados era de 17 665 378 libras esterlinas, enquanto o valor real de mercado era de 20 070 824 libras esterlinas. Em 1858, o valor oficial dos artigos de algodão exportados era de 182 221 681 libras esterlinas, e seu valor real de mercado era de apenas 43 001 322 libras esterlinas, de modo que a decuplicação da quantidade proporcionou pouco mais que a duplicação do equivalente. Para produzir resultados tão desvantajosos ao país de modo geral e aos trabalhadores de fábrica em particular, cooperaram várias causas. Uma das mais óbvias é o constante excesso de trabalho, indispensável para esse ramo de negócios, que, sob ameaça de aniquilamento, requer contínua expansão do mercado. Nossas fábricas de algodão podem ser forçadas a parar devido à estagnação periódica do comércio, que, sob a presente ordem, é tão inevitável quanto a própria morte. Mas não é por causa disso que o espírito inventivo da humanidade vai parar. Embora, calculando por baixo, 6 milhões tenham deixado este país nos últimos 25 anos, em consequência de constante deslocamento do trabalho, para baratear a produção, larga percentagem dos homens adultos não consegue encontrar ocupação de nenhuma espécie sob nenhuma condição nas fábricas, nem mesmo nas épocas de maior prosperidade". (*Reports of Insp. of Fact. 30th April 1863*, pp. 51–52) Em capítulo posterior, veremos como, durante a catástrofe do algodão, os senhores fabricantes procuraram impedir a todo custo a emigração dos trabalhadores de fábrica, inclusive com a interferência do Estado.

246 Ch. Empl. Comm., *III Report*. 1864, p. 108, n. 447.

247 Nos Estados Unidos, é frequente tal reprodução do artesanato baseada em maquinaria. Nessa inevitável transição para a produção fabril, a concentração avançará, em comparação com a Europa e até mesmo com a Inglaterra, com botas de sete léguas.

248 Cf. *Reports of Insp. of Fact. 31st Oct. 1865*, p. 64.

249 O Sr. Gillott erigiu em Birmingham a primeira manufatura de molas de aço em larga escala. Já em 1851 ela fornecia mais de 180 milhões de molas e consumia anualmente 120 toneladas de chapas de aço. Birmingham, que monopoliza essa indústria no Reino Unido, produz agora anualmente bilhões de molas de aço. Segundo o censo de 1861, o número de pessoas ocupadas atingia 1428, entre as quais 1268 trabalhadoras, engajadas a partir dos 5 anos de idade.

250 Ch. Empl. Comm., *II Report*. 1864, p. LXVIII, n. 415.

251 E agora até crianças no polimento com limas em Sheffield!

251a Ch. Empl. Comm., *V Rep.* 1866, p. 3, n. 24; p. 6, n. 55, 56; p. 7, n. 59, 60.

252 Ibid., pp. 114–15, n. 6, 7. O comissário observa corretamente que, se a máquina em regra substitui o ser humano, aí o jovem literalmente substitui a máquina.

253 Ver relatório sobre o comércio de trapos e abundante documentação em: *Public Health, VIII Report*. Lond., 1866. Apêndice, pp. 196–208.

254 Child. Empl. Comm., *V Report*. 1866. pp. XVI-XVIII, n. 86–97 e pp. 130–33, n. 39–71. Cf. também ibid. *III Report*. 1864, pp. 48, 56.

255 Public Health, *VI Rep*. Lond., 1864. pp. 29, 31.

256 Ibid., p. 30. O Dr. Simon observa que a mortalidade dos alfaiates e dos gráficos londrinos de 25–35 anos é, de fato, muito maior porque os empregadores londrinos recebem grande número de pessoas jovens, de até 30 anos de idade, da zona rural, como "aprendizes" e "*improvers*" (que querem se aperfeiçoar em seu ofício). Estes figuram no censo como londrinos, aumentam o número de pessoas em relação ao qual é calculada a taxa de mortalidade londrina, sem que concorram proporcionalmente para o número de casos de óbitos londrinos. Ocorre que grande parte deles volta, especialmente em casos de doença grave, para o interior. (Ibid.)

257 Trata-se aí de pregos feitos a martelo, e não de pregos recortados e feitos à máquina. Ver Child. Empl. Comm., *III Report*, p. XI, p. XIX, n. 125–30; p. 52, n. 11; pp. 113–14, n. 487; p. 137, n. 674.

258 Child. Empl. Comm., *II Report*, p. XXII, n. 166.

259 Child. Empl. Comm., *II Report*. 1864. pp. XIX, XX, XXI.

260 Ibid., pp. XXI, XXII.

261 Ibid., pp. XXIX, XXX.

262 Ibid., pp. XL, XLI.

263 Child. Empl. Comm., *I Rep*. 1863, p. 185.

264 *Millinery* refere-se propriamente apenas à confecção de toucados, porém compreende também casacos de senhoras e mantilhas, enquanto *dressmakers* são idênticas a nossas modistas.

265 A *millinery* e a *dressmaking* inglesas são exercidas geralmente na casa dos empregadores, em parte por trabalhadoras que aí residem e trabalham, em parte por mulheres diaristas que residem fora.

266 O comissário White visitou uma manufatura de vestimentas militares que empregava de 1000 a 1200 pessoas, quase todas do sexo feminino, uma manufatura de calçados com 1300 pessoas, das quais quase a metade era constituída por crianças e jovens etc. (Child. Empl. Comm., *II Rep*., p. XLVII, n. 319)

267 Um exemplo. A 26 de fevereiro de 1864, o relatório semanal de óbitos do *registrar general* contém 5 casos de morte por fome. No mesmo dia, o *Times* relata novo caso de morte por fome. Seis vítimas de morte por inanição em uma semana! [Na Inglaterra, o *registrar general*, ou registrador geral, era o chefe do sistema de registro civil. A sua área de atuação abrangia todo o sistema de registro de nascimentos, óbitos e casamentos. – N. E. A.]

268 Child. Empl. Comm., *II Report*. 1864, p. LXVII, n. 406–09; p. 84, n. 124; p. LXXIII, n. 441; p. 68, n. 6; p. 84, n. 126; p. 78, n. 85; p. 76, n. 69; p. LXXII, n. 438.

269 "O preço do aluguel dos locais de trabalho parece ser o elemento decisivo, em última instância, e, consequentemente, é na capital que o velho sistema de empreitar trabalho a pequenos empresários e a famílias foi mantido por mais tempo e retomado mais cedo" (ibid., p. 83, n. 123). A frase final refere-se apenas à fabricação de calçados.

270 Isso não ocorre na confecção de luvas etc., em que ¦ 130 a situação do trabalhador quase não difere da do indigente ¦.

271 Ibid., p. 83, n. 122. ¦ 131 ¦

272 Em Leicester, só na fabricação de botas e calçados para o atacado estavam em uso, em 1864, 800 máquinas de costura.

273 Ibid., p. 84, n. 124.

274 Assim ocorreu no almoxarifado militar de uniformes de Pimlico, em Londres, na fábrica de camisas de Tillie e Henderson, em Londonderry, e na fábrica de roupas da firma Tait, em Limerick, que utiliza cerca de 1200 "braços".

275 "Tendência para o sistema de fábrica" (ibid., p. LXVII). "O ramo todo está, no momento, em estado de transição e passando pelas mesmas mudanças que a indústria de rendas, a tecelagem etc. sofreram" (ibid., n. 405). "Uma revolução completa" (ibid., p. XLVI, n. 318). À época da Child. Empl. Comm. de 1840, a confecção de meias ainda era trabalho manual. A partir de 1846, foi introduzida uma maquinaria diversificada, agora impulsionada a vapor. O número total de pessoas empregadas na confecção inglesa de meias, de ambos os sexos e em todos os grupos etários, a partir dos 3 anos, atingia em 1862 cerca de 120000 pessoas. Destas, no entanto, segundo o Parliamentary Return de 11 de fevereiro de 1862, só 4063 sob o domínio da lei fabril.

276 Assim, por exemplo, na cerâmica, a firma Cochran, da Brittania Pottery, Glasgow, relata: "Para manter nosso nível de produtividade, agora usamos amplamente máquinas que são manejadas por trabalhadores não qualificados, e cada dia nos convence mais de que podemos produzir uma quantidade maior do que pelo método antigo" (*Rep. of Insp. of Fact., 31st Oct. 1865*, pp. 13). "O efeito das leis fabris é induzir maior introdução de maquinaria." (Ibid., pp. 13–14)

277 Assim, depois da introdução da lei fabril na cerâmica, houve grande aumento de *power jiggers* [tornos mecânicos] no lugar de *hand moved jiggers* [tornos manuais].

278 *Rep. Insp. of Fact, 31st Oct. 1865*, pp. 96, 127.

279 A introdução dessa e de outras máquinas na fábrica de fósforos substituiu num departamento 230 pessoas jovens por 32 rapazes e moças de 14 a 17 anos de idade. Essa economia de trabalhadores foi levada avante, em 1865, com a utilização do vapor.

280 Child. Empl. Comm., *II Rep*. 1864, p. IX, n. 50.

281 *Reports of Insp. of Fact, 31st Oct. 1865*, p. 22.

282 "As melhorias necessárias [...] não podem ser introduzidas em muitas manufaturas antigas sem dispêndio de capital acima dos recursos de muitos dos atuais proprietários. Uma desorganização transitória acompanha necessariamente a introdução das leis fabris. A dimensão dessa desorganização está em proporção direta com a grandeza dos males a serem corrigidos." (Ibid., pp. 96–97)

283 Nos altos-fornos, por exemplo, "o trabalho na parte final da semana é, em geral, muito prolongado em decorrência do hábito dos trabalhadores de folgarem às segundas-feiras e, ocasionalmente, em parte ou totalmente, na terça-feira" (Child. Empl. Comm., *III Rep.*, p. VI). "Os peque-

nos mestres geralmente têm horários de trabalho muito irregulares. Perdem 2 ou 3 dias e, então, trabalham a noite toda para compensar. [...] Eles sempre ocupam seus próprios filhos, caso os tenham" (ibid., p. VII). "A falta de regularidade ao começar o trabalho é encorajada pela possibilidade e pela prática de compensar o prejuízo mediante sobretrabalho" (ibid., p. XVIII). "Em Birmingham [...] perde-se um tempo enorme [...] folgando parte do tempo, esfalfando-se durante o resto." (Ibid., p. XI)

284 Child. Empl. Comm., *IV Rep.*, p. XXXII. "A expansão do sistema ferroviário contribuiu grandemente para esse costume de dar ordens súbitas; para os trabalhadores, decorrem daí ritmo forçado, negligência quanto ao horário das refeições e horas extras." (Ibid., p. XXXI)

285 Child. Empl. Comm., *IV Rep.*, p. XXXV, n. 235 e 237.

286 Ibid., p. 127, n. 56.

287 "No que se refere ao prejuízo sofrido pelo comércio devido à não execução, a tempo, de ordens de embarque, lembro-me de que esse era o argumento predileto dos donos de fábricas em 1832 e 1833. Nada do que agora possa ser alegado sobre esse assunto poderia ter tanto peso como antes de o vapor ter cortado pela metade todas as distâncias e estabelecido novas regulamentações para o tráfego. Quando efetivamente testada, essa assertiva mostrou-se outrora não veraz e, agora, certamente também não resistiria a uma nova prova." (*Reports of Insp. of Fact., 31st Oct. 1862*, pp. 54-55)

288 Child. Empl. Comm., *III Rep.*, p. XVIII, n. 118.

289 Já em 1699, John Bellers observava: "A incerteza da moda aumenta o número dos pobres necessitados. Ela abriga dois grandes males: 1) os oficiais passam necessidades durante o inverno por falta de trabalho, pois os comerciantes de manufaturas e mestres tecelões não ousam adiantar seus capitais para ocupar os oficiais antes que chegue a primavera e que saibam qual será, então, a moda: 2) na primavera, não há bastantes oficiais, de modo que os mestres tecelões precisam atrair muitos aprendizes para poderem suprir o comércio do reino em um quarto ou em metade do ano, o que arranca o lavrador do arado, esvazia o campo de trabalhadores, abarrota em grande parte a cidade com mendigos e faz com que alguns que têm vergonha de mendigar pereçam de fome no inverno". (*Essays About the Poor, Manufactures etc.*, p. 9)

290 Child. Empl. Comm., *V Rep.*, p. 171, n. 34.

291 Nos depoimentos de exportadores de Bradford, consta, por exemplo: "Nessas circunstâncias, parece claro que não é necessário que garotos trabalhem nos armazéns mais do que das 8 da manhã até 7 ou 7½ da noite. É meramente uma questão de despesa extra e de mão de obra extra. Os garotos não precisariam trabalhar até tão tarde da noite se alguns patrões não fossem tão vorazes por lucros; uma máquina extra custa somente 16 ou 18 libras esterlinas. [...] Todas as dificuldades se originam de insuficiência de instalações e carência de espaço". (Ibid., p. 171, n. 35, 36 e 38)

292 Ibid. [p. 81, n. 32]. Um fabricante londrino, que, aliás, considera a regulamentação coercitiva da jornada de trabalho um meio de proteger os trabalhadores contra os fabricantes e os próprios fabricantes contra o comércio atacadista, afirma: "A pressão em nosso negócio é causada pelos embarcadores, que querem, por exemplo, remeter as mercadorias por navio a vela, de modo a alcançar seu destino em determinada temporada, e, ao mesmo tempo, embolsar a diferença no frete entre um navio a vela e um navio a vapor, ou que escolhem, entre dois navios a vapor, aquele que sai antes, a fim de aparecer no mercado externo antes de seus competidores".

293 "Isso poderia ser obviado", diz um fabricante, "à custa de uma ampliação das obras sob a pressão de uma lei geral do Parlamento." (Ibid., p. x, n. 38)

294 Ibid., p. xv, n. 72 ss.

295 *Reports of Insp. of Fact., 31st Oct. 1865*, p. 127.

296 Por meio de experiências, verificou-se que são consumidas cerca de 25 polegadas cúbicas de ar a cada respiração de intensidade média de um indivíduo médio saudável e que ocorrem cerca de 20 respirações por minuto. De acordo com isso, o consumo de ar de um indivíduo, em 24 horas, daria cerca de 720 000 polegadas cúbicas ou 416 pés cúbicos. Sabe-se, contudo, que o ar, uma vez inspirado, já não pode servir para o mesmo processo antes de ter sido purificado na grande oficina da Natureza. Segundo as experiências de Valentin e Brunner, um homem sadio parece expirar cerca de 1 300 polegadas cúbicas de gás carbônico por hora: isso equivaleria a cerca de 8 onças de carvão sólido lançadas pelo pulmão em 24 horas. "Cada ser humano deveria ter ao menos 800 pés cúbicos." (Huxley)

297 Segundo a lei fabril inglesa, os pais não podem mandar crianças com menos de 14 anos para as fábricas "controladas" sem fazer com que recebam instrução primária. O fabricante é responsável pelo cumprimento da lei. "O ensino de fábrica é obrigatório e pertence às condições de trabalho." (*Reports of Insp. of Fact., 31st Oct. 1865*, p. 111)

298 Sobre os resultados mais vantajosos da conjugação de ginástica (para rapazes também exercícios militares) com o ensino obrigatório para crianças de fábrica e alunos pobres, veja-se o discurso de N. W. Senior no 7º congresso anual da National Association for the Promotion of Social Science, in *Report of Proceedings etc.* Lond., 1863, pp. 63, 64, bem como o relatório dos inspetores de fábrica de 31 de outubro de 1865, pp. 118, 119, 120, 126 ss.

299 *Reports of Insp. of Fact.*, op. cit., pp. 118-19. Um ingênuo fabricante de seda esclarece aos comissários de inquérito da Child. Empl. Comm.: "Estou inteiramente convencido de que o verdadeiro segredo da produção de trabalhadores eficientes reside na união de trabalho com instrução a partir da infância. Naturalmente, o trabalho não deve ser demasiadamente pesado nem desagradável ou nocivo à saúde. Eu gostaria que minhas próprias crianças tivessem trabalho e brinquedo como alternação da escola". (Child. Empl. Comm., *V Rep.*, p. 82, n. 36)

300 Senior, [in *Report of Proceedings etc.*,] op. cit., p. 66. Uma comparação entre o discurso de N. W. Senior de 1863 e sua filípica contra a lei fabril de 1833 ou uma comparação dos pontos de vista do citado congresso com o fato de que é proibido a pais pobres educarem seus filhos em certas partes rurais da Inglaterra, sob pena de morrerem de fome, mostram contundentemente como a grande indústria, em certo estágio, mediante o revolucionamento do modo de produção material e das relações sociais de produção, também revoluciona as cabeças. Assim, por exemplo, o Sr. Snell relata como sendo uma prática costumeira em Somersetshire que, se uma pessoa pobre requer auxílio da paróquia, é obrigada a retirar suas crianças da escola. Assim, o Sr. Wollaston, pároco em Feltham, conta casos em que todo apoio foi negado a certas famílias "porque enviavam seus filhos para a escola"!

301 Onde máquinas artesanais, impulsionadas por força humana, concorrem direta ou indiretamente com maquinaria mais desenvolvida e, portanto, pressupõe-se força motriz mecânica, ocorre grande mudança com referência ao trabalhador que movimenta a máquina. Originalmente a máquina a vapor substituía esse trabalhador, agora é ele quem deve substituir a máquina a vapor. Por esse motivo, a tensão e o desgaste de sua força de trabalho tornam-se monstruosos, e isso sobretudo para menores, que são condenados a essa tortura! Assim, o comissário Longe encontrou em Coventry e nas redondezas jovens de 10 a 15 anos de idade empregados para fazerem girar teares de fitas, além de crianças menores que tinham de girar teares de tamanho menor. "É um trabalho extraordinariamente fatigante. O jovem é um mero substituto da força do vapor" (Child. Empl. Comm., *v Report.*, 1866, p. 114, n. 6). Sobre as consequências assassinas "desse sistema de escravidão", como o relatório o denomina, ver ibid., pp. ss.

302 Ibid., p. 3, n. 24.

303 Ibid., p. 7, n. 60.

304 "Em algumas partes altas da Escócia [...] apareceram muitos pastores de ovelhas e *cotters* [arrendatários] com mulher e filho, segundo o Statistical Account, com calçados feitos por eles mesmos, de couro que eles mesmos curtiram, com roupas que não haviam sido tocadas exceto por suas próprias mãos, cuja matéria-prima era a lã das ovelhas que haviam tosquiado ou o linho que eles mesmos haviam plantado. Na preparação das vestimentas, dificilmente entrava algum artigo comprado, exceto sovela, agulha, dedal e muito poucas peças de ferro empregadas no tecer. Os corantes eram extraídos, pelas próprias mulheres, de árvores, arbustos e ervas." (Dugald Stewart, *Works*, ed. Hamilton, v. VIII, pp. 327–28)

305 No célebre *Livre des métiers*, de Étienne Boileau, entre outras coisas é prescrito que, quando um oficial é recebido entre os mestres, deve prestar um juramento de "amar fraternalmente seus irmãos, apoiá-los, cada um em seu *métier*, não trair voluntariamente os segredos do ofício e até, no interesse da coletividade, não chamar a atenção, a fim de recomendar sua própria mercadoria, para os defeitos de artigos feitos por outros".

306 "A burguesia não pode existir sem revolucionar continuamente os instrumentos de produção, portanto as relações de produção, portanto todas as relações sociais. Manter inalterado o modo de produção antigo era, ao contrário, a primeira condição de existência de todas as classes ativas anteriores. O revolucionamento contínuo da produção, o abalo ininterrupto de todas as condições sociais, a perene insegurança e movimento caracterizam a época burguesa em face de todas as outras épocas anteriores. Todas as relações fixas, enferrujadas, com seu séquito de veneráveis concepções e opiniões, são dissolvidas, todas as relações recém-formadas envelhecem antes de poderem ossificar-se. Tudo o que é sólido e estabelecido evapora, todo o sacro é profanado e, finalmente, as pessoas são obrigadas a encarar com olhos sóbrios suas condições de vida e suas relações recíprocas." (F. Engels e K. Marx, *Manifest der Kommunistischen Partei* [*Manifesto do Partido Comunista*]. Lond., 1848, p. 5)

307 *Tirais minha vida*
Quando tirais os meios de que vivo
(Shakespeare)

308 Ao regressar de San Francisco, escreve um trabalhador francês: "Eu nunca teria acreditado que pudesse exercer todos os ofícios que pratiquei na Califórnia. Estava firmemente convicto de que não servia para nada senão tipografia. [...] Uma vez no meio desse mundo de aventureiros, que trocam mais facilmente de profissão do que de camisa, eu – por minha fé! – fiz como os outros. Como a mineração não se mostrou suficientemente rendosa, abandonei-a e

mudei-me para a cidade, onde me tornei, sucessivamente, tipógrafo, telhador, fundidor de chumbo etc. Devido a essa experiência de ser capaz para todos os trabalhos, sinto-me menos como um molusco e mais como um ser humano". (A. Corbon, *De l'Enseignement Professionnel*, 2ª ed., p. 50)

309 Já no final do século XVII, John Bellers, um verdadeiro fenômeno na história da Economia Política, entendeu do modo mais claro a necessidade de superar a atual educação e divisão do trabalho, que criam hipertrofia e atrofia em ambos os extremos da sociedade, ainda que em direções opostas. Entre outras coisas, ele afirma: "Aprender no ócio é pouco melhor do que aprender a ociosidade. [...] O trabalho corpóreo foi instituído originalmente pelo próprio Deus. [...] O trabalho é tão necessário para a saúde do corpo quanto o comer para sua vida; pois as dores que se poupam com o ócio serão infligidas por doença. [...] O trabalho acrescenta óleo à lamparina da vida, mas o pensamento a acende. [...] Uma ocupação infantilmente estúpida" (aviso, por pressentimento, contra os Basedows e seus desastrados imitadores modernos) "deixa o espírito das crianças estúpido". (*Proposals for Raising a Colledge of Industry of all Useful Trades and Husbandry*. Lond., 1696, pp. 12, 14, 16, 18)

310 Aliás, isso também ocorre com frequência em oficinas menores, como vimos na manufatura de rendas e no entrançamento de palha e, como poderia ser mostrado em detalhes, particularmente nas manufaturas metalúrgicas de Sheffield, Birmingham etc.

311 Child. Empl. Comm., *V Rep.*, p. XXV, n. 162; e *II Rep.*, p. XXXVIII, n. 285, 289, pp. XXV, XXVI, n. 191.

312 "O trabalho em fábrica pode ser tão limpo e primoroso quanto o trabalho doméstico, talvez até mais." (*Reports of Insp. of Fact., 31st Oct. 1865*, p. 129)

313 Ibid., pp. 27, 32.

314 Há uma documentação maciça quanto a isso nos *Rep. of Insp. of Fact.*

315 Child. Empl. Comm., *V Rep.*, p. X, n. 35.

316 Ibid., p. IX, n. 28.

317 Ibid., p. XXV, n. 165–67. Cf., sobre as vantagens da grande empresa comparada à pequena empresa, Child. Empl. Comm., *III Rep.*, p. 13, n. 144; p. 25, n. 121; p. 26, n. 125; p. 27, n. 140 etc.

318 Os ramos industriais a regulamentar são: manufatura de rendas, tecelagem de meias, entrançamento de palha, manufatura de *wearing apparel* com suas inúmeras divisões, confecções de flores artificiais, indústria de calçados, chapelaria e luvaria, alfaiataria, todas as fábricas metalúrgicas, dos altos-fornos até as fábricas de agulhas etc., fábricas de papel, manufatura de vidro, manufatura de tabaco, fábricas de *India-rubber* [borracha], fabricação de liço (para a tecelagem), tecelagem manual de tapetes, manufaturas de guarda-chuvas e sombrinhas, fabricação de fusos e de canilhas, tipografias, encadernação, comércio de artigos de papel (*stationery* [papelaria] e a correspondente feitura de caixas de papelão, cartões, cores para papéis etc.), cordoaria, manufatura de adornos de azeviche, olarias, manufatura manual de seda, tecelagem de Coventry, salinas, produção de velas e de cimento, refinaria de açúcar, produção de biscoitos, diversas indústrias de madeira e outros trabalhos mistos.

319 Ibid., p. XXV, n. 169.

319a A Factory Acts Extension Act foi aprovada em 12 de agosto de 1867. Regula todas as fundições, forjas e manufaturas metalúrgicas, incluindo as fábricas de máquinas, além de indústrias de vidro, papel, guta-percha, borracha e tabaco, tipografias, encadernadoras, enfim, todos os estabelecimentos em que trabalhem mais de 50 pessoas. – A Hours of Labour

Regulation Act, que passou a 17 de agosto de 1867, regula as oficinas menores e o assim chamado trabalho domiciliar. – Voltarei a tratar dessa lei, da nova Mining Act de 1872 etc., no Livro 2.

320 Senior, Social Science Congress, pp. 55–58.

321 O pessoal de inspeção das fábricas era constituído por 2 inspetores, 2 inspetores auxiliares e 41 subinspetores. Mais 8 subinspetores foram nomeados em 1871. Os custos totais de execução das leis fabris na Inglaterra, na Escócia e na Irlanda, em 1871–72, somavam apenas 25 347 libras esterlinas, incluindo os custos judiciais dos processos contra transgressões.

322 Robert Owen, o pai das fábricas e armazéns cooperativos, que, no entanto, como já foi observado antes, não compartilhava de modo algum das ilusões de seus epígonos quanto ao alcance desses elementos isolados de transformação, não só tomou de fato como ponto de partida de suas experiências o sistema fabril, mas considerou-o também teoricamente o ponto de partida da revolução social. O Sr. Vissering, catedrático de Economia Política na Universidade de Leiden, parece pressentir algo assim quando, em seu livro *Handboek van Praktische Staathuishoudkunde*, 1860–62, que expõe os lugares-comuns da Economia vulgar na forma mais adequada, clama a favor do artesanato e contra a grande indústria. – {Acréscimo à 4ª edição: Os "novos casuísmos jurídicos" (p. 298) que a legislação inglesa criou por meio das Factory Acts Extension Act e Workshops Acts, reciprocamente contraditórias, tornaram-se, finalmente, insuportáveis e, assim, surgiu a Factory and Workshop Act, de 1878, uma codificação de toda a legislação pertinente. Naturalmente, uma crítica detalhada desse código industrial da Inglaterra agora vigente não pode ser feita aqui. Por isso, têm de bastar as seguintes anotações. A lei abrange: 1) fábricas têxteis. Aqui tudo fica aproximadamente como antes: tempo de trabalho permitido para crianças com mais de 10 anos: 5½ horas por dia, ou então 6 horas e o sábado é livre; pessoas jovens e mulheres: 10 horas em cinco dias, no máximo 6½ horas no sábado. – 2) Fábricas não têxteis. Aqui as determinações legais foram mais aproximadas ao n. 1 que antes, mas existem ainda várias exceções favoráveis aos capitalistas, que em diversos casos ainda podem ser ampliadas, por meio de licença especial do ministro do Interior. – 3) *Workshops* definidos mais ou menos como na lei anterior; no que tange a crianças, trabalhadores jovens ou mulheres aí empregados, os *workshops* são aproximadamente igualados às fábricas não têxteis, mas novamente com atenuações no detalhe. – 4) *Workshops* em que não são empregados crianças ou trabalhadores jovens, mas só pessoas de ambos os sexos com mais de 18 anos; para essa categoria, vigoram ainda outras atenuações. – 5) *Domestic workshops* onde só trabalham membros da família no domicílio familiar; determinações ainda mais elásticas e, simultaneamente, limitação de entrada do inspetor, sem licença ministerial ou judiciária especial, nas peças da casa que sejam usadas ao mesmo tempo como moradia; e, finalmente, a liberação incondicional do entrançamento de palha, da renda de bilros e da confecção de luvas dentro da família. Com todos os defeitos, essa lei ainda é, ao lado da lei fabril federal suíça de 23 de março de 1877, de longe a melhor lei sobre a matéria. Uma comparação entre ela e a referida lei federal suíça é de especial interesse, pois torna visíveis as vantagens, bem como as desvantagens, dos dois métodos de legislar – o inglês, "histórico", casuístico, e o continental, construído sobre as tradições da

Revolução Francesa, um método mais generalizante. Infelizmente, o código inglês, em sua aplicação a *workshops*, é ainda em grande parte letra morta – por causa da carência de pessoal de inspeção. – F. E.}

323 Exposição pormenorizada da maquinaria aplicada na agricultura inglesa encontra-se em *Die landwirtschaftlichen Geräthe und Maschinen Englands*, do Dr. W. Hamm, 2ª edição, 1856. Em seu esboço sobre o processo de desenvolvimento da agricultura inglesa, o Sr. Hamm segue demasiado acriticamente o Sr. Léonce de Lavergne. {Acréscimo à 4ª edição: Agora, naturalmente, obsoleta. – F. E.}

324 "Vós dividis o povo em dois acampamentos hostis, de campônios ridículos e de anões emasculados. Ó céus! Uma nação, dividida em interesses agrícolas e comerciais, se diz sã, sim, considera-se esclarecida e civilizada não só apesar de, mas exatamente por causa dessa separação monstruosa e antinatural." (David Urquhart, [*Familiar Words*], op. cit., p. 119) Essa passagem mostra ao mesmo tempo a força e a fraqueza de uma espécie de crítica que sabe julgar e condenar o presente, mas não entendê-lo.

325 Cf. Liebig, *Die Chemie in ihrer Anwendung auf Agrikultur und Physiologie*, 7ª ed., 1862; notadamente também no primeiro volume de *Einleitung in die Naturgesetze des Feldbaus*. O desenvolvimento do lado negativo da agricultura moderna de um ponto de vista científico é um dos méritos imortais de Liebig. Também seus esboços sobre a história da agricultura contêm, ainda que com erros grosseiros, observações lúcidas. É de se lamentar que ouse observações gratuitas como: "Pulverizando mais e arando com maior frequência o solo, ativa-se a circulação do ar no interior das partes porosas da terra, amplia-se e renova-se a superfície do solo sobre a qual o ar deve agir, sendo, porém, facilmente compreensível que o aumento da produção do campo não pode ser proporcional ao trabalho nele aplicado, mas que cresce em proporção bem menor". "Essa lei", acrescenta Liebig, "foi formulada primeiro por J. St. Mill em seu *Princ. of Pol. Econ.*, v. I, p. 17, do seguinte modo: 'O produto da terra crescer *caeteris paribus* numa proporção decrescente ao aumento de trabalhadores ocupados'" (O Sr. Mill até repete a lei da escola ricardiana numa formulação falsa, pois lá *the decrease of the labourers employed*, o decréscimo dos trabalhadores empregados, sempre marchou na Inglaterra passo a passo com o progresso da agricultura; dessa maneira, essa lei descoberta na e para a Inglaterra não encontraria aplicação, ao menos na Inglaterra) "'é a lei geral da agricultura', bastante notável, pois seu motivo lhe era desconhecido" (ibid., v. I, p. 143 e nota). Além do sentido errôneo da palavra "trabalho", pela qual Liebig entende algo diferente do que a Economia Política o entende, é, de qualquer modo, "bastante notável" que ele faça do Sr. J. St. Mill o primeiro enunciador de uma teoria que James Anderson, à época de A. Smith, publicou pela primeira vez e repetiu em vários textos até o início do século XIX e da qual Malthus, esse mestre do plágio (sua teoria da população é um plágio desavergonhado), apropriou-se em 1815, a qual West, à mesma época e independentemente de Anderson, desenvolveu, que Ricardo, em 1817, formulou no contexto da teoria geral do valor e que, daí por diante, sob o nome de Ricardo, deu a volta ao mundo, que, em 1820, é vulgarizada por James Mill (o pai de J. St. Mill) e, finalmente, é repetida, entre outros, pelo Sr. J. St. Mill, já como um dogma escolar transformado em lugar-comum. É incontestável que J. St. Mill deve sua, de qualquer modo, "notável" autoridade quase somente a semelhantes quiproquós.

SEÇÃO V [PP. 457-79] A PRODUÇÃO DA MAIS-VALIA ABSOLUTA E RELATIVA

1 "A mera existência dos patrões transformados em capitalistas, como classe especial, depende da produtividade do trabalho" (Ramsay, [*An Essay on the Distribution of Wealth,*] op. cit., p. 206). "Se o trabalho de cada homem fosse suficiente apenas para produzir seu próprio alimento, não poderia haver propriedade." (Ravenstone, [*Thoughts on the Funding System and its Effects,*] op. cit., p. 14)

1a Segundo um cálculo feito recentemente, apenas nas regiões da Terra já exploradas vivem ainda pelo menos 4 milhões de canibais.

2 "Entre os índios selvagens da América, quase tudo pertence ao trabalhador. 99 partes de 100 são postas na conta do trabalho. Na Inglaterra, o trabalhador talvez não tenha nem sequer ⅔." (*The Advantages of the East India Trade etc.*, [op. cit.,] pp. 72, 73)

3 Diodorus Siculus, [*Historische Bibliothek,*] l. 1, cap. 80.

4 "Como a primeira" (a riqueza natural) "é muito nobre e vantajosa, torna o povo despreocupado, orgulhoso e dado a todos os excessos; a segunda, ao contrário, desenvolve o cuidado, a cultura, a perícia e a sabedoria política" (*Englands Treasure by Foreign Trade. Or the Balance of our Foreign Trade is the Rule of our Treasure. Written by Thomas Mun of London, Merchant, and now published for the common good by his son John Mun*. Lond., 1669, pp. 181-82). "Também não posso imaginar nenhuma maldição pior, para o conjunto de um povo, do que ser posto sobre uma mancha de terra em que a produção dos meios de subsistência e alimentação ocorra em grande parte espontaneamente, e o clima exija ou permita pouco cuidado com vestimenta e moradia [...] é possível, certamente, um extremo pelo outro lado também. Um solo que, apesar do trabalho, não possa oferecer nenhum fruto é tão ruim como outro que sem trabalho produz ricamente." ([N. Forster,] *An Inquiry into the Present High Price of Provisions*. Lond., 1767, p. 10)

5 A necessidade de calcular os movimentos do Nilo gerou a astronomia egípcia e, com ela, o domínio da casta sacerdotal como dirigente da agricultura. "O solstício é o momento do ano em que começa a elevação do Nilo e que, portanto, os egípcios tinham de observar com maior cuidado. [...] Era o ano equinocial que eles precisavam fixar, a fim de se orientarem por ele em suas operações agrícolas. Eles tinham, portanto, de procurar no céu um sinal visível de seu retorno." (Cuvier, *Discours sur les révolutions du globe*, ed. Hoefer. Paris, 1863, p. 141)

6 Uma das bases materiais do poder do Estado sobre os pequenos e isolados organismos de produção da Índia era a regulação do abastecimento de água. Os dominadores muçulmanos da Índia entendiam isso melhor que seus sucessores ingleses. Basta nos recordarmos da fome de 1866, a qual custou a vida de mais de 1 milhão de indianos no distrito de Orissa, presidência de Bengala.

7 "Não existem dois países que forneçam o mesmo número de meios de subsistência necessários, na mesma abundância e com o mesmo dispêndio de trabalho. As necessidades das pessoas crescem ou diminuem com o rigor ou a suavidade do clima em que vivem, portanto não pode ser igual a proporção da atividade produtiva que os habitantes dos diferentes países têm de exercer necessariamente e não se pode averiguar o grau de diferenciação a não ser pelo grau de calor e frio. Por isso, pode-se concluir, de modo geral, que a quantidade do trabalho exigido para a subsistência de certo número de pessoas é máxima nos climas frios e mínima nos

quentes; naqueles as pessoas precisam não apenas de mais roupas, mas também o solo precisa ser mais bem cultivado do que nestes." (*An Essay on the Governing Causes of the Natural Rate of Interest*. Lond., 1750, p. 59) O autor desse escrito anônimo que marcou época é J. Massie. Hume retirou daí sua teoria dos juros.

8 "Todo trabalho tem" (parece também pertencer aos *droits e devoirs du citoyen* [direitos e deveres do cidadão]) "de deixar um excedente." (Proudhon) [*Système des contradictions économiques, ou philosophie de la misère*, v. I. Paris, 1846, p. 73. – N. E. A.]

9 F. Schouw, *Die Erde, die Pflanze und der Mensch*, 2ª ed. Leipzig, 1854, p. 148.

9a J. St. Mill, *Principles of Political Economy*. Lond., 1868, pp. 252–53 ss. – {As citações acima foram traduzidas segundo a edição francesa de *O capital*. – F. E.}

9b O caso tratado nas pp. 314–15 também está, naturalmente, excluído aqui. {Nota à 3ª edição. – F. E.}

10 McCulloch fez a esta terceira lei, entre outras, a insossa complementação de que a mais-valia pode aumentar, sem queda do valor da força de trabalho, pela supressão dos impostos que o capitalista tinha de pagar anteriormente. A supressão de tais impostos não altera absolutamente nada no *quantum* de mais-valia que o capitalista industrial extorque diretamente do trabalhador. Ela modifica apenas a proporção em que o capitalista embolsa mais-valia ou precisa dividi-la com terceiros. Não altera em nada, portanto, a proporção entre valor da força de trabalho e mais-valia. A exceção de McCulloch comprova, assim, apenas seu mau entendimento da regra, uma *malheur* [adversidade] que ocorre tão frequentemente a ele na vulgarização de Ricardo como a J.-B. Say na vulgarização de A. Smith.

11 "Se na produtividade da indústria tem lugar uma mudança, de modo que se produza mais ou menos mediante uma quantidade dada de trabalho e capital, a proporção dos salários pode evidentemente variar enquanto a quantidade que essa proporção representa permanece a mesma ou a quantidade pode variar enquanto a proporção permanece inalterada." ([J. Cazenove,] *Outlines of Political Economy etc.*, p. 67)

12 "Sendo as demais condições as mesmas, o fabricante inglês pode extrair em determinado tempo uma quantidade consideravelmente maior de trabalho que um fabricante estrangeiro, suficiente para compensar a diferença entre as jornadas de trabalho de 60 horas semanais aqui e de 72 até 80 horas alhures" (*Reports of Insp. of Fact. for 31st Oct. 1855*, p. 65). A maior redução legal da jornada de trabalho nas fábricas continentais seria o meio infalível para a redução dessa diferença entre a hora de trabalho continental e a inglesa.

13 "Existem circunstâncias compensadoras [...] que, por meio da execução da lei das dez horas, foram trazidas à luz." (*Reports of Insp. of Fact. for 31st October 1848*, p. 7)

14 "A quantidade de trabalho que um homem executou no decorrer de 24 horas pode ser determinada, aproximadamente, por meio de uma investigação das mudanças químicas que tiveram lugar em seu corpo, pois formas mudadas na matéria indicam a tensão anterior da força motriz." (Grove, *On the Correlation of Phisical Forces* [pp. 308–09])

15 "Cereal e trabalho raramente coincidem inteiramente; existe, entretanto, um limite evidente, além do qual não podem ser separados. Os esforços extraordinários das classes trabalhadoras em épocas de carestia, que acarretam o retrocesso dos salários, mencionado nos depoimentos" (a saber, perante as comissões parlamentares de inquérito de 1814–15), "são muito meritórios para o indivíduo e favorecem seguramente o crescimento do capital. Mas ninguém com sentimentos humanos pode desejar que esses esforços continuem sem redução nem interrupção. Eles são altamente admiráveis como remédio temporário; porém, se se realizassem sempre, teriam o mesmo efeito que uma população premida até os limites últimos em relação à sua subsistência" (Malthus, *Inquiry into the Nature and Progress of Rent*. Lond., 1815, p. 48, nota). Malthus merece aqui toda a honra por colocar ênfase no prolongamento da jornada de trabalho, também diretamente tratado em outro lugar de seu panfleto, enquanto Ricardo e outros, em face dos fatos mais gritantes, tomam por base de todas as suas investigações a grandeza constante da jornada de trabalho. Mas os interesses conservadores, aos quais servia Malthus, impediam-no de ver que o desmesurado prolongamento da jornada de trabalho, juntamente com um extraordinário desenvolvimento da maquinaria e a exploração do trabalho feminino e infantil, tornava "supranumerária" grande parte da classe trabalhadora, nomeadamente tão logo cessaram a demanda de guerra e o monopólio inglês do mercado mundial. Era, naturalmente, muito mais cômodo e muito mais adequado aos interesses das classes dominantes, que Malthus de modo autenticamente clerical idolatrava, explicar essa "superpopulação" a partir das eternas leis da Natureza do que a partir de leis naturais, apenas históricas, da produção capitalista.

16 "Uma das causas fundamentais do crescimento do capital durante a guerra estava nos maiores esforços e talvez também nas maiores privações das classes trabalhadoras, que em toda sociedade são as mais numerosas. Devido à indigência de sua situação, mais mulheres e mais crianças necessitavam aceitar trabalho; e aqueles que antes já eram trabalhadores foram obrigados, pela mesma razão, a consagrar uma maior parte de seu tempo ao aumento da produção." (*Essays on Political Econ. in Which are Illustrated the Principal Causes of the Present National Distress*. London, 1830, p. 248)

17 Assim, por exemplo, em *Dritter Brief an v. Kirchmann von Rodbertus. Widerlegung der Ricardo'schen Theorie von der Grundrente und Begruendungeiner neuen Rententheorie*, Berlin, 1851. Voltarei mais tarde a esse escrito, que apesar de sua falsa teoria da renda da terra revela a essência da produção capitalista. {Acréscimo à 3ª edição. – Vê-se aqui com quanta boa vontade Marx julgava seus antecessores tão logo encontrava neles um progresso real, um pensamento novo correto. No meio-tempo, a publicação das cartas de Rodbertus a Rud. Meyer restringiu, em certa medida, o reconhecimento acima. Lê-se aí: "Precisa-se salvar o capital não apenas em relação ao trabalho, mas também em relação a si mesmo, e isso é mais bem-feito, de fato, quando se concebem as atividades do empresário-capitalista como funções econômicas sociais e estatais que lhe são delegadas mediante a propriedade do capital, e seu lucro como uma forma de ordenado, pois nós não conhecemos ainda outra organização social. Ordenados, porém, podem ser regulados e também reduzidos quando tiram demais dos salários. Dessa forma, a irrupção de Marx na sociedade – quero assim denominar seu livro – deve ser repelida. [...] Em geral, o livro de Marx não é tanto uma investigação sobre o capital como uma polêmica contra a forma hodierna do capital, que ele confunde com o próprio conceito de capital, de onde surgem, portanto, seus erros" (*Briefe etc. von Dr. Rodbertus-Jagetzow*, t. I, ed. Dr. Rud. Meyer. Berlin, 1881, p. 111. 48ª carta de Rodbertus). Em tais lugares-comuns ideológicos afundaram os primeiros impulsos, de fato corajosos, das "cartas sociais" de Rodbertus. – F. E.}

18 A parte do produto que apenas repõe o capital constante despendido é evidentemente subtraída nesse cálculo. — O Sr. L. de Lavergne, cego admirador da Inglaterra, dá uma proporção antes baixa que alta.

19 Como todas as formas desenvolvidas do processo de produção capitalista são formas de cooperação, nada é mais fácil, naturalmente, que abstrair seu caráter especificamente antagônico e transformá-las, assim, quimericamente, em formas livres de associação, como o faz o Conde A. de Laborde em *De l'esprit de l'association dans tous les intérêts de la communauté*, Paris, 1818. O ianque H. Carey consegue essa proeza com o mesmo sucesso, oportunamente, para as relações do sistema escravagista.

20 Embora os fisiocratas não tenham decifrado o segredo da mais-valia, era-lhes claro, entretanto, que ela "é uma riqueza independente e disponível que ele" (o proprietário desta) "não comprou e que vende". (Turgot, *Réflexions sur la formation et la distribution des richesses*, p. 11)

SEÇÃO VI [PP. 481–505] O SALÁRIO

21 "Ricardo, bastante engenhoso, evita uma dificuldade que à primeira vista parece opor-se à sua teoria, a saber, de que o valor depende da quantidade de trabalho empregada na produção. Atendo-se estritamente a esse princípio, segue que o valor do trabalho depende da quantidade de trabalho despendida em sua produção – o que é evidentemente um absurdo. Por isso, mediante hábil manobra, Ricardo faz o valor do trabalho depender da quantidade de trabalho exigida para a produção do salário: ou, para falarmos com suas próprias palavras, afirma que o valor do trabalho deve ser estimado pela quantidade de trabalho necessária para produzir o salário, referindo-se com isso à quantidade de trabalho necessária à produção do dinheiro ou da mercadoria que são dados ao trabalhador. Do mesmo modo, seria possível dizer que o valor do pano é estimado não pela quantidade de trabalho empregada em sua produção, mas sim pela quantidade de trabalho empregada na produção da prata pela qual se troca o pano."([S. Bailey,] *A Critical Dissertation on the Nature etc. of Value*, pp. 50–51)

22 "Embora vocês chamem o trabalho de mercadoria, ele não é igual a uma mercadoria que é primeiro produzida com o objetivo da troca e depois levada ao mercado, onde se troca por outras mercadorias que nessa ocasião se encontram no mercado em proporção adequada; o trabalho é criado no momento em que é levado ao mercado, na verdade é levado ao mercado antes de ser criado." (*Observations on Some Verbal Disputes etc.*, pp. 75–76)

23 "Se se considera o trabalho uma mercadoria e o capital, produto do trabalho, outra, e se os valores dessas duas mercadorias forem determinados por quantidades iguais de trabalho, então dada quantidade de trabalho [...] será trocada por tal quantidade de capital que tenha sido produzida pela mesma quantidade de trabalho; trabalho passado seria trocado [...] pela mesma quantidade de trabalho presente. Mas o valor do trabalho, em relação a outras mercadorias [...] não é pois determinado por quantidades iguais de trabalho." (E. G. Wakefield, em sua edição de A. Smith, *Wealth of Nations*, v. I. Lond., 1835, pp. 230–31, nota)

24 "Dever-se-ia acordar" (também uma versão do *contrat social*) "que, sempre que trabalho realizado for trocado por trabalho a realizar, o último" (*le capitaliste* [o capitalista]) "teria de receber um valor maior que o primeiro" (*le travailleur* [o trabalhador]).

(Sismonde (isto é, Sismondi), *De la richesse commerciale*, t. I. Genève, 1803, p. 37)

25 "O trabalho, medida exclusiva do valor [...] o criador de toda riqueza, não é mercadoria." (Th. Hodgskin, [*Popular Political Economy*,] op. cit., p. 186)

26 Explicar tais expressões como mera *licentia poetica* apenas revela a impotência da análise. Contra a frase de Proudhon: "Diz-se do trabalho que ele tem valor não como mercadoria propriamente dita, mas com vista aos valores que se supõem nele contidos potencialmente. O valor do trabalho é uma expressão figurada etc.", observo, por isso: "Na mercadoria trabalho, que é uma terrível realidade, ele vê apenas uma elipse gramatical. Em conformidade com isso, toda a sociedade hodierna, baseada sobre o caráter mercantil do trabalho, é a partir de agora uma licença poética, baseada sobre uma expressão figurada. Se a sociedade quiser eliminar todos os 'inconvenientes' sob os quais tem de sofrer, pois que elimine as expressões malsonantes, que mude a linguagem, e para isso só precisa dirigir-se à Academia pedindo nova adição de seu dicionário" (K. Marx, *Misère de la Philosophie*, [op. cit.,] pp. 34-35). Mais cômodo ainda, naturalmente, é não entender coisa alguma de valor. Pode-se, então, sem dificuldade, subsumir tudo nessa categoria. Assim, por exemplo, J.-B. Say. O que é *valeur* [valor]? Resposta: "O valor de uma coisa expresso em dinheiro". E por que tem "o trabalho da terra [...] um valor? Porque se lhe reconhece um preço". Portanto, valor é o que uma coisa vale, e a terra tem "valor" porque se "expressa" seu valor "em dinheiro". Esse é, em todo caso, um método muito simples de se entender o *why* [porquê] e o *wherefore* [motivo] das coisas.

27 Cf. *Zur Kritik der politischen Oekonomie*, [op. cit.,] p. 40, onde anuncio que na análise do capital será resolvido o seguinte problema: "Como a produção sobre a base do valor de troca determinado pelo simples tempo de trabalho conduz ao resultado de que o valor de troca do trabalho é menor do que o valor de troca de seu produto?".

28 Durante a Guerra Civil Americana, o *Morning Star*, órgão livre-cambista de Londres, ingênuo até a tolice, não cessava de reafirmar, com a maior indignação moral possível, que os negros nos *Confederate States* [Estados Confederados] trabalhavam completamente de graça. Poderia ter a amabilidade de comparar os custos diários de um desses negros com os de um trabalhador livre no East End de Londres, por exemplo.

29 A. Smith alude à variação da jornada de trabalho apenas casualmente, ao tratar do salário por peça.

30 O próprio valor monetário é suposto aqui sempre como constante.

31 "O preço do trabalho é a soma paga por dada quantidade de trabalho" (Sir Edward West, *Price of Corn and Wages of Labour*. Lond., 1826, p. 67). West é o autor do escrito anônimo que fez época na história da Economia Política: *Essay on the Application of Capital to Land. By a Fellow of Univ. College of Oxford*. Lond., 1815.

32 "Os salários dependem do preço do trabalho e da quantidade do trabalho realizado. [...] Um aumento dos salários não implica necessariamente elevação do preço do trabalho. Com ocupação mais prolongada e com maior esforço, os salários podem crescer consideravelmente, enquanto o preço do trabalho pode permanecer o mesmo" (West, [*Price of Corn and Wages of Labour*,] op. cit., pp. 67-68, 112). A questão principal, "Como se determina o *price of labour* [preço do trabalho]?", West despacha, de resto, com frases banais.

33 Isso foi sentido pelo mais fanático representante da burguesia industrial do

século XVIII, o autor do frequentemente citado por nós *Essay on Trade and Commerce*, ainda que apresente a coisa de maneira confusa: "É a quantidade de trabalho, e não seu preço" (compreendendo por isso o salário nominal diário ou semanal) "que se determina pelo preço dos alimentos e outras coisas necessárias à vida: se reduzirdes fortemente o preço das coisas necessárias à vida, naturalmente fazeis cair, na mesma proporção, a quantidade de trabalho. [...] Os donos de fábricas sabem que há diferentes maneiras de fazer subir ou cair o preço do trabalho, além de alterar seu montante nominal" (ibid., pp. 48 e 61). Em *Three Lectures on the Rate of Wages*, Lond., 1830, em que N. W. Senior utiliza o escrito de West sem citá-lo, diz ele entre outras coisas: "O trabalhador está principalmente interessado no montante do salário" (p. 15). Portanto o trabalhador está principalmente interessado no que recebe, no montante nominal do salário, e não no que ele dá, na quantidade de trabalho!

34 O efeito de tal subemprego anormal é totalmente diferente do efeito de uma redução geral da jornada de trabalho imposta por lei. O primeiro não tem nenhuma relação com a duração absoluta da jornada de trabalho e tanto pode suceder numa jornada de 15 horas como numa de 6 horas. O preço normal do trabalho, no primeiro caso, é calculado sobre a base de que o trabalhador trabalhe 15 horas; no segundo, que ele trabalhe 6 horas por dia em média. O efeito, portanto, permanece o mesmo se ele for ocupado, no primeiro caso, apenas por 7½ horas e no segundo apenas por 3 horas.

35 "A taxa de pagamento por tempo extra" (na manufatura de rendas) "é tão baixa, ½ pêni etc. por hora, que contrasta de maneira penosa com os danos enormes que causa à saúde e à força vital dos trabalhadores. [...] Além disso, o pequeno excedente assim obtido tem frequentemente de ser despendido em meios extras para repor as forças." (Child. Empl. Comm., *II Rep.*, p. XVI, n. 117)

36 Assim, por exemplo, na estamparia de papéis de parede, antes da recente introdução da lei fabril. "Trabalhamos sem intervalo para as refeições, de modo que o trabalho diário de 10½ horas termina às 4½ horas da tarde, e tudo o que segue é tempo extra, que raramente acaba antes das 6 horas da tarde. Assim, trabalhamos, de fato, tempo extra durante o ano inteiro." (Mr. Smith's Evidence [depoimento de Mr. Smith], in Child. Empl. Comm., *I Rep.*, p. 125)

37 Assim, por exemplo, nas branquearias escocesas. "Em algumas partes da Escócia, essa indústria" (antes da introdução da lei fabril em 1862) "era tocada pelo sistema do tempo extra, isto é, 10 horas eram consideradas uma jornada normal de trabalho. Por estas, o homem recebia 1 xelim e 2 pence. Mas acrescentava-se ainda um tempo extra de 3 a 4 horas por dia, pelo qual eram pagos 3 pence por hora. Consequência desse sistema: um homem que trabalhava apenas o tempo normal só ganhava um salário semanal de 8 xelins. Sem tempo extra, o salário não era suficiente" (*Reports of Insp. of Fact., 30th April 1863*, p. 10). "O pagamento extra por tempo extra é uma tentação à qual os trabalhadores não podem resistir" (*Rep. of Insp. of Fact., 30th April 1848*, p. 5). A encadernação de livros na City de Londres emprega muitas jovens a partir de 14-15 anos, a saber, sob contrato de aprendizagem que prescreve determinado número de horas de trabalho. Não obstante, trabalham, na última semana de cada mês, até 10, 11, 12 e 1 hora da noite, juntamente com os trabalhadores mais velhos, em companhia muito duvidosa. "Os mestres tentam-nas (*tempt*) com salário extra e dinheiro para uma boa ceia", que comem em tabernas vizinhas.

A grande devassidão assim produzida entre essas *young immortals* [jovens imortais] (Child. Empl. Comm., *V Rep.*, p. 44, n. 191) encontra sua compensação no fato de que elas encadernam, entre outras coisas, muitas bíblias e obras edificantes.

38 Ver *Reports of Insp. of Fact., 30th April 1863*, op. cit. Apreciando acertadamente a situação, os trabalhadores de Londres empregados no ramo de construção declararam, durante a grande greve e *lockout* de 1860, que aceitariam o salário por hora apenas sob duas condições: 1) de que juntamente com o preço da hora de trabalho fosse fixada uma jornada normal de trabalho de 9 ou 10 horas, e que o preço por hora da jornada de 10 horas fosse maior que o da jornada de 9 horas; 2) de que, para cada hora além do limite da jornada normal, como tempo extra, fosse pago um preço proporcionalmente mais elevado.

39 "Além disso, é um fato muito notável que ali, onde o tempo de trabalho em regra é longo, os salários sejam baixos" (*Rep. of Insp. of Fact., 31st Oct. 1863*, p. 9). "O trabalho que proporciona um salário de fome tem em geral duração desmesuradamente longa." (Public Health, *Sixth Rep. 1863*, p. 15)

40 *Reports of Insp. of Fact., 30th April 1860*, pp. 31–32.

41 Os trabalhadores que fazem pregos à mão, na Inglaterra, por exemplo, em virtude do baixo preço do trabalho, têm de trabalhar 15 horas por dia para conseguir um salário semanal dos mais parcos. "São muitas, muitas horas por dia, e durante todo o tempo ele tem de labutar duramente para obter 11 pence ou 1 xelim e, dessa quantia, de 2½ a 3 pence vão para o desgaste das ferramentas, combustível e perdas de ferro" (Child. Empl. Comm., *III Rep.*, p. 136, n. 671). As mulheres ganham, com o mesmo tempo de trabalho, apenas um salário semanal de 5 xelins. (Ibid., p. 137, n. 674)

42 Se, por exemplo, um trabalhador fabril se recusasse a trabalhar o longo número tradicional de horas, "seria rapidamente substituído por alguém disposto a trabalhar por períodos tão longos quanto solicitado e, desse modo, ficaria desempregado" (*Reports of Insp. of Fact., 31st Oct. 1848*, Evidence, p. 39, n. 58). "Se um homem realiza o trabalho de dois [...] subirá em geral a taxa de lucro [...] pois essa oferta adicional de trabalho terá comprimido seu preço." (Senior, [*Three Lectures on the Rate of Wages*,] op. cit., p. 15)

43 Child. Empl. Comm., *III Rep.*, Evidence, p. 66, n. 22.

44 *Report etc. Relative to the Grievances Complained of by the Journeymen Bakers*. Lond., 1862, p. LII; e ibid., Evidence, n. 479, 359, 27. Mesmo assim, também os *full priced*, conforme mencionado antes e como seu próprio porta-voz, Bennet, confessa, fazem sua gente "começar o trabalho às 11 horas da noite ou antes e prolongam-no frequentemente até as 7 horas da noite seguinte". (Ibid., p. 22)

45 "O sistema de trabalho por peça caracteriza uma época na história do trabalhador; situa-se entre a posição do simples diarista, que é dependente da vontade do capitalista, e a do artesão cooperativista, que, em um futuro não muito distante, promete reunir em sua pessoa o artesão e o capitalista. Trabalhadores por peças são realmente seus próprios patrões, mesmo quando trabalham com o capital do empresário" (John Watts, *Trade Societies and Strikes, Machinery and Cooperative Societies*. Manchester, 1865, pp. 52–53). Cito esse pequeno escrito por se tratar de uma verdadeira cloaca de todos os lugares-comuns apologéticos, há muito apodrecida. O mesmo Sr. Watts participava antes do owenismo e publicou, em 1842, outro pequeno escrito: *Facts and Fictions of Political Economy*, no qual, entre outras coisas,

declara *property* [propriedade] como *robbery* [roubo]. Isso já foi há muito tempo.

46 T. J. Dunning, *Trades' Unions and Strikes*. Lond., 1860, p. 22.

47 Veja-se como a justaposição simultânea dessas duas formas do salário favorece fraudes praticadas pelos fabricantes: "Uma fábrica ocupa 400 pessoas, metade das quais trabalha no regime de pagamento por peça e tem interesse direto em trabalhar mais tempo. As outras 200 são pagas por dia, trabalham tanto quanto as que recebem por peça, mas não recebem dinheiro pelas horas extras [...]. O trabalho dessas 200 pessoas durante meia hora diariamente equivale ao trabalho de uma pessoa durante 50 horas ou 5/6 do rendimento do trabalho semanal de uma pessoa e representa ganho apreciável para o empresário" (*Reports of Insp. of Fact, 31st October 1860*, p. 9). "Horas em excesso prevalecem ainda em extensão considerável; e na maioria dos casos com segurança contra a descoberta e a punição que a própria lei oferece. Tenho mostrado em muitos relatórios anteriores [...] a injustiça feita a todos os trabalhadores que não recebem salários por peça, mas por semana." (Leonard Horner, in *Reports of Insp. of Fact., 30th April 1859*, pp. 8–9)

48 "O salário pode ser medido de dois modos: pela duração do trabalho ou por seu produto." (*Abrégé élémentaire des principes de l'Écon. Pol.* Paris, 1796, p. 32) Autor desse escrito anônimo: G. Garnier.

49 "É dado a ele" (ao fiandeiro) "determinado peso de algodão, e em troca ele precisa fornecer determinado peso de trançado ou fio de certo grau de finura, recebendo tanto por libra produzida. Se o trabalho é de qualidade insuficiente, ele é punido; se o *quantum* é menor que o mínimo estabelecido para determinado tempo, ele é demitido e um trabalhador mais capaz é contratado." (Ure, [*The Philosophy of Manufactures*,] op. cit., pp. 316–17)

50 "Se o produto do trabalho passa por muitas mãos, a cada uma delas cabendo parte do lucro, enquanto apenas o último par de mãos executa o trabalho, então ocorre que o pagamento que finalmente alcança a trabalhadora é lamentavelmente inadequado." (Child. Empl. Comm., *II Rep.*, p. LXX, n. 424)

51 Mesmo o apologético Watts observa: "Seria uma grande melhoria do sistema de salários por peça se todos os ocupados em determinado trabalho fossem participantes do contrato, cada um conforme suas capacidades, ao invés de um só homem interessado em estafar seus camaradas em seu próprio proveito" (ibid., p. 53). Sobre as infâmias desse sistema, cf. Child. Empl. Comm., *III Rep.*, p. 66, n. 22; p. 11, n. 124; p. XI, n. 13, 53, 59 etc.

51a Esse resultado desenvolvido naturalmente é muitas vezes aumentado artificialmente. No Engineering Trade de Londres, por exemplo, vale como truque tradicional "que o capitalista escolha um homem de força e destreza superiores para chefe de certo número de trabalhadores. Ele lhe paga trimestralmente ou em outro prazo um salário adicional sob a combinação de que fará todo o possível para incentivar seus colaboradores, que recebem apenas o salário ordinário, a uma extrema emulação. [...] Sem mais comentários, isso explica a queixa dos capitalistas sobre a paralisação das atividades ou da habilidade e força de trabalho superiores (*stinting the action, superior skill and working power*) pelos *trades unions* [sindicatos] (Dunning, [*Trades' Unions and Strikes*,] op. cit., pp. 22–23). Sendo o próprio autor trabalhador e secretário de um *trade union*, isso poderia ser considerado exagero. Mas veja-se, por exemplo, a *highly respectable* [altamente respeitável] enciclopédia agronômica de J. Ch. Morton, artigo "Labourer", onde esse método é recomendado aos arrendatários como eficaz.

52 "Todos os que são pagos por peça [...] obtêm vantagem numa transgressão dos limites legais do trabalho. Essa disposição de fazer horas extras é observada particularmente nas mulheres, que são ocupadas como tecelãs ou dobradeiras" (*Rep. of Insp. of Fact., 30th April 1858*, p. 9). "Esse sistema de salários por peça, tão vantajoso para o capitalista [...], tende diretamente a incentivar o jovem oleiro a realizar muito sobretrabalho durante os 4 ou 5 anos em que é pago por peça, mas por preço baixo. Essa é uma das grandes causas às quais se deve atribuir a degeneração física dos oleiros." (Child. Empl. Comm., *I Rep.*, p. XIII)

53 "Onde o trabalho, em qualquer ofício, é pago por peça [...] os salários podem, quanto ao montante, diferenciar-se substancialmente uns dos outros. [...] Mas para o salário diário há geralmente uma taxa unitária [...] que é reconhecida pelo empresário e pelo trabalhador como salário-padrão para o trabalhador médio do ofício." (Dunning, [*Trades' Unions and Strikes*,] op. cit., p. 17)

54 "O trabalho dos oficiais-artesãos se regula por dia ou por peças (*à la journée ou à la pièce*). [...] Os mestres sabem mais ou menos quanto de serviço os trabalhadores em cada *métier* podem prestar diariamente e lhes pagam, por isso, muitas vezes proporcionalmente ao serviço que prestam; assim, esses oficiais trabalham tanto quanto podem, em seu próprio interesse, sem supervisão" (Cantillon, *Essai sur la nature du commerce en général*. Amst., 1756, pp. 185 e 202. A primeira edição apareceu em 1755). Cantillon, de quem Quesnay, Sir James Steuart e A. Smith muito se aproveitaram, já apresenta aqui, portanto, o salário por peça como forma meramente modificada do salário por tempo. A edição francesa de Cantillon se anuncia no título como tradução do inglês, mas a edição inglesa: *The Analysis of Trade, Commerce etc., by Philip Cantillon, late of City of London, Merchant*, não apenas é de data posterior (de 1759), mas também demonstra, por seu conteúdo, que foi posteriormente elaborada. Assim, por exemplo, Hume ainda não é mencionado na edição francesa, enquanto na inglesa Petty quase não figura. A edição inglesa é teoricamente menos significativa, mas contém muita coisa específica relativa ao comércio inglês, ao comércio de *bullion* [barras de ouro] etc., que falta no texto francês. As palavras no título da edição inglesa, segundo as quais esse escrito foi *taken chiefly from the manuscript of a very ingenious gentleman deceased, and adapted etc.* [retirado principalmente do manuscrito de um cavalheiro muito engenhoso, já falecido, e adaptado etc.], parecem, portanto, mais que mera ficção, algo então muito costumeiro.

55 "Quão frequentemente vemos que, em certas oficinas, empregam-se muito mais trabalhadores do que os realmente necessários para o trabalho? Frequentemente se aceitam trabalhadores na expectativa de um trabalho incerto, às vezes apenas imaginado; como se paga o salário por peça, diz-se que não se arrisca nada, já que todo tempo perdido está a cargo dos desocupados." (H. Gregoir, *Les typographes devant le Tribunal Correctionnel de Bruxelles*. Bruxelles, 1865, p. 9)

56 *Remarks on the Commercial Policy of Great Britain*. London, 1815, p. 48.

57 *A Defence of the Landowners and Farmers of Great Britain*. Lond., 1814, pp. 4-5.

58 Malthus, *Inquiry into the Nature etc. of Rent*. London, 1815 [p. 49, nota].

59 "Os trabalhadores pagos por peça constituem, provavelmente, 4/5 de todos os trabalhadores das fábricas." (*Reports of Insp. of Fact., for 30th April 1858*, p. 9)

60 "A força produtiva de sua máquina de fiar é medida com precisão e o pagamento do trabalho realizado com ela diminui, ainda que não na mesma proporção, com o aumento de sua força produtiva" (Ure, [*The Philosophy of Manufactures*,] op. cit., p. 317). O próprio Ure anula essa última afirmação apologética. Admite que, com um prolongamento da *mule*, por exemplo, surge um trabalho adicional. O trabalho, portanto, não diminui na mesma proporção em que sua produtividade cresce. Além disso: "Por meio desse prolongamento, a força produtiva da máquina aumenta em um quinto. Em consequência, o fiandeiro já não é pago com a mesma tarifa de antes pelo trabalho realizado, mas, não tendo sido essa tarifa reduzida na proporção de um quinto, a melhoria aumenta seu ganho em dinheiro para qualquer número dado de horas de trabalho" – mas, mas – "a constatação anterior exige certa restrição [...] o fiandeiro tem de pagar algo de seu meio xelim adicional por jovens auxiliares adicionais e, além disso, adultos são deslocados" (ibid., pp. 320-21), o que, de nenhum modo, constitui uma tendência de elevação do salário.

61 H. Fawcett, *The Economic Position of the British Labourer*. Cambridge and London, 1865, p. 178.

62 No londrino *Standart* de 26 de outubro de 1861, encontra-se um relato sobre um processo que a firma John Bright & Co. moveu perante os Rochdale Magistrates "para que os representantes do *trade union* dos tecelões de tapetes fossem acusados judicialmente por intimidação. Os sócios de Bright tinham introduzido uma nova maquinaria que deveria produzir 240 jardas de tapetes no mesmo tempo e com o mesmo trabalho (!) que antes eram necessários para a produção de 160 jardas. Os trabalhadores não tinham nenhum direito de participar nos lucros realizados mediante investimento de capital de seus empresários em melhorias mecânicas. Por isso, os Srs. Bright propuseram rebaixar o salário de 1½ pêni por jarda a 1 pêni, de modo que as receitas dos trabalhadores pelo mesmo trabalho continuariam exatamente as mesmas que antes. Mas isso era um rebaixamento nominal, sobre o qual os trabalhadores, conforme foi sustentado, não foram honestamente informados antes".

63 "Os *trades unions*, em sua mania de sustentar o salário, procuram participar dos lucros da maquinaria melhorada!" (*Quelle horreur*! [Que horror!]) "[...] eles exigem salários mais alto porque o trabalho foi reduzido. [...] Em outras palavras, eles empenham-se em tributar a melhoria industrial." (*On Combination of Trades, new ed.* Lond., 1834, p. 42)

64 "Não é correto dizer que os salários" (trata-se aqui de seu preço) "aumentaram porque se pode comprar com eles maior quantidade de um artigo mais barato." (David Buchanan em sua edição de A. Smith, *Wealth etc.* v. I. 1814, p. 417, nota)

64a Em outro lugar examinaremos quais as circunstâncias que, em relação à produtividade, podem modificar essa lei para ramos isolados de produção.

65 James Anderson observa em polêmica contra A. Smith: "De igual modo merece ser observado que, apesar de o preço do trabalho em países pobres – onde os frutos do campo, em particular os cereais, são baratos – parecer ordinariamente mais baixo, ele na verdade é geralmente mais alto que em outros países. Pois não é o salário que um trabalhador recebe por dia que representa o preço real do trabalho, ainda que seja seu preço aparente. O preço real é o que determinado *quantum* de trabalho realizado custa realmente ao empresário; e, sob esse ângulo, o trabalho em quase todos os casos é mais barato nos países ricos do que nos mais pobres, embora o preço dos cereais e de outros meios de subsistência seja de longe mais baixo nos últimos do que nos primeiros. [...] O trabalho por salário diário é muito mais baixo na Escócia do que na Inglaterra. [...] O trabalho por peça é, em geral, mais barato na Inglaterra". (James Anderson, *Observations on the Means of Exciting a Spirit of National Industry etc.* Edinb., 1777, pp. 350–51) – Inversamente, o baixo nível do salário produz, por sua vez, um encarecimento do trabalho. "O trabalho é mais caro na Irlanda do que na Inglaterra [...] porque os salários são tão mais baixos." (N. 2074, in Royal Commission on Railways, *Minutes*, 1867)

66 *Essay on the Rate of Wages: With an Examination of the Causes of the Differences in the Conditions of the Labouring Population Throughout the World.* Philadelphia, 1835.

SEÇÃO VII [PP. 507–672] O PROCESSO DE ACUMULAÇÃO DO CAPITAL

1 "Os ricos, que consomem os produtos do trabalho dos outros, obtêm-nos apenas por atos de troca (compras de mercadorias). Por isso, parecem expostos a um esgotamento iminente de seus fundos de reserva. [...] Mas na ordem social, a riqueza recebeu a força de reproduzir-se por meio de trabalho alheio. [...] A riqueza, como o trabalho e por meio do trabalho, fornece um fruto anual, que pode ser destruído todo ano sem que o rico se torne mais pobre. Esse fruto é a *revenue* que provém do capital." (Sismondi, *Nouv. Princ. d'Écon. Pol.*, t. I, pp. 81–82)

2 "Salários, assim como lucros, devem ser considerados parte do produto acabado" (Ramsay, [*An Essay on the Distribution of Wealth*,] op. cit., p. 142). "A participação no produto, que cabe ao trabalhador sob a forma de salário." (J. Mill, *Elements etc.* – trad. Parisot. Paris, 1823, pp. 33–34)

3 "Quando se emprega capital para adiantar ao trabalhador seu salário, nada se adiciona ao fundo para a manutenção do trabalho." (Cazenove em nota à sua ed. de Malthus, *Definitions in Polit. Econ.* London, 1853, p. 22)

4 "Nem sequer num quarto da Terra os meios de subsistência dos trabalhadores são adiantados a eles pelos capitalistas." (Richard Jones, *Text-book of Lectures on the Polit. Economy of Nations.* Hertford, 1852, p. 36)

4a "Embora o *manufacturer*" (isto é, trabalhador da manufatura) "tenha seu salário adiantado pelo patrão, ele não acarreta a este, na realidade, nenhum custo, pois o valor do salário junto com um lucro é reconstituído geralmente no valor enobrecido do objeto ao qual foi aplicado seu trabalho." (A. Smith, [*Wealth of Nations*,] op. cit., Book II, cap. III, p. 355)

5 "Isso é uma propriedade particularmente notável do consumo produtivo. O que é consumido produtivamente é capital e torna-se capital mediante o consumo" (James Mill, [*Elements etc.*,] op. cit., p. 242). J. Mill, contudo, não descobriu a pista dessa "propriedade particularmente notável".

6 "É de fato verdade que a primeira introdução de uma manufatura ocupa muitos pobres, mas eles continuam pobres e a permanência da manufatura produz muitos mais deles" (*Reasons for a Limited Exportation of Wool.* Lond., 1677, p. 19). "O arrendatário afirma agora, contra toda razão, que mantém os pobres. Na verdade, eles são mantidos na miséria." (*Reasons for the Late Increase of Poor Rates: Or a Comparative View of the Prices of Labour and Provisions.* Lond., 1777, p. 31)

7 ¦ **224** Rossi não enfatizaria tanto esse ponto se houvesse realmente penetrado no segredo do *productive consumption* [consumo produtivo]. ¦

8 "Os trabalhadores das minas da América do Sul, cuja ocupação diária (talvez a mais pesada do mundo) consiste em levar sobre os ombros uma carga de minério pesando de 180 a 200 libras, de uma profundidade de 450 pés até a superfície, vivem apenas de pão e feijão; eles dariam preferência apenas ao pão como alimento, mas seus senhores, havendo descoberto que somente com o pão não podem trabalhar tanto, tratam-nos como cavalos e os obrigam a comer feijão; o feijão é relativamente mais rico em fosfato de cálcio que o pão." (Liebig, [*Die Chemie in ihrer Anwendung auf Agricultur und Physiologie*,] op. cit., parte I, p. 194, nota)

9 James Mill, [*Elements etc.*,] op. cit., pp. 238 ss.

10 "Se o preço do trabalho subisse tanto que, apesar do acréscimo de capital, não fosse possível empregar mais trabalho, então eu diria que tal acréscimo de capital é consumido improdutivamente." (Ricardo, [*On the Principles of Political Economy, and Taxation*,] op. cit., p. 163)

11 "O único consumo produtivo em sentido próprio é o consumo ou a destruição de riqueza" (ele se refere ao consumo dos meios de produção) "por capitalistas para fins de reprodução. [...] O trabalhador [...] é um consumidor produtivo para a pessoa que o emprega e para o Estado, mas, falando estritamente, não para si mesmo." (Malthus, *Definitions etc.*, p. 30)

12 "A única coisa da qual se pode dizer que é armazenada e preparada com antecipação é a habilidade do trabalhador. [...] A acumulação e o armazenamento de trabalho hábil, essa importantíssima operação, realiza-se, no que se refere à grande massa dos trabalhadores, sem nenhum capital." (Hodgskin, *Labour Defended etc.*, pp. 12–13)

13 "Essa carta pode ser considerada o manifesto dos fabricantes." (Ferrand, moção sobre a *cotton famine* [escassez de algodão], sessão da Câmara dos Comuns de 27 de abril de 1863)

14 Recorda-se que o mesmo capital fala com outro tom, em circunstâncias ordinárias, quando se trata de rebaixar o salário. Então "os patrões" declaram em uníssono (ver Seção IV, nota 188, p. 761): "Os trabalhadores de fábrica deviam manter a salutar memória de que seu trabalho é, de fato, uma espécie muito baixa de trabalho qualificado, que não há nenhum outro mais fácil de ser assimilado e que seja mais bem remunerado em consideração à sua qualidade; que nenhum outro pode ser ensinado, mediante breve instrução, ao menos experiente em tão pouco tempo com tanta abundância. A maquinaria do patrão" (a qual, como ouvimos agora, pode ser substituída em 12 meses com vantagens e melhorada) "desempenha, de fato, papel muito mais importante no negócio da produção do que o trabalho e a habilidade do trabalhador" (que agora não podem ser substituídos nem em 30 anos), "os quais podem ser ensinados em 6 meses de instrução e qualquer camponês pode aprender".

15 *Times*, 24 mar. 1863.

16 O Parlamento não votou nenhum *farthing* [¼ de pêni] para a emigração, apenas leis que capacitavam as municipalidades para manter os trabalhadores entre a vida e a morte ou para explorá-los, sem pagamento de salários normais. Quando, ao contrário, três anos depois, veio a peste do gado, o Parlamento rompeu descontroladamente a própria etiqueta parlamentar e votou, num piscar de olhos, milhões para a indenização dos milionários senhores de terras, cujos arrendatários, de todo modo, já se tinham compensado dos prejuízos aumentando o preço da carne. O mugido bestial dos proprietários fundiários, quando da abertura do Parlamento em 1866, comprovou que não é preciso ser hindu para adorar a vaca Sabala nem Júpiter para transformar-se num boi.

17 "O trabalhador demandava meios de subsistência para viver, o chefe demandava trabalho para ganhar." (Sismondi, [*Nouv. princ. d'Écon. Pol.*,] op. cit., p. 91)

18 Existe uma forma camponesa tosca dessa servidão no condado de Durham. Esse é um dos poucos condados em que as condições não asseguram ao arrendatário título irrestrito de propriedade sobre os diaristas agrícolas. A indústria de mineração oferece aos últimos uma alternativa. O arrendatário, aqui, em oposição à regra, só aceita em arrendamento, portanto, terras nas quais se encontram *cottages* para os trabalhadores. O aluguel dos *cottages* constitui parte do salário. Esses *cottages* denominam-se *hind's houses* [casas de lavradores]. Elas são alugadas aos trabalhadores sob determinadas obrigações feudais, sob um contrato chamado *bondage* (servidão) e que, por exemplo, obriga o trabalhador a colocar em seu lugar sua filha etc., durante o tempo em que estiver ocupado em outra parte. O trabalhador mesmo se chama de *bondsman*, servo. Essa relação mostra também o consumo individual do trabalhador como consumo para o capital ou consumo produtivo – de um lado totalmente novo: "É curioso observar como o próprio excremento desse *bondsman* conta como emolumento pago por ele a seu patrão calculista. [...] O arrendatário não permite, em toda a vizinhança, nenhuma latrina que não a sua e não tolera a esse respeito nenhuma diminuição de seu direito de suserano". (Public Health, *VII Rep. 1864*, p. 188)

19 Recorda-se que, no trabalho das crianças etc., mesmo a formalidade da venda de si mesmo desaparece.

20 "O capital pressupõe o trabalho assalariado, o trabalho assalariado pressupõe o capital. Condicionam-se reciprocamente e se criam reciprocamente. Um trabalhador, numa fábrica de algodão, produz apenas tecidos de algodão? Não, ele produz capital. Ele produz valores que servem de novo para comandar seu trabalho e para criar novos valores por meio deste" (K. Marx, "Lohnarbeit und Kapital", in *N*[*eue*] *Rh*[*einische*] *Z*[*eitung*], n. 266, 7 abr. 1849). Os artigos publicados com esse título na *N. Rh. Z.* são fragmentos das conferências que dei sobre o tema, em 1847, em Bruxelas, na Associação dos Trabalhadores Alemães, cuja impressão foi interrompida pela Revolução de Fevereiro.

21 "Acumulação do capital: o emprego de parte da *revenue* como capital" (Malthus, *Definitions etc.*, ed. Cazenove, p. 11). "Transformação de *revenue* em capital." (Malthus, *Princ. of Pol. Econ.*, 2ª ed. Lond., 1836, p. 320)

21a É abstraído aqui o comércio de exportação, por meio do qual uma nação pode converter artigos de luxo em meios de produção ou de subsistência e vice-versa. Para apreender o objeto da investigação em sua pureza, livre de circunstâncias secundárias perturbadoras, temos de considerar todo o mundo do comércio como uma nação e pressupor que a produção capitalista se estabeleceu por toda parte e apoderou-se de todos os ramos industriais.

21b A análise da acumulação de Sismondi tem o grande defeito de que ele se contenta demais com a frase "conversão de *revenue* em capital", sem investigar as condições materiais dessa operação.

21c "O trabalho original a que seu capital deveu seu nascimento." (Sismondi, [*Nouveaux principes d'économie politique*,] op. cit., t. I. Paris, p. 109)

22 "O trabalho cria o capital antes de o capital empregar o trabalho." ("*Labour creates capital before capital employs labour*.") (E. G. Wakefield, *England and America*, v. II. London, 1833, p. 110)

23 A propriedade do capitalista sobre o produto do trabalho alheio "é estrita consequência da lei da apropriação, cujo princípio fundamental era, ao contrário, o título exclusivo de propriedade de cada trabalhador sobre o produto de seu próprio trabalho". (Cherbuliez, *Richesse ou pauvreté*. Paris, 1841, p. 58. Aí, entretanto, essa conversão dialética não é corretamente desenvolvida.)

24 Admire-se a astúcia de Proudhon, que quer eliminar a propriedade capitalista fazendo valer, em contraposição a ela, as leis eternas da propriedade da produção de mercadorias.

25 "Capital é riqueza acumulada, empregada para se obter lucro" (Malthus, [*Inquiry into the Nature and Progress of Rent*,] op. cit. [p. 262]). "Capital [...] consiste em riqueza economizada da *revenue* e utilizada para a obtenção de lucro." (R. Jones, *Text-book of Lectures on the Political Economy of Nations*. Hertford, 1852, p. 16)

26 "Os possuidores de mais-produto ou capital." (*The Source and Remedy of the National Difficulties. A Letter to Lord John Russell*. Lond., 1821 [p. 4])

27 "O capital, com juros compostos sobre cada parte do capital poupado, apodera-se de tudo a tal ponto que toda a riqueza do mundo da qual se obtém a renda já se transformou há muito em juros de capital." (London, *Economist*, 19 jul. 1851) ¦ 231 ¦

28 "Nenhum economista político pode, hoje em dia, entender por poupar apenas entesourar: e, abstraindo esse procedimento resumido e insuficiente, não se pode imaginar nenhum outro uso para essa expressão, em relação à riqueza nacional, que não aquele que deve provir dos diversos usos da poupança e que se baseia numa diferenciação real entre as diferentes espécies de trabalho que são mantidas por ela." (Malthus, [*Inquiry into the Nature and Progress of Rent*,] op. cit., pp. 38–39)

28a Assim em Balzac, que estudou tão profundamente todos os matizes da avareza, o velho avarento Gobseck já se tornou infantilizado quando começa a formar para si um tesouro de mercadorias acumuladas.

29 "Acumulação de capitais [...] cessação do intercâmbio [...] superprodução." (Th. Corbet, [*An Inquiry into the Causes and Modes of the Wealth of Individuals; or the Principles of Trade and Speculation explained*,] op. cit., p. 104)

30 Ricardo, [*On the Principles of Political Economy, and Taxation*,] op. cit., p. 163, nota.

31 Apesar de sua "lógica", o Sr. J. St. Mill não atina nunca com a falha de tal análise errônea de seus antecessores, a qual mesmo dentro do horizonte burguês, do ponto de vista puramente profissional, clama por correção. Por toda parte, registra com dogmatismo de discípulo a confusão de pensamento de seus mestres. Aqui também: "visto a longo prazo, o capital dissolve-se totalmente em salário e, quando é reposto pela venda do produto, converte-se de novo em salário".

32 A. Smith, na representação do processo de reprodução e, portanto, também no da acumulação, não só não fez, em vários sentidos, nenhum progresso, mas fez retrocessos decisivos em comparação com seus antecessores, ou seja, os fisiocratas. Relacionado com aquela sua função mencionada no texto está o dogma verdadeiramente fabuloso, por ele legado à Economia Política, de que o preço das mercadorias é formado por salário, lucro (juros) e renda da terra, assim, pois, exclusivamente por salário e mais-valia. Partindo dessa base, Storch, pelo menos, confessa ingenuamente: "É impossível decompor preço necessário em seus elementos mais simples" (Storch, [*Cours d'économie politique*,] t. II, op. cit. Petersb., 1815, p. 141, nota). Uma bela ciência econômica que declara ser impossível decompor o preço das mercadorias em seus elementos mais simples! Mais pormenores sobre isso serão encontrados na Seção III do Livro 2 e na Seção VII do Livro 3.

33 O leitor notará que a palavra *revenue* é usada em duplo sentido, primeiro para designar a mais-valia como fruto que brota periodicamente do capital, segundo para designar a parte desse fruto que o capitalista periodicamente consome ou que é adicionada a seu fundo de consumo. Eu mantenho esse duplo sentido, pois ele se harmoniza com a terminologia usada pelos economistas ingleses e franceses.

34 Na forma arcaica, embora sempre renovada, do capitalista, ou seja, o usurário, Lutero ilustra muito bem a busca do poder como elemento da sede por riqueza. "Os pagãos puderam deduzir, pela razão, que um usurário era um quádruplo ladrão e assassino. Mas nós cristãos os mantemos em tão honrosa conta que quase os adoramos por seu dinheiro. [...] Quem extrai, rouba e furta o alimento de outro comete um assassinato tão grande (no que lhe toca) como aquele que deixa alguém morrer de fome e o arruína por completo. Isso faz, porém, o usurário, enquanto fica sentado tranquilamente em sua cadeira, quando deveria estar pendurado em uma forca e sendo comido por tantos corvos quantos fossem os florins por ele roubados, enquanto tivesse carne suficiente para que tantos corvos pudessem fazê-la em pedaços e reparti-la entre si. Em lugar disso, enforcam-se os pequenos ladrões. [...] Os pequenos ladrões ficam presos no cepo, os ladrões grandes se pavoneiam em ouro e seda. [...] Não há, assim, nenhum inimigo maior do ser humano sobre a Terra (depois do demônio) do que o avarento ou o usurário, pois ele quer ser Deus sobre todas as pessoas. Turcos, guerreiros, tiranos são também seres humanos malignos, mas estes têm de deixar a gente viver e de confessar que são malignos e inimigos. E podem, até precisam, de vez em quando se apiedar de alguns. Mas um usurário e avarento, este deseja que todo mundo pereça de fome e de sede, de tristeza e miséria, no que lhe concerne, pois quer tudo só para si e que todos recorram a ele como a um Deus e se tornem eternamente seus servos. Vestem mantos, correntes de ouro, anéis, limpam a boca e fazem-se glorificar e passar por homens bons e virtuosos. [...] A usura é um grande e terrível monstro, como um lobisomem que devasta tudo, mais do que Caco, Gerião ou Anteu. E se enfeita todo e quer passar por piedoso, para que ninguém descubra onde foram parar os bois que ele leva recuando para seu antro. Mas Hércules há de ouvir os gritos dos bois e dos prisioneiros e buscará Caco entre as rochas e quebradas e libertará os bois do perverso. Pois se chama Caco a um perverso que é um usurário virtuoso, que rouba, furta e devora tudo. E deseja passar como se não tivesse feito nada, pensa que ninguém o descobrirá, porque os bois puxados por trás para seu antro deixam sinais e pegadas como se tivessem sido soltos. Portanto o usurário quer enganar o mundo, como se fosse útil e desse bois ao mundo, enquanto os toma só para si e os devora. [...] E, assim como os assaltantes de estrada, os assassinos e ladrões são submetidos ao suplício da roda e decapitados, com muito mais razão todos os usurários deveriam passar pela roda e ser mortos [...] expulsos, amaldiçoados e decapitados. (Martin Luther [Martinho Lutero], [*An die Pfarrherrn wider den Wucher zu predigen*,] op. cit.)

35 Dr. Aikin, *Description of the Country from 30 to 40 Miles round Manchester*. Lond., 1795, pp. [181,] 182 ss. [188].

36 A. Smith, [*Wealth of Nations*,] op. cit., Book II, cap. III, p. 367.

37 O próprio J.-B. Say diz: "As poupanças dos ricos são feitas à custa dos pobres". "O proletariado romano vivia quase intei-

ramente à custa da sociedade. [...] Poder-se-ia dizer que a sociedade moderna vive à custa dos proletários, da parte que ela lhes tira da remuneração do trabalho." (Sismondi, *Études etc.*, t. I, p. 24)

38 Malthus, [*Inquiry into the Nature and Progress of Rent*,] op. cit., pp. 319–20.

39 *An Inquiry into those Principies Respecting the Nature of Demand etc.*, p. 67.

40 Ibid., p. 59.

41 Senior, *Principes fondamentaux de l'Écon. Pol.*, trad. Arrivabene. Paris, 1836, p. 309. Para os partidários da antiga escola clássica, isso passou da medida. "O Sr. Senior substitui as expressões trabalho e capital pelas expressões trabalho e abstinência. [...] Abstinência é mera negação. Não é a abstinência, mas o uso do capital produtivamente empregado que constitui a fonte do lucro" (John Cazenove, [in T. R. Malthus, *Definitions in Political Economy*,] op. cit., p. 130, nota). O Sr. John St. Mill, ao contrário, reproduz, por um lado, a teoria do lucro de Ricardo e anexa, por outro, a *remuneration of abstinence* [remuneração da abstinência] de Senior. Assim como lhe é alheia a "contradição" hegeliana, fonte geradora de toda a dialética, tanto mais versado ele é em contradições triviais.

Acréscimo à 2ª edição. Ao economista vulgar não ocorreu jamais a simples reflexão de que toda ação humana pode ser concebida como "abstinência" de seu contrário. Comer é abstinência de jejuar, andar é abstinência de estar parado, trabalhar é abstinência de folgar, folgar é abstinência de trabalhar etc. Os senhores fariam bem se meditassem uma vez sobre essa proposição de Spinoza: *Determinatio est negatio*. [A expressão "*determinatio est negatio*" se encontra em uma carta de Spinoza a remetente desconhecido e datada de 2 de junho de 1674, onde é usada no seguinte sentido: limite ou determinidade é negação. A expressão "*omnis determinatio est negatio*" e sua interpretação no sentido de "toda determinidade é negação" pode ser encontrada nas obras de Hegel, mediante as quais também foi amplamente divulgada (ver *Enciclopédia das ciências filosóficas em compêndio*, v. I: *A ciência da lógica*, trad. Paulo Meneses. São Paulo: Loyola, 1995, § 91, pp. 187–88) – N. E. A.]

42 Senior, [*Principes fondamentaux de l'Écon. Pol.*,] op. cit., pp. 342–43.

43 "Nenhum ser humano [...] semeará seu trigo, por exemplo, e o deixará ficar um ano embaixo da terra ou guardará seu vinho por anos na adega, em vez de consumir imediatamente essas coisas ou seus equivalentes [...] se não espera obter um valor adicional etc." (Scrope, *Polit. Econom.*, ed. A. Potter. New York, 1841, p. 133)

44 "A privação que o capitalista se impõe ao emprestar seus meios de produção ao trabalhador" (esse eufemismo é utilizado para, de acordo com a comprovada mania da Economia vulgar, identificar o trabalhador assalariado, explorado pelo capitalista industrial, com o mesmo capitalista industrial que toma dinheiro emprestado do capitalista prestamista), "em vez de dedicar seu valor ao seu próprio uso, transformando-os em objetos úteis ou agradáveis." (G. de Molinari, [*Études économiques*,] op. cit., p. 36)

45 "*La conservation d'un capital exige* [...] *un effort* [...] *constant pour résister à la tentation de le consommer.*" (Courcelle-Seneuil, [*Traité théorique et pratique des entreprises industrielles*], op. cit., p. 20)

46 "As classes de renda particulares que mais contribuem para o progresso do capital nacional variam segundo os diferentes níveis de seu desenvolvimento e são, por conseguinte, totalmente diferentes em nações que ocupam diferentes posições nesse desenvolvimento. [...] Lucros [...] fonte de acumulação sem importância, em comparação aos salários e rendas, nas

fases anteriores da sociedade. [...] Quando tem lugar, de fato, um considerável incremento nas forças da indústria nacional, os lucros adquirem importância comparativamente maior como fonte de acumulação." (Richard Jones, *Text-book etc.*, pp. 16, 21)

47 Ibid., pp. 36 ss. {À 4ª edição. – Aqui se trata possivelmente de um equívoco, pois o trecho não foi encontrado. – F. E.}

48 "Ricardo diz: 'Em diferentes estágios da sociedade, a acumulação do capital ou dos meios de trabalho'" (isto é, de explorá-lo) "'é mais ou menos rápida e tem, em todos os casos, de depender das forças produtivas do trabalho. As forças produtivas do trabalho são, em geral, maiores onde existe abundância de terras férteis'. Se nessa frase as forças produtivas do trabalho significarem a pequenez da parte alíquota de cada produto que cabe àqueles cujo trabalho manual o produz, a frase é tautológica, pois a parte restante é o fundo do qual, se seu proprietário o quiser (*if the owner pleases*), pode ser acumulado capital. Mas, em geral, esse não é o caso onde a terra é mais fértil." (*Observation on Certain Verbal Disputes etc.*, p. 74)

49 J. St. Mill, *Essays on Some Unsettled Questions of Polit. Economy*. Lond., 1844, pp. 90–91.

50 *An Essay on Trade and Commerce*. Lond., 1770, p. 44. Analogamente, o *Times* de dezembro de 1866 e janeiro de 1867 publicou os desabafos dos proprietários ingleses de minas, nos quais era descrita a situação feliz dos mineiros belgas, que não demandavam mais nem recebiam mais do que o estritamente necessário para viverem para seus *masters* [senhores]. Os trabalhadores belgas toleram muita coisa, mas figuram no *Times* como trabalhadores-modelo! No início de fevereiro de 1867, a resposta foi dada pela greve dos mineiros belgas (perto de Marchienne), reprimida a pólvora e chumbo.

51 Ibid., pp. 44, 46.

52 O fabricante de Northamptonshire, levado pelo ímpeto do coração, comete uma imperdoável *pia fraus* [mentira piedosa]. Ele compara pretensamente a vida dos trabalhadores manufatureiros ingleses e franceses, mas, como ele mesmo depois confessa, em seu atordoamento, com as palavras acima citadas descreve os trabalhadores agrícolas franceses!

53 Ibid., pp. 70–71. Nota à 3ª edição. Hoje, graças à concorrência do mercado mundial desde então estabelecida, nós estamos um bom pedaço adiante. "Se a China", declara o parlamentar Stapleton a seus eleitores, "se tornar um grande país industrial, não vejo como a população trabalhadora europeia poderia sustentar a luta sem descer ao nível de seus concorrentes." (*Times*, 3 set. 1873) – Não mais salários continentais, não, o objetivo almejado pelo capital inglês agora são os salários chineses.

54 Benjamin Thompson, *Essays, Political, Economical, and Philosophical etc.*, 3 v. Lond., 1796–1802, v. I, p. 294. Em seu *The State of the Poor, or an History of the Labouring Classes in England etc.*, Sir. F. M. Eden recomenda com fervor a sopa rumfordiana de mendigos aos dirigentes das *workhouses* e adverte os trabalhadores ingleses, em tom de censura, a respeito de que, "entre os escoceses, existem muitas famílias que, em vez de consumirem trigo, centeio e carne, vivem por meses alimentando-se apenas com farinha de aveia e cevada misturadas com água e sal e ainda muito confortavelmente (*and that very confortably too*)" (ibid., v. I, Livro II, cap. II, p. 503). "Conselhos" semelhantes no século XIX. "Os trabalhadores agrícolas ingleses", lê-se, por exemplo, "não querem comer nenhuma mistura de cereais de espécies inferiores. Na Escócia, onde a educação é melhor, esse preconceito é provavelmente desconhecido" (Charles

H. Parry, *The Question of the Necessity of the Existing Cornlaws Considered*. Lond., 1816, p. 69). O mesmo Parry se queixa, no entanto, de que o trabalhador inglês teria decaído muito agora (1815) em comparação com a época de Eden (1797).

55 Dos relatórios da última comissão parlamentar de inquérito sobre falsificação de alimentos, vê-se que, na Inglaterra, mesmo a falsificação dos medicamentos constitui a regra, e não a exceção. Por exemplo, o exame de 34 amostras de ópio, compradas em diversas farmácias de Londres, mostrou que 31 eram falsificadas com cápsula de papoula, farinha de trigo, pasta de borracha, argila, areia etc. Muitas não continham nenhum átomo de morfina.

56 G. L. Newnham (*barrister at law* [advogado qualificado]): *A Review of the Evidence before the Committees of the Two Houses of Parliament on the Cornlaws*. Lond., 1815, p. 20, nota.

57 Ibid., pp. 19–20.

58 Ch. H. Parry, [*The Question of the Necessity of the Existing Cornlaws Considered*,] op. cit., pp. 77, 69. Os senhores *landlords*, por sua vez, não só "se indenizaram" pela guerra antijacobina, que conduziram em nome da Inglaterra, mas também enriqueceram enormemente. "Suas rendas duplicaram, triplicaram, quadruplicaram e, em casos excepcionais, sextuplicaram em 18 anos." (Ibid., pp. 100–01)

59 F. Engels, *Lage der arbeitenden Klasse in England* [*A situação da classe trabalhadora na Inglaterra*], p. 20.

60 A Economia clássica, devido à análise deficiente do processo de trabalho de valorização, nunca compreendeu adequadamente esse importante momento da reprodução, como se pode ver, por exemplo, em Ricardo. Ele diz, por exemplo: Qualquer que seja a variação da força produtiva, "um milhão de pessoas produz nas fábricas sempre o mesmo valor". Isso é correto quando a extensão e o grau de intensidade de seu trabalho são dados. Isso não impede, porém – e Ricardo não o vê em certas conclusões –, que um milhão de pessoas transforme em produtos massas muito diferentes de meios de produção, com diferente força produtiva de seu trabalho, e por conseguinte conserve em seus produtos massas de valor muito diferentes, sendo assim consideravelmente diferentes os valores-produto que fornece. Ricardo, seja dito de passagem, procurou inutilmente, com aquele exemplo, esclarecer a J.-B. Say a diferença entre valor de uso (que ele aqui denomina *wealth*, riqueza material) e valor de troca. Say responde: "Quanto à dificuldade que Ricardo levanta, quando diz que com melhores métodos um milhão de pessoas pode produzir duas ou três vezes mais riquezas sem produzir mais valor, essa dificuldade desaparece quando se considera, como se deve, a produção um intercâmbio em que se dão os serviços produtivos de seu trabalho, de sua terra e seu capital para obter produtos. Por meio desses serviços produtivos é que obtemos todos os produtos que existem no mundo. [...] Portanto [...] somos tanto mais ricos, os nossos serviços produtivos têm mais valor, quanto maior é a quantidade de coisas úteis que obtêm no intercâmbio chamado de produção". (J.-B. Say, *Lettres à Malthus*. Paris, 1820, pp. 168–69) A *difficulté* [dificuldade] – ela existe para ele, não para Ricardo – que Say precisa explicar é a seguinte: Por que o valor dos valores de uso não aumenta quando sua quantidade cresce em consequência de uma elevação da força produtiva do trabalho? Resposta: A dificuldade é resolvida dando-se ao valor de uso, por gentileza, o nome de valor de troca. Valor de troca é uma coisa que, de *one way or another* [uma forma ou outra], se relaciona com inter-

câmbio. Portanto, chame-se a produção de "intercâmbio" de trabalho e de meios de produção por produto e é claro como água que se recebe tanto mais valor de troca quanto mais valor de uso fornece a produção. Em outras palavras: Quanto mais valores de uso, por exemplo meias, uma jornada de trabalho fornece ao fabricante de meias, tanto mais rico ele é em meias. De repente ocorre a Say, entretanto, que "com a maior quantidade" de meias seu "preço" (que naturalmente não tem nenhuma relação com o valor de troca) cai "porque a concorrência os obriga" (os produtores) "a dar os produtos pelo que lhes custam". Mas de onde vem o lucro, se o capitalista vende as mercadorias pelo preço que lhe custam? *Never mind* [Deixa para lá] também. Say explica que, em consequência da elevação da produtividade, cada um recebe agora, em troca do mesmo equivalente, dois pares de meias em lugar de um etc. O resultado a que chega é precisamente a proposição de Ricardo que ele queria refutar. Depois desse violento esforço mental, Say triunfantemente apostrofa Malthus com as seguintes palavras: 'Esta é, meu senhor, a bem fundamentada doutrina sem a qual, assim declaro, não é possível resolver as mais difíceis questões da Economia Política, notadamente como uma nação pode tornar-se mais rica quando seus produtos diminuem em valor, apesar de que a riqueza representa valor" (ibid., p. 170). Um economista inglês observa sobre semelhantes proezas nas *Lettres* de Say: "Essas maneiras afetadas de tagarelar (*those affected ways of talking*) constituem ao todo aquilo que o Sr. Say gosta de denominar sua doutrina e que recomenda calorosamente a Malthus que ensine em Hertford, o que ocorreria já *dans plusieurs parties de l'Europe* [em diversas partes da Europa]. Ele diz: 'Se encontrardes em todas essas afirmações um caráter paradoxal, observai as coisas que elas exprimem, e eu ouso acreditar que elas vos parecerão muito simples e muito razoáveis'. Sem dúvida, e ao mesmo tempo em consequência do mesmo processo, elas parecerão tudo menos originais ou importantes". (*An Inquiry into those Principles Respecting the Nature of Demand etc.*, p. 110)

61 McCulloch tirou a patente de *wages of past labour* [salários para trabalho passado] muito antes de Senior ter patenteado os *wages of abstinence* [salários para a abstinência].

62 Ver, entre outros: J. Bentham, *Théorie des peines et des récompenses*, v. II, Livro IV, trad. Et. Dumont, 3ª ed. Paris, 1826, cap. II.

63 Jeremias Bentham é um fenômeno puramente inglês. Mesmo sem excetuar nosso filósofo Christian Wolff, em nenhum tempo e em nenhum país o lugar-comum mais comezinho jamais se instalou com tanta autossatisfação. O princípio da utilidade não foi invenção de Bentham. Ele só reproduziu, sem espírito, o que Helvetius e outros franceses do século XVIII tinham dito espirituosamente. Caso se queira saber, por exemplo, o que é útil a um cachorro, precisa-se pesquisar a natureza canina. Essa natureza não se pode construir a partir do "princípio de utilidade". Aplicado ao ser humano, isso significa que, caso se queira julgar toda ação, movimento, condições etc. humanos segundo o princípio da utilidade, é preciso primeiramente tratar da natureza humana em geral e depois da natureza humana historicamente modificada em cada época. Bentham não perde tempo com isso. Com a mais ingênua secura, ele supõe o filisteu moderno, especialmente o filisteu inglês, como o ser humano normal. O que é útil para esse ser humano normal peculiar e seu mundo é em si e para si útil. E por esse padrão ele julga então passado, presente e futuro. Assim, por exemplo, a religião cristã é "útil" porque reprova religiosamente os mesmos delitos que o código penal condena juridicamente. A crítica da arte é nociva porque perturba o prazer que as pessoas honestas encontram em Martin Tupper etc. Com lixo dessa espécie, o bom homem, cujo mote é *nulla dies sine linea* [nenhum dia sem uma linha], encheu montanhas de livros. Se eu tivesse a coragem de meu amigo H. Heine, eu chamaria o Sr. Jeremias de um gênio da estupidez burguesa.

64 "Economistas políticos são demasiadamente inclinados a considerar determinada quantidade de capital e determinado número de trabalhadores como instrumentos de produção de força uniforme e que operam com certa intensidade uniforme. [...] Aqueles que afirmam que as mercadorias são os únicos agentes da produção provam que a produção não pode de modo algum ser ampliada, pois para tal ampliação teriam de ser aumentados antes os meios de subsistência, as matérias-primas e as ferramentas, o que de fato equivale a dizer que nenhum crescimento da produção sem seu crescimento anterior pode ter lugar, ou, em outras palavras, que todo crescimento é impossível" (S. Bailey, *Money and Its Vicissitudes*, pp. 58 e 70). Bailey critica o dogma principalmente do ponto de vista do processo de circulação.

65 J. St. Mill diz em seus *Principles of Polit. Economy* [Livro II, cap. I, § 3]: "O produto do trabalho, hoje, é repartido em proporção inversa ao trabalho – a maior parte se destina àqueles que nunca trabalham, a segunda maior parte àqueles cujo trabalho é quase só nominal e, assim, em escala decrescente, a remuneração encolhe na medida em que o trabalho se torna mais duro e mais desagradável, até que o trabalho fisicamente mais cansativo e mais esgotante não pode nem contar com a certeza da satisfação das necessidades vitais". Para evitar mal-entendidos, quero deixar claro que, se homens como J. St. Mill etc. devem ser censurados pela contradição entre seus velhos dogmas econômicos e suas tendências modernas, seria absolutamente injusto confundi-los com o séquito dos apologistas da Economia vulgar.

66 H. Fawcett, Prof. de Economia Política em Cambridge: *The Economic Position of the British Labourer*. Lond., 1865, p. 120.

67 Lembro ao leitor que fui o primeiro a usar as categorias capital variável e capital constante. A Economia Política, desde A. Smith, mistura confusamente as determinações contidas nessas categorias com as diferenças de forma oriundas do processo de circulação, de capital fixo e circulante. Pormenores sobre isso no Livro 2, Seção II.

68 Fawcett, [*The Economic Position of the British Labourer*,] op. cit., pp. 123, 122.

69 Poder-se-ia dizer que não apenas capital, mas também trabalhadores, sob a forma de emigração, são exportados anualmente pela Inglaterra. Entretanto, no texto não se fala absolutamente nada do *peculium* dos emigrantes, que em grande parte não são trabalhadores. Os filhos dos arrendatários constituem uma grande porção. O capital adicional inglês que se coloca anualmente no exterior a juros está em proporção desigualmente maior para a acumulação anual do que a que existe entre emigração anual e crescimento anual da população.

70 K. Marx, ["Lohnarbeit und Kapital",] op. cit. "Com igual opressão das massas, um país é tanto mais rico quanto mais proletários ele tiver" (Colins, *L'Économie Politique, source des révolutions et des utopies prétendues socialistes*. Paris, 1857, t. III, p. 331). Por "proletário" só se deve entender economicamente o assalariado que produz e valoriza "capital" e é jogado na rua assim que se torna supérfluo para as necessidades de valorização de "Monsieur Capital", como Pecqueur chama esse personagem. "O proletário enfermiço da mata virgem" é um gentil fantasma roscheriano. O silvícola é proprietário da selva e trata a selva tão sem cerimônias quanto o orangotango, ou seja, como sua propriedade. Ele, portanto, não é proletário. Esse só seria o caso se a mata virgem o explorasse, e não ele à mata virgem. Quanto ao seu estado de saúde, resistiria bem não só a uma comparação com o do proletário moderno, mas também com "honrados" sifilíticos e escrofulosos. Provavelmente o Sr. Wilhelm Roscher entende por mata virgem a pastagem de Lüneburg, sua terra natal.

71 "*As the labourers make men rich, so the more labourers, there will be the more rich men* [...] *the labour of the poor being the mines of the rich.*" (John Bellers, [*Proposals for Raising a Colledge of Industry of all Useful Trades and Husbandry*,] op. cit., p. 2)

72 B. de Mandeville, (*The Fable of the Bees*, 5ª ed. Lond., 1728, pp. 212, 213, 328. "Remarks"). – "Vida moderada e trabalho constante são, para o pobre, o caminho para a felicidade material" (que ele entende como sendo a jornada de trabalho mais longa possível e o mínimo possível de meios de subsistência) "e para a riqueza do Estado" (ou seja, de proprietários fundiários, capitalistas e seus dignitários políticos e agentes). (*An Essay on Trade and Commerce*. Lond., 1770, p. 54)

73 Eden devia ter perguntado por quem, afinal, foram criadas "as instituições burguesas"? Da perspectiva da ilusão jurídica, ele não considera a lei como produto das relações materiais de produção, mas, pelo contrário, as relações de produção como produto da lei. Linguet demoliu o ilusório *Esprit des lois* com uma frase: "*L'esprit des lois, c'est la propriété*" [O espírito das leis é a propriedade].

74 Eden, [*The State of the Poor, or an History of the Labouring Classes in England etc.*,] op. cit., v. I, l. I, cap. 1, pp. 1-2 e prefácio, p. XX.

75 Caso o leitor lembre Malthus, cujo *Essay on Population* apareceu em 1798, lembro então que esse texto, em sua primeira formulação, nada mais é que um plágio escolar, superficial e clericalmente declamatório de Defoe, Sir James Steuart, Townsend, Franklin, Wallace etc. e que não contém uma única frase original. A grande sensação despertada por esse panfleto decorreu apenas de interesses partidários. A Revolução Francesa tinha encontrado no Reino Unido apaixonados defensores; o "princípio da população", lentamente elaborado durante o século XVIII, depois, em meio a uma grande crise social, anunciado com tambores e fanfarras como o infalível antídoto contra as doutrinas de Condorcet e de outros, foi saudado com júbilo pela oligarquia inglesa como o grande exterminador de todas as aspirações pelo progresso da humanidade. Malthus, fortemente surpreendido com seu êxito, dedicou-se então a enxertar material superficialmente compilado no velho esquema e adicionar material novo, não descoberto por ele, tão somente anexado. – Observe-se de passagem. Embora Malthus fosse clérigo da Igreja Anglicana, havia feito o voto monástico do celibato. Pois essa é uma das condições da *fellowship* na universidade protestante de Cambridge. "Não permitimos que os membros do colégio sejam casados; assim que alguém toma uma mulher deixa de ser membro do colégio" (*Reports of Cambridge University Commission*, p. 172). Essa circunstância diferencia Malthus vantajosamente dos outros ministros protestantes, que rejeitaram o mandamento católico do celibato sacerdotal e que reivindicaram para si o "crescei e

multiplicai-vos" como sua missão bíblica específica em tal medida que contribuem, por toda parte, num grau em verdade indecente, para o aumento populacional, enquanto, ao mesmo tempo, pregam aos trabalhadores o "princípio da população". É característico que o pecado original transvestido economicamente, o pomo de Adão, o *urgent appetite* [apetite urgente], *the checks which tend to blunt the shafts of Cupid* [os obstáculos que tendem a embotar as flechas de Cupido], como diz alegremente o reverendo Townsend, que esse ponto tão delicado tenha sido e seja monopolizado pelos senhores da teologia ou, muito mais, da Igreja Protestante. Com exceção do monge veneziano [Giammaria] Ortes, um escritor original e espirituoso, a maioria dos doutrinadores da população são ministros protestantes. Assim Bruckner, *Théorie du système animal*, Leyde, 1767, em que toda a moderna teoria da população está exaustivamente exposta e para a qual contribuiu com ideias a querela passageira entre Quesnay e seu discípulo Mirabeau *père* [pai] sobre o mesmo tema e depois o reverendo Wallace, o reverendo Townsend, o reverendo Malthus e seus discípulos, o arquirreverendo Th. Chalmers, e isso sem falar dos escribas clericais menores *in this line* [nessa linha]. Inicialmente, a Economia Política foi exercida por filósofos como Hobbes, Locke, Hume; por homens de negócios e estadistas como Thomas Morus, Temple, Sully, De Witt, North, Law, Vanderlint, Cantillon, Franklin; e, particularmente, no plano teórico, com o maior êxito, por médicos como Petty, Barbon, Mandeville, Quesnay. Ainda em meados do século XVIII, o reverendo Mr. Tucker, um economista significativo à sua época, desculpava-se por ocupar-se com Mamon. Mais tarde, a saber, com o "princípio da população", soou a hora dos ministros protestantes. Como que pressentindo essa charlatanice, Petty, que considera a população a base da riqueza e, como Adam Smith, é um anticlerical declarado, afirma: "A religião floresce melhor quando os sacerdotes são mais mortificados, assim como o Direito quando os advogados passam fome". Por isso, ele aconselha aos clérigos protestantes, já que não querem seguir o apóstolo Paulo e se "mortificar" pelo celibato, "a não gerarem mais clérigos (*not to breed more churchmen*) do que as prebendas (*benefices*) existentes possam absorver: ou seja, se só existem 12 000 prebendas na Inglaterra e no País de Gales, não será prudente gerar 24 000 ministros (*it will not be safe to breed 24 000 ministers*), pois os 12 000 desprovidos de recursos sempre haverão de procurar um sustento, e como poderiam fazer isso de modo mais fácil do que se dirigindo ao povo para convencê-lo de que os 12 000 prebendados envenenariam as almas e as esfomeariam, desviando-as do caminho do céu?" (Petty, *A Treatise on Taxes and Contributions*. Lond., 1667, p. 57). A posição de Adam Smith em face do clero protestante é caracterizada pelo seguinte. Em *A Letter to A. Smith, L. L. D. On the Life, Death and Philosophy of his Friend David Hume. By One the People Called Christians*, 4ª ed. Oxford, 1784, o Dr. Horne, bispo anglicano de Norwish, censura A. Smith pelo fato de este, numa carta aberta ao Sr. Strahan, "ter embalsamado" o seu "amigo David" (isto é, Hume) por contar ao mundo "como Hume, em seu leito de morte, divertia-se lendo Luciano e jogando *whist*" e teria até mesmo a impudicícia de escrever. "Sempre considerei Hume, tanto durante sua vida quanto após sua morte, tão próximo do ideal de um homem perfeitamente sábio e virtuoso quanto o permite a fragilidade da natureza humana." O bispo exclama, indignado: "Será que é justo de sua parte, meu senhor, descrever-nos como perfeitamente sábio e virtuoso por seu caráter e por sua vida um ser humano que foi possuído por uma incurável antipatia contra tudo o que é chamado de religião e empregava cada fibra de seu ser [...] a fim de até mesmo apagar seu nome da memória das pessoas?" (ibid., p. 8). "Mas não vos deixeis desencorajar, ó amantes da verdade, pois o ateísmo tem vida curta" (p. 17). Adam Smith "tem a atroz perversidade (*the atrocious wickedness*) de propagar o ateísmo pelo país" (por meio de sua *Theory of Moral Sentiments*). "Conhecemos vossa artimanha, Sr. Doutor! Tendes boa intenção, mas não tereis êxito desta vez! Quereis persuadir-nos, por meio do exemplo do Sr. David Hume, de que o ateísmo é o único revigorante (cordial) para um espírito deprimido e o único antídoto adequado contra o medo da morte. [...] Ride sobre Babilônia em ruínas e congratulai o malvado empedernido faraó!" (ibid., pp. 21–22). Um ortodoxo entre os que frequentavam as aulas de A. Smith escreve após a morte dele: "A amizade de Smith por Hume impediu-o de ser cristão. [...] Ele acreditava literalmente em Hume. Se Hume tivesse lhe dito que a Lua é um queijo verde, ele teria acreditado nisso. Portanto, aceitou dele que nem Deus nem milagres existem. [...] Em seus princípios políticos, ele tangenciava o republicanismo" (*The Bee*, por James Anderson, 18 v. Edinb., 1791–93). O reverendo Th. Chalmers suspeita que A. Smith, por pura malícia, tivesse inventado a categoria dos "trabalhadores improdutivos" especialmente para os ministros protestantes, apesar de seu santo trabalho nas vinhas do Senhor.

76 Nota à 2ª edição. "O limite, no entanto, para a ocupação de trabalhadores fabris e agrícolas é o mesmo: ou seja, a possibilidade de o proprietário obter um lucro do produto de seu trabalho. Se a taxa de salário sobe tanto que o lucro do patrão cai abaixo do lucro médio, ele para de ocupá-los ou só os ocupa sob a condição de se submeterem a uma redução salarial." (John Wade, [*History of the Middle and Working Classes*,] op. cit., p. 240)

77 Cf. K. Marx, *Zur Kritik der politischen Oekonomie* [*Para a crítica da Economia Política*], [op. cit.,] pp. 165 ss.

77a "Voltemos agora, porém, à nossa primeira investigação, onde se comprova [...] que o próprio capital é apenas criação de trabalho humano [...] de modo que parece completamente incompreensível que o ser humano possa cair sob o domínio de seu próprio produto – o capital – e ficar subordinado a ele, e, como na realidade esse é inegavelmente o caso, impõe-se involuntariamente a pergunta: como pôde o trabalhador, de dominador do capital – enquanto seu criador –, tornar-se escravo do capital?" (Von Thünen, *Der isolirte Staat*, parte II, seção II. Rostock, 1863, pp. 5–6). É mérito de Thünen ter perguntado. Sua resposta é simplesmente infantil.

77b {À 4ª edição: Os mais recentes *trusts* ingleses e americanos já se voltam para esse objetivo, procurando reunir ao menos todas as grandes empresas de um ramo de negócios em uma grande sociedade por ações, tendo, na prática, o monopólio. – F. E.}

77c {Nota à 3ª edição. – No exemplar de uso pessoal de Marx, consta aqui a seguinte anotação à margem: "Observar aqui, para elaboração posterior: Se a expansão é apenas quantitativa, os lucros variam com capitais maiores e menores, no mesmo ramo de atividade, em proporção com as grandezas dos capitais adiantados. Se a expansão quantitativa tem efeitos qualitativos, então a taxa de lucro sobe simultaneamente para o capital maior". – F. E.}

78 O censo da Inglaterra e País de Gales mostra, entre outras coisas:
Total de pessoas ocupadas na agricultura (inclusive proprietários, arrendatários, jardineiros, pastores etc.): em 1851, 2 011 447; em 1861, 1 924 110, decréscimo de 87 337. Indústria de *worsted*: em 1851, 102 714 pessoas; em 1861, 79 242. Fábricas de seda: em 1851, 111 940; em 1861, 101 678. Estamparias: em 1851, 12 098; em 1861, 12 556 – pequeno acréscimo que, apesar da enorme ampliação da atividade, implica grande decréscimo proporcional do número de trabalhadores ocupados. Confecção de chapéus: em 1851, 15 957; em 1861, 13 814. Confecção de chapéus de palha e de bonés: em 1851, 20 393; em 1861, 18 176. Produção de malte: em 1851, 10 566; em 1861, 10 677. Confecção de velas: em 1851, 4 949; em 1861, 4 686. Esse decréscimo é, entre outras coisas, devido ao aumento da iluminação a gás. Confecção de pentes: em 1851, 2 038; em 1861, 1 478. Serrarias: em 1851, 30 552; em 1861, 31 647, pequeno aumento devido à expansão de máquinas de serrar. Produção de pregos: em 1851, 26 940; em 1861, 26 130, decréscimo devido à concorrência das máquinas. Trabalhadores em minas de zinco e cobre: em 1851, 31 360; em 1861, 32 041. No entanto: fiações e tecelagens de algodão: em 1851, 371 777; em 1861, 456 646 ¦ 313 ¦. Minas de carvão: em 1851, 183 389; em 1861, 246 613. "O aumento de trabalhadores é, desde 1851, geralmente maior nos ramos em que a maquinaria não foi empregada até agora com sucesso." (*Census of England and Wales for 1861*, v. III. Lond., 1863., pp. 35-39)

79 A lei do decréscimo progressivo da grandeza relativa do capital variável, bem como de seus efeitos sobre a situação da classe de trabalhadores assalariados, foi mais pressentida do que entendida por alguns destacados economistas da escola clássica. Nisso, o maior mérito cabe a John Barton, embora, como todos os outros, confunda capital constante com capital fixo, variável com circulante. Diz ele: "A demanda de trabalho depende do aumento do capital circulante, e não do capital fixo. Caso fosse verdade que a relação entre essas duas espécies de capital é a mesma em todos os tempos e em todas as circunstâncias, então efetivamente a consequência seria um número de trabalhadores ocupados proporcional à riqueza do Estado. Mas tal proposição não tem a aparência da probabilidade. À medida que as ciências naturais são cultivadas e a civilização se difunde, o capital fixo cresce em relação ao capital circulante mais e mais. A soma de capital fixo utilizado na produção de um pedaço de musselina britânica é ao menos cem vezes maior, mas provavelmente mil vezes maior do que aquele que é utilizado na confecção de uma peça semelhante de musselina indiana. E a participação do capital circulante é cem ou mil vezes menor. [...] Se o conjunto das poupanças anuais fosse adicionado ao capital fixo, isso não teria como efeito uma demanda mais elevada de trabalho". (John Barton, *Observations on the Circumstances which Influence the Condition of the Labouring Classes of Society*. Lond., 1817, pp. 16-17) "A mesma causa que pode aumentar a *revenue* líquida do país pode, ao mesmo tempo, produzir uma população excedente e piorar a situação do trabalhador" (Ricardo, [*The Principles of Political Economy and Taxation*,] op. cit., p. 469). Com o aumento do capital, "a demanda" (de trabalho) "diminuirá proporcionalmente" (ibid., p. 480, nota). "O montante de capital destinado a manter o trabalho pode variar, independentemente de quaisquer modificações no montante total do capital. [...] Grandes flutuações no volume da ocupação e grande sofrimento podem tornar-se mais frequentes à medida que o capital se torna mais abundante" (Richard

Jones, *An Introductory Lecture on Political Economy*. Lond., 1833, p. 12). "A demanda" (de trabalho) "elevar-se-á [...] não em proporção à acumulação do capital total. [...] Todo aumento do capital nacional destinado à reprodução terá, por isso, no decorrer do progresso social, influência cada vez menor sobre a situação do trabalhador." (Ramsay, [*An Essay on the Distribution of Wealth*,] op. cit., pp. 90–91)

80 H. Merivale, *Lectures on Colonization and Colonies*, v. I. Lond., 1841 e 1842, p. 146.

81 "*Prudential habits with regard to marriage, carried to a considerable extent among the labouring class of a country mainly depending upon manufactures and commerce, might injure it.* [...] *From the nature of a population, an increase of labourers cannot be brought into market, in consequence of a particular demand, till after the lapse of 16 or 18 years, and the conversion of revenue into capital, by saving, may take place much more rapidly; a country is always liable to an increase in the quantity of the funds for the maintenance of labour faster than the increase of population*" (Malthus, *Princ. of Pol. Econ.*, pp. 215, 319, 320). Nessa obra, Malthus finalmente descobre, por intermédio de Sismondi, a bela trindade da produção capitalista: produção excedente – população excedente – consumo excedente, *three very delicate monsters indeed* [três monstros muito delicados, realmente]! Cf. F. Engels, *Umrisse zu einer Kritik der Nationalökonomie*, op. cit., pp. 107 ss.

82 Harriet Martineau, *The Manchester Strike*, 1832, p. 101.

83 ¦ 327 Mesmo durante a penúria algodoeira de 1863, encontra-se num panfleto dos trabalhadores de fiação de algodão de Blackburn uma violenta denúncia do sobretrabalho que, por força da lei fabril, atingia, naturalmente, apenas trabalhadores masculinos adultos. ¦ "Exigia-se dos trabalhadores adultos que trabalhassem diariamente de doze a treze horas, embora centenas estivessem forçados à ociosidade e teriam gostado de poder trabalhar durante parte do tempo para poder sustentar suas famílias e preservar seus irmãos de labuta de uma morte prematura em consequência do sobretrabalho. "Nós", é dito mais adiante, "gostaríamos de perguntar se a prática de trabalhar tempo extra torna possíveis relações de algum modo suportáveis entre patrões e 'servos'. As vítimas do sobretrabalho sentem a injustiça tanto quanto os condenados por ele à ociosidade forçada (*condemned to forced idleness*). Neste distrito, o trabalho a ser realizado é suficiente para, caso distribuído com equidade, ocupar parcialmente a todos. Nós só estamos pedindo o que é direito ao pleitearmos dos patrões que, de modo geral, trabalhe-se apenas em períodos curtos, ao menos enquanto perdurar o atual estado de coisas, em vez de fazer com que uma parte dos trabalhadores trabalhe em excesso enquanto a outra, por falta de serviço, é obrigada a viver de caridade." (*Reports of Insp. of Fact., 31st Oct. 1863*, p. 8) – O efeito de uma superpopulação relativa sobre os trabalhadores empregados é entendido pelo autor do *Essay on Trade and Commerce* com seu costumeiro e infalível instinto burguês. "Outra causa da ociosidade (*idleness*) neste reino é a carência de um número suficiente de trabalhadores. [...] Sempre que, devido a uma demanda extraordinária de produtos fabris, a massa de trabalho se torna escassa, os trabalhadores sentem sua própria importância e querem fazer com que os patrões a sintam também; é espantoso; mas é tão depravado o caráter dessa gente que, em tais casos, grupos de trabalhadores se combinam para constrangerem o patrão, ficando de folga um dia inteiro." (*Essay etc.*, pp. 27–28) ¦ 328 Na verdade essa gente pleiteava aumento de salários. ¦

84 *Economist*, 21 jan. 1860.

85 Enquanto, no último semestre de 1866, de 80 000 a 90 000 trabalhadores em Londres perdiam seus empregos, é dito no relatório fabril sobre o mesmo semestre: "Não parece absolutamente correto quando se diz que a demanda induz a oferta justamente no exato momento em que é necessária. Isso não sucedeu com o trabalho, pois muita maquinaria teve de ficar ociosa no último ano por falta de forças de trabalho". (*Reports of Insp. of Fact. for 31st Oct. 1866*, p. 81)

85a Discurso de abertura da conferência sanitária em Birmingham, a 14 de janeiro de 1875, proferido por J. Chamberlain, então prefeito da cidade, agora (1883) ministro do Comércio.

86 "781 cidades" foram enumeradas no censo de 1861 para Inglaterra e País de Gales "com 10 960 998 habitantes, enquanto nas aldeias e paróquias rurais só foram enumeradas 9 105 226. [...] Em 1851, figuravam no censo 580 cidades cuja população era aproximadamente igual à população dos distritos rurais circunvizinhos. Mas, enquanto nos últimos a população só cresceu meio milhão durante os 10 anos seguintes, nas 580 cidades ela cresceu 1 554 067. O aumento populacional nas paróquias rurais é de 6,5%, nas cidades é de 17,3%. A diferença na taxa de crescimento é devida à migração do campo para a cidade. Três quartos do crescimento total da população pertencem às cidades." (*Census etc.*, v. III, pp. 11-12)

87 "A pobreza parece favorecer a reprodução" (A. Smith). Esse é até um arranjo especialmente sábio de Deus, segundo o galante e espirituoso *abbé* [abade] Galiani: "Deus dispôs que as pessoas que exercem as atividades mais úteis nasçam abundantemente" (Galiani, *Della moneta*, p. 78). "A miséria, levada até seu ponto extremo da fome e da pestilência, antes aumenta o crescimento da população do que o inibe" (S. Laing, *National Distress*, 1844, p. 69). Depois de ilustrar isso estatisticamente, Laing continua: "Se todo mundo estivesse em condições cômodas, o mundo estaria logo despovoado" ("*If the people were all in easy circumstances, the world would soon be depopulated*").

88 "Dia após dia, portanto, torna-se mais claro que as relações de produção, em que a burguesia se move, não têm caráter unitário, simples, mas dúplice; que nas mesmas relações em que se produz a riqueza também se produz a miséria; que nas mesmas relações em que avança o desenvolvimento das forças produtivas desenvolve-se também uma força repressiva; que essas relações só produzem a riqueza burguesa, isto é, a riqueza da classe burguesa, sob aniquilamento contínuo da riqueza dos membros individuais dessa classe e criação de um proletariado sempre crescente." (K. Marx, *Misère de la philosophie*, p. 116)

89 G. Ortes, *Della economia nazionale libri sei 1774*, in Custodi, Parte Moderna, t. XXI, pp. 6, 9, 22, 25 etc. Ortes afirma (ibid., p. 32): "Em vez de montar sistemas inúteis para a felicidade dos povos, limitar-me-ei a investigar a razão de sua infelicidade".

90 *A Dissertation on the Poor Laws. By a Wellwisher of Mankind* (*The Rev. Mr. J. Townsend*), *1786*. Reeditado em Lond., 1817, pp. 15, 39, 41. Esse "delicado" ministro de cujo texto agora citado, bem como de sua *Journey Through Spain*, Malthus copia muitas vezes até páginas inteiras, tomou de Sir J. Steuart a maior parte de sua doutrina, a qual ele, no entanto, deforma. Por exemplo, quando Steuart diz: "Aqui na escravatura havia um método violento de tornar a humanidade laboriosa" (para os não-trabalhadores). "[...] Outrora os seres humanos eram forçados a trabalhar" (isto é, a trabalhar de graça para os outros) "porque eram escravos; agora os seres humanos são forçados a trabalhar" (isto é, a trabalhar de graça para não-trabalhadores) "porque são escravos

de suas próprias necessidades". Ele não conclui daí, como o gordo prebendado – que os assalariados sempre devam viver à beira da fome. Ele quer, pelo contrário, multiplicar as necessidades deles, fazendo do número crescente de necessidades deles um acicate a fim de que trabalhem para "os mais delicados".

91 Storch, [*Cours d'économie politique*,] t. III, op. cit., p. 223.

92 Sismondi, op. cit., t. I, pp. 79, 80, 85.

93 Destutt de Tracy, [*Traité de la volonté et de ses effets*,] op. cit., p. 231. "*Les nations pauvres, c'est là où le peuple est à son aise; et les nations riches, c'est là où il est ordinairement pauvre.*"

94 *Tenth Report of the Commissioners of H. M's Inland Revenue*. Lond., 1866, p. 38.

95 Ibid.

96 Esses números são suficientes para fins de comparação, mas falsos se considerados de modo absoluto, já que talvez rendimentos no valor de 100 milhões de libras esterlinas sejam "escamoteados" a cada ano. A queixa dos *commissioners of Inland Revenue* [comissários do Fisco] quanto a fraudes sistemáticas, por parte de comerciantes e industriais, repete-se em cada um de seus relatórios. Assim é dito, por exemplo: "Uma sociedade anônima declarou lucros tributáveis de 6 000 libras esterlinas, mas o fiscal os elevou para 88 000 libras esterlinas e sobre essa soma é que, por fim, foi pago o imposto. Outra companhia declarou 190 000 libras esterlinas e foi, afinal, compelida a admitir que a verdadeira importância deveria ser de 250 000 libras esterlinas". (Ibid., p. 42)

97 *Census etc.*, op. cit., p. 29. A assertiva de John Bright, de que 150 proprietários de terras possuem metade do solo inglês e 12 possuem metade do solo escocês, não foi refutada.

98 *Fourth Report etc. on Inland Revenue*. Lond., 1860, p. 17.

99 Esses são os rendimentos líquidos, portanto depois de certas deduções válidas por lei.

100 Neste momento, em março de 1867, os mercados indiano e chinês, por causa das consignações dos fabricantes britânicos de algodão, estão de novo completamente saturados. A diminuição salarial de cerca de 5% começou a ser aplicada entre os trabalhadores algodoeiros em 1866; em 1867, em consequência de operação similar, 20 000 homens em Preston entraram em greve. {Esse foi o prelúdio da crise que irrompeu pouco depois. – F. E.}

101 *Census etc.*, op. cit., p. 11.

102 Gladstone, na Câmara dos Comuns, a 13 de fevereiro de 1843: "*It is one of the most melancholy features in the social state of this country that we see, beyond the possibility of denial, that while there is at this moment a decrease in the consuming powers of the people, an increase of the pressure of privations and distress; there is at the same time a constant accumulation of wealth in the upper classes, an increase in the luxuriousness of their habits, and of their means of enjoyment*". (*Times*, 14 fev. 1843. – *Hansard*, 13 fev.)

103 "*From 1842 to 1852 the taxable income of the country increased by 6 per cent* [...] *in the 8 years from 1853 to 1861, it had increased from the basis taken in 1853, 20 per cent! The fact is so astonishing as to be almost incredible* [...] *this intoxicating augmentation of wealth and power* [...] *entirely confined to classes of property* [...] *must be of indirect benefit to the labouring population, because it cheapens the commodities of general consumption – while the rich have been growing richer, the poor have been growing less poor! at any rate, whether the extremes of poverty are less, I do not presume to say.*" (Gladstone, in H. o. C., 16 abr. 1863. *Morning Star*, 17 abr.) [Esta é a nota a que Engels se refere no "Prefácio da quarta edição alemã", p. 86. – N. T.]

104 Ver os dados oficiais no Livro Azul: *Miscellaneous Statistics of the Un. Kingdom, Part VI*. Lond., 1866, pp. 260–73 ss. Em vez da estatística dos asilos de órfãos etc., poderiam servir como prova as declamações dos jornais governistas em prol do aumento das dotações dos infantes da Casa Real. Aí o encarecimento dos meios de subsistência jamais é esquecido.

105 "*Think of those who are on the border of that region*" (*pauperism*) "*wages* [...] *in others not increased* [...] *human life is but, in nine cases out of ten, a struggle for existence*" (Gladstone, H. o. C., 7 abr. 1864). A versão do *Hansard* proclama: "*Again; and yet more at large, what is human life but, in the majority of cases, a struggle for existence.*" – As repetidas e gritantes contradições nos discursos de Gladstone sobre o orçamento de 1863 e 1864 são caracterizadas por um ¦ 349 escritor inglês ¦ mediante a seguinte citação de Boileau:

> *Eis o homem: passa do pranto ao preito,*
> *Rejeita pela manhã o que pela noite aceita,*
> *A todos importuna, a si mesmo incomoda,*
> *Muda de conceito como se muda de moda*
> ([Citado por H. Roy,] *The Theory of Exchanges etc.* Lond., 1864, p. 135) [Tradução livre de Flávio R. Kothe.]

106 H. Fawcett, [*The Economic Position of the British Labourer*,] op. cit., pp. 67, 82. Quanto à crescente dependência dos trabalhadores em relação ao comerciante, ela é consequência das flutuações e interrupções crescentes ¦ 350 de sua ocupação ¦.

107 A Inglaterra abrange sempre o País de Gales; a Grã-Bretanha abrange a Inglaterra, o País de Gales e a Escócia; o Reino Unido, esses três países mais a Irlanda.

108 Lança uma luz própria sobre o progresso havido desde A. Smith que a palavra *workhouse* ainda seja ocasionalmente para ele sinônimo de *manufactory*. Por exemplo, no início de seu capítulo sobre a divisão do trabalho: "Aqueles que se ocupam de diferentes ramos de atividade podem ser frequentemente reunidos na mesma casa de trabalho (*workhouse*)".

109 *Public Health. Sixth Report etc. for 1863*. Lond., 1864, p. 13.

110 Ibid., p. 17.

111 Ibid., p. 13.

112 Ibid., "Apêndice", p. 232.

113 Ibid., pp. 232–33.

114 Ibid., pp. 14–15.

115 "Em nenhuma parte se sacrificaram tão aberta e descaradamente os direitos da pessoa ao direito de propriedade do que nas condições de habitação da classe trabalhadora. Cada grande cidade é um local de sacrifícios humanos, um altar sobre o qual milhares são sacrificados cada ano ao Moloch da avareza." (S. Laing, [*National Distress*,] op. cit., p. 150)

116 *Public Health. Eighth Report*. Lond., 1866, p. 14, nota.

117 Ibid., p. 89. Em relação às crianças nessas colônias, diz o Dr. Hunter: "Não sabemos como as crianças eram criadas antes de ter começado essa era de densa aglomeração de pobres, e seria um profeta audaz quem quisesse predizer que comportamento seria de se esperar da atual geração de crianças que, sob circunstâncias sem paralelo neste país, estão completando agora a sua educação para a futura práxis como 'classes perigosas', ao passarem metade das noites com pessoas de todas as idades, bêbadas, obscenas e briguentas". (Ibid., p. 56)

118 Ibid., p. 62.

119 *Report of the Officer of Health of St. Martin-in-the-Fields, 1865*.

120 *Public Health, Eighth Report*. Lond., 1866, p. 91.

121 Ibid., p. 88.

122 Ibid., p. 89.

123 Ibid., p. 56.

124 Ibid., p. 149.
125 Ibid., p. 50.
126 Lista do agente de uma companhia de seguros de trabalhadores em Bradford. (Ibid., p. 111) **[ver tabela p. 832]**
127 Ibid., p. 114.
128 Ibid., p. 50.
129 *Public Health. Seventh Report*. Lond., 1865, p. 18.
130 Ibid., p. 165.
131 Ibid., p. 18, nota. O encarregado da assistência aos indigentes de Chapel-en-le-Frith-Union relata ao Registrar General: "Em Doveholes, certo número de pequenas escavações foi feito numa grande colina formada por cinzas de cal. Essas cavernas servem de moradia para os trabalhadores ocupados na terraplenagem e na construção de ferrovias. As cavernas são estreitas, úmidas, sem escoamento para imundícies e sem privadas. Faltam-lhes todos os meios de ventilação, exceto um buraco no teto que serve simultaneamente como chaminé. A varíola grassa e já causou vários óbitos" (entre os trogloditas). (Ibid., nota 2)
132 Quanto à situação ainda pior nas minas de metais, confronte-se o conscencioso relatório da Royal Commission de 1864.
133 Ibid., pp. 180, 182.
134 Ibid., pp. 515, 517.
135 Ibid., p. 16.
136 "Morte em massa, por inanição, dos pobres de Londres! (*Wholesale starvation of the London poor!*) [...] Durante os últimos dias, os muros de Londres foram cobertos por grandes cartazes com este anúncio notável: 'Bois gordos, gente faminta! Os bois gordos deixaram seus palácios de vidro para cevar os ricos em suas mansões luxuosas, enquanto pessoas famintas apodrecem e morrem em suas miseráveis tocas'. Os cartazes com essas inscrições ominosas são constantemente renovados. Assim que uma parte deles é estragada ou coberta, logo reaparece outra no mesmo local público ou em outro equivalente. Isso lembra os *omina* [maus presságios] que prepararam o povo francês para os eventos de 1789. [...] Nesse momento, enquanto trabalhadores ingleses, com suas mulheres e filhos, estão morrendo de fome e frio, milhões do dinheiro inglês – produto do trabalho inglês – estão sendo aplicados em empréstimos estrangeiros na Rússia, Espanha, Itália e em outros países." (*Reynolds' Newspaper*, 20 jan. 1867)
137 [Édouard] Ducpétiaux, [*Budgets économiques des classes ouvrières en Belgique*,] pp. 151, 154, 155, 156.
138 James E. Th. Rogers (catedrático de Economia Política na Universidade de Oxford), *A History of Agriculture and Prices in England*, v. I. Oxford, 1866, p. 690. Essa obra cuidadosamente elaborada abarca, nos dois primeiros volumes até agora publicados, somente o período de 1259 a 1400. O segundo volume contém apenas material estatístico. É a primeira *history of prices* [história dos preços] autêntica que possuímos daquela época.
139 *Reasons for the Late Increase of the Poor-Rates: or, A Comparative View of the Price of Labour and Provisions*. Lond., 1777, pp. 5, 11.
140 Dr. Richard Price, *Observations on Reversionary Payments*, v. II, 6ª ed. By W. Morgan, Lond., 1803, pp. 158-59. Price observa à p. 159: "O preço nominal da jornada de trabalho não é, atualmente, mais do que quatro vezes ou, no máximo, cinco vezes mais elevado do que era no ano de 1514. Mas o preço do cereal é umas sete vezes mais elevado, o da carne e do vestuário umas quinze vezes. O preço do trabalho ficou, por isso, tão para trás do aumento do custo de vida que agora, em relação a esse custo, parece que não chega a importar nem sequer na metade daquilo que importava anteriormente".

141 Barton, [*Observations on the Circumstances which Influence the Condition of the Labouring Classes of Society*,] op. cit., p. 26. Para o final do século XVIII, conf. Eden, [*The State of the Poor, or an History of the Labouring Classes in England etc.*,] op. cit.

142 Parry, [*The Question of the Necessity of the Existing Cornlaws Considered*,] op. cit., p. 80.

143 Id., p. 213.

144 S. Laing, [*National Distress*,] op. cit., p. 62.

145 *England and America*, v. I. Lond., 1833, p. 47.

146 *London Economist*, 29 mar. 1845, p. 290.

147 Com esse fim, a aristocracia fundiária adiantou fundos do Tesouro do Estado para si mesma, naturalmente por meio do Parlamento, a juros muito baixos, que os arrendatários tinham de lhe pagar em dobro.

148 O decréscimo de arrendatários médios evidencia-se pelas rubricas do censo: "filho, neto, irmão, sobrinho, filha, neta, irmã, sobrinha do arrendatário", em suma, os membros de sua própria família ocupados pelo arrendatário. Essas rubricas contavam, em 1851, 216 851 pessoas; em 1861, apenas 176 151. De 1851 a 1871, na Inglaterra, os arrendamentos com menos de 20 acres diminuíram em mais de 900; aqueles entre 50 e 75 acres caíram de 8 253 para 6 370, algo semelhante ocorrendo em todos os outros arrendamentos com menos de 100 acres. Entretanto, no mesmo período de 20 anos, o número de grandes arrendamentos aumentou: os de 300-500 acres subiram de 7 771 para 8 410; os com mais de 500 acres, de 2 755 para 3 914; os com mais de 1 000 acres, de 492 para 582.

149 O número de pastores de ovelhas cresceu de 12 517 para 25 559.

150 *Census etc.*, op. cit., p. 36.

151 Rogers, [*A History of Agriculture and Prices in England*,] op. cit., p. 693. "*The peasant has again become a serf*" (Ibid., p. 10). O Sr. Rogers pertence à escola liberal, é amigo pessoal de Cobden e Bright, portanto nenhum *laudator temporis acti* [louvador dos tempos passados].

152 *Public Health. Seventh Report*. Lond., 1865, p. 242. "*The cost of the hind is fixed at the lowest possible amount on which he can live* [...] *the supplies of wages or shelter are not calculated on the profit to be derived from him. He is a zero in farming calculations.*" Portanto, não é nada incomum que o locador aumente o aluguel a ser pago por um trabalhador tão logo saiba que ele ganha alguma coisa a mais ou que o arrendatário rebaixe o salário do trabalhador "porque a mulher dele arranjou uma ocupação". Ibid.

153 Ibid., p. 135.

154 Ibid., p. 134.

155 *Reports of the Commissioners* [...] *Relating to Transportation and Penal Servitude*. Lond., 1863, p. 42, n. 50.

156 Ibid., "Memorandum by the Lord Chief Justice".

157 Ibid., v. II, *Evidence* [depoimento].

158 Ibid., v. I, Apêndice, p. 280.

158a Ibid., pp. 274, 275.

159 *Public Health, Sixth Report, 1863*, pp. 238, 249, 261-62.

160 Ibid., p. 262.

161 Ibid., p. 17. O trabalhador rural inglês consome apenas ¼ do leite e metade do pão que o irlandês consome. A melhor situação alimentar deste já era observada por A. Young em seu *Tour through Ireland* no começo deste século. A razão é simplesmente que o pobre arrendatário irlandês é incomparavelmente mais humano do que o rico parceiro inglês. Quanto ao País de Gales, os dados acima não são válidos para seu sudoeste. "Todos os médicos de lá concordam que o aumento da taxa de mortalidade por tuberculose, escrófula etc. cresce em intensidade com a piora das condições físicas da população e todos

atribuem essa piora à pobreza. O sustento diário do trabalhador agrícola é estimado lá em 5 pence, mas em muitos distritos o arrendatário" (ele mesmo paupérrimo) "paga menos. Um pouco de carne salgada, dessecada até ficar dura como mogno e que mal vale o difícil processo de digestão, ou algum toucinho servem de condimento para grande quantidade de caldo de farinha e alho ou de papa de aveia, sendo esse, dia após dia, o almoço do trabalhador rural. [...] O progresso da indústria teve por consequência para ele, nesse clima duro e úmido, substituir o sólido pano tecido em casa por produtos baratos de algodão e bebidas mais fortes por um chá 'nominal' [...]. Depois de várias horas de exposição ao vento e à chuva, o lavrador volta para seu *cottage*, para se sentar junto a um fogo de turfa ou de bolas compostas de lama e resíduos de carvão, do qual evolam nuvens de ácidos carbônico e sulfuroso. As paredes do barraco são de barro e pedras, o chão é constituído pela terra nua, que estava ali antes da construção da cabana, o telhado é uma massa de palha solta e molhada. Todas as frestas são calafetadas para conservar o calor e, numa atmosfera de fedor diabólico, um chão lamacento por debaixo, frequentemente com suas únicas roupas secando sobre o próprio corpo, ele janta com a mulher e as crianças. Parteiros que foram obrigados a passar parte da noite nesses barracos descreveram como seus pés afundavam na lama do chão e como foram forçados, fácil tarefa!, a fazer um buraco na parede para ter acesso a um pouco de respiração privada. Foi atestado por numerosas testemunhas de diferentes posições sociais que o camponês subnutrido (*underfed*) está sujeito todas as noites a essas e outras influências nocivas à saúde, e para o resultado, um povo enfraquecido e escrofuloso, de fato não faltam provas. [...] Os informes dos funcionários paroquiais de Caermanthenshire e Cardiganshire apontam de modo gritante o mesmo estado de coisas. Há, além disso, uma praga ainda maior, a propagação do idiotismo. Agora sobre as condições climáticas. Fortes ventos do sudoeste sopram por todo o país durante 8 a 9 meses por ano, seguidos por chuvas torrenciais que caem principalmente sobre as encostas ocidentais das colinas. Árvores são raras, exceto em lugares cobertos; onde não estão protegidas, são completamente desfiguradas pelos ventos. As cabanas rastejam sob qualquer terraço de montanha, frequentemente também numa ravina ou numa pedreira, e somente as menores ovelhas e o gado bovino nativo conseguem viver nas pastagens. [...] Os jovens emigram para os distritos mineiros orientais de Glamorgan e Monmouth. [...] Caermarthenshire é o viveiro da população mineira e seu asilo para inválidos. A população só mantém seu número com dificuldade. Assim, em Cardiganshire:

	1851	1861
Sexo masculino:	45155	44446
Sexo feminino:	52459	52955
	97614	97401."

("Dr. Hunters Report", in *Public Health. Seventh Report, 1864*. Lond., 1865, pp. 498–502 ss.)

162 Em 1865, essa lei foi um pouco melhorada. Logo se aprenderá por experiência que semelhante remendo de nada adianta.

163 Para entender isso: são denominadas *close villages* (aldeias fechadas) aquelas que têm como proprietários fundiários um ou dois grandes *landlords*; *open villages* (aldeias abertas), aquelas cujo solo pertence a muitos proprietários menores. É nestas que os especuladores imobiliários podem erguer *cottages* e casas de alojamentos.

164 Tal aldeia-mostruário parece muito bonita, mas é tão irreal quanto as aldeias que Catarina II viu em sua viagem à Crimeia. Nos últimos tempos, até mesmo o pastor de ovelhas tem sido frequentemente banido dessas aldeias-mostruário. Por exemplo, em Market Harborough há uma fazenda de ovelhas com cerca de 500 acres que exige o trabalho de apenas um homem. Para evitar as longas caminhadas sobre essas vastas superfícies, as belas pastagens de Leicester e Northampton, o pastor costumava receber um *cottage* na própria fazenda. Agora se dá a ele um 13º xelim para alojamento, que ele tem de procurar bem longe, na aldeia aberta.

165 "As casas dos trabalhadores" (nas localidades abertas, que, naturalmente, sempre estão superlotadas) "são construídas comumente em fileiras, com suas partes traseiras no limite externo do pedaço de chão que o especulador imobiliário considera como sendo seu. Por isso, elas não têm acesso a luminosidade e ventilação, exceto na parte da frente" ("Dr. Hunters Report", op. cit., p. 135). "Muitas vezes o taberneiro ou merceeiro da aldeia é ao mesmo tempo locador de casas. Nesse caso, o trabalhador agrícola encontra nele um segundo patrão, ao lado do arrendatário. Ele tem de ser simultaneamente seu freguês. Com 10 xelins por semana, menos um aluguel anual de 4 libras esterlinas [...] ele é obrigado a comprar, com os preços impostos pelo vendeiro, seu *modicum* [pouco] de chá, açúcar, farinha, sabão, velas e cerveja" (ibid., p. 132). Essas aldeias abertas formam, de fato, as colônias penais do proletariado agrícola inglês. Muitos dos *cottages* são simples hospedarias, pelas quais passa todo o rebotalho da vizinhança. O morador rural e sua família, que com frequência preservam de modo admirável, nas condições mais abjetas, a solidez e a pureza de caráter, vão aqui totalmente ao diabo. Naturalmente, é moda entre os *Shylocks* aristocráticos encolher farisaicamente os ombros quanto aos especuladores imobiliários, aos pequenos proprietários e às localidades abertas. Mas eles sabem muito bem que suas "aldeias fechadas" e suas "aldeias-mostruário" são nascedouros das aldeias abertas e não poderiam existir sem elas. "Os trabalhadores [...], caso não existissem os pequenos proprietários, teriam de dormir sob as árvores das propriedades em que trabalham" (ibid., p. 135). O sistema de aldeias "abertas" e "fechadas" predomina em toda Midlands [Terras Médias] e em todo o leste da Inglaterra.

166 "O locador da casa" (arrendatário ou *landlord*) "enriquece direta ou indiretamente mediante o trabalho de um homem ao qual paga 10 xelins por semana, e então extorque, desse pobre-diabo, 4 ou 5 libras esterlinas de aluguel anual por casas que não valem 20 libras esterlinas no mercado aberto, mas que são mantidas em seu preço artificial pelo poder do proprietário de dizer: 'Tome minha casa ou vá embora e procure abrigo em outro lugar, sem certificado de trabalho de minha parte'. [...] Se um homem deseja melhorar indo para uma ferrovia como colocador de trilhos ou para uma pedreira, o mesmo poder está novamente pronto para lhe dizer: 'Trabalhe para mim por esse salário baixo ou se mude com um aviso prévio de uma semana; leve junto seu porco, se tiver um, e consiga o que puder pelas batatas que crescem em seu jardim'. Se, no entanto, seu interesse estiver em outro lado, então o proprietário" (ou o arrendatário) "pode algumas vezes preferir um aumento de aluguel, nesses casos como penalidade pela deserção de seu serviços." ("Dr. Hunter[s Report]", op. cit., p. 132)

167 "Pares recém-casados não são um estudo edificante para irmãos e irmãs adultos no mesmo quarto de dormir e, embora não se possam registrar exemplos, há dados suficientes para justificar a observação de que grande sofrimento e às vezes a morte são o fardo da participante feminina no crime do incesto" ("Dr. Hunter[s Report]", op. cit., p. 137). Um funcionário da polícia rural que, por muitos anos, trabalhou como detetive nos piores bairros de Londres fala das moças de sua aldeia: "Sua grosseira imoralidade em tenra idade, seu atrevimento e sua falta de vergonha nunca vi igualados durante minha vida de policial nas piores partes de Londres. [...] Eles vivem como porcos, rapazes e moças, mães e pais, todos dormem juntos no mesmo quarto". (Child. Empl. Comm., *Sixth Report*. Lond., 1867, Apêndice, p. 77, n. 155)

168 *Public Health. Seventh Report, 1864*, pp. 9-14 ss.

168a "O pároco e o gentil-homem parecem ter-se conjurado para acossá-los até a morte."

169 "A atividade do trabalhador rural que se origina na vontade divina confere dignidade até mesmo à sua posição. Ele não é um escravo, mas um soldado da paz, e merece seu lugar numa moradia, que deve ser colocada à disposição do homem casado pelo dono das terras, o qual reclamou para si o direito de forçá-lo a trabalhar, de modo semelhante a como o país procede em face do soldado. Como o soldado, tampouco ele recebe o preço de mercado por seu trabalho. Como o soldado, ele é recrutado enquanto jovem e ignorante, só conhecendo sua própria profissão e sua própria localidade de moradia. O casamento prematuro e a manipulação das várias leis sobre o domicílio afetam um, assim como o recrutamento e o código penal afetam o outro"("Dr. Hunter[s Report]", op. cit., p. 132). Às vezes um *landlord* de coração excepcionalmente mole se comove com a solidão por ele criada. "É uma coisa melancólica estar sozinho em seu país", disse o Conde de Leicester quando congratulado pelo término da construção de Holkham. "Olho em volta e não vejo nenhuma casa exceto a minha. Sou o gigante da torre gigante e devorei todos os meus vizinhos."

170 Movimento semelhante ocorre nos últimos decênios na França, à medida que ali a produção capitalista domina a agricultura e expulsa a população rural "supranumerária" para as cidades. Também aí pioram as condições de moradia e demais situações por causa dos "supranumerários". Sobre o peculiar *prolétariat foncier* [proletariado rural] que o parcelamento da terra gerou, ver, entre outras coisas, o escrito de Colins citado anteriormente, bem como o de Karl Marx, *Der achtzehnte Brumaire des Louis Bonaparte* [*O 18 de brumário de Luís Bonaparte*], 2ª ed. Hamburg, 1869, pp. 88 ss. Em 1846, a população urbana da França compreendia 24,42%, a rural 75,58%; em 1861, a urbana 28,86%, a rural 71,14%. Nos últimos 5 anos, o decréscimo do percentual rural da população tem sido ainda maior. Já em 1846 Pierre Dupont cantava em seu *Ouvriers*:

> *Malvestidos, em covas acomodados,*
> *Em águas-furtadas, entre escombros,*
> *Vivemos com mochos e ladrões,*
> *Amigos das sombras.*

171 O sexto e último relatório da Child. Empl. Comm., publicado ao final de março de 1867, trata tão somente do sistema agrícola de turmas.

172 Child. Empl. Comm., *VI Report*. Evidence, p. 37, n. 173.

173 Alguns chefes de turma conseguiram, no entanto, ascender a arrendatários de 500 acres ou a proprietários de filas inteiras de casas.

174 "Metade das meninas de Ludford está arruinada pela turma." ([Child. Empl.

Comm., *VI Report*,] op. cit., Apêndice, p. 6, n. 32)

175 "O sistema cresceu muito nos últimos anos. Em alguns lugares foi introduzido há pouco; em outros, onde é mais antigo, mais crianças e crianças mais jovens são alistadas na turma." (Ibid., p. 79, n. 174)

176 "Pequenos arrendatários não utilizam trabalho de turma." "Não é utilizado em terra pobre, mas em terra que dá de 2 libras esterlinas a 2 libras esterlinas e 10 xelins de renda por acre." (Ibid., pp. 17 e 14)

177 Um desses senhores gosta tanto de suas rendas que declarou, indignado, à Comissão de Inquérito que toda celeuma só se devia ao nome do sistema. Se em vez de "turma" fosse batizado de "associação cooperativa juvenil industrial agrícola de autossustento", então tudo estaria *all right* [bem].

178 "O trabalho da turma é mais barato do que outro trabalho, por isso ele é empregado", diz um antigo chefe de turma (ibid., p. 17, n. 14). "O sistema de turma é, decididamente, o mais barato para o arrendatário e, do mesmo modo, decididamente o mais ruinoso para as crianças", diz um arrendatário. (Ibid., p. 16, n. 3)

179 "Indubitavelmente, muito do trabalho feito agora por crianças em turmas costumava antes ser feito por homens e mulheres. Onde mulheres e crianças são empregadas, mais homens estão agora desempregados (*more men are out of work*) do que antes" (ibid., p. 43, n. 202). Por outro lado, entre outras coisas: "A questão do trabalho (*labour question*) em muitos distritos agrícolas, especialmente nos que produzem cereais, está-se tornando tão séria em decorrência da emigração e da facilidade oferecida por estradas de ferro para a viagem às grandes cidades que eu" (o "eu" é o agente agrícola de um grande senhor) "considero que os serviços das crianças são absolutamente indispensáveis". (ibid., p. 80, n. 180). *The labour question* (a questão do trabalho) em distritos agrícolas ingleses, diferentemente do resto do mundo civilizado, significa *the landlords' and farmers' question* (a questão dos senhores da terra e dos arrendatários): como é possível, apesar do sempre crescente êxodo da população agrícola, perpetuar uma "superpopulação relativa" no campo e, por meio dela, o "mínimo de salário" para o trabalhador agrícola?

180 O *Public Health Report*, anteriormente citado por mim, no qual, a propósito da mortalidade infantil, trata-se de passagem do sistema de turmas, permaneceu ignorado pela imprensa e pelo público inglês. Entrementes, o último relatório da Child. Empl. Comm. forneceu um pasto bem-vindo e *sensational* para a imprensa. Enquanto a imprensa liberal perguntava como os finos *gentlemen* e *ladies* e os prebendados da Igreja do Estado, que enxameiam em Lincolnshire, podiam deixar que tal sistema fosse criado debaixo de seus olhos, em suas propriedades, já que tais personagens mandam missões próprias "para a melhoria dos costumes dos selvagens dos mares do Sul", do outro lado do mundo; a imprensa mais fina fazia considerações exclusivamente sobre a rude degradação da gente do campo, capaz de vender suas crianças para tal escravidão! Sob as circunstâncias malditas a que "a gente fina" condena o homem do campo, seria compreensível se ele devorasse os próprios filhos. O que é realmente maravilhoso é a inteireza de caráter que ele em grande medida preservou. Os relatórios oficiais comprovam que os pais detestam o sistema de turmas, mesmo nos distritos em que ele prevalece. "Encontra-se abundante comprovação nos testemunhos por nós reunidos de que os pais, em muitos casos, seriam gratos por alguma lei de execução obrigatória que os capacitasse a resistir às tentações e à pressão a que frequentemente estão sujeitos. Ora os pressiona o funcionário da paróquia, ora o empregador, sob a ameaça de sua própria demissão, para que enviem os filhos ao trabalho, em vez de à escola. [...] Todo tempo e força desperdiçados, todo tormento que produz fadiga extraordinária e inútil ao trabalhador e à sua família, todo caso em que os pais imputam a ruína moral de seus filhos à superlotação dos *cottages* ou às influências degradantes do sistema de turmas despertam no peito dos pobres que trabalham sentimentos que se há de entender e que é desnecessário detalhar. Eles têm consciência de que muito sofrimento físico e espiritual lhes é infligido por circunstâncias pelas quais de modo algum são responsáveis, circunstâncias a que, caso isso estivesse em seu poder, jamais teriam dado sua concordância e contra as quais são impotentes para lutar." (Ibid., p. XX, n. 82, e XXIII, n. 96)

181 População da Irlanda: em 1801: 5319867 pessoas; em 1811: 6084996; em 1821: 6869544; em 1831 7828347; em 1841: 8222664.

182 O resultado seria mais desfavorável se recuássemos mais. Assim, ovinos em 1865: 3688742, mas em 1856: 3694294; suínos em 1865: 1299893, mas em 1858: 1409883.

183 Os dados do texto são compilados do material *Agricultural Statistics, Ireland. General Abstracts, Dublin*, para o ano de 1860 e seguintes, e *Agricultural Statistics, Ireland. Tables showing the Estimated Average Produce etc.*, Dublin, 1867. Sabe-se que essa estatística é oficial e que é apresentada anualmente ao Parlamento.

Acréscimo à 2ª edição. A estatística oficial mostra, para o ano de 1872, um "decréscimo" na área de solo cultivado – se comparado com 1871 – de 134915 acres. Ocorreu "acréscimo" no cultivo de hortaliças – nabo, acelga e semelhantes; "decréscimo" na área de solo cultivado: trigo, 16000 acres; aveia 14000 acres; cevada e centeio, 4000 acres; batata, 66632 acres; linho, 34667 acres; e 30000 acres a menos para pasto, trevo, ervilhaca e beterraba. O solo utilizado para o cultivo do trigo mostra, nos últimos 5 anos, a seguinte escala decrescente: 1868 – 285000 acres; 1869 – 280000 acres; 1870 – 259000 acres; 1871 – 244000 acres; 1872 – 228000 acres. Em 1872, houve, em números redondos, um acréscimo de 2600 equinos, 80000 bovinos e 68600 ovinos, bem como um decréscimo de 236000 suínos.

184 *Tenth Report of the Commissioners of Inland Revenue*. Lond., 1866.

185 O total dos rendimentos anuais da categoria D difere aqui da tabela anterior devido a certas deduções permitidas por lei.

186 Se o produto também diminui proporcionalmente por acre, que não se esqueça que a Inglaterra, há 1½ século, tem exportado indiretamente o solo da Irlanda, sem ao menos proporcionar a seus lavradores os meios para repor os componentes do solo.

186a Já que a Irlanda é encarada como a terra prometida do "princípio da população", Th. Sadler, antes da publicação de sua obra sobre população, editou seu famoso livro *Ireland, Its Evils and Their Remedies*, 2ª ed. London, 1829, no qual, comparando a estatística das províncias individuais, e em cada província a dos condados individuais, prova que ali a miséria reina não na razão direta do número de habitantes, como quer Malthus, mas na razão inversa.

186b De 1851 a 1874, o número total de emigrantes atingiu 2325922.

186c Nota à 2ª edição: Segundo uma tabela da obra *Ireland, Industrial, Political and Social*, de Murphy, em 1870 94,6% do solo constituía arrendamentos de até 100 acres e 5,4% arrendamentos com mais de 100 acres.

186d *Reports from the Poor Law Inspectors on the Wages of Agricultural Labourers in Ireland*. Dublin, 1870. Confronte-se também *Agricultural Labourers (Ireland) Return etc.*, 8 mar. 1861.

187 Ibid., p. 29, 1.

187a Ibid., p. 12.

187b Ibid., p. 25.

187c Ibid., p. 27.

187d [Ibid.,] p. 26.

187e [Ibid.,] p. 1.

187f [Ibid.,] p. 32.

187g [Ibid.,] p. 25.

187h [Ibid.,] p. 30.

187i [Ibid.,] pp. 21, 13.

188 ¦ 362 *Reports of Insp. of Fact. for 31st Oct. 1866*, p. 96. ¦

188a A área total compreende também "turfeiras e terras não utilizadas".

188b No Livro 3 desta obra, na seção sobre a propriedade fundiária, demonstrarei mais detalhadamente como a epidemia da fome e as circunstâncias que ela trouxe foram planejadamente exploradas pelos proprietários fundiários individuais, assim como pela legislação inglesa, para impor violentamente a revolução agrícola e reduzir a população irlandesa à média conveniente aos senhores de terras. Lá voltarei a tratar da situação dos pequenos proprietários e dos trabalhadores agrícolas. Aqui, apenas uma citação. Nassau W. Senior diz, em sua obra póstuma *Journals, Conversations and Essays Relating to Ireland*, 2 v., London, 1868, v. II, p. 282: "Acertadamente observou o Dr. G. que nós temos nossa Lei dos Pobres e ela é um grande instrumento para dar a vitória aos senhores de terras. Outro é a emigração. Nenhum amigo da Irlanda ¦ 363 ¦ pode querer que a guerra" (entre os senhores de terras e os pequenos arrendatários celtas) "se prolongue – e muito menos que ela acabe com a vitória dos arrendatários. [...] Quanto antes ela" (esta guerra) "terminar, quanto mais cedo a Irlanda se tornar um país de pastos (*grazing country*), com a população relativamente pequena que um país de pastos requer, tanto melhor para todas as classes". As leis inglesas dos cereais, de 1815, asseguraram à Irlanda o monopólio da livre exportação de cereais para a Grã-Bretanha. Por conseguinte, favoreceram artificialmente o cultivo de cereal. Esse monopólio foi subitamente removido em 1846 com a revogação das leis dos cereais. Abstraindo as demais circunstâncias, só esse evento foi suficiente para dar grande impulso à transformação das terras irlandesas de lavoura em pastagens de gado, à concentração dos arrendamentos e à expulsão dos pequenos camponeses. Depois que, de 1815 a 1846, se celebrou a fecundidade do solo irlandês e se proclamou, em alto e bom som, que ele foi destinado pela própria Natureza para o cultivo de cereais, desse momento em diante agrônomos, economistas e políticos ingleses descobriram subitamente que o solo irlandês só serve para produzir forragens! O Sr. Léonce de Lavergne apressou-se em repetir isso do outro lado do canal. É preciso um homem "sério" *à la* Lavergne para se deixar levar por tais infantilidades.

189 Na Itália, onde a produção capitalista desenvolveu-se mais cedo, ocorreu também mais cedo a dissolução das relações de servidão. O servo é emancipado aqui antes de ter-se assegurado, por prescrição, qualquer direito à base fundiária. Sua emancipação transforma-o, pois, imediatamente num proletário livre como os pássaros, que, porém, já encontra os novos senhores nas cidades, em sua maioria originárias da época de Roma. Quando a revolução do mercado mundial, no final do século XV, destruiu a supremacia comercial do norte da Itália, surgiu um movimento em sentido contrário. Os trabalhadores das cidades foram expulsos em massa para o campo e lá deram à pequena agricultura, exercida sob a forma de horticultura, impulso nunca visto.

190 "Os pequenos proprietários fundiários, que cultivavam suas próprias terras com suas próprias mãos e usufruíam de modesto bem-estar [...] constituíam então uma parte muito mais importante da nação do que nos tempos atuais. [...] Nada menos que 160 000 proprietários, os quais com suas famílias deviam ter representado mais de 1/7 da população total, viviam da exploração de suas pequenas parcelas *freehold*" (*freehold* é propriedade plenamente livre). "O rendimento médio desses pequenos proprietários fundiários [...] é avaliado como sendo de 60 a 70 libras esterlinas. Calculou-se que o número daqueles que cultivavam sua própria terra era maior que o dos arrendatários que lavravam terra alheia" (Macaulay, *Hist. of England*, I, 10ª ed. London, 1854, pp. 333-34). Ainda no último terço do século XVII, 4/5 da massa popular inglesa eram agricultores (ibid., p. 413). – Cito Macaulay porque, como falsário sistemático da História, ele "poda" tais fatos tanto quanto possível.

191 Não se deve esquecer jamais que o próprio servo não era apenas proprietário, ainda que proprietário sujeito a tributos, da parcela de terra pertencente a sua casa, mas também coproprietário ¦ 371 das terras comunais. "O camponês é lá" (na Silésia) "servo". ¦ Não obstante, esses *serfs* possuem bens comunais. "Não se conseguiu até agora induzir os silesianos à partilha das terras comunais, enquanto na Neumark não existe quase nenhuma aldeia em que essa partilha não tenha sido efetuada com grande sucesso." (Mirabeau, *De la monarchie prussienne*, t. II. Londres, 1788, pp. 125-26)

192 O Japão, com seu sistema puramente feudal de propriedade fundiária e sua economia desenvolvida de pequena agricultura, oferece um quadro muito mais fiel da Idade Média europeia que todos os nossos livros de História, ditados em sua maioria por preconceitos burgueses. É fácil demais ser "liberal" à custa da Idade Média.

193 Em sua *Utopia*, Thomas Morus fala de um país singular onde "as ovelhas devoram os seres humanos". (*Utopia*, trad. Robinson, ed. Arber. London, 1869, p. 41)

193a Bacon mostra a relação entre um campesinato abastado e livre e uma boa infantaria. "Era admiravelmente importante para o poder e a manutenção do reino ter arrendamentos de áreas suficientes para sustentar sem penúria homens capazes e assegurar que grande parte do solo do reino ficasse na posse da *yeomanry* ou de pessoas em condições médias entre os nobres e os caseiros (*cottagers*) e servos camponeses. [...] Pois é a opinião geral dos mais competentes conhecedores da guerra [...] que a força principal de um exército consiste na infantaria ou nos combatentes a pé. Mas para constituir uma boa infantaria necessita-se de pessoas que se criaram não de modo servil ou na indigência, mas em liberdade e com certo bem-estar. Quando um Estado excede em pessoas nobres e senhores finos, enquanto os aldeões e lavradores não passam de meros trabalhadores ou servos agrícolas, ou ainda caseiros, isto é, mendigos alojados, pode-se ter uma boa cavalaria, mas nunca se terá uma infantaria boa e firme. [...] Isso é o que se vê na França e Itália e em algumas outras regiões estrangeiras, onde de fato todos são ou nobres ou camponeses miseráveis [...] até o ponto em que são obrigados a empregar bandos mercenários de suíços ou semelhantes para seus batalhões de infantaria, o que também faz com que essas nações tenham muito povo e poucos soldados". (*The Reign of Henry VII etc.*

Verbatim Reprint from Kennet's England, ed. 1719. Lond., 1870, p. 308)

194 "Dr. Hunter[s Report]", op. cit., p. 134. – "A quantidade de terra que" (nas velhas leis) "era atribuída seria hoje considerada grande demais para trabalhadores e mais apropriada para transformá-los em pequenos arrendatários." (George Roberts, *The Social History of the People of the Southern Counties of England in Past Centuries*. Lond., 1856, p. 184)

195 "O direito dos pobres a participar nos dízimos da Igreja é fixado por velhos estatutos." (Tuckett, [*A History of the Past and Present State of the Labouring Population*,] op. cit., v. II, pp. 804–05)

196 William Cobbett, *A History of the Protestant Reformation*, § 471.

197 ¦ 375 Reconhece-se o "espírito" protestante, entre outras coisas, no seguinte. ¦ No sul da Inglaterra, vários proprietários fundiários e arrendatários abastados reuniram suas inteligências e formularam 10 perguntas sobre a interpretação correta da Lei dos Pobres da Rainha Elizabeth, as quais submeteram a um jurista famoso daquele tempo, Sergeant Snigge (mais tarde juiz, sob Jaime I), para que desse um parecer. "Nona pergunta: Alguns dos ricos arrendatários da paróquia imaginaram um plano inteligente, pelo qual podem ser afastadas todas as confusões na aplicação da lei. Eles propõem a construção de uma prisão na paróquia. Deve-se negar auxílio a todo pobre que não se deixar encarcerar nessa prisão. Deve-se, então, anunciar à vizinhança que, se qualquer pessoa estiver disposta a arrendar os pobres dessa paróquia, deve apresentar propostas lacradas, em determinado dia, dando o preço mais baixo pelo qual ela nos desejaria tomá-los. Os autores desse plano supõem que, nos condados vizinhos, haja pessoas que não desejam trabalhar e não possuem fortuna ou crédito para conseguir um arrendamento ou um barco, de modo que possam viver sem trabalho (*so as to live without labour*). Tais pessoas devem estar dispostas a fazer propostas muito vantajosas para a paróquia. Caso um ou outro pobre morra sob a tutela do contratante, o pecado será dele, pois a paróquia cumpriu seus deveres para com os mesmos pobres. Receamos, porém, que a atual lei não permita uma medida prudente (*prudential measure*) dessa espécie; mas o senhor precisa saber que os demais *freeholders* desse condado e dos adjacentes se juntarão a nós para induzir seus representantes na Câmara dos Comuns a propor uma lei que permita o encarceramento e o trabalho forçado dos pobres, de modo que qualquer pessoa que se opuser ao encarceramento não terá direito a nenhum auxílio. Isso, esperamos, impedirá pessoas que se encontram na miséria de requerer ajuda (*will prevent persons in distress from wanting relief*). (R. Blakey, *The History of Political Literature from the Earliest Times*, v. II. Lond., 1855, pp. 84–85) – Na Escócia, a abolição da servidão teve lugar séculos depois de sua extinção na Inglaterra. Ainda em 1698, Fletcher de Saltoun declarou no Parlamento escocês: "O número de mendigos na Escócia é estimado em não menos que 200 000. O único remédio que eu, um republicano por princípio, posso propor é restaurar a antiga condição de servidão e tornar escravos todos os que sejam incapazes de prover sua própria subsistência". Assim também Eden, [*The State of the Poor, or an History of the Labouring Classes in England etc.*,] op. cit., Livro I, cap. 1, pp. 60–61. – "Da liberdade dos lavradores data o pauperismo [...] manufaturas e comércio são os verdadeiros pais de nossos pobres nacionais." Eden, como aquele escocês republicano por princípio, equivoca-se apenas porque não é a abolição da servidão, mas a abolição da propriedade do lavrador sobre a base fundiária que o torna proletário ou *pauper*. – Às leis dos pobres da Inglaterra correspondem a Ordenança de Moulins, 1566, e o Edito de 1656, na França, onde a expropriação operou-se de outro modo.

198 O Sr. Rogers, apesar de ser então professor de Economia Política na Universidade de Oxford, sede da ortodoxia protestante, acentua em seu prefácio para a *History of Agriculture* a pauperização da massa do povo pela Reforma.

199 *A Letter to Sir T. C. Bunbury, Brt.: On the High Price of Provisions. By a Suffolk Gentleman*. Ipswich, 1795, p. 4. Mesmo o fanático defensor do sistema de grandes arrendamentos, o autor [J. Arbuthnot] da *Inquiry into the Connection of Large Farms etc.*, Lond., 1773, p. 139, diz: "O que deploro mais é a perda de nossa *yeomanry*, aquele conjunto de homens que, na realidade, sustentou a independência desta nação; e lamento ver suas terras, agora nas mãos de lordes monopolizadores, serem arrendadas a pequenos arrendatários, os quais obtêm seus arrendamentos sob tais condições que são pouco mais que vassalos que, em qualquer ocasião adversa, têm de atender a chamados".

200 Sobre a moral privada desse herói burguês lê-se, entre outras coisas: "As grandes concessões de terras a Lady Orkney na Irlanda, no ano de 1695, são uma demonstração pública da afeição do rei e da influência da *lady*. [...] consta que os preciosos serviços de Lady Orkney consistiram em [...] *foeda labiorum ministeria* [serviços sujos dos lábios]. (Na Sloane Manuscript Collection, do Museu Britânico, n. 4224. O manuscrito é intitulado: *The Character and Behaviour of King William, Sunderland etc. as Represented in Original Letters to the Duke of Shrewsbury from Somers, Halifax, Oxford, Secretary Vernon etc.* Está cheio de curiosidades.)

201 "A alienação ilegal dos bens da Coroa, em parte por venda e em parte por doação, constitui um capítulo escandaloso na história inglesa [...] uma fraude gigantesca contra a nação (*gigantic fraud on the nation*)". (F. W. Newman, *Lectures on Political Econ*. Lond., 1851, pp. 129, 130) – {Como os atuais latifundiários ingleses chegaram a suas terras pode-se ver em pormenores em [N. H. Evans,] *Our Old Nobility. By Noblesse Oblige*. London, 1879. – F. E.}

202 Leia-se, por exemplo, o panfleto de E. Bures sobre a casa ducal de Bedford, cujo fruto, Lorde John Russell, é "*the tomtit of liberalism*" [o passarinho do liberalismo].

203 "Os arrendatários proíbem que os *cottagers* (caseiros) mantenham qualquer ser vivo além deles próprios, sob o pretexto de que, caso tenham gado ou aves, roubarão forragem dos celeiros. Eles dizem também: 'Mantenha os *cottagers* pobres e os manterá laboriosos'. A realidade dos fatos, porém, é que os arrendatários usurpam, assim, todos os direitos sobre as terras comunais." (*A Political Enquiry into the Consequences of Enclosing Waste Lands*. Lond., 1785, p. 75)

204 Eden, [*The State of the Poor, or an History of the Labouring Classes in England etc.*,] op. cit., Prefácio [pp. XVII, XIX]. ¦ 381 ¦

205 "*Capital farms*". (*Two Letters on the Flour Trade and Dearness of Corn*. By a Person in Business. Lond., 1767, pp. 19–20)

206 "*Merchant farms*" (*An Enquiry into* [*the Causes of*] *the Present High Price of Provisions*. Lond., 1767, p. 111, nota). Esse bom escrito, que apareceu anonimamente, é de autoria do Rev. Nathaniel Forster.

207 Thomas Wright, *A Short Address to the Public on the Monopoly of Large Farms*, 1779, pp. 2–3.

208 Rev. Addington, *Enquiry into the Reasons For or Against Enclosing Open Fields*. Lond., 1772, pp. 37–43 ss.

209 Dr. R. Price, [*Observations on Reversionary Payments*,] v. II, op. cit., pp. 155–56.

Leia-se Forster, Addington, Kent, Price e James Anderson e compare-se a miserável tagarelice sicofanta de McCulloch em seu catálogo *The Literature of Political Economy*. Lond., 1845.

210 Ibid., pp. 147-48.

211 Ibid., pp. 159-60. Recordemos da Roma Antiga. "Os ricos tinham se apoderado da maior parte das terras não partilhadas. Nas circunstâncias da época, eles confiavam em que elas não lhes seriam tomadas e, por isso, adquiriam os lotes dos pobres situados nas proximidades, em parte com o consentimento destes, em parte com violência, de modo que lavravam exclusivamente vastos domínios em vez de campos isolados. Empregavam escravos para a agricultura e para a pecuária, pois as pessoas livres haviam sido retiradas do trabalho para prestar serviço militar. Além disso, trouxe-lhe grandes lucros a posse de escravos, pois estes, devido à sua liberação do serviço militar, podiam multiplicar-se sem perigo e tinham uma porção de crianças. Assim, os poderosos arrebataram toda a riqueza, e toda a região formigava de escravos. Os ítalos, ao contrário, estavam em número cada vez menor, dizimados pela pobreza, pelos tributos e pelo serviço militar. Mesmo quando se apresentavam épocas de paz, porém, estavam condenados à completa inatividade, porque os ricos estavam de posse do solo e usavam escravos, em lugar de pessoas livres, para a lavoura" (Appian (Apiano), *Römische Bürgerkriege*, I, 7). Essa passagem refere-se à época anterior à Lei Licínia. O serviço militar, que tanto acelerou a ruína dos plebeus romanos, foi também o principal meio com o qual Carlos Magno promoveu artificialmente a conversão de camponeses alemães livres em dependentes e servos.

212 [J. Arbuthnot,] *An Inquiry into the Connection Between the Present Prices of Provisions etc.*, pp. 124, 129. Semelhante, mas de tendência oposta: "Os trabalhadores são expulsos de seus *cottages* e obrigados a buscar ocupação nas cidades –, mas obtém-se então um excedente maior, e assim o capital é aumentado". ([R. B. Seeley,] *The Perils of the Nation*, 2ª ed. Lond., 1843, p. XIV)

213 "*A king of England might as well claim to drive his subjects into the sea.*" (F. W. Newman, [*Lectures on Political Econ.*,] op. cit., p. 132)

214 Steuart diz: "A renda dessas terras" (ele transfere erroneamente essa categoria econômica para o tributo dos *taksmen* ao chefe do clã) "é insignificante, de todo modo, em comparação a sua extensão, mas, com respeito ao número de pessoas mantidas por um arrendamento, talvez se verifique que uma parcela de solo nas Terras Altas da Escócia alimenta dez vezes mais pessoas do que terra do mesmo valor ¦ 384 nas províncias mais ricas" ¦ ([*An Inquiry into the Principles of Political Economy*,] v. I, op. cit., cap. XVI, p. 104). [*Taksmen* é como foram denominados, no tempo do sistema de clãs, na Escócia, os mais velhos ou os vassalos que estavam diretamente subordinados ao chefe do clã, ou *laird* ("grande homem"). O *laird* repartia as terras (*tak*), que permaneciam propriedade de todo o clã, aos *taksmen*. Um pequeno tributo era pago ao *laird*, por meio do qual ficava reconhecida sua soberania. Aos *taksmen* estavam subordinados funcionários mais baixos, que se colocavam à frente de cada uma das aldeias, e a estes estavam subordinados os camponeses. Com a desintegração do sistema de clãs, o *laird* transformou-se em senhor fundiário, e os *taksmen* tornaram-se, de acordo com sua essência, arrendatários capitalistas; em lugar do antigo tributo, passou-se a pagar a renda da terra. – Marx informa sobre a função dos *taksmen* dentro do sistema de clãs em seu artigo "Wahlen – Trübe Finanzlage – Die Herzogin von Sutherland und die Sklaverei". – N. E. A.]

215 James Anderson, *Observations on the Means of Exciting a Spirit of National Industry etc.* Edinburgh, 1777.

216 Em 1860, pessoas expropriadas violentamente foram exportadas para o Canadá sob falsas promessas. Algumas fugiram para a montanha ou para as ilhas vizinhas. Foram perseguidas por policiais, entraram em choque com eles e escaparam.

217 "Nas Terras Altas", diz Buchanan, o comentarista de A. Smith, em 1814, "a antiga condição de propriedade é diariamente subvertida pela força. [...] O *landlord*, sem consideração pelos arrendatários hereditários" (essa é também uma categoria empregada erroneamente), "oferece a terra ao melhor ofertante, e, se este é um inovador (*improver*), introduzirá imediatamente um novo sistema de cultura. O solo, antes coberto de pequenos camponeses, estava povoado em proporção a seu produto; sob o novo sistema de cultura melhorada e rendas multiplicadas, obtém-se a maior produção possível ao menor custo possível, e para esse fim os braços tornados inúteis são afastados. [...] Os expulsos de suas terras buscam sua subsistência nas cidades fabris etc." (David Buchanan, *Observations on etc. A. Smith's Wealth of Nations*, v. IV. Edinb., 1814, p. 144). "Os grandes da Escócia expropriaram famílias como se estivessem exterminando erva daninha, trataram aldeias e sua população como os índios à procura de vingança tratam as bestas selvagens em suas covas. [...] O ser humano é trocado por uma pele de ovelha, uma perna de carneiro ou menos ainda. [...] Quando da invasão das províncias do norte da China, foi proposto no conselho dos mongóis exterminar os habitantes e converter sua terra em pastagem. Muitos *landlords* escoceses puseram essa proposta em prática em seu próprio país, contra seus próprios conterrâneos." (George Ensor, *An Inquiry Concerning the Population of Nations*. Lond., 1818, pp. 215–16)

218 Quando a atual Duquesa de Sutherland recebeu em Londres, com grande pompa, a autora de *A cabana do Pai Tomás*, Harriet Beecher Stowe, a fim de ¦ 385 exibir sua simpatia pelos escravos negros da República Americana ¦ – o que ela, ao lado dos demais aristocratas, sabiamente se absteve de fazer durante a guerra civil, quando cada "nobre" coração inglês pulsava a favor dos escravocratas –, apresentei, na *New York Tribune*, as condições dos escravos dos Sutherland. (Algumas passagens foram aproveitadas por Carey em *The Slave Trade*. Philadelphia, 1853, pp. 202–03.) Meu artigo foi reproduzido num jornal escocês e provocou uma bela polêmica entre este e os sicofantas dos Sutherland.

219 Encontram-se dados interessantes sobre esse comércio de peixe em *Portfolio, New Series*, do Sr. David Urquhart. – Nassau W. Senior qualifica, em seu escrito póstumo já citado antes, "o procedimento em Sutherlandshire como uma das mais generosas clareações (*clearings*) registradas pela memória humana". ([*Journals, Conversations and Essays Relating to Ireland*,] op. cit. [p. 282])

219a As "*deer forests*" (florestas de veados) da Escócia não contêm uma única árvore. Impelem-se as ovelhas para fora e os servos para dentro das montanhas desnudas e denomina-se a isso uma *deer forest*. Portanto, nem mesmo silvicultura!

220 Robert Somers, *Letters from the Highlands; or, The Famine of 1857*. Lond., 1848, pp. 12–28 ss. Essas cartas apareceram originalmente no *Times*. Os economistas ingleses, naturalmente, atribuíram a epidemia de fome dos gaélicos, em 1847, a sua superpopulação. Em todo caso, eles "pressionavam" sobre a disponibilidade de alimentos. – A *clearing of estates* – ou, como se chamou na Alemanha, *Bauernlegen* – ocorreu aqui especialmente depois da Guerra dos Trinta Anos e provocou, ainda em 1790, levantes camponeses em Kursachsen. Prevaleceu principalmente na Alemanha oriental. Na maior parte das províncias da Prússia, apenas Frederico II assegurou aos camponeses o direito de propriedade. Depois da conquista da Silésia, ele obrigou os senhores fundiários a reconstruírem choupanas, celeiros etc. e a proverem de gado e instrumentos as quintas camponesas. Ele precisava de soldados para seu exército e de contribuintes de impostos para o Tesouro do Estado. Podemos ver a vida agradável que, de resto, levou o camponês sob as desordens financeiras e a mistura governamental de despotismo, burocracia e feudalismo de Frederico pelos trechos a seguir, de seu admirador Mirabeau: "O linho representa, pois, uma das maiores riquezas do camponês do norte da Alemanha. Para infelicidade da espécie humana, isso é apenas um meio auxiliar contra a miséria e um caminho para o bem-estar. Os impostos diretos, as corveias e os serviços forçados de todos os tipos arruínam o camponês alemão, que ainda tem de pagar impostos indiretos sobre tudo que compra [...] e, para tornar completa sua ruína, ele não ousa vender seus produtos onde e como quer; e tampouco ousa comprar o que precisa de comerciantes que lhe poderiam fornecer por preços mais baratos. Todas essas causas arruínam-no lenta mas seguramente, porém, e sem a fiação ele não estaria em condições de pagar os impostos diretos no dia do vencimento; esta oferece-lhes uma fonte auxiliar, a qual ocupa utilmente sua mulher, seus filhos, suas criadas, seus criados e ele mesmo. Entretanto, apesar dessa fonte auxiliar, que vida penosa! No verão, trabalha como um condenado na aragem e na colheita; às 9 horas deita-se para dormir e levanta-se às 2 horas da manhã, para dar conta de seu trabalho; no inverno, ele precisaria restaurar suas forças mediante um descanso mais longo, mas faltar-lhe-iam grãos para o pão e para a semeadura, caso se desfizesse dos frutos da terra, que teria de vender para pagar os impostos. Para tapar esse buraco, precisa, portanto, fiar [...] e com a maior persistência. Assim, o camponês, no inverno, vai descansar à meia-noite ou à uma hora e levanta às 5 ou 6 horas; ou deita às 9 e levanta às 2, e assim todos os dias de sua vida, com exceção do domingo. Esse excesso de vigília e trabalho desgasta as pessoas, o que faz com que no campo homens e mulheres envelheçam muito mais cedo que na cidade". (Mirabeau, [*De la monarchie prussienne*,], t. III, op. cit., pp. 212 ss.)

Acréscimo à 2ª edição: Em março de 1866, 18 anos depois da publicação do escrito de Robert Somers acima citado, o Professor Leone Levi fez uma conferência na Society of Arts sobre a transformação das pastagens de ovelhas em florestas de caça, descrevendo o progresso da devastação nas Terras Altas da Escócia. Ele diz, entre outras coisas: "Despovoamento e transformação em simples pastagem de ovelhas ofereciam o meio mais cômodo para uma renda sem despesas. [...] Uma *deer forest* em lugar da pastagem de ovelhas se tornou uma mudança comum nas Terras Altas. As ovelhas são expulsas por animais selvagens, assim como antes se expulsaram os seres humanos para dar lugar às ovelhas. [...] Pode-se marchar das propriedades do Conde de Dalhouise em Forfarshire até John o'Groats sem sair das terras de florestas. – Em muitas" (dessas florestas) "a raposa, o gato selvagem, a marta, a fuinha, a doninha e a lebre alpina estão instalados; e o coelho, o esquilo e o rato encontraram há pouco tempo seu caminho para lá. Enormes áreas de terra, que na estatística da Escócia figuravam como pastagens de excepcional fertilidade e extensão, estão agora excluídas de toda cultura e melhoramento, sendo dedicadas exclusivamente ao prazer da caça para algumas pessoas – e isso dura apenas um curto período do ano".

O *Economist*, de Londres, diz em 2 de junho de 1866: "Um jornal escocês informou, na semana passada, entre outras novidades: 'Uma das melhores pastagens para ovelhas em Sutherlandshire, pela qual ao término do atual contrato de arrendamento se ofereceu recentemente uma renda anual de 1200 libras esterlinas, será transformada em uma *deer forest*!'. Os instintos feudais manifestam-se [...] como na época em que o conquistador normando [...] destruiu 36 aldeias para criar a New Forest... Dois milhões de acres, os quais incluíam algumas das terras mais férteis da Escócia, estão completamente devastados. A grama natural de Glen Tilt conta-se entre as mais nutritivas do condado de Perth; a *deer forest* de Ben Aulder era a melhor pastagem do amplo distrito de Badenoch; uma parte da Black Mount Forest era a melhor pastagem para ovelhas de cara preta. Da ampliação da base fundiária devastada para a paixão da caça pode-se formar uma ideia a partir do fato de que ela abrange uma área muito maior que todo o condado de Perth. A perda de fontes de produção que essa desolação forçada representa para o país pode ser avaliada pelo fato de que o solo da *forest* de Ben Aulder pode alimentar 15 000 ovelhas e representa apenas 1/30 da superfície total ocupada pelas reservas de caça da Escócia. [...] Toda essa área de caça é totalmente improdutiva [...] poderia, do mesmo modo, estar submersa nas águas do Mar do Norte. A mão forte da legislação deveria acabar com tais descampados ou desertos improvisados".

221 O autor do *Essay on Trade etc.*, 1770, observa: "Sob o reinado de Eduardo VI, os ingleses parecem ter proposto, de fato, com toda a seriedade, o encorajamento das manufaturas e a ocupação dos pobres. Isso apreendemos de um notável estatuto, no qual se diz que todos os vagabundos devem ser marcados a ferro" etc. (Ibid., p. 5)

221a ¦ 389 Thomas Morus diz, em sua *Utopia* [op. cit., pp. 41-42]: ¦ "Acontece, então, que um ávido e insaciável comilão, verdadeira peste de sua terra natal, pode apossar-se de milhares de acres de terras e contorná-los com uma paliçada ou uma cerca, ou então, por meio de violência e fraude, atormentar de tal modo seus proprietários que estes são obrigados a vender tudo. De uma forma ou de outra, dobrando-os ou quebrando-os, eles são obrigados a partir – pobres, simples, miseráveis almas! Homens, mulheres, esposos, esposas, crianças sem pais, viúvas, mães chorosas com crianças de peito, toda a família, com seus poucos recursos e muitas pessoas, pois a lavoura necessitava de bastantes braços. Arrastam-se, digo eu, para longe de suas moradias conhecidas e habituais, sem encontrar um lugar de descanso; a venda de todos os seus utensílios domésticos, embora sem grande valor, sob outras circunstâncias lhes proporcionaria certa quantia: mas, postos subitamente para fora, precisam desfazer-se deles por preços irrisórios. E, ao vaguearem até que o último real tenha sido comido, que outra coisa podem fazer, além de roubar, e então, por Deus, serem enforcados com todas as formalidades da lei, ou sair a esmolar? E também nesse caso são jogados na prisão, como vagabundos, porque perambulam e não trabalham: eles, aos quais nenhuma pessoa quer dar trabalho, por mais que se esforcem para tanto". Desses pobres fugitivos, dos quais Thomas Morus diz que foram coagidos a roubar, "foram executados 72 000 pequenos e grandes ladrões sob o reinado de Henrique VIII" (Holinshed, *Description of England*, v. I, p. 186). Na época de Elizabeth, "vagabundos foram enforcados em série: geralmente não se passava um ano sem que fossem levados à forca 300 ou 400 deles, em um lugar ou outro" (Strype, *Annals of the Reformation and Establishment of Religion, and other Various Ocurrences in the Church of England during Queen Elisabeth's Happy Reign*, v. II, 2ª ed., 1725). Segundo o mesmo Strype, em Somersetshire, num único ano, 40 pessoas foram executadas, 35 marcadas a ferro, 37 chicoteadas e 183 soltas como "malfeitoras desesperadas". "Contudo", diz ele, "esse grande número de acusados não inclui nem ⅕ dos delitos penais, graças à negligência dos juízes de paz e à estúpida compaixão do povo." Ele acrescenta: "Os demais condados da Inglaterra não estavam em melhores condições que Somersetshire, e muitos até mesmo em piores".

222 "Sempre que a legislação procura regular as diferenças entre empresários e os trabalhadores destes, seus conselheiros são sempre os empresários", diz A. Smith. "O espírito das leis é a propriedade", diz Linguet.

223 [J. B. Byles,] *Sophisms of Free Trade. By a Barrister*. Lond., 1850, p. 206. Ele acrescenta maliciosamente: "Estivemos sempre à disposição para intervir pelo empregador. Nada se pode fazer pelo empregado?".

224 De uma cláusula do estatuto 2 Jaime I, c. 6, verifica-se que certos manufaturadores de pano se permitiram, como juízes de paz, ditar oficialmente a tarifa salarial em suas próprias oficinas. – Na Alemanha, notadamente depois da Guerra dos Trinta Anos, eram frequentes os estatutos para manter os salários baixos. "Era muito importuna aos proprietários fundiários nas terras despovoadas a falta de criados e trabalhadores. Foi proibido a todos os moradores das aldeias alugarem quartos a homens e mulheres solteiros, e todos esses hóspedes deveriam ser denunciados às autoridades e metidos na cadeia, caso não quisessem tornar-se criados, mesmo quando se mantivessem com outra atividade, trabalhando na semeadura como diaristas para o camponês ou até negociando com dinheiro e cereais (*Kaiserliche Privilegien fuer Schlesien*, I, 125). Por todo um século aparecem com frequência nas ordenações dos soberanos queixas amargas contra a petulante e maldosa ralé, que não se quer submeter às duras condições nem se satisfazer com o salário legal; é proibido ao proprietário fundiário individual pagar mais que a taxa fixada pela província. E, ainda assim, as condições de serviço depois da guerra são às vezes ainda melhores que 100 anos mais tarde; em 1652, os criados na Silésia ainda recebiam carne duas vezes por semana; em nosso século, porém, em certos distritos, eles a recebiam apenas três vezes por ano. Também o salário diário, depois da guerra, era mais alto que nos séculos seguintes." (G. Freytag)

225 O artigo I dessa lei declara: "Visto que uma das bases fundamentais da Constituição francesa consiste na supressão de todas as espécies de união de cidadãos da mesma condição e profissão, é proibido restabelecê-las sob qualquer pretexto ou em qualquer forma". O artigo IV declara que, se "cidadãos que pertencem à mesma profissão, arte ou ofício se consultarem mutuamente e conjuntamente tomarem deliberações que objetivem a recusar o fornecimento dos serviços de sua arte ou de seu trabalho, ou concedê-los apenas a determinado preço, as ditas consultas e acordos deverão ser declarados como anticonstitucionais e como atentados contra a liberdade e os direitos humanos etc.", portanto como crimes contra o Estado,

exatamente como nos velhos estatutos dos trabalhadores. (*Révolutions de Paris*, t. III. Paris, 1791, p. 523)

226 Buchez e Roux, *Histoire Parlamentaire*, t. X, pp. 193–95 ss.

227 "Arrendatários", diz Harrison em sua *Description of England*, "aos quais antes era difícil pagar uma renda de 4 libras esterlinas, pagam agora 40, 50, 100 libras esterlinas e acreditam haver feito um mau negócio, se depois de terminar seu contrato de arrendamento não puserem de parte 6–7 anos de rendas."

228 Sobre a influência da depreciação do dinheiro, no século XVI, nas diversas classes da sociedade, ver: *A Compendious or Briefe Examination of Certayne Ordinary Complaints of Divers of Our Countrymen in These Our Days*. By W. S., Gentleman (Londres, 1581). A forma de diálogo desse escrito contribui para que, durante muito tempo, fosse atribuído a Shakespeare e, ainda em 1751, fosse novamente publicado sob seu nome. Seu autor é William Stafford. Em uma passagem, o cavaleiro (*Knight*) raciocina do seguinte modo:

Knight: "Vós, meu vizinho, o lavrador, vós, senhor comerciante, e vós, compadre caldeireiro, bem como os demais artesãos, sabeis muito bem como vos arranjar. Pois, na mesma medida em que todas as coisas são mais caras do que eram, de tanto que vós aumentais os preços de vossas mercadorias e atividades, que de novo vendeis. Mas nós não temos nada para vender cujos preços possamos aumentar, para conseguir uma equiparação às coisas que precisamos comprar de novo". Em outra passagem, o *Knight* pergunta ao doutor: "Eu vos peço que digais que grupos de pessoas são essas em que vós pensais. E, primeiramente, quem, segundo vossa opinião, não tem nisto prejuízo?". – Doutor: "Penso em todos esses que vivem da compra e venda, pois tão caro como compram eles vendem depois". – *Knight*: "Qual é o próximo grupo que, como vós dizeis, ganha com isso?". – Doutor: "Agora, todos que têm arrendamentos ou fazendas sob seu próprio trabalho" (isto é, cultivo) "pagando a renda antiga, pois, enquanto pagam segundo as taxas antigas, vendem segundo as novas – isso significa que eles pagam muito pouco por sua terra e vendem caro tudo que sobre ela cresce [...]". – *Knight*: "Qual o grupo que, como vós dizeis, terá nisso um prejuízo maior do que o ganho dos outros?". – Doutor: "São todos os nobres, senhores e todos os outros que vivem de uma renda fixa ou de um estipêndio, ou não trabalham" (cultivam) "eles mesmos seu solo, ou não se ocupam com a compra e a venda".

229 Na França, o *régisseur*, administrador e coletor dos pagamentos ao senhor feudal, durante o início da Idade Média, torna-se logo um *homme d'affaires* [homem de negócios] que, mediante extorsão, fraude etc., se alça trapaceiramente à posição de capitalista. Esses *régisseurs* às vezes eram eles mesmos grandes senhores. Por exemplo: "Essa conta o Sr. Jacques de Thoraisse, cavaleiro senhor do castelo de Besançon, presta ao senhor que em Dijon faz as contas para o senhor Duque e Conde de Borgonha, sobre as rendas que pertencem ao mencionado domínio do castelo, do 25º dia de dezembro de 1359 até o 28º dia de dezembro de 1360" (Alexis Monteil, *Histoire des matériaux manuscrits etc.*, pp. 234–35). Aqui já se mostra como em todas as esferas da vida social a parte do leão fica para o intermediário. Na área econômica, por exemplo, financistas, operadores da Bolsa, negociantes, pequenos merceeiros ficam com a nata dos negócios; no Direito Civil, o advogado depena as partes; na política, o representante vale mais que o eleitor, o ministro mais que o soberano; na religião, Deus é empurrado

para o fundo pelo "mediador", e este, por sua vez, deixado para trás pelos padres, que por sua vez são os intermediários indispensáveis entre o bom pastor e suas ovelhas. Na França, como na Inglaterra, os grandes territórios feudais estavam divididos em uma infinidade de pequenas explorações, sob condições incomparavelmente menos favoráveis para o povo do campo. No século XIV, apareceram os arrendamentos, *fermes* ou *terriers*. Seu número aumentou continuamente, chegando a bem mais de 100 000. Eles pagavam uma renda da terra que oscilava entre 1/12 e 1/5 do produto, em dinheiro ou *in natura*. Os *terriers* eram vassalos e subvassalos etc. (*fiefs*, *arrière-fiefs*), conforme o valor e a extensão dos domínios, dos quais alguns contavam apenas poucos *arpents* [arpentos]. Todos esses *terriers* possuíam jurisdição em algum grau sobre os moradores na área; existiam quatro graus. Compreende-se a pressão sofrida pelo povo do campo sob todos esses pequenos tiranos. Monteil diz que havia então, na França, 160 000 tribunais, onde hoje bastam 4 000 (juízes de paz inclusive).

230 Em suas *Notions de philosophie naturelle*. Paris, 1838.

231 Um ponto que Sir James Steuart ressalta.

232 "Eu concederei", diz o capitalista, "que vós tenhais a honra de servir-me, sob a condição de que vós me deis o pouco que vos resta pelo incômodo que me faço de vos comandar." (J.-J. Rousseau, *Discours sur l'Économie Politique* [Genève, 1760, p. 70])

233 Mirabeau, [*De la monarchie prussienne*,] t. III, op. cit., pp. 20–109 ss. Se Mirabeau considera as oficinas dispersas mais econômicas e produtivas que as "reunidas" e vê nestas últimas apenas plantas artificiais de estufa sob os cuidados do governo do Estado, isso se explica pela situação em que então se encontrava grande parte das manufaturas continentais.

234 "Vinte libras-peso de lã, transformadas imperceptivelmente em roupas que preenchem as necessidades anuais de uma família de trabalhadores, por seus próprios esforços, nas pausas entre seus outros trabalhos – isso não produz assombro. Mas leveis a lã ao mercado, a envieis à fábrica, depois ao agente, depois ao negociante, então tereis grandes operações comerciais e capital nominal empregado numa quantia de vinte vezes seu valor [...]. A classe trabalhadora é explorada para manter uma população fabril miserável, uma classe parasitária de proprietários de lojas e um sistema comercial, monetário e financeiro fictício." (David Urquhart, [*Portfolio, New Series*,] op. cit., p. 120)

235 A exceção constitui aqui o tempo de Cromwell. Enquanto durou a República, a massa do povo inglês, em todas as camadas, ergueu-se da degradação em que havia afundado sob os Tudors.

236 Tuckett sabe que a grande indústria de lã procede das manufaturas propriamente ditas e da destruição da manufatura rural ou doméstica com a introdução da maquinaria (Tuckett, [*A History of the Past and Present State of the Labouring Population*,] v. I, op. cit., pp. 139–44). "O arado e a canga eram invenções dos deuses e a ocupação de heróis: tear, fuso e roca são de origem menos nobre? Vós separais a roca e o arado, o fuso e a canga, e tereis fábricas e asilos de pobres, crédito e pânico, duas nações inimigas, a agrícola e a comercial" (David Urquhart, [*Portfolio, New Series*,] op. cit., p. 122). Agora chega Carey e acusa, seguramente não sem razão, a Inglaterra de tentar transformar os demais países em meros povos de agricultores, cujo fabricante será a Inglaterra. Ele afirma que a Turquia teria sido arruinada dessa forma, porque "jamais foi permi-

tido" (pela Inglaterra) "aos proprietários e cultivadores do solo fortalecerem a si mesmos pela aliança natural entre o arado e o tear, o martelo e a grade" (*The Slave Trade*, p. 125). Segundo ele, o próprio Urquhart é um dos agentes principais da ruína da Turquia, onde este teria feito pelo interesse inglês propaganda do livre-câmbio. O melhor é que Carey, grande admirador da Rússia, diga-se de passagem, quer impedir com o sistema protecionista aquele processo de separação que esse sistema acelera.

237 Os economistas filantrópicos ingleses, tais como Mill, Rogers, Goldwin Smith, Fawcett etc., e fabricantes liberais, como John Bright e consortes, perguntam aos aristocratas rurais ingleses, como Deus a Caim sobre seu irmão Abel, onde estão nossos milhares de *freeholders*? Mas de onde viestes vós? Da destruição daqueles *freeholders*. Por que não seguis perguntando para onde foram os tecelões, fiandeiros e artesãos independentes?

238 Industrial está aqui em antítese a agrícola. Em sentido "categórico", o arrendatário é um capitalista industrial, tal como o fabricante.

239 *The Natural and Artificial Rigths of Property Contrasted*. Lond., 1832, pp. 98-99. Autor do escrito anônimo: Th. Hodgskin.

240 Ainda em 1794, os pequenos confeccionadores de pano de Leeds enviaram uma deputação ao Parlamento com uma petição para que fosse elaborada uma lei que proibisse a todo comerciante tornar-se fabricante. (Dr. Aikin, [*Description of the Country from 30 to 40 Miles round Manchester*,] op. cit.)

241 William Howitt, *Colonization and Christianity. A Popular History of the Treatment of the Natives by the Europeans in All Their Colonies*. Lond., 1838, p. 9. Sobre o tratamento dado aos escravos, encontra-se uma boa compilação em Charles Comte, *Traité de la législation*, 3ª ed. Bruxelles, 1837. Deve-se estudar esse assunto em detalhe para ver o que o burguês faz de si mesmo e do trabalhador onde pode modelar o mundo à vontade segundo sua imagem.

242 Thomas Stamford Raffles, *late lieut. gov. of that island.* [falecido vice-governador daquela ilha], *The History of Java*. Lond., 1817 [v. II, pp. CXC-CXCI].

243 No ano de 1866, somente na província de Orissa, mais de um milhão de indianos morreu de fome. Não obstante, procurou-se enriquecer o Tesouro estatal indiano com os preços pelos quais se cediam os alimentos aos famintos.

243a William Cobbett observa que na Inglaterra todas as instituições públicas são denominadas "reais", mas em compensação existe a dívida "nacional" (*national debt*).

243b "Se os tártaros inundassem hoje a Europa, seria muito difícil fazê-los entender o que é entre nós um financista." (Montesquieu, *Esprit des lois*, t. IV. Londres, 1769, p. 33)

244 "*Pourquoi aller chercher si loin la cause de l'éclat manufacturier de la Saxe avant la guerre? Cent quatre-vingt millions de dettes faites par les souverains!*" (Mirabeau, [*De la monarchie prussienne*,] t. VI, op. cit., p. 101)

245 Eden, [*The State of the Poor, or an History of the Labouring Classes in England etc.*,] Livro II, op. cit., cap. I, p. 421.

246 John Fielden, [*The Curse of the Factory System*,] op. cit., pp. 5-6. Sobre as infâmias originárias do sistema fabril, ver Dr. Aikin, [*Description of the Country from 30 to 40 Miles round Manchester*] (1795), op. cit., p. 219; e Gisborne, *Enquiry into the Duties of Men*, v. II, 1795. Visto que a máquina a vapor transplantou as fábricas das quedas-d'água rurais para o centro das cidades, o extrator de mais-valia, sempre "pronto à renúncia", encontrou à mão o material infantil, sem ser forçado a procurar escravos nas *workhouses*. – Quando Sir R. Peel (pai do "ministro da plausibilidade") apresentou uma *bill* [proposta de lei] para a proteção das crianças, em 1815, F. Horner (lúmen do Bullion Committee e amigo íntimo de Ricardo) declarou na Câmara dos Comuns: "É notório que, junto com a massa falida, um bando, se me permitem essa expressão, de crianças de fábrica foi anunciado e arrematado, em leilão público, como parte da propriedade. Há dois anos" (em 1813) "chegou perante a King's Bench um caso horroroso. Tratava-se de certo número de garotos. Uma paróquia de Londres tinha-os consignado a um fabricante, que os transferiu de novo a outro. Eles foram finalmente descobertos por alguns filantropos, num estado de completa inanição (*absolute famine*). Outro caso, ainda mais horroroso, chegou a meu conhecimento como membro do comitê parlamentar de inquérito. Há não muitos anos, uma paróquia londrina e um fabricante de Lancashire concluíram um contrato pelo qual foi estipulado que o fabricante, a cada 20 crianças sadias, teria de aceitar uma idiota".

247 Em 1790, nas Índias Ocidentais inglesas, havia 10 escravos para 1 livre; nas francesas, 14 para 1; nas holandesas, 23 para 1. (Henry Brougham, *An Inquiry into the Colonial Policy of the European Powers*, v. II. Edinb., 1803, p. 74)

248 A expressão *labouring poor* encontra-se nas leis inglesas desde o momento em que a classe dos trabalhadores assalariados se torna digna de atenção. Os *labouring poor* estão em antítese, por um lado, aos *idle poor*, mendigos etc., e, por outro, aos trabalhadores que ainda não se tornaram galinhas depenadas, mas continuam proprietários de seus meios de trabalho. Da lei, a expressão *labouring poor* transferiu-se para a Economia Política, de Culpeper, J. Child etc. até A. Smith e Eden. Consequentemente, julgue-se a *bonne foi* [boa-fé] do *execrable political cant-monger* [execrável traficante de hipocrisia política] Edmund Burke, quando ele qualifica a expressão *labouring poor* como *execrable political cant* [execrável hipocrisia política]. Esse sicofanta, que, a soldo da oligarquia inglesa, bancou o romântico em face da Revolução Francesa do mesmo modo que, a soldo das colônias norte-americanas, bancara o liberal diante da oligarquia inglesa no início dos motins americanos, era sob todos os aspectos um burguês ordinário: "As leis do comércio são as leis da Natureza e consequentemente as leis de Deus" (E. Burke, [*Thoughts and Details on Scarcity, Originally Presented to the Rt. Hon. W. Pitt in the Month of November 1795*,] op. cit., pp. 31–32). Não é de admirar que ele, fiel às leis de Deus e da Natureza, tenha sempre vendido a si mesmo no melhor mercado! Encontra-se nos escritos do Rev. Tucker – Tucker era cura e *tory*, mas de resto um homem correto e competente economista político – uma boa caracterização desse Edmund Burke durante sua época liberal. Em face da infame falta de caráter, que predomina hoje, e da crença mais devota nas "leis do comércio", é dever estigmatizar, sempre de novo, os Burkes, que se diferenciam de seus sucessores apenas por uma coisa: talento!

249 Marie Augier, *Du crédit public* [Paris, 1842, p. 265].

250 "O capital", diz o *Quarterly Reviewer*, "foge do tumulto e da contenda, sendo tímido por natureza. Isso é certo, entretanto não é toda a verdade. O capital tem horror à ausência do lucro ou ao lucro muito pequeno, assim como a Natureza ao vácuo. Com um lucro adequado, o capital torna-se audaz. 10% certos e se pode aplicá-lo em qualquer parte; 20% e se torna impulsivo; 50%, positivamente temerário; 100%, tritura sob seus pés todas as leis humanas; 300%, e não há crime que não arrisque, mesmo sob o perigo do cadafalso. Se tumulto e contenda trazem lucro, ele encorajará ambos. Prova: contrabando e comércio de escravos." (T. J. Dunning, [*Trades' Unions and Strikes*,] op. cit., pp. 35-36)

251 "Nós nos encontramos numa situação que é completamente nova para a sociedade [...] nós procuramos separar toda espécie de propriedade de toda espécie de trabalho." (Sismondi, *Nouveaux principes de l'Écon. Polit.*, t. II, p. 434)

252 "O progresso da indústria, cujo portador involuntário e não resistente é a burguesia, coloca no lugar do isolamento dos trabalhadores, por meio da concorrência, sua união revolucionária, por meio da associação. Com o desenvolvimento da grande indústria, portanto, a burguesia vê desaparecer sob seus pés o fundamento sobre o qual ela produz e se apropria dos produtos. Ela produz, portanto, antes de mais nada, seus próprios coveiros. Sua queda e a vitória do proletariado são igualmente inevitáveis. [...] De todas as classes que hoje se defrontam com a burguesia, apenas o proletariado é uma classe realmente revolucionária. As demais classes degeneram e desaparecem com a grande indústria, o proletariado é seu produto mais genuíno. Os estamentos médios, o pequeno industrial, o pequeno comerciante, o artesão, o camponês, todos eles combatem a burguesia para evitar que sua existência como estamentos médios se extinga [...] eles são reacionários, pois procuram guiar a roda da história para trás." (K. Marx e F. Engels, *Manifest der Kommunistischen Partei* [*Manifesto do Partido Comunista*]. London, 1848, pp. 11, 9)

253 Trata-se aqui das verdadeiras colônias, terra virgem que é colonizada por imigrantes livres. Os Estados Unidos são ainda, economicamente falando, colônia da Europa. De resto, cabem aqui também aquelas velhas plantações em que a abolição da escravidão revolucionou completamente as condições.

254 As poucas observações lúcidas de Wakefield sobre a essência das próprias colônias foram completamente antecipadas por Mirabeau *père* [pai], o fisiocrata, e ainda muito antes por economistas ingleses ¦ 411 ¦.

255 Torna-se mais tarde uma necessidade temporária na luta da concorrência internacional. Porém, qualquer que seja o motivo, as consequências permanecem as mesmas.

256 "Um negro é um negro. Somente em determinadas condições torna-se escravo. Uma máquina fiadora de algodão é uma máquina para fiar algodão. Apenas em determinadas condições ela se torna capital. Arrancada dessas condições, ela é tão pouco capital como o ouro em si e para si é dinheiro, ou o açúcar é o preço do açúcar. [...] O capital é uma relação social de produção. É uma relação histórica de produção." K. Marx, "Lohnarbeit und Kapital", in *N*[*eue*] *Rh*[*einische*] *Z*[*eitung*], n. 266, 7 abr. 1849.

257 E. G. Wakefield, *England and America*, v. II, p. 33.

258 Ibid., v. I, p. 17.

259 Ibid., p. 18.

260 Ibid., pp. 42, 43, 44.

261 Ibid., v. II, p. 5.

262 "A terra, para tornar-se um elemento da colonização, não tem apenas de ser inculta, mas também propriedade pública, que pode ser transformada em propriedade privada." (Ibid., v. II, p. 125)

263 Ibid., v. I, p. 247.

264 Ibid., pp. 21-22.

265 Ibid., v. II, p. 116.

266 Ibid., v. I, p. 131.

267 Ibid., v. II, p. 5.

268 Merivale, [*Lectures on Colonization and Colonies*,] v. II, op. cit., pp. 235-314 ss. Mesmo o suave Molinari, economista vulgar livre-cambista, diz: "Nas colônias, em

que a escravatura foi abolida sem que o trabalho forçado tenha sido substituído por uma quantidade correspondente de trabalho livre, viu-se operar o contrário daquilo que, entre nós, se passa diariamente sob nossos olhos. Viram-se os trabalhadores simples, por seu lado, explorarem os empresários industriais, ao exigirem destes salários que de modo algum estão em proporção com a parte legítima que lhes caberia no produto. Visto que os plantadores não estavam em condições de obter por seu açúcar um preço suficiente para poder cobrir o aumento dos salários, foram obrigados a cobrir a soma excedente, primeiramente, com seus lucros e, depois, com seus próprios capitais. Uma porção de plantadores foi assim arruinada, enquanto outros fecharam suas empresas para fugir da ruína iminente. [...] É sem dúvida melhor ver perecerem acumulações de capitais do que gerações de seres humanos" (quanta generosidade do Sr. Molinari!); "mas não seria melhor se nem uns nem outros perecessem?" (Molinari, [*Études économiques*,] op. cit., pp. 51–52). Sr. Molinari, Sr. Molinari! Que será então dos dez mandamentos, de Moisés e dos profetas, da lei da oferta e demanda, se o *entrepreneur* [empresário] puder impor ao trabalhador, na Europa, e o trabalhador ao *entrepreneur*, nas Índias Ocidentais, a redução de sua *part légitime*! E qual é, por favor, essa *part légitime* que, segundo o Sr. mesmo declara, o capitalista na Europa deixa de pagar diariamente? O Sr. Molinari mal consegue refrear a vontade de colocar nos trilhos, com ajuda da polícia, lá do outro lado, nas colônias, onde os trabalhadores são tão "simples" que "exploram" os capitalistas, a lei da oferta e demanda, que em geral funciona automaticamente.

269 Wakefield, [*England and America*,] v. II, op. cit., p. 52.

270 Ibid., pp. 191–92.

271 Ibid., v. I, pp. 47, 246.

272 "Acrescentais vós: é graças à apropriação dos solos e dos capitais que a pessoa que possui apenas seus braços encontra ocupação e se proporciona uma renda [...] o que ocorre é justamente o contrário: devido à apropriação individual do solo é que existem pessoas que possuem apenas seus braços. [...] Se colocais uma pessoa no vácuo, roubais dela o ar. Assim vós agis também quando vos apossais do solo. [...] Isso significa colocá-la no vazio de riquezas, para que ela não possa viver a não ser conforme vossos desejos." (Colins, [*L'Économie Politique, source des révolutions et des utopies prétendues socialistes*,] t. III, op. cit., pp. 267–71 ss.)

273 Wakefield, [*England and America*,] v. II, op. cit., p. 192.

274 Ibid., p. 45.

275 Tão logo a Austrália tornou-se sua própria legisladora, promulgou naturalmente leis favoráveis aos povoadores, mas o desperdício das terras, já consumado pelos ingleses, barra-lhes o caminho. "O primeiro e mais importante objetivo que busca a nova lei de terras de 1862 consiste em criar maior facilidade para o assentamento do povo." (*The Land Law of Victoria, by the Hon. G. Duffy, Minister of Public Lands*. Lond., 1862 [p. 3])

Seção III
A produção da mais-valia absoluta

Nota 175 / p. 731

Porcentagem dos homens adultos ocupados na indústria	Taxa de mortalidade por doenças pulmonares a cada 100 000 homens	Nome do distrito	Taxa de mortalidade por doenças pulmonares a cada 100 000 mulheres	Porcentagem de mulheres adultas empregadas na indústria	Espécie de ocupação das mulheres
14,9	598	Wigan	644	18,0	Algodão
42,6	708	Blackburn	734	34,9	idem
37,3	547	Halifax	564	20,4	Fiação
41,9	611	Bradford	603	30,0	idem
31,0	691	Macclesfield	804	26,0	Seda
14,9	588	Leek	705	17,2	idem
36,6	721	Stoke-upon-Trent	665	19,3	Cerâmica
30,4	726	Woolstanton	727	13,9	idem
–	305	Oito distritos agrícolas saudáveis	340	–	

Seção IV
A produção da mais-valia relativa

Nota 178 / p. 760

	Exportação: quantidade			
	1848	1851	1860	1865
Fabricação de algodão				
Fio de algodão (libras)	135 831 162	143 966 106	197 343 655	103 751 455
Linha de coser (libras)		4 392 176	6 297 554	4 648 611
Tecidos de algodão (jardas)	1 091 373 930	1 543 161 789	2 776 218 427	2 015 237 851
Fabricação de linho e cânhamo				
Fio (libras)	11 722 182	18 841 326	31 210 612	36 777 334
Tecidos (jardas)	88 901 519	129 106 753	143 996 773	247 012 329
Fabricação de seda				
Fio liso *twist* (libras)	466 825	462 513	897 402	812 589
Tecidos (jardas)		1 181 455**	1 307 293**	2 869 837
Fabricação de lã				
Fio de lã e *worsted* (libras)		14 670 880	27 533 968	31 669 267
Tecidos (jardas)		151 231 153	190 371 537	278 837 418

	Exportação: valor (£)			
	1848	1851	1860	1865
Fabricação de algodão				
Fio de algodão	5 927 831	6 634 026	9 870 875	10 351 049
Tecidos de algodão	16 753 369	23 454 810	42 141 505	46 903 796
Fabricação de linho e cânhamo				
Fio	493 449	951 426	1 801 272	2 505 497
Tecidos	1 802 789	4 107 396	4 804 803	9 155 358
Fabricação de seda				
Fio liso, *twist*	77 789	196 380	826 107	768 064
Tecidos		1 130 398	1 587 303	1 409 221
Fabricação de lã				
Fio de lã e *worsted*	776 975	1 484 544	3 843 450	5 424 047
Tecidos	5 733 828	8 377 183	12 156 998	20 102 259

* 1846. [N. E. A.] **Libras-peso. [N. E. A.]

(Ver os Livros Azuis: *Statistical Abstract for the U. Kingd.*, n. 8 e n. 13. Lond., 1861 e 1866)

Nota 232 / p. 769

Exportação de algodão da Índia para a Grã-Bretanha (£)					
1846	34 540 143	1860	204 141 168	1865	445 947 600

Exportação de lã da Índia para a Grã-Bretanha (£)					
1846	4 570 581	1860	20 214 173	1865	20 679 111

Nota 233 / p. 769

Exportação de lã do Cabo da Boa Esperança para a Grã-Bretanha (£)					
1846	2 958 457	1860	16 574 345	1865	29 920 623

Exportação de lã da Austrália para a Grã-Bretanha (£)					
1846	21 789 346	1860	59 166 616	1865	109 734 261

Nota 234 / p. 769

Exportação de algodão dos Estados Unidos para a Grã-Bretanha (£)			
1846	401 949 393	1852	765 630 544
1859	961 707 264	1860	1 115 890 608

Exportação de grãos etc. dos Estados Unidos para a Grã-Bretanha (1850 e 1862) (em cwts*)				
Trigo	1850	16 202 312	1862	41 033 503
Cevada	1850	3 669 653	1862	6 624 800
Aveia	1850	3 174 801	1862	4 426 994
Centeio	1850	388 749	1862	7 108
Farinha de trigo	1850	3 819 440	1862	7 207 113
Trigo sarraceno	1850	1 054	1862	19 571
Milho	1850	5 473 161	1862	11 694 818
Bere ou *bigg* (espécie de cevada)	1850	2 039	1862	7 675
Ervilha	1850	811 620	1862	1 024 722
Feijão	1850	1 822 972	1862	2 037 137
Total exportado	1850	35 365 801	1862	74 083 441

* [cwts = *hundredweight*, medida de peso equivalente a 112 libras ou 50,802 kg. [N. T.]

Nota 126 / p. 807

Vulcanstreet n. 122	1 quarto	16 pessoas
Lumleystreet n. 13	1 "	11 "
Bowerstreet n. 41	1 "	11 "
Portlandstreet n. 112	1 "	10 "
Hardystreet n. 17	1 "	10 "
Northstreet n. 18	1 "	16 "
Idem n. 17	1 "	13 "
Wymerstreet n. 19	1 "	8 pessoas
Jowettstreet n. 56	1 "	12 pessoas
Georgestreet n. 150	1 "	3 famílias
Rifle Court, Marygate n. 11	1 "	11 pessoas
Marshallstreet n. 28	1 "	10 "
Idem n. 49	3 "	3 famílias
Georgestreet n. 128	1 "	18 pessoas
Idem n. 130	1 "	16 "
Edwardstreet n. 4	1 "	17 "
[Georgestreet n. 49	1 "	2 famílias
Yorkstreet n. 34	1 "	2 "
Salt Piestreet	2 "	26 pessoas
	Porões	
Regent Square	1 porão	8 "
Acrestreet	1 "	7 "
Robert's Court n. 33	1 "	7 "
Back Prattstreet, usada como oficina de caldeiraria	1 "	7 "
Ebenezerstreet n. 27	1 "	6 "

ALTERAÇÕES DE KARL MARX NA EDIÇÃO FRANCESA

[NR] Texto inserido como nota de rodapé
§ quebra de parágrafo
página : linha

¦1¦ 75:12 [NR] Depois da publicação do posfácio à segunda edição alemã, datado de 24 de janeiro de 1873, não demorou muito para estourar a crise ali predita entre a Áustria, os Estados Unidos e a Alemanha. Muita gente acredita equivocadamente que a crise geral arrefeceu, por assim dizer, devido a essas explosões violentas, mas parciais. Pelo contrário, ela tende ao seu apogeu. A Inglaterra será a sede da explosão central, cujo contragolpe se fará sentir no mercado universal.

¦2¦ 99:7 de troca ou valor propriamente dito

¦3¦ 100:27 à terceira, independentemente da outra

¦4¦ 103:26 § Nós já conhecemos a substância do valor: é o trabalho. Nós conhecemos a medida de sua quantidade: é a duração do trabalho. §

¦5¦ 108:26 § Do precedente resulta que, se não há, propriamente falando, duas espécies de trabalho na mercadoria, já que o mesmo trabalho é oposto a si mesmo, segue-se que ele é relacionado com o valor de uso da mercadoria como seu produto ou com o valor dessa mercadoria como sua pura expressão objetiva.

¦6¦ 108:31 ou utilidades. Do mesmo modo que a mercadoria deve ser, antes de tudo, uma utilidade para ser um valor, o trabalho deve ser antes de tudo útil para ser tido como dispêndio de força humana, trabalho humano, no sentido abstrato do termo. § A substância do valor e a grandeza de valor já estão determinadas. Falta analisar a forma do valor. §

¦7¦ 108:40 Elas não podem entrar na circulação, a não ser que possuam forma dupla, forma natural e forma de valor.

¦8¦ 109:23 Em geral, as mercadorias não têm nenhuma relação entre si, a não ser a relação de valor, e a relação de valor é muito simples, é evidentemente a relação de valor de uma mercadoria com outra mercadoria de tipo diferente, não importa qual seja ela.

¦9¦ 111:5 [NR deslocada e alterada (ver p. 839, ¦48¦)]

¦10¦ 111:13 Comparando-o com uma mercadoria de espécie diferente, o casaco, como seu equivalente, isto é, uma coisa que pode substituí-lo ou ser permutável por ele.

¦11¦ 111:28 Se dissermos que, como valores, as mercadorias são apenas trabalho humano cristalizado, então as reduzimos, por meio de nossa análise, à abstração “valor”, mas o tempo todo elas têm apenas uma única forma, sua forma natural de objetos úteis.

¦12¦ 111:32 A partir desse momento, seu caráter de valor surge e se afirma como sua propriedade inerente, que determina sua relação com a outra mercadoria.

¦13¦ 112:3 [NR deslocada (ver p. 838, ¦36¦)]

¦14¦ 112:7 Assim, as condições que é preciso preencher para expressar o valor da peça de tecido parecem se contradizer. De um lado é preciso representá-lo como pura condensação do trabalho humano abstrato, pois, na condição de valor, a mercadoria não possui outra realidade. Ao mesmo tempo, essa condensação deve assumir a forma de um objeto

¦15¦ 112:32 A relação que faz do casaco equivalente do tecido, portanto, metamorfoseia a forma do tecido na forma de valor do tecido ou expressa o valor do tecido no valor de uso da peça de tecido.

¦16¦ 115:12 *A forma do equivalente e suas particularidades*

¦17¦ 115:29 a proporção em que se faz a troca permanece a mesma. A respectiva quantidade de valor das duas mercadorias, medida pela duração comparativa do trabalho necessário à sua produção, é consequentemente uma determinação completamente independente da forma de valor. § A mercadoria, cujo valor se encontra sob a forma relativa, sempre é expressa como quantidade de valor, ao passo que com o *equivalente*, ao contrário, nunca é assim, ele sempre figura na equação como quantidade simples de uma coisa útil.

¦18¦ 678:9 Em um escrito dirigido principalmente contra a teoria do valor de Ricardo, lê-se: “Deve-se admitir que, se o trabalho necessário à sua produção permanecer o mesmo,

¦19¦ 116:5 Ou, sob a forma de equivalente, uma mercadoria figura como quantidade simples de uma matéria qualquer precisamente porque a quantidade de seu valor não está expressa. § As contradições contidas na forma do equivalente já exigem um exame mais aprofundado de suas particularidades.

¦20¦ 116:14 Considerado isoladamente, o casaco, por exemplo, não passa de um objeto de utilidade, um valor de uso, exatamente como a peça de tecido; sua forma é apenas a forma natural de um gênero particular de mercadoria. Mas, como

¦21¦ 117:17 e não pela relação de valor da peça de tecido,

¦22¦ 117:28 Na expressão do valor de uma mercadoria, o corpo do

¦23¦ 118:7 como a forma expressa na qual o trabalho humano se manifesta. Assim o trabalho do alfaiate é metamorfoseado em uma expressão simples de sua qualidade abstrata.

¦24¦ 118:12 o trabalho concreto que produz o equivalente

¦25¦ 121:8 O produto do trabalho adquire a forma de mercadoria assim que seu valor adquire a forma do valor de troca, oposta à sua forma natural; por conseguinte, assim que ele é representado como unidade, na qual se fundem esses contrastes.

¦26¦ 127:4 Sob essa forma III, o mundo das mercadorias não possui, portanto, uma forma-valor relativa social e geral, isso porque todas as mercadorias que dele fazem parte são excluídas da forma equivalente ou da forma em que são imediatamente permutáveis.

¦27¦ 679:14 ao mesmo tempo. Mas, na realidade, a forma-valor relativa geral e a forma equivalente geral são dois polos opostos, acolhendo-se e repelindo-se reciprocamente a partir da mesma relação social das mercadorias.

¦28¦ 128:1 [NR] A tradução exata das palavras alemãs "*Geld*" e "*Geldform*" apresenta uma dificuldade. A expressão "*forme argent*" [forma-dinheiro] pode aplicar-se indistintamente a todas as mercadorias, exceto aos metais preciosos. Não se poderia dizer, por exemplo, sem causar alguma confusão na mente dos leitores: "forma-dinheiro do dinheiro" ou então "o ouro se torna dinheiro". Já a expressão "*forme monnaie*" [forma-moeda] apresenta outro inconveniente, decorrente do fato de que, em francês, a palavra "*monnaie*" [moeda] muitas vezes é empregada no sentido de peças monetárias. Empregamos alternadamente as expressões "*forme monnaie*" e "*forme argent*", dependendo da situação, mas sempre no mesmo sentido.

¦29¦ 131:14 trabalho humano em geral, e é exclusivamente a troca que opera essa redução, colocando os mais diversos produtos do trabalho na presença uns dos outros em pé de igualdade.

¦30¦ 131:39 e que esse caráter social específico assume uma forma objetiva, a forma-valor

¦31¦ 132:7 produtos de trabalho. Parece que nessas coisas reside uma propriedade de se trocar em proporções determinadas, como as substâncias químicas se combinam em proporções fixas.

¦32¦ 134:6 seu caráter abstrato,

¦33¦ 134:8 muito bem, sem recorrer a um Adam Smith,

¦34¦ 135:16 O mundo religioso não é senão o reflexo do mundo real. Uma sociedade em que o produto do trabalho geralmente assume a forma de mercadoria e em que consequentemente a relação social mais geral entre os produtores consiste em comparar os valores de seus produtos e, sob esse invólucro de coisas, comparar entre si seus trabalhos privados como trabalho humano igual, uma sociedade como essa encontra seu complemento religioso mais conveniente no cristianismo, com seu culto do homem abstrato, sobretudo em seus tipos burgueses, no protestantismo, no deísmo etc.

¦35¦ 136:3 A vida social, cuja base é formada pela produção material e pelas relações que esta implica, apenas se livrará da névoa mística que encobre o seu aspecto no dia em que se manifestar como obra de homens livremente associados que agem conscientemente e são donos do próprio movimento social.

¦36¦ 678:28 [NR 31 reúne o texto das notas 17a e 36 (ver pp. 678 e 683) e acrescenta a variação a seguir] Franklin acha muito natural que as coisas tenham valor e os corpos, peso. A seu ver, trata-se simplesmente de descobrir o modo mais exato possível de estimar esse *valor*. Ele nem sequer percebe que, quando declara que "o valor de todas as coisas será avaliado mais justamente em trabalho", abstrai a diversidade dos trabalhos trocados – reduzindo-os a um trabalho humano igual. Caso contrário ele deveria ter dito: já que a troca de botas ou de sapatos por mesas não é senão uma troca de trabalho de sapataria por trabalho de carpintaria, o trabalho do carpinteiro oferece a maneira mais exata de estimar o valor das botas! Servindo-se do termo "trabalho em geral", ele abstrai do caráter útil e da forma concreta dos diversos trabalhos.

¦37¦ 136:22 a maior

¦38¦ 136:38 de cima para baixo e, com seus gracejos insípidos a respeito do fetichismo dos mercantilistas, não se deixa enganar do mesmo modo pelas aparências? Seu primeiro dogma não é que as coisas, por exemplo os instrumentos de trabalho, são, por sua natureza, capital e que, quando se quer despi-las desse caráter puramente social, se comete um crime de lesa-natureza? Por fim, não foram os fisiocratas, tão superiores em tantos aspectos, que imaginaram que a renda fundiária não seria um tributo extraído dos homens, mas um presente dado pela própria natureza aos proprietários?

¦39¦ 138:21 Aqui as pessoas tratam umas com as outras na medida em que colocam certas coisas entre elas como mercadorias. Elas só existem umas para as outras

¦40¦ 140:8 imprimem pouco a pouco aos produtos do trabalho o caráter de mercadorias e desenvolvem ao mesmo tempo

¦41¦ 140:15 de uma

¦42¦ 142:33 de valor

¦43¦ 143:7 ficções convencionais, sancionadas pelo assim dito consenso universal dos homens

¦44¦ 687:2 como a França,

¦45¦ 147:13 mede quantidades de ouro dadas em troca de um *quantum* fixo de ouro e subdividido em partes alíquotas

¦46¦ 147:15 apenas

¦47¦ 147:21 invariáveis sejam a unidade de medida e suas subdivisões

¦48¦ 147:38 suas quantidades relativas de valor reciprocamente no mesmo estado.[54]

[NR 54] "O dinheiro pode mudar de valor continuamente e, não obstante, servir de medida de valor do mesmo modo que quando permanece absolutamente estacionário." (Bailey, *Money and Its Vicissitudes*. London, 1837, p. 9)

¦49¦ 687:9 [NR 57 e 59 da edição alemã (ver p. 687) foram realocadas nesse ponto.]

¦50¦ 687:18 Em diferentes países, o padrão legal dos preços naturalmente é diferente. Na Inglaterra, por exemplo, a onça como peso de metal [*troy*] é subdividida em *pennyweights*, grãos [*grains*] e quilates [*karats*]; mas a onça como unidade de medida monetária é dividida em 3% soberanos [*sovereigns*], o soberano em 20 xelins, o xelim em 12 pence, de modo que 100 libras de ouro a 22 quilates (1200 onças)=4672 soberanos e 10 xelins.

¦51¦ 687:42 [NR 58 da edição alemã (ver p. 687) foi realocada nesse ponto, com as alterações a seguir] "As moedas cujas denominações hoje são apenas ideais são, em todas as nações, as mais antigas; outrora foram todas reais" (em grande medida, essa última afirmação não é tão precisa) "e, justamente porque foram reais, calculava-se com elas." (Galiani, *Della moneta*, op. cit., p. 153)

¦52¦ 687:38 e, ademais, sendo cunhado de acordo com as partes alíquotas da unidade de medida que suas denominações designam, da onça,

¦53¦ 688:1 estimado em si mesmo, sem comparação com nenhuma outra mercadoria

¦54¦ 150:28 pelo jogo cego das irregularidades que, em média, se compensam, se paralisam e se destroem mutuamente.

¦55¦ 151:5 No preço, isto é, na designação monetária das mercadorias, sua equivalência com o ouro é antecipada, mas ainda não é um fato dado. Para

¦56¦ 153:32 se extingue o fenômeno. § Devemos examinar agora separadamente cada uma das duas metamorfoses sucessivas pelas quais tem de passar uma mercadoria. §

¦57¦ 160:11 produtos. Mas como? No comércio de troca, ninguém consegue alienar seu produto sem que simultaneamente outra pessoa aliene o dela. A circulação divide a identidade imediata desses dois atos, introduzindo neles a antítese da compra e da venda. Após ter vendido, não sou forçado a comprar nem no mesmo lugar, nem ao mesmo tempo, nem da mesma pessoa para a qual vendi. É certo que a compra é o complemento obrigatório da venda, mas não é menos certo que sua unidade é a unidade dos contrários.

¦58¦ 160:41 Ele não passará da primeira metade enquanto for retido sob essa forma equivalente por seu vendedor. Assim que este completar a venda pela compra, o dinheiro igualmente lhe escorrerá das mãos. O movimento dado ao dinheiro pela circulação das mercadorias não é, portanto, circulatório. Ela o tira da mão do seu possuidor sem jamais devolvê-lo a ele. É verdade que, se o tecelão de linho, depois de vender 20 metros de linho e de comprar a Bíblia, vender novamente linho, o dinheiro também retornará às suas mãos.

¦59¦ 163:18 Em casos assim, ocorrem primeiro mudanças no valor da moeda. Então, o

¦60¦ 163:39 Esse estado de coisas pode durar mais ou menos tempo dependendo do grau de desenvolvimento do mercado universal. Pouco a pouco, entretanto,

¦61¦ 169:17 A despeito disso, e este é o ponto importante, elas continuam a atuar como substitutas das espécies de ouro. A função monetária do ouro inteiramente separada do seu valor metálico é, portanto, um fenômeno produzido pelas fricções de sua própria circulação.

¦62¦ 171:20 Até aqui consideramos o metal precioso sob o duplo aspecto de medida de valores e de instrumento de circulação. Ele cumpre a primeira função como moeda ideal, podendo ser representado na segunda por símbolos. Mas há funções em que ele deve se apresentar em seu corpo metálico como equivalente real das mercadorias ou como moeda-mercadoria. Há ainda outra função que ele pode cumprir por si mesmo ou por substitutos, mas na qual se veste sempre diante das mercadorias usuais como a única encarnação adequada do valor destas. Em todos esses casos, diremos que ele atua como moeda ou dinheiro propriamente dito em oposição a suas funções de medida de valores e de numerário.

¦63¦ 179:22 moeda universal – moeda do mundo (*money of the world*), como a chama James Steuart, moeda da grande república comerciante, como disse depois dele Adam Smith.

¦64¦ 188:36 É a troca de lugar da mesma mercadoria por duas vezes: primeiramente na compra, em que ela substitui o dinheiro adiantado, em segundo lugar na venda, em que o dinheiro é retomado; é somente esse duplo deslocamento que ocasiona o refluxo do dinheiro ao seu ponto de partida e de mais dinheiro que ele não havia lançado na circulação.

¦65¦ 196:26 forma fundamental que determina a organização econômica da sociedade moderna.

¦66¦ 197:31 paga. § Se permanece como é, se conserva sua própria forma, não passa, por assim dizer, de um valor petrificado![38] § É preciso, portanto, que a mudança de valor expresso por *D–M–D'*, conversão do dinheiro em mercadoria e reconversão da mesma mercadoria em mais dinheiro, provenha da mercadoria.

|67| 197:38 Resta uma suposição, a saber: que a modificação se origine do valor de uso da mercadoria, isto é, de seu uso ou de seu consumo. Logo, trata-se de uma mudança no valor permutável, de seu crescimento. Para extrair um valor permutável do valor de uso

|68| 208:10 se faça sentir como o jogo livre de suas forças corporais e intelectuais; em suma, quanto menos *atraente* ele for.

|69| 208:11 [NR] Em alemão, *Arbeitsprozess* (processo de trabalho). O termo "processo", que exprime um desenvolvimento considerado no conjunto de suas condições reais, há muito tempo faz parte da língua científica de toda a Europa. Na França, ele foi introduzido inicialmente de maneira tímida sob sua forma latina: *processus*. Depois ele resvalou, despojado desse disfarce pedante, para dentro dos livros de Química, Fisiologia etc. e de algumas obras de Metafísica. Por fim, obteve sua carta de naturalização. Observemos de passagem que, na linguagem comum, os alemães, como os franceses, usam a palavra "processo" em seu sentido jurídico.

|70| 216:22 Se esses trabalhos, apesar da diferença de suas formas úteis, não tivessem uma essência idêntica, eles não poderiam constituir porções, indistintas quanto a sua qualidade, do trabalho total realizado no produto. Daí que os valores algodão e fusos tampouco seriam partes integrantes do valor total dos fios.

|71| 220:38 A circulação funciona como intermediária. É no mercado que se vende a força de trabalho, para ser explorada na esfera da produção, onde ela se torna fonte de mais-valia, e

|72| 221:18 Comparemos, agora, a produção de valor e a produção de valor de uso. Esta consiste no movimento do trabalho útil. O processo de trabalho se apresenta aqui do ponto de vista da qualidade. É uma atividade que, tendo por meta satisfazer necessidades determinadas, atua com os meios de produção conformes a essa meta, adota procedimentos especiais e acaba obtendo um produto usual.

|73| 221:25 Os meios de produção atuam agora como simples meios de absorção de trabalho, e eles próprios não representam senão a quantidade de trabalho realizado neles.

|74| 223:7 Quando os economistas, como não poderia deixar de ser, clamam contra essa "asserção arbitrária", não é o caso de dizer, segundo o provérbio alemão, que as árvores os impedem de ver a floresta! O que eles denunciam como um artifício de análise não passa de um procedimento que se pratica todos os dias em todos os cantos do mundo. Em toda parte, os valores das mais diversas mercadorias são indistintamente expressos em moeda, isto é, em certa

massa de ouro ou dinheiro. Por isso mesmo, os diferentes gêneros de trabalho, representados por esses valores, foram reduzidos, em proporções diferentes, a determinadas somas de uma só e da mesma espécie de trabalho ordinário, o trabalho que produz o ouro ou o dinheiro.

¦75¦ 232:25 funcional.

¦76¦ 235:27 curso que esse valor percorre. Em primeiro lugar, dois valores constantes são trocados um pelo outro, um capital de 90 libras esterlinas por uma força de trabalho que igualmente vale 90 libras esterlinas. No próprio processo de produção, porém, as 90 libras esterlinas adiantadas acabaram sendo substituídas não pelo valor da força de trabalho, mas por seu movimento,

¦77¦ 712:25 O sr. Wilhelm Tucídides Roscher é realmente impagável! Ele descobre que, se a formação de uma mais-valia ou de um mais-produto e a acumulação daí decorrente são devidas à economia e à abstinência do capitalista, que em compensação "exige, por exemplo, juros", ao contrário, "nos níveis mais baixos de cultura, [...] os mais fracos são obrigados pelos mais fortes a poupar".

¦78¦ 712:34 Os dados são do ano de 1871 e me foram fornecidos pelo próprio fabricante.

¦79¦ 242:13 Em vez de decompor desse modo o produto total obtido em um período, por exemplo em uma jornada, em cotas que representam os diversos elementos de seu valor, pode-se chegar ao mesmo resultado representando os produtos parciais como provenientes de cotas da jornada de trabalho. No primeiro caso, consideramos o produto inteiro como dado, no segundo, nós o acompanhamos nas fases de sua evolução.

¦80¦ 260:19 [NR] Na língua distinta dos fabricantes ingleses, os trabalhadores são chamados de "*hands*", literalmente "mãos". Quando essa palavra se encontra nas citações inglesas, nós a traduzimos sempre por "braços".

¦81¦ 276:23 [NR] Palavras de *Goethe*.

¦82¦ 728:38 Os supostos "socialistas belgas" limitam-se a repetir, de uma forma complicada e confusa, essa palavra de ordem dada pela sua burguesia!

¦83¦ 733:5 Os capitalistas, nos ramos industriais ameaçados de serem submetidos à Lei das Fábricas, usaram toda a sua influência parlamentar para sustentar seu "direito de cidadão" à exploração ilimitada da força de trabalho. Naturalmente eles encontraram servidores complacentes no ministério liberal de Gladstone.

¦84¦ 299:26 pareceu resultar de um acordo entre duas vontades livres, a do vendedor e a do comprador

¦85¦ 300:1 [NR] Palavras de Heinrich Heine.

¦86¦ 300:2 e, por meio de um grande esforço coletivo, de uma pressão de classe, erguer uma barreira intransponível, um obstáculo social que os impeça de venderem a si e à sua descendência ao capital, por meio de "contrato livre", até a escravidão e a morte.

¦87¦ 301:7 [A primeira parte deste capítulo (até "componentes transformados em força de trabalho viva", p. 304, linha 22) foi consideravelmente reelaborada]

¦88¦ 301:15 Como a mais-valia se relacionará com esse escudo [*écu*]? Isso depende da taxa de mais-valia. Se ela for de 50%, a mais-valia será meio escudo, representando três horas de mais-trabalho; se for de 100%, ela montará a um escudo, representando seis horas de mais-trabalho. A taxa de mais-valia determina, portanto, a soma de mais-valia produzida por um trabalhador individual, estando dado o valor de sua força.

¦89¦ 301:31 A soma da mais-valia produzida por um capital variável é, portanto, determinada pelo número de trabalhadores que ele paga, multiplicada pela soma de mais-valia que o trabalhador individual traz por dia; e essa soma, de acordo com o valor da força individual, depende da taxa de mais-valia, em outras palavras, da relação entre o mais-trabalho do trabalhador e seu trabalho necessário.[211] Obtemos, portanto, esta lei: A soma da mais-valia produzida por um capital variável é igual ao valor desse capital adiantado, multiplicado pela taxa de mais-valia, ou melhor, ela é igual ao valor de uma força de trabalho multiplicado pelo grau de sua exploração, multiplicado pela quantidade das forças empregadas conjuntamente.

[NR 211] No texto, presume-se não só que o valor de uma força de trabalho média é constante, mas também que todos os trabalhadores empregados por um capitalista são apenas forças médias. Há casos excepcionais em que a mais-valia produzida não aumenta proporcionalmente ao número de trabalhadores explorados, mas então o valor da força de trabalho não permanece constante.

¦90¦ 302:15 Ou um produto não muda de grandeza monetária quando algum de seus fatores muda simultaneamente e em razão inversa.

¦91¦ 302:17 Um capital variável de 100 escudos que explora 100 trabalhadores à taxa de 100% produz 100 escudos de mais-valia. Caso se diminua a taxa de mais-valia pela metade, sua soma continuará a mesma se ao mesmo tempo dobrar o capital variável. § No entanto: a soma de mais-valia permanecerá inalterada se diminuir o capital variável e, ao mesmo tempo e na proporção inversa, aumentar a taxa de mais-valia. Suponha-se que o capitalista pague diariamente 100 escudos a 100 trabalhadores, cujo tempo de trabalho necessário chegue a seis horas e o mais-trabalho a três horas. O capital adiantado de 100 escudos se estabelece à taxa de 50% e produz uma mais-valia de 50 escudos ou de 100×3 horas de trabalho = 300 horas. Agora, se o capitalista reduzir seus adiantamentos pela metade, de 100 para 50 escudos, ou se contratar apenas 50 trabalhadores; se conseguir ao mesmo tempo dobrar a taxa de mais-valia ou, o que dá no mesmo, se conseguir prolongar o mais-trabalho de três para seis horas, ele ganhará sempre a mesma soma, pois 50 escudos $\times \frac{100}{100} =$ 100 escudos $\times \frac{50}{100} =$ 50 escudos. Calculando por horas de trabalho, obtém-se: 50 forças de trabalho $\times$ 6 horas = 100 forças de trabalho $\times$ 3 horas = 300 horas.

¦92¦ 302:38 O dia natural de 24 horas é sempre maior que a jornada média de trabalho de 20 horas; isso nunca poderá produzir, portanto, um valor diário de 4 escudos, se o trabalhador médio produzir o valor de $\frac{1}{6}$ escudo por hora; porque seriam necessárias vinte e quatro horas para produzir um valor de 4 escudos. Quanto à mais-valia, seu limite é ainda mais estreito. Se a parcela da jornada necessária para repor o salário diário chega a seis horas, só sobram do dia natural dezoito horas, uma parte das quais é reclamada pelas leis biológicas para repouso da força de trabalho; se fixarmos em seis horas o limite mínimo desse repouso, prolongando a jornada de trabalho ao limite máximo de dezoito horas, o mais-trabalho não passará de doze horas e, em consequência, não produzirá mais que um valor de 2 escudos.

¦93¦ 303:11 Seu produto em valor total jamais poderá, por jornada média, alcançar a soma de 400 escudos ou 24×100 horas de trabalho. Uma diminuição do capital variável não pode, portanto, ser compensada por um aumento da taxa de mais-valia ou, o que vem a dar no mesmo, por uma redução no número de trabalhadores empregados, por um acréscimo do grau de exploração, no limite fisiológico da jornada de trabalho, e, em consequência, do mais-trabalho nela incluído.

¦94¦ 303:23 Essas tendências se tornam contraditórias assim que a diminuição de um dos fatores que determinam a soma da mais-valia não pode mais ser compensada pelo aumento do outro.

¦95¦ 303:36 Ele pode pô-la em movimento em maior ou menor grau com a mesma quantidade de trabalhadores, desde que a jornada destes seja prolongada em maior ou menor grau.

¦96¦ 304:11 produto, desde que o valor adicionado aos meios de produção provenha do capital variável, daquela parte do capital avançado que se converteu em força de trabalho.

¦97¦ 304:19 em diferentes indústrias

¦98¦ 313:9 a mais-valia provém da duração prolongada do trabalho

¦99¦ 319:9 levado a cabo em grande escala, demanda para a comercialização dos seus produtos um mercado ampliado

100 325:22 possui um caráter puramente formal e quase acidental. Então, o trabalhador só trabalha sob as ordens do capital porque lhe vendeu sua força; ele só trabalha para ele porque não possui os meios materiais para trabalhar por conta própria.

101 739:39 "O trabalho coletivo dá resultados que o trabalho individual jamais conseguiria fornecer. Portanto, na medida em que a humanidade aumentou em quantidade, os produtos da indústria reunida excederam em muito a soma de uma adição simples calculada com base nesse aumento. [...] Tanto nos ofícios mecânicos quanto no trabalho da ciência, atualmente um homem pode fazer mais em um dia do que um indivíduo isolado em toda a sua vida. O axioma dos matemáticos de que o todo é igual às partes não é mais verdadeiro quando aplicado ao nosso assunto. Quanto ao trabalho, esse grande pilar da existência humana, pode-se dizer que o produto dos esforços acumulados excede em muito tudo o que os esforços individuais e separados jamais poderão produzir." (T. Sadler, *The Law of Population*. London, 1830)

102 326:23 quando seu capital cresce e, com ele, a força coletiva que ele explora

103 328:36 Sua base, o emprego simultâneo de certa quantidade de assalariados em uma mesma oficina, está dada com a própria existência do capital e se encontra aí como resultado histórico de circunstâncias e de movimentos que concorreram para decompor o organismo da produção feudal.

104 336:18 Essa fonte de falsos custos [*faux frais*] constitui um dos aspectos em que a manufatura é inferior à indústria mecânica.

105 743:7 Em francês, a palavra "*moulin*" [moinho], aplicada originalmente à moagem de grãos, foi em seguida empregada para qualquer máquina que, movida por uma força exterior, faz uma pressão violenta sobre um corpo: moinho de pó, moinho de papel, moinho de tanino, moinho de enchimento, moinho de torção de fio, moinho de forja, moinho de moeda etc.

106 344:30 "Então vocês querem transformar a sociedade numa fábrica?", clamam esses apologistas entusiastas do sistema fabril. O regime das fábricas só é bom para os proletários!

107 347:4 Para se obterem as vantagens de uma divisão ulterior, não apenas é preciso aumentar o número de trabalhadores, mas esse aumento deve se dar por múltiplos, isto é, de um só golpe, segundo proporções fixas, em todos os diversos grupos da fábrica.

108 347:17 O corpo de trabalho que atua na fábrica, e cujos membros são trabalhadores de varejo, pertence ao capitalista; é apenas uma forma de existência do capital. Portanto, a força produtiva resultante da combinação do trabalho parece nascer do capital.

¦109¦ 354:19 para fabricar mais-valia relativa

¦110¦ 359:31 simultaneamente. É a sua forma exclusiva, onde o produto sai todo pronto da cada máquina-ferramenta, quer se trate da simples reprodução de uma ferramenta manual complexa ou da combinação de diversos instrumentos, cada um com sua função particular.

¦111¦ 752:42 no trabalho do artesão

¦112¦ 366:6 se o que se ganha de um lado não se perde de outro, se o emprego de máquinas economiza mais trabalho do que custam sua construção e manutenção.

¦113¦ 369:19 um valor de 30 xelins era produzido por hora por esses 66 trabalhadores, cujo salário constitui apenas a metade. Logo, não é seu salário que a máquina substitui, mas seu trabalho.

¦114¦ 385:29 [NR] Os teares que o trabalhador deve acompanhar avançam e recuam alternadamente; quando eles avançam, as meadas são estiradas em fios alongados. O fiandeiro deve aproveitar o momento em que o carrinho se aproxima do operador do sistema para emendar os fios rompidos ou cortar os fios soltos. Os cálculos citados por Lorde Ashley foram feitos por um matemático que ele enviara a Manchester com esse objetivo.

¦115¦ 385:34 mais considerável. Estimando a fadiga de uma jornada de trabalho, é preciso ainda levar em consideração a necessidade de voltar quatro ou cinco mil vezes o corpo na direção oposta,[172] bem como os esforços contínuos de inclinação e elevação. [...]

[NR 172] Trata-se de um fiandeiro que trabalha simultaneamente com dois teares, um de frente para o outro.

¦116¦ 761:38 "uma maneira de reunir diversas partículas de trabalho que a divisão havia separado". Ele também fez outra descoberta tão histórica quanto prodigiosa, a de que "o período das máquinas se distingue por um caráter particular, que é o *assalariado*".

¦117¦ 396:40 , na Índia, a importação de chita inglesa fabricada mecanicamente ameniza uma crise das mais espasmódicas. "A miséria dificilmente encontra um paralelo na história do comércio", diz o governador-geral em seu relatório de 1834–35; "*os ossos dos tecelões de algodão alvejam as planícies da Índia*."

¦118¦ 397:4 [NR] Lançar alguém na eternidade – *to launch somebody into eternity* – é o eufemismo que os jornais ingleses usam para anunciar as façanhas do carrasco.

¦119¦ 400:32 corpo. Em todos esses grandes estabelecimentos existem hoje máquinas a quatro e a cinco cores que fazem da estampa em chita um procedimento expedito e infalível."

¦120¦ 401:4 Diz ele a respeito do tear automático, que marca uma nova época no sistema mecânico: essa "criação, *o homem de ferro*, como era chamado com razão pelos trabalhadores, destinava-se a restabelecer a ordem entre as classes industriais. A novidade do nascimento desse Hércules fiador disseminou consternação entre as sociedades de resistência; e, muito tempo antes de ser tirado do berço, ele já havia sufocado a hidra da sedição. [...]

¦121¦ 403:30 Eis a triste realidade do fato! Cortar os meios de subsistência do trabalhador é o que senhores pançudos chamam de tornar esses meios *disponíveis* para o trabalhador como novos fundos de emprego em outra indústria.

¦122¦ 404:21 Essa por acaso seria uma razão para induzir o capital empregado na produção desses meios de subsistência a contratar como trabalhadores adicionais os nossos estofadores ociosos? Muito pelo contrário, se começará a reduzir o salário dos trabalhadores dessa parte se a baixa do preço se mantiver por algum tempo. Se o déficit no fluxo dos meios de subsistência necessários se consolidar, parte

¦123¦ 406:38 tecido manual que um trabalhador pode entregar em média no mesmo tempo. No entanto, qualquer que seja esse acréscimo de trabalho, ele sempre deve permanecer menor do que o decréscimo do trabalho efetuado pelo uso da máquina.

¦124¦ 407:17 [NR] São denominados *border slaves states* os Estados escravagistas fronteiriços entre os Estados do Norte e os do Sul, para os quais vendiam negros criados como gado para exportação.

¦125¦ 409:11 governo, polícia, clero, magistratura, exército, eruditos, artistas

¦126¦ 409:35 [NR] "A proporção pela qual a população de um país está empregada como doméstica, a serviço das classes abastadas, indica seu progresso em termos de riqueza nacional e civilização" (R. M. Martin, *Ireland Before and After the Union*, 3ª ed. Lond., 1848, p. 179).

¦127¦ 768:12 , ridicularizada com tanta verve por Fourier.

¦128¦ 411:32 , e, no sistema mecânico, sua quantidade jamais cresce de modo absoluto sem diminuir em relação à grandeza do capital empregado e à massa das mercadorias produzidas.

¦129¦ 415:28 "*big loaf*". (O pão imenso que os senhores comerciantes livres haviam prometido em suas manifestações contra as leis dos cereais.)

¦130¦ 772:15 os trabalhadores mal se distinguem dos *paupers* e não possuem os meios para adquirir as máquinas de costura. – Por *pauper* os ingleses designam o pobre assistido pela beneficência pública.

¦131¦ 772:17 A taxa de aluguel desempenha um papel importante. Como ela é bastante alta em Londres, "também foi na metrópole que o velho sistema de barganha ou o trabalho em domicílio se manteve por mais tempo e também é lá que tanto antes voltaremos a encontrá-lo" (ibid., p. 83). A última parte dessa citação se refere exclusivamente ao conserto de sapatos.

¦132¦ 431:38 Ora, se observamos a máquina de costura funcionando em meio às mais diversas combinações sociais, essa diversidade das formas de transição não esconde, porém, sua tendência fatal de transformar em fábricas propriamente ditas as manufaturas, os negócios informais e o trabalho em domicílio, onde se infiltrou o novo agente mecânico.

¦133¦ 441:17 entre as necessidades técnicas da grande indústria e as características sociais que ela assume sob o regime capitalista acaba destruindo todas as garantias de vida do trabalhador,

¦134¦ 441:20 esse antagonismo faz nascer a monstruosidade de um exército industrial de reserva, mantido na miséria a fim de estar sempre disponível para a demanda capitalista; que resultou em hecatombes periódicas da classe trabalhadora, na mais desenfreada dilapidação das forças de trabalho e nas devastações da anarquia social, que convertia cada progresso econômico em uma calamidade pública.

¦135¦ 442:10 Esse é o segredo do movimento histórico que os doutrinadores, otimistas ou socialistas, não querem compreender. §

¦136¦ 443:4 De resto, a lei fabril não seria a confissão oficial de que a grande indústria fez da exploração das mulheres e das crianças pelo capital, desse removedor radical da família trabalhadora de outrora, uma necessidade econômica? Não seria a confissão de que ela converteu a autoridade paterna em um aparelho do mecanismo social, destinado a fornecer direta ou indiretamente ao capitalista as crianças do proletário, o qual, sob pena de perecer, deve desempenhar seu papel de intermediário e de mercador de escravos? Do mesmo modo, todos os esforços dessa legislação pretendem tão somente reprimir os excessos desse sistema de escravidão. §

¦137¦ 443:6 [NR] Ver F. Engels, ibid. [*Die Lage der arbeitenden Klasse in England – A situação da classe trabalhadora na Inglaterra*], pp. 162, 178–83.

¦138¦ 454:36 Na Inglaterra, elas despovoam os campos. É estranhamente equivocado acreditar que o novo trabalho agrícola mecanizado oferece alguma compensação. Em 1861, só havia 1205 trabalhadores agrícolas ocupados no manejo de máquinas agrícolas, mecanismos a vapor e ferramentas mecanizadas, cuja fabricação empregava quase o mesmo número de operários industriais.

¦139¦ 455:7 O modo de produção capitalista rompe definitivamente o vínculo que unia a agricultura e a manufatura em sua infância; mas, ao mesmo tempo, ele cria os pressupostos materiais de uma síntese nova, mais elevada, da união entre agricultura e indústria sobre a base do desenvolvimento que cada uma delas adquire durante o período de sua separação completa.

¦140¦ 459:7 [A primeira parte deste capítulo foi consideravelmente reelaborada]

¦141¦ 459:25 A partir do momento em que o produto individual transforma-se em produto social, em produto de um trabalhador coletivo, isto é, cujos membros participam do manuseio da matéria em graus muito diferentes, de perto ou de longe, ou mesmo de modo nenhum, as determinações de *trabalho produtivo*, de *trabalhador produtivo*, são necessariamente ampliadas.

¦142¦ 459:39 Mas não é isso que caracteriza de maneira especial o trabalho produtivo no sistema capitalista.

¦143¦ 460:13 Assim, a Economia Política clássica sempre sustentou, ora instintivamente, ora conscientemente, que o que caracteriza o trabalho produtivo é a produção de *mais-valia*. Suas definições de trabalho produtivo mudam à medida que ela avança em sua análise da mais-valia.

¦144¦ 462:3 Não obstante, qualquer que seja a duração do trabalho, ele não renderá mais-valia se não possuir esse mínimo de produtividade que coloca o trabalhador em condições de consumir *apenas parte de seu dia* para sua própria manutenção. Portanto, somos levados a nos perguntar se a mais-valia não possui, como tem sido afirmado, *uma base natural*. § Supondo que o trabalho necessário à manutenção do produtor e de sua família ocupasse todo o seu tempo disponível, onde ele encontraria meios de trabalhar gratuitamente para terceiros?

¦145¦ 462:8 nenhuma mais-valia, nenhum produto líquido,

¦146¦ 462:11 A natureza não impede que a carne de uns sirva de alimento a outros;[3] da mesma forma, não colocou nenhum obstáculo intransponível a que alguém pudesse trabalhar para mais de um homem, nem a que outro conseguisse repassar para ele o fardo do trabalho. Mas a esse fato natural é atribuído algo de misterioso ao se tentar explicar, à maneira escolástica, por uma qualidade "oculta" do trabalho, por sua produtividade inerente, uma produtividade toda pronta, com a qual a natureza dotou o ser humano quando o pôs no mundo. § As faculdades do homem primitivo, ainda embrionárias e como que sepultadas sob sua crosta animal, foram se formando apenas lentamente sob a pressão de suas necessidades físicas. Quando, graças ao trabalho árduo, os seres humanos conseguiram superar seu primeiro estágio animal e, em consequência, seu trabalho já estava até certo grau socializado, só então surgiram as condições em que o mais-trabalho de um torna-se a condição de existência do outro, e isso jamais acontece sem o auxílio da força que submete um ao outro. [NR 1a é renumerada como a NR 3 a seguir] Segundo um cálculo feito recentemente, apenas nas regiões da Terra já exploradas vivem ainda pelo menos 4 milhões de canibais.

¦147¦ 463:18 arquitetônicas dos antigos egípcios se devem menos ao volume de sua população do que à faculdade de empregar uma parte relativamente considerável dela em trabalhos improdutivos.

¦148¦ 464:16 nossa sociedade europeia

¦149¦ 465:3 incorporado por semana. § O trabalho deve possuir certo grau de produtividade antes que possa se prolongar para além do tempo que o produtor necessita para buscar sua manutenção; mas jamais será essa produtividade, qualquer que seja seu grau, a causa da mais-valia. Essa causa sempre será o mais-trabalho, qualquer que seja o modo de extraí-lo.

¦150¦ 465:15 sentiam instintivamente que "haveria perigo grave e grave perigo", falando a linguagem enfática do Sr. Guizot, ao penetrar

¦151¦ 468:28 seu grau de intensidade, segundo o qual diferentes quantidades de trabalho são despendidas ao mesmo tempo

¦152¦ 469:10 Se uma hora de trabalho de intensidade normal produzisse um valor de meio franco, uma jornada de doze horas produziria somente um valor de seis francos.[13]

[NR 13] Supondo sempre que o valor do dinheiro permaneça invariável.

¦153¦ 469:38 Por fim, como o valor da força de trabalho e a mais-valia mudam de grandeza em sentido inverso entre si, segue-se

¦154¦ 470:17 Em geral: dada a extensão da jornada, bem como sua divisão em duas partes, a do trabalho necessário e a do mais-trabalho, segue

¦155¦ 470:25 A jornada de trabalho é uma grandeza constante e rende constantemente o mesmo valor, que se divide em equivalente da força de trabalho e em mais-valia; a cada variação da grandeza da mais-valia corresponde uma variação de grandeza inversa do valor da força de trabalho, e o valor da força de trabalho somente pode variar variando a força produtiva do trabalho. Com base nesses dados, fica claro que é a variação da produtividade do trabalho que, em primeiro lugar, faz com que o valor da força de trabalho aumente ou diminua, enquanto o movimento ascendente ou descendente dela conduz, por seu turno, o movimento da mais-valia em sentido inverso.

¦156¦ 471:41 Ele confunde a taxa de mais-valia com a taxa do lucro e, em consequência, trata aquela como se exprimisse diretamente o grau de exploração do trabalho.

¦157¦ 473:26 [Item consideravelmente reelaborado]

¦158¦ 473:29 Obtivemos, entre nossos novos dados, as seguintes leis: § 1º *A jornada de trabalho se realiza, na razão direta de sua duração, em um valor maior ou menor – portanto, variável, e não constante.* § 2º *Toda variação na relação de grandeza entre a mais-valia e o valor da força de trabalho provém de uma mudança na grandeza absoluta do mais-trabalho e, em consequência, da mais-valia.* § 3º *O valor absoluto da força de trabalho só pode mudar pela reação que o prolongamento do mais-trabalho exerce sobre o grau de usura dessa força. Portanto, todo movimento em seu valor absoluto é o efeito, e jamais a causa, de um movimento na grandeza da mais-valia.*

¦159¦ 473:34 relativa. Ela está para o valor da força de trabalho como 3 está para 3, e não mais como 2 está para 3. Em contrapartida, o valor da força de trabalho, permanecendo inteiramente o mesmo, ganha em grandeza relativa; ele agora está para a mais-valia como 3 está para 2, em vez de estar como 3 está para 3.

¦160¦ 473:39 pressupostas; isso quer dizer que se supõe estacionárias a produtividade e a intensidade do trabalho, cujo aumento, de fato, sempre precede a redução da jornada de trabalho ou a sucede

¦161¦ 474:1 Pressupomos sempre, tanto neste capítulo quanto no seguinte, que a jornada de trabalho é composta originalmente de doze horas – seis horas de trabalho necessário e seis horas de mais-trabalho – e produz um valor de seis francos, sendo a metade do trabalhador e a outra do capitalista. Se *o prolongamento da jornada de trabalho* é de doze para catorze horas e as horas adicionais são anexadas ao mais-trabalho, a mais-valia aumenta de três francos para quatro.

¦162¦ 475:21 a 16 horas ou o mais-trabalho a 8, a mais-valia aumentará para 4 francos e estará para o valor da força de trabalho como 4 está para 4, isto é, na mesma razão de antes do decrescimento que sobreveio à produtividade do trabalho, pois 4 para 4 = 3 para 3. Não obstante, embora sua grandeza proporcional seja assim simplesmente restabelecida, sua grandeza absoluta aumentou em ⅓, de três para quatro francos.

¦163¦ 475:32 Os mesmos resultados podem ser obtidos mais rapidamente se a intensidade do trabalho crescer concomitantemente com a sua duração.

¦164¦ 476:19 mais-trabalho, aquela que se destina à formação de um fundo social de reserva e acumulação, contaria como trabalho necessário e porque a grandeza atual do trabalho necessário é limitada tão somente pelos custos de manutenção de uma classe de assalariados, destinada a produzir a riqueza de seus patrões.

¦165¦ 476:27 O sistema capitalista, é verdade, impõe a economia dos meios de produção a cada estabelecimento tomado em si mesmo; mas ele não faz somente do louco dispêndio da força de trabalho um meio da economia para o explorador; ele necessita igualmente, para seu sistema anárquico de concorrência, o mais desmesurado desperdício do trabalho produtivo e dos meios de produção sociais, sem falar das inúmeras funções parasitárias que ele engendra e que torna mais ou menos indispensáveis.

¦166¦ 477:20 $\left(\frac{\text{mais-trabalho}}{\text{jornada de trabalho}}\right)$[22]
[NR 22] Pusemos a primeira fórmula entre parênteses porque a noção de mais-trabalho não se encontra explicitamente na Economia Política burguesa.

¦167¦ 478:23 escola clássica,

¦168¦ 478:29 O hábito de expor a mais-valia e o valor da força de trabalho como frações da soma do produto-valor esconde o caráter específico, o intercâmbio do capital variável com a força de trabalho, fato que implica que o produto cabe ao não-produtor.

¦169¦ 479:13 Tendo comprado essa força por um dia, uma semana etc., o capitalista obtém em troca o direito de explorá-la durante um dia, uma semana etc. O tempo de exploração decompõe-se em dois períodos.

¦170¦ 479:23 , do qual ele extrai a mais-valia,

¦171¦ 484:4 Se surgir uma invenção que permita produzi-la, dali por diante, em 3 horas, cairá também pela metade o valor do artigo já produzido, já circulando no mercado.

¦172¦ 484:12 é ele mesmo,

¦173¦ 484:31 Em seu estado de equilíbrio, o preço do trabalho não depende mais de sua ação e deve, portanto, ser determinado como se esta não existisse. Esse preço, esse centro de gravitação do preço de mercado, apresenta-se assim como o verdadeiro objeto da análise científica.

¦174¦ 484:41 tanto para o trabalho como para qualquer outra mercadoria, seu valor expresso em dinheiro. Como disse Adam Smith: "A mercadoria é, então, vendida *precisamente pelo que ela vale*".

¦175¦ 485:6 O resultado ao qual a análise chegou não foi, portanto, o de resolver o problema tal como ele se apresenta no ponto de partida, mas o de mudar completamente os termos.

¦176¦ 485:16 a seu preço necessário ou seu valor

¦177¦ 485:18 , de sorte que ela deveria ter sido tratada dali por diante apenas como forma fenomênica deste

¦178¦ 485:26 O salário é o pagamento do trabalho por seu valor ou por preços divergentes. Ele implica, portanto, que valor e preço acidentais da força de trabalho já tenham sofrido uma mudança de forma que os faz aparecer como valor e preço do próprio trabalho. Examinemos agora mais de perto essa transformação.

¦179¦ 485:31 [NR] Ao determinar o valor diário da força de trabalho pelo valor das mercadorias que exige, para um dia médio, a manutenção normal do trabalhador, subentende-se que seu dispêndio de força seja normal ou que a jornada de trabalho não ultrapasse os limites compatíveis com certa duração média da vida do trabalhador.

¦180¦ 485:32 [NR] Como na seção V, supõe-se que o valor produzido em uma hora de trabalho seja igual a meio franco.

¦181¦ 485:34 Ao confundir, agora, o valor da força com o valor de sua função, o trabalho que ele faz, chega-se à fórmula: *o trabalho de doze horas tem um valor de três francos*. Se o preço da força estiver abaixo ou acima do seu valor, seja de quatro francos ou de dois, o preço corrente do trabalho de doze horas será igualmente de quatro francos ou de dois. Nada mudou além da forma. O valor do trabalho reflete tão somente o valor da força, da qual ele é a função, e os preços de mercado do trabalho se afastam de seu suposto valor na mesma proporção em que os preços de mercado da força do trabalho se afastam de seu valor.

¦182¦ 486:10 Mas isso não é visível no horizonte da sociedade capitalista. Bem pelo contrário: ali o valor de três francos, produzido em seis horas de trabalho, metade da jornada, aparece como o valor do trabalho de doze horas, de toda a jornada. Ao receber por dia um salário de três francos, o trabalhador parece, portanto, ter recebido todo o valor devido ao seu trabalho, e é precisamente por isso que o excedente do valor de seu produto sobre o de seu salário assume a forma de uma mais-valia de três francos, criada pelo capital, e não pelo trabalho.

¦183¦ 486:13 a forma-salário, ou o pagamento direto do trabalho,

¦184¦ 486:16 do trabalhador livre

¦185¦ 486:27 Agora se compreende a imensa importância que possui na prática essa mudança de forma que faz com que a retribuição da força de trabalho apareça como salário do trabalho, o preço da força como preço de sua função. Essa forma, que apenas expressa as falsas aparências do trabalho assalariado, torna invisível a relação real entre capital e trabalho e mostra justamente o contrário; é dela que derivam todas as concepções jurídicas tanto do assalariado como do capitalista, todas as mistificações da produção capitalista, todas as ilusões liberais e todas as evasivas apologéticas da Economia vulgar.

¦186¦ 487:12 mas o uso dessa força, sua função, o trabalho. Ao que tudo indica, o que o capitalista paga é, portanto, o valor de utilização que o trabalhador lhe concede, o valor do trabalho – e não aquele da força de trabalho que o trabalhador parece não vender. A mera experiência da vida prática não põe em destaque a dupla utilidade do trabalho, a propriedade de satisfazer uma necessidade, que ele tem em comum com todas as mercadorias, e a de criar valor, que o distingue de todas as mercadorias e o exclui, como elemento formador do valor, da possibilidade de ter algum.

¦187¦ 487:29 o trabalho jamais varia em seu valor próprio. Ele diz: "Qualquer que seja a quantidade de alimentos que o trabalhador recebe em recompensa por seu trabalho, o preço que ele paga é sempre o mesmo. Esse preço, na verdade, pode comprar ora uma quantidade maior, ora uma quantidade menor desses alimentos: mas é o valor deles que varia, e não o do trabalho que os compra. [...] As quantidades iguais de trabalho têm sempre um valor igual".[12]

[NR 12] A. Smith, *Richesse des nations etc.* [*A riqueza das nações*], trad. G. Garnier. Paris, 1802, t. I, pp. 65-66.

¦188¦ 487:40 perderia a qualidade oculta de fazer filhotes.

¦189¦ 490:37 um salário correspondente ao valor de sua força de trabalho ou, o que dá na mesma, ao valor de suas subsistências necessárias

¦190¦ 491:26 da substituição do trabalho inábil por trabalho hábil, das crianças e das mulheres por homens etc., enfim, por crises parciais ou gerais.

¦191¦ 492:26 salário médio insuficiente. Se o preço do trabalho for de 12 centavos, isto é, se a hora for paga a essa taxa, o trabalhador deverá trabalhar treze horas e um terço por dia para ganhar um salário diário de 1 franco e 60 centavos. Se o preço do trabalho for de 25 centavos, uma jornada de doze horas será suficiente para ele conseguir um salário diário de 3 francos.

¦192¦ 492:32 A determinação do preço do trabalho pela fração

$$\frac{\text{Valor diário da força de trabalho}}{\text{Jornada de trabalho de dado número de horas}}$$

demonstra que um simples prolongamento da jornada realmente faz baixar o preço do trabalho, mesmo que sua taxa nominal não seja rebaixada.

¦193¦ 493:1 , graças ao prolongamento da jornada,

¦194¦ 493:6 Portanto, ele lucra duplamente, tanto das *retenues* [deduções] sobre o preço ordinário do trabalho quanto de sua duração extraordinária. No entanto, em determinadas indústrias em que a mais-valia cresce acima da taxa média, o poder de dispor de uma quantidade anormal de trabalho não pago se torna uma forma de concorrência entre os próprios capitalistas.

¦195¦ 493:15 É desse modo que, para os produtos das indústrias em que esse movimento tem lugar, estabelece-se pouco a pouco e se fixa enfim um preço de venda anormalmente baixo, que daqui em diante torna-se base constante de um salário miserável cuja grandeza está na razão inversa à do trabalho.

¦196¦ 495:10 aquilo que se paga ao trabalhador não fosse o valor de sua força, mas o do trabalho já realizado no produto, como se o preço desse trabalho não fosse determinado, como o do salário por tempo, pela fração

$$\frac{\text{Valor diário da força de trabalho}}{\text{Jornada de trabalho de dado número de horas}},$$

e sim pela capacidade de realização do produtor.

¦197¦ 497:15 [NR] Com efeito, se quem empresta dinheiro, segundo a expressão francesa, faz *suar* [*fait suer*] seus escudos, o que o mercador faz suar diretamente é o próprio trabalho.

¦198¦ 498:32 o salário diário ou semanal era menor em 1814 do que no fim do século dezoito.

¦199¦ 499:15 Se esse homem tivesse três crianças, ele estaria condenado à migalha da caridade pública.

¦200¦ 501:7 [Capítulo consideravelmente reelaborado.]

¦201¦ 501:19 do valor, seja absoluto, seja relativo,[49] da força de trabalho, como a extensão das necessidades comuns, o preço dos meios de subsistência, o tamanho médio das famílias trabalhadoras, o custo da educação do trabalhador, o papel do trabalho feminino e infantil, enfim, a produtividade do trabalho, sua duração e intensidade. § Nos mesmos ramos da indústria, a duração diária do trabalho varia de um país para o outro, mas, ao dividir o salário da jornada pelo número de horas da jornada, descobre-se o preço pago em cada país por certo *quantum* de trabalho, a hora. Dados estes dois fatores, o preço e a duração do trabalho, estamos em condições de comparar as taxas nacionais do salário ao tempo.

[NR 49] Isto é, seu valor comparado ao da mais-valia.

¦202¦ 504:38 concorrência

¦203¦ 509:42 parte que o empresário capitalista retenha para si mesmo ou ceda a outros, é sempre ele que, em primeiro lugar, se apropria dela completamente e só a converte em capital.

¦204¦ 510:7 e o estudo da acumulação do ponto de vista da produção

¦205¦ 511:41 ou, em outros termos, o capital continuará a atuar sem se expandir

¦206¦ 512:3 Consideremos primeiro essa parcela do capital que é adiantada em salários, ou o capital variável.

¦207¦ 512:8 ter adicionado ao produto tanto o valor de sua força quanto uma mais-valia.

¦208¦ 512:19 figura-valor das mercadorias. §

¦209¦ 512:21 o produto de seu trabalho passado circula no mercado, onde ele se transforma

¦210¦ 512:24 circulação das mercadorias

¦211¦ 512:33 [NR] O capital variável é considerado aqui somente como fundo para pagamento dos assalariados. Diz-se que, na realidade, ele só se torna variável a partir do momento em que a força de trabalho que ele comprou já está atuando no processo de produção.

¦212¦ 512:35 [NR] Os ingleses dizem "*labour fund*", literalmente "*fonds de travail*" [fundo de trabalho], uma expressão que, em francês, seria equívoca.

¦213¦ 512:38 de salário,

¦214¦ 513:3 Seu fundo de trabalho, que ele reproduz para si mesmo constantemente e do qual acaba sendo o único possuidor,

¦215¦ 513:21 que, mesmo entre os agricultores da Europa continental e da América do Norte, o fundo de trabalho aparece apenas excepcionalmente na forma de capital, de um adiantamento feito ao produtor imediato pelo capitalista empreendedor.

¦216¦ 513:26 Mas, antes de se renovar, esse processo deve ter começado e durado por certo tempo, durante o qual o trabalhador ainda não pode ter sido pago por seu produto nem muito menos viver de ar. Na primeira vez que se apresenta no mercado de trabalho, não é necessário, então, que a classe capitalista já tenha acumulado, por seus esforços e suas economias, tesouros que a deixem em condições de adiantar a subsistência do trabalhador sob a forma de moeda? Provisoriamente queremos até aceitar essa solução do problema, deixando para examinar o assunto mais de perto no capítulo sobre a assim chamada acumulação primitiva. § Entretanto, ao meramente perpetuar o funcionamento do próprio capital ou repetir sem cessar o processo de produção em escala permanente, a reprodução contínua efetua outra mudança, que altera o caráter primitivo tanto da parte variável como da parte constante do capital adiantado.

¦217¦ 514:3 produção

¦218¦ 514:29 Ainda era preciso que o homem dos escudos encontrasse no mercado outros homens, livres, mas forçados a vender voluntariamente sua força de trabalho, porque não tinham absolutamente nada além disso para vender.

¦219¦ 515:10 dominam

¦220¦ 515:16 A mera continuidade ou repetição periódica do processo de produção capitalista, reproduzindo e perpetuando, portanto, a base, o trabalhador na qualidade de assalariado.

¦221¦ 515:28 capital

¦222¦ 515:30 e "a grande indústria"

¦223¦ 516:25 do trabalhador livre

¦224¦ 789:39 Os economistas que consideram normal essa coincidência de consumo individual e de consumo produtivo necessariamente têm de classificar os meios de subsistência do trabalhador entre os materiais auxiliares, como petróleo, carvão etc., que são consumidos pelos instrumentos de trabalho e, em consequência, constituem um elemento do capital produtivo. Rossi se deixa levar por essa classificação, esquecendo-se, bem a propósito, de que, se os meios de subsistência do trabalhador não ingressam no capital produtivo, o próprio trabalhador é parte dele.

¦225¦ 516:35 , seja material, seja intelectual,

¦226¦ 517:12 Só que esse proprietário não é o capitalista individual, mas a classe capitalista.

¦227¦ 519:14 [NR] Em tempos normais, o capitalista diz, ao contrário, que os trabalhadores não estariam famintos, desmoralizados e descontentes se tivessem a inteligência de reduzir a quantidade dos seus braços para fazer subir o preço.

¦228¦ 521:12 Se, em vez de ser gasta, a mais-valia for adiantada e empregada como capital, um novo capital se formará e se juntará ao antigo. Acumula-se, portanto, capitalizando a mais-valia.

¦229¦ 524:17 Em outras palavras: quanto mais o capitalista já tenha se apropriado, no passado, de trabalho não remunerado, mais ele pode monopolizar no presente. Nesse caso, a troca de equivalentes, frutos do trabalho dos trocadores, nem mesmo figura como falsificação.

¦230¦ 528:32 o capital originalmente adiantado, mesmo quando se deve exclusivamente ao trabalho de seu possuidor, transforma-se mais cedo ou mais tarde, graças à reprodução simples,

¦231¦ 792:30 O *Économiste* realmente é bastante moderado. Seguindo os passos do Dr. Price, ele seria capaz de provar por meio de cálculos exatos que outros planetas teriam de ser anexados ao mundo terrestre para que este pudesse dar ao capital o que é devido ao capital.

¦232¦ 529:14 [NR] Parece-nos que a palavra "valorização" exprime mais exatamente o movimento que converte um valor em meio de sua multiplicação.

¦233¦ 529:15 A compra dessas mercadorias e desse trabalho, em vez de o enriquecer, o empobrece ainda mais. Dissipa, assim, a mais-valia como renda, em vez de a fazer crescer como capital. § Em oposição à nobreza feudal, ansiosa por devorar mais do que possui, ostentando seu luxo, seu serviço pessoal numeroso e preguiçoso, a Economia Política burguesa teve, então, de preconizar a acumulação como o primeiro dos deveres cívicos e pregar de forma incansável que, para acumular, é preciso ter sabedoria, não comer toda a renda, mas sim consagrar uma boa parte dela à contratação de trabalhadores produtivos, que rendam mais do que custem.

¦234¦ 529:36 [NR] É nesse sentido que Necker fala dos "objetos de fausto e suntuosidade", nos quais "o tempo aumentou a *acumulação*" e "as leis de propriedade foram reunidas em uma única classe da sociedade". (*Œuvres de M. Necker*. Paris e Lausanne, 1789, t. II: *De l'Administration des finances de la France*, p. 291).

¦235¦ 530:25 , seria adiantada apenas em salários

¦236¦ 530:27 Para se converter em força de trabalho adicional, o produto líquido deve incluir um excedente de meios de subsistência de primeira necessidade, mas, para que se torne explorável, essa força deve incluir também meios de produção adicionais, os quais não ingressam no consumo pessoal dos trabalhadores nem no dos capitalistas. § Como a soma de valores suplementar, nascida da acumulação, converte-se em capital da mesma maneira que qualquer outra soma de valores, é evidente que a doutrina errônea de Adam Smith a respeito da acumulação só pode provir de um erro fundamental em sua análise da produção capitalista. Com efeito, ele afirma que, embora todo capital individual se divida em parcela constante e parcela variável, em salários e em valor dos meios de produção, não ocorre o mesmo com a soma dos capitais individuais, do *capital social*. Ao contrário, o valor deste é igual à soma dos salários que ele paga ou, dito de outro modo, o capital social não é senão o capital variável. §

¦237¦ 530:39 O dinheiro, transferido desse modo aos fabricantes dos fios, das máquinas etc., paga primeiro a mais-valia contida em suas mercadorias, mas, feita essa dedução, ele serve, por seu turno, para pagar seus trabalhadores e comprar os meios de produção fabricados por outros fabricantes, *e assim por diante*. Portanto, os 200 000 francos adiantados pelo fabricante de tecido são gastos pouco a pouco em salários, uma parte por ele mesmo, uma segunda parte pelos fabricantes de quem ele compra seus meios de produção, *e assim por diante*, até que toda a soma, além da mais-valia sucessivamente cobrada, seja inteiramente adiantada em salários ou que o produto por ela representado seja inteiramente consumido por trabalhadores produtivos.

¦238¦ 531:3 de Caifás até Pilatos, sem nos permitir entrever o capitalista, em cujas mãos por fim desapareceria o capital constante, isto é, o valor dos meios de produção.

¦239¦ 531:15 Sua exposição se encontra, em muitos aspectos, mais perto da verdade que a de seus sucessores.

¦240¦ 532:10 acumulação

¦241¦ 532:28 , um empréstimo, ao menos,

¦242¦ 533:3 Enquanto o capitalista tradicional estigmatiza todos os gastos individuais desnecessários, vendo-os como usurpação da acumulação, o capitalista moderno consegue ver na capitalização da mais-valia um obstáculo à sua cobiça. Consumir, diz o primeiro, é "abster-se" de acumular; acumular, diz o segundo, é "renunciar" à fruição.

¦243¦ 533:16 se torna uma necessidade de ofício e

¦244¦ 533:18 o camponês e o artesão independentes

¦245¦ 534:23 A parcimônia, e não a indústria, é a causa imediata do aumento do capital. Para dizer a verdade, a

¦246¦ 534:36 alguns anos após o Congresso de Viena

¦247¦ 535:9 , gordas sinecuras

¦248¦ 536:6 As condições do processo de trabalho transformam-se repentinamente em outras tantas práticas de abstinência pelo capitalista, supondo sempre que seu trabalhador de modo nenhum se abstenha de trabalhar para ele.

¦249¦ 536:15 O capitalista espolia a si mesmo quando "empresta (!) ao trabalhador os instrumentos de produção"; em outros termos, quando os valoriza como capital, mediante incorporação de força de trabalho, em vez de comer esterco, animais de tração, algodão, locomotivas a vapor, ferrovias etc. ou, como os teóricos da abstinência infantilmente imaginam, em vez de dissipar "seu valor" em artigos de luxo.

¦250¦ 536:39 portem mais a marca social que os transforma em capital.

¦251¦ 538:39 [O conteúdo da NR 53 da edição alemã foi ampliado e inserido no corpo do texto] Em nossos dias, essas aspirações estão bastante ultrapassadas, graças à concorrência cosmopolita na qual o desenvolvimento da produção capitalista lançou todos os trabalhadores do globo. Não se trata somente de reduzir os salários ingleses ao nível dos da Europa continental, mas também de rebaixar, em um futuro mais ou menos próximo, o nível europeu ao nível chinês. Eis aí a perspectiva que o Sr. Stapleton, membro do Parlamento inglês, foi revelar aos seus eleitores em um discurso sobre *o preço do trabalho no futuro*. Ele disse: "Se a China se tornar um grande país manufatureiro, não vejo como a população industrial da Europa poderia sustentar a batalha sem descer ao nível de seus concorrentes".[68]

[NR 68] *Times*, 9 set. 1873.

¦252¦ 540:10 *outillage*[74]

[NR 74] Entendemos por "*outillage*" [utilidades] o conjunto de meios de trabalho, máquinas, aparelhos, instrumentos, edifícios, construções, vias de transporte e de comunicação etc.

¦253¦ 540:34 vida industrial, o homem e a natureza atuam em sintonia como fontes primitivas da riqueza.

¦254¦ 540:38 adiantado

¦255¦ 541:5 nas manufaturas, fábricas, indústrias

¦256¦ 541:19 Dada a mais-valia, a abundância do produto líquido, do qual ela é o valor, corresponde à produtividade do trabalho empregado. Portanto, na medida em que o trabalho desenvolve suas forças produtivas, o produto líquido compreende mais meios de fruição e acumulação. Nesse caso, a parcela da mais-valia que se capitaliza pode até aumentar às custas da outra que constitui a renda, sem que o consumo do capitalista seja reduzido, pois dali por diante um valor menor se realiza em uma soma superior de utilidades.

¦257¦ 541:29 § Deduzida a renda, o restante da mais-valia atua como capital adicional. Barateando os meios de subsistência, o desenvolvimento das forças produtivas do trabalho faz com que os trabalhadores também baixem de preço. Ele reage do mesmo modo sobre a eficácia, a abundância e o preço dos meios de produção. Ou a acumulação ulterior que o novo capital consegue por seu turno não se regula pelo valor absoluto desse capital, mas pela quantidade de forças de trabalho, de utilidades, de matérias-primas e materiais auxiliares de que ele dispõe. § Em geral, sucede que as combinações, os procedimentos e os instrumentos aperfeiçoados se aplicam em primeiro lugar mediante o uso do novo capital adicional.

¦258¦ 542:1 Quanto ao capital antigo, ele consiste em parte de meios de trabalho que são usados pouco a pouco e só precisam ser reproduzidos após lapsos muito grandes de tempo. No entanto, a cada ano, uma quantidade considerável deles chega ao fim de sua vida útil, do mesmo modo que se vê todos os anos uma quantidade de velhos falecerem em decrepitude.

¦259¦ 542:10 No entanto, o progresso científico e técnico logrado durante o período de seu serviço ativo permite substituir esses instrumentos desgastados por outros mais eficazes e comparativamente menos dispendiosos.

¦260¦ 542:17 na maior parte ao menos anualmente, se provém da agricultura, e em intervalos bem mais curtos de tempo, se provém das minas etc.

¦261¦ 542:23 § Ao ensinar os métodos apropriados para devolver ao ciclo do processo de reprodução os resíduos da produção e do consumo sociais, seus excrementos, converte, sem nenhuma ajuda do capital, esses não-valores na mesma quantidade de elementos adicionais da acumulação.

¦262¦ 542:26 § Do mesmo modo que a elasticidade da força de trabalho, o progresso incessante da ciência e da tecnologia confere ao capital uma potência de expansão, independente, dentro de certos limites, da magnitude das riquezas adquiridas de que é composto.

¦263¦ 542:31 § Sem dúvida, o progresso da potência produtiva do trabalho, que se realiza sem o concurso do capital já em operação, mas do qual se beneficia assim que assume uma nova pele, também o deprecia mais ou menos durante o intervalo em que continua a atuar sob sua forma antiga. O capital posto em uma máquina, por exemplo, perde algo de seu valor quando aparecem máquinas melhores do mesmo tipo.

¦264¦ 542:38 por uma redução do salário.

¦265¦ 543:3 o desenvolvimento da indústria

¦266¦ 543:10 , graças à produtividade superior do trabalho mecânico

¦267¦ 543:27 Mas, no sistema do salariado, essa faculdade natural do trabalho assume a falsa aparência de uma propriedade que é inerente ao capital e o eterniza; da mesma forma, as forças coletivas do trabalho combinadas se disfarçam como outras tantas qualidades ocultas do capital, e a apropriação contínua do mais-trabalho pelo capital se transforma no milagre sempre recorrente de suas virtudes prolíficas.

¦268¦ 543:34 Essa parcela do capital constante que é adiantada sob a forma de utilidades e que Adam Smith denominou "capital fixo" atua sempre inteiramente nos processos de produção periódicos, ao passo que, ao contrário, sendo usada apenas pouco a pouco, ela transmite seu valor apenas em frações para as mercadorias que ajuda a confeccionar sucessivamente. A verdadeira medida da magnitude do progresso das forças produtivas, seu aumento, leva a uma diferença cada vez mais considerável entre a totalidade do capital atualmente empregado e a fração que dele é consumida de uma só vez. Que se compare, por exemplo, o valor das ferrovias europeias exploradas cotidianamente com a soma de valor que elas perdem por seu uso cotidiano!

¦269¦ 543:42 Ora, esses meios, criados pelo ser humano, fornecem serviços gratuitos exatamente como as forças naturais, a água, o vapor, a eletricidade etc., e eles os fornecem na proporção dos efeitos úteis que aportam à produção sem aumento de despesas. Esses serviços gratuitos do trabalho passado, quando apanhados e animados pelo trabalho de hoje, acumulam-se, portanto, com o desenvolvimento das forças produtivas e a acumulação de capital que o acompanha.

¦270¦ 544:20 § Entre as circunstâncias que, independentemente da repartição proporcional da mais-valia em renda e em capital, influem fortemente na extensão da acumulação, é preciso assinalar, por fim, *a grandeza do capital adiantado*.

¦271¦ 544:34 Os capitalistas, seus coproprietários, seus homens de confiança e seus governos desperdiçam a cada ano uma parcela considerável do produto líquido anual. Ademais, eles retêm em seus fundos de consumo grande quantidade de objetos de uso lento, apropriados a um emprego reprodutivo, e inutilizam a seu serviço pessoal uma multidão de forças trabalhadoras. A cota da riqueza que se capitaliza jamais é tão grande quanto poderia ser. Sua relação de grandeza vis-à-vis do total da riqueza social muda com toda mudança ocorrida na repartição da mais-valia em renda pessoal e em capital adicional, e a proporção seguinte àquela pela qual se fez essa repartição varia sem cessar sob a influência de conjunturas às quais não nos ateremos aqui. É suficiente termos constatado que, em lugar de ser uma alíquota predeterminada e fixa da riqueza social, o capital não passa de uma fração variável e flutuante.

¦272¦ 544:37 § Quanto ao capital já acumulado e empregado, embora seu valor seja determinado do mesmo modo que a massa das mercadorias que o compõem, ele de maneira nenhuma representa uma força produtiva constante, operando de maneira uniforme. Vimos, pelo contrário, que ele admite uma grande amplitude no que se refere à intensidade, à eficácia e à extensão de sua ação.

¦273¦ 544:42 Ao examinar as causas desse fenômeno, postamo-nos no ponto de vista da produção, mas não se pode esquecer que os diversos graus de celeridade da circulação concorrem, por seu turno, para modificar consideravelmente a ação de um capital dado. A Economia clássica sempre gostou de ver o capital apenas como uma porção predeterminada da riqueza social, uma soma dada de mercadorias e de forças trabalhadoras que operam de maneira quase uniforme.

¦274¦ 545:11 O lugar-comum que raciocina, eis aí a filosofia de um e a poesia do outro.

¦275¦ 545:12 O dogma da quantidade fixa do capital social a cada momento dado não só se choca com os fenômenos mais comuns da produção, como seus movimentos de expansão e contração, mas também torna a acumulação um tanto quanto incompreensível.

¦276¦ 545:15 Portanto, foi apresentado apenas por Bentham e seus acólitos, os McCulloch, os Mill e *tutti quanti*, com uma segunda intenção "utilitária". Eles o aplicam de preferência a essa parcela do capital que é trocada pela força de trabalho e que eles denominam indiscriminadamente "*fundo de salário*", "*fundo de trabalho*"

¦277¦ 545:18 Segundo eles, essa é uma parcela particular da riqueza social, o valor de uma certa quantidade de subsistência cuja *natureza* impõe a cada momento os limites fatais que a classe trabalhadora luta em vão para ultrapassar.

¦278¦ 545:22 Estando assim dada a soma a distribuir entre os assalariados, segue-se que, se a alíquota devolvida a cada um dos participantes é muito pequena, isso ocorre porque sua quantidade é muito grande e que, em última análise, sua miséria não é um fato de ordem social, mas de ordem natural.

¦279¦ 545:29 § Em primeiro lugar, os limites que o sistema capitalista prescreve ao consumo do produtor só são "naturais" no meio próprio a esse sistema, do mesmo modo que a chibata só atua como incentivo "natural" ao trabalho no meio escravagista. Com efeito, é da natureza da produção capitalista limitar a parte do produtor ao que é necessário para sustentar sua força de trabalho e outorgar o excedente de seu produto ao capitalista. Ademais é da natureza desse sistema que o produto líquido, que pertence ao capitalista, também seja dividido por ele em renda e em capital adicional, enquanto que só em casos excepcionais o trabalhador pode aumentar seu fundo de consumo usurpando o do não-trabalhador. "O rico", diz Sismondi, "faz a lei para o pobre [...] pois, ao fazer ele mesmo a repartição da produção anual, guarda para consumo próprio tudo o que chama de *renda*, cedendo o que chama de *capital* ao pobre para que este obtenha *sua renda*."[81] (Leia-se: para que este obtenha para si uma renda adicional.) "O produto do trabalho", diz J. St. Mill, "hoje é repartido em proporção inversa ao trabalho – a maior parte se destina àqueles que nunca trabalham, a segunda maior parte àqueles cujo trabalho é quase só nominal, e assim, em escala decrescente, a remuneração encolhe na medida em que o trabalho se torna mais duro e mais desagradável, até que o trabalho fisicamente mais cansativo e mais esgotante não pode nem contar com a certeza da satisfação das necessidades vitais."[82] § Portanto, o que precisaria ser provado antes de tudo é que, não obstante sua origem muito recente, o modo capitalista de produção social é o modo imutável e "natural". Mas, mesmo com base nos dados do sistema capitalista, é errado dizer que o "fundo de salário" seja predeterminado ou pela magnitude da riqueza social ou pela do capital social. § O capital social é apenas uma fração variável e flutuante da riqueza social, o fundo de salário, que não passa de uma alíquota desse capital, não poderia ser uma alíquota fixa e predeterminada da riqueza social: em contrapartida, a grandeza relativa do fundo de salário depende da proporção segundo a qual o capital social se divide em capital constante e em capital variável, e essa proporção, como já vimos e como detalharemos ainda mais nos capítulos seguintes, não permanece igual durante o curso da acumulação.

[NR 81] Sismondi, [*Études sur l'Économie Politique*,] op. cit., pp. 107–08.
[NR 82] J. St. Mill, *Principles of Pol. Economy* [op. cit.].

¦280¦ 546:4 Então dividimos essa soma não pela quantidade dos trabalhadores empregados, mas pela de toda a população trabalhadora, e assim descobrimos

¦281¦ 547:30 e atuando nas mãos de uma multidão de capitalistas, independentes uns dos outros,

¦282¦ 548:4 Com base nesses dados, o progresso constante da acumulação deve mesmo, cedo ou tarde, promover um aumento gradual dos salários. Com efeito, uma parte da mais-valia, esse fruto anual, é adicionada anualmente ao capital adquirido; então, esse incremento mesmo cresce na proporção em que o capital em circulação aumenta mais; por fim, com o estímulo de circunstâncias excepcionalmente favoráveis – a abertura de novos mercados, de novas esferas de investimentos no interior etc. –, a paixão pelo ganho lançará bruscamente porções maiores de produto líquido no fundo de reprodução para expandir ainda mais a escala.

¦283¦ 548:22 a classe trabalhadora se mantém e se multiplica em nada modificam, no entanto, o caráter básico da reprodução capitalista.

¦284¦ 548:34 Essa identidade – de dois termos aparentemente opostos – foi muito bem captada por Adam Smith, Ricardo e outros, para quem a acumulação de capital não é nada mais do que o consumo de toda a parte capitalizada do produto líquido por trabalhadores produtivos ou, o que vem a dar no mesmo, do que sua transformação em proletários adicionais.

¦285¦ 549:36 Quanto a esse estado de dependência, como uma das necessidades reconhecidas do sistema capitalista

¦286¦ 550:25 progressivamente capitalizada

¦287¦ 551:3 , é que a força de trabalho cria para o capitalista, além do mercado, tanto um fundo de consumo quanto um excedente de capital.

¦288¦ 551:13 Em nossos dados, a taxa do salário subiu graças a um aumento do capital superior ao do trabalho ofertado. Só resta uma alternativa:

¦289¦ 551:27 Portanto, é evidente que a diminuição do trabalho não pago de modo algum impede que o capital amplie sua esfera de dominação. Esse movimento, pelo contrário, habitua o trabalhador a pensar que sua única chance de salvação está no enriquecimento de seu patrão.

¦290¦ 551:37 Seria bom captar o vínculo entre os movimentos do capital em vias de acumulação e as vicissitudes correlativas que sobrevêm à taxa dos salários. § Ora se trata de um excesso de capital, proveniente da acumulação acelerada, que torna a oferta de trabalho relativamente insuficiente e, em consequência, tende a elevar seu preço. Ora se trata de uma desaceleração da acumulação que torna a oferta de trabalho relativamente superabundante e baixa seu preço. § O movimento de expansão e de contração do capital em vias de acumulação produz, então, alternadamente, a insuficiência ou a superabundância relativas da oferta de trabalho, mas não é nem a diminuição absoluta ou proporcional da cifra da população trabalhadora que torna o capital superabundante no primeiro caso, nem um aumento absoluto ou proporcional da cifra da população trabalhadora que torna o capital insuficiente no outro.

¦291¦ 552:12 , ainda que nos dois casos o valor real do dinheiro não se altere em nada.

¦292¦ 553:3 E como poderia ser diferente onde o trabalhador só existe para aumentar a riqueza de outros, criada por ele?

¦293¦ 553:31 Mas qual o caminho para se obter esse resultado? Por meio de uma série de mudanças no modo de produzir que colocam uma soma dada de forças trabalhadoras em condições de mover uma massa

¦294¦ 553:39 Uns, como máquinas, edifícios, fornos, aparelhos de drenagem, fertilizantes minerais etc., são aumentados em quantidade, extensão, massa e eficácia para tornar o trabalho mais produtivo, enquanto os outros, matérias-primas e materiais auxiliares, aumentam porque o trabalho, que se tornou mais produtivo, consome mais em um tempo dado.

¦295¦ 554:10 Por ocasião do nascimento da grande indústria, descobre-se na Inglaterra um método para converter em ferro forjável o ferro fundido com o coque. Esse procedimento, que se chama *puddlage* e que consiste no refino do ferro-gusa em fornos especialmente construídos para isso, deu lugar a uma ampliação imensa dos altos-fornos, ao emprego de aparelhos de fole quente etc., enfim, a um tal aumento do instrumental e dos materiais empregados pela mesma quantidade de trabalho que logo o ferro foi fornecido em tanta abundância e a preços tão baixos que foi capaz de alijar a pedra e a madeira de uma grande quantidade de usos. Como o ferro e o carvão são as grandes alavancas da indústria moderna, não haveria como exagerar a importância dessa inovação. § No entanto, o *puddleur*, o trabalhador ocupado com o refino do ferro-gusa, executa uma operação manual, de modo que o tamanho das fornadas que ele é capaz de manusear permanece limitado por sua capacidade pessoal, e é esse o limite a que chega no presente o maravilhoso impulso que a indústria metalúrgica tomou a partir de 1780, data da invenção do *puddlage*. § O *Engineering*, um dos órgãos dos engenheiros ingleses, exclama: "Fato é que o antiquado processo do *puddlage* manual constitui apenas um pequeno avanço em relação à barbárie (*the fact is that the old process of hand-puddling is little better than a barbarism*) [...] A tendência atual de nossa indústria é de operar nas diferentes etapas de fabricação sobre materiais cada vez maiores. É assim que quase todos os anos se veem nascer altos-fornos cada vez mais amplos, martelos a vapor mais pesados, laminadores mais potentes e ferramentas mais gigantescas aplicados a numerosos ramos da manufatura de metais. Em meio a esse aumento geral – aumento dos meios de produção em relação ao trabalho empregado –, o procedimento do *puddlage* permaneceu quase estacionário e hoje causa entraves insuportáveis ao movimento industrial. [...] Assim, estamos em vias de compensar isso em todas as grandes usinas por fornos de ciclo automático e capazes de fornadas colossais absolutamente fora do alcance do trabalho manual".[97] § Portanto, depois de ter revolucionado a indústria do ferro e provocado uma grande ampliação da aparelhagem e da massa de materiais postos em ação por certa quantidade de trabalho, o *puddlage* se tornou, no decurso da acumulação, um obstáculo econômico do qual ela está a ponto de se desembaraçar em favor de novos procedimentos próprios a fazer retroceder os limites que ainda se impõem ao ulterior aumento dos meios materiais da produção em relação ao trabalho empregado. Essa é a história de todas as descobertas e invenções que surgem em decorrência da acumulação, como provamos, de resto, ao traçar o curso da produção moderna desde sua origem até a nossa época.[98] § Portanto, durante o progresso da acumulação, não há somente aumento quantitativo e simultâneo dos diversos elementos reais do capital: o desenvolvimento das forças produtivas do trabalho social a que leva esse progresso se manifesta ainda em mudanças qualitativas, em mudanças graduais na composição técnica do capital, em que o fator objetivo aumenta progressiva e proporcionalmente em relação ao fator subjetivo, isto é, em que a massa da aparelhagem e dos materiais aumenta gradualmente em comparação com a soma da força de trabalho necessária para colocá-las em ação. Portanto, na medida em que o aumento do capital torna o trabalho mais produtivo, ele diminui a demanda proporcionalmente à sua grandeza.

[NR 97] *The Engineering*, 12 jun. 1874.

[NR 98] Ver seção IV desta obra.

¦296¦ 554:25 apenas 20% em trabalho. Não se trata, entenda-se bem, do capital inteiro, mas somente de sua parcela variável que é trocada pela força de trabalho e que constitui o fundo a ser repartido entre os assalariados.

¦297¦ 554:38 sua composição técnica.

¦298¦ 555:2 A razão é que esse mesmo progresso das forças de trabalho que se manifesta no aumento da aparelhagem e dos materiais postos em ação por uma quantidade menor de trabalho também causa a diminuição do valor da maioria dos produtos que funcionam como meios de produção.

¦299¦ 555:29 Com base no trabalho assalariado, a escala das operações depende em primeiro lugar da quantidade de capital acumulado nas mãos dos empreendedores particulares.

¦300¦ 555:42 [NR] "O trabalho não pode adquirir essa grande extensão de força sem uma acumulação precedente dos capitais." (A. Smith, [*La richesse des nations – A riqueza das nações*] op. cit.)

¦301¦ 556:22 Cada um dos capitais individuais que compõem o capital social representa, à primeira vista, certa *concentração*, nas mãos de um capitalista, de meios de produção e de meios de manutenção do trabalho e, na medida em que ele vai se acumulando, essa concentração se amplia. Ao aumentar os elementos reprodutivos da riqueza, a acumulação simultaneamente se concentra cada vez mais nas mãos de empresários individuais. De qualquer modo, esse tipo de concentração, que é o corolário obrigatório da acumulação, move-se dentro de limites mais ou menos estreitos. § O capital social, distribuído entre as diferentes esferas de produção, assume a forma de uma grande quantidade de capitais individuais que, uns ao lado dos outros, percorrem seu movimento de acumulação, isto é, de reprodução, em escala progressiva. Esse movimento produz primeiro o excedente de elementos constituintes da riqueza, que ele agrega em seguida a seus grupos já combinados e que agem como capital. Proporcionalmente à sua grandeza já adquirida e ao grau de sua força reprodutiva, cada um desses grupos, cada capital, enriquece-se desses elementos suplementares, cumpre assim um ato de vitalidade própria, mantém, ao crescer, sua existência distinta e limita a esfera de ação dos demais. Portanto, não apenas o movimento de concentração está tão disperso como na acumulação, mas também o fracionamento do capital social em uma grande quantidade de capitais independentes uns dos outros se consolida precisamente porque todo capital individual atua como *antessala de concentração relativa*. § Do mesmo modo que a soma dos incrementos, cuja acumulação aumenta os capitais individuais, crescerá de acordo com o capital social, a concentração relativa que todos esses capitais representam *em média* não pode crescer sem um aumento simultâneo do capital social – da riqueza social destinada à reprodução. Trata-se de um primeiro limite da concentração que não é senão um corolário da acumulação. § Isso não é tudo. A acumulação do capital social resulta não só do crescimento gradual dos capitais individuais, mas também do crescimento de sua quantidade, seja porque valores dormentes se converteram em capitais, seja porque mudas de capitais antigos se descolaram para lançar raiz independentemente de sua cepa. Por fim, grandes capitais lentamente acumulados se fracionam, em dado momento, em vários capitais distintos, como, por exemplo, por ocasião da divisão da herança em famílias capitalistas. A concentração é, assim, entrecruzada tanto pela constituição de novos capitais como pela divisão dos antigos. § O movimento da acumulação social apresenta, portanto, de um lado, uma concentração crescente, nas mãos dos empresários privados, dos elementos reprodutivos da riqueza e, de outro, a dispersão e a multiplicação das antessalas de acumulação e de concentração relativas, que se repelem mutuamente de suas órbitas particulares. § A certa altura do progresso econômico, essa dispersão do capital social em muitos capitais individuais ou o movimento de repulsão recíproca entre suas partes integrantes é contrariado pelo movimento oposto de sua atração mútua. Não é mais a concentração que se confunde com a acumulação, mas sim um processo fundamentalmente distinto, é a atração que reúne diferentes antessalas de acumulação e de concentração, a concentração de capitais já formados, a fusão de uma quantidade maior de capitais em uma quantidade menor, em suma, a *centralização* propriamente dita.

¦302¦ 559:28 leva a essa metamorfose técnica, torna-se mais perceptível à medida que os capitais que passam por ela já tiverem aumentado graças ao processo

¦303¦ 560:2 Acabamos de demonstrar que a acumulação que faz crescer o capital social reduz simultaneamente a grandeza proporcional de sua parcela variável e, assim, diminui a demanda de trabalho relativo. Ora, qual é o efeito desse movimento sobre o destino da classe assalariada? § Para resolver esse problema, é claro que se precisa examinar primeiro de que maneira a diminuição sofrida pela parcela variável de um capital em vias de acumulação afeta a grandeza absoluta dessa parcela e, em consequência, de que maneira uma diminuição surgida na demanda de trabalho relativo reage sobre a demanda de trabalho absoluto ou efetivo. § Enquanto um capital não mudar de grandeza, toda redução proporcional de sua parcela variável é, ao mesmo tempo, uma redução absoluta. Para que não seja assim, é preciso que a redução proporcional seja contrabalançada por um aumento surgido na soma total do valor-capital adiantado. Portanto, a parcela variável que atua como fundo de salário diminui em razão direta à redução de sua grandeza proporcional e em razão inversa ao aumento simultâneo do capital inteiro. Partindo dessa premissa, obtemos as seguintes combinações: § *Primeira*: Se a grandeza proporcional do capital variável diminuir em razão inversa ao crescimento do capital inteiro, o fundo de salário não muda de grandeza absoluta. Ele aumentará, por exemplo, sempre a 400 francos, quer forme dois quintos de um capital de 1000 francos ou um quinto de um capital de 2000 francos. § *Segunda*: Se a grandeza proporcional do capital variável diminuir em razão superior à do crescimento do capital inteiro, o fundo de salário sofrerá uma diminuição absoluta, apesar do aumento absoluto do valor-capital adiantado. § *Terceira*: se a grandeza proporcional do capital variável diminuir em razão inferior à do crescimento do capital inteiro, o fundo de salário sofrerá um aumento absoluto, apesar da diminuição surgida em sua grandeza proporcional.

¦304¦ 560:11 A redução proporcional de grandeza que a parcela variável do capital sofre no curso da acumulação e da ampliação simultâneas das forças de trabalho é progressiva. Seja, por exemplo, a relação entre o capital constante e o capital variável, originalmente, 1:1, ela se tornará 2:1, 3:1, 5:1, 6:1 etc., de modo que, de grau em grau, ⅔, ¾, ⅚, 6/7 etc. do valor do capital total se convertem em meios de produção, ao passo que ⅓, ¼, ⅙, 1/7 etc., apenas, em força de trabalho. Mesmo que a soma total do capital fosse triplicada, quadruplicada, sextuplicada, setuplicada etc. na mesma proporção, isso não seria suficiente para aumentar o número de trabalhadores empregados. Para produzir esse efeito, o expoente da razão pela qual a massa do capital social aumenta deve ser maior que o da razão pela qual diminui proporcionalmente o fundo de salários.

¦305¦ 560:16 A demanda de trabalho absoluto ocasionada por um capital é proporcional não à sua grandeza absoluta, mas à sua parcela variável, que só é trocada pela força de trabalho. A demanda de trabalho relativo ocasionada por um capital, isto é, a proporção entre sua grandeza própria e a quantidade de trabalho que ele absorve, é determinada pela grandeza proporcional de sua fração variável.

¦306¦ 560:21 Assim, a partir do momento em que a indústria mecânica fica em vantagem, o progresso da acumulação redobra a energia das forças que tendem a diminuir a grandeza proporcional do capital variável e enfraquece aquelas que tendem a aumentar sua grandeza absoluta. Ele aumenta com o capital social do qual faz parte, mas aumenta em proporção decrescente.[103]

[NR 103] Um exemplo impressionante desse aumento em razão decrescente é fornecido pelo movimento da fábrica de tecido de algodão pintado. Comparem-se estas cifras: na Inglaterra, em 1851, essa indústria exportou 577 687 229 jardas (a jarda equivale a 0,914 metro) no valor de 10 259 621 libras esterlinas, mas em 1861 foram 828 873 922 jardas no valor de 14 211 572 libras esterlinas. A quantidade de assalariados empregados, que em 1851 era de 12 098, havia aumentado em 1861 para apenas 12 556, o que equivale a um acréscimo de 458 indivíduos ou, em todo o período decenal, um aumento de aproximadamente 4 por 100.

¦307¦ 560:23 Enfim, a duração desses intervalos em que a acumulação mais favorece a demanda de trabalho vai diminuindo gradativamente.

¦308¦ 560:25 Por fim, há intervalos em que as convulsões técnicas são menos sentidas, em que a acumulação se dá mais como um movimento de extensão quantitativa sobre a nova base técnica adquirida. Nesse caso, qualquer que seja a composição atual do capital, a lei segundo a qual a demanda por trabalho aumenta na mesma proporção que o capital começa a operar novamente com maior ou menor intensidade. Mas, assim que o número de trabalhadores atraídos pelo capital atinge seu máximo, os produtos tornam-se tão superabundantes que, ao menor obstáculo em seu fluxo, o mecanismo social parece parar; a repulsão do trabalho pelo capital opera subitamente, na maior escala possível e da maneira mais violenta; a própria desordem impõe aos capitalistas esforços supremos para economizar trabalho. Os aperfeiçoamentos detalhados gradualmente acumulados, então, concentram-se, por assim dizer, sob essa alta pressão; eles se materializam em mudanças técnicas que revolucionam a composição do capital em toda a periferia das grandes esferas da produção. Assim, a guerra civil estadunidense levou os fiandeiros ingleses a encher suas oficinas de máquinas mais potentes e a esvaziá-las dos trabalhadores.

¦309¦ 560:32 Portanto, quanto mais baixo descer sua cifra proporcional, tanto mais rapidamente deve ser a progressão com que o capital social aumenta: mas essa mesma progressão torna-se a fonte de novas mudanças técnicas que reduzem ainda mais a demanda de trabalho relativo. Então, o jogo recomeça.

¦310¦ 560:37 Como a demanda efetiva de trabalho é regulada não só pela grandeza do capital variável já empregado, mas também pela média de seu aumento contínuo, a oferta de trabalho permanece normal enquanto segue esse movimento. Mas, quando o capital variável cai para um aumento médio inferior, a mesma oferta de trabalho até então normal torna-se anormal, superabundante, de modo que uma fração mais ou menos considerável da classe assalariada deixa de ser necessária para o desenvolvimento do capital e perde sua razão de ser, passando a ser supérflua, supranumerária. Como esse jogo continua a se repetir com a marcha ascendente da acumulação, ele traz consigo uma superpopulação crescente.

¦311¦ 560:41 Do ponto de vista da acumulação social, essas diferentes combinações afetam a forma e, igualmente, as fases sucessivas que as massas do capital social distribuídas entre as diferentes esferas de produção percorrem uma após a outra, com frequência em sentido diverso, e afetam do mesmo modo as condições diversas simultaneamente apresentadas por diferentes esferas de produção. No capítulo sobre a grande indústria, consideramos esses dois aspectos do movimento. § Lembramo-nos, por exemplo, de fábricas em que uma mesma quantidade de trabalhadores era suficiente para empregar uma soma crescente de materiais e de aparelhagem. Ali, o crescimento do capital, ao prover somente a ampliação de sua parcela constante, fez com que diminuísse igualmente a grandeza proporcional de sua parcela variável ou a massa proporcional da força de trabalho explorada, mas não alterou a grandeza absoluta. § Como exemplos de uma diminuição absoluta da quantidade de trabalhadores ocupados em certos grandes ramos da indústria e de seu aumento simultâneo em outros, embora todos sejam igualmente sinalizados pelo crescimento do capital ali empregado e pelo progresso de sua produtividade, mencionaremos aqui que, na Inglaterra, entre 1851 e 1861, o pessoal ocupado na agricultura caiu de 2 011 447 indivíduos para 1 924 110; aquele dedicado à fabricação de lã longa, de 102 714 para 79 242; o empregado na fábrica de seda, de 111 940 para 101 678; enquanto, no mesmo período, o pessoal ocupado na fiação e tecelagem de algodão aumentou de 371 777 indivíduos para 456 646; e aquele empregado na fabricação de ferro, de 68 053 para 125 711.

¦312¦ 561:14 Por fim, quanto à outra face da acumulação social, que mostra seu progresso em um mesmo ramo da indústria alternadamente seguido de aumento, de diminuição ou do estado estacionário do número de trabalhadores empregados, a história das vicissitudes sofridas pela indústria algodoeira nos forneceu o exemplo mais impressionante. § Ao examinar um período de vários anos, por exemplo, um período decenal, descobriremos geralmente que, com o progresso da acumulação social, a quantidade de trabalhadores explorados igualmente aumentou, embora os diferentes anos tomados em separado contribuam em graus muito diversos para esse resultado ou certos anos não contribuam de modo nenhum. Portanto, é preciso que o estado estacionário ou a redução do número absoluto da população trabalhadora ocupada, que se encontra no final das contas naquelas indústrias ao lado de um crescimento considerável do capital nela empregado, tenham sido *mais que compensados* por outras indústrias em que o aumento da força de trabalho empregada definitivamente prevaleceu sobre os movimentos na direção oposta. Mas esse resultado só é obtido em meio a abalos e em condições cada vez mais difíceis de alcançar.

¦313¦ 802:31 ; manufaturas de ferro, de 68 053 a 125 711.

¦314¦ 561:34 da produção capitalista em seu estado de desenvolvimento integral.

¦315¦ 561:40 Se esse regime dota o capital social de uma força de expansão repentina, de uma maravilhosa elasticidade, é porque, sob o impulso de oportunidades favoráveis, o crédito faz com que fluam para a produção massas extraordinárias de riqueza social crescente, de novos capitais em que os possuidores, impacientes por valorizá-los, ficam incessantemente à espreita do momento oportuno; e, por outro lado, os recursos técnicos da grande indústria permitem converter repentinamente em meios de produção suplementares um enorme acréscimo de produtos e transportar o mais rapidamente possível as mercadorias de um canto ao outro do mundo.

¦316¦ 562:7 Enquanto o baixo preço dessas mercadorias as faz, de início, abrir novos pontos de venda e expandir os antigos, sua superabundância pouco a pouco vai fechando novamente o mercado geral até o ponto em que elas são bruscamente rejeitadas. As vicissitudes comerciais chegam, assim, a se combinar com os movimentos alternativos do capital social que, no curso de sua acumulação, ora sofre revoluções em sua composição, ora cresce sobre a base técnica uma vez adquirida. Todas essas influências concorrem para provocar expansões e contrações súbitas da escala de produção.

¦317¦ 562:19 É somente sob o regime da grande indústria que a produção de um supérfluo de população se torna uma reserva regular da produção de riqueza.

¦318¦ 562:24 Então, como o progresso técnico é lento e se generaliza ainda mais lentamente, as mudanças na composição do capital social quase não se faziam sentir. Ao mesmo tempo, a ampliação do mercado colonial recentemente criado, a multiplicação correspondente de necessidades e de meios de satisfazê-las, a gênese de novos ramos da indústria ativaram, com a acumulação, a demanda de trabalho.

¦319¦ 563:3 por uma necessidade mecânica.

¦320¦ 563:3 Os efeitos, por sua vez, tornam-se causas, e as vicissitudes, de início irregulares e aparentemente acidentais, assumem cada vez mais a forma de uma periodicidade normal. Mas é somente da época em que a indústria mecânica, tendo lançado raízes bastante profundas, exerce uma influência preponderante sobre toda a produção nacional; em que, graças a ela, o comércio estrangeiro começa a preponderar sobre o comércio interior; em que o mercado universal anexa sucessivamente vastos territórios ao Novo Mundo, na Ásia e na Austrália; em que, por fim, as nações industriais, entrando na disputa, vão se tornando bastante numerosas, é somente dessa época que datam os ciclos de renascimento, cujas fases sucessivas abarcam anos e que culminam sempre numa crise geral, fim de um ciclo e ponto de partida de outro. Até o momento, a duração periódica desses ciclos é de dez ou onze anos, mas não há nenhuma razão para considerar esse número como constante. Pelo contrário, deve-se inferir das leis da produção capitalista, como as que acabamos de desenvolver, que ela é variável e que o período dos ciclos se encurtará gradualmente. § Quando a periodicidade das vicissitudes industriais saltava aos olhos de todos, havia também economistas dispostos a admitir que o capital não pode prescindir de seu exército de reserva, formado pela *infima plebs* dos supranumerários.

¦321¦ 564:10 A lei da diminuição proporcional do capital variável e da diminuição correspondente na demanda de trabalho relativo tem como corolários, portanto, o crescimento absoluto do capital variável e o aumento absoluto da demanda de trabalho segundo uma proporção decrescente e, por fim, como complemento: a produção de uma superpopulação relativa. Nós a chamamos de "*relativa*" porque ela não provém de um crescimento positivo da população trabalhadora que excederia os limites da riqueza em vias de acumulação, mas, pelo contrário, de um crescimento acelerado do capital social que lhe permite prescindir de uma parcela mais ou menos considerável de seus trabalhadores. Como essa superpopulação só existe em relação às necessidades momentâneas da exploração capitalista, ela pode se inflar e se encolher de maneira súbita.

¦322¦ 564:14 No capítulo sobre a grande indústria, tratamos extensamente das causas que fazem com que, a despeito das tendências contrárias, as fileiras dos assalariados cresçam com o progresso da acumulação. Recordaremos aqui em poucas palavras o que diz respeito diretamente ao nosso assunto.

¦323¦ 564:17 O próprio desenvolvimento das forças produtivas do trabalho, que ocasiona uma diminuição não só relativa, mas muitas vezes absoluta, da quantidade de trabalhadores empregados em certos grandes ramos da indústria, permite que estes forneçam uma massa sempre crescente de produtos a baixo preço. Assim, elas estimulam outras indústrias, às quais fornecem os meios de produção, ou então das quais extraem suas matérias, seus instrumentos etc.; elas provocam sua ampliação. O efeito produzido sobre o mercado de trabalho dessas indústrias será bastante considerável se nelas predominar o trabalho manual.

¦324¦ 564:31 O progresso industrial, que segue a marcha da acumulação, não só reduz pouco a pouco a quantidade de trabalhadores necessários para empregar uma massa crescente de meios de produção, mas também aumenta, ao mesmo tempo, a quantidade de trabalho que o trabalhador individual deve fornecer. Na medida em que ele desenvolve as forças produtivas do trabalho e, portanto, extrai mais produtos de menos trabalho, o sistema capitalista desenvolve também os meios para extrair mais trabalho do assalariado, seja prolongando sua jornada, seja tornando seu trabalho mais intenso ou, ainda, aparentemente aumentando a quantidade de trabalhadores empregados ao substituir uma força superior e mais cara por várias forças inferiores e de baixo custo, o homem pela mulher, o adulto pelo adolescente e pela criança, um *yankee* por três chineses. Eis aí uma porção de métodos para diminuir a demanda de trabalho e tornar a oferta superabundante, em suma, para fabricar supranumerários.

¦325¦ 565:3 Os novos ramos da produção, aos quais o progresso econômico dá lugar, formam a mesma quantidade de pontos de venda adicionais para o trabalho. Em sua origem, eles assumem a forma do ofício, da manufatura ou, por fim, a da grande indústria. Nos primeiros dois casos, é preciso que eles passem pela transformação mecânica, no último caso, a centralização do capital lhes permite pôr em pé imensos exércitos industriais que impressionam a vista e parecem brotar da terra. Mas, por mais vasta que pareça a força de trabalho assim empregada, sua quantidade proporcional, a princípio pequena em comparação com a massa de capital empregada, diminui assim que essas indústrias lançam raízes.

¦326¦ 565:15 a submeter-se mais docilmente às ordens do capital. A esse respeito, é muito instrutivo comparar os protestos dos fabricantes ingleses do século passado, às vésperas da revolução mecânica, com os dos trabalhadores industriais ingleses em meados do século dezenove.

¦327¦ 803:38 Hoje as coisas mudaram muito, graças ao desenvolvimento da indústria mecânica. Ninguém mais ousaria afirmar, no bom reino da Inglaterra, que a falta de braços tornaria os trabalhadores ociosos! Em meio à escassez de algodão, quando as fábricas inglesas haviam posto a maior parte de seus trabalhadores na rua e os demais estavam ocupados apenas durante quatro ou seis horas por dia, alguns fabricantes de Bolton tentaram impor aos seus fiandeiros uma jornada extra de trabalho, o que, segundo [a] lei fabril, só poderia afetar homens adultos.

¦328¦ 803:44 Essa gente "depravada" imagina que o preço das mercadorias é regulado pela "santa" lei da oferta e da demanda.

¦329¦ 567:23 uma baixa dos salários, e com esta, por fim, uma diminuição dos trabalhadores

¦330¦ 567:35 Recordemos, a respeito, uma grande façanha da "ciência". Quando uma parcela do fundo salarial é convertida em máquinas, os utopistas da Economia Política afirmam que essa operação, ao mesmo tempo que desloca, proporcionalmente ao capital assim fixado, trabalhadores até então ocupados, libera um capital de grandeza igual para seu emprego futuro em qualquer outro ramo da indústria. Já mostramos (ver "Teoria da compensação", capítulo XV, número VI [neste volume, "A teoria da compensação, relativa aos trabalhadores deslocados pela maquinaria", capítulo 13, item 6, p. 402]) que não é assim; que nenhuma parcela do capital antigo se torna disponível dessa maneira para os trabalhadores deslocados, mas que eles próprios se tornam, pelo contrário, disponíveis para novos capitais, se houver. Só agora é que se pode apreciar plenamente toda a frivolidade dessa "teoria da compensação".

¦331¦ 568:19 E esse é o efeito geral de todos os métodos que concorrem para tornar os trabalhadores supranumerários. Graças a eles, a oferta e a demanda de trabalho deixam de ser movimentos que partem de dois lados opostos, o do capital e o da força de trabalho.

¦332¦ 569:17 algumas grandes categorias, algumas diferenças de forma bastante pronunciadas

¦333¦ 569:21 mas, em geral, a atração prevalece a longo prazo sobre a repulsão,

¦334¦ 569:24 automatizadas como na maioria das grandes oficinas onde as máquinas apenas desempenham um papel auxiliar ao lado da moderna divisão do trabalho, empregam-se trabalhadores masculinos em massa apenas até atingirem a maturidade.

¦335¦ 569:35 nacional e que, não obstante, exceda as faculdades de absorção do mercado nacional parece implicar uma contradição, mas decorre do próprio movimento do capital, que precisa de uma proporção maior de mulheres, crianças, adolescentes e jovens do que de homens adultos.

¦336¦ 570:38 Acostumada à miséria crônica, a condições de existência absolutamente precárias e vergonhosamente inferiores ao nível normal da classe trabalhadora, torna-se uma base ampla para certos ramos de exploração em que o tempo de serviço atinge o máximo e a taxa de salário, o mínimo.

¦337¦ 571:1 um exemplo desagradável

¦338¦ 571:10 as diversas categorias dessa superpopulação no estado de estagnação estão

¦339¦ 571:13 Tal fenômeno não ocorre

¦340¦ 571:21 na fase de estagnação

¦341¦ 571:25 A terceira categoria abrange os miseráveis, antes de tudo os trabalhadores e as trabalhadoras que o desenvolvimento social, por assim dizer, desmonetizou, suprimindo o trabalho detalhado que era o único recurso que a divisão do trabalho lhes tinha deixado; depois, aqueles que infelizmente ultrapassaram a idade normal dos assalariados; por fim, as vítimas diretas da indústria – doentes, aleijados, viúvas etc., cujo número aumenta proporcionalmente ao de máquinas perigosas, minas, fábricas de produtos químicos etc.

¦342¦ 572:19 cada vez maior de elementos constituintes da riqueza

¦343¦ 572:22 , que dá ao homem social condições de produzir mais com menos trabalho, volta-se

¦344¦ 572:39 substituem o trabalho atraindo o trabalho forçado;

¦345¦ 573:35 Mas, enquanto Ortes ficou profundamente entristecido com essa fatalidade econômica da miséria, dez anos depois dele, um ministro anglicano, o reverendo J. Townsend, com o coração leve e até alegre, celebrava-a como condição necessária da riqueza.

¦346¦ 574:1 Perpetuar a fome do trabalhador, esse é, portanto, o único artigo importante de seu código do trabalho, mas para executá-lo, acrescenta ele, basta deixar vigorar o princípio populacional, ativo sobretudo entre os pobres.

¦347¦ 575:3 Cherbuliez, discípulo de Sismondi, completa o que ele disse, acrescentando: "Os próprios trabalhadores [...], *ao cooperar com a acumulação dos capitais produtivos, contribuem com o evento que, cedo ou tarde, deverá privá-los de uma parcela de seus salários*".[125]

[NR 125] Cherbuliez, [*Richesse ou pauvreté: Exposition des causes et des effets de la distribution actuelle des richesses sociales*. Paris, 1841] op. cit., p. 146.

¦348¦ 575:17 [NR] Isso foi escrito em março de 1867.

¦349¦ 806:21 escritor inglês, de resto de pouco valor,

¦350¦ 806:37 de seu trabalho, que os forçam a comprar a crédito.

¦351¦ 580: 3 inglesa

¦352¦ 582:40 trabalhadoras da sociedade

¦353¦ 587:23 da liberdade comercial, do *laisser faire laisser passer*,

¦354¦ 588:6 Os nômades do proletariado são recrutados no campo, mas sua ocupação é em grande parte industrial. Constituem a infantaria ligeira do capital, que, de acordo com sua necessidade, ora os lança neste ponto, ora naquele. Quando não em marcha, acampam.

¦355¦ 593:36 Deve-se observar que a parte leste de Londres não é apenas o bairro dos trabalhadores empregados na construção de navios couraçados e outros ramos da grande indústria, mas também a sede de uma enorme superpopulação em estado de estagnação, distribuída entre os vários departamentos do trabalho em domicílio.

¦356¦ 597:8 (*antijacobin war*, esse é o nome dado por William Cobbett à guerra contra a Revolução Francesa)

¦357¦ 598:15 os agitadores abolicionistas apelaram para a simpatia popular, demonstrando com fatos e números que essas leis de proteção nunca protegeram o verdadeiro produtor

¦358¦ 598:21 e reclamavam em altos brados a intervenção da legislatura

¦359¦ 600:23 no período de 1846 a 1866

¦360¦ 614:14 [NR] Ver p. 374 desta obra.

¦361¦ 619:39 , do ponto de vista econômico,

¦362¦ 814:16 "*Such is Irish life and such are Irish wages*" [Assim é a vida irlandesa e assim são os salários irlandeses]. O inspetor Baker acrescenta à passagem citada a seguinte reflexão: "Como não comparar esse hábil artesão de aparência doentia com os *puddlers* [refinadores] prósperos e musculosos do sul de Staffordshire, cujos salários semanais igualam e frequentemente excedem a renda de mais de um *gentleman* e de um estudioso, mas que, não obstante, permanecem no nível do mendigo tanto em inteligência quanto em conduta". (*Rep. of Insp. of Fact. for 31 October* [1866, Lond.], 1867, pp. 96–97)

363 814:40 (leia-se, da dominação inglesa na Irlanda)

364 628:34 É verdade que a história do pecado teológico nos faz ver como o homem foi condenado pelo Senhor a ganhar seu pão com o suor do seu rosto; mas a do pecado econômico preenche uma lacuna lamentável, ao nos revelar como há homens que fogem desse ordenamento do Senhor. § E infantilidades insípidas como essas, não nos cansamos de repetir. O Sr. Thiers, por exemplo, ainda ousa deleitar os franceses, outrora tão espirituosos, com ela, e isso num volume onde, com a desenvoltura de um estadista, ele afirma ter reduzido a nada os ataques sacrílegos do socialismo contra a propriedade.

365 628:39 [NR] Irritado com esses absurdos, Goethe os ridiculariza no seguinte diálogo:

"*O mestre-escola:* Diga-me, pois, de onde veio a fortuna do seu pai?

A criança: Do avô.

O mestre-escola: E a deste?

A criança: Do bisavô.

O mestre-escola: E a deste último?

A criança: Ele a tomou".

366 629:4 A relação oficial entre o capitalista e o assalariado é de caráter puramente mercantil. Se aquele desempenha o papel de senhor e este o de servidor, é graças a um contrato pelo qual este não só é posto a serviço e, assim, sob a dependência daquele, mas pelo qual ele renunciou a todo título de propriedade sobre seu próprio produto. Mas por que o assalariado faz esse negócio? Porque ele não possui nada além de sua força pessoal, o trabalho no estado de força, enquanto todas as condições exteriores requeridas para dar corpo a essa força, a matéria e os instrumentos necessários ao exercício útil do trabalho, o poder de dispor dos meios de subsistência indispensáveis para manter a força de trabalho e para convertê-la em movimento produtivo, tudo isso se encontra do outro lado.

367 629:20 Essa separação é reproduzida em escala progressiva assim que o sistema capitalista se estabelece; mas, como aquela forma a base deste, ele não poderia se estabelecer sem ela. Porque ele veio ao mundo, é preciso, portanto, que, pelo menos parcialmente, os meios de produção já tenham sido arrebatados sem cerimônia dos produtores que os empregavam para realizar seu trabalho, e que eles já se encontrem em poder dos produtores mercadores, que os empregam para especular com o trabalho dos outros. O *movimento histórico* que leva ao divórcio entre o trabalho e suas condições exteriores é, portanto, o fim da assim chamada acumulação "primitiva", porque ela pertence à era pré-histórica do mundo burguês.

368 630:32 de produção e de existência tradicionais

¦369¦ 630:35 § Ela ainda não se completou de maneira radical, exceto na Inglaterra: esse país desempenhará, portanto, o papel principal em nosso esboço. Mas todos os outros países da Europa ocidental percorrem o mesmo movimento, embora ele assuma um colorido local dependendo do meio, ou volte a cerrar-se em um círculo mais estreito, ou apresente um caráter não tão pronunciado, ou siga uma ordem de sucessão diferente.

¦370¦ 631:18 ocidental

¦371¦ 815:33 dos bens comunais. Por exemplo, quando Mirabeau publicou seu livro: *De la monarchie prussienne* [Sobre a monarquia prussiana], a servidão ainda existia na maior parte das províncias prussianas, entre outras na Silésia.

¦372¦ 632:7 pela longa Guerra das Duas Rosas

¦373¦ 632:22 [NR] A edição original das *Holinshed's Chronicles* foi publicada em 1577, em dois volumes. É um livro raro; o exemplar que se encontra no Museu Britânico está danificado. Seu título é: *The First Volume of the Chronicles of England, Scotlande, and Irelande, etc. Faithfully Gathered and Set Forth, by Raphael Holinshed. At London, imprinted for John Harrison* [Primeiro volume das crônicas da Inglaterra, Escócia e Irlanda etc. Reunidas e apresentadas fidedignamente por Raphael Holinshed. Em Londres, impresso por John Harrison]. O mesmo título para: *The Last Volume* [O último volume]. A segunda edição em três volumes, aumentada e estendida até 1586, foi publicada por J. Hooker etc., em 1587.

¦374¦ 634:33 Sob Carlos I, o Parlamento a declarou perpétua, não sendo modificada até 1834. Assim, o que lhes fora originalmente acordado como indenização pela expropriação sofrida foi convertido em castigo para os pobres.

¦375¦ 816:19 O protestantismo é essencialmente uma religião burguesa. Um único exemplo bastará para ressaltar "o espírito". Foi ainda na época de Elizabeth:

¦376¦ 634:39 o "*Proud Peasantry*" [campesinato altivo] de Shakespeare,

¦377¦ 635:18 que os tornavam membros da paróquia, do mesmo modo que o famoso édito do tártaro Borís Godunóv havia tornado os camponeses russos membros da gleba

¦378¦ 635:23 com um desperdício verdadeiramente colossal do tesouro público. Os domínios do Estado que até então haviam sido saqueados apenas modestamente, em conformidade com as regras sociais, passaram a ser, então, extorquidos à força pelo rei novo-rico como recompensa devida aos seus antigos cúmplices, ou vendidos a preços irrisórios, ou, enfim, anexados sem nenhuma formalidade

¦379¦ 635:34 proletários rurais, de ampliar o campo da grande agricultura

¦380¦ 636:27 ele consuma sua derrota ao insistir, por desencargo de consciência, na indenização devida aos pobres cultivadores. Se não havia expropriados, evidentemente não havia ninguém a indenizar.

¦381¦ 817:29 As leis referentes ao cercamento das comunas só foram feitas de modo específico, de sorte que, mediante a petição de certos lordes latifundiários, a Câmara dos Comuns vota um *bill* [projeto de lei] sancionando o cercamento naquela área específica.

¦382¦ 639:6 O último processo com importância histórica empregado para expropriar lavradores é chamado de *clearing of estates*, literalmente "clareamento de bens de raiz". Em francês se diz: "*éclaircir une forêt*" [limpar uma floresta], mas "limpar os bens de raiz", no sentido inglês, não significa uma operação técnica de agronomia; trata-se do conjunto dos atos de violência usados para se desembaraçar dos cultivadores e de suas moradias, quando estas se encontram sobre bens de raiz destinados a passar para o regime da grande cultura ou para o estado de pastagem.

¦383¦ 640:1 por meio da obra de James Anderson[28] e James Steuart. Este nos informa que, na sua época, na última terça parte do século dezoito, a alta Escócia ainda apresentava, em suma, um quadro da Europa de quatrocentos anos atrás.

[NR 28] James Anderson, *Observations on the Means of Exciting a Spirit of National Industry, etc.* Edinburgh, 1777.

¦384¦ 818:20 em uma província fértil. Com certas terras ocorre o mesmo que com certos conventos de monges mendicantes: quanto mais bocas para alimentar, tanto melhor a qualidade de vida"

¦385¦ 819:6 exalar seu ódio contra a república americana e espalhar seu amor pelos escravos negros

¦386¦ 641:24 [NR] E a bolsa do amador inglês é funda! Não são só os membros da aristocracia que louvam essas caçadas, mas, assim que um arrivista enriquece, pensa que é um M'Callum More quando pode dar a entender que tem seu "*lodge*" [chalé] nas terras altas.

¦387¦ 642:33 (Assim, para auferir como lucro o trabalho de um pobre-diabo, bastava denunciá-lo como refratário ao trabalho.)

¦388¦ 643:31 (todos, entenda-se bem, proprietários de terras, manufatureiros, pastores etc., investidos da jurisdição criminal), em suas sessões ordinárias,

¦389¦ 821:9 Em sua *Utopia*, o chanceler Thomas Morus retrata em cores vivas a situação dos desgraçados que violavam essas leis atrozes.

¦390¦ 644:41 modo de produção técnico

¦391¦ 645:17 , isto é, dos compradores de trabalho

¦392¦ 645:31 o aceitasse. Não contente em impor aos patrões individuais apenas restrições que visam ao seu benefício coletivo, em caso de violação o patrão é tratado como cúmplice e o trabalhador como rebelde.

¦393¦ 646:8 – e, é preciso recordar sempre, não se trata de juízes no sentido próprio do termo, mas de lordes latifundiários, de manufatureiros, de pastores e outros membros da classe abastada assumindo a função de juízes –

¦394¦ 647:13 que, pelo édito suplementar de 1871, inventaram novos delitos próprios dos trabalhadores

¦395¦ 647:20 , sempre sob os auspícios de seu seboso líder,

¦396¦ 648:35 de arrendamento de terras, que se manteve por muito tempo na França, na Itália etc.,

¦397¦ 649:5 aumentar, rapidamente e quase sem custos, seu gado, por meio do qual ele extrai desde então grandes lucros pela venda, pelo emprego como animais de carga e, por fim, pela

¦398¦ 649:11 Ela reduziu na cidade e no campo a taxa dos salários, cujo movimento acompanhou só de longe a alta de todas as outras mercadorias.

¦399¦ 650:2 se estreitaria progressivamente, o cultivador se apropriando, assim, pouco a pouco, de todo o tempo de trabalho livre deles

¦400¦ 651:8 a bel-prazer; os que economizam e os que são industriosos poderão juntar um pequeno capital, arranjar algum recurso para o nascimento de uma criança, para uma doença, para si mesmos ou para qualquer um dos seus

¦401¦ 651:13 , mas somente de um dia para outro. [...] As fábricas unidas, os negócios de alguns indivíduos que contratam os trabalhadores por jornada, para trabalhar por conta própria, podem até deixar esses particulares à vontade, mas eles nunca se tornarão objeto digno da atenção dos governos".[54] Em outro lugar, ele designa as manufaturas separadas, na maior parte combinadas com a pequena agricultura, como "as únicas livres".

[NR 54] Mirabeau, [*De la monarchie prussienne*], op. cit., t. III, pp. 20–21, 109.

¦402¦ 652:9 Foi o caso, por exemplo, do cultivo do linho ao final do reinado de Elizabeth. Essa é uma das circunstâncias desconcertantes de quando estudamos de perto a história da Inglaterra.

¦403¦ 652:22 Mas dessa separação fatal data o desenvolvimento necessário das forças coletivas do trabalho e a transformação da produção fragmentada, rotineira, em produção combinada, científica. Ao consumar essa separação, a indústria mecânica foi a primeira a conquistar para o capital

¦404¦ 653:4 "No presente", disse um escritor inglês que, de resto, não dá atenção ao papel desempenhado pelo capital comercial, "no presente,

¦405¦ 653:22 dos cultivadores, mas pode-se julgar pela resistência que enfrentaram os mercadores, ao ponto de se transformarem em produtores mercadores, pelo fato de que os pequenos confeccionadores de pano de Leeds enviaram novamente uma deputação ao Parlamento em 1794 com uma petição para que fosse elaborada uma lei que proibisse todo comerciante de tornar-se fabricante.

¦406¦ 653:26 Em outros países, como na França, por exemplo, eles foram colocados sob a proteção especial dos reis.

¦407¦ 656:35 [NR] No momento mais crítico da segunda guerra da Fronda, Bussy-Rabutin requisita, para poder levantar um regimento, as atribuições sobre "os impostos de talha de Nivernais ainda devidos" e sobre o sal, Mazarin responde: "Quisera Deus que fosse possível, mas tudo isso está destinado a cobrir as rendas do Hôtel de Ville de Paris, e consequentemente seria estranho angariar esses fundos; não se deve irritar os rentistas nem contra mim nem contra você". *Mémoires du comte de Bussy-Rabutin*, nova ed. Amsterdam, 1751, t. I, p. 165).

¦408¦ 659:6 A fonte encantada de onde o capital primitivo chegava direto aos empreendedores, sob a forma de adiantamento e até de dádiva gratuita, foi muitas vezes o tesouro do Estado.

¦409¦ 662:9 Esse regime industrial de pequenos produtores independentes, trabalhando por contra própria, pressupõe o parcelamento do solo e a dispersão dos demais meios de produção. Ao excluir a concentração, exclui também a cooperação em grande escala, a subdivisão de tarefas na oficina e no campo, a maquinaria, a dominação erudita do homem sobre a natureza, o livre desenvolvimento das forças sociais do trabalho, o concerto e a unidade nos fins, os meios e os esforços da atividade coletiva.

¦410¦ 664:29 O mesmo interesse que faz o sicofanta do capital, o economista, sustentar a identidade teórica da propriedade capitalista e de seu oposto determina que as colônias confessem a verdade e proclamem bem alto a incompatibilidade de suas ordens sociais.

¦411¦ 827:8 do século XVII, como Culpeper, Child etc.

¦412¦ 669:1 falta de disciplina

¦413¦ 670:15 imigrante

¦414¦ 670:22 *colonies* [colônias]

¦415¦ 672:2 superpopulação relativa, muito mais consolidada do que na Europa, mas suficientemente considerável para que, em certos períodos, quase todo vapor postal traga

Institut für Geschichte der Arbeiterbewegung Berlin (Roland Nietzold, Wolfgang Focke e Hannes Skambraks), "Entstehung und Überlieferung", in MEGA2, zweite Abteilung, "*Das Kapital*" *und Vorarbeiten*, Band 10. Berlin: Dietz Verlag, 1991. Internationale Marx-Engels-Stiftung. Amsterdam. Tradução de Nélio Schneider.

REFERÊNCIAS BIBLIOGRÁFICAS

As edições aqui fornecidas são as que foram presumivelmente utilizadas por Marx e Engels, na medida em que puderam ser identificadas. Em alguns casos, particularmente nas referências a fontes e obras literárias de caráter mais geral, não é indicada nenhuma edição específica. Leis e documentos só estão registrados aqui no caso de terem sido citados. Algumas fontes não puderam ser identificadas.

I. LIVROS E ARTIGOS (DE AUTORES CONHECIDOS E ANÔNIMOS)

Addington, Stephen: *An inquiry into the reasons for and against inclosing open--fields*, 2ª ed. Coventry, London, 1772.

The advantages of the East-India trade to England. London, 1720.

Aikin, J[ohn]: *A description of the country from thirty to forty miles round Manchester*. London, 1795.

[Anderson, Adam:] *An historical and chronological deduction of the origin of commerce, from the earliest accounts to the present time. Containing, an history of the great commercial interests of the British Empire. With an appendix*, v. 1–2. London, 1764.

Anderson, James: *The bee, or literary weekly intelligencer*, v. 3. Edinburgh, 1791.

___: *Observations on the means of exciting a spirit of national industry; chiefly intended to promote the agriculture, commerce, manufactures, and fisheries of Scotland. In a series of letters to a friend. Written in the year 1775*. Edinburgh, 1777.

Appian von Alexandrien: *Römische Geschichten*, v. 7, trad. Ferdinand L. J. Dillenius. Stuttgart, 1830.

[Arbuthnot, John:] *An inquiry into the connection between the present price of provisions, and the size of farms. With remarks on population as affected thereby. To which are added, proposals for preventing future scarcity. By a farmer*. London, 1773.

Aristoteles: "Ethica Nicomachea", in *Opera ex recensione Immanuelis Bekkeri*, v. 9. Oxonii, 1837.

___: *De republica libri VIII*, v. 10. Oxonii, 1837.

Ashley, [Anthony]: *Ten hours' factory bill. The speech in the House of Commons, on Friday, March 15th, 1844*. London, 1844.

Athenaeus: *Deipnosophistarum libri quindecim*, v. 2. Johannes Schweighaeuser (org.). Argentorati, 1802.

Augier, Marie: *Du credit public et de son histoire depuis les temps anciens jusqu'a nos jours*. Paris, 1842.

Babbage, Charles: *On the economy of machinery and manufactures*. London, 1832.

Bacon, Francis: *The essays or counsels civil and moral*. [London, 1625.]

___: *The reign of Henry VII*. Verbatim reprint from Kennet's England, 1719. London, 1870.

[Bailey, Samuel:] *A critical dissertation on the nature, measures, and causes of value; chiefly in reference to the writings of Mr. Ricardo and his followers. By the author of essays on the formation and publication of opinions*. London, 1825.

___: (anônimo) *Money and its vicissitudes in value; as they affect national industry and pecuniary contracts; with a postscript on joint-stock banks.* London, 1837.

Barbon, Nicholas: *A discourse concerning coining the new money lighter. In answer to Mr. Lock's considerations about raising the value of money.* London, 1696.

Barton, John: *Observations on the circumstances which influence the condition of the labouring classes of Society.* London, 1817.

Baynes, [John]: *The cotton trade. Two lectures on the above subject, delivered before the members of the Blackburn Literary, Scientific and Mechanics' Institution.* Blackburn, London, 1857.

Beccaria, Cesare: *Elementi di economia pubblica.* Scrittori Classici Italiani di Economia Politica. Parte Moderna, v. 11. Milano, 1804.

Beckmann, Johann: *Beyträge zur Geschichte der Erfindungen*, v. 1. Leipzig, 1786.

Beecher-Stowe, Harriet: *Uncle Tom's cabin.*

Bellers, John, *Essays about the poor, manufactures, trade, plantations, and immorality.* London, 1699.

___: *Proposals for raising a colledge of industry of all useful trades and husbandry, with profit for the rich, a plentiful living for the poor, and good education for youth.* London, 1696.

Bentham, Jeremie: *Theorie des peines et des recompenses*, 3ª ed., v. 2. Et[ienne] Dumont (org.). Paris, 1826.

Berkeley, George: *The querist, containing several queries, proposed to the consideration of the public.* London, 1750.

Die Bibel oder die ganze Heilige Schrift des alten und neuen Testaments. Nach der deutschen Übers. Martin Luthers.

Bidaut, J.-N.: *Du monopole qui s'établit dans les arts industriels et le commerce, au moyen des grands appareils de fabrication. 2e livraison. Du monopole de la fabrication et de la vente.* Paris, 1828.

Biese, Franz: *Die Philosophie des Aristoteles, in ihrem inneren Zusammenhange, mit besonderer Berücksichtigung des philosophischen Sprachgebrauchs, aus dessen Schriften entwickelt*, v. 2: *Die besonderen Wissenschaften.* Berlin, 1842.

Blakey, Robert: *The history of political literature from the earliest time*, v. 2. London, 1855.

Blanqui, [Jérome-Adolphe]: *Cours d'économie industrielle.* Ad[olphe-Gustave] Blaise (org.). Paris, 1838–39.

___: *Des classes ouvrières en France, pendant l'année 1848.* Paris, 1849, partes 1–2.

Block, Maurice: "Les théoriciens du socialisme en Allemagne", in *Journal des Économistes.* Paris, jul.-ago. 1872.

Boileau, Étienne: *Règlemens sur les arts et métiers de Paris, rédigés au xiii siècle, et connus sous le nom du livre des métiers...* Paris, 1837.

___: *Satire* VIII.

Boisguillbert, [Pierre Le Pesant]: "Le détail de la France" in *Économistes financiers du XVIII e siècle.* Paris, 1843.

___: *Dissertation sur la nature des richesses, de l'argent et des tributs où l'on découvre la fausse idée qui règne dans le monde à l'égard de ces trois articles.* Ebendort.

Boxhorn, Marcus Zuerius: "Marci Zuerii Boxhornii institutionum politicarum liber primus", in *Marci Zuerii Boxhornii: Varii tractatus politici.* Amstelodami, 1663.

[Brentano, Lujo:] "Wie Karl Marx citirt", in *Concordia. Zeitschrift für die Arbeiterfrage.* Berlin, n. 10, 7 mar. 1872.

___: (anônimo) *Wie Karl Marx sich vertheidigt.* Ebendort, n. 27, 4 jul. 1872; n. 28, 1 jul. 1872.

Broadhurst, J.: *Political economy*. London, 1842.
Brougham, Henry: *An inquiry into the colonial policy of the European powers*, v. 2. Edinburgh, 1803.
[Bruckner, John:] *Théorie du système animal*. Leide, 1767.
Buchanan, David: *Inquiry into the taxation and commercial policy of Great Britain; with observations on the principles of currency, and of exchangeable value*. Edinburgh, 1844.
___: *Observations on the subjects treated of in Dr. Smith Vinquiry into the nature and causes of the wealth of nations*. Edinburgh, 1814.
Buchez, P[hilippe]-J[oseph]-B[enjamin] e P[ierre]-C[élestin] Roux[-Lavergne]: *Histoire parlementaire de la révolution française, ou journal des assemblées nationales, depuis 1789 jusqu'en 1815*, v. 10. Paris, 1834.
Burke, Edmund: *A letter from the Right Honourable Edmund Burke to a Noble Lord, on the attacks made upon him and his pension, in the House of Lords, by the Duke of Bedford and the Earl of Lauderdale, early in the present session of Parliament*. London, 1796.
Barke, Edmund: *Thoughts and details on scarcity, originally presented to the Right Hon. William Pitt, in the month of November, 1795*. London, 1800.
Butler, Samuel: *Hudibras*.
[Byles, John Barnard:] *Sophisms of free-trade and popular political economy examined. By a barrister*, 7ª ed. London, 1850.
Cairnes, J[ohn] E[lliot]: *The slave power: Its character, career and probable designs; being an attempt to explain the real issues involved in the American contest*. London, 1862.
Campbell, George: *Modern India: A sketch of the system of civil government. To which is prefixed, some account of the natives and native institutions*. London, 1852.
Cantillon, Philip: *The analysis of trade, commerce, coin, bullion, banks and foreign exchanges. Wherein the true principles of this useful knowledge are fully but briefly Iaid down and explained, to give a clear idea of their happy consequences to society, when well regulated. Taken chiefly from a manuscript of a very ingenious gentleman deceas'd, and adapted to the present Situation of our trade and commerce*. London, 1759.
[Cantillon, Richard]: "Essai sur la nature du commerce en général", in *Discours politiques*, v. 3. Amsterdam, 1756.
Carey, H[enry] C[harles]: *Essay on the rate of wages; with an examination of the causes of the differences in the condition of the labouring population throughout the world*. Philadelphia; London, 1835.
___: *The slave trade, domestic and foreign: Why it exists, and how it may be extinguished*. Philadelphia, 1853.
Carlyle, Thomas: "Ilias (Americana) in nuce", in *Macmillan's Magazine*, David Masson (org.). London, Cambridge, ago. 1863.
[Cazenove, John]: *Outlines of political economy; being a piain and short view of the laws relating to the production, distribution, and consumption of wealth*. London, 1832.
Chalmers, Thomas: *On political economy in connexion with the moral State and moral prospects of society*, 2ª ed. Glasgow, 1832.
Chamberlain, Joseph: "Eröffnungsrede der sanitären Konferenz, Birmingham, 14. Januar 1875", in *The Manchester Guardian*, 15 jan. 1875.
The character and behaviour of King William, Sunderland, Somers etc. as

represented in original letters to the Duke of Shrewsbury, from Somers, Halifax, Oxford, secretary Vernon etc. [Handschrift in der Sloane Manuscript Collection des Britischen Museums, n. 4.224.]

Cherbuliez, A[ntoine]: *Richesse ou pauvrete. Exposition des causes et des effets de la distribution actuelle des richesses sociales.* Paris, 1841.

[Child, Josiah:] *A discourse concerning trade, and that in particular of the East-Indies.* [London, 1689.]

[Clement, Simon:] *A discourse of the general notions of money, trade and exchanges, as they stand in relation each to other. By a merchant.* London, 1695.

Cobbett, William: *A history of the Protestant "Reformation", in England and Ireland. Showing how that event has impoverished and degraded the main body of the people in those countries. In a series of letters, addressed to all sensible and just Englishmen.* London, 1824.

Code pénal, ou code de délits et des peines. Cologne, 1810.

Colins, [Jean-Guillaume-César-Alexandre-Hippolyte]: *L'économie politique: Source des révolutions et des utopies prétendues socialistes*, v. 3. Paris, 1857.

Columbus, Christoph: [*Brief aus Jamaica*] VER Navarrete, M[artin] F[ernandez de]: *Die Reisen des Christof Columbus...*

On combinations of trades, nova ed. London, 1834.

Comte, Charles: *Traité de législation ou exposition des lois générales, suivant lesquelles les peuples prospèrent, dépérissent, ou restent stationnaires*, 3ª ed. Bruxelles, 1837.

Condillac, [Etienne-Bonnot de]: "Le commerce et le gouvernement" in *Melanges d'économie politique*, v. 1. Paris, 1847.

Considerations concerning taking off the bounty on corn exported. In some letters to a friend. [London, 1753.]

Considerations on taxes, as they are supposed to affect the price of labour in our manufacturies. In a letter to a friend. London, 1765.

Corbet, Thomas: *An inquiry into the causes and modes of the wealth of individuals; or the principles of trade and speculation explained.* London, 1841.

Corbon, [Claude]-A[nthime]: *De l'enseignement professionnel*, 2ª ed. Paris, 1860.

Courcelle-Seneuil, J[ean]-G[ustave]: *Traité théorique et pratique des entreprises industrielles, commerciales et agricoles ou manuel des affaires*, 2ª ed. Paris, 1857.

The currency theorie reviewed; in a letter to the Scottish people on the menaced interference by government with the existing system of banking in Scotland. By a banker in England. Edinburgh, 1845.

Cuvier, [George]: *Discours sur les révolutions du globe avec des notes et un appendice d'après les travaux récents de M M. de Humboldt, Flourens, Lyell, Lindley, etc.* Paris, 1863.

Dante Alighieri: *Die göttliche Komödie.*

Darwin, Charles: *Uber die Entstehung der Arten im Thier- und Pflanzen-Reich durch natürliche Züchtung, oder Erhaltung der vervollkommneten Rassen im Kampfe um's Dasein*, 2ª ed. Stuttgart. 1863.

Daumer, Georg Friedrich: *Die Geheimnisse des christlichen Alterthum*, v. 1–2. Hamburg, 1847.

De Coas, Solomon VER Hero Alexandrinüs: *Buch von Lufft- und Wasserkünsten...*

A defence of the land-otöners and farmers of Great Britain; and an exposition of the heavy parliamentary and parochial taxation under which they labour; combined with a general view of the internal and external policy of the country; in familiar letters from an agricultural gentleman in Yorkshire to a friend in Parliament. London, 1814.

[Defoe, Daniel:] *An essay upon publick credit*... [3ª ed.] London, 1710.

De Qaincey, Thomas: *The logic of political economy*. Edinburgh, London, 1844.

De Roberty [Evgueni Valentínovitch De Roberti]: "Marx. Das Kapital. Kritik der politischen Oekonomie. (v. 1.) Hambourg 1867", in *La Philosophie Positive*. Paris, n. 3, nov.-dez. 1868.

Descartes, René: *Discours de la méthode pour bien conduire sa raison, et chereher la vérité dans les sciences*. Paris, 1668.

Destutt de Tracy, [Antoine-Louis--Claude]: *Élémens d'idéologie. IVe et Ve parties, Traite de la volonte et de ses effets*. Paris, 1826.

___: *Traité d'économie politique*. Paris, 1823.

Dickens, Charles: *Oliver Twist*.

Diderot, Denis: *Der Salon von 1767*.

Dietzgen, Joseph: "Das Kapital. Kritik der politischen Oekonomie von Karl Marx. Hamburg 1867", in *Demokratisches Wochenblatt*. Leipzig, 1-22-29 ago, 5 set. 1868.

Diodor von Sicilien [Diodoro Sículo]: *Historische Bibliothek*, trad. Julius Friedrich Wurm, v. 1–19, livros 1 e 3. Stuttgart, 1828–40.

A discourse of the necessity of encouraging mechanick industry. London, 1690.

Dryden, [John]: "The cock and the fox: or, the tale of the nun's priest", in *Fables ancient and modern*. London, 1713.

Ducpétiaux, Éd[ouard]: *Budgets économiques des classes ouvrières en Belgique. Subsistances, salaires, population*. Bruxelles, 1855.

Duffy, [Charles] Gavan: *Guide to the land law of Victoria*. London, 1862.

Dunning, T[homas] J[oseph]: *Trades' Unions and strikes: Their philosophy and intention*. London, 1860.

Dupont, Pierre: *Le chant des ouvriers*.

Dupont de Nemours, [Pierre-Samuel]: "Maximes du docteur Quesnay, ou résumé de ses principes d'économie sociale", in *Physiocrates. Quesnay, Dupont de Nemours, Mercier de la Rivière, Baudeau, Le Trosne, avec une introd. sur la doctrine des physiocrates, des commentaires et des notices historiques*. Eugène Daire (org.). Paris, 1846, parte 1.

Eden, Frederic Morton: *The State of the poor; or, an history of the labouring classes in England, from the conquest to the present period;... with a Iarge appendix*, v. 1–3. London, 1797.

Encyclopedie des sciences médicales; ou traité général, méthodique et complet des diverses branches de l'art de guérir. Auteurs classiques. Paris, 1841.

Engels, Friedrich: "Die englische Zehnstundenbill", in *Neue Rheinische Zeitung. Politischökonomische Revue*, Karl Marx (org.). London; Hamburg; New York, abr. 1850.

___: *Die Lage der arbeitenden Klasse in England. Nach eigner Anschauung und authentischen Quellen*. Leipzig, 1845.

___: "Umrisse zu einer Kritik der Nationaloekonomie", in *Deutsch-Französische Jahrbücher*, Arnold Rüge e Karl Marx (orgs.). Paris, 1844, partes 1–2.

Ensor, George: *An inquiry concerning the population of nations; containing a refutation of Mr. Malthus's essay on population*. London, 1818.

An essay on credit and the bankrupt act. London, 1707.

An essay on the political economy of nations; or, a view of the intercourse of countries, as influencing their wealth. London, 1821.

An essay on trade and commerce; containing observations on taxes, as they are supposed to affect the price of labour in our manufactories; together with some interesting reflections on the importance of our trade to America... By the author of „Considerations on taxes. London, 1770.

Essays on political economy; in which are illustrated the principal causes of the present national distress; with appropriate remedies. London, 1830.

[Evans, n. H.]: *Our old nobility. By noblesse oblige*, 2ª ed. London, 1879.

Faulhaber, Johann: *Mechanische Verbesserung einer Alten Roszmühlen, welche vor diesem der Königliche Ingenieur Augustinus Ramellus an tag geben...* Ulm, 1625.

Fatocett, Henry: *The economic position of the British labourer*. Cambridge, London, 1865.

Ferguson, Adam: *An essay on the history of civil society*. Edinburgh, 1767.

Ferrand VER *Hansard's Parlamentary Debates...*, v. 170.

Ferner, François-Louis-Auguste: *Du gouvernement considéré dans ses rapports avec le commerce*. Paris, 1805.

Fielden, John: *The curse of the factory system; or, a short account of the origin of factory cruelties*. London, 1836.

[Fleetwood, William:] *Chronicon preciosum; or, an account of English money, the price of corn, and other commodities, for the last 600 years*. London, 1707.

___: *Chronicon preciosum; or, an account of English gold and silver Money: The price of corn and other commodities, for six hundred years last past.* London, 1745.

Fonteret, A[ntoine]-L[ouis]: *Hygiène physique et morale de l'ouvrier dans les grandes villes en général et dans la ville de Lyon en particulier*. Paris, 1888.

[Forbonnais, François-Veron de:] *Élémens du commerce*, nova ed. Leyde, 1766, parte 2.

[Forster, Nathaniel:] *An enquiry into the causes of the present high price of provisions*. London, 1767.

Fortescue, John: *De laudibus legum Angliae*. [London, 1537.]

Fourier, Ch[arles]: *La fausse industrie morcelée, répugnante, mensonègre, et l'antidote, l'industrie naturelle, combinée, attrayante, véridique, donnant quadruple produit*. Paris, 1835–36.

___: *Le nouveau monde industriel et sociétaire, ou invention du procédé d'industrie attrayante et naturelle distribuée en series passionnées*. Paris, 1829.

Franklin, Benjamin: "A modest inquiry into the nature and necessity of a paper currency", in *The works of Benjamin Franklin*, Jared Sparks (org.), v. 2. Boston, 1836.

___: *Positions to be examined, concerning national wealth*. Ebendort.

Freytag, Gustav: *Neue Bilder aus dem Leben des deutschen Volkes*. Leipzig, 1862.

Fullarton, John: *On the regulation of currencies; being an examination of the principles, on which it is proposed to restrict, within certain fixed limits, the future issues on credit of the Bank of England, and of the other banking establishments thrcughout the country*, 2ª ed. London, 1845.

Galiani, Ferdinando: *Della moneta*. Scrittori Classici Italiani di Economia Politica. Parte Moderna, v. 3–4. Milano, 1803.

Ganilh, Ch[arles]: *Des systèmes d'économie politique, de la valeur comparative de leurs doctrines, et de celle qui paraît la plus favorable aux progrès de la richesse*. 2ª ed, v. 1–2. Paris, 1821.

___: *La theorie de l'économie politique*, v. 1–2. Paris, 1815.

[Garnier, Germain:] *Abrégé élementaire des principes de l'économie politique*. Paris, 1796.

___ VER Smith, Adam: *Recherches sur la nature et les causes de la richesse des nations... avec des notes et observations par Germain Garnier*, v. 5. Paris, 1802.

Gaskell, P[eter]: *The manufacturing population of England, its moral, social, and physical conditions, and the changes which have arisen from the use of steam machinery; with an examination of infant labour*. London, 1833.

Genovesi, Antonio: *Lezioni di economia civile*. Scrittori Classici Italiani di Economia Politica. Parte Moderna, v. 7–9. Milano, 1803.

Geoffroy Saint-Hilaire, [Etienne]: *Notions synthétiques, historiques et physiologiques de philosophie naturelle*. Paris, 1838.

Gisborne, Thomas: *An enquiry into the duties of men in the higher and middle classes of society in Great Britain*, 2ª ed., v. 2. London, 1795.

Goethe, Johann Wolfgang von: *An Suleika*.

___: *Faust. Der Tragödie*.

[Gray, John:] *The essential principles of the wealth of nations, illustrated, in Opposition to some false doctrines of Dr. Adam Smith, and others*. London, 1797.

[Greg, Robert Hyde:] *The factory question, considered in relation to its effects on the health and morals of those employed in factories. And the "Ten Hours Bill", in relation to its effects upon the manufactures of England, and those of foreign countries*. London, 1837.

Gregoir, Henri: *Les typographes devant le Tribunal correctionnel de Bruxelles*. Bruxelles, 1865.

Grove, W[illiam] R[obert]: *The correlation of physical forces*, 5ª ed. Followed by a discourse on continuity. London, 1867.

Gülich, Gustav von: *Geschichtliche Darstellung des Handels, der Gewerbe und des Ackerbaus der bedeutendsten handeltreibenden Staaten unsrer Zeit*, v. 1–2. Jena, 1830.

Haller, Ludwig von: *Restauration der Staats-Wissenschaft oder Theorie des natürlich-geselligen Zustands; der Chimäre des künstlich-bürgerlichen entgegengesetzt*, v. 1–4. Winterthur, 1816–20.

Hamm, Wilhelm: *Die landwirthschaftlichen Geräthe und Maschinen Englands. Ein Handbuch der landwirthschaftlichen Mechanik und Maschinenkunde, mit einer Schilderung der britischen Agricultur*, 2ª ed. Braunschweig, 1856.

Hanssen, Georg: *Die Aufhebung der Leibeigenschaft und die Umgestaltung der gutsherrlichbäuerlichen Verhältnisse überhaupt in den Herzogthümern Schleswig und Holstein*. St. Petersburg, 1861.

Harries, James: "Dialogue concerning happiness", in *Harris, James: Three treatises*, 3ª ed. London, 1772.

Harris, James: *Diaries and correspondence of James Harris, First Earl of Malmesbury; containing an account of his missions to the courts of Madrid, Frederick the Great, Catherine the Second, and the Hague; and his special Missions to Berlin, Brunswick, and the French Republic*, v. 1–4. London, 1844.

Harrison, William: "The description of England" in *The first and second volumes of chronicles...* [London, 1587.]

Hassall, A[rthur] H[ill]: *Adulterations detected or piain Instructions for the discovery of frauds in food and medicine*, 2ª ed. London, 1861.

Hegel, Georg Wilhelm Friedrich: "Encyclopädie der philosophischen Wissenschaften im Grundrisse. 1 .Th. Die Logik", Leopold von Hennig (org.), in *Werke*, v. 6. Berlin, 1840.

___: *Grundlinien der Philosophie des Rechts, oder Naturrecht und Staatswissenschaft im* Grundrisse, 2ª ed., v. 8, Eduard Gans (org.). Berlin, 1840.

___: *Wissenschaft der Logik*, Leopold von Hennig (org.), v. 3–5. Berlin, 1833–34.

Heine, Heinrich: *Heinrich. Zeitgedicht.*

Hero Alexandrinus: *Buch von Lufft- und Wasser-Künsten, welche von Friderich Commandino von Urbin aus dem Griegischen in das Lateinische übersetzt... Und mit einem Anhang von allerhand Mühl-, Wasser- und Grotten-Wercken ausSalomon de Cous... auch anderen berühmt- und erfahrnen Autoribus zusammen getragen...* Frankfurt, 1688.

Hobbes, Thomas: "Leviathan, or the matter, from, and power of a common wealth, ecclesiastical and civil", in *The English works of Thomas Hobbes*, v. 3, William Molesworth (org.). London, 1839.

[Hodgskin, Thomas:] *Labour defended against the claims of capital; or, the unproductiveness of capital proved. With referenee to the present cornbinations amongst journeymen. By a Iabourer*. London, 1825.

___: (anônimo) *The natural and artificial right of prcperty contrasted*. London, 1832.

___: *Popular political economy. Four lectures delivered at the London Mechanics' Institution*. London, 1827.

Holinshed, Raphael VER Harrison, William: *The description of England...*

Homer: *Ilias*.

___: *Odyssee*.

Hopkins, Thomas: *On rent of land, and its influence on subsistence and population; with observations on the operating causes of the condition of the labouring classes in various countries*. London, 1828.

Horaz: *Ars poetica*.

___: *Epoden*.

___: *Satiren*.

[Horne, George:] *A letter to Adam Smith on the life, death, and philosophy of his friend David Hume. By one of the people called Christians*, 4ª ed. Oxford, 1784.

Horner, Leonard: *Letter to Mr. Senior* VER *Senior, Nassau William: Letters on the Factory act*.

___: "Suggestions for amending the factory acts to enable the inspectors to prevent illegal working, now become very prevalent", in *Factories reguiation acts*. House of Commons. 9 ago. 1859.

Houghton, John: *Husbandry and trade improv'd; being a collection of many valuable materials relating to corn, cattle, coals, hops, wool etc*, v. 1–4. London, 1727–28.

Howitt, William: *Colonization and christianity: A popular history of the treatment of the natives by the Europeans in all their colonies*. London, 1838.

Hunte, David: *Essays and treatises on several subjects*, nova ed. London, 1770. 4 v.

Hutton, Charles: *A course of mathematics*, 12ª ed. London. 1841–43. 2 v.

Hüxley, Thomas H[enry]: *Lessons in elementary physiology*. London, 1866.

The industry of nations, parte II: *A survey of the existing State of arts, jnachines, and manufactures*. London, 1855.

An inquiry into those principles, respecting the nature of demand and the necessity of consumption, lately advocated by Mr. Malthus, from which it is concluded, that taxation and the maintenance of unproductive consumers can be conducive to the progress of wealth. London, 1821.

Isokrates: "Busiris", in *Isocratis Orationes et epistolae*, J. G. Baiter (org.). Paris, 1846.

Jacob, William: *An historical inquiry into the production and consumption of the precious metals*. London, 1831. 2 v.

___: *A letter to Samuel Whitbread, being a sequel to considerations on the protection required by British agriculture*. London, 1815.

Jones, Richard: *An essay on the distribution of wealth, and on the sources of taxation*. London, 1831.

___: *An introductory lecture on political economy, delivered at King's College. London, 27th February 1833. To which is added a syllabus of a course of lectures on the wages of labor*. London, 1833.

___: *Text-book of lectures on the political economy of nations*. Hertford, 1852.

Juvenal: *Satiren*.

[Káufman] [*Кауфманъ, Илларион Игнатьевич*:] Точка зрения политико--экономической критики у Карла Маркса, in Вестник Европы..., v. 3. Санкт-Петербург, 1872.

Kopp, Hermann: "Entwicklung der Chemie", in *Geschichte der Wissenschaften in Deutschland. Neuere Zeit*, v. 10. München, 1873, parte 3.

Laborde, Alexandre-[Louis-Joseph] de: *De l'esprit d'association dans tous les intérêts de la communauté, ou essai sur le complément du bien-être et de la richesse en France par le complément des institutions*. Paris, 1818.

Laing, Samuel: *National distress; its causes and remedies*. London, 1844.

Lancellotti, Secondo: *L'Hoggidi overo gl'ingegni non inferiori a'passati*. Venetia, 1658, parte 2.

Lassalle, Ferdinand: *Herr Bastiat-Schulze von Delitzsch, der ökonomische Julian, oder: Capital und Arbeit*. Berlin, 1864.

___: *Die Philosophie Herakleitos des Dunklen von Ephesos. Nach einer neuen Sammlung seiner Bruchstücke und der Zeugnisse der Alten dargestellt*, v.1. Berlin, 1858.

Law, Jean: "Considérations sur le numéraire et le commerce", in *Économistes financiers du XVIIIe siecle. Précedés de notices historiques sur chaque auteur, et accompagnés de commentaires et de notes explicatives. Eugène Daire* (org.). Paris, 1843.

Le Trosne, [Guillaume-François]: "De l'intérêt social par rapport à la valeur, à la circulation, à l'industrie et au commerce intérieur et extérieur", in *Physiocrates. Quesnay, Dupont de Nemours, Mercier de la Rivière, Baudeau, Le Trosne, avec une introd. sur la doctrine des physiocrates, des commentaires et des notices historiques*. Eugène Daire (org.). Paris, 1846, parte 2.

A letter to Sir T. C. Bunbury on the poor rates, and the high price of provisions, with some proposals for reducing both. By a Suffolk gentleman. Ipswich, 1795.

Levi, Leone: "On deer forests and Highlands agriculture in relation to the supply of food", in *Journal of the Society of Arts*. London, 23 mar. 1866.

Liebig, Justus von: *Die Chemie in ihrer Anwendung auf Agricultur und Physiologie*, 7ª ed. Braunschweig, 1862, parte 2.

Liebig, Justus von: *Über Theorie und Praxis in der Landwirthschaft*. Braunschweig, 1856.

[Linguet, Simon-Nicolas-Henri:] *Théorie des loix civiles, ou principes fondamentaux de la société*. London, 1767, partes 1–2.

Licius, Titus: *Ab urbe condita*.

Locke, John: "Some considerations of the consequences of the lowering of interest, and raising the value of money (1691)", in *The works*, 8ª ed., v. 2. London, 1777.

Lucretius Carus, Titus: *De rerum natura*.

Luther, Martin: *An die Pfarrherrn wider den Wucher zu predigen. Vermanung*. Wittemberg, 1540.

Macaulay, Thomas Babington: *The history of England from the accession of James the Second*. 10ª ed, v. 1. London, 1854.

MacCulloch, J[ohn] R[amsay]: *A dictionary, practical, theoretical, and historical, of commerce and commercial navigation*. London, 1847.

___: *The literature of political economy: A classified catalogue of select publications in the different departments of that science, with historical, critical, and biographical notices*. London, 1845.

___: *The principles of political economy; with a sketch of the rise and progress of the science*, 2ª ed. London, 1830.

Maclaren, James: *A sketch of the history of the currency; comprising a brief review of the opinions of the rnost eminent writers on the subject*. London, 1858.

Macleod, Henry Dunning: *The theory and practice of banking; with the elementary principles of currency; prices; credit; and exchanges*, v. 1. London,1855.

Malthus, T[homas] R[obert]: *Definitions in political economy, preceded by an inquiry into the rules which ought to guide political economists in the definition and use of their terms; with remarks on the deviation from these rules in their writings*. A new ed., with a preface, notes, and supplementary remarks by John Cazenove. London, 1853.

___: (anônimo) *An essay on the principle of population, as it affects the future improvement, of society, with remarks on the speculations of Mr. Godwin, M. Condorcet, and other writers*. London, 1798.

An inquiry into the nature and progress of rent, and the principles by which it is regulated. London, 1815.

___: *Principles of political economy considered with a view to their practical application*, 2ª ed. London, 1836.

[Mandeville, Bernard de:] *The fable of the bees; or, private vices, publick benefits*. London, 1714.

___: *The fable of the bees; or, private vices, publick benefits*, 5ª ed. London, 1728.

Martineau, Harriet: *Illustrations of political economy*, v. 3, n. 7: *A Manchester strike. A tale*. London, 1832.

Marx, Karl: *Der Achtzehnte Brumaire des Louis Bonaparte*, 2ª ed. Hamburg, 1869.

___: (anonym) *Address and provisional rules of the Working Men's International Association, established September 28, 1864, at a public meeting held at St. Martin's Hall, Long Acre, London*. [London],1864.

___: "An die Redaktion des 'Volksstaat'", in *Der Volksstaat*. Leipzig, l jun. 1872.

___: "An die Redaktion des 'Volksstaat'", in *Der Volksstaat*. Leipzig, 7 ago. 1872.

___: "Elections – Financial clouds – The Duchess of Sutherland and slavery", in *New-York Daily Tribune*, 9 fev. 1853.

___: *Das Kapital. Kritik der politischen Oekonomie*, v. 1: *Der Produktionsprocess des Kapitals*. Hamburg, 1867.

___: *Das Kapital. Kritik der politischen Oekonomie*, v. 2: *Der Circulationsprocess des Kapitals*, Friedrich Engels (org.). Hamburg, 1885.

___: *Das Kapital. Kritik der politischen Oekonomie*, v. 1: *Der Produktionsprocess des Kapitals*, 2ª ed. Hamburg, 1872.

___: *Das Kapital. Kritik der politischen Oekonomie*, v. 1: *Der Produktionsprocess des Kapitals*, 3ª ed. Hamburg, 1883.

___: *Capital: A critical analysis of capitalist produetion*. Trad. da 3ª ed. alemã, Samuel Moore, Edward Aveling; Frederick Engels (ed.), v. 1. London, 1887.

___: *Le capital*, trad. J. Roy, rev. do autor. Paris, [1872–75].

___:Капитал. Критика политической экономии. Перевод с немецкого, v. 1, Кн. 1. Процесс производства капитала. С.-Петербург, 1872.

___: (anônimo) "Lohnarbeit und Kapital", in *Neue Rheinische Zeitung. Organ der Demokratie*. Köln, 5–11 abr. 1849.

___: *Misère de la philosophie. Réponse à la philosophie de la misere de M. Proudhon*. Paris, Bruxelles 1847.

___: *Zur Kritik der politischen Oekonomie*, fascículo 1. Berlin, 1859.

[Marx, Karl e Friedrich Engels:] "*Latter-Day Pamphlets*", Thomas Carlyle (org.). London, 1850 in *Neue Rheinische Zeitung. Politisch-ökonomische Revue*, Karl Marx (org.). London, Hamburg, New-York, n. 4, abr. 1850.

[Marx, Karl e Friedrich Engels:] *Manifest der Kommunistischen Partei*. London, 1848.

[Massie, Joseph:] *A essay on the governing causes of the natural rate of interest; wherein the sentiments of Sir William Petty and Mr. Locke, on that head, are considered*. London, 1750.

Maurer, Georg Ludwig von: *Einleitung zur Geschichte der Mark-, Hof-, Dorf- und Stadt-Verfassung und der öffentlichen Gewalt*. München, 1854.

___: *Geschichte der Fronhöfe, der Bauernhöfe und der Hofverfassung in Deutschland*, v. 4. Erlangen, 1863.

Mayer, Sigmund: *Die sociale Frage in Wien. Studie eines "Arbeitgebers". Dem Niederösterreichischen Gewerbeverein gewidmet*. Wien, 1871.

Meitzen, August: *Der Boden und die landwirthschaftlichen Verhältnisse des Preußischen Staates nach dem Gebietsumfange vor 1866*, v. 1–4. Berlin, 1868–71.

Mercier de la Rivière [Paul-Pierre]: "L'ordre naturel et essentiel des sociétés politiques", in *Physiocrates. Quesnay, Dupont de Nemours, Mercier de la Rivière, Baudeau, Le Trosne, avec une introd. sur la doctrine des physiocrates, des commentaires et des notices historiques. Eugène Daire* (org.). Paris, 1846, parte 2.

Merivale, Herman: *Lectures on colonization and colonies. Delivered before the University of Oxford in 1839, 1840, and 1841*, v. 1–2. London, 1841–42.

[Mill, James:] "Colony", in *Supplement to the Encyclopaedia Britannica*. 1831.

___: Klemens d'économie politique, trad. Parisot. Paris, 1823.

___: *Elements of political economy*. London, 1821.

Mill, John Stuart: *Essays on some unsettled questions of political economy*. London, 1844.

___: *Principles of political economy with some of their applications to social philosophy*. London, 1848. 2 v.

___: *Principles of political economy with some of their applications to social philosophy*. People's ed. London, 1868.

___: *A system of logic, ratiocinative and inductive, being a connected view of the principles of evidence, and the methods of scientific investigation*. London, 1843. 2 v.

Mirabeau, [Gabriel-Victor-Honoré Riqueti]: *De la monarchie prussienne, sous Frédéric le Grand; avec un appendice. Contenant des recherches sur la situation acutelle des principales contrées de l'Allemagne*, v. 2, 3, 6. London, 1788.

Molinari, Gustave de: *Études économiques*. Paris, 1846.

Mommsen, Theodor: *Römische Geschichte*, 2ª ed., v. 1–3. Berlin, 1856–57.

Monteil, Amans-Alexis: *Traité de matériaux manuscrits de divers genres d'histoire*, v. 1. Paris, 1835.

Montesquieu, Charles-Louis de: *De l'esprit des loix*. Oeuvres, v. 2–4. London, 1767–69.

More, Thomas: *Utopia*, trad. Ralph Robinson. London, 1869.

Morton, John C[halmers]: *A cyclopedia of agriculture, practical and scientific; in which the theory, the art, and the business of farming, are thoroughly and practically treated. By upwards of fifty of the most eminent practical and scientific men of the day*, v. 2, John C[halmers] Morton (org.). Glasgow, Edinburgh, London, 1855.

___: "On the forces used in agriculture", in *Journal of the Society of Arts*. London, 9 dez. 1859.

Müller, Adam H[einrich]: *Die Elemente der Staatskunst. Öffentliche Vorlesungen, vor Sr. Durchlaucht dem Prinzen Bernhard von Sachsen-Weimar und einer Versammlung von Staatsmännern und Diplomaten, im Winter von 1808 auf 1809, zu Dresden, gehalten*. Berlin, 1809, parte 2.

Man, Thomas: *England's treasure by forraign trade. Or, the ballance of our forraign trade is the rule of our treasure. Written by Thomas Mun of Lond[on], merchant, and now publ. for the common good by his son John Mun*. London, 1669.

Murphy, John Nicholas: *Ireland industrial, political, and social*. London, 1870.

Murray, Hugh e James Wilson: *Historical and descriptive account of British India, from the most remote period to the present time*, v. 2. Edinburgh, 1832.

Navarrete, M[artin] F[ernandez de]: *Die Reisen des Christof Columbus 1492–1504*, trad. F. Pr[essel]. Nach seinen eigenen Briefen und Berichten veröffentlicht 1536 von Bischof Las Casas seinem Freunde und Fernando Columbus seinem Sohne. Aufgefunden 1791 und veröffentlicht 1826. Leipzig, [1890].

Newman, Francis William: *Lectures on political economy*. London, 1851.

Netoman, Samuel P[hilips]: *Elements of political economy*. Andover; New York, 1835.

Newnham, G. L.: *A review of the evidence before the committees of the two Houses of Parliament, on the corn laws*. London, 1815.

Niebuhr, B[arthold] G[eorg]: *Römische Geschichte*, ed. rev. Berlin, 1853.

[North, Sir Dudley:] *Discourses upon trade; principally directed to the cases of the interest, coynage, clipping, increase of money*. London, 1691.

Observations on certain verbal disputes in political economy, particularly relating to value, and to demand and supply. London, 1821.

Olmsted, Frederic Law: *A journey in the seaboard slave states, with remarks on their economy*. New York, 1856.

Opdyke, George: *A treatise on political economy*. New York, 1851.

Ortes, Giammaria: *Della economia nazionale*, livro 6. Scrittori Classici Italiani di Economia Politica. Parte Moderna, v. 21. Milano, 1804.

Otway, J. H.: "Judgment of J. H. Otway, chairman of county sessions. Belfast, hilary sessions, 1860", in *Reports of the inspectors of factories... for the half year ending 30 April 1860*. London, 1860.

Ovid: *Artis Amatoriae*.

___: *Fasti*.

Owen, Robert: *Observations on the effect of the manufacturing system; with hints for the improvement of those parts of it which are most injurious to health and morals*, 2ª ed. London, 1817.

Pagnini, Gio[vanni] Francesco: *Saggio sopra il giusto pregio delle cose, la giusta Valuta della moneta e sopra il commercio dei romani*. Scrittori Classici Italiani di Economia Politica. Parte Moderna, v. 2. Milano, 1803.

[Papillon, Thomas:] *The East-India-trade a most profitable trade to the Kingdom. And best secured and improved in a Company and a joint-stock*. London, 1677.

Parry, Charles Henry: *The question of the necessity of the existing corn laws, considered, in their relation to the agricultural labourer, the tenäntry, the landholder, and the country*. London, 1816.

[Parry, William Edward:] *Journal of a voyage for the discovery of a north-west passage from the Atlantic to the Pacific; performed in the years 1819–20, in His Majesty's ships Hecla and Griper, under the orders of William Edward Parry*, 2ª ed. London, 1821.

Pecqueur, C[onstantin]: *Theorie nouvelle d'économie sociale et politique, ou études sur l'organisation des sociétés*. Paris, 1842.

Petty, William: *The political anatomy of Ireland... To which is added verbum sapienti...* London, 1691.

___: *Quantulumcunque concerning money. 1682. To the Lord Marquess of Halyfax*. London, 1695.

___: (anônimo) *A treatise of taxes and contributions*. London, 1667.

[Pinto, Isaac:] *Traité de la circulation et du crédit*. Amsterdam, 1771.

Plato: "De republica", in *Opera quae feruntur omnia. Recognoverunt Georgius Baiterus, Caspar Orellius, Aug[ustus] Guilielmus Winckelmannus*, v. 13. Turici, 1840.

A political enquiry into the consequences of enclosing waste lands, and the causes of the presente high price of butchers meat. Being the sentiments of a society of farmers in-shire. [London], 1785.

Postlethwayt, Malachy: *Great-Britain's commercial interest explained and improved; in a series of dissertations on the most important branches of her trade and lauded interest*, 2ª ed. London, 1759. 2 v.

___: *The universal dictionary of trade and commerce; with large add. and improvements, adapting the same to the present State of British affairs in America, since the last treaty of peace made in the year 1763*, 4ª ed., v. 1. London, 1774.

Potter, A[lonzo]: *Political economy: Its objects, uses, and principles; considered with reference to the condition of the American people*. New-York, 1841

Price, Richard: *Observations on reversionary payments; on schemes for providing annuities for widows, and for persons in old age; on the method of calculating the values of assurances on lives; and on the national debt*, William Morgan (org.), 6ª ed, v. 2. London, 1803.

A prize essay on the comparative merits of competition and cooperation. London, 1834.

Proudhon, P[ierre]-J[oseph]: *Système des contradictions économiques, ou Philosophie de la misère*, v. 1. Paris, 1846.

Public economy concentrated; or, a connected view of currency, agriculture, and manufactures. Carlisle, 1833.

Quesnay, [François]: "Analyse du Tableau Économique", in *Physiocrates. Quesnay, Dupont de Nemours, Mercier de la Rivière, Baudeau, Le Trosne, avec une introd. sur la doctrine des physiocrates, des commentaires et des notices historiques*. Eugène Daire (org.). Paris, 1846, parte 1.

___: *Dialogues sur le commerce et sur les travaux des artisans*. Ebendort.

___: *Tableau économique. Remarques sur les variations de la distribution des revenus annuels d'une nation.* Versailles, 1758.

Quetelet, A[dolphe-Lambert-Jacques]: *Sur l'homme et le développement de ses facultés, ou essai de physique sociale*, v. 1–2. Paris, 1835.

Raffles, Thomas Stamford: *The history of Java. With a map and plates*. London, 1817. 2 v.

Ramazzini, Bernardino: *De morbis artificum diatriba*. Mutinae, 1700.

___: *Essai sur les maladies des artisans*. Paris, 1777.

Ramsay, George: *An Essay on the distribution of wealth*. Edinburgh, 1836.

Ravenstone, Piercy: *Thoughts on the funding system, and its effects*. London, 1824.

Read, George: *The history of baking*. London, 1848.

Reasons for the late increase of the poor-rates; or, a comparative view of the price of labour and provisions. Humbly addressed to the consideration of the Legislature. London, 1777.

Reasons for a limited exportation of wooll. [London], 1677.

Regnault, Élias: *Histoire politique et sociale des principautés Danubiennes*. Paris, 1855.

Reich, Eduard: *Ueber die Entartung des Menschen. Ihre Ursachen und Verhütung*. Erlangen, 1868.

Remarks on the commercial policy of Great Britain, principally as it relates to the corn trade. London, 1815.

Ricardo, David: *The high price of bullion a proof of the depreciation of bank notes*, 4ª ed. London, 1811.

___: *On the principles of political economy, and taxation*, 3ª ed. London, 1821.

___: *On protection to agriculture*, 4ª ed. London, 1822.

Richardson, [Benjamin]: "Work and overwork", in *The Social Science Review*. London, 18 jul. 1863.

Roberts, George: *The social history of the people of the southern counties of England in past centuries; illustrated in regard to their habits, municipal bye-laws, civil progress, etc., from the researches*. London, 1856.

Rodbertus-Jagetzow, [Johann Karl]: *Briefe und Socialpolitische Aufsätze*, trad. Rudolph Meyer, v. l. [Berlin, 1882.]

___: *Sociale Briefe an von Kirchmann, Dritter Brief: Widerlegung der Ricardo'schen Lehre von der Grundrente und Begründung einer neuen Rententheorie*. Berlin, 1851.

Rogers, James E. Thorold: *A history of agriculture and prices in England from the year after the Oxford Parliament (1259) to the commencement of the Continental war (1793). Compiled entirely from original and contemporaneous records*, v. 1–2. Oxford, 1866.

Rohatzsch, R. H.: *Die Krankheiten, welche verschiedenen Ständen, Altern und Geschlechtern eigenthümlich sind*. Ulm, 1840. 6 v.

Roscher, Wilhelm: *Die Grundlagen der Nationalökonomie. Ein Hand- und Lesebuch für Geschäftsmänner und Studierende*, 3ª ed. Stuttgart; Augsburg, 1858.

Rossi, P[ellegrino Luigi Edoardo]: *Cours d'économie politique*. Bruxelles, 1843.

Rouard de Card, Pie-Marie: *De la falsification des substances sacramentelles*. Paris, 1856.

Rousseau, Jean-Jacques: *Discours sur l'économie politique*, nova ed. Geneve, 1760.

[Roy, Henry]: *The theory of the exchanges. The Bank Charter Act of 1844*. London, 1864.

Sadler, Michael Thomas: *Ireland; its evils, and their remedies; being a refutation of*

the errors of the emigration committee and others, touching that country. To which is prefixed, a synopsis of an original treatise about to be ptibiished on the law of population; Developing the real principle on which it is uhiversally regulated, 2ª ed. London, 1829.
___: *Law of population*, v. 1–2. London, 1830.
Say, Jean-Baptiste: *Lettres à M. Malthus, sur différens sujets d'économie politique, notamment sur les causes de la stagnation générale du commerce*. Paris, 1820.
___: *Traité d'économie politique, ou simple exposition de la manière dont se forment, se distribuent et se consomment les richesses*, 3ª ed., v. 1–2. Paris, 1817.
___: *Traité d'économie politique, ou simple exposition de la manière dont se forment, se distribuent et se consomment les richesses*, 5ª ed., v. l. Paris, 1826.
Schiller, Friedrich von: *Die Bürgschaft*.
___: *Kabale und Liebe*.
___: *Das Lied von der Glocke*.
Schorlemmer, C[arl]: *The rise and development of organic chemistry*. London, 1879.
Schouw, Joakim Frederik: *Die Erde, die Pflanzen und der Mensch. Naturschilderungen*. 2ª ed. Leipzig 1854.
Schulz, Wilhelm: *Die Bewegung der Production. Eine geschichtlich-statistische Abhandlung zur Grundlegung einer neuen Wissenschaft des Staats und der Gesellschaft*. Zürich, Wintherthur, 1843.
Scrope: *The principles of political economy* VER Potter, Alonzo: *Political economy...*
[Seeley, Robert Benton:] *The perils of the nation. An appeäl to the jegislature, the clergy, and the higher and middle classes*, 2ª ed. London, 1843.
Senior, Nassau William: *Journals, conversations and essays relating to Ireland*, v. 2. London, 1868.
___: *Letters on the factory act, as it affects the cotton manufacture... To which are appended, a letter to Mr. Senior from Leonard Horner, and minutes of a conversation between Mr. Edmund Ashworth, Mr. Thompson and Mr. Senior*. London, 1837.
___: *An outline of the science of political economy*. London, 1836.
___: *Principes fondamentaux de l'économie politique, tirés de legons édites et inédites de Mr. Senior. Par Jean Arrivabene*. Paris, 1836.
Senior, Nassau William: *Social Science Congress* VER The National Association for the Promotion of Social Science...
___: *Three lectures on the rate of wages, delivered before the University of Oxford, in Eastern term, 1830. With a preface on the causes and remedies of the present disturbances*. London, 1830.
Sextus Empiricus: *Adversus mathematicos*.
Shakespeare, William: *Der Kaufmann von Venedig*.
___: *König Heinrich der Vierte*.
___: *Ein Sommernachtstraum*.
___: *Timon von Athen*.
___: *Viel Lärm um nichts*.
[Sismondi], J[ean]-C[harles]-L[éonard] Simonde [de]: *De la richesse commerciale, ou principes d'économie politique, appliqués a la législation du commerce*, v. 1. Geneve, 1803.
___: *Études sur l'économie politique*, v. 1. Bruxelles, 1837.
___: *Nouveaux principes d'économie politique, ou de la richesse dans ses rapports avec la population*, v. 1–2. Paris, 1819.
___: *Nouveaux principes d'économie politique, ou de la richesse dans ses rapports avec la population*, 2ª ed., v. 1–2. Paris, 1827.
Skarbek, Frédéric: *Théorie des richesses sociales. Suivie d'une bibliographie de l'économie politique*, 2ª ed., v. 1. Paris, 1839.

Smith, Adam: *An inquiry into the nature and causes of the wealth of nations*. London, 1776. 2 v.

___: *An inquiry into the nature and causes of the wealth of nations*, v. 1. Edinburgh, 1814. 3 v.

___: *An inquiry into the nature and causes of the wealth of nations*. London, 1835–39. 6 v.

___: *Recherches sur la nature et les causes de la richesse des nations*. Paris, 1802.

___: *The theory of moral sentiments*. London, 1759.

Somers, Robert: *Letters from the Highlands; or, the famine of 1847*. London, 1848.

Some thoughts on the interest of money in general, and particulary in the publick funds. London, s. d.

Sophokles: *Antigone*.

The source and remedy of the national difficulties, deduced from principles of political economy, in a letter to Lord John Russell. London, 1821.

Spinoza, Baruch de: *Briefwechsel*.

___: *Ethik*.

S[tafford], W[illiam]: *A compendious or briefe examination of certayne ordinary complaints, of divers of our country men in these our dayes...* London, 1581.

Steuart, James: *An inquiry into the principles of political oeconomy*, v. 1. London, 1767.

___: *An inquiry into the principles of political oeconomy; being an essay on the science of domestic policy in free nations*, v. 1. Dublin, 1770.

___: "An inquiry into the principles of political economy", in *The works, political, metaphysical, and chronological...*, v. 1. London, 1805.

___: *Recherche des principes de l'économie politique, ou essai sur la science de la police intérieure des nations libres*, v. 1. Paris, 1789.

Stewart, Dugald: "Lectures on political economy", in *The collected works*, Sir William Hamilton (org.), v. 8. Edinburgh, 1855.

Stolberg, Christian: *Gedichte*. Hamburg, 1782.

Storch, Henri: *Cours d'économie politique, ou exposition des principes qui déterminent la prospérité des nations*, v. 1–3. St.-Petersbourg, 1815.

___: *Cours d'économie politique, ou exposition des principes qui determinent la prospérité des nations. Avec des notes explicatives et critiques par J[eanj-B*[aptiste] *Say*, v. 1. Paris, 1823.

Strange, William: *The seven sources of health*. London, 1864.

Strype, John: *Annais of the reformation and establishment of religion, and other various occurrences in the Church of England, during Queen Elizabeth's happy reign*, 2ª ed., v. 2. [London], 1725.

[Tchenichévski] Чернишевский Н[иколай] Г[аврилович]: Очерки из политической экономии (по Миллю), in *Современник*. Санкт-Петербург, 1861.

Thiers, A[dolphe]: *De la proprio*. Paris, 1848.

[Thompson, Sir] Benjamin: *Essays, political, economical, and philosophical*, v. 1–3. London, 1796–1802.

Thompson, William: *An inquiry into the principles of the distribution of wealth most conducive to human happiness; applied to the newly proposed system of voluntary equality of wealth*. London, 1824.

Thornton, William Thomas: *Over-population and its remedy; or, an inquiry into the extent and causes of the distress prevailing among the labouring classes of the British islands, and into the means of remedying it*. London, 1846.

Thukydides: *Geschichte des Peloponnesischen Krieges*.

[Thünen, Johann Heinrich von]: *Der isolirte Staat in Beziehung auf Landwirthschaft und Nationalökonomie.* Rostock, 1863, parte 2, seção 2.

Tooke, Thomas e William Newmarch: *A history of prices, and of the State of the circulation, during the nine years 1848–1856*, in *History of prices from 1792 to the present time*, v. 5–6. London, 1857.

Torrens, R[obert]: *An essay on the external corn trade.* London, 1815.

___: *An essay on the produetion of wealth; with an appendix, in which the principles of political economy are applied to the actual circumstances of this country.* London, 1821.

___: *On wages and combination.* London, 1834.

[Townsend, Joseph]: *A dissertation on the poor laws. By a well-wisher to mankind.* 1786. Republicado em London, 1817.

___: *Journey through Spain.* London, 1791.

Tuckett, J[ohn] D[ebell]: *A history of the past and present state of the labouring population, including the progress of agriculture, manufactures, and commerce.* London, 1846. 2 v.

Turgot, [Anne-Robert-Jacques, de l'Aulne]: "Reflexions sur la formation et la distribution des richesses", in *Oeuvres.* Eugène Daire (org.), v. 1. Paris, 1844.

Two letters on the flour trade, anddearness of corn... By a person in business. London, [1767].

Ure, Andrew: *The philosophy of manufactures; or, an exposition of the scientific, moral and commercial economy of the factory system of Great Britain.* London, 1835.

___: *Philosophie des manufactures ou économie industrielle de la fabrication du coton, de la laine, du lin et la soie*, v. 2. Paris, 1836.

Urquhart, David: *Familiar words as affecting England and the English.* London, 1855.

Vanderlint, Jacob: *Money answers all things; or, an essay to make money sufficiently plentiful amongst all ranks of people.* London, 1734.

Vergil: *Aeneis.*

Verri, Pietro: *Meditazioni sulla economia politica.* Scrittori Classici Italiani di Economia Politica. Parte Moderna, v. 15. Milano, 1804.

Vissering, S[imon]: *Handboek van praktische staathuishoudkunde*, v. 1–3. Amsterdam, 1860–62.

Voltaire, François-Marie Arouet de: *Candide, ou l'optimisme.*

Wade, John: *History of the middle and working classes...* 3ª ed. London, 1835.

[Wakefield, Edward Gibbon:] *England and America. A comparison of the social and political State of both nations*, v. 1–2. London, 1833.

___: *A view of the art of colonization, with present reference to the British Empire; in letters between a statesman and a colonist.* London, 1849.

___: VER Smith, Adam: *An inquiry into the nature and causes of the wealth of nations.* London, 1835–39. 6 v.

Ward, John: *The borough of Stoke-upon-Trent, in the commencement of the reign of Her Most Gracious Majesty Queen Victoria.* London, 1843.

Watson, John Forbes: "Paper read before the Society of Arts", in *Journal of the Society of Arts.* London, 17 abr. 1860.

Watts, John: *The tacts and fictions of political economists; being a review of the principles of the science, separating the true from the false.* Manchester, 1842.

___: *Trade societies and strikes: Their good and evil influences on the members of Trades Unions, and on society at large.*

Machinery; its influences on work and wages, and cooperative societies, productive and distributive, past, present, and future. Manchester, [1865].

Wayland, Francis: *The elements of political economy*. Boston, 1843.

[West, Edward]: *Essay on the application of capital to land, with observations shewing the impolicy of any great restriction of the importation of corn, and that the bounty of 1688 did not lower the price of it. By a fellow of university College, Oxford*. London, 1815.

___: *Price of corn and wages of labour, with observations upon Dr. Smith's, Mr. Ricardo's, and Mr. Malthus's doctrines upon those subjects; and an attempt at an exposition of the causes of the fluctuation of the price of corn during the last thirty years*. London, 1826.

Wilks, Mark: *Historical sketches of the South of India, in an attempt to trace the history of Mysoor; from the Hindoo Government of that State, to the extinction of the Mohammedan Dynasty in 1799*, v. 1. London, 1810.

Witt, Johan de: *Aanwysing der heilsame politike gronden en maximen van de Republike van Holland en West-Friesland*. Leyden, 1669.

Wright, Thomas: *A short address to the public on the monopoly of large farms*. London, 1779.

Xenophon: *Cyropaedia*.

Young, Arthur: *Political arithmetic. Containing observations on the present State of Great Britain; and the principles of her policy in the encouragement of agriculture*. London, 1774.

___: *A tour in Ireland; with general observations on the present State of that kingdom...* 2ª ed. London, 1780. 2 v.

[Zíber] *Зибер*, Н[иколай *Иванович*]: Теория ценности и капитала Д. Рикардо в связи с позднейшими дополнениями и разъяснениями". Опыть критико-экономическОго иССледования. Киев, 1871.

II. INFORMES PARLAMENTARES E OUTRAS PUBLICAÇÕES OFICIAIS

An act for regulating the hours of labour for children, young persons, and women employed in Workshops, 21st August 1867. In: The statutes of the United Kingdom of Great Britain and Ireland. London, 1867.

An act to limit the hours of labour, and to prevent the employment of children in factories under ten years of age. Approved March 18, 1851. In: Acts of the seventy-fifth legislature of the State of New Jersey. Trenton, 1851.

Agricultural labourers (Ireland). *Return to an order of the Honourable the House of Commons*, 8 mar. 1861.

Agricultural statistics; Ireland. *General abstracts showing the acreage under the several crops, and the number of live stock, in each county and province, for the year 1860. Also the emigration from Irish ports from lst January to 1st September, 1860*. Presented to both Houses of Parliament by command of Her Majesty. Dublin, 1860.

Agricultural Statistics, Ireland. *Tables showing the estimated average produce of the crops for the year 1866; and the emigration from the Irish ports, from 1st January to 31st December, 1866; also the number of mills for scutching flax in each county and province*. Presented to both Houses of Parliament by command of Her Majesty. Dublin, 1867.

Arbeiten der Kaiserlich Russischen Gesandtschaft zu Peking über China, sein Volk, seine Religion, seine

Institutionen, socialen Verhältnisse, etc. Aus dem Russ. nach dem in St. Petersburg, 1852–57 veröffentlichten original von Dr. Carl Abel und F. A. Mecklenburg. Bd. l. Berlin, 1858.

Bericht des Committee of 1855 on the adulteration of bread VER *First report from the select committee on adulteration of food...*

Bericht der Royal Commission von 1864 VER *Report of the commissioners appointed to inquire into the conditions of all mines...*

Cambridge University Commission. *Report of Her Majesty's commissioners appointed to inquire into the state, discipline, studies, and revenues of the university and Colleges of Cambridge; together with the evidence, and an appendix. Presented to both Houses of Parliament by command of Her Majesty.* London, 1852.

The case of our English wool. As also the presentment of the Grand Jury of the county of Sommerset thereon. Humbly offered to the High Court of Parliament. London, 1685.

Census of England and Wales for the year 1861. London, 1863.

Children's Employment Commission (1862). Reports.

___. *First report of the commissioners. With appendix. Presented to both Houses öf Parliament by command of Her Majesty.* London, 1863.

___. *Second report...* London, 1864.

___. *Third report...* London, 1864.

___. *Fourth report..* London, 1865.

___. *Fifth report...* London, 1866.

___. *Sixth report ...* London, 1867.

Compte rendu de la deuxieme session du congres international de statistique réuni a Paris les 10, 12, 13, 14 et 15 Septembre 1855. Publie par les ordres de S. E. M.Rouher. Paris, 1856.

Corn, grain, and meal. Return to an order of the Honourable House of Commons, 18 fev. 1867.

Correspondence with Her Majesty's missions abroad, regarding industrial questions and trades unions. London, 1867.

East India (Bullion). *Return to an address of the Honourable the House of Commons*, 8 fev. 1864.

Factories Inquiry Commission. *First report of the central board of His Majesty's commissioners.* House of Commons. 28 jun. 1833.

Factories regulation acts. House of Commons, 9 ago 1859.

Factories. *Return to an address of the Honourable the House of Commons, dated 15 April 1856.* House of Commons. 4 fev. 1857.

Factories. *Return to an address of the Honourable the House of Commons, dated 24 April 1861.* House of Commons. 11 fev. 1862.

Factories. *Return to an address of the Honourable the House of Commons, dated 5 December 1867.* House of Commons. 22 jul. 1868.

First report from the select committee on adulteration of food, etc.; with the minutes of evidence, and appendix. House of Commons, 27 jul. 1855.

Fourth report of the commissioners of Her Majesty's inland revenue on the inland revenue. Presented to both Houses of Parliament by command of Her Majesty. London, 1860.

General Laws of the Commonwealth of Massachusetts, passed subsequently to the revised statutes, v. 1. Boston, 1854.

Grievances complained of... VER *Report addressed to...*

Hansard's Parliamentary Debates: 3rd series, commencing with the accession of William IV, v. 66. Comprising the period from the second day of

February, to the twenty-seventh day of February, 1843. London, 1843.
___: v. 170. Comprising the period from the twenty-seventh day of March, to the twentyeighth day of May, 1863. London, 1863.
___: v. 174. Comprising the period from the fifteenth day of March, to the third day of May, 1864. London, 1864.
House of Lords' Committee, 1848 VER *Report from the secret committee of the House of Lords...*
Jahresbericht der Handelskammer für Essen, Werden und Kettwig pro 1862. Essen, 1863.
Manifest der Maatschappij De Viamingen Vooruit! Gerigt tot alle de voorstanders van de eerlijke en regtzinnige uitvoering der Belgische Grondwet, gestemd door het Nationaal Congres van 1830. Brüssel, 1860.
The Master Spinners and Manufacturers' Defence Fund. *Report of the committee appointed for the receipt and apportionment of this fund, to the central association of master spinners and manufacturers*. Manchester 1854.
Miscellaneous statistics of the United Kingdom. Presented to both Houses of Parliament by command of Her Majesty. London, 1866, Part 6.
The National Association for the Promotion of Social Science, *Report of proceedings at the seventh annual congress, held in Edinburgh, October 1863*. Edinburgh; London, 1863.
Parliamentary Return VER Factories. Return to an address...
Public Health. Reports.
___. *Third report of the medical officer of the Privy Council*. 1860. House of Commons. 15 abr. 1861.
___. *Fourth report... with appendix*. 1861. House of Commons, 11 abr. 1862.
___. *Sixth report... with appendix*. 1863. Presented pursuant to act of Parliament. London, 1864.
___. *Seventh report... with appendix*. 1864. Presented pursuant to act of Parliament. London, 1865.
___. *Eighth report ... with appendix*. 1865. Presented pursuant to act of Parliament. London, 1866.
Report addressed to Her Majesty's Principal Secretary of State for the Home Department, relative to the grievances complained of by the journeymen bakers; with appendix of evidence. Presented to both Houses of Parliament by command of Her Majesty. London, 1862.
Report from the committee on the "Bill to regulate the labour of children in the mills and factories of the United Kingdom"; with the minutes of evidence. House of Commons, 8 ago. 1832.
Report from the secret committee of the House of Lords appointed to inquire into the causes of the distress which has for some time prevailed among the commercial classes, and how far it has been affected by the laws for regulating the issue of bank notes payable on demand. Together with the minutes of evidence, and an appendix. House of Commons, 28 jul. 1848; 1857.
Report from the select committee on bank acts; together with the proceedings of the committee, minutes of evidence, appendix and index. House of Commons, 30 jul. 1857.
Report from the select committee on the bank acts; together with the proceedings of the committee, minutes of evidence, appendix and index. House of Commons. 1 jul. 1858.
Report from the select committee on mines; together with the proceedings of the committee, minutes of evidence,

and appendix. House of Commons. 23 jul. 1866.

Report from the select committee on petitions relating to the corn laws of this Kingdom; together with the minutes of evidence, and an appendix of accounts. House of Commons. 26 jul. 1814.

Report of proceedings... VER The National Association for the Promotion of Social Science...

Report of the commissioners appointed to inquire into the operation of the acts (16 & 17 Vict. c.99. and 20 & 21 Vict. c.3) relating to transportation and penal servitude, v. 1. *Report and apêndix*, v. 2. Minutes of evidence presented to both Houses of Parliament by command of Her Majesty. London, 1863.

Report of the commissioners appointed to inquire into the condition cf all mines in Great Britain to which the provisions of the act 23 & 24 Vict. cap. 151. Do not apply. With reference to the health and safety of persons employed in such mines, with appendices. Presented to both Houses of Parliament by command of Her Majesty. London, 1864.

Report of the committee on the baking trade in Ireland for 1861.

Report of the officer of health of St. Martin's-in-the-Fields. 1865.

Report of the Social Science Congress at Edinburgh. Octob. 1863 VER The National Association for the Promotion of Social Science...

Reports by Her Majesty's secretaries of embassy and legations on the manufactures, commerce etc., of the countries, in which they reside, n. 6. London, 1863.

Reports from poor law inspectors on the wages of agricultural labourers in Ireland. Presented to both Houses of Parliament by command of Her Majesty. Dublin 1870.

Reports from the Lord committee, on the State of the growth... VER *Reports respecting grain, and the com laws...*

Reports of the inspectors of factories to Her Majesty's Principal Secretary of State for the Home Department.

___ for the half year ending the 31st December 1841: also, the joint report of the inspectors of factories for the same period. Presented by command of Her Majesty. House of Commons. 16 fev. 1842.

___ for the quarter ending 30th September, 1844; and from 1st October, 1844, to 30th April, 1845. Presented to both Houses of Parliament by command of Her Majesty. London, 1845.

___ for the half year ending 3lst October 1846... London, 1847.

___ for the half year ending 30th April 1848.... London, 1848.

___ for the half year ending 31st October 1848... London, 1849.

___ for the half year ending 30th April 1849... London, 1849.

___ for the half year ending 3lst October 1849... London, 1850.

___ for the half year ending 3ol'h April 1850... London, 1850.

___ for the half year ending 31st October 1850... London, 1851.

___ for the half year ending 30th April 1852... London, 1852.

___ for the half year ending 30th April 1853... London, 1853.

___ for the half eyar ending 31st October 1853... London, 1854.

___ for the half year ending 30th April 1855... London, 1855.

___ for the half year ending 31st October 1855... London, 1856.

___ for the half year ending 31st October 1856... London, 1857.

___ for the half year ending 30th April 1857.,. London, 1857.

___ for the half year ending 31st October 1857... London, 1857.
___ for the half year ending 30th April 1858 .. London, 1858.
___ for the half year ending 3I«1 October 1858... London, 1859.
___ for the half year ending 30th April 1859... London, 1859.
___ for the half year ending 31st October 1859... London, 1860.
___ for the half year ending 30th April 1860... London, 1860.
___ for the half year ending 31st October 1860... London, 1860.
___ for the half year ending 30th April 1861... London, 1861.
___ for the half year ending 31st October 1861... London, 1862.
___ for the half year ending 31st October 1862... London, 1863.
___ for the half year ending 30th April 1863... London, 1863.
___ for the half year ending 31st October 1863... London, 1864.
___ for the half year ending 30th April 1864... London, 1864.
___ for the half year ending 31st October 1864... London, 1865.
___ for the half year ending 31st October 1865... London, 1866.
___ for the half year ending 31st October 1866...London, 1867.
Reports respecting grain, and the corn laws: viz: First and second reports from the Lords committees, appointed to enquire into the State of the growth, commerce, and consumption of grain, and all laws relating there to;... House of Commons. 23 nov. 1814.
The revised statutes of the State of Rhode Island and Providence plantations; to which are prefixed, the constitutions of the United States and of the State. Providence, 1857.
Royal Commission on Railways. *Report of the commissioners*. Presented to both Houses of Parliament by command of Her Majesty. London, 1867.
Second report addressed to Her Majesty's Principal Secretary of State for the Home Department, relative to the grievances complained of by the journeyman bakers. Presented to both Houses of Parliament by command of Her Majesty. London, 1863.
Statistical abstract for the United Kingdom in each of the last fifteen years, from 1846 to 1860, n. 8. London, 1861.
Statistical abstract for the United Kingdom in each of the last fifteen years, from 1851 to 1865, n. 13. London, 1866.
Tenth report of the commissioners appointed to inquire into the Organization and rules of Trades Unions and other associations; together with minutes of evidence. Presented to both Houses of Parliament by command of Her Majesty, 28th July 1868. London, 1868.
Tenth report of the commissioners of Her Majesty's inland revenue on the inland revenue. Presented to both Houses of Parliament by command of Her Majesty. London, 1866.
Twenty-second annual report of the Registrar-General of Births, Deaths, and Marriages in England. Presented to both Houses of Parliament by command of Her Majesty. London, 1861.
Workshops' Regulation Act VER *An act for regulating the hours of labour for children...*

III. PERIÓDICOS

The Bengal Hurkaru. Calcutta, 22 jul. 1861.
Bury Guardian, 12 maio 1860.
Concordia. Zeitschrift für die Arbeiterfrage.

Berlin, 7 mar. 1872; 4 jul. 1872; 11 jul. 1872.

The Daily Telegraph. London, 17 jan. 1860.

Demokratisches Wochenblatt. Organ der deutschen Volkspartei. Leipzig, 1 ago. 1868; 22 ago. 1868; 29 ago. 1868; 5 set. 1868.

Deutsch-Französische Jahrbücher, n. 1–2, ed. Arnold Rüge e Karl Marx. Paris, 1844.

The Economist. Weekly Commercial Times, Bankers' Gazette, and Railway Monitor: a political, literary, and general newspaper. [London], 29 mar. 1845; 15 abr. 1848; 19 jul 1851; 21 jan. 1860; 2 jun. 1866.

The Evening Standard. London, 1 nov. 1886.

The Glasgow Daily Mail, 25 abr. 1849.

Journal des Économistes. Paris, jul.-ago. 1872.

Journal of the Society of Arts, and of the institutions in Union. London, 9 dez. 1859; 17 abr. 1860; 23 mar. 1866; 5 jan. 1872.

Macmillians Magazine, ed. David Masson. London; Cambridge, ago. 1863.

The Manchester Guardian, 15 jan. 1875.

The Morning Advertiser. London, 17 abr. 1863.

The Morning Chronicle. [London,] 1844, 1845.

The Morning Star. [London,] 17 abr. 1863; 23 jun. 1863; 7 jan. 1867.

Neue Rheinische Zeitung. Organ der Demokratie. Köln, 7 abr. 1849.

Neue Rheinische Zeitung. Politisch-ökonomische Revue, n. 4. London; Hamburg; New York, 1850.

New York Daily Tribune, 9 fev. 1853.

The Observer. London, 24 abr. 1864.

The Poll Mall Gazette. London.

La Philosophie Positive. Revue dirigée par Littré & G. Wyrouboff. Paris, n. 3, nov.-dez. 1868. (VER TAMBÉM Anm. 9.)

The Portfolio. Diplomatie review. (New series.) London.

Revolutions de Paris, 11–18 jun. 1791.

Reynolds's Newspaper. A Weekly Journal of Politics, History, Literature, and General Intelligence. London, 21 jan. 1866; 20 jan. 1867.

[*Sankt-Peterburgskie Viédomostí*] *Санкт-Петербургские ведомости*, 8 (20) abr. 1872.

The Saturday Review of Politics, Literature, Science, and Art. London, 18 jan. 1868.

The Social Science Review. London, 18 jul. 1863.

The Spectator. London, 26 maio 1866.

The Standard. London, 26 out. 1861; 15 ago. 1863; 5 abr. 1867.

The Times. London, 14 fev. 1843; 5 nov. 1861; 26 nov. 1862.

The Times. London, 24 mar. 1863; 17 abr. 1863; 2 jul. 1863; 26 fev. 1864; 26 jan. 1867; 3 set. 1873; 29 nov. 1883.

To-Day. London, fev. 1884; mar. 1884.

[*Viéstnik Evrópi*] *Вестникъ Европы*. Журнал истории, полотики, литературы. Т. 3. Санкт-Петербург 1872.

Der Volksstaat. Organ der social-demokratischen Arbeiterpartei und der Internationalen Gewerksgenossenschaften. Leipzig, 1 jun. 1872; 7 ago. 1872.

The Westminster Review. London.

The Workmans Advocate. London, 13 jan. 1866.

ÍNDICE ONOMÁSTICO

C

D

E

F

G

H

I

J

K

L

M

N

O

P

Q

R

S

T

U

V

W

X

Y

Z

SUMÁRIO DETALHADO

LIVRO 1
O PROCESSO DE PRODUÇÃO DO CAPITAL

SEÇÃO I
MERCADORIA E DINHEIRO

SEÇÃO II
A TRANSFORMAÇÃO DO DINHEIRO EM CAPITAL

SEÇÃO III
A PRODUÇÃO DA MAIS-VALIA ABSOLUTA

SEÇÃO IV
A PRODUÇÃO DA MAIS-VALIA RELATIVA

SEÇÃO V
A PRODUÇÃO DA MAIS-VALIA ABSOLUTA E RELATIVA

SEÇÃO VI
O SALÁRIO

SEÇÃO VII

Título original: *Das Kapital: Kritik der politischen Ökonomie*. Buch I: *Der Produktionsprozeß des Kapitals*. Marx-Engels-Werke (MEW), Band 23. Berlin: Dietz Verlag, 1962. De acordo com a quarta edição revista e editada por Friedrich Engels em Hamburgo, 1890.

Variações da edição francesa: Karl Marx, *Das Kapital: Kritik der politischen Ökonomie*, erster Band. Hamburg, 1890. Karl Marx Friedrich Engels Gesamtausgabe (MEGA2), zweite Abteilung, *"Das Kapital" und Vorarbeiten*, Band 10. Institut für Geschichte der Arbeiterbewegung Berlin (Roland Nietzold, Wolfgang Focke, Hannes Skambraks). Berlin: Dietz Verlag, 1991. Internationalen Marx-Engels-Stiftung.

A editora agradece a valiosa contribuição de Vladimir Safatle para esta edição.

Dados Internacionais de Catalogação na Publicação (CIP)
Elaborado por Eliete Marques da Silva – CRB-8/9380

Marx, Karl [1818–1883]
O capital: Crítica da economia política, Livro 1 – O processo de produção do capital / Karl Marx; edição Friedrich Engels; coordenação e revisão Paul Singer; tradução Flávio R. Kothe, Regis Barbosa; Introdução e nota bibliográfica Fernando Rugitsky. – São Paulo: Ubu Editora, 2025. – (O capital; Livro 1)

Título original: *Das Kapital: Kritik der politischen Ökonomie*. Buch I: *Der Produktionsprozeß des Kapitals*.
ISBN 978 85 7126 152 5

---

1. Capital (Economia) 2. Economia 3. Economia Política
I. Engels, Friedrich, 1820–1895. II. Singer, Paul. III. Kothe, Flávio; Barbosa, Regis IV. Título. V. Série.

25-260557 CDD 355.412

Índices para catálogo sistemático:
1. Capital: Conceitos marxistas 335.412
2. Marxismo: Conceitos econômicos 335.412

COORDENAÇÃO EDITORIAL Florencia Ferrari e Isabela Sanches
EDIÇÃO Bibiana Leme
REVISÃO DA TRADUÇÃO Flávio Kothe
TRADUÇÃO COMPLEMENTAR Letícia Mei (russo) e Nélio Schneider (grego e pp. 47–54, 835–81)
COTEJO E REVISÃO Karina Okamoto
ASSISTENTE EDITORIAL Maria Fernanda Chaves
REVISÃO [PP. 9–54] Hugo Maciel
PREPARAÇÃO DE ARQUIVO Júlio Haddad
PROJETO GRÁFICO Elaine Ramos e Júlia Paccola
COMPOSIÇÃO Júlia Paccola e Nikolas Suguiyama

EQUIPE UBU

DIREÇÃO Florencia Ferrari
DIREÇÃO DE ARTE Elaine Ramos; Júlia Paccola e Nikolas Suguiyama (assistentes)
COORDENAÇÃO Isabela Sanches
COORDENAÇÃO DE PRODUÇÃO Livia Campos
EDITORIAL Bibiana Leme, Gabriela Ripper Naigeborin e Maria Fernanda Chaves
COMERCIAL Luciana Mazolini e Anna Fournier
COMUNICAÇÃO / CIRCUITO UBU Maria Chiaretti, Walmir Lacerda e Seham Furlan
DESIGN DE COMUNICAÇÃO Marco Christini
GESTÃO CIRCUITO UBU / SITE Cinthya Moreira, Vic Freitas e Vivian T.

UBU EDITORA
Largo do Arouche 161 sobreloja 2
01219 011 São Paulo SP
ubueditora.com.br
professor@ubueditora.com.br
/ubueditora

O CAPITAL

CRÍTICA DA ECONOMIA POLÍTICA

1 O PROCESSO DE PRODUÇÃO DO CAPITAL

2 O PROCESSO DE CIRCULAÇÃO DO CAPITAL

3 O PROCESSO DA PRODUÇÃO CAPITALISTA COMO UM TODO

Os textos deste livro foram compostos em Arnhem (Fred Smeijers) e os títulos em Druk (Commercial Type). A impressão e o acabamento ficaram a cargo da gráfica Ipsis, em São Paulo. Esta edição foi lançada em 5 de maio de 2025, aniversário de Karl Marx.

SELECIONADAS
FRUTAS
旬の味
MELANCIA
レジにて 今ついている価格から
2割引
SELECIONADA
今がお買得
1パック
表示価格より
刺身用
築地市場直送
表示価格の
円
引き
CC
Entrada/Almox.
Data: / /
取扱注意
特撰